**Hansers Sozialgeschichte
der deutschen Literatur**

Band 9

Hansers Sozialgeschichte der deutschen Literatur vom 16. Jahrhundert bis zur Gegenwart

Begründet von Rolf Grimminger
Band 9

Nationalsozialismus und Exil 1933–1945

Herausgegeben von Wilhelm Haefs

Carl Hanser Verlag

Register: Andrea Lazarovici

ISBN 978-3-446-12784-5
© 2009 Carl Hanser Verlag München Wien
Alle Rechte vorbehalten
Ausstattung: Klaus Detjen
Satz: Greiner & Reichel, Köln
Druck und Bindung: Friedrich Pustet, Regensburg
Printed in Germany

Inhalt

6

Wilhelm Haefs
Einleitung

I. Perspektiven der Forschung

Das Thema »Drittes Reich« ist zwar ein öffentlichkeitswirksames, aber keines, in dem die Literatur eine wesentliche Rolle spielt; sie kommt in den öffentlichen Debatten allenfalls vor im jährlichen Gedenken an die Bücherverbrennung vom Mai 1933 – mittlerweile Bestandteil der deutschen Erinnerungskultur – und im Blick auf Emigration und Exil. Das Exil verkörperte stets das »andere«, das »bessere« Deutschland gegenüber dem »nationalsozialistischen« – die Mehrzahl der bedeutendsten, längst kanonisierten Autoren der Weimarer Republik waren ins Exil gegangen: Bertolt Brecht, Anna Seghers, Alfred Döblin, Lion Feuchtwanger, Heinrich und Thomas Mann, Robert Musil, Joseph Roth, Ödön von Horváth, Stefan und Arnold Zweig, um nur einige zu nennen.

Die Forschung zur Literatur der 1930er und 1940er Jahre zeigte lange Zeit eine strikte Trennung zwischen Exilliteratur und der Literatur des »Dritten Reichs« und hat sich zwangsläufig asymmetrisch entwickelt. Die Forschungslage mutet auch deshalb ein wenig paradox an: Ist die Erforschung der Exilliteratur, im Rahmen der Erforschung des Exils insgesamt, seit den 1970er Jahren auf ein breites Fundament gestellt – es gibt zwei kontinuierlich erscheinende Periodika, mehrere bibliographische Referenzwerke, zahlreiche Tagungsbände, die umfassende Bestandsaufnahme des ›Handbuchs der deutschsprachigen Emigration 1933–1945‹ (1998) sowie die über Jahrzehnte verfaßte, noch unabgeschlossene vielbändige Geschichte der Exilliteratur von Hans Albert Walter –, so hat die Forschung die 1933–1945 in Deutschland geschriebene Literatur lange Zeit vernachlässigt und erst seit Mitte der 1990er Jahre begonnen, die Aktiviäten zu intensivieren: im Blick auf Quellenerschließung, Autorenuntersuchungen sowie strukturelle und systematische Darstellungen der literarischen Kommunikation.

Eine hinreichend differenzierte Beschreibung des Literatursystems und der Produktion der Jahre 1933–1945 wurde für das »Dritte Reich« bislang jedoch, über die historisch-empirische und institutionengeschichtlich ausgerichtete Darstellung der »Literaturpolitik« von Jan-Pieter Barbian hinaus, noch nicht vorgelegt. Einige grundlegende Monographien zu wichtigen Teilaspekten sind immerhin erschienen: Eine Apologetik der »Inneren Emigration« war mit einer polemischen Wendung gegen die universitäre Germanistik verknüpft;[1] eine im Kaiserreich begründete Literatur der Anti-Moderne und der »antimodernen Verweigerer« wurde rekonstruiert;[2] zum Verhältnis von Moderne und literarischem Nationalsozialismus erschienen erste grundlegende Arbeiten sowie zur »verdeckten Schreibweise« im »Dritten Reich« in Texten, die »Zwischenreiche und Gegenwelten« markieren.[3] Hinzu kommen, mit erheblicher Verspätung gegenüber Synthesen der Exilliteratur,[4] literarhistorische Kompilationen[5] sowie problem-, motiv-, themen- und autorenbezogene Darstellungen.[6] Die germanistische Forschung blieb meist historisch deskriptiv sowie – ähnlich der Exilliteraturforschung – positivistisch und prosopographisch, erforschte Leben und Werk von Autoren und Autorinnen (z. B. Hanns Johst, Wilfrid Bade, Mirko Jelusich, Robert Hohlbaum, Wolfgang Koeppen, Felix Hartlaub, Hans Fallada, Gertrud Kolmar, Erich Kästner; für das Exil liegen Dutzende neuerer Biographien vor), analysierte und diskutierte einzelne Genres.[7] In einigen Untersuchungen wurde, durchaus innovativ, der starre Schematismus der Abgrenzung von »innerer« und »äußerer« Emigration durchbrochen, wurden Vergleiche gezogen in Poetik, Form und Darstellung der Werke einzelner Autoren des »Dritten Reichs« und des Exils.[8]

Der Blick zurück auf eine vor mehr als zwei Jahrzehnten erschienene wegweisende Monographie zeigt die Problemlage und ist zugleich charakteristisch für den Umgang der Fachdisziplin mit dem Thema »Nationalsozialismus und Literatur«: 1981 hatte Hans Dieter Schäfer, auf der Basis bereits zuvor veröffentlichter Aufsätze zur jüngeren Generation nichtnationalsozialistischer Schriftstellerinnen und Schriftsteller, den Band ›Das gespaltene Bewußtsein‹ vorgelegt. Es handelt sich um einen bedeutenden Beitrag zur Kontinuitätsfrage in der literarischen Entwicklung von der Weimarer

Republik bis in die frühen Jahre der Bundesrepublik Deutschland sowie zur mentalen Signatur der Epoche. Schäfer stellte in den Mittelpunkt des Buches die These, es habe im Nationalsozialismus eine politisch durchaus gewollte und bewußt herbeigeführte kulturelle Modernisierung gegeben (und wies damit, in der Terminologie Bourdieus, auf die »relative Autonomie« des literarischen Feldes noch in Zeiten der nationalsozialistischen Diktatur hin). Es erschienen zwar einige wohlwollende Rezensionen, auch wurde in später erschienenen Monographien und Aufsätzen immer wieder auf Schäfer verwiesen; doch die methodischen und inhaltlichen Anstöße wurden nicht wirklich aufgenommen und weitergeführt – es sei denn vom unermüdlichen Autor selbst.

Das Fach fällt auch hinter den Forschungs- und Diskussionsstand in den Geschichts-, Kultur- und Medienwissenschaften zurück, hat deren Ergebnisse und Anregungen sowie methodische Perspektiven vielfach noch gar nicht aufgegriffen: das betrifft die Perspektive auf den »Faschismus als Erlebnisangebot«[9] ebenso wie das Täterprofil der »Generation des Unbedingten«.[10] Manches wird noch in die Forschungsarbeit einbezogen werden müssen: etwa die Perspektive auf die »Gefälligkeitsdiktatur« und ihre Wirkungen,[11] auf die öffentliche Kommunikation und Nicht-Kommunikation der »Endlösung« und des Vernichtungskriegs im Osten[12] oder auf die sozialgeschichtliche und kulturelle Funktion von Feldpostbriefen,[13] ein wichtiger Aspekt privater Kommunikation im Nationalsozialismus, auf die moderne, strategisch angelegte »Mediendiktatur« und die generelle Bedeutung der »Bilder« in Nationalsozialismus und Exil.[14]

Daß auch unter den spezifischen institutionellen Bedingungen der Literaturproduktion im Nationalsozialismus die Binnendifferenzierung des Sozialsystems Literatur im Reich erhalten blieb und außerhalb des Reichs, in den wichtigsten Exilländern, ein – wenn auch nur rudimentäres – neues Sozialsystem Literatur entstand, ist kaum mehr zu bestreiten; dies spiegelt sich auch in der Konzeption des vorliegenden Bandes. Der methodische Bezugsrahmen kann dabei nicht mehr ein gleichsam fertiges Konzept von Sozialgeschichte der Literatur sein (zu einem Zeitpunkt, da das Paradigma

»Sozialgeschichte der Literatur« längst in den Hintergrund gerückt und vom Leitkonzept der »Cultural Studies« abgelöst worden ist und damit allenfalls noch als »Partialgeschichte« denkbar scheint); monomethodische Konzepte erscheinen allenfalls für die Literatur der Frühen Neuzeit plausibel, wie Band 2 von ›Hansers Sozialgeschichte der deutschen Literatur‹ im Rückgriff auf das systemtheoretische Konzept des Wandels von der stratifikatorischen zur funktional differenzierten Gesellschaft gezeigt hat.[15] Im vorliegenden Band wird daher versucht, im Blick auf verschiedene Konzepte, der Literatursoziologie Bourdieus und der Feldtheorie, der Institutionen- und Öffentlichkeitstheorie, medientheoretischer Konzepte sowie, im Einzelfall, der Diskursanalyse von Symbolsystemen und der Systemtheorie, eine Beschreibung und Analyse von Strukturen und Funktionen der literarischen Kommunikation im Nationalsozialismus zu leisten.

Die Konzeption dieses Bandes trägt einerseits der skizzierten Forschungslage zum »Dritten Reich« und zum »Exil« Rechnung und andererseits dem Stand der methodischen Diskussionen über eine sozialgeschichtliche Literaturwissenschaft: Sie zielt nicht auf ein umfassendes Handbuch und tut dies um so weniger, als umfangreiche, historisch-deskriptive und positivistisch ausgerichtete Untersuchungen und Synthesen sowie zahlreiche Detailstudien längst existieren. Vielmehr setzt sie, indem sie erstmals weitgehend auf die in Literaturgeschichten bislang übliche Trennung von Exilliteratur und Literatur im »Dritten Reich« verzichtet, Schwerpunkte unter dem Aspekt einiger zentraler, erkenntnisleitender Fragestellungen. Am Beginn stehen detaillierte Beschreibungen des Literatursystems, Mikroanalysen der institutionellen, ökonomischen und sozialen Grundlagen der literarischen Kommunikation in und außerhalb der Grenzen des Deutschen Reichs. Der Band widmet sich dann den spezifischen, seit Kaiserreich und Weimarer Republik teils veränderten Autorrollen (vom Dichter als »Priester« und »Führer« zum Dichter als »Soldat« und »Krieger« im Reich bzw. im Exil, zum politisierten »antifaschistischen« Kämpfer – vom autonomen Dichter zum Verkünder der »totalen Mobilmachung«) in einem von wachsender Heteronomie bestimmten literarischen Feld. Er greift die intensive Diskussion der letzten Jahre über »Moderne«/

»Antimoderne« und über Technik- und Agrarkult im Nationalsozialismus auf; er beschäftigt sich mit der sogenannten »Mediendiktatur« des Nationalsozialismus (die Literatur erscheint darin zunehmend marginalisiert), untersucht spezifische literarische Verarbeitungsstrategien des Leitthemas »Krieg« in den 1930er und 1940er Jahren und zeichnet die Durchdringung des Kulturellen mit politischer Symbolik und symbolischer Politik im Kontext der von den Nationalsozialisten (multi-)medial inszenierten Kulturwende nach, gegen die der Großteil der exilierten Autoren anschrieb.

Auch im Exil entstanden spezifische Autorrollen: So müssen die exilierten Schriftsteller ein neues Institutionengefüge und kommunikatives Netzwerk erst einmal aufbauen bzw. sich in vorhandene Strukturen in den jeweiligen Exilländern integrieren. In diesem Zusammenhang ist das lange Zeit unterschätzte, für eine Reihe von Exilautoren aber existentiell wichtige Phänomen der Akkulturation und Enkulturation und ihrer Ablehnung zu untersuchen. Unter dem Einfluß der Exilsituation und der komplizierten institutionellen Rahmenbedingungen (Beispiel: fehlende Theater) vollzieht sich auch eine Verschiebung der Gattungspräferenzen, werden Diskussionen geführt über die neue Rolle des Autors als »Intellektueller« – angesichts des permanenten politischen und kulturellen »Extremismus« als Normalität, die zur Überformung literarischer Institutionen durch politische Geltungs- und Moralansprüche führt.

Thematische Schwerpunktsetzungen erfolgen im Exil in drei Richtungen: Eine Fortsetzung finden Schreibweisen und Themen der Weimarer Republik, die im Zeichen des politischen Radikalismus, der literarischen Avantgarde oder der »klassischen« Moderne stehen; der literarische Kampf gegen den Nationalsozialismus erfolgt bevorzugt im Zeitschriften-Essay oder in der Romanfiktion, die den Aufstieg des Nationalsozialismus und seine politische Realität kritisch darzustellen sucht oder in der Form des Historischen Romans (der im vorliegenden Band exemplarisch beschrieben wird); das autobiographische Schreiben als Modus der Selbstverständigung in einem neuen, meist »fremden« Lebensumfeld, in dem auch neue Identitätskonstruktionen entwickelt werden, gewinnt an Bedeutung.

Die Beiträge des Bandes sind damit fokussiert auf die Beschrei-

bung der Literaturpolitik, der Institutionen und literarischen Ver-
mittlungsinstanzen, der Kulturpropaganda zwischen Traditions-
anrufung und erklärter Innovation, der veränderten und neuen
Autorrollen, der neuen thematischen Schwerpunktsetzungen im
Zeichen des Totalitarismus und der wichtigsten Gattungen, Genres
und Medien, von denen das von den Nationalsozialisten wegen seiner »performativen« Möglichkeiten besonders geschätzte Drama
eine umfassende exemplarische Analyse erhält.

Wer das Literatursystem der Jahre 1933–1945 beschreiben will,
kann sich also nicht mehr mit den nach wie vor verbreiteten schlich-
ten Kategorisierungen und Attributen des Literarischen (»nationalsozialistisch«, »völkisch«, »Innere Emigration«, »Opposition«,
»Widerstand«) begnügen, sondern wird auch Verbindungen zwischen der »gespaltenen« Literatur im »Dritten Reich« und im Exil
nachzugehen und insgesamt eine Verknüpfung von institutionen-,
autoren- und textorientierter Forschung vorzunehmen haben. Er
hat sich mit dem breiten literarischen Spektrum und den spezifischen Produktions-, Publikations- und Verbreitungsbedingungen
von Literatur in den Jahren 1933–1945 im Deutschen Reich auf
neuen, methodisch reflektierten Wegen auseinanderzusetzen, um
gerade auch jene schwer zu kategorisierenden Schriftsteller jenseits
von »Blut-und-Boden-« und völkischer Literatur einbeziehen zu
können. Methodisch sind biographische und psychosoziale Aspekte der Akteure im literarischen Feld ebenso zu berücksichtigen
wie unterschiedliche Handlungs- und Autorrollen. Darüber hinaus
sind die Wirkungsmechanismen der literarischen und kulturpolitischen Institutionen (von den Instanzen der Literaturlenkung bis zu
Formen der schriftstellerisch-verlegerischen Selbstorganisation und
dem spezifischen »Gratifikationssystem« im Nationalsozialismus),
Funktion und Aktivitäten schriftstellerischer Assoziationen in ihrer
regionalen Differenziertheit sowie die Medien und ihre Öffentlich-
keitskontexte und schließlich die Rezeption in der Öffentlichkeit
(bzw. in Teil-Öffentlichkeiten) zu beschreiben.

Das literarische Feld wurde nach 1933 nicht dem Machtfeld
»geopfert«, der autonome Pol verschwand keineswegs kurzerhand
und umweglos, wie man auf den ersten Blick meinen könnte.[16] Die
Kämpfe im literarischen Feld verschärften sich allerdings, der Ein-

fluß der heteronomen Kräfte nahm erheblich zu. Darüber hinaus gilt: In synchroner Perspektive wird man das Jahr 1933 nicht mehr als jene einschneidende, alles verändernde Zäsur für die Literaturproduktion charakterisieren können, sondern allenfalls als jenen Zeitpunkt, von dem an die relative Autonomie des literarischen Feldes stärker bedroht wurde als in den Jahren zuvor. Mit weit mehr Berechtigung wird man davon sprechen können, daß sich das literarische Feld seit Ende der 1920er Jahre transformierte, daß Autoren/Autorinnen sich neu positionierten, daß sich, kurz gesprochen, Umbrüche im Sozialsystem Literatur vollzogen, die sich ab 1933 institutionell verfestigten.

Und mit den Jahren, vor allem nach der endgültigen Ausschaltung der künstlerischen Avantgarde 1937 durch die symbol- und kulturpolitisch so bedeutsame Ausstellung »Entartete Kunst« (bis dahin gab es noch punktuell Debatten über die Avantgarde), mit dem radikalisierten Antisemitismus durch die »Nürnberger Gesetze« und dem Beginn des Zweiten Weltkriegs mit dem Überfall Deutschlands auf Polen wurde das literarische Feld gleichsam ausgezehrt; die Zahl der Autoren wie der Verlage nahm sukzessive ab – auch deshalb, weil der Zentralverlag der NSDAP weitere Verlage aufkaufte; weil einige kleinere literarische Verlage, die noch Nischen besetzt hatten, verboten wurden – weil insgesamt die Entwicklung zum nationalsozialistischen Verlagsmonopol weiterging. Aufmerksamkeitseffekte waren im literarischen Feld immer weniger zu erzielen, am Ende wurde die Literaturproduktion auf eigenartige, teils arbiträre Weise von der Papierkontingentierung reguliert.

Als »Modellfall« für eine Sozialgeschichte der deutschen Literatur kann man die Jahre der nationalsozialistischen Diktatur 1933–1945 sicherlich nicht bezeichnen. Zu komplex erscheint das historisch zu vermessende literarische Terrain, zu umstritten unter dem der Wertungen und Wirkungen. Als Modellfall würde sich schon eher die Zeit der Weimarer Republik anbieten, mit einem ausdifferenzierten Literatursystem, mit einer Vielzahl von Teil-Öffentlichkeiten, kurz: unter dem soziologischen Aspekt der »Modernisierung« beschreibbar, strukturell unter dem kulturwissenschaftlichen Aspekt der »Modernität« und »Anti-Modernität«.

1933 erweist sich in dieser Hinsicht einerseits dann doch als Zäsur, weil sich, für die im Reich verbliebenen wie für die exilierten Autoren, die institutionellen Rahmenbedingungen wesentlich ändern. Andererseits gilt aber auch, daß die Mehrzahl der Milieus der Teil-Öffentlichkeiten sich halten (jedenfalls bis zum Beginn des Zweiten Weltkriegs) und auch wesentliche literarische Entwicklungslinien seit den 1920er Jahren – genannt seien nur der Anti-Historismus, der ästhetische Traditionalismus, der Rückzug der Avantgarde in Zentren des Internationalismus.

Eine weitere Grundannahme scheint unabweisbar: Während die Literatur im Exil, unabhängig von ihrer tatsächlichen Resonanz, zwangsläufig eine Bedeutungsaufwertung erfuhr, wurde die Literatur im Nationalsozialismus marginalisiert – schätzt man die von den Nationalsozialisten in den Fokus gerückte Performativität richtig ein, die dem Drama auf den Bühnen des Reiches, dem Film sowie der breiten Präsentation von Literatur im Rahmen kollektiv vermittelter Kulturereignisse Priorität einräumte; darüber können die offiziellen und propagandistischen Verlautbarungen des Reichsministers für Volksaufklärung und Propaganda, des Präsidenten der Reichsschrifttumskammer und der Gauleiter, die regionale Kulturpropaganda betrieben, nicht hinwegtäuschen. Nur in den späteren Debatten vermeintlicher »Innerer Emigranten« wurde die Literatur meist allzu emphatisch als einflußreicher Verständigungsort kritischer Geister und als Fluchtraum des Unangepaßten ausgegeben.

Im übrigen ist zu bezweifeln, daß der Nationalsozialismus in Deutschland und Österreich überhaupt eine eigene, spezifische Literatur hervorgebracht hat – im Gegensatz zu Italien, vielleicht auch zu Frankreich, wenn man an Drieu La Rochelle denkt oder an Louis-Ferdinand Céline, dessen Romane ›Voyage au bout de la nuit‹ und ›Mort à crédit‹ 1933 und 1937 in deutscher Sprache erschienen, ebenso sein berüchtigtes antisemitisches Pamphlet ›Bagatelles pour un massacre‹ (›Die Judenverschwörung in Frankreich‹, 1938). Nationalsozialistische Kulturfunktionäre waren in dieser Frage uneinig, bisweilen zerstritten. Sie propagierten anfangs die neuen »jungen Dichter der SA« – beispielhaft: Gerhard Schumann – und wollten mit Preisausschreiben und Konsekrationen (Dichterpreise) den literarischen »Wettbewerb« fördern und Schreibtalente wekken. Doch der Katzenjammer folgte stets auf dem Fuße: Waren es in den Jahren 1933/34 die sogenannten »Konjunkturschriftsteller«, die angeblich ihr »Fähnchen« an der nationalsozialistischen Kulturrevolution ausgerichtet hatten, so blieben auch die späteren Bilanzierungen aus der Sicht der Partei wie völkischer Kulturprogrammatiker negativ: Literatur als rein politische Gebrauchs- und ideologische Gesinnungsliteratur oder als »Lebenshilfe« gar[17] blieb dominant, literarische Begabungen waren dünn gesät und wurden gelegentlich auch noch durch Zensurmaßnahmen verschreckt (zum Beispiel, wenn das Sterben der Soldaten an der Front, in Langemarck oder in Stalingrad, allzu »naturalistisch« und damit »defätistisch« literarisiert wurde). Es war auch dies ein Grund dafür, daß sich im Schatten solcher Probleme und der Einfallslosigkeit nationalsozialistischer Literaturpropaganda (so mußte der in die Kulturpropaganda integrierte »Führergeburtstag« immer wieder als Anlaß für nationalsozialistische Gedichtanthologien herhalten) die Nischen für die traditionelle bürgerliche Literatur behaupten konnten, was auch im Interesse der NS-Kulturfunktionäre gewesen sein dürfte; einige völkische »Hardliner« konstatierten deshalb bedauernd, daß die »bürgerliche Kunstanschauung« zäher sei »als die Konjunkturwelle von 1933«.[18] Dieses Urteil wird auch durch die Empirie gestützt: Eine Auswertung der Romanbestseller der Jahre nach 1933 ergab, daß traditionelle bürgerliche Unterhaltungsliteratur dominierte und nur 20 % der Bestseller völkisch-nationalsozialistische Romane waren, die entweder das Thema Krieg oder die ökonomische und soziale Entwicklung in der Weimarer Republik spiegelten.[19]

Die Parteiführung scheint diese Entwicklung allerdings nicht offen kommuniziert zu haben. Lieber suggerierte man, die Literatur mit besonderem Nachdruck zu fördern – Beispiele dafür waren regional breit gestreute Kulturaktivitäten, war eine ausgreifende, primär »symbolische« Publikationspolitik, zu der zum Beispiel auch einige großformatige Lyrik- und Prosabände gehörten, die Anfang der 1940er Jahre als bibliophile Privatdrucke in der ›Schriftenreihe der Presseabteilung des Reichsministers Doktor Todt‹ und nur an Funktionäre abgegeben wurden (u. a. Josef Weinheber: ›Blut und Stahl. Drei Oden‹). Nur wenige Literaturkritiker nahmen kein

Blatt vor den Mund und artikulierten ihre Kritik offen: Börries
von Münchhausen etwa, anfangs begeisterter Parteigänger der
Nationalsozialisten (und berüchtigter Denunziant von Gottfried
Benn, dem er unterstellte, keinen »arischen« Stammbaum zu haben), zeigte sich 1935, nach der Auswertung Tausender, anläßlich
eines Preisausschreibens im Vorfeld der Olympischen Spiele ein-
geschickter Gedichte von der dürftigen literarischen »Qualität«
regelrecht schockiert.[20]

II. 1933–1945 und die Modernitäts-Debatten

Nur scheinbar ist das, was das Jahr 1933 im Blick auf die Kultur
bedeutet, leicht auf den Begriff zu bringen: Die Bücherverbrennungen zeigten die Abkehr von der Moderne und einem großen
Teil der Literatur der Weimarer Republik durch deren symbolische
»Stigmatisierung« (verbunden zugleich mit der realen Drohung der
»Vernichtung« von Werk und Künstler): »Der Nationalsozialismus
löst das spannungsreiche Verhältnis von Tradition, Avantgarde und
Reaktion staatsterroristisch auf. Er institutionalisiert die radikalna-
tionalistische Argumentationsweise, er unterdrückt die Avantgarde,
und er zerstört die kulturräsonierende Öffentlichkeit.« Auf diese
Weise habe »er die Erosion der bildungsbürgerlichen Kunstsemantik« beschleunigt.[21] Ob diese Beschreibung tatsächlich zutrifft, ist
allerdings fraglich, denn auch Teil-Öffentlichkeiten mit »bildungs-
bürgerlicher Kunstsemantik« und eigenen Kommunikationsmedien
blieben über 1933 hinaus bestehen. Man könnte die Ereignisse auch
so formulieren: Von entscheidender Bedeutung für die kulturelle
Entwicklung in den dreißiger Jahren ist die verstärkte Ausbildung
einer antimodernen, völkisch-nationalen Kultur in Kaiserreich und
Weimarer Republik, die als Gegenkultur den »Modernisierungs-
druck« kompensieren soll. In systemtheoretischer Perspektive wird
mit Beginn der nationalsozialistischen Diktatur in Deutschland ein
Teilsystem des Sozialsystems Literatur dominant gesetzt und zur
staatstragenden Kultur. Allerdings werden auch andere Teilsysteme
»geduldet«, einige werden hingegen – nicht alle sofort – über insti-

tutionelle Repressionsmaßnahmen ausgegrenzt, so daß sie entweder im Exil in anderer Form fortgeführt werden oder gezwungen sind, in Deutschland die Form der »Suböffentlichkeit« anzunehmen, so lange dies noch möglich ist. Funktionalistische Beschreibungen wie diese haben allerdings den Nachteil, daß sie suggerieren, Kultur und Literatur seien von Nationalsozialisten zu ganz bestimmten Zwekken instrumentalisiert worden – vergleichbar jener seltsam kurzschlüssigen These, die meint, Hitler habe den »deutschen Geist« zerstört.[22] Doch gerade diese, einen komplexen, nicht-linearen und nicht-teleologischen Vorgang verkennende Lesart greift zu kurz, wird der Dialektik der historischen und kulturellen Prozesse nicht gerecht und läßt die Tatsache unberücksichtigt, daß die völkische Ausgrenzungs- und Radikalsemantik schon lange vor 1933 ausgebildet war – totalitäre Sprachen fallen weder vom Himmel, noch können sie einfach »von außen« implementiert werden.

Einzig der traditionelle literarhistorische Hang zu Periodisierungen hat bisher verhindert, daß die vermeintlichen Epochenzäsuren von 1933 und 1945 aufgelöst und in ein Kontinuitätsmodell überführt, daß die historischen Entwicklungen angemessen erfaßt und strukturiert werden. Die Evidenz pragmatischer politischer Epochenzäsuren für die Literatur erweist sich weitgehend als obsolet. Schäfer hatte 1981 von einem von 1930 bis 1960 reichenden Epochenzusammenhang gesprochen. Danach dauerte es zwei Jahrzehnte, bis aus dieser These weitere Überlegungen entstanden und mit der Kategorie der »Modern Times« ein neues Kontinuum für die 1920er bis 1950er Jahre konstruiert wurde, in das nicht nur die im Nationalsozialismus entstandene Literatur, sondern auch die Exilliteratur einbezogen wurde. Selbst wenn eine empirisch gesicherte, schlüssige Plausibilisierung der These noch aussteht, wird man an solche Überlegungen anknüpfen müssen: Die Jahre 1933 und 1945 waren keine »Nullpunkte« der Literatur, vielmehr markieren sie von außen induzierte Radikalisierungen und Weiterführungen von Entwicklungslinien und literarischen Tendenzen – zum einen schon aus den Jahren der Weimarer Republik, zum anderen in der Phase nach Ende des Zweiten Weltkriegs – als Weiterführung eines Traditionszusammenhangs, als Unterbrechung und Initiationspunkt neuer Entwicklungen.

Um den Widersprüchen der Literaturproduktion im Nationalsozialismus und in den 1930er und 1940er Jahren insgesamt auf die Spur zu kommen, hat die Forschung unterschiedliche Konzepte eingeführt, die sich vor allem auf »Moderne« und »Modernisierung« beziehen. Man griff zunächst eine in den Geschichtswissenschaften initiierte Diskussion auf, allen voran die Zuschreibungen von »modern« und »antimodern« und der Kennzeichnung des »Dritten Reichs« als einer »reaktionären Moderne«, in Anlehnung an die Analyse des Historikers Jeffrey Herf,[23] mit der die Spannung zwischen rückwärtsgewandtem Agrar- und fortschrittlichem Technikkult beschrieben werden sollte. In der Literaturwissenschaft wurden schließlich Modifikationen des Konzepts und auch abweichende Konzepte entwickelt und diskutiert, so das Beschreibungsmodell der »autochthonen Moderne«, das aus der Analyse vornehmlich »technizistischer« Literatur des »Dritten Reichs« gewonnen wurde.[24] Doch gleich, ob reaktionäre oder autochthone Moderne: Solche Kategorien zwingen Gegensätze zusammen, die nicht zu harmonisieren sind – weshalb am ehesten die wiederum aus der Geschichtswissenschaft stammende Begrifflichkeit der »ambivalenten Moderne« den Sachverhalt oder besser: das Problem richtig bezeichnet.

Andere Konzepte, die für die Auflösung der Epochenzäsuren 1933 und 1945 plädieren, sehen vor allem einheitliche Form- und Stilphänomene: So wurde von Helmut Arntzen und anderen die »Bewußtseinsgeschichte der Dreißiger Jahre«, unter dem Einfluß der Sprachkritik von Karl Kraus, rekonstruiert, wurden die Entwicklung der Sprachzerstörung und die Versuche der Sprachrettung untersucht; in diesem Zusammenhang wurde die Existenz einer neuen »mittelständischen Lebensweise« statuiert, die sich in den 1930er Jahren durchgesetzt habe. Das Fazit lautet:

Mit dem durchgängigen Nebeneinander des Differenten, ja Gegensätzlichen und Widersprüchlichen und mit dem Versuch der Homogenisierung dieses Nebeneinanders als eigentümlicher Bewußtseinsleistung wollen wir einen ersten Punkt bezeichnen, von dem aus die Dreißiger Jahre betrachtet werden könnten;

das »durch das Tatsachenprinzip des Positivismus bedingte und nun dargestellte Nebeneinander des bloß Faktischen« werde im Verfahren der Homogenisierung einer ästhetischen Lösung zugeführt – vorzugsweise im Film.[25]

Ein weiteres Konzept sieht eine Epocheneinheit für die Jahre 1925 bis 1955 und rubriziert sie unter der Kategorie der »synthetischen Moderne«, mit der das Nebeneinander heterogener literarischer Äußerungen, im Blick auf sozial- und mentalitäts- sowie form- und stilgeschichtliche Entwicklungen auf den Begriff gebracht werden soll.[26] In diesem Konzept spielt die traditionell starre Abgrenzung literarischer Richtungen nach den politisch-ideologischen Vorgaben bzw. Bindungen keine wesentliche Rolle mehr: Gemeinsames wird nun auch in Prosatexten nationalistisch/nationalsozialistischer und kommunistischer Autoren und in Texten von Autoren aus dem »Dritten Reich« und dem Exil analysiert. Im Blick auf die diskutierten Konzepte sind allerdings zwei Probleme gravierend: die Frage der Kompatibilität des soziologischen und historischen Moderne- bzw. Modernisierungsbegriffs mit dem in der Literaturwissenschaft verwendeten, womit der heuristische Nutzen auf dem Prüfstand steht; zum anderen ist unübersehbar, daß manches Konzept unterschwellig die alte Ideologiekritik zur Geltung bringt, daß sie Wertungen perpetuiert, die erst einmal in Frage gestellt werden müßten. Offen bleibt auch, ob solche außengeleiteten Konzepte tatsächlich der Fülle der literarischen Erscheinungen im »Dritten Reich« und im Exil gerecht zu werden vermögen.

III. Traditionalistische literarische Konzepte der 1920er und frühen 1930er Jahre

Die Geburt einer Literatur der »modernen Restauration« (»Modern Restoration«) – ein weiteres Konzept zur Beschreibung der Literatur der 1930er und 1940er Jahre[27] – erfolgte in Reaktion auf den Expressionismus als literarische und politische Avantgardebewegung. Heinrich Eduard Jacob, der nach 1933 ins Exil ging, sah diese Phase durch ein »Chaos« gekennzeichnet, durch eine kaum mehr überschaubare Pluralität der Stile, Tendenzen und Ideologien. In einem solchen Urteil, das in den folgenden Jahren zum Topos werden sollte, spiegelt sich schon die weitere Ausdifferenzierung des Literatursystems, der Vervielfältigung der literarisch-kulturellen Milieus. Jacob stellte der neuen Unübersichtlichkeit einen Klassifizierungsversuch entgegen, dem man in Reflexionen über die 1920er Jahre häufig begegnet: Er überführte die traditionelle Epochenabfolge kurzerhand in ein ahistorisches Konzept mit einander abwechselnden »klassizistischen« und »naturalistischen« Perioden. Der »naturalistischen« Periode des Expressionismus werde nun, so die Vorhersage, ein Klassizismus in den 1920er Jahren (und darüber hinaus, wie hinzuzufügen ist) folgen. [28]

Mit dem Ende des Expressionismus als Leitkultur der Avantgarde seit Anfang der 1920er Jahre vollzog sich also nicht einfach ein Paradigmenwechsel und auch nicht die Rückkehr zu vorgängigen literarischen Traditionen. Zunächst einmal erfolgte eine Komplexitätssteigerung des Literatursystems bis zur »Unübersichtlichkeit«: Es differenziert sich aus in zahlreiche Teilsysteme. Ein Blick auf die Gemengelage dieses ausdifferenzierten Literatursystems – und dieses System bleibt in der Grundausrichtung für mehrere Jahrzehnte bestimmend für die Entwicklung in Deutschland – zeigt die Existenz einiger neuer Teil-Öffentlichkeiten, von denen vier angeführt seien:

1) Befördert durch die politische Demokratisierung und die Wirkungsdynamik der Oktoberrevolution konstituiert sich eine sozialistische und proletarisch-revolutionäre Kultur und Literatur, die überwiegend, in spezifischen Institutionalisierungsformen, an die Linksparteien, insbesondere an die KPD, gebunden ist.

2) An Bedeutung gewinnt die katholische Literaturbewegung, die seit der Jahrhundertwende vor allem durch Carl Muth und die Zeitschrift ›Hochland‹ repräsentiert wird; in Bayern und im Rheinland bilden sich in den 1920er Jahren neue Autorengruppen mit eigenen Kommunikationsmedien, im Rheinland etwa um Martin Rockenbach und dessen Zeitschrift ›Orplid‹ und die von ihm herausgegebene Anthologie ›Junge Mannschaft‹. Mit diesen Aktivitäten befreit sich der literarische Katholizismus vom kirchlichen Autoritätsdruck und demonstriert ein neues Selbstbewußtsein von

Schriftstellern, die über die lange Zeit bindenden engen konfessionellen Grenzen hinaus offener für das breite Spektrum einer formbewußten Literatur waren.

3) Das völkische Milieu mit seinen diversen Gruppen und ihren literarischen Exponenten von Gustav Frenssen bis zu dem antisemitischen, völkischen Extremisten Adolf Bartels, das schon im Kaiserreich eigene Kommunikationsnetzwerke ausgebildet und durch den Ersten Weltkrieg weiteren Zulauf und Auftrieb erhalten hatte, wächst in den Anfangsjahren der Weimarer Republik erheblich an und erreicht später mit nationalistischen Romanfiktionen über den Ersten Weltkrieg (u. a. Werner Beumelburg mit ›Sperrfeuer um Deutschland‹, 1929; ›Gruppe Bosemüller‹, 1930; Hans Zöberlein mit ›Der Glaube an Deutschland‹, 1931) oder die deutsche Kolonialzeit (Hans Grimm: ›Volk ohne Raum‹, 1926) eine breite öffentliche Wirkung. Auffallend ist, daß im Schatten dieser Tendenzen, in den Jahren unmittelbar nach dem Ersten Weltkrieg, ein literarischer Antisemitismus mit einer Radikalität an die Öffentlichkeit tritt (vgl. etwa Fritz Halbach: ›Jud Günther‹, 1920), wie er nach 1933, von wenigen Ausnahmen abgesehen, in der Romanliteratur zunächst nicht zu finden ist (stärker allerdings in Gattungen wie der Kinder- und Jugendliteratur).

4) Die literarischen Avantgarden traten im Reich nach der kurzen Blüte des Dadaismus und dem Ende der Expressionistenzirkel nicht mehr wesentlich in Erscheinung. Die Autoren nehmen neue Optionen wahr, sie radikalisieren sich ideologisch, oder sie internationalisieren sich (Beispiele: Carl Einstein, Yvan Goll, zeitweise auch Gottfried Benn); teilweise leben sie in Paris und publizieren in Organen der internationalen Avantgarde wie ›Transition‹ (Ed. Eugène Jolas).

Die genannten Teil-Öffentlichkeiten bildeten eigene publizistische und literarische Kommunikations- und Distributionssysteme aus, bestehend aus Zeitungen, Zeitschriften und Verlagen, wenn auch mit unterschiedlichem Erfolg. Hinzu kommen noch die großen älteren und renommierten Autoren, deren Werk, weitgehend unbeeinflußt von avantgardistischen Strömungen, Kontinuität vom Jahrhundertbeginn bis in die 1930er und 1940er Jahre verkörpert: von Gerhart Hauptmann, Stefan George, Hugo von Hofmannsthal und Thomas Mann bis zu Klassizisten wie Paul Ernst, die in den 1920er Jahren und auch noch in den ersten Jahren des Nationalsozialismus (Hauptmann und George wurden vergeblich von den Nationalsozialisten »umworben«) eine intensive Rezeption erfuhren.

Mit der Kategorie der »Teil-Öffentlichkeit« bietet sich also eine funktionale Kategorie für die Deskription und Analyse des Literatursystems der 1920er und 1930er Jahre an, die präziser ist als die Blochsche »Ungleichzeitigkeit des Gleichzeitigen«.[29] Mit diesem Konzept läßt sich die Beschreibung der Literaturentwicklung, die immer noch eine an den politischen Zäsuren orientierte Periodisierung von 1918–33 und 1933–1945 vornimmt, differenzieren und neu ausrichten. Darüber hinaus war der Blick, die Perspektive ein wenig verzerrend, auf zwei literarische Tendenzen fokussiert, die als für die literarische Produktion der ausgehenden Weimarer Republik repräsentativ angesehen und zugleich zu dominanten Epochenphänomenen erhoben wurden: auf die Neue Sachlichkeit und den Magischen Realismus. Es war ein großstadt- und berlinzentrierter Blick, während der von »völkischen« Autoren wie Wilhelm Stapel und Will Vesper initiierte Kampf des »total platten Landes« gegen den »Asphalt«, artikuliert in der Parole »Berlin versus Provinz«, ebenso bedeutsam war und gegen Ende der Weimarer Republik in den kulturellen Debatten stets präsent war. Ohnehin wird die »regionalistische« Komponente in der literarischen Kommunikation, an die der Nationalsozialismus ab 1933 nahtlos anschloß, unterschätzt.

Der Traditionalismus zielte poetologisch auf die Rückgewinnung des »Gegenstands« in Abwendung von der Abstraktion, auf eine neue Deutung des Verhältnisses von Natur und Form und auf die Wiedergewinnung des Sprachbewußtseins. Das Vertrauen in die deskriptiven und symbolisierenden Fähigkeiten der Sprache sollte wiederhergestellt werden, statt Ich-Dissoziation vorzuführen – wie in literarischen Verfahren der Avantgarde –, sollten wieder ich-identische Subjekte ausgestellt werden. Die Ontologisierung der Dichtung und die Behauptung eines Anspruchs auf Kunstautonomie in der Tradition der Weimarer Klassik bedeuteten zugleich die Rehabilitation der Schöpfungspoetik gegen die Kritik seit dem

Naturalismus und durch die Avantgarden. Mit dem Blick auf den skizzierten Traditionalismus lassen sich, über die kulturästhetischen Debatten hinaus, auch übersehene personelle und institutionelle Kontinuitäten rekonstruieren.

Besonders aufschlußreich in diesem Zusammenhang ist ein Buch des Dramaturgen am Düsseldorfer Schauspielhaus Felix Emmel aus dem Jahr 1925, das unter dem (irreführenden) Titel ›Das ekstatische Theater‹ erschien. Keineswegs handelt es sich um eine spätexpressionistische Programmschrift, vielmehr beklagt der Verfasser, der nach 1933 an der Umgestaltung der Theater zu nationalsozialistischen Schauspieltempeln mitwirkte, die Auflösung des »inneren Menschen« durch die angebliche »Herrschaft des Intellekts« und fordert neue Bindungen für den Menschen, die die Literatur zu gestalten habe. Entwickelt wird eine Dramaturgie der Metaphysik mit einem neu-alten »kultischen Theater«, in dem die »Ekstase des Blutes« im Mittelpunkt stehen solle.[30] Dem innerästhetischen Argument wird ein historisches hinzugefügt: Die Voraussetzungen für ein solches neues Theater seien durch das metaphysische Erlebnis des Ersten Weltkriegs mit der Erkenntnis der subjektiven Schicksalsabhängigkeit des Menschen gegeben; erst dadurch sei Tragik wieder darstellbar und die ihm notwendig erscheinende »unerbittliche Austreibung der Psychologie« möglich geworden. Damit wird eine epochenspezifische, aus dem Ersten Weltkrieg vermittelte Generationserfahrung auf den Punkt gebracht, rekurriert wird auf ein Initiationserlebnis, das schließlich für die Kulturpropaganda der Nationalsozialisten und die literarische Kommunikation nach 1933 in Deutschland insgesamt von herausragender Bedeutung werden sollte.

Diese Erfahrung wurde in allen antiavantgardistischen Literaturkonzeptionen zu einem poetologischen Argument stilisiert und projizierte die »Wiederkehr des Weltkrieges« (Ernst Jirgal) in die Literatur. Dabei verwischen sich, sieht man von spezifischen »pazifistischen« Fiktionskonzepten ab, im Laufe der Jahre die Grenzen zum völkischen Nationalismus und schließlich zum Nationalsozialismus mehr und mehr. Dies resultiert auch aus der öffentlichkeitswirksamen und gegen Ende der Weimarer Republik erfolgreichen Sinnstiftungsarbeit der Nationalsozialisten mit kollektivsymbolisch konstruierten Heldenfiguren wie den »völkischen Kämpfern« Albert Leo Schlageter, Dietrich Eckart und Herbert Norkus, die in der Literatur des Nationalsozialismus, in der Kulturpropaganda, in verschiedenen literarischen Genres, von der Romanfiktion über das Sachbuch und das Gedicht bis zum Kinderbuch, eine herausragende Rolle spielten.

Die nur wenig verbreitete Zeitschrift ›Die Kolonne‹ (1929–32) etwa, herausgegeben von dem Dresdner Autor Martin Raschke in Verbindung mit A. Artur Kuhnert und dem Verleger Wolfgang Jess (Berater war Günter Eich), wichtiges Forum einer jungen Autorengeneration am Ende der Weimarer Republik, das als Paradigma für die Wendung von der Neuen Sachlichkeit zur »naturmagischen« Dichtung gilt, zeigt in repräsentativer Form eine ästhetisch und ideologisch ambivalente Position zwischen Moderne und Antimoderne. Programmatisch vertreten wird der Anspruch auf Erkenntnis der »wahren«, autonomen »schöpferischen« Dichtung: Auch proklamiert die Zeitschrift ein traditionelles Dichterbild: Weder politischer Agitator noch zynischer Realist, weder Priester noch Propagandist, sondern einfach nur: autonomer Schöpfer. Um 1933 reagierten Autoren wie der noch junge Herausgeber Raschke (Jahrgang 1905) – ähnlich wie eine ganze Reihe junger Autoren, die in anderen literarischen Medien publizierten – zur Abwehr der äußeren und inneren Gefährdungen und der Ängste mit dem Rückzug auf Mythen und Formen und schließlich auf »Volk« und »Volksgemeinschaft«, was keineswegs äußeren Zwängen bzw., ab 1933, drohender Zensur und anderen Repressionen geschuldet war.

IV. Schriftsteller im Zeitalter des Totalitarismus

Die Analysen und Prophezeiungen deutscher Autoren aus den Jahren vor 1933 – quer durch die politischen Lager und die Medien der Teil-Öffentlichkeiten – im Blick auf den Aufstieg des Nationalsozialismus und die Zukunft der NSDAP waren vielfach falsch und von massiven Fehleinschätzungen geprägt. Im übrigen war die Anziehungskraft der totalitären Ideologien schon vor 1933 unübersehbar, der französische Philosoph Julien Benda sprach schon 1928 vom Verrat der Intellektuellen an Politik und Ideologie: Die Autoren der extremen Linken, die in der KPD aktiv und / oder als Schriftsteller im »Bund Proletarisch-revolutionärer Schriftsteller« (BPRS) organisiert waren (Johannes R. Becher, Anna Seghers u.a.) standen im Bann der Symbolkraft der »Oktoberrevolution« und der revolutionären russischen Gesellschaftspolitik mit sozialegalitären, auf der anderen Seite freilich auch repressiven Zügen.

Während die Mehrzahl der jüdischen Autoren floh und die in und im Umfeld der kommunistischen Partei agierenden und agitierenden Autoren ab 1933 ins Exil gingen (von wenigen Ausnahmen abgesehen, etwa Georg W. Pijet) und begannen, eine »antifaschistische Front«, zwischen Paris und Moskau, aufzubauen, waren für die in Deutschland verbliebenen Autoren die Verhaltens- und Handlungsoptionen nur allzu klar: Von einigen wenigen abgesehen, gingen sowohl die völkisch-nationalen als auch die meisten konservativen Autoren – wenn auch nicht alle mit Begeisterung – mit gewissen Erwartungen in das »Dritte Reich«. Soziale Abstiegsängste und massive ökonomische Probleme vor allem unter den jungen Autoren waren ausschlaggebend dafür, daß die Mehrzahl von ihnen 1933 in Deutschland blieb; gerade sie setzten große Hoffnungen in den Nationalsozialismus. Die bloße Beobachterposition, in die sich manche begaben, konnte jedoch schnell in eine Art »Verhaltensfalle« führen, da die Nationalsozialisten mit den neuen Institutionalisierungszwängen und den vielfältigen Repressions- und Überwachungsmaßnahmen den Konformitätsdruck deutlich erhöhten. Dennoch blieb der Anteil der Autoren hoch, die selbst bei innerer Distanz zur Partei und ihren »Führern« und zur bisweilen aggressiv ausgrenzenden Radikalsemantik der Kulturfunktionäre noch Hoffnungen auf eine »Kulturrevolution« hatten, die den »Liberalismus« und die angebliche »Formenlosigkeit« der Jahre vor 1933 durch neue Normen – insbesondere durch die Hypostasierung von Volk, Heimat, Nation (weniger: »Blut und Boden«) – ablösen und ein neues positives Gemeinschaftsgefühl schaffen sollte.

Die Mehrzahl der Autoren verhielt sich dabei aus Tradition und Überzeugung »unpolitisch«. In dieser Hinsicht machte auch ein renommierter Autor wie Gottfried Benn keine Ausnahme.

Fern jeder politischen Pragmatik und gleichsam befeuert durch die radikale Umgestaltung der Sektion Dichtkunst in der Preußischen Akademie der Künste (Linke und Liberale wurden durch Konservative und völkische Autoren ersetzt), sah er plötzlich im historischen Verlauf und in den Ereignissen des Jahres 1933 eine »Umwertung aller Werte« und eine anthropologische Revolution, mit der die nationalsozialistische Rassentheorie der »Züchtung« einen prominenten Fürsprecher fand. Benn war mit dieser Einstellung zwar keineswegs allein, doch gab es kaum Autoren, die zur Deutung der Ereignisse gleich ein geschichtsphilosophisch verbrämtes Kulturprogramm des »neuen Staates« (›Der neue Staat und die Intellektuellen‹, ›Kunst und Macht‹) entwickelten. Benns schmerzhafter Aufprall in der Realität des »Dritten Reichs« kam allerdings schnell – und seine Begeisterung schlug radikal um in Aggression und Haß auf die nationalsozialistische »Canaille«, die er fortan vorzugsweise in nicht-öffentlichen Zeugnissen, in Briefen beschimpfte. Die Gruppen- und Institutionenzwänge und massiven Angriffe etwa der SS-Zeitschrift ›Das Schwarze Korps‹ auf sein literarisches Vorleben, gegen den Dichter der expressionistischen ›Gehirne‹, ließen ihn schon bald aus dem Rausch erwachen. In den folgenden Jahren schützte ihn zwar eine Zeitlang vor allem der Präsident der Reichsschrifttumskammer, Hanns Johst, doch einige Funktionäre blieben hartnäckig, bis Benn zum Schweigen gebracht war und den beruflichen und schriftstellerischen Rückzug angetreten hatte. Er schrieb nun tatsächlich – als einer von wohl nur wenigen Autoren – für die Schublade, Gedichte und Prosa, die erst in den ersten Nachkriegsjahren herauskamen (u. a. ›Weinhaus Wolf‹, ›Statische Gedichte‹).

Eine Reihe von Autoren wollte vom politischen Umbruch profitieren, und dies auch im wahrsten Sinne des Wortes. Diese Autoren strebten nach freigewordenen Positionen in Redaktionen von Zeitschriften und Rundfunkhäusern, in Theatern oder Kulturbehörden; durch die Verfolgung, Unterdrückung, Inhaftierung und Vertreibung der »linken« wie der »jüdischen« Kulturschaffenden und Künstler der geächteten »Systemzeit« und die beginnende »Gleichschaltung« waren zahlreiche Stellen neu zu besetzen. Andere konnten ihre Mitarbeit an Zeitungen und Zeitschriften forcieren;

allerdings verloren die bürgerlich konservativen Blätter mit ihren
umfangreichen Feuilletons sukzessive an Terrain (von der ›Frankfurter Zeitung‹ bis zur ›Kölnischen Zeitung‹, das liberale ›Berliner
Tageblatt‹ mußte schon 1934 sein Erscheinen einstellen), während
ehedem liberal-konservative Blätter wie der Berliner ›Börsencou-
rier‹ (mit Herbert Ihering als Feuilletonchef bis 1933 und Wolfgang
Koeppen als regelmäßigem Mitarbeiter) sich ab 1934 national
positionierten; eine Vielzahl von Regional- und Provinzzeitungen,
die Publikationsmöglichkeiten boten (Feuilletons, Essays, Gedichte,
Literaturkritiken), wurden »gleichgeschaltet«. Zum lukrativsten
Medium wurde nun der Rundfunk – für die Nationalsozialisten das
ideale, einflußreichste Medium, in dem von plakativer politischer
Propaganda (Reden Hitlers und Goebbels') und umfangreicher
Kulturpropaganda (Übertragung von inszenierten Erinnerungsver-
anstaltungen und Hörspielen, paradigmatisch dafür war gleich der
»Tag von Potsdam« am 21. März 1933) und den Restbeständen der
bürgerlichen Traditionskultur *alles* vermittelt werden konnte. In
den verschiedenen Sendern fanden überzeugte Nationalsozialisten
eine Anstellung und ein Auskommen durch intensive Mitarbeit,
aber auch nichtnationalsozialistische Autoren, schließlich auch einige wenige, die ein Nischendasein mit innerer Distanz lebten bzw.
leben wollten: Jüngere Autoren wie Günter Eich, A. Artur Kuhnert,
Martin Raschke u.v.a. erkannten schnell die ökonomischen Vorzü-
ge des Mediums und nutzten sie für sich.

Daneben gab es in den Anfangsjahren der Diktatur, 1933/34
(bis zu dem auch die kulturelle Öffentlichkeit über die Gewalt-
bereitschaft der Nationalsozialisten endgültig aufklärenden
»Röhm-Putsch«), zahlreiche, zumeist jüngere Autoren, die das
schrieben, was nationalsozialistische Kulturfunktionäre gerne als
»Konjunkturliteratur« bezeichneten: Kolportagehafte, im Segment
der Unterhaltungsliteratur angesiedelte Romane, die – meist in
der Weimarer Republik spielend – Wandlungs-, Erneuerungs- und
Märtyrergeschichten konstruierten und ihre fiktionalen, oft auch
semi-dokumentarischen Inhalte mit dem Heilsversprechen der nationalsozialistischen »Revolution« enden ließen. Der tatsächliche
oder auch nur vermeintliche Zwang zur Anpassung war im übrigen
so groß, daß auch einige linksliberale Verlage wie Rowohlt (der

allerdings die nationalrevolutionären Autoren Arnolt Bronnen und
Ernst von Salomon schon einige Jahre unter Vertrag hatte und auch
Hans Falladas Romane herausbrachte, in denen der Autor ab 1933
politische Konzessionen machte) ihr Programm modifizierten und
an die veränderte politische Landschaft »anpaßten«.

Insgesamt nahmen die Nationalsozialisten massiven Einfluß auf
die literarische Öffentlichkeit und den Buchmarkt. Sie versuchten
über Jahre, mit teils drakonischen Maßnahmen, die Verlags- und
Publikationslandschaft zu entdifferenzieren und zu kontrollieren,
und setzten die Anstrengungen um die Monopolstellung des Zen-
tralverlags der NSDAP Eher fort. Einige literarische Gattungen
wurden zwangsläufig aufgewertet, indem sie ideologisch befrachtet
wurden – so das historische und mehr noch das zeitgeschichtliche
Sachbuch, so auch die Kinder- und Jugendliteratur: Dutzende von
Titeln erschienen in den Jahren 1933/34, die, motiviert zum Teil
durch den überraschenden Erfolg von Karl Aloys Schenzinger
›Hitlerjunge Quex‹ (1932!) den Nationalsozialismus als eine die
Gesellschaft angeblich revolutionär verändernde positive Kraft fei-
erten.

Im übrigen profitierten auch zahlreiche Autoren des bürgerlich-
konservativen Lagers vom kulturellen Gratifikationssystem der
Nationalsozialisten: Neue hochdotierte »nationale« und städtische
Literaturpreise erhielten nicht nur Nationalsozialisten wie Gerhard
Schumann (1935 »Schwäbischer Dichterpreis«, 1936 »Nationaler
Buchpreis«) oder Baldur von Schirach, sondern auch Georg Britting
(Stadt München 1935) oder Richard Billinger (München 1942).
Auch auf den seit 1937 zusammengestellten ›Vorschlagslisten für
Dichterlesungen‹ (herausgegeben vom »Werbe- und Beratungsamt
für das deutsche Schrifttum beim Reichsministerium für Volksauf-
klärung und Propaganda«), die jeweils nach Gauen und regionalen
Wirkungszentren untergliedert waren, standen keineswegs nur die
nationalsozialistischen und völkischen Vorzeigeautoren, sondern
auch einige bürgerlich-konservative Schriftsteller wie Georg Britting, Hans Carossa, Friedrich Schnack, Otto Heuschele, Eberhard
Meckel, Gottfried Kölwel, Georg von der Vring; in der Liste für
1939/49 ist sogar das spätere Mitglied der Roten Kapelle Adam
Kuckhoff verzeichnet, der auch als Verfasser des um das deutsch-

französische Verhältnis kreisenden Romans ›Der Deutsche von Bayencourt‹ (1937, Rowohlt Verlag) erwähnt wird.

Die ökonomischen Perspektiven der im Reich verbliebenen Schriftsteller – zumal sich im Zweiten Weltkrieg durch die von der »Wehrmacht« eroberten und besetzten Länder (von den Niederlanden bis nach Norwegen) neue Möglichkeiten ergaben – hielt die Akzeptanz bei den verbliebenen Intellektuellen und Schriftstellern hoch; auch dies gehört in den Kontext der von Götz Aly analysierten »Gefälligkeitsdiktatur«. Für Akzeptanz sorgte auch der Schachzug von Goebbels und seinen Mitarbeitern im Ministerium für Volksaufklärung und Propaganda, Autoren im Zweiten Weltkrieg als privilegierte »Frontberichterstatter«, vor allem in »Propagandakompanien«, einzusetzen, die den Krieg publizistisch und literarisch begleiten und für eine wirksame »Aufbereitung« sorgen sollten. Mit Tagebuchaufzeichnungen, bebilderten Berichten und Photoreportagen modernen Zuschnitts wurde ein Gegengewicht zum plakativen propagandistischen »Durchhalte«-Trommelfeuer der Heeresleitung und der NS-Führung gebildet.

Freilich bedienten fast alle Autoren, teils in abgeschwächter Form, die Feindbildstereotypen der Nationalsozialisten und trugen, wie explizit oder vermittelt auch immer, zur Sinnzuschreibung bei, es handle sich um einen unausweichlichen »anti-bolschewistischen« Entscheidungskampf für die »Freiheit des Vaterlands« und zur Rettung der »abendländischen Kultur«; dabei wird zwangsläufig die »fremde« Kultur mit der »eigenen« verglichen und abgewertet. In Verbindung mit den Privilegien der schreibenden Beobachter war diese Form der Einbindung auch deswegen geschickt, weil sie den Schein aufrechterhielt, man nehme »Realität« wahr und könnte sie auch vermitteln. Doch zeigen die gelegentlichen Zensurkämpfe (des Oberkommandos der Wehrmacht auf der einen sowie der Politischen Polizei auf der anderen Seite) um die Druckfassungen solcher Berichte, die in modern konzipierten, Text und Bild mischenden Zeitungen wie ›Das Reich‹ und ›Signal‹ erschienen sowie in Kultur- und Literaturzeitschriften bis hin zum ›Inneren Reich‹, daß hinter den Kulissen Machtkämpfe um die Deutungshoheit über die historischen Ereignisse abliefen, die ihre Wirkungen auf die Autoren nicht verfehlten. Die literarische Kommunikation nach 1940 belegt insgesamt sehr deutlich, daß die Derealisierung der Wahrnehmung voranschritt: Sie führte zu fortgesetzten Täuschungen über die Politik und die Ziele der Nationalsozialisten – und vor allem auch zur unbewußt-bewußten Ausblendung des an der Front veranstalteten, von der Wehrmacht mitzuverantwortenden »Vernichtungskampfes im Osten«.

Der Anspruch der Nationalsozialisten auf Durchdringung des Kulturellen mit politischer Symbolik und der Politik mit kultureller Symbolik war allumfassend – und kulminierte in jenem plakativen, in der Werbung auch graphisch herausgestellten Motto, unter dem 1938 und 1940 »Großdeutsche Buchwochen« veranstaltet wurden: »Buch und Schwert«.[31] Um ihren Anspruch umzusetzen, bedienten sich die NS-Kulturfunktionäre mit Goebbels an der Spitze vor allem der performativen Künste – des Musiktheaters (propagierter Höhepunkt: »Hitlers Bayreuth«) und der Theater im Reich – und literarischer Formen, die dem programmatisch entsprachen, oder besser: entsprechen sollten. Denn während das Thingspiel nur anfangs als Form kultischer Masseninszenierung politisch gefördert wurde, waren »Kantaten«, »Chordichtungen« und »Laienspiele« erfolgreich und wurden fortlaufend in der »praktischen Kulturarbeit«, von der Reichsjugendführung, den Jugendorganisationen und dem Reichsarbeitsdienst eingesetzt. Dennoch waren die Erfolge »neuer« völkischer Literatur und junger NS-Autoren insgesamt spärlich. Nicht zuletzt deshalb blieb der Anteil der Kulturvermittlung von Werken des Kanons, der Klassiker, durchweg hoch, er stieg sogar während des Krieges an: Aufführungen von Klassikern und Stücke des bürgerlichen Unterhaltungsrepertoires, dann auch Unterhaltungsfilme, die im Zweiten Weltkrieg reüssierten – dies war der Grundbestand des kulturellen Repertoires. Im Film konnten die Nationalsozialisten mit Leni Riefenstahl zudem einen Öffentlichkeitserfolg verbuchen: Der Parteitagsfilm ›Triumph des Willens‹ und der zweiteilige Olympia-Film stehen für ästhetische Innovationen, unabhängig von dem ihr zugeschriebenen faschistischen Kult der »gestählten Körper« und des propagandistisch eingesetzten und von den Nationalsozialisten zu Werbezwecken im Ausland benutzten unübersehbaren Beitrags zur »volksgemeinschaftlichen« Uniformierung und Massenmobilisierung.

Auch die für die Außendarstellung (weniger das Selbstverständnis) der Nationalsozialisten bedeutsame Klassikerrezeption zeigt die ganze Spannweite dessen, was in einer totalitären, aber keineswegs monolithischen Medienöffentlichkeit mit zugestandenen »Zwischenräumen« möglich war. Herder, zum Beispiel, wurde für nahezu alles instrumentalisiert: Er fungierte in der NS-Kulturpropaganda (wie in den disziplinären Diskursen) als Begründer der Rassenkunde, als Antisemit womöglich und als Nationalerzieher im Sinne deutscher Kulturhegemonie; Schiller wurde von einigen Nationalsozialisten zum »Kampfgenossen Hitlers« ernannt,[32] andererseits boten künstlerisch ambitionierte Aufführungen seiner Dramen (insbesondere des ›Don Carlos‹ und des ›Wilhelm Tell‹) unvermeidlich auch politische Lesarten der Distanzierung, die in der Rezeption zumindest teilweise aktualisiert wurden. Goethes Faust ließ man programmatisch »im Braunhemd« aufmarschieren,[33] von Baldur von Schirach wurde Goethe als Spruchdichter zugerichtet, die historischen Dramen Kleists und Grabbes brachten mythische Konstruktionen des Preußischen auf die Bretter des Reichs. Nur Lessings Werk sperrte sich gegen solche das literarische Erbe verfälschenden Aneignungen, bot sich für Formen heroisierender Rezeption kaum an; allenfalls ›Minna von Barnhelm‹ diente, zumal im Zweiten Weltkrieg, als Unterhaltungskomödie auch in den besetzten Gebieten und sollte (auch mit der Verfilmung unter dem Titel ›Das Fräulein von Barnhelm‹) die Soldaten bei Laune halten.

Im Laufe des Kriegs veränderten sich mit der Massenmobilisierung, die auch die Schriftsteller einbezog (sofern sie keine Ausnahmegenehmigungen, etwa für »kriegswichtige« Tätigkeiten beim Film, erwirken konnten), die Arbeits-, Schreib- und Publikationsbedingungen nachhaltig. Durch die zunehmende Monopolstellung einiger weniger Verlage wie Bertelsmann und Kohlhammer sowie der NS-Verlage, etwa des Gauverlags in Bayreuth, vor allem aber des Eher Verlags, die in der Papierzuteilung bevorzugt wurden, und das verstärkte kulturpolitisch-propagandistische Eingreifen nicht nur der Reichsjugendführung (unter Baldur von Schirach), sondern auch des Oberkommandos der Wehrmacht, gab es nur noch wenig Spielraum für Autoren und für das Verfassen und Publizieren neuer Romane und Erzählbände. Selbst die Reichsschrifttumskammer geriet durch die politischen, sozialen und kulturellen Veränderungen ein wenig in die Defensive. Die Einstimmung der Deutschen auf den »Endkampf« gegen den »Bolschewismus« erforderte nun auch eine Neuausrichtung und Konzentration der Kulturpropaganda: Repräsentative Dichtertagungen wie die in Weimar (1937–1942), auf denen sich im übrigen, nicht unbemerkt, wenn auch nicht wirklich kommuniziert, generationsbedingte Gräben zwischen den völkischen und jungen Nationalsozialisten auf der einen und den »nicht-erklärten« Nichtnationalsozialisten auf der anderen Seite auftaten, schienen nicht mehr notwendig. Solche kulturpropagandistischen Inszenierungen dienten ohnehin vor allem dem Ausweis der Kulturfähigkeit des »Dritten Reichs« insbesondere gegenüber dem Ausland und waren auch ein Bestandteil jener »Simulation«, von der Hans Dieter Schäfer im Blick auf die Kultur des »Dritten Reichs« gesprochen hat.[34]

Nun aber rückte die militärische Mobilisierung auch in den kulturellen Feldern verstärkt in den Vordergrund: Des ›deutschen Dichters Sendung in der Gegenwart‹, wie die von Heinz Kindermann schon 1932 begonnene Aktion zur Einwerbung programmatischer Texte anläßlich der unmittelbar bevorstehenden »Kulturrevolution« hieß (und die anläßlich der »nationalen Revolution« mit einem Vorwort des Staatskommissars und späteren Präsidenten der Reichskulturkammer im Reclam Verlag erschien), wurde umgepolt in einen aktivistischen »Heroismus« für die »Volksgemeinschaft«. Hier Nischen zu besetzen (wie dies noch ein kleiner Verlag wie Henssel mit dem Roman ›Johannes Geisterseher‹ von Heinrich Goertz 1942 schaffte), war kaum mehr möglich. Schon früh hatte im übrigen die nationalsozialistische Kulturpropaganda die Bevölkerung auf die kommenden »realen« Bunker mit dem literarischen Bild des »Bunkers« einzustimmen gesucht: Der Lyriker Ferdinand Oppenberg (nach dem Krieg Jahrzehnte als produktiver Autor im nordrhein-westfälischen Duisburg tätig) stellte eine Anthologie zusammen, die unter dem Titel ›Bunker Deutschland‹ (1940) ein Volksbuch der egalitären »Volksgemeinschaft« konstruieren sollte, ein Volksbuch der Krieger, Arbeiter und Führer, bestehend aus Texten unterschiedlichster Genres und Illustrationen. Die Reichsjugendführung mühte sich darüber hinaus, den »wehrhaften Geist«

in schön gedruckten Lyrik-Anthologien (unter den Autoren war neben Gerhard Schumann, E. W. Möller, Ina Seidel, Felix Lützkendorf oder Agnes Miegel auch Heinz Schwitzke, der nach dem Krieg eine wichtige Rolle für das literarische Hörspiel einnehmen sollte), verkünden zu lassen.

Im Laufe des Krieges wurden dann systematisch verschiedene Reihen- und Heftchentypen für sehr unterschiedliche Leserinteressen begründet, vornehmlich unterhaltende kurze Kriegsgeschichten, aber auch anspruchsvollere Literatur: u. a. »Tornisterschriften« des OKW, dann auch kleinformatige, anspruchsvolle Reihen wie die ›Grauen Hefte der Armee Busch. Schriftenreihe zur Truppenbetreuung‹, unter ihnen Anthologien sowie Gedichtbände von Hans Baumann, aber auch die eigenwillige Erzählung ›Das Ehrenwort‹ (1943) von Wolfgang Hoffmann-Zampis, einem Freund Albrecht Haushofers. In den Jahren zuvor erschienene erfolgreiche Romane und Erzählbände von völkischen Autoren, in großer Zahl auch kanonische Werke der klassischen Literatur von Goethe über Kleist bis zu Fontane wurden ebenfalls in hohen Auflagen hergestellt, waren aber vor allem für den Vertrieb in den eroberten bzw. besetzten Gebieten bestimmt – das literarische Feld existierte nun nicht mehr. Diese »Bunker«-Phase, von einigen Autoren, nicht zuletzt wegen der Privilegien, wohl noch als spannend empfunden, verstärkte Tendenzen der Introspektion wie der Resignation bei vielen Nichtnationalsozialisten. Sie standen nun erst recht »auf verlorenem Posten«, selbst wenn einige, wie Reinhold Schneider, weiterhin in der Lage waren, Erzählungen und Gedichte in Nischenverlagen (etwa dem katholischen Alsatia in Kolmar) oder als bibliophile Drucke (z. B. ›Dreißig Sonette‹, gedruckt in den Werkstätten der Burg Giebichenstein in Halle) herauszubringen und auch ein jüngerer Autor wie Horst Lange, der Verfasser des Romans ›Schwarze Weide‹ (1937), eines der Hauptwerke des »Magischen Realismus«, es noch schaffte, im bemerkenswert produktiven Goverts Verlag 1944 den Erzählband ›Die Leuchtkugeln‹ erscheinen zu lassen.

V. Innovationen im Erzähldiskurs

Die Nationalsozialisten beanspruchten nicht nur die Deutungshoheit über die Geschichte, sie machten sich, und dies betraf die
Literatur und die Dichter existentiell, zum »Herrn über die Bilder«
und wollten die Erinnerungskultur steuern.[35] Im »Dritten Reich«
gab es nicht viele Autoren, die sich den Zwängen der totalitären
Sprache und der die Wirklichkeit derealisierenden Bilderflut tatsächlich zu entziehen vermochten, und noch weniger, die darauf
mit einem ästhetischen Konzept reagieren und sich auf diese Weise
den Primitivismen populärer Kulturprogrammatiken widersetzten.
In derartigen Programmen wurde immerzu von den »Pflichten« des
Künstlers »gegenüber dem totalen Staat« gesprochen,[36] wurde die
»Volksgemeinschaft als Kulturboden« deklariert und die Einordnung der Künstler in die »Volksgemeinschaft« gefordert.[37]

Es waren weniger die nichtnationalsozialistischen Autoren des
»Zwischenreiches« (von Reinhold Schneider bis Stefan Andres),
sondern Dichter wie Oskar Loerke (mit Gedichten) und Friedo
Lampe mit Prosaminiaturen, dem Roman ›Am Rande der Nacht‹
(1934) und der Erzählung ›Septembergewitter‹ (1937) – beides
in filmischer Schnitt- und Überblendungstechnik erzählte Gegen-
Idyllen, in denen ein innovatives und ästhetisch ambitioniertes
Erzählkonzept zum Tragen kommt: »Während die Macht durch
Propaganda-Automaten das Wirkliche aufsaugte zu dem einzigen
Zweck, die Dauer ihrer Herrschaft zu verlängern«, beschworen
Loerke und Lampe »das Leben, um sich durch die Erfahrung des
Fremden aus der Betäubung zu befreien.«[38] Freilich erreichten nur
ganz wenige eine stilistische Souveränität, die auf innerer Unabhängigkeit beruhte – der Normalfall in der Romanliteratur auch von
nichtnationalsozialistischen Autoren im »Dritten Reich« (z.B. auch
in Wolfgang Koeppens ›Die Mauer schwankt‹ von 1935) war ein
Erzählen auf schwankendem Traditions- und Gegenwartsgrund,
nicht selten mit hohem Kunstanspruch prätentiös annonciert, oft
ins Kunstgewerbliche und Gezwungen-Stilisierte, in Kitsch abglei-
tend. Klischees und Topoi der literarischen Tradition, gestelzte,
künstliche Dialoge, all das, was in durchschnittlicher Unterhaltungsliteratur (der ›mittleren Höhe‹) immer schon zu finden war:

dies kann im »Dritten Reich« auch Ergebnis einer Persönlichkeits-spaltung bzw. eines Verhaltens sein, das sich der Ent-Individuali-sierung durch die Nationalsozialisten unbewußt unterwirft. Wenn Günter Eich, zwar mit Blick auf einen Einzelfall, nämlich seinen Freund Martin Raschke und dessen Entwicklung als Autor im Nationalsozialismus meinte »Die Verbiegung des Ichs rächt sich im Stil. Die für überwunden gehaltenen Bedenken schleichen sich als Adjektiva wieder ein«, so war dies auch als generelles Phänomen zutreffend beschrieben.

VI. Vom »Inneren Reich« der Deutschen

Die Zeitschrift ›Das Innere Reich‹, die Paul Alverdes und Karl Benno von Mechow ab 1934 und bis Anfang 1944 im konservativ-nationalen Vorzeigeverlag Langen-Müller, in dem auch zahlreiche NS-Autoren herausgebracht wurden, herausgaben, war die – mit 11 Jahrgängen – langlebigste und umfangreichste Literatur- und Kul-turzeitschrift des »Dritten Reichs« (1934–1944). Lange wurde sie, mehr vorsichtig suchend als bestimmt und sicher beurteilt, entwe-der als das wichtigste Organ der »Inneren Emigration« oder als ein insgesamt konformistisches Kulturblatt der bürgerlich-konservati-ven und nationalen Elite Deutschlands charakterisiert. Sie zielte auf eine medial inszenierte nationale »Kulturwende« ab und verfocht das Programm einer – am Ende überschießenden – Sinnproduktion als Reaktion auf die bedrohte Autonomie des literarischen Feldes, auf die Macht und Funktion der Traditionsanbindung (Stichwort: Klassik und Klassizismus) und schließlich auf Natur, Mythos und Krieg als zentralen semantischen Feldern, die es zu besetzen galt. Am Beispiel dieser Zeitschrift läßt sich der zähe Kampf um die Au-tonomie des literarischen Feldes anschaulich verfolgen.

Tatsächlich war ›Das Innere Reich‹ eine kulturelle Geltungs-macht in der literarischen Öffentlichkeit des »Dritten Reichs«, die genau jene üblichen Grenzen aufzeigte, innerhalb derer literarische Kommunikation weitgehend ungestört ablief; und dies mit einem breiten Spektrum von Autoren des nationalsozialistischen, des völkischen und des konservativen Lagers sowie jüngerer, ideologieferner Autoren wie Günter Eich (mit der Erzählung ›Katharina‹, 1936), Peter Huchel oder Johannes Bobrowski. Zwischen Autonomie und Heteronomie des literarischen Feldes steckten die Herausgeber ihre Möglichkeiten ab, einige wenige Male drohten Repressalien bzw. Folgen durch Zensurbehörden, ansonsten war der Herausgeber Alverdes peinlich darauf bedacht, nur Texte abzudrucken, von denen von vornherein klar war, daß sie keine Zensurinstitution auf den Plan rufen würden. Solche selbstzensorischen Grenzziehungen gewährleisteten eine relative Autonomie in der Gestaltung der Zeitschrift und eröffneten die Chance, die kulturelle Sphäre wenigstens punktuell ideologie- und propagandafrei zu halten – was de facto freilich nicht möglich war. Tatsächlich ist das ›Innere Reich‹ repräsentativ in jenem Sinne, da es die einzige größere Literaturzeitschrift war, die sehr unterschiedliche literarische Gruppen und Kommunikationsräume einzubinden vermochte. Repräsentativ ist sie auch in ästhetischer Hinsicht sowie unter dem Aspekt der Traditionsaneignung und des Rezeptionsverhaltens. Die Macht der Tradition zeigt sich in einer unübersehbar intensiven Klassikrezeption sowie der Rezeption Kleists und, weniger typisch für die literaturpolitischen Verlautbarungen der NS-Kulturfunktionäre, von Adalbert Stifter. Der Sinnstiftung und Sinnproduktion kommt ein herausgehobener Stellenwert zu, sowohl in Naturdichtung als auch in Texten, die, zwangsläufig in den Vordergrund rückend, den Krieg thematisieren (etwa Tagebuchauszüge, aber auch Erzählungen). Der Natur- und Landschaftsraum firmiert in vielen Texten als ästhetischer Flucht- und Projektionsraum, das Anfang der 1930er Jahre im Kontext der Photographie eines Karl Blossfeldt (wie sie auch in der Zeitschrift ›Die Kolonne‹ dokumentiert ist) zu beobachtende Phänomen des »Wunders der Pflanze« läßt eine Entwicklung von der Neuen Sachlichkeit weg zur »Magie der Stille« und einer Euphorie der Langsamkeit gegen die »Schnelligkeit« der technokratischen Zivilisation erkennen, eine Euphorie, die schon in Texten Wilhelm Lehmanns lange vor 1933 spürbar ist: Im November 1927 notierte er im Tagebuch: »Die Dinge überdauern den Menschen. Er lebt eine kürzere Spanne als sie, weil er immerfort dem Bewußtsein standhalten muß.«[39]

VII. »Flüchtlingsgespräche« und die »Erbärmlichkeit« des Exils

Der Exodus einiger tausend Intellektueller aus Deutschland seit Februar/März 1933, der den Beginn einer beispiellosen Flucht- und Vertreibungsgeschichte auch in der deutschen Literatur markiert, bedeutete allerdings eine Zäsur: Das Literatursystem veränderte sich schon allein deshalb, weil einzelne Teil-Öffentlichkeiten, die der kommunistischen und sozialistischen Parteien und Organisationen sowie die Autoren einer kritischen und politischen Öffentlichkeit, die den Nationalsozialismus vehement bekämpft hatten, etwa Carl von Ossietzky (der, nach KZ-Inhaftierung und Freilassung, 1936 an Tuberkulose starb) und Kurt Tucholsky, die beiden Herausgeber der den Nationalsozialisten besonders verhaßten ›Weltbühne‹, oder auch Erich Mühsam (1934 im KZ Oranienburg ermordet), systematisch unterdrückt und sogleich ausgegrenzt wurden; eine andere Teil-Öffentlichkeit, die der jüdischen Kulturwelt mit ihren zahlreichen Verlagen (allen voran Schocken), wurde, bei zunehmender Ghettoisierung, noch einige Jahre geduldet. Das erste Problem der Exilierten war die Neusammlung und Neuorganisation im Exil und die Entwicklung einer Strategie, mit der der Nationalsozialismus bekämpft werden konnte: Einige Jahre dauerten die Versuche der Sammlung einer Volksfront. Als besonders problematisch erwies sich dabei der Konformitätszwang und Anpassungsdruck auf seiten der in der Kommunistischen Partei aktiven Autoren, der schließlich genau jene Verhaltensweisen der Denunziation und des Renegatentums hervorbrachte, mit denen die Exilierten zahlreiche Autoren im »Dritten Reich« immer wieder politisch und moralisch desavouiert hatten. Darüber hinaus ist längst bekannt, auf welche Weise der Stalinismus mit in Moskau lebenden Exilierten, die als nonkonformistisch eingeschätzt wurden, verfuhr; eine Reihe von Autoren und Autorinnen (u. a. der frühere Expressionist Herwarth Walden) landete in Arbeitslagern oder Zuchthäusern und starb dort oder wurde im Anschluß an Schauprozesse gegen sogenannte Abweichler hingerichtet.

Es ist erstaunlich, welche Produktivität im Exil erreicht wurde angesichts der existentiellen Dauerprobleme, der zeitweiligen Permanenz der Flucht, der materiellen Probleme, der Schwierigkeiten mit der Selbstorganisation und der Schaffung neuer Kommunikationsstrukturen und Publikationsmöglichkeiten. Mittlerweile hat sich der Blick auf diese Form des Exils auch ein wenig geändert. Es hat lange gedauert, bis einige Exilierte darauf hinwiesen, daß es zu einfach sei, nur eine »Verlustrechnung« für die Vertriebenen, Geflohenen und Ausgewanderten aufzumachen, sondern daß das Exil oft auch Chancen geboten habe und es, wenigstens für einige, sogar eine »Gewinnrechnung« geben könne. Was ist gemeint? Lion Feuchtwanger hatte schon in dem Band ›Exil‹ seiner ›Wartesaal‹-Trilogie eine solche Gewinnrechnung präsentiert, Bertolt Brecht hat sie dialektisch untermauert in den 18 fiktiven Dialogen zwischen dem Physiker Ziffel und dem Metallarbeiter Kalle der 1940–1944 in Finnland und den USA entstandenen, aber erst Jahrzehnte später publizierten ›Flüchtlingsgespräche‹. Es geht um die neuen, weltumspannenden Kommunikationsräume, die täglichen Erfahrungen in den Exilländern, die Möglichkeit, neue Kulturen und Sprachen kennenzulernen und den Erfahrungshorizont zu erweitern – allerdings immer vor dem Hintergrund des »drohenden« Verlusts der eigenen Sprache. Die positiven Chancen der Akkulturation wurden allerdings nur von einem Teil der Exilierten auch wahrgenommen und entsprechend geschätzt. Der andere Teil befand sich eher im permanenten Ausnahmezustand: ökonomische und sprachlich-kulturelle Verlustängste und damit letztlich die Angst vor dem Verlust der Identität war für viele die Normalität.

Manche konnten dies mit dem Schreiben kompensieren. Dabei ließen viele ihrem Haß auf die Nationalsozialisten freien Lauf, auf die Politik der Vernichtung der Traditionen der (bürgerlichen) Aufklärung, auf die nationalsozialistische Mobilisierung und Militarisierung alles Zivilen zu Kriegszwecken. So wurden gerade in den ersten Jahren des Exils zahlreiche politische Pamphlete und Sachbücher gegen die Nationalsozialisten verfaßt. Man brachte Braun- und Weißbücher heraus, um die Verbrechen und die Barbarei der Nationalsozialisten zu dokumentieren und um die tatsächlichen strategischen Ziele jenseits der NS-Rhetorik aufzudecken: Das berühmte ›Braunbuch‹ von Willi Münzenberg ist in diesem Zusammenhang zu nennen, auch der Band ›Hitlers Luftflotte startbereit‹ oder ein Buch wie das im Titel auf Alfred Rosenberg anspielende ›Blut und Ehre‹ von Maximilian Scheer, mit einem Vorwort von E. J. Gumbel, in dem der Aufstieg der Nationalsozialisten, einmal mehr, auf die Interessen und Ziele des »Großkapitals« zurückgeführt wurde.

Dennoch brachte gerade der politisch-essayistische und philosophische Diskurs auch literarisch bemerkenswerte Leistungen hervor: Erwähnt seien nur so unterschiedliche kritisch-essayistische und philosophisch-essayistische, scharfsinnig argumentierende Werke wie ›Caliban‹ des Juristen Walter Rode (1934) oder auch ›Erbschaft dieser Zeit‹ von Ernst Bloch (1935).

Nach einigen weiteren Jahren, in denen die Nationalsozialisten eine – in den Augen der Exilierten gewiß erstaunliche – Akzeptanz in der Bevölkerung erreichten, verlagerten sich die Schwerpunkte der Auseinandersetzung: Es erschienen in den USA dokumentarische Arbeiten für das dortige Publikum wie Erika Manns pädagogische Dokumentation ›School for Barbarians‹ (1939, mit einer Einleitung von Thomas Mann!). Aber auch neue ästhetische Formen der Auseinandersetzung (nachdem Aufführungen wie die des Kabaretts »Pfeffermühle« mit über 1000 Vorstellungen in Zürich, Basel und anderen Städten bis 1936 jenseits des Atlantiks nicht mehr möglich waren) rückten in den Vordergrund, zum Beispiel die Satire und satirische Bild-Text-Darstellungen (bis hin zum Comic); herausragend war etwa ›Die deutsche Walpurgisnacht‹ von Dosio Koffler (1939), eine wilde satirische Text-Persiflage auf die Klassikeraneignung und Klassikeranrufung durch die Nationalsozialisten.

Im Zweiten Weltkrieg kam schließlich noch das Genre der Rundfunkreden hinzu, das zur literarischen Gebrauchsgattung aufstieg: Vor allem mit Thomas Manns in den USA produzierten, von England über die BBC an die Deutschen adressierten Reden ›Deutsche Hörer‹. Mit ihnen versuchte der im Ausland renommierteste deutsche Schriftsteller, die vormalige Rolle als »Präceptor Germaniae« (nun auch als Stimme des »besseren« Deutschland) wieder einzunehmen. Thomas Mann, der 1936 ausgebürgert und dem im selben Jahr die Ehrendoktorwürde der Universität Bonn wieder aberkannt worden war, der aber, trotz des Verbots seiner Bücher in Deutschland 1937, auch dort noch immer seine Leser hatte, formulierte nun – in unterschiedlichen Stillagen – politische Tagesbotschaften, aber auch grundsätzliche politische und kulturelle Grundsatzanalysen. Am bekanntesten wurde der sarkastische, auch als Flugblatt über Deutschland abgeworfene ›Nachruf‹ auf den Leiter des Reichssicherheitshauptamtes und Stellvertretenden Reichsprotektor von Böhmen und Mähren, den berüchtigten Reinhard Heydrich, der, bevor er Opfer eines Attentats wurde, die Wannsee-Konferenz zur »Endlösung der Judenfrage« einberufen hatte.

VIII. Perspektiven des Exilromans

Angesichts der Struktur des Literatursystems und der Frage, an wen die Literatur adressiert werden sollte, stieg der Roman in der Exilliteratur zwangsläufig zum wichtigsten literarischen Genre auf, während die Zeitschriften das bedeutendste Kommunikationsmedium verkörperten. Mit der Romangattung hatte ein Autor nicht allein die Möglichkeit, über Verlage, die bereits etabliert waren und/oder nun auch Exilliteratur verlegten (etwa Querido und Allert de Lange in Amsterdam oder Humanitas, Oprecht und Europa in Zürich), ein größeres Publikum zu erreichen; sie eröffnete vor allem auch die Chance, im Falle attraktiver Themen in den Sprachen der Exilländer, vor allem in Holländisch, Schwedisch, Russisch und Englisch, später auch in Spanisch verlegt zu werden. Die Avantgarde war allerdings längst auf dem Rückzug, und das bevor die Nationalsozialisten an die Macht gekommen waren: Musils epochaler essayistischer Roman ›Der Mann ohne Eigenschaften‹ war schon vor 1933 konzipiert worden, der zweite Band 1933 erschienen, der dritte, der den Text als Fragment abschloß, kam postum 1943 heraus. Hermann Broch arbeitete nach der ersten Fassung des unabgeschlossenen ›Berg‹-Romans (1935), der dem Muster des antifaschistischen Exilromans entspricht, lange Jahre am ›Tod des Vergil‹ (1945, erste Novellen-Fassung 1937), in dem die Parallelisierung der römischen Kaiserzeit des Augustus mit der Gegenwart nur Ausgangspunkt ist für den Versuch einer Kulturdiagnostik der Gegenwart in einer komplexen Erzählform. Auch die frühen Exilromane

Alfred Döblins lassen sich als Referenz an die Avantgarde deuten, zu der der Autor selbst mit dem durch Montage, durch multi- und innenperspektivisches Erzählen ausgezeichneten Berliner Groß-stadtroman ›Berlin Alexanderplatz‹ (1929) einen der wichtigsten Beiträge geliefert hatte. In dem historischen Roman ›Pardon wird nicht gegeben‹, einer Entwicklungsgeschichte vom Kaiserreich bis zur Weltwirtschaftskrise, knüpfte er noch einmal daran an, zuvor hatte er mit ›Babylonische Wanderung oder Hochmut kommt vor dem Fall‹ (1934) einen eigenwilligen ›Roman comique‹ verfaßt, der auch erste deprimierende Exilerfahrungen verarbeitete, die er mit den literarischen Verfahren der Komik und Groteske aufzulösen versuchte.

Den Schwerpunkt der Produktion im Exil machen in den Jahren 1933 bis 1938 aber Romane aus, die die soziale Entwicklung zum oder im Faschismus perspektivieren, die allerdings nicht grundsätz-lich als politisch-antifaschistisch charakterisiert werden können; auf einige dieser Romane, vor allem auch auf weniger bekannte, soll wenigstens ein kurzer Blick geworfen werden. Hermynia zur Mühlen hat die historischen Ereignisse von Anfang 1933 bereits in dem 1934 in einer saarländischen Tageszeitung erschienenen Roman ›Unsere Töchter, die Nazinen‹ verarbeitet: Der Roman ist parzelliert in sechs Monologe, in denen drei ältere Frauen aus un-terschiedlichen sozialen Kontexten berichten (Arbeiterin, Adlige und bürgerliche Ärztin), mit Anklängen an die linke Agitations-und Kolportageliteratur der ausgehenden Weimarer Republik. Die Kommunistin Maria Leitner zeigt in ›Elisabeth, das Hitlermädchen‹ (1937 in Fortsetzungen in der ›Pariser Tageszeitung‹) die Desillusio-nierung eines vom Führer begeisterten Berliner BDM-Mädels, das als Schuhverkäuferin arbeitet. Das Beispiel Ödön von Horváths zeigt dagegen einige Abweichungen, vor allem in ästhetischer Hin-sicht. In dem kleinen, im Schul- und Pädagogenmilieu angesiedelten Roman ›Jugend ohne Gott‹ (1937) zeichnet Horváth, erzählt aus der Perspektive eines nonkonformistischen, allerdings unpoliti-schen Lehrers das Soziogramm von Schülern, Eltern und Pädagogen in einer oberbayerischen Kleinstadt, in der der Nationalsozialismus »mobil« macht. Auch Oskar Maria Graf hat sich als sozialkriti-scher Erzähler im Exil profiliert, mit Romanen, die beinahe nahtlos an die Jahre vor 1933, vor allem an ›Bolwieser‹ (1932), anknüpfen. In ›Der harte Handel‹ (vor 1933 geschrieben, als Buch erst 1935 erschienen) zeichnet er die ganz eigene, nicht an den geltenden Regeln der Gesellschaft orientierte Welt des dörflich-kleinbäuerlichen Milieus, in ›Der Abgrund‹ erzählt er eine Geschichte der ökonomischen und sozialen Probleme in der untergehenden Republik und der Fehler der Linksparteien, von denen die Nationalsozialisten auch profitierten. In ›Anton Sittinger‹ schließlich (1937) führt Graf am Beispiel des Lebens eines oberbayerischen Angestellten (Postsekretär) zwischen Ende des Ersten Weltkriegs und der »Machtergreifung« 1933 den verbreiteten Typus des Opportunisten in der Form einer Romansatire vor.

Zum breiten Spektrum zeitgeschichtlicher und zeitkritischer Romane zählen auch einige, die erst nach Ende des Zweiten Weltkriegs dem deutschen Publikum bekannt wurden: zum Beispiel ›Das Beil von Wandsbek‹ (entstanden 1941–43, erschienen in Jerusalem 1947), in dem Arnold Zweig eine auch in Auslandszeitungen kolportierte Geschichte von dem angeblichen Selbstmord eines Schlächters 1938 mit dem Altonaer Blutsonntag vom 17. Juni 1932, der einen blutigen Zusammenstoß mit 18 Toten zwischen SA-Leuten und Kommunisten bezeichnet, zu einem zeitgeschichtlichen und sozialkritischen Panorama verquickt. Robert Neumann lieferte mit ›Es waren ihrer sechs‹ (1949, geschrieben 1943/44) eine frühe Literarisierung der Widerstandsaktivitäten der Gruppe um die Geschwister Sophie und Hans Scholl, die im Februar 1943 hingerichtet worden waren.

Im Schatten der großen, am Ende der Weimarer Republik renommierten Autoren gibt es eine Generationsphalanx junger Schriftsteller der Jahrgänge 1905 bis 1910 (Klaus Mann war der bekannteste von ihnen), von denen die meisten in Deutschland blieben. Zu den wenigen, die ins Exil gingen, zählen Hans Keilson und Konrad Merz, deren literarisches Frühwerk lange Zeit verschollen war. Keilson, Arzt und Sportlehrer, schrieb mit ›Das Leben geht weiter. Eine Jugend in der Zwischenkriegszeit‹ einen generationstypischen, repräsentativen Roman noch in der Tradition der Neuen Sachlichkeit mit autobiographischem Hintergrund, in dem die psychosozialen Verwerfungen einer oft als »verloren« bezeichneten Generation literarisiert werden; der Roman erschien noch 1933 im Berliner S. Fischer Verlag, wurde jedoch 1934 verboten, 1936 ging Keilson ins Exil. Konrad Merz (eigentlich Kurt Lehmann) flüchtete schon 1934 in die Niederlande, legte sich das Pseudonym zu und überlebte die Besatzungszeit auf abenteuerlichste Weise, indem er unter seinem Pseudonym den bürgerlichen Beruf des Gärtners ausübte, später vor den Deutschen versteckt wurde. Sein Roman ›Ein Mensch fällt aus Deutschland‹ (1936) ist ein aus Tagebuchaufzeichnungen und Briefen komponierter autobiographischer Text eines arbeitslosen Studenten über seine Flucht, seine existentiellen Nöte und seine Findigkeit im Exil. Der Roman, mit dem sich der nach dem Krieg für mehrere Jahrzehnte in Deutschland völlig vergessene Merz die Autorschaft erst erschrieb, gilt als erstes großes literarisches Zeugnis des Exildaseins mit dokumentarischen Qualitäten. Er ist darüber hinaus ein in der deutschen Exilliteratur ausgesprochen seltenes Dokument grotesken Humors und lakonisch-pointierten Erzählens.

Den herausragenden Roman über die »Erbärmlichkeit«, aber auch die positiven Erfahrungen des Exils, verfaßte Anna Seghers mit ›Transit‹ (engl. 1944, dt. 1948), in dem auch autobiographische Erfahrungen und Erlebnisse (so die Freundschaft mit Ernst Weiß) verarbeitet sind. In ›Transit‹, Seghers' anspruchsvollstem, komplexestem Roman, wird das Schicksal der Exilierten beschrieben, die nach der Besetzung von Nordfrankreich und Paris vor den Nationalsozialisten, unter ständiger Verfolgungsangst, nach Süden fliehen müssen und alles auf sich nehmen, um ein begehrtes Visum für den »Transit« von Marseille aus über den Atlantik zu bekommen. Zuvor schon hatte Seghers, die nach einigen Jahren in Paris mit ihrer Familie nach Mexiko emigrieren konnte, das Gespür für den richtigen Stoff und ein die Amerikaner brennend interessierendes Thema gehabt: Mit ›Das siebte Kreuz‹ (englisch und deutsch 1942) erschrieb sie sich einen Welterfolg, der größte Erfolg, den ein Werk der deutschen Exilliteratur realisierte. Vor dem Hintergrund und auf der Basis der Kenntnis ihrer Heimatstadt Mainz und Rheinhessens und der Rheinpfalz – darüber hinaus betrieb sie Detailstudien und informierte sich über das KZ Dachau – entwarf sie die spannend konstruierte Geschichte von der Flucht von sieben Häftlingen aus dem fiktiven KZ Westhofen bei Worms (tatsächlich existierte nur ein kleines Lager namens Osthofen), von denen am Ende nur einer, der Kommunist Georg Heisler, davonkommt. Der Roman, den Seghers von 1937–39 in Paris schrieb, entfaltet ein Panorama der Gesellschaft, das von NS-Funktionären (allen voran der Lagerkommandant) und KZ-Aufsehern über fanatisierte Zivilisten, Mitläufer und Denunzianten bis zu mutigen Helfern und im Untergrund operierenden und kommunizierenden Oppositionellen reicht. Die episodische Struktur des Romans war neben dem spannenden Thema der Hauptgrund dafür, daß eine amerikanische Produktionsfirma schon bald die Filmrechte erwarb und schließlich 1944 den Film von Fred Zinnemann mit Spencer Tracy in der Hauptrolle erfolgreich in die US-amerikanischen Kinos brachte. Weitere Themen des Exilromans waren der Spanische Bürgerkrieg und der Untergang der Demokratie im Angriff der Franco-Truppen, den Karl Otten mit ›Torquemadas Schatten‹ (1938) und Gustav Regler mit ›Juanita‹ (es erschien allerdings nur das 1. Kapitel 1943 in Englisch, in Deutschland erstmals 1986) im Roman gestalteten.

IX. Mythos »Innere Emigration«?

Im Jahre 1947 erschien im Rowohlt Verlag ein Buch mit dem Titel ›Angekreidet‹: Es enthält Glossen, die zuvor in der vom amerikanischen Außenministerium finanzierten Wochenschrift ›Heute‹ erschienen waren. Eine dieser Glossen, ein fiktiver Brief, lautet:

> Sehr geehrter Herr Zack!
> Das Lokal-Komitee Kampfbund Innere Emigration e.V. wendet sich mit diesem Schreiben an alle Ortsansässigen, die während der tragischen Nazijahre unter latenter Verfolgung zu leiden hatten. Ihr Name ist uns genannt worden als der eines möglichen Kandidaten: Sie seien zwar an der Aktion vom 20. Juli nicht beteiligt gewesen, der Führer habe aber wiederholt Ihre Beförderung zum Generalsrang auf Grund Ihrer Gesinnung abgelehnt. Das Lokal-Komitee Kampfbund Innere Emigration e.V. wird es sich angelegen sein lassen, für alle Arten von Vergünstigungen für seine Mitglieder zu sorgen. Ihrem baldigen Beitritt wird entgegengesehen.
> Gez. Qualle, Mitgliederausschuß[40]

Der Band enthält weitere satirische Texte, die das Klima der frühen Nachkriegszeit schlaglichtartig erhellen, die Jahre des »Reinwaschens«, jedenfalls in den Augen vieler Kritiker, und das waren nicht nur Exilierte bzw. aus dem Exil Zurückgekehrte – Jahre der Abrechnungen zwischen denen, die »drinnen« geblieben, und jenen, die nach »draußen« gehen mußten. Der zitierte Kritiker war der Journalist Heinz Berggruen, der 1936 ins Exil ging, dann als amerikanischer Soldat kurz vor Kriegsende nach Deutschland zurückkam und in Reportagen Nahaufnahmen eines nicht nur ökonomisch, sondern auch moralisch augenscheinlich bankrotten Landes lieferte; ein differenzierteres Bild im Rahmen einer Art dokumentarische Erhebung zeichnete Carl Zuckmayer fast zeitgleich im Auftrag der US-Regierung (›Deutschlandbericht für das Kriegsministerium der Vereinigten Staaten von Amerika‹). Es handelt sich um eine groteske Bilanz von Opportunisten und Schiebern, von Wendehälsen und solchen, die immer schon gegen die Nazis waren. Und diese erbarmungslose Bestandsaufnahme, die keineswegs im Interesse der West-Alliierten sein konnte, war kein Einzelfall. In der Tendenz ähnlich äußerte sich zum Beispiel Erika Mann. In ›Die Innere Emigration‹ vom Oktober 1946 schreibt sie:

> Die Deutschen haben einen neuen Begriff geprägt: die »Innere Emigration«. Er bezieht sich hauptsächlich auf Schriftsteller und umfaßt jeden, der sich der Verherrlichung des Naziregimes enthalten hat. Um zu dieser stolzen Bruderschaft zu gehören, muß ein Autor nicht beweisen, daß er je einen Ton gegen die Nazis gesagt hat; seine Bücher mögen im Dritten Reich weiter erschienen sein, und man muß ihn nicht aus seinem Haus getrieben oder seiner Habe beraubt haben. Tatsächlich mag er sogar Mitglied der Reichsschrifttumskammer gewesen sein und möchte nun dennoch den ehrenvollen Titel eines geistigen Emigranten beanspruchen. In die Bruderschaft aufgenommen zu werden, ist schwer; aus ihr ausgestoßen zu werden, ist dagegen leicht.[41]

Frank Thiess wurde tatsächlich ausgeschlossen, nachdem ein Artikel, »der in den frühen Tagen des Nazi-Regimes« erschienen war und die »nationale Revolution als ein großartiges, wunderbares und epochemachendes Ereignis« anpreist, von einigen deutschen Zeitungen noch einmal abgedruckt wurde – und als Folge davon habe, so Erika Mann, die »Innere Emigration« eines ihrer prominentesten Mitglieder verloren. »Zu irgendeiner Zeit haben sich fast alle innerdeutschen Schriftsteller an Nazi-Aktivitäten beteiligt, die – sobald sie entdeckt werden – ihre selbstformulierte Legende vom geistigen Exil Lügen strafen.« Erika Mann schließt daran das Urteil an: »keine Idee ist im heutigen Deutschland so unpopulär wie die von der nationalen ›Kollektivschuld‹.« Statt von Schuld spreche man immerzu von »Schicksal«, von »Schicksalstragödie«. Sie sieht nur Selbstgerechtigkeit unter Deutschlands Schriftstellern und die – in der Tat unübersehbare – Neigung zur Dämonisierung des Nationalsozialismus im allgemeinen und Hitlers im besonderen, wie auch ein Blick in die zeitgenössische Publizistik zeigt.

Dies sind zwei Positionen von Exilierten, die einseitig sein mögen, aber doch zum Kern des komplexen, die Literatur des »Dritten Reichs« und des Exils gleichermaßen betreffenden Problems führen. Beide Texte zeigen, daß es Intellektuelle gab, die schon früh den exkulpatorischen Gestus der Selbstinszenierung hinter der pseudomoralischen Fassade entdeckten, darüber hinaus, daß der Begriff »Innere Emigration« keineswegs konsensfähig war, vielmehr auf Widerstand und viel Skepsis stieß. Es war wohl kein Zufall, daß weder Thomas Mann noch Walter von Molo den Begriff in den Mund nahmen. Die herben, teils vernichtenden Urteile im Rahmen dieser Debatte über die literarische Produktion im »Dritten Reich« durch Emigranten, allen voran das Verdikt Thomas Manns, haben freilich Wirkungen bis in die jüngere Zeit gehabt.

Begriffsgeschichtlich muß man bis in das Jahr 1933 zurückgehen. Frank Thiess hatte den Terminus als sein geistiges Eigentum reklamiert. Er behauptete in der frühen Nachkriegsdebatte, ihn schon Ende 1933 in einem Brief an den Staatsrat Hans Hinkel benutzt zu haben. Dabei gibt es eine Reihe anderer Hinweise und Spuren, z. B. das Auftreten des Begriffs in Lion Feuchtwangers Roman ›Die Geschwister Oppenheim‹ (von Mitte bis Herbst 1933). Als eine der ersten, eindeutig belegten Äußerungen gilt aber eine Formulierung Thomas Manns aus den Tagebüchern der Jahre 1933/34, und zwar vom 7. November 1933: Unter Hinweis auf die Lektüre einer Nummer der Zeitschrift ›Weltbühne‹ notierte er, daß er sich

selbst zur »Inneren Emigration« zähle. Thomas Mann hielt sich
zu dieser Zeit in Zürich auf und wartete, im Gespräch mit seinem
Verleger, die Entwicklung in Deutschland ab, war noch nicht definitiv zur dauerhaften Emigration entschlossen, da er den Verlust
seines Lesepublikums befürchtete. Auch in der von Johannes R. Becher herausgegebenen Moskauer Emigrantenzeitschrift ›Das Wort‹
taucht der Begriff wenig später auf, und Thomas Mann bringt eine
ähnliche Formulierung in seinem Essay ›Dieser Friede‹ von 1938;
schließlich bezieht sich Klaus Mann im ›Vulkan‹ von 1939 auf die
»Innere Emigration«. Während die Exilautoren jedoch den Begriff
stets mit Widerstand in Deutschland in Verbindung brachten, die
Semantik also eine andere war, und sie nicht an das individuelle Verhalten, an die Schreibsituation und Lebensform einzelner
Schriftsteller dachten (im übrigen wohl auch noch nach »Verbün-
deten« im Reich suchten), finden sich seit 1933 bei einigen der in
Deutschland verbliebenen Autoren Reflexionen über den Rückzug
aus der literarischen Öffentlichkeit, über Introversion, Isolation,
seltener explizit auch über Dissens zum System. Hermann Kasack
stellte in einem solchen Kontext schon im Juni 1933 in einer Tage-
buchaufzeichnung eine Emigration »nach innen« derjenigen nach
»außen« gegenüber.

Der die Nachkriegsdebatten über die Kultur im Nationalsozialismus seltsam nachhaltig prägende Streit um die »Innere Emigration« wurde von Autoren initiiert, die nicht emigriert waren.
Sehnsucht nach Kontinuität in der Diskontinuität von 1933 und
1945, nach Restitution der literarischen Kultur *vor* der »Machtergreifung« der Nationalsozialisten, war eine der leitenden Intentionen. Aufschlußreich war und ist die Debatte nicht, weil es
um Literatur gegangen wäre, sondern um Autorenprobleme, um
Anpassungsdruck und Distanzierungsmöglichkeiten, um »Spielräume des Einzelnen«, um Publikationschancen und vor allem
um den Umgang mit der Vergangenheit und den Wirkungen des
Nationalsozialismus, um die Frage von individueller Schuld und
Kollektivschuld. Sie ist Resultat jenes »gespaltenen Bewußtseins«
der Kulturwirklichkeit des Nationalsozialismus, noch vorgetragen
in der von Victor Klemperer analysierten ›Lingua tertii imperii‹
– was die heftigen, affektiven Reaktionen mancher emigrierter

Schriftsteller nachvollziehbar macht. Nicht ein freier Geist schien, aus der Sicht der Emigranten, im Nachkriegsdeutschland zu wehen, sondern »sublimierter Faschismus«, der sich in einer spezifischen Rhetorik und in einer Semantik artikulierte, die sich mit dem Ende des Nationalsozialismus nicht einfach verflüchtigt hatten.

»Innere Emigration«, das ist mittlerweile ein Sammelbegriff für inhaltlich und kategorial völlig Disparates, nicht Kompatibles; alle Versuche, zu Homogenisierungen zu gelangen, konnten nicht überzeugen. Begriffe, die teils als Unterbegriffe zu »Innere Emigration«, teils als Synonyme verwendet werden, sind zum Beispiel: Inneres Reich, Rückzug, Resistenz, Dissens, Regimekritik, Opposition, Widerstand, Innerlichkeit, das heimliche Deutschland, das andere Deutschland, Zwischenreich(e), verdeckte Schreibweise. Gelegentlich wird der Begriff auch auf eine Skala möglicher Widerstandsformen projiziert, die mit Begriffen wie Nonkonformität, Verweigerung, Protest, Umsturz umschrieben werden könnten. Als entscheidend müßte dann das Ausmaß der Nicht-Loyalität gelten, das erst auf der letzten Stufe offene Abwendung vom politischen System bedeuten würde.

Der Mythos, der durch diesen angeblichen Streit gestiftet wurde, war deshalb so langlebig, weil er zum Ausdruck brachte, worum die Deutschen noch Jahrzehnte ringen sollten: um die Schuldfrage und um das Problem der moralischen Verantwortung. Im Mittelpunkt steht demnach die Suggestion einer überparteilichen Gemeinsamkeit vor dem Nationalsozialismus, die offenbar wiederhergestellt werden sollte, uneingestanden geht es den in Deutschland verbliebenen Autoren vor allem auch um die Ehrenrettung angesichts ihrer – öffentlich natürlich nie zugegebenen – Kompromittierung. In der Debatte um die »Innere Emigration« spiegeln sich damit noch einmal alle politischen, moralischen und literaturmoralischen Debatten seit den intellektuellen Fehden der Weimarer Republik. Das verlieh ihr, über die profanen Zwecke hinaus, den Schein einer Bedeutsamkeit, die ihr objektiv nicht zukommt.

Es war insofern auch falsch (oder zumindest übertrieben) zu behaupten, diese Debatte habe die Rückkehr der Emigranten nach Deutschland und die Wiederkehr der Avantgarde verhindert, sie sei ausschlaggebend für das konservative kulturelle Klima in der Bundesrepublik der fünfziger und sechziger Jahre gewesen. Moralisch bezog man damit, verständlich, die Position von Thomas Mann, literarisch entledigte man sich der Verpflichtung, über Schlagworte wie »Innere Emigration« hinaus, das komplexe literarische Feld im Detail zu untersuchen. Zum literarischen Feld nicht nur der frühen Nachkriegszeit, sondern auch noch der Bundesrepublik in den 1950er und 1960er Jahren gehörten aber eben auch die Wirkungen einer Literatur und die Rezeption der Werke von Autoren, für die es immer noch die entsprechenden sozialen, kulturellen und konfessionellen Milieus gab, die in der Zwischenkriegszeit ausgebildet worden waren und die mit dem Ende des Nationalsozialismus nicht einfach verschwunden waren.

Das Aneinandervorbeireden war im übrigen vorprogrammiert, denn die unterschiedlichen sozialen, politischen und kulturellen Erfahrungen der Jahre vor 1945, die auch entgegengesetzte Erinnerungskulturen generierten, waren schon deshalb nicht kompatibel, weil die in Deutschland gebliebenen Akteure ihre ästhetischen Positionen und kulturpolitischen Überzeugungen keineswegs geändert hatten. Die Bedeutungszuschreibungen und die Normen und Werte divergierten dermaßen stark, als prallten hier verschiedene Kulturen aufeinander. Das vermeintliche Streitgespräch zeigt die fortdauernde Existenz von fragmentierten Teil-Öffentlichkeiten, die übereinander, aber kaum miteinander zu kommunizieren vermochten, eines der großen Krisenphänomene schon der Weimarer Republik.

Objektiv handelte es sich um einen Legitimationsdiskurs mit einem Schauplatz, auf dem die Kämpfe um Positionen im literarischen und intellektuellen Feld der 1920er bis 1940er Jahre noch einmal aufgerollt wurden. Das Ganze hatte insofern nicht nur den Charakter einer Inszenierung (mit manchen richterlichen Zügen), vielmehr handelte es sich um eine reale Inszenierung. Das inszenierte Streitgespräch dokumentiert einen Kampf um Identität(en) und Machtpositionen von Akteuren, deren soziale, politische und kulturelle Erfahrungen nicht kompatibel waren. Und schließlich ging es auch um die Deutungshoheit über den Nationalsozialismus.

Als Thomas Mann im Kontext des Streits um und über die »Innere Emigration« meinte, allen während des »Dritten Reichs« in

Deutschland publizierten Büchern hafte ein »Geruch von Blut und Schande« an, ja sogar noch weiter ging und behauptete, es sei kein einziges noch lesbares Buch entstanden, war er, wen wundert es, ein wenig blind vor Wut über die selbsternannten »Opponenten« des Systems, die ihm nun sagen wollten, was angeblich gut für Deutschland und auch für ihn selbst sei (nämlich nach Deutschland zurückzukehren). So wie Thomas Mann sich Ende der 1930er und Anfang der 1940er Jahre über die Kulturanmaßung der Nationalsozialisten aufgeregt hatte, so empfand er das Verhalten der von Walter von Molo, Frank Thiess oder Otto Flake als neuerliche Kulturanmaßung.

X. Die langen Schatten des »Dritten Reichs«

Nicht nur die meisten Träger der »Funktionselite« des »Dritten Reichs«, sofern sie in den Entnazifizierungsverfahren nicht zu stark belastet wurden, schafften es, in den 1950er Jahren wieder in Amt und Würden zu kommen (in Wissenschaft/Universität, Politik, Justiz oder Wirtschaft). Auch im Feld der Kultur, mit Literatur, Theater, Rundfunk, Film, Presse und Publizistik, fanden sich schnell wieder Autoren ein, die im Nationalsozialismus ihre Karriere gestartet hatten; das alles ist schon seit langem breit dokumentiert worden. Überblickt man die personellen Kontinuitäten insgesamt, so läßt sich fast schon davon sprechen, daß die Geburtsstunde der westdeutschen Kultur – und nicht nur der Unterhaltungskultur – (die ostdeutsche proklamierte dagegen den antifaschistischen Konsens als Politikprogramm, was, von wenigen Ausnahmen abgesehen, die personellen Kontinuitäten in der Kultur auf ein Minimum sinken ließ) im »Dritten Reich« lag: Dabei geht es keineswegs um eine moralische »Exekution«, wie sie in der öffentlichen Erregungskultur weit verbreitet ist; vielmehr betreffen die personellen Kontinuitäten zahlreiche Persönlichkeiten, die »einfach nur« Mitläufer, Opportunisten, Sympathisanten, in vielen Fällen Profiteure des Systems gewesen sind. Darüber hinaus ist das Bild der westdeutschen Literatur der frühen Nachkriegszeit wie der 1950er bis 1970er

Jahre maßgeblich durch Autorinnen und Autoren geprägt (repräsentativ in der »Gruppe 47« mit Hans Werner Richter und Alfred
Andersch), die als Soldaten im Zweiten Weltkrieg an der Front
kämpften, deren Sozialisation im Nationalsozialismus erfolgte, deren Lebenswelt maßgeblich durch die Erfahrung von Hitlerjugend
und Wehrmacht geprägt worden ist – ob Arno Schmidt oder Heinrich Böll, ob Horst Mönnich oder Horst Lange, ob Günter Eich
oder Herbert Reinecker, ob Henri Nannen oder Rudolf Augstein.
Hinzu kommen Schriftsteller wie Wolfgang Koeppen, die sich als
Drehbuchschreiber durchgeschlagen hatten und der Einberufung
zur Wehrmacht entgehen konnten, Autorinnen wie Marie Luise
Kaschnitz oder Luise Rinser, deren literarische Anfänge ebenfalls
in die Zeit des »Dritten Reichs« fallen.

Daß solche Konstellationen den Durchbruch neuer Schreibweisen erheblich verzögerten, liegt auf der Hand; daß die Mehrzahl der
Autoren thematisch auf den Nationalsozialismus und die Kriegs-
erlebnisse fixiert waren, nicht minder. Und daß sogar, wie in neuer
Zeit geschehen, Antisemitismusvorwürfe gegenüber der lange Zeit
als Avantgarde angesehenen »Gruppe 47« laut geworden sind, mag
zwar maßlos übertrieben sein.[42] Es verweist aber auf das Problem,
unter welchen Schwierigkeiten sich das »gespaltene Bewußtsein«
der Jahre vor 1945 sich in ein neues Ich-Bewußtsein transformierte, das frei und authentisch und immer auch moralisch sich zu
artikulieren suchte; am Beispiel von Günter Grass und seiner bis
ins hohe Alter verschwiegenen SS-Mitgliedschaft (im Alter von
17 Jahren wurde er in eine SS-Panzerdivision berufen, wie er in
seinem autobiographischen Werk ›Beim Häuten der Zwiebel‹ ein-
gestand) wurde 2006 noch einmal vor Augen geführt, auf welche
Weise Scham und Verkennung Einfluß auf Schriftstellerkarrieren
genommen haben.

Die Beharrungskraft bestimmter Milieus über die Jahre 1933–
1945 hinaus, die Weiterexistenz der konfessionellen und bildungs-
bürgerlich-konservativen Milieus, von Teil-Öffentlichkeiten oder
auch deren Neuformierung, etwa eine Öffentlichkeit des nationalistischen Milieus, das auch nationalsozialistische Autoren integrierte
(Will Vesper, Herbert Böhme, Gerhard Schumann u.a., das gesamte
Restmilieu der Nationalisten und Völkischen, die, sofern sie keine

Führungspositionen im »Dritten Reich« innehatten, die Entnazifizierung ziemlich unbeschadet überstanden) und für deren Rezeption bis in die 1970er Jahre sorgte, ist nicht wirklich überraschend. In soziologischer Perspektive war es insofern zwangsläufig, daß die Remigration, Integration und die gesellschaftlich vollständige Akzeptanz von Emigranten unter solchen Voraussetzungen Jahrzehnte kaum möglich war und erst Gestalt annahm, als sich seit Anfang der 1970er Jahre in der Bundesrepublik ein umfassender Generationen- und Politikwechsel zu vollziehen begann. Es dauerte lange (von wenigen Ausnahmen wie Thomas Mann und der Sonderstellung einiger Emigranten in der DDR abgesehen), bis das Exil, seine kulturellen Repräsentanten und vielfältigen literarischen Zeugnisse in das kulturelle Gedächtnis aufgenommen und Teil der Erinnerungskultur wurden. Mittlerweile gehören dazu auch jene – meist sehr verspätet publizierten – literarischen und dokumentarischen Zeugnisse von Autoren und Autorinnen, die in Gefängnissen und Konzentrationslagern inhaftiert waren und »ums Überleben«, um die Bewahrung einer Ich-Identität, schrieben. Denn die Problematik, die Imre Kertész am Beispiel der von terroristischen Regimen Verfolgten und Eingesperrten so nachdrücklich artikuliert hat, daß nämlich die »Dynamik von Gewalt und Furcht unaufhaltsam ins Bewußtsein des einzelnen« eingedrungen sei und ihn »selbst langsam daraus« eliminiert habe, war zentral für verfolgte Schriftsteller in totalitären Staaten, die die Auslöschung der Subjektivität und letztlich der Persönlichkeit anstrebten: »Schrittweise identifiziert sich der Mensch mit der ihm zugedachten oder aufgezwungenen Rolle, ob diese Rolle nun seiner Persönlichkeit entspricht oder nicht!«[43] Um so erstaunlicher, wie viele Autoren sich unter den schwierigsten Bedingungen des Totalitarismus ihre Persönlichkeit und ihre »authentische« Sprache bewahrten konnten und in der Lage waren, ob im »Dritten Reich« oder im Exil, von ihren Erfahrungen literarisch und authentisch Zeugnis abzulegen.

Jan-Pieter Barbian
Nationalsozialismus und Literaturpolitik

I. Auf der Suche nach einer »nationalsozialistischen« Literaturpolitik

Als Adolf Hitler am 30. Januar 1933 von Reichspräsident Hindenburg die Führung der deutschen Reichsregierung übertragen wurde, war noch weitgehend unklar, welche kulturpolitischen Konzepte damit zum Tragen kommen würden. Denn was in den kommenden Monaten als scheinbar langfristig geplanter und von den neuen Machthabern stringent durchgehaltener Prozeß der »Gleichschaltung« auf kulturellem Gebiet ablief, erscheint in der Retrospektive als eine durch Plan- und Ziellosigkeit, Zufälle, Unvermögen und interne Rivalitäten bestimmte Entwicklung. Zwar gab es Ansätze zu einer nationalsozialistischen Kulturpolitik in der Zeit vor 1933, die deutlich erahnen ließen, was nach einer Machtübernahme der NSDAP auf Reichsebene zu erwarten war: Es gab seit dem Herbst 1927 den von Alfred Rosenberg gegründeten »Kampfbund für deutsche Kultur«, der die Agitation gegen die avantgardistische und weltoffene Kultur der Republik mit einem subversiven, semiprofessionellen Engagement für eine völkisch-nationale Kultur verband;[1] es gab das »Experimentierfeld« Thüringen, wo vom 23. Januar 1930 bis zum 1. April 1931 mit Wilhelm Frick erstmals ein Nationalsozialist ein Ministeramt, nämlich das eines Innen- und Volksbildungsministers, innehatte;[2] und es gab Joseph Goebbels, der seit 1926 als Gauleiter der NSDAP in Berlin und seit Dezember 1932 als Propagandaleiter der NSDAP-Reichsleitung den »Aufstand der Bilder« gegen die Republik inszenierte.[3] Doch sieht man einmal von der mit großer Aggressivität und einem erheblichen publizistischen Aufwand betriebenen Hetze gegen die republikanische Kultur der Moderne ab,[4] so lag ein schlüssiges Konzept nationalsozialistischer Kultur, das Inhalte und Personen umfaßte, im Jahr 1933 nicht vor.

Daß die Nationalsozialisten dennoch innerhalb kurzer Zeit die Kultur der Weimarer Republik zerstörten und einen in der deutschen Geschichte einzigartigen kulturellen Exodus auslösten, hing zunächst mit den ab dem 30. Januar 1933 vorhandenen exekutiven Machtmitteln zusammen. Die »Notverordnungen« des Reichspräsidenten vom 4. und 28. Februar 1933 setzten bereits wesentliche Elemente des demokratischen Rechtsstaates außer Kraft,[5] bevor das »Ermächtigungsgesetz« vom 24. März 1933 jegliche parlamentarische Kontrolle beseitigte und Hitler den Weg zur unumschränkten Herrschaftsausübung ebnete. Mit den ersten, insbesondere gegen die Linksparteien gerichteten Buch- und Zeitungsverboten setzte ab Februar 1933 die Flucht zahlreicher Linksintellektueller ins Exil ein. Die durch die Verfolgungsmaßnahmen der Nationalsozialisten erzwungene Emigrationsbewegung umfaßte allein rund 5500 Persönlichkeiten aus Literatur, Kunst, Theater, Film, Wissenschaft und Publizistik.[6]

Mit einer Reihe weiterer Gesetze wurde die Struktur auch des kulturellen Lebens nachhaltig verändert. Das sogenannte »Gesetz zur Wiederherstellung des Berufsbeamtentums« vom 7. April 1933 traf sozialdemokratische, liberale und – unabhängig von der politischen Einstellung – sämtliche jüdischen Beamten der Kulturbürokratie auf Reichs-, Länder- und Kommunalebene (insbesondere in Preußen) ebenso wie die aus politischen oder »rassischen« Gründen »unerwünschten« Lehrer an Universitäten und Kunstakademien, Mitarbeiter an Museen, Musikhochschulen und Theatern sowie Bibliothekare an wissenschaftlichen Bibliotheken.[7] Mit dem »Gesetz über die Einziehung kommunistischen Vermögens« vom 26. Mai und dem »Gesetz über die Einziehung volks- und staatsfeindlichen Vermögens« vom 14. Juli 1933 wurden die bedeutenden Buch-, Zeitungs- und Zeitschriftenverlage sowie die Vertriebsfirmen von KPD und SPD endgültig zerschlagen.[8]

Der Umbruch wurde in entscheidendem Maße von dem begünstigt, was Karl Dietrich Bracher als den »Prozeß des ›Anempfindens‹ an die Macht« bezeichnet, die Haltung zahlreicher Intellektueller, die die »Gleichschaltung« von Kunst und Wissenschaft aktiv unterstützt haben. Aber auch viele Institutionen und Verbände haben die nationalsozialistischen Eingriffe ohne nennenswerte Widerstände akzeptiert, sie zum Teil sogar opportunistisch gefördert. Erklärbar ist dieses Verhalten aus der tiefen Verunsicherung und Orientierungslosigkeit, die das offenkundige Versagen der republikanischen Parteien und Institutionen im Angesicht der existentiellen Krise von Staat, Wirtschaft und Gesellschaft unter den Intellektuellen ebenso wie in der gesamten Bevölkerung auslöste. Die 1929 einsetzende Weltwirtschaftskrise mit ihren verheerenden sozialen Folgen hatte allerdings nur das latent antirepublikanische Klima verschärft, das seit 1919 nicht allein in den öffentlichen Verwaltungen, in der Justiz und in den führenden Kreisen der Wirtschaft, sondern auch im Verlagswesen und im vertreibenden Buchhandel herrschte.[9]

Die 1926 gegründete Sektion für Dichtkunst in der Preußischen Akademie der Künste wurde zwischen dem 15. Februar und dem 7. Juni 1933 neu formiert.[10] Den durch das Ausscheiden Heinrich Manns vakant gewordenen Vorsitz übernahm Hanns Johst. Der einst expressionistische Autor, dessen Werke im nationalkonservativ und völkisch-national orientierten Langen-Müller Verlag in München erschienen,[11] fungierte seit 1932 als Reichsleiter der »Fachgruppe Schrifttum« im »Kampfbund für deutsche Kultur«. Johst unterhielt bereits vor 1933 enge freundschaftliche Kontakte zu Heinrich Himmler. Mitte Februar 1933 war er von dem inzwischen nationalsozialistisch besetzten preußischen Kultusministerium zum Ersten Dramaturgen am Preußischen Staatstheater ernannt worden. Zum stellvertretenden Vorsitzenden der Sektion für Dichtung avancierte der nationalkonservative Dichter Hans Friedrich Blunck. Der langjährige Sektions-Sekretär Oskar Loerke, renommierter Lektor des S. Fischer Verlags, wurde von Werner Beumelburg, einem Autor apologetischer Kriegsromane, verdrängt. Die jüdischen Autoren der Sektion schloß die Akademie-Leitung in Anlehnung an das »Gesetz zur Wiederherstellung des Berufsbeamtentums« vom 7. April 1933 aus, obwohl es sich bei ihnen überhaupt nicht um Beamte handelte. An die Stelle der geflohenen und der verstoßenen Mitglieder »wählte« eine Rumpfsektion Autoren nationalkonservativer und völkisch-nationalsozialistischer Provenienz nach.

Aufgrund der institutionellen und finanziellen Abhängigkeit der Dichtungs-Sektion vom preußischen Kultusministerium, dessen kommissarischer Leiter seit dem 4. Februar 1933 der Nationalsozialist Bernhard Rust war, wurde diesem Neuformierungsprozeß zwar entscheidend Vorschub geleistet, ohne das bereitwillige Entgegenkommen aus der Akademie selbst hätte sich das Ende dieser republikanischen Repräsentationseinrichtung allerdings nicht derart reibungslos vollziehen können. Es war der Akademie-Präsident Max von Schillings, der Heinrich Mann aufgrund eines von ihm mitunterzeichneten Aufrufs zur Bildung einer demokratischen Einheitsfront gegen die nationalsozialistische Diktatur für »untragbar« hielt und ihm den Rücktritt nahelegte. Und es war Gottfried Benn – unter Hilfestellung des politisch naiven Oskar Loerke –, der die noch verbliebenen Sektionsmitglieder Mitte März 1933 folgenden Revers unterzeichnen ließ:

> Sind Sie bereit, unter Anerkennung der veränderten geschichtlichen Lage weiter Ihre Person der Preußischen Akademie der Künste zur Verfügung zu stellen? Eine Bejahung dieser Frage schließt die öffentliche politische Betätigung gegen die Reichsregierung aus und verpflichtet Sie zu einer loyalen Mitarbeit an den satzungsgemäß der Akademie zufallenden nationalen kulturellen Aufgaben im Sinne der veränderten geschichtlichen Lage«.[12]

Dies war eines von vielen für das Jahr 1933 typischen Dokumenten der Unterwerfung, dem 18 von 27 Sektionsmitgliedern – unter ihnen Gerhart Hauptmann, Georg Kaiser, Walter von Molo und Franz Werfel – ihre Zustimmung gaben. »Wie sieht es aus in diesen Menschen?«, fragt der aus der Akademie verstoßene Thomas Mann am 27. Mai 1933 verbittert in seinem Tagebuch.[13] »Man wäre, kehrte man zurück, ein Fremder, der sich nicht zu benehmen wüßte. Wunderliches Erlebnis, daß einem, während man gerade draußen ist, sein Land irgendwohin davonläuft, sodaß man es nicht wiedergewinnen kann«.

Einen ähnlichen Bedeutungsverlust erfuhr die deutsche Sektion des seit 1921 bestehenden PEN-Clubs.[14] Die Neubesetzung ihres Vorstands und die Auswechslung ihrer Mitglieder setzten drei Tage nach den Reichstagswahlen vom 5. März 1933 ein und waren bereits bis Ende April abgeschlossen. In den Vorstand der noch bis zum Februar 1933 von Alfred Kerr geleiteten Schriftstellervereinigung rückten überwiegend nationalsozialistische Vorkämpfer ein: der

Staatskommissar im preußischen Kultusministerium Hans Hinkel, der gleichzeitig als Reichsorganisationsleiter und preußischer Landesleiter in Alfred Rosenbergs »Kampfbund für deutsche Kultur« fungierte; erneut Hanns Johst, der mit Hinkel eng befreundet war; Erich Kochanowski, Geschäftsführer und Organisationsleiter der Kampfbund-Landesleitung Berlin; Rainer Schlösser, der ebenfalls dem Kampfbund angehörte und seit 1932 für den Kulturteil des ›Völkischen Beobachter‹ verantwortlich zeichnete. Es war mithin keine Überraschung, daß die Generalmitgliederversammlung des deutschen PEN-Clubs am 23. April 1933 »dem einmütigen Willen Ausdruck« verlieh, »fortan im Gleichklang mit der nationalen Erhebung zu arbeiten«.[15]

Auch die wichtigste Interessenvertretung der Berufsschriftsteller in der Weimarer Republik, der »Schutzverband deutscher Schriftsteller« (SDS), wurde ohne größere Gegenwehr von linientreuen Nationalsozialisten übernommen.[16] Glaubt man Hanns Heinz Ewers, der zu den Gründungsmitgliedern des SDS im Jahre 1909 zählte, so drangen er und einige weitere mit den neuen Machthabern sympathisierende Schriftsteller am 11. März 1933 in eine Vorstandssitzung des Schutzverbands ein mit der Forderung, »daß sofort die größere Anzahl des Vorstandes ihren Rücktritt erklären solle«.[17] In der selbstherrlichen Schilderung der Ereignisse, zu der sich Ewers 1940 angesichts des Verbots seiner sämtlichen vor 1933 erschienenen Schriften genötigt sah, heißt es weiter:

> die übrigen sollten bleiben, um nun ihrerseits neue, von mir genannte Vorstandsmitglieder hinzuzuwählen. Ich ging dann mit meinen Leuten hinaus, ließ dem Vorstand eine Viertelstunde Zeit, sich zu entscheiden. Was ich erwartet hatte, geschah: so groß war die Angst und die Feigheit der Herren, daß sie sofort alles taten, was man von ihnen verlangte.

An die Spitze des Verbands trat Götz Otto Stoffregen, ein ehemaliges Freikorps-Mitglied, der während der Weimarer Republik als Journalist für diverse nationalistische Presseorgane gearbeitet hatte und seit 1932 der NSDAP angehörte.[18] Sein Stellvertreter wurde der Vorsitzende des Verbands Deutscher Erzähler, Hans Richter. Doch erst nach der Zusammenfassung des SDS mit dem »Verband Deutscher Erzähler«, dem »Deutschen Schriftstellerverein« und dem »Kartell lyrischer Autoren« im »Reichsverband Deutscher Schriftsteller« (RDS) am 9. Juni 1933 wurden Zielsetzung und Mitgliederstruktur der bislang freiwilligen Interessenvertretung grundlegend verändert. In der neuen Satzung wurde das »Führerprinzip« festgeschrieben. Für die Aufnahme in den Verband war nicht mehr nur die professionelle schriftstellerische Betätigung, sondern auch der Nachweis einer »deutschblütigen Abstammung« sowie eines »politisch einwandfreien« Verhaltens erforderlich. Rechtliche Relevanz erhielt diese politische Spitze gegen jüdische, linke und liberale Schriftsteller jedoch erst durch die Definition des Reichsverbands als einer »Zwangsorganisation«, deren »Mitgliedschaft in Zukunft entscheidend dafür sein wird, ob ein Schriftwerk in Deutschland verlegt werden kann oder nicht«.[19]

Im Verlauf von weniger als sechs Monaten hatten die Schriftstellervereinigungen sowohl ihre demokratische Organisation, den freien Zugang für Mitglieder und die freie Wahl der Führung als auch die Autonomie ihrer berufsbezogenen und politischen Ziele verloren. Allerdings war bis zur Mitte des Jahres 1933 noch völlig unklar, welche Politik mit und von den nun »gleichgeschalteten« Vereinigungen betrieben werden würde. Die Sektion für Dichtkunst in der Preußischen Akademie der Künste, die sich selbst hochtrabend in eine »Deutsche Akademie für Dichtung« umbenannte, wurde trotz der personellen Neuformierung, trotz eines ambitionierten Arbeitsprogramms und wiederholter Huldigungsadressen an die Reichsregierung rasch zum Spielball der unterschiedlichen Interessen des preußischen Ministerpräsidenten Göring, seines Kultusministers Rust und des umtriebigen Propagandaministers Goebbels. Autoren wie Hans Grimm, Rudolf G. Binding, Werner Beumelburg, Gottfried Benn, Erwin Guido Kolbenheyer, Börries Freiherr von Münchhausen oder Will Vesper, die den Aufstieg des Nationalsozialismus wohlwollend begleitet hatten, mußten rasch erkennen, daß die Akademie politisch kaltgestellt wurde. Daß eine Instrumentalisierung der international angesehenen deutschen PEN-Sektion für die außenpolitischen Ziele der Nationalsozialisten letztlich scheiterte, lag an der spezifischen Organisationsstruktur des internationalen PEN-Clubs und an der politischen Konsequenz der englischen Verbandsspitze. Das Exekutivkomitee verabschiedete Anfang November 1933 in London eine Resolution gegen die Unterdrückung andersdenkender Schriftsteller in Deutschland. Der bei der Sitzung anwesende deutsche Delegierte Edgar von Schmidt-Pauli sah sich daraufhin genötigt, den Austritt der deutschen Sektion aus dem internationalen PEN-Club zu erklären. Im Gegenzug wurde eine »Union nationaler Schriftsteller« ins Leben gerufen, deren Vorsitz Hanns Johst und Gottfried Benn übernahmen. Die Union verschwand allerdings nach einem im März 1934 veröffentlichten wortgewaltigen »Aufruf« zur Rettung der abendländischen Kultur[20] rasch wieder in der Versenkung. Blieb noch der SDS. Auf ihn griff Goebbels zu, indem er Heinz Wismann, einen Hilfsreferenten in der Propagandaabteilung seines Ministeriums, die Organisationsveränderung steuern ließ. In der Folge wurde der »Reichsverband Deutscher Schriftsteller« dann zu einer Keimzelle der Reichskulturkammer, die im November 1933 gegründet wurde.

II. Institutionen und Bürokratien

1. Die Gründung des Propagandaministeriums und der Reichskulturkammer

Im Prozeß der »Gleichschaltung« des kulturellen Lebens hatte der »Kampfbund für deutsche Kultur« eine wesentliche Rolle gespielt. Obwohl es der »Kampfbund«-Führung seit der Gründung im Jahre 1928 gelungen war, von München aus ein umfangreiches Netz von Orts- und Fachgruppen aufzubauen und die Mitgliederzahlen bis 1933 auf rund 6000 zu steigern,[21] waren die politischen Erfolge zunächst bescheiden geblieben. Zudem hatte der »Kampfbund« aufgrund des Mißmanagements seines Geschäftsführers Gotthard Urban Ende 1932 vor dem Konkurs gestanden;[22] erst die nationalsozialistische Machtübernahme brachte ihn wieder ins Spiel. Es war vor allem die preußische Landesleitung in Berlin, die sich unter Führung des als »Kommissar zur besonderen Verwendung« ins preußische Kultusministerium berufenen Hans Hinkel energisch in die personelle Neuformierung sowohl der Schriftstellerverbände als auch einer Reihe weiterer kultureller Institutionen und Verbände einmischte. Gleichzeitig wandten sich Vorstände kultureller Berufsverbände aus ganz Deutschland an die »Kampfbund«-Führung, um die »Gleichschaltung« in gemeinsamer Absprache zu vollziehen. Trotz dieser vielfältigen Aktivitäten wurde der »Kampfbund« für die weitere Entwicklung der Kulturpolitik im »Dritten Reich« rasch weitgehend bedeutungslos: zum einen weil die aus Gründen der größeren Attraktivität für bürgerliche Kreise als private Vereinigung aufgebaute »Kampfbund«-Organisation auch 1933 noch keine parteiamtliche Anerkennung erhalten hatte, mithin ohne offizielles Mandat und finanzielle Unterstützung der NSDAP auftrat; zum anderen weil Rosenberg auf Distanz zu Hinkel ging, so daß die größte und wichtigste Landesleitung des Kampfbundes lahmgelegt wurde.

Nutznießer der politischen Unfähigkeit Rosenbergs und seiner Kampfbundtruppe war Goebbels. Er hatte sofort erkannt, daß nur ein staatliches Amt mit seinen exekutiven Machtmitteln die wirkungsvolle Durchsetzung politischer Interessen garantieren konnte. Auf Vorschlag Hitlers ernannte Reichspräsident Hindenburg am 13. März 1933 den »Schriftsteller Dr. Joseph Goebbels« zum Reichsminister für Volksaufklärung und Propaganda.[23] Ende Juni mußten die traditionellen Reichsressorts auf Anordnung des Reichskanzlers eine Fülle von Kompetenzen an das neue Ministerium abtreten, darunter auch diejenigen für das Rundfunk-, Presse-, Theater-, Film-, Musik- und Literaturwesen. Auf dieser gesetzlichen Grundlage und mit den Einnahmen aus dem staatlich monopolisierten Rundfunk konnte Goebbels in der Folge ein Ministerium aufbauen, das im Laufe der Jahre auf mehr als 500 Beschäftigte anwuchs und 1939 über einen Etat von rund 100 Millionen RM verfügte.

Goebbels gab sich mit seinem neuen Ministerium aber noch längst nicht zufrieden. Im Sommer 1933 betrieb er aktiv die Gründung einer Reichskulturkammer, mit deren Hilfe er seine Macht über das deutsche Kulturleben absichern wollte.[24] Sein Vorstoß war auch eine Reaktion auf die Bestrebungen der »Deutschen Arbeitsfront« (DAF), die sich nach der Zerschlagung der Freien Gewerkschaften am 2. Mai 1933 darum bemüht hatte, auch die

Kulturberufe in ihre Einheitsorganisation aus Arbeitgebern und Arbeitnehmern zu übernehmen. Am 14. Juli 1933 wurde eine »vorläufige Reichsfilmkammer« gegründet[25] – das Modell für die noch zu gründende Reichskulturkammer, die Hitler in einem Schreiben an die Reichsstatthalter in den Ländern am 16. desselben Monats bereits ankündigte. In einem ersten Entwurf zum Reichskulturkammer-Gesetz vom 11. August legte Goebbels seinen Plan dar, sämtliche Kulturberufe unter dem Dach einer berufsständischen Institution zusammenzufassen, die die Interessen der Kulturschaffenden in angeblich »freier Selbstverwaltung« wahrnehmen sollte; deren Führung behielt er sich jedoch selbst vor.[26] Mit dem am 22. September 1933 verabschiedeten Reichsgesetz wurde dann die Reichskulturkammer errichtet, bestehend aus einer Reichsschrifttums-, einer Reichspresse-, einer Reichsrundfunk-, einer Reichstheater-, einer Reichsmusik-, einer Reichsfilmkammer und einer Reichskammer der bildenden Künste.

Erst nach zähen Verhandlungen mit dem Reichswirtschafts- und dem Reichsfinanzministerium konnte am 1. November 1933 eine umfangreiche »Verordnung zur Durchführung des Reichskulturkammer-Gesetzes« erlassen werden.[27] Sie machte die Mitgliedschaft in einer der sieben Einzelkammern für all diejenigen zur Pflicht, die »bei der Erzeugung, der Wiedergabe, der geistigen oder technischen Verarbeitung, der Verbreitung, der Erhaltung, dem Absatz oder der Vermittlung des Absatzes von Kulturgut« mitwirkten (§ 4). Ausschlaggebendes Kriterium für die »Kulturkammerpflichtigkeit« war also der enge Zusammenhang von kultureller Betätigung und Öffentlichkeit. Dabei sollte unerheblich sein, ob dies in einem kommerziellen oder gemeinnützigen Rahmen, durch Einzelpersonen oder Personenzusammenschlüsse, durch Reichsangehörige oder in Deutschland arbeitende Ausländer, durch Selbständige oder Angestellte erfolgte (§ 6). Über die Aufnahme oder Ablehnung eines Antragstellers und den Ausschluß eines Mitglieds hatten die Präsidenten der Einzelkammern unter dem Gesichtspunkt der »Zuverlässigkeit und Eignung« (§ 10) zu entscheiden. Darüber hinaus konnten die Präsidenten mit Hilfe von »Amtlichen Bekanntmachungen« und »Anordnungen« Bedingungen für die Betriebszulassung und -führung sowie für den Abschluß arbeits- und sozialrechtlicher Vereinbarungen festlegen (§ 25), »Ordnungsstrafen« verhängen und die Einschaltung der Polizeibehörden verfügen (§§ 28, 29).

Es bestand allerdings die Möglichkeit, gegen die Entscheidungen der Einzelkammern beim Präsidenten der Reichskulturkammer, also bei Goebbels, Beschwerde einzulegen. Da bei den Verhandlungen über das Kulturkammergesetz im Reichskabinett eine finanzielle Belastung von Reich, Ländern und Gemeinden ausgeschlossen worden war, mußten die bei den Einzelkammern entstehenden Verwaltungskosten über die Mitgliedsbeiträge finanziert werden. Deren Zahlung wurde zur Pflicht gemacht, ihre Einziehung wie »öffentliche Abgaben« gehandhabt (§§ 24, 30).

In § 1 der Durchführungsverordnung zum Kulturkammergesetz wurde der privatrechtliche »Reichsverband Deutscher Schriftsteller« zu einer »Körperschaft des öffentlichen Rechts« mit dem Titel »Reichsschrifttumskammer« erklärt. An ihre Spitze als Präsident trat der Nationalkonservative Hans Friedrich Blunck, der in weiten Teilen des Bildungsbürgertums hohe Anerkennung genoß und im Ausland über ausgezeichnete Kontakte verfügte.[28] Zum Vizepräsidenten wurde Heinz Wismann ernannt, der die enge Verzahnung von Kammer- und Ministeriumspolitik garantieren sollte. Aus dem anfangs noch recht kleinen Mitarbeiterstab wurde im Zuge der Umwandlung des RDS in die »Gruppe Schriftsteller« zum 1. Oktober 1935 und der Zuweisung weiterer literaturpolitischer Kompetenzen im Laufe der 1930er Jahre ein überdimensionierter bürokratischer Apparat, der sich im wesentlichen aus den Pflichtbeiträgen der Kammermitglieder finanzierte. Für die Verleger und Buchhändler war zunächst der Börsenverein zuständig. Aufgrund seiner internationalen Verflechtung wurde er jedoch im Oktober 1934 wieder aus der Reichsschrifttumskammer ausgegliedert und auf die Wahrnehmung rein wirtschaftlicher Aufgaben beschränkt. Die Stelle des Börsenvereins innerhalb der Kammerverwaltung nahm der im Juli 1934 neu gegründete »Bund Reichsdeutscher Buchhändler e.V.« ein, der seinerseits am 1. Oktober 1936 in der »Reichsschrifttumskammer, Gruppe Buchhandel« mit Sitz in Leipzig aufging.

2. Die Herrschaft konkurrierender Bürokratien

Propagandaministerium und Reichskulturkammer waren, obwohl beide in den Zuständigkeitsbereich von Goebbels fielen, keineswegs gut kooperierende Verwaltungen. Das hing zunächst damit zusammen, daß die überstürzte Gründung der Reichskulturkammer die Einzelkammern vor erhebliche organisatorische Probleme stellte. Erst Mitte der 1930er Jahre wurde eine einheitliche Verwaltungsstruktur hergestellt.[29] Die Kammerverwaltungen, in denen zum Teil die ehemaligen Verbandsfunktionäre als Angestellte des NS-Staates tätig waren, vertraten aber weiterhin die Interessen ihrer Mitglieder, was zu häufigen politischen Grundsatzstreitigkeiten mit der Ministerialbürokratie führte. Zudem setzten sich in einzelnen Kammern Sonderinteressen durch, die der offiziellen Politik des Ministeriums zuwiderliefen.[30] Erst 1938 gab es ein großes Kompetenzrevirement, mit dem Goebbels die Kammern auf die Wahrnehmung ihrer »berufsständischen« Aufgaben begrenzte, während sämtliche kulturpolitischen Aufgaben von den ministeriellen Fachabteilungen wahrgenommen werden sollten.[31]

Obwohl Goebbels vor seinem Einstieg in die Politik schriftstellerische Ambitionen hatte, war weder in der Reichspropagandaleitung noch im ersten Geschäftsverteilungsplan des Reichspropagandaministeriums eine eigene Schrifttumsabteilung vorgesehen. Für die spärlichen, aus dem Reichsinnenministerium übernommenen literaturpolitischen Aufgaben war lediglich ein Hilfsreferat in der Abteilung »Propaganda« zuständig. Dessen Leiter Wismann, der sich in der Phase der »Gleichschaltung« der schriftstellerischen und buchhändlerischen Interessenvertretungen als ebenso effizienter wie effektiver Funktionär erwiesen hatte, dehnte erstmals mit der Gründung der Reichsschrifttumskammer sein Betätigungsgebiet erheblich aus. Als Vizepräsident kontrollierte und steuerte er in entscheidendem Maße die Politik der Kammer, zumal Blunck einen eher blassen Präsidenten spielte.[32]

Zu Beginn des Jahres 1934 versuchte Wismann – mit Rückendeckung seines Ministers –, die im Juni 1933 von Mitarbeitern des »Kampfbundes für deutsche Kultur« gegründete »Reichsstelle zur Förderung des deutschen Schrifttums« für das Propagandaministerium zu vereinnahmen.[33] Nachdem dieses Vorhaben, das dem Ministerium sowohl den Mitarbeiterstab als auch die in der Reichsstelle geleistete Aufbauarbeit eingebracht hätte, am Widerstand Rosenbergs gescheitert war, verwirklichte Wismann Anfang Juni 1934 mit der Gründung der Reichsschrifttumsstelle als einer dem Propagandaministerium nachgeordneten Behörde seinen Anspruch auf eine stärkere Profilierung der staatlichen Exekutive in der Literaturpolitik. Die noch im selben Jahr gebildete »Reichsarbeitsgemeinschaft für deutsche Buchwerbung«, die die seit 1934 im Herbst eines jeden Jahres veranstaltete »Woche des Deutschen Buches« organisieren sollte, war ein weiteres Führungsinstrument unter Leitung Wismanns. Am 1. Oktober 1934 avancierte er schließlich noch zum Leiter der im Propagandaministerium neu eingerichteten Schrifttumsabteilung. Das große Aufgabengebiet, das Wismann inzwischen für seine neue Abteilung reserviert hatte, wurde allerdings von nur drei Mitarbeitern betreut. Neben dem Abteilungsleiter gab es zwei Referenten, die für sämtliche Schrifttumsfragen im In- und Ausland sowie für das Büchereiwesen zuständig waren. Dennoch war mit dem institutionellen Ausbau des Jahres 1934 das Fundament für eine staatlich zentralisierte Kontrolle und Gestaltung der Literaturpolitik geschaffen worden, das durch eine Aufstockung der Referenten sowie eine Ausweitung der Zuständigkeiten hätte gefestigt und erweitert werden können.

Daß dieses Ziel bis zum Ende des »Dritten Reichs« nicht realisiert wurde, hing mit einer Vielzahl von Faktoren zusammen. Seit der von Hitler geförderten Gründung des Reichsministeriums für Wissenschaft, Erziehung und Volksbildung im Mai 1934 hatte Goebbels bereits die Zuständigkeit für das gesamte wissenschaftliche Büchereiwesen, für die fachliche Aufsicht über das Volksbüchereiwesen und für das Schulbuchwesen verloren.[34] Bernhard Rust erwies sich zwar als ausgesprochen schwacher Minister, doch verfügte er über eine Reihe kompetenter und durchsetzungsfähiger Mitarbeiter, die die Versuche von Goebbels, den Einfluß auf die drei genannten Sachbereiche zurückzugewinnen, erfolgreich abwehrten. Die Reichsschrifttumskammer war den Einmischungen mehrerer Reichsleiter der NSDAP mit ihren zugehörigen Verwaltungsapparaten ausgesetzt. Max Amann, der mächtige Direktor des Eher

Verlags, Reichsleiter für die Presse der NSDAP und Präsident der Reichspressekammer, bestimmte über seinen in Leipzig residierenden Zögling Wilhelm Baur in entscheidendem Maße die Buchhandelspolitik mit.[35] Der Reichsführer-SS Heinrich Himmler schleuste Mitarbeiter des SD in die Kammerverwaltung ein. Dabei wurde er tatkräftig von Hanns Johst, der selbst einen hohen SS-Rang bekleidete, unterstützt.[36] Johst wurde im Oktober 1935 Präsident der Reichsschrifttumskammer – als Nachfolger von Blunck, der auf Druck der Gestapo zum Rücktritt gezwungen worden war.[37] Martin Bormann schaltete sich zunächst als Stabsleiter im Stab Stellvertreter des Führers, ab Mai 1941 dann als machtbewußter Leiter der Partei-Kanzlei der NSDAP, immer wieder in die Literaturpolitik des Propagandaministeriums und der Kammer ein.[38] Robert Ley, der Reichsorganisationsleiter der NSDAP und Leiter der DAF, sabotierte zum einen die sozialpolitischen Maßnahmen der Kammer zur Besserstellung der Autoren, Buchhändler und Verleger.[39] Zum anderen betrieb er über die DAF-eigenen Verlagsunternehmen, zu denen seit 1933 neben dem Langen-Müller Verlag und der Hanseatischen Verlagsanstalt (beide vormals im Besitz des Deutschen Handlungsgehilfen Verbands)[40] auch die der SPD enteignete Büchergilde Gutenberg gehörten, eine von der Goebbelsschen Schrifttumsbürokratie weitgehend unabhängige Buchpolitik.

Der staatlichen Literaturpolitik zuwiderlaufende Sonderinteressen verfolgten auch die beiden wichtigsten parteiamtlichen Schrifttumsstellen. Die bereits erwähnte »Reichsstelle zur Förderung des deutschen Schrifttums« war aus der 1932 gegründeten »Buchberatungsstelle« der »Kampfbund«-Landesleitung Franken in Nürnberg hervorgegangen. Da die Gründung und der Aufbau der »Reichsstelle« nur mit finanzieller Unterstützung des Propaganda- und des Reichsinnenministeriums, des Börsenvereins sowie des Langen-Müller Verlags möglich gewesen waren, saß neben den langjährigen »Kampfbund«-Mitarbeitern Hans Hagemeyer, Rainer Schlösser und Hellmuth Langenbucher auch Heinz Wismann als Vertreter des Propagandaministeriums in der Reichsführung. Erklärte Ziele der »Reichsstelle« waren die »Säuberung« des Buchmarktes von »entarteter« Literatur der »Systemzeit« und die Propagierung des »arteigenen deutschen Schrifttums«.

An dieser Aufgabenstellung änderte sich auch nichts, als die »Reichsstelle« nach dem gescheiterten Vereinnahmungsversuch Wismanns verselbständigt wurde.[41] Im Juni 1934 wurde sie in die neu geschaffene Dienststelle Alfred Rosenbergs als Beauftragter des Führers für die gesamte weltanschauliche Schulung und Erziehung der NSDAP integriert und in Personalunion mit der Abteilung Schrifttumspflege von Hans Hagemeyer geleitet. Ein großer Mitarbeiterstab aus Parteiangestellten auf Reichs-, Gau- und Kreisebene, ehrenamtlichen Hauptlektoren und Lektoren nahm bis 1945 die umfangreichste Kontrolle der gesamten deutschsprachigen Literatur vor. Allerdings gelang es dieser Parteidienststelle nicht, mit ihrer aufwendigen Tätigkeit eine ähnlich verbindliche Wirkung zu erreichen, wie es der Reichsschrifttumskammer oder dem Propagandaministerium gelang. Weder auf die Zulassung der auf dem Gebiet der Literatur tätigen Personen und Unternehmen noch auf die Buchzensur erlangte Rosenbergs Schrifttumsstelle jemals bestimmenden Einfluß. Allerdings konnte die weltanschaulich weitaus radikalere Literaturpolitik des »Amtes Rosenberg« die staatlichen Stellen durchaus in Legitimationsschwierigkeiten bringen, was in zahlreichen Fällen die staatlichen Behörden zu Konzessionen zwang. Auch konnten mit Gutachten des der Dienststelle Rosenberg angeschlossenen »Kulturpolitischen Archivs« Lesungen bestimmter Autoren in den von der DAF unterhaltenen Freizeit- und Bildungseinrichtungen unterbunden oder die Gestapo und der SD zum Vorgehen gegen politisch »unerwünschte« Schriftsteller und Buchhändler animiert werden.[42]

Die »Parteiamtliche Prüfungskommission zum Schutze des nationalsozialistischen Schrifttums« war im April 1934 aufgrund einer »Verfügung« des Stellvertreters des Führers, Rudolf Heß, gegründet worden.[43] Sie sollte das seit 1933 auf den Markt drängende »Konjunkturschrifttum« über den Nationalsozialismus sichten und bewerten. Um den in der Parteizentrale in München weitgehend funktionslos gewordenen Reichsgeschäftsführer der NSDAP zu reaktivieren, schlug der geschäftstüchtige Verleger Amann vor, Philipp Bouhler zum Vorsitzenden der Kommission zu ernennen – mit dem Hintergedanken, die Publikationsflut zur NS-Bewegung einzudämmen und sämtliche Neuerscheinungen zu diesem Thema in den Parteiverlag zu lancieren. Daß dieses Kalkül dann doch nicht aufging, die Prüfungskommission vielmehr einen eigenständigen Kurs in der Literaturpolitik zu steuern begann, hängt mit dem für Bürokratien im allgemeinen, im nationalsozialistischen Herrschaftssystem besonders typischen Verhalten ihrer Entscheidungsträger zusammen: Einmal erworbene Kompetenzen und Verwaltungsapparate wurden gegen alle Widerstände nicht nur bewahrt, sondern sukzessive ausgebaut.

Ähnlich wie Rosenberg, der allenfalls die Prüfung von Literatur auf ihre Verwertbarkeit für die weltanschauliche Schulung der NSDAP-Mitglieder hätte beanspruchen können, tatsächlich jedoch die Entwicklung der gesamten deutschen Literatur und Publizistik in seinem Amt überwachen ließ, dehnte auch Bouhler seine Zuständigkeit auf sämtliche Schriften im nationalsozialistischen Deutschland aus. Dabei kam der Prüfungskommission zugute, daß sie über eine Zensurvollmacht verfügte, die von Hitler ausdrücklich anerkannt war und wiederholt bestätigt wurde. Darüber hinaus verstand es Bouhler geschickt, durch »Arbeitsabkommen« mit anderen Herrschaftsträgern auf staatlicher und parteiamtlicher Ebene seinen Einfluß auf die Gestaltung der Literaturpolitik abzusichern und auszuweiten. Zwangsläufige Folge dieser Entwicklung war ein bis zum Kriegsbeginn ungestörtes Wachstum der haupt- wie nebenamtlich tätigen Mitarbeiter der Prüfungskommission, so daß eine vierte umfangreiche Schrifttumsbürokratie entstand.

Die Liste der Parteidienststellen, mit denen sich die auf staatlicher Seite agierenden Behörden auseinanderzusetzen hatten, ist damit noch längst nicht abgeschlossen. Der NS-Lehrerbund, die Reichsjugendführung, die Reichsfrauenführung, das Reichsrechtsamt, der Reichsnährstand und das Rassenpolitische Amt der NSDAP leisteten sich jeweils eigene Abteilungen oder Lektorate für Literatur.[44] Daß sich der Anspruch auf die zentrale Steuerung der Literaturpolitik durch das Reichspropagandaministerium nur partiell verwirklichen ließ, hing aber nicht nur mit der Existenz miteinander konkurrierender Führungspersonen und Institutionen zusammen. Goebbels selbst bot seinen Gegnern wiederholt Anlaß zur Kritik oder zur Begleichung offener Rechnungen und zeigte erhebliche Schwächen in der Personalpolitik.[45] So schied sein Abteilungsleiter Wismann, der seit 1933 die Fäden der staatlichen Literaturpolitik gezogen und zusammengehalten hatte, im August 1937 unter spektakulären Umständen aus dem Ministerium aus: Noch bis 1934 war er mit einer Jüdin verheiratet gewesen, was er sowohl bei seinem Eintritt in die NSDAP im Jahre 1932 als auch gegenüber seinem Arbeitgeber verheimlicht hatte. Von Wismanns Nachfolger Karl Heinz Hederich, der in Personalunion stellvertretender Leiter der Bouhler-Kommission blieb, versprach sich Goebbels eine Vereinheitlichung der Tätigkeit der staatlichen und parteiamtlichen Schrifttumsbürokratien. Doch im Oktober 1938 mußte er sich schon wieder von Hederich trennen, da dieser sich durch seinen Omnipotenzanspruch sowohl mit Amann und Rosenberg als auch mit mehreren Fachabteilungen innerhalb des Propagandaministeriums angelegt hatte. Der von Hederich begonnene personelle und inhaltliche Ausbau der ministeriellen Schrifttumsabteilung konnte dann zwar von seinem Nachfolger Alfred-Ingemar Berndt fortgesetzt werden. Doch wechselte Berndt, der rasch die wenig aussichtsreiche Lage der Schrifttumsabteilung erkannt hatte, bereits im Herbst 1939 wieder in die Rundfunkabteilung.

Erst unter Wilhelm Haegert, dem früheren Stabsleiter der Reichspropagandaleitung der NSDAP und bis 1937 Leiter der Abteilung »Propaganda« im Ministerium, trat ab der Jahreswende 1939/40 eine personelle Konsolidierung ein. Daß Haegert im Verlauf des Krieges die Position der Schrifttumsabteilung auch in sachlicher Hinsicht deutlich festigen konnte, war die Folge der – nach einer Phase der beruflichen und privaten Schwäche – wiedergewonnenen Machtstellung und Durchsetzungsfähigkeit von Goebbels innerhalb des Führungszirkels der NSDAP.

III. Die Schriftsteller

1. Die Politik gegenüber den Schriftstellern

In der Darstellung der Literaturpolitik staatlicher Behörden und parteiamtlicher Dienststellen gegenüber den in Deutschland verbliebenen Autoren sind zwei Aspekte, die in einem Spannungs- und Wechselverhältnis stehen, zu unterscheiden: Zum einen sind die politischen Inhalte und Ziele, die die verschiedenen Bürokratien verfolgten, zu berücksichtigen; zum anderen ist den konkreten Lebens- und Arbeitsbedingungen der Schriftsteller unter den Bedingungen der Diktatur Rechnung zu tragen.

Die politische Kontrolle der Schriftsteller war über den gesetzlich verordneten Zwang zur Mitgliedschaft in der Reichsschrifttumskammer geregelt.[46] Wer Mitglied der Kammer werden wollte, mußte ein bürokratisches Aufnahmeverfahren durchlaufen, das jedem einzelnen genaue Auskünfte über seine »rassische Abstammung«, über seine politische Vergangenheit, über seine Publikationstätigkeit und über seine Einkünfte abverlangte. Zudem mußten zwei Bürgen benannt werden, die die »charakterliche« und politische Zuverlässigkeit ebenso wie die berufliche Eignung des Antragstellers bezeugen sollten. Seit April 1938 gehörte die Einholung eines »politischen Führungszeugnisses« bei der zuständigen NSDAP-Gauleitung zum festen Bestandteil der Aufnahmeformalitäten. Kamen dabei Zweifel an der politischen Zuverlässigkeit des Antragstellers auf, wurde zusätzlich bei der Gestapo ein Gutachten angefordert.

Die Folge dieser Verwaltungsvorschriften war, daß Gestapo- und SD-Stellen ebenso wie Gau-, Kreis- und Ortsgruppenleitungen der NSDAP die in ihrem jeweiligen Zuständigkeitsbereich lebenden Schriftsteller zu überwachen begannen. Wie sich an zahlreichen Fallbeispielen nachweisen läßt, gaben die Gutachten nicht immer die tatsächliche Einstellung eines observierten Schriftstellers zum NS-Regime wieder, und nicht immer führten ablehnende Gutachten von Polizei- oder Parteidienststellen zum sofortigen Ausschluß aus der Kammer, was wiederholt zu heftigen Kontroversen zwischen den zuständigen Bürokratien führte. Mögliche Sanktionen bei einer politischen Ablehnung waren die Verweigerung der Aufnahme oder der Ausschluß aus der Kammer, was automatisch das Verbot der weiteren Berufsausübung nach sich zog, im Extremfall auch Zuchthaus oder Konzentrationslager.

Neben die Überwachung der Person trat die Überwachung der Veröffentlichungen.[47] Das im Laufe der 1930er Jahre entwickelte Zensurverfahren, auf das im Zusammenhang mit der Darstellung des Buch- und Verlagswesens noch näher einzugehen ist, erwies sich in der Praxis allerdings keineswegs als lückenlos: zunächst, weil die personellen und organisatorischen Voraussetzungen für die Einführung einer Vorzensur der großen Buchproduktion im Deutschen Reich fehlten, dann aber auch, weil die staatliche Schrifttumsbürokratie die Nachzensur in vielen Fällen weniger scharf anwandte, als dies von Parteidienststellen gewünscht wurde. Wie eine Analyse der im Deutschen Reich lebenden Autoren mit indizierten Werken belegt, zog das Verbot eines oder mehrerer ihrer Bücher nicht zwangsläufig auch den Ausschluß aus der Kammer nach sich. Doch sorgten die Buchverbote der Reichsschrifttumskammer und des Propagandaministeriums ebenso wie die regelmäßig wiederkehrenden Beschlagnahmeaktionen der Gestapo, verbunden mit häufigen Versuchen der Einflußnahme von Parteigruppierungen und Interessenverbänden auf das Verbot oder die inhaltliche Neufassung einzelner Bücher, für ein Klima latenter Verunsicherung, das sich während des Zweiten Weltkriegs noch deutlich verschärfte. Selbst der Geschäftsführer der Reichsschrifttumskammer, Wilhelm Ihde, der sich nebenberuflich als Autor betätigte, übte im April 1943 gegenüber seinem Präsidenten aus gegebenem Anlaß eine bemerkenswerte Kritik an den immer kleinlicheren Zensurforderungen parteiamtlicher Dienststellen:

> Man predigt in der Lautstärke germanischer Luren: lebt gefährlich! Tut's einer, so schlägt man ihn aufs Haupt. Da muß jede Muse, die noch einigermaßen etwas auf sich hält, ihr Haupt verhüllen.[48]

Auf der anderen Seite war die staatliche Schrifttumsbürokratie darum bemüht, die regimetreuen Schriftsteller im Rahmen der Kontrolle und Steuerung der öffentlichen Lesungen zu fördern und für die propagandistischen Ziele des NS-Staates einzusetzen.[49] Im Laufe des Jahres 1934 wurde zunächst die Organisation des Vortragswesens im Inland über eine Arbeitsgemeinschaft der literarischen Gesellschaften und Vortragsveranstalter innerhalb der Reichsschrifttumskammer vereinheitlicht. Nach einer Reihe von Umstrukturierungen war ab 1937 die dem Propagandaministerium nachgeordnete »Reichsschrifttumsstelle« (ab 1939 fortgeführt als »Werbe- und Beratungsamt für das deutsche Schrifttum«) für die Planung und Durchführung von Dichterlesungen zuständig. Sie versuchte mit »Vorschlagslisten«, die zwischen 1937 und 1943 jährlich herausgegeben wurden, mit »Anschlußtafeln« zu Lesereisen, mit kostenlos zur Verfügung gestellten Vortrags- und Verlagsprospekten, teilweise sogar mit der Übernahme von Reise- und Honorarkosten öffentliche Lesungen einer ausgewählten Gruppe von Autoren nachhaltig zu fördern. Rosenbergs »Schrifttumsamt« und dem zum Machtbereich Robert Leys gehörenden »Deutschen Volksbildungswerk« war die vom Propagandaministerium getroffene Autorenauswahl allerdings noch zu wenig parteikonform. Sie bauten daher seit Mitte der 1930er Jahre mit einem nach politischen Kriterien zusammengestellten Autorenkreis ein umfangreiches Vortragsprogramm auf, das in Konkurrenz zu den staatlich geförderten Leseveranstaltungen trat.

Auch mit den in den Jahren 1933 bis 1944 verliehenen Literaturpreisen sollten Autoren, die dem NS-Regime ideologisch nahestanden, finanziell gefördert und propagandistisch herausgestellt werden.[50] Dabei wurde der politische Systemwechsel zunächst daran deutlich, daß traditionsreiche Auszeichnungen wie der Kleist- und der Fontane-Preis völlig eingestellt wurden, der seit 1859 verliehene Schiller-Preis ab 1935 nicht mehr verliehen und der angesehene Lessing-Preis zuerst finanziell abgewertet, dann in »Dietrich-Eckart-Preis« umbenannt wurde. An die Stelle der demokratisch legitimierten Literaturpreise traten Neustiftungen wie der »Nationale Buchpreis«, der auf Veranlassung von Goebbels ab 1934 am 1. Mai eines jeden Jahres verliehen wurde, die »Preise der NSDAP für Kunst und Wissenschaft«, die bis 1938 im Rahmen der Kulturtagungen auf den Reichsparteitagen der NSDAP verliehen wurden, sowie eine Vielzahl weiterer Auszeichnungen auf der

Ebene des Reichs, der Länder, der Kommunen, der NS-Gaue und der NS-Gliederungen. Bis Ende 1937 war die Anzahl der Literaturpreise auf mehr als 70 angestiegen. Da diese Quantität in keiner Relation zur Qualität der literarischen Produktion stand, waren zahlreiche Schriftsteller mehrfach und Nachwuchsautoren bereits für ihre ersten Buchveröffentlichungen ausgezeichnet worden. Die Folge war eine von der Schrifttumsabteilung des Propagandaministeriums konstatierte »Entwertung der Literaturpreise in der öffentlichen Meinung, die sich bis in die Spitzenpreise hinauf bemerkbar macht«.[51] Trotz wiederholter Bemühungen der staatlichen Schrifttumsbürokratie, die Entwicklung zu steuern, änderte sich nichts an der Inflation der Literaturpreise bis zu deren generellem Verbot durch Goebbels am 16. August 1944.

Es bleibt die Frage, ob der nationalsozialistischen Literaturpolitik auch positive Ergebnisse zugeschrieben werden können. Wenn überhaupt, so lagen sie allenfalls in dem, was als »berufsständische Betreuung« durch die Reichsschrifttumskammer bezeichnet wurde.[52] Der »Reichsverband Deutscher Schriftsteller« brachte in der Anfangsphase zahlreiche Forderungen zur Verbesserung der rechtlichen, wirtschaftlichen und sozialen Lage seiner Mitglieder in die Kammer ein – Forderungen, die größtenteils schon von seiner Vorgängerorganisation, dem »Schutzverband deutscher Schriftsteller«, erhoben worden waren. Der »Normal-Verlagsvertrag«, der nach zähen Verhandlungen im Juni 1935 vom Präsidenten der Reichsschrifttumskammer gegen die »Fachgruppe Schöngeistige und populärwissenschaftliche Verlage« im »Bund Reichsdeutscher Buchhändler« durchgesetzt wurde, gehört zu den wenigen Erfolgen, die die berufsständische Vertretung für die Schriftsteller verbuchen konnte. Der Vertrag wurde 1937 auch noch auf Werke der Jugendliteratur ausgedehnt.

Mit dem »Gesetz zur Verlängerung der Schutzfristen im Urheberrecht«, das bereits am 13. Dezember 1934 erlassen worden war, wurde der gesetzliche Schutz des Urheberrechts von 30 auf 50 Jahre erhöht. Dagegen scheiterten während des Krieges die Bemühungen um eine Novellierung des Urheber- und Verlagsrechts für die Gebiete der Literatur, der Musik, der bildenden Künste und der Photographie. Die Notwendigkeit einer grundlegenden Reform, die sich zum einen auf die Zusammenfassung der für die einzelnen Kunstsparten unterschiedlichen gesetzlichen Bestimmungen, zum anderen auf die völlig veränderten technischen Produktionsbedingungen bezog, war zwar bereits seit Ende der 1920er Jahre allgemein anerkannt; und auch nach 1933 bemühten sich die Interessenvertreter der Schriftsteller und der Verlage ebenso wie die neue staatliche Schrifttumsbürokratie im Rahmen der »Akademie für Deutsches Recht« um die Formulierungen für das Gesetz. Doch zu dessen Umsetzung kam es bis 1945 nicht mehr. Im November 1943 wurde lediglich noch ein »Normalvertrag über den Erwerb des Weltverfilmungsrechts an einem bereits erschienenen Werke des Schrifttums« eingeführt. Bei den Verhandlungen hatte sich allerdings die mächtige Filmlobby im Propagandaministerium mit ihren wirtschaftlichen Interessen gegen die Forderungen der Reichsschrifttumskammer durchgesetzt, die eine stärkere Berücksichtigung der rechtlichen und finanziellen Ansprüche der Autoren gefordert hatte.

Nicht viel besser sah es mit der Umsetzung des Ziels aus, die Einkommensverhältnisse der deutschen Schriftsteller zu verbessern. Wie aus den jährlichen Beitragsaufstellungen der Reichsschrifttumskammer hervorgeht, die nach dem jeweiligen Bruttoverdienst errechnet wurden, mußte sich das Gros mit dem Existenzminimum zufriedengeben.[53]

Bruttoeinkommen(jährlich)		Mitglieder	Jahr
Gruppe 1:	bis 2400 RM	2000	1937
Gruppe 2:	ab 2400 RM	2635	
Gruppe 3:	bis 4800 RM	1100	
Gruppe 4:	bis 7200 RM	200	
Gruppe 5:	über 7200 RM	65	
Gruppe 1:	bis 1200 RM	6328	1938*
Gruppe 2:	bis 3600 RM	1424	
Gruppe 3:	bis 6000 RM	467	
Gruppe 4:	über 6000 RM	102	

* Bereits mit dem »angeschlossenen« Österreich

Daß es den Schriftstellern auch unter dem Nationalsozialismus wirtschaftlich kaum besser ging als in der Weimarer Republik, war zunächst die Folge von Einsparungen im Kultursektor, die nach der Verkündung des zweiten Vierjahresplanes durch Hitler im September 1936 einsetzten. Bereits Anfang November erhielt die Reichsschrifttumskammer über die NSDAP-Gauleitung in München Beschwerden einer Reihe ortsansässiger Schriftsteller. Deren einhelliger Tenor war die Feststellung, daß die Einkommensverhältnisse »seit der nationalsozialistischen Revolution eine Wendung zum Schlechteren erfahren« hätten.[54] Beim Rundfunk und bei der Presse seien die Honorare für literarische Beiträge erheblich gesenkt worden. Die Buchverlage hätten ihr Programm weitgehend auf politische und schöngeistige Literatur umgestellt, zahlten schlecht oder erst mit langen Verzögerungen. Zudem sähen sich die Berufsschriftsteller der Konkurrenz durch »Doppelverdiener« (Beamte u. a.) ausgesetzt, die ihre Arbeiten zum Teil kostenlos zur Verfügung stellten. Der Auslandsmarkt bleibe den Schriftstellern so gut wie ganz verschlossen, da sich die ausländischen Verlage der Veröffentlichung von literarischen Werken aus dem nationalsozialistischen Deutschland verweigerten. Gegenüber Reichsschrifttumskammer-Präsident Johst monierte der Parteiautor Heinrich Anacker im Frühjahr 1937, daß aufgrund der Anweisungen der Vierjahresplanbehörde, den Verbrauch von Druckpapier pauschal um 10 % zu senken, Zeitungsredaktionen zu einer drastischen Kürzung der ohnehin schmalen Kulturseiten übergegangen waren, wobei insbesondere literarische Beiträge den Einsparungen zum Opfer fielen.[55] Nachdem Goebbels die Anweisung gegeben hatte, daß der Rundfunk die von der Arbeit heimkehrenden »Volksgenossen« mit anregenden und spannenden Sendungen unterhalten sollte, wurden prompt die Vorträge, Lesungen und Streitgespräche von Schriftstellern gestrichen. Ende April berichtete Günter Eich an die Fachschaft Rundfunk in der Reichsschrifttumskammer, daß auch Hörspiele von der Umstellung der Rundfunkprogramme gewesen seien.[56]

Im Verlauf des Zweiten Weltkriegs verschlechterte sich die materielle Lage der Schriftsteller zunehmend. Durch die ab 1941 eingeführte restriktive Bewirtschaftung von Papier und Einbandstoffen ebenso wie durch die Personalreduzierung, Schließung und Zerstörung von Verlagen, Druckbetrieben und Buchhandlungen wurden die Produktion und der Vertrieb von Büchern erheblich eingeschränkt. Von der Entwicklung profitierten die wenigen Bestsellerautoren und diejenigen Verlage, deren Kontakte zur Wehrmacht und zum sogenannten Frontbuchhandel oder zur NSDAP und DAF die Bewilligung von Papiermengen für Großauflagen ermöglichten.[57] Die auf der Grundlage der Angaben von Autoren für die Beitragszahlungen an die Reichsschrifttumskammer errechneten Einkommen weisen während des Krieges folgende Zahlen auf:[58]

Bruttoeinkommen (jährlich)		Mitglieder	Jahr
Gruppe 1:	bis 1200 RM	3229	1941
Gruppe 2:	bis 3600 RM	1092	
Gruppe 3:	bis 6000 RM	335	
Gruppe 4:	über 6000 RM	406	
Gruppe 1–4 wie oben		2100	1942
		1100	
		340	
		400	
Gruppe 1–4 wie oben		1860	1943
		1050	
		390	
		680	

Die staatliche Schrifttumsbürokratie reagierte auf die zunehmende Verschlechterung der Existenzbedingungen der Schriftsteller mit einer erheblichen Aufstockung der Unterstützungsmittel. Der Etat der »Deutschen Schillerstiftung« in Weimar, deren Verwaltung die Reichsschrifttumskammer vom »Schutzverband deutscher Schriftsteller« übernommen hatte, wurde von Goebbels anläßlich der »Woche des Deutschen Buches« im Herbst 1936 verdreifacht. In den Jahren 1937 bis 1944 wurden jährliche Unterstützungen in einer Gesamthöhe zwischen 152 604,37 RM (1937/38) und 262 322,34 RM (1940/41) gezahlt.[59] Bis 1941 schoß vor allem das Propagandaministerium immer höhere Beiträge in die Sozialeinrichtung zu, so daß eine Vielzahl notleidender Autoren mit Geld- und Sachzuwendungen oder mit Darlehen versorgt werden konnten. Bissig merkte dazu allerdings RSK-Geschäftsführer Ihde im November 1941 an, daß die bisherigen Leistungen der Schillerstiftung »nur dem einen Zweck dienen sollen, den Bedachten lediglich vor dem Verhungern zu schützen«.[60] Man sei »dem guten deutschen Dichter« aber »mehr als nur den Lebensunterhalt schuldig, der ja auch, grob gesagt, den Strafgefangenen im Gefängnis gewährt wird«.

Um den Etat der Stiftung nur mit solchen »Fällen« zu belasten, deren Versorgung zum Nutzen für die »geistige Aufrüstung der Heimatfront« geboten erschien, wurde ab 1941 eine beträchtliche Anzahl schriftstellerisch tätiger Mitglieder der Kammer über die Aufhebung ihrer Unabkömmlich-Stellung in die Wehrmacht oder in Rüstungsbetriebe abgeschoben. Während die soziale Absicherung über das Niveau eines staatlich gewährten Almosens nicht hinauskam, wobei für die Vergabe auch noch von der Kulturkammerverwaltung überprüfte politische Kriterien ausschlaggebend waren, versandete das Projekt einer Altersversorgung in den Mühlen der Bürokratie. Zu Beginn des Jahres 1934 vom »Reichsverband Deutscher Schriftsteller« auf die Tagesordnung der Kammerarbeit gesetzt, machte sich Goebbels persönlich auf der Feier zur Eröffnung der »Woche des Deutschen Buches« im Herbst 1938 zum Protagonisten einer staatlich geregelten sozialen Absicherung der Schriftsteller im Alter. Doch bis Kriegsende kam das ehrgeizige Vorhaben über behördliche Aktenvorgänge und Beratungen nicht hinaus.

2. Das Verhalten der Schriftsteller in der NS-Diktatur

Eine Darstellung und Bewertung der nationalsozialistischen Literaturpolitik in den Jahren 1933 bis 1945 muß auch den unterschiedlichen Umgang der Schriftsteller mit den politischen Rahmenbedingungen berücksichtigen.[61] Es gab Autoren wie Goebbels, Hinkel, Hitler (›Mein Kampf‹), Johst, Blunck oder Wilfrid Bade, die ihre politisch exponierte Stellung zur Steigerung ihrer Buchumsätze benutzten. Neben ihnen stand die Garde der NS-Apologeten, die in und mit ihren Werken den politischen Vorgaben der Machthaber literarisch Ausdruck verlieh. Zu ihnen zählten u. a. Rudolf Ahlers,

Heinrich Anacker, Max Barthel, Hans Baumann, Bruno Brehm, Hermann Burte, Hermann Claudius, Edwin Erich Dwinger, Kurt Eggers, Richard Euringer, Robert Hohlbaum, Friedrich Wilhelm Hymmen, Erwin Guido Kolbenheyer, Eberhard Wolfgang Möller, Curt Langenbeck, Herybert Menzel, Agnes Miegel, Wilhelm Schäfer, Friedrich Schnack, Gerhard Schumann, Ina Seidel, Emil Strauß, Will Vesper, Karl Heinrich Waggerl, Hans Zöberlein.[62]

Eine andere Gruppe von Schriftstellern, die während der Weimarer Republik dem rechten Parteienspektrum nahegestanden hatte, geriet unversehens in Gegensatz zur NS-Kulturpolitik. Angeführt von Hans Grimm, dem Autor des Kolonialromans ›Volk ohne Raum‹ (1926), traf sich seit 1934 jährlich in Lippoldsberg die »Elite« der nationalkonservativen Dichter. Zu den Teilnehmern dieser »Lippoldsberger Dichtertreffen« zählten u. a. Paul Alverdes, Rudolf G. Binding, Friedrich Bischoff, Hans Carossa, Joachim von der Goltz, Benno von Mechow, Ernst von Salomon, Rudolf Alexander Schröder, August Winnig.[63] Die Treffen fanden ein jähes Ende, nachdem der um seine Führungsrolle im deutschen Schrifttum besorgte Propagandaminister dem Renegaten Hans Grimm für den Fall der Fortsetzung seines »sektiererischen« Engagements das Schicksal Ernst Wiecherts angedroht hatte. Wiechert war 1938 aufgrund seiner öffentlichen Solidarität mit Martin Niemöller von der Gestapo verhaftet und nach einem zweimonatigen Zuchthausaufenthalt von Anfang Juli bis Ende August im Konzentrationslager Buchenwald interniert worden. Die Ambivalenz des Herrschaftssystems zeigt sich allerdings darin, daß die als exemplarisch zu bezeichnende »Bestrafung« Wiecherts für seinen »Ungehorsam« nichts am Erscheinen und der Verbreitung seiner Bücher, der alten wie der neuen, änderte.

Besonders schwierig zu fassen sind die Schriftsteller, die der »Inneren Emigration« zugerechnet werden, und zwar deshalb, weil das Spektrum der ablehnenden Verhaltensweisen gegenüber der staatlichen und parteiamtlichen Politik außerordentlich vielfältig war. Oskar Loerke, die Bibliothekare Friedo Lampe und Hermann Stresau oder die konfessionell gebundenen Werner Bergengruen, Theodor Haecker und Reinhold Schneider zogen sich aus der Öffentlichkeit zurück, ohne ihre Publikationstätigkeit aufzugeben. Frank Thiess hingegen, der sich nach dem Krieg in der Auseinandersetzung mit Thomas Mann im Kontext der »Großen Kontroverse« zu einem der Protagonisten der »Inneren Emigration« stilisierte, paßte von Anfang an seine Veröffentlichungen den veränderten Gesetzen des Buchmarktes an und mobilisierte staatliche Behörden gegen Verbotsforderungen parteiamtlicher Schrifttumsstellen.[64]

Zwischen allen Stühlen saß Gerhart Hauptmann. Der Literaturnobelpreisträger, der zu den herausragenden Repräsentanten des Kulturlebens der Weimarer Republik gezählt hatte, ließ sich wiederholt von den NS-Machthabern propagandistisch vereinnahmen.[65] Und dies, obwohl seine Dramen vor 1933 in der NS-Presse verrissen worden waren und nach 1933 nur mit Einschränkungen aufgeführt werden durften. Ein anderer Nobelpreisträger, Thomas Mann, der Anfang 1933 von einer Vortragsreise im Ausland nicht mehr nach Deutschland zurückgekehrt war, lavierte zunächst zwischen dem Exil in der Schweiz und Deutschland. Seine Werke konnten – mit wenigen Ausnahmen und im Gegensatz zu denen seines Bruders Heinrich oder seiner Kinder Klaus und Erika – noch bis 1936 in Deutschland erscheinen. Erst zwei Tage nach seiner Ausbürgerung am 2. Dezember 1936 ordnete die Reichsschrifttumskammer beim Geheimen Staatspolizeiamt die »Einziehung und Sicherstellung sämtlicher im Reichsgebiet vorkommender Exemplare« seiner Schriften an.[66]

Die meisten jüdischen Schriftsteller waren zunächst noch in die Reichsschrifttumskammer aufgenommen worden, da der Propagandaminister mit Rücksicht auf die im November 1933 an die Spitzen der Einzelkammern berufenen Künstler und aus außenpolitischem Kalkül auf einen »Arierparagraphen« im Kulturkammerrecht verzichtet hatte. Doch nachdem Goebbels auf der Kulturkammer-Tagung vom 7. Februar 1934 die Ansicht geäußert hatte, daß »ein jüdischer Zeitgenosse im allgemeinen ungeeignet ⟨sei⟩, Deutschlands Kulturgut zu verwalten«,[67] wurden bis Ende 1935 sämtliche »nichtarischen« Autoren aus der Reichsschrifttumskammer ausgeschlossen und Anträge auf Neuaufnahme ausnahmslos abgelehnt. Da die Kammer ab 1935/36 von ihren Mitgliedern und deren Ehepartnern einen bis zum Jahre 1800 zurückreichenden

»Ariernachweis« verlangte, weitete sich der betroffene Autorenkreis rasch aus. Der »jüdisch versippte« Stefan Andres nahm daher
ab 1938 Zuflucht im abgelegenen italienischen Positano. Jochen
Klepper dagegen blieb trotz seiner jüdischen Ehefrau in Berlin.
Aufgrund seines Bestsellers ›Der Vater‹ (1937), der auch in der
NS-Presse positiv besprochen worden war, erhielt er eine »Sondergenehmigung«, für die die Zustimmung des Präsidenten der Reichskulturkammer, also von Goebbels persönlich, erforderlich war. Sie
ermöglichte Klepper, wenn auch unter erschwerten Bedingungen,
die Weiterarbeit bis zu seinem Freitod im Dezember 1942. Auch
Werner Bergengruen, der mit einer »Dreivierteljüdin« verheiratet
war, und dem mit einer »Volljüdin« verheirateten Otto Suhr wurde
eine solche »Sondergenehmigung« erteilt. Elisabeth Langgässer
und Mascha Kaléko hingegen verloren 1936 ihre Berufszulassung
und damit das Recht zum Publizieren. Während der hochbetag-
te Ludwig Fulda aufgrund seiner aussichtslosen beruflichen und
persönlichen Lage 1939 Suizid beging, wurde Alfred Mombert,
der im Herbst 1940 aus Heidelberg emigriert und wenig später im
französischen Internierungslager Gurs festgesetzt worden war, immerhin noch 1941 die Ausreise in die Schweiz gestattet (dort starb
er allerdings an den Folgen der Internierung). Insgesamt wurden
den sogenannten »nichtarischen« oder »nichtarisch versippten«
Schriftstellern von der nationalsozialistischen Schrifttumsbürokratie jedoch bei weitem nicht diejenigen Rechte zugestanden, die
sogar noch politisch »unerwünschten« oder aus ästhetischen Gründen abgelehnten »arischen« Kollegen gewährt wurden.

Obwohl sämtliche Werke Erich Kästners – zunächst mit Ausnahme von ›Emil und die Detektive‹ – verboten und am 10. Mai
1933 auf dem Opernplatz in Berlin verbrannt wurden, konnten
seine Bücher noch bis 1936 in Deutschland über den Buchhandel
vertrieben werden – und nicht nur jene, die ab 1933 in deutschen Verlagen erschienen waren, sondern auch diejenigen, die
ab 1934 in den Schweizer Verlagen Rascher und Atrium veröffentlicht wurden.[68] Im April 1941 wurde Kästner von Goebbels
persönlich eine »Sondergenehmigung« erteilt, die sich nicht allein
auf den ›Münchhausen‹-Film, sondern allgemein auf die lukrative
Abfassung von Drehbüchern für die Ufa bezog. Aufgrund einer

Anweisung Hitlers wurde diese »Sondergenehmigung« allerdings im Januar 1943 wieder aufgehoben und ein vollständiges Publikations- und Schreibverbot über Kästner verhängt. Trotz ständiger Einsprüche Will Vespers und Rosenbergs wurden dagegen Hans Fallada vom Propagandaministerium weitgehend unbeschränkte Arbeitsmöglichkeiten zugestanden.[69] Auch Ernst Glaeser, Gerhart Pohl und Walter Bauer, die bis Anfang der 1930er Jahre der KPD, dem »Bund Proletarisch-Revolutionärer Schriftsteller« oder der »Liga für Menschenrechte« nahegestanden hatten und deren Werke nach 1933 auf die staatlichen Verbotslisten gesetzt worden waren, wurden trotz erheblicher Bedenken im nationalsozialistischen Verwaltungsapparat nicht aus der Kammer ausgeschlossen. Axel Eggebrecht, der 1933 für seine Tätigkeit bei der ›Weltbühne‹ noch ins Konzentrationslager eingeliefert worden war, Erich Ebermayer und andere regimekritische Autoren entdeckten den Film und die hierfür benötigten Drehbücher als Rückzugs- und Arbeitsmöglichkeit. Andere – wie etwa Hermann Stresau, der 1933 als Bibliothekar entlassen wurde, und Martin Beheim-Schwarzbach, dessen Werke auf den Index der »schädlichen und unerwünschten Bücher« gesetzt wurden – sicherten ihre Existenz vor allem mit Übersetzungstätigkeiten.

Ein Einzelgänger wie Eugen Gottlob Winkler, der zu den größten Begabungen unter den jungen Lyrikern und Essayisten zählte, hielt dem politischen und kulturellen Uniformitätsdruck des Regimes nicht stand und nahm sich 1937 im Alter von nur 25 Jahren das Leben. Auch die hoffnungsvolle Entwicklung junger Schriftsteller wie Irmgard Keun, Friedo Lampe, Joachim Maass oder Erik Reger wurde durch die Zensurmaßnahmen des NS-Staates erheblich beeinträchtigt oder ganz unterbrochen.[70] Andere jüngere Autoren, deren literarisches Profil in der Öffentlichkeit eng mit der Literatur in der Bundesrepublik Deutschland oder der DDR verbunden ist, erhielten dagegen im »Dritten Reich« ihre ersten Publikationschancen.[71] Zu erwähnen sind u.a. Alfred Andersch, Johannes Bobrowski, Günter Eich, Gerd Gaiser, Curt Hohoff, Hermann Kasack, Marie-Luise Kaschnitz, Wolfgang Koeppen, Hermann Lenz, Hans-Erich Nossack, Herbert Reinecker, Luise Rinser, Ernst Schnabel, Wolfdietrich Schnurre, Wolfgang Weyrauch. Im Rahmen eines Presseempfangs in Berlin zur Vorstellung des Buches ›Lieder der Stille. Eine Auswahl neuer Lyrik‹,[72] den die Reichsschrifttumsstelle organisiert hatte, trat im November 1934 Peter Huchel erstmals an die Öffentlichkeit. Heinz Günther [Konsalik] bewarb sich als 16jähriger Schüler im April 1940 nachdrücklich um die Mitgliedschaft in der Reichsschrifttumskammer, wobei er in seinem »Lebenslauf« besonders auf seine Tätigkeit für die Kölner Gestapo hinwies.[73] Der gerade 27jährige Karl Krolow ließ die Kammer am 8. März 1942 wissen: »Mit der Aufnahme meiner Mitarbeit an deutschen Großzeitungen ist zu rechnen. Zudem bin ich mit einem Verlag in Verhandlungen über Buchveröffentlichung getreten. Ich halte daher meine Anmeldung mit der Bitte um Aufnahme für unumgänglich«.[74]

IV. Verlage und Buchhandel

1. Das Verhalten des Börsenvereins der Deutschen Buchhändler

Enteignungen, »feindliche Übernahmen«, Verbote und andere Maßnahmen der politischen Unterdrückung, Kontrolle der Berufszulassung und Überwachung durch die Gestapo und den SD kennzeichneten die Entwicklung im deutschen Verlagswesen und Buchhandel ab 1933. Die kommunistischen und sozialdemokratischen Verlage – sofern sie nicht rechtzeitig ins Ausland verlagert worden waren – wurden nach dem 27. Februar 1933 verboten oder zugunsten nationalsozialistischer Unternehmen enteignet.

Der Börsenverein der Deutschen Buchhändler reagierte nach den Reichstagswahlen vom 5. März 1933 mit einer Serie von Anpassungsakten auf die nun scheindemokratisch legitimierten Machtverhältnisse.[75] Im ›Börsenblatt für den Deutschen Buchhandel‹ vom 3. Mai 1933 veröffentlichte der Gesamtvorstand des Börsenvereins ein bereits am 12. April in Leipzig verabschiedetes »Sofortprogramm des Deutschen Buchhandels«.[76] Nach einleitenden Bekundungen zur Kooperationsbereitschaft mit der »nationalen Erhebung« formulierten die seit 1930 amtierende Vorsteher Friedrich Oldenbourg und seine sieben Vorstandskollegen Forderungen, die dem Buchhandel mit Hilfe staatlicher Unterstützung den Ausweg aus der Wirtschaftskrise weisen sollten. Durch Erhebung des Börsenvereins zur »Zwangsorganisation für alle Buchhändler« (Punkt 1), durch »staatliche Konzessionierung der buchhändlerischen Gewerbebetriebe« (Punkt 2), durch Zurückdrängung der buchhändlerischen Betätigung staatlicher Einrichtungen, von Gewerkschaften, Vereinen und Parteien (Punkt 3), durch »Abbau« der Buchgemeinschaften (Punkt 7), durch »sofortige und restlose Beseitigung des Buchverlags und -vertriebs von Warenhäusern« (Punkt 8) sowie durch gesetzliche »Maßnahmen gegen die ungesunde und volksschädigende Ausbreitung der sogenannten modernen Leihbibliotheken« (Punkt 9) sollte der Markt bereinigt und die privatwirtschaftliche Initiative der traditionellen Buchhandelsunternehmen gestärkt werden. Als Gegenleistung für die Erfüllung der wirtschaftlichen Wünsche hielt der Börsenverein für die nationalsozialistischen Machthaber den Punkt 10 bereit: »In der Judenfrage vertraut sich der Vorstand der Führung der Reichsregierung an. Ihre Anordnungen wird er für seinen Einflußbereich ohne Vorbehalt durchführen«.

Um den Worten auch gleich Taten folgen zu lassen, wurde im ›Börsenblatt‹ vom 13. Mai 1933 eine Liste mit zwölf Schriftstellern veröffentlicht – Lion Feuchtwanger, Ernst Glaeser, Arthur Holitscher, Alfred Kerr, Egon Erwin Kisch, Emil Ludwig, Heinrich Mann, Ernst Ottwalt, Theodor Plievier, Erich Maria Remarque, Kurt Tucholsky, Arnold Zweig –, die »für das deutsche Ansehen als schädigend zu erachten« sein sollten und deren Werke daher vom Buchhandel nicht weiter vertrieben werden sollten.[77] Damit übernahm der Börsenverein jene Um- und Abwertungen, die die Deutsche Studentenschaft in Würzburg mit ihrer Anfang April gestarteten »Aktion wider den undeutschen Geist« und mit den Bücherverbrennungen vom 10. Mai 1933 in nahezu allen Hochschulstädten des Deutschen Reiches ausgesprochen hatte.[78] Für den 14. Mai 1933 hatte sich der Reichspropagandaminister mit seinem Staatssekretär und Wirtschaftsfachmann Walther Funk zum traditionellen Kantate-Treffen im Leipziger Buchhändlerhaus angekündigt. In seiner Rede vor dem Plenum betonte Goebbels geschickt die staatserhaltende und -erneuernde Funktion der neuen »Regierung der nationalen Erhebung«:

> Diese Regierung weiß, wie nötig sie den Geist hat, diese Regierung weiß, wessen die Seele des Volkes bedarf, und diese Regierung ist auch überzeugt, daß das Buch, das dem Geist der Zeit gerecht wird, auch in Zukunft seinen Weg machen wird. Und so glauben wir, nicht nur dem deutschen Volk wirtschaftlich und politisch einen Weg nach oben zu zeigen, sondern auch kulturell und geistig, allerdings unter einer Voraussetzung: so weitherzig wir in den Methoden sind, und so human wir mit unseren Gegnern verfahren, so eng, so hart und so unerbittlich sind wir in den Prinzipien, müssen wir in den Prinzipien sein. Denn sollen Prinzipien einen Staat tragen, dann müssen sie von einer mitleidlosen Härte erscheinen. Nur auf hartem Grunde kann ein Staatswesen aufgebaut werden. Diese Ideen, die mit dem 30. Januar 1933 zum Durchbruch kamen, sind ihrem Wesen nach antiinternational, antipazifistisch und antidemokratisch. Sie sind ihrem Wesen nach in den Gedanken des Kampfes erhärtet, in der Absicht, das deutsche Volk und sein Denken wieder zurückzuführen auf Rasse, Religion und Volkstum, ihrem Wesen nach auch den Gedanken der autoritativen Persönlichkeit auf allen Gebieten des öffentlichen Lebens durchzusetzen.[79]

Das Protokoll der Rede verzeichnet breite Zustimmung (»stürmischer Beifall«). Trotz seiner Anbiederung blieb allerdings auch der Börsenverein von einschneidenden Umbesetzungsmaßnahmen nicht verschont. Ende Mai 1934 wurde Friedrich Oldenbourg – nach einer Auseinandersetzung mit dem Präsidium der neu errichteten Reichsschrifttumskammer über die Pläne zur Neustrukturierung des deutschen Buchexports – auf Druck der Kammer abgesetzt. Nach dem kurzen Interregnum von Kurt Vowinckel, einem Berliner Verleger geopolitischer Schriften, der keiner Partei angehörte, wurde im September 1934 der erst 29jährige Wilhelm Baur an die Spitze des Verbands gestellt. Baur war nicht nur NSDAP-Mitglied seit 1920, sondern hatte sich im parteieigenen Verlag Franz Eher Nachfolger vom Volontär zum Leiter des Berliner Buchverlages emporgearbeitet. Binnen weniger Jahre avancierte er – unter Protektion des Verlagsdirektors Max Amann – durch seine leitenden Positionen im Börsenverein und in der Reichsschrifttumskammer zu einer Schlüsselfigur im deutschen Buchhandel.[80]

2. Die Kontrolle der Personen und der Firmen

Ab Dezember 1933 wurden in der im Aufbau befindlichen Reichsschrifttumskammer auch die Firmeninhaber und Mitarbeiter der
Verlage, des Zwischenbuchhandels, des Sortiments, des Leihbuchhandels, die Verlagsvertreter und eine Vielzahl buchhändlerischer
Nebenberufe zunächst über den Börsenverein, seit September 1934
über den »Bund Reichsdeutscher Buchhändler« erfaßt.[81] Analog zu
den Schriftstellern mußten auch Angehörige des Buchhandels die
Mitgliedschaft beantragen. Die in Leipzig getroffenen Entscheidungen über die Aufnahme, die Ablehnung eines Antrags oder den
Ausschluß wurden ab dem Frühjahr 1935 auf regionaler und lokaler Ebene durch politische Gutachten der »Gauobmänner« und
»Gaufachschaftsberater« des Bundes Reichsdeutscher Buchhändler
vorbereitet. Ab diesem Zeitpunkt wurde von den Antragstellern und
Mitgliedern auch ein Nachweis über ihre »arische Abstammung«
bis zum Jahre 1800 verlangt, der den Ehepartner einbezog.

Die Leihbüchereien, vom Börsenverein der Deutschen Buchhändler zu einem der Hauptgegner des traditionellen Buchhandels
erklärt, wurden von der Reichsschrifttumskammer einer strengen
Konzessionierung und Reglementierung unterworfen und fortlaufend durch den SD und die Gestapo überwacht.[82] Ab 1934
zwang die Kammer sukzessive den Reisebuchhändlern, den Verlegern von Unterhaltungsliteratur, von Schriften astrologischen,
graphologischen und okkulten Inhalts, von Fachliteratur sowie
den Adreßbuch- und Anzeigenverlagen die Vorlage ihrer aktuellen
Buchproduktion bei staatlichen »Beratungsstellen« auf.[83] In den
Jahren 1936 und 1937 bemühte sich die Reichsschrifttumskammer darum, den Koehler & Volckmar-Konzern, das größte Unternehmen des deutschen Zwischenbuchhandels, politisch stärker
zu kontrollieren bis hin zur Zerschlagung der Konzernstruktur.[84]
Aufgrund des juristisch anfechtbaren Vorgehens und der ausgezeichneten politischen Kontakte der Konzernspitze wurde dieses
Ziel nicht erreicht – ein Beispiel für die Grenzen der Möglichkeiten
politischer Einflußnahme angesichts der weiterhin gültigen kapitalistischen Eigentums- und Marktgesetze.

Überhaupt setzte die Reichsschrifttumskammer das Instrument

der Berufszulassung gegenüber den Firmeninhabern der Buchwirtschaft im Vergleich zur Praxis gegenüber den Schriftstellern weitaus zurückhaltender ein. Leider läßt sich diese Bewertung nur an wenigen Einzelbeispielen belegen, da als Folge des Luftangriffs auf Leipzig am 4. Dezember 1943 rund 70 000 Mitgliederakten der »Gruppe Buchhandel« in der Reichsschrifttumskammer verbrannt sind. Doch selbst vormals linke Verleger wie Ernst Rowohlt und Gustav Kiepenheuer, deren Produktion aus republikanischer Zeit 1933 nahezu vollständig verboten worden war, erhielten ab 1934 durch die Mitgliedschaft im »Bund Reichsdeutscher Buchhändler« die Möglichkeit zur Weiterarbeit – allerdings nur mit einer völlig entpolitisierten Verlagsproduktion.[85] Und auch der auf Unterhaltungs- und Kriminalliteratur spezialisierte Wilhelm Goldmann konnte durch Anpassung seines Verlagsprogramms an die veränderten kulturpolitischen Rahmenbedingungen überleben.[86] Selbst die konfessionellen Verlage positionierten sich neu: Der traditionsreiche katholische Herder Verlag in Freiburg/Br. baute seine Produktion vor allem im Hinblick auf den Auslandsabsatz und das stark nachgefragte »volksdeutsche« Schrifttum aus; der evangelische Verlag Carl Bertelsmann in Gütersloh befriedigte seit der zweiten Hälfte der 1930er Jahre das große Interesse an Büchern zum Ersten Weltkrieg und zu den erfolgreichen Feldzügen des Zweiten Weltkriegs ebenso wie den Massenbedarf an Wehrmachts- und Feldpostausgaben.[87] Während sämtliche jüdischen Autoren, Verlagslektoren und Buchvertreter bis 1935 aus der Kammer ausgeschlossen worden waren, zählte der »Bund Reichsdeutscher Buchhändler« Ende Mai 1935 noch 619 jüdische Mitglieder, darunter allein rund 200 Verleger.[88] Deren Ausschluß wurde zwar von Goebbels gefordert; doch sollten die Ausschlußverfahren so abgewickelt werden, daß »keine Vernichtung wirtschaftlicher Werte und keine Störungen der Auslandsbeziehungen« entstanden.[89] So konnte etwa Gottfried Bermann Fischer – begünstigt von der Schrifttumsabteilung des Propagandaministeriums – Ende 1936 den Verlag seines Schwiegervaters noch zu relativ günstigen Konditionen veräußern, die in Deutschland verbotenen Bücher nach Wien transferieren und einen Teil seiner Autorenrechte in sein dort neu aufgebautes Verlagsunternehmen einbringen.[90] An die Spitze der in Deutschland verbliebenen S. Fischer Verlags KG trat mit Peter Suhrkamp ein Mann, von dem bekannt gewesen sein dürfte, daß er dem Nationalsozialismus keine Sympathien entgegenbrachte und die literarische Tradition des Unternehmens im Rahmen des noch Möglichen fortsetzen würde. Die vollständige Ausschaltung der jüdischen Verleger und Buchhändler zog sich bis 1938 hin.

Dem Propagandaministerium ging es bei allen Einzelfallentscheidungen um den Erhalt des Scheins einer nach innen wie außen vorzeigbaren kulturellen Vielfalt. In Verbindung mit dem Reichswirtschaftsministerium hatte man zudem ein Interesse daran, die wirtschaftliche Substanz des deutschen Buchhandels nicht zu gefährden, was den Erhalt von Arbeitsplätzen und die Sicherung des Buchexports mit einschloß.

3. Buchpropaganda im In- und Ausland

Obwohl die Marktgesetze des Buchhandels auch unter dem Nationalsozialismus im Prinzip in Kraft blieben, setzte sich doch immer wieder der Primat der Politik durch. Die Regelung der Exportfrage war 1934/35 vom Leiter der Schrifttumsabteilung im Propagandaministerium gegen den entschiedenen Widerstand der Börsenvereins-Spitze durchgesetzt worden.[91] Es waren zwar zunächst wirtschaftliche Gründe, die die Einführung einer staatlichen Subventionierung des Buchexports erforderlich machten. Denn infolge der Weltwirtschaftskrise und der gleichzeitig ansteigenden Buchpreise war der Absatz deutscher Bücher im Ausland, insbesondere auf dem Gebiet der wissenschaftlichen Literatur, drastisch zurückgegangen. Während der Börsenverein eine Lösung der Problematik favorisierte, die die Selbständigkeit der Verlage garantiert hätte, steuerte die Schrifttumsbürokratie von Anbeginn auf eine staatliche Verwaltungsstelle zu, mit deren Hilfe der Buchexport gleichermaßen gefördert und kontrolliert werden konnte.

Mit der im September 1935 gegründeten »Wirtschaftsstelle des deutschen Buchhandels« wurde dieses Ziel erreicht. Die nach außen als rein privatwirtschaftliche Selbsthilfeeinrichtung des Buchhandels auftretende Behörde unterstand zunächst der Reichsschrifttumskammer, ab 1938 dem Propagandaministerium. Sie verfügte zum 9. September 1935 die Einführung eines Buchexport-Ausgleichsverfahrens, das den exportierenden Verlagen eine Senkung der Preise deutscher Bücher, graphischer Lehrmittel, Zeitschriften und Musikalien um 25 % abverlangte. Die »Wirtschaftsstelle« glich die beim Export der Einzeltitel entstandenen Lagerverluste auf Antrag der Exportfirmen aus, allerdings abzüglich einer »Bearbeitungsgebühr« von 2 %. Voraussetzung für die Ausgleichszahlung war, daß die antragstellende Firma die Mitgliedschaft in einer der Einzelkammern der Reichskulturkammer nachweisen konnte, die exportierten Gegenstände einen vom Börsenverein »geschützten Ladenpreis« hatten und »vollständig im Deutschen Reich« hergestellt worden waren. Bis 1940 wurden insgesamt mehr als 52 Millionen RM an Exportsubventionen gezahlt, wobei das Reichswirtschafts- und das Reichsfinanzministerium für die Bereitstellung der Haushaltsmittel sorgten. Nutznießer waren insbesondere die wissenschaftlichen Verlage, aber auch der Staat, der aufgrund der Exportsteigerung Devisen – vor allem aus den USA und aus Japan – erhielt und aktiv Auslandspropaganda mit deutschen Kulturgütern betreiben konnte.

Der Buchexport war nicht das einzige Mittel der »Schrifttumspropaganda« gegenüber dem Ausland. In Zusammenarbeit mit dem Auswärtigen Amt organisierte das Propagandaministerium Lesungen deutscher Autoren und Buchausstellungen in nahezu allen europäischen Ländern, wobei die Schwerpunkte in Südosteuropa und bei den politisch befreundeten Ländern Italien, Japan und Spanien (ab 1939) lagen.[92] Es versteht sich von selbst, daß sowohl die Autoren für Lesereisen als auch die für die Ausstellungen berücksichtigten Publikationen durch die Schrifttumsabteilung des Propagandaministeriums und die Reichsschrifttumsstelle bestimmt wurden. Darüber hinaus wurde das noch junge Instrument der Kulturabkommen dazu benutzt, auch literaturpolitische Ziele in Ländern wie Ungarn, Italien, Japan, Spanien, Bulgarien, der Slowakei und Rumänien durchzusetzen.[93]

Ab 1934 wurde der »Tag des Buches«, den das Reichsinnenministerium seit 1929 unterstützt hatte, nach Übernahme der literaturpolitischen Kompetenzen durch das Reichspropagandaministerium zu einer jährlich im Herbst abgehaltenen »Woche des Deutschen Buches« ausgeweitet.[94] Sie verkörperte eine geschickte Synthese wirtschaftlicher und politischer Propaganda, denn erhöhter Buchabsatz und verstärkte Leserresonanz garantierten nicht nur die Aufbesserung der Kassen von Verlagen, Sortimentern und dem vertreibenden Buchhandel, sondern auch die Verbreitung der in den Büchern propagierten nationalsozialistischen Ideologie. Der gleiche Mechanismus wirkte bei der seit 1935 jeweils im Frühjahr von den staatlichen Schrifttumsstellen gesteuerten »Fachbuchwerbung«. Denn von der Weiterbildung mittels Literatur profitierten neben den Fachbuchverlagen die vorwiegend angesprochenen technischen Berufssparten. Deren Leistungssteigerung sollte wiederum der Rüstungspolitik zugute kommen. Für die nachhaltige Wirkung beider Großkundgebungen sorgten die umfangreiche Berichterstattung in der Tagespresse, im Rundfunk und in Fachzeitschriften sowie die Publikation von Listen mit »empfehlenswerter« Literatur, die in der Reichsschrifttumskammer beziehungsweise in der Reichsschrifttumsstelle erarbeitet worden waren.

Während des Krieges war die Herausstellung eines noch reichhaltigen kulturellen Lebens ein gängiger Topos nationalsozialistischer Propaganda, der den Glauben an die politische Führung erhalten und die öffentliche Moral stärken sollte. Die Dienststelle Rosenberg organisierte von Oktober 1939 bis 1943/44 in jedem Kriegswinter die »Büchersammlung der NSDAP für die Wehrmacht«. Allerdings nahm der inhaltliche und materielle Wert der zur Verfügung gestellten Spenden angesichts der Buchknappheit in der Bevölkerung von Jahr zu Jahr ab.[95] Auch das OKW, die DAF, die Reichspropagandaleitung der NSDAP und das Reichspropagandaministerium zusammen mit dem »Werbe- und Beratungsamt für das deutsche Schrifttum« engagierten sich in der Buchversorgung der Soldaten. Sowohl die Produktion als auch der Vertrieb der – trotz angeblicher Papierknappheit – in sehr hohen Auflagen erscheinenden Bücher erfolgten dabei in Absprache mit einzelnen privilegierten Verlagen. Zu ihnen zählten der C. Bertelsmann Verlag (mit einer Gesamtauflage von 20,4 Mio.), der Zentralverlag der NSDAP (11,6 Mio.), der W. Kohlhammer Verlag (mehr als 10 Mio.), der C. Gerber Verlag (knapp 4 Mio.), der Insel Verlag

und der Reclam Verlag (mit jeweils 1,9 Mio.), der Eugen Diederichs Verlag (1,72 Mio.), der Gauverlag Bayerische Ostmark (1,6
Mio.) und der Langen-Müller Verlag (1,1 Mio.).[96] Die geschätzte
Gesamtauflage von Sonderausgaben, die seit Kriegsbeginn für die
deutsche Wehrmacht gedruckt worden waren, belief sich im November 1944 auf rund 75 Millionen.

Die staatliche Schrifttumsbürokratie reklamierte die Erfüllung
der Lesebedürfnisse der deutschen Bevölkerung als ihren Beitrag
zur Festigung der »inneren Front«. »Entspannung und Locke-
rung« nach den »ungeheuren Leistungen dieses Jahres« und nach
»anstrengender Tagesarbeit« gaben die Literaturfunktionäre Haegert und Baur als Losung für den Kriegswinter 1941/42 aus.[97] Sie
appellierten an die deutschen Buchhändler, ihre verknappten Buch-
bestände »in allererster Linie« dem deutschen Soldaten, dem deutschen Rüstungsarbeiter und den »deutschen werktätigen Frauen«
zu öffnen, da sie »heute vor anderen einen Anspruch auf die Werte
und Kräfte der deutschen Kultur erheben können«.

Mochten sich solche Forderungen auf dem Papier gut ausneh-
men – in der Praxis stellten sie die Kammerverwaltung vor enorme
Organisationsprobleme. Bereits 1940 konnten die Bestellungen
im deutschen Buchhandel nur noch bis zu maximal 40 % erfüllt
werden.[98] Eine Entspannung trat erst ein, nachdem mit Papier-
lieferungen aus dem besetzten Norwegen die Lücken geschlossen
wurden. Danach gab es immer noch Probleme mit der Erfüllung
der Bindeaufträge, was zu einer von Privatkunden wiederholt mo-
nierten erheblichen Verschlechterung der Buchausstattung führte.[99]
Die mit dem Beginn des Krieges gegen die Sowjetunion deutlich zunehmende Papierknappheit versuchte man, durch die Verlagerung
der Produktion in besetzte Länder wie Belgien, die Niederlande,
Frankreich und das »Protektorat Böhmen und Mähren« sowie in
neutrale Länder wie Schweden und die Schweiz zu kompensieren.
Im Oktober 1942 wurde ein Bestell- und Zuteilungsverfahren eingeführt, mit dessen Hilfe das Reichspropagandaministerium, die
Reichsschrifttumskammer und der Börsenverein eine möglichst
gleichmäßige Verteilung der Mangelware Buch sicherzustellen
beabsichtigten. Die Lage verschärfte sich allerdings noch einmal
dramatisch aufgrund der zunehmenden Luftangriffe auf deutsche

Städte, bei denen seit 1943 zahlreiche Verlage, Buchhandlungen, Lager des Zwischenbuchhandels, Druckereien und graphische Betriebe zerstört wurden.[100] Die Absurdität der Entwicklung zeigt sich darin, daß 1944 in dem von der Deutschen Bücherei in Leipzig herausgegebenen ›Täglichen Verzeichnis‹ der Neuerscheinungen größtenteils Titel angekündigt wurden, die zum Zeitpunkt der Auslieferung des Verzeichnisses an den deutschen Buchhandel bereits vergriffen waren.

4. Die Praxis der Zensur

Während der gesamten Dauer der NS-Diktatur konnte keine generelle Präventivzensur nach dem Vorbild der Sowjetunion aufgebaut werden, obwohl dies sowohl Max Amann als auch die Bouhler-Kommission angestrebt hatten. Für die mehr als 20 000 Neuerscheinungen, die jährlich allein von deutschen Verlagen veröffentlicht wurden, hätte eine riesige Zensurbürokratie aufgebaut werden müssen, für die weder das Personal noch die erforderlichen Finanzmittel zur Verfügung standen.[101]

Wie sahen die ersten Schritte zur Institutionalisierung einer effektiven Buchzensur aus? Auf der Grundlage der bei den Bücherverbrennungen im Mai 1933 eingesetzten »Schwarzen Listen« trug zunächst ein Arbeitsausschuß, dem unter Vorsitz des »Kampfbundes für deutsche Kultur« Vertreter des »Reichsverbands Deutscher Schriftsteller«, des Verlags-, Sortiments- und Leihbuchhandels sowie eine Reihe von Einzelpersönlichkeiten angehörten, die im Reich kursierenden Einzellisten zu Gesamtlisten für die Gebiete »Schöne Literatur«, »Recht, Politik, Staatswissenschaften«, »Geschichte«, »Pädagogik und Jugendbewegung«, »Weltanschauung« und »Sexualliteratur« zusammen. Die »Liste der unerwünschten Literatur« wurde bis Ende Juli 1933 erstellt und dem Reichspropagandaministerium zur weiteren Veranlassung zugestellt. Doch erst von Anfang November 1933 bis Januar 1934 verschickte der Börsenverein der Deutschen Buchhändler Rundschreiben an die deutschen Verlage, in denen der weitere Vertrieb der jeweils im einzelnen aufgeführten Buchtitel verboten wurde.[102] Die Schreiben waren mit dem Vermerk

»streng vertraulich« versehen worden, um Reaktionen des Auslands – wie aus Anlaß der Bücherverbrennungen – zu verhindern. Besonders hart von Buchverboten betroffen waren die Deutsche Verlags-Anstalt, der S. Fischer Verlag, die Gustav Kiepenheuer Verlags-AG, der Rowohlt Verlag, die Ullstein Verlags-AG, die Propyläen Verlags GmbH und die Kurt Wolff Verlags-AG. Der Sieben-Stäbe-Verlags- und Druckereigesellschaft wurde die weitere Verbreitung von nicht weniger als 21 Titeln von Hanns Heinz Ewers untersagt. Auch in nationalkonservativen Verlagen wie Langen-Müller und der im Besitz Alfred Hugenbergs befindlichen August Scherl GmbH wurden Werke politisch »unerwünschter« Autoren entdeckt, die nicht mehr ausgeliefert werden durften.

Ein Schlaglicht auf die Folgen und insbesondere die ökonomischen Probleme dieser Vorgänge wirft ein Schreiben von Wilhelm Jaspert vom 6. Dezember 1933 an das Reichspropagandaministerium. Darin machte der Berliner Buchhändler darauf aufmerksam, daß seinen Berechnungen zufolge seit der »Machtübernahme durch den Führer« mehr als 1000 Druckschriften verboten und beschlagnahmt worden seien;[103] an diesen Vorgängen seien nicht weniger als 21 Stellen beteiligt gewesen. Die bisherigen und die noch zu erwartenden Verbote hätten erhebliche »Unruhe ⟨…⟩ in das bücherkaufende Publikum, vor allem aber in das Sortiment und in den Verlag hineingetragen«. Das unkontrollierte Vorgehen der neuen Machthaber gefährdete sogar die wirtschaftliche Existenz zahlreicher Verlage, Buchhandlungen und Leihbüchereien, die ohnehin schon durch die Folgen der Weltwirtschaftskrise in Mitleidenschaft gezogen waren.

Das Reichspropagandaministerium setzte in seinem Zuständigkeitsbereich bis 1936 die Zentralisierung der Nachzensur durch. Auch sie blieb nicht lückenlos und unangefochten, erreichte jedoch das Ziel einer politischen Kontrolle der Buchproduktion weitgehend. Die seit 1935 zunächst in der Reichsschrifttumskammer, ab April 1938 dann in der Schrifttumsabteilung des Propagandaministeriums geführte »Liste des schädlichen und unerwünschten Schrifttums« wurde von 1938 bis zum Februar 1945 in der Deutschen Bücherei in Leipzig erarbeitet. Da seit einer von Goebbels erlassenen Anordnung vom 20. September 1935 die Pflicht zur

Ablieferung jeder neuen Druckschrift an die Deutsche Bücherei »innerhalb einer Woche nach Erscheinen« bestand, konnte die deutschsprachige Verlagsproduktion von der staatlichen Schrifttumsbürokratie nun relativ lückenlos ausgewertet werden. Auch die in den Exilverlagen veröffentlichte Literatur wurde von der Deutschen Bücherei gesammelt, so daß die Zensur auf dem jeweils aktuellen Stand blieb. Allerdings wurde die ›Liste des schädlichen und unerwünschten Schrifttums‹ ebensowenig veröffentlicht wie die erstmals im Oktober 1940 vom Propagandaministerium herausgegebene »Liste der für Jugendliche und Büchereien ungeeigneten Druckschriften«. Damit entstand eine »Grauzone«, die einerseits den weiteren Vertrieb verbotener Schriften begünstigte, andererseits regelmäßige Durchsuchungsaktionen durch die Gestapo und den SD erforderlich machte.

Unabhängig vom Reichspropagandaministerium nahmen auch das Geheime Staatspolizeiamt und das SD-Hauptamt in Berlin (ab 1939 zusammengefaßt im Reichssicherheitshauptamt), das Schrifttumsamt Rosenbergs und die Parteiamtliche Prüfungskommission eine systematische Sichtung des Buchmarktes vor. Die Verleger wurden wiederholt angewiesen, ein Exemplar ihrer Publikationen dem Chef der Sicherheitspolizei und des SD »auf Anforderung unentgeltlich postwendend zuzustellen«. Vor allem die Bouhler-Kommission, die unter dem Vorwand des Schutzes der nationalsozialistischen Ideologie sämtliche Sachgebiete und Literaturgruppen in ihren Überwachungsauftrag einbezog, machte von ihrer Zensurvollmacht regen Gebrauch. Die Mitarbeiter der Dienststelle konnten sogar auf Bitten der jeweiligen Verlage Artikel zum Thema »Nationalsozialismus« für lexikalische Nachschlagewerke der Verlage Brockhaus (›Großer Brockhaus‹, ›Neuer Brockhaus‹) und Meyer (›Meyers Lexikon‹) selbst verfassen.[104] Schließlich griff auch Hitler persönlich unter Mißachtung des von Goebbels aufgebauten Instanzenzuges in einer Reihe von Einzelfällen mit der Anordnung von Buch- und Berufsverboten in das Zensurwesen ein.

Die zu Beginn des Zweiten Weltkriegs eingeführte Papierkontingentierung erhielt faktisch erst ab 1941 die Bedeutung eines Zensur- und Steuerungsinstruments. Dabei wurde die Vergabe der Papierkontingente und Einbandstoffe für Bücher seit Okto-

ber 1939 über die »Wirtschaftsstelle des deutschen Buchhandels«
entschieden, während für Zeitungen, Zeitschriften und sonstige
periodische Druckschriften die Reichspressekammer zuständig war.
Hintergrund dieser Aufteilung war die Furcht des Propagandaministeriums, daß bei einer Zuweisung dieser Kompetenz an die
Reichsschrifttumskammer eine vollständige Kontrolle der deutschen Buchproduktion durch Max Amann und Wilhelm Baur hätte
erfolgen können. An einer solchen Monopolstellung des Zentral-
verlags der NSDAP hatte das Propagandaministerium aus Gründen
der politischen Eigenständigkeit und der negativen Auswirkungen
im Ausland kein Interesse.

Mit der Ausweitung des Krieges auf die Sowjetunion im Sommer
1941 verschärften sich die Verteilungskämpfe um die verknappten
Papierkontingente noch einmal deutlich. Dabei wurden die Auseinandersetzungen zum einen zwischen den beteiligten staatlichen
Behörden und Parteidienststellen um die politischen Prioritäten-
setzungen geführt: Während der Leiter der »Wirtschaftsstelle des
deutschen Buchhandels«, Paul Hövel, im Februar 1942 die Genehmigung großer Papiermengen für Propagandamaterial beklagte,
bei denen von vorneherein klar sei, daß sie »kein Mensch ⟨...⟩ in
Deutschland überhaupt in die Hand nimmt, geschweige denn lesen
werde«,[105] forderte der Leiter der Partei-Kanzlei, Martin Bormann,
von Goebbels wiederholt eine stärkere Förderung von Propagan-
daliteratur und von Parteiautoren.[106] Zum anderen wirkte sich
die Vergabepraxis auf eine Vielzahl kleiner und mittlerer Verlage
existenzbedrohend aus. Auf diese Problematik machte zum Beispiel
die in Marburg an der Lahn angesiedelte Elwertsche Universi-
täts- und Verlagsbuchhandlung den Börsenverein der Deutschen
Buchhändler in einem Schreiben vom 4. März 1943 aufmerksam.
Darin stellte der Firmeninhaber fest, daß von einer »allgemeinen
Papierknappheit« keine Rede sein könne, »wenn man sieht, was
von anderen Stellen auch jetzt noch an Papier verpulvert wird«.[107]
Offenbar solle aber auf diese Weise »der Weg zu Monopolverlagen
gefördert« werden – eine Entwicklung, die Widerspruch heraus-
fordere, da »doch gerade der Nationalsozialismus von vornherein
sich gegen Auswüchse des früher jüdischen Großkapitals gewandt«
habe und man annehmen dürfe, »daß heute das Großkapital von

anderer Seite nicht wiederum kleinere Existenzen vernichten darf«.
Diese spitzfindige Feststellung zielte allerdings an den Realitäten
vorbei. Denn an der Ausbildung von Monopolen waren nicht nur
der Eher-Konzern, die DAF und einzelne privatwirtschaftliche
Großverlage interessiert, sondern auch die staatliche Schrifttumsbürokratie. Eine überschaubare Verlagslandschaft ermöglichte
nämlich eine wirksamere politische Kontrolle und Steuerung – unter Beibehaltung einer begrenzten Publikationsvielfalt.

5. Die wirtschaftliche Entwicklung
   des deutschen Buchhandels

Die Konsolidierung des ökonomisch angeschlagenen deutschen
Buchhandels war die zentrale Herausforderung, der sich die staat-
liche Schrifttumsbürokratie seit 1933 gegenübersah. Wie aus den
vierteljährlichen Konjunkturberichten des Börsenvereins hervor-
geht,[108] erholte sich der Buchhandel nur sehr langsam von den
Folgen der Weltwirtschaftskrise. Die seit 1928 zusammengestellte
Konjunkturstatistik des Börsenvereins erfaßte im Rahmen einer
repräsentativen Befragung von rund 50 Verlagsunternehmen den
Umsatz im In- und Ausland, die Produktion, die Entwicklung der
Ladenpreise, die Entwicklung der Arbeitsplätze und die allgemeine
Stimmungslage – und zwar jeweils im Vergleich zur Entwicklung
des Vorjahres.[109] Danach lag im Jahr 1937 die gesamte Buchproduktion im Deutschen Reich mit 25 361 Titeln unter der des Jahres
1930 und war von dem 1913 mit 28 182 Titeln erreichten Höchst-
stand immer noch weit entfernt.[110] Wachstumshemmend wirkten
vor allem die restriktive Devisenbewirtschaftung im Handel mit
dem Ausland und die infolge des 1936 verkündeten Vierjahresplans
einsetzende Papierverknappung.

Auch für das Jahr 1938 zeigten die Konjunkturberichte noch keine durchgreifenden Verbesserungen an. Zwar waren die Umsätze
der Verlage seit 1933/34 kontinuierlich gestiegen. Doch aufgrund
der steigenden Herstellungskosten bei gleichzeitiger staatlicher
Festschreibung der Verkaufspreise und der Erhebung von Zwangs-

beiträgen durch die Reichsschrifttumskammer fielen die Gewinne insgesamt bescheiden aus. Diese Feststellung läßt sich durch die Umsatzzahlen belegen, die als Grundlage für die Berechnung der Kammerbeiträge für die einzelnen Unternehmen erfaßt wurden.[111]

Umsatz (jährlich)	Firmen[112]	Jahr
20 000–50 000 RM	1514	1937
50 000–100 000 RM	502	
100 000–200 000 RM	224	
über 200 000 RM	259	
bis 12 000 RM	448	1938*
12 000–20 000 RM	3806	
20 000–50 000 RM	1393	
50 000–100 000 RM	587	
100 000–200 000 RM	285	
200 000–500 000 RM	231	
500 000–1 Million RM	51	
über 1 Million RM	45	
bis 12 000 RM	2684	1939
12 000–20 000 RM	1815	
20 000–50 000 RM	991	
50 000–100 000 RM	628	
100 000–200 000 RM	318	
200 000–500 000 RM	252	
500 000–1 Million RM	64	
über 1 Million RM	54	
bis 12 000 RM	3160	1940
12 000–20 000 RM	1860	
20 000–50 000 RM	800	
50 000–100 000 RM	600	
100 000–200 000 RM	300	
200 000–500 000 RM	250	
500 000–1 Million RM	50	
mehr als 1 Million RM	45	
bis 12 000 RM	2205	1941
12 000–20 000 RM	1053	
20 000–50 000 RM	1645	

50 000–200 000 RM	1465	
200 000–500 000 RM	366	
500 000–1 Million RM	120	
mehr als 1 Million RM	80	
bis 12 000 RM	1175	1942
12 000–20 000 RM	1595	
20 000–50 000 RM	2095	
50 000–200 000 RM	1510	
200 000–500 000 RM	374	
500 000–1 Million RM	124	
mehr als 1 Million RM	82	
bis 12 000 RM	1708	1943
12 000–20 000 RM	693	
20 000–50 000 RM	1692	
50 000–200 000 RM	2022	
200 000–500 000 RM	549	
500 000–1 000 000 RM	173	
mehr als 1 000 000 RM	115	

* Bereits mit dem »angeschlossenen« Österreich

Die erst im letzten Friedensjahr 1939 einsetzenden Umsatzsteigerungen waren die Folge einer durch die wachsende Rüstungsproduktion begünstigten Hochkonjunktur, die zu einer erheblichen Steigerung der Kaufkraft in der Bevölkerung geführt hatte. Hinzu kamen die bereits erwähnten staatlichen Subventionen für die deutsche Buchwirtschaft in Millionenhöhe. In den Jahren 1940 bis 1943 stiegen die Umsätze im deutschen Buchhandel noch einmal deutlich – und dies trotz der seit 1941 sinkenden Anzahl von Neuerscheinungen (1941: 20 615 Titel gegenüber 22 289 in 1940).[113] Die Gesamtauflagenhöhe konnte allerdings 1941 auf knapp 342 Millionen Stück gesteigert werden (gegenüber mehr als 242 Millionen Stück in 1940). Die Ursache für das Konjunkturhoch lag vor allem in der Mangelwirtschaft, die während des Krieges bei der Bevölkerung zu einer »Flucht in die Sachwerte« führte, an der der gesamte Buchhandel in beträchtlichem Umfang partizipierte.[114] Differenzierend ist dazu anzumerken, daß zwar auch die kleineren und mittleren Firmen des deutschen Buchhandels zulegten, daß aber vor allem die Großfirmen mit Umsätzen von mehr als 1 Million RM von der Entwicklung profitierten. Allerdings hatten die Verlags- und Buchhandelsunternehmen aufgrund der restriktiven Kriegswirtschaftspolitik ihrerseits das Problem, daß sie die Gewinne nicht zukunftsorientiert in Maschinen oder Rohstoffe reinvestieren konnten, so daß Wilhelm Baur bereits in seiner Rede zur ordentlichen Hauptversammlung des Börsenvereins am 20. April 1940 den »Zustand der ›gestauten‹ Investitionsmöglichkeit« beklagte.[115]

Unabhängig von den jeweiligen Konjunkturen der Buchwirtschaft nahm der Zentralverlag der NSDAP eine Sonderstellung ein.[116] Aufgrund der hervorragenden Beziehungen Max Amanns zu Hitler, seiner Doppelfunktion als Präsident der Reichspressekammer und als Reichsleiter für die Presse der NSDAP sowie aufgrund der Machtstellung von Wilhelm Baur als Vorsteher des Börsenvereins und als Leiter der »Gruppe Buchhandel« in der Reichsschrifttumskammer konnte der Eher-Konzern im Laufe der 1930er Jahre eine in der deutschen Buchhandelsgeschichte einzigartige Monopolstellung erringen. Der 1934 erfolgte Kauf des Ullstein Verlags, der damals mit seinen 8000 Beschäftigten und einem Geschäftsumsatz von rund 50 Millionen RM den Eher Verlag um ein Vielfaches übertraf, war nur der Auftakt zu einer spektakulären Serie von Erwerbungen sowohl parteieigener als auch liberaler, konfessioneller und – im Zuge der »Arisierung« – jüdischer Verlage. Auf einer vertraulichen Liste vom April 1943 sind nicht weniger als 37 Verlage aufgeführt, die vom Eher-Konzern übernommen worden waren.[117] Darunter finden sich neben einer Reihe von NS-Gauverlagen renommierte Unternehmen wie die Deutsche Verlags-Anstalt, die Frankfurter Societätsdruckerei GmbH, der Rowohlt Verlag und der Albert Langen-Georg Müller Verlag. Während des Krieges gelang es dem Amann-Trust, auch in den besetzten Gebieten eine Monopolstellung auf dem Buch-, Zeitschriften- und Zeitungsmarkt aufzubauen. Anfang September 1944 folgte schließlich noch der Kauf von Hugenbergs August Scherl GmbH. Schon 1939 war der Zentralparteiverlag zum größten Wirtschaftsunternehmen des Deutschen Reichs aufgestiegen.

Die Position des Zentralparteiverlags wurde durch die Folgen

der Kriegswirtschaft weiter begünstigt. Seit der Ausrufung des
»totalen Kriegseinsatzes« in der Sportpalast-Rede vom 30. Januar
1943 bemühte sich Goebbels, auch in seinem eigenen Machtbereich
Reserven für die Wehrmacht und Arbeitskräfte für die Rüstungsindustrie »freizusetzen«.[118] In der Folge wurden vom Propagandaministerium umfangreiche Betriebsstillegungen erwogen. Aufgrund
der von der Reichsschrifttumskammer geäußerten Einwände sowie
der Mitwirkung der Reichspropagandaämter, der Gauleitungen
und der Landeswirtschaftsämter fielen die dann tatsächlich erfolgten Schließungen regional höchst unterschiedlich aus, in jedem
Fall jedoch weit moderater als ursprünglich geplant.[119] Zu umfas-
senderen Stillegungen kam es erst, nachdem Goebbels am 20. Juli
1944 von Hitler zum »Reichsbevollmächtigten für den totalen
Kriegseinsatz« ernannt worden war. Ab dem 1. September 1944
wurde der gesamte Reise- und Versandbuchhandel geschlossen, der
Grossobuchhandel und das Leihbüchereiwesen drastisch reduziert,
mindestens 50 % der Arbeitskräfte des Sortiments wurden abgezo-
gen und die Verlagsunternehmen wurden bis auf einen Kernbestand
von rund 220 Firmen abgebaut. Bis Ende September 1944 waren
im gesamten Reich 1902 Verlage geschlossen. Hinzu kamen 5160
Sortiments- und Buchverkaufsstellen, 955 Reise- und Versandbuch-
handlungen sowie 113 Zwischenbuchhandlungen. Die Entscheidungen über die Schließungen fielen jeweils auf lokaler Ebene.[120]
   In den folgenden knapp neun Monaten bis zum Ende des NS-
Regimes blieb nur noch ein Rumpfbuchhandel übrig, dessen Pro-
duktions- und Vertriebsmöglichkeiten täglich kleiner wurden. Im
Angesicht der Zerstörung der deutschen Städte und der sich abzeichnenden Niederlage stellte ein Gaubeauftragter des Börsenvereins in einem Schreiben an die Leipziger Geschäftsstelle vom
6. Januar 1945 sarkastisch die Frage: »Warum haben wir uns
eigentlich in den vergangenen Wochen so eingehend mit den Schließungen beschäftigt? Die Amerikaner können das viel schneller und
gründlicher«.[121]

Ernst Fischer
Literarische Institutionen des Exils

Verbannung zielt seit jeher auf Ausgrenzung und Isolation, auf
das Unschädlichmachen politisch-weltanschaulicher Gegner. Diese
Absicht verfolgten auch die nationalsozialistischen Machthaber in
Deutschland: Publizisten und Schriftsteller, potentielle Wortführer
einer unerwünschten Opposition, sollten durch öffentlichen Terror
und persönliche Verfolgung außer Landes getrieben und so von
ihren Resonanzräumen abgeschnitten, sozial ortlos gemacht werden. Wie wirksam diese Maßnahmen letztlich gewesen sind, zeigen
Stimmen wie jene Alfred Döblins, dem sich die nach 1933 aus
Deutschland geflüchtete Literatur als ein »geradezu gespenstischer
Anblick« darbot:

> Diese Dutzende kräftiger, vielgelesener, ja gefeierter, hochbegabter Au-
> toren im Ausland, diese Verschwendung, dieser losgerissene Apparat, groß
> genug, um ein gebildetes Millionenvolk zu bedienen, an einen kleinen Ort
> verschlagen! Ein ganzes Kriegsschiff in einen Tümpel gesetzt. Wer kann
> diese Maschine auf die Dauer feuern? Wem soll ihre Leistung dienen?[1]

Für den zeitgenössischen Beobachter mußten die von Döblin
gestellten Fragen, 1938 formuliert, unbeantwortet bleiben. Rückblickend auf die Epoche zeigt sich, daß es dem NS-Regime zwar
gelungen war, die Verbindung der vertriebenen Autoren zu ihrem
Publikum in Deutschland fast vollständig zu unterbrechen, daß
aber das literarische Exil zur Kompensation des verlorenen gesellschaftlichen Umfelds erfolgreich eine »Binnensozialität« ausgebildet hat: einen Literaturbetrieb von beträchtlicher Intensität, ein
literarisches Feld allerdings, in welchem Produzenten und Rezipien-
ten von Literatur über weite Strecken in eins fielen. Die ausgeprägte
Selbstreferentialität des »losgerissenen Apparats« gehört zu den
Gegebenheiten, auf die sich eine Sozialgeschichte der Exilliteratur
einzustellen hat.

Subjektiv fehlte es der Exilschriftstellerschaft nicht an gesellschaftlichen Bezugspunkten: Der »Primat der Politik« (Thomas
Mann) instrumentalisierte weite Teile der Literaturproduktion für
den Kampf gegen den Nationalsozialismus; die Parole lautete:
»Mit dem Gesicht nach Deutschland«. Aber diese Blickrichtung
hatte meist nur deklamatorischen Charakter; die Hoffnung, vielleicht doch im eigenen, vom ideologischen Feind besetzten Land
gehört zu werden, erwies sich als illusionär. Fast ebenso illusionär
blieb der Anspruch, für eine Weltöffentlichkeit zu schreiben, die es
über das »wahre Deutschland« aufzuklären galt. Immerhin: Das
Bewußtsein von der historischen Aufgabe der Literatur war unter
den exilierten Schriftstellern allgemein verbreitet und unumstritten; auch ihre Verleger nahmen daran Anteil. Dieses Bewußtsein
hat wesentlich dazu beigetragen, daß sich innerhalb weniger Jahre
alle wichtigen institutionellen Elemente einer literarischen Öffentlichkeit neu gebildet haben, Strukturen eines Literaturbetriebs, in
denen nicht allein die Grundfunktionen des Verlagswesens und der
Bücherdistribution, sondern nahezu alle Facetten des literarischen
Lebens und des Buchmarkts repräsentiert waren. Damit waren
zugleich die Voraussetzungen für eine Kontinuität der Diskurse geschaffen, für eine Literatur, die der wechselseitigen Verständigung
über die Forderungen der Zeit dienen konnte und die bis heute das
eindrucksvollste Zeugnis jener Epoche 1933–1945 darstellt.

I. Schriftstellerische und literarisch-kulturelle Vereinigungen

Die nationalsozialistische Machtübernahme und die anschließenden Wellen der Verfolgung – Verhaftungen nach dem Reichstagsbrand, die Bücherverbrennung am 10. Mai 1933, Verbotslisten,
Ausbürgerungen, die »Säuberung« des Kulturlebens von »undeutschen Elementen« – führten zu einem historisch beispiellosen
Massenexodus von Kulturschaffenden aller Sparten. Die Zahl der
damals aus Deutschland geflüchteten Schriftsteller und Publizisten
kann auf mehr als 2000 geschätzt werden; quantitativ war dies ein
geringer Teil der mehr als 500 000 Personen umfassenden Gesamt-

emigration, unter Berücksichtigung ihrer Sprecherfunktion aber handelte es sich um eine ihrer Kerngruppen.[2] Als Repräsentanten der Macht des Wortes waren die Schriftsteller nicht zufällig ein vorrangiges Objekt des vom NS-Regime veranstalteten Kesseltreibens; daß sie in den ersten Ausbürgerungslisten prominent vertreten waren, durften sie als indirekte Anerkennung ihrer gesellschaftlichen Bedeutung und als Ausdruck der Ängste des Regimes vor der möglichen Wirkung ihres Tuns interpretieren: »Der Haß des Faschismus gegen die Literatur ist kein Zufall«.[3] Die Vertreibung aus Deutschland bewirkte so neben Gefühlen der Ohnmacht auch gegenläufige Empfindungen, eine Aufbruchstimmung, die zu offensiver Haltung und aktiver Ausgestaltung der Verbannungssituation ermutigte.

»Organisiert die Emigration«, forderte Alfred Kantorowicz bereits im Juni 1933 in der Exilzeitschrift ›die aktion‹,[4] Stefan Zweig schlug zur gleichen Zeit Klaus Mann gegenüber die Gründung einer »kameradschaftlichen Vereinigung« vor, aus der »sowohl im Materiellen wie im Moralischen etwas Wichtiges resultieren könnte«,[5] und ebenso regte Kurt Hiller 1935 in einem Aufruf ›Emigranten vereinigt euch!‹ in der ›Neuen Weltbühne‹ die Bildung einer umfassenden Organisation der aus Deutschland Vertriebenen an, denn: »Zusammenschluß entisoliert«.[6] Bemerkenswerterweise waren es gerade die sonst so einzelgängerischen Schriftsteller, die sehr bald die größten Erfolge in der Überwindung der exilbedingten Desintegration erringen sollten.[7] Die Zentren des literarischen Exils wurden die eigentlichen Zentren des gesamten deutschsprachigen Exils, da die Schriftsteller auch die Aufgabe politischer Repräsentanz übernommen hatten – eine klare Folge des Versagens des politischen Exils, das zu keinem Zeitpunkt imstande war, dieser Aufgabe wirkungsvoll nachzukommen. Ob »Volksfrontpolitik« oder »Verteidigung der Kultur«: Die Schriftsteller haben nicht nur die Parolen und Stichworte geliefert, die das Pathos des Exils prägten,[8] sie waren auch stets in vorderster Linie zu finden, wo es galt, Komitees zu bilden, Kongresse zu veranstalten, Kampagnen zu lancieren, Sammlungsbewegungen einzuleiten.

Das früheste Beispiel einer solchen politischen Repräsentanzfunktion liefert der deutsche Exil-PEN.[9] Nach den Ereignissen auf dem Internationalen PEN-Kongreß in Ragusa/Dubrovnik im Mai

1933 – die Tagung war vor allem durch den Auftritt Ernst Tollers für die deutsche Delegation zum Tribunal geworden – war das gleichgeschaltete deutsche Zentrum aus dem PEN ausgetreten. Auf Betreiben von Lion Feuchtwanger, Ernst Toller, Rudolf Olden und Max Herrmann-Neiße entstand daraufhin eine autonome deutsche Exilgruppe mit Sitz in London, die sich als legitime Fortsetzung des deutschen PEN-Zentrums verstand und an eine freiheitliche Tradition anzuknüpfen suchte, wie sie im nationalsozialistischen Deutschland nicht mehr geduldet war. Unter seinem Sekretär Rudolf Olden, der die Gruppe bis 1940 faktisch im Alleingang führte (Vorsitzender war Heinrich Mann), gewann der Exil-PEN einige Bedeutung als überparteiliche Vertretung des »anderen Deutschland«, namentlich auf den Internationalen PEN-Kongressen. Besonders nach Kriegsausbruch fungierte die Vereinigung auch als Hilfsorganisation: Olden konnte einer Reihe von Schriftstellern finanzielle Unterstützung und Einreisemöglichkeiten in die USA verschaffen; er selbst ist 1940 auf der Überfahrt in die USA auf der von einem deutschen U-Boot torpedierten »City of Benares« zu Tode gekommen. Als Organisation beruhte der Exil-PEN damals auf einer bloß ideellen Grundlage: War der deutsche PEN-Club vor 1933 eine »Bankettgesellschaft« gewesen, so kam es im Exil aufgrund der über viele Länder verstreuten Mitglieder zu keinerlei Zusammenkünften mehr; das Zentrum war in diesem Sinne lange Zeit »mehr eine Illusion als eine Realität«.[10] Erst nach dem Neubeginn 1941 unter dem Vorsitz Alfred Kerrs bildete sich ein Lesungs- und Vortragsprogramm heraus, das mindestens den in London und Umgebung wohnhaften Mitgliedern Gelegenheit zur direkten Begegnung bot.

Die für die Sammlung des literarischen Exils bedeutendste Vereinigung war aber ohne Zweifel im Sommer 1933 in Paris mit dem »Schutzverband deutscher Schriftsteller im Exil« (SDS im Exil) entstanden.[11] Sein Anknüpfungspunkt war der 1909 in Berlin gegründete »Schutzverband deutscher Schriftsteller« (SDS), die bis zu ihrer Gleichschaltung im März 1933 durchaus effektiv agierende Berufsvertretung der deutschen Autorenschaft,[12] und tatsächlich suchte anfänglich auch der Exil-SDS die »gewerkschaftliche« Tradition der Interessenvertretung durch Rechtsberatung und einen

professionellen Informationsservice fortzusetzen. Innerhalb kürzester Zeit jedoch wandelte sich das Verständnis von der aktuellen
Funktion eines solchen Zusammenschlusses: Der SDS wurde mit
der Veranstaltung regelmäßiger Autorenlesungen, mit Vortragsund Diskussionsabenden (»Montagsabende«), Kundgebungen,
Ausstellungen, Theateraufführungen, mit der Herausgabe eines
Organs (drei Hefte ›Der deutsche Schriftsteller‹) und Schriften
(Tarnschrift ›Deutsch für Deutsche‹) und der Stiftung des Heine-
Preises zu einem Brennpunkt des literarischen Lebens im Exil. Mit
der Ausarbeitung von Statuten, Eintragung in das Vereinsregister,
jährlichen Generalversammlungen, Wahl eines Vorstands (als Vorsitzender fungierte Rudolf Leonhard, Ehrenpräsident war Heinrich
Mann, in sonstigen Funktionen waren prominente Exilautoren
tätig: Bertolt Brecht, Anna Seghers, Egon Erwin Kisch u.a.m.) und
der Ausstellung von Mitgliedsausweisen hatte die Arbeit vereinsmäßiges Gepräge. In diesem Formalismus spiegelt sich das Bestreben, in existenziell bedrängter Situation eine Insel der Normalität
herzustellen; der Verlust des gewohnten Lebensumfeldes hatte als
natürliche Reaktion die Suche nach neuer sozialer Anbindung zur
Folge, auch bei den Schriftstellern, deren individualistische Attitüde jede Form kollegialen Zusammenwirkens bisher erschwert
hatte. Wie laut Brecht der Paß jetzt als »der edelste Teil von einem
Menschen« angesehen werden konnte,[13] so bedeutete auch der Mitgliedsausweis des SDS ein sichtbares Zeichen von Zugehörigkeit,
ein Stück Identitätsgewinn in der Fremde, wohltuend gegenüber
der »Entwurzelungs-Neurose« der Verbannung.[14] Der Exil-SDS
wurde mit seinen in dichter Folge abgehaltenen Veranstaltungen
für viele Exilierte zu einem Teil ihrer Lebenswelt; in seinem Umfeld entstanden noch zahlreiche weitere Initiativen, die – wie die
»Deutsche Freiheitsbibliothek«[15] – zu der Aktivbilanz der literarischen Emigration beigetragen haben. Mit diesen Gemeinschaftsaktivitäten war den exilierten Schriftstellern in Paris die Gelegenheit
zu einem Gedankenaustausch geboten, wie er in dieser Intensität
vor 1933 in Berlin oder anderen Orten in Deutschland kaum je
stattgefunden hatte. In einer Situation, in der es darum ging, das
Unerhörte des Zeitgeschehens zu deuten, erwies sich der Exil-SDS
als eine geeignete Plattform, um sich über adäquate Reaktionen

auf die politische Katastrophe des Nationalsozialismus und über notwendige Veränderungen in der Schreibhaltung oder auch über Formen eines direkt politischen Engagements zu verständigen. Tatsächlich haben die dort abgehaltenen Diskussionen – zu Themen wie »Wie stehen wir zu Deutschland?« oder »Das 3. Reich im Spiegel der Emigrationsliteratur«, »Kriegsgefahr und Emigration« oder »Literatur, die den Krieg vorbereitet« – in einer unübersichtlichen Lage erste Markierungen gesetzt; sie wurden in der Publizistik des Exils fortgesponnen und sind nicht ohne Einfluß auf die Bewußtseinsbildung unter den Schriftstellern geblieben. Reflexe auf diese Debatten finden sich in der literarischen Produktion jener Zeit in vielfältigster Weise.

Neben diesen gemeinschaftsbildenden Funktionen der schriftstellerischen Exilorganisationen sind allerdings auch negative, desintegrative Wirkungen hervorzuheben. Der Exil-SDS liefert auch dafür das anschaulichste Exempel, nämlich einen Schauplatz tiefgreifender Auseinandersetzungen, deren Ursache vor allem in dem konspirativ betriebenen Bestreben einer Fraktion kommunistischer Schriftsteller zu sehen ist, die Vereinigung zum Instrument einer von der Kommunistischen Internationale (Komintern) gesteuerten Intellektuellenpolitik zu machen. Diese unter der (in der Sache unangreifbaren) Losung des Antifaschismus betriebene, letztlich jedoch parteitaktisch motivierte Strategie verlangte selbst dem Kern der Fraktionsmitglieder ein »sacrificium intellectus« ab, das nicht alle zu leisten imstande waren. Von dieser Belastung, an der einige von ihnen innerlich zu zerbrechen drohten, gibt unter anderem Hans Sahls romanhafter Bericht ›Die wenigen und die vielen‹ Auskunft; bei Manès Sperber und Gustav Regler mündete sie später in offenes Renegatentum.

Die von fortgesetzten taktischen Manövern ausgelösten Spannungen hatten in Paris eine Polarisierung der literarischen Emigration zur Folge, die im Juli 1937 in die Errichtung des »Bundes Freier Presse und Literatur« durch Leopold Schwarzschild mündete.[16] Dieser deklarierten Gegengründung zum »SDS im Exil« schlossen sich die Publizisten und Schriftsteller an, die sich der Umarmungsstrategie der Parteikommunisten entziehen wollten. Der »Bund« machte es sich in seiner Satzung zur Aufgabe, »auch allen innerhalb der deutschen Emigration selbst auftretenden Bestrebungen zu widerstehen, die der Freiheit der Journalisten und Schriftsteller Abbruch tun«.[17] Die offen antikommunistischen Bestrebungen sind konkret als eine Reaktion auf die zunächst vom Kreis um Willi Münzenberg, dem KP-Medienstrategen, und im weiteren dann von der Komintern verfolgte Strategie zu betrachten, im Zeichen einer antifaschistischen »Volksfront« gegen Hitler Sympathisanten im bürgerlich-linksliberalen Lager zu werben und so Einfluß auf die gesamte literarische und intellektuelle Emigration zu gewinnen. Die Veranstaltung spektakulärer Kongresse wie der beiden »Internationalen Kongresse zur Verteidigung der Kultur« in Paris 1935 und in Barcelona 1937 gehörten zu den wichtigsten Manifestationen dieses politischen Kalküls.[18] Eine nicht unbedeutende Rolle spielte dabei die deutsche Sektion der »Internationalen Vereinigung Revolutionärer Schriftsteller« (IVRS) in Moskau (nach der Auflösung der IVRS 1935 eine Untergruppe des Sowjetischen Schriftstellerverbandes), die von Johannes R. Becher, Willi Bredel und Georg Lukács geleitet wurde.[19] Die Richtlinien der Literaturpolitik der Komintern, von der Faschismusthese bis zum Sozialistischen Realismus als literarischer Doktrin, wurden von dieser Moskauer Gruppe mitbestimmt und an die kommunistischen deutschen Schriftsteller im Exil weitervermittelt. Mit den Zeitschriften ›Internationale Literatur‹ und ›Das Wort‹ standen dafür auch publizistische Organe zur Verfügung. Zahlreiche Mitglieder der Gruppe, die sich durch gegenseitige Denunziation vielfach selbst dezimierte, fielen den stalinistischen »Säuberungen« zum Opfer;[20] im Juni 1941 stellte die Sektion ihre Arbeit ein.

Schon seit den 1937 einsetzenden Moskauer Schauprozessen, spätestens aber nach dem Hitler-Stalin-Pakt (»Deutsch-Sowjetischer Nichtangriffspakt«) vom August 1939 schien der kommunistischen Agitation innerhalb der literarischen Emigration der Boden entzogen; sogar Willi Münzenberg hatte sich zu diesem Zeitpunkt bereits von der KPD abgewandt. Erstaunlicherweise blieb jedoch nach 1939 die Problematik der politischen Frontenbildung innerhalb des literarischen Exils virulent. So etwa waren politische Polarisierungsprozesse in England zu beobachten, wo aus Opposition zum kommunistisch gesteuerten »Freien Deutschen

Kulturbund« und dessen literarischer Sektion 1939 unter Führung Kurt Hillers eine »Gruppe unabhängiger Deutscher Autoren« entstand und vier Jahre später ein »Club 1943«, der sehr bald 200 Mitglieder umfaßte.[21] Die auf Initiative von Hans José Rehfisch entstandene, unpolitisch ausgerichtete Vereinigung entfaltete eine Tätigkeit von beachtlichem Umfang. Ein ähnliches Bild ergab sich in Schweden: Dort war nach verschiedenen Emigrantenselbsthilfe-Initiativen von Wolfgang Steinitz 1939 der Versuch unternommen worden, eine Ortsgruppe des »SDS im Exil« einzurichten, um ein politisch-literarisches Veranstaltungsforum zu schaffen.[22] Die Besetzung Dänemarks und Norwegens führte zur Unterbrechung dieser Versuche; 1943 wurde aber der »Freie Deutsche Kulturbund in Schweden« ins Leben gerufen, der ab Januar 1944 mit einem Veranstaltungsprogramm hervortrat. Sehr bald kam es auch im Kulturbund zu internen Auseinandersetzungen; nach dem Rücktritt des Vorsitzenden Max Hodann, der sich einer parteipolitischen Vereinnahmung der Vereinigung zu widersetzen suchte, war seit Herbst 1944 der Weg frei für die Durchsetzung einer kommunistisch akzentuierten Kulturarbeit.

Auch noch im US-amerikanischen Exil manifestierte sich die politische Spaltungsproblematik in voller Brisanz: Eine nach SDS-Vorbild gegründete »German-American Writers' Association« (GAWA) löste sich nach der Sezession einer Gruppe von Mitgliedern auf.[23] Die Vereinigung – sie stand unter dem Vorsitz von Oskar Maria Graf und Ferdinand Bruckner, Manfred George war ihr Sekretär – hatte sich durch ein Veranstaltungsprogramm wie auch durch Hilfestellung bei der Flucht von Schriftstellerkollegen aus dem bedrohten Europa verdient gemacht, brach aber nach dem Hitler-Stalin-Pakt und endgültig dann nach Kriegsbeginn durch den Austritt der prominenteren Mitglieder auseinander. Im überseeischen Exil kam es auch in Mexiko zu einer bemerkenswerten literarischen Gruppen- und Zentrenbildung.[24] Zahlreiche Exilanten, die aus politischen Gründen keine Chance auf Einreise in die USA hatten, waren nach ihrer Flucht aus Europa nach Mexiko weitergefahren, damals das Land mit den liberalsten Einreise- und Aufenthaltsbedingungen; auch Kommunisten und Linkssozialisten sowie den freiwilligen Kämpfern in den Internationalen Brigaden des

Spanischen Bürgerkriegs wurde dort vorbehaltlos Asyl geboten. Es bildete sich dort eine aktive Schriftstellerkolonie, die sich zunächst (Anfang 1938) in der »Liga Pro Cultura Alemana« sammelte; doch brachen auch in der Liga bereits nach wenigen Monaten, nach Abschluß des Hitler-Stalin-Pakts, Konflikte auf. In diesem Falle sahen sich die kommunistischen Schriftsteller gezwungen, eine eigene organisatorische Plattform zu schaffen. Der 1941 gegründete »Heinrich-Heine-Club« realisierte einige Jahre ein reichhaltiges Programm, das jenem des »SDS im Exil« in Paris ähnelte, zum Teil auch von ehemaligen SDS-Funktionären getragen wurde; Anna Seghers war Präsidentin, Egon Erwin Kisch einer der Vizepräsidenten. Bis zu seiner Auflösung Anfang 1946 wurden im Rahmen des »Heinrich-Heine-Clubs« 68 Veranstaltungen – Autorenabende, Vorträge über Literatur, wissenschaftliche und politische Themen, Musikabende, Filmvorführungen – abgehalten. Parallel zu diesen Aktivitäten wurde von der kommunistischen Emigrantengruppe die Zeitschrift ›Freies Deutschland‹ herausgebracht, mit der die Kulturarbeit dieser Gruppe auch in eine größere Exil-Öffentlichkeit hineinwirkte.

Eine Bilanz der Arbeit schriftstellerischer und literarisch-kultureller Organisationen im Exil 1933 bis 1945 fällt zwiespältig aus. Auf vielen Feldern haben diese Zusammenschlüsse bemerkenswerte Erfolge erzielt: Neben praktischer, oft überlebenswichtiger Hilfe scheinen vor allem jene Leistungen hervorhebenswert, die sie für eine soziale Integration der versprengten Exilanten, für die Entstehung literarischer Kommunikationsstrukturen und für die Wahrnehmung von politischen Repräsentanzaufgaben gegenüber der Weltöffentlichkeit erbracht haben. Diesen Erfolgen steht das Bild einer in sich gespaltenen, in tiefgreifende interne Auseinandersetzungen verwickelten Schicksalsgemeinschaft gegenüber, die ihre Kräfte in weltanschaulichen Positionskämpfen verschliss. Das literarische Exil, in welchem sich anfänglich die soziale Utopie einer von äußerer Bedrohung zusammengeschweißten Gemeinschaft zu verwirklichen schien, scheiterte nach wenigen Jahren an der Unmöglichkeit, die ideologischen Gegensätze zugunsten eines produktiven Zusammenwirkens zu überwinden. Erst in diesem Scheitern bildete sich das Trauma des Exils in seiner vollen Stärke aus.

II. Presse und Rundfunk

Neben Foren direkter Begegnung wie Schriftstellervereinigungen und kulturellen Zentren sind im deutschsprachigen Exil nach 1933 auch Räume medialer Kommunikation entstanden, Zeitungen und Zeitschriften, die aktuelle, sogar tagesaktuelle Information vermittelten und der Entstehung politischer und literarischer Diskurse die notwendigen Plattformen boten. Die formierenden und gruppenintegrativen Wirkungen, die von der Exilpresse auf die versprengte Intelligenz ausgingen, können nicht hoch genug eingeschätzt werden. Für das deutschsprachige Exil, von Prag bis Mexiko, von Paris bis Schanghai, sind weit mehr als 400 Periodika nachgewiesen,[25] von sehr unterschiedlicher Lebensdauer und Bedeutung. Mit politisch-kulturellen Zeitschriften wie ›Die Neue Weltbühne‹ (1933–1939), ›Das Neue Tage-Buch‹ (1933–1940), ›Die Zukunft‹ (1938–1940), oder ›Freies Deutschland/Alemania Libre‹ (1941–1945) setzte sich die kritisch-publizistische Tradition der Weimarer Republik im Exil auf hohem Niveau fort.[26] Einzelne Zeitschriften unterstrichen bereits in der Beibehaltung ihres Namens demonstrativ die Absicht, allen Angriffen auf das freie Wort zum Trotz die Kontinuität zu wahren; auch war eine solche Kontinuität vielfach personell gegeben, indem herausragende Publizisten der Weimarer Republik wie Leopold Schwarzschild oder Georg Bernhard zu Wortführern der Exilpublizistik wurden. Noch in größerer Menge und Vielfalt sogar als in der Zeit vor 1933 standen literarisch-kulturelle Zeitschriften zur Verfügung: Organe wie ›Die Sammlung‹ (1933–1935), ›Neue deutsche Blätter‹ (1933–1935), ›Das Wort‹ (1936–1939) oder ›Maß und Wert‹ (1937–1940) und zahlreiche weitere Zeitschriften erfüllten die ihnen zugedachte Funktion als Sprachrohr der intellektuellen und literarischen Emigration.[27] Es waren renommierte Vertreter der Exilliteratur, die sich als Herausgeber und Redakteure oder wenigstens mit ihrem Namen hinter diese Gründungen stellten, so z.B. Anna Seghers und Oskar Maria Graf im Falle der ›Neuen deutschen Blätter‹, Bertolt Brecht und Lion Feuchtwanger mit Willi Bredel bei ›Das Wort‹ oder Thomas Mann bei ›Maß und Wert‹.

Auch Tageszeitungen kannte das deutschsprachige Exil, allen voran das ›Pariser Tageblatt‹, das 1935 unter undurchsichtigen

Umständen in einem Handstreich neu übernommen und unter dem
Chefredakteur Georg Bernhard als ›Pariser Tageszeitung‹ fortgeführt wurde.[28] In London erschien ›Die Zeitung‹ (1941–1945),
an anderen Orten sorgten bereits länger bestehende Zeitungen
wie das schon 1889 gegründete ›Argentinische Tageblatt‹ (auch
›Argentinisches Wochenblatt‹) oder die ›Deutsche Zentralzeitung‹
(1925–1939) in Moskau für tagesaktuelle Information. Da es in
fast allen diesen Presseorganen einen Feuilletonteil gab, der neben
Journalisten auch den freien Literaten offenstand und diesen die
Möglichkeit zur Unterbringung kleinerer Arbeiten verschaffte, sind
diese Organe, zusammen mit den Zeitschriften, als ein Nährbo-
den für die Literaturproduktion und insgesamt als ein wichtiges
Element in der Rekonstruktion eines literarisch-publizistischen
Kommunikationsfeldes zu betrachten. Die Zeitschriften bewirkten
eine Verdichtung und Verstetigung der öffentlichen Diskurse, auch
sicherten sie die Vielfalt der Meinungen und die Differenziertheit
der Debatten, zumal die Organe – vom moskautreuen ›Das Wort‹
bis zum konservativen ›Maß und Wert‹ – das weltanschauliche
Spektrum in voller Breite abdeckten. Hinzu trat ein materieller
Aspekt: Einige Zeitschriften zahlten gute Honorare und ermöglichten den Autoren auf diese Weise, längerfristig größere Werkpläne
zu verfolgen. Verschiedentlich – wie von der in Moskau erscheinenden Zeitschrift ›Das Wort‹ – wurden Honorarangebote auch
dazu genutzt, um bei den nichtkommunistischen Schriftstellern
politisch Terrain zu gewinnen. Und wie in der Zeit vor 1933, wenn
auch finanziell nicht ganz so lukrativ, erschienen in den Zeitungen
und Zeitschriften Romanvorabdrucke oder -teilabdrucke; allein
in Klaus Manns ›Die Sammlung‹ wurden 1934 und 1935 mehr als
20 Werke auszugsweise vorabgedruckt, die kurz darauf – in der
großen Mehrzahl vom Querido Verlag, in dem auch die Zeitschrift
erschien – in Buchform auf den Markt gebracht wurden. Auch
hier werden im Literaturbetrieb des Exils Momente eines Medi-
enverbunds und einer »Verwertungskette« sichtbar, wie man sie,
besonders bei Ullstein in Berlin, bereits in den zwanziger Jahren
praktiziert hatte. Im Rahmen der Exilpresse konnte sich auch ein
umfangreiches Rezensionswesen ausbilden – ein wichtiges Element
in der Konsolidierung der literarischen Binnenkommunikation.

Eine besondere Facette des publizistischen Exils repräsentieren die vor allem von seiten der KP entwickelten Bemühungen, mittels Tarnschriften nach Deutschland hineinzuwirken und politische Aufklärung unter ein Volk zu bringen, das sich ganz offensichtlich von den Machthabern täuschen und blenden ließ. Im Zeichen dieses spezifischen antifaschistischen Kampfes entstanden vielfältige Formen einer camouflierten Literatur, meist kleinformatige, leicht transportierbare, mit unverfänglichen Titeln und Einbänden versehene Broschüren, die auf geheimen Wegen nach Deutschland eingeschmuggelt wurden.[29] So war der im Zusammenhang mit dem Exil-SDS bereits erwähnte »Sprachkurs« ›Deutsch für Deutsche‹ als ein Bändchen der ›Miniaturbibliothek‹ getarnt,[30] andere Publikationen dieser Art gaben sich als Gebrauchsanleitungen oder Werbedrucksachen aus. Die Bedeutung der Tarnschriften ist mehr auf symbolischer Ebene zu sehen; die konkrete Wirkung der in NS-Deutschland zumeist sehr rasch aus dem Verkehr gezogenen Schriften war sicherlich bescheiden. Selbst im Falle einer weiteren Verbreitung stand angesichts der wenig einfallsreichen Inhalte – meist Zitate aus Werken von Marx und Engels, Ausschnitten aus Parteischrifttum, pathetischen Appellen von Autoren, Agitprop-Literatur etc. – keine Stärkung der inneren Widerstandsfront zu erwarten.

Größere Erfolge bei der Durchbrechung der um Deutschland gelegten Mauern versprach ein Medium, das vom NS-Regime selbst mit gewaltigem Aufwand als Massenpropagandainstrument gehandhabt wurde: der Rundfunk.[31] Die Hoffnung, mit Radiowellen ungehindert und sehr viel effektiver als etwa durch Tarnschriften die deutsche Bevölkerung mit politischen Botschaften erreichen zu können, ließ die Exilanten immer wieder nach Möglichkeiten suchen, eigene Sendestationen aufzubauen oder sich bei bestehenden Sendern in den jeweiligen Asylländern Sendezeiten zu sichern. Von den insgesamt erstaunlich vielfältigen Ansätzen dieser Art sind vier hervorzuheben, an denen Exilschriftsteller aktiv beteiligt waren: der »Deutsche Freiheitssender« in Spanien, die deutschsprachigen Sendungen von Radio Moskau, der Deutsche Dienst der BBC und die Zusammenarbeit mit US-amerikanischen Privat- und Regierungssendern.

In Spanien wurden im Zusammenhang mit dem Einsatz der Internationalen Brigaden seit Anfang 1937 über staatliche Sender wie Radio Barcelona, dann auch über Madrid regelmäßig deutschsprachige Sendungen gebracht. Parallel dazu gab es auch einen von der KPD organisierten, leistungsstarken Kurzwellensender, der seit dem 11. April 1937 auf der Welle 29,8 als »Deutscher Freiheitssender« zu hören war.[32] Vorbereitende Arbeiten dazu wurden von Gerhart Eisler und Kurt Hager geleistet, ab Juli 1937 war Hans Teubner der leitende Redakteur. Zu den Autoren, die dem Sender Texte und Aufrufe zugeliefert haben, gehörten u. a. Heinrich Mann (in diesem Fall über eine eigens in Paris angefertigte Schallplattenaufnahme), Lion Feuchtwanger, Gustav Regler, Rudolf Leonhard, Alfred Kerr und Hans Marchwitza; auch wurden die Reden des »II. Schriftstellerkongresses zur Verteidigung der Kultur« im Sommer 1937 ausgestrahlt.

In der Sowjetunion war unter den damals herrschenden Bedingungen die Mitwirkung an Rundfunkaktivitäten mit hohen persönlichen Risiken verbunden. Der politisch streng kontrollierte und ideologisch überwachte Staats- und Parteirundfunk brachte unter dem Namen Radio Moskau bereits seit 1929 regelmäßig deutschsprachige Sendungen für das Ausland; berichtet wurde in erster Linie vom Aufbau des Sozialismus, nach 1933 standen die Sendeinhalte im Zeichen von Angriffen auf das NS-Regime in Deutschland. Neben den im Lande lebenden Emigranten wie Willi Bredel, Erich Weinert oder Erwin Piscator kamen in den Jahren 1933–1935 auch Besucher der Sowjetunion zu Wort; Ernst Busch, Bertolt Brecht oder John Heartfield gaben Interviews oder lasen aus ihren Werken. Als sich eine Verständigung zwischen Hitler und Stalin abzeichnete, wurde der Deutsche Dienst eliminiert und durch den Sender der Wolgadeutschen Republik ersetzt; Manifestationen des Antifaschismus waren nun unerwünscht. Die Situation kehrte sich mit dem deutschen Angriff auf die Sowjetunion wieder um, nun waren die Emigranten aufgerufen, ihren rundfunkpropagandistischen Beitrag zur Verteidigung des Sozialismus zu leisten: »Über 100 deutschsprachige Emigranten schrieben zwischen 1933 und 1945 Texte für den Deutschen Dienst von Radio Moskau.«[33] Nach 1941 verdoppelte sich der Mitarbeiterstab auf 20 Redakteure und

Sprecher; die Leitung des Deutschen Dienstes lag stets in sowjetischen Händen, alle am Sender Tätigen wurden vom Geheimdienst GPU sowie von einer Führungsgruppe überwacht, der auch die KPD-Spitze unter Leitung Walter Ulbrichts angehörte. Zu den meistbeschäftigten Rundfunkautoren gehörten wieder Weinert und Bredel, daneben auch Johannes R. Becher, aus dessen Gedichtwerk fast täglich gesendet wurde, sowie Friedrich Wolf.[34]

In dem bei der BBC im Oktober 1940 eingerichteten Deutschen Dienst waren mit Robert Lucas (d.i. Robert Ehrenzweig) und Carl Brinitzer anfänglich nur zwei Emigranten als Sprecher und Übersetzer tätig; nach und nach wuchs diese Abteilung auf 100 feste und freie Mitarbeiter an.[35] In Zusammenarbeit mit weiteren Emigranten wie Martin Esslin, Karl Otten oder Bruno Adler wurden mehrere Sendereihen entwickelt, zu den bekanntesten gehörten die satirischen ›Briefe des Gefreiten Adolf Hirnschal‹ von Robert Lucas. Einen Höhepunkt der Rundfunkaktivitäten des Exils stellten die rund 60 Ansprachen dar, die Thomas Mann zwischen Oktober 1940 und Kriegsende an die »deutschen Hörer« richtete. Anfangs von Carl Brinitzer verlesen, sendete BBC später Thomas Mann im Originalton von Los Angeles aus. Anders als fast alle anderen Sendungen unterlagen Manns Ansprachen nicht der britischen Zensur. In den USA bot zunächst das privatwirtschaftlich organisierte Radiowesen beste Zugangsmöglichkeiten für deutschsprachige Emigranten, hier waren u.a. Hans Habe und Stefan Heym funkpublizistisch tätig. Später gewann das vom amerikanischen »Office of War Information« (OWI) eingerichtete gegenpropagandistische Sendewesen überragende Bedeutung, vor allem nach dem großzügigen Ausbau der Auslandsrundfunkorganisation: »Über 150 Mitarbeiter aus den Kreisen des deutschsprachigen Exils können namentlich nachgewiesen werden, darunter fast alle nach Amerika emigrierten deutschsprachigen Schriftsteller.«[36] Josef Aufricht, Bertolt Brecht, Leopold Schwarzschild, Hans Sahl, Thomas Mann hatten sich bereits zu einem sehr frühen Zeitpunkt an der Arbeit des OWI beteiligt. Aber auch bei den im letzten Kriegsjahr in Europa positionierten Sendern wie Radio Luxemburg oder dem Deutschen Dienst der »American Broadcasting Station in Europe« spielten Emigranten wie Hans Habe bzw. Golo Mann eine wichti-

ge Rolle. Die Bedeutung des Mediums Rundfunk für die Bildung
einer Exilöffentlichkeit darf somit nicht unterschätzt werden, allein
schon in psychologischer Hinsicht: Den Schriftstellern war bewußt,
daß sie mit dem über Radio verbreiteten Wort unvergleichlich mehr
Menschen erreichten als mit ihren gedruckten Werken; mithilfe des
grenzüberschreitenden Funks schien die Wiedergewinnung politischer Einwirkungsmöglichkeiten und zugleich eines literarischen
Resonanzraumes in Deutschland möglich.

III. Literarische Preisausschreiben

Die Herstellung von Öffentlichkeit betrachtete das literarische Exil
als eine zentrale Aufgabe; sie ergab sich allein schon aus dem Anspruch auf kulturelle Repräsentanz eines »anderen Deutschland«.
Literaturpreise, im besonderen literarische Preisausschreiben, erschienen in besonderer Weise geeignet, diesen Repräsentanzan-
spruch zu unterstreichen. Von den spezifischen Aufmerksamkeits-
und Lenkungseffekten wurde aber auch in literaturpolitischen
Zusammenhängen Gebrauch gemacht; noch andere Intentionen
lagen im Bereich der materiellen Förderung von Autoren oder einer
verlegerischen Autorenakquisition. Die Preisausschreiben haben
zweifellos anregend auf die literarische Produktivität gewirkt; zur
Entstehung und Entwicklung einer spezifischen Literaturästhetik
des Exils haben sie indes keinen nennenswerten Beitrag geliefert.
   Die wichtigste Funktion der literarischen Auszeichnungen ergab
sich auf der Ebene politisch-ideologischer Einflußstrategien. Die für
das Exil charakteristische Einbettung der Preise in politische Kon-
texte wurde bereits mit dem 1933 von der in Moskau erscheinenden Zeitschrift ›Internationale Literatur‹ ausgeschriebenen Preis
deutlich,[37] der sich in erster Linie an kommunistische Schriftsteller
richtete und an Johannes R. Becher und an Fritz Erpenbeck vergeben wurde. Der Literaturpreis sollte zweifellos eine Aufwertung
kommunistischer Literatur in der Öffentlichkeit bewirken. Die
Strategie der Abgrenzung gegen das bürgerliche und das sozialdemokratische Lager wurde jedoch 1934 abgelöst von einer Lite-

ratur- und Intellektuellenpolitik, deren Kennzeichen die Öffnung
gegenüber allen antifaschistisch ausgerichteten Gruppierungen
war. Die unter Komintern-Richtlinien betriebene Volksfrontpolitik
wirkte sich auch auf die Vergabepraxis beim Herder-Preis aus, der
vom »SDS in der Tschechoslowakei« ausgeschrieben wurde.[38] Die
in Prag schon seit Jahrzehnten bestehende Ortsgruppe des »Schutz-
verbandes deutscher Schriftsteller« wurde seit 1936 von einer kommunistischen Schriftstellerfraktion kontrolliert; es war Franz Carl
Weiskopf, der auf der Hauptversammlung 1936 die Schaffung
eines deutschen Literaturpreises vorschlug, der an Herder als einen
Verfechter der Humanität und Völkerverständigung und somit
bewusst an einen Repräsentanten des »bürgerlichen kulturellen
Erbes« erinnern sollte. Das Preisgeld von 5000 Kronen wurde vom
Präsidenten der tschechoslowakischen Republik Eduard Beneš zur
Verfügung gestellt. 1937 wurde der Herder-Preis erstmals verge-
ben, an den sudetendeutschen Autor Josef Mühlberger und an
den Prager Lyriker und Übersetzer Rudolf Fuchs.[39] Die getroffene
Wahl kann als Signal einer Annäherung an die nichtkommunisti-
sche Autorenschaft verstanden werden, zugleich als Versuch einer
Immunisierung der deutschen Literatur in der ČSR gegenüber der
aggressiven Volkstumspolitik der rechtsgerichteten Kreise rund um
Erwin Guido Kolbenheyer.

Parteitaktische Intentionen lagen auch dem vom »SDS im Exil«
initiierten Heinrich-Heine-Preis zugrunde.[40] Am 25. Juni 1935,
dem letzten Tag des »Internationalen Schriftstellerkongresses zur
Verteidigung der Kultur« in Paris, hatte Rudolf Leonhard namens
des SDS die Stiftung eines Heine-Preises angekündigt, mit dem
jährlich »das beste unveröffentlichte Werk der schönen Literatur« ausgezeichnet werden sollte; teilnahmeberechtigt waren alle
»nichtgleichgeschalteten« Schriftsteller, die vor 1933 wenigstens
für einige Zeit in Deutschland gelebt hatten. Die Bestimmungen
verlangten von den eingereichten Texten einen eindeutigen politischen Tendenzcharakter, da der Preis dazu bestimmt war, »die
Schmiedung einer guten antifaschistischen Waffe zu belohnen«.
Die geistige Patronanz Heinrich Heines entsprach dabei jener Programmatik der »Verteidigung der Kultur«, auf welche die exilierte Schriftstellerschaft soeben auf dem internationalen Kongreß

verpflichtet worden war. Heine, der von den Nationalsozialisten verfemte Dichter, als Pariser Exilant ein Vorgänger und historischer Schicksalsgenosse, wurde zum »Mitkämpfer« stilisiert; entscheidend dabei war, daß Heine quer durch die weltanschaulichen Lager als eine Identifikationsfigur akzeptiert wurde. Der offiziell erst zum dritten Jahrestag der Bücherverbrennung am 10. Mai 1936 ausgeschriebene Preis stieß in der emigrierten Schriftstellerschaft auf lebhaftes Interesse, insgesamt gingen mehr als 80 Beiträge von deutschen Schriftstellern aus England, Italien, Rumänien, der Sowjetunion, Palästina, Belgien, Österreich, Frankreich, den Vereinigten Staaten, der Schweiz und der Tschechoslowakei ein; aus Deutschland wurden zwei Arbeiten eingesandt. Wenige Tage nach Ablauf der Einsendefrist wurde deren Verlängerung und die Verdoppelung des Preisgeldes auf Fr. 2000 bekanntgegeben. Die (verdeckte) Finanzierung des Heine-Preises erfolgte durch den emigrierten Bankier Hugo Simon, der vor 1933 Mitglied des Aufsichtsrates der S. Fischer Verlags AG gewesen war und seither mit bedeutenden Schriftstellern befreundet war.[41] Die Jury (1936 gehörten ihr Bruno Frank, Hans Arno Joachim, Ernst Leonard, Rudolf Leonhard, Hans Marchwitza, Hans Sahl und Anna Seghers an) erkannte den Preis dem von Henry William Katz[42] eingereichten Roman zu, in welchem der Autor, der sich selbst auf die Vorbilder Joseph Roth, Izchok Lejb Perez und Schalom Asch berief, sein persönliches Schicksal als Nachkomme jüdischer Emigranten aus dem Osten Europas aufgearbeitet hatte; eine »Tragödie der Heimatlosigkeit«. Im Urteil des Preisrichterkollegiums hatte sich damit ein literarischer Qualitätsmaßstab gegen den Primat des Politischen durchgesetzt. 1938 erschien der Roman bei Allert de Lange in Amsterdam unter dem Titel ›Die Fischmanns‹ im Druck; durch Vermittlung des aus Holland emigrierten Literaturagenten Barthold Fles kamen auch eine englische und eine amerikanische Ausgabe heraus.

Die Ausschreibung für den Heine-Preis 1937 sah nunmehr die volle Namensnennung der Einsender vor – offensichtlich ein Reflex auf die Erfahrungen des Vorjahres, das mit einem im antifaschistischen Kampf nicht engagierten Preisträger ein propagandistisch kaum verwertbares Ergebnis erbracht hatte. Das Preisrichterkollegium, das sich diesmal aus Egon Erwin Kisch, Klaus Mann, Ludwig Marcuse, Gustav Regler und Hans Siemsen zusammensetzte, wählte nach einigen Verzögerungen gleich auch den Preisträger für das Folgejahr und kürte aus den wiederum mehr als 80 Einsendungen den Lyriker Henryk Keisch für seinen Gedichtband ›Das Leben kein Traum‹ (Heine-Preis 1937) und die aus Ungarn stammende Schriftstellerin Elisabeth Karr für ihren pazifistischen Roman ›Alles ist ganz umgekehrt‹ (Heine-Preis 1938). Der erst 25jährige Henryk Keisch gehörte zum Kreis der in den vom SDS veranstalteten Schreibkursen herangezogenen Nachwuchsschriftsteller. Seine politische Lyrik entsprach, ebenso wie Karrs Roman, recht genau den Vorstellungen der kommunistischen Schriftstellerfraktion, die im SDS die Fäden zu ziehen suchte. Der für 1939 angekündigte Heine-Preis wurde nicht mehr vergeben.

Nicht alle Literaturpreise des Exils waren aber Gegenstand politisch-ideologischer Instrumentalisierungsversuche. Bei dem 1934 von der Zeitschrift ›Die Sammlung‹ ausgeschriebenen Novellenpreis ging es in erster Linie um die Gewinnung von Autoren, die an die Zeitschrift und im weiteren an den Querido Verlag gebunden werden sollten. Das Preisrichter-Kollegium, bestehend aus Heinrich Mann, Bruno Frank und der Redaktion der Zeitschrift, Klaus Mann und Fritz H. Landshoff, verlieh den ersten Preis dem aus München stammenden Schriftsteller Alexander Moritz Frey, der sich in den zwanziger Jahren als Vertreter des phantastischen Romans einen Namen gemacht hatte.[43] Seine Novelle ›Ein Mädchen mordet‹ wurde ebenso in der ›Sammlung‹ abgedruckt wie das Werk des zweiten Preisträgers Gustav Regler und vier weitere Novellen von Fritz Walter, Günther Anders, Friedrich Oberländer und Hans Sochaczewer.

Auch der erstmals 1934 von der ins Schweizer Exil gegangenen Büchergilde Gutenberg ausgeschriebene Romanwettbewerb entsprang verlegerischen Intentionen. Der Preis wurde 1941, 1942 sowie – unter veränderten Bedingungen – 1944 ausgeschrieben.[44] Ein 1936 von der englischen Literaturagentur Pinker & Son ins Leben gerufener internationaler Roman-Wettbewerb kann nur eingeschränkt als Exilpreis angesehen werden. Der Preis ging an die ungarische Schriftstellerin Jolanda (bzw. Jolán) Földes für ihren

Roman ›Die Straße der fischenden Katze‹, der 1937 im Druck herauskam; ein zusätzlich ausgeschriebener Länderpreis ging 1939 an Bernard von Brentano. An der Entscheidungsfindung beteiligt war der Amsterdamer Verlag Allert de Lange; mittels eines Preisausschreibens wurde Autorenakquisition betrieben. Wissenschaftliche Zwecke verfolgte dagegen ein 1939/40 von der Widener Library der Harvard University ausgeschriebener Wettbewerb, bei dem die beste unveröffentlichte Lebensbeschreibung zum Thema ›Mein Leben in Deutschland vor und nach dem 30. Januar 1933‹ gesucht wurde. Er richtete sich an nicht-professionelle Autoren; die Ergebnisse sollten als Materialsammlung für eine »Untersuchung der gesellschaftlichen und seelischen Wirkungen des Nationalsozialismus auf die deutsche Gesellschaft und das deutsche Volk« dienen.[45] Eine Veröffentlichung der eingesandten Biographien war nicht beabsichtigt. 1944 schrieb die jüdische Emigrantenzeitschrift ›Aufbau‹ in New York einen Preis für die beste Kurzgeschichte aus, in welcher die emigrierten Autoren anläßlich der Feier des »Citizen Day« dokumentieren sollten, wie tief sie »in die amerikanische Lebensauffassung eingedrungen« seien.[46] Ebenfalls einen Kurzgeschichtenwettbewerb veranstaltete die in New York gegründete Kulturvereinigung der deutschsprachigen Emigranten »Die Tribüne«, bei dem unter anderen Hans Marchwitza, Fritz Zorn und Günther Anders ausgezeichnet wurden.[47]

Im Juni 1936 wurde von dem Emigranten Hubertus Prinz zu Löwenstein in den USA die »American Guild for German Cultural Freedom« gegründet, eine Einrichtung, die deutschen exilierten Schriftstellern und Künstlern Arbeitsstipendien in Amerika verschaffen sollte.[48] Nach Beginn der Eroberungskriege Hitlers gewann die Guild für viele Exilanten eine lebensrettende Funktion, indem sie für die Bezahlung von Schiffskarten und Besorgung der notwendigen Papiere sorgte. Es handelte sich um eine Art Doppelinstitution, die neben ihrer Rolle als Hilfsorganisation auch kulturelle Aktivitäten setzte: In New York wurde eine »Deutsche Akademie der Künste und Wissenschaften im Exil« ins Leben gerufen,[49] und 1937 beschloß die Guild die Veranstaltung eines literarischen Preisausschreibens. Der Literaturagent Barthold Fles nahm in ihrem Auftrag Kontakt mit dem amerikanischen Verlag Little,

Brown & Company auf, der bereit war, eine Preissumme von 2500 Dollar für die amerikanischen und kanadischen Rechte zu zahlen. In den folgenden Monaten schlossen sich einige europäische Verlage an, dadurch stieg die Preissumme auf 4520 Dollar. Nach offizieller Darstellung sollte der Preis eine Antwort auf Adolf Hitler sein, der in einer Rede das wahre deutsche Geistesleben für den Nationalsozialismus reklamiert hatte. Das Preisgericht setzte sich zusammen aus Thomas Mann, Lion Feuchtwanger, Bruno Frank, Alfred Neumann und Rudolf Olden. Bis Anfang Oktober 1938 gingen 171 Manuskripte ein, unter ihnen das nicht fertiggestellte Manuskript von Bertolt Brechts Roman ›Die Geschäfte des Herrn Julius Caesar‹, das aber nicht berücksichtigt wurde, weil Brecht im Begleitschreiben die Anonymität nicht gewahrt hatte. Nach verschiedenen Vorauswahlen blieben noch 31 Titel zur Beurteilung, darunter Einsendungen von Oskar Maria Graf, Karl Otten, Robert Neumann, Alexander Moritz Frey, Oskar Baum, Ernst Weiß, Franz Blei, Johannes R. Becher. Unter den zu diesem Zeitpunkt bereits ausgeschiedenen Autoren befanden sich Günther Anders, Hannah Arendt und Paul Zech. Im Mai 1939 wurde der Preis dem bis dahin unbekannten Autor Arnold Bender zugesprochen, für seinen Roman ›Es ist später, als ihr wißt‹, der das Thema Emigration aus einer in Schweden spielenden Liebesgeschichte heraus entwickelte. Der amerikanische Verlag beurteilte aber die Marktchancen negativ und weigerte sich, das Manuskript zu drucken, mit dem bemerkenswerten Argument, daß der Mißerfolg eines preisgekrönten Manuskripts (»also theoretisch des besten Buches der Emigration«) schlimmere Folgen haben würde als das Schweigen. Damit war der Wettbewerb gescheitert, der Preisträger konnte gar nicht erst öffentlich bekanntgegeben werden. Thomas Mann trat von seinen Funktionen in der Guild und deren Akademie zurück, ebenso Bruno Frank, der die Sache aus Protest öffentlich machte. Arnold Benders Buch erschien Jahre später, 1943, im englischen Verlag Collins (unter dem Titel ›The Farm by the Lake‹).

Die Geschichte der im Exil vergebenen Literaturpreise bleibt so überwiegend eine Geschichte enttäuschter Erwartungen – nichts Ungewöhnliches in diesem Feld, ebensowenig ungewöhnlich wie die Versuche, die Preise für verdeckte Zielsetzungen zu instrumentalisieren und sie zur Erweiterung von Einflußsphären zu nutzen. Insofern belegen die Literaturpreise des Exils die Tendenz zur »Normalisierung« des Literaturbetriebs. Dramatischer als sonst waren aber die subjektiven Motive der Teilnehmer an den Wettbewerben: In einer Lebenssituation, die oft genug von materieller Not und unfreiwilligem Verstummen geprägt war, richteten viele von ihnen ihre ganze Hoffnung auf einen Erfolg, der die Tür zu neuen Ufern aufstoßen konnte.

IV. Die Verlagslandschaft des Exils

Die Schaffung neuer Veröffentlichungsmöglichkeiten gewann nach 1933 für die aus Deutschland vertriebenen Autoren existentielle Bedeutung; daß mit den Exilverlagen solche Möglichkeiten tatsächlich entstanden sind, ist zugleich die Voraussetzung für die Herausbildung einer deutschsprachigen Exilliteratur, die ihrem Umfang wie ihrem Rang nach als ein welthistorisch singuläres Phänomen angesehen werden kann. Doch schon die nähere Bestimmung des Begriffs Exilverlag erweist sich als Problem, einschlägige Verzeichnisse nennen hierzu mehr als 800 Verlage, von sehr unterschiedlicher Struktur und Bedeutung.[50] Die Mehrzahl dieser Verlage hat nur ein einziges Mal, oft auch nur in Übersetzung, einen Titel herausgebracht, an dem ein aus Deutschland geflüchteter Autor beteiligt war; nur wenig mehr als 50 Verlage produzierten zehn oder mehr Titel.[51] Von ihren Entstehungsumständen her betrachtet, können als Exilverlage angesprochen werden:

1) Verlage, die zuvor bereits in Deutschland bestanden hatten und nach 1933 in einem Asylland weitergeführt wurden;

2) von Exilanten neugegründete Verlage;

3) Abteilungen von ausländischen Verlagen bzw. Zweigverlage, die eigens für die Publikation deutscher Exilliteratur eingerichtet wurden;

4) bereits bestehende ausländische Verlage, die ihr Programm in nennenswertem Umfang der Exilliteratur geöffnet haben.

Wenn im folgenden entlang dieser Typologie einige der wichtig-

sten Exilverlage vorgestellt werden, so zeigt sich dabei, daß mit den
spezifischen Entstehungsvoraussetzungen auch Vorentscheidungen
über die Art der Verlagsführung und über die Leistungsfähigkeit
dieser Verlage verknüpft waren.

1. Fortführung von Verlagen im Exil

Nach der »Machtergreifung« des Nationalsozialismus setzte zunächst die Verfolgung der politischen Gegner ein; die linksgerichte-
ten Verleger gehörten zu den ersten, die das Land verlassen mußten.
Ein herausragender Vertreter dieser Gruppe war Wieland Herzfelde, der nach Prag ging, um dort seinen Malik-Verlag unter den
Gegebenheiten des Exils fortzuführen.[52] Auf seiner Flucht aus Berlin hatte er privaten Besitz wie auch das Bücherlager zurücklassen
müssen; dennoch gelang ihm noch 1933 ein verlegerischer Neuanfang, mit Monographien wie Rudolf Oldens ›Hitler der Eroberer‹
und mit der von ihm redigierten literarisch-politischen Monatsschrift ›Neue Deutsche Blätter‹, die in einem fingierten ›Faust-Ver-
lag‹ erschienen. Hinter dieser Fiktion und aus den Umständen der
Neuerrichtung des Malik-Verlags heraus werden charakteristische
Hindernisse einer Exilverlagsgründung sichtbar: Herzfelde hatte in
der Tschechoslowakei zwar Asylrecht erhalten, nicht aber die Er-
laubnis zur Gründung eines Verlags.[53] Zum Schein verlegte er den
offiziellen Sitz des Malik-Verlags nach London, wo die rechtlichen
Verhältnisse genau umgekehrt lagen. Von den 20 Titeln, die bei
Malik erschienen, haben Willi Bredels KZ-Roman ›Die Prüfung‹
(1935) und Oskar Maria Grafs ›Der Abgrund‹ (1936) die stärkste
Resonanz erzielt. Charakteristisch für die Exilsituation war auch
das Schicksal der Brecht-Ausgabe: 1934 begonnen, kamen 1938
zwei Bände heraus, die bereits ausgedruckten Bände 3 und 4 fielen
der deutschen Wehrmacht in die Hände. Brecht ließ den Band mit
den ›Svendborger Gedichten‹, die ihm besonders wichtig waren, im
Mai 1939 auf eigene Kosten in Kopenhagen als Vordruck aus den
›Gesammelten Werken, Band IV‹ mit der fingierten Angabe ›Malik-
Verlag, London‹ erscheinen.

Zu den wirkungsvollsten Gegnern des NS-Regimes gehörte Willi

Münzenberg. Er verkörperte einen Verlegertypus eigener Art: In der Weimarer Zeit hatte er mit Unterstützung der Kommunistischen Internationale eine verzweigte, konzernartige Struktur von Medienunternehmen aufgebaut, zu der neben Presseerzeugnissen und Filmgesellschaften auch Buchverlage (Neuer deutscher Verlag) und Buchgemeinschaften (Universum-Bibliothek) gehörten.[54] Der virtuose Organisator der kommunistischen Propaganda (seit 1924 war er Mitglied des Zentralkomitees der KPD) ging nach seiner Flucht aus Deutschland nach dem Reichstagsbrand Ende Februar 1933 nach Paris, um von dort aus den Kampf gegen den deutschen Faschismus aufzunehmen. Er erwarb Namen und Räumlichkeiten eines Verlags, der Éditions du Carrefour, die er – wieder mit finanzieller Unterstützung durch die Komintern – zu einer Basis der Agitation gegen das »Dritte Reich« ausbaute; sein Programm lautete: Aufklärung der Weltöffentlichkeit über Hitler und den Nationalsozialismus. Rund 60 Publikationen erschienen in den Éditions du Carrefour;[55] das spektakulärste Verlagsobjekt war ohne Zweifel das ›Braunbuch über den Reichstagsbrand und Hitlerterror‹, erschienen am 1. August 1933, also noch vor dem Reichstagsbrandprozeß, in welchem die Kommunisten für die Brandstiftung verantwortlich gemacht werden sollten. Die Angaben über die Auflagenhöhe schwanken, realistische Schätzungen[56] nennen, die deutschen und französischen Ausgaben zusammengerechnet, eine Höchstauflage von 25 000, allerdings erschienen Übersetzungen in weiteren 12 Ländern, mit denen möglicherweise eine Gesamtauflage von 70 000 erreicht wurde. Von dem ›Braunbuch‹, das in den Exilländern vielfach in Zeitungen und Zeitschriften auszugsweise abgedruckt wurde, erschienen insgesamt sieben deutsche Ausgaben, auch zwei als Tarnschriften in Dünndruck und im Kleinformat von Reclams Universal-Bibliothek, die mit dem Titelblatt von Goethes ›Hermann und Dorothea‹ und Schillers ›Wallenstein‹ in Deutschland verbreitet wurden.[57] Unter den frontal gegen den Nationalsozialismus gerichteten Propagandabüchern war es sicherlich dasjenige, das am meisten Staub aufgewirbelt hat. Tatsächlich scheint das ›Braunbuch‹ die Weltöffentlichkeit – in London wurde ein aufsehenerregender Gegenprozeß inszeniert – mobilisiert und dazu beigetragen zu haben, daß der vor dem Reichsgericht (neben dem Attentäter van der Lubbe) angeklagte KP-Funktionär Georgi Dimitroff freigesprochen wurde. Anfang Mai 1934 erschien bei Carrefour das ›Braunbuch II. Dimitroff contra Göring‹, und mit Büchern wie ›Naziführer sehen Dich an. 33 Biographien aus dem Dritten Reich (1933, nach Verlagsangaben in acht Sprachen übersetzt), ›Hitler treibt zum Krieg‹ (1934), ›Das braune Netz‹ (1935), ›Spione und Verschwörer in Spanien‹ (1936) oder ›Hitlers motorisierte Stoßarmee‹ (1936) suchte Münzenberg seine erfolgreich begonnene Aufklärungsarbeit – insbesondere über die Kriegsvorbereitungen des »Dritten Reichs« – weiter fortzusetzen. Ein von ihm zusammengestellter Stab von Mitarbeitern (u.a. Otto Katz, Gustav Regler, auch Arthur Koestler und Manès Sperber) war permanent mit dem Sammeln von Material befaßt; die Produktionsweise bei Carrefour unterschied sich damit deutlich von der in anderen Verlagen. Allerdings erschienen bei Carrefour auch wichtige Werke der Exilliteratur, von Bertolt Brecht und Hanns Eisler ›Lieder, Gedichte, Chöre‹ (1934), von Gustav Regler der Saarroman ›Im Kreuzfeuer‹ (1934) oder von Anna Seghers ›Der Weg durch den Februar‹ (1935). Nach seinem Abfall vom stalinistischen Kommunismus und dem dadurch bewirkten Ende der Éditions du Carrefour konzentrierte sich Münzenbergs verlegerische Arbeit 1938/39 auf den bereits 1933/34 gegründeten Straßburger Sebastian Brant Verlag;[58] er gab dort u.a. seine Zeitschrift ›Die Zukunft‹ heraus. 1940 kam Münzenberg unter mysteriösen Umständen auf der Flucht in Frankreich zu Tode.

Der Blick auf das Umfeld der Éditions du Carrefour zeigt, daß in Frankreich hauptsächlich politische Verlage tätig waren. Der nominell produktivste von ihnen waren die Éditions Prométhée, der Verlag der (III.) Kommunistischen Internationale, der 1933–1939 weit mehr als 100 Titel herausbrachte, vor allem Werke von Parteifunktionären und, überwiegend in Broschürenform, dokumentarische Veröffentlichungen etwa zu parteiinternen Vorgängen und Parteibeschlüssen; allein zur »Brüsseler Konferenz« der KPD 1935 sind dort acht Broschüren erschienen. Die Éditions Nouvelles Internationales des »Internationalen Kampfbundes« (ISK) brachten rund 15 Titel zum Thema Deutschland heraus. Paris war definitiv das Zentrum des politischen Exils;[59] bereits bis Ende 1933 waren

30 000 Emigranten – fast die Hälfte der bis dahin aus Deutschland Geflüchteten – nach Frankreich gegangen, davon 7000 bis 10 000 als politische Flüchtlinge. Deshalb auch entstand dort ein »Mikrokosmos« von Organisationen, gesteuert von der Exil-KPD, die seit 1935 ihre Auslandsleitung in Paris unterhielt. Schriftsteller und Publizisten spielten in diesem Geflecht von teils getarnten, teils auch bloß fassadenhaften organisatorischen Initiativen eine nicht unbeträchtliche Rolle.[60]

Völlig anders gelagert als bei den bisher genannten Beispielen war die Situation bei Gottfried Bermann Fischer. Seine in Österreich, Schweden und in den USA betriebenen Unternehmen zählen zu den bedeutendsten Verlagen des Exils,[61] allerdings machten ihn sein langer Verbleib in Deutschland und die Umstände des erst 1936 erfolgten Weggangs zu einer umstrittenen Figur. Die Tatsache, daß er aufgrund einer Vereinbarung mit den NS-Behörden Teile des Verlags S. Fischer transferieren, dabei einen beträchtlichen Teil des Bücherlagers mitnehmen und von Wien aus den deutschen Buchmarkt weiterhin beliefern durfte, erregte Anstoß bei zeitgenössischen Beobachtern.[62] Bis heute ist umstritten, ob seinem Wiener Verlag der Status eines Exilverlags zugesprochen werden kann oder ob es sich um einen »Sezessionsverlag« handelt.[63] Zu bedenken bleibt, daß auch für Bermann Fischer eine Weiterarbeit in Deutschland nicht möglich gewesen wäre; wenn sich die NS-Behörden aufgrund der internationalen Reputation des Verlags bei der Abwicklung des Falles entgegenkommend zeigten, so änderte dies nichts am Zwangscharakter seiner Emigration. Ohnehin blieb Wien nur ein Zwischenspiel: Nach der Annexion Österreichs im März 1938 und dem Totalverlust des Bücherlagers mußte Bermann Fischer ganz von vorne beginnen, diesmal mit finanzieller Unterstützung durch die Verlegerfamilie Bonnier in Stockholm; von 1940 bis 1948 bestand dort sein schwedisches Verlagsbüro. Daß er mit Thomas Mann, als Nobelpreisträger schon vor 1933 das internationale Aushängeschild des Verlags, den Sprecher der deutschsprachigen Emigration als Hausautor hatte und, trotz Widerstrebens, halten konnte, sicherte seinem Verlag nicht nur eine herausgehobene Stellung, sondern auch eine materielle Basis. Darüber hinaus konnte er zu seinem Autorenstamm, zu dem Annette Kolb oder René

Schickele gehörten, im Exil weitere erfolgreiche Schriftsteller wie Franz Werfel und Stefan Zweig hinzugewinnen. Nach Kriegsbeginn verengte sich der Aktionsradius entscheidend; nur teilweise erfolgreich waren – trotz Umorientierung auf englischsprachige Ausgaben – Bermann Fischers seit 1941 unternommene Bemühungen, gemeinsam mit Fritz H. Landshoff mit einer L.B. Fischer Publishing Corporation in den USA Fuß zu fassen. Die Begegnung mit dem amerikanischen Markt blieb jedoch nicht folgenlos, wie überhaupt an Gottfried Bermann Fischer beobachtet werden kann, welche Transformationsprozesse das Exil im verlegerischen Bewußtsein bewirken konnte: Die deutsche Tradition des Kulturverlegertums, in das sich der ausgebildete Chirurg durch Heirat eingelebt hatte, verband sich in seiner Person nun mit einem Unternehmertum amerikanischen Zuschnitts – eine Konstellation, die er nach dem Krieg erfolgreich in die Wiederbegründung des S. Fischer Verlags einbringen konnte. Trotzdem wurde ihm bald klar – und im Konflikt mit Peter Suhrkamp um die Rückgabe des 1936 treuhänderisch überlassenen Verlagsteils spiegelt sich diese Problematik –, daß er sich im Exil den gesellschaftlichen und kulturellen Verhältnissen in Deutschland entfremdet hatte.

2. Von Exilanten neugegründete Verlage

Im Exil waren es vielfach die Schriftsteller selbst, die sich aufgerufen fühlten, einen Verlag zu gründen. Ein anschauliches Beispiel für eine solche Initiative, zugleich auch für die dabei auftretenden Probleme, bieten die Éditions du Phénix.[64] Die Entstehung dieses kleinen Verlags in einem Vorort von Paris ging von Anselm Ruest aus, der mit einem französischen Financier im Oktober 1935 einen Verlag gründete, um dort in der Reihe ›Phoenix-Bücher‹ »Werke nichtgleichgeschalteter Autoren aus allen Gebieten der Literatur, Kunst und Wissenschaft« (Verlagsprospekt) herauszubringen; die deutsche Kultur sollte sich aus dem Vernichtungskrieg, den die Barbarei des Nationalsozialismus gegen sie führte, wie Phönix aus der Asche erheben. Das erste Bändchen war eine von Ruest selbst zusammengestellte Anthologie ›Deutsche und Arier‹; von projektierten 49 Titeln sind offenbar nur 13 erschienen. Unter den Autoren finden sich Vertreter der literarischen nachexpressionistischen Moderne, etwa Rudolf Leonhard (›Die Heimkehr aus dem Exil. Politische Komödie‹) und Mynona (d. i. Salomon Friedländer, mit dem Ruest befreundet war), ebenso wie der Erfolgsschriftsteller Emil Ludwig oder engagierte Publizisten wie Georg Bernhard, Robert Breuer, Berthold Jacob, Alfred Kantorowicz (›In unserem Lager ist Deutschland‹) und weitere Repräsentanten der deutschen Exilszene wie Walter Mehring, Paul Westheim (›Rassenschande. Eine Novelle‹). Von Wolf Franck erschien ein ›Führer durch die deutsche Emigration‹. Die Phönix-Bücher waren als Heftreihe konzipiert und standen in der Bescheidenheit der Ausstattung für ein Konzept, das auf die beschränkten Möglichkeiten solcher Kleinverlagsgründungen zugeschnitten war. Die Reihe konnte abonniert werden, erschien aber sehr unregelmäßig. Unter diesen Umständen konnte die erklärte Absicht Ruests, den exilierten Autoren mit dem Verlag Einkommensmöglichkeiten zu verschaffen, kaum eingelöst werden, zumal die Auflagenhöhe durchschnittlich nur 1500 bis 2000 Exemplare betrug. Die völlig unbefriedigende Ertragslage sowie verlagsinterne Streitigkeiten mit den Teilhabern führten schließlich zur Schließung des Verlags Anfang 1937.

Als kurzlebig erwies sich auch der Verlag Der europäische Merkur, der 1933 in Paris von Paul Roubiczek gemeinsam mit Peter de Mendelssohn ins Leben gerufen und seither geleitet worden war.[65] Er mußte 1935 Konkurs anmelden, hatte bis dahin aber neun Bücher und sechs Broschüren veröffentlicht, darunter Erzählungen von Lion Feuchtwanger oder Ernst Glaesers ›Der letzte Zivilist‹ in einer Auflage von 10 000 Exemplaren. Auch Alfred Neumann und Rudolf Olden zählten zu den Autoren des Verlages; die ›Streitschriften des Europäischen Merkur‹ brachten u. a. von Heinrich Mann »und einem jungen Deutschen« (d. i. P. Roubiczek) ein Gespräch über den ›Sinn dieser Emigration‹. Andere Beispiele für verlegerische Initiativen von Exilschriftstellern, ebenfalls aus Frankreich, sind die Éditions Météore, die Friedrich Alexan gemeinsam mit dem Historiker Georg(e) W. F. Hallgarten übernahm; dort erschien 1935 Alexans Buch ›Mit uns die Sintflut. Fibel der Zeit‹ – ein Hinweis darauf, daß mit einigen dieser Gründungen eine Selbstverlagsidee verknüpft war. Tatsächlich reicht die Reihe von Autoren, die mangels geeigneter Publikationsgelegenheiten einzelne Titel im Selbstverlag herausgebracht haben, von Oskar Maria Graf in den USA bis zu Paul Zech in Südamerika.

In welchem Maße die Rahmenbedingungen für Verlagsgründungen in den einzelnen Fluchtländern differierten, zeigt das Beispiel der Schweiz. Hier konnten nur Unternehmen von eingeschränkter Größe und Bedeutung entstehen, da der einheimische Verlagsbuchhandel die Ansiedlung ernsthafter Konkurrenten zu verhindern wußte; der Fall Gottfried Bermann Fischer ist nur der prominenteste davon.[66] Aufgrund des strengen Verbots politischer Betätigung gab es in der Schweiz kaum aktive politische Exilgruppierungen, aber auch ein literarisches Leben im Zeichen des Exils hat sich – anders als das Theaterleben – dort nur in Ansätzen entfaltet. Die Niederlassung der aus Deutschland vertriebenen Büchergilde Gutenberg in Zürich gehört zu den bemerkenswertesten Vorgängen in diesem Bereich;[67] auch die der KPD nahestehende Universum-Bücherei, ein Ableger von Münzenbergs Neuem Verlag, ist bis 1936 in der Schweiz, in Basel, untergekommen.[68] Der Humanitas-Verlag des aus Wien stammenden Verlegers Simon Menzel agierte eine Zeitlang nicht ohne Erfolg mit Büchern österreichischer Exilautoren wie Alfred Polgar, Friedrich Torberg, Robert Neumann oder Robert Musil (mit den Essays ›Nachlaß zu Lebzeiten‹); mit Werken von Ernst Weiß, Rahel Sanzara, Hermynia zur Mühlen und Alice Berend, dazu Romain Rolland und Karin Michaelis konnte er auf ein insgesamt attraktives Programm verweisen. Eine besondere Spielart des Exilverlags repräsentiert der von Rudolf Roessler geleitete Vita Nova Verlag in Luzern. Es handelte sich um ein Tarnunternehmen: Roessler betätigte sich unter dem Deckmantel des Verlags als Agent (»Hermes«) für Geheimdienste, zunächst den schweizerischen, dann auch für den sowjetischen.[69] Ungeachtet dieser Hintergründe erschienen im Vita Nova Verlag doch auch bemerkenswerte Bücher, etwa die von Walter Benjamin zusammengestellte, unter dem Pseudonym Detlev Holz publizierte Briefsammlung ›Deutsche Menschen‹.

In der zweiten, überseeischen Phase des Exils entstanden zwei Verlagsgründungen, die auf genossenschaftlicher Basis, als Selbsthilfe-Initiativen der Autoren zustande kamen: der Verlag El Libro Libre in Mexiko City und der Aurora Verlag in New York. Die Leitung des am 10. Mai 1942 gegründeten, kommunistisch orientierten Verlags El Libro Libre lag formell bei einem literarischen Beirat, dem u. a. Anna Seghers, Ludwig Renn, Otto Katz (Ps. André Simone), Leo Katz, Bodo Uhse und Egon Erwin Kisch angehörten.[70] Dieses Kuratorium hatte über die Programmplanung, über Annahme oder Ablehnung von Manuskripten zu entscheiden; die kaufmännische Führung der Verlagsgeschäfte lag in den Händen von Walter Janka, das Lektorat bei Paul Mayer, der früher bei Rowohlt als Cheflektor tätig gewesen war. Eine finanzielle Basis für das Unternehmen war im Grunde nicht gegeben, anfänglich konnten weder Gehälter noch Honorare gezahlt werden, die Druckkosten mußten durch Spenden aufgebracht werden. Erst allmählich besserte sich die Lage, nach einiger Zeit wurden sogar bescheidene Gewinne erzielt. Allen Widrigkeiten zum Trotz konnte El Libro Libre in vier Jahren bis 1946 insgesamt 26 Titel herausbringen, die Gesamtauflage wird auf 36 000 deutsch- und 18 000 spanischsprachige Exemplare geschätzt. Damit war er der produktivste aller Exilverlage auf dem amerikanischen Kontinent. Von den 21 deutschsprachigen Titeln sind hervorzuheben Kischs ›Marktplatz der Sensationen‹ (1942), Lion Feuchtwangers über Subskription angebotener Erlebnisbericht ›Unholdes Frankreich‹ (1942) und Anna Seghers' ›Das siebte Kreuz‹ (1942), ferner erschienen Bücher von Theodor Balk, Bruno Frank, Heinrich Mann (›Lidice‹, 1943), Theodor Plievier, Ludwig Renn (›Adel im Untergang‹, 1944) oder Ernst Sommer. Von den fünf spanischsprachigen Büchern erzielte die Dokumentation ›El Libro Negro del Terror Nazi en Europa‹ (1943) einen besonderen Aufmerksamkeitserfolg; das von einem Kollektiv (65 Autoren aus 16 Ländern) unter Leitung André Simones erstellte Buch, dessen Drucklegung vom mexikanischen Präsidenten Camacho unterstützt wurde, konnte in einer Startauflage von 10 000 Exemplaren herausgebracht werden.

Der Aurora Verlag[71] in New York war eine Gründung von elf bekannten Exilautoren, unter ihnen Brecht, Döblin, Feuchtwanger, O. M. Graf und Heinrich Mann[72], die erklärtermaßen der »freien deutschen Literatur« eine Tribüne verschaffen wollte – ›Tribüne‹

lautete auch der ursprünglich in Aussicht genommene Name des Verlags, nach der zuvor gegründeten gleichnamigen Kulturorganisation deutscher Emigranten.[73] Die Geschäftsführung von Aurora lag in den Händen Wieland Herzfeldes, dessen verlegerische Erfahrung und Kontakte zu Autoren gute Voraussetzungen für den Aufbau einer solchen Unternehmung boten. Die – durch die genossenschaftliche Struktur verzögerte – Gründung erfolgte erst im Herbst 1945, zu spät, um der Funktion als Exilverlag nachhaltig entsprechen zu können. Immerhin brachte Aurora, begünstigt durch eine Anschubfinanzierung eines Buchhändlers,[74] in den Jahren 1945–1947 zwölf Titel heraus, darunter Werke von Bertolt Brecht, Ferdinand Bruckner, Alfred Döblin, Oskar Maria Graf, Anna Seghers, Berthold Viertel und Ernst Waldinger. Die Serie wurde von dem inzwischen in der Sowjetisch besetzten Zone (SBZ) errichteten Aufbau Verlag in eine ›Aurora-Reihe‹ übernommen.[75] Absatzerfolge hatte der Verlag bis dahin kaum verzeichnen können; einer von vielen Belegen für das Fehlen eines an Exilliteratur interessierten Publikums in den USA.

3. Angliederung an bestehende ausländische Verlage

Für die Geschichte der Exilliteratur haben die in Amsterdam bei Querido und bei Allert de Lange entstandenen Exilverlage herausragende Bedeutung. Beidemale haben bestehende Verlage die unternehmerische Basis gestellt: Im einen Fall hat der niederländische Verleger Emanuel Querido gemeinsam mit Fritz H. Landshoff unter dem Dach seines Verlages eine Neugründung vorgenommen, im anderen Fall, bei Allert de Lange, kam es zur Angliederung einer Abteilung für deutschsprachige Literatur, die von Walter Landauer geleitet wurde, mit Hermann Kesten in einer überwiegend von Paris aus wahrgenommenen Lektorenfunktion; alle drei hatten zuvor im Gustav Kiepenheuer Verlag in Berlin zusammengearbeitet. Die beiden Stammverleger hatten unterschiedliche Motive für ihr Engagement: Während Emanuel Querido aus sozialistischer Orientierung heraus eine klare Aufgabe in der Unterstützung des antifaschistischen Exils sah, handelte es sich beim konservativ eingestellten Gerard de Lange um eine Mischung aus Solidarität mit den vertriebenen Schriftstellern und geschäftlicher Spekulation. In den Verlagsprogrammen findet dies seinen Niederschlag bei Allert de Lange in der entschiedenen Ablehnung aller zu weit links stehenden Autoren und in der Forcierung von Autoren wie Joseph Roth; de Lange wollte auch jedem Zusammenstoß mit Hitlerdeutschland aus dem Wege gehen. Bei Querido dagegen konnten auch Bücher politisch offensiveren Charakters erscheinen, etwa von Heinrich Mann. Die Tendenz zu einer unterschiedlichen Profilierung ließ es Landshoff und Landauer gelegentlich sinnvoll erscheinen, einander Autoren zuzuschieben, die in das weltanschauliche Spektrum des jeweils anderen Verlages besser hineinpaßten.

Allert de Lange kann als der am besten erforschte Exilverlag gelten; die nach dem Einmarsch in die Niederlande von NS-Behörden beschlagnahmten und lange verloren geglaubten Verlagsmaterialien sind in den 1960er Jahren in Moskau aufgefunden und danach in der DDR ausgewertet worden.[76] Die günstige Quellenlage erlaubt Einblicke in die Tätigkeit eines außerordentlich produktiven Verlags: Zwischen 1933 und 1944 sind insgesamt 93 Werke von 49 Autoren erschienen, sechs von ihnen, darunter Max Brod, Gina Kaus, Hermann Kesten und Joseph Roth, waren mit je fünf Titeln vertreten. Die generöse Art der Verlagsführung, von der vor allem Roth profitiert hatte, wich nach dem Tod Gerard de Langes 1935 unter dem neuen Verlagsleiter Philip van Alfen einer stärker ökonomisch ausgerichteten Geschäftspolitik. Landauer und Kesten konnten die deutsche Abteilung relativ selbständig führen, hatten aber klare Richtlinien einzuhalten und waren in vielen Fragen der niederländischen Verlagsleitung gegenüber berichtspflichtig. Von der Leitung abgelehnt wurde etwa Irmgard Keuns Roman ›Nach Mitternacht‹ mit der Begründung, er sei zu politisch. Standfestigkeit bewies de Lange jedoch, als von Deutschland aus das Ministerium für Volksaufklärung und Propaganda Druck auf ihn auszuüben und ihn von der Veröffentlichung von Exilwerken abzubringen suchte.

Bemerkenswert ist, daß der Verlag Allert de Lange mittels eines Tricks bis in das Jahr 1936 hinein Bücher deutscher Exilautoren in durchaus relevanten Stückzahlen (anfänglich bis zu 2000 Ex-

emplaren) nach Deutschland lieferte. Möglich war dies durch eine
Übereinkunft mit dem Wiener Verlag E. P. Tal, dem der Kommis-
sionsvertrieb ins Deutsche Reich überlassen wurde, wobei eine
Teilauflage der von Tal ausgewählten Titel (es waren im Laufe
der Jahre 1933–1936 insgesamt zehn) in den Niederlanden mit
einem auf E. P. Tal lautenden Impressum hergestellt wurde und –
unter Einhaltung verschiedenster Vorsichtsmaßnahmen – über den
deutschen Zwischenbuchhandel in den Sortimentsbuchhandel ge-
schleust wurde. Es handelte sich um Werke von vorerst nicht oder
nur mit einzelnen Titeln verbotenen Autoren wie Max Brod, Otto
Brod, Gina Kaus, Alfred Neumann, Adrienne Thomas und Christa
Winsloe, politisch unverfängliche Werke, Romanbiographien zumeist, die jedoch von einem Exilverlag niemals in das Deutsche
Reich hätten geliefert werden können. Einzelne Titel wurden übrigens erst nach Durchsicht und Streichungen von seiten Ernst Peter
Tals gesetzt und gedruckt – ein Beleg dafür, welche Bedeutung man
dem Vertrieb in Deutschland beimaß. Wo ganze Nebenhandlungen
hätten gestrichen werden müssen wie bei Georg Hermanns Roman
›Ruths schwere Stunde‹ – da es, so Tal, dem Autor »leider gefallen
⟨habe⟩, an allen möglichen Stellen Bemerkungen pazifistischen Inhalts oder Äußerungen über allgemeine deutsche Zustände anzu-
bringen«[77] –, wurde auf eine Ausgabe verzichtet. Einige Autoren
lehnten solche Korrekturen ab, so auch Hermann Kesten bei seinen
eigenen Büchern: Bei solchen für Deutschland »gereinigten« Fassungen befürchtete er ein geringeres Interesse von ausländischen
Verlagen; ihm war am Verkauf von Übersetzungslizenzen gelegen.[78]
Das von Allert de Lange und E. P. Tal betriebene Deutschlandge-
schäft, das schon seit 1934 unter Devisenbehinderungen litt, büßte
im Laufe der Zeit an Volumen und Bedeutung ein; seit Ende 1935
hatten auch die deutschen Behörden Kenntnis von dem Verfahren;
nach verschiedenen örtlichen Beschlagnahmungen wurde es im
Frühsommer 1936 eingestellt. Für das Exilverlagswesen bleibt es
eine aufschlußreiche Episode.

Als der für die Literaturentwicklung im Exil bedeutsamste
Verlag kann der Querido Verlag angesehen werden und Fritz H.
Landshoff als die eindrucksvollste Verlegerfigur des Exils.[79] Er hat
im Auftrag des niederländischen Verlegers die Autorenakquisition

bereits im Sommer 1933 planmäßig betrieben und auf diese Weise auch ein erstklassiges Programm aufbauen können. Alfred Döblin, Lion Feuchtwanger, Heinrich Mann, Joseph Roth, Gustav Regler oder Ernst Toller waren darin z.T. mit mehreren Büchern vertreten, ebenso wie Leonhard Frank, Irmgard Keun, Arnold Zweig, Emil Ludwig, Vicki Baum, Oskar Maria Graf, Ludwig Marcuse oder Robert Neumann. Einen herausgehobenen Status hatte Klaus Mann, als Herausgeber der Zeitschrift ›Die Sammlung‹, aber auch als Berater Landshoffs. Zwischen 1933 und 1940 erschienen im Querido Verlag von zusammen rund 50 Autoren 122 Titel, davon jeweils 26 in den Jahren 1935 und 1936. Dazu kamen noch 15 Titel der Forum-Bücherei, die gemeinsam mit Allert de Lange und Bermann Fischer, jedoch unter Federführung Landshoffs herausgebracht wurde. Im Bereich der Romanliteratur konkurrierte Querido mit Allert de Lange, brachte aber daneben zahlreiche zeitanalytische Bücher heraus, politische Essays mit klaren Stellungnahmen zu Hitler-Deutschland.

4. Ausländische Verlage, die ihr Programm der Exilliteratur geöffnet haben

Das eindrucksvollste Beispiel für das Engagement eines im Ausland bestehenden Verlages für die Exilliteratur stellt wohl jenes von Emil Oprecht dar.[80] Während die Schweiz als Asylland gegenüber den Hitler-Flüchtlingen eine problematische Haltung einnahm, öffnete Oprecht seine beiden Verlage Helbling & Oprecht und den (1933 gegründeten) Europa-Verlag vorbehaltlos der emigrierten Schriftstellerschaft. Er hatte dabei einigen Druck seitens Schweizer Behörden wie auch aus Deutschland selbst auszuhalten (1937 wurde er aus dem Börsenverein der Deutschen Buchhändler ausgeschlossen, 1938 wurde die Verbreitung aller Oprecht-Bücher in Deutschland verboten und das deutsche Lager konfisziert), ließ sich aber dadurch nicht beirren. Gemeinsam mit seiner Frau Emmie Oprecht sorgte er dafür, daß Buchhandlung und Wohnung in Zürich zu einem Anlaufzentrum für Exilierte wurden. Auch bei der Beschaffung von Aufenthaltserlaubnissen oder Visa war er den Autoren

behilflich. Das Spektrum der von ihm verlegten Exilbücher reichte
von Friedrich Wolfs ›Professor Mamlock‹ (1935) über Hermann
Rauschnings ›Revolution des Nihilismus‹ (1938) und ›Gespräche
mit Hitler‹ (1940) bis zu Georg Kaisers ›Der Soldat Tanaka‹ (1940)
oder Willy Brandts ›Krieg in Norwegen‹ (1942, in der Reihe ›Stimmen bedrängter Völker‹, die über jedes von der deutschen Wehrmacht okkupierte Land einen Band brachte). Zu den Autoren der
Oprecht-Verlage zählten ferner Else Lasker-Schüler (›Das Hebräer-
land‹), Ludwig Renn, Konrad Heiden sowie Heinrich und Thomas
Mann; mit Thomas Mann als Herausgeber brachte Oprecht auch
die Zeitschrift ›Maß und Wert‹ heraus. In seinen beiden Verlagen
erschienen jeweils zwischen 60 und 70 Titel von Emigranten, wobei
der Europa-Verlag ein vergleichsweise politisch akzentuiertes Profil
gewann.

Völlig andere Voraussetzungen für die Einbindung von Exilautoren in die laufende Verlagsproduktion waren in der Sowjetunion
gegeben. Die Tätigkeit der Staats- und Organisationsverlage beruhte auf Planwirtschaft und politischer Steuerung, konsequenter-
weise waren es fast ausschließlich kommunistische und mit dem
Kommunismus bzw. der Sowjetunion sympathisierende Autoren,
die in der Programmplanung berücksichtigt wurden. Zwischen
1933 und 1945 sind in sowjetischen Verlagen 281 Werke exilierter
deutscher Schriftsteller, Wissenschaftler oder Künstler erschienen,
in einer Gesamtauflage von mehr als zwei Millionen Exemplaren.[81]
Diese Büchermengen wurden nahezu ausschließlich in der Sowj-
union selbst verbreitet, sie dienten in erster Linie der Versorgung
deutschsprachiger Minderheiten an Don und Wolga; ein Export
fand kaum statt. Auch zu Honorarüberweisungen kam es nur in
prominenten Ausnahmefällen, etwa bei Lion Feuchtwanger oder
Heinrich Mann; zu einer materiellen Besserstellung der exilierten Autoren haben die sowjetischen Verlage daher nur begrenzt
beigetragen. Auch hat es trotz der hohen Produktionsziffern eine
literarische Exilöffentlichkeit dort kaum gegeben. Ohnehin hatten
in der Sowjetunion – gemessen an der Größe des Landes und seiner
weltpolitischen Stellung – nur wenige Emigranten Zuflucht gefunden. Nicht einmal Parteimitgliedern und -funktionären war die
Einreise erlaubt; einige Schriftsteller erhielten spezielle Einladungen

zu vorübergehendem Aufenthalt, etwa im Rahmen von Schriftstel-
lerkonferenzen. Im Blick auf den stalinistischen Terror konnten
sich allerdings viele glücklich schätzen, nicht nach Moskau gelangt
zu sein.[82]

In den Jahren bis zu den politischen »Säuberungen« war die
Verlagsgenossenschaft ausländischer Arbeiter (Vegaar) der mit Abstand wichtigste Verlag. Deutsche Exilanten waren hier an füh-
render Stelle tätig, Richard Krebs als Leiter des (bereits in den
zwanziger Jahren gegründeten) Gesamtverlags, Erich Wendt und
Otto Bork (eig. Otto Unger) als Leiter der deutschen Sektion. Innerhalb von fünf Jahren brachte die Vegaar mehr als hundert Titel aus
dem Bereich der Exilliteratur heraus, zumeist in hohen Auflagen,
wie Willi Bredels Roman ›Die Prüfung‹, der in einer Auflage von
22 000 Exemplaren erschien; die Durchschnittsauflage bei Exilveröffentlichungen betrug in diesem Verlag 10 000 Exemplare.[83]
Die hohen Auflagen, die nicht unbedingt realistischer Ausdruck
des tatsächlichen Bedarfs waren, wurden allerdings mit schlechter Herstellungsqualität und primitiver Ausstattung erkauft. Das
Programm umfaßte Reportagebücher von Egon Erwin Kisch oder
Theodor Balk ebenso wie politische Analysen wie Hans Günthers
Studie zum Nationalsozialismus, Bücher über Konzentrationsla-
ger und den Widerstand in Deutschland (neben Bredel auch Karl
Billinger und Walter Schönstedt), Zeitromane von Anna Seghers,
Oskar Maria Graf, Gustav Regler oder Adam Scharrer, nicht zuletzt
auch Gedichtbände von Johannes R. Becher und Erich Weinert. In
einer von Ernst Ottwalt (bis 1936) betreuten antifaschistischen
Erzählungsreihe, der ›Vegaar-Bücherei‹, erschienen Texte u. a. von
Wolfgang Langhoff, Anna Seghers und Ernst Ottwalt selbst. Bemerkenswert sind auch die Koproduktionen mit Oprecht in Zürich und
mit Herzfeldes Malik-Verlag, die dem sowjetischen Unternehmen
Teilauflagen, die auf besseres Papier gedruckt waren, zur Verbreitung unter ihrem eigenen Impressum abnahmen. Die Vegaar, die
direkt dem Exekutivkomitee der Komintern unterstellt war, wurde zu einem Hauptschauplatz der »Säuberungen« innerhalb der
deutschen Emigrantengruppe in Moskau; 1938, nach Verhaftung
faktisch des gesamten Führungspersonals, wurde die deutschsprachige Produktion eingestellt. Der Verlag Das internationale Buch

und der Verlag für fremdsprachige Literatur, beide 1938 gegründet, entwickelten in dieser Situation eine Auffangfunktion. Der erstere brachte bis 1942 insgesamt 46 deutschsprachige Bücher heraus, darunter Anna Seghers' ›Die schönsten Sagen des Räubers Woynok‹ und Bertolt Brechts ›Furcht und Elend des Dritten Reiches‹, der letztere publizierte hauptsächlich in den vierziger Jahren 45 Bücher in deutscher Sprache, Erzählungen und Gedichte von Willi Bredel, Erich Weinert, Johannes R. Becher oder Adam Scharrer.

Zusammenfassend läßt sich feststellen: In der ersten, kontinentalen Phase sind in den meisten Ländern, in denen Gruppen der deutschsprachigen Emigration Zuflucht gefunden haben, Exilverlage entstanden. Die Voraussetzungen dafür waren jedoch recht unterschiedlich; als am meisten förderlich erwiesen sich eine entwickelte Buchkultur im Lande selbst und daraus folgende Anbindungsmöglichkeiten an bestehende Unternehmen. Negativ wirkten sich geographische Randlagen und eine ungünstige politische oder geopolitische Situation des Landes aus. Entscheidend wichtig waren auch die konkreten asyl- und gewerberechtlichen sowie die allgemeinen wirtschaftlichen Rahmenbedingungen. Jedenfalls aber korrelieren Zahl und Größe der Exilverlage nicht zwingend mit Stärke und Bedeutung der jeweiligen Exilantengruppe im Land; der Aktionsradius von Verlagen mußte in der Diaspora des Exils grundsätzlich länderüberschreitend angelegt sein. So konnte sich in den Niederlanden ein erstrangiger Verlagsplatz des Exils herausbilden, obwohl sie als Zufluchtsort für Schriftsteller keine herausragende Rolle spielten, während umgekehrt in einem wichtigen Asylland wie England kein Exilverlag von Bedeutung entstanden ist. Frankreich bildet in dieser Hinsicht eine Ausnahme, insofern der zahlenmäßig starken Emigrationsgruppe eine umfangreiche Publikationstätigkeit entsprach – dies gilt aber in erster Linie für politische Literatur, weniger im Bereich des Literaturverlags.[84] Ob und unter welchen Umständen die Werke deutscher exilierter Schriftsteller in das Programm von im Ausland bestehenden Verlagen aufgenommen wurden, beruhte – wie vor allem das Beispiel Oprechts in Zürich zeigt – in letzter Instanz auf der Einstellung und dem Engagement der betreffenden Verlegerpersönlichkeit. Ausnahmetatbestände lagen bei den Verlagen im kommunistischen

Einflußbereich vor, im besonderen in der Sowjetunion; die Verlagsproduktion unterlag hier weniger wirtschaftlichen Zwängen als
politischem Dirigismus.

V. Buchproduktion

Literarisches Leben setzt für seine Entfaltung ein Informationswe-
sen über die Publikationstätigkeit der Verlage voraus. Zunächst
waren es Zeitschriften wie das ›Neue Tage-Buch‹ oder die Zeitschrift ›Das Wort‹, die eine exilbibliographische Funktion übernahmen, indem sie Rubriken einrichteten, in denen fortlaufend über die
»literarische Ausbeute« eines Jahres oder die Neuerscheinungen
eines Monats berichtet wurde. Da der verlegerischen und buchhändlerischen Emigration ein zentrales Organ wie das ›Börsenblatt
für den Deutschen Buchhandel‹ fehlte und gleichzeitig aufgrund der
örtlichen Zersplitterung und Kleinteiligkeit der Buchproduktion
die Lage außerordentlich unübersichtlich war, gewannen solche
Nachrichten über das aktuelle Bücherangebot besondere Bedeutung.[85] Zudem ließen sich solche Zusammenstellungen als eine
Leistungsschau des literarischen Exils politisch-propagandistisch
verwerten. 1935 kamen mit dem ›Almanach für das freie deutsche
Buch‹ des Michael Kacha Verlags in Prag erste Bestrebungen in
Gang, die Exilproduktion systematisch zu erfassen und anzuzeigen. 1938 ist in Paris das Verzeichnis ›Fünf Jahre freies deutsches
Buch‹ erschienen; vom Frühjahr 1938 bis Dezember 1939 kamen
sieben Hefte der Zeitschrift ›Das Buch‹ (›Zeitschrift für die unabhängige deutsche Literatur‹) im Pariser Verlag Editions Nouvelles
Internationales heraus, die sich ebenfalls als eine Bibliographie der
seit 1933 außerhalb Deutschlands erschienenen deutschsprachigen
Literatur verstanden.[86] Mit diesen Initiativen wurde aber nur ein
kleiner Teil der im Exil tatsächlich erschienenen Literatur erfaßt.

Die Buch- und Zeitschriftenproduktion des Exils umfaßt nach
heutigem Kenntnisstand mehr als 15 000 Titel; Bestandsverzeich-
nisse einschlägiger Sammlungen legen eine solche Größenordnung
nahe. Die Exil-Sondersammlung der Deutschen Bücherei in Leipzig

umfaßte 1969 bereits 13 262 Bücher, Broschüren und Zeitschriftenhefte; das Deutsche Exilarchiv der Deutschen Bibliothek in Frankfurt am Main verzeichnete 1988 rund 6900 Bücher und Broschüren – »von Exilierten verfaßte Werke in Erstausgaben, Nachauflagen und Übersetzungen, aber auch von ihnen herausgegebene, übersetzte, illustrierte oder gestaltete Bücher«[87] –; ein zweiter, 2003 erschienener Katalogband verzeichnet, unter Einbeziehung der Bestände der Deutschen Bücherei Leipzig, rund 5500 weitere Nummern.[88] Dazu kommen rund 1000 Zeitschriftentitel. Gegenüber den mehr als 25 000 Neuerscheinungen und Neuauflagen, die allein im Jahr 1938 im »Dritten Reich« erschienen sind,[89] wirken diese Zahlen nicht unbedingt imposant. Eine direkte Gegenüberstellung erscheint allerdings nur unter Berücksichtigung inhaltlicher und qualitativer Kriterien sinnvoll, zumal sich die Buchproduktion des Exils und jene des nationalsozialistischen Deutschland strukturell deutlich voneinander unterschieden. Im Exil haben Kernsegmente des Marktes wie Belletristik überdurchschnittlich hohe Anteile erreicht; zugleich fielen titelstarke Bereiche wie Gebrauchsschrifttum oder Schulbücher weitgehend weg. Eine Betrachtung der Buchproduktion nach Sparten zeigt aber auch, daß im Exil keineswegs nur antifaschistische Literatur und politisch getönte Belletristik produziert worden ist. Es ist Unterhaltungsschrifttum oder Fach- und Sachliteratur verschiedenster Art erschienen, ebenso eine beachtliche Menge an Kinder- und Jugendliteratur[90]. Im Grunde finden sich die meisten Genres wieder, wie sie den regulären Buchmarkt der Zeit vor 1933 bestimmt hatten, wenn auch in recht unterschiedlichen Größenordnungen.[91]

1. Buchgestaltung, Herstellung, Vertrieb

Für die Mehrzahl der Exilverlage war Buchgestaltung zu einem Randthema geworden; zu beschränkt war für sie der materielle Spielraum, als daß sie darauf allzu viel Sorgfalt hätten verwenden können. So tragen viele Exilpublikationen Merkmale der Schlichtheit an sich, oft auch des Notdürftigen. Einige Verlage legten aber doch Wert auf hohe Standards in der Herstellung, für sie war vor allem ein Gedanke bestimmend: Die Ausstattung der Bücher sollte den aus Deutschland gewohnten Ansprüchen genügen und auch in der Konkurrenz mit aus dem »Dritten Reich« stammenden Büchern bestehen können. Der Buchgestaltung war so ein Moment der Selbstbehauptung und des Widerstands eingeschrieben, ein politisches Statement. Die Tatsache, daß nach der nationalsozialistischen »Machtergreifung« viele der besten Buchgestalter und Typographen aus Deutschland emigriert waren und daß einige von ihnen ihre Tätigkeit bei Exilverlagen fortsetzten, stiftete in diesem Bereich eine beachtenswerte Kontinuität.[92] So haben in den Niederlanden Henri Friedlaender und Paul L. Urban für den größten Teil der bei Querido und Allert de Lange erschienenen Exilwerke die Ausstattung besorgt.[93] Ein anderes prominentes Beispiel war Georg Salter, der in den 1920er Jahren Maßstäbe in der Buchästhetik gesetzt hatte und in den USA eine zweite Karriere startete.[94] Bei ihm wie auch bei anderen Vertretern dieser Gruppe trat neben die Vermittlung der aus Deutschland mitgebrachten gestalterischen Auffassungen auch die Bereitschaft zur bewußten Akkomodation an die buchästhetischen Traditionen der Gastländer. Dies gilt auch für Brigitte Bermann Fischer, die Tochter Samuel Fischers, die für den Stockholmer Verlag ihres Mannes Gottfried Bermann Fischer und für die L.B. Fischer Corporation als Buchgestalterin tätig war.[95] Eine herausragende Einzelerscheinung ist John Heartfield, der Bruder Wieland Herzfeldes, der seine seit der Weimarer Zeit bewährte Technik der Bildmontage u.a. bei den ›Braunbüchern‹ zum Reichstagsbrand wirkungsvoll einsetzte. Der künstlerischen Emigration gehörte auch eine bemerkenswerte Anzahl hervorragender Buchillustratoren an, unter ihnen Fritz Eichenberg, Fritz Kredel oder Hans Alexander Müller, so daß auch auf dieser Ausstattungsebene Kontinuitäten entstehen konnten. Im Ganzen tendierte die Buchästhetik des Exils weniger zu progressiven oder gar avantgardistischen Positionen, sondern zu konservativen, an Bewährtes anknüpfenden Konzepten. Diese Entwicklung war auch an Typographen wie Jan Tschichold abzulesen; in den zwanziger Jahren engagierter Verfechter einer demonstrativ modernen »Neuen Typographie«, kehrte er im Schweizer Exil zu »klassischen« Gestaltungsformen zurück.

Drucke für gehobene Ansprüche, ganz vereinzelt auch bibliophile Editionen, hat es bereits in der europäischen Exilphase gegeben, programmatisch wurde dieser Anspruch dann in den USA, mit dem von Kurt Guggenheim und Ernst Gottlieb betriebenen Verlag Pazifische Presse.[96] 1942 in Los Angeles gegründet, brachte sie bis 1948 elf Ausgaben heraus, Werke von Thomas Mann, Franz Werfel, Lion Feuchtwanger, Bruno Frank, Leonhard Frank, Alfred Döblin und Friedrich Torberg. Die beiden Verleger betrachteten es als ihre Aufgabe, neben dem Bemühen um die englische Sprache und die amerikanische Kultur vor allem die eigene »geistige Tradition aufrechtzuerhalten«, und sahen dies als eine »Dankespflicht gegenüber den Autoren an, die ja das Beste und Wertvollste sind, womit wir uns vor unserer neuen Heimat ausweisen können.«[97] Die bei der Plantin Presse in Los Angeles in Auflagen von 150–250, vereinzelt 500 Exemplaren gedruckten »limited editions« waren oft nur über Subskription erhältlich, Teilauflagen wurden in Halbleder gebunden und signiert angeboten, so im Falle von Thomas Manns Erzählungen ›Thamar‹ (1942) und ›Das Gesetz‹ (1944).

Im Bereich der technischen Buchherstellung waren in den einzelnen Asylländern sehr unterschiedliche Voraussetzungen gegeben. Verlage wie Allert de Lange oder Querido in Amsterdam profitierten von der soliden niederländischen Tradition des Buchdrucks, beim Setzen deutschsprachiger Bücher gab es dort keine Schwierigkeiten.[98] Anders war es in Schweden, wo Gottfried Bermann Fischer das Korrekturlesen als eine »Tortur« erlebte, weil die Setzer die deutsche Sprache nicht beherrschten; es habe viele Jahre gedauert, »bis diese teuflischen Fehler aus den schwedischen Ausgaben vollständig eliminiert werden konnten.«[99] In vielen Fällen wurden allerdings die Bücher aus Kostengründen nicht am Verlagsort gedruckt, selbst bei Allert de Lange bediente sich die Exilabteilung seit 1936 der weitaus preisgünstigeren Druckereien in der Tschechoslowakei. Die Auslagerung der Produktion brachte immer wieder erhebliche Transportprobleme mit sich – etwa wenn Gottfried Bermann Fischer vom schwedischen Firmensitz aus eine Ausgabe von Thomas Manns Josephs-Roman auf spanischem Papier in Ungarn drucken und dann in Holland binden und ausliefern ließ. In den unterschiedlichen Papier- und Einbandqualitäten vor allem bei mehrbändig erschienenen Werkausgaben spiegeln sich die Produktionsverhältnisse. Lange Post- und Transportwege verursachten Verzögerungen und Mißverständnisse, Thomas Manns Manuskript zu ›Lotte in Weimar‹ mußte im Herbst 1939 von Princeton »per Clipper« (ein schnelles Schiff) zunächst an einen Schweizer Legationsrat nach Lissabon gesendet werden, von dort – zur Vermeidung eventueller Zensurschwierigkeiten in Frankreich – »par avion und eingeschrieben« über Madrid-Barcelona und Italien nach Bern. Ein Gewährsmann sollte es von dort »express und eingeschrieben« über Deutschland an das Schweizer Konsulat in Stockholm weitersenden; von dort aus würde es dem Verlag sofort übermittelt werden, damit das Manuskript noch in letzter Stunde in Druck gehen könne: »Es geht um Tage und Stunden.«[100] Ebenso riskant wie die Beförderung der Manuskripte, von denen damals häufig nur ein Exemplar existierte, war in vielen Fällen der Transport der fertig ausgedruckten Bücher an den Verlags- oder Lagerort; gelegentlich erfolgte dieser Transport in plombierten Waggons quer durch NS-Deutschland.

Nicht weniger schwierig gestaltete sich auch der Vertrieb der Bücher. Die Verlage standen vor der Aufgabe, ein neues, viele Länder umspannendes Vertriebsnetz aufzubauen, wobei neben ortsansässigen Buchimportfirmen auch von Emigranten gegründete Importbuchhandlungen diese Distributionsnetze nach und nach enger knüpften. So kümmerte sich in Palästina Walter Zadek mit seiner Buchimportfirma Biblion um die Verbreitung der Exilverlagsproduktion; in den USA machten sich ebenfalls Emigranten wie Friedrich Krause oder die aus Fürth stammende Mary S. Rosenberg um die Distribution verdient; die 1939 nach New York emigrierte Buchhändlerin sorgte bis zu ihrem Tod 1992 für die Verbreitung deutschsprachiger Bücher in den USA. Diesen Bemühungen zum Trotz blieb der Vertrieb für das Exilverlagswesen der Engpaß.[101] Die aussichtsreichste Initiative zur Überwindung des Problems wurde 1938 von Allert de Lange (Walter Landauer), Querido (Fritz H. Landshoff) und Gottfried Bermann Fischer ergriffen, die eine gemeinsame Vertriebsgesellschaft, die »Zentralauslieferung« errichteten. Sie war im Verlag Allert de Lange angesiedelt und sollte für alle drei Verlage den Verkauf leiten, den Vorrat in der

Höhe eines Jahresverkaufs lagern, verpacken und versenden, mit getrennten Konten die Verrechnung durchführen, auch kassieren und mahnen, Zoll- und Clearingfragen erledigen (d.h. die Währungsumrechnungs- und Devisenprobleme bearbeiten), den Prospektversand durchführen und für Bermann Fischer in Stockholm auch die Bindeaufträge in Holland weiterleiten.[102] Die Idee einer Zentralisierung und Kostensenkung, auch einer Effektivierung des Vertriebs und damit einer besseren Erschließung der Märkte, war ohne Zweifel zielführend, allerdings mußte die Zentralauslieferung bereits nach wenigen Monaten, mit Beginn des Weltkriegs und der Besetzung der Niederlande, ihre Tätigkeit wieder aufgeben.

Für das Exilverlagswesen bedeuteten die Jahre 1938–1940 eine entscheidende Zäsur: Zunächst gingen durch die Annexion Österreichs und die Besetzung großer Teile der Tschechoslowakei wichtige Absatzgebiete verloren; die in diesen Ländern entstandenen Exilverlage wurden Opfer der Expansionspolitik des »Dritten Reichs«. Seit 1939 führten die Gebietseroberungen der deutschen Wehrmacht dazu, daß in rascher Folge die Niederlande, Belgien, Frankreich, auch Dänemark und Norwegen als Asylländer und auch als Absatzgebiete wegfielen. In diesem Zusammenhang von Interesse ist eine Aufschlüsselung der Absatzwege nach Ländern, wie sie die archivalischen Quellen zum Allert de Lange Verlag und die Auskünfte Fritz H. Landshoffs über den Querido Verlag ermöglichen: Daraus geht übereinstimmend hervor, daß in der Zeit vor 1939/40 die meisten Bücher nicht etwa in Zentren des deutschsprachigen Exils (Frankreich, England) verkauft wurden, sondern in Österreich, der Schweiz, den Niederlanden und der ČSR sowie in osteuropäischen Ländern wie Polen und Rumänien, in denen deutschsprachige Volksgruppen lebten.

Unter den Bedingungen des Exils war schon aufgrund politischer Unwägbarkeiten ein erhöhtes verlegerisches Risiko gegeben, Kalkulation bzw. Auflagenbemessung waren schwieriger als sonst. Der Bekanntheitsgrad, den manche Autoren in der Weimarer Republik erworben hatten, zählte oft nicht mehr: Von Siegfried Kracauers Buch ›Jacques Offenbach und das Paris seiner Zeit‹ konnten im ersten Halbjahr 1937 immerhin 1111 Exemplare verkauft werden, trotz eines ausgesprochen positiven Echos in der literarischen

Öffentlichkeit sank der Absatz im folgenden Halbjahr auf 61 und im gesamten darauffolgenden Jahr 1938 auf 75 Exemplare ab.[103] Jedoch kannte der Buchmarkt im Exil auch Bestsellererfolge, und er kannte auch das sichere Geschäft; von Werken Lion Feuchtwangers, Thomas Manns oder Franz Werfels wurden mit einiger Regelmäßigkeit 10000–20000 Exemplare abgesetzt. Die Durchschnittsauflage wurde damals mit 2000 Exemplaren berechnet,[104] bei den größeren Verlagen wie Querido und Allert de Lange lag die Startauflage zumeist bei 3000 bis 3500 Exemplaren – von denen allerdings in den meisten Fällen nur zwei Drittel verkauft werden konnten.

Ungeachtet der widrigen Verhältnisse gab es damals auch Innovationen im Bereich des Buchmarketings. Ein Beispiel dafür liefert die »Forum Bücherei«, die wie die »Zentralauslieferung« ein Gemeinschaftsunternehmen der drei großen Verlage Allert de Lange, Querido und Bermann Fischer war[105] und die in ihrem Gesamtkonzept[106] den Typus des modernen Taschenbuchs vorweggenommen hat, wie er nach dem Zweiten Weltkrieg in Deutschland von Rowohlt und erneut von Bermann Fischer im wiedererrichteten S. Fischer Verlag erfolgreich eingeführt worden ist.[107] In der »Forum Bücherei«, deren Programmlinie von einem beratenden Komitee – bestehend aus Thomas Mann, René Schickele, Franz Werfel und Stefan Zweig – mitbestimmt wurde, erschienen seit Sommer 1938 Ausgaben von Werken, die sich bereits früher als marktgängig erwiesen hatten und auch unter Exilumständen auf guten Absatz hoffen durften: Annette Kolbs ›Das Exemplar‹, Vicki Baums ›Helene Willfüer‹, Franz Werfels ›Die Vierzig Tage des Musa Dagh‹, Erzählungen Thomas Manns, Stefan Zweigs ›Maria Stuart‹ und ›Marie Antoinette‹, Emil Ludwigs ›Napoleon‹, aber auch ›Die schönsten Erzählungen Deutscher Romantiker‹ oder Heinrich Heines ›Meisterwerke in Vers und Prosa‹.

Die überseeische Exilphase erforderte von den in die USA emigrierten deutschen Verlegern eine radikale Umstellung auf ein anderes System des Buchhandels und auch eine andere Buchkultur. Während der Umgang mit den Druckereien problemlos war, weil es dort (nicht selten deutschstämmige) Produktionsberater gab, die dem Verleger alle Herstellungsprobleme abnahmen, war der Vertrieb

deutlich anders organisiert als gewohnt. Nicht nur fehlte das aus
Deutschland gewohnte dichte Netz an unabhängigen Sortiments-
buchhandlungen; damals schon waren es einige wenige Grossisten
und deren Reisende, die eine enorme Marktmacht entwickelten
und mit dem Einkauf der Bücher über das Schicksal der Verlagsneu-
gründungen entschieden.[108] Auch mußten fast alle Titel mit Remis-
sionsrecht geliefert werden. Aber auch in anderen Ländern, ob in
England oder Frankreich, erst recht in Palästina oder Südamerika,
waren die Strukturen des Buchhandels ungewohnt und für die
Exilverlage wenig vorteilhaft. Zu unübersichtlich waren auch die
Markt- und Publikumsverhältnisse, als daß man größere Summen
in Buchwerbung hätte investieren können. Trotzdem wurde an der
Herausgabe von Verlagskatalogen und Verlagsalmanachen oder an
der Erstellung von Sonderprospekten festgehalten.

Die meisten Exilverlage setzten auch die aus Deutschland gewohnte Praxis fort, für jeden Titel mehrere Ausstattungs- und
Preisvarianten anzubieten, also broschierte, kartonierte und fest
gebundene Ausgaben mit einer entsprechenden Staffelung der Verkaufspreise. Dem gebundenen Buch galt traditionell die größte
Aufmerksamkeit. Erst allmählich bildete sich ein Bewußtsein davon, daß in den Asylländern vielfach eine andersgeartete Buchkultur angetroffen wurde, die nicht völlig ignoriert werden konnte.
In Frankreich, wo das Publikum traditionell dem preisgünstigen
broschierten Buch den Vorzug gab, konnte das drei- bis viermal so
teure Hardcover nicht auf Dauer reüssieren; eine Anpassung an die
Marktgegebenheiten war unumgänglich. Dazu kam die Konkurrenz der aus Deutschland ausgeführten Bücher, die aufgrund der
1935 von der deutschen Regierung eingerichteten Exportstützung
im Ausland stark verbilligt, nämlich mit einem Abschlag von 25 %
vom Verkaufspreis angeboten wurden.[109] Dieses »nationalsozialistische Bücherdumping«, das zunächst aus devisenwirtschaftlichen
Erwägungen und vorrangig für den Bereich der wissenschaftlichen
Literatur eingeführt worden war, von Goebbels jedoch auch unter
propagandistischen Gesichtspunkten verfochten wurde, ist von
Wieland Herzfelde als gezielte Attacke gegen die Verlage des Exils
interpretiert worden.[110] Tatsächlich konnte das Exilbuch im Preis-
wettbewerb mit dem reichsdeutschen Buch nicht ohne weiteres

bestehen; gerade auf einem wichtigen Markt wie Österreich oder in Ländern mit deutschstämmigen Bevölkerungsanteilen wie z.B. der Tschechoslowakei oder Rumänien.

Herzfelde war es auch, der sich schon 1937 mit der Problematik auseinandersetzte, daß einem theoretisch riesigen Markt in der Realität sehr bescheidene Absatzziffern gegenüberstanden.[111] Die deutschsprachige Emigration nach 1933 umfaßte mehr als eine halbe Million Menschen, sie stellte aber, allein schon aufgrund ihrer geringen Kaufkraft, nicht die entscheidende Zielgruppe dar. Den gesamten potentiellen Abnehmerkreis, nämlich alle deutschsprechenden Menschen außerhalb des »Dritten Reiches«, hat Herzfelde mit 30–40 Millionen angesetzt, aber es war ihm bewußt, daß es sich um eine rein rechnerische Größe handelte. Mit Kriegsbeginn brach dann der europäische Absatzmarkt zur Gänze zusammen, ohne daß dafür in Übersee Ersatz geschaffen werden konnte, zumal in den USA und auch in Südamerika große Teile der deutschstämmigen Volksgruppen stärker mit Hitler-Deutschland als mit der Emigration sympathisierten.

2. Autor-Verleger-Beziehungen im Zeichen des Exils

Mit der Flucht aus Deutschland endeten in vielen Fällen die zum Teil über Jahrzehnte gewachsenen Bindungen von Autoren an ihre Verlage; neue Beziehungen mußten gefunden und aufgebaut werden. Selbst dort, wo sich Schriftsteller und Verleger in der Vertreibung wiederfanden, konnte die Zusammenarbeit kaum jemals bruchlos weitergeführt werden. Die spezifischen Wirkungen des Exils drücken sich markant im Wandel des Verhältnisses zwischen Autoren und Verlegern aus, negativ und positiv, in psychologischer wie auch in ökonomischer Hinsicht.

Schwierig war zunächst schon die Beurteilung der Lage: Würde das NS-Regime ein Intermezzo bleiben, und würde es bald wieder möglich sein, in Deutschland zu publizieren? Für diesen letzteren Fall mußte für Autoren die vorschnelle Trennung von den Verlagen in Deutschland unklug erscheinen. Auch war die Verbotspraxis des Regimes in den ersten Monaten und Jahren eine unübersichtliche, und oft nur auf einzelne Titel, nicht auf das Gesamtwerk eines Autors bezogen. Die vage Chance, vielleicht doch auf dem deutschen Buchmarkt präsent bleiben zu können, ließ manchen Autor eine abwartende Haltung einnehmen, ging es doch auch um die – gewiß häufig überschätzte – Chance einer geistigen Einwirkungsmöglichkeit auf das Publikum. Mit fortschreitender Festigung des NS-Systems wurde der Zwang zur Neuorientierung jedoch unabweislich. Die faktischen Schwierigkeiten einer Lösung aus alten Verlagsbindungen lassen sich am Beispiel von Stefan Zweig nachvollziehen. Zweig, in den 1930er Jahren der meistübersetzte deutschsprachige Schriftsteller, war seit 1906, seit den Anfängen seiner literarischen Karriere, Autor des Insel Verlags; er war mit dessen Inhaber Anton Kippenberg befreundet und hatte als literarischer Berater dazu beigetragen, das Profil des Insel Verlags zu entwickeln.[112] Noch bevor er 1934, aus einem Gefühl der Gefährdung und des Unbehagens heraus, von Salzburg ins Exil nach London ging, mußte er sich mit der Frage auseinandersetzen, wie er es mit seiner bisher so engen Verlagsverbindung halten wollte. Wenn er zunächst geneigt war, Kippenberg so lange wie nur möglich die Treue zu halten, so schien bereits im Spätherbst 1933 der Bruch mit der Insel kaum noch vermeidbar.[113] Auslösendes Moment war der Skandal um die von Klaus Mann beim Amsterdamer Querido Verlag herausgegebene Zeitschrift ›Die Sammlung‹. Einige Autoren, die ihre Mitarbeit zugesagt hatten – unter ihnen Thomas Mann, René Schickele, Robert Musil und Stefan Zweig –, wurden von ihren Verlegern Bermann Fischer, Rowohlt und Kippenberg gezwungen, sich von der Exilzeitschrift öffentlich zu distanzieren, um auf diese Weise die noch vorhandenen Verbreitungsmöglichkeiten ihrer Werke zu wahren.[114] Als diese Distanzierungsschreiben im ›Börsenblatt für den Deutschen Buchhandel‹ veröffentlicht wurden, sahen sich die Autoren vor der gesamten Emigration kompromittiert. Stefan Zweig, von seinem Freund Joseph Roth gedrängt, erklärte nun in einer an die Weltpresse gegebenen Stellungnahme seinen Bruch mit Kippenberg und der Insel. In einem Brief an Roth wies er darauf hin, daß es bei einer solchen Entscheidung auch wirtschaftliche Aspekte zu bedenken gebe: Mindestens bis 1933 sei sein Gesamtwerk für den Verlag »ein ganz großes Vermögensobjekt« gewesen; wie es nun darum stehe und wie weiter zu verfahren sei, müsse erst geklärt werden: »Ihr, die Ihr, junge Leute, nur ein Gastspiel von 3–5 Jahren in der deutschen Verlagswelt gehabt habt und mit Eurem Verlag übersiedeln konntet, habt eben keine Ahnung, daß für Thomas Mann und für mich Bindungen bestehen, die nicht über Nacht zu lösen waren (Fischer verlangt z. B. für die Freigabe Jacob Wassermanns 200 000 Mark, nur damit Ihr eine Idee habt, wie die Dinge eben durch dreißig Jahre Bindung mit der verfluchten Materie verbunden sind).«[115] Die Trennung Zweigs vom Insel Verlag erfolgte dann ohne größere juristische Schwierigkeiten, allerdings sah der Schriftsteller mit diesem Schritt sein Lebenswerk zerrissen.

In der Tat war die Situation der exilierten Autoren in der Anfangszeit von ungelösten Fragen und allgemeiner Rechtsunsicherheit geprägt: Waren die Verträge mit den Verlagen in Deutschland hinfällig geworden, oder bestanden sie fort, mindestens bis konkrete Vereinbarungen darüber getroffen waren? Es scheint jedoch rasch ein allgemeiner Konsens entstanden zu sein, wonach Autoren, deren Bücher in Deutschland nicht mehr verbreitet werden durften, wieder über die Rechte an ihren Werken verfügen konnten. Verlage verlieren ja die von ihnen erworbenen Verlagsrechte, wenn sie – aus welchen Gründen auch immer – nicht in der Lage sind, ihren in den Verträgen verankerten Publikations- und Werkpflegeverpflichtungen nachzukommen. Die deutschen Verlage hüteten sich ihrerseits, im Reich verfemte Schriftsteller öffentlich oder juristisch für sich zu reklamieren. Ebenso konnten die exilierten Autoren kein Interesse daran haben, mit Verlegern weiterzuarbeiten, die offenkundig bereit waren, sich mit dem Nationalsozialismus zu arrangieren. Stefan Zweig, in dieser Hinsicht empfindlich geworden, übertrug seine im Exil geschriebenen Werke zunächst dem kleinen, in Wien ansässigen Verlag Herbert Reichner mit der demonstrativen Begründung: »Wenn ich Reichner wähle, so ist es, weil *ich* dort die Bedingungen stellen kann, vor allem die, daß nie bei ihm ein Buch erscheint, das auch im entferntesten mißgedeutet werden könnte.«[116] Als Reichner nach der Annexion Österreichs 1938 ebenfalls flüchten mußte, entzog ihm Zweig mit gerichtlicher Hilfe die Rechte wieder, um sich nun dem Verlag von Gottfried Bermann Fischer anzuschließen – die Verbreitungsmöglichkeiten für sein literarisches Œuvre zu sichern

war ihm (wie den meisten anderen Autoren im Exil) ein vorrangiges
Anliegen.

Der Zweifel der Autoren, ob ihre Verleger unter den Bedingungen des Exils noch in angemessener Weise für den Absatz ihrer Bücher sorgen konnten, führte im Exil immer wieder zu Spannungen.
Das prominenteste Beispiel dafür stellt Thomas Mann dar, der an
seinem deutschen Stammverlag S. Fischer lange festhielt und sich
zur Aufrechterhaltung dieser Verbindung mit politischen Bekundungen zurückhielt, ja sogar bereit war, von der Zeitschrift seines
Sohnes abzurücken. In seiner erst im Februar 1936 gefallenen
Entscheidung, sich definitiv und öffentlich mit der Emigration zu
solidarisieren, spielte das Verhältnis zu seinem (inzwischen emigrierten) Verleger Gottfried Bermann Fischer eine Schlüsselrolle.
Nach dem Streit um die ›Sammlung‹ war Mann auch in den Exil-
skandal verwickelt, den der Exilpublizist Leopold Schwarzschild mit
einer Attacke auf Bermann Fischer entfacht hatte, indem er diesem
in einem Artikel im ›Neuen Tage-Buch‹ unterstellte, in Wien mit
Unterstützung Goebbels' einen »getarnten Exilverlag« gegründet
zu haben.[117] Eine Gegendarstellung Thomas Manns zugunsten des
Verlegers nahm Schwarzschild zum Anlaß, den Dichter selbst zu
einer klaren Stellungnahme aufzufordern; diese erfolgte allerdings
erst aus Empörung über die anschließende Attacke des schweizerischen Kritikers Eduard Korrodi auf die von ihm als vorwiegend
jüdisch charakterisierte Exilliteratur. Der Autor und sein Verleger –
diese Einsicht ist aus der Beobachtung solcher kritischen Situationen heraus zu gewinnen – bildeten im Exil zwar eine Schicksalsgemeinschaft, innerhalb dieser Schicksalsgemeinschaft waren aber
die unterschiedlichen Interessenlagen nicht aufgehoben. Denn als
Bermann Fischer im März 1938 aus Wien fliehen mußte, nachdem
er dort zwei Jahre lang seine Geschäfte als Verleger mit gutem Erfolg betrieben hatte, sah sich Thomas Mann in seinem bereits seit
längerem gehegten Mißtrauen gegenüber der politischen Weitsicht
seines Verlegers bestätigt. Da weder Buchlager noch Geschäfts-
unterlagen gerettet werden konnten, zweifelte Thomas Mann am
Sinn eines weiteren Versuchs und riet Bermann Fischer ab, in die
USA zu kommen, um dort einen neuen Verlag aufzubauen. Die
Korrespondenz aus diesen Monaten läßt erkennen, wie in die-

ser zugespitzten Lage das latent Problematische dieser Beziehung aufgebrochen ist.[118] Mann scheute sich nicht, Bermann Fischer die Rückkehr in den Chirurgenberuf nahezulegen, und kündigte ihm – nach Vorrechnung der Streitfälle sowie der Nachteile, die er schon seit Jahren habe in Kauf nehmen müssen – die Fortsetzung der bisher bewiesenen Solidarität auf. Bermann Fischer gelang es allerdings noch einmal, den berühmten Autor, das Zugpferd seines Unternehmens, zum Einlenken zu bewegen, doch hinterließ die Auseinandersetzung zweifellos Spuren.

Eine für die Exilgemeinschaft von Autoren und Verlegern vergleichsweise glückliche Konstellation war dagegen in Amsterdam entstanden, wo in den Verlagen Querido und Allert de Lange mit Fritz H. Landshoff, Walter Landauer und Hermann Kesten die frühere Mannschaft des Gustav Kiepenheuer Verlags tätig wurde, die in zahlreichen Fällen an die Autorenbeziehungen aus der Berliner Zeit anschließen konnte. Eine vertrauensvolle Grundkonstellation war das Kennzeichen vor allem der von Landshoff fürsorglich gepflegten Verbindungen. Spannungen entstanden hier vor allem durch die fortschreitenden Veränderungen in den ökonomischen und produktionstechnischen Rahmenbedingungen – Veränderungen, die in den Verlagen naturgemäß rascher begriffen wurden als auf Autorenseite. Während Landshoff sehr rasch feststellte, daß auch bei prominenten Autoren die Verkaufsziffern nicht annähernd an die aus Deutschland gewohnten heranreichten, orientierten sich die Absatz- und Honorarerwartungen der Schriftsteller lange Zeit an dem vor 1933 erreichten Niveau. Erst allmählich konnten Autoren – auch routinierte Schriftsteller der ersten Reihe wie Heinrich Mann – überzeugt werden, daß eine lineare Fortschreibung der bisherigen Vertragsbedingungen nicht möglich war.[119] Dabei akzeptierten die Verleger nach Möglichkeit auch eine Sorgepflicht gegenüber den Autoren; um dieser Pflicht nachzukommen, wurde z. B. in den Amsterdamer Exilgründungen nicht selten die Finanzkraft der Stammverlage Querido und Allert de Lange in Anspruch genommen. Immer öfter schien es aber notwendig, über die aktuelle Marktlage aufzuklären; letztlich entwickelten auch die jährlichen oder halbjährlichen Honorarabrechnungen eine immer deutlichere Sprache.[120]

Aufgrund der diffusen Marktsituation übten die Verleger eine wichtige Beratungsfunktion in berufspraktischen Fragen aus. Nicht weniger wichtig war die Rolle, die sie im Bereich einer psychologischen Betreuung gewannen: Infolge der Vereinzelung und Entwurzelung war bei den Autoren das Bedürfnis nach verlegerischer Zuwendung gestiegen, gleichzeitig hatten unter dem Druck des Exils auch Gereiztheit und Ungeduld zugenommen. Nur wenige – und auch diese erst allmählich – entwickelten die Fähigkeit zur analytischen Erfassung der Situation und die Bereitschaft zur Anpassung ihres Lebensstils an die neuen Gegebenheiten. Joseph Roth zum Beispiel, dessen Honoraransprüche von seinen Freunden Landshoff und Landauer auch durch ein Hin- und Herschieben zwischen Allert de Lange und Querido nicht mehr zu befriedigen waren, landete schließlich bei dem Verlag De Gemeenschaap, und auch hier drohten die an Roth geleisteten Vorschußzahlungen das Unternehmen zu ruinieren.[121]

Als Berater in Verlagsfragen fungierten übrigens auch einzelne, in Geschäftsdingen besonders beschlagene Schriftsteller. Lion Feuchtwanger etwa kümmerte sich in kollegialer Weise um Arnold Zweig, der von Haifa aus die Verlagschancen in den westlichen Exilländern kaum zutreffend einschätzen konnte.[122] Feuchtwanger gehörte zu den wenigen Autoren, die im Exil keine finanziellen Schwierigkeiten hatten und bei denen sich der Umgang mit Verlegern weitgehend unproblematisch gestaltete. Dies gilt sowohl für seine Beziehung zu Landshoff bei Querido wie auch für jene zu den englischen und amerikanischen Verlegern, die seine Werke in Übersetzungen herausbrachten; vor allem mit dem New Yorker Verleger Ben Huebsch verband Feuchtwanger eine vertrauensvolle Freundschaft. Professionell gestaltete sich auch die Zusammenarbeit zwischen Franz Werfel – auch er ein Erfolgsautor des Exils, vor allem mit dem ›Lied von Bernadette‹ – und Gottfried Bermann Fischer: Werfel, der sich erst 1938 dessen Verlag anschloß, legte in seinem Briefverkehr mit dem Verleger den Akzent auf eine sachlich gehaltene Regelung aller Fragen, über die Fertigstellung von Manuskripten ebenso wie über Fragen der Herstellung oder der Lizenzvergabe an ausländische Verlage.[123] In der Tendenz sachlich gehalten sind auch die Briefe Alfred Döblins an Bermann Fischer; dagegen spiegelt sich in der Korrespondenz mit Carl Zuckmayer ein sehr viel persönlicheres Verhältnis, auch wenn die jeweils unterschiedlichen Interessen nicht unter den Teppich gekehrt wurden.[124]

Freundschaftlicher Umgang, kombiniert mit produktiv-anregender Verständigung über literarische Fragen war auch unter den vielfältig belasteten Autor-Verleger-Beziehungen des Exils möglich. Exemplarisch wird dies sichtbar in dem zwischen Anna Seghers und Wieland Herzfelde unterhaltenen Kontakt in den letzten Jahren des Exils; die zwischen Mexiko und New York gewechselten Briefe dokumentieren eine Übereinstimmung, die sich in hohem Maße auf dem gemeinsamen Interesse an reflektierter Arbeit am Text gründete.[125] Der Verleger entwickelte hier eine Ratgeberfunktion, die auch Kritik mit einschloß; wie das Schreiben erschien auch die verlegerische Arbeit als ein Mittel zur Überwindung der kulturellen Isolation in der Fremde. In anderer Weise bemerkenswert war das Engagement, das Kurt Wolff nach Gründung seines New Yorker Pantheon Verlags für Hermann Broch entwickelte, um dessen Roman ›Tod des Vergil‹ herauszubringen.[126]

Neben dem Verleger gewann damals auch die Figur des Literaturagenten an Bedeutung, wenn es darum ging, jenen Autoren hilfreich zur Seite zu stehen, die ihre Werke auf ihnen fremden, entfernten Buchmärkten zu plazieren suchten. Hieraus entstand ein bis in die Gegenwart herauf beobachtbarer Wirkungsaspekt des literarischen Exils: Die Arbeit der Agenten wirkte nicht nur versachlichend auf die Beziehungen zwischen Autor und Verleger ein, sondern brachte auch strukturelle Wandlungsprozesse im Verlagsgeschäft in Gang; sie hat so merklich zur fortschreitenden Internationalisierung des Marktes und zur Intensivierung der globalen literarischen Austauschbeziehungen nach 1945 beigetragen. In dem sich rasch ausbreitenden Metier nahm zunächst der aus den Niederlanden stammende Barthold Fles eine prägnante Position ein, besonders als Vermittler zum amerikanischen Buchmarkt,[127] doch auch aus dem Kreis der deutschen und österreichischen literarischen Emigration rekrutierten sich immer mehr Vertreter des Agentenberufs.[128] Sie suchten in erster Linie die Veröffentlichungs- und Aufführungsrechte von deutschsprachigen Werken auf dem amerikanischen Markt unterzubringen, nahmen umgekehrt dieselbe Aufgabe aber

auch für amerikanische Werke in den deutschsprachigen Ländern
Europas wahr. Zu den agilsten Repräsentanten dieser Gruppe zählte etwa der aus Wien stammende Franz Horch, der nach seiner
Ankunft in New York 1938 damit begann, Werkrechte von im
amerikanischen Exil lebenden deutschen Autoren vorzugsweise
nach Holland, Skandinavien oder in die Schweiz zu vermitteln, von
Thomas Mann, Franz Werfel, Leonhard Frank, Lion Feuchtwanger,
und Klaus Mann; er vertrat aber in Europa auch amerikanische Autoren wie Upton Sinclair oder John Dos Passos. Anders als Horch
war George Marton bereits in diesem Metier tätig gewesen, als
er ebenfalls 1938 aus Österreich vertrieben wurde. In den letzten
Wochen vor seiner Abreise war sein Büro zu einem Treffpunkt von
aus Deutschland emigrierten Autoren geworden, und auch in Paris,
wohin er zunächst geflüchtet war, war er bemüht, »für die Werke
der Schriftsteller, die zu seinem ›Klub der Vertriebenen‹ gehörten,
in Paris, London und Hollywood Abnehmer zu finden«.[129] Nach
Kriegsbeginn ging Marton zunächst nach New York, dann nach
Hollywood, wo er Heinrich Mann, Werfel, Brecht, Torberg, auch
Vicki Baum und Gina Kaus zu seinen Schützlingen zählte. Seit 1943
betrieb Friederike Maria Zweig, die seit 1938 geschiedene Frau
Stefan Zweigs, in den Vereinigten Staaten ein »Writers Service Center«, das allerdings mehr sein sollte als eine Agentur, nämlich eine
»Fortsetzung der mit Stefan Zweig jahrelang geleisteten Hilfsarbeit
für Rat und Hilfe suchende Kameraden« im Exil, eine Einrichtung,
um exilierten Autoren eine Fortsetzung ihrer Laufbahn zu ermöglichen und ihnen die Umstellung auf amerikanische Marktverhält-
nisse zu erleichtern.[130] Lothar Mohrenwitz, früherer Verlagsleiter
bei Kurt Wolff, war nach seiner Emigration seit 1934 in London
als Literarischer Agent für deutsche Buchrechte tätig; später hat
er seine Agentur Mohrbooks nach Zürich verlegt. Der aus Berlin
stammende Robert Lantz hat erst nach 1945 seine Tätigkeit als
Literaturagent aufgenommen (zu seinen ersten Klienten zählten
Remarque, später auch Fritz Hochwälder oder Hans Habe, von
amerikanischer Seite Carson McCullers), ebenso wie Ruth Liepman, die zusammen mit Mohrbooks und anderen Neugründungen
Zürich zum europäischen Zentrum des Handels mit Lizenzrechten
gemacht hat.[131] Offensichtlich eigneten sich die Emigranten, auf-

grund ihrer spezifischen Sprach- und Marktkenntnisse, aber auch ihrer Stellung zwischen der »alten« und der »neuen« Welt, in besonderer Weise für die Übernahme solcher Mittlerdienste; der mit ihrer Tätigkeit verbundene Professionalisierungsschub hat fraglos die Herausbildung moderner Buchmarktverhältnisse gefördert.

Verlegen im Exil, Schreiben im Exil: Beides bedeutete Arbeit jenseits der Routine. Wie damals für den Autor die Frage: Für wen schreibe ich, wer sind meine Leser? neu beantwortet werden mußte, so stand auch der Verleger angesichts rasch wechselnder Verhältnisse vor der Notwendigkeit einer permanenten Neuorientierung. Die Einengung der Lebens- und Arbeitsbedingungen trieb zwischen dem Verleger und seinem Autor Interessenkonflikte hervor, führte zu Mißverständnissen und Irritationen, nicht selten resultierte daraus aber auch die Bereitschaft zu einer engen Zusammenarbeit, wie sie in einer weniger prekären Existenzform als jener des Exils nicht zustande gekommen sein würde. Es gehört zur Wirkungsgeschichte dieser Epoche, daß die in der Vertreibung gewonnenen Erfahrungen in der zweiten Hälfte des 20. Jahrhunderts nach und nach in das kollektive Selbstverständnis der am literarischen Prozeß Beteiligten eingingen und bei einer jungen, kritischen Generation von Intellektuellen das Bewußtsein einer politischen Verantwortung entschieden förderten.[132] Die Reflexion auf den gesellschaftlichen Ort schriftstellerischer und verlegerischer Tätigkeit blieb vom Ausgang dieses erzwungenen Experiments einer exterritorialen Literatur im Exil jedenfalls nicht unberührt und mag in den 1960er und 1970er Jahren indirekt zur Entstehung des Konzepts einer Sozialgeschichte der Literatur beigetragen haben.

Thomas Lischeid
Kollektivsymbolik, Nationalsozialismus und Literatur – Das Paradigma der NS-Bücherverbrennung

Der ›Völkische Beobachter‹, das publizistische Hauptorgan der NSDAP, kommentierte die Bücherverbrennung in Berlin vom 10. Mai 1933 wie folgt:

> Eine symbolische Handlung: Wie hier Berge von anstößigen Büchern dem Feuer überantwortet werden, so soll sich das ganze deutsche Schrifttum von den Schlacken der unseligen Jahre läutern![1]

Das Ereignis wird, wie von den Organisatoren und Akteuren des Geschehens selbst, als Akt einer »nationalen Kulturrevolution« gedeutet. Was hier schon im Klartext formuliert ist, nämlich die massenmediale Inszenierung von Propaganda durch das NS-Regime, wurde jedoch nur zögernd wissenschaftlich analysiert. Erst neuere Analysen haben den politisch-ästhetischen Zeichencharakter radikalfaschistischer Inszenierungspraktiken, im Anschluß an Walter Benjamins berühmt gewordener Beobachtung von einer »Ästhetisierung der Politik«[2], genauer untersucht und aufgezeigt, daß es Elemente und Verfahren von »Kollektivsymbolik«[3] sind, die den NS-Diskurs auszeichneten. Ein Hauptparadigma nationalsozialistischer Zeichensprache verdeutlicht dies: Was in der Regel als »Militarisierung« von Sprache und Handeln im »Dritten Reich« bezeichnet wird, zeigt sich kollektivsymbolisch als metaphorische und repräsentative Abbildung des militärischen Praxisbereichs auf alle anderen gesellschaftlichen Praxisbereiche. Mithin bestand das Konzept des Radikalfaschismus darin, für alle zivilgesellschaftlichen Institutionen staatliche, in erster Linie militärische Organisationsformen zu entwickeln und diese der Zivilgesellschaft zu oktroyieren. Die NS-Bewegung inszenierte sich im Symbol der »marschierenden Militärkolonne«, die Politik und Wirtschaft, Alltag, Kultur und Kunst »uniformieren« und »gleichschalten« sollte.

Angewandt auf die Rhetorik der NS-Texte geht es immer um die Projektion von der Bildebene (Pictura) auf die Sinnebene (Subscriptio); »Bücher«/»Schlacken« verweist auf den »Kultur-Feind«, »Feuer«/»läutern« auf »Revolution«.

Die an dem Einzelbeispiel gemachten Beobachtungen lassen sich für eine semiologische Definition von (modernen) »Kollektivsymbolen« generalisieren:

- die Ikonität des Zeichenkomplexes (Pictura), der in der Regel aus mehreren distinkten Einzelelementen besteht und verschiedene mediale Materialität annehmen kann (z. B. in Form von Photos, Karikaturen oder (Schrift-)Sprache);
- die semantische Sekundarität des Zeichenkomplexes, wobei die Abbildungsrelation zwischen Pictura und Subscriptio metaphorisch, repräsentativ und/oder metonymisch motiviert sein kann;
- die Ambivalenz (Ambiguität) jedes Symbols, womit seine prinzipielle Mehrdeutigkeit in der Perspektive einzelner oder auch verschiedener sozialer Träger gemeint ist.

Kollektivsymbole dienen der imaginären und interdiskursiven Re-Integration und Re-Totalisierung einer Gesellschaft (und ihrer jeweiligen Wissens- und Diskursspezialisierungen) unter symptomatischen Dominanzverhältnissen einzelner Diskursformen.

Die Analyse der NS-Bücherverbrennung von 1933 stellt einen Modellfall für eine solche Kollektivsymbol-Analyse im Rahmen von diskurs- und genauer normalitätstheoretischen Annahmen über Politik, Kultur und Literatur des »Dritten Reichs« dar. Die Akteure wie auch deren Kritiker bezeichneten selbst schon das Ereignis als ein »Symbol« von epochaler Tragweite. »Reichspropagandaminister« Joseph Goebbels, prominentester Redner auf der Veranstaltung in der Reichshauptstadt Berlin, sprach von einer »starken, großen und symbolischen Handlung«, die den Niedergang der verhaßten »November-Republik«[4] dokumentiere, und wiederholte damit, was die Organisatoren der Bücherverbrennung, die »Deutsche Studentenschaft«, in ihren Programmschreiben vorformuliert hatten.[5] Andere Redner griffen ebenso wie die gleichgeschaltete Presse des »neuen Deutschlands« diese Wortwahl auf. Selbstverständlich wurden auch äquivalente Begriffe wie »Fanal«, »Schauspiel« und »Theater« verwendet, die noch stärker den narrativen und performativen Charakter des Ereignisses betonten. Viele Synonyme aus dem Munde der Kritiker waren hingegen pejorativ: So nannte Thomas Mann die Begebenheit einen »ominösen Jux«, sein Bruder Heinrich eine »Komödianterei«, H. G. Wells eine »Tragikomödie«, und im Briefe eines Anonymus an Gerhart Hauptmann ist vom »schreckensvollsten Trauerspiel Deutschlands« die Rede. Das ›Time Magazine‹ und die Zeitschrift ›Newsweek‹ aus den USA verwendeten gar Begriffe wie »Bibliocaust« und »Holocaust in Books«.[6] Zu einem geflügelten Wort in der Vergangenheitsbewältigung seit 1945 avancierte schließlich eine Sentenz von Heinrich Heine aus dem 19. Jahrhundert, die aufgrund der darin enthaltenen Autodafé- und Theater-Symbolik auf die Bücherverbrennung von 1933 und deren Folgen appliziert worden ist: »Das war ein Vorspiel nur, dort wo man Bücher verbrennt, verbrennt man auch am Ende Menschen.«[7]

I. Symbolische Politik: Die NS-Bücherverbrennung 1933

Im Frühjahr 1933 wurden in vielen deutschen Städten Scheiterhaufen für verfemte Bücher entfacht. Das Auflodern der Flammen bildete den Höhepunkt einer mehrwöchigen Kampagne unter dem Titel »Aktion wider den undeutschen Geist«, organisiert von der »Deutschen Studentenschaft« und dem Goebbelsschen »Reichspropagandaministerium« sowie aktiv unterstützt durch nationalsozialistisch und völkisch-national-konservativ eingestellte Verbände, Einrichtungen und Personen. Der Verbrennungsakt wurde zu öffentlich-feierlichen Massenkundgebungen in vielen Groß- und Universitätsstädten Deutschlands wirkungsträchtig ausgestaltet. Zeitlich konzentriert auf den 10. Mai, gilt dieser Tag seitdem im gesellschaftlichen Bewußtsein als das repräsentative Datum des Geschehens. Betroffen waren Bücher, die nach Auffassung der Akteure nicht in das Bild der nationalen Ideologie paßten und als »artfremd« und »kulturbolschewistisch« verketzert wurden. Als das Sachgebiet sozialer Kommunikation, an dem sich das kulturelle Feindbild von »Marxismus«, »Judentum«, »Liberalismus«

und »Pazifismus« besonders gut exemplifizieren ließ, wurde vor allem der Bereich der zeitgenössisch avancierten Kunstliteratur ausgewählt, daneben aber auch Schriften aus den Gebieten des politischen Journalismus und der Wissenschaft. Zu den bekanntesten und am meisten verfolgten Autoren der Zeit gehörten Erich Maria Remarque, Kurt Tucholsky und Erich Kästner[8]; es traf aber ebenso Autoren, die erst nach 1945 weltbekannt wurden wie z.B. Theodor W. Adorno, Ernst Bloch oder Franz Kafka. Gemessen an der Reaktion der nationalen Öffentlichkeit bildete das Ereignis einen großen Erfolg für seine sozialen Träger, da es sich zu einem spektakulären Massen- und Medienereignis entwickelte, dessen Spuren im politischen und kulturellen Bewußtsein bis heute nachzuverfolgen sind.

In diskursanalytischer Perspektive mit historisch-diachroner wie auch synchroner Untersuchung der spezifischen Artikulationsweisen zeigt sich, daß die Symbolhandlung des öffentlich-feierlichen Bücherverbrennens einen für die europäische Moderne seit 1800 ganz ungewöhnlichen Zeichenkomplex darstellt. Mit Blick auf die Geschichte von »Bücherverbrennungen« ist dieses Ritual als eine typisch vormoderne Erscheinung (Alt-)Europas anzusehen.[9] Es bedeutete zeitgenössisch neben Verfahren wie Verbergen, Abschaben, Zerreißen und Ins-Wasser-Werfen die schärfste Maßnahme der Zensur gegenüber politisch, religiös und ethisch mißliebigen Schriften, Ideen und Menschen, indem es die Anwendung direkter und zugleich symbolischer Herrschaftsgewalt öffentlichkeitswirksam in Szene setzte. Den historischen Höhepunkt einer Entwicklung, die schon antike Wurzeln besaß, bildeten das Mittelalter und die Neuzeit Europas, so daß die Kodifizierung des Rituals ihren Niederschlag auch in der damaligen verfassungs- und strafrechtlichen, rechtswissenschaftlichen, historiographischen und belletristischen Literatur gefunden hat.

Im Anschluß an die politische Theorie Carl Schmitts,[10] diskursanalytische Untersuchungen Michel Foucaults zum neuzeitlichen Marterritual[11] sowie Überlegungen von Gilles Deleuze und Félix Guattari zum Typ des »signifikanten Zeichenregimes«[12] läßt sich davon sprechen, daß das Phänomen Bücherverbrennung einen historisch bedeutsamen Zeichenkomplex politischer Souveränität der Vormoderne repräsentierte. Pragmatisch institutionalisiert im Rahmen staatlicher und kirchlicher Herrschaftspraktiken, fungierte es in der Perspektive der jeweiligen sozialen Träger als öffentliche Inszenierung einer Grenzziehung zwischen dem politischen Selbst und dem Anderen einer Kultur. Dabei verschränkte sich der ästhetische Akt der Eliminierung des Feindes mit dem Interesse an einer Stärkung der sozialen Identität auf seiten der bestehenden Herrschaftsstruktur einer Gesellschaft. Insoweit war jede Bücherverbrennung auch zugleich ein »Autodafé«, ein Glaubensgericht (»actus fidei«), das sich insbesondere in Krisen- und Kriegszeiten gegen Gefährdungen wandte, die den Kernbereich der Vorstellungen von Majestät und Gott betrafen.

Eine genealogische Betrachtung lehrt darüber hinaus, daß diese Sprach- und Handlungspraxis der Vormoderne in der Zeit um 1800 eine entscheidende Wendung erfuhr. Die Französische Revolution bedeutet auch einen Einschnitt in die Geschichte des synchronen Systems europäischer Kollektivsymbolik.[13] Für das Zeichensystem des Bücher-Autodafés gilt dies sogar in besonders radikaler Weise. Analog zu dem Prozeß, den die Diskursanalyse Michel Foucaults für das Phänomen der prämodernen Marterprozession, das heißt der öffentlichen Hinrichtungen, oftmals durch Verbrennung im Zeitalter der »klassischen Repräsentation« beschrieben hat, wandelt sich die Konnotation der Bücherverbrennung von der positiv besetzbaren und identitätsbildenden Praxis und Symbolik. Am Endpunkt dieser Entwicklung war sie ein absolutes Negativ-Symbol, was symptomatisch an einschlägigen literarisch-künstlerischen Verarbeitungen des Motivs im 19. und 20. Jahrhunderts ablesbar ist (z.B. bei Canetti, Bradbury, Eco[14]).

Dies sorgt mit Blick auf die Bücherverbrennung im »Dritten Reich« für ein gehöriges Maß an kognitiver Dissonanz. Denn es ist nicht zu übersehen, daß sich das in Frage stehende Geschehen mitten im 20. Jahrhundert und in einem Zentrum moderner Normalitätskulturen abgespielt hat. Hinzu kommt, daß die Symbolhandlung von der NS-Bewegung im großen Stil als Identifikationssymbol diskursiv verwendet und entsprechend massenmedial und öffentlichkeitswirksam inszeniert werden konnte. Das mit diesem Faktum verbundene Erstaunen hat sich bis heute im medienpolitischen und wissenschaftlichen Bereich erhalten. In der Terminologie der Diskurstheorie ist von einem »diskursiven« bzw. »kairologi-schen Ereignis«[15] zu sprechen, da es als Symptom einer ganzen (inter-)diskursiven »Verschiebung«, nämlich von der »Weimarer Republik« zum »Dritten Reich«, gelten kann.

Das Faktum der allgemeinen Negativ-Bewertung macht also die Frage um so dringlicher, wie dieses alte Kollektivsymbol in den An-fangstagen des »Dritten Reichs« so erfolgreich reaktiviert werden konnte. Es kann vorausgesetzt werden, daß auch den Initiatoren der Bücherverbrennung die Geschichtlichkeit ihrer Symbolhandlung nicht völlig unbekannt gewesen ist. Um negative Konnotationen an vormoderne »Barbarei« möglichst klein zu halten, grenzten sie aber den Spielraum historischer Analogien explizit auf zwei Einzelereig-nisse ein, von denen sie ausgehen konnten, daß sie in der deutschen Öffentlichkeit prinzipiell positiv bewertet werden würden: Martin Luthers Bücher-Autodafé von 1520 und die Bücherverbrennung beim Wartburgfest von 1817.[16]

Solche Analogien gehorchen strukturfunktional den gleichen Regeln wie Symbole. Denn beide Male wird historischer »Sinn« aus bestimmten Übereinstimmungen semantischer Bereiche gewonnen, das eine Mal aus Pictura und Subscriptio symbolischer Redeweisen, das andere Mal aus dem Vergleich verschiedener historischer Ereig-nisse. Die historischen Analogien des NS-Diskurses akzentuierten allgemein das gemeinsame »Nationale« und den gemeinsamen »Kampf gegen Überfremdung«, in diesem Fall zwischen »1933« und »1520« bzw. »1817«. Sie konnten ebenfalls gleichsam metony-mische, metaphorische und repräsentative Abbildungsfunktionen übernehmen. Für die metonymische Abbildungsfunktion sprach die pure Existenz der Symbolhandlung auf deutschem Boden, für die metaphorische der semantische Durchschnitt (»deutscher Kampf«) und für die repräsentative das Bild deutscher Geschichte, das aus einer (aufsteigenden) Linie von Bücherverbrennungen bis hin zum Jahre 1933 bestehe. Bücherverbrennungen konnten mithin als typisch deutsche Symbolhandlungen verstanden werden, die der eigenen Nation einen distinkten Ort im Ensemble der Nationalste-reotype der wichtigsten europäischen Staaten zuwies. So schrieb beispielsweise Werner Schlegel in seiner Broschüre ›Dichter auf dem Scheiterhaufen‹ (1934):

Jede große Revolution der Geschichte hat ein für sie typisches Symbol. In der englischen wurde der König enthauptet. Die Enthauptung war kein Racheakt; denn der Engländer kennt seiner kühlen, sachlichen Natur entsprechend keine Sentiments und keine Rachegefühle. ⟨...⟩ In der Französischen Revolution stürmte das Volk am 14. Juli 1789 die von nicht mehr vollwertigen, alten Soldaten bewachte Bastille ⟨...⟩ Wo andere Völker ihrem Temperament entsprechend enthaupten, erschießen (Rußland) oder stürmen, verbrennt das deutsche Volk.[17]

Die schmale Basis akzeptabel erscheinender historischer Analogien muß auch als Indiz dafür gelten, daß der eigentliche Ausgangspunkt der Symbolgenerierung nicht auf seiten der Pictura (des »Bildes«), sondern auf der Seite der Subscriptio (des Symbol-»Sinns«) lag. Denn das Ereignis allgemein wurde in den Zusammenhang der nationalsozialistischen »Revolution« gestellt, und zwar sowohl durch die Organisatoren der Aktion, die »Deutsche Studentenschaft« und das – zurückhaltender operierende – Propagandaministerium, als auch durch die hinzugezogenen Fachwissenschaftler der Disziplinen Rechtswissenschaft, Philosophie und Germanistik. Im Zusammenhang dieser Kontextualisierung bedienten sich die rechtfertigenden Beiträge stereotyp eines argumentativen Dreischritts, der erstens aus der Begrüßung der im engeren Sinn »politischen« Revolution (»Machtergreifung«), zweitens aus der Forderung nach einer auch »kulturellen« Revolution und drittens in der Deutung der Bücherverbrennung als »Symbol« einer solchen »nationalen Kulturrevolution« bestand. Den alltäglichen Begriffen und Symbolen »Buch« und »Feuer« wurde mithin durch die semantische Kombination zu »Bücherverbrennung« ein neues Sinnpotential zugewiesen, so daß nun das zu verbrennende »Buch« den zu vernichtenden »(Kultur-)Feind« und »Feuer« die »Revolution« Deutschlands symbolisierte. Die Gesamtaktion nannte sich deshalb bezeichnenderweise »Aktion wider den undeutschen Geist«, die gleichzeitig eine »Aktion für den deutschen Geist« darstellen sollte.

Die neuen politischen und (verfassungs-)rechtlichen Bestimmungen des Jahres 1933 haben also den diskursiven Rahmen der Symbolhandlung Bücherverbrennung abgegeben. Die »Machtergreifung« der NSDAP, in deren Zentrum die Annahme des »Er-

mächtigungsgesetzes« vom 24. März stand, bildete die Etablierung
einer Notstands-Ordnung, die sich nicht als kurzfristige Maßnahme, sondern als Installierung eines permanenten Ausnahmezustands
verstand. Die in diesem Zusammenhang erlassenen »Brandschutz-
verordnungen«, die nach dem den Kommunisten zugeschobenen
Reichstagsbrand beschlossen wurden, sind als die verfassungs-
rechtlich gebilligte Möglichkeit zur Beschlagnahmung und Vernichtung von Büchern und Schriften zu begreifen, deren Verfasser des
»Hoch- und Landesverrats« bezichtigt und entsprechend verurteilt
wurden. Insofern war die Bücherverbrennung auch ein Produkt der
neuen Rechtsverhältnisse, deren Entwicklung sie jedoch zugleich
in Richtung einer konkreten Kodifizierung der Reglementierung
sozialer Produktion, Distribution und Rezeption von Schriftme-
dien beschleunigen sollte. Die spätere Zensurpraxis im »Dritten
Reich« griff daher auch bei der Erstellung der Verbotslisten auf
die »Schwarzen Listen« zurück, die von den Bücherverbrennern
unter Federführung des Berliner Bibliothekars Wolfgang Herrmann
schon im Frühjahr 1933 erstellt worden waren.

In der Etablierung einer neuen Rechtsordnung sah der NS-
Diskurs zugleich die Rückkehr zu einer neuen »Normalität«. Goebbels bezeichnete an der zentralen Stelle seiner Rede die Bücherverbrennung als Symbol einer Wiederherstellung des »Rechts- und
Normalzustands«[18] in Deutschland und bezog damit den seit Mitte
des 19. Jahrhunderts für das Selbstverständnis moderner Kulturen
grundlegenden Begriff des »Normalen«[19] auf die »NS-Revolution«.
Dabei verdeutlicht die semantische Füllung des im 20. Jahrhundert dehnbar gewordenen Begriffs, daß der Nationalsozialismus
die Auffassung eines äußerst eingeschränkten und zum Teil mit
vor- und proto-normalistischen Vorstellungen und »Normen« verbundenen Normalitätsbegriffs vertrat. Während es also zu einem
Charakteristikum der westlichen Moderne bis heute gehört, für
eine ständige Extension der akzeptierten Begriffsgrenzen gesellschaftlicher Normalität zu sorgen, kämpfte der NS-Diskurs für
eine Eindämmung und rigide Eingrenzung des Begriffs und seine
normative und national-ontologische Aufladung. Teile der modernen und avancierten Literatur mußten in diesem Zusammenhang
besonders provozierend wirken, da sie es als ihre Aufgabe ansahen,

mit den Grenzen des »Normalen« zu spielen und sie bewußt zu überschreiten (zum Beispiel auf dem Feld der »erotischen« Literatur, die schon in den 1920er Jahren zum Gegenstand von Anti-»Schund- und Schmutzkampagnen« und kleinerer Bücherverbrennungen geworden war[20]). So schrieb der »Kampfbund für Deutsche Kultur« in den »Grundsätzlichen Vorbemerkungen« zu einer Liste »Schöner Literatur«, die am 13. Juni 1933 dem Reichsministerium für Volksaufklärung und Propaganda vorgelegt wurde, es gebe keinen »unbestimmteren Begriff als den des ›normal‹ denkenden und empfindenden Menschen«, so daß nur das »Deutsche« als eine »inhaltlich bestimmte und geschichtlich faßbare Norm«[21] gelten könne.

Eine Analyse der Bilder und Katachresen, die den Diskurs der Bücherverbrennung und damit symptomatisch des Nationalsozialismus prägten, zeigt die stereotype und »normierende« Auswahl, Kombination und Bewertung von Symbolen vor allem aus den Bereichen Recht, Militär und Religion sowie der Biologie, Medizin und Sexualhygiene.[22] Zur Verdeutlichung des automatisierten und flottierenden Charakters der Katachresenbildung diene eine Passage aus der Rede des Germanisten Hans Naumann:

> Manche unserer öffentlichen Leihbibliotheken enthielten einen Lesestoff, den meist erst die beiden letzten Jahrzehnte über uns ausgegossen haben und der in Weltanschauung und Sitte so schamlos auflösend und zersetzend war, daß wir uns bei der Durchsicht der Kataloge erschüttert fragten, wo blieben die Behörden, wo blieben die beiden Kirchen, wo blieb die innere Mission? Zu allermeist ist dieses Schrifttum, das wir heute symbolisch vernichten, fremdrassigen und fremdländischen Ursprungs gewesen, – aber vielleicht hat es bei uns mehr als im Ausland selber gewuchert, und es bildete – so gesehn – geradezu eine Fortsetzung des Krieges gegen Deutschland, nur jetzt mit anderen, feineren und verruchteren Mitteln und an noch verwundbareren Stellen. Wie immer, so war auch hier der internationale vaterlandslose Geselle besonders an diesem Krieg gegen Deutschland beteiligt.[23]

Der Nationalsozialismus war bemüht, den Symbolen eine besondere »Realitätsmacht« zuzusprechen. So betonte etwa der Studentenführer Alfons Ilg in seiner Rede, daß die Würzburger Studenten keineswegs beabsichtigten, bloß eine »weitere Feier« zu veranstalten, daß es ihnen statt dessen um den »ernsthaften Willen« gehe, »ihre Worte in die Tat umzusetzen« und »Feuerbrände« zu entzünden, die sie in die »nächtlichen Straßen Würzburgs« und das ganze »deutsche Volk« hineintragen könnten.[24] Die Erforschung moderner Kollektivsymbolik beschreibt die damit realisierten Zeichenstrukturen als Behandlung eigentlich metaphorischer Symbole als repräsentative (Brände verhalten sich in den Augen des Symbolverwenders nicht *wie* eine »Revolution«, sondern gelten als *realer* Teil einer wirklichen »geistigen Revolution«) und die damit intendierte Rezeptionsstrategie als Effekte pragmatischer Situierung, Applikation und Multiplikation von Symbolen (»reale« Feuerbrände, die »aufgenommen« und »weitergegeben« werden). Der Grad an Selbstreflexivität der Symbolik trat schließlich besonders deutlich aus der Rede des Philosophen und Professors für »politische Pädagogik« Alfred Baeumler hervor, der die Bücherverbrennung als ein besonders aktuelles Beispiel dieses Phänomens bezeichnete:

> Denn das ist das Eigentümliche der Bilder unserer Seele, daß sie den Einsatz von uns verlangen. In einer gewissen Höhe ist nur ein Schritt vom Erhabenen zum Lächerlichen, und wenn der Mensch sich ganz einsetzt, dann kann der Zuschauer nicht wissen, ob dies nun höchster Ernst und geschichtliche Tat ist oder bloßer »Radau«. Das weiß nur derjenige, dessen Seele mitschwingt, der das Bild des Kommenden und die unbedingte Verpflichtung selber in sich trägt.[25]

Es gehört zur Eigenart des NS-Diskurses, daß die Rhetorik des »Normalen« aber nur im Rahmen einer größeren Rhetorik des permanenten Ausnahmezustands und der Anormalität funktionierte. Das Verhältnis von sektorieller und genereller, interdiskursiver Normalität bzw. Anormalität ist dabei so aufzufassen, daß gesellschaftlich und kulturell dominant die Gesamtstruktur des permanenten und entfesselten Ausnahmezustands war. Die intendierte »Normalität« erschien also lediglich im Rahmen einer dauernden Anormalität realisierbar zu sein, die zu erreichende Normalisierung verlangte einen »ewigen Kampf«. Charakteristisch für diesen Sachverhalt ist die Militärsymbolik, die alle anderen Symbole überstrukturierte und nach der die Bücherverbrennung symbolisch mit »Krieg« gleichgesetzt wurde.

Als historischer Ausgangspunkt der europäischen Bewegung des Faschismus gilt bekanntlich die Zeit des Ersten Weltkriegs. Die unmittelbar vor diesem Ereignis aus normalismusgeschichtlicher Sicht gegebene Situation eines historischen Patts zwischen »flexibel-normalistischen« und »protonormalistischen« Strategien wiederholte sich in der Weimarer Republik in verschärfter Form. Der deutsche Radikalfaschismus beantwortete die Herausforderung von Tendenzen kulturreformerischer und kulturrevolutionärer Strömungen der 1920er Jahre mit energischer Härte; auf die panische Angst vor politischen, wirtschaftlichen, sozialen und kulturellen Denormalisierungen (Stichworte: »Kriegsniederlage«, »Versailler Vertrag«, »Novemberrepublik«, »Weltwirtschaftskrise« usw.) folgte eine radikale Denormalisierung in Richtung eines geradezu »durchgedrehten« Protonormalismus. Erst in diesem Zusammenhang konnten bestimmte Bücher der literarischen Moderne zu »Todfeinden« des NS-Diskurses werden. Beispielsweise radikalisierte der Germanist Gerhard Fricke die Kollektivsymbolik des Anormalen, indem er von den »Abnormitäten« einer »dünnen Schicht geschäftiger Literaten«, »gestützt auf die Allmacht meist jüdischer Buch- und Zeitungsfabriken«, sprach und weiterhin in Form absolut negativ besetzter Massensymbole gegen die kulturelle Moderne als »Schund und Schmutz«, als eine (sich epidemisch ausbreitende) »Vergiftung« der nationalen »Brunnenkräfte« und als »Wolke von Insekten«, die sich auf dem »Rücken des zerschundenen und ohnmächtigen Deutschlands«[26] niedergelassen habe, polemisierte.

Die notwendige Reaktion auf die erkannten »Gefahren« bestand in dem Programm der Formierung eines soldatischen »Körperpanzers«, der sich massenhaft in Form lebender Kriegsmaschinen zusammenschweiße und so das Problem des »atomisierten Einzelnen« in Gestalt der Dressur zu Blöcken militaristischer Massenaufmärsche löse.[27] In den Gesten von Schwur und Gelöbnis vollzog sich ein Akt der »Säuberung« und »Reinigung« von »fremder und eigner Schuld«, das heißt die bewußte und explizite Subjektivierung und neue Selbst-Adjustierung als ritueller Höhe- und Endpunkt der öffentlich-feierlichen Veranstaltungen: »Wir greifen in unsere Herzen, wie wir in unsere ⟨Bücher-⟩Schränke gegriffen haben und werfen in die Flammen das Allzumenschliche.«[28] Ty-

pisch für die Modernität des Radikalfaschismus war sodann die
Vorstellung einer mit den revolutionären Ereignissen verbundenen
äußersten Tempo- und Leistungssteigerung, die rasch zu einer radikalen Überschreitung der in der Moderne etablierten Normali-
tätsgrenzen führte. Die Vorstellung eines »Blitzkriegs« wurde so
überlagert durch einen »totalen«, räumlich und zeitlich kaum zu
limitierenden Krieg, die Spannung zwischen diesen beiden Vorstellungen war die treibende Kraft des Diskurses. Als symptomatisch
hierfür sind die Äußerungen der Redner über Masse, Geschwin-
digkeit und Rhythmus der »Bewegung« ihrer politischen Einheit
zu lesen. Goebbels sprach von einem »atemberaubenden Tempo«,
dem »Elan« und der »Durchschlagskraft«[29] der NS-Bewegung,
Naumann von der ihr eigenen »unerhörten Wucht, Präzision und
Eleganz«[30], Fricke von dem »absoluten Schwung« und »der ruhelo-
sen und bedingungslosen Dynamik« der Revolution, die an »keiner
Stelle des Siegeslaufs« haltmache und die mit dem Anspruch auf
»Totalität«[31] verbunden sei. Konkret auf das Phänomen des Ver-
brennens von Büchern bezogen, entsprach diesem Phantasma des
Tempo-Marsches die Vorstellung eines rasend um sich greifenden
»Flächenbrands«, so wenn Karl Holz – SA-Sturmführer, von 1927
bis 1933 Schriftleiter von Julius Streichers ›Der Stürmer‹, später
Gauleiter von Franken – prophezeite:

> Wir werden nicht ruhen, bis das letzte volkszersetzende und landesver-
> räterische Buch den Flammen übergeben ist. In Deutschland soll für die Zu-
> kunft keiner mehr ein Buch schreiben, der nicht schreibt für Deutschlands
> Freiheit, Größe und Ehre.[32]

Inwieweit solche dynamisch-modernistischen Vorstellungen auch
im Zusammenhang mit einer Ästhetik faschistischer *Avantgarde*
stehen – der Futuristenführer Marinetti hatte als einer der wenigen
im frühen 20. Jahrhundert neue Bücherverbrennungen propagiert,
und ein Teil der geforderten stilistischen Mittel wie Schock-Ästhe-
tik, pathetisches Futur, Massenappell sowie der Einsatz agitato-
rischer (Flugblatt, Plakat) und neuer technischer Medien (Photo,
Film, Massenpresse) sprechen für mögliche Anleihen bei zeitgenössischen Avantgardebewegungen –, ist noch zu diskutieren.[33]

Der »Flächenbrand« der Bücher sollte aber nach dem Willen seiner Initiatoren von den Regalen der Bibliotheken auch auf Häuser und Menschen übergreifen. Fricke griff zur Rechtfertigung dessen auf einen Vergleich mit der antiken griechischen Polis zurück, der ebenfalls das prinzipielle Recht zugestanden hätte, einen »Sokrates«[34] zu vergiften; die Zeitung ›Kladderadatsch‹ zeigte in affirmativer Intention einen »Luzifer«, der verfolgten Autoren über einem aus Büchern gespeisten Feuer einheizte.

Im Vergleich zur Verfolgung, Verurteilung und Vernichtung von einzelnen Büchern und Menschen in der Vormoderne hatte das moderne »Ereignis« aber ganz andere quantitative und qualitative Dimensionen. Der springenden Zahl »Tausender« und »Abertausender« angeblich bedrohlicher Bücher, gegen die Zehntausende von Akteuren und Publikum während der Bücher-Autodafés aufgeboten wurden, entsprachen nämlich Hunderte, Tausende und Millionen »artfremder« Menschen, so daß die Rede über die Verbrennung der Bücher zugleich eine Rede über Terror, Krieg und gewalttätigen Massentod war.[35] Die Symbolik der Bücherverbrennung zeugt mithin davon, daß der Zähmung der »materiellen Lüste«[36] durch die soldatische Dressur ein Begehren nach einem Freilassen spezifisch faschistischer Denormalisierungslüste entsprach, nämlich der Lust nach dem politischen Mord. Die immense »Anstrengung« im Aufbau und Erhalt eines Körperpanzers in rasender Fahrt zeitigte so zugleich das Begehren partieller exzeßhafter »Explosionen«. Ein Beobachter des Geschehens in der Reichshauptstadt berichtete in diesem Sinn über den Höhepunkt der Veranstaltung als einem Ort des Übergangs von »rasender Gewalttätigkeit« zu »Wahnsinn«:

Plötzlich entsteht ein ohrenbetäubendes Gebrüll in der Menge. Eine Gruppe von SA-Männern tragen ein Porträt von Karl Marx nach vorne und werfen es in die Flammen. Ein ›Schwarzhemd‹ haut rasend mit einer Axt auf den brennenden Holzrahmen ein. Danach macht er vor den Flammen ein Kreuzzeichen in die Luft – ein Hakenkreuzzeichen. ⟨…⟩ Neben mir steht eine dicke Deutsche mit schief aufgesetztem Hut und dem Gesicht rot vor Aufregung. Auf der Brust trägt sie das faschistische Abzeichen. Sie packt krampfhaft die Hand ihres Mannes im braunen Hemd und schreit gellend, indem sie verfolgt, wie der Wind die halbverbrannten Buchseiten über die Häupter der Menge trägt: »Schöne Zeit, schöne Zeit!«[37]

Der Hauptgrund für die Vorstellung einer »Radikalamputation« des Gesellschaftskörpers durch die Massenvernichtung verfemter Bücher, Ideen und Menschen ist in der anti-normalistischen Auffassung über die Gesellschaftsstruktur Deutschlands unter den Bedingungen von permanentem Notstand und exterministischem Krieg zu sehen. Fricke sprach in seiner Bücherverbrennungsrede von dem »Chaos von 1918«, durch das »die Hefe und der Bodensatz« heraufgespült worden seien und das sich »mit hundert Polypenarmen an der Oberfläche« festgehalten und für »die dauernde Trübung des Volksbewußtseins«[38] gesorgt habe. Hinter diesen Worten verbargen sich Vorstellungen und Ängste, denen schon Hitler in seinem Buch ›Mein Kampf‹ (1925/27) Ausdruck verliehen hatte. Denn auch Hitler sah durch die Kriegsniederlage und die Revolution von 1918 das »normale Gleichgewicht« moderner Gesellschaften, das durch eine hierarchische Dreiteilung in eine kleine (»deutsche«) Elite, eine große mittlere Schicht und eine (»jüdische«) Anti-Elite charakterisiert gewesen sei, prinzipiell in Frage gestellt. Die Folge sei, daß es zu einer Art Entscheidungskampf zwischen den beiden Eliten kommen müsse, dessen Ziel in der Herrschaft über »das Heer der normalen Spießer«[39] läge. Ein in diesem Zusammenhang unumgänglicher neuer Weltkrieg dezimiere aber notwendigerweise das obere Extrem und bringe dem unteren Extrem Vorteile, so daß eine (nach Möglichkeit präventive) Extermination der unteren Anormalitätszone geboten schien. In Fortführung dieses Gedankens sprach Goebbels angesichts des Büchersterbens davon, daß die deutsche Jugend die »Furcht vor dem Tode« verlieren und wieder »Ehrfurcht vor dem Tode«[40] erlangen müsse. Angesichts solcher Formulierungen läßt sich die NS-Politik diskursanalytisch, wie bei Foucault und Deleuze/Guattari, als »Mord« – und »Selbstmordpolitik« mit einer »Fluchtlinie globalen Ausmaßes«[41] bezeichnen.

II. Ironie und Gegenpathos:
Stimmen zeitgenössischer Symbolkritik

Es gehört zur historischen Brisanz des Symbols Bücherverbrennung, daß Betroffene und Kritiker sich gedrängt gefühlt haben, gegenüber dem Ereignis Position zu beziehen. Obwohl ihre Bücher symbolisch und real verbrannt wurden, setzten sie in Tagebüchern, Briefen, Aufsätzen, Vorträgen und Gesprächen, in kunstliterarischen Verarbeitungen erzählender und lyrischer Art weiterhin auf das Medium des gesprochenen, geschriebenen und gedruckten Wortes. Auch wenn sich die NS-Presse dadurch in ihrer Propaganda bestätigt sah, gab es doch keine Alternative, es sei denn um den Preis eines erzwungenen Resignierens und Verstummens. Die Kritiker, die als Autoren, Verleger, Journalisten, Wissenschaftler und Politiker das Wort ergriffen, sahen es als ihre Hauptaufgabe an, die Für-tot-Erklärung der Bücherverbrennung in eindringlicher Weise Lügen zu strafen. Dazu war es notwendig, einen überzeugenden Beweis eigener diskursiver Überlebenskraft zu liefern und Perspektiven kultureller und politischer Gegenstrategien zu entwickeln. Dieses Ansinnen manifestierte sich darin, daß man das Geschehen einer prinzipiellen Negativ-Bewertung unterzog, die sich in scharfen Kontrast zur Positiv-Bewertung von Organisatoren, Akteuren und Sympathisanten des Ausgangsereignisses stellte. Die generative Energie der Resonanz bestand symbolanalytisch darin, eine diskurskritische, gegenkulturelle Subscriptio über die vorgefundene Pictura der sinnbildlichen Handlung zu bilden. Darüber hinaus stellte sich die Frage nach einer öffentlich-kulturpolitischen und pragmatisch-institutionalisierten Gegensymbolik.

Während die Symbolhandlung der Bücherverbrennungen eine Binnendifferenzierung der Betroffenen leugnete, indem im Akt der Vernichtung alle Unterschiede getilgt wurden, gab es im sozialen Raum der Erwiderung die Möglichkeit, Akzente zu setzen. In diesem Sinne versuchten die Klangkörper, die sie zum Echo des Ereignisses erschufen, die unterschiedlich nuancierten Stimmungen ihrer Kritik aufzufangen und ihnen Struktur und Funktion zu verleihen. Eine eingehende Untersuchung dieser diskurskritischen Stimmen zeigt, daß insbesondere anhand der Analyse diskursiver Tonarten

Genaueres über die Verfahren der Gegensymbolisierung zu erfahren
ist: Das Spektrum der Entgegnungen bewegt sich in eigentümlicher
Weise zwischen den Polen Ironie und (Gegen-)Pathos. Bei diesen
beiden Tonarten handelt es sich nicht um einander ausschließende
Optionen, sondern Stärke und Schwäche der Symbolkritik lassen
sich an dem jeweiligen Mischungsverhältnis der beiden diskursiven
Verfahren ablesen.[42]

Am Anfang vieler Reaktionen von Betroffenen stand die Überraschung, im Zentrum der Moderne einem Kollektivsymbol überwunden geglaubter Zeiten und Epochen wiederzubegegnen. Es
herrschte Erstaunen darüber, daß in dem symbolischen Ereignis
Deutschland und insbesondere seine Hauptstadt Berlin, die spätestens zur Zeit der Weimarer Republik zur weltstädtischen Metropole aufgestiegen war, von dem vielgerühmten Land der »Dichter
und Denker« zum geschmähten Land der »Richter und Henker«[43]
geworden war. Die internationale Tagespresse zog in ihren Karikaturen den Vergleich mit vormodernen Bücherverbrennungen und
bescheinigte dem Ereignis einen groben Anachronismus.

Die zeitgenössischen Stimmen der Betroffenen zeigen, daß das
Geschehen als etwas Unmögliches, Unausdenkliches und eigentlich
Unfaßbares angesehen wurde. Alfred Döblin äußerte noch Jahre
später, es hätte »sich bestimmt noch 1932 keiner von uns träumen
lassen, daß man in Deutschland geistige Ausrottungen ⟨...⟩ und jene
unvergeßliche, erschütternde Bücherverbrennung am Opernplatz
in Berlin«[44] durchführen lassen würde.

Im Moment der Überraschung drängte sich die Frage nach dem
Realitätscharakter des Ereignisses auf. Deshalb konzentrierte sich
ein großer Teil der Kritik auf die pragmatische Seite der Symbols,
das heißt auf das Bild der realen Inszenierung des Geschehens. Im
Kontrast zu dem überladenen Pathos, das sich in den affirmativen
Stimmen des nationalsozialistischen Deutschland findet, nahm sie
eine deutliche Distanzierung und Ironisierung vor. Arnold Zweig,
der sich ähnlich wie andere Betroffene von der Realität des Geschehens überzeugen wollte, indem er sich unter das Publikum
mischte, beschrieb die Berliner Szenerie daher ganz anders als die
herrschende deutsche Presse:

Ich war schadenfroh wegen des nassen Holzes und hörte die einzelnen Meinungen, womit man die Biecher tränken würde, damit sie brennten. »Na, scheen schwarz werden wir ins Gesichte werden, und stinken wird das. Eigentlich war's doch scheener neulich auf dem Tempelhofer Feld.« Dann kam ein Zug sehr häßlicher Mädchen, mit roten Nasen, Haarsträhnen und giftigem Gesicht. Sie latschten mit Musikbegleitung, ziemlich klitschnaß und bibbernd über den Platz. Nach einer weiteren Stunde ein Zug Studenten, sehr schlapp, sehr häßlich aussehend, mufflig und in zufriedenem Trott. ⟨...⟩ Bengalische Beleuchtung und gefilmt! Ich schadenfroh über Blamage im Ausland. ⟨...⟩ Jetzt rückten hinten drei Autos an, auf denen stand: »Möbelfuhre«. Das waren die Revolutionskarren mit ihren Opfern. Die Studenten saßen und standen bis aufs Dach dieser Karren, zum Teil in Wichs – bengalisch beleuchtet und gefilmt! Richtig Riesengaudi. Schließlich um Mitternacht, wegen Stimmung, ergriffen sie die Bücher und schmetterten sie einzeln mit Wollust ins Feuer. Die Funken stoben haushoch, und die einzelnen Blätter taumelten brennend durch die Luft, als spotteten sie über diesen Tod.[45]

Der Fokus bei dieser Art der diskursiven Reaktion lag auf den pragmatischen Phänomenen wie Ort, Zeit, Wetter, Akteure, Requisiten und dem Publikum des Geschehens. Eine Ironisierung erfuhr das Ereignis durch die Hervorhebung einer auffälligen Diskrepanz zwischen dem kulturell etablierten Normalbild einer »Festveranstaltung« und seiner Destruktion durch den kritischen Betrachter, die den ursprünglichen »Sinn« des Geschehens in sein Gegenteil umkippen ließ. Die Ironisierung arbeitete mithin mit einer Verdoppelung der Pictura, wobei die Pictura der NS-Berichterstattung durch eine kritische Gegenpictura überlagert und diese Gegenpictura als repräsentativ für das Ereignis und NS-Politik allgemein verstanden wurde. Der »Festakt« im Sinne des NS-Diskurses verwandelte sich so in eine Art »Komödie« oder »Farce«.

Ähnlich verlief die ironische Kritik an der Symbolfunktion des Geschehens. Heinrich Mann äußerte, daß, als »die Bücher in Berlin verbrannt wurden, ⟨...⟩ viele von ihnen anstatt auf den Scheiterhaufen in die Taschen junger Leute ⟨gelangten⟩, die froh waren, sie so billig zu bekommen«.[46]

Der Literaturwissenschaftler Hans Mayer sah in dem Geschehen ein »Schauspiel«, dessen »geheimer Mangel an Ernsthaftigkeit« unverkennbar und das »ein Autodafé ohne praktische Wirksamkeit«[47] gewesen sei. Anders als die Ironisierung der Inszenierungspraxis versuchte diese Art der Kritik also auch die elementabbildende Funktion, das heißt die Subscriptio-Elemente wie »Bücher«, »Ideen« und »Menschen« mit einzubeziehen. Der eigentliche »Wille« der NS-Bücherverbrenner, Bücher, Ideen und Menschen zu meinen und Entsprechendes in die Tat umzusetzen, zeigte sich ironisch relativiert und in Frage gestellt. Das Geschehen wurde als metaphorisches Symbol ohne eigentlich repräsentative und pragmatische Wirkungskraft aufgefaßt. Als Ereignis, dem eigentlich keine Symbolkraft zukam, verblieb es im »Uneigentlichen« der Geschichte, und sein potentieller »historischer Sinn« verflüchtigte sich.

Erst das Verfahren der Groteske bahnte demgegenüber den Weg zu einer neuen »ernsthaften« Auseinandersetzung. Mit dem zeitlichen Abstand und der Erfahrung der Shoa wuchs die Zahl der Stimmen, die diesem Wechsel im Tonfall folgten. Typisch hierfür ist ein Holzschnitt von Heinz Kiwitz, auf dem Goebbels wie ein dämonischer »Raubvogel« und die NS-Studenten wie eine Mischung aus hysterischen Horden von »Halbwüchsigen«, »Schweinen« und »Marionetten« wirken.

Eine Charakterisierung Elisabeth Castoniers verdeutlicht noch mehr das Stilgesetz dieses Verfahrens, da sie sich angesichts des Autodafés an »Gestalten von Goya, Fratzen von Daumier und Hogarth, ⟨...⟩ entfesselte Massen in bösartig-infantilem Zerstörungswahn«[48] erinnert fühlte. Auch bei der Groteske stand die Ausgangspictura im Mittelpunkt des Interesses, die aber nicht mehr als eine »Komödie«, sondern als eine Art »absurde Tragödie« fassioniert wurde. Mithilfe der Betonung von Negativ-Elementen wie »Impulsivität«, »Suggestivität«, »Irrationalität« und »Aggressivität« und der Wahl entsprechender natur-, sozial- und technikdynamischer Symbole erschien nun das Ereignis als ein Beispielfall von »Barbarei« und »Wahnsinn« des deutschen Nationalsozialismus.

Das Verfahren der Groteske führte aber ebenso vor Augen, daß selbst die Mittel der Ironie nicht ausreichten, der Kritik genügend Ausdrucksspielraum zu geben. Denn die Ironie läßt den diskursiven Ort, von dem aus sie spricht, eher im dunklen und bedarf daher der Ergänzung durch eine weitere Tonart, durch das ⟨Gegen-)Pathos. Dieser Redestil vollendete erst die Umstellung von Scherz in Ernst und zielt auf den Ton einer ernsthaften subjektiven »Betroffenheit« ab. Zu den bekanntesten Reaktionen dieser Art gehören die Beiträge Ernst Tollers, zum Beispiel sein ›Offener Brief an Herrn Goebbels‹ (1933) oder die in Ragusa gehaltene ›Rede auf dem Penklub-Kongreß‹ (1933)[49]. Darin konzentrierte sich die pathetische Rede wieder mehr auf die Symbolfunktion des Ereignisses, wobei aber nun statt einer metaphorischen die repräsentative Abbildungsfunktion dominierte. Das Pathos arbeitete dazu mit der Konstruktion einer rhetorischen Grundsituation, in der sich ein privates »Ich« oder »Wir«, das bislang »übersehen« oder »verkannt« geblieben war, im intimen Ton der »Tiefe« und »Wahrheit« an die Öffentlichkeit wendet. Verbunden damit war ein Verweis auf – zumeist unschuldig – erlittene Leiden, der Verweis auf die Größe und Übermacht des Gegners, die Bekräftigung des eigenen Überlebenswillens und der Glaube an den baldigen Sieg. Auch in der Wahl des Gegenpathos erklang mithin die Tonlage des sozialen Interdiskurses: Der »ganze Mensch« sprach über das Politische in Worten des Wahren, Guten und Schönen, bei Toller in die Begriffe von »Nation«, »Welt« und »Menschheit« gefaßt. Das Ineinandergreifen von Privatheit der Rede und Öffentlichkeit sollte dabei für hohe Affektgeladenheit und ein Identifikationsangebot vom Sprecher ans Publikum sorgen.

Der Überblick über die verschiedenen diskursiven Tonarten (und implizit ihre Stärken und Schwächen) macht auch plausibel, warum die bekanntesten Reaktionen aus den Reihen der Diskurskritik diejenigen sind, in denen sich die Tonarten kunstvoll mischten. Dazu gehören besonders Oskar Maria Grafs Zeitungsartikel ›Verbrennt mich!‹[50] (zuerst in der ›Wiener Arbeiter-Zeitung‹ am 12. Mai 1933 erschienen) und die daran anschließende lyrische Verarbeitung durch Bertolt Brecht[51]. Graf hatte in seinem Text, der von der internationalen Presse vielfach nachgedruckt wurde und seinen Autor weltberühmt machte, dagegen protestiert, auf die »Weiße Liste« der NS-Regimes gesetzt worden zu sein:

Verbrennt mich! Nach meinem ganzen Leben und nach meinem ganzen Schreiben habe ich das Recht, zu verlangen, daß meine Bücher der reinen

Flamme des Scheiterhaufens überantwortet werden und nicht in die blutigen Hände und die verdorbenen Hirne der braunen Mordbande gelangen.

Brecht wiederum lobte Grafs mutige Tat als vorbildlich und gab ihr in seinem Gedicht ›Die Bücherverbrennung‹ eine kunstliterarische Gestalt:

> Als das Regime befahl, Bücher mit schädlichem Wissen
> Öffentlich zu verbrennen, und allenthalben
> Ochsen gezwungen wurden, Karren mit Büchern
> Zu den Scheiterhaufen zu ziehen, entdeckte
> Ein verjagter Dichter, einer der besten, die Liste der Verbrannten
> studierend, entsetzt, daß seine
> Bücher vergessen waren. Er eilte zum Schreibtisch
> Zornbeflügelt, und schrieb einen Brief an die Machthaber.
> Verbrennt mich! Schrieb er mit fliegender Feder, verbrennt mich!
> ‹...›
> Ich befehle euch:
> Verbrennt mich!

Der Appell »Verbrennt mich!« erscheint als der ernstgemeinte und damit pathetische Ruf, die Bücher des Dichters als ein Symbol antifaschistischer Resistenz zu behandeln und ebenfalls in öffentlich-feierlicher Form zu verbrennen (was eine Münchner Studentengruppe tatsächlich in Form einer Sonderaktion nachholte). Das Martyrium des Büchertods wurde mithin mit Blick auf die Zeichenhaftigkeit eines solchen Ereignisses für das eigene Ich und die politische Öffentlichkeit befürwortet. Gleichzeitig aber war jenes »Verbrennt mich!« keineswegs wörtlich zu verstehen als Möglichkeit der Vernichtung der eigenen Rede und Existenz. Nicht um die Zerstörung des Resistenzpotentials ging es, sondern um dessen intelligente und operative Aktivierung und Steigerung.

Brecht setzte dem Dichter Graf ein literarisches Denkmal, dem es gelungen war, der Symbolpraxis des Nationalsozialismus mit einer treffenden Gegensymbolik zu antworten. Die spätere Diskurskritik sah sich von dem gleichen Impuls getragen und stellte das Ereignis in eine für das »Dritte Reich« als repräsentativ erachtete historiographische Reihe, die von »Reichstagsbrand« und »Reichs-

kristallnacht« bis hin zu »Stalingrad« und »Auschwitz«[52] führte.
Auf diese Weise wurde es zu einem anerkannten Epochen-Symbol
für die Zeit der NS-Herrschaft in Deutschland, so daß Thomas
Mann formulieren konnte: »Das Hitler-Regime ist das Regime der
Bücherverbrennungen und wird es bleiben.«[53] Während es nach
1933 nicht mehr zu Bücherverbrennungen kam, bemühte sich die
internationale demokratische Öffentlichkeit um eine kritische Erinnerung an das Geschehen, die möglichst pragmatisch institutionalisiert und kollektiv rezipierbar sein sollte. Am bekanntesten sind
die Gründung einer »Bibliothek der verbrannten Bücher« in Paris
(1933) sowie eine Reihe öffentlicher Gedenktage geworden. In den
1930er Jahren bildeten vor allem Prag, Paris und London, Anfang
der 1940er die Vereinigten Staaten (mit den Zentren New York und
Boston) die Stätten solcher Veranstaltungen, die sich zum Teil zu
Massenkundgebungen entwickelten.

Mit dem Eintritt in den Zweiten Weltkrieg findet sich in den
staatlichen Propagandaplakaten und öffentlichen Presseberichten
der USA eine Symbolisierung des Themas »NS-Bücherverbren-
nungen«, in der die Gewißheit zum Ausdruck kommt, daß sich die
frevelhafte Tat endgültig gegen ihre Urheber kehren wird.[54]

Die neue deutsche Öffentlichkeit schloß sich der Gedenkkultur
nach dem Ende der Hitlerdiktatur zunächst in den westlichen
und östlichen Besatzungszonen an und erfuhr in Form der »Tage
des freien Buchs« bis in die Anfangsjahre der DDR eine gewisse
Konjunktur. Am bekanntesten in der BRD ist schließlich das Gedenken zum 50. Jahrestag im Jahre 1983 geworden, der zeitlich in
die Phase der »Vergangenheitsbewältigung« eingebettet war und
in dessen Zusammenhang eine größere Reihe von Ausstellungen,
Gedenkfeiern und wissenschaftlichen Veranstaltungen entstanden
sind. Zwölf Jahre später erlebte die Kultur der Erinnerung einen
weiteren Höhepunkt, indem auf dem ehemaligen Berliner Opernplatz das von dem israelischen Künstler Micha Ullmann erstellte
Denkmal einer leeren, unterirdischen Bibliothek eröffnet wurde,
dem als einziges Schriftdokument eine Inschrift mit Heines bekannter Sentenz beigegeben ist.[55]

Die symbolische Gegenpolitik Nachkriegsdeutschlands war damit an ihrem vorläufigen historischen und logischen Ende angelangt.

Michael Rohrwasser
Schriftsteller im Zeitalter des Totalitarismus

Es liegt in der Natur von totalitären Systemen, daß sich unter ihrem
Einfluß die Rolle der Schriftsteller verändert. Die Veränderungen
hängen vor allem zusammen mit der Anziehungskraft der totalitären Parteien und Bewegungen auf die literarischen Intellektuellen
(auch außerhalb des totalitären Systems), und diese liegt offensichtlich zu einem wesentlichen Teil begründet gerade in der Eigenschaft
des Totalitären[1] – ein Wort, das in den 1920er Jahren noch politischer Kampfbegriff war; Alfons Paquet sprach 1919 vom »revolutionären Totalitarismus Lenins«, doch wurde die Kennzeichnung
»totalitär« dann vor allem auf faschistische Herrschaftsmethoden
bezogen und später von Mussolini zur Wesensbestimmung seiner Partei übernommen.[2] In Lenins Aufsatz ›Parteiorganisation
und Parteiliteratur‹ von 1905 ist ein solches Konzept bereits entworfen – ein Aufsatz, der 1929 in der ›Linkskurve‹, dem Organ
des »Bundes Proletarisch-Revolutionärer Schriftsteller« (BPRS), als
programmatische Schrift entdeckt wurde und auf den Stalin sich
in den 1930er Jahren berief.[3] Mit der Entwicklung von Totali-
tarismustheorien nach 1940 (H. Arendt, C.J. Friedrich), die unter dem deutlichen Einfluß von Ex-Kommunisten entstanden sind
(von Heinrich Blücher bis Franz Borkenau und Manès Sperber)[4],
stellt sich die Frage, wie »totalitär« die literarische Öffentlichkeit
im sowjetischen und im nationalsozialistischen System organisiert
war. Eine vergleichbare Programmatik (nicht nur) aus der Frühzeit
des Nationalsozialismus sucht man vergeblich; ebenso ein ähnlich
forciertes Interesse an Literatur und die damit verbundene Aufwertung der Rolle des Literaten.[5] – Der Veränderungsprozeß ist also
weder mit der Zäsur von 1933 genau zu datieren[6], noch mit dem
Hinweis auf Staats- oder Parteikonzepte zur Funktionalisierung
von Literatur hinreichend zu erklären.

I. Zwischen Antimoderne und Avantgarde

Beim Rückblick auf das Verhältnis von Bolschewismus und russischer Literatur wird deutlich, daß hier zwar in den Jahren des
sogenannten Kriegskommunismus ein Spielraum für Strömungen
der Moderne und Avantgarde gegeben war, die bolschewistische
Partei aber mit Symbolismus, Futurismus, Imaginismus, Formalismus, Akmeismus, Konstruktivismus oder Proletkult wenig im Sinn
hatte. Im April 1932 waren alle literarischen Vereinigungen aufgelöst worden; Stalin ordnete per Erlaß die Bildung eines einzigen
Schriftstellerverbandes an – Grundlage einer »Gleichschaltung«
der sowjetischen Kultur, in der nach der Liquidierung des privaten
Kunstmarkts der Staat zum alleinigen Auftraggeber wurde. Zensur
und politische Indienstnahme bestimmten ab 1924, forciert ab
1932, das literaturpolitische Klima, und Trotzkis Kenntnis der
literarischen Moderne war die frappante Ausnahme (was ihn nicht
hinderte, ›Frühlings Erwachen‹ zwar als Wedekinds bestes Werk
zu loben, den Autor aber als »Ästhetizisten« ob seines schlechten
Einflusses auf die russische Intelligenz abzutun).[7] An die Stelle der
Avantgarde-Strömungen treten bald Hagiographie, Heldenkult und
Parteilichkeit; die Position des außenstehenden »Weggenossen«
wird attackiert, und schließlich eine »volksnahe« Literatur propagiert, die 1934 von Bucharin, Gorki, Radek und Ždanov den Namen »sozialistischer Realismus« verliehen bekommt; in ihr ist dem
positiven Helden ein dämonisierter Feind gegenübergestellt und
das lineare Erzählen festgeschrieben. Auf dem Moskauer Kongreß
von 1934 wurden jedoch durchaus unterschiedliche Konzeptionen
entworfen, was sich dann in den sowjetischen »Klassikern« des sozialistischen Realismus spiegelt. 1934 wird eine dem Tod geweihte
literarische Moderne mit einer zukunftsträchtigen neuen Literatur
kontrastiert; der neue Entwicklungsroman will mit der geforderten
Widerspiegelung der siegreichen historischen Kräfte »einen stati-
schen Realismus« durch das Wissen überwinden, welchen Weg »die
Wirklichkeit« gehen wird.[8]

Karl Radek hatte 1930 einleitend zur deutschen Ausgabe von Boris
Pilnjaks Roman ›Die Wolga fällt ins Kaspische Meer‹ das zentrale

Moment der literarischen Moderne, die künstlerische Autonomie, zur bürgerlichen Phrase erklärt. Er skizziert Pilnjak als Typus des »Mitläufers«, der nicht in der sozialistischen Revolution und dem Proletariat verwurzelt sei, womit er sich demonstrativ gegen seinen früheren Bündnisgenossen Trotzki und dessen Verteidigung der literarischen »Weggenossen« wendet.[9]

Obwohl in Lenins, Ždanovs und Radeks Programmen die künstlerische Autonomie aufgehoben war, geht von dieser regressiven Literaturpolitik der Einordnung und Parteinahme eine Faszination (in den Westen) aus.[10] Die Kunst gewinnt ihr Wozu zurück, ihre Adressaten und ihre Aufträge. Literatur wird in Dienst genommen; doch in diesem Prozeß wird die Rolle des Schriftstellers aufgewertet. Literarische und politische Öffentlichkeit schienen wieder eng verbunden; man konnte sich, durch ein vielfach bloß verbales Engagement, als geistiger Führer und Träger des historischen Fortschritts fühlen.

Literatur hat bereits zuvor, im Blick aus dem Westen, durch die Verbindung mit der antibürgerlichen oppositionellen Macht den Bonus der Zukunftsmächtigkeit erhalten. »Heute ist der Kommunismus modern«, registrierte Willy Haas 1928:

> Der impotente Schriftsteller in der bürgerlichen Gesellschaft: irgendwo in ihm ist doch sein Nichts durchbohrendes Gefühl quälend vorhanden. Aber er laufe nur zum Kommunismus über: sofort ist ihm, durch einen unheimlichen Trick, eine Gewißheit gegeben, daß über allem Bewußtsein intellektueller oder dichterischer Minderwertigkeit sein akzeptiertes politisches Programm die letzte und endgültige Entscheidung auch über seine höheren Geistesqualitäten fällt.[11]

Auch in den literarischen Texten der Weimarer Jahre, die den Blick auf Rußland richteten, scheint die Abwendung von der Moderne sinnfällig: eine Renaissance des Reiseberichts der Vormoderne ist auszumachen, in dem der vereinzelte Reisende seine Wahrnehmungen und Impressionen schildert, als ginge es um die Beschreibung eines unentdeckten Landes – einen ins mythische Licht getauchten Kontinent des Glaubens.[12]

Gleichwohl findet auch die literarische Avantgarde sich im Blick auf den Osten wieder, etwa in der Identifikation von Betrachter und

Akteur, im Anspruch der Überführung von Kunst in eine andere Lebenspraxis oder in der Forderung nach einer Politisierung der Literatur, die keine Rückkehr zur Kunst als »nützlicher Tätigkeit« war.[13] Aus der Beobachtung, daß einzelne avantgardistische Gruppierungen nach 1917 in Rußland ein rigideres literaturpolitisches Parteiprogramm, eine »Tscheka der Literatur« forderten, ist rückblickend die generalisierende These entwickelt worden, daß die Kultur der Stalinzeit aus dem Geiste der Avantgarde entstanden sei. Der Sozrealismus habe das demiurgische Projekt der Avantgarde, wonach der Künstler sich an die Stelle des toten Gottes setze (Nietzsche), zur Vollendung geführt.[14]

Literatur wird zur Tat und das Buch zur Waffe erklärt – die ›Neuen deutschen Blätter‹ wenden sich im September 1933 an die antifaschistischen Schriftsteller mit dem Motto »Wer schreibt, handelt!«, und 1935 ist dort die Rede von einem »Parlament der Literatur« und »Literaturarbeitern«.[15] Daher ist es eine vordergründige Argumentation, von einem Verrat der Literatur an die Politik zu sprechen und politisches Bekenntnis mit literarischem Niveauverlust gleichzusetzen[16] (wie 1933 vor allem mit Blick auf das »Dritte Reich« und nach 1945 mit Blick auf die ostdeutsche Literatur geschehen); vielmehr finden sich hier Figuren einer literarischen Avantgarde, die den Literaturbegriff auf das neue Leben und die andere Politik ausweitet und Merkmale der Avantgarde wie Auflösung des Werkcharakters, Negierung des Verwendungszwecks, Entindividualisierung der Produktion wie der Rezeption.[17] Walter Benjamin, der 1931 bei Autoren einen »linken Radikalismus« kritisierte, dem »überhaupt keine politische Aktion mehr entspricht«, schließt 1936 seinen ›Kunstwerk‹-Aufsatz im Blick auf Marinettis Futurismus mit der Gegenüberstellung, daß der Faschismus die »Ästhetisierung der Politik« betreibe, während der Kommunismus »ihm mit der Politisierung der Kunst« antworte.[18] So zitierbar diese Gegenüberstellung wurde, so schwierig ist sie im Werk der in Deutschland zurückgebliebenen Autoren nach 1933 nachzuvollziehen. Auch hier findet sich der Glaube an eine historisch-politische Mission der Literatur, die nicht aufgeht in ihrer propagandistischen Funktion. Es erschienen Modernitätskonzepte, ästhetische Theorien der Jetztzeit und Reflexionen über den Autor als Produzenten,

allerdings proklamierten die traditionsverbundenen Verkünder der
dichterischen Sendung immer lautstärker das Bild des Nationalbar-
den.[19] Und die russische Avantgarde (z. B. LEF) erklärt Produktion
und Organisation zu künstlerischen Tätigkeiten,[20] und später wird
Lion Feuchtwanger (›Moskau 1937‹) den neuen Staat als Gesamtkunstwerk feiern.

Eine andere Erklärung für die Anziehungskraft des bolschewi-
stischen Modells auf Teile der literarischen Avantgarde, auf Außen-
seiter oder berühmte Autoren, liegt in der Versuchung des Autors,
sich mit dem radikalsten oppositionellen System zu verbinden: die
Koalition von abstraktem Radikalismus und künstlerischer Avantgarde. Indem man sich mit der (scheinbar) schärfsten Form des
politischen Radikalismus verbindet, sucht man sich des eigenen
Führungsanspruchs und der Bedeutung des eigenen Werks zu versichern[21] – dieses Erklär-Modell würde ebenso die politischen Wendungen Gottfried Benns oder Louis Ferdinand Célines erfassen. Die
Schlußfolgerung liegt nahe, daß die ästhetizistische Verachtung von
(»kleinbürgerlichen«) moralischen Positionen eine Affinität mit
dem Totalitären zu entwickeln vermag – vor der Geschichte soll
das Werk bestehen, nicht vor seinen bürgerlichen Kritikern. Man
will nicht im »parlamentarischen Geschwätz« versumpfen; statt
sich bei Humanitätsappellen aufzuhalten, sieht man sich mit den
großen Zielen verbündet und gibt sich der »Magie des Extrems«
(Nietzsche) hin.[22]

Auch ein taktischer Gedanke mag in den Jahren der Emigration für diese Verbindung sprechen: Vertreter und Fürsprecher
der ästhetischen Moderne wie Bertolt Brecht oder Ernst Bloch,
die durch die Doktrin des sozialistischen Realismus und durch die
Lukácssche Position der Rückbindung an das bürgerliche Erbe (der
Vormoderne) ins politische Zwielicht geraten sind, versichern der
Partei ihre vorbildliche politische Treue, die den Beweis erbringen
soll, daß »Formalismus« nicht in politischen Verrat münde, daß Expressionismus nicht ins faschistische Lager führe. Die Polemik von
Lukács gegen Reportageromane und episches Theater (1932 in der
›Linkskurve‹) machte die Wendung zu einer klassizistischen Traditi-
on schon deutlich, die dann in der sogenannten Expressionismusdebatte ihren Ausdruck fand.[23] Dieses Wiederaufleben vormoderner

Stile und klassizistischer Stilnormen läßt sich auch in der Literatur des »Dritten Reichs« beobachten.[24] Expressionismus und Dekadenz werden von beiden Seiten der je anderen zugeordnet.

In beiden Lagern berief man sich auf große Geschichte. »Wo die Geschichte spricht, haben die Personen zu schweigen«, sagt Benn in seiner Rundfunkrede ›Der neue Staat und die Intellektuellen‹ (1933); er schließt seine Attacke gegen die Forderung nach Geistesfreiheit mit antidemokratischem Affekt: »die Geschichte ist reich an Kombinationen von pharaonischer Machtausübung und Kultur«.[25] »Denken«, »Abstimmen« und »Debattieren« sind auch in Benns ›Antwort an die literarischen Emigranten‹ (1933) Begriffe, die vor »Geschichte« und vor »Kultur« versagen. Aber auch die Faszinationsgeschichte des Kommunismus ist in ihrem Zentrum mit Geschichtsmächtigkeit verbunden. Ein mächtiges Subjekt muß die historischen Hoffnungen verkörpern. Der Messias von Benjamins geschichtsphilosophischen Thesen (1940) ist kein Feingeist, sondern ein Titan, ein Prometheus, der den Konformismus der Sozialdemokratie überwindet. Was den kommunistischen Intellektuellen als Wendigkeit oder Opportunismus vorgehalten wird, ist die Identifikation mit dem historischen Sieger.[26] Stalin figuriert nach 1933 nicht als Revolutionär, sondern als Führer, der den faschistischen Betrug an den Massen und die gigantische Verschwörung aller imperialistischen und faschistischen Mächte zunichte machen wird. Die Tschistka erscheint so als terroristische Vernunft gegen die Verschwörer im eigenen Lande und damit als Verheißung, daß mit Hilfe eines Demiurgen dem Faschismus Einhalt geboten werden könnte. Der ewig skeptische und zögernde Intellektuelle, verwickelt in endlose Diskussionen, ist angezogen von der Faktizität des Handelns, vom Willen zur Tat. »Wo gehobelt wird, da fallen Späne«, »eine Geburt ist blutig«, »ein Krebsgeschwür muß herausgeschnitten werden«, »im Sturm blickt die Schiffsmannschaft auf ihren Kapitän«, heißen folgerichtig die Formeln seiner Rechtfertigung. Bertolt Brecht betont, daß, wenn Geschichte (in Gestalt der Partei) spreche, sie »nicht von plaudernden Gruppen an Kaminen« umgeworfen werden könne – »die Generallinie der Partei steht jenseits der Kritik«.[27]

II. Der Moskauer Literaturkongreß von 1934

Im August 1934 trafen sich in Moskau 600 sowjetische Delegierte und rund 40 ausländische Autoren, darunter 17 deutschsprachige, zum Ersten Allunionskongreß der Sowjetschriftsteller. Vom 17. August bis zum 1. September fanden im Säulensaal des Gewerkschaftsgebäudes (in dem zwei Jahre später die Schauprozesse inszeniert wurden) 26 Sitzungen statt, auf denen über 80 Schriftsteller und Parteifunktionäre Reden hielten und diskutierten.

Das Bild Gorkis als Präsident des Kongresses hing, zusammen mit dem Stalins, überlebensgroß im Sitzungssaal neben den Porträts verschiedener Dichter der Weltliteratur. Gorki, vor den Konflikten mit Lenin ins Exil geflohen, war im Sommer 1928 zurückgekehrt; der Staat organisierte einen Kult, wie er um einen Schriftsteller nie zuvor und nie seither betrieben worden ist. Klaus Mann beschreibt diesen in seinem Kongreßbericht, ohne die Hintergründe der Inszenierung und die Instrumentalisierung des Autors zu thematisieren; in seinem Moskauer Rundfunkvortrag partizipiert er noch an der Feier.[28] Die Konterfeis von Gorki und Stalin waren Sinnbild der propagierten Einheit von »Geist und Macht« (so der Titel von Wieland Herzfeldes Kongreß-Bericht in den ›Neuen deutschen Blättern‹[29]), die Gottfried Benn am anderen politischen Pol verwirklicht sah: »Der totale Staat ⟨...⟩ tritt auf mit der Behauptung völliger Identität von Macht und Geist, Individualität und Kollektivität, Freiheit und Notwendigkeit« (›Züchtung‹, 1933).[30]

Die Konsequenzen dieser Verbindungen sind, daß der Schriftsteller als Handlanger der Macht, als Henker oder Spitzel figurieren kann und der totalitäre Führer als Hüter der Musen. Das tradierte Bild vom Dichter als »Macht-Abstinenzler« ist damit radikal in Frage gestellt.[31]

Den im nachhinein bekanntesten Satz des Kongresses sagt Ždanov in der einleitenden Rede: »Genosse Stalin hat unsere Schriftsteller die Ingenieure der menschlichen Seele genannt«.[32] Zum einen wird hier die eminente Bedeutung unterstrichen, die dem neuen Typus des Schriftstellers für die Funktionstüchtigkeit einer gesellschaftlichen Maschine zugemessen wurde, zum andern wird deutlich, daß ihnen nicht mehr die Rolle eines bloßen »Augenzeugen« zugebilligt wurde; schließlich ist hier schon angedeutet, daß Stalin die Schriftsteller auch wie jene Ingenieure zu verfolgen gedachte, die der Wirtschaftssabotage bezichtigt waren.

Die antimodernistische Tendenz, mit der gewohntermaßen die Literaturpolitik des »Dritten Reichs« gekennzeichnet wird, gewinnt auch in Moskau an Kontur. Johannes R. Becher, der als stimmberechtigter Delegierter auftrat, forderte die Rückbesinnung auf den Kanon der »klassischen deutschen Kultur«, deren einzig berechtigter Erbe man sei. Zugleich nahm er Distanz zu eigenen Proletkult-Versuchen in den Weimarer Jahren und widerrief seine expressionistischen Anfänge; statt dessen predigte er eine »echt volkstümliche Kunst« und ortete den Pessimismus der Moderne »in tausend krankhaften Wendungen« bei den Faschisten.[33] Karl Radek wandte sich in seinem Kongreß-Referat gegen Céline, Joyce und Proust und forderte den Nutzeffekt der Literatur, den er bei den Repräsentanten der Moderne vermißte.[34] Klaus Mann protokolliert, wie provokativ dieser antimoderne Nutzenfaktor wirkte: »Ein Gegenstand des Sarkasmus war ihm, daß Proust sieben Gerüche gleichzeitig voneinander unterscheiden konnte ⟨...⟩. In Arbeiterwohnungen – meinte Radek – gebe es meist nur einen Geruch, den nach Kohl; man täte besser daran, helle saubere Arbeiterhäuser zu bauen«.[35] Nationalsozialismus und Stalinismus sehen sich in der Rolle des Verteidigers der »ewigen klassischen Ideale« gegen die »dekadenten Verzerrungen« der Moderne. Dahinter freilich verbergen sich in beiden Systemen Züge einer politischen Moderne.

Trotz der programmatischen Öffnung gegenüber »humanistischbürgerlichen« Autoren wurde die Notwendigkeit von Bekenntnis und Parteilichkeit hervorgehoben.[36] Jene Schriftsteller, die »nicht begreifen wollten«, daß sie »der Arbeiterklasse in ihrem Kampf zu helfen, der Sowjetunion beizustehen« haben, »werden unbedingt ins Lager der Faschisten geraten«.[37] Der Zwang zur Ein- und Zuordnung spiegelt sich auch wider in einer NS-Kulturpolitik, die die Scheidung von »Eigenem« und »Fremdem« am sichtbarsten in den »Bücherverbrennungen« vom Mai 1933 inszenierte. In Moskau 1934 gerät der Blick auf das »Dritte Reich« unbeabsichtigt zur Beschreibung der stalinistischen Kulturpolitik: »Die Faschisten« sagen, »es gibt keine Literatur, die dem Kampf fernbleibt. Ihr seid entweder für uns oder wider uns. Seid ihr für uns, so schafft vom Gesichtspunkt unserer Weltanschauung aus; seid ihr wider uns, so ist euer Platz im Konzentrationslager«.[38] Das »Dritte Reich« hingegen internierte Autoren vor allem als *politische* Repräsentanten (Erich Mühsam, Carl von Ossietzky), nicht aber wegen ihrer *literarischen* Produktion. Schriftsteller wie Axel Eggebrecht, Karl Bröger oder Ernst Wiechert konnten nach ihrer Entlassung wieder publizieren.

Die Nähe beider »Lager« wird auch von Wieland Herzfelde unterstrichen: »Was die faschistischen Potentaten mit lügnerischem Pathos als angebliches Programm verkünden: Abschaffung der Klasse, Volksgemeinschaft, Verbundenheit der Führung mit der Masse, das ist im Sowjetland, und nur im Sowjetland, Wirklichkeit«.[39] Angesichts der Isolation, die durch das Exil produziert wurde, war die Versuchung, sich trotz politischer Vorbehalte in einer Organisation einzugliedern, gewachsen. Theodor W. Adorno beschreibt gegen Ende des Krieges diese Misere des Intellektuellen in der Emigration:

> Die Isolierung wird um so schlimmer, je mehr feste und politisch kontrollierte Gruppen sich formieren, mißtrauisch gegen die Zugehörigen, feindselig gegen die abgestempelten anderen. Der Anteil des Sozialprodukts, der auf die Fremden entfällt, will nicht ausreichen und treibt sie zur hoffnungslosen zweiten Konkurrenz untereinander inmitten der allgemeinen. All das hinterläßt Male in jedem Einzelnen.[40]

Auf dem Moskauer Allunionskongreß erfährt die neue Parole der Volksfront ihren Probelauf. Der bis dahin attackierte Thomas Mann wird insgeheim zum literarischen Vorbild erhoben, Lion Feuchtwanger und Heinrich Mann werden wortreich umworben. Die Euphorie der geladenen deutschen Autoren war groß – nicht nur im Rücken eines Deutschland, das den Exodus seiner Intelligenz erzwungen hatte und seine Literatur durch ein Reichsministerium für Propaganda verwalten ließ. Hatten an der Charkower Schriftsteller-Konferenz vom November 1930 nur kommunistische Gäste teilgenommen, so waren nun auch Nichtkommunisten wie Albert Ehrenstein, Oskar Maria Graf, Klaus Mann oder Balder Olden eingeladen. In den Kongreßberichten der deutschen Be-

sucher wird nicht das Szenario einer staatlichen Verwaltung von
Literatur analysiert, statt dessen wird in romantisierenden Bildern
die sinnliche Präsenz der Lesermassen gefeiert – die Leser heben
als Auftraggeber und zugleich als »Mitarbeiter und Kritiker« (so
Herzfelde) die Anonymität und Gleichgültigkeit des literarischen
Marktes auf und befreien den Autor aus der Qual der Bedeutungs-
losigkeit. Betont wird die Einigkeit der Schriftsteller und der »Lite-
raturenthusiasmus eines ganzen Landes«; und angedeutet wird
(ähnlich, wie Benn dies 1934 tut), daß die Literatur jene Position
einnehme, die nach der Revolution von der Kirche geräumt worden sei.[41] Oskar Maria Grafs gewitzter Blick verschleiert sich dort,
wo er »die innige Verbindung des Schriftstellers mit der Masse«
feiert.[42] Noch der kritischste Beobachter, Klaus Mann, bekennt
Becher brieflich: »In diesem Lande muß ein Schriftsteller glücklich
sein können«.[43] Der Schriftsteller sieht sich von seinen Lesern auf
ein priesterliches Podest gehoben; seinen Werken wird die ersehnte
soziale Nützlichkeit attestiert und eine zentrale Bedeutung im historischen Prozeß zuerkannt, zu einem Zeitpunkt, der neben dem
existentiellen Elend die Vertreibung aus der Sprachheimat und den
Verlust der früheren Leserschaft markierte. Wenn Sergej Tretjakow
nun auf dem Kongreß forderte, daß die sowjetischen Schriftsteller
nicht gleichgültig lassen dürfe, was ihren emigrierten Kollegen aus
Deutschland geschieht – »In Erschrecken muß es jeden versetzen,
wenn er hört, daß sich die Arbeitsbedingungen für Brecht oder die
Seghers verschlechtern«[44] –, dann war das eine tröstliche Melodie
in den Ohren jener, die vertrieben und vereinzelt waren.

III. Der Internationale Schriftstellerkongreß 1935 in Paris

Der ein Jahr später (21.–25. Juni 1935) im Pariser Theatersaal
der Mutualité tagende »Erste Internationale Schriftsteller-Kongreß
zur Verteidigung der Kultur«, der rund 250 Intellektuelle aus 37
Ländern, darunter 20 deutschsprachige Autoren zusammenführte,
stand noch stärker im Zeichen der Rückbesinnung auf die Vormoderne und der Volksfront – die Kommunisten hielten sich bei der

Organisation im Hintergrund, und entsprechend klein war die sowjetische Delegation.[45] Becher lieferte eine Rechtfertigung für die kulturpolitische Wende und eine Absage an die Avantgarde – die Kultur solle »die Mehrheit« erobern. Er fordert, das Erbe »aus den Händen derer, die es widerrechtlich in Besitz genommen haben« zu befreien, als einen »Schatz der Nation«.[46] Trotz der Diskussionen ging es den Veranstaltern vor allem um Demonstration – Klaus Mann spricht im nachhinein von einer »Parade der großen anti-faschistischen Namen«, Becher vorausblickend von einer »Welt-konferenz aller antifaschistischen Schriftsteller«.[47]

»Im Vergleich mit früheren Auffassungen des Verhältnisses zw. Pol. u Literatur war man aber diesmal sehr liberal und offen für alle Werte; bloß mißt man sie doch noch mehr oder weniger an den eigenen Dogmen«, schreibt Robert Musil[48], und Gustav Reg-ler schildert später, wie man den Schein einer Neutralität wahren wollte und das Anstimmen der Internationale als ärgerlichen Faux-pas empfand.[49] Thomas Mann liefert in einem Brief an Becher, den Hauptinitiator des Kongresses, einen Hinweis auf die organisatori-schen Bedingungen dieser Euphorie:

> Sie wissen besser als ich, daß der Moskauer Kongreß sehr generös finanziert worden ist, daß die Schriftsteller für Reise und Aufenthalt ein-geladen und versorgt waren. Kann dies in Paris nun nicht geschehen ⟨...⟩, so fürchte ich, daß außer den in Paris ansässigen deutschen Literaten und einigen französischen sympathisierenden nicht viele Besucher zu erwarten sein werden.[50]

In den aggressiven Reaktionen auf den Redebeitrag Robert Mu-sils läßt sich der gewachsene Druck der Lagerbildung ablesen. Dem, der sich deren Sprachregelung verweigert, wird ein Abseits des Ver-gessens angedroht. Musil sagte in seinem Einleitungsvortrag:

> Die Frage, wie Kultur zu schützen sei und wogegen Kultur zu schützen sei, ist unerschöpflich. Denn das Sein und Werden der Kultur ist es und ebenso sind es die Schädigungen, denen sie von Freund und Feind ausge-setzt ist. Was ich hier und heute darüber sagen will, ist unpolitisch. Ich habe mich zeitlebens der Politik ferngehalten, weil ich kein Talent für sie spüre. Den Einwand, daß sie jeden für sich anfordere, weil sie etwas sei, das jeden angehe, vermag ich nicht zu verstehen.[51]

Bodo Uhse greift ihn für diese Zurückhaltung gegenüber der Politik an: »Wir alle unterliegen ihr, das heißt, wir sind von ihr betroffen, sind ihr Objekt, mehr sogar, als wir wahrhaben möchten – und wir beneiden jene Union von Völkern, deren Vertreter in diesem Saale anwesend sind, daß bei ihnen der Mensch zum Subjekt der Politik geworden ist«. Dem folgt die prophetische Drohung: »In kommenden Zeiten, in denen historische Werke nur kurz über die kranke, niederdrückende, unästhetische Gestalt unserer Tage sprechen werden, wird man Ihre Werke, Robert Musil, als ästhetische Dokumentationen für diese Zeit des bürgerlichen Verfalls lesen«.[52] Die ›Arbeiterzeitung‹ rückt Musil unter dem Titel ›Ein ›Kultur‹-Sendling des österreichischen Faschismus abgeblitzt‹ gänzlich ins feindliche Lager.[53] Egon Erwin Kisch und Bodo Uhse attackieren in ihrem Kongreßbericht Musil nochmals als »asozialen Problematiker«; sie charakterisieren ihn als Flüchtling ins »Niemandsland«, der sich selbst die Schlinge um den Hals lege, weil er es ablehne, »einen Raum zu suchen«, wo er seine Funktion ausüben könne.[54] Was trotz der Volksfront-Parole die Attacke auslöste, war zum einen Musils Verweigerung des einordnenden Stichwortes, zum anderen aber sein generalisierender Blick auf Politik, Literatur und Kultur, der provozierend die sowjetische Kulturpolitik mit einschloß. Noch der späte Kommentar Hans Mayers, daß Musil »nun einmal zur aussterbenden Gattung der Dichter zu gehören schien«, spielt mit dem Bild vom anachronistischen Dichter.[55]

Besser als die Einbindung Musils gelang in Paris die Inszenierung des »Manns mit der schwarzen Maske«, hinter der sich Jan Petersen aus Berlin verbarg. Mit dem Auftritt des im Untergrund schreibenden Autors sollte die kämpferische Kraft der Literatur versinnbildlicht werden. Wenn er in seiner Rede sagt, es gebe »keinen Ort, an dem eine Schreibmaschine klappern kann, ohne daß man damit rechnen muß, daß die Tür aufgerissen wird und der Gestapomann fragt: ›Was schreiben Sie?!‹«,[56] dann signalisiert dies die andere Aufwertung von Literatur – durch ihre Feinde. Gustav Regler ruft den Spitzeln der Gestapo zu: »Vor einigen Tagen gingen dreitausend Exemplare einer Anthologie auf illegalen Wegen nach Deutschland ⟨...⟩. Blockiert Eure Grenze, unsere Literatur wird die Blockade doch durchbrechen!«[57]

Weitere Kongresse in London, Madrid oder Valencia folgten, begleitet von Umfragen wie der des ›Pariser Tageblattes‹ vom Dezember 1934 zum Thema »Die Mission des Dichters 1934«. Robert Neumann lehnte als einziger die Frage ironisch ab mit dem Hinweis, die Dichter seien einer »Mission« nicht gewachsen – ihm komme es darauf an, zu schweigen und zu dichten; auch Alfred Döblins Antwort, die Mission des Dichters sei es, »Kunstwerke hervorzubringen, hinter die man sich mit seinem Können und seinem Gewissen stellt«, und seine Erklärung, »die Dichtung läßt sich nicht kommandieren«[58], kann als Verweigerung gegenüber dem Ritual des richtigen Bekenntnisses und gegenüber der Forderung zur Stellung- und Parteinahme verstanden werden. In der ersten redaktionellen Vorbemerkung der ›Neuen deutschen Blätter‹ hieß es, die Redaktion wolle »ihre Mitarbeiter zu gemeinsamen Handlungen zusammenfassen und die Leser im gleichen Sinn aktivieren«.[59] Die organisatorischen Anstrengungen der Kommunisten, die Kongresse, Zeitschriften und Sammlungsbewegungen umfaßte, hat das Bild der Exilliteratur bis in ihre späteren Dokumentationen hinein geprägt[60] – signifikant an der Serie der Umfragen und Aufforderungen zur Stellungnahme unter Schriftstellern ist gerade die Bedeutung, die (verstärkt während der Volksfrontphase) der Literatur im politischen Kampf beigemessen wurde; entsprechend streng wurden Verweigerungen geahndet. Wenn Klaus Mann (zu Recht) das Schweigen Stefan Georges gegenüber den Werbungen des »Dritten Reichs« als Widerstand oder das von Ricarda Huch als »spröde Zurückhaltung« interpretierte[61], war doch die Konsequenz, daß Schweigen im eigenen Lager als unzulässig gelten mußte.

Ernst Bloch sagte auf dem Pariser Kongreß, früher habe eine euphorische Aufbruchstimmung für den Dichter ausgereicht, heute dagegen würden »andere Papiere verlangt, die Revolution verachtet die graeculi, die tänzerischen, die träumerischen, die schönen Poeten, hat römische Kälte«[62], jedoch: »Dichtung und Philosophie, gewiß, sie werden einmal aufgehoben werden, doch nur, indem sie sich in der Aufhebung des Proletariats verwirklichen«.[63]

IV. Repression und Freiräume im »Dritten Reich«

Ein vergleichbares Bild von Stalin im Gespräch mit Gorki gab
es von Hitler so wenig wie genaue Wortmeldungen zur zeitgenössischen Literatur von seiten der NSDAP-Spitze. Die Rolle als
Schutzpatron der Literatur, der berühmte Autoren zu Reisen lud
und sie zu mehrstündigen Gesprächen empfing[64], war Hitler und
der NS-Führungsspitze fremd (es blieb NS-Literaturhistorikern
vorbehalten, die Bücherverbrennung als Akt der »Läuterung« und
der »Reinheit« zu interpretieren, der den Blick auf eine kommende
Literatur freimache[65]). Heinrich Manns oder Alfred Kantorowicz'
Bild von Stalin als dem »Intellektuellen«[66] basiert wohl auf dessen
fast ausschließlicher Präsenz in Texten – im Kontrast zu Hitler
mied er Radioansprachen und schien sich propagandistischen Inszenierungen zu entziehen. Die Eingliederung des Literaturbetriebs
in das Goebbelssche Ministerium, in dem anfangs nur ein kleines
Referat für Literatur vorgesehen war (erst im Juli 1933 kam der
Plan zur Einrichtung einer Reichskulturkammer auf, und erst im
Oktober 1934 wurde eine »Schrifttumsabteilung« eingerichtet),
zeugt von der minderen Gewichtung der Literatur – man schien, im
Gegensatz zu modernen Medien wie Rundfunk und Film, ihre Wirkung geringzuschätzen – und macht Joseph Wulfs Diktum, daß die
Literatur von 1933 bis 1945 »ganz und gar vom nationalsozialistischen Staat gelenkt« worden sei, so fragwürdig wie Thomas Manns
Bekundung, alle Literatur, die im »Dritten Reich« erschienen war,
sei »weniger als wertlos«.[67] Jener Einheit des Stils, die nach 1934
weitgehend die sowjetische Literatur prägte, steht in Deutschland
das Bild einer großen Heterogenität der Literatur gegenüber, auch
weil eine »Politisierung« der Literatur nicht gefordert wurde.[68] Die
Duldung einer breiten nichtnationalsozialistischen Literatur (auch
in NS-Organen) von Johannes Bobrowski, Peter Huchel, Wolfgang
Koeppen, Friedo Lampe, Horst Lange bis August Scholtis und
Eugen Gottlob Winkler ist wohl auch der Grund, daß die Rolle
der Schriftsteller in Deutschland sich nur marginal veränderte, und
zugleich ein Hinweis darauf, daß die literarische Öffentlichkeit im
»Dritten Reich« weniger totalitär organisiert war, als es der Blick
auf Verbotslisten (diese betrafen in der Regel die Bibliotheken,

nicht die Buchhandlungen) oder die Münchner Ausstellung »Entartete Kunst« von 1937 nahelegen könnte. Am stärksten vom Schreibverbot betroffen waren jüdische Autoren, da zur Aufnahme in die Reichsschrifttumskammer (RSK) der Nachweis »arischer« Abstammung verlangt wurde; doch konnten viele bis 1938 im Umfeld des Jüdischen Kulturbundes publizieren und, sofern sie nicht Assimilation propagierten, selbst von Judenverfolgungen in Vergangenheit und Gegenwart berichten.[69] Das ungleiche Berufsschicksal von (ehemals) »linken« Autoren wie Günther Weisenborn, Erich Kästner, Gerhart Pohl oder Ernst Glaeser zeigt, daß unberechenbare Faktoren über Verbleib oder Ausschluß aus der RSK entschieden; auch ehemalige Mitarbeiter der ›Weltbühne‹ wie Herbert Eulenberg oder Axel Eggebrecht konnten weiter schreiben. Die NS-Kulturpolitik, der es im Gegensatz zur stalinistischen trotz aller Anstrengung nicht gelang, außenpolitische Erfolge zu erzielen, verstärkte die traditionalistischen Tendenzen der deutschen Literatur und erschwerte durch den Druck einer unkalkulierbaren Zensur ein ungehindertes Fortleben der literarischen Moderne; »doch eine radikale Veränderung der Epoche« ist von ihr nicht ausgegangen.[70] Auch in Klaus Manns Versuch einer Typologie der Autoren in Deutschland 1934, die von »wirklichen Anhängern« und »Sympathisanten«, »Opportunisten«, »Renegaten« bis zu den »Bequemen«, den »Stillen im Lande« und den »konservativ Abseitsstehenden« reicht[71], ist kein spezifisch neuer Typus des Schriftstellers auszumachen, der nicht im alten Spannungsfeld von »Geist und Macht« wiederzufinden wäre. Die Parteiliteratur spielte jenseits der politisch organisierten Öffentlichkeit, auch wenn sie zur »Hofliteratur« erhoben wurde, eine marginale Rolle – zudem war sie schon vor 1933 etabliert: »mit wenigen Ausnahmen ist die Literatur des III. Reichs bereits in der Weimarer Republik geschrieben worden«.[72] Eher läßt sich bei Autoren wie Hanns Johst oder Hans Friedrich Blunck eine vollständige Transformation des Schriftstellers in einen Parteifunktionär (nach dem Vorbild des Romanciers Goebbels) wahrnehmen.

In der nichtnationalsozialistischen Literatur lassen sich gattungs- und stilgeschichtliche Veränderungen ausmachen; die Neigung zum historischen Roman und zum Sonett teilt sie mit der Exilliteratur.

An die Stelle des »Wissenschaftlers«, »Ingenieurs« oder »Agitators« »rückte im Selbstverständnis der Schriftsteller jetzt der ›Prophet‹, ›Priester‹, ›Führer‹ oder ›Mahner‹«[73]; allerdings erfaßte das totalitäre System der Nazis höchst unsystematisch die literarische Produktion. Eine Voraussetzung dieser Unbestimmtheit war, daß das »Dritte Reich« seine Gegner aus Deutschland vertrieben hat – in Sowjetrußland war dagegen in den dreißiger Jahren nur einem einzigen Autor die Ausreise gestattet worden: Jewgenij Samjatin. Und im Gegensatz zum Stalinismus schlug die Aufladung der Rolle des Schriftstellers zum »Priester des Systems« fehl, blieben spektakuläre Inszenierungen wie das vom »Reichsverband Deutscher Schriftsteller« organisierte »Treuegelöbnis« von 88 Autoren ohne Konsequenzen, folgten auf die organisatorische Gleichschaltung der Preußischen Akademie, des PEN-Clubs und des SDS keine inhaltlichen Konzeptionen: die Organisationen wurden »wie ein gebrauchtes Spielzeug in die Ecke gestellt«.[74] Mit der erwähnten Unterschriften-Aktion sollte das Bild einer Einheit entworfen werden, das offensichtlich nicht mit vorgehaltener Pistole produziert war, wie Klaus Mann spottete, sondern ohne das Einverständnis vieler Autoren zustande kam.[75]

Welcher deutsche Gorki hätte nach dem Exodus der Schriftsteller in Deutschland nach 1933 noch zur Verfügung gestanden? Autoren wie Stefan George und Ernst Jünger verweigerten sich oder waren, wie Gerhart Hauptmann, doch nicht bereit, sich dem System in Dichtungen anzudienen. Die Vorgaben des NS-Systems provozierten einen starken Anpassungsdruck, ließen aber auch eine politikfreie Sphäre: der einzelne Schriftsteller, schreibt Horst Lange 1939, sei »auf sich gestellt und hat nichts, woran er sich direkt und aus einer lebendigen Nähe her orientieren könnte«.[76] Wenn Wilhelm Stapels Einlassungen vom März 1933 ein zu großzügiges Bild entwerfen, sind hier dennoch die Prämissen der literarischen Publikationsbedingungen im »Dritten Reich« umrissen:

> Was haben diese guten Leute eigentlich mit der Geistesfreiheit? Sie können Romane schreiben, Gedichte machen, philosophieren soviel sie wollen. Sie können auch in Zeitungen schreiben. Nur ihre politischen Sottisen sollen sie für sich behalten. Wir haben keinen liberalen Staat mehr, in dem jeder

ungehindert gegen den Staat Propaganda betreiben darf. Wir haben einen autoritären Staat. ⟨...⟩ Nehmen sie sich in acht vor dem Staat, so bleiben sie unbehelligt.[77]

Die verwickelten Fraktionskämpfe, etwa zwischen dem »Amt Rosenberg« und dem »Reichsministerium für Volksaufklärung und Propaganda«, zielten eher auf ein Wogegen als ein Wozu und ließen eine »staatsfreie Sphäre«[78] offen. Der Übersetzer, Kritiker und Romanautor Hermann Stresau notierte am 10. September 1934 in seinem Tagebuch: »es scheint ja, man kann schreiben, ohne der NS-Ideologie Zugeständnisse zu machen«.[79] Die Neigung zur affirmativen Anpassung ist von der Anstrengung einer strategischen Mimikry schwer zu trennen, und noch die Diskussion der Begriffe »Innere Emigration« und »Emigration nach Innen« zeigt, daß »literarische Résistance« und nachträgliche Rechtfertigungen schwer zu scheiden sind.

»Sie sind die Bewahrer des Unvergänglichen und die stillen Mahner in einer lauten Welt« – so hat Ernst Wiechert 1933 das »Amt des Dichters« gekennzeichnet. Elisabeth Langgässers verwandtes Wort von 1947, daß die Dichter »immer tiefer in den Raum ihrer Sprache hinein« ausgewandert sind, ist schon auf die Dichter der »äußeren« wie auf die der »inneren Emigration« bezogen; der Raum habe sich »gleichzeitig mehr und mehr für beide« zusammengezogen.[80]

V. Polarisierungen im Streit um die Rolle des Schriftstellers

Die Auseinandersetzung um André Gides kritischen Reisebericht ›Retour de l'URSS‹ von 1936, die in die Zeit der Moskauer Schauprozesse fiel, war Symptom für eine fortschreitende Polarisierung innerhalb der Emigration. Kritiker wie Hans Sahl, Kurt Hiller oder Heinz Pol trennten sich im Verlauf der Debatten um die Moskauer Justiz-Inszenierungen von Hermann Budzislawskis ›Neuer Weltbühne‹, Verteidiger wie Heinrich Mann, Kisch oder Feuchtwanger sagten sich von Leopold Schwarzschilds ›Neuem Tage-Buch‹ los. Die Gräben wurden noch vertieft durch eine rigorose Strategie der Kommunisten, den Markt der Emigrantenzeitschriften durch Entziehung von Subventionen oder politische Intrigen zu beeinflussen.[81] Diese Lagerbildung war getragen vom Glauben der die Stalinsche Linie verteidigenden Autoren an eine politische Berufung; mit der Aufrüstung der Rolle des Schriftstellers im »gesellschaftlichen Plan« veränderte sich am sichtbarsten die Literaturkritik.[82] Diese gewinnt kriminalisierenden Charakter und verhandelt Fälle wie die von Pilnjak oder Gide. Damit wurde aber auch die Produktionssphäre gelähmt. Brecht weist in seinem Urteil über die Moskauer Emigranten »Lukács, Gabor, Kurella« darauf hin: »Die Produktion ist ihnen nicht geheuer. Man kann ihr nicht trauen. Sie ist das Unvorhersehbare. Man weiß nie, was bei ihr herauskommt. Und sie selber wollen nicht produzieren. Sie wollen den Apparatschik spielen und die Kontrolle der anderen haben. Jede ihrer Kritiken enthält eine Drohung.«[83] Als Mitherausgeber der Zeitschrift ›Das Wort‹ konnte Brecht dort nachlesen, daß vom Kritiker gefordert wurde, »den Dichter und Schriftsteller nicht nur zu loben oder zu tadeln, sondern auch ihn zu leiten.«[84] Zur selben Zeit fand im »Dritten Reich« die administrative Ersetzung der »zersetzenden Kritik« durch »fördernde Betrachtung« statt. Daß Kritiken mehr als bloße Drohungen waren, sondern Urteilssprüchen gleichkamen, war den Moskauer Emigranten geläufig. Eine nicht erkannte Parallele zur verborgenen Wirklichkeit, ein »verdorbenes« Zitat, der »trotzkistische Bazillus«[85], ja selbst das richtige Resultat, wenn es über einen falschen Weg erreicht wurde, konnte tödliche Folgen zeitigen. Auch hier wird der Hinweis auf die unproduktive Sphäre des »Dritten Reichs« zum verräterischen Spiegel. Wenn Becher 1934 unterstreicht, daß im »Dritten Reich« kein Kunstwerk von Bedeutung entstanden sei[86], so ist doch elf Jahre später deutlich, wie wenig förderlich das Moskauer Exil der Produktion war – im Klima der »revolutionären Wachsamkeit« und Repressionen sind, neben einigen Gedichten, gerade zwei literarisch bemerkenswerte Romane (Plieviers ›Stalingrad‹ und Bechers ›Abschied‹) entstanden, die gleichwohl Spuren des Scheiterns in sich tragen. Der Roman von Theodor Plievier, geschrieben auf Anregung von Becher, war trotz massiver Widerstände kommunistischer deutscher und sowjetischer Funktionäre erschienen.[87] In seiner ›Antwerpener Rede‹ (1953) spricht Plievier von der literarischen Unproduktivität des Exils als einer »Verschwörung des Schweigens«.[88]

Der Appell an literarische Produktivität und an intellektuelle Tugenden wird nach 1936 von Vereinzelten artikuliert, womit keine »Emigration nach Innen«, keine Abkehr von der Sphäre des »Politischen« verbunden war. Die bedeutende Rolle der antistalinistischen Linken und der Renegaten ist in der Geschichte der Exilliteratur lange vernachlässigt worden. Sie fiel nach dem Krieg im Osten durch das Raster der Kulturpolitik, weil sie die staatstragende Antifaschismuslegende (die auch das Bild der frühen Exilliteraturforschung prägte) empfindlich störte, und sie wurde beiseite geschoben im Westen, weil sie nicht ins Bild einer sich gegen die Verdrängungsleistungen der frühen Bundesrepublik formierenden kritischen Theorie paßte, die sich vor dem Antikommunismus-Verdikt als Relikt des Kalten Krieges fürchtete.[89] So fragmentarisch unser Wissen zu dem von der KPD dominierten Pariser SDS auch ist, so umfassend nimmt es sich doch aus im Vergleich zu den Hinweisen, die wir zu dessen Gegengründung durch antistalinistische Exilautoren im Juli 1937, dem »Bund Freie Presse und Literatur«, haben, dem Konrad Heiden, Leopold Schwarzschild, Alfred Döblin, Hans Sahl und anfangs auch Klaus Mann angehörten. Heinrich Mann bat Bruder und Neffen brieflich, vom »Klub der Sauberen« die Finger zu lassen, dessen einziges Programm darin bestehe, »der Volksfront zu schaden«; er schlägt seinem Neffen vor, sich nun Budzislawski und der ›Neuen Weltbühne‹ zuzuwenden.[90] Im ›Neuen Tage-Buch‹ findet sich am 19. Juni 1937 der Aufruf, in dem es heißt, die Unterzeichneten

halten geistige Freiheit, moralische Sauberkeit und Verantwortungsgefühl für die Grundlage jeder öffentlichen geistigen Wirksamkeit. Sie haben um dieser Überzeugung willen die Verbannung auf sich genommen. Sie wollen diese Überzeugung auch in der Verbannung nicht antasten lassen. Sie wollen alle sammeln, die sich aufrichtig zu den gleichen Grundsätzen bekennen.[91]

Klaus Mann folgt dem dringlichen Wunsch seines Onkels, der Schwarzschild als unfreiwilligen Helfer Hitlers charakterisiert, und verläßt die »Gruppe der Unabhängigen und Sauberen«.[92] Doch sein Bekenntnis zur politischen Verantwortung des Dichters und seine kulturpolitischen Anstrengungen im Exil machen die Differenz zum Autor als Politiker und Funktionär deutlich. Auch wenn er sich um 1937 stalinistischen Argumentationen nähert, ist seine Haltung doch von »Bekenntnis und Dienst«[93] entfernt.

Klaus Manns Entwicklung zum politischen Schriftsteller steht unter den Vorzeichen der nationalsozialistischen Erfolge. Hatte Gide erklärt, die spanische Revolution und der Kampf gegen den Faschismus reiße ihn »von der Literatur weg«, so schreibt Mann in seiner ersten publizistischen Arbeit nach Hitlers Machtantritt, angesichts der Weltlage könne keiner mehr »die Problematik des Künstlers in den Mittelpunkt seiner Arbeit rücken« (und ähnlich heißt es in einem Brief Döblins an Thomas Mann: »Heute ›dichten‹ wollen heißt kneifen«).[94] Aber diese »Wandlung dem Politischen zu« gründet nicht auf der Faszination des Totalitären, sondern auf der Anerkennung der »Abhängigkeit der Kunst von realen, höchst realen Mächten ⟨...⟩. Sicher ist, daß es historische Momente gibt, wo die Kunst sich nicht entwürdigt«. Wenn Künstler, im Gegensatz zu Zahnärzten, für mehr einzustehen haben als nur für ihre Geschäftsinteressen[95], ist dem politischen Engagement das Primat des Literarischen eingeschrieben. Die kulturpolitische Arbeit Klaus Manns bleibt nicht frei von Irrtümern und Naivitäten (etwa in seiner Verteidigung Georg Bernhards); in seine Literaturkritiken wird ein unvertraut erzieherischer Ton wahrnehmbar; und hatte er 1933 im Brief an Benn seine Klage über dessen Verweilen in Deutschland mit einer präzisen Beurteilung der politischen Situation verbunden, so gab er 1937 in ›Das Wort‹ den früheren KP-Kritikern Benns doch noch recht und schloß mit der Drohgebärde: »Der Intellektuelle, der gegen den Geist zeugt, verwest bei lebendigem Leibe«.[96] Der in die Politik getriebene Autor attackiert jene, die sich diesem Schritt verweigern, aber auch die, denen die neue Literaturpolitik zum Machtversprechen wird. Mann beklagt in seiner Rede vor dem Pariser Kongreß den Mangel an geistiger Toleranz im sozialistischen Lager und nimmt in seiner Verteidigung Gides den

»Bruch« mit dem Lager der »Volksfront« in Kauf. Und er unterwirft, im Gegensatz zu Feuchtwangers ›Exil‹ (1939), das Personal
seines Romans der Emigration (›Der Vulkan‹, 1939) keinem politischen Erziehungsplan.

Claudia Albert / Marcus Gärtner

Die Rezeption der klassischen deutschen Literatur im »Dritten Reich« und im Exil

I. Klassikerrezeption als Selbstlegitimation

Im September 1933 erscheint im ›Völkischen Beobachter‹ unter dem Titel ›Rufer und Bewahrer‹ ein Artikel über die Rolle der klassischen deutschen Literatur im »Dritten Reich«. Darin heißt es:

> Ich möchte unsere bisherige Literaturgeschichte mit ihren Klassikern und Nachklassikern und ihren seltsamen Eisheiligen wirklich über den Haufen werfen und nur sagen, daß wir in unserer wesentlichsten Literatur vor der Hitlerzeit nur die Propheten zu sehen haben, die auf dieses Weltereignis hinwiesen.[1]

Derartige Zeugnisse eines grotesk übersteigerten Selbstbewußtseins passen gut in das Bild von einer »barbarischen« Kulturpolitik, das zu überprüfen man lange Zeit wenig Anlaß sah. Aus dem offenherzigen Bekenntnis des Parteiorgans zum Bildersturm läßt sich indes ebensowenig auf die tatsächliche Stellung und Funktion der literarischen Tradition im NS-Deutschland schließen wie aus den seinerzeit ungleich zahlreicheren Bekenntnissen zu deutschen Dichtern und Denkern als geistigen Führern des neuen Staates. Dessen politischer Führer gelobte in seinen Reden wiederholt »Toleranz« gegenüber den »großen kulturellen Schöpfungen« vergangener Zeiten, an die »den oft sehr zeitbedingten Zollstab augenblicklich herrschender Auffassungen anzulegen« er ablehne[2]. Das selbsternannte »politisch heroische Zeitalter« und sein kunstbeflissener Diktator suchten »die Brücke ⟨...⟩ zu einer nicht minder heroischen Vergangenheit«, die Tradition einer großen Nation sollte sich im Bild »gewaltiger völkischer Heroen« spiegeln.[3]

Legitimation, die Festigung nationaler Identität und die Integration der »Volksgenossen« waren nicht die einzigen Ziele der Erbepflege; auch in seiner Außendarstellung berief sich der NS-Staat in Friedens- wie in Kriegszeiten gern auf die kulturelle Tradition. »Nur lächeln« könne man über Vorwürfe, Deutschland sei in die Barbarei zurückgefallen, verkündete ein Funktionär des Amtes Rosenberg 1938 auf einer Werbereise durch Norwegen. Zeige sich das »Volk Goethes und Beethovens« seiner »Geistesgüter« nicht würdiger denn je, wenn es vormals verkannte Autoren wie Kleist und Grabbe mit aufwendigen Festwochen ehre?[4]

Daß unter dem NS-Regime vor allem der literarische Kanon des 20. Jahrhunderts gravierende Veränderungen erfuhr, läßt schon ein oberflächlicher Blick auf Art und Umfang der Klassikerpflege erkennen, wie sie die verschiedenen, mehr oder minder gleichgeschalteten Institutionen betrieben. Um sich ein genaueres Bild über Kontinuitäten und Brüche auf diesem Feld zu machen, empfiehlt sich der exemplarische Blick auf die Autoren, deren »runde« Jubiläen besonderen Anlaß zur Reflexion ihrer Rolle und Funktion im Deutschland des NS boten: Schiller 1934, Kleist 1936, Hölderlin 1943[5]. Aber auch die Feiern für weniger prominente Jubilare wie Grabbe (1936) und Herder (1944)[6] bestätigen, was der Emigrant Hans Rodenberg 1939 in der Exilzeitschrift ›Das Wort‹ klarsichtig diagnostizierte, daß nämlich die nationalsozialistische Kulturpolitik »auf verschiedene Bevölkerungsschichten verschieden berechnet und für verschiedene Presseorgane mit verschiedener Aufgabenstellung geschickt abgestimmt« sei.[7] Aus der Exilsituation war zudem deutlich erkennbar, daß der »Bedarf« an mehrheitsfähiger und allgemein akzeptierter Kultur in dem Maße stieg, in dem die Hoffnung auf eine eigene, spezifisch nationalsozialistische Literatur – und insbesondere Dramatik – sank.[8] Neben Markt- und Selbstlegitimationsstrategien ist daher in Rechnung zu stellen, daß bestehende Apparate und Institutionen trotz aller oberflächlichen Gleichschaltung eigene (Re-)Produktions- und Selektionsmuster beibehalten mußten, wollten sie überhaupt noch funktionieren. Für die Wissenschaftsgeschichte von provozierender Wirkung kann daher Wilhelm Voßkamps Formel von »Kontinuität und Diskontinuität« auch als Analysekategorie für die Klassikerrezeption im Nationalsozialismus gelten[9], da sie den Blick über die magischen Grenzen 1933 und 1945 hinaus öffnet. Schiller und Kleist, zum Teil auch Grabbe sind so in einer heroisch-pathetischen Rezeptionstradition zu sehen, die weit ins 19. Jahrhundert zurückreicht; die Hölderlin-Lektüre dagegen knüpft, vor allem in den 1940er Jahren, an die ästhetizistischen Züge der George-Schule an.

II. Klassiker im Spiegel ihrer Jubiläen

1. Der Dichter der »kämpfenden Gemeinschaft«: Schiller

Der 10. November 1934, Schillers 175. Geburtstag, bietet durch seine Nähe zu markanten Daten deutscher Geschichte (Ende des Ersten Weltkriegs, Novemberrevolution, Hitler-Ludendorff-Putsch [Tag der Bewegung]) wie auch als erstes repräsentatives Klassikerjubiläum des neuen Staates sämtlichen Institutionen Gelegenheit, sich zu Schiller und seiner Überlieferung ins Verhältnis zu setzen. Dominierte in Weimar und Jena mit Festakten, Gedenkfeiern, Beethoven-Konzerten und Kranzniederlegungen der staatliche Repräsentationsanspruch mit bildungsbürgerlichem Einschlag, so mobilisierten die Stafettenläufe, Gedenkmünzen und reichsweiten Rundfunksendungen auch populärere, eher am Ereignis als an seinem Anlaß orientierte Erwartungen.[10] So sehr es manchen Emigranten empören mochte, daß auf diese Weise »auch derjenige den Weg zu Schiller gehen (ja sogar laufen) kann, der nie eine Zeile von dem Dichter gelesen hat oder auch nur lesen will«[11], so treffend ist in dieser Kritik das Profil einer politischen Bewegung erfaßt, die das Pathos des Aufbruchs mit dem Rückgriff auf etablierte Denkfiguren zu verbinden wußte. »Hätte Schiller in dieser Zeit gelebt, er wäre zweifellos der große dichterische Vorkämpfer dieser Bewegung geworden«[12] – so Goebbels in seiner Weimarer Festrede; »wir lesen wieder Schiller« – so auch die (fiktiven oder authentischen) Oberprimaner in der bürgerlich-konservativen ›Deutschen Allgemeinen Zeitung‹, die Schiller deswegen für den »deutschesten« aller Dichter halten, »weil er nicht nur in seinen Dichtungen lebt, sondern weil er mit seinen Dichtungen stets kämpfend in der Gemeinschaft stand.«[13] Volkstümlichkeit, leichte Faßlichkeit und eine solide Rezeptionsgeschichte ließen Schiller zu einer universalen

Projektionsfläche für die verschiedensten Erwartungen werden, in deren Zentrum immer die erfüllte Gemeinschaft stand, sei es die der Schwaben, der Protestanten oder der überzeugten Nationalsozialisten. In diesem Kontext verliert auch ein zentraler Mythos der Kritik aus dem Exil, der ostentative Szenenapplaus nach der Replik des Marquis Posa »Geben Sie / Gedankenfreiheit« (V. 3216 f.), seine Überzeugungskraft.[14] Versucht er doch einen besseren, freiheitsliebenden, geradezu demokratischen Schiller zu konstruieren, der allenfalls eine Projektionsfigur der Emigranten sein konnte, in den Texten aber ebensoviel (oder ebensowenig) Rückhalt fand wie der nationalsozialistische. »Schiller, citoyen français« war die »zeitgemäße Erinnerung« des ›Pariser Tageblattes‹ am 11. November 1934 betitelt, doch mußte auch diese Zeitung deutscher Emigranten zugeben, daß sich Schillers »brausender Freiheitsdrang« bereits 1789 erheblich gemäßigt hatte, daß er das »Temperament Frankreichs« geradezu fürchtete, ja nach den Septembermorden sogar die Verteidigung Ludwigs XVI. übernehmen wollte.[15] So liegt Schillers objektive Funktion auch im Exil nicht etwa darin, die »richtige« Lektüre der »falschen« entgegenzusetzen, sondern den Kreis der Verehrer des Dichters als den der Sieger der Geschichte zu deklarieren. »Welch eine makabre Ohnmacht, als sie Schiller zu feiern versuchten!« meinte 1935 selbst ein so kritischer Geist wie Heinrich Mann.[16] Als Vertreter einer unterdrückten und verängstigten Nation wollte er »Deutschland seines nationalen Freiheitsdichters wieder würdig ⟨...⟩ machen«[17] – in Verkennung der Tatsache, daß ebendies der nationalsozialistischen Kulturpropaganda auf ihre Art gelungen war.

Als kanonisierter Autor, an dem jeder zünftige Germanist sich zu erproben hatte, bot Schiller auch der Wissenschaft von der deutschen Literatur die Herausforderung, ihr Verhältnis zum Nationalsozialismus zu klären und ihre eigene Position in ihm festzulegen. Spektakuläre Anbiederungen – wie etwa Julius Petersens Diktum zum Goethejubiläum 1935, Goethe hätte »den schwarzen Gesellen und den braunen Kameraden ⟨...⟩ seinen Gruß nicht versagt«[18] – oder wohlmeinende Rettungsversuche von Außenseitern wie die Monographie ›Schiller als Kampfgenosse Hitlers‹ des Juristen und Ministerialrats Dr. Hans Fabricius[19] sollten aber nicht darüber hinwegtäuschen, daß der »normale« Wissenschaftsbetrieb mit seinen

Publikationen, Rezensionen und Forschungsberichten der privilegierte Ort des germanistischen Kampfes um Schiller blieb. In der idealtypischen Konfrontation von Gerhard Fricke vs. Hermann Pongs und Herbert Cysarz zeichnet sich eine Konfliktlinie ab, die bis in die Nachkriegszeit reicht (und im übrigen, etwa bei Petersen, auch in der Trennung zwischen popularisierenden und im eigentlichen Sinne wissenschaftlichen Beiträgen aufscheint); es ist die Alternative zwischen der – ihrerseits auch in Unterwerfungsgesten mündenden – historisch und textnah mit Spannungsverhältnissen und Entwicklungen argumentierenden Philologie Frickes und dem Anspruch auf umfassende Lebensdeutung, wie er von Cysarz und Pongs formuliert wurde.[20] Ihr entspricht die wechselseitige Zuweisung langlebiger Feindbilder: Schiller »gehört nicht den Literarhistorikern allein, sondern dem deutschen Volk« und solle nicht durch »wissenschaftliche Orthodoxie zerredet« werden – so Pongs über Fricke[21], der seinerseits mit dem Vorwurf übertriebener, ja geradezu schädlicher Aktualisierung repliziert und Pongs größere Aufmerksamkeit für Schillers »jugendbewegtes Verhältnis zu Volk und Geschichte« anempfiehlt.[22] Daß auch von dieser Position aus ein tätiges Mitwirken an den Initiationsriten des neuen Staates möglich war, zeigt Frickes Auftritt als Redner zur Göttinger Bücherverbrennung 1933.[23]

2. Der »Klassiker des Nationalsozialismus«: Kleist

Kleist gehört zu einer Reihe von Autoren, die nach langer Vergessenheit wieder zu Ehren gebracht zu haben das »Dritte Reich« sich rühmte. Tatsächlich hatte seine Wiederentdeckung wie diejenige Hölderlins oder Grabbes im Zeichen der »Goethedämmerung« schon früher ihren Anfang genommen. Als »Zerrissene« und »Brüder im Geiste des Dionysos«[24] wurden sie in den 1920er Jahren Dichter einer Generation, die kulturell durch den Expressionismus und historisch durch das Erlebnis des Weltkriegs von der Welt ihrer Väter getrennt worden war. Die Faszination, die der Mensch und Dichter Kleist seitdem weckte, fand ihren Niederschlag in Dutzenden von Romanen, Novellen, Hörspielen und biographischen Theaterstücken. Seit 1933 wurde Kleist immer wieder als ein »Seher« dieses Staates gefeiert; viele Gelehrte, die sich bereits vorher mit dem Dichter beschäftigt hatten, bestätigten willig diesen Anspruch, der ja auch sie selber aufwertete. Die Stilisierung Kleists zum »Klassiker des nationalsozialistischen Deutschlands«[25] blieb aber weitgehend auf die Frühzeit des Regimes beschränkt und wurde später als unhistorisches Konjunkturrittertum attackiert. Nun formulierte man das Verhältnis zwischen Kleist und der Gegenwart genau umgekehrt: Der Dichter habe ein Erbe hinterlassen, das erst im Führerstaat seine Erfüllung finde. Festredner und Gedenkartikelschreiber übten sich in der Metaphorik von Saat und Frucht, Funken und Flamme und natürlich von Führer und Gefolgschaft. Damit war zuallerletzt der Dichter gemeint: Kleists »Tat«, nicht so sehr sein »Wort«, war es, die ihn »in dem Marschrhythmus des ewigen Deutschland«[26] zur Unsterblichkeit marschieren und so eine transzendente Funktion gewinnen ließ: »Ein neuer Mythos wird und muß erstehen. Kein Reich kann leben ohne sakrale Zentralidee.«[27]

Am 21. November 1936 jährte sich Kleists Todestag zum 125. Mal. Wie schon neun Jahre zuvor der 150. Geburtstag des Dichters fand auch dieses Datum einen exponierten Platz im Festkalender und breiten Niederschlag in der deutschen Presse. Dabei setzten die verschiedenen Zeitungen unterschiedliche Schwerpunkte. Im ›Völkischen Beobachter‹ gedachte man des Klassikers, der in Leben und Werk deutscher gewesen sei als Goethe[28]. ›Der Angriff‹, die Zeitung der »Deutschen Arbeitsfront«, zeichnete dagegen den Dichter als Bürgerschreck und titelte »Ein Sturm schüttelte die deutschen Philister«[29]. Für die Hitlerjugend präsentierte deren Zeitung ›HJ‹ den »Dichter des Preußentums, der Zucht, des Gehorsams, des selbstauferlegten, von der eigenen Persönlichkeit anerkannten und getragenen Gesetzes.«[30] Eine gewisse Bandbreite der Kleist-Bilder bestand also schon innerhalb der Parteipresse. Für bürgerlich-konservative Zeitungen dagegen war das Dichtergenie in seiner »unfaßbaren Einheit von Sein und Müssen«[31] oder seiner dämonischen Getriebenheit offensichtlich gedenkwürdiger als der Kämpfer für Volk und Vaterland. Führergestalten für die Gegenwart sollten freilich beide sein. Eine Ausnahme findet sich lediglich in der ›Frankfurter Zeitung‹, die allein das literarische Werk gelten ließ[32].

So facettenreich präsentiert sich das Kleist-Bild in der von Lenkung wie von kalkulierten Freiräumen bestimmten journalistischen Öffentlichkeit. Indes sind Gedenkartikel eher Absichtserklärungen zur Rezeption als diese selber. Im ›Deutschunterricht‹ etwa schien nach 1933 ein gänzlich neues Kapitel aufgeschlagen, glaubt man den kulturrevolutionären Tönen, mit denen die Fachzeitschriften der bis dato geübten Klassikeraufbereitung eine Absage erteilten: Allemal höheren Stellenwert als »Ästhetik, Problemkreise, u.a.« beanspruche im Literaturunterricht »der deutsche Mensch im Dichter«[33]. Als Konsequenz der angestrebten Wendung zur Gegenwart scheute man auch vor demonstrativem »Mut zur Barbarei«[34] nicht zurück, schien doch fraglich, was vom klassischen Kanon denn überhaupt »bildungspolitisch gleichgeschaltet«[35] werden könne. Universitätsgermanisten zeigten sich entsetzt über die Bereitschaft, das verfügbare Schrifttum ehrfurchtslos nach gegenwartsrelevanten Lehrsätzen zu durchkämmen. Gerhard Fricke etwa warnte davor, »einfach gute Nationalsozialisten oder zum mindesten eine Art von hoffnungsvollen Parteianwärtern«[36] aus dem Prinzen von Homburg, dem Tell oder dem Götz zu machen. Nur die als solche respektierte Dichtung sei imstande, mehr als Gesinnung zu vermitteln, nämlich Haltung und die Kraft, »die uns bereit macht und uns die Waffe fest fassen läßt«[37].

Zu dem Zeitpunkt war schon offenbar, daß eine zu rabiate Verwertungspraxis nicht im Sinne der NS-Kulturpolitik lag; die Ablehnung reiner Gesinnungsschulung fand sich 1938 in den reichseinheitlichen Lehrplänen für den Deutschunterricht. Doch scheinen derartige Empfehlungen in der Praxis keine großen Erfolge gezeitigt zu haben. Hier standen, wie übrigens schon vor 1933, Werke wie der ›Katechismus der Deutschen‹ oder die ›Hermannsschlacht‹ im Vordergrund; weiterhin veröffentlichten Lehrerzeitschriften Aufsätze, die »die Gestalt unseres Führers«[38] durch Kleists Dramen wandeln sahen.

Auch für die Bühne wurde 1933 Kleists Wiedergeburt angekündigt, Reichsdramaturg Rainer Schlösser feierte ihn als »Eck- und Grundpfeiler eines Spielplans der stählernen Romantik«[39]. In der Tat stieg die Zahl der Aufführungen von Dramen Kleists merklich an, wobei in der Spielzeit 1933/34 mehr als ein Drittel

der zuvor kaum gespielten ›Hermannsschlacht‹ galt. Drei Jahre
später indes war der Anteil des zunächst als »kultisches Weihespiel« oder »aktivistisches Drama« geschätzten Stückes auf unter
5 % aller Kleistaufführungen gesunken. Stattdessen rückten zwei
andere Werke in den Vordergrund, das ›Käthchen von Heilbronn‹
und der ›Zerbrochne Krug‹. Die NS-Sozialpolitik, die sich von der
demonstrativen Brechung bürgerlicher Privilegien einen starken integrativen Effekt versprach, setzte in ihrem »Kraft-durch-Freude«-
Programm neben Urlaubsreisen und Volksempfängern auch auf
»Ewige Theaterkunst für jeden«[40]. Gängige Stücke des klassischen
Repertoires waren daher am besten geeignet, einem breiten Publikum Unterhaltung und »Erhebung« zugleich zu verschaffen, und
dieser Funktion entsprechend wurden sie inszeniert. So spielte die
Reichsautobahn-Bühne des KdF-Amtes »Feierabend« den ›Zer-
brochnen Krug‹ vor den Arbeitern der Großbaustellen als genrehaf-
te Burleske, wie sie in der bekannten Verfilmung aus dem Jahr 1937
mit Emil Jannings als poltrigem Richter Adam begegnet. Aber auch
das ambitionierteste Beispiel von Kleistrezeption auf den Bühnen
des »Dritten Reichs«, die großangelegte Bochumer Kleist-Woche
1936, setzte – das ist selbst der weitgehend mundtot gemachten
Theaterkritik zu entnehmen – auf Konvention, Effekt und kulinari-
sche Darbietung. Das Angebot war erfolgreich: Die Spitzelberichte
des SS-Sicherheitsdienstes verzeichneten wiederholt mit Genugtu-
ung, daß gediegene Aufführungen klassischer Dramen gerade in
den Kriegsjahren einen bei Zivilisten wie Soldaten weitverbreiteten
Sinnbedarf auffangen und zudem in den okkupierten Ländern große Werbekraft für die Kultur der Besatzer entfalten konnten.[41]

Doch wie entwickelte sich die akademische Rezeption des Dichters? 1943 erscheint in der ›DVjs‹, der renommiertesten neugerma-
nistischen Fachzeitschrift, ein Forschungsbericht von Paul Kluckhohn, der mit der Kleist-Literatur seiner Zeit hart ins Gericht geht.
Philosophisch orientierte und völkische Literaturbetrachtung, die
die Diskussion dominierten, hätten Redundanz, Textferne, vorschnelle Aktualisierung und einseitige Deutung, kurz zweifelhafte
Qualität erbracht[42]. 1933 noch waren gerade unter den Kleistspe-
zialisten besonders viele bereit gewesen, den 30. Januar zu dem
Datum zu erheben, von dem aus der rechte Blick auf die Literatur-

geschichte erst möglich geworden sei; die Kleist-Gesellschaft hatte sich schneller gleichgeschaltet als alle anderen Dichtergesellschaften, und in ungezählten Publikationen nahm man sich des Dichters an. Bei Sichtung der umfangreichen Forschungsliteratur lassen sich verschiedene Dichterbilder und Themenkreise ausmachen.

Advokaten einer explizit völkisch und biologisch orientierten Literaturwissenschaft waren am ehesten bereit, die Autonomie des Kunstwerks zu negieren. Auch Kleist erfuhr, etwa bei Heinz Otto Burger, eine Charakterisierung als »nordische« Dichterpersönlichkeit mit typisch »ostbaltischer Wollust am Form- und Zuchtlosen«[43]. Fern von westlichen Einflüssen habe er aufgrund seiner »rassischen Haltung« eine spezifisch deutsche, mit besonderer »Unmittelbarkeit« begabte Dichtung schaffen können[44]. Als spezifisch germanisch galten ferner die Strenge und Sachlichkeit des Kleistschen Prosastils. Ansatzpunkte für das Bild des Kämpfers für die völkische Idee boten Biographie und Werk des Dichters zur Genüge, ebenso aber weniger Assimilierbares. Mittels Periodisierung und Steigerung wurden diese Widersprüche aufgelöst, und ein vom Kosmopoliten zum tätigen Patrioten oder gar zum Gefallenen für das Vaterland gereifter Kleist galt als Spiegel der Entwicklung aus dem »kosmopolitisch-humanen« in das »politisch-nationale« Zeitalter. Ein Desiderat konnte Kleist allerdings nicht befriedigen: Seine Volkstümlichkeit ließ nach wie vor zu wünschen übrig.

Eine zweite biographische Marschroute, die Kleist diktiert wurde, führte hin zum »Gemüt« als dem »Wurzel- und Keimboden aller Erkenntnisse«[45]. Auch hier lösten sich die Werk und Lebenszeugnissen inhärenten Widersprüche in einer einsinnigen Chronologie auf. Der Epigone der Aufklärung sei zu einer dem Verstand entsagenden Gefühlssicherheit bekehrt worden, was ihn nach Hermann August Korff in den Stand gesetzt habe, den »Irrationalismus im deutschen Drama«[46] zur Vollendung zu führen. Kein Platz bleibt für die Frage, ob nicht viele Werke Kleists alles andere als Apotheosen der Gefühlssicherheit darstellen. Drittens schließlich bezeichnen viele Autoren Kleists Weg als einen vom »Idealismus« zum unmittelbaren Bezug auf die »Wirklichkeit«. Analog zur »Kant-Krise«, der Enttäuschung über die Grenzen der Vernunft, markiert hierbei das »Paris-Erlebnis« den Wendepunkt: Der von angelesenen Idealen enttäuschte Dichter erscheint Walther Linden als »der erste, der mit Leben und Schicksal und Gemeinschaft als wahren und bluthaften Wirklichkeitsmächten rechnete und damit den reinen ›Idealismus‹ überwand«[47]. Kleist lasse die gesamte Epoche von Klassik und Idealismus hinter sich, die sich immer weiter über die Realität erhoben habe. Sein Werk stehe in einer »Beziehung auf das Leben, die weit über das Ästhetische hinausging«[48]. Mit Gerhard Fricke ist der Dichter so 1941 zur Gallionsfigur einer heroischen Weltanschauung erhoben, würdig einer »Wirklichkeit, die keine Flucht zuläßt, sondern Rede, Tat und Antwort fordert.«[49]

In den Kriegsjahren verstärkte sich ohnehin das Interesse am »Todeswillen«, den man Kleist wie vielen seiner literarischen Figuren zuschrieb. Seiner Umstände wegen jedoch erfuhr das letzte Kapitel der Dichterbiographie die massivsten Glättungen und Tabuisierungen. »Keine Flucht vor dem Leben« durfte der Tod sein, sondern ein »heldenhaftes ›Ja‹ zum Untergang.«[50] Hingebende Opfergesinnung spricht für Gerhard Fricke auch aus Dichtungen wie der ›Penthesilea‹, die »sich aus der schrecklichsten Vernichtung des Daseins aufrichtet, um besonnen, frei und groß aus der ungebrochenen Kraft des todbereiten Willens ihr Schicksal bejahend den freiesten und eigensten Tod zu sterben«[51].

Trotz seiner Qualitäten als Patriot und Antiidealist, als Tatmensch und Todesekstatiker hat Kleist für eine weltanschaulich loyale Literaturwissenschaft nicht nur willkommene Anknüpfungspunkte in höherem Maße geboten als die Weimarer Klassiker, sondern auch in großer Menge kaum oder gar nicht Assimilierbares. Dem wurde vor aller Interpretation mit Auswahl und Gewichtung der Texte gegengesteuert, wobei die Isolierung von Zitaten die Grenze zur Fälschung bisweilen deutlich überschritt. Letztlich waren aber weder Fälschen noch Verschweigen nötig. Der Status als Klassiker, die damit verbundene zeitliche Distanz boten eine so wirksame Puffer- und Filterfunktion, daß selbst Walther Linden ohne Irritation über eine Novelle wie ›Die Verlobung in St. Domingo‹ schreiben konnte; deren sympathisierende Darstellung einer »rassenschänderischen« Beziehung hätte einem zeitgenössischen Autor nach den Regularien der Reichskulturkammer ein Veröffentlichungsverbot eingetragen.

Zwei literarische Kontrahenten der Weimarer Jahre, Gottfried
Benn und Johannes R. Becher, der eine nun mit Schreibverbot
belegt, der andere im Exil, trösteten sich unabhängig voneinander
mit dem Gedanken, daß ihr Idol Kleist, lebte er noch, im »Dritten
Reich« seines Lebens nicht sicher wäre[52]. Trotzdem unternahmen
die Exilanten kaum Rettungsversuche für diesen Autor, vielleicht
auch wegen des überwältigenden Maßes an Vereinnahmung. Einzig
Anna Seghers stellte 1938 im Briefwechsel mit Lukács Kleist neben
Hölderlin in die Reihe derjenigen, deren schockhafte, disparate
Realitätswahrnehmung produktiver sei als Totalitätsansprüche –
welcher Provenienz auch immer.[53]

3. Der Dichter der heroischen Existenz: Hölderlin

Im Unterschied zu Schiller und Kleist verfügt Hölderlin 1933 weder
über breite Popularität noch über eine institutionell abgesicherte
Position im Wissenschaftsbetrieb. Zwischen der Entdeckung des
»armen Hölderlin« im Tübinger Turm durch die psychologisch
oder lebensphilosophisch orientierte Literaturwissenschaft des späten 19. Jahrhunderts, seiner Sakralisierung durch die George-Schule
und den handfesten Bedürfnissen alltagspraktischer Anwendbar-
keit klafft vorerst eine zu große Lücke.[54] Eine breite wissenschaftliche Rezeption setzt erst mit dem Forschungsbericht von Hermann
Burger 1940[55] und der Stuttgarter Ausgabe[56] unter der Leitung von
Friedrich Beißner ein. Der 100. Todestag Hölderlins am 9. Juni
1943 bietet dann in Deutschland wie im Exil Anlaß, die real-
geschichtlich hoffnungslose Situation zu transzendieren und als
Auszeichnung durch Leiden erscheinen zu lassen. Der staatliche
Anspruch auf den Dichter, wie er die Schiller- und Kleist-Jubiläen
geprägt hatte, tritt deutlich zurück gegenüber der Mobilisierung
letzter metaphysischer Reserven angesichts der absehbaren Niederlage im totalen Krieg. »Dient Kulturarbeit dem Sieg?« fragt der
Leiter des Hauptkulturamtes der NSDAP, Karl Cerff, am 7. Juni
1943 im ›Westdeutschen Beobachter‹. Er selbst beantwortet seine
Frage bei der Hölderlin-Reichsfeier in Tübingen auf eher einfache
Weise: »Wir feiern Friedrich Hölderlin, weil er der gute Kamerad

unserer Männer ist, die im Kampfe für Deutschland stehen.« Als
»Dichter der letzten Opferbereitschaft« lebe er »unter den Soldaten
an den Fronten«[57].

In der Tat konnten sie sich durch die Feldpostausgabe von Friedrich Beißner wie durch weitere Auswahlausgaben getröstet und
im großen Ganzen aufgehoben fühlen – eine Funktion Hölderlins,
die nach Stalingrad zunehmend an Wichtigkeit gewann.[58] Mit der
Möglichkeit latenter Regimekritik wurde dabei offenbar gerechnet,
wie die Äußerung eines Tübinger Studenten zu den Hölderlin-Feiern 1943 belegt: »Ich bin mir im Stillen darüber klar geworden, daß
die Wirkung dieser Stunde wohl darauf beruht, daß so gar nichts
Gegenwärtiges mitzureden hatte, sondern das einst gültig Gestaltete mehr sagen konnte als alles dumme Geschwätz unserer Tage.«[59]
Solch aristokratischer Rückzug aus der Realität konnte sich auf
dem (Um-)Weg über Hölderlin auch auf Norbert von Hellingrath
berufen, der als Frontsoldat und Entdecker des späten Hölderlin
jene Verbindung von realem und pathetisch überhöhtem Tod fürs
Vaterland hergestellt hatte, die 1943 überlebensnotwendig wurde.
Als Ideal-Ich Hölderlins übersetzt Hellingrath realhistorische Ausweglosigkeit in eine transzendentale Nobilitierung: Das August-Erlebnis von 1914 verbindet sich derart mit dem Hölderlin-Erlebnis
von 1943, daß »Hölderlin als Lebensmacht« und Vertreter des
geheimen, dafür aber um so wirkungsmächtigeren Deutschland
erscheint.[60]

Neben den Kriegsbriefen deutscher Soldaten bezeugen auch
zahlreiche Adaptionen und Nachdichtungen die Attraktivität eines
»inneren Reiches«, das sich von keiner Realität mehr tangieren ließ.
Hölderlin-Epigonen von Baldur von Schirach bis Josef Weinheber
mobilisieren formale Disziplin als Schutzwall gegen das Chaos.
»Größe ist Form«, deklariert Weinheber auf dem Großdeutschen
Dichtertreffen 1938 in Weimar.[61] Unter dem Beifall von Germanisten wie Hermann Pongs und Fritz Martini erhebt er die deutsche
Sprache zu jener »Vollkommenheit«, in der sie »griechisch« wird
und Klassikerrezeption den Austausch rein geistiger Substanzen
bedeutet. »Da kann nicht mehr von Nachfolge und schon gar nicht
mehr von Nachahmung geredet werden.«[62]

Für die seit 1941 entstehende, institutionell abgesicherte Stutt garter Ausgabe und die Hölderlin-Philologie in ihrem Umfeld bieten solche selbstgewissen Adaptionen willkommenen Anlaß, das Ethos der Texttreue und philologischen Genauigkeit für sich zu beanspruchen. Hellingrath und seine Anhänger werden aus dem wissenschaftlichen Diskurs ausgeschlossen; von der Auslandsgermanistik freundlich unterstützt, etablieren sich mit Wirkung bis in die 1960er Jahre hinein »philologische Treue, Entsagung und Nüchternheit«[63] mitsamt dem Paradigma der werkimmanenten Interpretation als Domäne ideologiefreier Rezeption. Erst eine spätere Generation von Literaturwissenschaftlern (und Editoren) war in der Lage, dies als Selbsttäuschung zu erkennen.[64]

III. Der abwesende Klassiker: Goethe

Im Vergleich zu Schiller, Kleist und Hölderlin eignete sich Goethe entschieden weniger zu einer vordergründig vereinnahmenden oder gar kämpferisch mobilisierenden Verwertung. Selbst wenn einige exponierte Ideologen der nationalsozialistischen Bewegung – wie etwa Baldur von Schirach[65] anläßlich der Weimar-Festspiele der deutschen Jugend oder Walther Linden in seiner ›Geschichte der deutschen Literatur‹[66] – Goethe gegenüber Schiller als den tieferen und gehaltvolleren Klassiker profilieren wollten, blieben sie gegenüber den »silberstiftgeformten Seelenzügen geistvoller Gesellschaftsgespräche«[67] zumeist hilflos. Allenfalls Faust und das Faustische[68] boten sich als Zitatenarsenale für »Deutsches« jeglicher Couleur an. Als »Modell einer diffusen, gesteigerten Lebensform«[69] fand Goethe einen Platz allenfalls am Rande der nationalsozialistischen Ideologie. Viel eher behauptete er sich als Vertreter derjenigen, die Abstand halten, aber nicht Widerstand leisten wollten und sich dabei auf die »arrogante Selbstgewißheit und -überhebung des konservativen Bildungsbürgers« berufen konnten.[70] Zu ihnen gehört auch Max Kommerell, der Goethe 1943 als Gegenpol zur herrschenden »theologischen Grundstimmung der Dichter-Interpretation« betrachtet und dagegen Hölderlins und Novalis' messianische Züge als »arge und nur bei uns mögliche Greuel« bezeichnet.

»Goethe hätte sich lieber in den Ärmel geschneuzt als so etwas gemacht.«[71] – Es blieb dem emigrierten Germanisten Richard Alewyn vorbehalten, im Gedenkjahr 1949 den Konsens der Wohlmeinenden aufzubrechen und »Goethe als Alibi« zu erkennen.[72]

Ralf Klausnitzer
Germanistik und Literatur im »Dritten Reich«

Als der ›Völkische Beobachter‹ am 12. März 1935 unter dem Titel ›Arbeit an Volk und Staat‹ über eine gerade beendete Tagung der »Reichsstelle zur Förderung des deutschen Schrifttums« berichtete und dabei auch Auszüge aus dem Referat von Heinz Kindermann ›Was erwarten wir Nationalsozialisten von der neuen Literaturgeschichtsschreibung?‹ abdruckte, lagen »Machtergreifung« und »Gleichschaltung« bereits zwei Jahre zurück. Wie andere Germanisten hatte der aus Wien stammende und seit 1927 an der Technischen Hochschule Danzig lehrende Kindermann im Frühjahr 1933 die Machtübertragung an Hitler begrüßt; das politische Ereignis wurde zum »Aufbruch des Geistes aus langer Fremdherrschaft und Einkehr in das eigene Wesen« (Hermann August Korff) stilisiert und als Vorbild für eine Einigung der konzeptionell und methodisch zersplitterten Wissenschaft von deutscher Sprache und Literatur herausgestellt.[1] Die Rhetorik der 1933 veröffentlichten Bekennerschreiben und Programmentwürfe prägte auch Kindermanns Wortmeldung vom März 1935: Eine unter den Bedingungen des Nationalsozialismus wirkende Literaturgeschichte müsse sich in den »Dienst« der Gemeinschaft stellen und ihre bisherigen »Beschränkungen« in einer zu »umfassender Gesamtschau« erweiterten »national und rassisch gebundenen Lebenswissenschaft« aufheben. Für das »Wirken eines neuen Geistes« in einer Forschung, »die im Volk ihre alleinigen Maßstäbe gewinnt«, konnte er allerdings nur eine »kleine Reihe von Einzelarbeiten« sowie »noch spärliche Gesamtbetrachtungen« anführen – wobei die von ihm genannten Germanisten Gerhard Fricke,[2] Werner Deubel,[3] Paul Kluckhohn[4] und Hellmuth Langenbucher[5] weder wissenschaftlich noch weltanschaulich eine homogene Gruppe bildeten.

Auf den Zusammenbruch der NS-Herrschaft zehn Jahre später reagierten die von Kindermann aufgeführten Germanisten auf ihre

Weise. Fricke, Mitherausgeber des fünfbändigen Sammelwerkes ›Von deutscher Art in Sprache und Dichtung‹ – dem Beitrag der Germanistik zum »Kriegseinsatz der deutschen Geisteswissenschaften« – und seit 1941 Ordinarius an der Reichsuniversität Straßburg, ließ sich als Lehrbeauftragter ohne Professorentitel im Vorlesungsverzeichnis der Universität Tübingen führen und gab 1948 den neunten Band der Schiller-Nationalausgabe mit den Dramen ›Maria Stuart‹ und ›Die Jungfrau von Orleans‹ heraus.[6] Deubel, trotz eines 1938 verhängten Auftrittsverbots literarisch produktiv geblieben,[7] lebte weiterhin zurückgezogen im Dorf Affolterbach im Odenwald und trat bis zu seinem Tod 1949 als Vortragsredner und Pianist in Erscheinung. Paul Kluckhohn, der 1934 eine Auswahlausgabe unter dem Titel ›Die Idee des Volkes im Schrifttum der Deutschen Bewegung‹ herausgegeben hatte, schrieb jetzt über ›Die Idee des Menschen in der Goethezeit‹ (1946); Hellmuth Langenbucher erstellte unter dem Pseudonym Hermann Engelhard Klassikerausgaben für den Stuttgarter Cotta-Verlag und gab 1955 ein Lyrik-Lesebuch »für Feier und Besinnung in Schule und Haus« heraus, das deutlich mache, »daß die Menschheit weder religiöse, noch rassische, noch nationale Grenzen kennt«.[8]

Auch Kindermann war von der politischen Zäsur betroffen: Gegen den Willen der Fakultät 1936 an die Universität Münster berufen und 1943 auf den neuerrichteten theaterwissenschaftlichen Lehrstuhl nach Wien zurückgekehrt, wurde er 1945 außer Dienst gestellt – doch 1954 trotz zahlreicher Proteste wieder in sein Amt eingesetzt und 1969 ehrenvoll emeritiert. Diese Herstellung personeller Kontinuität blieb nicht singulär. Möglich wurde sie durch eine Politik kollektiven Beschweigens bei Bestrafung einzelner »Sündenfälle«,[9] mit der erst der Münchner Germanistentag von 1966 brach.[10] Die seitdem unternommenen Bemühungen um eine Aufarbeitung der Vergangenheit sicherten der Germanistik einen Pionierstatus innerhalb der Philologien und schärften den Blick für die komplexe Verfassung der Wissensproduktion in der Zeit des Nationalsozialismus.[11]

Nicht erst die 1995 mit nachhaltigem Medienecho vollzogene »Aufdeckung« des Doppellebens eines prominenten Germanisten sensibilisierte die Forschung und die kulturelle Öffentlichkeit und erwies die Kontinuitätslinien, die das »Dritte Reich« mit seinen politisch so anders ausgerichteten Nachfolgestaaten verbanden: Der Fall des Literaturhistorikers Hans Ernst Schneider, der in der SS-Organisation »Deutsches Ahnenerbe« den »Germanischen Wissenschaftseinsatz« im besetzten Europa koordinierte, bevor er unter dem Namen Hans Schwerte in der Bundesrepublik bis zum Lehrstuhlinhaber und Hochschulrektor (der RWTH Aachen) aufsteigen konnte, belegte – mit freilich besonderer Drastik – das Beharrungsvermögen eines Wissenschaftssystems, in dem Personen und Netzwerke, kollektive Einstellungen und Deutungsmuster mit nachhaltiger Resistenz auf die Brüche der Realgeschichte reagierten.[12]

Leitend für den nachfolgenden Umriß des Verhältnisses von professionalisierter Literaturforschung zu ihrem Gegenstand unter den Bedingungen einer Diktatur ist die Überzeugung vom Fortbestand einer differenzierten und polyparadigmatischen Wissenschaftslandschaft, die ideologische Imperative und politische Lenkungsansprüche auf ihre spezifische Weise verarbeitete. Die sich dabei eröffnenden »Freiräume im nationalsozialistischen Staat«[13] sind jedoch nicht als Resultat bewußter Widerstandsleistungen zu interpretieren: An aktiver Opposition gegen das Regime und seine verbrecherische Politik beteiligten sich deutsche Universitätsgermanisten in der Regel nicht; Martin Greiner (der seine Universitätslaufbahn aus politischen Gründen aufgeben mußte und das letzte Kriegsjahr in einem Arbeitslager verbrachte) oder Rudolf Fahrner (der, befreundet mit den Brüdern Stauffenberg, ein Manifest für ein von Hitler befreites Deutschland formulierte) waren seltene Ausnahmen. Die Behauptung von der »Eigensinnigkeit« des wissenschaftlichen Diskurses gegenüber den Maßgaben von Politik und Ideologie bildet so ein Problem, zu dessen weiterer Klärung die nachfolgenden Ausführungen beitragen möchten.

I. Institutionelle Rahmenbedingungen in der Entwicklung der Germanistik

Obwohl deutsche Philologen im Frühjahr 1933 ihre emphatische Zustimmung zum neuen Staat deklarierten und mit einem »neuen Zeitalter«[14] die Einlösung ihrer Hoffnungen auf eine Aufwertung der Wissenschaft von deutscher Sprache und Literatur gekommen sahen, zählten sie nicht zu den Gewinnern der NS-Machtübernahme. Sorgten schon die Exzesse der nationalsozialistischen Studentenschaft und die Interventionen des politischen Systems in das Selbstbestimmungsrecht der Hochschulen im Jahr 1933 unter Fachvertretern für Unruhe, so markierte der Umbau des Wissenschaftssystems mit seinen verheerenden Folgen für die Germanistik deutlich die Mißachtung, die das in seiner Wissenschaftspolitik uneinheitlich agierende Herrschaftssystem der professionalisierten Beschäftigung mit Literatur und Sprache entgegenbrachte.[15] Eine Ursache für diese Mißachtung ist in den kulturpolitischen Präferenzen der Machthaber zu finden: Die von Walter Benjamin bereits 1935 konstatierte »Ästhetisierung des politischen Lebens«[16] durch den Nationalsozialismus favorisierte insbesondere jene Medien, die eine kollektive und kontrollierbare Manipulation breiter Bevölkerungskreise ermöglichten. Gegenüber performativen Transmissionsriemen wie Massenaufmärschen, Reichsparteitagskundgebungen, filmischer Überwältigung und theatralischer Suggestion kam der Literatur (mit individualisierender Lektüre und subjektiv gebundener Rezeption) eine geringere Bedeutung zu. Hinzu trat ein Mißtrauen der NS-Führungsschicht gegenüber der universitär institutionalisierten Wissenschaft und die – namentlich vom »Führer« der Bewegung mehrfach erklärte – Priorität von Körperertüchtigung und weltanschaulicher Erziehung, was zu einem Bedeutungsverlust humanistischer wie literarischer Bildungsinhalte an den Schulen führte.[17]

In dieser Perspektive können die Ergebenheitsadressen von Hochschulgermanisten aus dem Jahr 1933 und die in den Folgejahren publizierten Bekenntnisse als Dokumente diffuser (und rasch enttäuschter) Illusionen, aber auch als rhetorische Maßnahmen zur Schadensbegrenzung gelesen werden – zumal in ihnen von geistiger Erneuerung oft, von institutioneller Umgestaltung des Lehr- und Forschungsbetriebs nur selten die Rede war.[18] Mittels verbaler »Selbstgleichschaltung« hofften die politisch überwiegend konservativen Germanisten, von denen sich nur die wenigsten vor 1933 für die NSDAP engagiert hatten, staatliche Eingriffe moderieren zu können. Es kam ihnen der Umstand entgegen, daß sich die angestrebte Reform der Hochschulen vorrangig auf personalpolitischer Ebene vollzog: Allein die rassistisch und politisch motivierten »Säuberungen« nach dem »Gesetz zur Wiederherstellung des Berufsbeamtentums« vom 7. April 1933, die Beschneidung der universitären Selbstverwaltung im Herbst 1933 und die Einführung der Reichshabilitationsordnung vom 13. Dezember 1934 stellten direkt »erfolgreiche« Eingriffe in das institutionelle Gefüge der Hochschulautonomie dar. Für eine nahezu bruchlose Überführung des Kaderbestands in das »neue Reich« hatten Disziplin und Politik bereits vorher gesorgt – unter den Emigranten des Jahres 1933 waren nur wenige Germanisten, die eine Professur oder Dozentur innehatten.[19] Fatal wirkte sich die Ausgrenzung jüdischer Germanisten auf einzelne Fachgebiete und Arbeitsfelder aus: Editoren wie Eduard Berend oder Josef Körner konnten nur noch in begrenztem Rahmen arbeiten; hoffnungsvolle Romantikforscher wie Richard Samuel verließen das Land; der Bibliograph Alfred Rosenbaum, die Sprachwissenschaftlerin Agathe Lasch wurden deportiert und ermordet; Arthur Eloesser – aus der Redaktion der ›Vossischen Zeitung‹ gedrängt – starb 1938 als verfemter Jude in Berlin, Georg Ellinger – dessen dreibändige ›Geschichte der Neulateinischen Literatur im 16. Jahrhundert‹ ohne Fortsetzung blieb – nahm sich dort 1939 das Leben.

Die juristisch sanktionierte Ausgrenzung jüdischer und politisch nicht konformer Wissenschaftler bildete einen folgenreichen Eingriff in die Autonomie universitärer Forschung und Lehre; die Berufungspolitik, eine weitere staatliche Eingriffsmöglichkeit in die Wissenschaftsentwicklung, erwies sich als weniger steuerbar. Zwar wurden nach 1933 neben der bislang üblichen Begutachtung fachlicher und charakterlicher Qualifikation auch ein »Ariernachweis« und eine »politische Einschätzung« verlangt; doch die Durchsetzung ministeriell oktroyierter Personalentscheidungen war schwierig, und spätestens Ende der 1930er Jahre ging die Initiative auf die scientific community über.[20] Weder die hochfliegenden Pläne zu einer umfassenden Universitätsreform im Sinne Ernst Kriecks noch die von Alfred Rosenberg favorisierte Idee einer »Hohen Schule« konnten verwirklicht werden. Bereits drei Jahre nach der »Machtergreifung« wurde deutlich, daß sich »Reformkonzepte« für eine radikale Politisierung der Wissenschaftslandschaft nicht durchsetzen ließen. Die »politische Hochschule« könne »erst in etwa einem Jahrzehnt verwirklicht werden durch Nachrücken eines weltanschaulich einwandfreien Nachwuchses«, in der Zwischenzeit müsse man aber »die peinlichen Bemühungen der derzeitigen Lehrstuhlinhaber, ›Nationalsozialismus zu spielen‹« über sich ergehen lassen, hieß es 1936 in einer Bilanz von Walter Groß, dem Leiter des »Rassenpolitischen Amtes« der NSDAP und späterem Wissenschaftsverantwortlichen im »Amt Rosenberg«.[21]

Den weitgehenden Erhalt vorhandener Strukturen und die Wahrung relativer Autonomie begünstigten mehrere Umstände. Auf der Ebene des Sozialsystems Wissenschaft und seiner Institutionen erleichterten das Fehlen eines einheitlichen Konzepts für eine gezielte Wissenschaftspolitik sowie die ungeklärten Kompetenzen unterschiedlicher wissenschaftsorganisatorischer Führungsgremien die Beibehaltung professioneller Standards.[22] Auf kognitiver Ebene profitierte das Wissenschaftssystem von der Inkohärenz des nationalsozialistischen Ideenhaushalts – selbst auf dem Gebiet der ideologisch fundamentalen Rassentheorie existierte keine offizielle »Lehre«, vielmehr gab es konkurrierende »Rassenkunden«. Zugleich demonstrierte die Germanistik politische Konformität: Etwa durch prominente Fachvertreter wie Julius Petersen und Hermann Pongs, die 1934 die Redaktion der Zeitschrift ›Euphorion‹ aus den Händen des ins Exil gezwungenen Georg Stefansky übernahmen, das Periodikum mit dem sprechenden Titel ›Dichtung und Volkstum‹ versahen und damit in vorauseilendem Gehorsam Ansprüche erfüllten, die von politischen Funktionsträgern noch gar nicht formuliert worden waren.[23]

Aus diesen Gründen verlief die Entwicklung der Germanistik in den Jahren der NS-Diktatur weitgehend in den seit Ende des 19. Jahrhunderts ausgeprägten Bahnen – wenn auch Verzerrungen

der wissenschaftlichen Kommunikation und ein Niveauverfall unverkennbar waren.[24] Garant der bei aller deklarierten politischen
Funktionsübernahme kontinuierlichen inhaltlichen Entwicklung
des Fachs war ein »eingespieltes Beharrungsvermögen«[25], das die
Bindung an Traditionen und Standards auf institutioneller wie
kognitiver Ebene gewährleistete. Bezeichnend für die Verzerrungen
der disziplinären Kommunikation waren die politischen Implikationen fachlicher Debatten und das weitgehende Fehlen regulärer
Diskussionsforen. Wissenschaftliche Konflikte wurden von den
beteiligten Akteuren zumeist als riskante Kollisionen mit möglichen
Reaktionen seitens des polykratischen Herrschaftsapparates begriffen.[26] Symptomatisch für das jede Diskussion erstickende Klima, in
dem die Politisierung aller Debatten unkalkulierbare Risiken barg,
war der Umstand, daß Treffen von Hochschulgermanisten nach
1933 nicht mehr stattfanden – obwohl, wie Friedrich Naumann im
November 1938 in einem vertraulichen Schreiben an das Reichserziehungsministerium mitteilte, »der Wunsch nach diesen Zusammenkünften besteht«.[27] Der in den »NS-Lehrerbund« eingegliederte
Germanistenverband vermochte gleichfalls nicht, den wissenschaftlichen Austausch zu organisieren – sowohl der hochfliegende Plan
für einen »Weltkongreß der Germanisten« (der trotz intensiver Bemühungen durch den Krieg endgültig vereitelt wurde[28]) wie die im
Juli 1940 in Weimar stattfindende »Kriegseinsatztagung deutscher
Hochschulgermanisten«, die das fünfbändige Sammelwerk ›Von
deutscher Art in Sprache und Dichtung‹ vorbereitete, wurden durch
das Reichserziehungsministerium projektiert.[29]

Die in den Kriegsjahren spürbaren Änderungen im Verhältnis des
politischen Systems zu den Wissenschaften betrafen auch die universitäre Literaturforschung. Die prekäre Nachwuchssituation des
Fachs führte dazu, daß Stellen und Ordinariate mit Wissenschaft-
lern besetzt wurden, die die Geschicke des Fachs bis in die 1960er
Jahre bestimmen sollten. Neben der Instrumentalisierung des literarischen Erbes zu kultureller Legitimation in »Kriegseinsatz«-
Beiträgen oder germanistisch unterstützten Gedenkveranstaltungen
(Eichendorff-Woche 1942, Hölderlinfeier 1943) öffneten sich Freiräume für wissenschaftliche Projekte, an die nach dem Krieg angeschlossen werden konnte. Die in einem weiteren germanistischen

Gemeinschaftsunternehmen besiegelte Wendung zur Praxis der »Auslegung«[30] und die noch während des Krieges begonnenen Editionsprojekte sicherten die Kontinuität literaturwissenschaftlichen Arbeitens über das Kriegsende 1945 hinaus: Sowohl die 1939 von Julius Petersen projektierte Schiller-Nationalausgabe – deren erster Band nach Querelen um die Einleitung Friedrich Beißners 1943 erscheinen konnte – als auch die 1943 begonnene Große Stuttgarter Hölderlin-Ausgabe, die mit der Wiedergabe von Lesarten bzw. Varianten nach Stufenmodell ein neues editorisches Verfahren praktizierte, wurden nach Kriegsende fortgeführt.[31]

II. Arbeitsfelder und Darstellungsformen der Literaturforschung

Arbeitsfelder und Darstellungsformen der germanistischen Literaturforschung waren von weitgehender Kontinuität geprägt: Philologische Grundlagensicherung in Form editorischer Texterschließung wurde von der universitären Germanistik im »Dritten Reich« wie schon in der Weimarer Republik weitgehend vernachlässigt; favorisiert wurden großräumige »Wesensbestimmungen« und Übersichtsdarstellungen, die – nach 1945 mehrfach wiederaufgelegt – Wissensstand und Problemstellungen konservierten und z.T. bis in die 1960er Jahre bestimmen sollten.[32] Einer schon vor 1933 festzustellenden Tendenz folgend, verschob sich der Schwerpunkt literaturwissenschaftlichen Arbeitens weiter von der philologischen Analyse zur Synthese, von der Forschung zur Darstellung, von der Arbeit am Detail zur Produktion von Sinnzusammenhängen. Die Ursachen dieser Bewegung waren fachinterner wie wissenschaftsexterner Natur: Gesamtdarstellungen versprachen eine sinnvolle Ordnung der expandierenden literarhistorischen Detailkenntnisse und die Befriedigung kultureller Orientierungsbedürfnisse. Das von Wilhelm Dilthey begründete Programm einer umfassenden »Geistesgeschichte« prägte die öffentlichkeitswirksamen »Synthesen« noch über die politische Zäsur des Jahres 1933 hinaus, ohne daß es zu deren durchgreifender Ideologisierung kam. Erst die zu

Beginn der 1940er Jahre von unterschiedlichen Ausgangspunkten einsetzende Wendung zum »Werk« führte zu einer Ablösung umfassender »Synthesen« durch auf Einzeltexte fokussierte »Interpretationen«.

Der nach 1933 weiterwirkende Prestigeverlust der Überlieferungserschließung und -sicherung hatte fatale Folgen: Historisch-kritische Gesamtausgaben wurden zunächst überhaupt nicht und nach 1939 mit propagandistisch verwertbaren Zielstellungen in Angriff genommen; begonnene Editionen (Eichendorff, Görres, Jean Paul, Stifter, Wieland) führte man zumeist nur schleppend weiter.[33] Wissenschaftlich nutzbare Studienausgaben waren selten; Recherche und Auswertung unpublizierter Quellen bildeten die Domäne einzelner akribischer Forscher.[34] Der Hang zur »Synthetisierung« wirkte sich auch auf ein großangelegtes Editionsvorhaben aus, das noch in der Zeit der Weimarer Republik begonnen worden war und im »Dritten Reich« seine Blüte erlebte, bevor es – nach Zerstörung der Verlagsstadt Leipzig – in der Nachkriegszeit eingestellt wurde: Das verlegerische Großprojekt »Deutsche Literatur in Entwicklungsreihen« des Verlags Philipp Reclam mit epochen- und themenspezifisch gegliederten Textsammlungen von der Mystik bis zum Realismus brachte es auf immerhin 110 Bände.[35] Namhafte Universitätsgermanisten, aber auch Repräsentanten der nationalsozialistischen Kulturpolitik wie der »Reichsdramaturg« Rainer Schlösser, verpflichteten sich zur Erstellung breit angelegter Text-Kompilationen, die mit z.T. umfänglichen Einleitungen und Erläuterungen einen repräsentativen Querschnitt durch die deutsche Literatur bieten sollten; die Realisierung des ehrgeizigen Projekts erwies sich jedoch als schwierig und nur partiell erfolgreich.[36] Die aufgrund des beispielhaften Engagements von Paul Kluckhohn abgeschlossene Reihe ›Romantik‹ demonstriert zugleich, welch ambivalente Gestalt das Editionsgeschäft unter den Bedingungen politischer Zwänge aufwies: Während der 1933 veröffentlichte Band 7 den Roman ›Florentin‹ von Moses Mendelssohns Tochter Dorothea Veit enthielt (und damit den ersten Neudruck seit 1801 bot), durfte ein von Josef Körner aufgefundenes und zum Druck vorbereitetes Notiz-Heft von Friedrich Schlegel nach der NS-Machtübernahme nicht erscheinen – mit Rücksicht auf die neuen Verhältnisse strich Hauptherausgeber Kindermann es aus dem Programm.[37] Mit ähnlicher Intention wirkten auch die von Literaturwissenschaftlern erstellten »Blütenlesen«, die Autoren und Autorinnen der deutschen Literaturgeschichte einem vornehmlich bildungsbürgerlichen Publikum nahebrachten. Neben populären Editionen von Korrespondenzen und Briefsammlungen blieb die Produktion von günstigen Gesamt- und Auswahlausgaben eine bis Kriegsende gepflegte Form der Vermittlung des literarischen Erbes an die Öffentlichkeit.[38]

Im Blick auf das Genre der literaturgeschichtlichen Gesamtdarstellung läßt sich eine fortlaufende Diskrepanz zwischen Erwartung und Einlösung feststellen. Trotz mehrfach artikulierter Hoffnungen seitens des politischen Systems und vielfältiger Bemühungen durch universitäre und außeruniversitäre Philologen blieb eine kanonische Literaturgeschichte im nationalsozialistischen Sinne aus.[39] Bis in der zweiten Hälfte der 1930er Jahre die ersten für Hitler-Deutschland verfaßten Literaturgeschichten erschienen, behalf man sich mit einem (mehrfach beklagten) Rückgriff auf ältere Werke, die teilweise noch aus dem 19. Jahrhundert stammten. Die ab 1937 erscheinenden literaturgeschichtlichen Gesamtdarstellungen vermochten die »dringende und in letzter Zeit oft erhobene Forderung nach einem Gesamtbild unserer Dichtungsgeschichte aus nationalsozialistischem Geist«[40] nur partiell zu bedienen. Eine politisch konforme und vom Wissenschaftssystem als kanonisch anerkannte Geschichte der deutschen Literatur boten weder Hellmuth Langenbuchers vom Standpunkt des völkischen Agitators verfaßter Abriß ›Deutsche Dichtung in Vergangenheit und Gegenwart‹ noch Franz Kochs ›Geschichte deutscher Dichtung‹. Walther Lindens ›Geschichte der deutschen Literatur von den Anfängen bis zur Gegenwart‹, Josef Nadlers ›Literaturgeschichte des deutschen Volkes‹ und Paul Fechters neubearbeitete ›Geschichte der deutschen Literatur‹ stießen auf mehr oder weniger explizit artikulierte Kritik.[41] Während das Werk des Berliner Ordinarius Franz Koch im ›Völkischen Beobachter‹ als »Spitzenleistung nationalsozialistischer Forschungsarbeit«[42] gelobt wurde, ansonsten aber nur in den Zeitschriften der Deutschkunde-Bewegung wohlwollende Besprechungen erntete, gingen die Fachkollegen zum Pathos des akademi-

schen Außenseiters Walther Linden deutlicher auf Distanz.[43] Auch
die »völlig neu bearbeitete« stammesethnographische Literaturgeschichte Josef Nadlers konnte sich nicht als gültige Geschichte
der deutschen Literatur etablieren. Besonderes Mißtrauen erntete
schließlich die von katholischem Standpunkt aus verfaßte ›Geschichte der deutschen Seele‹ des Münsteraner Ordinarius Günther
Müller, der in der Literaturentwicklung von der frühen Neuzeit bis
ins 19. Jahrhundert einen »deutsch-gotischen Grundzug« wirken
sah.[44] Trotz ihrer Differenzen stimmten die vorgelegten Werke in
zwei Zielstellungen überein: Zum einen in der Intention, eine Kontinuität der Literaturentwicklung von der germanischen Heldenepik
bis in die »volkhafte Dichtung der Gegenwart« herauszuarbeiten
und auf (biologische) Eigenschaften personaler Urheber zurückzuführen; zum anderen in der erklärten Absicht, weltanschaulich
formierende Funktionen zu übernehmen. Die Berücksichtigung
länder- und kulturenübergreifender Einwirkungen in der Darstellung und Erklärung des literarischen Entwicklungsprozesses galt
als »wissenschaftliche Irrlehre«; gesamteuropäische Phänomene
wie Barock, Romantik oder der Realismus des 19. Jahrhunderts
figurierten als »dichterische Ausprägungen, wie sie nur der deutsche
arthafte Geist schaffen konnte«.[45] Wenn »fremdartige« Einflüsse
auf die Literaturentwicklung thematisiert wurden, geschah es nicht
sachlich, sondern mit dezidiert feindseliger Wertung: So galten beispielsweise in der Behandlung der »Goethezeit« Juden, namentlich
die in den Berliner Salons wirkenden Jüdinnen Henriette Herz, Dorothea Veith und Rachel Levin mit ihrem »noch gar nicht abzuschät-
zenden Einfluß auf das deutsche Schrifttum« als verantwortlich für
die irritierenden Züge der Romantik; »literatenhafte Haltung« und
»geistiges Rentnertum« wurden ihrem Wirken zugeschrieben.[46]

Detailuntersuchungen und Einzeldarstellungen zu Autoren und
ihren Werken blieben weiterhin vielfältig und in ihrer konzep-
tionellen wie methodischen Verfaßtheit plural. Massiv drangen
politisch induzierte Deutungs- und Wertungskriterien dann in die
Literaturforschung ein, wenn sich ihre Betreiber als überzeugte
Nationalsozialisten verstanden bzw. staatstragende Ideologeme zur
Karriereförderung zu nutzen suchten – etwa im Fall des von Karl
Goedeke 1856 begonnenen, 1928 von der »Deutschen Kommis-

sion« der Preußischen Akademie der Wissenschaften übernommenen und seit 1938 unter Leitung von Georg Minde-Pouet fortge-
führten Nachschlagewerks ›Grundriß zur Geschichte der deutschen
Dichtung‹. Die geplante »Neue Folge« des bio-bibliographischen
Unternehmens sollte, den von Franz Koch entworfenen »neuen
Grundsätzen« folgend, im Gegensatz zur chronologischen Anordnung die Autoren nun in alphabetischer Reihenfolge aufführen; ein
später zu erstellender Einleitungsband sollte »eine zusammenfas-
sende geistesgeschichtliche Darstellung unter Berücksichtigung der
Landschaften und Stämme, der Rasse usw.« liefern.[47] Eine »besondere Aufgabe der neuen Bände« sei es, »den Einfluß des Judentums
auf die deutsche Literatur seit 1830 darzustellen« – sowohl »in
jeder Biographie des chronologischen Teils« wie in der zusam-
menfassenden Darstellung des Einleitungsbandes, »hier namentlich
auch mit Bezug auf Presse, Zeitschriften, Literatur u. a.«[48] Während
die Akademie hinsichtlich der Stigmatisierung von Sekundärliteratur taktierte, bestand die »Parteiamtliche Kontrollkommission«
auf der Kennzeichnung auch von Autoren von Sekundärliteratur
mit dem Zusatz »JD« und der Erwähnung ihrer »jüdischen Vermischung oder Versippung«.[49] Zugleich lehnte sie die Aufnahme
der von Robert F. Arnold in jahrzehntelanger Arbeit erstellten
Anzengruber-Bibliographie mit der Begründung ab, es könne nicht
angehen, »daß in irgendeiner Weise auf der Arbeit des Juden Professor Arnold gefußt wird«.[50]

Der in diesen Planungen virulente Antisemitismus als Umsetzung
der nationalsozialistischen Rassendoktrin hatte in der deutschen
Literaturwissenschaft schon zuvor seine willigen Propagandisten
gefunden: Unter den fünfzehn erstberufenen Mitgliedern der »Forschungsabteilung Judenfrage« des »Reichsinstituts für Geschichte
des neuen Deutschlands« befanden sich mit Franz Koch und Johannes Alt zwei Ordinarien für deutsche Literaturgeschichte, die als
exponierte Parteigänger des Regimes nach 1933 Lehrstühle erhalten hatten;[51] Hochschullehrer wie Karl Justus Obenauer betreuten
Dissertationen mit unmißverständlichen Wertungen;[52] Doktoran-
den wie Elisabeth Frenzel suchten sich entsprechende Themen-
stellungen selbst.[53] Diese Einsätze blieben mit ihrer Übernahme
rassentheoretischer Versatzstücke aus dem Ideenhaushalt der Na-

tionalsozialisten in den engen Grenzen ihrer ideologischen Voraussetzungen befangen und konnten innerhalb des divergierenden
Methodenspektrums keine dominierende Rolle übernehmen. Die
Literaturforschung, die in den 1920er Jahren stammes- und rassenkundlichen Erklärungsmustern reserviert gegenüberstand, richtete
sich trotz Absichtserklärungen und diverser Anläufe nicht nach
einem verbindlichen Paradigma biologistischer Provenienz aus;
eine »biologische Literaturbetrachtung«, die die Frage nach Erban-
lagen und »rassischer Herkunft« der Autoren in den Mittelpunkt
stellte, wurde denn auch nicht von einem Mitglied der scientific
community, sondern von dem fränkischen Studienrat Ludwig Büttner projektiert.[54] Weitgehend erfolglos blieben auch die Versuche
außerdisziplinärer Dilettanten, das Interesse der staatstragenden
Partei und einiger ihrer Führer an der germanischen Vor- und Frühgeschichte für ihre Zwecke zu nutzen: Die angeblich altfriesische
›Ura-Linda-Chronik‹, vom deutsch-holländischen Privatgelehrten
Herman Wirth gegen den Einspruch zünftiger Gelehrter als Beleg für die These von der Existenz einer »arktisch-atlantischen
Urheimat« der indoarischen Stämme verteidigt, wurde nochmals
1934 öffentlich und unter reger medialer Anteilnahme als ein dem
19. Jahrhundert entstammendes Plagiat erwiesen;[55] die – auch
durch die SS alimentierte – Expeditionen zur vermeintlichen Grals-
burg Montségur endete ohne Ergebnis.[56]

III. Kontinuitäten, Brüche und Innovationen

Was die 1933 publizierten »Bekennerschreiben« von Fachvertretern
immer wieder als Indizien einer »krisenhaften« und »chaotischen«
Situation herausstellten – die Pluralität von Wissensansprüchen,
die Fraktionierung methodischer Richtungen und die fortlaufenden Auseinandersetzungen um Konzepte und Verfahren – hatte als
Produkt des wissenschaftlichen Modernisierungsprozesses schon
frühzeitig zu Klagen geführt: Seit der Trennung von Alt- und Neugermanistik und den fortschreitenden Prozessen ihrer Binnendifferenzierung, die in der Lösung von philologischer Mikrologie und

exakter Quellenkritik ihren Ausgang genommen hatte, beherrschte eine Verfallsdiagnostik die Stellungnahmen zur Verfassung des Faches.[57] Die fortgesetzte Krisenrhetorik präfigurierte die unmittelbar nach der »Machtergreifung« vorgelegten Ortsbestimmungen und Neuentwürfe einer Disziplin, die sich stets auch als Sachwalter »deutschen Geistes« und »deutscher Kultur« verstanden hatte und dieses Selbstverständnis nun mit spezifischen Modifikationen forcierte. Hatte in den auf »Geist« und »Leben« rekurrierenden Bemühungen der um 1910 antretenden Germanistengeneration die »Scherer-Schule« und ihr vorgeblicher »Positivismus« die Rolle der zu bekämpfenden Vaterfigur eingenommen, der akademisches Spezialistentum und Lebensferne vorgeworfen wurden, reaktivierten und überboten die programmatischen Entwürfe von 1933 diese Affekte, wenn sie sich gegen methodische Zersplitterung, Werterelativismus und quantitative Überproduktion der jüngsten Fachentwicklung wandten. In den Manifesten Frickes, Lindens und Karl Viëtors figurierte die Aufhebung von Klassen- und Interessengegensätzen als Vorbild für eine Gesundung ihrer angeblich an »Relativismus« und »Liberalismus« krankenden Disziplin; in Analogie zur »Gleichschaltung« des politischen Spektrums suchte man nach einem methodologischen Fundament, das eine Übereinkunft der auseinanderdriftenden Richtungen und Schulen versprach und einer geeinten Germanistik als dem »Kerngebiet der Bildung« (Linden) neue Reputation sichern sollte. Übereinstimmung bestand in der Ablehnung eines als »positivistisch« denunzierten Wissenschaftsverständnisses: Die Verabschiedung von »Wertfreiheit« und »Voraussetzungslosigkeit« sollte die Kontingenz differierender Zugriffe überwinden, ein als verderblich empfundener Pluralismus durch Einigung auf *ein* Paradigma aufgehoben werden. An die Stelle der »Willkür des einzelnen Individuums bzw. eines sektenhaften Kollektivindividuums« sollte eine »völkisch-ganzheitliche« Deutungs- und Wertungsinstanz treten.[58] Einigkeit herrschte – zumindest verbal – hinsichtlich der Zentrierung der »völkischen Gemeinschaft« zum Ausgangs- und Zielpunkt der Literaturforschung: Wenn »Dienst am Leben« und »Kunde vom deutschen Wesen« nun die hervorragenden Aufgaben der Germanistik seien, habe sie »all ihr *objektives Wissen* in den Dienst einer *subjektiven Wertung*« zu stellen – »aber einer Wertung, deren Wertmaßstäbe aus dem völkisch organisierten Leben stammen, weil sie eben im Dienste dieses Lebens stehen.«[59]

Die immer wieder behauptete, doch methodisch ungeklärte Substitution von »Wertfreiheit« und »Voraussetzungslosigkeit« durch die Einnahme »völkisch-ganzheitlicher« Deutungs- und Wertungsperspektiven *suggerierte* jedoch nur Einvernehmen. Ein diskursiver Wertbildungsprozeß war den vorgelegten Entwürfen ebensowenig vorausgegangen, wie sich eine ernsthafte Diskussion anschloß. Die Einebnung von Gegensätzen realisierte sich primär durch *Beschwörung* nationalpädagogischer und wissenschaftsreformerischer Werte, die bereits 1933 auf Kritik von Fachvertretern stießen.[60] Sechs Jahre später klassifizierte ein umfangreicher Bericht des Sicherheitsdienstes (SD) der SS die 1933 verfaßten Programme nicht unzutreffend als »Konjunkturschrifttum«, das »bereits heute vergessen sei«; die »völlig überstürzte ›Umschaltung‹ auf dem Wissenschaftsgebiet« hätte »gerade liberale Germanisten« motiviert, »sich durch solche oberflächlich ausgerichteten Programme eine weltanschauliche und politische Deckung zu verschaffen.«[61]

Die hochfliegenden Programmschriften mit ihren Entwürfen einer politisch dienstbaren Germanistik erwiesen sich in der Tat als nicht einlösbare Versprechen; divergierende Methoden prägten die Literaturforschung weiterhin. Diesen Befund bestätigten auch die beteiligten Akteure: Als Paul Kluckhohn 1940 einen Überblick über die Entwicklung der deutschen Literaturwissenschaft seit der »Machtergreifung« gab, erkannte er in der kognitiven Binnendifferenzierung des Faches nach der »geistesgeschichtlichen Wende« um 1910 einen weitaus stärkeren Innovationsschub als in den disziplinären Umorientierungen nach 1933. Durch die Verlagerung des wissenschaftlichen Interesses »auf den Problemkomplex Volk und Dichtung, auf die Dichtung als Ausdruck der Substanz Volk und auf die Bedeutung der Dichtung für das deutsche Volk in seiner Gesamtheit« seien die Differenzen zwischen unterschiedlichen Deutungs- und Erklärungsansätzen nicht aufgehoben worden.[62]

Die Akzeptanz eines wissenschaftlichen Pluralismus korrespondierte mit der Einsicht Julius Petersens, der 1939 den ersten Band seiner methodologischen »Summe« ›Die Wissenschaft von der

Dichtung‹ vorlegt hatte und angesichts der »vielfach widerstreben-
den Richtungen« einen »kritischen Überblick ‹...› über alle Methoden, die an literaturwissenschaftliche Aufgaben anzusetzen sind«,
bieten wollte.[63] Daß er dabei vorrangig auf Ansätze und Programm-
me rekurrierte, die weit vor 1933 entstanden waren, bestätigte,
daß sich weder die von parteiamtlichen Wissenschaftsgremien be-
vorzugte Rassenkunde noch stammestheoretische Reduktionen als
leitende Paradigmen durchsetzen konnten.[64] Akzeptierte man den
offensichtlich unaufhebbaren Pluralismus stillschweigend, gingen
in der Frage seiner Bewertung die Meinungen auseinander. Franz
Koch, 1939 vom Reichserziehungsministerium zu einer Stellungnahme hinsichtlich des geplanten »Weltkongresses der Germanisten« aufgefordert, beklagte neben der institutionellen Unfähigkeit
der deutschen Germanistik zur Ausrichtung einer internationalen
Tagung die weitgehende Ergebnislosigkeit der erhofften paradig-
matischen Wende. Von einer Darstellung der nach 1933 erzielten
wissenschaftlichen Ergebnisse im internationalen Maßstab aber
sei angesichts offenkundiger Defizite abzuraten.[65] Als das Reichsministerium für Wissenschaft, Erziehung und Volksbildung am
20. Juli 1939 die Pläne für ein »Welttreffen der Germanisten«
vorerst ad acta legte, hieß es in der als vertraulich eingestuften
Begründung:

> Der weltanschauliche Umbruch auf dem Gebiete der Germanistik läßt
> es geboten erscheinen, diesem Plan erst dann näherzutreten, wenn die Er-
> gebnisse nationalsozialistischer Wissenschaftsarbeit auf diesem Gebiete zu
> einer gewissen Reife gelangt sind.[66]

Fragt man nach der Umsetzung und den Ergebnissen der konzeptionellen und methodischen Vielfalt und berücksichtigt nicht
nur Programmentwürfe und Selbstbeschreibungen, sondern die
Gesamtheit der Forschungsleistungen sowie Lehrer-Schüler-Ver-
hältnisse, Lehrstuhlbesetzungen, Forschungs- und Editionsprojekte
und die Tätigkeit der Fachorgane, ergibt sich folgender Befund:
  (1) Innerhalb der Literaturforschung behauptete die sog. Geistesgeschichte ihre dominierende Stellung. Weder die stammeskundliche Literaturbetrachtung noch rassenkundliche Reduktionen oder

die seit Ende der 1930er Jahre verfolgten Ansätze der später wir-
kungsmächtigen »werkimmanenten Interpretation« konnten sie
verdrängen.[67] Jenes Integrationsprogramm der kulturhistorischen
Wissenschaften zielte auf die Erschließung einer in Dichtung und
Literatur objektivierten, transpersonalen Einheit »Geist«, deren
Entwicklungsstufen aus vorgängig zusammengefaßten Werken
und Werkgruppen herauspräpariert werden sollten. Tatsächlich
aber konstruierte man übergreifende Beziehungen zwischen weltanschaulichen Überzeugungen, generationstypischen Persönlich-
keitsstrukturen und literarischen Texten, wobei Vorgaben der als
Leitdisziplin anerkannten Philosophie den Referenzpunkt bildeten.
Der überwiegend epochenspezifisch gedachte »Geist« war bereits
in den beiden ersten Jahrzehnten des 20. Jahrhunderts mit na-
tionalspezifischen Dispositionen aufgeladen worden; »westliche
Aufklärung« und »Deutsche Bewegung«, die »Ideen von 1789«
und die »Ideen von 1914« avancierten zu Realisationen diametra-
ler geistiger Prinzipien. Diese dichotomischen Separationen zogen
weitreichende Konsequenzen nach sich: Mit der Ausblendung ge-
sellschaftsgeschichtlicher Determinanten, dem wachsenden Einfluß
lebensphilosophischer Vorstellungen und der zunehmenden Akzeptanz nationalistischer Wertungsmuster verabschiedete die Germanistik schon vor 1933 die Idee einer im gesamteuropäischen Kontext vollzogenen Literaturbewegung weitgehend;[68] die sich nach
1933 verstärkende Präferenz für das Deutsche und seine numino-
sen Attribute schränkte die Thematisierungen geistig-kultureller
Austauschbeziehungen oder sozioökonomischer Faktoren noch
mehr ein.[69] Doch versanken keineswegs alle der Geistesgeschichte
verpflichteten Beiträge der Literaturforschung in eine »heroische«
Rhetorik zur Umkreisung »deutschen Wesens«. Beispiele für mögliche Alternativen – und zugleich für die Fortsetzung längerfristig
verfolgter Programme – waren u.a. der 1940 veröffentlichte dritte
Band von Hermann August Korffs Lebenswerk ›Geist der Goethezeit‹,[70] die begriffsgeschichtlichen Explorationen Rudolf Ungers,
die mit philologischer Gewissenhaftigkeit die »seelengeschichtliche
Genesis der Romantik« zu rekonstruieren suchten,[71] sowie die
problemgeschichtlichen Forschungen Walther Rehms zur deutsch-
antiken Begegnung, die der Münchner Privatdozent und nach-

malige Gießener und Freiburger Ordinarius in der umfangreichen Monographie ›Griechentum und Goethezeit‹ und in zahlreichen Einzelstudien vorlegte.[72]

(2) Die heterogenen Varianten stammesethnographischer und rassentheoretischer Literaturforschung, die ihren gemeinsamen Nenner in der Ablehnung von ästhetischer Wertungspraxis und philologischer Mikrologie fanden, profitierten von den Veränderungen in der politischen Umwelt nur bedingt. In der Frontstellung gegen die »idealistische Hypostasierung des Individuums« (Franz Koch) übereinstimmend, betonten sie die Abhängigkeit literarischer Produktionen von »überindividuellen Gemeinschaftsformen« wie »Volk«, »Stamm«, »Landschaft« und »Rasse« und schienen mit ihren Reduktionen der eklektischen NS-Weltanschauung am nächsten zu kommen. Die vermeintliche Konjunktur von Josef Nadlers ethnographischer Literaturgeschichtsschreibung, die bereits in der ersten, 1912–1918 erschienenen Auflage »Stamm« und »Landschaft« als Zentralkategorien fixiert und literarhistorische Prozesse auf das »Organon der völkischen Verbände« zurückgeführt hatte,[73] galt der Wissenschaftsgeschichte lange als Indiz für eine restlose Anpassung an Imperative der politischen Umwelt – dabei blieben direkte Anschlüsse an Nadlers Ableitungen selten und sein Werk (trotz »zeitgemäßer« Bearbeitung) sowohl Fachvertretern wie politischen Instanzen suspekt. Während ein umfänglicher Beitrag in der ›DVJs‹ Nadlers stammeskundliche Schrifttumsgeschichte als Geburtsurkunde einer »in statu nascendi« befindlichen und »noch namenslosen« Wissenschaft würdigte (und sie zugleich aus dem Diskurs der Literaturwissenschaft ausschloß),[74] gingen nationalsozialistische Kollegen, wie der gern in SS-Uniform auftretende Karl Justus Obenauer, entschieden auf Distanz: Er meinte,

daß dieses gewiß großartige Werk nur mit Besonnenheit und Kritik von den Deutschkundlern fruchtbar gemacht und mit Erfolg nur dann benutzt werden kann, wenn man es als ein Werk des Übergangs betrachtet, das zwar wesentliche Gesichtspunkte in reicher Fülle darbietet, aber Grundwerte des neuen großdeutschen Staates, die in der germanisch-nordischen Rasse liegen, noch nicht immer eindeutig in die Mitte rückt.[75]

Auch in der seit 1938 erscheinenden Neubearbeitung der ›Literaturgeschichte des deutschen Volkes‹, befand Obenauer, trete »das Eigenleben der deutschen Stämme stärker hervor als die in Blut der Rasse gegründete Gemeinschaft«, der »Gesichtspunkt der gemeinsamen« sei nicht deutlich zugrunde gelegt worden.[76]

Die Ursachen für die Erfolglosigkeit der stammesethnographischen Literaturforschung sind in den retardierenden Momenten innerhalb des Wissenschaftssystems zu suchen: Nadlers Erklärung literarischer Entwicklungen aus Familiengeschichte und Landschaftserlebnis vermochte sich unter den vermeintlich günstigeren Rahmenbedingungen und selbst durch die Übernahme der Rassentheorie in der späteren Neubearbeitung nicht durchzusetzen.[77] Bedenken wissenschaftspolitischer Entscheidungsträger gegen den katholischen Schrifttumshistoriker wirkten sich im übrigen auf Nadlers akademische Karriere und zugleich auch auf die Literaturforschung aus: Als der Wiener Ordinarius 1939 zum korrespondierenden Mitglied der Preußischen Akademie der Wissenschaften gewählt werden sollte, verhinderte ein »entschiedener Einspruch von seiten der Partei« die Behandlung seiner Wahl im Plenum.[78] Daraufhin kündigte Nadler die Arbeit an der Hamann-Ausgabe und attestierte der Akademie, »fachlich ungut beraten und administrativ unzulänglich geführt« zu sein.[79]

Die von Obenauer angemahnte Berücksichtigung der »Rasse« gewann jedoch für andere Arbeiten zur deutschen Literatur konstitutive Bedeutung, ohne daß die Rückführung des literarischen Produktionsprozesses auf rassenbiologische bzw. konstitutionstypologische Determinanten personaler Träger entscheidend an Einfluß gewann.[80] Der Rassebegriff – »zentrale Kategorie der Literaturwissenschaft des Dritten Reiches, die sie von allen vorhergehenden Bestrebungen absetzt«[81] – wurde zwar fortgesetzt propagiert, blieb aber dennoch ein der Universitätsgermanistik äußerliches Attribut; der Mangel an Anschluß- und Durchsetzungsfähigkeit zeigte sich mit der Zäsur des Jahres 1945, als der Zusammenbruch des NS-Systems das Ende rassentypologischer Klassifikationen brachte.

(3) Zwar entstanden nach 1933 programmatische literatursoziologische Entwürfe, die die Vermutung nährten, eine soziologisch oder sozialhistorisch orientierte Literaturforschung komme

der proklamierten Hinwendung zu »Volk«, »Volkstum« und »völkischen« Werten durchaus entgegen.[82] Der Geist der Zeit und das Bedürfnis, literarische Kommunikation und Produktion zu steuern, schien eine wissenschaftliche Beschäftigung mit den sozialen Voraussetzungen für Produktion, Distribution und Konsumtion von Literatur zu favorisieren – doch die Abneigung vieler Germanisten gegenüber sozialhistorischer Forschung verhinderte die Ausweitung solcher Ansätze. Zugleich schlug die in den Bekennerschreiben demonstrativ erklärte »Völkisierung« der Forschung negativ aus: Die Erhebung von »Volk« und »Volkstum« zu Ausgangs- und Zielpunkt der literaturwissenschaftlichen Praxis vollzog sich eher in der Beschwörung von Werten als durch begriffliche Explikation; der inflationär gebrauchte Volksbegriff wurde nur selten aus dem Dunkel geraunter Phrasen hervorgeholt, die »Volk« nicht mehr als ethnische Einheit in Sprache und Kultur, sondern als »Schicksalsgemeinschaft« in einer »vorsprachlichen Einheit des Blutes« verorteten.[83]

(4) Als wohl wichtigste Innovation innerhalb der universitätsgermanistischen Literaturforschung der NS-Zeit entstanden Ende der 1930er Jahre verschiedene Programme, die in ihrer Wendung zum Einzelwerk und seiner ästhetischen Konfiguration als Anfänge der »werkimmanenten Interpretation« gelten können: (a) Bestrebungen, literarische Texte als poetischen Ausdruck individueller Erfahrung zu behandeln und mit Emil Staiger »zu begreifen, was uns ergreift«;[84] (b) Bemühungen, formale Gestaltungsprinzipien von Gattungen und Einzelwerken zu analysieren;[85] (c) Versuche, das Gehalt-Gestalt-Gefüge des literarischen Werkes in Analogie zu natürlichen Prozessen »morphologisch« zu deuten.[86] Alle diese Anläufe, zu denen auch Paul Böckmanns in den 1930er Jahren begonnene Recherchen für die nach dem Krieg veröffentlichte ›Formgeschichte der deutschen Dichtung‹ zu rechnen sind, suchten zu einer »immanenten« Erfassung des »literarischen Kunstwerks« vorzudringen, um so die Kontingenz geistesgeschichtlicher, stammeskundlicher oder rassenkundlicher Typologisierungen zu überwinden. Indem man das literarische Kunstwerk als in höchstem Maße kohärent, bedeutungsträchtig, gestalthaft erklärte, konnte in einem nächsten Schritt das eigentliche Ziel der Beschäftigung mit

Literatur im ästhetisch ausgezeichneten Gegenstand angenommen
und in einem weiteren Schritt jede »außerliterarische« Behandlung
dieser Texte – von psychologischen bis »politisch-tendenzhaften
Betrachtungen« – als a priori verfehlt erklärt werden.[87] Auf die
Spitze getrieben wurden diese Bemühungen von Heideggers Höl-
derlin-Exegesen und dem in ihnen demonstrierten Rückzug von
vordergründiger Aktualisierung sowie von den Forderungen der
Schule nach im Unterricht verwendbaren Interpretationshilfen. Der
von Hans Otto Burger herausgegebene Sammelband ›Gedicht und
Gedanke‹ (1942) enthielt nicht nur dreißig ›Auslegungen deutscher
Gedichte‹, die in Verfahren und Darstellungsform die »Interpreta-
tionen« der Nachkriegszeit vorwegnahmen, sondern versammelte auch jene Philologen, die die Literaturforschung in Ost- und
Westdeutschland fortführen sollten: Joachim Müller wirkte von
1951 bis 1971 als Professor in Jena; Ferdinand Josef Schneider
blieb bis zu seinem Tode 1954 Lehrstuhlinhaber an der Martin-
Luther-Universität in Halle/Saale. Beiträger, die in der späteren
BRD weiterwirken sollten, waren u.a. Hermann Schneider (bis zur
Emeritierung 1954 ordentlicher Professor für ältere deutsche Literatur in Tübingen), Paul Böckmann (bis 1958 Professor in Heidel-
berg, danach bis zur Emeritierung 1965 in Köln), Günther Müller
(1946–56 Professor in Bonn), Friedrich Sengle (1952 Professor in
Marburg, 1959 in Heidelberg, 1965 in München) und Heinz Otto
Burger (1948 Professor in Erlangen, 1961 in Frankfurt/Main).

Die Produktion von Wissensansprüchen verlief also auch unter
den Bedingungen der Diktatur vielfältig und widerspruchsreich.
Geprägt von einer Mischung aus Differenzierungsbestrebungen
und dem Drang zu metahistorischer Integration, fand die germanistische Literaturforschung auch in der Zeit der NS-Diktatur zu Einsichten und Wissensbeständen, die als innovativ zu verbuchen sind:
Eine präzisere Vermessung der deutschen Mystik,[88] die Fixierung
der literarhistorischen Epoche »Biedermeier«,[89] die Entdeckung der
(systemkonformen) Gegenwartsliteratur als Forschungsgegenstand
waren Ergebnis von Modernisierungstendenzen innerhalb traditioneller Strukturen.[90] Festzuhalten aber sind auch die schwerwiegen-
den Versäumnisse einer Wissenschaft, die im Verzicht auf kritische

Positionen verhängnisvolle und z.T. nicht wieder gutzumachende Verluste und Verfehlungen in Kauf nahm: Von der schweigend hingenommenen Vertreibung jüdischer Kollegen über die Ignoranz bestimmter literarischer Tendenzen, Arbeitsformen und Erklärungsprinzipien bis hin zur willfährigen Teilnahme an den Maßnahmen kultureller Legitimationsbeschaffung im geisteswissenschaftlichen »Kriegseinsatz«. Nicht hinterfragte Loyalität gegenüber einem militanten Staat und weitgehender Opportunismus gegenüber einer inhumanen Staatspartei führten trotz der immer wieder vorgebrachten Formeln vom aufopferungsvollen »Dienst« an der Literatur zu jenen Defiziten, die die Forschung teuer zu stehen kamen: Die kognitive Unergiebigkeit der Reden über »deutsche Art« und »deutsches Wesen« konnte durch überbordende Rhetorik nicht übertüncht werden; Erschließung und Archivierung, Edition und Kommentar – zentrale Aufgaben einer verantwortungsbewußten Literaturforschung – wurden vernachlässigt.

Bis es in der professionellen Literaturforschung in BRD und DDR zu einem wirklichen Wandel in Kanon und Deutungsmustern kam, sollten noch Jahre vergehen. Erst mit dem Ausscheiden der älteren, in der Zeit der Weimarer Republik und der NS-Herrschaft akademisch sozialisierten Germanistengeneration und dem Nachrücken einer jungen, überwiegend nach 1945 ausgebildeten Generation von Germanisten (für die in der BRD Karl Otto Conrady, Eberhard Lämmert, Walter Müller-Seidel, Wolfgang Preisendanz und Albrecht Schöne, in der DDR Claus Träger, Edith Braemer, Inge Diersen, Hans Jürgen Geerdts, Hans Kaufmann, Siegfried Streller und Ursula Wertheim standen) setzten sich jene Transformationen des Selbstverständnisses durch, die zu einer Perspektivierung sozialer Dimensionen im literarischen Prozeß wie zur historischen Reflexion der eigenen literaturwissenschaftlichen Praxis führten.

Detlev Schöttker
Expressionismus, Realismus und Avantgarde – literatur- und medienästhetische Debatten im sowjetischen Exil

1937 und 1938 führten deutsche Publizisten in der Moskauer Exil-Zeitschrift ›Das Wort‹ (1936–39) eine Debatte über die Kunst und Literatur der Moderne, die als Expressionismus- oder auch Realismus-Debatte in die Literaturgeschichte eingegangen ist. Ein Bestandteil der Debatte war die Auseinandersetzung zwischen Georg Lukács und Bertolt Brecht. Doch ist gerade diese im Exil nicht offen ausgetragen worden, da Brecht seine Beiträge nicht veröffentlichen konnte, so daß sie erst nach ihrer Publikation in den 1960er Jahren diskutiert wurden. Deshalb sind zwei Debatten zu unterscheiden: eine offene, in Artikeln in ›Das Wort‹ ausgetragene Diskussion über die politische Bedeutung des Expressionismus (I.) und eine verdeckte Auseinandersetzung zwischen Brecht, Lukács und ihren Anhängern über die Frage des Realismus, die später rekonstruiert wurde (II.). Darüber hinaus zeigt sich, daß die Schöne Literatur in den Debatten nicht jene zentrale Bedeutung hat, die ihr später in historisch resümierenden Arbeiten zugeschrieben wurde. Viele Beiträger sind auf die Bedeutung der Malerei und des Films für die moderne Kunst eingegangen, so daß die Debatte auch eine medienästhetische Dimension hat (III.).[1]

I. Die Expressionismus-Debatte

Wenige Jahre nach der Machtübernahme der Nationalsozialisten mußten drei Literaturzeitschriften, die von deutschen Publizisten in Exil-Ländern gegründet worden waren, ihr Erscheinen aus finanziellen Gründen einstellen: die in Prag von Willy Haas geleitete ›Welt im Wort‹ (1933–34), die von Klaus Mann in Amsterdam redigierte ›Sammlung‹ (1933–35) und die ebenfalls in Prag von

Wieland Herzfelde herausgegebenen ›Neuen Deutschen Blätter‹ (1933–35). Die deutschen Schriftsteller im Exil hatten damit keine eigene Zeitschrift mehr.[2] Auf einem internationalen Treffen im Juni 1935 in Paris, dem ›Ersten Schriftsteller-Kongreß zur Verteidigung der Kultur gegen Krieg und Faschismus‹, wurde deshalb die Gründung einer neuen Zeitschrift beschlossen, die den Gegnern des Nationalsozialismus aus allen Lagern ein Forum bieten sollte, also der Idee einer »Volksfront« aus Sozialdemokraten, Kommunisten und bürgerlichen Antifaschisten verpflichtet war. Ein Verlag in Moskau (Jourgaz), dessen Leiter auf dem Pariser Kongreß anwesend war, erklärte sich bereit, die finanziellen Mittel für die Publikation bereitzustellen. Die Zeitschrift bekam den Namen ›Das Wort‹ und sollte monatlich erscheinen. Daß die Debatte über das Verhältnis von Literatur und Politik gerade hier geführt wurde, ist also die Folge publizistischer Entwicklungen im Exil.

Die Zusammensetzung der Redaktion sollte dem »Volksfront«-Gedanken entsprechen. Sie bestand aus dem marxistischen Dramatiker Bertolt Brecht, dem linksbürgerlichen Romancier Lion Feuchtwanger und dem kommunistischen Schriftsteller Willi Bredel. Doch handelt es sich hier eher um eine Herausgeberschaft, auch wenn die Gruppe auf dem Titelblatt als »Redaktion« bezeichnet wurde, da von den Beteiligten nur Bredel in Moskau war. Brecht lebte seit 1934 in Dänemark und Feuchtwanger in Südfrankreich, so daß sie keinen direkten Einfluß auf die Redaktionsarbeit nehmen konnten. Als schließlich auch Bredel Anfang 1937 Moskau verließ und zu den Internationalen Brigaden nach Spanien ging, wurde Fritz Erpenbeck Redakteur der Zeitschrift; er ließ sich 1938 zeitweise von Alfred Kurella vertreten. Beide waren Anhänger des ungarischen Literaturtheoretikers Georg Lukács, der – nach einem Aufenthalt in Moskau – 1931 nach Berlin gekommen war, um das Programm für den »Bund Proletarisch-Revolutionärer Schriftsteller« (BPRS) und dessen Zeitschrift ›Linkskurve‹ (1929–32) auszuarbeiten, für die Erpenbeck eine Zeitlang als Redakteur und Kurella als Autor gearbeitet hatten. Doch führten Lukács' Beiträge zu Kontroversen im BPRS, da er für das traditionelle Erzählen als Vorbild sozialistischer Literatur plädierte und die politische Reportage wegen ihrer dokumentarischen Tendenzen ablehnte.[3]

1933 ging Lukács nach Moskau, wo er seine Vorstellung des sozialistischen Realismus ausarbeitete. Die meisten seiner Beiträge sind in der deutschen Ausgabe der ›Internationalen Literatur‹ (1931–45) veröffentlicht worden, die ebenfalls in Moskau erschien und von Johannes R. Becher geleitet wurde. Bevor Erpenbeck die Redaktion des ›Wort‹ übernahm, war er redaktioneller Mitarbeiter der ›Internationalen Literatur‹, für die Lukács als Berater tätig war. Beide Zeitschriften standen dadurch in enger Verbindung und verfolgten in der Debatte eine gemeinsame Strategie.

Auslöser war ein Artikel von Kurella, der im 9. Heft des ›Wort‹ von 1937 (unter dem Pseudonym Bernhard Ziegler) erschien. Kurella nahm hier eine Kritik von Klaus Mann an der Parteinahme Gottfried Benns für den Nationalsozialismus, die im selben Heft gedruckt wurde, zum Anlaß, der expressionistischen Bewegung eine Mitschuld an der Entstehung des Nationalsozialismus vorzuwerfen. »Heute«, so schreibt Kurella, lasse sich »klar erkennen, wes Geistes Kind der Expressionismus war, und wohin dieser Geist, ganz befolgt, führt: in den Faschismus.«[4] Die Redaktion wollte die damit aufgeworfene »Frage nach der Grundlage und dem Wesen des Expressionismus« zur Diskussion stellen, wie es im Vorspann zum Artikel von Klaus Mann heißt. Dieser allerdings hatte sich auf Benn als Person beschränkt und zugleich darauf hingewiesen, daß der Expressionismus im nationalsozialistischen Deutschland als »undeutsch« abgelehnt werde. »Aber Eines«, so Mann, »steht doch für die Nazis fest: daß diese ganze – teilweise sehr wertvolle – Literatur der deutschen Nachkriegsepoche über Hitlers Horizont geht und also ›Kulturbolschewismus‹ ist.«[5]

Der Bezugspunkt Kurellas war deshalb nicht der Beitrag von Klaus Mann – er bildete eher den willkommenen Anlaß –, sondern ein Aufsatz, den Lukács 1934 in der ›Internationalen Literatur‹ unter dem Titel ›Größe und Verfall des Expressionismus‹ veröffentlicht hatte. In einigen Beiträgen zur Debatte ist auf diese Vorläuferschaft ausdrücklich hingewiesen worden. Doch war Lukács vorsichtiger als Kurella. Er meinte zwar, daß die »Faschisten – mit einem gewissen Recht – im Expressionismus ein für sie brauchbares Erbe« erblicken konnten, betonte aber zugleich, daß die expressionistische Kunst »nur als untergeordnetes Moment der faschistischen

›Synthese‹« aufzufassen sei. Allerdings habe das »Wegabstrahieren von der Wirklichkeit« zur »Einordnung und Gleichschaltung« der expressionistischen Literatur im Nationalsozialismus beigetragen.[6] Lukács knüpft damit an seine Beiträge für die ›Linkskurve‹ aus den frühen 1930er Jahren an, in denen er »Abstraktionen« in der Literatur kritisiert und erzählerische Anschaulichkeit gefordert hatte.

Fast alle Autoren der Debatte im ›Wort‹ haben den Auffassungen Kurellas und Lukács' widersprochen. Einige von ihnen waren selbst Anhänger des Expressionismus und 1933 ins Exil gegangen, so daß sie nun eine differenzierte Beurteilung der Vertreter, Kunstformen und Richtungen des Expressionismus forderten. Ein wichtiges Argument für den antinazistischen Charakter des Expressionismus war die Tatsache, daß die expressionistische Malerei in der »Großen deutschen Kunstausstellung«, die von Juli bis Oktober 1937 in München stattfand, als »entartete Kunst« bezeichnet und zugleich verboten wurde.[7]

Schon im ersten Beitrag zur Diskussion, 1937 im 12. Heft des ›Wort‹ veröffentlicht, hat Franz Leschnitzer, der zeitweilig Redakteur der ›Internationalen Literatur‹ war, auf die Münchner Ausstellung hingewiesen. Darüber hinaus erinnerte er an die expressionistische Vergangenheit Johannes R. Bechers und betonte ihre produktive Verarbeitung in neueren Texten:

> Wir Marxisten wissen zwar, daß Benn, Bronnen, Heynicke, Johst nicht trotz, sondern *dank* dem Expressionismus zu Mystizisten und Faschisten geworden sind und, umgekehrt Becher, Brecht, Wolf, Zech nicht dank, sondern trotz dem Expressionismus zu Realisten und Antifaschisten; aber wir wissen auch, daß es beispielsweise mitten in Bechers heutiger, wahrhaft realistischer Lyrik noch expressionistische Einsprengsel gibt, die in spärlicher Dosierung dort keineswegs deplaciert sind.[8]

Noch grundsätzlicher heißt es in einem Beitrag von Klaus Berger:

> Denkt man Zieglers ⟨d.i. Kurellas⟩ These zu Ende, dann hätten alle künstlerischen Taten unseres Jahrhunderts – einschließlich Bauhaus und was damit zusammenhängt – alle Avantgarde-Versuche der Linken, den bourgeoisen Epigonengeist des 19. Jahrhunderts zu überwinden, nur dazu verholfen, den Ungeist der Nazis siegen zu lassen.[9]

Andere Teilnehmer an der Debatte wiesen darauf hin, daß der deutsche Expressionismus nicht isoliert, sondern im Kontext der europäischen Avantgardebewegungen zu sehen sei. In der Tat nahmen Alfred Döblin, August Stramm oder Becher Ideen des 1908 in Italien entstandenen Futurismus auf. Hugo Ball, Hans Arp oder Richard Huelsenbeck gehörten 1916 in Zürich zu den Protagonisten der Dada-Bewegung. George Grosz und Franz Jung haben seit 1918 in Berlin zur Politisierung des Dadaismus beigetragen und den russischen Konstruktivismus in Deutschland bekannt gemacht. Und Yvan Goll nahm Ideen des Surrealismus auf, der Anfang der 1920er Jahre in Paris aus der Dada-Bewegung entstanden war.[10] Der Publizist Kurt Kersten hat im ›Wort‹ auf diese Vielfalt der Avantgarde und ihrer Beziehungen zum Expressionismus aufmerksam gemacht:

> Die expressionistische Periode umfaßte in Deutschland einen sehr breiten Kreis von Schriftstellern, Dichtern, Malern, Musikern, die in einer ziemlich festliegenden Zeit wirkten; ⟨...⟩ gegen Ausgang entsteht der Dadaismus nicht nur als Satyrspiel, sondern auch als bewußte Opposition gegen den esoterischen, artistischen, formalistischen, religiösen Trupp der Expressionisten – er markiert nicht nur deutlich, sarkastisch den Verfall der Kunstperiode, sondern weist bereits aus dem Dschungel heraus und löst sich freiwillig auf, nachdem er seine Totengräbermission lachend beendet glaubt und den Anschluß an den jungen Kommunismus gefunden hat. ⟨...⟩ der Widersprüche und Gegensätze waren unendlich viele; Ludwig Rubiner widersprach Werfel, Ehrenstein war ein völlig anders gearteter Dichter als Däubler, zwischen Becher und Else Lasker-Schüler wird sich kaum etwas Gemeinsames finden lassen.[11]

Wie Kersten so haben auch andere Beiträger auf Unterschiede innerhalb der expressionistischen Bewegung und ihren internationalen Charakter hingewiesen. Die Debatte führte damit zu einer ersten Einschätzung jener ästhetischen Innovationen der Avantgarde, die die Kunst seit Beginn des 20. Jahrhunderts verändert haben.[12]

II. Die Brecht-Lukács-Debatte

Um die Debatte im ›Wort‹ doch noch zum Erfolg der Moskauer Redaktion werden zu lassen, versuchten Lukács und Kurella ihr in der Schlußphase eine neue Richtung zu geben, bei der die Literatur wieder im Mittelpunkt stehen sollte. Nicht mehr der Expressionismus und die Avantgarde waren nun Ziel der Kritik; vielmehr wollte Lukács seine Auffassung einer realistischen Schreibweise darlegen. Das zeigt schon der Titel seines ersten Aufsatzes im 6. Heft des ›Wort‹ von 1938: ›Es geht um den Realismus‹. Kurellas ergänzendes ›Schlußwort‹ zur Debatte im selben Heft erweiterte Erpenbeck im 7. Heft um Überlegungen zur »Volkstümlichkeit«, die er mit Bezug auf die Idee der »Volksfront« zum Kriterium der sozialistischen Literatur machen wollte, nachdem Lukács am Schluß seines Realismus-Aufsatzes bereits auf die Bedeutung der Kategorie hingewiesen hatte.[13]

Lukács konnte sich auf Verlautbarungen beim »Ersten Allunions-Kongreß der Sowjetschriftsteller« von 1934 berufen. Andrej Ždanov, der als Mitglied des Zentralkomitees der KPdSU für Kultur und Literatur zuständig war, trug hier eine Definition des sozialistischen Realismus vor, die offiziellen Charakter bekam. »Dabei muß«, so Ždanov, »die wahrheitsgetreue und historisch konkrete künstlerische Darstellung mit der Aufgabe verbunden werden, die werktätigen Menschen im Geiste des Sozialismus ideologisch umzuformen und zu erziehen. Das ist die Methode, die wir in der schönen Literatur und in der Literaturkritik als die Methode des sozialistischen Realismus bezeichnen.«[14]

In seinen Beiträgen der späten 1930er Jahre hat Lukács diese Auffassung theoretisch und historisch zu fundieren versucht.[15] Dabei verknüpfte er den historischen Materialismus mit Darstellungsweisen des bürgerlichen Romans im 19. Jahrhundert (Balzac, Fontane, Keller u.a.), die von Gorki und Thomas Mann weitergeführt wurden. Wie die Verfechter des bürgerlichen Realismus nicht eine präzise Beschreibung der Wirklichkeit, sondern eine idealisierte Darstellung liefern wollten, um eine bessere als die reale zu zeigen,[16] so forderte auch Lukács vom sozialistischen Schriftsteller eine Darstellung jener historischen Bewegungsgesetze (im Sinne des Marxis-

mus), die hinter der sichtbaren Oberfläche liegen. Dabei verwarf
er die Verfahren der Montage, Reduktion und Typisierung, die die
Avantgarde entwickelt hatte, als »Abstraktion« und »Unmittelbarkeit«. In seinem Aufsatz ›Es geht um den Realismus‹ heißt es:

> Solche *Schriftsteller bilden eine wirkliche ideologische Avantgarde*, denn
> sie gestalten die lebendigen, aber unmittelbaren noch verborgenen Tenden-
> zen der objektiven Wirklichkeit so tief und so wahr, daß ihre Gestaltung von
> der späteren Wirklichkeitsentwicklung bestätigt wird. Und zwar nicht bloß
> im Sinne der simplen Übereinstimmung einer gelungenen Fotografie mit
> dem Original, sondern gerade als Ausdruck einer vielfältigen und reichen
> Erfassung der Wirklichkeit, als Widerspiegelung ihrer unter der Oberfläche
> verborgenen Tendenzen, die erst in einer späteren Entwicklungsstufe voll
> entfaltet und für alle wahrnehmbar in Erscheinung treten. Im großen Rea-
> lismus wird also eine nicht unmittelbar evidente, aber objektiv desto wich-
> tigere dauerhafte Tendenz der Wirklichkeit gestaltet.[17]

Lukács' Realismus-Konzeption wurde im Exil nicht mehr zum
Gegenstand publizistischer Auseinandersetzungen, wenn man von
einem Briefwechsel mit Anna Seghers absieht, der 1939 in der
›Internationalen Literatur‹ gedruckt wurde.[18] Seghers plädierte für
eine Unterscheidung zwischen dem traditionellen und dem modernen Realismusbegriff und für eine größere Vielfalt aktueller Realis-
mus-Konzeptionen, ohne Lukács' Auffassung grundsätzlich in Frage zu stellen. Dieser griff die Einwände auf, um seine Auffassung
von der Vorbildlichkeit des bürgerlichen Realismus zu wiederholen.
Zu einer Kontroverse hat der Briefwechsel jedoch nicht geführt, so
daß er ohne nachhaltige Wirkung blieb.

In den Texten, in denen Brecht auf Lukács' Beiträge reagierte,
zeichnen sich dagegen Konturen einer alternativen Realismus-Konzeption ab, die später intensiv diskutiert wurde.[19] Ausgangspunkt
war Lukács' Aufsatz ›Es geht um den Realismus‹, in dem er sich direkt auf Brecht bezog. Er lobte eine Szene aus ›Furcht und Elend des
Dritten Reiches‹, die 1938 im 3. Heft des ›Wort‹ gedruckt worden
war: Brecht, so Lukács, habe »einen kleinen Einakter (›Der Spitzel‹)
veröffentlicht, in welchem er den Kampf gegen die Unmenschlich-
keit des Faschismus bereits in einer bei ihm neuen, vieltönigen und
abgestuft realistischen Weise« führe. Der Autor, so Lukács weiter,

liefere damit »ein lebendiges, durch *Menschenschicksale* vermit-
teltes Bild vom Schrecken des faschistischen Terrors in Deutschland«.[20] Brecht mißfielen diese Äußerungen allerdings, da er sich
von Lukács vereinnahmt sah. Im ›Arbeitsjournal‹ heißt es dazu:

> lukács hat den ›spitzel‹ bereits begrüßt, als sei ich ein in den schoß der
> heilsarmee eingegangener sünder. das ist doch endlich aus dem leben ge-
> griffen! übersehen ist die montage von 27 szenen, und daß es eigentlich nur
> eine gestentafel ist.[21]

Bereits hier deutet sich an, daß Brecht die Wirklichkeit nicht in
ihrer Vielgestaltigkeit zeigen wollte, sondern in einer gestisch auf
das Wesentliche reduzierten Form. Dabei nutzte er auch die Möglichkeiten der (filmisch orientierten) Montagetechnik. In späteren
Schriften hat Brecht außerdem das naturwissenschaftliche Modell
als Vorbild seines Theaters bezeichnet. Er wollte Erkenntnisse über
das gesellschaftliche Zusammenleben in übersichtlicher Weise auf
der Bühne vermitteln. Doch hatte er seine Konzeption bis Ende der
1930er Jahre nicht ausführlich erläutert. In den frühen Artikeln
zum Theater, die in Zeitungen und Zeitschriften gedruckt worden
waren, lieferte Brecht in erster Linie praxisbezogene Überlegungen
aus Anlaß von Inszenierungen eigener oder fremder Stücke. Erst
Lukács' Beiträge haben ihn veranlaßt, sich theoretisch mit Fragen
des Realismus und der theatralischen Darstellung auseinanderzusetzen. Das zeigen die Eintragungen im ›Arbeitsjournal‹, die im Juli
1938, also während der Debatte im ›Wort‹, einsetzen und Reaktionen auf Lukács' Angriffe darstellen. Erst 1939 begann Brecht mit
der Arbeit an einer größeren Schrift zur Dramaturgie und Theater-
theorie, dem ›Messingkauf‹. Die Arbeit blieb zwar zu seinen Lebzeiten unveröffentlicht, wurde aber ein erster umfassender Beitrag
zur Ästhetik des epischen Theaters.[22]

Brecht hat seine Überlegungen zu Lukács' Realismus-Auffassung
zu seinen Lebzeiten nicht veröffentlicht.[23] In einer Tagebuchein-
tragung seiner Gespräche mit Brecht hat Walter Benjamin Ende Juli
1938 Äußerungen notiert, die Aufschluß über mögliche Motive
geben. Brecht, so Benjamin,

liest mir mehrere polemische Auseinandersetzungen mit Lukács vor, Studien zu einem Aufsatze, den er im ›Wort‹ veröffentlichen soll. Es sind getarnte, aber vehemente Angriffe. Brecht fragt mich, was ihre Publikation angeht, um Rat. Da er mir gleichzeitig erzählt, Lukács habe derzeit ›drüben‹ eine große Stellung, so sage ich ihm, ich könne ihm keinen Rat geben.[24]

Seine publizistische Zurückhaltung hat Brecht erst aufgegeben, als er von Kurella und Erpenbeck im Sommer 1938 das Manuskript des Aufsatzes ›Es geht um den Realismus‹ zugesandt bekam. Nach dessen Lektüre schickte er einen kurzen Text mit der Überschrift ›Kleine Berichtigung‹ an die Moskauer Redaktion des ›Wort‹, der sich ausschließlich auf Lukács' Äußerung über Hanns Eisler bezog, die Brecht als beleidigend empfand.[25] Doch auch dieser Text ist nicht veröffentlicht worden. In einem Brief kündigte Brecht gleichzeitig die Übersendung eines Aufsatzes mit dem Titel ›Volkstümlichkeit und Realismus‹ an.[26] Hier hat er die von Lukács und Erpenbeck verwendeten Begriffe aus seiner Sicht zu bestimmen versucht. Es handelt sich um Überlegungen, die nicht auf Darstellungsweisen, sondern auf praktischen Zielsetzungen beruhen. Nicht die Deutung der Wirklichkeit sei das Anliegen des epischen Theaters, sondern die Erkenntnis und Veränderung der sozialen Verhältnisse.[27] Er definiert:

Volkstümlich heißt: den breiten Massen verständlich, ihre Ausdrucksform aufnehmend und bereichernd/ ihren Standpunkt einnehmend, befestigend und korrigierend/ den fortschrittlichsten Teil des Volkes so vertretend, daß er die Führung übernehmen kann, also auch den anderen Teilen des Volkes verständlich/ anknüpfend an die Traditionen, sie weiterführend/ dem zur Führung strebenden Teil des Volkes Errungenschaften des jetzt führenden Teils übermittelnd. ⟨...⟩ Realistisch heißt: den gesellschaftlichen Kausalkomplex aufdeckend/ die herrschenden Gesichtspunkte als die Gesichtspunkte der Herrschenden entlarvend/ vom Standpunkt der Klasse aus schreibend, welche für die dringendsten Schwierigkeiten, in denen die menschliche Gesellschaft steckt, die breitesten Lösungen bereit hält/ das Moment der Entwicklung betonend/ konkret und das Abstrahieren ermöglichend.[28]

Ob Brecht seinen Beitrag ›Volkstümlichkeit und Realismus‹ tatsächlich an die Redaktion des ›Wort‹ geschickt hat, ist unklar. Gedruckt wurde er dort nicht. Zugleich hat Lukács seinen Widersacher Brecht in einem Beitrag, der im Juli 1938 unter dem Titel ›Marx und das Problem des ideologischen Verfalls‹ in der ›Internationalen Literatur‹ erschien, direkt angegriffen. »Gewisse Dramen Brechts«, so Lukács, beherrsche »ein abstrakt-revolutionärer Utilitarismus 〈...〉 Die Gestaltung der Menschen, das In-Erscheinungtreten ihrer individuellen Eigenart wird 〈...〉 auf ihre abstrakten Funktionen im Klassenkampf reduziert.«[29] Ein Brief, den Brecht im Juli oder August 1938 an Willi Bredel als Mitherausgeber des ›Wort‹ schrieb, ist Ausdruck seiner Verärgerung und zugleich die Quintessenz seiner Auffassungen über die Debatten im ›Wort‹:

Leider gestaltet sich die Mitarbeit am ›Wort‹ immer problematischer. Die Zeitschrift scheint immer mehr in eine eigentümliche Front einzuschwenken, in der eine kleine Clique, anscheinend geführt von Lukács und Hay, ein ganz bestimmtes literarisches Formideal aufstellt, was die Bekämpfung alles dessen bedeutet, was sich diesem, den bürgerlichen Romanciers des vorigen Jahrhunderts abgezogenen Formideal nicht anpaßt. 〈...〉 Ab und zu bekomme ich von Erpenbeck eine Aufforderung an der Debatte teilzunehmen, aber dazu habe ich natürlich keine Lust, 〈...〉 wenn dann jedesmal am Schluß die Meinung des guten Lukács als die marxistische gepriesen wird (zumindest von Lukács selber). Was soll das für einen Wert haben, der Welt zu verkünden, daß meine Schilderungen des Dritten Reiches nicht der Wirklichkeit entsprechen (und was bedeutet es sonst, sie sind nicht realistisch?) und meine Überzeugungen nicht sozialistisch sind? 〈...〉 Vom ›Wort‹ bekomme ich immer nur ein schon ausgesuchtes Material, und meine Einwände werden fast nie berücksichtigt. Ich kann Ihnen versichern, das geht nicht mehr lange so.[30]

Da Kurella und Erpenbeck seit ihrer Rückkehr nach Deutschland 1945 einflußreiche Positionen in der Kulturpolitik der DDR einnehmen konnten, haben sie ihre Kritik am epischen Theater fortgesetzt.[31] Mehrere Aktivitäten, an denen sie direkt beteiligt waren, haben zur Isolierung des epischen Theaters beigetragen. Dazu gehören das Verbot der Oper ›Das Verhör des Lukullus‹ im März 1951, die sich anschließende Kampagne ›Gegen den Formalismus in Kunst und Literatur‹ nach der 5. Tagung des Zentralkomitees der SED im März 1951 und die Berliner Stanislawski-Konferenz im April 1953, die zur Durchsetzung einer detailgetreuen Dramaturgie auf den Bühnen der DDR beitragen sollte.[32] Als Person war Lukács zwar durch seine Tätigkeit als Minister für Volksbildung in der Regierung Nagy nach der Niederwerfung des Aufstands in Ungarn im Jahr 1956 auch in der DDR inakzeptabel geworden, doch hatte die von ihm formulierte Konzeption des sozialistischen Realismus weiterhin kanonische Geltung.[33]

Erst Ende der 1960er Jahre setzte mit der Ablösung Alfred Kurellas durch Kurt Hager ein Wandel ein, der auch zu Veränderungen in der Literaturpolitik führte.[34] Anregungen für diesen Wandel lieferten nicht zuletzt jene Beiträge, die Brecht 1938 zur Diskussion im ›Wort‹ verfaßt hatte. Sie sind erstmals 1966 in einem Band mit dem Titel ›Schriften zur Literatur und Kunst‹ erschienen und wurden dadurch zu aktuellen Beiträgen in den Auseinandersetzungen über Darstellungsweisen des sozialistischen Realismus.[35] Die Debatte war folgenreich. Sie führte dazu, daß die offizielle Doktrin in Frage gestellt und in der Praxis überwunden wurde.[36]

III. Die Mediendebatte

Während sich Lukács und seine Mitstreiter in der Debatte des ›Wort‹ auf die Literatur beschränkten, gingen andere Autoren auch auf andere Künste ein. Dadurch wurde jene Sonderstellung problematisiert, die die Literatur in der marxistischen Ästhetik seit Hegels postum publizierten ›Vorlesungen über die Ästhetik‹ (1817–26) einnahm, zumal die Avantgardebewegungen des 20. Jahrhunderts die visuellen Künste favorisierten.[37]

Eine der Ursachen für die Relativierung der Literatur bzw. die Statusveränderung der Künste lag in den Biographien der Autoren, die sich an der Debatte des ›Wort‹ beteiligt haben. Denn sie waren in der Mehrzahl keine Schriftsteller, sondern Repräsentanten anderer Künste, wie der Theater- und Film-Regisseur Gustav Wangenheim, der Drehbuchautor und Filmtheoretiker Béla Balázs, der Maler Heinrich Vogeler oder der Komponist Herwarth Walden. Vor allem

Walden hat als Herausgeber der Zeitschrift ›Der Sturm‹ (1910–32) und als Organisator der gleichnamigen Galerie (seit 1911) neben dem Expressionismus alle Richtungen der europäischen Avantgarde in Deutschland bekannt gemacht.[38] In seinem Beitrag sprach er sich deutlich gegen eine »Vulgarisierung« der expressionistischen Bewegung aus und erinnerte an den Wandel der ästhetischen Wahrnehmungsformen durch den Einfluß der Avantgarde:

> Was aber ist nun Expressionismus? Jedenfalls kein »Urschleim«, kein Mythos und keine Metaphysik. ⟨...⟩ Dichtung und Musik werden durch das Ohr wahrgenommen, die bildenden Künste durch das Auge. Um Kunst zu schaffen oder aufnehmen zu können, muß man hören und sehen können.[39]

Eine zweite Ursache für die Neubewertung der Künste in der Debatte liegt in der Heterogenität der expressionistischen Bewegung. Diese hatte – mit den beiden Gruppierungen der ›Brücke‹ und des ›Blauen Reiter‹ – ihren Ursprung in der Malerei. Erst später, vor allem in Kasimir Edschmids Rede ›Expressionismus in der Dichtung‹ (1917), wurde der Begriff auf die Literatur und das Theater übertragen.[40] Darüber hinaus haben Vertreter des Expressionismus ebenso wie die Verfechter des Futurismus oder Dadaismus die strikte Trennung der Künste aufgehoben und eine Integration auch theoretisch gefordert. »Mein Ziel«, schreibt z.B. Kurt Schwitters, einer der wichtigsten Mitarbeiter des ›Sturm‹, im Jahr 1921, »ist das Merzgesamtkunstwerk, das alle Kunstarten zusammenfaßt zur künstlerischen Einheit«.[41] Ernst Bloch wies in einem Beitrag zur Debatte auf die Vorreiterrolle hin, die die Malerei für die expressionistische Bewegung hatte, und bezog sich dabei auf Lukács' Beitrag ›Größe und Verfall des Expressionismus‹:

> Wer Lukács' Aufsatz zur Hand nimmt (was sehr ratsam, das Original lehrt immer am besten), der merkt zunächst, daß in keiner Zeile ein expressionistischer Maler vorkommt. Marc, Klee, Kokoschka, Nolde, Kandinsky, Grosz, Dix, Chagall sind nicht vorhanden (um von musikalischen Parallelen, vom damaligen Schönberg zu schweigen). Das überrascht desto mehr, als nicht nur die Zusammenhänge zwischen Malerei und Literatur damals die engsten waren, sondern die expressionistischen Bilder viel bezeichnender für die Bewegung sind als die Literatur.[42]

Ein dritter Grund für die Relativierung der Literatur in der Debatte war der Film, der nicht nur die Grenzen der traditionellen Kunstformen sprengte, sondern auch zu neuen literarischen Darstellungsweisen beitrug. Die Übertragung des Montageprinzips auf die Literatur wurde als »Kinostil« und später als Simultan- und Reihungstechnik bezeichnet und war für den literarischen Expressionismus von zentraler Bedeutung.[43] Zwar haben sich auch Brecht und Lukács in den vergangenen zwei Jahrzehnten mit Fragen einer Ästhetik des Films beschäftigt,[44] sind aber in ihren Beiträgen im ›Wort‹ nicht darauf eingegangen, so daß die Realismus-Debatte davon nicht direkt berührt war.

Allerdings sind 1938 im ›Wort‹ zwei Beiträge zum Film erschienen, die sich direkt auf die Auseinandersetzungen in der Zeitschrift bezogen haben und von der Redaktion in einer Vorbemerkung auch so verortet wurden. Verfasser waren Willy Haas und Béla Balázs, in deren Beiträgen die unterschiedlichen Positionen der Debatte für den Film noch einmal skizziert werden. Balázs, dem die Redaktion ausdrücklich zustimmte, stellt zunächst die ästhetischen Innovationen des Mediums (Nahaufnahme und Montage) und ihre kulturelle Dimension dar, knüpft also an seine Bücher ›Der sichtbare Mensch‹ (1924) und ›Der Geist des Films‹ (1930) an. Am Schluß reiht er sich in die redaktionelle Front der Expressionismuskritiker ein – ohne freilich Namen oder Werke zu nennen, so daß die Argumentation blaß und konfus wird. Die Vertreter des Expressionismus, so Balázs, hätten die filmischen Möglichkeiten der Montage mißbraucht, so daß die künstlerische Darstellung nicht selten abstrakt geworden sei. »Auch der Expressionismus«, heißt es, »wurde so ad absurdum geführt: zur formalistischen Auflockerung, ja Auflösung der Gegenständlichkeit«.[45]

Haas betont dagegen die Bedeutung des Films für die anderen Künste und die Erneuerung der Literatur im 20. Jahrhundert, wobei er die von Lukács abgelehnten Autoren besonders hervorhebt. Seine Möglichkeiten, so heißt es über den Film, hätten

auf alle Kunstgattungen abgefärbt. Weder der Expressionismus in der Malerei noch die epische Technik eines Joyce oder Proust wären denkbar, ohne daß die Kinematographie als Technik, als technische Möglichkeit erfunden war, ja selbst schon das Drama Frank Wedekinds und Georg Kaisers ist mit Recht auf kinematographische Einflüsse hin untersucht worden.[46]

Der Schluß des Beitrags weist deutliche Überschneidungen mit Benjamins Aufsatz ›Das Kunstwerk im Zeitalter seiner technischen Reproduzierbarkeit‹ auf, der im Frühjahr 1936 in der ›Zeitschrift für Sozialforschung‹ auf französisch erschienen war. Zwar hat Haas den Beitrag nicht zitiert, doch kannte er Benjamin als Mitarbeiter der von ihm herausgegebenen ›Literarischen Welt‹ (1925–34), wird also auch seine späteren Publikationen wahrgenommen haben. Haas' Essay gehört damit neben Theodor W. Adornos Aufsätzen ›Über Jazz‹ und ›Über den Fetischcharakter in der Musik‹, die 1936 und 1938 in der ›Zeitschrift für Sozialforschung‹ erschienen sind, zu den frühesten Reaktionen auf Benjamins Überlegungen.[47] Allerdings ging es diesem nicht um den Film als Kunstform, sondern als Ausdruck des Wahrnehmungswandels. »Der Film«, so Benjamin, »ist die der gesteigerten Lebensgefahr, der die Heutigen ins Auge zu sehen haben, entsprechende Kunstform. Das Bedürfnis sich Chockwirkungen auszusetzen, ist eine Anpassung der Menschen an die sie drohenden Gefahren. Der Film entspricht tiefgreifenden Veränderungen des Apperzeptionsapparates«.[48] Haas vertrat dagegen die Auffassung, daß die von Benjamin in den Mittelpunkt gestellte »Reproduktionstechnik« keineswegs die Besonderheit des Films ausmache. Vielmehr müßten seine ästhetischen Möglichkeiten erst umgesetzt werden, so daß er in bezug auf den Film eine deutliche Gegenthese zu Benjamin formuliert:

Je mehr sich seine technischen Möglichkeiten entwickeln, desto mehr sinkt er zur bloßen Reproduktionstechnik ohne eigenen künstlerischen Charakter zurück. ⟨...⟩ Der Film wird entweder den Menschen im Kino unmittelbare, lebende, in ihrer ganzen frischen Intensität nicht reproduzierbare Erlebnisse bieten müssen – oder er wird bald ganz aufhören. Warum gehen die Menschen trotz Grammophon und Radio noch in die Oper oder in Konzerte? Weil die Frische der originalen Darbietung, des unmittelbaren Eindrucks sich in der technischen Reproduktion nicht konservieren läßt.[49]

Benjamin hatte die deutschsprachige Fassung seines Aufsatzes im Frühjahr 1936 zunächst der ›Internationalen Literatur‹ und im Juli 1936 – nach dessen Gründung – auch dem ›Wort‹ angeboten. An dieser Absicht hielt er auch noch fest, als die französische Fassung bereits erschienen war, wie aus Briefen an Alfred Cohn, Margarete Steffin und anderen hervorgeht. Doch hat Bredel die Publikation in einem Brief vom März 1937 abgelehnt: »Von einer Veröffentlichung Ihrer Studie ›Das Kunstwerk im Zeitalter seiner technischen Reproduzierbarkeit‹ möchte ich einstweilen Abstand nehmen, da ich es, obgleich ich es sehr interessant finde, des großen Umfangs wegen nur in Fortsetzung bringen könnte.«[50]

Da die französische Fassung des Aufsatzes für die Emigranten in der Sowjetunion nicht erreichbar war, konnte sie die Diskussion im ›Wort‹ zwar nicht beeinflussen. Doch bestätigen Benjamins Überlegungen die Tendenzen zur Revision der traditionellen Kunstauffassung im Exil, die sich nicht nur in der Debatte des ›Wort‹, sondern auch in den medienästhetischen Überlegungen deutscher Emigranten im New Yorker Exil wie Theodor W. Adorno, Siegfried Kracauer und Erwin Panofsky widerspiegelt.[51] Die Debatte im sowjetischen Exil bekommt damit neue Aktualität.

Sabina Becker
»Weg ohne Rückkehr«[1] – Zur Akkulturation deutschsprachiger Autoren im Exil

I. Paradigmenwechsel

Der Begriff Akkulturation, in der Exilliteraturforschung mittlerweile ein fester Bestandteil,[2] meint die soziale, sprachliche, kulturelle und literarische Integration von Emigranten in den jeweiligen Gastländern. Es war die amerikanische Forschung der 1980er und 1990er Jahre, die das Themenspektrum der deutschsprachigen Exilliteratur um die Aspekte der kulturellen und sprachlichen Assimilation sowie der Immigration erweiterte und damit bislang kaum zur Kenntnis genommene Dimensionen des literarischen Exils und Autoren in den Blick nahm.[3] Mit Hilfe des »Akkulturationsparadigmas«[4] lassen sich die »Wechselseitigkeit der kulturellen Beeinflussung, die spezifischen Formen kultureller Adaptation (additiv oder/und substitutiv) und das weite Spektrum möglicher aus dem Kulturkontakt resultierender Identitäts- und Lebensformen (von der ethnisch-kulturellen Abschottung bis zur vollständigen Übernahme der Mehrheitskultur)« in differenzierter Form auch im Hinblick auf das literarische Exil erfassen. Zunächst nur in bezug auf die jüdische Emigration und das wissenschaftliche Exil angewendet, wurde es schon bald auf die literarische und künstlerische Emigration übertragen. Die nationalgeschichtliche Perspektive wurde aufgebrochen und die Aufmerksamkeit auf die in den Gastländern und in anderen Sprachen verfaßte Literatur gelenkt: »Die nicht immer nur implizit formulierten Werturteile wie Sprachbewahrung, Nationaltreue, Heimatliebe, Parteidisziplin, ideologische Kontinuität etc. wurden transzendiert und aufgelöst in den wertfreien Akkulturationsbegriff.«[5]

Es ist naheliegend, die Frage sowohl nach den interdisziplinären und interkulturellen Auswirkungen des geistigen Schaffens im Exil als auch nach den »positiven Folgen und Wirkungen des Exils in allen kulturellen Bereichen« aufzuwerfen.[6] So konnte deutlich gemacht werden, daß es eine im Exil und vor allem in der Folge der Exilsituation entstandene deutschsprachige Literatur gibt, die nicht primär die Sujets »Nazideutschland« und »Rückkehr nach Deutschland« thematisiert und folglich auch nicht an dem literarischen Entwurf eines »anderen Deutschland« mitschreibt. Die in den Komplex Akkulturation einzubeziehenden Autoren haben ihre literarischen Werke keineswegs als »Waffe im politischen Kampf«[7] verstanden. Ihre literarische Tätigkeit galt ihnen vielmehr als ein Mittel der Annäherung an das Exil- bzw. Gastland, das zu einer neuen Heimat werden sollte.

Während die Exilliteraturforschung lange Zeit die Bemühungen der aus Deutschland vertriebenen Autoren um die deutsche Sprache, Literatur und Kultur in den Mittelpunkt stellte, widmete sich die Exilforschung von Beginn an dem Phänomen Akkulturation, insbesondere der jüdischen, in den Exil- bzw. Gastländern.[8] Man beschäftigte sich dabei primär mit der Gründung deutschsprachiger Verlage im Ausland, den Distributions- und Rezeptionsbedingungen bzw. -formen der deutschsprachigen Literatur, den Aufführungen deutschsprachiger Dramen in den Exilländern, den Gründungen von Ligen und Vereinen für die Bewahrung der deutschen Kultur usw. Die Erfassung und Beschreibung der unter den Prämissen des Kampfes gegen Nazi-Deutschland, der Präsentation eines »anderen Deutschland«, der Schilderung der negativen Auswirkungen von Vertreibung und Flucht und der Darstellung des Exils als Verlust von Heimat verfaßten Literatur standen dabei im Mittelpunkt. Im Anschluß an die »identifikatorische Wahrnehmung und Präsentation des Exils als das »andere Deutschland« akzentuierte ⟨man⟩ gerade das (gegenüber Nazideutschland alternative) ›Deutschsein‹«[9] und die auf Deutschland bezogenen Aktivitäten der Emigranten. Zwangsläufig behandelte man mithin jene um das Bild des »anderen Deutschland« kämpfenden Exilgruppen, deren Deutschlandorientierung und Rückkehrwünsche besonders stark und deren Wunsch nach Akkulturation entsprechend wenig ausgeprägt waren. Auch betonte man vornehmlich die negativen Auswirkungen des Exils auf die literarische Produktion[10] und die schwierigen Bedingungen literarischen Schreibens in einer fremden, unfreiwillig als Wohnort gewählten Umgebung. Jene Autoren dagegen, die sich mit der fremden Umgebung und Kultur auseinandersetzten, die sich ganz bewußt einem Akkulturationsprozeß unterzogen und sich uneingeschränkt oder zumindest partiell in die Gesellschaften der jeweiligen Exilländer integrierten, wurden lange Zeit nur wenig beachtet.

Durch die Berücksichtigung des Akkulturationskomplexes geraten Schriftsteller in den Blick, die sich persönlich wie literarisch auf die Erfahrung der Fremde einließen, ja mitunter im Exil sogar eine Chance erkannten, wie überhaupt viele Autoren die aus den »Assimilationsanstrengungen resultierende Dynamik für ihre literarische Arbeit fruchtbar«[11] zu machen suchten. Bezogen auf solche Biographien und Lebensschicksale läßt sich Akkulturation als eine »Gelegenheit (oder Sehnsucht nach ihr)« beschreiben, das »eigene Leben, nachdem es seiner gewohnten Basis beraubt wurde, auf etwas Neues einzurichten und zugleich wesentliche Bestandteile des vorherigen Lebens, der mitgebrachten Erfahrung, zu erhalten«.[12]

So ist auch für den Bereich Akkulturation eine Revision klassischer »Mythen der Exilforschung«[13] geltend zu machen. Sicherlich beschreibt die von Hans Habe formulierte »Erfahrung«, ein Emigrant, einmal zum Fremden gemacht, könne nirgendwo mehr heimisch werden und bleibe stets ein Fremder, das Schicksal vieler nach 1933 exilierter Autoren.[14] Doch diesem steht die erfolgreiche soziale und kulturelle Integration von Exilautoren und insbesondere -autorinnen in den Gastländern gegenüber. Das Exil der Autoren, die sich in ihren Gastländern akklimatisierten, sich dem neuen Kultur- und Sprachraum assimilierten, ist ein anderes als das jener Schriftsteller, die die Emigration ausschließlich als politisches Bekenntnis und Programm aufzufassen bereit waren. Verstanden letztere ihre literarischen Werke als einen Beitrag zum Kampf gegen Hitlerdeutschland oder als Aufklärung über »Nazideutschland«, so stehen im Mittelpunkt der im Zuge der Akkulturation entstandenen Exilliteratur das jeweilige Gastland sowie die Sozialisation in eine fremde Gesellschaft und die dabei auftretenden Schwierigkeiten. Angesichts der vielen im und am Exil gescheiterten Autoren schien es geboten, zunächst über die tragischen Dimensionen und negativen Folgen des Exils zu reden.

II. Die verhinderte Akkulturation: Exil als »Wartesaal«

Das Thema Akkulturation umfaßt nicht nur die gelungene, sondern auch die gescheiterte soziale und kulturelle Integration in eine fremde Gesellschaft. Dabei muß die Frage nach den Akkulturationsprozessen mit dem Aspekt der Fremderfahrung bzw. der verhinderten Fremderfahrung, jener »Nichterfahrung der Fremde«,[15] als zentrales Merkmal der nach 1933 im Exil entstandenen deutschsprachigen Literatur, verknüpft werden. Da die Mehrheit der Exilierten gezwungenermaßen emigrierte und es sich mithin um Vertriebene handelte, lag vielen der Gedanke an Integration in die Gesellschaft der jeweiligen Aufnahmeländer fern. Auch die Tatsache, daß für die Mehrheit der Autoren, insbesondere für die älteren, der Entschluß zur baldigen Rückkehr von Beginn an feststand, erschwerte die Eingliederung in ein Gastland. Die »Akkomodation, sich also zu etwas zu bequemen, war viel häufiger die Einstellung der Exulanten als ein Sich-Anpassen. Letzteres, meinten viele, wäre einer Selbstaufgabe gleichgekommen«.[16] Die Reihe von Beispielen für die bewußte Weigerung, sich auf eine neue Umgebung einzulassen, ist lang. Die Ursachen liegen zum einen in den mit einer Anpassung verbundenen Ängsten, zum anderen aber in – meist ideologisch gefärbten – Vorurteilen über das jeweilige Gastland. Das Resultat war – Oskar Maria Graf hat diese Situation in seinem Roman ›Die Flucht ins Mittelmäßige‹[17] (Frankfurt/M. 1959) anschaulich beschrieben – die regelrechte Abkapselung; entsprechend intensiv erfuhr man die Fremdheit der neuen Umgebung, fühlte sich isoliert und litt an sozialer Entwurzelung. Mit dieser Einstellung korrespondiert der Verzicht oder die strikte Weigerung der Mehrzahl der exilierten Autoren, sich den örtlichen bzw. regionalen Verhaltensweisen und Lebensformen anzupassen und sich literarisch mit dem Gastland auseinanderzusetzen.

Bezeichnenderweise ist es kaum einem der an der deutschen Sprache, Kultur und Tradition festhaltenden Autoren gelungen, auf dem amerikanischen Literaturmarkt Fuß zu fassen oder gar einen weitergehenden Einfluß auf die amerikanische Literatur auszuüben. Unter den in den USA, dem nach 1940 wichtigsten Aufnahmeland, lebenden Exilautoren haben sich lediglich zur Akkulturation bereite Autoren wie Hilde Spiel in ihrem Roman ›Lisas Zimmer‹ (›The Darkened Room‹. London 1961; dt. München 1965), Hertha Pauli in ›Her Name was Sojourner Truth‹ (New York 1962), Walter Schönstedt in ›The Cradle Builder‹ (New York, Toronto, 1940), Stefan Heym in ›The Crusaders‹ (Boston 1948; dt. ›Der bittere Lorbeer‹, München 1950)[18], Alfred Neumann in ›Der Pakt‹ (Stockholm 1949), Johannes Urzidil in ›Das große Hallelujah‹ (München 1959)[19] und Vicki Baum in ›Die Karriere der Doris Hart‹ (Amsterdam 1936) mit der amerikanischen Geschichte und Gegenwart befaßt, wobei das zeitgenössische Amerika der 1930er und 1940er Jahre auch in diesen Werken nur am Rande vorkommt.[20]

Die Mehrzahl der in die USA exilierten Schriftsteller hingegen schreibt gegen ihr Gastland und gegen ihre Umwelt. In den Exilveröffentlichungen Bertolt Brechts, Lion Feuchtwangers, Thomas Manns, Alfred Döblins und anderer in den Vereinigten Staaten lebender Autoren haben die neue Umgebung und Lebenswelt kaum nennenswerte Spuren hinterlassen. Zwar entstehen Romane, die die Perspektivlosigkeit innerhalb der isolierten Exilcliquen und Flüchtlingsgruppen zeigen – neben Grafs ›Die Flucht ins Mittelmäßige‹ wäre Hans Sahls ›Die Wenigen und die Vielen‹ (Frankfurt/ M. 1959) als weiteres Beispiel zu nennen; ein Roman über New York z.B. oder über die USA als einem neuen Lebensort indes wurde nicht geschrieben.[21] Bertolt Brecht, der mit seinen in den 1920er Jahren entstandenen Werken ›Aufstieg und Fall der Stadt Mahagonny‹, ›Die heilige Johanna der Schlachthöfe‹ und ›Der aufhaltsame Aufstieg des Arturo Ui‹ Wesentliches zum Amerika-Bild in der deutschsprachigen Literatur der Weimarer Republik beigetragen hatte, zeigt nach seiner Ankunft in den USA kein Interesse mehr an diesem Land, das immerhin für mehr als fünf Jahre sein Lebensmittelpunkt werden sollte.[22] Für die Mehrzahl der im amerikanischen Exil lebenden deutschsprachigen Schriftsteller trifft die Beobachtung zu, daß ihnen ihr literarisches Werk ein »Refugium«[23] war, in dem das neue soziale und kulturelle Milieu als Sujet bewußt ausgeklammert blieb; man trennte strikt zwischen Broterwerb in amerikanischen Verlagen oder Hollywoods Filmindustrie einerseits und dem literarischen Schreiben andererseits.

Thomas Mann, dem der Verlust der Heimat den »Verlust der

bürgerlichen Existenz«[24] bedeutete, der die Fremde stets als feindlich empfunden hat, soll im Exil gesagt haben (und das scheint symptomatisch für die Einstellung vieler Exilierter zu sein): »Wo ich bin, ist die deutsche Kultur«.[25] Diese Haltung verhinderte den Wunsch nach Integration selbst noch zu einem Zeitpunkt, als sein Entschluß feststand, nicht mehr nach Deutschland zurückzukehren. Die Tatsache, daß die frühere Heimat zur Fremde und das »Deutsche«, die deutsche Kultur das Fremde geworden waren, leitete bei Thomas Mann keinen Prozeß der Annäherung an das Gastland oder die Akkulturation in die amerikanische Gesellschaft ein. Bezeichnenderweise war er es, der im Anschluß an Lion Feuchtwangers ›Wartesaal‹-Romantrilogie (›Erfolg. Drei Jahre Geschichte einer Provinz‹. Berlin 1930; ›Die Geschwister Oppenheim‹. Amsterdam 1933; ›Exil‹. Amsterdam 1940) im Hinblick auf die Exilsituation die Formel des »Wartesaal-Tags« prägte.[26] Einer solchen Einstellung korrespondierte eine große Teile der Exilliteratur dominierende »Macht der Innenwelt über die Außenwelt«[27], die die Auseinandersetzung mit dem Gastland zumeist verhinderte.

Diese Form der nicht erfolgten Akkulturation läßt sich mit Hinweisen auf den vermeintlichen Kulturschock, den die Emigranten in den USA erfuhren, nicht hinreichend erklären oder gar rechtfertigen. Denn diese waren »keineswegs uninformiert über die soziale Wirklichkeit wie die Kultur der U.S.A, einige von ihnen zählten in den 1920er Jahren zu den neusachlichen Verehrern der amerikanischen Konkurrenzgesellschaft, und der Unterschied zwischen bloß theoretischer Information bzw. Idealbild auf der einen Seite und persönlicher Erfahrung auf der anderen erklärt weder das Ausmaß des Schocks noch den neuen Eurozentrismus vieler Flüchtlinge«.[28]

Den Klagen vieler Exilierter ist deutlich die Unfähigkeit, ja Unwilligkeit anzumerken, sich auf die neue Umgebung über ein zur Lebenssicherung notwendiges Maß hinaus einzulassen. Man hielt Kontakt zum Heimatland, beschäftigte sich mit Deutschland, der neu gewonnenen, vorher nicht geliebten Heimat, wohl wissend, daß die Mehrheit der Deutschen den zur Emigration gezwungenen Autoren feindlich begegnete und die Politik der Vertreibung durchaus begrüßte. Man weigerte sich, das Exil, das als beschämend und traumatisch empfunden wurde, als solches anzuerkennen: »Zumindest ist es offensichtlich, daß die Schriftsteller sich dagegen sperrten, sich auf das wirkliche Neue der Fremde einzulassen.«[29] Extremfall einer solchen Verweigerung ist Else Lasker-Schüler, deren »Idee des ›Orients‹« mit der Realität in Palästina kaum mehr Gemeinsamkeiten aufwies.[30]

Neben der Auseinandersetzung mit Hitlerdeutschland und der Präsentation eines »anderen Deutschland« sind die »Nichterfahrung der Fremde«[31] sowie die Tendenz zum Rückzug in die Vergangenheit zentrale Momente der zwischen 1933 und 1945 im Exil entstandenen deutschsprachigen Literatur. In diesen kommt der Beschäftigung mit der Fremde und der aktuellen Gegenwart kaum Bedeutung zu, die verstärkte Produktion realitätsferner historischer Romane gibt Zeugnis davon. Zahlreiche Vertreter der älteren Generation erlebten ihre Exil- und Asylländer eher im »Rahmen eines vorher feststehenden Bildes als aus tatsächlicher Erfahrung eines offenen Geistes«.[32] Dieser Befund verweist auf die Weigerung oder Unfähigkeit insbesondere älterer Exilanten, sich auf das Neue und Fremde einzulassen, ein Mangel, der über die Ausbildung und Projektion einer »inneren Exilgeographie«[33] kompensiert wurde. Als Hauptursache dieser verzerrten Wahrnehmung der Fremde sowie der mißglückten Integration in das jeweilige Exilland ist neben der Fixierung auf Deutschland die Tendenz zur Idealisierung der verlassenen Heimat zu nennen. Sowohl die bei der organisierten Linken verbreitete Vorstellung von der deutschen Bevölkerung bzw. Arbeiterschaft als Opfer der Nationalsozialisten als auch der bei vielen Vertretern der bürgerlichen Linken einsetzende Hang zur Verklärung der Weimarer Republik sind Ausdruck dieser Entwicklung. Mit der Verlusterfahrung der Exilanten ging die Idealisierung des Herkunftslandes einher: Rückblickend wird das Land, das die Autoren ins Exil vertrieben hatte, als ein Ort imaginiert, an dem man »als anerkannter Repräsentant maßgeblicher kultureller und politischer Werke, wenn nicht gar als wertsetzende Autorität gegolten habe«.[34] Diese nachträgliche Stilisierung sowohl der früheren Heimat als auch der eigenen Person, Biographie und Vergangenheit wirkte einer möglichen Akkulturation entgegen. So läßt sich zwar der Mehrheit der Exilautoren der Wille zur zügigen Assimilierung nicht absprechen, die Erlebnisse, die zur Auswanderung und Flucht führten, wurden jedoch zumeist verdrängt, Deutschland wurde idealisiert. Bei Thomas und Heinrich Mann, Feuchtwanger, Döblin, Brecht u. a. läßt sich anfänglich eine durchaus positive Einschätzung und Aufnahme der Emigration ausmachen.[35] Jedoch setzte mit der Zeit eine zunehmende psychische Weigerung ein, das Exil und das Exildasein anzuerkennen. Ihr entspricht jene »Wartesaal«-Mentalität vieler Exilierter, die die »Nichterfahrung des Fremden« besiegelte. »Auseinandersetzungen mit der Realität des Exillandes« sucht man dementsprechend in der im Exil entstandenen deutschsprachigen Literatur zumeist vergeblich, hingegen dominiert in ihr die »Suche nach Idyllen (Friede, heile Welt, edler Wilder, verlorene Heimat«.[36] Selbst in einem Roman wie ›Der Vulkan‹ von Klaus Mann (Amsterdam 1939), in dessen Beschreibungen der Pariser Emigrantenzentren die Faszination für die französische Metropole stets präsent ist, bleibt diese über weite Strecken letztlich doch nur Kulisse für die alles und jeden beherrschende Beschäftigung mit Hitlerdeutschland sowie für die Debatte um die bald mögliche Rückkehr nach Deutschland. Im Mittelpunkt der deutschsprachigen Exilliteratur steht demnach Deutschland, sei es das der Vergangenheit, der Weimarer Republik, sei es das Hitlerdeutschland der Gegenwart oder das nach dem Sturz Hitlers und dem Ende der nationalsozialistischen Herrschaft zu errichtende Deutschland.

Die »offensichtlichste Quelle für Gegenwartsthemen im Exil: die neue, fremde Umgebung« blieb mithin weitgehend ungenutzt.[37] Zu sehr war man auf Deutschland, auf die deutsche Kulturtradition und auf eine künftige deutschsprachige Leserschaft fixiert. Auch zeigte sich die Mehrheit der im Deutschland der Weimarer Republik bereits etablierten Autoren nicht flexibel genug, um aus den veränderten Lebensumständen und -bedingungen »literarisches Kapital« schlagen zu können.[38] Die »Wartesaal-Psychologie«[39] vieler Exilierter stand demnach einer Auseinandersetzung mit dem Gastland im Wege. Geht es in den literarischen Werken überhaupt um den Exilalltag im jeweiligen Gastland, so werden die Protagonisten in Innenräumen gezeigt, ihre neue Umgebung und Lebenswelt hingegen ist weitgehend ausgespart; auch auf Beschreibungen der Außenwelt wird verzichtet. In der Regel agieren die Romanfiguren in Emigrantenkreisen, für die die Kultur und Gesellschaft des Gastlandes lediglich Randthemen darstellen. Der auktoriale Blick ist ganz auf die psychische und existentielle Situation der Personen und damit zugleich auf die verlorene Heimat, auf das Zurückgelassene, auf Deutschland gerichtet.[40] Große Teile der Exilliteratur bleiben damit tatsächlich der deutschen Tradition, Kultur und Literatur[41] verhaftet. Im Hinblick auf diese »Projektion innerer Bilder auf andere Länder« und auch angesichts der Tatsache, daß die reale Exilerfahrung nur von sekundärer Bedeutung war, hat man wohl nicht zu Unrecht von der »inneren Exilgeographie« im Gegensatz zur »faktischen«[42] gesprochen.

Mit der verweigerten kulturellen Integration der Mehrheit der Exilautoren ging die nicht erfolgte sprachliche Assimilation einher. Man fühlte sich durch den »fremden Sprachraum« bedroht, fürchtete gar, die sprachliche Assimilation führe »zum Identitätsverlust, zur Selbstaufgabe«.[43] Selbstzeugnisse und -aussagen zahlreicher Autoren belegen, daß sie den Verlust der Verbindung zur Muttersprache und die Konfrontation mit einer fremden Sprache bzw. die notwendig gewordene Zweisprachigkeit als eine Bedrohung ihrer schriftstellerischen Existenz werteten;[44] andere wiederum entzogen sich aus Angst vor einer Sprachvermischung oder dem Verlust sprachlicher Kompetenz ganz bewußt dem Einfluß des fremden Idioms (und der fremden Kultur).[45] Die zur Akkulturation bereiten Autoren indes reagierten auf die Zwei- oder Mehrsprachigkeit des Exils offen und flexibel.

III. Akkulturation als »Zugehörigkeitswechsel«[46]

1. Kulturelle Integration

Zur Akkulturation bereite Autoren haben sich in den Exilländern literarisch mit der Kultur des Gastlandes in Romanen,[47] Reisebeschreibungen[48] und publizistisch-essayistischen Arbeiten auseinandergesetzt.[49] Das literarische Werk einiger Exilautoren[50] dokumentiert in der Tat, daß es auf das engste mit der Emigration und der Integration in eine neue Gesellschaft verknüpft ist; für diese Autoren erwies sich der Verlust der Heimat als Movens der literarischen Produktion. Akkulturationsbereite Autoren haben sich in den Exilländern nicht nur eine neue soziale und kulturelle Existenz aufgebaut, die über die Jahre 1933 bis 1945 hinaus Bestand hatte; auch ihre schriftstellerische Identität ist eng mit der Emigration verbunden. Sie bilden damit jene Minderheit des literarischen Exils, bei der es zu einer weitgehenden Identifikation mit dem Aufnahmeland kam, die wiederum »zu einer die Person und ihren Lebenshabitus verändernden Einwirkung«[51] führte. Die Tatsache, daß sie in der Regel die Staatsbürgerschaft des jeweiligen Gastlandes angenommen oder sich zumindest darum bemühten haben, oftmals in der neuen Heimat Ehen eingingen und Familien gründeten, sie weiterhin nach 1945 nicht mehr in ihr Geburtsland zurückkehrten, ist Ausdruck dieser Akkulturation; diese mündete nicht selten in eine umfassende Enkulturation, in einen »Zugehörigkeits-«[52] und Identitätswechsel: Genannt seien nur Jenny Aloni, Recha Freier und Anna Maria Jokl in Palästina/Israel, Elisabeth Augustin in Holland, Klara Blum in China, Henry Kreisel in Kanada, Lilo Linke in Ecuador, Ilse Lieblich/Losa in Portugal, Ernst Erich Noth in Frankreich, Elisabeth Castonier, Grete Fischer, Anna Gmeyner, Sylvia von Harden, Henriette Hardenberg, Arthur Koestler, Robert Neumann, Gabriele Tergit in England, Franzi Asher-Nash, Vicki Baum, Ilse Blumenthal-Weiss, Maria Gleit, Mela Hartwig, Katrin Holland, Gina Kaus, Ruth Landshoff-Yorck, Alfred Neumann und Christa Winsloe in den USA oder Gustav Regler in Mexiko.

Die Sehnsucht nach Anerkennung in der Fremde, der existentielle Wunsch, nicht bloß geduldet und »mit Geld, Nahrungsmitteln, Aufenthaltsgenehmigung und Arbeitsbewilligung versorgt zu sein«, stellte sich allerdings oft als ein Selbstanspruch heraus, an dem zahlreiche Autoren scheiterten.[53] In diesem Punkt zeigten sich die Jüngeren weitaus flexibler, viele nahmen das Exil gar als eine positive Herausforderung, als eine Chance an. Jene »jungen, unbekannten Erzähler«[54] – so hatte sie Alfred Döblin in Zusammenhang mit dem von der ›Literarischen Welt‹ 1927 unter Nachwuchsschriftstellern veranstalteten Wettbewerb genannt –, die erst in den letzten Jahren der Weimarer Republik mit Werken an die literarische Öffentlichkeit getreten und auf dem deutschen literarischen Markt noch kaum etabliert gewesen waren, zeigten in der Regel eine höhere Motivation und größere Bereitschaft, sich auf ein neues Publikum einzulassen und sich einen fremdsprachigen Buchmarkt zu erschließen. Obgleich auch ihre schriftstellerische Entwicklung mit der Flucht aus Deutschland jäh unterbrochen wurde, ist es ihnen offenbar leichter gefallen, im Exilland literarisch Fuß zu fassen. Die soziale und kulturelle Integration der Autoren erwies sich dabei als eine unabdingbare Voraussetzung. Ihre literarische Entwicklung und schriftstellerische Existenz sind demzufolge nicht nur eng mit der Emigration bzw. Immigration verbunden; auch ihr künstlerischer Werdegang zeichnet sich durch eine Verknüpfung von literarischer Produktion und eigener Biographie aus, als die durchlebte und vollzogene Akkulturation zum Katalysator ihres Schreibens wurde.

2. Schwierigkeiten des Akkulturationsprozesses

Obgleich die zur Akkulturation entschlossenen Autoren den Weggang aus Deutschland nicht ausschließlich als eine Flucht in die Fremde verstehen wollten, wurden die Ablösung von der alten und die Annäherung an die neue Heimat zu unerwartet schwierigen, sich über Jahre hinziehenden Prozessen. Innerhalb der nach 1945 in unmittelbarem Zusammenhang von Emigration und Exil entstandenen »Immigrantenliteratur«[55] avancieren sie zu einem zentralen Sujet: Das die Exilliteratur gemeinhin dominierende »Denken an Deutschland«, das die Beschäftigung mit der Vergangenheit und mit der Rückkehr in die verlassene Heimat einschließt, erhält eine neue Dimension, die Erinnerung an »drüben« und »gestern«[56] wird zu einer ausschließlich negativen Erfahrung, zu einem Störfaktor im Hinblick auf das »Hier« und »Jetzt«. Denn zum einen erkannte man, daß ein Nachgeben der Erinnerung ein Sich-Einlassen auf die veränderte Gegenwart unmöglich machte und die Akkulturation be- oder gar verhinderte. Dementsprechend erfuhren viele die »Gedanken an Deutschland« als »Gespenster von drüben und gestern«,[57] als eine Bedrohung ihrer neuen Identität also. Nicht *Vergegenwärtigung* des Zurückgelassenen, sondern *Gedenken* der

Zurückgebliebenen schien vielen die einzig legitime und zumutbare Form der Erinnerung. Zum anderen resultierten aus dem Wissen um das Zurückgelassene und die Zurückgebliebenen sowie aus der Erinnerung an die alte Heimat Fremdheits- und Verlassenheitsgefühle. Die Unfähigkeit zu vergessen erzeugte bei vielen das Gefühl des Ausgegrenztseins und somit auch die problematische Erfahrung der Fremde. Der Vorsatz, die neue Lebenswelt als Heimat anzunehmen, implizierte die Verdrängung des Vergangenen und des früheren Lebens.[58]

Tatsächlich erfuhren viele Autoren, ungeachtet ihrer Bereitschaft, sich auf ihr neues Lebensumfeld einzulassen, die neue Heimat als Fremde: Sie spürten die Fremdheit der Menschen, Sitten und Verhaltensweisen, erlebten ein Sich-fremd-Fühlen. Ilse Lieblich/ Losa z. B. hat diese Erfahrung in ihrem in portugiesischer Sprache erschienenen Roman ›Sob céus estranhos‹ (Lissabon 1962), der von der Autorin selbst ins Deutsche übertragen wurde (›Unter fremden Himmeln‹, Freiburg 1991), beschrieben:

> Sieht sich aber dieser selbe Tourist plötzlich gezwungen, in einer solchen fremden Welt zu bleiben, werden das Exotische und Malerische zum Alltag und die Einwohner seine Nachbarn, Freunde oder Feinde. Was sich ihm als interessant und andersartig dargeboten hatte, erhebt sich nun wie eine dichte Mauer zwischen ihm und dem, was sein Leben ausmacht. Lange ist er nur ein Außenstehender, ein Beobachter, stets bereit, diese Welt mit seiner früheren zu vergleichen, oder ein Komparse, der die Bühne nicht betreten, sondern nur in den Kulissen stehen darf. Deshalb steht der Tourist zum angesiedelten Fremden wie der Nomade zum Hüttenbewohner.[59]

Ilse Lieblichs/Losas Beschreibung darf als exemplarisch gelten. Der spezifische Blick des zum Bleiben Gezwungenen und Entschlossenen enthüllt die Diskrepanz zwischen dem Eigenen und dem Fremden, und das heißt auch zwischen Vergangenheit und Gegenwart. Denn das Eigene war zugleich die Vergangenheit, die in Form von Erinnerungen an die frühere Lebenswelt zumindest zu Anfang immer wieder in die Gegenwart einbrach, im Prozeß fortschreitender Akkulturation letztlich aber integriert wurde.

Neben den existentiellen, psychosozialen Schwierigkeiten der Integration und neuen Identitätsfindung waren zudem äußere Umstände für eine erfolgreiche Akkulturation von zentraler Bedeutung. Wichtig waren die Bedingungen, die der Exilant in seinem Gastland vorfand, sie bestimmten maßgeblich das Gelingen des Akkulturationsprozesses. Nicht immer haben die Gastländer den Exilierten den Aufbau einer neuen Existenz erleichtert.[60] Viele Regierungen verweigerten den Flüchtlingen, auch den zum Bleiben Entschlossenen, Staatsbürgerschaft und Arbeitserlaubnis. Karl Wolfskehl z.B., der von seiner Einstellung und Mentalität her durchaus bereit gewesen wäre, sich auf ein anderes Lebensumfeld einzulassen, und dies in Italien, seinem ersten Exilaufenthalt, bereits erfolgreich praktiziert hatte, wurde die Ansiedlung in Australien verweigert.[61] Er zog daraufhin nach Neuseeland weiter, wo er bis zu seinem Tod 1948 in Auckland lebte. Daß Akkulturation kein einseitiger Prozeß war und wie entscheidend zudem das Verhalten des Gastlandes sein konnte, zeigt auch das Beispiel Ferdinand Bruckner: Sein Wille zur Anpassung war da, er publizierte in englischer Sprache, auch nahm er amerikanische Themen in seine Werke auf und war bemüht, sich an die Bedingungen des Broadway-Theaters anzupassen. Dennoch, trotz aller Versuche und Anpassungsbemühungen, schaffte es der Dramatiker nicht, in der Film- oder Theaterszene Fuß zu fassen und sich auf dem Buchmarkt der USA zu etablieren. Enttäuscht kehrte er 1951, obwohl er bereits Ende der 1930er Jahre die amerikanische Staatsbürgerschaft angenommen hatte, nach Europa zurück.

3. Sprachliche Assimilation

Fast alle Autoren, die den Entschluß faßten, in ihren Gastländern zu bleiben, haben einen Sprachwechsel vollzogen, so u.a. Franzi Asher-Nash, Elisabeth Augustin, Vicki Baum, Klara Blum, Elisabeth Castonier, Grete Fischer, Elisabeth Freundlich, Maria Gleit, Anna Gmeyner, Stefan Heym, Katrin Holland, Arthur Koestler, Vera Lachmann, Lola Landau, Ruth Landshoff-Yorck, Maria Leitner, Ilse Lieblich/Losa, Lilo Linke, Klaus Mann, Robert Neumann, Alfred Neumann, Ernst Erich Noth, Hertha Pauli oder Hilde Spiel. Die Mehrheit der Exilautoren war jedoch nicht zu einem vollständigen, viele noch nicht einmal zum partiellen Sprachwechsel bereit, was

nicht nur die sprachliche Isolation in einer fremdsprachigen Umwelt nach sich zog, sondern zudem das Ende der publikums- und
marktorientierten schriftstellerischen Produktion bedeutete.

Unter der Sprachproblematik wurde zumeist nur das Problem
der »um ihr Deutsch kämpfenden Schriftsteller« und deren »Be-
wahrungsversuche«[62] behandelt. Im Anschluß an die überwiegend
negativen Aussagen und Urteile vieler Autoren[63] hat man die im
Exil erforderliche Trennung zwischen Literatur- und Alltagssprache
als das eigentliche Sprachproblem benannt; auch galt jeder Wechsel
in eine andere Sprache vielen Autoren »von vornherein als aussichtslos, ja gefährlich«.[64] Aus der erzwungenen Zweisprachigkeit
leitete man die Unvermeidlichkeit des Verstummens vieler Autoren
ab. Die sprachliche Assimilation wurde mit Identitätsverlust und
»Selbstaufgabe«[65] verbunden, die Alternative eines allgemeinen und
literarischen Sprachwechsels rückte dann überhaupt nicht mehr in
den Blick: So entstand ein »klassischer Mythos« des literarischen
Exils. Insbesondere die These, die verbannten Autoren hätten vor
der Alternative gestanden, entweder zu verstummen oder an der
Muttersprache festzuhalten, ist schon deshalb fragwürdig, da er
sich ausschließlich auf die Aussagen jener Autoren stützt, die den
Sprachwechsel nicht vollzogen haben und sich vehement gegen
eine sprachliche Assimilation wehrten.[66] Zieht man Urteile von zur
Akkulturation bereiten Autoren hinzu, kommt man bezeichnenderweise zu ganz anderen Ergebnissen. Günther Anders – seine Frau
Elisabeth Freundlich und er verfügten bei ihrer Ankunft in den USA
über hervorragende Englischkenntnisse – wies früh darauf hin, daß
viele deutsche Exilautoren geradezu »fanatisch« an ihrer Muttersprache festgehalten hätten, nicht zuletzt deshalb, weil sie »für die
fremde Sprache zu unelastisch waren«. Die eigentlichen Beweg-
gründe für die Weigerung, sich die fremde Sprache anzueignen, sah
Anders nicht zuletzt in der spezifischen Eitelkeit von Autoren, in
ihrer Angst vor einem »inferioren Sprechen« und »Stammeln«,[67]
die der Sprachwechsel zweifelsohne zumindest anfangs mit sich
brachte oder gebracht hätte.

Des weiteren übersieht oder vernachlässigt die Behauptung des
schriftstellerischen Identitätsverlusts im Falle der sprachlichen
Assimilation jene Autoren, die den Sprachwechsel als eine zen-

trale Voraussetzung sowohl für die Akkulturation als auch für die Fortsetzung ihrer schriftstellerischen Existenz werteten und ihn demzufolge auch nicht als eine Gefahr beschworen. Sie akzeptierten, daß ein Identitäts- und »Zugehörigkeitswechsel« nur über den Sprachwechsel zu vollziehen war. Klaus Mann z.B., der den Wechsel vom Deutschen ins Englische 1939 als bereits etablierter und erfolgreicher Autor bewältigte, notiert 1940 in seiner Autobiographie ›The Turning Point‹: »The thing to do is to learn a new idiom to communicate a new identity.«[68] Dominieren in den Äußerungen und Aufzeichnungen der Mehrheit der Exilanten zumeist die Klagen über die Bedrohung der schriftstellerischen Existenz infolge der abgebrochenen Verbindung zur Muttersprache und der Konfrontation mit einer zweiten Sprache, so sind die zum Sprachwechsel bereiten Autoren mit den Schwierigkeiten der sprachlichen Assimilation, mit dem Kampf um die »linguistische Metamorphose« – so eine Formulierung Klaus Manns – und der Erfahrung der »eigenen Unzulänglichkeit«[69] beschäftigt. Man war sich darüber im klaren, daß die Aneignung einer fremden Sprache auf Kosten der Muttersprache erfolgte, übersah dabei aber keineswegs die positiven Auswirkungen des Sprachwechsels und der Zweisprachigkeit sowohl auf die literarische Ausdrucksweise als auch auf die sprachliche Kompetenz.[70]

Auch haben viele Autoren den Sprachwechsel als befreiend erfahren und beschrieben. So war die Entscheidung gegen die deutsche Sprache nicht selten das Resultat politischer Erwägungen, war das Ergebnis des Entschlusses, nicht in der Sprache der Nationalsozialisten schreiben zu wollen. Mit dem Verzicht auf die Muttersprache wollte man »gegen die Taten anderer protestieren«, die sich ebendieser Sprache bedienten; »man sah es«, so heißt es in Robert Neumanns 1942 entstandenem Roman ›Scene in Passing‹ (London), als »eine Sache der Würde, diese Sprache aufzugeben und die Sprache des Landes anzunehmen«, das ⟨einem⟩ »Freiheit und Gastfreundschaft geboten hatte«.[71] Des weiteren verknüpften viele Autoren mit dem Sprachwechsel einen »Wechsel der literarischen Orientierung« und den Entwurf einer »neuen poetischen Identität«,[72] ein Schritt, der zugleich den Zugang zum Buchmarkt des jeweiligen Gastlandes und den Aufbau neuer Leserkreise ermöglichte. Robert

Neumann, der im September 1933 ins Exil nach England gegangen war,[73] entschied sich, um die Kontinuität seines schriftstellerischen Erfolgs zu sichern, bereits kurz nach seiner Ankunft in London für die englische Sprache. Wie viele andere Autoren verband er mit dem Sprachwechsel zum einen die Hoffnung auf materielle Absicherung, zum anderen glaubte er, mittels der zügigen sprachlichen Integration eine Isolationssituation vermeiden und die soziale Eingliederung beschleunigen zu können.[74]

Die 1933 ebenfalls nach England emigrierte Elisabeth Castonier[75] schrieb ihre nach 1950 erschienenen Werke in englischer Sprache; ihr Hauptanliegen war die Darstellung ihres Gastlandes, die Mentalität der Briten, die Schilderung der englischen Gesellschaft, aber auch die Vermittlung zwischen Deutschland und England. Wie Neumann ist es Castonier gelungen, sich auf dem englischsprachigen Buchmarkt zu etablieren, ebenso der 1933 in die USA emigrierten Vicki Baum. Sie war bereits 1931 in Zusammenhang mit der Verfilmung ihres 1929 erschienenen Romans ›Menschen im Hotel‹ nach Hollywood eingeladen worden; sie blieb – nach kurzem Zwischenspiel in Deutschland – in den USA, auch nach 1945 kehrte sie nicht mehr nach Deutschland zurück. Ab 1937 schrieb sie ihre Romane und Filmbücher in englischer Sprache. Entscheidend für ihren Erfolg war nicht nur ihre Sprachkompetenz; auch ihre Bereitschaft zur Integration und Akkulturation sowie ihre positive Einstellung den Vereinigten Staaten gegenüber waren zentrale Voraussetzungen ihrer raschen Etablierung auf dem amerikanischen Buchmarkt. Von Beginn des Exils an war sie zum Bleiben entschlossen, seit 1937 bemühte sie sich um die amerikanische Staatsbürgerschaft, die ihr bereits 1938 zugesprochen wurde. Ein weiteres Beispiel für den gelungenen Sprachwechsel ist Christa Winsloe, eine Vertreterin der jungen Autorengeneration. Im Sommer 1933 kam sie in die USA, ganz bewußt hatte sie sich, im Gegensatz zu der Mehrheit jener Exilierten, die sich zunächst in den an Deutschland angrenzenden Ländern niederließen, für die Vereinigten Staaten als Zufluchtsort entschieden. Schon kurz nach ihrer Ankunft in New York entschloß sie sich zur zügigen sprachlichen Assimilation. Sowohl ihre Briefe als auch ihre literarischen Arbeiten verfaßte Winsloe fortan in englischer Sprache.

Unter den zum Sprachwechsel bereiten Autoren finden sich Namen wie Robert Neumann und Alfred Neumann, Vicki Baum und Klaus Mann, Autoren also, die in den 1920er Jahren bereits im literarischen Markt etabliert waren; mehrheitlich sind es jedoch junge Autoren[76] und insbesondere Autorinnen, die, als sie Deutschland verlassen mußten, sich noch keine gesicherte literarische Existenz erschrieben hatten.

IV. Frauen im Exil: »Grenzüberschreitung ohne Heimweh«[77]

Frauen zeigten eine weitaus höhere Motivation, das Exil zu bewältigen, als Männer. Das gilt gleichermaßen für Ehefrauen an der Seite ihrer Männer wie für alleinstehende Autorinnen. Die Untersuchung der Überlebensmuster von Frauen im Exil und ihre literarische und allgemein künstlerische Verarbeitung zeigt eine größere Flexibilität von Emigrantinnen angesichts der Belastungen und Probleme des Exildaseins.[78] Das biographische Material des Exils, Briefe, Erinnerungen und Autobiographien, dokumentiert vielfach die Bedeutung der Frauen als Garantinnen des materiellen Überlebens,[79] was nicht zuletzt auf die besseren Verdienstmöglichkeiten zurückzuführen ist: Frauen erwiesen sich als weitaus pragmatischer hinsichtlich der Bewältigung der alltäglichen Anforderungen und der Ausnahmesituation sowie der größeren Anpassungsfähigkeit an die neue Umgebung. Offenbar eigneten sich auch Frauen im Exil sehr viel schneller und problemloser die Landessprache an und waren eher als Männer bereit und in der Lage, ihre literarische Produktion auf die neue Sprache und damit auch auf ein neues Publikum umzustellen. So konnte Erika Mann z.B. innerhalb kürzester Zeit in Englisch publizieren und Vorträge halten, ihr Bruder Klaus benötigte dazu wesentlich mehr Zeit. Die neue Sprache bot Identitäts- wie Existenzsicherung gleichermaßen. Daneben gab die Emigration den Frauen die Möglichkeit, aus tradierten Rollen auszubrechen:

Es ergaben sich nicht selten Chancen für berufliche Möglichkeiten und Lebensmuster, die es ohne die Katastrophe der Emigration nie gegeben hätte. Die auffällige Diskrepanz zwischen den Bildern, die sich Männer von Frauen im Exil gemacht haben, und den Lebensgeschichten von Emigrantinnen, war Ausgangspunkt für eine Exilforschung unter der Kategorie der Geschlechterdifferenz.[80]

Dagegen verharrten die Männer, »zumindest die Intellektuellen, voller Zorn und Verzweiflung in der Muttersprache, letztlich voller Vertrauen in die Flexibilität ihrer – zumeist auch intellektuellen – Frauen«.[81] Die hohe Zahl von Frauen, die sich im Exil durch Übersetzungstätigkeiten den Lebensunterhalt sicherten, sowie die von Autorinnen, die in der Emigration bzw. im neuen Heimatland in der jeweiligen Landessprache entweder ausschließlich (Elisabeth Augustin, Ilse Lieblich/Losa, Elisabeth Castonier) oder zumindest vorübergehend (Ruth Feiner, Adrienne Thomas, Hertha Pauli, Elisabeth Freundlich, Erika Mann, Hermynia zur Mühlen u.a.) geschrieben haben und also die fremde Sprache nicht als einen Moment von »Identitätsverlust und Selbstaufgabe«[82] fürchteten, bestätigt diesen Befund.

Die 1938 aus Wien geflohene Hertha Pauli darf als beispielhaft für die jüngere Generation von Exilschriftstellerinnen gelten, die, als sie 1933 Deutschland oder Österreich verlassen mußte, zwar schon einiges publiziert hatte, auf dem heimischen Buchmarkt jedoch längst nicht etabliert gewesen war.[83] Paulis erster Roman ›Toni‹ erschien 1936 im Wiener Zsolnay Verlag, 1937 folgte eine Monographie zu Bertha von Suttner, gleichfalls in deutscher Sprache verfaßt. 1940 floh sie über Lissabon in die USA, wo sie bis 1942 als Sekretärin für die Filmgesellschaft Metro-Goldwyn-Mayer arbeitete. Ihre 1942 entstandene Biographie über Alfred Nobel ließ Pauli noch ins Englische übertragen, alle folgenden Werke jedoch, immerhin 23 ihrer 29 Publikationen, schrieb sie in englischer Sprache.

Die Biographien der jüngeren Exilautorinnen belegen, daß es neben dem Scheitern von Autoren im und am Exil auch Beispiele gelungener Prozesse der Akkulturation und Enkulturation gibt. Für viele von ihnen stand mit der Ankunft in den Exilländern der

Entschluß fest, sich eine neue berufliche und literarische Existenz aufzubauen. Lilo Linke z.B. – sie war 1933 zunächst nach England geflohen und emigrierte von dort aus nach Südamerika – schätzte realistisch ein, daß sie als deutschschreibende Autorin auf dem englischsprachigen Buchmarkt geringe Chancen haben würde. Der englischen Sprache kaum mächtig, arbeitete sie zunächst auf einer Hühnerfarm, erst 1934 begann sie mit dem Schreiben. Bereits ihr erstes Buch ›Tale without End‹ (Constable & Co in London; Alfred A. Knopf in New York, 1934) verfaßte sie in englischer Sprache. Ein Jahr danach folgte ihre ebenfalls in englischer Sprache geschriebene Autobiographie ihrer Jugend ›Restless Flags‹ (London 1935). Anfang 1939 begann Linke, ihre Weiterreise nach Südamerika vorzubereiten. Südamerika, schrieb sie in einem Brief, sei »ihr großer Traum, und sie »wäre sehr unglücklich, wenn der sich nicht verwirklichen« würde.[84] In ihrem 1938 entstandenen Roman ›Cancel all vows‹, einer Beschreibung des Pariser Exilmilieus, gibt Linke in der weiblichen Hauptfigur Marthe Jansen ein Selbstporträt: Im Gegensatz zu ihrem Mann ist diese nicht bereit, angesichts der Exilsituation zu kapitulieren, konsequent hebt sie immer wieder die positiven Aspekte der Emigration hervor. Ihr Weg durch das Exil wird von Linke dementsprechend nicht als ein passiv zu erduldendes, unentrinnbares Schicksal, sondern als Teil eines Lebensplans vorgeführt. In Übereinstimmung mit eigenen Zielen läßt sie ihre Hauptfigur den Wunsch äußern, daß sie von Paris, von Frankreich, von Europa Abschied zu nehmen gedenke und in Lateinamerika ihre zukünftige Heimat zu finden hoffe.[85]

V. Exil als Asyl

Unter den Exil- und Gastländern sind im Hinblick auf die Akkulturation von Emigranten zwei Sonderfälle hervorzuheben: Israel und die UdSSR. In die Sowjetunion exilierte Autoren werteten das Exil zumeist als »Asyl«;[86] auch zeigten sie aufgrund der noch ungebrochenen Sympathie für die russische Nation eine weitaus größere Bereitschaft, sich in das dortige Milieu zu integrieren.[87]

Neben der UdSSR stellt jedoch insbesondere Palästina/Israel unter den Exilländern einen Sonderfall dar. Im allgemeinen wird die jüdische Auswanderung aus den mitteleuropäischen Staaten nach Palästina aufgrund der spezifischen Motivation der Menschen anders bewertet als die restliche durch die Machtübernahme der Nationalsozialisten ausgelöste Emigration. Die Einreise in das unter britischem Mandat stehende Land wird von vielen als eine bewußte Entscheidung für eine Mithilfe am Aufbau des jüdischen Staates verstanden. Zwar war man auf der Flucht vor Hitler, man ging jedoch nicht in die Fremde bzw. in die Verbannung, sondern kehrte – so das Selbstverständnis – in das »Land der Vorfahren« zurück. Jüdische Emigranten kamen mit dem festen Entschluß nach Palästina, sich hier eine neue Heimat und Existenz zu schaffen: Palästina bedeutete ihnen nicht »Exil« oder Durchgangs- bzw. Zwischenstation; vielmehr hofften sie, in diesem Land den künftigen Lebensmittelpunkt zu finden. Aus diesem Grund konnte in Israel die Akkulturation, der »Umbau vom Exil zur Heimat eher gelingen ⟨...⟩ als anderswo«,[88] werteten doch viele den Weg in dieses Land nicht als eine Emigration aus Deutschland, sondern als Immigration in Erez Israel, als eine Heimkehr ins »Land der Väter«, in die – so formulierte Jenny Aloni in der Erzählung ›Kristall und Schäferhund‹ – »Heimat meiner Sehnsucht, unerfahren und mir doch so nah«.[89]

Ausdruck dieser Einstellung ist sowohl die Tatsache, daß in Israel auch nach 1933 nicht von Auswanderung, sondern stets von Einwanderung gesprochen wurde, als auch der hebräische Begriff für Einwanderung, »Alija«, was Aufstieg meint. Auswanderung nach bzw. Einwanderung in Israel wurde gleichgesetzt mit dem Optieren »für eine bestimmte Weltanschauung« sowie mit einem »Akt der Selbstbestimmung«.[90] Dementsprechend stellten sich hier andere Ansprüche und Erwartungen ein: Man lebte nicht mehr in der »Diaspora«, sondern in einer neuen, selbstzuschaffenden Heimat und Gesellschaft, die dann aber ihrerseits die Bereitschaft zur Beteiligung am Aufbau einforderte. Daß die psychische Verfassung der nach 1933 Eingewanderten mit dieser ideologischen Vorgabe jedoch nicht immer Schritt gehalten hat, ist leicht nachvollziehbar. So kann bzw. muß trotz dieser spezifischen Rahmenbedingungen auch bezüglich der Einwanderung in Palästina/Israel von einer Akkulturationsphase gesprochen werden. Denn obgleich die Menschen die Einwanderung als Rückkehr ins »Gelobte« Land werteten, sah sich die aus Mitteleuropa kommende Einwanderergeneration von 1933 und der darauffolgenden Jahre mit den gleichen physischen und psychischen Schwierigkeiten konfrontiert wie die in andere Länder Exilierten. So blieb zum Beispiel Arnold Zweig, der 1933 über die Tschechoslowakei, Schweiz und Frankreich nach Palästina emigrierte, bis 1948, weil er, so seine Erklärung, »im deutschen Milieu« bzw. »nur in einem deutschen Sprachmilieu« leben könne.[91] Die deutsche Sprache jedoch war in Palästina/Israel verpönt, Hebräisch sollte als einziges Idiom eines künftigen jüdischen Staates zugelassen sein. Die Akkulturation in Israel bedeutete demnach zunächst einmal die sprachliche Assimilation und Integration; genau daran jedoch scheiterte Zweig. Hebräisch zu lernen bereitete ihm, und zwar nicht nur wegen seines schweren Augenleidens, große Mühe. Deutsch war für ihn die Sprache der literarischen Tradition, der er sich nach wie vor verbunden fühlte. Zweig wußte, daß er einen Sprachwechsel nicht verkraftet hätte, so waren seine Wendung gegen den jüdischen Nationalismus und sein 1948 gefaßter Entschluß zur Rückkehr nach Deutschland auch eine existentielle Frage. Den auch von Zweig erfahrenen Zwiespalt zwischen Ankunft in der als »bekannt« vorausgesetzten und dennoch als fremd erfahrenen Heimat, zwischen der Vertrautheit mit und dem Fremdsein in dem gewählten Zufluchtsort, hat Jenny Aloni in ihrem 1961 erschienenen Roman ›Zypressen zerbrechen nicht‹ beschrieben. Dieses Werk gibt Zeugnis davon, daß die Eingewöhnung, trotz der positiven Einstellung und hohen Motivation der Immigranten, in den meisten Fällen ein schwieriger und langwieriger Prozeß war.[92]

Carl Wege
Blut und Maschine –
Technik in der nationalrevolutionären Literatur

Im Jahr 1925 publiziert Ernst Jünger unter dem Titel ›Die Maschine‹[1] einen kleinen Artikel, in dem in nuce wesentliche Elemente seiner späteren Schrift ›Der Arbeiter‹ und des Technikdiskurses »der Revolutionäre von rechts« enthalten sind. Der damals dreißigjährige Autor beginnt seine Ausführungen mit der Bemerkung, daß wir »die Umwelt, in die wir hineingeboren« werden, »als etwas Selbstverständliches und Gegebenes ansehen« – auch dann, wenn es sich nicht länger um eine natürlich gewachsene, sondern um eine technisch gestaltete Umwelt handelt. Jünger und andere um die Jahrhundertwende Geborene nehmen die Verhältnisse, in denen sie groß geworden sind, von klein auf als einen entscheidend durch Motoren und Maschinen geprägten Lebensraum wahr:

> Jene Eisenbahn, die donnernd durch die Landschaft rollt, kennen wir schon aus einer Zeit, in der wir noch nicht sprechen konnten ⟨...⟩. Wir ⟨...⟩ sahen schon vom Arme der Mutter aus die gewaltigen eisernen Wagen, komplizierte Werkzeuge aus Stahl, an uns vorüberbrausen, und winkten ihnen zu, längst ehe wir wußten, was sie zu bedeuten hatten.

Viele Jahre später donnern die Lokomotiven gewaltiger denn je, aber sie donnern und brausen nicht mehr *vorüber*. Jünger steht nicht mehr abseits, sondern befindet sich jetzt selbst – so entnehmen wir seinem Artikel – mitten unter den Reisenden in »jener Eisenbahn«, der er einst zuwinkte. Die Wunderwerke der modernen Zivilisation werden nicht mehr von außen betrachtet, oder, um es mit den Worten des Philosophen Hans Freyer zu sagen, die technisierte Welt »ist für uns kein heranbrausender Sturm mehr, sie ist die Atmosphäre geworden, in der wir atmen.«[2]

Ein Wunder ist sie jedoch, zumal in den Augen Ernst Jüngers, allemal geblieben. Der Schnellzug, in dem er reist, fährt in eine Großstadt ein, und der Autor berichtet:

Masten von Signallaternen tauchen auf und Brücken, die auf schmalen eisernen Pfeilern ruhen. ⟨...⟩ Und je mehr wir uns dem Zentrum nähern, desto dichter und mannigfaltiger wird der Zaubergarten technischer Gewächse, der uns umgibt.

Im Zentrum angekommen, steigt er »in einem der riesigen Bahnhöfe« aus, betritt das technische Universum der nächtlichen Großstadt und erliegt der elektrisierenden Sogkraft hellerleuchteter Straßen und Plätze:

> Es ist dunkel geworden. Wir stürzen in einen See von farbigem Licht, feurige Schriftzüge gleiten über die Hauswände, Flammenräder kreisen an den Türmen. ⟨...⟩ Hier sind wir zu Haus. Und wir dürfen wohl sagen, daß diese Welt in der wir zu Hause sind, eine sehr märchenhafte ist.

Jünger ist in einer technisch verzauberten Moderne angekommen – und nachdem der erste Rausch verflogen ist, versucht er eine Zwischenbilanz des neuen Zeitalters zu ziehen. Ihn beschäftigt der Gedanke, warum das »Zauber-« und »Märchenhafte« der Maschinenwelt von manchem Zeitgenossen als »böser Zauber« oder gar als etwas »Dämonisches« wahrgenommen wird. Analog zur Geschichte vom »Hexenbesen« und »Zauberlehrling« erscheint ihnen die Technisierung als ein Prozeß, der, einmal in Gang gesetzt, außer Kontrolle geraten ist und in dessen Verlauf »tiefere Schichten« des Daseins »rettungslos zugrunde gingen«. Dieser Eindruck rührt daher, so Jünger, daß man die Technik als »Ausfluß des zweckmäßig denkenden Gehirns« betrachtet. Sie erscheint als ein unerbittliches Instrument der Durchrationalisierung der Welt. So betrachtet, ist Technik allerdings in der Tat nichts anderes als bloßer »Fortschritt«, der zu allgemeiner »Verflachung« und zu einem »kümmerlichen Dasein« führt.

Diesen Verfallsprozeß vor Augen, setzt Jünger zum Gegenangriff an. Ihm geht es darum, die Maschine im Rang zu erhöhen und damit der durch sie entwerteten Welt wieder einen neuen Sinn zu geben. Er fordert, »sie den Fangarmen des Intellekts« zu »entwinden« und dem »Willen des Blutes« zu unterwerfen. »Was in der Sprache des Verstandes ein Mittel zum Fortschritt ist, heißt in der Sprache des Blutes ein Mittel zur Macht. Der Intellekt stellt das Werkzeug her, der Wille des Blutes richtet es«.[3] Der »Wille des Blutes«, von dem Jünger spricht, »richtet« die technischen Artefakte nicht im »materiellen« Sinne der Erleichterung des menschlichen Daseins, der »Steigerung des Komforts« etc., sondern im Sinne einer »Angriffswaffe«, »mit der sich die Kultur ihren Panzer schafft«. Dem Kommando des Blutes unterstellt, offenbart die Technik im zielgerichteten Einsatz ihre metaphysische Tiefendimension – allerdings auf eine überraschend profane Weise: Sie gibt sich als »Mittel zur Macht« zu erkennen.

I. Technikrezeption in der Literatur

Auf Jüngers Aufsatz ›Die Maschine‹ folgen weitere kleine Essays über die neu entstehende ›Werkstättenlandschaft‹, und im Jahr 1932 schließlich seine vielbeachtete Schrift ›Der Arbeiter‹, die zu Recht von der Forschung als ein Schlüsseltext der Technikrezeption in der ersten Hälfte des zwanzigsten Jahrhunderts betrachtet wird.

Die Haltung, die der Autor in seinen Schriften aus den 1920er und frühen 1930er Jahren zum ›Einbruch‹ der Technik in die Kultur einnimmt, ist von ihm selbst und anderen immer wieder mit Attributen wie »realistisch« und »heroisch« charakterisiert worden. Das Wort vom »heroischen Realismus« machte die Runde.[4] Als »realistisch« kann seine Haltung angesehen werden, da Jünger bereit ist, der »Welt, wie sie ist« Rechnung zu tragen. Der »Siegeszug der Technik« läßt sich nicht aufhalten – und schon gar nicht nach Art der »Romantiker«, die mit den »bloßen Fäusten« gegen die Maschine anzurennen versuchen. Statt »die Welt über die Leisten irgendwelcher Spezialansprüche zu schlagen«, kommt es, so Jünger, darauf an, »sie zu verdauen«[5] und mit den gelegentlich auftretenden Verdauungsproblemen schlicht und einfach fertig zu werden. Auf dem Posten bleiben und alles aufmerksam registrieren, lautet die Parole, ganz gleich, »ob das Wetter besser oder schlechter wird.«[6] Optimistisch oder pessimistisch eingefärbte Werturteile sind nicht gefragt – statt dessen heißt es: standhalten und ausharren. Das ist die Attitüde, die man in der Terminologie der Zwischenkriegszeit als »heroisch« bezeichnet hat.

Ernst Jünger ist Teil eines breitgefächerten »rechts-intellektuellen« Autorenspektrums, das nach Auswegen aus der als westlich und befremdlich rationalistisch empfundenen Moderne sucht, jedoch keineswegs in ein Stadium *vor* der Moderne zurückkehren will. In dieser Hinsicht unterscheiden sich die Exponenten des hier beschriebenen literarischen Spektrums grundlegend von den sogenannten Blut-und-Boden-Dichtern. Ihnen gemeinsam ist allerdings, daß sie bei dem Versuch, die Moderne zu überwinden, generell autoritäre Denk- und Lösungsmodelle favorisieren.

Die fortschrittsorientierten Autoren, auf die hier im weiteren eingegangen werden soll, stehen dem Nationalsozialismus unterschiedlich nahe. Die Berührungspunkte zwischen ihnen ergeben sich weniger durch ihre Biographien – die sich zwischen »Widerstand« und »Anpassung« oder zwischen Dissens und Konsens bewegen – als durch die literarischen Texte, denen sich gleichermaßen eine tiefe Skepsis gegenüber der cartesianischen Variante der Moderne eingeschrieben hat und die somit, zumindest partiell, einen gemeinsamen Kontext konstituieren.

Die Schriftsteller, die der Partei besonders nahe stehen, verbinden mit der »Machtergreifung« Hitlers in hohem Maße Heilserwartungen. In ihren Augen werden mit der Etablierung des NS-Systems erstmalig in der deutschen Geschichte die nötigen politischen Voraussetzungen geschaffen, unter denen die Errungenschaften des Industrialisierungsprozesses im vollen Umfang der »Volkgemeinschaft« zugute kommen können. Der neue Staat scheint die Garantie dafür zu bieten, daß die Unheilsgeschichte des technischen Fortschritts doch noch einen positiven Verlauf nimmt. Zugespitzt formuliert, tritt für sie mit Adolf Hitler jene langersehnte Führergestalt auf den Plan, die in der Lage ist, die entfesselten Kräfte und Energien in geordnete Bahnen zu lenken. Der Führer setzt, so Peter Schwerber, dem Mechanismus »das letzte aber entscheidende Glied ein, die Unruhe, die nunmehr das ganze herrliche Räderwerk erst ›gehen‹ läßt.«[7] Nach der erfolgreichen Ausschaltung des »raffenden Kapitals« und der »Befreiung« aus der »jüdisch-materialistischen Umklammerung«[8] findet die technische Zivilisation zu ihrer »eigentlichen Bestimmung«. Über die Frage, ob der Mensch die Maschine beherrschen wird oder dazu verdammt ist, ihr als Sklave zu dienen, entscheidet letztlich allein die politische Verfügungsgewalt.

Die Texte des Technik-Diskurses können jedoch keineswegs pauschal als nationalsozialistische Literatur betrachtet werden; sie sind vielmehr Teil eines diskursiven Felds fließender Übergänge, aus dem auch Texte hervorgegangen sind, die eine graduelle Distanz zum Hitler-Regime erkennen lassen. Dies ist u.a. bei der Reiseliteratur der Fall, in der die Problemlagen, die sich aus dem Konflikt zwischen »alter Kultur« und »junger Zivilisation« ergeben, bewußt nicht am Modell Deutschland, sondern am Beispiel anderer Länder, insbesondere aus dem Mittelmeerraum und dem Fernen Osten, dargestellt werden.[9] Der Spielraum, der sich durch die Wahl einer fremdartigen und zum Teil durchaus verwandten Szenerie eröffnet, gleicht indes keineswegs einem weiten, offenen Horizont. Den im »Reich« verbliebenen Autoren geraten demokratisch konzipierte Alternativen zur totalitären Variante des Technisierungsprozesses kaum mehr in den Blick. Der Status quo einer bis auf weiteres von Diktaturen dominierten Welt gibt in den 1930er Jahren den Rahmen vor, in dessen Grenzen sich die literarischen Denkfiguren und Lösungsangebote für den Konflikt zwischen Tradition und Moderne bewegen.

Bemühungen, den ein oder anderen Autor eindeutig der NS-Literatur oder aber der sogenannten »Inneren Emigration« zuzuordnen, erweisen sich als problematisch. So bietet beispielsweise die Tatsache, daß ein Autor *nicht* der NSDAP angehörte, keineswegs eine Gewähr dafür, daß seine Romane nicht just von jenen »Vorstellungen und Ideologemen« geprägt sind, die für das »völkisch-nationalistische Feld« charakteristisch sind.[10] Selbst die Sprache des sich nach dem Krieg als Anti-Faschist ausgebenden Alfred Andersch »durchziehen Stichworte der offiziellen Propaganda«; in seiner frühen Erzählung ›Ein Techniker‹ erscheinen z.B. die »›Profile unter den Stahlhelmen‹« als »von Feuer gehämmert«, und die Leuchtkugeln am Himmel öffnen sich als »Zeichen einer anderen, ⟨...⟩ härteren Romantik.«[11]

II. Die Diktatur der Technik
und die Handlungsspielräume des Menschen

Einerseits sind die Exponenten der fortschrittsorientierten Literatur davon überzeugt, daß es den traditionellen Handlungssubjekten – Mensch, Volk, Nation – gelingen wird, Herr über die neuen technischen Errungenschaften zu werden. Andererseits ist man sich auch darüber im klaren, daß die Technik ein ungewöhnlich dynamisches System ist, das, seinen eigenen Entwicklungstendenzen folgend, fortwährend »vollendete Tatsachen« schafft. Im Technikdiskurs der 1930er Jahre berühren sich die Extreme: in ihm verbinden und durchkreuzen sich der Wille, aus eigener Kraft die Geschichte zu gestalten, und die Bereitschaft, sich den Sachzwängen zu unterwerfen. Der Diskurs oszilliert zwischen naivem Voluntarismus und heroischer Schicksalsergebenheit, und oftmals vertreten die Wortführer der »Revolution von rechts« sowohl den einen als auch den anderen Standpunkt. Ernst Jünger spricht beispielsweise davon, daß die menschliche »Widerstandskraft immer noch Sieger geblieben ist im Wettlauf mit dem Material.«[12] »Hinter allem« steckt der Mensch, der »den Maschinen erst Richtung und Sinn« gebe.[13] Gleichzeitig stellt Jünger jedoch fest, daß der Mensch von der Technik ebenso abhängig sei »wie der Täter von seiner Tat«.[14] Es sei

unser innerster Wille, unsere Freiheit zum Opfer zu bringen, uns aufzugeben als Einzelne und einzuschmelzen in einen großen Lebenskreis, in dem das Individuum ebenso wenig selbständig ist wie eine Zelle, die bei der Trennung vom Körper sterben muß. / Durch jeden neuen Kolben, der schwingt, durch jedes neue Rad, das um seine Achse schwirrt, ketten wir uns fester an diesen Kreis. Das Notwendige soll man bejahen.[15]

Die Feststellung, daß die traditionellen Handlungssubjekte immer schon in den Wirkungskreis des technischen Systems einbezogen sind, erlaubt einen Perspektivwechsel. Die Frage, wie die Maschinen für das Gemeinwohl nutzbar gemacht werden können, läßt sich umformulieren; mit Hans Freyer lautet sie dann: Ist »eine Arbeitsordnung, ein Gesellschaftsbau, ein politisches Gefüge denkbar ⟨...⟩, das die lebendige Mitte für das System der Technik bildet?«[16] Das System der Technik bringt die zu ihm »passende«

Gesellschaftsordnung hervor. Die Peripherie schafft sich ihre Mitte. In Freyers Reflexionen kündigt sich ein Rollentausch an, den Ernst Jünger 1932 in seiner Schrift ›Der Arbeiter‹ auf den Punkt bringt: »Wenn man« die Sprache der Technik »akzeptiert, ⟨…⟩ macht man sich nicht nur zum Subjekt der technischen Vorgänge, sondern gleichzeitig zu ihrem Objekt.«[17]

Ebenso wie Jünger und Freyer wechselt auch der Schriftsteller Arnolt Bronnen den Standort der Betrachtung. Sein Bekenntnis zu Volk und Vaterland als den dominanten, geschichtsgestaltenden Faktoren hindert ihn nicht daran, zugleich einer radikal technokratischen Sicht der Dinge das Wort zu reden. In seinem Aufsatz ›Nation und Technik‹ aus dem Jahr 1933 schreibt er: »Das Politische – im weiteren Sinn Politik und Geist – muß als primär empfunden, muß primär gestaltet sein. Denn Nation ist Politik und Geist. Der Rest ist Technik.«[18]

Kurze Zeit später gelangt Bronnen zu einem anderen Urteil. In seinem pseudonym veröffentlichten Roman ›Kampf im Äther‹ wird die »subalterne« Technik in den Rang einer alles beherrschenden Kategorie erhoben:

> Schon ist es die Technik, die den Menschen mobilisiert. Schon sind es die souverän gewordenen Elektronen, die ihre Bedingungen, ihre Kriegs-Ziele diktieren. Der Mensch gehorcht, unwillig. Der Techniker gehorcht willig.[19]

Damit kehrt Bronnen zu einer Position zurück, die er bereits Mitte der 1920er Jahre vehement vertreten hat. »Der Mensch hat alle Dinge nur begonnen; vollenden wollen sich die Dinge selbst«, heißt es 1929 in seinem Essay ›Triumph des Motors‹.[20]

Autoren wie Bronnen setzen die neusachlichen Bestrebungen aus den Jahren der Weimarer Republik fort, um sie in der Zeit der NS-Diktatur in eine andere Richtung zu lenken.[21] In ›Kampf im Äther‹ wird »Klartext gesprochen«: Es gilt, den Menschen, der, so Bronnen, vorerst noch »unwillig gehorcht«, vollends gefügig zu machen. Es gilt, »einer brutalen Wirklichkeit mit Brutalität ins Auge zu sehen«[22], um die Volksgenossen auf diese »Wirklichkeit« einzuschwören und festzulegen. Die »neue Zeit« stelle Forderungen, denen sich kein Mensch entgegenstemmen kann, heißt es 1934 in Hans

Richters Roman ›Gefesselte Flut‹[23], und Claus Schrempf verkündet in seinem bereits 1932 erschienenen Buch mit dem bezeichnenden Titel ›Diktatur der Tatsachen‹: »Jetzt haben wir keine Wahl mehr. Die Macht ist aus unseren Händen auf die Tatsachen übergegangen«.[24] »Bei dem Versuch, sich aufzulehnen«, werde »der Mensch zermalmt.«[25] Schrempf rät den deutschen »Volksgenossen«, sich ein- und unterzuordnen. Nach einer Epoche gewaltiger Umbrüche erwarte sie ein Leben in »strengster Gebundenheit« in einem »bis ins letzte rationalisierten Wirtschaftssystem.«[26] Der Preis sei hoch, doch wer bereit ist, ihn zu zahlen, der werde über die anderen Völker und Nationen den Sieg davontragen. Dem Diktat der Tatsachen unterworfen, eröffne sich Deutschland die Möglichkeit, »wieder den Rang einer Großmacht einzunehmen.«[27]

Die Dinge vollenden sich in den Visionen Schrempfs und Bronnens zwar gleichsam im Selbstlauf, aber sie laufen nicht aus dem Ruder oder gar ins Leere. Hinter den nüchternen Fakten waltet ein tieferer Sinn. Die technische Zivilisation verlangt den Menschen zwar große Opfer ab, aber sie führt sie nicht ins Verderben. »Zermalmt« wird nur, wer sich weigert, die neue Welt der Tatsachen anzuerkennen. Die anderen fühlen sich indes durch den »Zugriff« der Technik »gekräftigt«.[28] Die alte Frage »Aber wo bleibt denn hier der Mensch?«[29] scheint sich unter diesen Bedingungen – zumindest für die genannten Autoren[30] – von selbst zu erledigen. Nachdem sich herausgestellt hat, daß der »Siegeszug der Technik« nicht aufzuhalten ist, drängt sich eine neue Frage auf: Welchen Platz und welche Stellung wird der Mensch künftig in der »Maschinenzivilisation« einnehmen?

In seiner Schrift ›Das Phänomen der Technik‹ (1939) versucht der Philosoph Eugen Diesel eine vorläufige Antwort zu geben. Er bietet eine Kompromißformel an, die sowohl dem Machtstreben des Homo faber als auch den Herrschaftsansprüchen der Maschine Rechnung trägt:

> Es ist wohl zum Teil die Überzeugung von diesem unentrinnbaren Schicksal, welche manche der früheren Meinungskämpfe zur Erledigung brachten. Es hat ja keinen Sinn, mit Klagen über die versinkende alte Kultur dem Rad in die Speichen zu fallen. Es ist besser sich ans Steuer zu setzen.[31]

Wer sich dem technischen Schicksal beugt, so lautet die Botschaft, wird dazu ermächtigt, es zu lenken. Friedrich Sieburg schreibt: »Gerade weil wir uns dem Maschinenschicksal am bereitwilligsten unterworfen haben, werden wir am ehesten seiner Herr werden«.[32] Die Strategien, die Sieburg und Diesel anbieten, erlauben es, die Menschen zurechtzuweisen, ohne ihre Allmachtsgefühle zu verletzen.

Mensch und Schicksal stehen in einem Spannungsverhältnis, in dem es immer wieder von neuem darauf ankommt, die Kräfte aneinander zu messen. Über die reale Stärke des Schicksals, d. h. über die Frage, ob man sich ihm ergeben muß oder aber ob es gesteuert oder gar durch einen übermenschlichen Kraftakt bezwungen werden kann, entscheidet letztlich eine höhere Instanz: das Gemeinwohl. Anders gesagt: Die Macht des Schicksals und die Grenzen dieser Macht werden durch die Interessen der »Volksgemeinschaft« definiert. Dient es der Gemeinschaft, eine Talsperre, eine Autobahn oder ein anderes technisches Wunderwerk zu bauen, dann erweist sich jeder Widerstand gegen das staatlich sanktionierte Schicksal als zwecklos. Nachdem die Talsperre errichtet ist und der von den Vätern ererbte Berghof in den Fluten versinkt, heißt es z. B. in Ursula Kobbes Roman ›Der Kampf mit dem Stausee‹: »Was geschehen ist, ist geschehen; wir können am Schicksal nichts ändern.«[33] »Über der Heimat, über der Familie steht unser Vaterland.«[34] Wendet sich das Schicksal indes gegen das Vaterland, dann gelten andere Spielregeln. Als in Egon Hundeikers Erzählung ›Alumnit‹ ein Funkmast des Deutschland-Senders einzustürzen droht, versucht Harsen, der Held des Romans, unter Anspannung aller Kräfte das Unglück in letzter Sekunde zu verhindern. »Die Stimme«, mit der er seine Anweisungen erteilt, »schneidet«, so wörtlich, wie ein Fechthieb gegen das Schicksal. »Nein, Harsen beugt sich nicht ⟨…⟩ Wer ist stärker das Schicksal oder Harsen. / Harsen ist es – gottlob! / Der Mast beruhigt sich, und die Gefahr ist gebannt.«[35]

Das Beispiel lehrt: Dem Menschen eröffnet sich auch unter den Bedingungen der technischen Zivilisation ein hinreichend großer Handlungsspielraum, verändernd in den Lauf der Dinge einzugreifen. Allerdings bleibt es ihm verwehrt, eigenmächtig das Szenario zu schreiben. Die Situation, in der er sich zu bewähren hat, ist immer schon durch technische Dispositionen vorgegeben.

III. Technik und Natur

Die Helden der fortschrittsorientierten Literatur weisen den Weg aus dem Dilemma des Maschinenzeitalters, indem sie jenseits des kulturkritischen Ressentiments und naiven Fortschrittsglaubens eine dritte, auf Ausgleich und Versöhnung der Gegensätze bedachte Position einnehmen. Die technische Zivilisation verliert den Charakter des Problematischen; Widersprüche und Konflikte, die den vorangegangenen Generationen noch schwer zu schaffen machten, werden in den 1930er Jahren einer glücklichen und allseits befriedigenden Lösung zugeführt. So zum Beispiel auch der Konflikt, der sich aus der drückenden Last der Industriearbeit und dem Wunsch nach einem einfachen Leben auf eigener Scholle ergibt. Als Georg Kaiser diesen Konflikt 1918 in seinem Drama ›Gas‹ gestaltete, erschien ihm die Überwindung der Gegensätze noch gänzlich undenkbar: Entweder die Menschheit folgte dem Lockruf der Fabriksirenen und rannte damit in ihr sicheres Verderben, oder aber sie entschied sich für einen Neuanfang auf freiem Grund, zog aus der Städte grauen Mauern und siedelte fortan im Grünen.[36] Für einen Schriftsteller wie Hans Richter löst sich der Konflikt dagegen 1934 mit der Konstituierung des »Dritten Reichs« in Wohlgefallen auf. Sein Protagonist, der Ingenieur Thomas Lauer, ist in dem Roman ›Gefesselte Flut‹ angetreten, in Verbindung mit einem großangelegten Staudamm- und Industrieprojekt auch eine neue »Theorie in die Tat« umzusetzen: »Arbeiter mit eigenem Landbesitz, Landleute, die zusätzlich in die Fabrik gehen.«[37] »Entproletarisierung«[38] durch Renaturalisierung heißt die Zauberformel. Der Prozeß der Zivilisation – so könnte man schlußfolgern – findet mit der Rückkehr zu den Ursprüngen seinen krönenden Abschluß. Der Mensch kehrt jedoch nicht als Bauer, sondern als Homo faber »zur Natur zurück«, und die Natur, zu der er zurückkehrt, hat sich von Grund auf verändert. Vor dieser Tatsache schließen der Autor und sein Ingenieur keineswegs die Augen. Die technische Zivilisation hinterläßt zwar ihre sichtbaren Spuren, jedoch handelt es sich bei diesen Spuren nicht um bleibende Narben. Die Wunden, die man der Natur zugefügt hat, werden wieder verheilen. Mehr noch: Natur und technische Zivilisation werden organisch zusammenwachsen.

Gegen Ende des Romans exemplifiziert Hans Richter diesen Gedanken am Beispiel des Staudammprojekts. Nachdem die Arbeiten an der Sperrmauer abgeschlossen sind, konstatiert der Autor:

> wie alle Bauten der Talsperre steht sie heute noch unorganisch in der Gegend, aber das sieht der Baumeister nicht, ⟨...⟩ für ihn ist der See schon vorhanden, er sieht die Motorboote über die Wasserfläche gleiten, sieht Paddelboote an den Ufern liegen, Zeltlager, und wie ein Junge spielt er mit den Plänen der Gesellschaft, die den Kraftverkehr im nächsten Jahre aufnehmen soll./»Bis Saalfelden befördern wir die Leute mit den Überlandautobussen«, erzählt er. »Hier« – er zeigt mit dem Finger auf einen Stadtplan –, »wird der große Parkplatz eingerichtet, wir bauen einen Weg nach unten bis an die Anlegestelle, und von hier aus führen wir zwei Linien, die eine stromabwärts und die andere bis an die Mauer. Das gibt Leben«.[39]

Durch die Technik wird die Natur aus ihrem Dornröschenschlaf erweckt, »revitalisiert« und, ohne den geringsten Schaden zu nehmen, in den Dienst der Energiewirtschaft und Freizeitindustrie gestellt. Sperrmauer, Motorboot und Überlandautobus fügen sich harmonisch in die ländliche Umgebung ein. Der Weg führt nach vorn zu einer neuen Einheit aus deutschem Volk, deutscher Landschaft und einer modernen, »umweltverträglichen« Technik, die »in der Berührung mit dem Deutschen« ihren anorganischen Charakter verliert und »wieder ein wenig Natur wird«.[40]

Im Prozeß der wechselseitigen Durchdringung wird sowohl die Natur durch die Technik umgestaltet als auch die Technik, eingebettet in die Natur, neu ausgerichtet. Von ihren »Anfangsschlacken« gereinigt, nähert sich die allmählich »gesundende Technik« in den 1930er Jahren der »Erd-Blutverbundenheit« »deutschen Fühlens und Wollens«.[41] Ihre »Wachstumsbahn« weist in Richtung »Heimat«. Am Ende eines langen und beschwerlichen Umwegs wird sie »heimgeführt« in ein bodenständiges »Kulturganzes«: sie verliert in der »Berührung mit dem Deutschen« den Charakter des Bedrohlich-Fremden und verwandelt sich dem Wohlvertrauten an. Es scheint, daß die Technik in dem Maße, in dem sie die Natur »bezwingt« und in einen durch den Menschen kontrollierbaren Lebensraum verwandelt, selbst bezwungen, gezähmt und domestiziert wird.

Aber auch der Mensch bleibt von den sich abzeichnenden Transformationsprozessen nicht unberührt. Denn bei dem Versuch, die Technik heimzuführen und zu domestizieren, gerät er selbst in deren Bannkreis. Mit dem Scharfblick eines modernen Autors weist Karl Korn darauf hin, daß sein »Schwärmen« für die einst als romantisch empfundene Natur inzwischen äußerst »sachlich geworden ist«.[42] Korn rät, »sich moderne deutsche gemalte Landschaften anzuschauen«, um sich vom Stimmungsumschwung ein Bild zu machen.[43] Die neuesten Naturdarstellungen vor Augen, schreibt er:

> Es sind ⟨…⟩ nicht arkadische oder klassisch-monumentale Landschaften, sondern vorwiegend, einem modernen Sehen gemäß, sachliche Raumlandschaften. So wie diese Maler es malen, so sehen wir das Land. Wir ergießen unsere Seele nicht darein ⟨…⟩. / Das moderne Landschaftsgefühl ist technisch-exakt.[44]

IV. »Entseelung des Menschen« – »Beseelung der Technik«

Nur scheinbar trifft zu, daß »träumende Ingenieure ebenso selten sein mögen wie Poeten, die mit dem Rechenstab umgehen.«[45] Denn Gustav R. Hocke, unterwegs in Italien, kommt beim Anblick der neuen Silhouette der Hafenstadt Bari zu dem Schluß, daß die »aus Stahl und Beton« geschaffene moderne Fassade dieser Stadt am Mittelmeer »die Schöpfung eines ⟨…⟩ Träumers sein könnte.«[46]

Auch die Talsperre bei Saalfelden, von der Hans Richter in seinem Roman ›Gefesselte Flut‹ berichtet, ist das Werk eines Mannes, der weit mehr vermochte, als nur mit dem Rechenstab umzugehen. Ingenieur Lauer, so erfahren wir, ist sowohl kühl kalkulierender Konstrukteur als auch »sinnierender Träumer«.[47] Gerade weil er sich seine Träume bewahrt hat, ist er in der Lage, den Kampf um das Staudammprojekt erfolgreich zu Ende zu führen.

Was von den Positivisten auseinanderdividiert und in den Diskursen des 19. Jahrhunderts »zerredet« worden ist, will man in den literarischen Texten aus den 1930er Jahren wieder zusammenfügen: Sachverstand und visionäre Träume, Tatsachensinn und Idealismus,

Kalkül und Glaube.[48] In Wulf Bleys Roman ›Die Besessenen‹ (1939) preist der Pilot Fritz Pressel zum einen die frühen Pioniere der Lüfte als »wahre Genies«, die »bereit« waren, »die Sterne des Schicksals vom Gebälk des Himmels zu brechen«; zum anderen ist er sich durchaus bewußt, daß die Erfolge der deutschen Luftfahrt das Ergebnis »kühler und sachlicher Forschung« sind.[49] Nach seinem gedanklichen Höhenflug landet Pressel wieder auf dem Boden der Tatsachen. Aber die Welt der unumstößlichen Fakten, in die er zurückkehrt, ist nicht mehr die gleiche: sie hat durch den »Blick von oben« einen tieferen Sinn erhalten. Über und »vor alles Forschen und Tun« sei »der Glaube gesetzt«,[50] und dieser Glaube beflügele den präzise arbeitenden Sachverstand zu Höchstleistungen.

Die zumeist jugendlichen literarischen Helden voller Pathos und Genie[51] bewegen sich in Sphären der nüchternen Zahlen und Fakten nicht mit der gleichen Selbstverständlichkeit. Auf diesem Gebiet gilt es von den Vätern zu lernen – ohne jedoch in deren rechenhafte Krämermentalität zu verfallen. Darin besteht die eigentliche Bewährungsprobe, die den Wegbereitern der neuen Zivilisation abverlangt wird. Sie haben millimetergenaue Ingenieursarbeit zu leisten in einer Welt, die prinzipiell als nicht kalkulierbar gilt.

Die rechenhaften Charaktereigenschaften der Väter bilden zum einen den Kontrapunkt und zum anderen ein unumgängliches Korrektiv und komplementäres Element zu den ingeniösen Qualitäten ihrer Söhne. Helmuth M. Böttcher demonstriert diesen Zusammenhang in seinem »Industrieroman« ›Um die Atlantikwerft‹, in dem er dem technisch hochbegabten Unternehmersohn Nissen einen Vertreter der Vätergeneration zur Seite stellt, dem anfangs völlig zu Unrecht nachgesagt wird, er sei ein phantasieloser »Maschinenknecht«.[52] Wie so oft trügt indes der erste Eindruck. Denn gerade »der scheinbare Phantasiemangel« macht die Mitarbeit dieses Ingenieurs alter Schule »so wertvoll« und unentbehrlich:

> Er ist die Ergänzung der Arbeitskraft und Fähigkeiten Nissens, wie dieser sich nur wünschen kann. Er braucht einen Menschen, der das Zuviel seiner Ideenflut zügelt und ihr die Erdenschwere und Tatsachenverbundenheit gibt, ohne die keine technische Tat gelingen kann.[53]

Wenn Lietzendorf (so der Name des alten »Pedanten«) von Chemie spricht, so versteht er darunter »zweiundneunzig Masseteilchen, auf die sich alles Körperliche in der Welt zurückrechnen läßt«.[54] Der junge Nissen dagegen betrachtet sein chemisches Laboratorium als »kleine Zauberkammer«.[55] Für ihn ist das Reich der Wissenschaft ein Reich göttlicher Wunder.

Wie in anderen Technikromanen aus den Jahren der NS-Diktatur geht es auch in Böttchers ›Atlantikwerft‹ letztlich darum, das Prinzip des Geistigen (dessen Repräsentant Nissen ist) mit dem Prinzip des Materiellen (vertreten durch Lietzendorf) zu konfrontieren und zu einer Synthese zu führen. Dabei werden dem Materiellen die warmen Eigenschaften der Erde – »Erdgeruch« und »Erdenschwere«[56] – zugeordnet, damit ihm der Schrecken der Leblosigkeit genommen wird. Erfindungen müssen »wurzeln«, damit sie »himmelan wachsen« können, heißt es vielsagend in Böttchers Roman.[57] Die »richtigen« und wirklich wertvollen Erfindungen sind nicht das Produkt eines eiskalt operierenden Intellekts, sondern Teil eines lebenspendenden Ganzen, aus dem sie organisch gleich einem »Baum« hervorgegangen sind und mit dem sie trotz ihrer dinghaften Natur verbunden bleiben.[58] Sie sind materielle Emanationen einer spirituellen Energie, die im Stil der »neuen Zeit« mit dem Begriff »deutsche Volksseele« umschrieben wird. Die Technik erhält ihren festen Platz in den innersten Bezirken des »arischen Menschen«, oder um es mit den Worten Kurt Schuders zu formulieren: »zu den großen Leistungen des neuen Deutschland« gehört »das Hineinführen der Technik in die Seele, das Herz und den Geist des Menschen, daß sie nicht mehr frierend draußen stehen muß und nur als Ware betrachtet wird«.[59]

Damit werden die Debatten des 19. und frühen 20. Jahrhunderts für beendet erklärt, in denen die Technik als Gegenspielerin des Innenlebens verstanden wurde. Die Zivilisationskritik der Humanisten, die den technischen Fortschritt als Angriff der äußeren Erscheinungswelt, der Welt der Gegenstände und Mittel auf das Zentrum und die seelische Substanz des abendländischen Individuums deuteten,[60] wird als »unzeitgemäß« zurückgewiesen und ad absurdum geführt. Auf die These von der »Entseelung des Menschen« antworten die Exponenten des neuen Deutschland mit der Gegenthese von der »Beseelung der Technik«. Während die Humanisten befürchteten, daß die Seele durch die technische Entwicklung Schaden nehmen könne, behaupten führende Vertreter der »geistigen Erneuerung« rundheraus das Gegenteil: Der Mensch sei »gerade durch die Technik bereiter denn je, den Hauch des Ewigen, des Hohen und Schönen zu empfinden.«[61] Mit der Technik eröffne sich eine neue Erfahrungsdimension. Sie veröde die Seele nicht, sondern stähle sie nur. In den »Trommelfeuern« der neuen Zeit werde »eine Seele gewonnen, die nicht zu erschüttern« sei.[62] Der »arische Mensch« übernimmt die stählernen Eigenschaften jenes Bads, in dem er gereinigt und geläutert wird. Zum »Stahl des Schwertes« gesellt sich der »Stahl der Seele«.[63] Beide Sphären korrespondieren miteinander. Die (Auto-)»Bahnen bauen mit an der Seele des Volkes«, und die Kfz-Monteure in Wolfsburg übertragen ihre inneren Qualitäten auf die von ihnen produzierten Volkswagen.[64]

»Beseelung der Technik« und »Stählung der Seele« sind die beiden entscheidenden Komponenten in einem allgemeinen »Verschönerungs-« und »Veredelungsprogramm«, mit dem man versucht, dem Modernisierungsprozeß den Schein des Erhabenen zu verleihen. Mit großen Worten und kleinen Kunstgriffen werden die ideellen Grundlagen für ein neues Reich geschaffen, in dem »der Takt der Maschinen und der Pulsschlag des Blutes ⟨zusammen⟩ klingen zu einem großen und starken Bekenntnis der Tat.«[65]

Einmal ins Laufen gekommen, gibt es kein Halten mehr; in immer neuen Varianten produzieren die national gesinnten und zugleich fortschrittsorientierten Autoren Bilder und Visionen einer harmonischen Verbindung von Mensch und Maschine. Reinhold Zickel z.B. führt in seinem Roman ›Strom‹ recht anschaulich, wenn auch nicht ohne unfreiwillige Komik vor, wie das Zusammenspiel kommender Generationen mit der Technik bereits im pränatalen Stadium Gestalt annimmt. Als Ingenieur Österling in Begleitung seiner Frau ein neues Kraftwerk inspiziert, teilt ihm seine schwangere Gattin überraschend und überglücklich mit: »Es ⟨das Kind, C.W.⟩ hat angeklopft, zum erstenmal«, und der Ingenieur erwidert: »Hier im Werk – zum erstenmal geklopft? – antwortet es den Maschinen, die nach ihm rufen?«[66]

Tief im Innersten der werdenden Mutter und tief im Innersten der Maschinen regt sich etwas. Der Sinn fürs Verstiegen-Romantische erhält unter den Bedingungen des stählernen Zeitalters neuen Auftrieb und nimmt eine unverhoffte Wendung. So wie einst im Heimatroman der Berg »rief«, so »rufen« jetzt die Maschinen. Und gesetzt den Fall, daß unter der rauhen Schale der technischen Artefakte ein empfindsames Herz schlägt[67], dann wird die menschliche Seele sicher keinen Schaden nehmen, wenn sie dem Ruf in die Wunderwelt der Mechanik Folge leistet. Die Bemühungen wohlmeinender Humanisten, die Arbeiterseelen vor dem Zugriff der Technik zu retten, quittiert der Dreher Franz in Zickels Roman ›Strom‹ mit Unverständnis und den Worten: »Wenn ich mein Kind im Arm schaukle und ›eiopopeio‹ singe, bin ich doch keine Maschine«; der Arbeiter wird »keine Maschine, und wenn er sein ganzes Leben lang an der Maschine steht«.[68] Um der drohenden Mechanisierung des Daseins zu begegnen, treten Zickel und andere Autoren die Flucht nach vorn an und präsentieren den neuen technischen Lebensraum als einen Raum, in den sich Züge des Ewig-Menschlichen eingeschrieben haben.

V. »Mobilmachung« und »Entschleunigung«

Untersucht man literarische Texte aus den 1930er Jahren, die im neuen technischen Lebensraum spielen, so bietet sich dem Betrachter kein homogenes Bild, sondern ein Ensemble teils verwandter, teils divergierender Positionen. Als zu Beginn der 1930er Jahre die Nachricht von einem neuen japanischen U-Boot-Torpedo durch die Presse geht, bei dem Mensch und Maschine eine perfekte Symbiose eingehen, kommentiert Ernst Jünger diese Innovation mit den Worten:

> Das Erstaunliche an dieser Waffe liegt darin, daß sie nicht mehr durch mechanische, sondern durch menschliche Kraft gesteuert wird, und zwar durch einen Steuermann, der in eine kleine Zelle eingeschlossen ist, und den man zugleich als ein technisches Glied und als die eigentliche Intelligenz des Geschosses betrachten kann.

Der Gedanke, der dieser seltsamen organischen Konstruktion zugrunde liegt, treibt das Wesen der technischen Welt ein wenig vor, indem er den Menschen selbst, und zwar in einem buchstäblicheren Sinne als bisher, zu einem ihrer Bestandteile macht.[69]

Auf andere Autoren übt die Vorstellung, die menschliche Intelligenz samt dem dazugehörigen Körper in eine militärtechnische Apparatur zu integrieren, eine wesentlich geringere Anziehungskraft aus. Sie reagieren auf den Anblick der neuen japanischen Wunderwaffe mit einer gewissen Verstörung. Der Schriftsteller Heinrich Hauser formuliert sein Unbehagen an der ethische Grenzwerte und Tabus überschreitenden Schubkraft des technischen Fortschritts 1934 in folgender Weise:

Wir sahen vor nicht langer Zeit das Bild eines neuen japanischen Torpedos. Dieser Torpedo wird von einem Menschen gesteuert. Der Mensch liegt, der verkörperte Dämon des Dynamits, im Bauch des Stahlfischs und lenkt ihn auf sein Ziel.

Können wir uns eine solche Waffe vorstellen? Könnten wir sie bemannen mit dem Bewußtsein: Im Augenblick des Aufpralls wirst du in Atome zerrissen sein? –

Ich meine, wir könnten es nicht; es ist unser Schicksal, daß wir Europäer sind.[70]

Der Unterschied liegt klar auf der Hand. Auf der einen Seite die kaum verhohlene Freude darüber, daß die ideellen Traditionsbestände, die »den Menschen« in den Mittelpunkt aller Betrachtungen rückten, sich allmählich verflüchtigen und der Neugestaltung der Welt durch die totale Mobilmachung aller Ressourcen nun nichts mehr im Wege steht. Auf der anderen Seite die Berufung auf die europäische Sicht der Dinge und den Europäer, dessen schicksalhafte Bestimmung ihn daran hindere und davor bewahre, sich dem technischen Funktionsraum auszuliefern, um in ihm gänzlich zu verschwinden.

Hinzugefügt werden muß, daß sich Hausers Aufmerksamkeit keineswegs bloß aus aktuellem Anlaß auf die neuartige japanische Konstruktion richtet, sondern sein Interesse bereits seit längerem Mensch-Maschine-Systemen gilt.[71] Ebenso wie in den Schriften

Ernst Jüngers kann man auch in seinem literarischen Werk »Verschmelzungsszenarien« antreffen. So zum Beispiel in dem Roman ›Donner überm Meer‹. Dort heißt es über die Hauptfigur:

> Er war eins mit der Maschine, eins mit dem Rhythmus des Verkehrs. Er fühlte sich so groß und so stark wie die Maschine, die er fuhr. Seine Nerven reichten von den Scheinwerfern bis zum Schlußlicht.[72]

Die Maschine ist auch hier das Tragende, auf das der Mensch übertragen ist;[73] nicht der Aspekt der Operationalisierbarkeit des Human-Potentials steht bei Hauser im Vordergrund, sondern die Effizienzsteigerung des Menschen, die dieser in der Symbiose mit der Maschine erfährt. Einbezogen in ein technisch generiertes Kraftfeld wächst der Mensch über sich selbst hinaus, und sein Sensorium gewinnt eine neue Qualität und »Reichweite«.

In der technischen Landschaft verändert sich der Mensch von Grund auf. Es entsteht ein neuer Typus – eine Art »neuer Barbar«, der die Maschinenzivilisation des zwanzigsten Jahrhunderts nicht als Endzustand, sondern als Neubeginn erlebt.[74]

Generell oszilliert der literarische Technikdiskurs der 1930er Jahre zwischen der Bereitschaft zum Traditionsbruch *und* dem Wunsch, Kontinuitätslinien fortzuschreiben. In diesem Spannungsfeld bewegen sich die Autoren teils stärker am Pol der Mobilmachung, teils mehr in der Nähe des anderen Pols: Für die eher moderat gestimmten Autoren hat das Schlagwort vom »neuen Barbaren« etwas Beunruhigendes, und Jüngers Visionen einer vollkommenen Selbstinstrumentalisierung des Menschen liegen für sie jenseits der Grenze des Zumutbaren. Daß die Sphäre des Menschlichen mit der Sphäre des Technisch-Mechanischen korrespondiert, bedeutet für sie nicht notwendigerweise auch, daß Human- und Techno-Potentiale in einem *gemeinsamen* Kreislauf zirkulieren. Ihnen geht es primär um die Aussöhnung von Mensch und Maschine im Sinne einer erfolgreichen Integration der Technik in die Sphäre des Menschen. Der Mensch bleibt für sie das tragende Element im technischen Lebensraum. Seine »Befindlichkeit«, d. h. sein Wohlbefinden oder Unbehagen in der Werkstättenlandschaft ist das Maß, an dem der rapide fortschreitende Technisierungsprozeß gemessen wird. Es gibt Auskunft über den erfolgreichen Verlauf der »Maschinen-Integration« respektive über die Störungen und Dissonanzen, die im Zuge dieses Prozesses auftreten.

Im Gegensatz zu Jünger, der »Dampf hinter« die »Erscheinungen« der modernen Zivilisation »setzen« will[75], kommt es den »moderat« gestimmten Autoren darauf an, die Auswirkungen des Technisierungsprozesses »abzudämpfen« und abzufedern. Sie verstehen sich als Agenten der »Entschleunigung«[76] – oder doch zumindest als Agenten, die eine nachhaltige Korrektur des Beschleunigungsprozesses einfordern. Der Lobgesang auf den »kaum je unterbrochenen Strom des starken Lebens« in der modernen Großstadt wird z. B. in Reinhold Zickels Roman relativiert durch den Einwand, daß sich dieses Leben »hetzend im wilden Tempo herunterspielte und sich kaum Zeit zum Aufatmen gönnte.«[77] Über die Bewohner von Turmstadt heißt es in Hans Richters gleichnamigem Roman: »Die Großstadtkrankheit, die Hast, dieses furchtbare ›Nie-Zeit-haben‹, das mit der Maschine in die Welt gekommen war, ließ sie nicht frei.«[78]

Diese und ähnliche Textpassagen, die in den Romanen aus dem technischen Lebensraum immer wieder vorkommen, lassen die Annahme plausibel erscheinen, daß »selbst in den Genres, die dezidiert modernen Entwicklungen gewidmet sind, ⟨...⟩ offenbar das Bewußtsein« vorherrscht, »zuvor entglittene Verhältnisse wieder in den Griff zu bekommen«.[79]

In den Romanen aus dem technischen Lebensraum artikuliert sich ein *Modernisierungsschmerz*, dem die Hoffnung eingeschrieben ist, daß sich die Kinderkrankheiten und Fehlentwicklungen des modernen Großstadtlebens als heilbar und überwindbar erweisen werden.

VI. Zwischenbilanz einer Epoche

Als siebenunddreißig Jahre nach der großen Weltausstellung im Jahr 1900 erneut eine Weltausstellung auf Pariser Boden stattfindet, nimmt der Schriftsteller Gustav R. Hocke die Wiederkehr des historischen Ereignisses zum Anlaß, eine kurze Zwischenbilanz des frühen zwanzigsten Jahrhunderts zu ziehen. In seinem Essay ›Das geistige Paris 1937‹ beschreibt er den Stimmungsumschwung, der sich in den zurückliegenden Jahren und Jahrzehnten nicht nur in Frankreich, sondern in ganz Europa vollzogen hat: »1900 und 1937. ⟨...⟩ Genau ein Generationsalter trennt zwei Welten. 1900 in Paris. Da flammten wie die ersten Lichtreklamen Schlagworte, Begriffe und Ideale auf. Elektrizität war Trumpf«.[80]

1937, als längst alles elektrisch erleuchtet ist, flammt nichts mehr auf: die Illusionen der Moderne gehören bereits der Vergangenheit an. 1937 wird »abgerechnet« mit den Begriffen und Idealen der Generation von 1900,[81] mit ihrem »selbstbewußten Fortschrittspathos« und ihrer »Zuversicht« in die Gesetzmäßigkeiten der zivilisatorischen Entwicklung.[82] Die Zeit der »genialen Aufbrüche« ist definitiv vorbei – nun folge, so Hocke, »der Versuch des Klärens« und die Bemühung, das »Erworbene« kritisch »zu überblicken«.[83]

»Wir lassen doch allmählich die Moderne hinter uns«, schreibt Ernst Jünger 1934[84] – und dennoch verschwindet sie nicht einfach wieder. Sie war ein Weg, »ein Irrweg vielleicht«, aber doch immerhin ein Weg, der mit seinen weitreichenden Konsequenzen unverändert Grundsatzdebatten auslöst und geschichtsphilosophische Reflexionen evoziert und vor allem – darüber herrscht Einigkeit unter den Debattierenden – dringend einer anderen Weichenstellung bedarf.

Es gibt zwar kein Zurück hinter die zivilisatorischen »Errungenschaften«, aber offenbar die Option, die Moderne »über sich selbst hinaus zu treiben«. In Hockes Bericht über die Pariser Weltausstellung 1937 klingt das folgendermaßen:

> Man hat sich Mühe gegeben, die ganze Sachlichkeit in eine Atmosphäre von Geheimnis, geistiger Wunderbarkeit, intellektueller Rätselhaftigkeit und aufreizender Seltsamkeit einzutauschen.[85]

Dieser Versuch einer Wiederverzauberung der Dinge findet Hockes Zustimmung. Elektrizität ist nach wie vor und mehr denn je auch 1937 »Trumpf« – aber nicht in jenem modernen, bereits anachronistisch anmutenden Sinne bloßer Faktizität, sondern im Sinne eines rational kaum ergründbaren Mediums. Nachdem sie selbstverständlich und damit profan geworden ist, werden beim nächtlichen Gang durch die Großstadt ihre magischen Qualitäten neu entdeckt:

Und abends leuchtet das Grün der Bäume wie bengalisches Feuer im Glanz der elektrischen Lampen. Plötzlich erhebt sich von irgendwoher ein indianisches Geheul. Eine Karawane von grellroten Taxis fährt über den Boulevard Saint Michel auf.[86]

Eva Horn
Literatur und Krieg

Am 20. April 1933, Adolf Hitlers erstem Geburtstag als Reichs-kanzler, findet im Staatlichen Schauspielhaus in Berlin eine außer-gewöhnliche Premiere statt. In den Hauptrollen der Uraufführ-ung von Hanns Johsts Drama ›Schlageter‹ spielen Lothar Müthel, Emmy Sonnemann, spätere Göring, und Veit Harlan. Am Schluß kniet der Held, Leo Schlageter, mit dem Rücken zum Publikum vor einem französischen Erschießungskommando, schreit »Deutsch-land!!! Erwache! Entflamme!!« und wird in einem grellen Licht-blitz erschossen. Die Salve geht durch Schlageters Brust direkt in Richtung Publikum. Nach einem Augenblick völliger Dunkelheit und Totenstille geht das Licht im Zuschauerraum an. Das Publikum erhebt sich und stimmt das Deutschlandlied an.[1]

Der »nationale Akt« dieser Premiere,[2] eine der ersten jener fulminanten politischen Inszenierungen des Nationalsozialismus, bündelt in wirkungsvoller Weise die Themen und Motive, die den Übergang von der Weimarer Republik zum »Dritten Reich« be-zeichnen. Schlageter ist die Figur des zunächst unpolitischen Welt-kriegsveteranen, der angesichts der französischen Besetzung des Ruhrgebiets und der opportunistischen Haltung der Regierung zum glühenden Nationalisten und Führer einer Gruppe von Sabo-teuren wird. Der historische Albert Leo Schlageter wurde im April 1923 nach eintägigem Prozeß trotz internationaler Proteste zum Tode verurteilt und einen Monat später hingerichtet. In dem Stoff sind der Haß auf das »Diktat von Versailles« und die Verachtung der Rechten für die Kooperation der Weimarer Regierung mit den Siegern exemplarisch gebündelt. Wogegen der Veteran Schlageter aufruft und ankämpft, das ist die freiwillige Unterwerfung, die Feigheit der »relativ anständigen Gehaltsempfänger«.[3] Er predigt den Aufruhr, die »nationale Revolution«. Von der gänzlich demo-bilisierten Zivilperson eines Studenten wandelt er sich wieder zum

Soldaten und schlägt in seinem kriegerischen Engagement so die
Brücke vom Weltkrieg zur nationalen Revolution, die sich der Nationalsozialismus auf die Fahnen geschrieben hatte. »Wir Jungen,
die wir zu Schlageter stehen,« heißt es im Stück, »wir stehen nicht
zu ihm, weil er der letzte Soldat des Weltkrieges ist, sondern weil er
der erste Soldat des Dritten Reiches ist!!«[4] Schlageter ist Veteran,
Führergestalt und Märtyrer zugleich. Durch seinen Aufruf zum
Partisanenkrieg erzeugt er eine Polarisierung der unentschiedenen
Nachkriegsgesellschaft, die es ermöglicht, Freunde und Feinde (innere wie äußere, Sozialdemokraten wie Franzosen) zu erkennen
und zu bekämpfen. Darum ist sein Opfertod die Gründungsszene
einer Volksgemeinschaft, die sich zu allererst als Kampfgemeinschaft versteht. Mitten in einem »faulen Frieden« stirbt Schlageter
einen Kriegstod: Die Kugeln treffen ein Publikum, das sich nun
zur Vollstreckung von Schlageters politischer Mission aufgefordert sieht. Das Stück aus der Feder des späteren Präsidenten der
Reichsschrifttumskammer führt damit wesentliche Motive jener
Aneignung des Weltkrieges durch den Nationalsozialismus vor,
die unmittelbar auf die »Wiederwehrhaftmachung« Deutschlands
zulaufen sollte: der Entwurf eines vor allem militärisch gedachten Führers, die Unterscheidung von Freund und Feind und der
bedingungslose Kampfeswille um den Preis des eigenen Lebens.
In seinem effektvollen Schlußakkord leistet das Stück jene Mobilisierung, die Schlageter predigt, indem es das Publikum zur Aktion,
zum nationalen Bekenntnis übergehen läßt.

I. Totaler Staat – totaler Krieg

Das politische Bekenntnis des Nationalsozialismus war von Anfang
an das Bekenntnis zum Krieg. Der Nationalsozialismus sah »seine
Wurzeln in den Gräben des Weltkriegs« (Ernst Röhm), er zielte
als politische Bewegung und als Staatsführung in seinem Kern auf
die Vorbereitung und Durchführung eines neuen Krieges, und er
ging schließlich in diesem Krieg unter.[5] Schon 1935 führte Hitler
die allgemeine Wehrpflicht wieder ein, erhöhte die Rüstungsaus-

gaben und die Heeresstärke drastisch und stellte die Wirtschaft
auf eine »Wehrwirtschaft« um, die auch ein vom Rohstoffimport
abgeschnittenes kriegführendes Deutschland noch würde versor-
gen können.[6] Politisch sollte der »totale Staat« die Grundlage
eines modernen »totalen Krieges« sein: die restlose Ausschaltung
jeder Opposition und die Ausmerzung aller »inneren Feinde«, die
Einheit von Staats- und Heeresführung in der Figur des »Führers«,
die Ausrichtung von Wirtschaft, Gesellschaft, wissenschaftlichen
und kulturellen Institutionen auf den Zweck eines kommenden
Krieges. Das Programm formulierte der Weltkriegsgeneral Erich
Ludendorff in aller Deutlichkeit: »Krieg und Politik dienen der Le-
benserhaltung des Volkes, der Krieg aber ist die höchste Äußerung
völkischen Lebenswillens. Darum hat die Politik der Kriegführung
zu dienen.«[7] Daß der Krieg nicht Mittel, sondern Ziel und Zweck
aller Politik zu sein habe, gründet in der Vorstellung einer existentiellen Bedrohung der »Volksgemeinschaft«. Für ein »Volk ohne
Raum«,[8] von Feinden umlagert, von »artfremden Rassen« zersetzt,
auf engstem Raum zusammengepreßt und vom »Versailler Diktat«
wirtschaftlich ausgeblutet, sei der Krieg, so die Argumentation,
ein legitimer Befreiungsschlag. Ein solcher Volks- und Rassenkrieg
muß, wie Carl Schmitt folgerte, jede Unterscheidung von Zivilbevölkerung und kämpfender Truppe einreißen.[9] Der Begriff des
»Volks« ist darum von Anfang an kriegerisch: Er bezeichnet die
Gesamtheit derer, die sich – in Uniform oder nicht – gegen einen
Feind stellen, dessen Feindschaft sich in der restlosen Vernichtung
der gesamten Gemeinschaft äußert.

Die Vorstellung vom existentiellen, ums Überleben geführten
»totalen Krieg« hat tiefgreifende Konsequenzen für Kultur und Gesellschaft, die schon vor 1933 von den Autoren der Konservativen
Revolution formuliert wurden. Ist nämlich der Krieg Endzweck
und Prüfstein aller politischen und gesellschaftlichen Organisation,
so hat diese zu einer »totalen Mobilmachung« (Ernst Jünger) zu
werden, die schon im Frieden alle sozialen und kulturellen Energien, Wirtschaft, Wissenschaft und Technik auf den Kriegsfall aus-
richtet. In diesem Postulat wird die Organisationsform der Armee
zum Modell gesellschaftlicher Ordnung. Den Entwurf einer hoch
funktionalen, technisch kompetenten, ebenso »totalen« wie einheit-

lichen Ordnung entwickelt Jünger in seinem Essay ›Der Arbeiter‹ von 1932. Staat, Gesellschaft, Wirtschaft und Technik verbinden sich zu einer »organischen Konstruktion«, in der nicht mehr das bürgerliche Individuum seinen Geschäften nachgeht, sondern ein neuer Menschentypus, die »Gestalt« des Arbeiters, die Herrschaft übernimmt. Prototyp dieses »neuen Menschen« ist der Soldat des Maschinenkriegs, ein Hybrid aus Mensch und Technik, ein funktionierender Teil des übergeordneten Ganzen, uniform, wo nicht uniformiert.[10] In diesem »faschistischen Modernitätskonzept«[11] skizziert Jünger eine anthropologisch neue Form, den zugleich »kalten« und »heißen« Krieger, ein »Wesen der Urwelt« und der »Träger eines kältesten grausamsten Bewußtseins«.[12] Es ist diese anthropologische Konstruktion, bei Jünger radikal modernistisch, technoid und funktional gedacht, in der »völkischen« Variante des Nationalsozialismus dagegen erdverbunden, instinkthaft und todessüchtig entworfen, die als Produkt des Ersten Weltkriegs die Brücke zum Soldaten des Zweiten Weltkriegs schlägt und die Figurationen des Kriegers in der Literatur zwischen 1933 und 1945 entscheidend prägt. Das Wesen des Menschen, so die Grundidee nationalsozialistischer Kriegstheorie, ist kriegerisch, im Kampf enthüllt sich erst seine eigentliche und unverstellte Seinsweise: »Krieg ist das Natürlichste, Alltäglichste. Krieg ist immer, Krieg ist überall. Es gibt keinen Beginn, es gibt keinen Friedensschluß. Krieg ist Leben. Krieg ist jedes Ringen. Krieg ist Urzustand.«[13]

Die Vorstellung, daß der Krieg die Verkrustungen einer schwächlichen bürgerlichen Kultur vom Menschen abstreift und ihn wieder natürlich werden läßt, prägt schon die Kommentare zum Ersten Weltkrieg und wird – etwa bei Kurt Eggers – bis in den Zweiten Weltkrieg immer neu wiederholt und variiert.[14] Ebenfalls schon im Ersten Weltkrieg wird die Idee geboren, daß der Deutsche – im Unterschied zu den profitorientierten und zivilisationsgeschädigten Westeuropäern – ein unmittelbares, existentielles Verhältnis zum Krieg habe, Krieg nicht um wirtschaftlicher oder hegemonialer Vorteile, sondern um seiner selbst willen führe.[15] Die ursprünglich von Werner Sombart kapitalismuskritisch gemeinte Formel von »Händlern und Helden« (Krieg als Gegenteil ökonomischen Zweckdenkens) wächst sich im Nationalsozialismus zu einem von vielen

Motiven des Antisemitismus aus (der Jude als Kriegsprofiteur), wie etwa Eberhard Wolfgang Möllers Kriegsdrama ›Rothschild siegt bei Waterloo‹ vorführt.[16] Der entscheidende und katastrophale Fortschritt des Nationalsozialismus gegenüber dem »Krieg der Kulturen« von 1914–18 ist diese Wendung zum Rassenkrieg. Das Leben und die Wohlfahrt des eigenen Volkes werden unmittelbar an die Vernichtung alles »Fremden« geknüpft, für welches das »Jüdische« die zugleich unsichtbarste und gefährlichste Figur liefert.

Vor allem die NS-Dramen entwickeln immer neue Szenarien dieser unausweichlichen und totalen Feindschaft, hinter der die Frage nach dem möglichen Sieg fast völlig verschwindet. In mehrfacher Weise wird der Krieg im Nationalsozialismus zum Vehikel des Rassismus. Er löscht die fremde Rasse aus oder versklavt sie und ordnet sie so ausschließlich den Überlebenszwecken der eigenen Rasse unter. Krieg im Nationalsozialismus ist damit schon in seiner ideellen Konstruktion Vernichtungskrieg.[17] Ebenso wichtig aber ist der Krieg in seiner Wirkung für die eigene Rasse: Er reinigt sie von schwachen, lebensunfähigen, vor allem aber unentschiedenen Exemplaren – und so führen zumal die Dramen immer wieder Szenarien notwendiger Entscheidung vor. Nach Michel Foucault ist diese hemmungslose Vernichtungswut sowohl des Eigenen wie des Fremden Teil einer hybriden Form staatlicher Macht in der Moderne, die darin besteht, einerseits biopolitisch »leben zu machen«, andererseits »sterben zu machen«. Im Moment universaler Vernichtung, das der Kriegsvorstellung des Nationalsozialismus innewohnt, verwirklicht der Krieg diese tötende Seite moderner Souveränität.[18] Darum ist auch nicht mehr der Sieg der letzte Zweck dieses Krieges, sondern ein endloser Kampf, der sich entweder bis in den letzten Winkel der Erde ausbreiten oder erst in der Selbstvernichtung zum Stillstand kommen wird.

Angesichts dieses allumfassenden Kriegsdenkens dürfte klar sein, daß Krieg mehr ist als bloß ein »Thema« der Literatur zwischen 1933 und 1945. Vielmehr muß Literatur als Element eines kriegerischen Diskurses gesehen werden, der die Künste ebenso wie Wissenschaft und politisches Denken umfaßt.[19] Literatur wird zum Schauplatz des Krieges – ob nun innerhalb, am Rande oder als Kritik an der nationalsozialistischen Position. Literatur wird Waffe,

Belehrung, martialische Selbstinszenierung und Mobilisierung; sie entwirft den kriegerischen Menschen in seiner Sozialstruktur wie in seinen Führungskompetenzen; sie ermöglicht einen Blick, vor dem sich Freund und Feind in absoluter Entschiedenheit enthüllen, und sie entwirft – insbesondere in den Dramen – Handlungsszenarien der Unausweichlichkeit, in denen die NS-Literatur eine neue Form des Tragischen heraufdämmern sieht. Die Logik des totalen Krieges wird so transformiert ins Drama des heroischen Einzelnen, dessen Geschichtsmächtigkeit sich einzig in der kriegerischen Situation erweist.

II. Freund und Feind – Die Literatur und der Wandel der Feindbilder

Viele der wichtigsten im Nationalsozialismus verbreiteten Kriegs-romane entstanden vor 1933.[20] Kriegserinnerungen und Front-romane wie Walter Flex' ›Wanderer zwischen beiden Welten‹ (1917), Ernst Jüngers ›In Stahlgewittern‹ (1920), ›Der Kampf als inneres Erlebnis‹ (1922), ›Feuer und Blut‹ (1925), Werner Beumel-burgs ›Gruppe Bosemüller‹ (1929), Franz Schauweckers ›Aufbruch der Nation‹ (1930), Josef Magnus Wehners ›Sieben vor Verdun‹ (1930), Hans Zöberleins ›Der Glaube an Deutschland‹ (1931), um nur die prominentesten zu nennen, erscheinen in immer neuen, der jeweiligen politischen Stimmungslage angepaßten Auflagen bis in den Zweiten Weltkrieg hinein. Diese Kriegsromane und -berichte sind schließlich auch die Vorbilder für die Kriegsliteratur des Zwei-ten Weltkriegs, die – wie Kurt Ziesels umfangreiche Anthologie ›Dichtung und Krieg‹ (1940) – die Kontinuität zwischen Erstem und Zweitem Weltkrieg betonen.[21] Konzentriert sich Jünger vor allem auf die Konstruktion der technoiden »Stahlgestalt«, so geht es den explizit nationalistischen Texten darum, der Kriegserfahrung einen politischen Mehrwert abzuringen. Und dieser liegt, nach Carl Schmitts Definition des Politischen von 1932, in der Erkenntnis von Freund und Feind.[22] »Wir mußten den Krieg verlieren, um die Nation zu gewinnen« (Schauwecker), ist das paradoxe Motto dieser Geste.[23] Der Krieg ist die Geburtsstunde einer Gemeinschaft, der »Kameradschaft«, die alle bürgerlichen Differenzierungen nach Schicht, Region und Bildungsstand hinter sich läßt und aus den Frontsoldaten die Notgemeinschaft existentiell aufeinander angewiesener Männer macht. Es sind die Kleingruppen der Sturmeinheiten, die nicht nur die extremen körperlichen und psychischen Belastungen des Krieges abfangen und erträglich machen, sondern auch zum Ursprung einer anderen, »wahren« Nation werden, während die »Heimat« der Front längst die Solidarität aufgekündigt hat. Die Frontgemeinschaft wird zur Keimzelle, aber auch zum Vorbild für die homogene und aggressive Volksgemeinschaft, wie sie der Nationalsozialismus beschwört. Funktionale Eingespieltheit, überschaubare Primärgruppen, absolute Loyalität des Einzelnen gegenüber der Einheit und die Fixierung auf einen gemeinsamen Feind sind die Eigenschaften, die von den Sturmtrupps auf die gesamte Bevölkerung übertragen werden sollen. Die erfolgreiche Übertragung des Modells »Kameradschaft« vom Krieg auf die zivile Gesellschaft verdankt sich dabei der Tatsache, daß beide analog gedacht werden: Die militärischen Kleingruppen sind strukturiert und funktionieren wie Familien oder Dorfgemeinschaften. Bei Beumelburg ist diese »Frontfamilie« mit ihrem Vater-Mutter-Kind-Dreieck das zentrale Thema.[24] Im Umkehrschluß wird darum in den agrarischen Szenarien der völkischen Literatur, die nicht selten von Weltkriegsveteranen bevölkert sind, die Familie und ihre kleine bäuerliche Existenz zur Kampfgemeinschaft gegen den Terror der bürgerlichen Geschäftswelt, wie etwa in Ulrich Sanders Nachkriegsroman ›Kompost‹ (1934).[25]

Neben der Apotheose der Kameradschaft hat es der Kriegsroman naturgemäß leicht, ein Pandämonium von Feinden zu entfalten: Franzosen und Engländer treten auf als Vertreter einer hochgezüchteten, lebensfeindlichen »Zivilisation«. Sie sind schwach, überfeinert und »maskenhaft«[26] im Gegensatz zum kernigen Deutschen, wie Möller 1941 aus dem besetzten Frankreich berichtet, in ihrer Schwäche unfähig, sich der Vitalität der Deutschen zu widersetzen.[27] Ist Westeuropa ein erbärmliches Opfer seiner kränkelnden Zivilisation, so sitzt aber der eigentliche Rassenfeind im Osten.[28] Schon die Bolschewiken der Freikorps-Romane, die gesichtslos, grausam

und tierhaft sich entweder als Angreifer gegen die standhaltenden
Deutschen werfen oder ihrerseits als »duckendes, weiches Gewim-
mel«[29] mit entsprechender Brutalität ausgemerzt werden, sind mehr
Materie als Mensch. Die Bücher Hans Zöberleins und Edwin Erich
Dwingers sind besonders krude Beispiele für eine Kriegsliteratur,
die sich nicht nur in exzessiven Nahkampfszenen ergeht, sondern
auch eine durchgreifende Dehumanisierung des Feindes vornimmt.
Der Bolschewismus, so heißt es bei Dwinger, sei ein »ungeheu-
rer Ausbruch des urhaft Tierischen, den man durch maßlose De-
magogik immer weiter schürt!«[30] Die Entmenschlichung zumal der
Osteuropäer, vergleichbar nur der Dämonisierung der Juden, prägt
zahllose Kriegsromane schon in den 1930er Jahren und ist in der
Kriegsliteratur des Rußlandfeldzugs im Zweiten Weltkrieg stehen-
der Topos. Damit hat die Literatur teil an einer grundlegend neuen
Konstruktion von Feindschaft im modernen Vernichtungskrieg.
Kriegerische Feindschaft definiert sich nicht mehr als begrenzbarer
Konflikt zwischen Vertretern von Nationen, sondern als gegebenes Verhältnis zwischen Lebensformen, Gemeinschaften, Kulturen.
Spricht der Erste Weltkrieg noch von einem »Krieg der Kulturen«
und wandelt sich in einen Vernichtungskrieg, der die kriegführenden Länder geradezu demographisch »ausbluten« läßt, so geht der
Nationalsozialismus von einer immer schon gegebenen Differenz
der Menschenformen aus, die notwendig zum Krieg und zur Auslöschung der einen Gruppe durch die andere führen muß. Feindschaft
ist so eine anthropologische Gegebenheit, eine Bedrohung der einen
Spezies durch die bloße Existenz einer anderen. Die totale Feindschaft, die die Grundlage und Rechtfertigung des totalen Kriegs ist,
erblickt so im Gegner keine gemeinsame Basis des Mensch-Seins
mehr, sondern nur radikale, unüberbrückbare Differenz. Nicht der
Krieg erzeugt und definiert die Feindschaft, sondern die Feindschaft
den Krieg. Es sei »richtig und sinnvoll«, schreibt Carl Schmitt, daß
»vorher bestehende, unabänderliche, echte und totale Feindschaft
zu dem Gottesurteil eines totalen Krieges führt.«[31] Wie die »totale
Mobilmachung« umfaßt auch die totale Feindschaft nicht nur die
Kombattanten, sondern sie bezieht sich auf den Feind als Spezies,
als eine Gattung, die in ihrem Wesen »Feind« ist und darum auch
in allen ihren Exemplaren ausgelöscht werden muß. Die alterna-

tivlose Logik der totalen Feindschaft, die keine Unentschiedenheit, keine Neutralität und keine Vermittlung kennt, erzeugt damit eine Kategorie, die immer wieder zur Probe auf die Entschlossenheit kriegführender Subjekte und Gemeinschaften wird: den inneren Feind. Der Feind ist omnipräsent: Was nach außen bekämpft und vernichtet wird, muß auch im Eigenen identifiziert und ausgebrannt werden. Ist der äußere Feind als »art-« und »rassefremd« erkennbar, so wird er als innerer zunehmend so stigmatisiert. Zumal in den SA-Romanen und -Stücken, die die Zeit der »Bewegung« als einen verkappten Bürgerkrieg schildern, vollzieht sich eine sichtbare Verschiebung von der politischen Definition des Feindes (Etappenschwein, Kriegsschieber, Novemberverbrecher, Rote) zu einer zunehmend »rassischen«. Hauptfeind wird bekanntlich der Jude, gleichermaßen Unter- und Übermensch in seiner sexuellen, intellektuellen und finanzpolitischen Potenz. Folgerichtig schreibt der Kriegsautor Zöberlein mit ›Befehl des Gewissens‹ (1937) einen der meist verbreiteten antisemitischen Romane.

III. Selbstopfer als Beitrag zur kollektiven Heilsgeschichte

An den Ersten Weltkrieg knüpft sich nicht nur ein neues politisches Bewußtsein von Feindschaft und Gemeinschaft, sondern auch ein Totenkult, der – wie die Aufführung von Johsts ›Schlageter‹ zeigt – aus dem Tod in Krieg und Bürgerkrieg die Verpflichtung zur Errichtung einer neuen Ordnung ableitet. Weitergeführt wird darum in den Anfangsjahren des »Dritten Reiches« der Kult um das Gefecht von Langemarck, von dem in einer berühmt gewordenen Meldung der Obersten Heeresleitung am 11. November 1914 berichtet wird:

> Westlich Langemarck brachen junge Regimenter unter dem Gesange »Deutschland, Deutschland über alles« gegen die erste Linie der feindlichen Stellungen vor und nahmen sie.[32]

»Langemarck« wird zur Chiffre eines Mythos, der Jugendlich-
keit, Kühnheit und nationale Begeisterung zum ebenso eindrück-
lichen wie dehnbaren Bild verknüpft. Ist es zunächst – wie im Bericht vermeldet – ein siegreicher Sturmangriff, wird »Langemarck«
schon während der Weimarer Republik zum pathetischen Selbstopfer umgedeutet: »Langemarck ist zum heiligen Symbol geworden
für die junge Mannschaft unseres Volkes, die mit dem Liede auf
den Lippen stürmte und starb.«[33] Dieses Opfer wird im Nationalsozialismus zum Gründungsopfer des »völkischen Deutschlands,
des nationalen Sozialismus.«[34] An deutschen Universitäten werden
Langemarck-Feiern organisiert, zahlreiche Prachtausgaben, Romane und Dramen erscheinen, und in ›Mein Kampf‹ stilisiert sich auch
der Weltkriegs-Gefreite Hitler andeutungsweise zum Veteranen von
Langemarck.[35] Heinrich Zerkaulens Drama ›Die Jugend von Langemarck‹ (1933) formuliert diesen Opfer-Mythos als Verpflichtung
der Lebenden gegenüber den Toten: »Sie starben für Langemarck –
Wir leben für Langemarck!«[36] Das Stück erklärt aber auch, worin
der Dienst am Vaterland zu bestehen hat und worin nicht. Denn der
Held, Franz Gärtner, ist Erbe einer Tuchfabrik, die zum kriegswichtigen Betrieb umgerüstet wird. Der Anfangskonflikt besteht darin,
zu entscheiden, ob Franz im Betrieb oder als Kriegsfreiwilliger an
der Front dem Lande nützlicher ist. Das Stück setzt ganz auf das Pathos des Selbstopfers und negiert damit ausdrücklich eine funktionalistische Definition des militärischen »Dienstes«, wie im Konzept
der »totalen Mobilmachung« gefordert: Es ist der Tod, nicht der
Einsatz in der kriegswichtigen Produktion, der Franz zum Helden
des Stückes macht. Die Helden von Langemarck sind damit ein
Gegenentwurf zu jenen hocheffizienten »Stahlgestalten«, die eher
mit der gigantischen Schlacht um Verdun in Verbindung gebracht
werden; sie verkörpern das Pathos des Opfers und des verlorenen
Krieges, während »Verdun« die Durchschlagskraft deutscher Waffen und deutscher Kriegführung symbolisiert.[37]

 »Langemarck« steht für ein Pathos des Opfers, das in seiner
gemeinschaftsgründenden Funktion an das christliche Blutopfer
erinnert. Explizit wird diese Übertragung der christlichen Passion
auf den Krieg in Richard Euringers »Hörwerk« ›Deutsche Passion
1933‹, das wie eine riesige nationale Kar-Messe am Gründonners-

tag 1933 im Rundfunk ausgestrahlt wurde. War die ›Schlageter‹-
Premiere eine Selbstinszenierung der Partei als Rächerin der »Versailler Schande« und damit vollkommen diesseitig, so offenbart
Euringers ›Passion‹ das eminent religiöse Moment der nationalsozialistischen Idee vom Krieg. Der Namenlose Soldat des Weltkriegs
ersteht auf und wandelt durch ein allegorisches Welttheater der
irdischen Leiden und Versuchungen. Seine ›Passion‹ präsentiert sich
ganz im Stil barocker Seelenkämpfe: Die Personifikationen des Bösen (Materialismus, »Rassenschande«, Gier, Selbsterhaltungstrieb)
führen ihre lästerlichen Reden, die typisierten Formen des menschlichen Leidens (der Kriegskrüppel, die Mutter, der Arbeitslose usw.)
beklagen ihr elendes Los. Der namenlose Soldat erleidet dies wie
die Stationen des Schmerzenswegs und schließt mit den Worten
Christi: »Es ist vollbracht.« Die Erlösung liegt bei Euringer in der
Erweckung und Erlösung des deutschen Volkes: »Ein Volk am
Werk. Es ist vollstreckt. Es wacht mein Geist, der Euch erweckt.«[38]
Ist der Messias hier der gefallene Soldat, so ist seine Botschaft die
Erhebung zu neuer kriegerischer Kraft, die Imitatio Christi die Aufforderung zum Opfer als Reinigung vom Geist des Materialismus.
Das Evangelium des Nationalsozialismus, so lehrt diese Messe, ist
der Krieg. In dieser Umbesetzung christlicher Motive durch nationale zeigt sich der theologische Anteil im nationalsozialistischen
Geschichtsentwurf. Verfolgt wird eine eschatologische Politik, die
zielgerichtet auf den reinigenden und erlösenden Endkampf zu-
läuft – ein Kampf zwischen den Mächten des Guten und Bösen, der
keine Selbsterhaltung und keine Neutralität mehr erlaubt und der
alles Menschliche, Irdische und Relative hinwegfegt. Dieser alles
»entscheidende Weltkampf« (Rosenberg)[39] ist die Grundlage jenes
nationalsozialistischen Chiliasmus, der mit dem »Tausendjährigen
Reich« das Reich Gottes auf Erden verwirklichen will. Das persönliche Opfer, das der Rassen- und Vernichtungskrieg fordert, ist darum
weit mehr als ein »pro patria mori«, ein soldatischer Heldentod: Es
ist der individuelle Beitrag zu einer kollektiven Heilsgeschichte, die
»profane Transzendenz« jedes Einzelnen.[40]

IV. Das Tragische – vor 1945 und danach

Es ist kein Zufall, daß gerade das Theater zum Medium dieser entscheidenden theologischen Aufladung der politischen Ideologie wird.[41] Das Ritual einer Gemeinschaft, die sich die Opferszene ihrer Gründung vor Augen führen läßt, verbindet das nationalsozialistische Theater mit der kirchlichen Liturgie – eine Nähe, die das quasikultische Thingspiel in den frühen Jahren des Nationalsozialismus suchte und effektvoll für sich zu nutzen wußte. Alle Spielarten der nationalsozialistischen Theatralität – vom Reichsparteitag über den Wagner-Kult bis hin zur intensiv geführten Debatte um die Tragödie – prägt ein Toten- und Opferkult, für die der Krieg den prägnantesten Bezugsrahmen bildet. Kriegs- und Kampfszenarien sind nicht nur der beliebteste Schauplatz für eine reichhaltige Tragödienproduktion, sondern der Krieg wird zum Kernbegriff einer neuen Theorie des Tragischen. In den Dramentheorien Eberhard Wolfgang Möllers oder Erich von Hartz' tritt der Krieg als tragische Situation par excellence an die Stelle der traditionellen Definitionen des Tragischen als Schuld, übermächtiges Verhängnis oder Konflikt zweier gleichermaßen berechtigter Prinzipien. Die diffuse und widersprüchliche Diskussion, die Dramatiker und Dramaturgen der NS-Zeit um Wesen und Zweck einer genuin deutschen Tragödie führen,[42] lädt sich dabei zunehmend auf mit einer Semantik des Kampfes, der Feindschaft und der Unausweichlichkeit. Ist die Tragödie für Hartz als »Opferspiel« Sinnbild eines »Weltwesens«, das immer schon »Kampf zwischen Himmel und Hölle« ist[43], so wird bei Möller der Krieg zum eigentlichen Anlaß und Paradigma der tragischen Situation. Im Nachwort zu seinem Drama ›Opfer‹ von 1941 liefert Möller einen Abriß seiner Tragödientheorie: Was ihm vorschwebt, ist die Tragödie als »höchstes Sinnbild eines Lebens, dessen Sinn der Kampf ist«.[44] Der Krieg, so Möller, ist die »Grundlage« nicht nur des vorgelegten Stückes, sondern eines »tragischen Lebensgefühls«, eines Gefühls »für die tragische Paradoxie aller Lebenszusammenhänge«. Was die Deutschen ebenso von den Griechen wie von den wenig idealischen Konstellationen bei Shakespeare unterscheide, sei ihre Affirmation einer Welt, die nichts anderes ist als der »Kampf gleich starker Kräfte, mit gleichen Waffen um gleich hohe Rechte.«[45]

Damit ist allerdings nicht die idealistische Version des Tragischen als Konflikt gleichermaßen würdiger Wertsetzungen gemeint. Möllers Kampf, das macht das Stück ›Opfer‹ unmißverständlich klar, findet statt in jener »endlosen Unendlichkeit«, die »Gott zwischen Hoch und Tief sich öffnen läßt«, und teilt damit jene kosmologische Aufladung des Krieges, in der es weniger ums Überleben geht als um die heilsgeschichtliche Überwindung des Bösen.[46] In Möllers Stück ›Opfer‹ rettet eine mildherzige deutsche Frau, Agneta, einen slawischen Jungen, der Jahre später als Woiwode und Statthalter des Kaisers mordend, brandschatzend und vergewaltigend wiederkehrt. Als Gipfel seiner »rassenschänderischen« Strategie fordert er die Auslieferung seiner damaligen Retterin, um »in brünstiger Vereinigung« den jahrtausendealten Gegensatz zu »verschmelzen«.[47] Gibt es einen tragischen Konflikt, so ist es der Agnetas, die sich wegen ihrer »Barmherzigkeit« für das Kind nun vor der Gemeinschaft zu verantworten hat. Die Lösung liegt auf der Hand – sie entzieht sich durch Selbstmord –, wie die Botschaft des Stücks: In einem Krieg, in dem es um die »Reinheit der Rasse«, um die Gefahr einer Vermischung des absolut Bösen und Niedrigen mit dem Hohen und Edlen geht, ist »Güte« fehl am Platz, ein lebensbedrohliches Vergehen an der Gemeinschaft und ihrer Zukunft. Agnetas Selbstopfer enthüllt vor der entscheidenden höheren Instanz, dem Kaiser, die Perfidie des Woiwoden. So dient das Opfer auch dazu, den Feind, dem dieses Opfer gebracht werden muß, als diabolische Gestalt zu demaskieren.[48] Indem sich Agneta dem Gesetz des Endkampfes freiwillig unterwirft, wird sie im Sinne Möllers eine tragische Heldin, Soldatin eines Krieges, dessen Prinzip die absolute Entschiedenheit, die ausweglose Logik totaler Feindschaft ist.

Vor diesem Hintergrund läßt sich Gerhart Hauptmanns Atriden-Tetralogie, die in den Kriegsjahren 1940–44 entstand, als der Versuch lesen, dieser Wendung des Tragödienbegriffs eine andere Version des Tragischen entgegenzuhalten. Sein Tragödienzyklus, dessen 1941 und 1943 aufgeführte Eckstücke ›Iphigenie in Delphi‹ und ›Iphigenie in Aulis‹ in Berlin und Wien als große Theaterereignisse gefeiert wurden, kreist um den Krieg als endlose und unbeendbare Folge von Greueln, die immer neue Rachemorde nach sich ziehen.[49] Dabei ist Hauptmanns große Transposition des Kriegsthemas ins Antike durchaus kompatibel sowohl mit der deutschen Kulturpolitik der Kriegsjahre wie der jener Alliierten, die 1947 die beiden Mittelstücke ›Agamemnons Tod‹ und ›Elektra‹ im amerikanischen Sektor Berlins aufführen ließen. Es ist deshalb müßig, in Hauptmanns Zyklus Anpassung oder Zeichen eines verschlüsselten Widerstands lesen zu wollen. Durch den klassischen Stoff schließt die Tetralogie mit aller Deutlichkeit an die antike Tragödie und ihren Mythos an, während die nationalsozialistische Dramentheorie sich bemüht, die antiken Formen in einen eigenen germanischen Mythos umzugießen. Der Krieg, der in ›Iphigenie in Aulis‹ den Anlaß für das Opfer der Iphigenie gibt, verlagert sich im Verlauf der Atriden-Geschichte ins Innere der Familie. Der Rache Klytämnestras an Agamemnon folgt die Rache Elektras und Orests an ihrer Mutter bis hin zur Rache der überlebenden Iphigenie an allen Griechen (›Iphigenie in Delphi‹). Als unendliche Folge von Gewalttaten ist der Krieg hier reduziert auf seine elementarste Form: den Mord. Die Feinde sind Verwandte, und genau darum ist ihre Feindschaft so schmerzlich – und so unerbittlich: »ein ewiger Bruderkrieg mit giftigen Dolchen!«[50] Trotz der Präsenz von Göttern bleibt das Atridenschicksal bei Hauptmann gänzlich diesseitig: Kein Eingriff der Göttin rettet Iphigenie vom Opferaltar, sondern zwei Priesterinnen entführen sie; keine Versöhnung, sondern der Selbstmord Iphigenies schließt die Handlung – ein Tod, bei dem es um nichts anderes mehr geht als um die politische Glaubwürdigkeit der Atriden-Dynastie.[51] So kennt das Verhängnis der Feindschaft bei Hauptmann keine Transzendenz, keinen kosmischen Weltkampf, keinen Sieger und keine tröstliche Versöhnung, sondern nur – darin mit dem nationalsozialistischen Opfergedanken durchaus vereinbar – die Installation eines neuen Atriden-Reiches über der Leiche jenes ersten und letzten Opfers, Iphigenie. Transponiert ins Mythische und Familiale, erzeugt Hauptmanns Atriden-Tetralogie in ihrer Rezeption eine sehr weiträumige Lesbarkeit. Konnte der nationalsozialistische Kulturbetrieb den abgründigen Pessimismus Hauptmanns 1941/43 problemlos als seinen eigenen Toten- und Opferkult mißverstehen, so überzeugte die politisch indifferente Klage über ein Verhängnis, als das auf einmal der Krieg selbst sichtbar wird, 1947 um so mehr die ausgebombte Nachkriegsgesellschaft.

V. Führerentwürfe in der Literatur

Als die zwei Grundformen, in denen der Krieg literarisch zum
»Volksschicksal« wird, nennt der NS-Germanist Hermann Pongs
Kameradschaft und Führertum.[52] Ist die Kameradschaft von Mann
zu Mann die horizontale Dimension des nationalsozialistischen
Gesellschaftsmodells, so ist das Führertum deren vertikale Achse.
In seiner Person verkörpert der zugleich politische und militärische
Führer die Nation. Schon in den Theorien über die »geistige Kriegführung« der 1920er Jahre wird ein militärischer Führer entworfen, der zugleich Feldherr und charismatischer politischer Führer
ist. Der »Feldherr Psychologus« (Kurt Hesse) eint die Nation wie
die Armee »als ein psychisches, physisches und sensomotorisches
Ganzes«[53] und mobilisiert so alle Kräfte des Staats und der Gesellschaft für den »totalen Krieg«. Und dieser Krieg entscheidet sich im
wesentlichen im Seelenleben, in der bedingungslosen Hingabe der
Kämpfenden. Als »Herrscher der Seelen« bündelt der militärisch-
politische Führer die Willenskraft des Volkes auf das eine Ziel des
Krieges. Er repräsentiert damit die psychologische Dimension des
modernen Krieges, der, wie immer wieder in der Folge des Ersten
Weltkriegs betont wurde, vor allem ein »Krieg der Nerven« ist. Er
wird im Inneren ausgefochten, im ungebrochenen Kampfeswillen
eines Einzelnen, der durch seine Haltung die weniger entschiedenen Mitkämpfer mitreißt und den Kampf gegen alle Aussichten
fortsetzt.

Gerade durch diese exponierte Stellung absoluter Entschiedenheit ist die Führergestalt zumal der Tragödien existentiell einsam.
Hier wird das Führertum zur Bürde, zur tragischen Zerrissenheit
zwischen einem Gesetz endlosen Kampfes und den Banden von
Verwandtschaft, Liebe oder Loyalität. Die drastische Version eines
solchen Konflikts entfaltet Curt Langenbecks »Tragisches Drama«
›Das Schwert‹ (1940). Die ins Archaisch-Altgermanische verlagerte
Kriegssituation stellt zwei Brüder, den Krieger Gaiso und den frie-
denswilligen Evruin, gegenüber. Evruin predigt Defätismus und
Kompromiß – eine späte Variante des Dolchstoßverräters – und
versucht schließlich, durch Vernichtung der Vorräte seinen Bruder
zum Friedensschluß zu zwingen. Gaiso richtet den Verräter und

»reinigt« damit die Gemeinschaft von ihrem unwürdigen Mitglied und inneren Feind.[54] Die wahre »Führerprobe« – wie es in der Wehrpsychologie der 1930er Jahre heißt – ist dieser Loyalitätskonflikt: sich um des gerechten Krieges willen auch gegen die eigenen Leute, hier den Bruder, wenden zu müssen. Langenbeck löst das Problem durch die entsühnende Selbsttötung Gaisos, der – zugleich Brudermörder und Vaterlandsverteidiger – keinen Platz mehr in der binären Logik der totalen Feindschaft hat.

Erfolgreicher und weniger suizidär, aber im gleichen Konflikt befangen ist auch die Führergestalt Gneisenau in Werner Deubels Stück ›Die letzte Festung‹ (1942), das den Anstoß für den Film ›Kolberg‹ gegeben haben mag.[55] Feldherr Gneisenau hält die von einer Übermacht der Feinde belagerte Festung Kolberg gegen den Widerstand seines Offiziersstabs und sogar gegen die Order des Königs, der einen »schnellen Frieden« will. Als Freikorps kämpft er weiter auf verlorenem Posten. Gneisenaus verbittertes Durchhalten versteht sich als die »Eigenhilfe« eines Volks, einer »Brüderschaft des Trotzes« von Soldaten und Zivilisten gegen einen König, der aus politischem Kalkül den Kriegern in den Rücken fällt: »Der Tag kann kommen, da die Völker, von ihren Regierungen verlassen und verraten, zur Eigenhilfe greifen. Dann *ein* glücklicher Anführer, und die Könige würden bald vergessen sein«.[56] Die Fortsetzung des Kampfes, bei dem Gneisenau seine Geliebte verliert, hat weder eine Aussicht auf Sieg noch auch nur auf das Halten einer strategisch wichtigen Stellung. Es geht um das Durchhalten als Selbstzweck und Prinzip des Soldatischen. Das Führertum Gneisenaus definiert damit Geschichtsmächtigkeit als Macht, den Krieg zu führen und fortzuführen jenseits von Zwecklogik und politischer Rationalität. Der wahre Führer ist der, der die Dynamik des Krieges hinaustreibt über die Frage nach einem möglichen Sieg oder der Angemessenheit der Verluste.

Es scheint, als hätte Hitler im fernen Rastenburg diese Botschaft verstanden, wenn er im November 1942 das Einkesselungsszenario der ›Letzten Festung‹ zur taktischen Entscheidung ummünzt und die 6. Armee in Stalingrad einschließen läßt. Die Festung Kolberg ist Stalingrad, und Hitler mag geglaubt haben, er sei Gneisenau, dessen eisernes Durchhalten im Stück noch im letzten Moment

durch die Nachricht vom Waffenstillstand belohnt wird. Auf katastrophale Weise wird Literatur hier zum strategischen Ratgeber im
realen Krieg.

Wesentlich gebrochener dagegen zeigt sich das Führertum in
den Preußen-Dramen Hans Rehbergs, der sich dezidiert von der
Tragödientheorie im Stil Möllers absetzt und als Vorbild Shakespeares Historiendrama nennt. Sein Friedrich in ›Der Siebenjährige
Krieg‹ (1937) kämpft weniger mit dem Feind als mit persönlichen
Prüfungen: dem Haß seiner Kriegsgegnerin Elisabeth, militärischen
Rückschlägen, vor allem aber der Enttäuschung über seinen Bruder
Heinrich. Ein Brief Heinrichs, der Friedrich nach einer Niederlage
einen »gestürzten Phaeton« nennt, wird Friedrich zugespielt. Persönlich zutiefst verletzt, läßt ihn nur seine »Achtung vor dem ⟨...⟩
militärischen Genie« des Bruders »den Phaeton vergessen.«[57] Den
Sieg kommentiert der König mit Verbitterung: »Die sieben Jahr haben mich erschöpft. ⟨...⟩ So sind wir alt geworden«.[58] Indem Rehberg das Schlachtfeld in die Seele des Führers verlegt, wird der Krieg
zum Charakterdrama, zur Schlacht zwischen Individuen, deren
Selbstbeherrschung hier auf dem Prüfstand steht. Ganz nebenbei
entwickelt das Drama einen zentralen Grundsatz psychologischer
Kriegführung: daß sich die Motivationslagen der Kriegführenden
durch eine gezielte Politik der Information und Desinformation beeinflussen lassen. Der Brief wird zur schärfsten und gefährlichsten
Waffe, die General Laudon, im Felde wenig erfolgreich, gegen den
Preußenkönig hat.

Alle diese Führerentwürfe kreisen um einen gehärteten, dem
Gesetz des Krieges wie sich selbst getreuen Krieger-Typus. Von diesem eisernen Krieger her gesehen läßt sich das ironische Potential
an Lockerheit ermessen, das Carl Zuckmayers Fliegergeneral Harras zur Schau trägt (›Des Teufels General‹). Den heilsgeschichtlich
durchglühten nationalsozialistischen Führernaturen setzt der ins
Exil gegangene Zuckmayer einen vollkommen anderen Soldaten-
typ entgegen: den hedonistischen, technisch versierten, aber ver-
spielten und politisch vollkommen gleichgültigen Flieger, dem es
eigentlich egal ist, in wessen Auftrag er das tut, was er eben am
besten kann. Ernst Jünger, dem dieser Kämpfertyp am nächsten
steht, schrieb schon 1930, daß es »eine nebensächliche Rolle spielt,

⟨...⟩ für welche Ideen und mit welchen Waffen gefochten wird.«[59] Diese politische Gleichgültigkeit des Berufssoldaten wird in der Kriegführung des Nationalsozialismus fatal, und so endet Harras nicht anders als der Germanenführer Gaiso. In dem Moment, wo ihn der Krieg zum ersten Mal wirklich erreicht, wo er eine Entscheidung zwischen Freund und Feind, Pakt und Sabotage treffen muß, wählt auch er den Selbstmord – in diesem Fall eine letzte Geste der Unentschiedenheit. Dieser politisch unzuverlässige, aber dafür menschlich sympathische Held ist eine späte, durch und durch selbstironische Variante des Jüngerschen Kriegers aus Leidenschaft.

Zuckmayers Stück beleuchtet die Desinvolture des Flieger-Artisten allerdings bitter als trostlose Form der individuellen Verschuldung in diesem Krieg. Von der Witwe des verunglückten Oberst Eilers muß sich Harras zuletzt sagen lassen: »Sie töten ohne Recht und Glauben, für eine Sache, die Sie hassen und verachten. Sie sind ein Mörder, Eilers war ein Held.«[60]

Ob gläubiger Krieger, erschöpfter Führer oder bekenntnisloser Spezialist – die Entwürfe von Helden und Führern konzentrieren den Krieg auf eine ›geistige Kriegführung‹: die Entscheidungs- und Selbstüberwindungskonflikte des einen, exponierten und gerade in seiner Einsamkeit absolut geschichtsmächtigen Subjekts. In dieser Reduktion wird Krieg zur Entscheidungssituation des Einzelnen, hinter der die komplizierte Organisation von Kriegführung ebenso verschwindet wie die Chaotik von Gefechtsabläufen. Vom Führer aus ordnet sich die Lage, klären sich die Fronten, und der Krieg verkleinert sich auf ein Menschenmaß, das sich der besonderen perspektivischen Leistung von Literatur verdankt. In dieser Psychologie der ausweglosen Entschiedenheit aber wird Literatur selbst zu einem Teil jener psychologischen Kriegführung, die sie beschreibt.

VI. Literatur als Waffe

Die nationalsozialistische Literaturtheorie entfaltet ein ganzes Arsenal von Funktionsbestimmungen der Literatur in bezug auf den Krieg. Die Grundidee ist der »schöpferische Krieg«, die Vorstellung, daß der Krieg eine besondere Quelle künstlerischer Produktion sei, einer Textproduktion, die – im Sinne der Anthropologisierung des Krieges – »den Sinn und die Naturgesetzlichkeit« des Kampfes als Konstante menschlichen Daseins entwickelt.[61] Die Produktivität des Krieges zielt aber weniger auf das individuelle »Kriegserlebnis« (wie 1914/18), sondern auf den dezidiert politischen und strategischen Einsatz von Literatur. Dichtung, so schreibt Möller, ist »Instrument unseres völkischen Geltungsanspruches«, eine »Waffe, mit der wir unsere Ansprüche nach allen Seiten hin durchsetzen können«.[62] Gemeint ist damit zunächst die Betonung und Durchsetzung einer nationalen »Eigenart« nach innen wie nach außen, die Ausscheidung des Fremdartigen und die Vorführung »unserer soldatischen Begriffe« vor dem »Forum des Weltinteresses«. Im Verlauf des Krieges entwickelt sich aus dieser Koalition von Dichter und Krieger (gefaßt unter der Formel von »Leier und Schwert«) eine differenzierte Poetik der Kriegsdarstellung. Der von der nationalsozialistischen Literaturkritik als junger Autor gefeierte Gerhard Schumann unterscheidet dabei zwei Grundformen: den Bericht, eine wirklichkeitsnahe Art der Aufzeichnung, die mit Kriegsberichterstattung beginnt und tendenziell in Geschichtsschreibung mündet, und die Dichtung, eine »Kraft des Wandelnwollens«, der ästhetischen Transformation des Gegenstandes.[63] Dabei wendet er sich dezidiert gegen jede individualisierende »seelische Atomzertrümmerung«: »Es geht nicht um Analyse sondern um Ganzheit.«[64] Die dezidierte Abwehr von Individualisierung und Analyse bildet den Hintergrund jener literarischen Transformation des Krieges ins Archaische, Ahistorische und Undefinierte, die sich besonders in der Dramatik des NS, aber auch noch in einem Werk wie Ernst Jüngers ›Auf den Marmorklippen‹ (1939) beobachten läßt. Der Krieg wird noch einmal zur »absoluten Situation« (Georg Simmel), in der alles Spezifische und Jeweilige der Kriegführung als Nebensache abfällt und der einzig jener hohe Ton angemessen scheint, der durchgän-

giges Charakteristikum der Ästhetisierung des Kriegerischen ist.
Dieser Stil in seiner Kombination aus Pathos, Abstraktion und
Archaisierung erhebt sich über die Niederungen des Kriegsgeschehens, gerade weil das Konkrete des Kampfes immer Gefahr läuft,
in der Unübersichtlichkeit eines Schlachtfelds und den prosaischen
Details des Kriegshandwerks den Überblick, die richtige und die
falsche Seite oder die Dimension der »Sinngebung« aus dem Auge
zu verlieren. Schumann rät denn auch, »die Grenze schweigend
zu ziehen, die durch die politische Psychologie bedingt ist.«[65] Die
Haltung des Ich-Erzählers in Jüngers ›Marmorklippen‹ ist wie eine
Allegorie auf den hohen Ton, wie auch die Adjektive »hoch« und
»geistig« wohl die häufigsten des Romans sind. Es ist die Pose
einer Distanz und einer Überlegenheit, vor der sich Kriegführung
in das verwandelt, als was sie in Jüngers Buch auftaucht: einen
Hundekampf und eine Feuersbrunst, die der Erzähler vom Rande
der Klippen unter sich beobachtet. Die Grundlage dieser Poetik ist
der Blick von oben und aus der Ferne, der Blick des Fliegers und
des Führers. Die Wahrheit des Krieges, diese Auffassung teilt Jünger mit den zitierten Dramatikern, ergibt sich nicht aus der Nähe
und dem Augenschein, sondern aus einer ahistorischen Distanz,
angesiedelt irgendwo zwischen dem Feldherrnhügel und dem Ende
der Geschichte.

VII. Blick von außen

Jenseits der jeweiligen ideologischen Optionen eines Möller, Hauptmann oder Jünger ist dieser hohe Ton der Literaturproduktion in
Deutschland ein Unterscheidungskriterium gegenüber den ironi-
schen, individualisierenden, dokumentaristischen oder klassenkämpferischen Entwürfen der Exilautoren. Wer »die Wahrheit
nicht weiß«, schreibt Brecht, »drückt sich allgemein, hoch und
ungenau aus.«[66] »Die Wahrheit ist konkret«, hatte sich Brecht im
Svendborger Exil als Motto gewählt. Was aber Exilliteratur und
die nationalsozialistische Kriegs-Poetik zunächst einmal teilen, ist
die Vorstellung, daß die Literatur eine Waffe sei. Eine Waffe ist sie

nach Brecht im Kampf um die Durchsetzung der Wahrheit. In ›Fünf Schwierigkeiten beim Schreiben der Wahrheit‹ (1935) mobilisiert Brecht einen monolithischen Wahrheitsbegriff zum agonalen, beweglichen Gut: »Die Wahrheit muß der Folgerungen wegen gesagt werden, die sich aus ihr für das Verhalten ergeben.«[67] Wenn Dichter »die Wahrheit sagen sollen«, dann um der Effekte willen, die damit zu erzielen sind. Literatur ist ein Instrument, das sich an seiner Effizienz messen lassen muß. Wie jede Waffe benötigt sie geeignete Spezialisten, um sie zu nutzen: »Die Wahrheit ist etwas Kriegerisches, sie bekämpft nicht nur die Unwahrheit, sondern bestimmte Menschen, die sie verbreiten.« Wird die Wahrheit zur Kriegslist, so ist Literatur für Brecht Propaganda im weitesten Sinne, psychologische Kriegführung, die ein »Denken, das aus der Frage kommt, wie man am besten einen Krieg führt, zu der Frage ⟨anleiten soll⟩, ob dieser Krieg sinnvoll ist«.[68]

Brechts ›Kriegsfibel‹, eine Montage aus Illustriertenbildern und beißend kommentierenden Vierzeilern, weist diesen Weg des Denkens als eine Schule des Lesens: das scheinbar Harmlose der Bilder soll von einem wissenden Leser als Verdunklung der Zusammenhänge von Kapitalismus und Krieg entziffert werden.[69] Die Wendung von einer Logik des Krieges hin zu einem Denken gegen den Krieg ist eine Umdefinierung der Feindschaft, wie sie Brechts Theater der Exilzeit vornimmt. Dem nationalen und rassischen Feindschaftsbegriff der Nationalsozialisten wird eine ganz andere Gegnerschaft entgegengesetzt: die zwischen »kleinen Leuten« und »Herrschenden«, denen, die ein Interesse am Krieg haben, und denen, die dies nicht haben, aber sich doch – wie Schwejk oder Mutter Courage – zäh und auf eigene Rechnung durch das Schlachtengetümmel bewegen. Brechts Theater insistiert einerseits auf dieser dritten Position der Mitläufer, Opfer und Unpolitischen und will andererseits mobilisieren für einen Widerstand, der »auch noch kämpfen ⟨soll⟩, wenn der Feind schon gesiegt hat.«[70] Brechts Mobilisierungsszenarien (von der Trommel-Szene in ›Mutter Courage‹, wo die stumme Kattrin ihr Leben für die Bewohner einer Stadt opfert, über ›Die Gewehre der Frau Carrar‹ bis zu ›Die Gesichte der Simone Machard‹) führen nicht nur eine andere Form der Gegnerschaft, sondern auch einen anderen Begriff des Kampfes ein. Sein

Feind ist eine täuschende, ausbeutende und beherrschende Klasse, es ist eine Feindschaft, die im Gewirr des staatlich organisierten Krieges überhaupt erst erkannt und benannt werden muß. Gegen diesen Gegner kann man wohl kämpfen und Widerstand leisten, aber gewiß keinen Krieg führen. Doch auch bei Brecht findet sich das scharfe Pathos der Entschiedenheit, wie es die »tragische Situation« des Krieges fordert. Wer sich und die seinen – wie Mutter Courage oder Frau Carrar – zu erhalten sucht, der wird alles verlieren und nichts sein; wer sich dem Kampf stellt, wie die stumme Kattrin, der wird wenigstens einige gerettet haben.

Brechts Entwurf einer polemologischen Wahrheit, einer Literatur als psychologischer Kriegführung gegen den Nationalsozialismus sei hier nur exemplarisch für viele andere Exilautoren genannt, die als Propaganda-Helfer für die Alliierten arbeiteten. – Ein besonderes Beispiel für den Einsatz von Literatur im Rahmen der psychologischen Kriegführung zielt auf den zentralen nationalsozialistischen Mythos des Ostfeldzugs und zugleich dessen größtes Trauma, Stalingrad. Zwischen Mai 1942 und März 1943 sitzt der deutsche Schriftsteller Theodor Plievier in Ufa am Süd-Ural, um abgefangene Briefe deutscher Soldaten auszuwerten. Durch diese Briefe erfährt er zum ersten Mal Details und individuelle Stimmungen aus der eingekesselten und schließlich aufgeriebenen 6. Armee und beschließt im Sommer 1943, ein Buch über Stalingrad zu schreiben. Sein Roman ›Stalingrad‹ erscheint noch während des Krieges vom November 1943 bis September 1944 in der deutschen Exilzeitschrift ›Internationale Literatur‹ in Moskau und ist Teil einer neuen Propaganda-Strategie der Roten Armee, die auf intime Kennerschaft der Stimmungen im deutschen Heer setzt.[71] Der Roman betont den Augenzeugenbericht und zitiert ausführlich das Briefmaterial, das Plievier zur Verfügung stand. Anders aber als Edlef Köppens ›Heeresbericht‹ (1930) oder Alexander Kluges Stalingrad-Buch ›Schlachtbeschreibung‹ (1964), die ihren Dokumentarismus durch eine harte Montage des Materials ausstellen, erfindet Plievier, ganz in der Tradition des Weltkriegsromans, zwei Durchschnittshelden, Personifikationen des einfachen Soldaten und des Offiziers, Gnothe und Vilshofen, die durch das Chaos aus verhungernden, verwundeten und demoralisierten Soldaten im

Kessel von Stalingrad als fiktive Zeugen und Akteure stolpern. Der Roman ist damit auch ein frühes Dokument jener Verbrechen, die von der deutschen Armee an der russischen Zivilbevölkerung und den Gefangenen verübt wurden: Im Fieber sprechen Soldaten von niedergeschossenen Kleinkindern. Der absurden militärischen Fehlkalkulation und dem Verrat des »Führers«, den der Roman im Vorspann durch einen Generalstabsoffizier (Vilshofen) lakonisch aufrechnet, setzt Plievier am Ende seines Romans den ratlosen Dialog zweier Männer entgegen, die sich vor lauter Gerede von Opfer und Ordnung nicht mehr verständigen können: »alle Bilder verbraucht, alle Worte verdreht, alle Quellen verstopft«. Im Schnee von Stalingrad verweht der hohe Ton Deutschlands von 1933 bis 1945 zum Störgeräusch. Ein Krieg, der als kosmischer Endkampf begonnen und als Tragödie besungen wurde, gelangt hier, wie es heißt, wohl nicht ans »Ende der Tragödie, aber es war Aktschluß.«[72]

Bettina Hey'l
Der historische Roman

Eine gemeinsame Erörterung des Geschichtsromans im »Dritten Reich« und im Exil empfiehlt sich aus verschiedenen Gründen. Die meisten der Autoren, die nach 1933 historische Romane schrieben, haben sich schon vorher in derselben Gattung hervorgetan oder doch zumindest mit historischen Stoffen befaßt, zum Beispiel Hans Friedrich Blunck, Erwin Guido Kolbenheyer, Mirko Jelusich, um die prominentesten Vertreter des völkisch-nationalsozialistischen historischen Romans zu nennen; Ina Seidel, Werner Bergengruen, Reinhold Schneider, Frank Thiess, Gertrud von Le Fort auf der Seite derer, die später zu der »Inneren Emigration« gerechnet wurden; Leo Perutz, Bruno Frank, Alfred und Robert Neumann, Lion Feuchtwanger, Thomas und Heinrich Mann, Alfred Döblin, Joseph Roth in der Gruppe der Exilanten. Von dieser greifbaren Kontinuität der Produktion historischer Romane aus relativiert sich auch die Annahme einer erst mit 1933 eintretenden Politisierung des Genres und einer Entwicklung der Gattung abseits von der modernen Literatur.[1]

Schon für den Geschichtsroman seit dem 19. Jahrhundert läßt sich zeigen, daß er immer wieder an den avanciertesten Leistungen der Narrativik Anteil hat;[2] die Politisierung der Gattung speziell seit dem Ersten Weltkrieg und ihre anhaltende Geltung auch unter radikal veränderten Lebens- und Erkenntnisbedingungen ist mittlerweile ebenfalls unter der im Abstand vielleicht unauffälligen Oberfläche der historischen Stoffe entdeckt worden.[3] Die gleichzeitige Darstellung des Genres im »Dritten Reich« und im Exil unter den Aspekten ihrer Politisierung und ästhetischen Aktualität darf also nicht bei dem Jahr 1933 als einer angenommenen Stunde Null ansetzen.

Der historische Roman gilt allgemein als Trivialgattung, für die literaturgeschichtliche Konstellationen eher unwichtig sind. Wenn historische Erzählungen dagegen kanonisiert sind, lassen sie die Gattungsbezeichnung des Geschichtsromans wie eine unattraktive Verpuppung hinter sich. In der Tat schien der Begriff des modernen Romans mit dem des historischen lange Zeit nicht recht vereinbar. Mit dem Avantgarderoman des zwanzigsten Jahrhunderts verbindet sich die Vorstellung von höchster erzählerischer Raffinesse, wobei keine traditionelle Kategorie der Romanästhetik (etwa Person, Handlung, Erzählung) vor ihrer Kritik oder radikalen Umformulierung sicher ist. Der historische Roman dagegen steht in dem Ruf, seine Stoffe, die der Vergangenheit entnommen sind, durch eher konventionelle Erzählverfahren zu vermitteln.

Wenn dennoch während der nationalsozialistischen Herrschaft der Geschichtsroman für die erzählenden Genres deutscher Sprache vorrangig wird, dann hat es offenbar mit jener Dominanz des Politischen in den Jahren 1933 bis 1945 zu tun. Wer unter den Bedingungen totaler Herrschaft Romane schreibt –, ob er ihr nun zustimmt, sich in die »Innere Emigration« oder ins Exil begibt – darf oder muß zugleich mit der zeitlichen Distanzierung seines Stoffes komplexe Wirklichkeit auf die Dimensionen eines geschichtlichen Exempels reduzieren und sich dabei eher einfacher, eingeübter Erzählverfahren bedienen. Mit der Konventionalität der Erzählung findet sich der Leser gerne ab, wenn es den Verfassern gelingt, ihre Geistesgegenwart im Kontext der extremen Zeitlage zu wahren und im geschichtlichen Stoff durchscheinen zu lassen. In diesem Sinne sind Lion Feuchtwanger, Reinhold Schneider, Werner Bergengruen und andere vielleicht keine Autoren von weltliterarischem Rang, aber doch achtbare Erzähler ihrer Epoche. Einzelnen, weit herausragenden Autoren gelingt es freilich, im Rahmen einer solchen »Wendung zur Geschichte«,[4] die zunächst einer vom Druck der Zeit erzwungenen Abstraktion oder Reduktion von Inhalten und Formen entspricht, dennoch einen Beitrag zur modernen Weltliteratur zu leisten: Heinrich Manns ›Henri Quatre‹, Thomas Manns ›Lotte in Weimar‹ und ›Joseph und seine Brüder‹ gehören hierher, Bertolt Brechts ›Die Geschäfte des Herrn Julius Cäsar‹, Hermann Brochs ›Tod des Vergil‹, Alfred Döblins ›Das Land ohne Tod‹.

Diese Sicht der Dinge, die die Realität des totalen Staates und des Exils zur beherrschenden Kategorie macht, in deren Schatten der

Geschichtsroman zumindest bis zum Kriegsbeginn zur bevorzugten Gattung wird, hat dazu geführt, daß sie in der Forschung überwiegend getrennt nach ihrer Zugehörigkeit zu den ideologischen Lagern untersucht worden ist.[5] Dabei ist mit der Überbetonung akuter politischer Rahmenbedingungen die kontinuierliche und in wichtigen Aspekten auch einheitliche Gattungsentwicklung über 1933 hinaus aus dem Blick geraten.

I. Politisierung des Genres vor und nach 1933

Wer dem Faschismus zustimmt, wer sich ihm entgegenstellt und selbst derjenige, der versucht, sich herauszuhalten, verhält sich politisch. Von Politisierung der Literatur ist also nicht nur im Sinne einer umfassenden Betroffenheit aller literarischen und auf Literatur bezogenen Handlungen durch Zeitgeschehen zu sprechen, sondern auch im Sinne einer ins Bewußtsein der Autoren und Leser gedrängten politischen Funktion des Literarischen. Den Institutionen und Organen der nationalsozialistischen Kulturpolitik und den Autoren, die ihnen nahestehen, gilt der historische Roman als ein bevorzugtes Instrument ideologischer Erziehung: Deutsche Geschichte wird als Vorgeschichte des »Dritten Reiches« dargestellt. So rückt Erwin Guido Kolbenheyer in ›Das gottgelobte Herz‹ die deutsche Mystik des Mittelalters unmißverständlich in einen Zusammenhang mit den aktuellen irrationalistischen Strömungen. Werner Beumelburg, zuvor als Verfasser von Zeitromanen bekannt, zieht nunmehr Analogien zwischen Gegenwart und ständischem Mittelalter. Der faschistische Roman faßt Volk, Staat, Territorium, Sprache und Kultur unter dem Oberbegriff des »deutschen Wesens« zusammen und projiziert es in alle Phasen der abendländischen Geschichte zurück, sogar – seit Hans Friedrich Bluncks schon in den 1920er Jahren erschienener ›Urvätersaga‹ – in die Vorgeschichte. Die Helden sind charismatische Führerpersönlichkeiten, »große Männer«; die Leitbegriffe (auch schon in den Jahren vor dem Krieg) Tragik, Opferbereitschaft, Überlebenswille und das »Recht des Stärkeren«. Der »Rassestandpunkt« ist präsent, etwa bei Mirko Jelusich, scheint jedoch keine Bedingung für die Förderung durch die Institutionen nationalsozialistischer Kulturpolitik zu sein. Die wichtigste Korrektur, die an der beschworenen Vergangenheit vorgenommen wird, bezieht sich auf die traumatische Erfahrung der Kriegsniederlage 1918 und ihrer Folgen in Revolution und Republik. Das deutsche Volk des von den Nationalsozialisten empfohlenen Geschichtsromans ist siegreich, und sei es auch nur im moralischen Sinne.

Mit dem Jahr 1933 verwandelt sich die Position der völkischen »Geschichtsdeuter« von einer des Protestes gegen Demokratie, Republik und Erfüllungspolitik in eine der nationalen Erhebung. Dem Nationalsozialismus nahestehende Autoren legen Wert darauf, in einer weit in die 1920er Jahre zurückreichenden Tradition zu stehen, in der eine nationalkonservative Literatur zur Republik und »liberalen« Intelligenz im Verhältnis der »Fronde« (Blunck)[6] gestanden habe. Aus konservativer Sicht steht der Geschichtsroman – vor wie nach 1933 – im Interesse nationaler Pädagogik. Schon in einer Bibliographie des Jahres 1920 heißt es, die Gattung müsse

mit der Schule daran arbeiten, die deutschen Ideale sowie die »Imponderabilien« in unserem Volke zu hüten, jene unwägbaren Werte, die sich im Kriege so glänzend offenbarten, und die wir pflegen und bewahren wollen, damit wir und unsere Jugend uns nicht in den Materialismus verlieren.[7]

Die nationalsozialistische Kulturpolitik schließt an diese Tendenz an – etwa mit Arthur Luthers Bibliographie ›Deutsche Geschichte in deutscher Erzählung‹ und mit einer ganzen Reihe von populären Literaturgeschichten: Diese Werke empfehlen einen stehenden Kanon von Autoren, die sich zum Teil schon seit der Jahrhundertwende mit historischen Stoffen befassen,[8] wobei die Präsentation zumeist den erwünschten Themen und Motiven, nicht jedoch gattungs-, ideen- oder anderen problemgeschichtlichen Gesichtspunkten folgt.[9] Dieser Kanonisierung historischer Romane in der Literaturgeschichtsschreibung treten regelrechte Empfehlungslisten von Parteiorganen an die Seite[10] sowie Sonderauflagen für Auslandsdeutsche und im Krieg besetzte Gebiete. Der Nationalsozialismus macht sich im Interesse der ideologischen Erziehung zunutze, daß diese populäre Gattung auch weniger Gebildete und vor allem auch junge Leser erreicht.

Der Vorwurf der Geschichtsverfälschung trifft die Romane im Nationalsozialismus begreiflicherweise nur aus der Perspektive der Regimekritiker. Auf dem »7. Weltkongreß der Kommunistischen Internationale« 1935 kritisiert Georgi Dimitroff an der national-sozialistischen Geschichtsdarstellung die Vereinnahmung aller Vergangenheit als Vorgeschichte des Faschismus.[11]

Doch nicht nur die faschistische, auch die Literatur des Exils war in diesen ersten Jahren von lebhaften Debatten um die politische Ausrichtung des historischen Romans betroffen. Dabei kehrte die Unverhältnismäßigkeit von Geschichtserzählung und Gegenwart, die von außen im faschistischen Roman als Fälschung erkannt wurde, in der Literaturkritik der Emigration als »Anklage auf Flucht«,[12] als Eskapismusvorwurf wieder. Neben Franz Carl Weis-kopf[13] formulierte Kurt Hiller diese Anklage am prägnantesten, als er mit Blick auf die erstaunliche Anzahl historischer Romane des Exils sagte: »Der Historismus, der heute gepflegt wird, ⟨...⟩ ist im Grunde nichts anderes als Flucht – Flucht aus der Gegenwart, Flucht vor dem Denken, vor der Verantwortung«.[14] Alfred Döblin schränkte die harsche Kritik an der Gattung in einem kurzen Bei-trag von 1935 insofern ein, als er den Rückzug in die Geschichte als Überlebensstrategie der Emigranten rechtfertigte, die aus dem politischen und kulturellen Zusammenhang gerissen und in der Fremde vereinzelt seien. »Gewiß, es ist eine Art Flucht, aber so, wie in der Ohnmacht das Blut die Körperoberfläche verläßt, um das Le-ben besser zu bewahren.«[15] Fern von der Heimat stelle sich darüber hinaus die Frage nach der Stoffwahl unter erschwerten Bedingun-gen: »die exilierten Autoren sind arm und ohne Hilfe, sie sollen und müssen schreiben; woher aber nehmen, ohne zu stehlen; da stellt sich zur rechten Zeit die Historie ein«[16], heißt es bei Döblin. Belieb-te Stoffe, populäres Erzählen erleichterten außerdem die Plazierung der Romane in Exilverlagen (die Verlage Querido und Allert de Lange in Amsterdam brachten in den ersten Exiljahren eine ganze Reihe historischer Romane heraus) und in Übersetzungen auf dem Buchmarkt des Gastlandes. Besonders begünstigt waren dabei Er-folgsautoren wie Stefan Zweig, Alfred Neumann, Bruno Frank,

Emil Ludwig und Thomas Mann, die schon vor ihrem Exil auf den internationalen Buchmärkten in Übersetzungen vertreten waren. Andere versuchten, sich der Konjunktur des Geschichtsromans oder der Biographie romancée im Ausland anzuschließen. Ähnliche Erwägungen führten vermutlich auch dazu, daß die Autoren nur selten Stoffe aus der deutschen Geschichte wählten.

Aus Heinrich Manns ›Jugend des Königs Henri Quatre‹ spricht eine große Identifikation und Sympathie mit dem asylgewährenden Land Frankreich. Mit dem Erscheinen des Romans 1935 bei Querido kündigte sich eine deutliche Wendung in der Beurteilung der Gattung an: Die Literaturkritik, die sich in zahlreichen Beiträgen zu ›Henri Quatre‹ äußerte,[17] erkannte eine dezidiert antifaschistische Haltung im Roman, einerseits durch den Entwurf eines humanistischen Gegenbildes zum totalen Staat und seinem »Führer«, andererseits durch die aktuellen Anspielungen, die als Satire auf das »Dritte Reich«, seine Führungsriege und sein Terrorregime (»Bartholomäusnacht«) gelesen wurden. Auf dem »Internationalen Schriftstellerkongreß zur Verteidigung der Kultur« in Paris 1935 wurden Heinrich Mann und sein Roman als gültige Repräsentanten einer eigenständigen deutschen antifaschistischen Exilliteratur gefeiert.[18] Im selben Jahr trug Lion Feuchtwanger Überlegungen zu »Sinn und Unsinn des historischen Romans«[19] vor, eine Verteidigung der Gattung im Hinblick auf die Anforderungen des Tages. Die etwa gleichzeitig erschienenen Romane ›Der falsche Nero‹ von Feuchtwanger selbst, ›Cervantes‹ von Bruno Frank und ›Die Saat‹ von Gustav Regler bezogen sich offensichtlich auf die aktuelle politische Situation und bestätigten, daß die Gattung als solche eine privilegierte Stellung innerhalb einer antifaschistisch engagierten Emigrantenliteratur für sich beanspruchen durfte. Georg Lukács, der in diesen Jahren mit seiner großen Monographie zum historischen Roman befaßt war, kam 1938 mit Blick auf die genannten Texte zu dem Schluß: »Der historische Roman der deutschen Antifaschisten ist eine monumentale Verherrlichung des humanistischen Typus, der besten Überlieferungen des deutschen Volkes, der deutschen Geschichte, ein Gegenbild der Barbarei des ›Dritten Reiches‹«.[20]

Mit der Identifikation und exemplarischen Darstellung von historischen Vorläufern für den humanistischen Kampf gegen den Faschismus verliert der Geschichtsroman des Exils allerdings ein Differenzkriterium gegenüber dem völkischen Roman: Der Vorwurf, die Vergangenheit werde gezielt zum Instrument des gegenwärtigen politischen Interesses geformt, trifft die Autoren in beiden Lagern. Legitimierung durch Tradition suchen die Exilautoren übrigens nicht nur in bezug auf die dargestellte Geschichte, sondern auch – und wiederum ähnlich wie die Autoren im Nationalsozialismus – hinsichtlich ihrer eigenen Stellung zur Zeit. Döblin zum Beispiel behauptet mit Blick auf die längst empfundene Querstellung zu ideologischen und politischen Tendenzen in der Weimarer Republik: »Wir hatten auch schon vor der Zeit unserer Auswanderung Emigration zu Hause«[21] und betont für frühere Zeiten wie für die Gegenwart, für die wissenschaftliche Geschichtsschreibung wie für den historischen Roman den Grundsatz: »Mit Geschichte will man etwas.«[22]

Am schwierigsten ist die Politisierung des historischen Romans für die »Innere Emigration« darzustellen. Die Romanciers sind gezwungen, ihre Opposition bis zur Unkenntlichkeit im Symbolischen und Gleichnishaften zu verschleiern, so daß die Leistung einer politischen Bewußtseinsbildung fast ganz der projizierenden und zugleich vereindeutigenden Lektüre mehrdeutiger oder gar esoterischer Texte zufällt. Zur Herausforderung für die Leser wird vielfach bedeutsames Schweigen. Warum treten zum Beispiel in Jochen Kleppers umfangreichem Roman ›Der Vater‹ über Friedrich Wilhelm I. und seine aufklärerischen Reformen keine Juden auf? Warum gibt es sie aber auch nicht in Romanen Bluncks, die den Nationalsozialisten so willkommen waren? Wo die Geschichte für aktuelle Politik transparent wird, stellt sich eine Frage, die den Roman der »Inneren Emigration« von den anderen deutlich abhebt – die nach der Legitimität der Macht im eigenen Staat. Während sie sich nämlich für den Geschichtsroman im Nationalsozialismus gar nicht stellt, sondern von vornherein positiv entschieden ist, besteht umgekehrt für die Exilierten kein Zweifel an der Nicht-Legitimität der nationalsozialistischen Herrschaft. Anders ist es für in Deutschland gebliebene konservative Autoren, die sich der Nation und auch dem Staat (der »Heimat«) vielfach noch lange loyal verbunden fühlen, während die schrittweise Distanzierung von »Führer« und

Partei zur Zerreißprobe für die nationale und staatsbürgerliche Identität wird. Die bessere Einsicht der Späteren in die Eskalation der Ereignisse deutet diesen gewiß leidvoll erlebten Konflikt leicht zur Entscheidungsschwäche, politischen Blindheit oder gar Opportunismus um. Gertrud von Le Forts ›Magdeburgische Hochzeit‹, 1938 im Insel-Verlag erschienen, gibt dagegen ein prägnantes Beispiel für die Brisanz des angedeuteten Problems: Vor dem Leser entfaltet sich in allen Phasen einer offen geführten Diskussion der dem Dreißigjährigen Krieg entnommene Konflikt zwischen Reichstreue und persönlichem Glaubens- und Gewissensstandpunkt. Wenn der Roman auch in die Ergebung unter eine figural gedeutete Passionsgeschichte mündet, so werden doch in den Etappen der Handlung alle Zweifel angesichts einer destruktiven und despotischen Reichspolitik ausgesprochen. Für die Position der »Inneren Emigration« ist ein Zitat, das Le Fort dem Magdeburger Politiker und Gelehrten Otto von Guericke in den Mund legt, charakteristisch:

> Willigis verstehe noch nicht, was es heiße, selber dieser schwache Rat zu sein und ausharren zu müssen, als ob man ein starker Rat wäre, wiederum schweigend, alles Unrecht und allen Unverstand auf sich nehmend, mittragend und mitverantwortend (obwohl man sie doch nie verantworten könne), nur damit man hernach im allerletzten Augenblick noch zur Stelle sei und helfen könne, wenn der Unfug der Pastoren und des Volkes hier einmal zu Ende gehe. Aber ob das nun schwer oder leicht falle, ob man damit Ehre einlege oder den Verrätertitel gewinne, darauf komme nichts mehr an – es komme nur noch darauf an, die liebe Heimat vor dem Allerschlimmsten zu bewahren ⟨…⟩, denn einmal kämen doch alle Irregegangenen und alle Verstoßenen wieder nach Hause, und auch er, Willigis, werde noch an seinen Platz gelangen und die liebe Heimat wiedersehen.[23]

Le Fort bezieht ihr Gleichnis auf eine Heilsgeschichte, aus deren Perspektive sich jede Historie relativiert. Anders ist dies bei Victor Meyer-Eckhardt, der historisch sehr konkrete, ebenso distanzierende wie tröstliche Parabeln auf die Gegenwart entwirft, hierin den Exilautoren sehr nahe. Sein Buch ›Menschen im Feuer. Begebenheiten aus zwei Jahrtausenden‹ gibt sich 1939 ganz konventionell und läßt doch an Deutlichkeit der Stellungnahme nichts zu wünschen übrig. Besonders seine lebhaft erzählten Episoden aus der Epoche der Französischen Revolution und der Napoleonischen Kriege[24] werden zu offenbaren Gleichnissen auf den Terror im »Dritten Reich«: etwa wenn ein Aristokrat und ein Sansculotte – einig im Entsetzen über die totale Gewaltanmaßung – beschließen, gemeinsam in den Untergrund zu gehen »bis der Wahnsinn vorüber ist.«[25] Freilich konnte Meyer-Eckhardt daraufhin nicht mehr publizieren, ein umfangreicher historischer Roman ›Der Herr des Endes‹, 1941 vollendet, blieb bis 1948 unveröffentlicht.

II. Probleme historischer Narration

Für den Geschichtsroman der Jahre 1933 bis 1945 stellt sich die Frage, inwiefern die gegenwärtige Situation einem konsistenten historischen Prozeß eingeordnet werden oder zumindest in einer früheren Epoche ein Gleichnis finden kann, noch dringlicher als für die historische Narrativik anderer Zeiten. Das Problem ist freilich nicht neu und betrifft nicht erst den Sonderfall historischer Fiktion, sondern längst auch die akademische Geschichtsschreibung, die sich spätestens seit dem Ersten Weltkrieg mit erheblichen methodischen und ideologischen Schwierigkeiten konfrontiert sieht. Hinter dem Schlagwort »Historismuskrise« steht der geschichtliche Relativismus, die Erfahrung radikaler Diskontinuitäten in der Chronik der Ereignisse und damit zugleich auch der Zweifel an jenen Kategorien des Staates, der Nation, der Macht, des handelnden und repräsentativen Individuums (»große Männer«), die die deutsche Geschichtsschreibung seit ihrer wissenschaftlichen Institutionalisierung im 19. Jahrhundert tragen. Während die akademische Historiographie der 1920er Jahre überwiegend als konservativ zu bezeichnen ist, entwickeln sich andere Disziplinen mit erheblichen Konsequenzen für die wissenschaftliche und auch populäre Geschichtsbetrachtung weiter: die historische Anthropologie, die Ethnologie, die Volkskunde, die Prähistorie, die Religionsgeschichte, die Psychoanalyse, die Soziologie, die Wirtschaftsgeschichte und die Linguistik. Mit der Debatte um die historische Belletristik in den späten 1920er Jahren[26] treten akademische Geschichtsschreibung und Literatur in ein offenes Konkurrenzverhältnis, wobei die »legitimistische« und weiterhin auf nationale Heroen gerichtete Wissenschaft gegen eine das historische Individuum psychologisch demontierende Romanliteratur steht. Die Historiographie sieht sich unter zunehmendem Legitimationsdruck, wo sie sich positivistisch als Faktendarstellung ausgibt, im Grunde aber, wie Ludwig Marcuse schon damals feststellte, dem »furor teutonicus« zuarbeitet.[27] Weithin setzt sich die Einsicht durch, daß Geschichtsschreibung, die wissenschaftliche ebenso wie die fiktionale, ein Problem reflektierter Auswahl und kalkulierter Darstellung ist. Insofern ist den Autoren historischer Romane sehr wohl bewußt, daß die Wahl ihrer Stoffe keine rein inhaltliche, sondern gerade auch eine ästhetische Entscheidung bedeutet.

Das Verhältnis von Narration und Geschichte wird von den Romanautoren unterschiedlich beschrieben. Das Bekenntnis zum Positivismus findet sich kaum noch. Eine eher veraltete Position faßt ganz unmittelbar »Die Geschichte als Dichterin«[28] – so Stefan Zweig – auf: Der Hegelsche Weltgeist verkörpert gewissermaßen selbst ein poetologisches Prinzip und inszeniert prägnante Episoden und Epochen. Der faschistische Roman geht davon aus, daß das »Dritte Reich« in der Geschichte früherer Zeiten bereits angelegt sei. Nach ähnlicher Methode, wenn auch entgegengesetztem Inhalt sieht Georg Lukács objektive Tendenzen der Geschichte walten, die den Klassenkampf nunmehr in eine Phase des Kampfes zwischen Faschismus und Antifaschismus führen. Die Poetik des Romans hat in beiden Fällen das objektive Geschehen narrativ zu verdichten und exemplarisch zu verdeutlichen. Einen beliebten Sonderfall teleologischer Geschichtsdeutung bilden seit den 1920er Jahren Romane mit heilsgeschichtlicher Tendenz. Nicht nur katholische und protestantische Christen, die im Eschatologischen Endzeiterfahrungen im Zusammenhang mit Weltkrieg und Totalitarismus reflektieren, gehen diesen Weg (Bergengruen, R. Schneider, Le Fort, Handel-Mazzetti u. a.), auch und gerade jüdische Autoren, etwa Leo Perutz in seinem Roman ›Der schwedische Reiter‹, setzen sich mit der Theodizeeproblematik auseinander. Dabei legt die Narration die Grundlage der Deutung offen und reflektiert sie mit. So rücken die aus religiöser Perspektive erzählten historischen Roma-

ne in die Nähe von eher konstruktivistischen Ansätzen, wie sie Lion
Feuchtwanger und Alfred Döblin in wichtigen Beiträgen vorlegen.

Mit dem Hinweis auf das Konstruierende bereits der wissenschaftlichen Historiographie geben beide Autoren den historischen
Roman als Verfahren eigenen Rechts aus. Besonders aufschlußreich
ist dabei Feuchtwangers Beobachtung, daß der Geschichtsroman
die Reduktion komplexer Wirklichkeit erleichtere. Die verworrene
Gegenwart erscheint unüberschaubar, als Stoffmasse nicht mehr
zu bewältigen.»Ich habe bei der Darstellung zeitgenössischer Verhältnisse das Unbehagen des fehlenden Rahmens«.[29] Die geschichtliche Maskierung und Distanzierung dagegen gibt dem Autor wie
dem Leser neuen Überblick. Die Erfahrung kognitiver Ohnmacht
angesichts der verwirrenden Zeitgeschichte, die so typisch für die
Exilsituation ist, kannte Feuchtwanger schon früher. In einer biographischen Skizze von 1927 heißt es:»Durchzufinden zwischen
dem Vor und Nach dem Krieg, den Riß der Zeiten in sich zu über-
wachsen, scheint mir die schwerste Aufgabe.«[30] Die Distanzierung
und Maskierung der Gegenwart funktioniert bei Feuchtwanger
zumeist in der Weise, daß im historischen Stoff statische Antithesen
identifiziert werden: Geist und Macht, Kontemplation und Aktion,
Vernunft und Unvernunft bzw. Gewalt. Diese antithetischen Paare
werden von einem fortschreitenden Prozeß der Aufklärung und
Liberalisierung überlagert, ein Verfahren, das sich schon in den
erfolgreichen älteren Romanen Feuchtwangers, ›Jud Süß‹ und ›Die
häßliche Herzogin Margarethe Maultasch‹, dann aber auch in den
Exilwerken, dem ›Falschen Nero‹, der ›Josephus‹-Trilogie und in
›Waffen für Amerika‹ findet.

Alfred Döblin führt die Einsicht in den konstruktiven Charakter
jeder Geschichtsdarstellung zu paradoxen Schlußfolgerungen: Jede
poetische Rede ist souverän gegenüber dem behandelten Stoff,
ob es sich um einen Geschichtsroman handelt oder nicht. Daher
heißt es in Döblins Skizze ›Der historische Roman und wir‹ (1936)
bündig:»Der historische Roman ist erstens ein Roman und zweitens keine Historie.«[31] Vor dem Hintergrund der methodischen
Neuorientierungen in der Geschichtsschreibung, vor allem einer
von Döblin nachdrücklich geforderten Blickwendung von der sogenannten»Spitzengeschichte« zur »Tiefengeschichte«,[32] erscheint

jedoch tendenziell jede Realität historisiert, auch die des Alltags und der banalen Ereignisse. Die Konsequenz lautet diesmal: »Im Sinne einer solchen Tiefengeschichte ist jeder einfache gute Roman ein historischer Roman.«[33] Damit nicht genug, koppelt Döblin die Unhintergehbarkeit der Geschichtskonstruktion mit dem jeweiligen historisch-politischen Standort des Autors und den damit verbundenen Interessen. So verknüpft sich das erkenntnistheoretische und poetologische Problem der Geschichte mit der »Parteilichkeit des Tätigen«.[34] Sie erschöpft sich freilich nicht im expliziten Bekenntnis des Autors, sondern verbirgt sich hinter einer Epik, die auf provozierende Weise disparate Elemente ganz unteleologisch aneinanderreiht. Der Leser hat die Integration und Bewertung der kausal nicht verbundenen Erzählstücke selbst vorzunehmen. Döblin fundiert auch theoretisch die Behauptung, daß die Gattung in der gegebenen politischen Lage einen privilegierten Ort des Erkennens und Handelns darstellt.

III. Die Subjekte der Geschichte:
Könige, Künstler, Kollektive

Zur Kernfrage für die Komposition von Geschichte und Erzählung wird die Wahl der Helden, oder genauer, die Behandlung des historischen Individuums im Roman. Bewegt es sich im Rahmen der »Spitzengeschichte«, so ist es der souveräne, weltbewegende Akteur, ein Alexander, Cäsar, Friedrich der Große, Napoleon im Sinne der überlieferten Heldengeschichte. Oder es taucht als Element einer »Tiefengeschichte« auf, komplexen Zusammenhängen der Wirtschafts- und Sozialgeschichte eingeordnet oder gar passiv ausgesetzt. Der Status der Personen wirkt sich in eminenter Weise auf die Romanstruktur aus: Die privilegierte Stellung des historischen Individuums formuliert Lukács in diesen Jahren noch einmal mit der Forderung nach einem volkstümlichen »mittleren Helden«,[35] der mit Repräsentanten aller sozialen Schichten in Berührung kommt und aus dessen Perspektive sich für den Leser die Einsicht in den historischen Prozeß bündelt. Wo auf den oder die Helden verzichtet wird, hat dies zwangsläufig Konsequenzen für die Romanhandlung und Erkenntnis des Historischen: Entweder ein Erzähler belehrt über Dinge, die die Figuren nicht einsehen können, oder der Leser bleibt angesichts einer diskontinuierlichen, nicht an Einzelpersonen gebundenen Handlung seinem eigenen Urteil überlassen. Er kann sich sogar einem historischen Agnostizismus gegenüberfinden.

Die Geltung des bedeutenden historischen Individuums wird freilich von den Autoren historischer Romane nur selten angetastet. Zwar hatte Siegfried Kracauer schon in einem Artikel der ›Frankfurter Zeitung‹ vom 29. Juni 1930 »die Biographie als neubürgerliche Kunstform« ausgerufen und dargelegt, daß die Betrachtung der Geschichte von den Lebensläufen großer Einzelner aus nur einem ästhetisch und weltanschaulich orientierungslosen Publikum Kompensation und Zuflucht biete: »Die Moral der Biographie ist, daß sie im Chaos der gegenwärtigen Kunstübungen die einzig scheinbare notwendige Prosaform darstellt.«[36] Dennoch zogen es die Romanautoren vor, hauptsächlich die Geschichte großer Persönlichkeiten, oft auch in Biographieform, zu schreiben. So verwundert es nicht, daß der Nationalsozialismus in der durchsichtigen Maskierung des Romans zunächst und vor allem auf den »Führer« – sei er nun Held oder Feindbild – bezogen wird.

Für die Autoren im »Dritten Reich« sind dabei die Vorgaben eindeutig. Nicht erst nach Hitlers ›Mein Kampf‹,[37] auch schon in der Tradition der bürgerlich-konservativen Geschichtsschreibung sollen die Leistungen großer Männer im Vordergrund der historischen Erzählung stehen. Im völkischen Roman reduzieren einfache Erzählstrategien die komplexe Historie auf den Heldenweg des Einzelnen, oft auch Einsamen: Ein Schicksal treibt ihn, eine Vision leitet ihn, Widerstände adeln ihn zur tragischen Figur. Der unerschütterliche Glaube des Helden an Wesenhaftes setzt sich über objektive Tatsachen, und sei es die Vernichtung der eigenen Existenz, hinweg. Dem Helden bleibt keine Wahl, die Instanz der Entscheidung liegt offenbar nicht bei ihm. Der Vandale Geiserich in Bluncks Roman zum Beispiel sehnt sich stets nach Frieden, nach Liebe, nach Sicherheit, und doch treibt ihn ein ungeliebter Zwang zu immer neuen Kriegen, hindert ihn ein seit Generationen lastender Fluch an der Erfüllung seiner Liebe. Die Phasen zwischen dem erklärten

Friedenswillen und dem erfolgreich errichteten Imperium, das heißt die Zeiten der brutalen Eroberung, werden mit der Notwendigkeit eines Verhängnisses gewissermaßen blind durcheilt. Verantwortung und politische Ratio werden, wenn sie denn schon benannt sind, sogleich an die höhere Instanz des Schicksals weiterverwiesen.

Die Geschichtsromane der »Inneren Emigration« erkennen im allgemeinen die Legitimität der Macht eines autoritären Alleinherrschers an. Jochen Klepper mit seinem Roman über Friedrich Wilhelm I., ›Der Vater‹, und Werner Bergengruen mit ›Der Großtyrann und das Gericht‹ legen die politische Verantwortung ganz in die Hände ihrer Titelfiguren, die zwar als problematische Persönlichkeiten dargestellt werden, jedoch durch das hohe Niveau ihrer Gewissensentscheidungen, ihrer Skepsis und Lernfähigkeit im Sinne von Humanismus und Aufklärung vorbildlich sind. Mißverständnisse blieben nicht aus. Einige mochten die Romane als Gegenbilder zum Regime des Führers ansehen, wie sie gemeint waren, andere lasen einseitig die Legitimation absoluter Macht heraus, die als Beschönigung der totalen willkommen war; so erklärt sich, daß beide Romane auf den Empfehlungslisten der Partei erschienen.

Ein charismatischer Herrscher steht im Mittelpunkt von Heinrich Manns ›Jugend und Vollendung des Königs Henri Quatre‹. Die Titelfigur wurde in diesem Falle einhellig als Gegenbild zum »Führer« identifiziert. Ein deutliches Signal gibt selbst bei oberflächlicher Lektüre die Darstellung der katholischen Ligisten, die ohne Schwierigkeit als satirische Anspielung auf die nationalsozialistische Partei und einige ihrer Protagonisten zu erkennen ist. Für den Geschichtsentwurf wichtiger ist jedoch, daß das Leben eines »guten Königs« erzählt wird, des »einzigen«, »seul Roi«, der bis heute durch das dankbare Andenken auch des »einfachen Volkes« legitimiert ist. Nicht Liebesintrige im Sinne des psychologisch privatisierenden Romans, sondern Liebesfähigkeit, nicht schicksalhaft verhängte Missionen, sondern tiefe, an Montaigne geschulte Skepsis gegenüber Ideologie und Fundamentalismus, das stete Abwägen bei laufend wechselnden Umständen, charakterisieren den König. Die den einzelnen Abschnitten vorangestellten französischen »moralités« leiten den Leser bei der Reflexion auf das historisch-biographische Geschehen. Sie lehren die Möglichkeit eines vernünftigen Denkens und aufgeklärten Verhaltens in einem Geschichtsprozeß, der sich mit Höhen und Tiefen insgesamt doch auf Emanzipation und tendenziell auf die Ideale der Französischen Revolution zubewegt. Gleichnis, Legende, Märchen sind Formen der Distanzierung und Verfremdung des Geschichtlichen. Doch gerade die narrative Überzeichnung der Figuren, etwa Katharinas von Medici als böser Fee, legt die Frage nahe, ob die Mythisierung und märchenhafte Vereindeutigung des Bösen geeignet sei, dem Problem des Faschismus kritisch entgegenzutreten. Die Mythisierung des Führertums ist durch die Entgegensetzung vergleichbarer unhintergehbarer Kategorien nicht zu analysieren oder gar zu demontieren. Dies gilt in ähnlicher Form für den christlichen Roman der Weimarer Republik, des Exils oder der »Inneren Emigration«, sobald er in naheliegender Absicht vom Teufel, dem Antichrist, dem Dämon (wie in Frank Thiess' ›Das Reich der Dämonen‹) spricht. Gegen den Anführer einer radikalen politischen Bewegung läßt sich mit rationalen Mitteln wohl etwas ausrichten, gegen den »Teufel« dagegen nicht.

Andere Exilromane um bedeutende Persönlichkeiten lassen von Anfang an kaum kritische Impulse erkennen. Die Hauptfigur wird überwiegend in privaten Konflikten oder Zusammenhängen gezeigt. Dies gilt für den Napoleon von Joseph Roths ›Die hundert Tage‹, der sich – von der Politik enttäuscht – in religiöse Meditation und die wehmütige Teilnahme am Schicksal eines jungen Mädchens zurückzieht. Auch Robert Neumanns schillernder Held Struensee aus dem Roman ›Der Favorit der Königin‹ erschöpft seine Energien in weitgehend privaten Intrigen. Das Buch ist ein guter Unterhaltungsroman, die Frage nach der Legitimität charismatischer im Gegensatz zur traditionalen Herrschaft, die vielfach angeschnitten wird und gewiß brisant ist, erledigt sich jedoch durch den tragischen Verlauf der Dreiecksgeschichte mehr, als daß sie beantwortet würde.

Das Charisma herausragender Persönlichkeiten beschäftigt die Romanciers in allen politischen Lagern und nicht erst seit 1933. Aktuell ist das Faszinosum der öffentlichen Wirkung und das Thema der Herrschaftsrepräsentation aus naheliegenden Gründen. Politik und Schauspiel, Macht und Theatralik werden vielfach zugleich behandelt, gewiß auch eine Reaktion auf die oft beklagte Abstrahierung und Banalisierung der Erscheinung von Historischem. Lion Feuchtwangers ›Der falsche Nero‹ erzählt von der erstaunlichen Karriere des Töpfers Terenz, der von einer Clique von Provinzpolitikern zum Gegenkaiser, zum wiedererstandenen Nero aufgebaut wird. Hitlers Laufbahn erscheint als Schmierenkomödie, der Reichstagsbrand (künstliche Flutkatastrophe) als gigantische Inszenierung zum Zwecke der Machtergreifung. Seit dem Erscheinen des Romans wurde in der Literaturkritik des Exils die Problematik einer antifaschistischen Geschichtsdeutung, die sich auf die Demaskierung des Führers oder anderer exponierter Figuren wie Göring oder Goebbels beschränkt, lebhaft diskutiert. Die private Intrige erscheint schon den Zeitgenossen weitgehend von den historischen und sozialen Verhältnissen abgelöst, so daß die Anwendung der Parabel auf die Verhältnisse des »Dritten Reiches« und seiner Vorgeschichte sehr bald an ihre Grenzen stößt. Der Verkaufserfolg des Romans bestätigt gleichwohl Döblins Vermutung, daß hinter dem Geschichtsroman des Exils der »Wunsch, seine historischen Parallelen zu finden, sich historisch zu lokalisieren, zu rechtfertigen«, die »Notwendigkeit, sich zu besinnen«, sowie »die Neigung, sich zu trösten und wenigstens imaginär zu rächen«, steht.[38]

Alma Johanna Koenigs Roman ›Der jugendliche Gott‹ über den historischen Nero verkoppelt ebenfalls die Motive von Schauspiel und Herrschaft, ähnlich, wie sie es schon in ihrem erfolgreichen Buch ›Der heilige Palast‹ (1922) getan hatte. In ihrem letzten Roman, der 1941 unter schwierigsten Bedingungen entstand und erst lange nach dem Tod der jüdischen Autorin erscheinen konnte, wird Neros Gewaltherrschaft und kriminelle Energie als Variante eines ästhetischen Amoralismus und fehlgeleiteten Künstlertums interpretiert. Koenigs Interesse gilt dem Phänomen des Tyrannen, soweit er das Produkt einer depravierten Gesellschaft, vor allem auch eines realitätsfernen, sentimentalen Humanismus (in der Gestalt des Philosophen Seneca) ist.

Einen der interessantesten Versuche der Auseinandersetzung mit Geschichte von einer Einzelfigur aus liefert Bertolt Brecht mit ›Die Geschäfte des Herrn Julius Cäsar‹, einem Romanfragment, das zwar schon 1937–39 im dänischen Exil entstand, aber erst 1949 durch einen in der Zeitschrift ›Sinn und Form‹ publizierten Teildruck bekannt wurde. Ein junger, idealistischer Historiker schickt sich an, die Geschichte eines großen Mannes zu schreiben und findet sich in der Wirrnis der Überlieferungen schließlich mit fragmentarischen Einsichten konfrontiert, die keinen souveränen Helden finden, sondern einen anpassungsfähigen Handlanger unterschiedlicher wirtschaftlicher und sozialer Kräfte, darunter vor allem Bankiers, Spekulanten, Wahlhelfer, Militärs. Die Titelfigur wird durch ein vielschichtiges Erzählverfahren fortschreitend demontiert, die Geschichte aus konsequent materialistischer Sicht interpretiert. Die Parallelen zwischen der Endzeit der römischen Republik und den letzten Jahren der Weimarer Republik sind offensichtlich: Wirtschaftskrise, Arbeitslosigkeit, Radikalismus und Terror.

Auffällig ist die Vorliebe der Exilautoren für Künstler- und Gelehrtenfiguren. Der Geschichtsentwurf entwickelt sich dabei weniger in bezug auf das handelnde Subjekt (Herrscher und andere Helden) als auf die Erkenntnis und Reflexion der Historie. Zwangsläufig geht es dabei auch um das Ethos des Intellektuellen oder des Künstlers. Dabei entsteht eine Spannung zwischen dem Bedürfnis der Autoren, sich zu bestätigen und zu rechtfertigen, und einer Umgebung, die durch Massengeschichte und Massenkultur sowie schwierigste Lebensbedingungen im Exil bestimmt ist. Entsprechend ambivalent erscheint daher zum Beispiel ein Buch wie Stefan Zweigs ›Triumph und Tragik des Erasmus von Rotterdam‹. Erasmus ist der skeptische Held des Humanismus, des Pazifismus und der kosmopolitischen Gesinnung. Seine Tragik liegt in der Handlungsschwäche, in der Verweigerung politischer Verantwortung. So wird die Trennung des Geistigen vom Politischen zwar kritisch dargestellt, zugleich aber eine gültige Antithese transhistorischer geistiger Werte – Vernunft gegen Fanatismus, Humanismus gegen Irrationalismus, Pazifismus gegen Gewalt, Europäertum gegen Nationalismus – aufgebaut. Zweigs Buch steht in dieser antithetischen Anlage den Werken Feuchtwangers nahe. Schon vor den Jahren des Exils stellt ihr Humanismus eine Traditionsbildung im Gegensatz zur politisch-sozialen Entwurzelung assimilierter Juden in einer zunehmend antisemitischen Umgebung dar.

Klaus Manns ›Symphonie Pathétique‹, ein Tschaikowsky-Roman, scheint ganz im Gegensatz zum politischen Engagement des Autors im Exil zu stehen. Es ist die Geschichte eines Außenseiters und Vereinsamten, die für die persönliche Situation der Emigranten oder gar im Blick auf die politische Lage jener Jahre kaum erhellend ist. Anders verhält es sich mit Bruno Franks ›Cervantes‹. Wie viele andere Geschichtsromane des Exils und der »Inneren Emigration« schwankt er zwischen Legitimation und Kritik absoluter Herrschaft (hier in Gestalt Philipps II.), selbst da, wo Inquisition und Tyrannei zur Rede stehen. Symptomatisch für die Exilsituation ist die Deutung der Biographie des Cervantes, der sich nach den existentiellen Erfahrungen von Krieg und Gefangenschaft zum Schriftsteller des Volkes läutert.

Auch Thomas Mann beschäftigte sich im Exil mit einem klassischen Nationaldichter, doch reicht sein literarisches Interesse für Goethe weit in die Zeit vor dem Ersten Weltkrieg zurück. ›Lotte in Weimar‹ gibt ein höchst ironisches Bild des Olympiers, der erst im siebten Kapitel mit einem inneren Monolog persönlich auftritt, zuvor jedoch in Erzählungen verschiedener Zeitgenossen als bewunderte und beneidete, geliebte und gehaßte Figur erscheint. Die Mitlebenden fühlen sich durch die Nähe des Genies zugleich erhoben und bis zur Preisgabe ihrer Persönlichkeit aufgeopfert, eine pessimistische Sicht, die sich erst in der Schlußszene des Buches relativiert: Der alte Goethe bekennt seiner Jugendliebe Charlotte Kestner, daß die private Existenz des Künstlers ebenso wie seiner Mitmenschen im Blick auf ein säkulares Werk geopfert werde, um in einer historischen Dimension wiederzuerstehen. Das beliebte Thema vom Charismatiker taucht in einer skeptischen Variante auf und verlagert die Macht des großen Mannes in die Legitimität des großen humanistischen Werkes.

Auch Hermann Brochs ›Tod des Vergil‹ (1945) geht der Frage nach der Legitimität eines Lebenswerkes – hier der ›Aeneis‹ – nach, im weiteren Sinne der Legitimation von Kunst in der geschichtlichen Welt. An der Schwelle des Todes und an der Schwelle einer Epoche erlebt Vergil Träume, Visionen, Meditationen, rekapituliert er Gespräche mit dem Kaiser Augustus und mit Freunden. Sie entfalten sich vor dem Leser in inneren Monologen, gewissermaßen eine weit ausgedehnte Variante zum siebten Kapitel von ›Lotte in Weimar‹. Broch nähert sich einem »lyrischen Kommentar« der ganzen Epoche, der historischen wie der eigenen. Die bis zur kalkulierten Ermüdung des Lesers endlos reihende Epik des Romans versucht noch das Irrationale, das Elementare (die Abschnitte sind nach den vier Elementen und den Stationen der im wörtlichen und übertragenen Sinn letzten Reise Vergils benannt) in das Bewußtsein einzuholen.

Die avanciertesten Autoren, Heinrich und Thomas Mann, Brecht und Broch, revidieren also in ihren Geschichtsromanen das sonst für die Gattung vielfach noch geltende Prinzip einer kausal und psychologisch motivierten dramatischen, auf tragende Personen und ein deutliches Erzählziel zulaufenden Handlung. Die mäandernden Itinerarien Henri Quatres, die komplizierte und schließlich scheiternde Rekonstruktion des Cäsarbiographen, die Widerspiegelungen der Welt im Bewußtsein der Dichter (Vergil und Goethe), der Dichter in der Wahrnehmung der Welt haben mit der Narrativik des realistischen historistischen Romans nichts mehr zu tun.

Ähnliches gilt für die wenigen Versuche, das Subjekt der Geschichte zu pluralisieren, wie es in Gustav Reglers ›Die Saat‹ geschieht. Die Bauernkriege werden mit dem antifaschistischen Widerstand übereinandergeblendet, indem Regler hier wie da die politische Entwicklung entscheidend von der Aktivität konspirativer Basisgruppen abhängig macht. Diese (im Sinne Döblins) »tiefengeschichtliche« Perspektivierung wurde speziell für die sozialistische Literaturkritik nach Lukács exemplarisch. Zum Vergleich mit diesem Roman bietet sich der dritte Teil von Alfred Neumanns ›Kaiserreich‹-Trilogie an. Auch hier, in ›Volksfreunde‹, geht es vor dem Hintergrund der Pariser Kommune um konspirative Zellen, doch bestimmt letztlich nicht um die Verantwortung der vielen, sondern um das überwältigende Schicksal, das Leben des durchschnittlichen Protagonisten.

Während Regler den Widerstand gegen den Faschismus als Klassenkampf im Bild des Bauernkriegs darstellt, verteilt Feuchtwanger die Rollen im Kampf von Demokratie, Vernunft, Freiheit und Fortschritt gegen Reaktion und absolute Herrschaft auf die Antagonisten im amerikanischen Unabhängigkeitskrieg. In der Trilogie ›Waffen für Amerika‹ unterstützen fortschrittliche Kräfte in Frankreich die junge amerikanische Nation in ihrem Krieg gegen

England. Vor welchem Hintergrund Feuchtwanger in diesem 1947 erschienenen Roman die ideologischen Konflikte mit kriegerischen verknüpft, ist offensichtlich. Die Parteinahme für einen, und sei es auch kollektiven, Akteur der Geschichte, ist bei Feuchtwanger wie bei Regler eindeutig.

Auf den ersten Blick kann es verwundern, daß angesichts der für Exil und Krieg elementaren Erfahrung von Fremde und nationalen Grenzüberschreitungen konsequent polyperspektivische Erzählungen im Sinne einer dezentrierten Historiographie kaum vorkommen. Psychologisch ist dies wohl auf die Neigung und Notwendigkeit zurückzuführen, dezidiert Stellung zu beziehen – und sei es von einem exzentrischen Standpunkt aus. Die erzählerische Konsequenz aus der erkenntnistheoretischen Kritik am einseitigen nationalen Standpunkt und an der Legitimierung der Macht ziehen nur wenige.

Einen geeigneten Stoff für eine dezentrierte Sicht auf Geschichte, speziell auf Kriegsgeschichte, liefert die Conquista der südamerikanischen indianischen Staaten. In diesem Zusammenhang stellte Leo Perutz schon 1915 seinen historischen Roman ›Die dritte Kugel‹, eine Erzählung um Schuld und Sühne eines deutschen Conquistadors. Eduard Stucken hatte in seinem umfangreichen Roman ›Die weißen Götter‹ um 1920 die Begegnung von Spaniern und Azteken als ein Aufeinanderprallen unvereinbarer Welten, als das Scheitern der Übertragung unterschiedlicher Deutungsmodelle auf die jeweils andere, radikal verschiedene Kultur dargestellt. Alfred Döblin gibt nun mit ›Das Land ohne Tod‹ (nach ›Wallenstein‹ von 1920) einen weiteren monumentalen Roman über ein kriegerisches Geschehen von kontinentalen Ausmaßen. Legenden und Mythen der Indianer, Biographien und Abenteuer der Conquistadoren sind gleichberechtigt nebeneinandergestellt. Weit über den bewußten Entscheidungen der Individuen stehen der Todestrieb der Eroberer und das mythische Denken der Indianer. Im Vergleich der Welten erscheint die Entfremdung der Europäer von der Natur als katastrophale Folge ihres technokratischen Verhaltens, mit verheerenden Konsequenzen für die älteren, in und mit der Natur lebenden Kulturen. In den ersten Kapiteln des ersten Bandes ›Die Fahrt in das Land ohne Tod‹ (1937) ist der aktuelle Bezug überdeutlich: Vor dem

Terror der Europäer fliehende peruanische Indianer wandern bis
an den Amazonas, finden nirgendwo Glauben für ihre Erzählungen
von den Greueltaten in ihrer Heimat und verdrängen schließlich
selbst den Gedanken an die zurückgebliebenen Toten und am Leben Bedrohten.

Reinhold Schneider, der sich ebenfalls mit aktuellem Bezug des
südamerikanischen Stoffes annimmt, stellt den geistlichen Helden
Las Casas als Sprachrohr humanistischer Ideale in den Mittelpunkt
seines Romans ›Las Casas vor Karl V.‹. Seine Biographie und die
seines Gefährten Bernardino de Lares werden zu exemplarischen
Viten. Im Sinne der vorausgesetzten christlichen Heilsbotschaft ist
ihre reuige Umkehr ein allgemeingültiges Modell. Gerade die uni-
verselle Geltung dieser Botschaft muß mit Blick auf die Geschichte
der Conquista und die hinter ihr durchscheinende Judenverfolgung
als höchst problematisch gelten. Das innerweltliche Leiden der
Opfer wird in einen theologischen Zusammenhang aufgehoben,
der von diesen ja keineswegs anerkannt ist. Las Casas kann versichern,

> daß nichts mir schwereren Kummer bereitet als das Schicksal meines
> eigenen Volkes. Denn die auf Erden unschuldig leiden, können sich der
> Barmherzigkeit Gottes getrösten; und selbst, wenn sie nicht wahre Christen
> wurden oder sich wieder abkehren vom Kreuze, weil es das Zeichen der
> Spanier war, so ist vielleicht doch eine Hoffnung, daß er in seiner uner-
> forschlichen Güte ihrer manche annehmen wird. Aber wir?[39]

Dies markiert eine deutliche Gegenposition zum nationalsozialistischen Regime; allerdings wird das Politische in Religiöses übersetzt, wobei die Asymmetrie zwischen Tätern und Opfern erhalten
bleibt.

Die Botschaft der völkischen Geschichtsromane lautet freilich
ganz anders, wenn es um Krieg und Eroberung geht. Wiederum
können Werke von Blunck das Beispiel geben. In ›Die große Fahrt‹
gelingt es Diderik Pinning, einem deutschstämmigen Seefahrer, noch
vor Kolumbus, Amerika von Island aus zu »entdecken«. Seine Pläne, für das deutsche Volk im Westen ein Kolonialreich zu gründen,
scheitern jedoch an widrigen Umständen. Bezeichnend ist, daß von
Einwohnern des entdeckten und für die Kolonisierung vorgesehe-

nen Landes gar nicht die Rede ist. Anders ist dies in einem anderen
Roman Bluncks, ›Wolter von Plettenberg‹, einem Buch um den
Deutschen Orden in Livland. »Der Russe«, in dessen Land deutsche
Kaufleute und Ordensmänner weit vorgedrungen sind, ist der natürliche Feind, weil er sich den Expansionsabsichten der Deutschen
entgegenstellt, sie aus ihren Siedlungen vertreiben will. Die Legitimation des nationalistischen Standpunkts fällt Blunck nicht schwer:
Die Deutschen sind tüchtig, bringen die Wirtschaft zur Blüte, heben
das Land auf eine neue Kulturstufe; die Russen dagegen sind pri-
mitiv, sadistisch, allen Ausschweifungen ergeben. Der Roman stellt
sich schon 1938 unverhohlen in den Dienst von Hitlers militärischen Ambitionen. Feldpostausgaben in hohen Auflagen belehren
den Soldaten an der Front: Wo nichts zu erobern ist, hält man doch
stand bis zum Märtyrertum, bis zu Nibelungentreue und -tod.

IV. Zur Einheit und Aktualität des Genres 1933 bis 1945

So unterschiedlich die Bedingungen und Orientierungen sind, die
die literarische Produktion im Nationalsozialismus, in der »Inneren
Emigration« und im Exil beherrschen, so problematisch erscheint
es denn auch zunächst, den historischen Roman unter dem Aspekt
der Zugehörigkeit zu den verschiedenen politischen Lagern zu
behandeln. In der Forschung, die den Geschichtsroman der drei
Gruppen ganz überwiegend getrennt behandelt,[40] droht die literar-
geschichtliche Beschreibung sehr schnell mit den Anforderungen
der unterschiedlichen ideologischen Positionsbestimmungen zur
Deckung zu kommen, wobei gemeinsame Voraussetzungen leicht
aus dem Blick geraten. Drei Aspekte definieren den gemeinsamen
Horizont der Gattung im »Dritten Reich« und im Exil: Die Erfahrung radikaler Diskontinuität spätestens seit dem Ersten Weltkrieg,
der Revolution, der Weimarer Republik, der »Machtergreifung«
oder des Kriegsbeginns; zweitens eine umfassende epistemologische
Neuorientierung der geschichtlichen Wissenschaften im Blick auf
die Krise des Historismus, und drittens die Revision oder Umformulierung herkömmlicher narrativer Verfahren historischer Fiktion.

Gewiß hält der faschistische Geschichtsroman stärker an literarischen Konventionen fest, sind die Romane der Emigranten in mehreren Beispielen avancierter – eine Vorstellung, die sich schon mit Blick auf die allenthalben fortgesetzte Modellierung der Geschichte als Geschichte exponierter Individuen einschränkt. Gemeinsam erscheint jedoch allen die charakteristische Reaktion auf die Erfahrung zunehmender Komplexität und Diskontinuität der historischen Welt durch eine erkennbare Formalisierung und Abstrahierung des Geschichtsentwurfs. Im faschistischen Geschichtsroman tritt sie als Banalisierung oder Überdehnung traditioneller Elemente der Nationalgeschichtsschreibung auf, etwa in Gestalt von Mythisierungen. Zwar wird hier die Geschichte als substantiell behauptet, der kritischen Sicht von außen enthüllt sich aber der formale Charakter der Konstruktionen. Eine Schematisierung der Historie liegt auch in theologischen oder in säkular teleologischen Entwürfen vor, die, sei es aus nationalsozialistischer, sei es aus sozialistischer Sicht, eine epochenübergreifende Dynamik auf die gegenwärtige Situation der faschistischen Erhebung bzw. des antifaschistischen Klassenkampfes zulaufen sehen. Auch die bürgerlich-liberalen Autoren zeichnen zumeist Historie als Fortschrittsgeschichte in der Tradition eines umfassenden Aufklärungsprozesses. Die fiktionale Darstellung reagiert also auf die Erfahrung der geschichtlichen Brüche durch die formal vermittelte Annahme eines übergreifenden historischen Prozesses, der – im Unterschied zu Geschichtsromanen des späten 19. Jahrhunderts – immer weniger nach der Absicherung durch die positivistische Geschichtswissenschaft fragt.

Nicht nur im Blick auf erkenntnistheoretische und narrative Probleme ist der historische Roman der Epoche mit dem Phänomen der Vereinfachung konfrontiert. Für die Romanautoren im »Dritten Reich« wie im Exil gilt, daß sie ihr Medium im Zusammenhang eines Funktionswandels von Literatur, in zunehmender Konkurrenz mit Unterhaltungs- und Massenliteratur, lokalisieren müssen. Der historische Roman als vermeintlich halbfiktionales Medium, als Mischung von Docere und Delectare, spricht Jugendliche und weniger gebildete Schichten an. Die Not der bürgerlichen Literaten kann zum Marktvorteil werden, zugleich jedoch vielfach auch im Sinne der Pädagogik oder politischen Agitation wirken.

In der ideologiekritischen Forschung der 1970er Jahre ist der Geschichtsroman der Emigration als das Rückzugsgefecht einer zunehmend ortlosen bildungsbürgerlichen Intelligenz gewertet worden, die mit erzählerisch und ideologisch unzureichenden Mitteln arbeite und die Bedeutung humanistischer Geistigkeit erheblich überschätze. Die Reduktion der geschichtlichen Komplexität erscheint im nachhinein also als Versagen der Literaten gegenüber der Epoche.[41] Dies gilt insbesondere für den Geschichtsroman der Nationalsozialisten.

Hier schließt eine Überlegung zur Situierung der Gattung in ihrer Epoche, der von 1933 bis 1945, an. Die Voraussetzungen für die Entwicklung des Genres führen weit in die Jahre vor der »Machtergreifung« zurück. Die Herrschaft der Nationalsozialisten stellt nun erhöhte Anforderungen an die Leistungen des Geschichtsromans, während sie seine Entstehung oft erheblich erschwert oder unmöglich macht. Zu erinnern ist nur an zwei der in den 1920er Jahren bekanntesten Verfasser historischer Romane, die nach der Deportation durch die Nationalsozialisten im Konzentrationslager bzw. im Ghetto starben – an Georg Hermann und Alma Johanna Koenig –, zu erinnern ist an den Selbstmord Jochen Kleppers, an die Publikationsverbote, an das verspätete oder – aufgrund von Zensurauflagen – veränderte Erscheinen längst abgeschlossener Manuskripte, an die Vertreibung vieler Autoren, die Verstreuung des literarischen Marktes und der Literaturkritik über die Exilländer. Die Gattung steht daher im Zeichen der Verspätung oder irreparablen Beschädigung. Auch die Reduktion und Formalisierung der Erzählverfahren und die Vereindeutigung komplexerer Zusammenhänge erscheinen in und außerhalb Deutschlands, im und gegen den Faschismus, als Folge extremer Entstehungsbedingungen. Sie wirken sich noch weit auf die Nachkriegsrezeption der historischen Romane aus. Nicht zufällig werden Heinrich Mann und Lion Feuchtwanger als »linksbürgerliche« Autoren von der Literaturkritik in der DDR offiziell gefördert; ebensowenig zufällig hält sich die westdeutsche Leserschaft noch in den 1950er Jahren vorzugsweise an die Romane der »Inneren Emigration«. In den Büchern Werner Bergengruens und Reinhold Schneiders, Ina Seidels oder Frank Thiess' sucht man offensichtlich die Weite der heilsgeschichtlichen Perspektive, die Opfer und Täter gleichermaßen in ihre Sinnstiftungen aufnimmt. Das Religiöse ist dem Verständnis der Nachkriegszeit dabei mit moderner Romanästhetik fast identisch.[42]

Die wenigen Beispiele, die noch heute vor der Kritik bestehen können, etwa die Geschichtsromane Heinrich und Thomas Manns, Brechts, Brochs, Döblins und einiger anderer, werfen die Frage nach der souveränen Zeitgenossenschaft in anderer Weise auf. Diese Bücher wurden zunächst eher oberflächlich rezipiert und dann in einem langwierigen Prozeß wissenschaftlicher Deutung gründlicher erschlossen. So wurde der ›Henri Quatre‹ zum Erfolg im Exil vor allem wegen der offensichtlichen Satire auf die faschistische Führungsriege – die Konsistenz der Narration im Zusammenhang einer erkenntnistheoretischen Problematisierung moderner Geschichte stand erst später zur Debatte. Brechts ›Julius Cäsar‹ erschien vollständig erst postum 1957, Brochs ›Tod des Vergil‹ (1945) war von Anfang an ein esoterischer Text.

Ein letztes Beispiel für die problematische Zeitgenossenschaft der Gattung in ihrer Epoche mag Thomas Manns Romanprojekt ›Joseph und seine Brüder‹ geben. Es reicht weit in die 1920er Jahre zurück, der erste Band erschien 1933, die weiteren 1934, 1936 und 1943. Die Entstehungs- und Publikationsgeschichte der Bände zwei bis vier ist durch die Wechsel des Verlagsortes (Berlin, Wien, Stockholm), durch die Umzüge Manns (Schweiz und Vereinigte Staaten) sowie durch die Verunsicherung nicht nur der Kritiker in Deutschland, sondern auch der Rezensenten im Exil über den politischen Standort des Verfassers in den ersten Jahren nach 1933 gekennzeichnet. Die Diskontinuität der Produktion und Zersplitterung der Rezeption dieses ausgedehnten Romanprojekts wirkte sich auf die öffentliche Wahrnehmung und Rezeption negativ aus. Zugleich arbeitete Mann beständig Aktuelles ein. Die Handlung um den verschleppten Joseph, der in der Fremde Karriere macht und zum Retter an seinem Volk wird, die Geschichte von der politischen Mission eines Künstlers, wurde erst allmählich als Parabel auf die Exilsituation durchsichtig, erst der dritte und vierte Band ein politisches Gleichnis, in dem das Ägypten Echnatons das Amerika Roosevelts spiegelt. Die Komplexität der narrativen Ver-

fahren und ihre Ergiebigkeit im Hinblick auf die epistemologische
Situation der Historismuskritik ist dabei bemerkenswert: Nicht nur
wird die positivistische und quellenkritische Geschichtsschreibung
humoristisch auf die biblische Überlieferung angewendet und so
zutiefst ironisiert; Mann kombiniert auch eine Reihe von alternativen Verfahren historischer Deutung, allen voran die Psychoanalyse
und die moderne Mythenforschung. Der geschichtsphilosophische
Entwurf im Sinne der Emanzipation des Ichs und einer humanistischen Rationalisierung ist daher stets von einer Reflexion auf die
Bedingungen historischer Erkenntnis überhaupt geleitet. Die Leserschaft war sicherlich von den Qualitäten der Erzählung angetan,
ohne über die Komplexität und Tragweite der Verfahren wirklich
Rechenschaft ablegen zu können. So befremdete die Stoffwahl aus
archäologischer Ferne ebenso wie die konsequente Ironisierung des
Theologischen. Erst mit den ersten kompetenten wissenschaftlichen
Analysen, etwa Käte Hamburgers,[43] klärte sich die Rezeption. Wohl
erst im Rückblick tritt die eigentliche Leistung der Tetralogie in den
Vordergrund, die Mann als humane Umfunktionierung des Mythos in Abgrenzung von der faschistischen Geschichtsmythisierung
bezeichnet hat.[44] Daß Manns monumentalstes Romanprojekt der
Herleitung aller abendländischen Humanität aus dem Geiste der
jüdischen Tradition gilt, ist zwar leicht zu verstehen; aber erst mit
der Einsicht in die Dimensionen des Holocaust einerseits und in die
Raffinesse der historischen Narration erscheint ›Joseph und seine
Brüder‹ als Hauptwerk der Exilliteratur.

Die These könnte lauten, daß den besten Geschichtserzählungen
eine adäquate zeitgenössische Rezeption versagt blieb, während die
Reduktion der geschichtlichen Komplexität auf einfacher struk-
turierte Erzählverfahren erfolgreich war. Heute fällt es schwerer
nachvollziehen, mit welcher Leidenschaft in weitgehend vergessenen Büchern die Stimme einer höheren Wahrheit gesucht wurde.
Eine paradoxe Situation, die auf die Überforderung der Literatur
durch ihre Zeit oder die Überforderung der Zeitgenossen durch die
Literatur zurückdeutet. Die Ausläufer dieser paradoxen Situation
sind bis heute zu spüren und zeigen, daß die Problematik der Gattung weit über die Epoche des Nationalsozialismus hinaus in der
Spannung zwischen historischer Erkenntnis und Narration liegt.

Hans-Edwin Friedrich
Drama und Theater

I. Theaterpolitik und Theaterbetrieb

1. Theaterpolitik im »Dritten Reich«

Schon seit Mitte der 1920er Jahre war die NSDAP theaterpolitisch aktiv.[1] Als Konkurrenz zum kommunistischen Agitprop-Theater wurden 1926 die »NS-Kampfbühne«, 1927 in Berlin die »NS-Versuchsbühne« (ab 1931 »NS-Volksbühne«) gegründet, an der professionelle und Laienschauspieler tätig waren. Aus der im August 1927 von Rosenberg gegründeten »Nationalsozialistischen Gesellschaft für deutsche Kultur« ging im Dezember 1928 der »Kampfbund für deutsche Kultur« (KdK) hervor, der mit der Ausarbeitung kulturpolitischer Prinzipien befaßt war, ein dramaturgisches Büro unterhielt, das Spielplanempfehlungen bzw. Indizierungsvorschläge unterbreitete und ›Bausteine zum deutschen Nationaltheater‹ unter dem Herausgeber Walter Spang publizierte. Bei Uraufführungen von Stücken Carl Zuckmayers und Bertolt Brechts wurden Theaterkrawalle inszeniert. Die einzelnen Aktivitäten waren aber weder organisatorisch noch inhaltlich gebündelt, so daß ihr Erfolg punktuell blieb. Einen Vorgeschmack auf Kommendes gab die Amtszeit des thüringischen Kulturministers Wilhelm Frick 1930/31.[2]

Eine konzeptionell ausgearbeitete nationalsozialistische Theaterpolitik gab es nicht; deutliche Leitlinien sind allerdings Herrschaftssicherung und Antisemitismus. In der ersten Phase nach der »Machtergreifung« versuchten Parteigruppierungen und Länderbehörden unabgestimmt Einfluß zu gewinnen und die Theater von »unerwünschten« Personen zu »säubern«. Eine gewisse Rechtssicherheit gaben erst die neuen NS-Institutionen. Die theaterpolitisch mächtigsten Konkurrenten waren Göring, Goebbels und Rosenberg, später auch Ley.[3] Hermann Göring versuchte als kommissarischer preußischer Innenminister mit dem im Juni 1933 gegründeten »Preußischen Theaterausschuß« (Leiter: Hans Hinkel) Einfluß auf Personalstruktur und Spielplangestaltung der preußischen Theater zu gewinnen, ehe dem das »Reichskulturkammergesetz« die Grundlage entzog. Durch das »Gesetz über die Neuordnung der Verwaltung der Staatstheater« vom Januar 1934 konnte lediglich die Verwaltung der Preußischen Staatstheater in Berlin, Kassel und bis 1935 Wiesbaden der Theaterabteilung des Preußischen Staatsministeriums zugeordnet werden. Rosenbergs KdK wurde im Mai 1933 als Kulturorganisation der NSDAP anerkannt und am 6. Juni 1934 mit der Deutschen Bühne zur »Nationalsozialistischen Kulturgemeinde« (NSKG) zusammengeschlossen. Das Amt Rosenberg war ideologisch aggressiv, aber politisch wenig durchschlagskräftig, da die NSKG bereits ab 1934 finanziell von der »Deutschen Arbeitsfront« (DAF) abhängig war.

Die theaterpolitisch einflußreichste Position erlangte Joseph Goebbels. Das Theatergesetz vom 15. Mai 1934 und insbesondere das Reichskulturkammergesetz vom 22. September 1933 boten die organisatorische Grundlage für die Gesamterfassung der Theater und sicherten der obersten Instanz, dem »Reichsministerium für Volksaufklärung und Propaganda« (RMVP), Befugnisse der Gesetzgebung, Verwaltung, Kontrolle und Rechtsprechung. Innerhalb der RKK war die am 1. Oktober 1933 gegründete »Reichstheaterkammer« (RTK) als berufsständische Organisation aller Bühnenangehörigen angelegt, die die bestehenden (Deutscher Bühnen-Verein, Genossenschaft Deutscher Bühnen-Angehöriger) gleichschaltete. Der KdK-Aktivist Otto Laubinger, seit April 1933 bereits Leiter der »Genossenschaft deutscher Bühnenangehöriger« (GDBA), wurde erster Präsident der RTK, sein Stellvertreter war Werner Krauß.[4] Alle Bühnenangehörigen waren zur Mitgliedschaft verpflichtet, den sogenannten »Nichtariern« sollte die Aufnahme verweigert werden; Arbeitsbewilligungen gingen nur an Mitglieder der RTK, der die Prüfung der Zulassung von Theaterbetrieben und die Genehmigung der Spielpläne oblag. Die Reichsdramaturgie, unter Leitung des Reichsdramaturgen Rainer Schlösser und seiner engsten Vertrauten Sigmund Graff und Eberhard Wolfgang Möller, prüfte alle Spielpläne; ihren Anregungen und Wünschen wurde

kaum Widerstand entgegengesetzt, vorauseilender Gehorsam war
an den Theatern weit verbreitet.

Das Propagandaministerium war dem Amt Rosenberg organisatorisch überlegen. Weitere Kompetenzkonflikte ergaben sich
zunehmend gegenüber der ökonomisch mächtigen DAF. Als die
RKK am 12. Februar 1934 korporatives Mitglied der DAF wurde, verzichtete Ley im Gegenzug auf die Einzelmitgliedschaft der
Künstler. Die NSKG wurde im Juni 1937 auf Drängen Leys mit der
Organisation »Kraft durch Freude« (KdF) zur »NS Kulturgemein-
schaft Kraft durch Freude« zusammengeschlossen. Ab der Mitte
der 1930er Jahre gewann KdF aufgrund ihrer organisatorischen
Massenbasis und dem Ankauf und der Pacht von Bühnen großen
theaterpolitischen Einfluß. Sie gründete die Reichsautobahnbühne
1937, den Reichs-Theaterzug zur Bespielung der Dörfer, übernahm die kulturelle Betreuung der Wehrmachtsangehörigen, später
die Truppenbetreuung. Das Spektrum reichte von der Förderung
von Unterhaltungsbühnen bis zur organisatorischen Betreuung der
Bayreuther Festspiele in den Jahren 1940 bis 1943. 1942 gab es
vermutlich 14,8 Mio. Theaterbesucher durch KdF, das ist etwa ein
Drittel der Gesamtbesucherzahl.[5]

2. Die Theaterlandschaft im »Dritten Reich«

Die ersten Jahre nach der »Machtergreifung« sind durch einen ökonomischen Aufschwung des Theaterbetriebs gekennzeichnet. Zuvor
war, seit 1928, eine Theaterkrise eingetreten, die durch die Weltwirtschaftskrise dramatisch verschärft worden war.[6] Zwischen den
Spielzeiten 1928/29 und 1932/33 nahmen die Schauspielengage-
ments um ein Drittel ab; die Zahl der Saisonverträge stieg an. Zum
31. Dezember 1932 waren nur knapp über die Hälfte der statistisch
erfaßten Schauspieler im Engagement.[7]

Die Lage während der »Machtergreifung« war unübersichtlich.
So gab es zum Beispiel am Preußischen Schauspielhaus eine politische Spaltung des Ensembles; das Personal an anderen Bühnen verhielt sich abwartend. Die erste Phase der »Machtergreifung« brachte zunehmend Rechtsunsicherheit. Mißliebige Theaterleute wurden

aus ihren Positionen »herausgeschossen«, vor allem jüdische und kommunistische Schauspieler waren von Entlassungen betroffen. Einzelne Prominente wurden verhaftet – Wolfgang Langhoff etwa wurde am 28. Februar 1933 in Schutzhaft genommen und blieb ein Jahr inhaftiert. In der Folge emigrierten Theaterschaffende in Wellen: nach der Ernennung Hitlers zum Reichskanzler am 30. Januar 1933, dem Reichstagsbrand am 27. Februar 1933, den antisemitischen Boykotts vom 1. April 1933, später nach der Verkündung der »Nürnberger Gesetze« im September 1935 und der »Reichskristallnacht« im November 1938. Juristische Handhabe für »Säuberungen« bot das Gesetz zur »Wiederherstellung des Berufsbeamtentums« vom 7. April 1933 – von ihm waren Angestellte an gemeinnützigen Bühnen betroffen – und das Gesetz über den »Widerruf von Einbürgerungen und die Aberkennung der deutschen Staatsangehörigkeit« vom 14. Juli 1933, dessen prominenteste Opfer Carola Neher, Erika Mann, Klaus Mann und Gustav von Wangenheim wurden. Insgesamt sind etwa 4000 Theaterangehörige in über 40 Exilländer geflohen, darunter hauptsächlich Emigranten jüdischer Abstammung; politische Flüchtlinge waren die Minderheit.[8] Von 117 zwischen den Spielzeiten 1931/32 und 1933/34 kontinuierlich besetzten Intendantenposten wurden 1933 56 % neu besetzt, das ist dreimal so viel wie die übliche Fluktuation.[9]

Die Theaterpolitik des »Dritten Reiches« war perspektivisch im wesentlichen Sozialpolitik. Ab 1933 gab es eine Vielzahl von Maßnahmen zur Bekämpfung der Schauspielerarbeitslosigkeit. Die wirtschaftliche und soziale Absicherung der Schauspieler bildete einen Schwerpunkt; flankierend wurde ihr gesellschaftliches Prestige gefördert, vor allem durch die Auszeichnung mit Titeln und Preisen. Die Zahl der Prämierungen war bald so groß, daß sich Hitler 1937 selbst die Vergabe weiterer Titel vorbehielt. Von Staats wegen wurden die Theater in die allgemeine Kulturpolitik eingebunden, wie sich an den jährlich veranstalteten Reichstheaterwochen ablesen läßt. In der zweiten Hälfte der 1930er Jahre kam es zu einer Expansion des Theaterbetriebs. Zwischen 1932/33 und 1943/44 wuchs die Zahl der Theaterunternehmen von 199 auf 224, die der Theatergebäude von 257 auf 380. Die Zahl der beschäftigten Schauspieler stieg von ca. 3000 auf 5400.[10] »Zu den Erfolgen der

Kulturpolitik im NS-Staat gehört ohne Zweifel die weitgehende wirtschaftliche und soziale Absicherung der Theaterschaffenden durch Tarifordnungen, Konventionen, Pflichtversicherung und Kündigungsschutz.«[11] Unter diesen Umständen ist es nicht verwunderlich, daß kritische Distanz zum Regime bei den Schauspielern erst gegen Kriegsende aufkam. – Am 20. August 1944 verfügte Goebbels die Schließung aller Theater.

Die wichtigsten Theaterzentren waren neben Berlin, das systematisch gefördert wurde, München, Dresden und Hamburg.[12] Im Februar 1934 ernannte Göring Gustaf Gründgens zum künstlerischen Leiter des Preußischen Schauspielhauses. Mit den Mitarbeitern Jürgen Fehling, Lothar Müthel und Eckart von Naso avancierte das Berliner Haus zur führenden Bühne Deutschlands.[13] Künstlerisch prägend wurde der Stil der »kalten Ekstase«, der bei Klassikerinszenierungen eingesetzt wurde.[14] Goebbels verpflichtete im Gegenzug ebenfalls im Februar 1934 Heinz Hilpert als künstlerischen Leiter der Deutschen Bühne Berlin, der ehemaligen Reinhardt-Spielstätte. Wie Gründgens konzentrierte sich auch Hilpert auf Klassikerinszenierungen.[15] Als dritte bedeutende Bühne wurde 1938 unter der Intendanz von Heinrich George das Schillertheater eröffnet. Die großen Bühnen verstanden sich häufig als Refugien der traditionellen humanistischen Kultur. Sie erfüllten einerseits ihre repräsentative Funktion im Rahmen der nationalsozialistischen Theaterpolitik, boten andererseits aber auch Nischen, die in gewissem Umfang geduldet wurden. Gleichwohl standen sie immer wieder unter scharfem Beschuß der Funktionäre des Amtes Rosenberg.

Zu Beginn des Krieges wurden zahlreiche Fronttheater gegründet. Der Künstlerkriegseinsatz bedeutete für die Theaterschaffenden vor allem Truppenbetreuung.[16] Verantwortlich zeichneten in Zusammenarbeit mit dem Oberkommando der Wehrmacht das RMVP und KdF. Das RMVP beanspruchte die künstlerisch-ideologische Gesamtleitung und kümmerte sich vor allem um das künstlerisch anspruchsvolle Segment, während KdF die organisatorische Durchführung und das Unterhaltungstheater oblag; zwangsläufig kam es zu zahlreichen Kompetenzkonflikten. Im Gegensatz zu den Fronttheatern des Ersten Weltkriegs gab es keine Privatbühnen, die auf eigenes unternehmerisches Risiko unterwegs waren.

Vielmehr wurden sie organisatorisch eingebunden, wie etwa die Millowitsch-Bühne, die den Westwall bespielte. Die größte Ausdehnung erreichte die Truppenbetreuung 1942, nach internen Bilanzen waren bis dahin insgesamt 570 000 Veranstaltungen von KdF für 189 Millionen Soldaten durchgeführt worden. Die Gesamtzahl verteilt sich auf Bühnenwerke (40 %), Konzerte (15 %), Kleinkunst (30 %), Varieté (15 %); der Schwerpunkt der Veranstaltungen lag bei der Unterhaltung.

Von den »Säuberungsmaßnahmen« des Jahres 1933 waren rund 8000 jüdische Künstler betroffen. Um die augenfälligen sozialen Probleme zu beheben, initiierten Kurt Singer und Julius Bab die Gründung des »Jüdischen Kulturbundes« am 16. Juni 1933.[17] Die Gründungsgenehmigung erteilte Hans Hinkel im Auftrag des Preußischen Ministeriums für Wissenschaft, Kunst und Volksbildung. Sie erfolgte unter der Auflage, daß ausschließlich Juden Mitglieder werden durften und nur Mitglieder Zugang zu den geschlossenen Veranstaltungen haben sollten. Der Kulturbund, dessen Vorstand und Ehrenpräsidium prominent besetzt waren, war von seiner Gründung an permanent von Eingriffen und Drangsalierungen der NS-Behörden betroffen. Mit der ersten und einzigen Inszenierung von Lessings ›Nathan der Weise‹ im »Dritten Reich« im gepachteten Berliner Theater in der Charlottenstraße nahm der Kulturbund seine Arbeit auf. In der Folgezeit dehnte er seine Aktivitäten rasch über das ganze Reich aus; im Jahr 1937 waren 112 selbständige Organisationen in 100 Städten im Reichsbund zusammengeschlossen. Leitidee des Kulturbundes – in den eigenen Reihen durchaus umstritten, von den Nationalsozialisten bekämpft – waren die Ideale der klassisch-humanistischen Bildung des deutsch-jüdischen Bürgertums. Bis 1938 war Juden der Theaterbesuch noch erlaubt, so daß die Kulturbundaufführungen starke Konkurrenz hatten. Im Lauf der Jahre nahmen Spielverbote zu: 1934 Schiller und die Romantiker, 1936 Goethe, später schließlich alle »arischen« Autoren. Eine radikale Verschlechterung der Rahmenbedingungen ergab sich ab 1938, am 11. September 1941 wurde der Jüdische Kulturbund schließlich endgültig verboten.

Sogar in Konzentrationslagern ist Theater gespielt worden, insbesondere dort, wo das Rote Kreuz Zugang hatte.[18] Häufig wurden

Aufführungen von den Wachmannschaften angeregt und gefördert. So ist eine Anweisung des Kommandanten von Buchenwald 1938 bekannt, die die Häftlinge zu humoristischen Vorstellungen auffordert. In Dachau initiierte Wolfgang Langhoff den »Zirkus Konzentrazani«; Erwin Geschonneck inszenierte Hanns Johsts ›Thomas Paine‹. Bekannt geworden ist die Inszenierung von Rudolf Kalmars Rittergroteske ›Die Blutnacht auf dem Schreckenstein‹ als ›Eröffnung des Freilichttheaters Dachau am 13. Juni 1943‹: Während die Wachmannschaften der SS die Aufführung als gelungenen Beitrag zur Freizeitgestaltung der Häftlinge lobten, rezipierten diese das Stück als Anti-Hitler-Satire, ein beachtliches Deutungsspektrum. Der Text selbst erweist, daß nur wenige Anspielungen und Analogien als satirische Spitzen zu deuten sind, was angesichts von Ort und Rahmen der Aufführung auch nicht anders zu erwarten ist. Weitere Aktivitäten sind in den späteren Jahren aus dem KZ Westerbork belegt: 1942/43 betrieben Willy Rosen, Erich Ziegler und Max Ehrlich die »Bühne Lager Westerbork«, der ihre Deportation nach Theresienstadt im Herbst 1944 ein Ende bereitete. Theresienstadt selbst wiederum war als Vorzeigelager eingerichtet worden. Neben Kurt Gerrons »Karussell« arbeitete dort der tschechoslowakische Theaterleiter Karl Schwenk, der Rostand, Molière und Gogol inszenierte.

3. Repertoirepolitik und Klassikerpflege

Die »Machtergreifung« hatte einschneidende Auswirkungen auf das Theaterrepertoire.[19] Obwohl noch keine zentrale Zensurbehörde installiert war, sind schon zu Beginn des Jahres 1933 erhebliche Veränderungen der Spielpläne zu beobachten. Da eine ausgearbeitete nationalsozialistische Theaterkonzeption nicht existierte, wirkten sich nur zwei Kriterien für die Repertoiregestaltung trennscharf aus: Es verschwanden die Stücke der »nichtarischen« und der »politisch unzuverlässigen« Dramatiker von den Bühnen. Aufführungen von nichtdeutschsprachigen Stücken und Klassikerinszenierungen wurden reduziert.

Die deutlichsten Veränderungen zeigt der Anteil der Gegenwarts-

dramatik. Zwischen 1929 und 1933 hatte sie etwa 30 % der Spielpläne ausgemacht. Bereits in der Spielzeit 1933/34 reduzierte sich
ihr Anteil auf 5,56 %, um in der Folge kontinuierlich abzunehmen
und in der letzten Spielzeit 1943/44 mit 1,49 % den tiefsten Stand
zu erreichen. Von 339 Autoren durften 1933 nur noch 52 gespielt
werden, unter ihnen 31 Lustspielautoren, nach 1935 reduzierte sich
diese Zahl weiter auf 28 (davon 12 Lustspielautoren).[20] Die nationalkonservativen Autoren wurden aufgewertet, die meistgespielten
Autoren der Jahrhundertwende waren Gerhart Hauptmann, Franz
und Paul Schönthan, Ludwig Thoma, Max Halbe, Hermann Suder-
man, Karl Schönherr, Dietrich Eckart und Paul Ernst. Die erfolgreichsten Gegenwartsdramatiker waren Sigmund Graff, Friedrich
Forster, Walter Erich Schäfer, Heinrich Zerkaulen, Hanns Johst,
Hanns Gobsch, Eberhard Wolfgang Möller, Hans Christoph Kaergel, Erwin Guido Kolbenheyer und Hermann Heinz Ortner. In der
Breite war allerdings die politische Dramatik der Rechten nicht
sehr erfolgreich, Tendenzstücke konnten sich im Regelfall nicht
durchsetzen; am erfolgreichsten waren die Unterhaltungsstücke
dieser Autorengruppe. Nahezu die Hälfte des Bühnenrepertoires
der Zeit vor 1933 wurde aus den Spielplänen verbannt.

Die zeitgenössische Klage, der Spielplan sei »weitgehend von der
Pflege der Klassiker beherrscht«,[21] entspricht zwar nicht den tatsächlichen Verhältnissen, der Eindruck resultiert aber aus der radikalen Reduktion der Gegenwartsdramatik. Die verbliebenen nichtnationalsozialistischen Autoren und die der »jungen Mannschaft«
vermochten die Lücke nicht zu füllen. Die Klassik-Rezeption an den
deutschen Theatern des »Dritten Reiches«[22] bewegt sich zwischen
zwei Polen. Auf der einen Seite gibt es eine Reihe vor allem vom
Amt Rosenberg getragener Versuche der nationalsozialistischen
Instrumentalisierung der Klassiker; auf der anderen Seite steht die
Klassikerpflege im Dienst der Bewahrung und Pflege bürgerlich-
humanistischer Werte. Förderung oder Verbot einzelner Dramen
war häufig von innenpolitischen Konflikten oder außenpolitischen
Aspekten abhängig, ohne daß ein systematischer Grundzug erkennbar wäre, wie beispielsweise das Shakespeare-Verbot von 1940/41
zeigt. Schillers ›Wilhelm Tell‹ war erst ein ausgesprochenes Lieb-
lingsstück Hitlers und wurde als National- und Führerdrama gefei-

ert, durfte dann aber nach einem Schreiben von Martin Bormann vom 3. Juni 1941 auf Wunsch des »Führers« nicht mehr gespielt werden, vermutlich weil das Motiv des Tyrannenmords inzwischen anders bewertet wurde. Berühmt war der spontane Szenenbeifall in Jürgen Fehlings Hamburger Inszenierung des ›Don Carlos‹ bei den Zeilen »Geben Sie Gedankenfreiheit«; eine »offizielle« Reaktion darauf ist nicht überliefert.

Manche Klassiker wurden bevorzugt, wie Schiller oder Grillparzer, andere bis zum völligen Verschwinden vernachlässigt wie Büchner oder, wenn dies nicht ging, seltener gespielt, wie im Falle Goethes. Kleist wurde als politisch-nationaler Dichter gefeiert, ›Käthchen von Heilbronn‹, der ›Prinz von Homburg‹ und ›Der zerbrochne Krug‹ wurden häufig inszeniert, ›Penthesilea‹, ›Die Familie Schroffenstein‹ und ›Amphitryon‹ eher gemieden. Lessing wurde häufiger gespielt, am beliebtesten war ›Minna von Barnhelm‹, während ›Nathan der Weise‹, ohne daß es ein Verbot gegeben hätte, nicht gespielt wurde. Eichendorff wurde erstmals wieder inszeniert. Friedrich Hebbel galt als nordischer Dramatiker des Tragischen; beliebt waren ›Die Nibelungen‹, die als Veranschaulichung des Primats des Ganzen vor dem Individuum gedeutete ›Agnes Bernauer‹ und ›Gyges und sein Ring‹; aus dem Repertoire verschwanden dagegen ›Herodes und Mariamne‹ sowie ›Judith‹ wegen der positiv gezeichneten jüdischen Frauenfiguren. Hebbels Bedeutung wurde kulturpolitisch unterstrichen durch eine Reihe von Hebbelwochen, die ab 1938 in Hamburg, Heidelberg, Bochum und Wien stattfanden. Bereits durch Johsts Drama ›Der Einsame‹ hatten sich die Völkischen Grabbes bemächtigt, der nun zum »Legionär der völkischen Idee« (Rainer Schlösser) erklärt und mit Grabbewochen zu seinem 100. Todestag 1936 als Klassiker kanonisiert wurde.

4. Theaterpolitik in Österreich

Eine Theaterkrise gab es in der ersten Hälfte der 1930er Jahre auch in Österreich. 1935 war mehr als ein Drittel der österreichischen Schauspieler arbeitslos. Die Probleme verschärften sich durch die Exilanten, denen gegenüber sich der österreichische Theaterbetrieb jedoch reserviert verhielt.

Bundeskanzler Engelbert Dollfuß hatte die Umwandlung der Republik in einen Staat betrieben, der sich »als sozialer, christlicher, deutscher Staat Österreich auf ständischer Grundlage und unter stark autoritärer Führung«[23] präsentieren sollte. Das Theater galt als eine dem »Österreichischen« gemäße Kunstform. Die Theaterpolitik des Ständestaates[24] kontrollierte die Bühnen, ohne daß es eindeutige Zensurvorgaben gegeben hätte. Die Eingriffsmöglichkeiten erstreckten sich auf die staatlichen Theater, über die Theaterkritik der staatlichen Presseorgane, über Notverordnungen (etwa im Zusammenhang der Vergnügungssteuern) und über die Abonnementabnahme der staatlichen Kunststelle. Privatbühnen waren aufgrund der allgemeinen wirtschaftlichen Notlage entgegenkommend. Die antisemitische Tendenz vieler Maßnahmen ist offensichtlich: Sie tritt deutlich hervor in den Aktivitäten der 1936 gegründeten Landesbühne, die als Tourneetheater die Provinz bespielte und jüdische Künstler ausschloß. Sie erreichte in der ersten Saison mit 15 Stücken in 496 Vorstellungen 164 000 Zuschauer an 60 Orten. Im Namen einer katholischen Erneuerung wurde hier der Nationalsozialismus bekämpft; Autoren, die dieses Konzept verkörpern sollten, wie Max Mell, Richard Billinger, Josef Wenter und andere, oder Dramen, die als Ausdruck eines nichtrepublikanischen Staatsbewußtseins im Rahmen des habsburgischen Mythos aufgefaßt wurden, wurden gefördert. Die Traditionspflege der großen Theater kam dem entgegen: Die beiden Erfolgsstücke des Jahres 1933 auf dem Spielplan des Burgtheaters waren Richard Duschinskys ›Kaiser Franz Josef der Erste von Österreich‹ (1931) und ›Hundert Tage‹/›Campo Marzo‹ (1931) von Benito Mussolini und Giovacchino Forzano.[25]

Nach dem Vorbild des italienischen »Dopolavoro« und der KdF initiierten Rudolf Henz und Guido Zernatto die Organisation

»Neues Leben«, die auch theaterpolitisch aktiv wurde. Gefördert wurden Spielformen, die als Ausdruck volkstümlicher Kultur galten, wie Festspiele, Laien- und Mysterienspiele sowie Volksstücke. Noch aus der ersten Republik stammten Pläne einer ständischen Schriftstellerorganisation. Der »Bund der deutschen Schriftsteller Österreichs«, als dessen Vorsitzender der als Verkörperung der katholisch-nationalen Einheit geltende Max Mell fungierte, war de facto allerdings eine getarnte Außenstelle der »Reichskulturkammer«.

Ein österreichisches Sonderphänomen der 1930er Jahre war die florierende Kleinkunstbewegung.[26] Ihre Ausbreitung wurde durch eine Gesetzeslücke ermöglicht, als deren Entdecker E. Jubal (Benno Neumann) gilt: erst ab 50 Zuschauern war eine Konzessionierung erforderlich. Die bekanntesten Bühnen waren der 1931 von Stella Kadmon gegründete »Liebe Augustin« mit seinem Hausautor Peter Hammerschlag, zu dem später die Emigranten Gerhart Hermann Mostar, Hugo Königsgarten und Carl Bry stießen, die »Stachelbeere« unter Leitung von Rudolf Spitz, das ABC mit dem Hauptautor Jura Soyfer und schließlich die »Literatur am Naschmarkt«.

Nach dem »Anschluß« im März 1938 wurden diese Bühnen geschlossen. Die Tradition wurde allerdings nicht nur im Exil, sondern auch in Wien selbst fortgesetzt. Adolf Müller-Reitzner, Schauspieler in der »Literatur am Naschmarkt«, erhielt eine Lizenz zur Gründung des »Wiener Werkels«, das er mit seinen »arischen« Kollegen betrieb. Die Gleichschaltung in Österreich ging nach dem Vorbild von 1933 schnell und reibungslos vor sich.[27] Die institutionellen ständestaatlichen Entwicklungen erleichterten die organisatorische Durchführung. Direktionen und Schlüsselpositionen wurden umgehend besetzt, die vorhandenen Verwaltungsstrukturen übernommen und das Führerprinzip eingeführt. Für eine Übergangszeit übernahmen der österreichische Unterrichtsminister Oswald Menghin und Hermann Stuppäck die Verantwortung für die Kulturpolitik und die »Entjudung« der Theater, die zum Verbot des Theaterbesuchs am 12. November 1938 führte. Die Zahl der Wiener Bühnen wurde auf 12 halbiert, die Kleinkunstbühnen und einige unter »nichtarischer« Leitung geschlossen. Im Juni 1938 wurde die Reichskulturkammergesetzgebung eingeführt. Dennoch gelang es dem Propagandaministerium nicht, die vollständige Aufsicht über die Wiener Theater an sich zu ziehen. Ab 1940 kam ihnen eine Sonderstellung zu, da sie durch Führerbefehl dem Reichsstatthalter für Wien, Baldur von Schirach, und dessen Generalreferenten Walter Thomas unterstellt wurden. Thomas wurde im Frühjahr 1943 von Stuppäck abgelöst. Die entscheidenden Positionen wurden »Reichsdeutschen« übertragen; Österreicher hatten sie nur in Übergangsphasen. Mirko Jelusich wurde Direktor des Wiener Burgtheaters, um bereits im Mai 1939 von Lothar Müthel abgelöst zu werden.

5. Theater in der Schweiz

Die Schweiz war Theaterprovinz.[28] Um 1930 gab es acht Berufsbühnen: die Stadttheater Basel, Bern, Luzern, St. Gallen und Chur, die Städtebundtheater Biel-Solothurn und Konstanz-Schaffhausen-Winterthur sowie das Schauspielhaus Zürich. Nur 5–10 % der engagierten Bühnenkünstler waren Einheimische. Ab 1933 geriet die Schweiz unter außenpolitischen Druck, der in eine zunehmende politische und kulturelle Isolierung führte. Proteste gegen die »reichsdeutsche« Dominanz artikulierten sich in der Forderung einer »Verschweizerung« der Berufsbühnen durch die Berufsverbände. Auf der anderen Seite betrieb der »Kulturverband deutschsprachiger Bühnenangehöriger« eine nationalsozialistische Unterwanderungspolitik. Mit Beginn des Zweiten Weltkriegs bestimmte die Staatsideologie der »Geistigen Landesverteidigung« maßgeblich die Kulturpolitik. Insgesamt waren die Bühnen der Schweiz von der jeweiligen Bundes- und Kantonalpolitik abhängig. Sie verhielten sich den Emigranten gegenüber zurückhaltend, wenn diese sich nicht allzusehr politisch exponierten; sie zeigten, wie etwa das St. Gallener Stadttheater unter Leitung von Theo Modes, ein moderat konservatives Profil.

Zu einem der bedeutendsten deutschsprachigen Theater der Zeit entwickelte sich das Schauspielhaus Zürich,[29] das in den 1920er Jahren noch ein boulevardorientiertes Theater gewesen war. Bis 1938 war es im Besitz der Brüder Rieser, dann übernahm es die Neue Schauspiel AG, die als neuen Leiter Oskar Wälterlin bestellte.

Ferdinand Rieser nutzte 1933 die Gelegenheit, hochkarätige emigrierte Theaterleute zu engagieren, die ansonsten nicht zu finanzie-
ren gewesen wären: als Dramaturg Kurt Hirschfeld, als Bühnen-
bildner Teo Otto, als Regisseur Leopold Lindtberg, als Schauspieler
u. a. Therese Giehse, Leopold Steckel, Emil Paryla, Emil Stöhr, Karl
Paryla und nach dessen Entlassung Wolfgang Langhoff. Bereits in
der Spielzeit 1933/34 wurden neben Klassikerinszenierungen, Historiendramen und Milieustücken die beiden Zeitstücke ›Die Rassen‹ von Ferdinand Bruckner und ›Professor Mamlock‹ von Friedrich Wolf aufgeführt. Bis 1938 wurde eine Reihe weiterer Dramen
von Exilanten gespielt. Unter der Direktion Wälterlins waren die
deutsche Klassik und diejenigen modernen Autoren, die sich nach
1945 auch auf den bundesdeutschen Bühnen durchsetzen sollten
(Sartre, Giraudoux, Wilder, O'Neill), aber auch Stücke von Brecht
und Georg Kaiser Repertoireschwerpunkte. Mit der Uraufführung
von Max Frischs ›Nun singen sie wieder‹ am 29. März 1945 setzte
der Erfolg der Schweizer Dramatik ein.

6. Theaterbetrieb im Exil

1933 konnten die vertriebenen Autoren und Bühnenkünstler noch
auf Arbeitsmöglichkeiten im benachbarten deutschsprachigen Ausland hoffen, doch spätestens nach 1938 gab es solche Chancen
nicht mehr. Das nichtdeutschsprachige Ausland war bis Kriegsbeginn offen. Dann eröffneten sich nur noch in Großbritannien,
mit Einschränkungen in der Sowjetunion und in Übersee Möglichkeiten. Die Exilanten hatten mit Sprachschwierigkeiten zu kämpfen; nur wenige Schauspieler konnten sich auf fremden Bühnen
dauerhaft behaupten. Vielfach war die jeweilige Theaterstruktur
anders, vor allem stärker privatrechtlich organisiert als der deutsche Subventionsbetrieb. Inszenierungen in deutscher Sprache blieben im Ausland auf ein enges Publikum beschränkt. Theater im
Exil fand in der Regel in Clubs, höchstens als halbprofessionelle
und meist als sporadische Veranstaltung statt. Dominierend waren
Unterhaltungsdramatik sowie leicht zu realisierende Formen wie
Kleinkunst, Leseaufführungen, Revuen usw. Trotz der erheblichen

ökonomischen und technischen Beschränkungen ist in nahezu allen Exilländern Theater gespielt worden.[30] Dokumentiert sind mehr als 800 deutschsprachige Inszenierungen im Exil, die von mehr als 2500 aus Deutschland und Österreich vertriebenen Theaterschaffenden getragen wurden. Autoren, Regisseure und Schauspieler verloren ihre Spielstätten, Ensembles wurden zerrissen. Am ehesten konnten Kabaretts und Wanderbühnen kontinuierlich arbeiten.[31] Keiner der namhaften Regisseure, weder Reinhardt noch Piscator oder Jeßner, konnte dauerhaft eine Bühne aufbauen. Aufführungen der kritischen Exildramatiker Brecht, Bruckner, Wolf, Toller und anderer hat es zwar immer wieder gegeben, sie blieben aber meist einmalige Ereignisse.

Zunächst bevorzugten die Theaterleute deutschsprachige Exilländer und solche mit großen deutschen Minderheiten – zunächst vor allem Österreich, wo sie jedoch nur wenig Unterstützung erhielten[32] und vielfach auf private Initiativen angewiesen waren. Am Burgtheater wurden zwar vor 1938 grundsätzlich keine nationalsozialistischen Tendenzstücke gespielt, allerdings auch keine kritischen von Emigranten. Emigranten fanden auch keine Engagements. Manche übernahmen Wiener Privattheater, wobei etwa Kurt Robitschek und Hans José Rehfisch ökonomisch scheiterten, während Arthur Hellmer das Theater an der Wien erfolgreich führen konnte.

Günstiger waren die Rahmenbedingungen in der Tschechoslowakei, die über eine reichhaltige Theaterinfrastruktur verfügte: es gab etwa 100 deutschsprachige Theater, davon drei Viertel Wanderbühnen.[33] Die Theater gerieten in eine Zwickmühle. Einerseits forderten die Emigranten eine klare Parteinahme gegen das »Dritte Reich«, andererseits übte das Reich diplomatischen und die Sudetendeutsche Partei Konrad Henleins politischen Druck auf sie aus. Am Deutschen Theater Prag unter der Direktion von Paul Eger waren Richard Strauss und Gerhart Hauptmann 1933 wegen ihrer Haltung boykottiert worden; zugleich bewirkte diplomatischer Druck gegen das »verjudete« Theater die Absetzung einer Aufführung von Bruckners ›Rassen‹. Exilstücke wurden dort gespielt, für politische Stücke von Brecht, Wolf, Hay und anderen engagierte sich die Truppe František Burians. Bis 1938 konnten sich die Bühnen mit Ausnahme derer in den Hochburgen der Sudetendeutschen Partei (Eger) weitgehend dem nationalsozialistischen Einfluß entziehen.

Ab 1933 war eine Reihe von linken Ensembles im Grenzgebiet unterwegs, die im Rahmen der Volksfrontidee agierten. Zwischen 1934 und 1936 spielte Louis Fürnbergs »Echo von links« in Nordböhmen. 1936 bildete er zusammen mit Kuba »Das neue Leben«, in Prag unterhielten Fritz Erpenbeck und Hedda Zinner das »Studio 1934«, das sich nach zwei Spielzeiten 1935 auflöste. Die Verhältnisse konsolidierten sich bis 1938, dann aber setzten Gleichschaltungstendenzen ein, so daß die Emigranten in der verbliebenen kurzen Zeit auf informelle Plattformen verwiesen waren.

Das Exil in den fremdsprachigen Ländern Europas brachte für die Theaterschaffenden größere Probleme mit sich. In den Niederlanden konnte Leopold Jeßner zwar einige Gastspielerfolge vorweisen, aber es gelang nur Kleinkunsttruppen, einen längerfristigen Spielbetrieb aufrechtzuerhalten.[34] Die »Pfeffermühle« absolvierte in den Jahren 1934 bis 1936 erfolgreich Tourneen; der aus Berlin geflüchtete Rudolf Nelson realisierte bis 1939 etwa einhundert Revuen. Frankreich[35] war ein Durchgangsland, in dem einzelne herausragende Inszenierungen zu sehen waren – etwa die Uraufführung des Balletts ›Die sieben Todsünden der Kleinbürger‹ von Bertolt Brecht und Kurt Weill am 7. Juni 1933 oder die der ›Gewehre der Frau Carrar‹ in der Regie von Slatan Dudow am 16. Oktober 1937, beide in Paris. Ähnlich war die Situation in Skandinavien;[36] Brecht mußte 1939 vom dänischen Fünen über Stockholm und Finnland in die USA fliehen. Als deutsch-schwedisches Gemeinschaftsunternehmen begann 1939 die »Freie Bühne« von Curt Trepte, Verner Arpe und Paul Wimmer; sie konstituierte sich endgültig erst 1943/44. Bis 1938 gab es in Großbritannien nur eine kleine, prominent besetzte Emigrantenkolonie (darunter Elisabeth Bergner, Grete Mosheim, Lucie Mannheim, Fritz Kortner, Conrad Veidt).[37] 1938 stieg die Zahl der Emigranten stark an. Im September 1938 wurde das »Austrian Center« gegründet. Im Dezember 1938 begann der KPD-nahe »Freie Deutsche Kulturbund« seine Arbeit. Er konnte im Clubrahmen eine Reihe von Revuen und auch einzelne professionelle Inszenierungen (Brecht, Becher) realisieren. Arnold Hellmers »Österreichische Bühne« sollte verbotene Klassiker und moderne Autoren spielen, konnte sich aber nicht etablieren. Das »Laterndl« setzte ab 1939 die Wiener Kleinkunst-Tradition in London fort.[38]

Die Sowjetunion zeigte nur eine geringe Bereitschaft, Emigranten aufzunehmen.[39] Sogar avancierte marxistische Künstler mieden sie oder verließen sie schnell wieder. Der sowjetische Theaterbetrieb kannte keine Privatunternehmen, so daß die Emigranten auf die Theaterbürokratie angewiesen waren. Die Theater wurden auf die Doktrin des sozialistischen Realismus und den Inszenierungsstil Stanislawskis verpflichtet. Die Säuberungen der späten 1930er Jahre verschlimmerten die Lage noch. Bereits vor 1933 hatte sich Erwin Piscator zu Filmaufnahmen in der Sowjetunion aufgehalten.[40] Als Präsident des »Internationalen Revolutionären Theaterbundes« (IRTB) agierte er vorwiegend von Paris aus im Rahmen der Volksfront, um das Theater zum Kampfmittel gegen den Faschismus zu machen. Nach der Auflösung des IRTB ging er in die USA. Der erste Sammelpunkt der Emigranten war der »Klub ausländischer Arbeiter« in Moskau. Gustav von Wangenheim bildete dort das »Deutsche Theater Kolonne links« aus Mitgliedern der beiden Agitpropgruppen »Truppe 1931« und »Kolonne links«. Er sollte eine Spielstätte gründen, hatte auch schon Schauspieler engagiert, aber das Projekt wurde aufgegeben. Maxim Vallentin, Curt Trepte, Ly David und einige weitere Schauspieler wurden für ein festes antifaschistisches Emigrantentheater in Engels, der Hauptstadt der Wolgarepublik, engagiert; nach einigen Spielzeiten war jedoch auch hier Schluß. Immerhin hat sich Friedrich Wolf in der Sowjetunion durchsetzen können: Nach der erfolgreichen Aufführung von ›Professor Mamlock‹ im Moskauer Gewerkschaftstheater am 23. März 1938 wurde Wolf der meistgespielte ausländische Dramatiker in der Sowjetunion.

In den USA[41] bildeten sich zwei Zentren heraus, Los Angeles und vor allem New York als Anlaufhafen der Emigranten. Trotz einer Reihe von Gründungen (die zeitkritisch ausgerichtete »Neue Theater-Gruppe« 1933/34, die »Komödie« 1938, die »Österreichische Bühne« 1940/41) vermochte sich keine Bühne dauerhaft zu etablieren. Im Rahmen der im Herbst 1941 gegründeten »Tribüne für

Freie Deutsche Literatur und Kunst in Amerika«, die u.a. Brecht, Bruckner, Feuchtwanger, Graf, Herzfelde, Heym, Heinrich Mann und Viertel zu ihren Mitgliedern zählte, konnten einzelne Aufführungen (Brecht, Becher) realisiert werden. Seit 1939 arbeitete Erwin Piscator am Drama Workshop, der die amerikanischen Bühnen der Nachkriegszeit prägte.

Max Reinhardts Inszenierung von Werfels ›The Eternal Road‹, zu dem Kurt Weill die Musik geschrieben hatte, entwickelte sich nach der Uraufführung am 7. Januar 1937 im Manhattan Opera House zu einem großen Publikumserfolg. Da die überdimensionierte Inszenierung jedoch laufend rote Zahlen schrieb, mußte sie eingestellt werden. Der einzige kommerzielle Erfolg eines Exildramatikers war ›Jacobowsky und der Oberst‹, das am 14. März 1944 in der Inszenierung von Elia Kazan an der »Theatre Guild« in New York Premiere hatte.

In Mexiko konstituierte sich der »Heinrich-Heine-Club«, zu dessen Mitgliedern Alexander Abusch, Anna Seghers, Ludwig Renn, Bodo Uhse u.a. zählten.[42] Trotz bescheidener Möglichkeiten wurden 1943 bis 1946 immerhin zwölf Inszenierungen mit Stücken von Becher, Bruckner, Kisch und anderen erarbeitet. Die erfolgreichste Exilbühne war die »Freie Deutsche Bühne« unter der Leitung von Paul Walter Jacob in Buenos Aires, die in Spielplan und Konzeption die Tradition des deutschen Staatstheaters fortsetzte. In den Jahren ihres Bestehens von April 1940 bis 1946 realisierte sie mehr als 165 Premieren und 550 Aufführungen, wobei Unterhaltungstheater und internationale Erfolgsstücke die Repertoireschwerpunkte bildeten. In Südamerika gab es noch die »Komödie« in Montevideo unter der Leitung von Fred Heller und Albert Mauser, im peruanischen Quito die »Kammerspiele« Karl Löwenbergs. In allen Fluchtorten spielten die Exilanten Theater, sogar in den Internierungslagern Frankreichs und Großbritanniens.[43] Jedoch waren Exilbühnen nur dann längerfristig existent, wenn sie sich auf die Erwartungen des Publikums der Exilländer einstellten.

II. Tendenzen der Dramatik

1. Allgemeine Entwicklungslinien

Die Politisierung des Theaters hatte um 1930 einen Höhepunkt erreicht, der an einer Vielzahl erfolgreicher Zeitstücke, avantgardistischen Konzeptionen und einer Welle von Weltkriegsdramen erkennbar wird. Doch seit 1930 schwingt das Pendel zurück. Letzte Ausläufer sind die politischen Dramen, die im Zuge der »Machtergreifung« geschrieben und gespielt wurden, und die frühen Zeitstücke des Exils. Der Grad der Politisierung der Dramatik ist aber insgesamt rückläufig, weil der politische Kampf der Jahre vor 1933 nun entschieden war. Dem politischen Drama war damit der Boden entzogen; die Gegner des neuen Regimes mußten die Ohnmacht ihrer Literatur erkennen. Das zeigt sich exemplarisch im raschen Wandel der Dramatik Ödön von Horváths. Zur dominierenden Form avancierte nun das Geschichtsdrama, die Problemreferenz verschob sich vom unmittelbar Politischen ins menschlich Allgemeine. Seit 1933 mußte es darum gehen, das dezidiert Humane zu beschwören, eine konsensuelle Basis jenseits des Parteienkampfes herzustellen, übergreifende Zusammenhänge, historische Kausalitäten und Parallelen zu analysieren – eine Tendenz, die zu einem neuen Interesse an archaischen und mythischen Stoffen und zu parabelhaften Überhöhungen, unabhängig von den politischen Positionen der Autoren, führte. Der historische Stoff bildete für die regimetreuen Dramatiker im Reich das Medium, die »immergültige Tragödie menschlichen Schicksals«[44] zu gestalten. Die nichtnationalsozialistischen Dramatiker erarbeiteten sich ein breites Spektrum an Reflexions- und Darstellungsmöglichkeiten, ohne sich unmittelbar exponieren zu müssen.

Die Tendenz im Drama ging in den 1930er Jahren zu neoklassischen, geschlossenen Formen. Eine Renaissance der klassischen Blankverstragödie ist zu beobachten, die bis weit nach 1945, etwa zu Hochhuths ›Stellvertreter‹, reichte. Auch diese Entwicklung vollzog sich unabhängig von der politischen Ausrichtung, das Spektrum reichte vom sozialistischen Realismus der Dramen Hays und Wolfs bis zum Neoklassizismus der Paul Ernst-Nachfolger Möller, Bacmeister und Langenbeck. Sogar Brecht, der auf der Verbindung von avantgardistischer Form und politisch fortschrittlicher Ausrichtung beharrte, wandte sich zunehmend traditionellen Formen zu, bewertete aber seine Exildramatik als »Rückschritt« zum aristotelischen Theater. Das war die logische Konsequenz seines Ansatzes, die literarische Form axiologisch an eine Geschichtsphilosophie zu binden, so daß Form als »progressive« Innovation oder aber als »reaktionäre« Invarianz bewertet werden konnte. Unabhängig von dieser erst nach 1945 zunehmend einflußreicher werdenden Position bevorzugten die Dramatiker nach 1930 traditionelle Formen, ohne daß Elemente offener Form oder Avantgarde-Konzepte verschwunden wären. Sie finden sich bei nationalsozialistischen Autoren wie Eberhard Wolfgang Möller, bei konservativen wie Hans Rehberg und Richard Billinger, aber auch bei Exilautoren wie Franz Werfel und Georg Kaiser.

Allgemein verbreitet war die Begeisterung für theatralische Großformen, für Festspiele und Laienspiele, die bis in die Nachkriegszeit zurückreichte und erst nach 1945 abebbt. Das Spektrum reicht von der Inszenierung politischer und kultureller Großereignisse wie Reichsparteitage, Olympiaden, Spartakiaden über lokale Festspiele und das Thingspiel bis zu den Sprechchören der Arbeiterbewegung und dem Schweizer Festspiel.

2. Die offiziell geförderte Dramatik in Deutschland und in Österreich

Die regimetreuen Autoren dominierten die Spielpläne, deren gegenwartsdramatischer Anteil, wie erwähnt, stark rückläufig war.[45] Eine alte Leitidee des rechtskonservativen Theaters war das Nationaltheater; allerdings war die Vorstellung, welche Stücke dem entsprechen könnten, weitgehend auf eine Präferenz für Illusionsdramaturgie und inhaltliche Momente beschränkt. Formal ist ein breites Spektrum von modernistischen (Möller) bis zu den allerdings dominanteren traditionellen Ansätzen festzustellen. Grundsätzlich galt, daß die neue Dramatik »aus dem tiefen Erlebnis der neuen deutschen Volkwerdung hervorgegangen ist und in diesen

Volks- und Gemeinschaftserlebnissen lebt«.[46] Wichtig waren Inhalte; alles andere war der »Teil des dichterischen Gesamtwerkes ⟨...⟩, das ⟨...⟩ für einen bestimmten Gehalt die wirksamste, ihm am meisten entsprechende Form darstellt«.[47] Das geforderte Drama ist ex negativo auf die Abgrenzung gegen das Theater der »Systemzeit«, die Abwehr des als zersetzend betrachteten naturalistisch-psychologischen Dramas und gegen die »verderbliche« Vorherrschaft des »Jüdischen« bezogen.

Gefordert war die Haltung des ›Heroischen‹ angesichts des Verhängnisses; das Drama sollte in »erschütternder Schicksalsaufhellung«[48] die Gültigkeit einer ewigen Ordnung veranschaulichen, was zu einem symbolhaften, typisierenden Stil führte. Weit über die nationalsozialistischen Autoren hinaus strahlte die Kategorie des Tragischen aus. Es galt als »Urerscheinung« des Lebens, das in der Tragödie ästhetisch zur Geltung zu bringen sei. Es war von der antiken Vorstellung einer tragischen Schuld abgekoppelt und ergab sich aus der Annahme der schicksalhaften Bindung an »Volk« und »Rasse«. Die kühnste Realisierung des Tragischen war das Opfer des heroischen Helden. Die nationalsozialistische Geschichtsdramatik zeigt, welche historischen Protagonisten und Situationen als tragisch gelten konnten.

1933 begann eine Reihe von Maßnahmen zur Förderung erwünschter Dramatik. Autoren wie Johst, Möller, Graff wurden mit Posten versorgt, eine Vielzahl von Preisen wurde ins Leben gerufen. Der Verlag Langen-Müller präsentierte sich mittels der ›Bücherei der dramatischen Dichtung‹ als repräsentativer Theaterverlag. Obwohl eine ganze Reihe von jungen Dichtern auftrat, entsprach das Ergebnis nicht den Erwartungen: Durch die zeitgenössische kritische Literatur zieht sich als roter Faden, daß das Drama »nur in wenigen Werken zur Vollendung reifte«.[49] Erwünscht waren Vorläufer und »Dichter der Bewegung«.[50] Das völkisch-nationale Drama war vor 1933 zwar randständig, aber nicht erfolglos;[51] es wurde vor allem in der Provinz gespielt. Kolbenheyer etwa erfreute sich guter Beziehungen zum Düsseldorfer Theater Louise Dumonts. Die Prototypen dieses Theaters waren schon um 1930 vorhanden: Volks- und Bauerndrama, Weltkriegsdrama, Geschichtsdrama.

Der »völkische Vorkämpfer und Wegbereiter des Nationalsozialismus«[52] Dietrich Eckart erlebte eine späte Karriere. Sein letztes Drama ›Lorenzaccio‹ (1918) wurde im Rahmen der Leipziger Kulturwochen unter der Regie von Detlev Sierck am 7. Oktober 1933 uraufgeführt. Allerdings konnte es sich im Repertoire nicht durchsetzen, Inszenierungen bedurften immer äußerer Anstöße.

Schon um 1930 hatte es eine Paul-Ernst-Renaissance gegeben, an dessen Tragödienkonzeption jüngere Autoren wie Möller und Langenbeck anknüpften. Der »Begründer der neueren Dramatik«[53] verkörperte die Alternative zu Gerhart Hauptmann. Ernst hatte dem angeblich »zersetzten« naturalistischen Drama seine Tragödien als »Gefäß eines neuen Gott- und Weltbildes«[54] entgegenstellen wollen. Die Bühnen spielten vor allem ›Der heilige Crispin‹ (1913), ›Preußengeist‹ (1915) und ›Yorck‹ (1917). Zu den Außenseitern des Literaturbetriebs hatte Ernst Bacmeister gehört, der nunmehr als »eigenwilliger, geiststarker und problematischer Gedankendramatiker«[55] galt und vor allem mit ›Kaiser Konstantins Taufe‹ (1937) Erfolg hatte.

Hanns Johst hatte sich früh der NSDAP angeschlossen[56] und begonnen, ein nationales Kulttheater zu konzipieren, das der Partei als mustergültig galt. In ›Der Einsame‹ (1917) hatte er das »dämonische Wesen Grabbes«[57] gestaltet und das verkannte Genie zum völkischen Vorkämpfer und Antisemiten umgedeutet. ›Der König‹ (1920) galt als Gestaltung des Führertums, ›Propheten‹ (1922) zeigte Luther als »verkörperten Willen des deutschen Volkes, das sich gegen die Herrschaft der römischen Kirche auflehnt und einen arteigenen Glauben fordert«;[58] in ›Thomas Paine‹ (1927) wurde der amerikanische Freiheitskämpfer zum Opfer der Französischen Revolution. ›Schlageter‹ (1933) schließlich brachte den ersten Soldaten des »Dritten Reiches« auf die Bühne, dessen Weg vom zögernden Rechtsextremisten zum opferbereiten Terroristen gezeigt wurde. Das Drama stellte die Werte des Frontgedankens und der Volksgemeinschaft gegen die »liberalistische« Bürgerlichkeit des »Systems von Weimar«. In der als Märtyrer gezeichneten Zentralfigur verknüpfte Johst soldatisches Ethos mit religiöser Topik. Die Vieraktigkeit des klassisch gebauten Dramas ist mit einiger Plausibilität als Teil der Wirkungsstrategie gedeutet worden: die »Machtergreifung« soll als fehlender fünfter Akt das Stück in der Wirklichkeit vollenden. Die Premiere, als offizielles Ereignis inszeniert, fand am 20. April 1933 statt, dem ersten Geburtstag Hitlers als Reichskanzler, in prominenter Besetzung im Schauspielhaus am Berliner Gendarmenmarkt.

Zu den hochdekorierten Autoren zählte Erwin Guido Kolbenheyer, dessen ›Gregor und Heinrich‹ (1934) das Paradigma des neuen Historiendramas lieferte. In diesem Stück, in dem eine volksbiologische Neudeutung des Canossa-Stoffs präsentiert wurde, fungiert Heinrich IV. als nordisch-germanischer Repräsentant eines arteigenen Kaisertums, Papst Gregor VII. vertritt dagegen den mediterranen Machtanspruch der Kirche. Diese sei aufgrund ihres hohen Differenzierungsgrades biologisch überaltert, dem Untergang geweiht, während dem kaum differenzierten Volk des Nordens die Zukunft erst noch bevorstehe. Der Gang nach Canossa sei somit keine Niederlage, sondern ein Sieg des jungen Volks und der »deutschen« Kaiseridee. Die spät entstandene Tetralogie ›Menschen und Götter‹ (›Mythus‹, ›Eckart‹, ›Luther‹, ›Der Hellweg‹, 1941–44) entwickelt eine biologische Deutung des deutschen Konfessionsstreits.

Unter den Dramatikern der »jungen Mannschaft« galt Eberhard Wolfgang Möller als größtes Talent.[59] Möller hatte bereits 1929 mit ›Douaumont oder die Heimkehr des Soldaten Odysseus‹ einen Achtungserfolg erzielt. Er orientierte sich zunächst an Brecht und Piscator, um ein Drama zur Entfaltung eines neuen Gemeinschaftsethos zu realisieren; als Durchbruch nationalsozialistischer Ideologie auf dem Theater galt insbesondere das Stück ›Panamaskandal‹ (1930). Die Dramen des von Goebbels geförderten Möller waren »politische Gleichnisstücke«,[60] die die nationalsozialistische Idee beim Wort nahmen. ›Rothschild siegt bei Waterloo‹ (1934) wurde auf ausdrückliche Empfehlung der Reichsdramaturgie 1936 an den Münchner Kammerspielen inszeniert. Das Struensee-Drama ›Der Sturz des Ministers‹ (1937) demonstrierte das heroische Scheitern einer deutschen Führerfigur am dänischen Hof. Das als Paradestück der Reichstheaterwochen 1938 projektierte ›Untergang Karthagos‹ provozierte allerdings Kritik von Rosenberg und Himmler. Das Handelsimperium Karthago geht an der eigenen Dekadenz und dem entschlossenen Angriff der Feinde zugrunde. Das Stück wurde als verschlüsselte Kritik an der Partei aus dem Aufbruchsgeist der ›Kampfzeit‹ aufgefaßt. Nach der Mitarbeit am Film ›Jud Süß‹

entstand ›Das Opfer‹ (1941), das den »Rassenkampf« im Osten behandelte. Danach fiel Möller in Ungnade.

Curt Langenbeck gehörte ebenfalls zu den geschätzten und von der Kritik hochgewerteten Dramatikern,[61] der sich mit einer Reihe von Stücken (›Bianca und der Juwelier‹, 1934; ›Alexander‹, 1934; ›Der getreue Johannes‹, 1937; ›Armer Ritter‹, 1938) durchsetzen konnte. In ›Heinrich VI.‹ (1936) bringt das tragische Scheitern der staufischen Reichsidee die Idee des Volkskönigtums hervor. Seine Tragödienkonzeption entfaltete er in der Rede ›Die Wiedergeburt des Dramas aus dem Geist der Zeit‹ (1940): Aufgrund der modernen Isolation des Individuums sei, so Langenbeck, die klassische Tragödie in der Gegenwart unmöglich; sie müsse aus dem Geist Nietzsches heraus erneuert werden. Die Stelle des tragischen Schicksals nehme das Verhängnis ein; das Tragische realisiere sich im »Mut zum Verhängnis«. ›Der Hochverräter‹ (1938) und ›Das Schwert‹ (1940) sind als Umsetzung dieser Vorstellungen entworfen. Die Auseinandersetzung um ›Das Schwert‹ entzündete sich daran, daß Rosenberg das Stück als verschlüsselte Gegenwartskritik las.

Zu den typischen Dramen der Zeit gehörte das politische Zeitstück. In der Spielzeit 1933/34 war ›Schlageter‹ nur eines von einer Reihe von Kampfstücken, die auf die Bühnen des Reichs kamen.[62] Eines der ersten dieser Dramen war ›Die endlose Straße‹ (1926) von Sigmund Graff und Carl Hintze. Diese Dramen kreisten um das Erlebnis des Schützengrabens im Ersten Weltkrieg, die Heimkehr nach dem verlorenen Krieg, die Frage nach dem Sinn der Kriegsopfer; sie trafen sich im Namen des Geistes von Langemarck und Douaumont in der Frontstellung gegen Weimar.[63] Die ideologische Grundfigur dieser Dramen ist das Opfer als Symbol der Einheit des Einzelnen mit seinem Volk. Der Frontgeist artikuliert die Hoffnung auf eine alle Spaltungen überwindende Volksgemeinschaft. Beispiele für Dramen dieses Typs waren etwa ›Marsch der Veteranen‹ (1935) von Friedrich Bethge, ›Rheinlandtragödie‹ (1933) von Paul Joseph Cremers oder ›Jugend von Langemarck‹ (1933) von Heinrich Zerkaulen.[64] Um 1936 verschwanden sie von den Spielplänen, wohl weil sich in den Augen der Partei das Thema erledigt hatte.

Erst im Zweiten Weltkrieg entstanden wieder neue Zeitstücke; der Krieg war als Thema erst ab 1942 zugelassen. Thematisch krei-

sten sie um die Treue (Curt Langenbeck, ›Treue‹, 1942; Mirko Jelusich, ›Samurai‹, 1942; Wilhelm von Scholz, ›Ayatari‹, 1944) oder
propagierten den ›Durchhaltewillen‹ (Werner Deubel, ›Die letzte
Festung‹, 1942; Hans Rehberg, ›Wölfe‹, 1944). Ausdrücklich von
der Reichsdramaturgie empfohlen wurde Herbert Reineckers ›Das
Dorf bei Odessa‹ (1942), in dem die Vereinigung von »Reichs–«
und »Volksdeutschen« vor dem Hintergrund des »Rassenkampfes«
gegen die Russen vorgeführt wird.[65]

Etwa die Hälfte des Bühnenrepertoires wurde jedoch von Geschichtsdramen bestritten.[66] Historische Stoffe boten sich an, den
Rassenkampf darzustellen, zeitgenössische Konstellationen ins Exemplarische zu überhöhen, neuralgische Punkte der Geschichte
auszudeuten, Normen zu begründen oder Parallelen zur Gegenwart zu finden. Friedrich Forsters Gustav-Wasa-Drama ›Alle gegen
einen, einer für alle‹, das am »Tag der Bewegung«, dem 9. September 1933, an sechs verschiedenen Bühnen uraufgeführt wurde,
propagierte den Führermythos. Otto Erlers ›Thors Gast‹ (1936),
ein vom Amt Rosenberg gelobtes Stück, stellte den Sieg des Ger-
manentums über das Christentum dar. Heinrich Zerkaulens ›Der
Reiter‹ (1937) visualisierte die Geschichte des Bamberger Reiters;
Thilo von Trothas ›Engelbrecht‹ (1938) eine Episode aus dem Dreißigjährigen Krieg.

Ein umstrittener Dramatiker war Hans Rehberg, Parteimitglied seit 1930. Er galt den politisch Distanzierten als »Ausweich-
Dramatiker«;[67] doch selbst für Hellmuth Langenbucher war er
eine »starke dichterische Begabung«.[68] Sein Ruf beruhte auf einem
Zyklus von Dramen, die Entstehung, Aufstieg und Sicherung des
Staates Preußen darstellten. Am Anfang stand die 1932 geschriebene, jedoch erst 1940 veröffentlichte ›Preußische Komödie‹, die
ihren Ausgangspunkt beim Fronterlebnis nahm. Das sinnlose, zur
Sinnstiftung überhöhte Massaker von Langemarck wurde zum
Zentrum einer weit ausholenden historischen Rekapitulation in
fünf Dramen: ›Der große Kurfürst‹ (1934), ›Friedrich Wilhelm I.‹
(1935), ›Friedrich I.‹ (1935), ›Kaiser und König‹ (1936), ›Der Siebenjährige Krieg‹ (1937). Rehbergs Sonderstellung wird in der
Anlage des Zyklus deutlich. Er verzichtete auf Idealisierung und
tragische Überhöhung der Historie, konzentrierte sich vielmehr

auf die »Dämonie« dieses Aufstiegs, also auf Machtkämpfe, Opfer, Greuel. Langenbucher warf im übrigen Rehberg vor, er entheroisiere die Geschichte – das letzte Drama endet mit der resignativen Feststellung Friedrichs II. »So alt sind wir geworden, General.«[69] Rehbergs Zyklus war der einzige zeitgenössische Dramentext, der während des »Dritten Reiches« inszeniert wurde, in dem Judenfiguren *nicht* antisemitisch gezeichnet waren.[70] Seinen Anhängern galt er als Erneuerer des Dramas im kleistschen Sinn, die Gegner schimpften ihn einen Shakespeare-Epigonen.

Die dritte zahlenmäßig stark vertretene Gruppe umfaßt die Bauerndramen, deren Spektrum von »Blut und Boden«- bis zu Heimatstücken reicht. Auch deren Erfolg hatte schon 1928/29 eingesetzt. Die Existenz des Bauern auf seiner »Scholle« galt als Muster elementarer, natürlicher Lebensverhältnisse. Ein Großteil der Texte nahm seinen Ausgangspunkt von der Krise des Landlebens, die in den nichtvölkischen Dramen Richard Billingers (›Rosse‹, 1931; ›Rauhnacht‹, 1931) und in Max Mells ›Spiel von den deutschen Ahnen‹ (1935) nicht nur als ökonomische, sondern auch als moralische Krise aufgefaßt wurde. Andererseits wurde die Gattung zur Feier der Einheit von »Blut und Boden« und zur Darstellung von Volkstumskämpfen genutzt: Hans Christoph Kaergels ›Andreas Hollmann‹ (1933) und ›Hockewanzel‹ (1934), Kurt Kluges Konjunkturdrama ›Ewiges Volk‹ (1933),[71] Friedrich Grieses ›Mensch aus Erde gemacht‹ (1932), Sigmund Graffs ›Die Heimkehr des Matthias Bruck‹ (1933), Rudolf Ahlers' ›Erde‹ (1935).

3. Nichtnationalsozialistische Dramatik im »Dritten Reich«

Das Spektrum der nichtnationalsozialistischen Bühnendramatiker umfaßt anfängliche Mitläufer gleichermaßen wie unpolitische Verfechter der Kunstautonomie, christliche Autoren und spätere Widerstandskämpfer.[72] Das bedeutendste Beispiel verkörpert das dramatische Spätwerk Gerhart Hauptmanns,[73] das in rascher Folge nach 1933 entstand: ›Die goldene Harfe‹ (1932), ›Hamlet in Wittenberg‹ (1935), ›Ulrich von Lichtenstein‹ (1939), ›Die Tochter der Kathedrale‹ (1939) und die Atriden-Tetralogie (›Iphigenie in Aulis‹,

›Agamemnons Tod‹, ›Elektra‹, ›Iphigenie in Delphi‹, 1940–43). Auf den Bühnen blieb Hauptmann, mit leicht rückläufiger Tendenz, präsent. Aufgrund seines internationalen Ansehens schien es den Nationalsozialisten opportun, ihn zu instrumentalisieren, allerdings war er aufgrund seines naturalistischen Frühwerks und als Repräsentant der Weimarer Republik nicht unumstritten. Daher führten Feierlichkeiten aus Anlaß seiner runden Geburtstage (1938 und 1943) stets zu internen Auseinandersetzungen der verschiedenen kulturpolitisch agierenden Gruppen innerhalb der NSDAP.

Den Schwerpunkt des dramatischen Spätwerks stellt neben der Arbeit an der Hamlet-Figur die neoklassizistische Atriden-Tetralogie dar. Hauptmann griff auf einen antiken Stoff von höchster Dignität zurück, der in Gestalt von Goethes ›Iphigenie auf Tauris‹ als paradigmatischer Entwurf eines Humanitätsideals galt. Diesen Entwurf nimmt Hauptmanns Tetralogie explizit zurück, da sie eine antihumane Antikenkonzeption in der Tradition von Nietzsches Tragödienverständnis zugrundelegt. Die Wurzel der Tragödie sieht Hauptmann im kultischen Menschenopfer. Der Rekurs auf das Schicksal ist nicht nur Bezug auf den antiken Mythos, sondern vor allem auf die zeitgenössische Opfer- und Schicksalsideologie, die in Selbstverständnis und Propaganda des Nationalsozialismus eine zentrale Rolle spielt. Zu ihr verhält sich die Tetralogie kritisch, wie an der Handhabung des Götterapparates erkennbar wird: Die Opferung der Iphigenie ist nicht wie bei Goethe als Wunder gestaltet; vielmehr läßt Hauptmann sie von den Priesterinnen der Hekate entführen; dieser Priestertrug kennzeichnet das Opfer als Ideologie. Da nur Menschen als Handelnde auftreten, die Götter ausschließlich in der Figurenrede greifbar werden, sind die Kategorien von Schicksal und Opfer als menschliche Deutungskategorien markiert. Auf die zeitgenössische Opfer- und Schicksalsideologie wird die Vorstellung bezogen, das Urmotiv der hellenischen und damit letztlich der europäischen Kultur sei das Menschenopfer. Hauptmanns Drama steht in der Tradition von Nietzsches Vorstellung, der moderne Mensch sitze gleichsam auf dem Rücken eines Tigers; anders gesagt: Hauptmann führt das Unbehagen in der Kultur vor. Die Atriden-Tetralogie erweist sich somit keineswegs als Flucht vor den Anforderungen der Zeit in die mythische Vergangenheit, sondern als pessimistische Reflexion auf die Natur des Menschen, über deren Angemessenheit angesichts der unmittelbaren Zeitumstände kein Zweifel sein könne. Hauptmann hat die Tetralogie von ihrem Ende her begonnen. In der Abfolge der Niederschrift steht mit der ›Elektra‹ der düsterste und formal hermetischste Teil am Ende, in der Abfolge der Dramen jedoch steht mit der ›Iphigenie‹ der versöhnliche Teil am Schluß.

In einer Reihe streng gebauter Blankverstragödien hat der Politikwissenschaftler Albrecht Haushofer das Verhältnis von Recht und Macht an historischen Beispielen reflektiert.[74] Publiziert wurde zu Lebzeiten nur die Römer-Trilogie: ›Scipio‹ (1934), ›Sulla‹ (1938), ›Augustus‹ (1939). Sie behandelt in drei Längsschnitten den Wandel von der römischen Republik zum Imperium Romanum. Dieser Wandel vollzieht sich in einem hundertjährigen Bürgerkrieg, der erst durch Augustus um den Preis lebloser Stabilität beendet wird. Zentrale Problemstellung in den Dramen ist die Frage, wie angesichts des historischen und machtpolitischen Wandels das Verhältnis von Macht und Recht austariert werden kann. Haushofer stellt je eine Herrscherfigur ins Zentrum, deren Machtpolitik in ihren Auswirkungen behandelt wird. Ihr sind als Kontrastfigur jeweils einer oder mehrere Vertreter des Geistes zugeordnet, so daß das zeittypische Konfliktfeld von Geist und Macht unter wechselnden individuellen wie machtpolitisch-historischen Konstellationen beleuchtet wird. Scipio ist eine idealisierte Herrscherfigur, deren Grundprinzipien noch aus der republikanischen Zeit stammen und die angesichts des historischen Wandels bereits anachronistisch zu werden beginnt. Sulla ist der Machtmensch und Diktator; Augustus schließlich erweist sich als verantwortungsvoller Herrscher. »Der Staatsmann hat gesiegt, wenn er als Feldherr / Nicht mehr zu siegen braucht!«[75] Allerdings steht die Stabilität seiner Herrschaft im Gegensatz zum historischen Wandel, so daß er ihr seine Persönlichkeit opfern muß. Weitere Dramen Haushofers blieben unveröffentlicht: In ›Die Makedonen‹ (1940) behandelt er den Zerfall des Reiches im Moment seiner größten Machtfülle und der Agonie seines Herrschers, und die parabelhafte ›Chinesische Legende‹ (1941) verfolgt das Thema des pflichtvergessenen Herrschers weiter, läuft jedoch auf die Unmöglichkeit einer Vermittlung von Geist und Macht hinaus.

Zu den erfolgreichsten Dramatikern zählte Richard Billinger, der sich bereits seit 1930 an den Bühnen durchgesetzt hatte.[76] Von Nationalsozialisten wurde er wegen der thematischen Ausrichtung seiner Dramen geschätzt, die häufig die Opposition von Stadt und Land behandelten und vitalistisch geprägt waren. Aber er galt auch als problematischer Fall, denn – wie ein Kritiker meinte – »seine Kunst ist ein Rausch, der ernüchtert«.[77] Aufgrund der artistischen Qualitäten Billingers und der Modernität seiner Dramatik – in der ›Hexe von Passau‹ (1935) behandelte er ein typisches Thema eines historischen Volksstücks mit Mitteln der Avantgardedramatik, in ›Gabriele Dambrone‹ (1939) orientiert er sich am Dramenstil Schnitzlers – wurde er argwöhnisch beobachtet. Sein erfolgreichstes Stück ›Der Gigant‹ (1937), in dem ein einfaches Mädchen vom Land in der Großstadt einem Verführer zum Opfer fällt, war die Vorlage zu Veit Harlans Film ›Die goldene Stadt‹. Billingers späteres Drama ›Paracelsus‹ (1943) war als Ersatz für Hofmannsthals ›Jedermann‹ in Salzburg vorgesehen.

Ein Überraschungserfolg war das als Unterhaltungsstück konzipierte ›Die Neuberin‹ (1934) von Günther Weisenborn und Eberhard Foerster, das die aufklärerisch-volkstümliche Erneuerung des Theaters durch Johann Christoph Gottsched und Caroline Neuber behandelt. Ihre Hauptfiguren sind typisiert als fortschrittsfeindlicher Traditionalist, skrupelloser Emporkömmling und ruhmsüchtiger Karrierist.

Arnolt Bronnen, der sich um 1930 dem rechten Lager angeschlossen hatte, wollte mit den beiden Geschichtsdramen ›N‹ und ›Gloriana‹ 1940/41 wieder an die Bühnen zurückkehren.[78] Bereits geplante Uraufführungen kamen auf Intervention des Amtes Rosenberg jedoch nicht zustande. Nach 1945 gab Bronnen beide Dramen als Versuche aus, »nicht nur inhaltlich, sondern auch formal Opposition«[79] zu machen. ›N‹ behandelt die Ermordung des Herzogs von Enghien, des letzten legitimen Thronerben, am Vorabend der Kaiserproklamation Napoleons. Nach eigener Auskunft arbeitete Bronnen dokumentarisch; er entpsychologisierte die Figuren, um den Akzent auf den Mechanismus der Macht zu legen. Die Grundlage von Napoleons Kaisertum ist ein Mord, an seinem Hof führen die Intrigen zu einem Machtkampf, der nicht mehr zu kontrollieren ist und sich verselbständigt. Napoleon erscheint dabei als Führerfigur mit begrenztem Handlungsspielraum. In ›Gloriana‹, einem Drama, das die Freiheitsspielräume der Kunst auslotet, verkörpert Elisabeth I. die Macht, auch ihre Herrschaft ist illegitim. Verschiedene Repräsentanten des Geistes sind in einer Tripelfigur verknüpft: William Shakespeare und Francis Bacon erweisen sich als Masken des legitimen Königs Edward VI.

Max Mell hatte im Ständestaat dem »Bund deutscher Schriftsteller in Österreich« vorgestanden.[80] Der erste Teil seines großangelegten Dramenprojekts ›Der Nibelunge Not‹ wurde 1944 am Wiener Burgtheater uraufgeführt. Mell psychologisierte das archaische Epos und reduzierte seine Handlungsfülle. Den hochgradig ideologisierten Stoff verwendete er gerade nicht zur Proklamation der berüchtigten Nibelungentreue, sondern zur selbstkritischen Reflexion von Schuld und Verstrickung. Die Hauptfigur Siegfried, die Inkarnation des strahlenden deutschen Helden, ist voller Weltvertrauen. Sein Gegenspieler Hagen charakterisiert das als Defizit, als Mangel an Einblick in mögliche Verstrickung. Siegfrieds Anteil an der Werbung Gunthers um Brunhild bringt Recht und Unrecht durcheinander und macht ihn schuldig. Die Kette des Tragischen ist kein Strukturelement der Welt, sondern sie kommt durch schuldhaftes menschliches Handeln zustande: Die Katastrophe der Burgunder liegt in der Verantwortung der Protagonisten.

Die Unterhaltungsdramatik in ihren gehobenen wie trivialen Formen ist bislang noch wenig bekannt. So ist erst spät aufgedeckt geworden, daß Erich Kästner unter Pseudonym in Zusammenarbeit mit Eberhard Keindorff eine Reihe von Boulevardkomödien wie ›Verwandte sind auch Menschen‹ (1937) oder ›Das lebenslängliche Kind‹ (1934) verfaßt hat.[81] Alexander Lernet-Holenia führte die Tradition der kakanischen Gesellschaftsdramatik fort.[82] Einen Theaterskandal verursachte das Drama ›Die Glastüren‹ (1939) wegen seines frivolen Zynismus. Es konfrontiert die verarmte Hocharistokratie als Vertreter einer überalterten Zivilisation mit der Scheinmoral von »paying guests« aus den USA. Die Zeichnung der feinen Gesellschaft schwankt zwischen Parodie und wehmütiger Glorifizierung.

Die großen Publikumserfolge der 1930er Jahre waren – zumeist unpolitische – Unterhaltungsstücke. Neue Autoren waren Nutznießer der Lücken, die durch die Rassen- und Vertreibungspolitik des Regimes entstanden waren. In der Saison 1935/36 waren die Erfolgsstücke ›Krach im Hinterhaus‹ von Maximilian Böttcher, ›Hilde und 4 PS‹ von Kurt Sellnick, ›Sprung aus dem Alltag‹ von Heinrich Zerkaulen und ›Wenn der Hahn kräht‹ von August Hinrichs; später folgten ›Der Nachbar zur Linken‹ von Heinz Steguweit, ›Der blaue Heinrich‹ von Otto Schwartz und Georg Lehnbach, ›Der Ministerpräsident‹ von Wolfgang Goetz und ›Die Weiber von Redditz‹ von Friedrich Forster, zum erfolgreichsten Stück avancierte schließlich ›Der Etappenhase‹ von Karl Bunje. Viele der genannten Stücke konnten ihren Siegeszug beim Publikum auch nach 1945 fortsetzen.

Das Kabarett, in der Weimarer Republik eine bedeutende kulturelle Institution, verlor nach 1933 zunehmend an Freiräumen.[83] Die beiden bedeutendsten Berliner Kabaretts – das noch von Friedrich Hollaender gegründete »Tingel Tangel« und die »Katakombe« – wurden am 10. Mai 1935 geschlossen. Zwei Sketche, die das Winterhilfswerk und die heimliche Wiederaufrüstung aufs Korn nahmen, führten zur Schließung der »Katakombe«. Werner Finck, der als Eulenspiegel-Figur in der »Katakombe« wesentlich mit indirekten Mitteln arbeitete, ging mit seinen Conférencen ein hohes persönliches Risiko ein: 1935 wurde er für kurze Zeit in ein Konzentrationslager verbracht, erhielt nach der Entlassung ein Jahr Arbeitsverbot und trat dann, bis zur Schließung 1939, im »Kabarett der Komiker« auf. Am 3. Februar 1941 erließ Goebbels schließlich ein totales Conférence-Verbot. Während der Zeit des »Dritten Reiches« gab es immer wieder Versuche, eine Art systemkonformes Kabarett zu begründen. Das Soldatenkabarett »Der Knobel-Becher« bespielte in den Jahren 1942 bis 1944 die Front im Osten.

4. Festspiel – Laienspiel – Thingspiel

Zu den auffälligsten Erscheinungen der Zwischenkriegszeit im deutschen Sprachraum zählt die Begeisterung für Fest-, Weih- und Massenspiele, die quer durch alle politischen Lager geht. Das Spektrum reicht von lyrischen Chordichtungen, jugendbewegten Laienspielen, Bauern- und Historienstücken, Märchenspielen, Jahreszeitenspielen, geistlichen Spielen, Stadionspielen bis zu kulturpolitischen und politischen Großveranstaltungen wie Reichsparteitagen, Olympischen Spielen und Spartakiaden. Für die Jahre 1928 bis 1937 expandiert der Bereich des Freilichttheaters; Spielplätze, Aufführungen und Zuschauerzahlen wachsen kontinuierlich. Die wichtigsten Ausprägungen waren die Freilichttheaterbewegung, die katholische Laienspielbewegung, der kommunistische Agitprop und das politische Festspiel. Gemeinsam ist diesen Spielformen die Ausrichtung auf ein Kollektiv, das sich selbst im Spiel inszenierte, d. h. die Zweckbindung der Texte und ihre politische Ausrichtung, die programmatische Entprofessionalisierung durch die Einbeziehung von Laien ins Spiel, die Entgrenzung in den Naturraum hinein, der Einsatz von Medien und Technik sowie die ästhetische Zielvorstellung vom Gesamtkunstwerk.

Ab 1933 monopolisierte das NS-Regime die Massenbewegung ideologisch, die sozialdemokratische und kommunistische Festspielbewegung wurde unterbunden. Im August 1933 nahmen Wangenheims »Kolonne links« und eine Tanzgruppe als einzige deutsche Teilnehmer an der Ersten Olympiade des revolutionären Arbeitertheaters in Moskau teil. Die Agitprop-Bewegung konzentrierte sich in den ersten Jahren nach 1933 auf die Tschechoslowakei, wo insbesondere Louis Fürnberg aktiv war. Bei einer Aufführung seiner ›Festlichen Kantate‹ im Juni 1938 sollen 20000 Zuschauer zugegen gewesen sein. Im Exil war aber an eine Weiterführung angesichts des fehlenden Publikums nicht mehr zu denken. Eine Ausnahme bildete die Uraufführung von Stefan Heyms ›Gestern/Heute/Morgen. Ein deutsch-amerikanisches Festspiel‹ (1937) in Chicago; in diesem dokumentarisch gearbeiteten Spiel wurden Washington, Steuben, Lincoln und Schurz als Verfechter der Freiheit und Kämpfer gegen Hitler vorgeführt.[84]

Im »Reich« firmierte die Festspiel- bis 1936/37 vor allem als Thingspielbewegung.[85] Die organisatorischen Anfänge lagen vor 1933, die Idee war von ideologisch und organisatorisch heterogenen Gruppen getragen und hatte sich bereits herausgebildet, als das Propagandaministerium das Thingspiel als »Reichssache« propagierte. Das Thingspiel – 1934 war bereits eine regelrechte Thingspieleuphorie festzustellen – galt als »höchster Ausdruck des völkischen Theaters«, als »Stätte der im Freien Wirklichkeit gewordenen Volksgemeinschaft«[86] und als optimale Verbindung von politischer Intention und kultischer Inszenierungsform. Eine Reihe von Autoren der sozialdemokratischen Laienspielbewegung wechselte zum Thing (Max Barthel, Heinrich Lersch, Gerrit Engelke, Martin Luserke, Kurt Heynicke).

In den ersten Jahren thematisierten die gefeierten Stücke häufig den Sieg über das verhaßte »System« von Weimar. Ihre Kennzeichen waren die Tendenz zu symbolischer Überhöhung, waren Pathos, Wiederholungen und Ritualisierungen sowie die inhaltliche Anreicherung mit apokalyptischen Elementen. Das Vorzeigestück des Thing war Richard Euringers ›Deutsche Passion 1933‹ (1933), das den Staatspreis erhielt. Das aus einem Hörspiel entstandene Stück verband die Form des mittelalterlichen Mysterienspiels mit expressionistischer Gesellschaftskritik und stellte die Weimarer Republik als Staat des Antichrist dar. Die Uraufführung fand bei den Heidelberger Reichsfestspielen 1933 aus technischen Gründen in der Halle statt. ›Brot und Eisen‹ (1933) von Gustav Goes war aus dem Stadionspiel ›Aufbricht Deutschland!‹ (1932; 1933 im Druck mit dem Untertitel ›Stadionspiel der nationalen Revolution‹) entwickelt worden. Es stellte die jüngste Geschichte Deutschlands aus völkisch-nationalistischer Perspektive dar: den Ersten Weltkrieg als Verteidigungskrieg, die Dolchstoßlegende und den Kampf gegen Kommunisten und Juden bis zu »Deutschlands Erwachen«. Ein weiteres Exempel war das ›Spiel von Job dem Deutschen‹ (1933) von Kurt Eggers. Eine Reihe von Erfolgsspielen, in denen der Übergang zum Historienspiel meist fließend war, brachte die »sozialistische«[87] Tendenz der Bewegung hervor, etwa Kurt Heynickes ›Neurode‹ (1933) und ›Der Weg ins Reich‹ (1934). August Hinrichs 1934 mit großem propagandistischem Aufwand inszeniertes Spiel

›Die Stedinger‹ (1934) wurde bis 1938 auf der Bühne Stedingsehre bei Oldenburg vor über ½ Million Zuschauern aufgeführt.

Instrument der Gleichschaltung der Thingspielbewegung wurde der »Reichsbund der deutschen Freilicht- und Volksschauspiele« innerhalb des RMVP unter Leitung von Otto Laubinger. Im ganzen Reich wurde an mythenträchtigen Orten mit dem Bau von Thingstätten begonnen. Etwa 400 waren beantragt und geplant, 1935 waren allerdings erst zehn realisiert, zu Ende der Bewegung immerhin 40. Die hochgespannten Erwartungen wurden nicht erfüllt; spontane Massenekstasen ließen sich nicht beliebig initiieren und prolongieren. Ein Preisausschreiben der DAF soll 10 000 Einsendungen erbracht haben, die durchwegs als dilettantisch beurteilt wurden. 1936/37 kam das Ende der Bewegung, weil die spontanen Initiativen zurückgingen und die offizielle Unterstützung entzogen wurde. Auf lokaler Ebene wurden allerdings weiterhin Spiele mit Erfolg inszeniert, wie etwa das ›Passauer Nibelungenspiel‹ (1939) von Hans Baumann.

Eine nicht nur sportliche Großinszenierung waren die Olympischen Spiele in Berlin 1936, in deren Rahmen zwei Festspiele aufgeführt wurden. Als Selbstdarstellung der Jugend zur idealen Verkörperung des olympischen Gedankens war das Chorische Spiel ›Olympische Jugend‹ von Carl Diem konzipiert, zu dem Werner Egk und Carl Orff die Musik beisteuerten. Es wurde am Abend des Eröffnungstags, dem 1. August 1936, mit über 10 000 Mitwirkenden als Sieges- und Feierspiel im Olympiastadion aufgeführt.

Am Folgetag wurde die Dietrich-Eckart-Bühne im Rahmen der Olympischen Spiele mit der Uraufführung des ›Frankenburger Würfelspiels‹ von Eberhard Wolfgang Möller eingeweiht. Mit diesem vom Reichspropagandaminister in Auftrag gegebenen Stück, das modernistisch-abstrakte mit mittelalterlich-antiken Traditionen verband, sollte das Theater »Staatsakt werden«.[88] Möller, der bereits einschlägige Erfahrungen mit dem ›Südender Weihnachtsspiel‹ (1934) und der ›Insterburger Osterfeier‹ (1934) gesammelt hatte, wählte eine Episode aus dem Dreißigjährigen Krieg. Die Bauern von Frankenberg revoltieren gegen die Rekatholisierung. Eine Strafexpedition des Reiches gegen sie ist Gegenstand eines Gerichtsverfahrens über Kaiser Ferdinand II., den bayrischen Kurfürsten Maximilian und dessen Statthalter in Oberösterreich, Graf Herbersdorf. Ein namenlos bleibender Ritter in schwarzer Rüstung – gemeinhin als Verweis auf den Führer verstanden – erscheint als Deus ex machina und richtet über sie. Möller hatte seinen Brecht studiert: Er gestaltete den Chor als reflektierendes Element und überantwortete in Lehrstück-Manier die Entscheidung über den Fall dem Publikum. Das Stück glorifizierte die Reichsidee als »weithin sichtbarste Formkraft des neuen deutschen Lebens«.[89]

Im katholisch geprägten Österreich der 1920er und 1930er Jahre wurde das christliche Festspiel u. a. von Max Mell und Paula Grogger gepflegt.[90] Um 1933/34 erreichte die Beliebtheit von Sprechchor, Panegyrik und patriotisch-vaterländischen Festspielen einen Höhepunkt. Der prominenteste Festspieldichter der Zeit war Rudolf Henz, der im Ständestaat Bundeskulturleiter des »Neuen Lebens« wurde. Das Stadionspiel für 10 000 junge Mitwirkende ›St. Michael, führe uns‹ (1933) wurde anläßlich des Allgemeinen Deutschen Katholikentages im Wiener Station aufgeführt; Henz entwarf es als modernes Mysterienspiel nach dem Vorbild Calderóns. Im Folgejahr setzte die Reihe der Festspiele ein, in denen die tausendjährige österreichische Geschichte aus ständestaatlicher Perspektive gedeutet wurde. Am 1. Mai als Tag der Verkündigung der Verfassung des Ständestaates wurde jährlich ein Festspiel aufgeführt: ›1. Mai 1934. Kinderhuldigung im Stadion‹ (1934) präsentierte Österreich als Stätte deutschen Wesens und christlich-deutscher Kultur; dem schlossen sich die ›Huldigung der Stände‹ (1934) und ›Pfingstfeuer‹ (1935) an. Festspiele waren Staatsweiheakte im Rahmen einer Volkskultur von oben, wie neben den Spielen Henz' das am 1. Mai 1936 im Wiener Stadion uraufgeführte Prinz-Eugen-Spiel ›Rotweißrot‹ von Hans Nüchtern und das im Folgejahr gegebene ›In hoc signo vinces‹ von Max Stebich. An diese Tradition knüpfte man nach dem »Anschluß« an. ›Das Lamprechtshausener Weihespiel‹ (1938) von Karl Springenschmid sollte eine feste Aufführung der Freilichtbühne in Lamprechtshausen bei Salzburg werden. Die mythische Figur eines Ur-Bauern präsentierte in diesem Spiel den Weg ins Reich als Ziel der Geschichte: »Der Führer ist unter uns«.

Auch demokratische Staaten pflegten das Festspiel als Theater der nationalen Identität.[91] In der Schweiz erlebte es in den 1920er

Jahren eine Renaissance. Ab 1933 wurde es als Medium eidgenössischer Selbstdarstellung aufgrund der zunehmenden außenpolitischen Bedrohung durch das aggressive nationalsozialistische Deutsche Reich offiziell gefördert. Von lokalen Vereinen bis zum Bundesrat trat eine Vielzahl von Körperschaften, Lebens- und Interessengemeinschaften als Träger in Erscheinung. Naturgemäß konkurrierten sozialistische und bürgerlich-konservative Institutionen mit ihren Spielen miteinander. Der Höhepunkt der schweizerischen Festspielbewegung lag um 1940. Ihr Stellenwert zeigt sich daran, daß sich der bedeutendste schweizerische Dramatiker dieser Zeit, Cäsar von Arx, nicht zu schade war, Aufträge für Festspiele anzunehmen. Der grundlegende Konflikt zwischen autonomieästhetischem Selbstverständnis und Auftragswerk zeigt sich aber daran, daß der mit dem prestigeträchtigen Festspiel zur Sechshundertjahrfeier der Schlacht von Laupen beauftragte Arx seine erste Fassung aufgrund von inopportunen politischen Anspielungen auf die außenpolitische Bedrohung der Schweiz umschreiben mußte. Die Werte, die im schweizerischen Festspiel formuliert wurden, unterschieden sich natürlich fundamental von denen der autoritären Staaten und Bewegungen. ›Das Eidgenössische Wettspiel‹, das Edwin Arnet zur Landesausstellung 1939 verfaßt hatte, formulierte ein Bekenntnis zur Neutralität und zu sozialem Frieden, propagierte die Werte von Föderalismus und Humanismus gegen die faschistische und bolschewistische Bedrohung. Den Höhepunkt markierte das Bundesfeierspiel, das Cäsar von Arx 1941 im Auftrag des Schweizerischen Bundesrates zum 650jährigen Jubiläum der Eidgenossenschaft schrieb. Es wurde auf der Freilichtbühne Schwyz in 17 Aufführungen vor insgesamt 150 000 Zuschauern gespielt. – Unterhalb dieser repräsentativen Ebene ist eine Konjunktur der Laienspiele (Jedermann- und Totentanzspiele, Legendenspiele, Welttheater, Passionsspiele, Weihnachtsspiele, Mysterienspiele) zu verzeichnen.

5. Deutschsprachiges Drama außerhalb des »Dritten Reichs«

Die beliebtesten Gattungsmodelle des österreichischen Dramas vor
dem »Anschluß« sind das Heimat- bzw. Volksstück mit der lokalen
Besonderheit der Wiener Volkstheatertradition, das Geschichtsdrama und das Gesellschaftsdrama.[92] Die meisten Autoren gehören
dem konservativen Lager an. Repräsentanten des Heimatstücks
waren die bereits älteren Dramatiker Franz Kranewitter und Karl
Schönherr. Zu Schönherrs letzten Dramen gehören das ›Passions-
spiel‹ (1933), das die Geschichte des Judas, und ›Die Fahne weht‹
(1937), das den Unabhängigkeitskampf der Tiroler gegen die Franzosen thematisiert.[93] Max Mells ›Spiel von den deutschen Ahnen‹
knüpft am Heimatstück an. Es behandelt die Bedrohung von länd-
licher Familie, Hof und Sitte durch ökonomische, soziale und moralische Modernisierung. Mell läßt unkonventionell die Ahnen des
Hüttenbrennerschen Hofes als Wiedergänger auftreten, die für eine
Rückbesinnung auf die hergebrachten Werte eintreten.

Die beiden erfolgreichsten Dramatiker des Ständestaates waren
Hermann Heinz Ortner und Josef Wenter, die beide dem Nationalsozialismus nahestanden.[94] Ortner war mit seinem Stück ›Isabella
von Spanien‹ (1938) zwischen 1939 und 1955 der meistgespielte
Autor am Burgtheater. Wenter konnte sich mit Überarbeitungen
seiner früheren Dramen, dem ›Kanzler von Tirol‹, den Kaiser-
dramen ›Der deutsche Heinrich‹ und ›Der sechste Heinrich‹ sowie dem ›Spiel um den Staat‹ ab 1934 durchsetzen. Thematische
Schwerpunkte der Geschichtsdramen der 1930er Jahre waren der
habsburgische Mythos und die Österreich-Ideologie. Das Spektrum
reicht von Dramen Friedrich Schreyvogls (›Habsburgerlegende‹,
1933; ›Tod in Genf‹, 1933) und Rudolf Henz' (›Kaiser Joseph II.‹,
1937) bis zu Hans Sussmanns ›Prinz Eugen von Savoy‹.

Der 1938 emigrierte Franz Theodor Csokor[95] gehörte zu jenen
Autoren, die angesichts der außenpolitischen Bedrohung den Ständestaat für das kleinere Übel hielten. Nach der Bearbeitung eines
Mysterienspiels (›Thüringer Spiel von den zehn Jungfrauen‹, 1933)
schrieb er ein Wiedertäuferdrama, ›Der tausendjährige Traum‹
(1934), das den Stoff zur Darstellung des politischen Kräftefelds
dieser fanatisierten religiösen Bewegung verwendete. Intensiv be-

schäftigte Csokor der Untergang der Donaumonarchie. Neben dem unveröffentlicht gebliebenen Stück ›Die Herren von Svjet‹ (1934) behandelte das nach dem Tag des Waffenstillstands benannte Drama ›Der 3. November 1918‹ (1936) die Gründe für das Zerbrechen Österreich-Ungarns. Die Donaumonarchic erscheint als Symbol für ein supra-nationales humanistisches Staatsideal. Die Figuren sind als Ideenträger konzipiert, um die zentrifugalen Konfliktstrukturen zu veranschaulichen: den sozialpolitischen Konflikt zwischen grundbesitzendem Agrarier und städtischem Arbeiter, zwischen völkischem Antisemiten und liberalem Juden, deutschnationalem und slowenischem Kärntner sowie den »Geschlechterkampf«. Integrativ ist einzig der k.u.k. Offizier Radowin; er kann aber das Auseinanderbrechen nicht verhindern und begeht Selbstmord.

Der erfolgreichste Gesellschaftsdramatiker war Alexander Lernet-Holenia, dessen ›Frau des Potiphar‹ (1934) einen biblischen Stoff zu einem modernen, psychologisch vertieften Liebesdrama verarbeitete. Hermann Broch[96] schrieb mit ›Aus der Luft gegriffen oder Die Geschäfte des Barons Laborde‹ eine unveröffentlicht gebliebene Hochstaplerkomödie in der Traditon Eugène Scribes. ›Die Entsühnung‹ (1933) war sein anspruchsvoller Versuch einer Epochendeutung aus dem Horizont der Wertphilosophie, die einen sozialen Konflikt als Drama unter Wirtschaftsführern vorführt.

Jura Soyfer verknüpfte die kritische Tradition des Wiener Volkstheaters mit den Formen des linken Kabaretts.[97] Er war Hausautor des »ABC«, des Kabaretts der engagierten Linken in Wien. Seine Stücke sind aus dem Mittelstück entwickelt, sie bewegen sich von den operationalen Formen des Agitprop hin zu reflexiver Offenheit, die teilweise bereits Formen des späteren absurden Theaters ausbildet. ›Der Weltuntergang oder die Welt steht auf keinen Fall mehr lang‹ (1936) behandelt das Verhalten der Menschheit angesichts des drohenden Untergangs. Soyfer arbeitet mit sprachkritischer Zitattechnik, um die Absurdität der Bürokratie darzulegen; der Untergang ist allemal das bessere Geschäft. ›Der Lechner Edi schaut ins Paradies‹ (1936) läßt einen Arbeitslosen auf der Suche nach dem Schuldigen für seine Misere bis ins Paradies zurückgehen; denn seine Arbeitslosigkeit kommt von der Rationalisierung, diese ist Ergebnis des Fortschritts, der im Paradies anfing. Die Grundfrage ist das Verhältnis zwischen geschichtsphilosophischer Determination und individuellen Freiheitsspielräumen. ›Astoria‹ (1937) bringt in satirischer Zuspitzung einen phantastischen Schwindelstaat auf die Bühne. ›Vineta‹ (1937) greift die mittelalterliche Legende von der versunkenen Stadt auf und entwirft die Vision einer erstarrten, leblosen Gesellschaft. Das letzte Stück von Soyfer, der im KZ Buchenwald 1939 an Typhus starb, ›Broadway Melodie 1492‹ (1937), ist eine politisch zugespitzte Bearbeitung des Stücks von Hasenclever und Tucholsky.

Das Drama in der Schweiz war lange vom reichsdeutschen und österreichischen Theater dominiert.[98] Bereits in den 1920er Jahren setzten Bestrebungen zu einer »Verschweizerung« des Theaters ein, die unter der außenpolitischen Bedrohung als Beitrag zur »geistigen Landesverteidigung« verstärkt wurden. Es kam zu einem rasanten Anstieg der Dramenproduktion; zwischen 1933 und 1945 sind um die 200 Uraufführungen von Stücken Schweizer Autoren zu verzeichnen. Die bei weitem wichtigste Gattung war auch hier das Geschichtsdrama, dem die Hälfte der Stücke zuzurechnen ist; von ihnen behandelt die Hälfte Stoffe der eidgenössischen Geschichte. Eine weitere wichtige Gruppe waren die Zeitstücke. Der produktivste Dramatiker war Jakob Bührer, dessen Œuvre eine große qualitative wie stofflich-gattungsmäßige Bandbreite aufweist. Der bedeutendste Schweizer Dramatiker der 1930er und 1940er Jahre war Cäsar von Arx,[99] dem auch der Durchbruch an den reichsdeutschen Bühnen gelang, wo er bis zum Verbot 1940 häufig gespielt wurde. Nach ›Vogel friß oder stirb‹, einer Bauernkomödie im Dialekt (1932), verzeichnete er seinen größten Erfolg mit dem Geschichtsdrama ›Der Verrat von Novara‹ (1933), das den Kampf eines Urner Bergbauern um seinen Hof um 1500 behandelt, als Schweizer sich als Reisläufer für verschiedene Herren verdingten. Andere Arbeiten waren das Niklas von Flüe-Drama ›Der heilige Held‹ (1936), ›Land ohne Himmel‹ (1941), ›Der kleine Sündenfall‹ (1938) und das Zwingli-Stück ›Brüder in Christo‹ (1944/47). In einem weiteren politischen Drama, ›Dreikampf‹ (1937), stellte Arx eine Diktatur in dem Phantasiestaat Volkland dar.

Zeitstücke befaßten sich vor allem mit Waffenexport und Wehrbereitschaft, Diktatur und Antisemitismus. Walter Lesch ließ in

›Cäsar in Rüblikon‹ (1936) einen Gemeindepräsidenten von Ferien am reichsdeutschen Bodenseeufer zurückkommen, der daraufhin die heimatlichen Verhältnisse nach nationalsozialistischem Vorbild umgestalten will und glücklicherweise scheitert. Die bekanntesten Zeitstücke waren ›Menschen ohne Gott‹ (1932/34) von Hans Mühlestein, das heute verschollene ›Unsere Stunde ist da‹ (1936) von Max Frisch, ›Jedermann 1938‹ (1938) von Walter Lesch, ›Bomber für Japan‹ (1935) von Walter Johannes Guggenheim, ›Wer wirft den ersten Stein?‹ (1943) von Elsie Attenhofer und ›Der Mann im Moor‹ (1937/38) von Hans Wilhelm Keller.

Die Schweiz war die erste Exilstation der »Pfeffermühle« (Erika Mann, Therese Giese, Magnus Henning, Klaus Mann), deren Premiere am 1. Oktober 1933 in Zürich mit einem politisch noch zurückhaltenden Programm erfolgte. Etwas mehr als ein Jahr später, am 15. November 1934, versuchten Züricher Frontisten die Vorführung zu sprengen. Das war der Anlaß für die sogenannte Lex Pfeffermühle, die ausländischen Kabaretts mit politischer Tendenz Auftritte untersagte.[100] Am 1. Mai 1934 hatte das erste Programm des »Cornichon« von Walter Lesch Premiere, das, trotz eines mißlungenen Starts, bis 1951 erfolgreich war. Das bekannteste Programm des »Cornichon« war ›Limmat-Athen‹ von 1940, das in historischer Verfremdung das im Peloponnesischen Krieg eingeschlossene Athen als Folie für die Schweiz benutzte.

6. Exildramatik

Nahezu alle wichtigen Dramatiker der Weimarer Republik sind nach der »Machtergreifung« von den Nationalsozialisten ins Exil gejagt worden, nur wenige versuchten, längere Zeit im Reich zu überleben. Nach Angaben von Curt Trepte haben 420 Dramatiker im Exil 724 Theaterstücke, 108 Hörspiele und 398 Filmskripte bzw. Drehbücher verfaßt.[101] Die Zahlen zeigen, daß die durchschnittliche Produktivität eher gering war. Die Dramatiker hatten den Großteil ihres Publikums verloren; Theater, Ensembles und Regisseure als eingespielte Einheiten waren auseinandergerissen worden.

Die exilierten Dramatiker führten die Tendenzen der Weimarer Dramatik fort; allerdings gibt es auch deutliche Zeichen der Anpassung an die veränderte Situation. Die Exildramatik bezog sich vielfach jedoch auf das Allgemein-Menschliche. Damit ist eine Rücknahme der unmittelbar politischen Stoßrichtung verbunden. Dabei handelt es sich nicht um eine unpolitische Regression, sondern um eine Reflexion darüber, daß der Nationalsozialismus als fundamentaler Angriff auf Humanität, Gerechtigkeit und Menschenrechte wahrgenommen wurde. Zwei der bedeutendsten Exildramatiker, Georg Kaiser und Ödön von Horváth, zeigen diese Tendenz in ihren Arbeiten besonders augenfällig.

Kaiser blieb zunächst in Deutschland, obwohl er mit großen Teilen seines Œuvres unerwünscht war und Aufführungen seiner Stücke im Anschluß an die von der SA gestörte Uraufführung des ›Silbersee‹ in Dresden im Februar 1933 nicht mehr stattfanden. Erst 1938 flüchtete der zunehmend isolierte Kaiser mit Hilfe von Cäsar von Arx ins Schweizer Exil. Die Dramen dieser Jahre (›Das Los des Ossian Balvesen‹, 1936; ›Adrienne Ambossat‹, 1936; ›Rosamunde Floris‹, 1936/37; ›Alain und Else‹, 1938; ›Der Gärtner von Toulouse‹, 1938) sind geprägt von einer zunehmenden Tendenz zur Abstraktion. Die Schauplätze sind hermetisch abgegrenzt, die jeweiligen Zentralfiguren müssen die Autonomie ihrer Ideen und Ideale zunehmend radikaler vor den Zumutungen der Gesellschaft schützen. Die Dramen um 1938 entfalten dann einen scharfen Gegensatz von Künstler und feindlicher Umwelt (›Vincent verkauft ein Bild‹, 1938; ›Der Schuß in die Öffentlichkeit‹, 1938; ›Das gordische Ei‹, 1938).

Ödön von Horváth[102] verließ im Lauf des Jahres 1933 Deutschland, sein dramatisches Werk dokumentiert sogleich eine Neuorientierung. Einerseits werden traditionelle Konzepte autonomer Subjektivität und Humanität, wie brüchig auch immer, als Antithese zum nationalsozialistischen Menschenbild entworfen; andererseits zeigt der auffällige Rückgriff auf Motive des Frühwerks einen Prozeß steigender Selbstreflexivität an.

Thematisch beziehen sich viele Dramen des Exils auf den Nationalsozialismus: Die Bandbreite der Auseinandersetzung reicht von Einzelphänomenen wie dem Antisemitismus bis zur Diagnose

einer grundsätzlichen Herrschaft der Lüge im »Dritten Reich«. Mit
zunehmender Dauer des Exils wird die Exilsituation in allen dramatischen Genres reflektiert. Eine Besonderheit war die Anpassung der
Exildramatiker an die Theatertraditionen ihrer Gastländer, insbesondere in Frankreich, Großbritannien und den USA, um die Chancen an den dortigen Bühnen zu steigern. In der Breite setzt sich die
Entfernung vom avantgardistischen Experiment fort, die bereits ab
1930 zu beobachten war. Nachteilig für die Rezeption und Analyse
der Exildramatik nach 1945 wirkte sich aus, daß ihre Wendung zu
traditionellen Formen später auf der Basis neomarxistischer ästhetischer Theorie als ästhetische Regression bewertet wurde, obwohl
es sich um eine allgemeine literarische Entwicklung nach 1930 handelte. Die Vorstellung einer ästhetischen Progression aber ist ohne
geschichtsphilosophische Begründung nicht plausibel zu machen.
Die avancierteste Konzeption, die geschichtsphilosophisch begründete politische Theorie und Ästhetik integrierte, hatte Brecht in
der Lehrstücktheorie und -praxis erarbeitet. Er hatte jedoch diese
Position seit 1932/33 aufgegeben, weil sie in einer kapitalistischen
Gesellschaft nicht zu halten sei.[103] Als fortschrittlichste Beispiele des
Lehrstücks galten das ›Fatzer‹- und das ›Brotladen-Fragment‹. Die
Arbeiten des Exils bewertete Brecht aus dieser Perspektive als gro-
ßen Rückschritt (›Leben des Galilei‹) bzw. Kompromiß mit dem klassischen aristotelischen Theater (›Die Gewehre der Frau Carrar‹). Im
Exil entwickelte er jedoch die Alternative einer nichtaristotelischen
Dramatik weiter, ohne sie je in eine kanonische Form bringen zu
können; so blieb zum Beispiel ›Der Messingkauf‹ ein hochdiffe-
renziertes Fragment. Brecht mußte sich, mit Epischem Theater und
Parabelstück, vom sozialistischen Realismus absetzen, der in den
kommunistischen Staaten zur ästhetischen Doktrin wurde.

Zeitstück – Das Medium direkter politischer Reflexion und Kampf-
bereitschaft war das Zeitstück.[104] Dessen Themen setzten an den
politischen Einschnitten der Zeit an, um den Nationalsozialismus und seine auffälligsten Charakteristika zu analysieren. Die
Themenpalette orientiert sich an der Folge der Ereignisse: die Verfolgung der Juden und der politischen Gegner, Gleichschaltung und
Säuberung, der Aufstand der österreichischen Arbeiter 1934, der

Spanische Bürgerkrieg 1936, die Exilsituation, die Besatzungspolitik des »Dritten Reiches« im Krieg, der Widerstand, schließlich die Diskussion der neuen Ordnung nach dem Zusammenbruch.

Bereits unmittelbar nach der »Machtergreifung« entstanden drei Dramen, die den rassistischen Antisemitismus des Nationalsozialismus reflektieren. Ferdinand Bruckners[105] ›Die Rassen‹ gehörte zu den Erfolgsstücken der Exilliteratur. Die Faszinationskraft des Nationalsozialismus, die Auswirkungen des Antisemitismus, die Anfälligkeit der Jugend für »Volksgemeinschaft« und »neues Reich« werden im Brennglas des Hochschulmilieus einer kleinen westdeutschen Universitätsstadt untersucht. Im Mittelpunkt steht die Liebesbeziehung zwischen einem neuerdings »arischen« Studenten und seiner jüdischen Freundin. Bruckner konzentriert sich auf die individualpsychologischen Aspekte, um ein Psychogramm der jungen Generation zu erstellen. Die Rassenlehre erweist sich als fundamentaler Angriff auf den Menschen mit zerstörerischer Kraft. Die individuelle Tat, so zeigt Bruckner hellsichtig, kann nur ein politisch folgenlos bleibendes Zeichen sein.

Das andere thematisch verwandte Erfolgsstück, Friedrich Wolfs[106] ›Professor Mamlock‹, stellt die Klassenanalyse in den Vordergrund. Professor Mamlock repräsentiert die bürgerlich-konservativen Schichten, die individuell auf eine Entradikalisierung des Faschismus hoffen und mit ihm koexistieren wollen. Dem steht der illusionslose antifaschistische Kampf der Arbeiterschaft und der illegale Untergrundkampf der KPD gegenüber.

Noch in der letzten Phase der Weimarer Republik begann Bertolt Brecht mit der Arbeit an ›Die Rundköpfe und die Spitzköpfe‹ (1931/34). Die Adaption von Shakespeares ›Measure for Measure‹ entwickelte er zunehmend auf die Analyse des Nationalsozialismus hin, wie die gründliche Auseinandersetzung mit der nationalsozialistischen Phraseologie zeigt. Angelo Iberin erscheint allerdings nur als Agent des Kapitalinteresses ohne eigenständiges Gewicht. Die Rassenideologie wird lediglich als Mittel der kapitalistischen Kräfte zur Konsolidierung der Besitzverhältnisse und damit ihrer eigenen Macht eingeschätzt. Dieser analytischen Schwäche steht die formale Qualität dieses »Greuelmärchens« mit parabolischen Abstraktionen gegenüber.

›Furcht und Elend des Dritten Reiches‹ (1935/38) ist der – lange Zeit unterschätzte – Versuch einer umfassenden literarischen Gestaltung der Lebensverhältnisse im »Reich«. Aus Zeitungsnotizen und einzelnen Nachrichten ist eine Reihe in sich geschlossener Einzelszenen entwickelt, die Momentaufnahmen des Terrors und der Entrechtung entwerfen. Das gesamte Stück ergibt als Einzelszenenmontage ein komplexes Gesellschaftsbild. Die Szenen werden durch motivische und thematische Klammern verknüpft. Das durchgehende Thema ist die Lüge; die jeweiligen Szenen erhalten ihre Dynamik aus der Akzeleration harmlos scheinender Konstellationen in offene Brutalität. Johannes R. Becher unternimmt in ›Der Weg nach Füssen‹ in der Form der Familientragödie eine dramatische Analyse des nationalsozialistischen Terrors. In den marxistisch inspirierten Dramen hängen Faschismusanalyse und Kapitalismusanalyse immer zusammen. Der avancierteste Versuch, der eine monokausale Verbindung beider Argumentationsstränge überwindet, ist Brechts Drama ›Der aufhaltsame Aufstieg des Arturo Ui‹ (1941).[107] Die Geschichte von den Führern des Karfioltrusts, die sich mit dem Gangsterboß Ui und seinen Leuten verbünden, ist als satirische Parabel auf den Aufstieg des Nationalsozialismus einerseits, auf den Aufstieg des Chicagoer Gangsters Al Capone als Parodie auf den »self made man« andererseits angelegt. Politische und ökonomische Geschichte sind miteinander verknüpft; das Prinzip der Doppelverfremdung eröffnet Verweise in beide Richtungen. Damit gelingt es Brecht, den Reduktionismus der Dimitroff-These aufzubrechen. Formal entspricht diesem Verfahren die Parodie der Blankverstragödie, die mit Anspielungen auf triviale Gattungsmuster, die Revue, die Farce und den Hollywood-Gangsterfilm, virtuos verbunden ist.

Der theoretisch gegründete Rekurs auf das gesellschaftliche Sein verschafft den marxistischen Dramen einen analytischen Vorsprung; zugleich liegt hier ihre Achillesferse. Die nichtmarxistischen Dramen müssen anders operieren; sie stellen im Regelfall moralische oder humanistische Probleme in den Vordergrund. Beispielhaft dafür ist das Diptychon ›NSDAP‹ von Georg Kaiser,[108] das aus ›Klawitter‹ (1939/40) und ›Der englische Sender‹ (1942) besteht. Im ersten der beiden Dramen soll die Satire die moralische Gestalt des Nationalsozialismus hervortreten lassen. Ein berühmter Weimarer Dramatiker publiziert mittels eines Strohmanns ein im »Dritten Reich« erfolgreiches Stück – ein vergleichbarer Coup war Hans José Rehfisch mit dem unter dem Pseudonym Georg Turner veröffentlichten ›Wasser für Canitoga‹ (1936) gelungen. Bei Kaiser usurpiert der talentlose Strohmann die Rolle des Dichters. Die monströse Bosheit des Nationalsozialismus hat die Kunst als letzte Utopie vernichtet. Ins Selbstreflexive gewendet, ergibt sich eine Motivierung für Kaisers verspätetes Exil.

In den ersten Jahren spielt in der kommunistischen Dramatik der antifaschistische Widerstand eine große Rolle (z.B. in Wolfs ›Mamlock‹ und ›Trojanischem Pferd‹). Die beiden Einakter ›Helden im Keller‹ und ›Agenten‹ (1935) von Gustav von Wangenheim sehen den Widerstand von der Überzeugung einer unmittelbar bevorstehenden zweiten und diesmal kommunistischen Revolution in Deutschland motiviert. Doch schon in Johannes Wüstens ›Bessi Bosch‹ (1936) müssen Zweifel am Sinn des illegalen Kampfes überwunden werden.

Später entstandene Widerstandsdramen knüpfen an Zeitereignisse an. Ernst Toller, dessen Aktivitäten im Exil sich stärker auf publizistisches Terrain verlagert hatten, verarbeitete die Nachrichten vom Schicksal Martin Niemöllers im nationalsozialistischen Kirchenkampf in ›Pastor Hall‹ (1938). [109] Toller stellte die Auflösung von Rechtssicherheit dar und gab seiner Hoffnung auf ein anderes Deutschland als Basis des Widerstandes Ausdruck. Die dokumentarisch gearbeitete Schicht des Dramas ist von Symbolisierungen überformt, die ins Allgemeine verweisen.

Träger des Widerstandes in Ferdinand Bruckners ›Denn seine Zeit ist kurz‹ (1942/44) sind norwegische Geistliche und Lehrer, deren Widerstand aus der christlichen Ethik heraus motiviert ist. Sie müssen lernen, daß passiver Widerstand die Gewalt des Terrors nur steigert, und zu aktivem Kampf finden.

Peter Martin Lampel stellt in ›Menschen ohne Paß!‹ (1936) die Exilsituation dar. [110] Er war als einer der linken Leute von rechts bis 1936 im Reich geblieben; die Ermordung Röhms hatte den Ausschlag für das Exil gegeben. Das Drama zeichnet das nationalsozialistische Deutschland Hitlers als geistlosen, auf Unterdrückung beruhenden Staat, dessen Eliten abgewirtschaftet haben. ›Floridsdorf‹ (1936) von Friedrich Wolf behandelt den Arbeiteraufstand in Wien. Brecht hat ›Die Gewehre der Frau Carrar‹ [111] als Aktionsdrama zum Spanischen Bürgerkrieg konzipiert: In der Figur der Fischerswitwe Carrar, die als Pazifistin politisch neutral bleiben will, damit aber gerade den Gegner stärkt, wird die Politik der Nichteinmischung kritisiert.

In den letzten Kriegsjahren wird die Frage nach der zukünftigen Entwicklung Deutschlands dringlich. ›Der Flüchtling‹ (1943) von Fritz Hochwälder behandelt die Kollaboration; er rückt sie in eine theologische Konstellation ein: Muß sich der Einzelne dem Widergöttlichen unterwerfen, wenn es ihm als Staatsmacht gegenübertritt? Mit der Radikalität dieser Frage wird ein moralisches Problem angesprochen, das nach 1945 breit diskutiert werden sollte: die Fortführung einer pflichtbewußten Privatexistenz angesichts des allgegenwärtigen Unrechts.

In Lampels ›Nazi-Dämmerung!‹ (1945) erscheint der Nationalsozialismus als Verrat an den Ideen der Jugend- und Freikorps-Bewegung. ›Was der Mensch sät‹ (1945) von Friedrich Wolf behandelt die Frage nach der Mitschuld an den Verbrechen Hitlers. Im Mittelpunkt stehen drei Familien, die jeweils die Trägergruppen des Regimes repräsentieren: Kleingewerbetreibende, Berufsmilitärs und die mittlere Intelligenz. Zukunftsweisend war Ferdinand Bruckners ›Die Befreiten‹ (1944), das die Frage thematisiert, wie es um die moralische Verfassung der Deutschen stehe. Als Mittel der politisch-gesellschaftlichen Konsolidierung von Recht, Ordnung und Humanität erschien Bruckner einzig eine demokratische Verfassung geeignet.

Einige Zeitstücke zielen über den aktuellen Problemzusammenhang hinaus auf übergreifende Zusammenhänge, was sich in der Tendenz zum Humanen in der Form der Parabel zeigt – zum Beispiel ansatzweise in Dramen Horváths. In ›Don Juan kommt aus dem Krieg‹ (1936/37) wird die mythische Heldenfigur mit der zeittypischen Problematik des Kriegsheimkehrers verbunden. Don Juan gewinnt Einblick in seine Schuld. Die Verbindung bedeutet nicht nur mythische Überhöhung, sondern auch ironische Brechung. Noch deutlicher in diese Richtung weist ›Der jüngste Tag‹ (1936/

37), das einen ländlichen Mikrokosmos als Beispiel für die Auflösung öffentlicher Ethik vorführt. Die religiöse Motivik des Stückes
steht dazu im Kontrast, da eine eindeutige Auflösung im Sinn einer
traditionell christlichen Ethik verweigert wird.

Auch in der Dramatik Brechts ist der Hang zum Parabelhaften
prägend. Der ›Kaukasische Kreidekreis‹ (1. Fassung 1944)[112] verbindet zwei verschiedene Geschichten, die Kreidekreisprobe der
Magd Grusche mit dem Schicksal des Azdak, zu einem Spiel, das
von der Kolchose »Rosa Luxemburg« unter der Anleitung eines
Sängers gegeben wird. Der alte Stoff ist in eine neue konkrete Situation verlegt, in die Umbruchszeit auf dem Kaukasus nach dem
Sieg über die deutsche Armee, jedoch bevor die neuen Verhältnisse
konsolidiert sind. Im Vorspiel wird die Funktion von Kunst als
Produktivkraft im neuen Kontext einer möglichen nicht-entfrem-
deten Arbeit betont. Die beiden Geschichten sind komplementär
zueinander konzipiert. Die Neuheit der Verhältnisse wird durch
die Umdeutung der Kreidekreis-Probe bezeichnet, die entgegen der
traditionellen Fassung des Stoffs die leibliche Mutterschaft zur Dis-
position stellt. Grusche und Azdak vertreten ihre jeweilige soziale
Klasse als unterdrückte Dienstbotin und idealistischer Intellektueller, deren Verhalten die Frage nach der Gerechtigkeit in Zeiten des
Chaos und des Umbruchs stellt.

Während Brechts Dramen auf ein geschichtsphilosophisches Telos bezogen sind, sie daher Perspektivbewußtsein und Zukunfts-
bezogenheit aufweisen, fehlt dieser Aspekt in Kaisers parabelhaften
Stücken, so daß sie wesentlich pessimistischer wirken; beide Dramatiker tendieren freilich zur stärkeren Abstraktion. Die Inszenierung von Kaisers ›Der Soldat Tanaka‹ (1940) in Zürich wurde nach
Protesten der japanischen Gesandtschaft nach drei Aufführungen
abgesetzt. Tanaka ist ein Mustersoldat, der Einblick in die Un-
gerechtigkeit des feudalistischen Systems, dem er dient, gewinnt.
Seine Auflehnung gegen das Regiment des Tenno endet mit der
Hinrichtung. ›Das Floß der Medusa‹ (1940/43) exponiert eine Mo-
dellsituation, die das »Allgemein-Menschliche«, das überzeitlich
Typische am exorbitanten Einzelfall herausarbeitet. Das aus einem
realen Vorfall entwickelte Stück konzentriert sich auf eine Gruppe
von Kindern, die nach einer Schiffskatastrophe in einem Rettungs-

boot auf Hilfe hofft. Deren Verhalten offenbart einen schonungs-
losen Blick in die Natur des Menschen. Die Kinder werfen einen
Jungen über Bord, der ursprünglich nicht zur Gruppe gehörte und
als dreizehnter Überlebender eine Unglückszahl repräsentiert, obwohl Allan, die Hauptfigur, für ihn einsteht. Allan verweigert sich
der Rettung und wird von einem feindlichen Patrouillenflugzeug
getötet. Der tiefe Pessimismus des Stücks zeigt sich darin, daß
Kinder, die die Zukunft repräsentieren, als Träger der Barbarei
erscheinen.

Zum überwältigenden Nachkriegserfolg wurde Carl Zuckmayers
Drama ›Des Teufels General‹ (1946).[113] Der Anlaß für die Niederschrift war die Nachricht vom Selbstmord und anschließenden
Staatsbegräbnis Ernst Udets 1941. Die Figur des Luftwaffengene-
rals Harras ist darüber hinaus Mittel der Selbstreflexion Zuckmayers. Bei aller Sympathielenkung ist Harras nicht als positiver Held
entworfen. Als Luftwaffengeneral ist er ein Kollaborateur, dessen
zunehmende Verstrickung dem Verhalten der konservativ-bürger-
lichen Eliten entspricht. Aufgrund der ideologischen Bedeutung der
Luftwaffe für das Regime ist Harras eine ideologisch exponierte Figur von exemplarischem Rang. Zugleich fungiert er als Reflexionsmedium vitalistischer und politischer Positionen Zuckmayers, die
im Drama der Kritik dargeboten werden. Die Figurenkonstellation
ist als differenzierter, repräsentativer Querschnitt der das Regime
tragenden Schichten entworfen. Eine Konfliktlinie wirft das Problem des Widerstandes auf, das in der Figur Oderbruch diskutiert
wird. Der terroristische Widerständler bleibt für Zuckmayer bis in
die letzte Fassung hinein eine offene Frage. Der Freitod erscheint als
tragischer Versuch, um den Preis der Selbstvernichtung die persönliche Integrität wiederherzustellen. Zuckmayer hat die Verstrickung
im zeittypischen Bild des Teufelspaktes fixiert, um das Exorbitante
der Problemsituation zu markieren.

Ein verhältnismäßig homogener Dramentyp, der die Basis für
das frühe Drama der DDR darstellte, war das Exildrama des sozialistischen Realismus. Die Doktrin verknüpfte die inhaltlichen
Forderungen der Parteilichkeit, des Perspektivbewußtseins, der
Volkstümlichkeit und der Orientierung am psychologischen Realismus mit der formalen Forderung einer Orientierung am klassischen

Drama bzw. am Theater Stanislawskis. Der sozialistische Realismus wurde unter den Emigranten in der Sowjetunion durch Gutachten, Rezensionen, Druck- und Spielgenehmigungen literaturpolitisch durchgesetzt. Avantgardistische Konzepte, die vor allem von Brecht und Piscator vertreten worden waren, waren bereits seit Beginn der 1930er Jahre als formalistisch attackiert worden. Als Musterdrama des sozialistischen Realismus galt ›Haben‹ (1938) von Julius Hay.[114] Neben dessen Dramen, ›Tanjka macht die Augen auf‹ (1937), ›Der Putenhirt‹ (1940), ›Deutsche‹ (1944) und anderen, zählen die Arbeiten Friedrich Wolfs – neben den bereits genannten ›Peter kehrt heim‹ (1938) und ›Das trojanische Pferd‹ –, Gustav von Wangenheims[115] (›Die Friedensstörer‹, 1939; ›Die Stärkeren‹, 1939) und Johannes R. Bechers[116] (›Winterschlacht‹, 1944/45) dazu.

Komödie – Die Komödienproduktion des Exils bietet ein komplexes, erst ansatzweise erforschtes Bild.[117] Als beliebte Unterhaltungsgattung bot die Komödie eine Möglichkeit, sich an den Bühnen der Gastländer zu etablieren. Die Autoren nutzten die Mittel der Komödie jedoch auch zur satirischen Entlarvung des Nationalsozialismus. Allerdings geriet die Gattung während der Judenvernichtung zunehmend ins Fahrwasser jenes Dogmas, das angesichts der nationalsozialistischen Greuel die Komödie für illegitim erklärte. Neben der unterhaltenden Boulevardkomödie gibt es auch eine Reihe politischer Komödien; in einzelnen Fällen zeigen sich Tendenzen zum Absurden, die erst nach 1945 zur Geltung kommen sollten.

Ödön von Horváths erste Exilkomödien verdeutlichen seine abwartende Haltung: In ›Hin und Her‹ (1933/34) und ›Himmelwärts‹ (1934) greift er die Tradition des Wiener Volkstheaters auf. Walter Hasenclever gestaltet in ›Münchhausen‹ (1934) die Zentralfigur als Exponent eines wahren Deutschlands, der sich der modernen Gegenwart verweigert. Die ›Ehekomödie‹ (1937) sollte in erster Linie Geld einbringen. Curt Goetz[118] pflegte sein handwerklich perfektes Unterhaltungstheater, das von politischen Themen unberührt blieb.

Einige politische Komödien verwenden das Spiel im Spiel. Die Rahmenhandlung führt nach dem Vorbild des ›Vorspiels im Himmel‹ eine These genereller Natur ein, die in der Binnenhandlung experimentell durchgespielt wird. In Ernst Tollers ›Nie wieder Friede!‹ (1937) debattieren in einem Salon auf dem Olymp Franz von Assisi und Napoleon I. über die Frage, ob auf Erden Friede möglich sei. Ort des Spiels im Spiel ist Dunkelstein, wo die Frage entschieden werden soll. Rassenhaß, Militarismus, Autokratie sorgen für eine derart brisante Mischung, daß die Lage völlig außer Kontrolle gerät. Nur durch einen als Deus ex machina fungierenden Engel kann ein positives Ende herbeigeführt werden. Das grundlegende Problem bleibt offen; das Experiment auf die friedliebende oder kriegerische Natur des Menschen endet ohne Ergebnis.

In Brechts ›Der gute Mensch von Sezuan‹[119] (1940/41) ist die Ausgangsfrage, ob die Welt ein menschenwürdiges Leben gestatte, ob gute Menschen ihrer Moral gemäß leben können. In der Binnenhandlung wird das Experiment mittels der guten Dirne Shen Te durchgeführt. Nachdem sie zu Geld gekommen ist, kann sie nur durch die Verwandlung in den bösen Vetter Shui Ta ihre Integrität bewahren. Die Doppelfigur – eine ähnliche Konstellation hatte Brecht bereits in ›Die sieben Todsünden der Kleinbürger‹ verwendet – zeigt, daß der gute Mensch in der kapitalistischen Gesellschaft zur Bewußtseinsspaltung gezwungen ist, d. h. seine Güte nicht praktisch bewahren kann. Im Verlauf der Handlung nimmt die Verrohung der Welt ebenso zu wie die Verlumpung der von vornherein karikierten Götter. Am Ende räumen sie das Feld. Die Dialektik von Herr und Knecht als elementare Machtkonstellation reflektiert Brecht in seinem Volksstück ›Herr Puntila und sein Knecht Matti‹ (1940).[120] In ›Schweyk im Zweiten Weltkrieg‹ (1943)[121] konfrontiert das Spiel im Spiel die Ebene der Herrschenden mit der der Beherrschten. Ausgangspunkt ist der Höhepunkt von Hitlers Erfolg, dessen einzige Beunruhigung ist, wie der kleine Mann zu ihm stehe. Die exemplifizierende Binnenhandlung verknüpft die eher episodische Geschichte des unpolitischen Schweyk mit der Fabel um die Rettung des Fressers Baloun und einer Liebeshandlung. Im Nachspiel kommt es auf dem Weg Schweyks nach Stalingrad zur Begegnung mit Hitler; das Stück endet also in dem Moment, in dem der Krieg sich wendet.

Eine Reihe von Komödien greift aktuelle Themen auf. Albin Stübs stellt in ›Der Rattenfänger bei den Schildbürgern‹ (1938)

in parabelhafter Verfremdung des Schildbürgerstoffs die innenpolitischen Verhältnisse der Tschechoslowakei unmittelbar vor ihrer Zerschlagung dar. ›Donauwellen‹ (1945/46) von Fritz Kortner nimmt den Opportunismus derjenigen aufs Korn, die zu den Profiteuren des Nationalsozialismus gehören und sich nun als Meister des Vertuschens und Verbergens betätigen müssen. Eine Vorlage von Maupassant benutzend, konfrontiert Fritz Hochwälder in ›Hôtel du Commerce‹ (1944) das Versagen der kollaborierenden gesellschaftstragenden Schichten mit der Moralität einer aus der bürgerlichen Gesellschaft ausgeschlossenen Dirne.

Walter Hasenclever nutzt in ›Konflikt in Assyrien‹ (1937/38) den alttestamentarischen Esther-Stoff, um den eliminatorischen Antisemitismus in seinen Konsequenzen zu reflektieren.[122] Die Sündenbock-Theorie des Nationalsozialismus wird erstmals nicht mehr nur als rhetorische Strategie aufgefaßt. Die Politik des Assyrers Haman zielt auf einen totalitären Staat, der sich als »reinrassiges« großassyrisches Weltreich gestalten soll, das er durch Völkermord realisieren will. Der biblische Stoff ist psychologisiert, ironisiert, durch Anachronismen gebrochen; die Fiktivität als solche ist eigens ausgestellt, um die Unmöglichkeit dieser schlimmstmöglichen Wendung zu beschwören.

Die erfolgreichste Komödie der Exilliteratur war ›Jacobowsky und der Oberst‹ von Franz Werfel.[123] Das Drama konfrontiert den friedliebenden Jacobowsky, den polnischen Juden, der immer wieder zum Opfer des rassisch-religiösen Fanatismus wurde, mit dem Obristen Stjerbinsky, der als katholischer polnischer Offizier, als Chauvinist und Antisemit, zu den Tätern gehört. Beide Kontrahenten finden sich angesichts der deutschen Besetzung Frankreichs zu einer Schicksalsgemeinschaft verbunden. Einerseits zwingt diese exorbitante Situation zum Rollenwechsel: für Jacobowsky ist die Lage nur die Fortsetzung dessen, was er schon überlebt hat, so daß er die Situation aktiv meistern kann. Stjerbinsky hingegen kommt mit der für ihn ungewohnten Position des Verfolgten immer schlechter zurecht; er muß kapitulieren und sich zunehmend auf Jacobowsky verlassen. Angesichts der fundamentalen Bedrohung ist ihr alter Konflikt, die Tragödie des Antisemitismus, zu einer Komödie geworden. Die Figuren sind als Träger allgemeiner Prinzi-

pien konzipiert; zur Personenkonstellation gehören auch mythische
Figuren. Aufgrund dieser Überhöhung zeigt die Geschichte den
hoffnungslosen Weltzustand an; der wird deutlich, da die mehr-
fachen Rettungen immer wieder als Wunder erscheinen, die ihrerseits ironisiert werden. Aus Jacobowskys Sicht repräsentieren der
Ewige Jude und der Heilige Franziskus, die am Ende des zweiten
Aktes auftreten, miteinander verträgliche Gegensätze. Dem repliziert der Ewige Jude: »Oh, wir sind ein Herz und eine Seele! Lassen
Sie die Gegensätze nur alt genug werden, dann finden sie sich, wie
die Parallelen im Unendlichen.«[124]

Geschichtsdrama – Den breitesten Raum auch der Dramenproduktion des Exils nehmen Geschichtsdramen ein. Es geht dabei nicht
um Verfahren der Historisierung, sondern vielmehr um die Instrumentalisierung historischer Erfahrung zur Reflexion aktueller Problemlagen, sei es zur Entwicklung politischer Modelle, sei es zur
Veranschaulichung geschichtsphilosophischer Grundannahmen,
wie sie insbesondere in der Vorliebe für revolutionäre Epochen
und Protagonisten deutlich wird. Geschichte fungiert als Gleichnis,
als Mittel der Distanzierung, der Objektivierung und Reflexion von
Gegenwartsproblemen.

Die Französische Revolution bot ein Paradigma einer bürgerlichen Revolution, auf das sich gemäßigte wie radikale Linke gleichermaßen verständigen konnten. Napoleon war eine vielseitig
einsetzbare exemplarische Figur, anhand derer der Umschlag vom
Revolutionär zum Diktator zu beleuchten war.[125] Die ersten Texte
sind deutlich auf die nationalsozialistische Revolution bezogen:
›Charlotte Corday‹ (1935) von Fritz von Unruh[126] und ›Putsch in
Paris‹ (1934) von Hermann Mostar; später entstand ›Beaumarchais
oder Die Geburt des Figaro‹ (1941) von Friedrich Wolf. Ödön von
Horváth legte mit ›Figaro läßt sich scheiden‹ (1936/37) eines der
komplexesten Stücke vor. Figaro ist ein Revolutionär im Exil, dem
Hochzeit und Familie als Werte der Humanität aufscheinen. Das
Drama kontrastiert die realistische Beschreibung der Exilsituation
mit einer dezisionistischen, utopischen Schlußwendung, die die
Gebrochenheit der Situation zu erkennen gibt. Horváth arbeitet
die Aporien der Revolution heraus: Einerseits erweist sie sich als

historisch notwendig; andererseits aber, so zeigen die Verweise sowohl auf Revolutionen von links wie von rechts, erweist sich die Zwiespältigkeit der Revolution, die als Angriff auf die Humanität erscheint.

In den Napoleondramen, etwa in Arnold Zweigs ›Bonaparte in Jaffa‹ (1934) oder in Hermann Kessers ›Talleyrand und Napoleon‹ (1937), steht die kritische Analyse der Führerfigur im Vordergrund. Ferdinand Bruckners Erfolgsstück ›Napoleon I.‹ (1936) behandelt in der Konfrontation zwischen Madame de Staël und Napoleon die zunehmende Tendenz, den Untertanen Rechte zu entziehen. Das Nachfolgedrama ›Heroische Komödie‹ (1940/42) ist als Satire auf die Machtlosigkeit der aktivistischen Intellektuellen entworfen. In ›Napoleon in New Orleans‹ (1937/41) von Georg Kaiser gehört Napoleon nicht zu den Dramenfiguren, vielmehr steht die Idealisierung der Führerfigur im Zentrum. Den modellhaften Entwurf einer positiven Führerfigur kennzeichnet Kaisers ›Pferdewechsel‹ (1938).

Viele Historiendramen sind politische Stücke. In Johannes Wüstens Bauernkriegsdrama ›Weinsberg‹ (1934/36) wird der Sieg der Revolution durch Verrat aus den eigenen Reihen verhindert. ›Das tausendjährige Reich‹ (1940) von Peter Martin Lampel greift die Geschichte Jan Bockelsons und der Wiedertäufer von Münster auf, um den Erfolg und die Faszinationskraft des Nationalsozialismus zu behandeln. Franz Theodor Csokor[127] gestaltet in ›Jadwiga‹ (1939) die polnische Nationalheilige als Widerstandskämpferin. Ferdinand Bruckner führte seine Reflexion des Revolutionärstypus in einem großangelegten Plan weiter, der Simon Bolivar gewidmet ist. Von der geplanten Trilogie stellte er 1942 bis 1945 zwei Stücke fertig: ›Der Kampf mit dem Engel‹ und ›Der Kampf mit dem Drachen‹. Bolivar geht den Weg vom idealistischen Träumer zum pragmatischen Befehlshaber der Revolutionstruppen, vom Revolutionär zum Machthaber. Einerseits ist er ein Individuum mit historischem Auftrag, verkörpert historische Größe, andererseits aber ist er einem dialektischen Mechanismus unterworfen, der als Kern des Verhältnisses von Macht und Widerstand gilt. Der Kampf um die Freiheit führt stets zu neuer Unfreiheit. Sozialrevolutionärer Elan und autoritärer Machtwille stehen in einem unauflösbaren Konflikt. Das Verhältnis von Macht und Recht ist auch Thema

von Fritz Hochwälders ›Das heilige Experiment‹ (1942).[128] Als
überzeitliche Konstellation ist es am historischen Beispiel des Jesui-
tenstaates von Paraguay dargestellt, am Versuch, ein Reich Gottes
zu verwirklichen. Dieses Experiment eines Reiches der Liebe und
Gerechtigkeit scheitert, weil es sich für den spanischen König als
zunehmende Bedrohung erweist. Das diesseitige Recht des Königs
und das Recht Gottes sind unvereinbar.

Ein außergewöhnliches Geschichtsdrama ist ›Mutter Courage
und ihre Kinder‹ (1939) von Bertolt Brecht.[129] Im Mittelpunkt
steht das Schicksal kleiner Leute, nicht aber das geschichtsmächtige große Individuum, womit die Verkörperung des alltäglichen
Verhaltens in den Mittelpunkt rückt. Die Mutter Courage ist eine
mit geschickter Sympathielenkung positiv gezeichnete Figur, die
sich und ihre Kinder durchbringen will. Als Mitmacherin verhält
sie sich zum Krieg affirmativ: Die Marketenderin lebt vom Krieg.
Dieser Versuch ist zum Scheitern verurteilt, wie am Schicksal ihrer
drei Kinder ersichtlich wird. Jedes von ihnen stammt von einem anderen Vater, die Familie ist dezidiert antivölkisch konzipiert. Jedes
verkörpert eine Tugend, die sich in der jeweiligen Situation tödlich
auswirkt. Angesichts der Kriegsverhältnisse erweist sich Moral als
unangemessen, als todbringender Nachteil. Mutter Courage hat ein
falsches Bewußtsein, das als Kleinbürgermentalität gekennzeichnet
ist. Darin zeigt sich die aktuelle Verweisstruktur des Stücks.

Ein wichtiges Thema, das erst nach 1945 öffentlich intensiv diskutiert werden sollte, griff Hans José Rehfisch[130] in ›Doktor Sem-
melweis‹ (1934) auf: das Verhältnis von gesellschaftlichen Macht-
verhältnissen und behaupteter Wertfreiheit der wissenschaftlichen
Forschung. Eine exemplarische Gestaltung dieses Problems entwik-
kelte Brecht in ›Leben des Galilei‹.[131] Der Stoff beschäftigte Brecht
bis weit in die Nachkriegszeit hinein, immer wieder arbeitete er ihn
auf Gegenwartsparallelen hin neu durch. Während der Exilzeit entstanden zwei jeweils unterschiedlich akzentuierte Fassungen. Die
unter Mitarbeit von Margarethe Steffin entstandene erste Fassung
aus den Jahren 1938/39 profiliert Galileo Galilei als exemplarische
Widerstandsfigur. Die kirchenhistorische Dimension ist ausgelas-
sen, so daß der Konflikt zwischen dem selbständigen kritischen
Denker und einem autoritären Unrechtsregime ins Zentrum rückt.

Galilei dient als Muster listig verbreiteter Wahrheit in Zeiten ihrer Unterdrückung. Damit ergeben sich vielfältige Applikationsmöglichkeiten auf das Verhältnis autoritärer und totalitärer Regime zur Wahrheit, die sowohl auf das »Dritte Reich« wie auf die Moskauer Schauprozesse bezogen werden können. Die erste Fassung dokumentiert die Hoffnung einer Konvergenz zwischen wissenschaftlichem und gesellschaftlichem Fortschritt, der durch Barbarei nicht aufzuhalten sei. Galilei ist Ahnherr des Verfremdungseffekts, der Prinzip seines Denkens wie Konstitutionsbedingung seiner Existenz ist. Gegen Ende des Krieges erarbeitete Brecht in Zusammenarbeit mit Charles Laughton eine zweite Fassung (1944/45), die einen völlig neuen Akzent setzt. Galileo Galilei ist nunmehr eine problematische Figur, an deren Beispiel die Verantwortung des Wissenschaftlers diskutiert wird. Im Kontext der Atomforschung ist Galileis Widerruf am Ende ein Verrat an der Wissenschaft; er ist die Erbsünde der Naturwissenschaften.

Eine Variante des Geschichtsdramas bilden jene Stücke, die märchenhafte oder mythische Stoffe verwenden. Das erste Exildrama Carl Zuckmayers, ›Der Schelm von Bergen‹ (1934),[132] wurde als Sympathieerklärung an den österreichischen Ständestaat grotesk mißgedeutet. Das Stück spielt in einer mittelalterlichen Welt, die vom Glauben an den göttlichen Ordo geprägt ist. Märchen-, Sagen- und Legendentopik bewirken eine Brechung, die die dargestellte Welt ins Phantastische verfremdet. Zeit und Ortsbezug sind überhöht, die Sprache dialektal und archaisch stilisiert. Auf die göttliche Ständeordnung berufen sich einzelne Figuren. Die Handlung des Dramas läuft allerdings darauf hinaus, daß der künftige Thronfolger, damit der oberste Träger des Ordo, aus einem Ehebruch der Kaiserin mit dem Sohn des Scharfrichters – ein Beruf, der als ehrlos außerhalb des Ordo steht – hervorgeht. Die göttliche Ständeordnung erweist sich als Ideologie, die durch die soziale Mobilität der Menschen unterlaufen wird und damit gewissermaßen in sich zusammenfällt. – Eine andere, ähnlich ironische Auflösung der mittelalterlichen Welt findet sich in Horváths ›Das Dorf ohne Männer‹ (1937). Allerdings trägt die mittelalterliche Welt hier als Epoche des Hexenwahns die Signatur der Barbarei. Die Figur des humanen Königs verkörpert die neue Welt der Renaissance, die durch aufgeklärte Rationalität und den Glauben an den Wert des Individuums bestimmt ist.

Die Rückwendung zur Antike ist in Horváths ›Pompeji‹ (1936) politisch gewendet, indem das Imperium Romanum als Modell für einen faschistischen Staat mit »Herrenrassen«-Ideologie fungiert, dem das Christentum als egalitäre, humane Religion entgegentritt. In den Kriegsjahren werden wie in der Dramatik im »Dritten Reich« mythische Stoffe verwendet, um elementare Konstellationen darzustellen. ›Kalypso‹ (1944) von Franz Theodor Csokor behandelt die Exilsituation als archetypisches Thema.[133] Der auf Ogygia, der Insel der Kalypso, gestrandete Odysseus ist zugleich Werkzeug und Opfer des Krieges, den Polyphem und die stymphalischen Vögel gegen die Menschen führen. Georg Kaiser konfrontiert in ›Zweimal Amphitryon‹ (1943) den archetypischen Krieger mit dem gütigen Göttervater Zeus. Eine drohende Vernichtung der Menschheit kann allein Alkmene verhindern. Die beiden folgenden klassizistischen Dramen ›Pygmalion‹ (1943/44) und ›Bellerophon‹ (1944) reflektieren wiederum die Funktion des Künstlers in einer kunstfeindlichen Welt.

Eine Reihe von Autoren wendet sich selbstreflexiv Themen der jüdischen Geschichte zu. Im Vordergrund steht die Kontinuität der Verfolgung, die mit zunehmender Einsicht in den vernichtenden Charakter des Antisemitismus des »Dritten Reiches« zum Ausgangspunkt einer Neustiftung jüdischer Identität wird. Franz Werfels[134] ›The Eternal Road / Der Weg der Verheißung‹ ist als Mysterienspiel angelegt, das die Geschichte der Juden und der Judenverfolgungen auf einer Simultanbühne darstellt. Max Zweigs[135] ›Marranen‹ (1937) stellt eine historische Judenverfolgung dar. Ein jüdischer Assimilant wird sich in dieser konkreten Situation der Bedrohung seiner Herkunft und Religionszugehörigkeit, damit seiner Identität, bewußt. Mit Ferdinand Bruckners Widerstandsdrama ›Die Kinder des Musa Dagh‹ (1940/41) nach dem Roman Werfels kommt in parabelhaft-exemplarischer Darstellung der Völkermord auf die Bühne. Eine der ersten dramatischen Auseinandersetzungen mit der Judenvernichtung ist ›Eli‹ (1943) von Nelly Sachs.[136] Der Überfall deutscher Soldaten auf ein jüdisches Dorf in Polen wird mit Elementen einer chassidischen Legende verknüpft, die

die Erinnerung an die Leiden im Konzentrationslager formuliert. Max Zweigs Israel-Triptychon exponiert das Entstehen der neuen, israelischen Identität in drei historischen Querschnitten. ›Davidia‹ (1939) behandelt den Überfall einer arabischen Bande auf eine Genossenschaftssiedlung zionistischer Pioniere. ›Saul‹ (1944) ist ein Herrscher, der zwischen Machtkalkül und humanistischem Ethos entscheiden muß. ›Ghetto Warschau‹ (1947) schließlich propagiert die Entstehung eines kämpferischen Selbstbewußtseins als Teil der neuen jüdischen Identität.

Wilhelm Haefs
Lyrik in den 1930er und 1940er Jahren

I. »Der Lyrik eine Bresche«

Daß die Lyrik am Buchmarkt einen schweren Stand habe, ist verbreitete Rede seit den Anfängen des modernen Literatursystems im späten 18. Jahrhundert. In den zeitgenössischen Lyrikdiskursen der 1920er und frühen 1930er Jahre erscheint die Lage allerdings noch einmal verschärft – so jedenfalls das Selbstbild der Autoren und Verleger sowie der meisten Buchhändler: Die zunehmenden Schwierigkeiten vor allem jüngerer Autoren, überhaupt noch Lyrik in Buchform veröffentlichen zu können (in einem Umfeld, in dem Erich Kästners Lyrikbände bemerkenswerte Auflagen erreichten), resultierten vor allem aus der durch die Weltwirtschaftskrise verschärften ökonomischen Situation der Verlage. Der »Schutzverband deutscher Schriftsteller« (SDS) reagierte auf diese Entwicklung mit der forcierten Unterstützung des 1909 gegründeten »Kartells lyrischer Autoren«; man rief sogar eigene Publikationsreihen ins Leben wie die ›Flugblätter des Kartells lyrischer Autoren‹, worin Gedichtveröffentlichungen junger Autoren (z.B. von Werner Bergengruen oder Theodor Kramer) herauskamen.[1] Es traten aber auch einige junge Verleger an die Öffentlichkeit und versuchten, neue Lyrik zu fördern, z.B. Kurt Virneburg mit seinem Verlag Der Aufbruch (1927 gegründet).

Auch der Verleger Wolfgang Jess widmete sich der Lyrik und jungen, noch unbekannten Autoren, denen er vor allem in der von Martin Raschke und A. Artur Kuhnert mit Unterstützung von Günter Eich herausgegebenen Zeitschrift ›Die Kolonne‹ (1929–1932) Publikationsmöglichkeiten einräumte. Der Verleger Karl Rauch legte 1932 im Anschluß an eine in der Zeitschrift ›Bücherwurm‹ gedruckte Umfrage einen Band mit dem Titel ›Der Lyrik eine Bresche‹ vor, in dessen Zentrum eine Umfrage bei Autoren, im Sortimentsbuchhandel und bei den Verlagen über den Stellenwert der Lyrik steht und die den schweren Stand der Gattung am literarischen Markt dokumentieren sollte.

Die Entwicklung weg von der Avantgarde, als Reaktion auf den »formzertrümmernden« Expressionismus, dokumentieren bereits drei der wichtigsten seit Mitte der 1920er Jahre erschienenen Lyrikanthologien: ›Verse der Lebenden. Deutsche Lyrik seit 1920‹ (hrsg. v. Heinrich Eduard Jacob, 3. durchges. und erg. Aufl. Berlin 1932), ›Anthologie jüngster Lyrik‹ (hrsg. v. Klaus Mann und dem späteren Nationalsozialisten Willi Fehse) sowie ›Junge deutsche Lyrik (hrsg. v. Otto Heuschele. Leipzig: Reclam 1928). In dieser Sammlung von 38 überwiegend um oder in den Jahren nach der Jahrhundertwende geborenen Autoren stehen u.a. Martin Beheim-Schwarzbach, Richard Billinger, Otto Brües, Fritz Diettrich, Jürgen Eggebrecht, Willi Fehse, Richard Friedenthal, Paula Grogger, Manfred Hausmann, Wolfgang Hellmert, Otto Heuschele, Hanns Johst, Martin v. Katte-Zolchow, Martin Kaubisch, Alexander Lernet-Holenia, Johannes Linke, Paula Ludwig, David Luschnat, Joachim Maass, Erika Mitterer, Ernst Penzoldt, Max Reuschle, Ernst Sander, Ruth Schaumann, Ernst Scheibelreiter, Herbert Schlüter, Max Sidow, Manfred Sturmann, W.E. Süskind, Georg von der Vring, Maria Luise Weißmann, Hansjürgen Wille, Fred von Zollikofer – überwiegend Autoren, die 1933 in Deutschland blieben. Heuschele, der die Anthologie als Werbung für die jungen Lyriker und für junge Lyrik schlechthin annoncierte und ihr mehr Öffentlichkeit verschaffen wollte, bilanzierte – unter dem Einfluß von George, Rilke und Hofmannsthal – schon den Rückzug der Avantgarde und die Rückkehr zu Form und Gestalt der lyrischen Sprache. Die Lyrik sei zurück auf dem Weg zur »reinen lyrischen Poesie« und zur Thematisierung der letzten Dinge (Liebe, Landschaft, Gott, Tod); die »neue Form« sei eine der »Restauration« und der »Synthese«.[2]

II. Nationalsozialismus und »Volksgemeinschaft« im Bild der Lyrik

Nun laßt die Fahnen fliegen
in das große Morgenrot,
das uns zu neuen Siegen
leuchtet oder brennt zum Tod.

Denn: mögen wir auch fallen –
wie ein Dom steht unser Staat.
Ein Volk hat hundert Ernten
und geht hundertmal zur Saat.

Deutschland, sieh uns, wir weihen
dir den Tod als kleinste Tat,
grüßt er einst unsre Reihen,
werden wir die große Saat.

Drum laßt die Fahnen fliegen
in das große Morgenrot,
das uns zu neuen Siegen
leuchtet oder brennt zum Tod.[3]

Texte wie dieser – ein heute weniger bekanntes Lied des produktivsten NS-Lyrikers Hans Baumann (»der Klassiker des Naziliedes«[4]), der u. a. auch den Text zu ›Es zittern die morschen Knochen‹ verfaßte und dem es nach 1945 gelingen sollte, sich als erfolgreicher Kinder- und Jugendbuchautor zu etablieren – existieren zu Hunderten, wenn nicht zu Tausenden in Gedichtbänden, Lyrikanthologien, Lesebüchern und Liederbüchern, die im Nationalsozialismus publiziert wurden.[5] Ihre Veröffentlichung wurde gefördert, die Publikationen wurden von den Kulturinstitutionen mit Nachdruck propagiert, die Verfasser oft mit hoch dotierten Literaturpreisen und »nationalen Ehrungen« ausgezeichnet. Diese Gedichte und Lieder sind formal traditionell, voller Stereotypen und fraglos epigonal. Es gibt äußerlich nur wenig, was sie von der nationalistischen und völkischen Lyrik seit der Gründerzeit des späteren 19. Jahrhunderts unterscheidet (und man wird ohne weiteres bis zu Gleims Liedern über den Siebenjährigen Krieg zurückgehen können).

Spruch- und Lieddichtung, insbesondere das nationalsozialistische »Massenlied«, gehören zu den bevorzugten Formen lyrischen Sprechens im Nationalsozialismus unter dem Aspekt des »Gebrauchswerts« – im wesentlichen die unendlich variierte Apostrophe des »Führers« –, hingegen sind alle Merkmale, die der Lyrik des Nationalsozialismus zugesprochen werden können, nicht eigentlich spezifisch, allenfalls in deren Kombination: »Elemente des Aufbruchs, des Dualismus, der Heimkehr und der Sakralität, die literarische Organisierung von Massensymbolen und unsichtbaren Massen, von Monumentalität und Suggestivität, die Genreindifferenz und die epigonalen wie die traditionalistischen Züge«[6]: all das zeichnet die Dichtung des Nationalsozialismus aus und kulminiert im Postulat der »Haltung«, der gegenüber allen gattungsmäßigen, ästhetischen, ja sogar inhaltlichen Fragen Priorität zukommt – jedenfalls in der Selbstbeschreibung der Autoren wie in der NS-Literaturkritik und -literaturgeschichtsschreibung.

Die unendlich wiederholten Suggestionen von »Blut und Boden«, von »Ahnen« und »Erben«, von »Erde« und »Stahl«, von »Mensch« und »Maschine«, von »Krieg« und »sinnvollem Tod«, von »Opfer« und »Vaterland« usf. (an Anne Marie Koeppens umfangreichem Gedichtband ›Wir trugen die Fahne‹, der »Meinem Führer« gewidmet ist und mehr als ein Dutzend »Führergedichte« enthält, läßt sich dies exemplarisch studieren) verweisen auf die Funktionsfrage der Lyrik und auf einen offensichtlichen Widerspruch der NS-Propaganda: Aller Kritik am künstlerischen Dilettantismus und den Forderungen nach einer eigenständigen, auch ästhetisch kanonisierungsfähigen Literatur zum Trotz, wie sie bei Goebbels häufig zum Ausdruck kommt, bleibt die nationalsozialistische Lyrik reine Gebrauchs- und Funktionslyrik. Dem Nationalsozialismus geht es darum, die Gattung Lyrik als Teil des kulturellen Gesamtkonzepts auszuweisen, das seinen Beitrag leisten soll zur Konstruktion eines positiven Bildes der Volksgemeinschaft, in der das »Ich« nicht nur aufgeht, sondern der es sich auch zu »unterwerfen« hat. Die Uniformierung der Subjekte und ihre Überführung in mobilisierte Masse(n) ist das Ziel der Politik und dementsprechend auch das

Ziel literarischer Fiktionen und aller künstlerischen Konstruktionen. An Bedeutung gewinnt das Gedicht im Medienverbund, d. h. im Kontext politischer und/oder kultureller Inszenierungen, die das Performative geradezu ausstellen (entsprechend hoch ist der Anteil an »Sprech-Chören« an der Lyrik-Produktion im Nationalsozialismus).

Prämiert werden primär der lyrische Schreibakt als solcher und die darin zum Ausdruck kommende »Haltung« der Positivität, die keine Selbstreflexivität zuläßt. Insofern zeigt die Lyrik eine Art Entprofessionalisierung von Autorschaft (unabhängig davon, daß 1942 immer noch 2255 Autoren sich als »Lyriker« kategorisieren[7]). Dies dokumentiert sich weniger in der – von außen betrachtet grotesk anmutenden – Zusammenstellung von historisch übergreifenden Gedichtanthologien, in denen regelmäßig die große Tradition von Goethe bis zu Rilke mit der nationalsozialistischen Lyrik der Gerhard Schumann, Heinrich Anacker, Herbert Böhme, Anne Marie Koeppen, Eberhard Wolfgang Möller, Hans Jürgen Nierentz, Ferdinand Oppenberg, Herybert Menzel usw. zusammengeführt wird.[8]

Sie zeigt sich dagegen vor allem in den nicht wenigen Anthologien, in denen sich genannte und ungenannte Autoren – vor allem schreibende Handwerker, Angestellte, Bauern – im lyrischen Sprechen versuchen, um damit einen Beitrag zur NS-»Volksgemeinschaft« oder zum »Lobpreis« Hitlers zu leisten. Ein repräsentatives Beispiel in dieser Hinsicht ist das schmale Heft ›Hitler-Gedichte‹, aus einer mehrteiligen Sammlung, von 1933, ein Stück weit typische Konjunkturliteratur der ersten beiden Jahre der NS-Diktatur. Die Sammlung, die laut Vorwort »keinen Anspruch auf literarischen Wert erhebt«, rühmt sich der Gedichte von Werktätigen, die zur Feder griffen, »um ihre Begeisterung über das neue Deutschland in wenige Verse hineinzugießen.« Was sie angeblich der »Schriftstellerei« überlegen mache, sei: »Ehrlichkeit der Gesinnung, Überzeugungstreue, ein starker Geist des tapferen Bekennens zum erwählten Führer und seiner Idee!«[9] Ein vergleichbares Beispiel einer für den Nationalsozialismus charakteristischen »kollektiven« Dichtung ist der Band ›Das junge Leipzig. Gedichte einer deutschen Gemeinschaft‹ (1936), in dem die Gedichte allerdings noch einzeln gezeichnet sind.

Bezeichnend ist die Prämierung von »Kollektiven«, Gegenkonzept zum klassischen Bild vom auratischen und individualistischen Lyriker: So erhält 1938 der von Baldur von Schirach im Reclam Verlag herausgegebene Band ›Das Lied der Getreuen. Verse ungenannter österreichischer Hitler-Jugend aus den Jahren der Verfolgung 1933–37‹ den »Nationalen Buchpreis« für 1937/38 (für 1935/36 erhielt den Preis Gerhard Schumann für den Gedichtband ›Wir aber sind das Korn‹ – Schumann galt im übrigen als junger Vorzeigedichter der SA): Er erreicht mit dieser Förderung in kürzester Zeit das 60. Tausend und wird bei Großbestellungen zu Vorzugskonditionen angeboten (ab 50 Expl. 1,70 RM, ab 300 Expl. 0,90 RM). Goebbels selbst verkündet die Preisverleihung und äußert über den Band: »Wie kein anderes Buch erfüllt dieses die in der Stiftungsurkunde des Buchpreises festgelegte Bedingung, aus dem Geiste unserer Zeit heraus geschaffen in höchster künstlerischer Vollendung dem Geiste unserer Zeit (!) lebendigsten und plastischsten Ausdruck zu geben.«

Lukrative Publikationen waren für Lyriker darüber hinaus vor allem solche, die vom »Hauptkulturamt der NSDAP in der Reichspropagandaleitung« herausgegeben wurden. Ein Musterbeispiel dieser Art ist der Band ›Deutsche Kriegsweihnacht‹ (Sonderdruck des Parteiarchivs für nationalsozialistische Feier- und Freizeitgestaltung, Die Neue Gemeinschaft, hier Aufl. 1944), mit zahlreichen Illustrationen und Gedichten (neben Liedern) u.a. von Hölderlin und Goethe sowie von den zeitgenössischen NS-Lyrikern Kurt Eggers, Herybert Menzel, Wolfram Brockmeier, Johannes Linke, Agnes Miegel, Hermann Claudius, Ferdinand Oppenberg, Gerhard Schumann.

Ein vielfach prämierter und erfolgreicher Autor war Heinrich Anacker, Verfasser von rund 5000 Gedichten, wie schon die zeitgenössische Kritik bemerkt hat. Anacker wird man als denjenigen Lyriker bezeichnen können, dem das »Erlebnis« immerzu Gedicht wurde. Der Schein von »Authentizität« (paradox angesichts der fortwährenden, abstrakten Stereotypisierungen) spiegelt sich auch in der spezifischen Form einiger Gedichtbände, insbesondere nach Beginn des Zweiten Weltkriegs. Hier werden, etwa in ›Einkehr und Heimkehr‹, neben Gedichte Photographien (zumeist »Solda-

tische Existenz« im Krieg) gestellt: Das Gedichtbuch erscheint
so als eine Art fortgesetztes lebensgeschichtliches Tagebuch unter der (unsichtbar-sichtbaren) Regie der nationalsozialistischen
Führer.

1938 steuert die Produktion dieser Lyrik durch den »Anschluß«
Österreichs auf ihren quantitativen Höhepunkt zu: Neben der
erwähnten Sammlung ›Das Lied der Getreuen‹ erscheint rund ein
Dutzend weiterer Anthologien mit NS-Lyrik, anläßlich von Hitlers
50. Geburtstag im April 1939 folgt ein Widmungsband mit Gedichten (›Dem Führer. Gedichte für Adolf Hitler‹, herausgegeben
von Karl Hans Bühner). Der Anschluß Österreichs hat tatsächlich
für die nationalistischen und völkischen Autoren katalytische Wirkung: Die nun von Dutzenden österreichischer (und deutscher)
Lyriker gefeierte »Heimkehr ins Reich« ist nicht nur Propaganda
der Nationalsozialisten gewesen. Vielmehr hat die Literatur diese
Politik schon lange zuvor imaginiert: Bereits 1933 verstand sich
ein ›Dichterbuch‹ mit dem Untertitel ›Deutscher Glaube, deutsches
Sehnen und deutsches Fühlen in Österreich‹ nicht als Loblied auf
die Österreichische Republik und ihre Unabhängigkeit, sondern
als literarisches Dokument für das österreichische »Deutschtum«,
das immer schon und eben auch in der (explizit nicht benannten
Gegenwart) als »Bahnbrecher und Heerufer der völkischen Bewegung« fungiert habe.[10]

Im Laufe des Zweiten Weltkriegs wird der Ton in den Gedichten
nationalsozialistischer Lyriker radikaler, insbesondere bei Böhme,
Anacker und Ferdinand Oppenberg, in dessen Gedichtsammlung
›Kämpfend müssen wir marschieren‹ (1943) vermehrt rassistische
und antisemitische Untertöne (bezogen auf den Kampf gegen die
»Bolschewisten« im Osten) zu finden sind. Ohnehin steigt die
Zahl der Gedichte, in denen der Kampf im Osten Thema wird
und entsprechend auch der Tod im Kampf als »Opfer« für etwas
Höheres – »Volk«, »Führer« und »Vaterland« – ausgegeben und
auf diese Weise Sinnzuschreibung vorgenommen wird, sprunghaft
an. Diesem Ziel wird sogar die Neuauflage der repräsentativen
Anthologie ›Gedichte des Volkes‹ zugeordnet. Der Herausgeber
Böhme will dokumentieren, »was deutschen Menschen schön und
lebenswert und würdig ihres letzten Opfers ist«. Und er läßt in sei-

nem Vorwort zur Neuauflage nicht nur den »Führer« hochleben, vielmehr schließt er mit den Worten »Am Tag der Helden von Stalingrad 1943«.[11]

III. Spielräume für Lyrik im »Dritten Reich«?

Hinter der »martialischen« Performativität der NS-Lyriker verschwinden die Konturen nichtnationalsozialistischer Lyrik. Doch bleibt eine Reihe von Lyrikern aktiv, die in der Mehrzahl schon Ende der Weimarer Republik in Erscheinung getreten war, mit selbständigen Buchveröffentlichungen und mit Veröffentlichungen in Zeitschriften wie der ›Literarischen Welt‹ oder der ›Kolonne‹. Die Publikationsmöglichkeiten für diese Lyriker (von Georg Britting bis zu Georg von der Vring, von Peter Huchel bis zu Martha Saalfeld, von Hans Carossa bis zu Gottfried Benn) verringerten sich im Laufe der Zeit allerdings dramatisch.

Abseits der völkischen und nationalsozialistischen Verlage schrumpften nämlich sukzessive die Spielräume für Verlage wie S. Fischer oder Rowohlt, für Kiepenheuer oder Deutsche Verlags-Anstalt, mit jedem weiteren Jahr der nationalsozialistischen Diktatur: Bei S. Fischer etwa erschienen über Jahre nur noch wenige Gedichtbände (als Sonderfall wird man den Lektor des Verlags, Oskar Loerke, mit seinen Gedichtbänden, u. a. einer kleinen Auswahl von Lyrik, »Magische Verse«, von 1938, bewerten müssen); bei Rowohlt fast gar keine mehr, wenn man vom auflagenstarken, ökonomisch einträglichen Joachim Ringelnatz absieht: Von ihm erschienen bis 1940 die ›Gedichte von einstmals und jetzt‹, ›Gedichte dreier Jahre‹ [1. Aufl. 1933] und die ›103 Gedichte‹ [1. Aufl. 1932] sowie ›Allerdings‹). Die Deutsche Verlags-Anstalt mußte Erich Kästners erfolgreiche Gedichtbände 1933 zurückziehen; der nächste Lyrikband Kästners, die ›Lyrische Hausapotheke‹, erschien 1936 im Atrium-Verlag (Basel, Wien, Mährisch-Ostrau), während der Autor im Reich geblieben war und einen eigenen Weg zu gehen versuchte. Nur Propyläen verlegte anfangs noch Gedichtbände nonkonformistischer Autoren, auch den ›Almanach

der Dame‹ (1934 und 1935), der, anknüpfend an die alte Tradition
der Musenalmanache, die neue Lyrik eines Jahres zu sammeln
vorgab. Nischen für Lyrik boten zeitweise auch kleinere Verlage
wie der Widerstandsverlag des vormaligen Nationalbolschewisten
Ernst Niekisch (Wilhelm Lehmann: Antwort des Schweigens, 1935;
Friedrich Georg Jünger: Gedichte, 1935, mit dem von vielen zeitgenössischen Lesern als camouflierte Kritik am Nationalsozialismus
gelesenen Gedicht ›Der Mohn‹) und Otto Müller (Wilhelm Lehmann: Der grüne Gott, 1942).

Es gibt ab 1933, neben den wenigen verbliebenen Publikationsmöglichkeiten in Zeitschriften wie der ›Neuen Rundschau‹ und
Tageszeitungen wie dem ›Berliner Tageblatt‹, dem ›Berliner Börsen-
courier‹, der ›Frankfurter Zeitung‹ und der ›Kölnischen Zeitung‹
und den wenigen Verlagen, die sich eine gewisse Unabhängigkeit
bewahren konnten, einige sich teils überschneidende literarische
Netzwerke und Kommunikationsräume, in denen sich nichtnationalsozialistische Autoren noch bewegen konnten (von lyrischen
Traditionalisten über sich als unpolitisch bezeichnende Autoren
wie Oskar Loerke bis hin zu jungen Lyrikern, die Ende der Weimarer Republik ins Rampenlicht der literarischen Öffentlichkeit getreten waren). An erster Stelle ist die Reihe ›Das Gedicht. Blätter für
die Dichtung‹ des jungen Verlegers Heinrich Ellermann zu nennen,
in der von 1934 bis 1943/44 mehr als 100 Einzelpublikationen in
preiswerter Aufmachung (lose Blätter im Umschlag) von Lyrikern
sowie Anthologien mit einem breiten Autorenspektrum von Benn
über Elisabeth Langgasser, Georg Britting und Yvan Goll (unter
Pseudonym) bis zu Karl Krolow und Franz Fühmann erschienen,
dagegen nur wenige NS-Lyriker.

Einige wichtige Lyriker, zumeist bekannt schon aus Lyrikveröf-
fentlichungen von vor 1933, publizierten in der kulturkonservativen Zeitschrift ›Das Innere Reich‹, bei S. Fischer (Oskar Loerke,
Manfred Hausmann, Wolf von Niebelschütz) oder Propyläen, etwa
Georg von der Vring (›Die Lieder des Georg von der Vring‹, Berlin
1939) und Friedrich Bischoff mit seinem erfolgreichen ›Füllhorn‹
(1940, überwiegend in klassisch-romantischer und Volkslied-
Tradition verfaßte Gedichte), oder auch Langen-Müller, wo neben
den Gedichtbänden nationalsozialistischer Autoren wie Gerhard

Schumann die Lyrik Georg Brittings, überwiegend Naturlyrik, verlegt wurde: u.a. ›Die Kleine Welt am Strom‹ (1933, Prosa und Lyrik), ›Der Irdische Tag‹ (1935), ›Rabe, Roß und Hahn‹ (1939). Ob gleichnishaft oder sinnenfroh, im besten Falle widerstehen Gedichte von Oskar Loerke oder Max Kommerell, von Georg Britting oder Paula Ludwig (vor ihrer Emigration) und auch einige von Georg von der Vring (von Benns Versen ab 1936 zu schweigen) dem Zwang zur dichtungssprachlichen Uniformierung, gegen die Monumentalisierung von Gegenständen der Außenwelt, gegen die permanente Mobilisierung, »gegen die Inszenierung der deutschen Geschichte durch Adlersäulen, Pylonen, Lichtdome und andere Bühneneffekte« des suggerierten »Tausendjährigen Reichs«.[12] Dahinter muß keineswegs ein poetologisches Konzept stehen, man muß dies auch nicht gleich als oppositionellen Akt deuten (wie es, umgekehrt, auch kurzschlüssig ist, hier eine unselige Tradition deutscher Innerlichkeit und Irrationalismus erkennen zu wollen[13]); Basis ist in den meisten Fällen nicht mehr und nicht weniger als das kunstautonome Insistieren auf einer vorgeblich »unzerstörbaren« poetischen Sprache.

Deutliche politische Perspektiven werden dagegen in Gedichten von Reinhold Schneider oder Werner Bergengruen entwickelt. Schneiders Lyrik der frühen 1940er Jahre, zumeist nur als Privatdrucke erschienen, richtet in einer stellenweise getragenen, sakralen Sprache symbolisch (also ohne explizite Nennungen) über die Barbarei des Nationalsozialismus, indem ein historisches Gegenbild der alteuropäischen Welt von Kaiser, Reich und Papst und die Perspektive des Glaubens gezeichnet wird. Im ersten der ›Dreißig Sonette‹ heißt es:

> Das Große durft' ich nur von ferne schauen;
> Nichts wünsch ich sehnlicher als zu verehren,
> Den ernsten Zeichen, die mein Volk beschweren,
> In mir ein stilles Heiligtum zu bauen.
>
> Doch längst begann das Große hinzutauen,
> An Falschem sich das Letzte zu verzehren;
> Des Lebens Werte schwanden hin im Leeren,
> Und endlich aus dem Leeren stieg das Grauen.

Da pflanzte ich, was niemals mir begegnet,
Mir in mein Herz; ich stritt für die Altäre,
Stritt für der Krone ausgelöschten Ruhm;

Und während die Vernichtung niederregnet,
Ward Größtes mir, als ob es wirklich wäre,
In Bild und Namen wieder Eigentum.[14]

Auch Bergengruen versuchte sich einer Geschichtserfahrung zu versichern, beschwört in dem 1937 anonym in Graz erschienenen Band ›Der ewige Kaiser‹ die mittelalterliche Reichsidee als positives Gegenbild zu einer gegen jede Ordnung gerichteten Willkürherrschaft.[15] Einen ganz eigenen Weg ging Gottfried Benn, von dem zuletzt 1936 ein Querschnitt aus seiner Lyrik erschien (›Ausgewählte Gedichte‹; wurde verboten) sowie, in der Reihe der ›Blätter für die Dichtung‹, ein schmales Heft mit einigen neueren Gedichten. In ›Einsamer nie –‹ (1936) gibt Benn in dichotomischer Fügung eine Antwort auf den »Sinnenrausch«, den Hedonismus der Gegenwart (wie er sich gerade in den Olympischen Spielen gezeigt hatte – darauf spielt der Text auch an) und entwirft ein Reich des Geistes, mit dem das einsame Ich dem »Gegenglück« dient.[16]

Der Kreis um den Drucker und Verleger Victor Otto Stomps stellt nach 1933 ein bemerkenswertes Netzwerk nichtnationalsozialistischer Autoren. Dabei reicht dieses Netzwerk historisch bis weit in die Weimarer Republik zurück. Stomps nimmt sich mit seiner Rabenpresse bis zur Übernahme des Verlags durch einen Nationalsozialisten 1937 unermüdlich der Lyrik an und verlegt nach Max Herrmann-Neiße und A. R. Meyer auch Autoren wie Werner Bergengruen und Alfons Paquet, Diemar Moering und den Schweizer Hans (Jean) Gebser, Kurt Heynicke und Joachim Maass, ja sogar Gertrud Kolmars Bändchen ›Preußische Wappen‹, das sich im Titel noch nicht als Gegenprogramm zur Preußen glorifizierenden Lyrik zu erkennen gibt.[17] Es ist dies freilich keine wirkliche Gegenöffentlichkeit, eher Teil-Öffentlichkeit (unter den mißtrauischen Blicken der nationalsozialitischen Kulturfunktionäre) für eine distanzierte, sich distanzierende oder sich als »unpolitisch« bezeichnende Elite. Die Veröffentlichungen selbst, die durchweg in niedrigen Auflagen erschienen (die Mehrzahl nur in wenigen hundert Exemplaren), waren nur ein Teil des Programms. Zu den Aktivitäten von Stomps gehörte auch die allerdings nur einige Monate erschienene Zeitschrift ›Der Weiße Rabe‹, vor allem aber der sinnstiftende Kommunikationskontext privater »Öffentlichkeit«, der durch Dichterlesungen in Berlin im Haus des Verlegers und dauerhafte private Kontakte hergestellt wird.

Ab Ende der 1930er Jahre, spätestens mit Beginn des Krieges, gab es auch für solche Aktivitäten nur noch wenig Raum – es blieb noch die Möglichkeit des Privatdrucks (die auch Benn mit einer Auswahl seiner Gedichte 1943, gedruckt ausschließlich für seine Freunde, wählte). So konnte zum Beispiel Hans Carossas ›Abendländische Elegie‹, die der Dichter 1943 an den Insel-Verleger Anton Kippenberg sowie an den Herausgeber der Zeitschrift ›Das Innere Reich‹, Paul Alverdes, schickte, nicht mehr gedruckt werden: die Zeitschrift, die einen Schwerpunkt auf der Lyrik hatte, wurde eingestellt, ein letztes Heft lag 1944 schon in den Fahnen vor, konnte aber nicht mehr gedruckt werden. Kippenberg publizierte das Gedicht dann 1946 in einem Privatdruck. Es handelt sich um einen aus bildungsbürgerlichen Traditionen gespeisten elegischen Blick auf die äußeren und inneren Zerstörungen des christlichen Abendlandes, eine lyrische Reflexion über die »Jahre der Verdunklung« (so im Schlußvers) in 162 Versen:

> Im Gnadenlosen suchten wir die Leuchte,
> Die uns den Weiterweg erhellen soll,
> Und wundern uns, daß es noch tiefer finstert.
> Selbst riefen wir die grauen Furienchöre,
> Die nun durch unsern Heimathimmel jagen,
> Entsetzen streuend: Stadt um Stadt erliebt.[18]

Auch Albrecht Haushofers Zyklus von 80 ›Moabiter Sonetten‹ konnte erst nach Ende des Krieges erscheinen. Der Autor, Politikwissenschaftler und ehemaliger Berater von Joachim von Ribbentrop, war Ende 1944, unter dem Verdacht der Kollaboration mit den Offizieren des 20. Juli, verhaftet und noch im April 1945 von der Gestapo mit anderen Häftlingen erschossen worden. Haushofers 1946 erschienene Gedichte, geschrieben in der Haft in Moabit, sind eine Selbstverständigung über die Werte der abendländischen

Kultur und über ihren Niedergang, auch ein Eingeständnis des Versagens jenes Bildungsbürgertums, dem er selbst angehört, schließlich auch ein persönliches Schuldeingeständnis, wie es nach 1945 nur wenige formulierten (»Ich klage mich in meinem Herzen an: / Ich habe mein Gewissen lang betrogen, / Ich hab mich selbst und Andere belogen. / Ich kannte früh des Jammers ganze Bahn. / Ich hab gewarnt – nicht hart genug und klar! / Und heute weiss ich, was ich schuldig war.«[19]).

Aktivistische lyrische Opposition gegen den Nationalsozialismus gab es nur einige wenige Jahre, solange die KPD noch im Untergrund wirken, solange noch ein wenigstens kleines personales Netzwerk (zum Drucken bzw. Hektographieren und zum Verteilen der Texte) existierte. Am bekanntesten sind die derben Spottgedichte von Georg Kaiser,»Personalsatiren« gegen Führer des Nationalsozialismus (z. B. ›Das Batzenschwein‹, gegen Göring gerichtet), die als illegale Flugblätter noch 1934 in Deutschland kursierten. Auch in Österreichs wurden zahlreiche kritische Texte noch unmittelbar nach dem »Anschluß« gedruckt. Herausragend unter den Verfassern dieser Texte ist Jura Soyfer, der 1934 Mitglied der Wiener KPÖ wurde, 1938 sogleich von den Deutschen verhaftet wurde und im Februar 1939 im Konzentrationslager Buchenwald starb. Mit seinem ›Dachauerlied‹ lieferte er eine frühe eindrucksvoll lyrische Verarbeitung der berüchtigten Inschrift »Arbeit macht frei«:

Stacheldraht, mit Tod geladen,
Ist um unsre Welt gespannt.
Drauf ein Himmel ohne Gnaden
Sendet Frost und Sonnenbrand.
Fern von uns sind alle Freuden,
Fern die Heimat und die Frau,
Wenn wir stumm zur Arbeit schreiten,
Tausende im Morgengrauen.

Doch wir haben die Losung von Dachau gelernt,
Und wir wurden stahlhart dabei,
Bleib ein Mann, Kamerad,
Mach ganze Arbeit, pack an Kamerad,
Denn Arbeit, denn Arbeit macht frei,
Denn Arbeit, denn Arbeit macht frei.[20]

IV. Lyrik im Exil

Lyriker im Exil:[21] Das bedeutet, noch mehr eingeschränkte Publikationsmöglichkeiten haben als dies ohnehin schon am Ende
der Weimarer Republik der Fall war. Das bedeutet auch für ein
sehr kleines Lesepublikum zu schreiben, das zum größten Teil aus
emigrierten Autoren und Autorinnen, Journalisten, Akademikern
bestanden hat – diese Schreibsituation scheint allerdings anfangs
vielen Autoren nicht bewußt gewesen zu sein. Im Laufe der Zeit hat
die Erkenntnis den einen oder anderen resignieren, manchmal wohl
auch verstummen lassen. Die wenigen größeren Exilverlage in den
Niederlanden (Allert de Lange, Querido), in Schweden (Bermann
Fischer), der Schweiz (Humanitas, Oprecht und Europa) und in
Frankreich (Carrefour, Prométhée) publizierten Lyrik entweder gar
nicht oder, zumindest bis 1944, kaum, konzentrierten sich vielmehr
auf den Roman. Insofern waren die Lyriker – wenn man von Aus-
nahmen wie dem renommierten Bertolt Brecht (›Lieder, Gedichte,
Chöre‹, 1934 in Paris bei Carrefour, sowie die – allerdings kaum
noch verbreiteten – ›Svendborger Gedichte‹, 1938 bei Malik in
London) absieht und von der – nicht gerade häufig gegebenen –
Möglichkeit, selbst oder von Freunden und Bekannten unterstützte
Privatdrucke herauszubringen (wie etwa Richard Friedenthal 1943
in London, gedruckt vom emigrierten deutschen Verleger Jakob
Hegner), auf den Abdruck ihrer Gedichte in den renommierten
Zeitschriften und Zeitungen des Exils (›Neue Weltbühne‹, ›Das
Neue Tage-Buch‹, ›Pariser Tageblatt‹ etc.) angewiesen.
  Allerdings konnte diese schwierige Publikationslage (nachträglich stellte sich im übrigen heraus, daß die lyrische Produktivität
selbst unter den schwierigsten Bedingungen hoch blieb, wenn auch
viele Texte anfangs unveröffentlicht blieben) auch ein Vorteil sein:
wenn nämlich Lyriker sich kritisch – etwa in der Form der Satire
und in parodistischen Formen – mit dem Nationalsozialismus auseinandersetzten. Im Gattungsverbund mit Romanauszügen, Erzählungen und Novellen und vor allem mit Essays sowie literarischer
und politisch-essayistischer Kritik nahmen Teile der Exillyrik oft
erst Konturen an und gewannen an Profil, erreichten über diese
Form der Öffentlichkeit eine erheblich größere Wirkung – und

nicht nur im Exil. Die wichtigeren Exilpublikationen wurden im übrigen von den nationalsozialistischen Kulturfunktionären und den NS propagierenden Kritikern wie Will Vesper aufmerksam verfolgt und gelegentlich sogar polemisch kommentiert.

So entstand eine paradoxe Kommunikationssituation, in die die Lyrik involviert war: In Deutschland wurden die emigrierten Dichter (und auch deren lyrische Beiträge) mit kritischen Beiträgen verhöhnt, mit Publikationen des Exils reagierte man umgekehrt kritisch bis belustigt auf die lyrischen »Exzesse« und das literarische Niveau jener Dichter, die das »völkische Leben« hypostasierten und sich als Sprachrohr der nationalsozialistischen »Bewegung« verstanden – wie Anacker, Schumann, Menzel u. v. a. –, und mokierte sich über den »Qualitätsverlust«.

Unser Blick auf die Exillyrik ist geprägt von der Vorstellung, das politische Zeitgedicht habe dominiert. Doch hier schon stellt sich die Frage nach der Kategorienbildung und ihrer Angemessenheit: denn traditionelle Unterscheidungen zwischen einer »politischen«, womöglich »antifaschistischen« und »unpolitischen« Lyrik sind nur bedingt tauglich, Differenzen im lyrischen Sprechen zu markieren. Im übrigen bleibt auch jene Lyrik, die sich primär als ein Medium des Kampfes gegen den Nationalsozialismus versteht, weitgehend unverändert gegenüber ihren Vorläufern aus der Zeit der Weimarer Republik; vielmehr bleiben die literarischen Schreibstrategien eher konventionell und der Tradition verhaftet. Die in der Öffentlichkeit bekannten und renommierten Lyriker schreiben weiter, als existierte noch die in zahlreiche Teilöffentlichkeiten zersplitterte, von zahlenmäßig starken linken und liberalen Milieus geprägte kulturelle Öffentlichkeit der Weimarer Republik. Allerdings gibt es, erzwungenermaßen, Formen literarischer Kommunikation, die auf die neue politische Situation und die Repressionen des nationalsozialistischen Deutschlands reagierten: antinationalsozialistische Gedichte, die in Typoskriptform verbreitet wurden; Broschüren und Bücher, die aus dem Ausland über die Grenze nach Deutschland geschmuggelt und illegal verbreitet wurden (zumeist von im Untergrund aktiven Antifaschisten), darunter auch überwiegend von der KPD verbreitete sogenannte Tarnschriften, von denen einige Gedichte enthielten: Am bekanntesten wurde die in Paris gedruckte Tarnschrift ›Deutsch für Deutsche‹ aus dem Jahr 1936.

Die Lyrikgeschichte des Exils durchläuft im übrigen Phasen, die wesentlich von der Entwicklung der geopolitischen Lage und der Außenpolitik des nationalsozialistischen Deutschen Reichs bestimmt werden. In den ersten Jahren steht tatsächlich, jedenfalls in der öffentlichen Wahrnehmung, jene kritische Lyrik im Mittelpunkt des Interesses, die, in Fortsetzung von Tendenzen der Weimarer Republik, dort angesiedelt im politischen Spektrum der extremen Linken (Erich Weinert, Johannes R. Becher) und im linksliberalen Milieu (Kurt Tucholsky u. a.), sich an der nationalsozialistischen Diktatur und ihren spezifischen Erscheinungsformen abzuarbeiten versucht. Sie versteht sich vornehmlich als Reflexionsmedium, gelegentlich auch als Agitprop oder als Versuch, den Volksfrontgedanken des Exils auch im Gedicht zu artikulieren und zu transportieren. Dabei ist dieses lyrische Spektrum, genau besehen, sehr viel breiter, es umfaßt das agitatorische kommunistische Massenlied ebenso wie die individualistische Absage an den Nationalsozialismus.

Es reicht von Alfred Kerrs polemisch-satirischen Gedichten in ›Die Diktatur des Hausknechts‹ über den proletarisch-satirischen Duktus von Karl Schnog (›Kinnhaken. Kampfgedichte‹, 1934/35), die formal sehr flexiblen, oft mit den Mitteln der Montage und der Kontrafaktur arbeitenden Gedichte Walter Mehrings (z. B. ›Arier-Zoo‹), Albert Ehrensteins (›Nazi-Walküren‹) oder Bertolt Brechts (›Das Lied vom Anstreicher Hitler‹, ›Kälbermarsch‹) bis zum ›Flüsterlied‹ von Fritz Brügel, das die versteckten Formen des Widerstands kommuniziert und preist und zu den Reflexionsgedichten Brechts: In ihnen ist von der Bücherverbrennung über die Zensur und »Ästhetisierung des Politischen« (›Verbot der Theaterkritik‹) bis zu der von den Nationalsozialisten erzwungenen Exilexistenz des Emigranten (›Über die Bezeichnung Emigranten‹) und den schwierigen Kommunikationsbedingungen für Lyrik im Exil (›Schlechte Zeit für Lyrik‹) nahezu allen relevanten kritischen Exil-Diskursen über den Nationalsozialismus Rechnung getragen.

In der zeitkritischen Lyrik finden sich alle Spielarten und Formen satirischer Sprechweisen, vor allem Moritat und Ballade, Spottlie-

der, parodierte Kirchenlieder, gereimte Glossen, lyrische Kommentare zu Naziparolen, vielfach kontrafaktorisch mit überlieferten
Formen arbeitend. Die kritisch-satirischen Gedichte weisen alle
möglichen Varianten der Übertreibung, der Verzerrung und Entstellung und des Grotesken auf. Auffallend häufig arbeiten diese Lyriker auch mit integrierten Parodien auf Nazi-Lieder wie Kirchenlieder und Kirchengesängen. Für eine Pointierung der Kritik, die mit
montierten Materialien nationalsozialistischer Sprache operierte,
bot sich die Form de Rollengedichts an.

In den Anfangsjahren des Exils speiste sich die lyrische Sprache
einerseits aus der existenziellen Befindlichkeit des Vertriebenseins,
das sich in vielen Gedichten, verständlicherweise, in rhetorischen
Haßtiraden artikuliert, andererseits aus dem Optimismus, die
nationalsozialistische Diktatur werde nur von kurzer Dauer sein.
Insofern ist das Selbstverständnis des »Widerstands« nachvollziehbar – auch wenn es objektiv eine illusionäre Zuschreibung
war, da die kommunikative Basis der Adressaten in Deutschland
fehlte.

Je länger freilich die nationalsozialistische Diktatur dauerte,
desto mehr schwand der forsche satirische Ton in der Lyrik, desto
mehr rückte das explizit politische Gedicht in den Hintergrund
oder es artikulierte sich im kommunikativen Kontext des Widerstands bzw. in der Form der – abgeschwächt – agitierenden
Einzelpublikation, wie etwa in den Sonetten des Privatdrucks ›Das
Medusenhaupt‹ von Martin Beheim-Schwarzbach (London 1941,
250 Exemplare). Dagegen brachte noch das in Moskau 1943 publizierte Heft ›Die Miesmacher‹ aggressive, satirische Spott- und
Hohngedichte, die zuvor in Österreich in Typoskriptform illegal
verbreitet worden waren gegen die nationalsozialistischen Führer
und ihre Rhetorik. »Der Miesmacher« ist eine stehende Figur »aus
dem Volk« (in der Tradition Nestroys), wie sie schon die 1848er
Revolution gekannt hat. Im formalen Rückgriff auf die Tradition der populären Knittelverse macht sich der Miesmacher mit
angriffslustiger und witziger, haßerfüllter, idiomatisch gefärbter
Kritik zum Sprachrohr des »Volksmunds«, immer wieder nahe am
Kabarett.

Der Goebbels hat g'sagt, der Krieg ist bald aus,
und ich hab' g'sagt, ja, so schau ma aus.
Der Goebbels hat g'sagt und der Hitler hat g'sprochen:
Rußland, das kostet uns höchstens sechs Wochen.
Und ich hab' g'sagt, das kost' mich an Lacher
Und das wurmt halt die Propagandamacher [...]
Der Hitler hat g'sag, im nächsten Jahr
Siegen wir wieder, das ist klar.
Und ich hab' g'sagt, eine schönes Vergnügen,
so Schritt für Schritt sich zu Tode siegen.[22]

Allerdings waren derartige Texte längst in der Minderzahl, denn angesichts des Kriegsgeschehens konnten die Enthüllung des nationalsozialistischen Terrors und der Kampf der Antifaschisten kaum noch mit Aufmerksamkeit rechnen. Zu sehr hatten sich auch die Lebensbedingungen vieler Exilierter verschlechtert. Die erzwungene Flucht aus Europa zerstörte noch einmal die wenigen Kommunikationsstrukturen, die den Exilanten zur Verfügung standen, und erforderte wiederum Neuorientierungen; Einkünfte konnte man im übrigen mit Lyrik nun fast nicht mehr erzielen, wie dies z.B. Mascha Kaléko bezeugt.[23] Darüber hinaus war ein Bewußtsein für die Probleme des Sprechens über den Nationalsozialismus schon vor Ausbruch des Krieges in Gang gekommen, nicht nur bei dem in dieser Hinsicht immer schon reflektierten Dialektiker Brecht, der ja nicht zuletzt deshalb immer wieder neu um spezifische Formen des lyrischen Ausdrucks gerungen hat.

Bemühungen um die Entwicklung einer eigenen Poetik der Exillyrik, genauer: um eine Ästhetik des operativen Gedichts gegen den Nationalsozialismus blieben vereinzelt. Ernst Blochs Essay ›Der Nazi und das Unsägliche‹ von 1938 markiert bereits die entscheidenden Probleme im Blick auf die Angemessenheit von Form und Sprache und die Darstellbarkeit der historischen Vorgänge. Sprache – und zumal das lyrische Sprechen – schien hier, angesichts der »Erbärmlichkeit« und der »reüssierenden Niedertracht«, an eine Grenze zu kommen. Die Grenzen des operativen und agitierenden lyrischen Sprechens waren auch insofern offensichtlich, als der reine Anklagegestus nichts auszurichten vermochte, außer daß die

Selbstverständigung unter den Exilierten vorangetrieben und das Zusammengehörigkeitsgefühl affektiv gestärkt werden konnten. Ein Indikator der grundlegend veränderten Situation der Lyrik im Kontext der Exilliteratur sind auch Brechts späte Reflexionen aus dem Jahr 1942. Brecht sprach von der Lyrik im Exil als einer »Flaschenpost«, sprach von »Elfenbeinturm« und »Goldschmiedekunst« und charakterisierte damit ihre definitive Isolation. Immerhin schaffte Brecht selbst es noch, nicht nur allgemeingültig im Gedicht Exilerfahrungen zum Ausdruck zu bringen. Seine politischen, sozialen und ästhetischen Reflexionen aus der Spätphase des Exils sind herausragende Ergebnisse der Exillyrik, einer Lyrik, die bei großer formaler Variabilität und zumeist kontrapunktisch gegen jeden lyrischen Traditionalismus gerichtet ist. Statt auf Assonanzen setzt sie auf kalkulierte Dissonanz, sie verzichtet weitgehend auf einheitliche Strophenformen und strebt auf diese Weise an, kognitive Wirkungen zu erzielen.

Lange Zeit wurde allerdings übersehen (oder im Sinne eines ästhetischen Vorurteils abgewertet), daß jenseits oder auch im Schatten des politischen und satirischen Gedichts und der agitatorischen Gebrauchslyrik zahlreiche (bis zum Ende des Krieges oft unpubliziert gebliebene) Gedichte entstanden, die eine produktive Synthese von lyrischer Tradition (artikuliert im elegischen Ton wird besonders häufig die existentielle Befindlichkeit und berufliche, d. h. kommunikative Isolation im Exil) und lyrischer Avantgarde repräsentieren und ein Sprachbewußtsein dokumentieren, das man unter den restringierten Kommunikationsmöglichkeiten des Exils eigentlich nicht mehr erwarten konnte. Gemeint sind Dichter wie der »exul poeta« Karl Wolfskehl (von dem noch 1934 in der Bücherei des Schocken-Verlags das Bändchen ›Die Stimme spricht‹ erschienen war), dessen im neuseeländischen Exil entstandener ›Hiob‹-Zyklus erst nach der Buchveröffentlichung 1950 in Europa bekannt wurde und damit erst nach der Publikation seines Bandes ›An die Deutschen‹ (1947). Wolfskehls Lyrik ist der Versuch, eine poetische Sprache für das Zerbrechen der deutschjüdischen Symbiose, die die Kultur der Zwischenkriegszeit stark geprägt hatte, zu finden. Und schließlich Else Lasker-Schüler mit ihren ein vereinsamtes und dissoziiertes lyrisches Ich ausstellenden späten Gedichten (inkl. eines Prosatextes) des in Jerusalem 1943 in 330 Exemplaren verlegten Bandes ›Mein blaues Klavier‹: Prägend ist hier die Dichotomie von »Die Welt ist taub« und »Ich liebe dich« mit einer eigenwilligen, auch aus dem assimilierten Judentum gespeisten synkretistischen Privatmythologie in diversen Masken- und Rollenspielen, von denen ›Prinz Jussuf von Theben‹ nur das bekannteste ist. Genannt werden können auch Paul Zech im argentinischen Exil oder der vormalige Rowohlt-Lektor Paul Mayer, der im mexikanischen Exil einen Gedichtband publizierte: All sie verbindet, daß hier die Lyrik wieder als Bewältigungsmodell spezifischer und extremer existenzieller Erfahrungen fungiert (und damit alles andere überformt).

Doch gibt es auch Formen der Lyrik, die, im Angesicht der politischen Ereignisse und unabhängig von Brecht, eine Sprache finden, die sich eigenständig entwickelt: Gemeint sind hier Lyriker wie Max Herrmann-Neiße (›Um uns die Fremde‹, ›Ein deutscher Dichter bin ich einst gewesen‹), Theodor Kramer mit seiner formal und sprachlich virtuos variablen Sozial- und Vagabundenlyrik oder Jesse Thoor mit seinem umfangreichen Sonettwerk oder auch Yvan Goll (mit dem Zyklus ›Johann Ohneland‹/›Jean sans terre‹).[24]

Wie für viele Lyriker des Exils gilt auch für Max Herrmann-Neiße, daß für das lyrische Werk das Jahr 1933 keine Zäsur markiert. Weiterhin bedient er sich der Rhythmen der klassischen Lyrik und bringt in seinen Gedichten eine Einfachheit ästhetischer Formen (mit volksliedhaften eingängigen Versen in vier und fünfhebigen Jamben und Trochäen) zur Geltung, während Metaphorik und Symbolik eher schwach ausgeprägt sind:

Mir bleibt mein Lied, was auch geschieht,
mein Reich ist nicht von dieser Welt,
ich bin kein Märtyrer und Held,
ich lausche allem, was da klingt
und sich in mir sein Echo singt.
Ob jedes andre Glück mich flieht –
Mir bleibt mein Lied.

Schutzengelhaft gibt es mir Kraft,
denn seine Melodie beschwört
das Böse, das den Frieden stört,
doch nicht in meinen Abend dringt,
den zärtlich die Musik beschwingt.
   Ob sich der Himmel schwarz umzieht,
   mir bleibt mein Lied.

Was lärmend schallt, ist bald verhallt,
mißtönende Vergangenheit,
die nur die eigne Schande schreit,
wenn maßvoll mit holdseligem Ton,
in fast jenseitiger Klarheit schon,
   mein Leid auf seinem Abschiedspfad
   den Sternen naht ... [25]

Dieser tendenzielle Reduktionismus dürfte freilich auch der spezifischen Exilsituation und der gewissermaßen verweigerten Akkulturation mitgeschuldet sein, der emotionale Bezug zur Heimat bleibt bei ihm ausgesprochen eng und prägt das lyrische Sprechen.

V. Brecht als Sonderfall?

Unabhängig von der Beantwortung der Frage, ob es tatsächlich eine lyrische Typologie des Exils geben kann, wird man festhalten müssen, daß sich die Lyrik von Bertolt Brecht durch Besonderheiten auch typologisch auszeichnet, die in der Exillyrik ansonsten kaum zu finden sind.[26] Einen herausgehobenen Status haben seine Gedichte durch das Moment konstanter Selbstreflexion, der die Problematik des lyrischen Ichs inhärent ist. Ohne jede Dogmatik hält sich Brecht offen für unterschiedliche Formen des lyrischen Sprechens, das sich jedoch grundsätzlich von jeder existentiellen Inanspruchnahme freimacht, oder anders: das existentieller und vorgeblich authentischer Selbstaussage mißtraut. Brecht bemüht sich als einer von wenigen Lyrikern des Exils, um neue lyrische Sprechweisen und neue Verfahren, mit denen er auf die radikalen

politischen Veränderungen und die katastrophischen Ereignisse seit
1933 adäquat zu reagieren versucht. Lyrik ist in der Perspektive
Brechts zu verstehen als ein hervorragendes »Ensemble der Darstel-
lungs- und Redeweisen« im »Gesamtplan der Produktion«.[27] Dabei
scheut er auch nicht vor formalen und inhaltlichen Konstruktionen
wie dem Zusammenstellen von Zyklen (siehe ›Svendborger Gedichte‹) zurück. Auffallend beim Blick auf seine Exillyrik ist die
Formenvielfalt, das stetige Bemühen um Perspektivierungen bzw.
Perspektivenwechsel, um sprachliche und formale Variationsbreite,
um die Verknüpfung von sachhaltiger (gleichsam dokumentari-
scher) Aussage und um die Pointierung der beobachteten politischen, sozialen und kulturellen Widersprüche in zumeist lakonisch
formulierten Bildern. Der Formenreichtum drückt sich in der Verwendung von Chronik, Epitaph, Epistel, Spruchdichtung, Ballade
u.v.a. aus. Auch die Form des Sonetts und antike Versmaße sind
nicht tabu, ebenso wenig ein identifizierbares, von Erfahrungen
geprägtes, reflektierendes lyrisches Ich.

Auch im Blick auf die Versstruktur, auf Reim und Rhythmus,
bemüht sich Brecht stets um dem Inhalt gemäße Formen. 1938
schreibt er: »Viele meiner letzten lyrischen Arbeiten zeigen weder
Reim noch regelmäßigen festen Rhythmus. Meine Antwort, warum
ich sie als lyrisch bezeichne, ist: weil sie zwar keinen regelmäßigen,
aber doch einen (wechselnden, synkopierten, gestischen) Rhythmus
haben.«[28] Brecht favorisiert den freien Vers mit ungereimten Zeilen,
unterschiedlichen Längen sowie Füllungs- und Hebungsfreiheit, der
eine metrische und strophische Grundstruktur nicht mehr erkennen
läßt. Dabei bleibt er grundsätzlich der Vorgabe des Sprachproblems
und dabei dem Unsagbarkeitstopos reflektierend verpflichtet:

Die Verbrechen gehen frech auf die Straße
Und spotten laut der Beschreibung.

Dem, der gewürgt wird
Bleibt das Wort im Halse stecken.

VI. Lyrik nach Exil und »Drittem Reich«

Erstaunlich bleibt am Ende die Kraft des Gedichts zur Selbstbehauptung in einer paradoxen Kommunikationssituation gegen Ende des Krieges. Johannes R. Becher konnte die Arbeit an seinem umfangreichen Sonettwerk und seiner politischen Lyrik gegen den Nationalsozialismus im Moskauer Exil beharrlich aufrecht erhalten. Auch einige Lyrikanthologien aus den letzten Jahren des Krieges, 1943 und 1944, in London erschienen, dokumentieren das hartnäckige politische und kulturelle Engagement einiger Exil-Institutionen. Auf diese Weise fand zum Beispiel auch der junge Erich Fried erste Möglichkeiten zur Veröffentlichung seiner kritischen Lyrik in London. Er erweist sich damit im Rückblick als ein Bindeglied zwischen dem historischen Ende der Exillyrik mit dem Ende der nationalsozialistischen Diktatur, der Remigration und der Wiederentdeckung des Exils und der Exillyrik in den 1970er und 1980er Jahren.[29]

Viele exilierte Lyriker hatten allerdings nur – oder wenigstens in den letzten Jahren der Diktatur – für die Schublade geschrieben. Von Irmgard Keun etwa erschien 1947 ein völlig unbeachtet gebliebenes Heft mit einer Auswahl ihrer Gedichte (neben einem autobiographischen Text über die Exiljahre vornehmlich im belgischen Ostende); die Dichterin war Ende der 1930er Jahre aus dem Exil nach Köln zurückgekommen und hatte dort illegal unter einem anderen Namen gelebt. Die Gedichte sind Reminiszenz an das Exil und damit auch eine Selbstverständigung über die eigene Zeit im Exil, über die Nöte, Ängste und Hoffnungen; sie beschwören Erinnerungen und Schlüsselerlebnisse, so an den 1939 in Paris gestorbenen Joseph Roth:

> Für Joseph Roth (Amsterdam)
> Die Trauer, Freund, macht meine Hände dumm,
> Wie soll ich aus dem schwarzen Blut der Grachten Kränze winden?
> Das Leid, mein Freund, macht meine Kehle stumm,
> Wo bist du, Freund, ich muß dich wiederfinden.
> …

Ich möchte einen Mantel wehen aus dem Leid
Einsamer Stunden, kann man Tote noch beschenken?
Man kann nur dankbar sein für jede Stunde Zeit,
Die Gott noch gibt, um liebend zu gedenken.[30]

Keun teilte das Schicksal vieler Lyrikerinnen und Lyriker des
Exils, die nach 1945 nicht mehr im deutschen Sprachraum Fuß fassen konnten; Johannes R. Becher, aufgrund seiner privilegierten Position als Kulturminister der DDR, war in dieser Hinsicht eine der
wenigen Ausnahmen. In der Bundesrepublik hingegen gab es bis in
die 1960er Jahre die Situation, daß die Wahrnehmung von Lyrik auf
jene Autoren fixiert war, die im »Dritten Reich« in relativer Distanz
zum Nationalsozialismus geschrieben hatten, auf Bergengruen etwa
oder auch Reinhold Schneider. Und der vermutlich erfolgreichste
Gedichtband, der in Deutschland 1933–1944 erschienen war, Eugen Roths gefällige »heitere Verse« mit dem Titel ›Ein Mensch ...‹
(Auflage Anfang 1945: 445 000) avancierte auch in der jungen
Bundesrepublik sogleich zu einem Bestseller. Doch auch die Nazi-
Lyriker traten wieder in Erscheinung und schrieben Gedichte für ein
kulturelles Milieu von Nationalisten, das weiterexistierte: So fanden Autoren wie Herbert Böhme und Gerhard Schumann – wenn
auch vornehmlich über die Publikationsschiene des Selbstverlags
(bzw. selbst gegründeter Verlage) noch eine Zeitlang ihr Publikum.
Auch eine Reihe junger und jüngerer Autoren, die unmittelbar vor
1933 oder im »Dritten Reich« debütiert hatten, vermochten sich als
Lyriker zu profilieren, allen voran Günter Eich.
    Es dauerte lange, bis, nach einer kurzen Phase in den Jahren
1945–1948 und einer Phase des Vergessens und Verschweigens,
der mit dem Beschweigen des Holocaust in der westdeutschen
Gesellschaft korrespondierte, die Exillyriker wiederentdeckt wurden. War Manfred Schlössers Anthologie von 1961 mit dem Titel
›An den Wind geschrieben‹ noch nicht ausschließlich auf exilierte
Autoren fokussiert, bezog vielmehr auch die »Innere Emigration«
mit ein, so dauerte es bis zu Jürgen Serkes erfolgreicher Dokumentation ›Die verbrannten Dichter‹ (1977), die mit Nachdruck auf
viele Lyriker des Exils aufmerksam machte. In der Folgezeit wurde
das Werk einiger Lyriker neu ediert, zum Beispiel das von Theodor

Kramer (von dem sogar eine dreibändige Lyrikausgabe erschien), von Max Herrmann-Neiße (dem eine zehnbändige Werkausgabe zuteil wurde), von Rudolf Leonhard und von Jesse Thoor.

Hinzu traten seit den 1970er Jahren Lyriker und Lyrikerinnen, deren Werk auf enge Weise mit dem Holocaust verbunden ist (vom singulären Fall des Paul Celan sei hier abgesehen), die teilweise auch erst sehr viel später auf eigene Erfahrungen in Deportations- und Konzentrationslagern literarisch reagierten. So verfaßte die wie Celan aus Czernowitz stammende Rose Ausländer, die 1939 mit dem in der Bukowina erschienenen Band ›Der Regenbogen‹ debütiert hatte, ein umfangreiches lyrisches Œuvre; und schließlich entdeckte Jürgen Serke die Gedichte einer weiteren Lyrikerin aus Czernowitz, die 1942 nach ihrer Deportation in einem Lager in der Ukraine gestorben war: Unter dem Titel ›Ich bin in Sehnsucht ein-gehüllt‹ erschienen die nachgelassenen Texte der Selma Meerbaum-Eisinger in Buchform erstmals 1980, das Werk ging auf diesem Weg in den literarischen Kanon ein …

Ohnehin wurden immer mehr Gedichte von Häftlingen (Frauen und Männer) aus Konzentrationslagern aufgefunden und ediert. Die bemerkenswerte Fülle dieser gleichermaßen lyrisch-poetischen wie lebensgeschichtlichen Zeugnisse verweist auf weitere Funk-tionen der Lyrik, die nicht zu unterschätzen sind: Dieser Lyrik geht es, mit der »Symbolisierung von Lagererfahrung« und der »Notwendigkeit poetischen Sprechens« um die Bezeugung von Ich-Zerstörung und um deren gleichzeitige Abwehr.[31]

Carola Hilmes
Auf verlorenem Posten:
Die autobiographische Literatur

Tagebücher und Autobiographien bewegen sich im Grenzbereich von Literatur und Leben. Sie sind – in jeweils unterschiedlicher Gewichtung – zu lesen als historische Dokumente *und* als Kunstwerke. Die *richtige* Wiedergabe historischer Faktizität ist nur eine Seite dieses Schreibens. Die *subjektive* Einschätzung der erlebten Wirklichkeit und die vom Verfasser selbst hergestellten kulturhistorischen Bezüge sind demgegenüber aufschlußreicher – noch da, wo offensichtlich Mißverständnisse vorliegen, wie z.B. bei einer stark verkürzten, einseitigen Rezeption Nietzsches, dessen Werk für viele Intellektuelle in den 1920er und 1930er Jahren eine große Faszination besaß.

Während die formalen Innovationen und eine gewisse Experimentierfreudigkeit in einigen Nachkriegs-Autobiographien lange übersehen wurden,[1] wird der literarische Wert vieler Tagebücher und autobiographischer Texte aus dem »Dritten Reich« eher gering veranschlagt, von Ausnahmen wie den Aufzeichnungen Felix Hartlaubs und den Texten Gottfried Benns einmal abgesehen. In sozial-, kultur- und mentalitätsgeschichtlicher Perspektive sind sie allerdings von erheblichem Interesse. Die Mehrzahl dieser Texte dokumentiert freilich ein politisches Unverständnis, das, der älteren Forschung zufolge, der Tradition deutscher Innerlichkeit und einer sich damit verbindenden irrationalen Mentalität geschuldet sein soll.[2] Auch in den später verfaßten legitimatorischen Autobiographien wird dieser Zusammenhang offensichtlich (Rechtfertigungsschriften nationalsozialistischer Autoren wie Edwin Erich Dwinger werden im folgenden nicht berücksichtigt). Eine Trennung von Kunst und Leben, die Ethik und Ästhetik gegeneinander ausspielt, dient hier als Rechtfertigungsmodell: Die hehren Werte bleiben einer Sphäre des Geistes vorbehalten, während das Terrain der Politik preisgegeben wird.

Die autobiographischen Berichte aus dem Exil dagegen sind oft in aufklärerischer »humanistischer« Absicht verfaßt: Die Exilanten wollen vor den vom Nationalsozialismus ausgehenden Gefahren warnen, indem sie ihr persönliches Schicksal mitteilen. Die von ihnen erlebte Geschichte hat dabei Stellvertreterfunktion: Die erschütternden Zeugnisse von Verfolgung und Flucht werden zu Anklageschriften gegen das »Dritte Reich« und gegen die totalitäre Herrschaft der Nationalsozialisten. Hier fungiert die autobiographische Literatur als »Document humain«, wobei nicht zuletzt die Moralität der Autoren zur Debatte steht.

I. Das Tagebuch als Beitrag zur Kultur- und Mentalitätsgeschichte

Für Ernst Jünger bleibt das Tagebuch »im totalitären Staat das letzte mögliche Gespräch.«[4] Vielen bietet das Schreiben im »Dritten Reich« Rückhalt und Trost, nicht selten dient das Tagebuch als Ersatz für andere Möglichkeiten literarischer Betätigung, die durch Zensur sowie Berufs- und Publikationsverbote zunehmend eingeschränkt wurden. In den autobiographischen Aufzeichnungen, die der Selbstvergewisserung und der Entlastung dienen, geben sich die Autoren Rechenschaft über ihren Zwiespalt zwischen Anpassung und Opposition. Sie beschreiben in den zuweilen sehr persönlich gehaltenen Eintragungen den Alltag unter den Ausnahmebedingungen eines totalitären Systems, reflektieren aber auch in zuweilen weiter ausholenden Passagen Kultur, Politik und Gesellschaft. Das Tagebuch als Werkstattjournal läßt diese Bezüge gerade im Hinblick auf die eigene Arbeit erkennen, eignet sich also in besonderer Weise als kulturgeschichtlicher Fundus. Als Material für eine Sozialgeschichte müßten allerdings auch die Diarien anderer Bevölkerungsgruppen herangezogen werden. Das genaue Studium der autobiographischen Literatur ermöglicht auch eine Präzisierung der Positionen nichtnationalsozialistischer Autoren, insbesondere jener, die zur »Inneren Emigration« gerechnet werden. Vor allem die Tagebücher sind in dieser Hinsicht ergiebig.[5]

Als Dokument eines konservativen Antifaschismus gilt das bei seiner Erstveröffentlichung 1947 als authentisch eingestufte, mit dem Jahr 1936 einsetzende ›Tagebuch eines Verzweifelten‹ von Friedrich Reck-Malleczewen. Seine haßerfüllte Auseinandersetzung mit dem Nazi-Regime ist von Oswald Spenglers pessimistischer Geschichtsphilosophie und Kulturkritik sowie von Positionen der »Konservativen Revolution« beeinflußt und steht im Zeichen einer restaurativen, an kleinstaatlich ständischer Ordnung orientierten Utopie, die sich gegen die angebliche Entindividualisierung, Entmoralisierung und Amerikanisierung des modernen Massenmenschen richtet. Auch die autobiographischen Aufzeichnungen der ›Tag- und Nachtbücher‹ des konservativen, bis in den Kreis um die Geschwister Scholl einflußreichen katholischen Kulturkritikers Theodor Haecker wurden als »Beitrag zur Kulturgeschichte des Nazismus« geplant und postum publiziert (1947, vollständig 1989). Aus dem Umkreis des revolutionären Nationalismus kommt Reinhold Schneider, der nach einer zwischenzeitlichen Annäherung an den Nationalsozialismus, auf den er sich ästhetisch bezog, zu einer zentralen Gestalt der Opposition im katholischen Milieu avancierte. Sein ›Tagebuch 1930–1935‹, das erst 1983 aus dem Nachlaß herausgegeben wurde, dokumentiert diesen Prozeß; es verzeichnet »als Gedankenprotokoll Schneiders geistige Entwicklung in dieser Zeit, die von einem Nietzsche verpflichteten Ästhetizismus und Nihilismus wegführt hin zur christlichen Glaubenserfahrung im Zeichen des spanischen Metaphysikers Miguel de Unamuno.«[6]

Von Jochen Klepper, der einem protestantischen Pfarrhaus entstammt und mit seinem historischen Roman ›Der Vater‹ (1937) Erfolg hatte, erschien postum eine Auswahl aus seinem zwischen 1932 und 1942 geführten Tagebuch unter dem Titel ›Unter dem Schatten deiner Flügel‹ (1956 u. ö.), die zu den meistgelesenen Schriften nichtnationalsozialistischer Autoren des »Dritten Reichs« gehört. Die strenge Gewissenserforschung und die kontinuierliche Zwiesprache mit Gott machen dieses Diarium zu einem Zeugnis der Bewahrung des protestantischen Glaubens in der Diktatur. Für Klepper wird das Schreiben zu einer sakralen Handlung, das Tagebuch implizit zum Hauptwerk aufgewertet: Es ist ein bis in den Suizid hinein beglaubigter Roman christlichen Lebens.[7] Darüber hinaus dokumentiert es auf exemplarische Weise das – angesichts der Möglichkeiten im »Dritten Reich« unausweichliche – Lavieren zwischen Anpassung, Kooperation und Distanznahme. Zwar ist Kleppers Versuch, sich der Kulturpolitik des »Dritten Reiches« zu entziehen, nicht erfolgreich, seine Umdeutung der Zwei-Reiche-Lehre Luthers als Modell der »Inneren Emigration« jedoch darf eine gewisse Plausibilität beanspruchen.

Die von Hermann Kasack 1955 besorgte Auswahledition der Tagebücher seines Freundes Oskar Loerke, des einflußreichen Naturlyrikers und langjährigen Lektors im S. Fischer Verlag, bezeugt die Position einer Emigration nach innen, die für ein konservatives Bildungsbürgertum charakteristisch ist: Während die politische Wirklichkeit weitgehend ausgeblendet wird – die Auswirkungen der nationalsozialistischen Kulturpolitik verzeichnet Loerke als ihm auferlegte alltägliche Qual –, dient ihm die eigene Dichtung, an die er die höchsten Ansprüche stellt, als Fluchtraum. Sein nicht für spätere Leser verfaßtes, meist nur aus kurzen, oft ganz persönlichen Eintragungen bestehendes Tagebuch ist auch ein Dokument zunehmenden Verstummens.[8]

Das Tagebuch als innere Distanzierung vom »Dritten Reich«, dem der Verfasser in seinem bürgerlichen Beruf gedient hat, ist ein nicht nur den nachträglich zur Rechtfertigung verfaßten Autobiographien vorbehaltenes Kennzeichen. Insofern dokumentiert diese Schreibstrategie nicht zuletzt die Selbsttäuschung bürgerlicher Autoren, die mit ihrer bewußten Distanznahme zur Politik zusammenhängt. Als Beitrag zu einer ausdrücklich literarischen Geschichtsschreibung »von unten gesehen« lassen sich die entsprechenden Diarien gleichwohl nutzen. In dieser Hinsicht herausragend sind die Aufzeichnungen des Obergefreiten und Historikers Felix Hartlaub, die seine Schwester Geno erstmals 1950 in einer stark gekürzten Fassung zum Andenken an Leben und Werk des Bruders sowie zur Entlastung gegenüber dem Vorwurf, er sei ein »Handlanger« der nationalsozialistischen Machthaber gewesen, publizierte. Hartlaub war von Mai 1942 bis März 1945 im Bearbeiterstab des Kriegstagebuches beim Oberkommando der Wehrmacht. Die vollständige Neuausgabe der Tagebücher (u. d. T. ›In den eigenen Umriß gebannt‹, 2002; überarb. 2007) zeigt einen hochbegabten jungen

Autor als scharfsinnigen Beobachter des politischen, sozialen und kulturellen Wandels in den Jahren des Zweiten Weltkriegs und des untergehenden »Dritten Reichs«, der sich einen kritischen, bemerkenswert unbestechlichen Blick bewahrt hatte. Damit erweisen sich Hartlaubs Tagebücher als exzeptionell, denn sie weichen vom verbreiteten Typus ab: Da Tagebücher nichtnationalsozialistischer Autoren meist unter Gefahr für die eigene Sicherheit geführt wurden, arbeiteten ihre Verfasser gerne mit dem Stilmittel der Camouflage, mit Verhüllungen, Andeutungen und kryptischen Formulierungen und mußten darauf achten, ihre Texte, angesichts jederzeit möglicher Denunziationen und anschließender Hausdurchsuchung, gut zu verstecken. Ihre Authentizität wird dadurch jedoch ebensowenig verbürgt wie ihr moralischer Wert.

Zum »Trost in schwerer Zeit« führt die von sozialistischen und reformpädagogischen Ideen geprägte Roman- und Kinderbuchautorin Tami Oelfken ihr Tagebuch ›Fahrt durch das Chaos‹ (1946). Dieses »Logbuch von Mai 1939 bis Mai 1945« schildert das zurückgezogene und schwierige Leben der körperbehinderten, 1939 aus dem Exil nach Deutschland zurückgekehrten Schriftstellerin in Berlin und in Südwestdeutschland (am Bodensee), berichtet plastisch von Verhören durch die Gestapo und gibt Zeugnis von der Zivilcourage dieser Frau und ihrem kritischen Geist sowie ihrem Not, Demütigung und Unrecht erkennenden Blick. Das unmittelbar nach dem Krieg in New York und in Deutschland publizierte Tagebuch ›Der Schattenmann‹ von Ruth Andreas-Friedrich berichtet von der Arbeit einer Berliner Widerstandsgruppe, die Verfolgte unterstützte und Gegenpropaganda betrieb. Es sollte, der Absicht der Verfasserin zufolge, dazu dienen,

> im Ausland und beim Exil um Verständnis für die in Deutschland verbliebenen Nichtnationalsozialisten zu werben und medial einen bisher verhinderten Dialog zwischen der Anti-Hitler-Front innerhalb und außerhalb Deutschlands zu beginnen.[9]

Das diarisch formulierte Prinzip Verantwortung ist zwar Zeugnis eines »besseren Deutschland«,[10] vom marxistischen Standpunkt aber wurde die »himmelschreiende politische Ahnungslosigkeit« (Heinz Rein) der Diaristin scharf kritisiert.

Unter den ersten nach dem Krieg publizierten autobiographischen Büchern war auch Luise Rinsers aus der Haft im Frauengefängnis Traunstein, in dem sie 1944/45 wegen angeblicher »Wehrkraftzersetzung« als Folge einer Denunziation interniert war, hervorgegangenes ›Gefängnistagebuch‹ (1946). Es sollte der von den Nationalsozialisten zu Unrecht Verfolgten gedenken und stellvertretend »die Leidenszeit von Tausenden« festhalten, wie es im Vorwort heißt. Rinsers Anspruch, die Wahrheit nicht totzuschweigen, sondern sich mit der Vergangenheit und deren Fortdauern auseinanderzusetzen, gerät jedoch durch spätere Enthüllungen über eigene nationalsozialistische Publikationen (insbesondere ein Hitler-Gedicht) ins Zwielicht.[11] Daß Luise Rinser deren Existenz banalisiert und ihrerseits mit Empörung reagiert, verdeutlicht das Anmaßende ihrer moralischen Haltung und deren Unzulänglichkeit bei der Beschreibung der Lebens- und Arbeitsbedingungen unter der Diktatur.

Bei den im »Dritten Reich« publizierten Tagebüchern handelt es sich (abgesehen von Tagebüchern aus dem bzw. über den Ersten Weltkrieg von völkischen und nationalsozialistischen Autoren der älteren Generation) überwiegend um Kriegstagebücher von Soldaten bzw. von Autoren, die Mitglied einer »Propagandakompanie« waren. Sie enthalten keine explizite Systemkritik; in manchen Fällen fielen Beobachtungen des Kriegsgeschehens oder eindringliche Schilderungen von Ereignissen hinter der Front der Zensur zum Opfer: So durfte zum Beispiel das umfangreiche Manuskript von Martin Raschke ›Im Schatten der Front‹ (1942), Ergebnis seiner Abstellung als Kriegsberichterstatter in der Propagandakompanie im Osten, obschon das OKW sein Einverständnis erklärt hatte, auf Druck der Politischen Polizei nicht erscheinen.[12] Auf eine grundlegende Überarbeitung verzichtete der im November 1943 an der Ostfront gefallene Autor, statt dessen legte er die stark stilisierten und literarisierten ›Zwiegespräche im Osten‹ (1942), ein Versuch militärischer Sinnstiftung, vor.

Die meisten Kriegstagebücher sind literarisch nur schwer einzuordnen. Einen Sonderfall stellt allerdings ›Gärten und Straßen‹ von Ernst Jünger dar. Sein das Jahrhundert begleitende Tagebuchwerk soll aufgrund der exponierten Stellung Ernst Jüngers separat vorgestellt werden.

II. Ernst Jüngers doppelte Buchführung

Im Vorwort zu ›Strahlungen‹, seinem sechsteiligen, die Zeit vom 3. April 1939 bis zum 2. Dezember 1948 umfassenden Tagebuch-Werk (es erschienen in Buchform ›Gärten und Straßen‹ 1942, ›Strahlungen‹ 1949 und ›Jahre der Okkupation‹ 1958), weist Ernst Jünger auf ein Kennzeichen moderner Literatur hin: ihren Tage-buch-Charakter.[13] Die am Datum orientierte Form des Tagebuchs – eine formlose Form – kann die Vielfalt der Wahrnehmungen, ihren schnellen Wechsel, auch die Unvereinbarkeit des Wahrgenommenen am besten aufnehmen. Moderne Literatur ist für Jünger – anders als Mythen oder Märchen – durch die Trennung von Subjekt und Objekt bestimmt. In dem Maße, wie sich das Individuum selbst zum Gegenstand der Erkenntnis macht, wird es sich seiner Einsam-keit schmerzlich bewußt. Als ein den eigenen Tod überdauerndes Lebensdokument erhält das Tagebuch existentielle Bedeutung, was Jünger mit der Geschichte eines von sieben Matrosen geführten Tagebuches illustriert, die bei ihrer Expedition 1633 im nördlichen Eismeer umkamen. In diesem Diarium werden das eigene Leben und der Geschichtslauf verzeichnet; Zeitdiagnose und Sinnstiftung verbinden sich in kongenialer Weise. Daß im Falle Ernst Jüngers die Tagebücher als sein »zentrales Werk« anzusehen sind, darauf hat Alfred Andersch nachdrücklich hingewiesen.[14]

»Strahlungen« meint – folgt man Jüngers Ausführungen im Vor-wort – zum einen die Eindrücke, die der Tagebuch-Schreiber von der Welt und ihren Objekten sowie von anderen Menschen empfängt. In diesen Ausstrahlungen »sinnvolle Muster« zu erkennen, ist die vornehmste (auch vordringlichste) Aufgabe jedes Künstlers, und insofern geht dann vom Kunstwerk eine »ungeheuere Richtkraft« aus (II, 15). Der Literat empfängt also die Strahlungen der Außen-welt, bündelt sie in seinem Werk, das dann seinerseits auf die Leser ausstrahlt; insofern fungiert der Autor als Medium bzw. Reflektor (vgl. II, 16). Jünger versteht sein Tagebuch, wie alle wahre Kunst, als »metaphysischen Lehrgang«, der »die Ordnung der sichtbaren Dinge nach ihrem unsichtbaren Rang« vornimmt (II, 16).

In seinen Diarien sucht Jünger dieses Ordnungsprinzip im Alltag auf, d.h. stets ist er bestrebt, sie seiner Weltbegegnung zu entnehmen, woraus noch der hohe Stellenwert seiner häufig im Tagebuch verzeichneten Naturbetrachtungen und seiner permanenten Lektüre erhellt. »Das Amt des Dichters zählt zu den höchsten dieser Welt« (II, 16), denn das Dichterwort besitzt neben seiner prophetischen Wirkung magische Kräfte; es kann beschwören und bannen. Insofern spricht Jünger von den »Heilsstrahlen« des Wortes als ihrem »wunderbaren Kern« (II, 17). Bei allen Vorbehalten, die man gegen die Remythisierungstendenzen, gegen Jüngers metaphysische Weltanschauung und seine magische Sprachauffassung haben kann, ist eine um Verständnis bemühte Lektüre seiner Tagebücher von diesen Voraussetzungen nicht zu trennen.[15]

In seinem Essay ›Autor und Autorschaft‹ (1980/81) betont Jünger: »Das Tagebuch ist das Werk des Einsamen. Es ersetzt, wie in der pietistischen Selbsterforschung, das Gebet.« (XIII, 454) Das Tagebuch als eine die literarische Moderne kennzeichnende Schreibweise reagiert auf zwei existentielle Erfahrungen unserer Zeit, auf Einsamkeit und Entfremdung, und stellt zugleich den Versuch dar, das Heteronome zu bezwingen und die Identität der Person zu wahren.[16] Im Innersten ist Dichtung für Jünger Gebet – eine neue, von Liebe getragene Sprache der Freiheit (vgl. II, 17). In seinen Tagebüchern versucht er diese innige Selbstaussprache, die eine über die physische Befindlichkeit hinausgehende »heilende Bedeutung« hat, zu realisieren (vgl. II, 390). Diese Dimension seiner Diarien wird durch Jüngers den Zweiten Weltkrieg begleitende Bibellektüre unterstrichen. Die sich selbstbestätigende Suche nach einer die Aktualität und die Wechselfälle der Geschichte überdauernden Ordnung ist das Movens für die tägliche Buchführung. »Bei Tagebüchern bildet nicht das Absonderliche und Ungewöhnliche den eigentlichen Reiz. Viel schwieriger ist die Schilderung des einfachen, alltäglichen Verlaufs, der festen Regel, die das Leben gewonnen hat.« (II, 394) Jünger verwandelt das Tagebuch zu einem Roman des eigenen Lebens. Diese das Leben begleitende Schrift ist auf ein genuin ästhetisches Verständnis hin angelegt.[17] »Überhaupt zieht sich ein literarischer Faden durch das Labyrinth der Tagebücher.« (II, 14) Von den Büchern herkommend nimmt Jünger die Welt unter ästhetischen Gesichtspunkten wahr und übersetzt sie sogleich in Literatur, wodurch er seinem Leben einen Sinn zuschreibt. Das Führen eines Tagebuches gilt ihm als Übung und Beweis der Humanität (vgl. II, 22 f.); dabei ist Jüngers Resakralisierung der Kunst nicht gegen eine Vereinnahmung im Geiste der Gegenaufklärung gefeit.

Ernst Jüngers Unternehmen blieb nicht ohne Widerspruch. Irritationen gab es insbesondere hinsichtlich seiner unbeteiligten, entschieden ästhetischen Wahrnehmung der Kriegsereignisse.[18] Der dandyhafte Lebensstil Jüngers im besetzten Paris und sein vertrauter Umgang mit der »Haute collaboration« führten zu moralischer Entrüstung. Dem steht Jüngers Selbstverständnis seines Schreibens entgegen: Die historisch-politische Sphäre wird moralfrei gedacht, die Ethik der Ästhetik zugeschlagen; letzteres unterscheidet ihn auf signifikante Weise von Gottfried Benn. Daß sich für ihn Humanität und Kunst an einem tiefen Punkt treffen, hat Ernst Jünger noch in einem Fernseh-Porträt zu seinem hundertsten Geburtstag bestätigt.[19] Darin nichts als eine fadenscheinige Rechtfertigung sehen zu wollen, greift deutlich zu kurz. Ein durchgängiger Zug im Werk Jüngers besteht darin, unerbittlich auf die »Macht der Finsternis« hinzuweisen (vgl. II, 462). Dem hat er nur die durch die Kunst verbürgten Werte und die Macht des Glaubens entgegenzusetzen. Wenn Jünger sich selbst, aber auch die Männer des 20. Juli »außerhalb der Politik« sieht (vgl. II, 18), dann verdeutlicht er, daß ein rettender Eingriff in die Geschichte nur von einer anderen, höheren Sphäre aus denkbar ist, etwa durch die moralische Tat beherzter Männer.

Aus der für ihn grundlegenden Entgegensetzung von Ethik und Ästhetik einerseits und Politik und Geschichte andererseits folgt für den Tagebuch-Schreiber, daß er als Beobachter zwar nicht zu werten hat, daß aber durch den Aufweis einer höheren Ordnung durchaus verbindliche Werte in seine Diarien einfließen. Insofern ist seine Buchführung doppelt. Über ihre quietivische Funktion hinaus gestattet sie dem Leser Orientierung. Jünger trennt nicht zwischen Kunst und Leben, sondern die dem Leben dienende Kunst steht der historischen Wirklichkeit, der Zerstörung und dem allgegenwärtigen Tod gegenüber – und widersteht deren Sog in den Abgrund, zumindest der Tendenz nach. Angesichts des Zweiten Weltkrieges, als Höhepunkt des abendländischen Nihilismus, steht Jünger vor

dem Problem der Unmöglichkeit einer humanen Existenz, die er
in der jeweils konkreten Situation gleichwohl nicht aufgeben will.
Für Jünger erfüllt das Tagebuch-Schreiben keine politische Aufgabe
im engeren Sinne, sondern eine pädagogische, d. h. im Lesen und
Schreiben sich selbst bildend gibt sich der Autor des Tagebuches
Rechenschaft über seine Entwicklung und läßt zugleich den Leser
daran teilhaben. Dabei setzt er auf dessen autodidaktische Fähigkeiten (vgl. II, 18), denn anders als im Einzelfall ist Bewährung gar
nicht möglich.

Jüngers Bestandsaufnahme in den zu den ›Strahlungen‹ zusammengefaßten Tagebüchern gründet auf einer den Nihilismusana-
lysen Nietzsches verpflichteten Zeitdiagnose und ist mit einer die
Wiederkehr des Gleichen favorisierenden Geschichtsphilosophie
als deren metaphysischem Kern verbunden. Das aus Rad, Zeichen-
kreis und Index bestehende Glücksrad – in der zweiten Fassung
von ›Das abenteuerliche Herz‹ (1938) als eine der Schicksalsfiguren
eingeführt – versinnbildlicht das Wiederkehrende, die »Essence di-
vine«, denn nur die zyklische Zeit ist sinnhaft. Die »Kenntnis von
der Wiederkunft, vom ewig Gleichen« (IX, 323) meint das Wissen
der auf dem Kreis eingetragenen Symbole, die eine unveränderliche
Ordnung repräsentieren und so den menschlichen Glauben beför-
dern, »jenseits aller chronologischen Ordnungen ein auserwähltes
Leben« zu führen (IX, 324). Das vielgeschmähte Elitäre in Jüngers
Denken bezieht sich letztlich auf seine Vorstellung von der Ein-
gebundenheit des Menschen in diese höhere Ordnung. Aus dieser
Position erhellt noch die Bedeutung historischer Studien, zu denen
Ernst Jünger nicht zuletzt autobiographische Zeugnisse rechnet.
So zeichnen sich die ›Annalen‹ des Tacitus angeblich dadurch aus,
daß »hier der Schilderung aufeinander folgender Ereignisse die
Ermittlung ihrer außerhalb der Zeit gelegenen Bedeutung« voraus-
geht (IX, 324). Für Jünger ist die ins Dichterische transponierte
Weltbetrachtung, die die eigene Geschichte an den Geschichtslauf
rückbindet, sinnstiftende Welterklärung, deren wir in Zeiten eines
allgemeinen Werteverfalls mehr denn je bedürfen.

In seiner im ›Abenteuerlichen Herz‹ mit ›Historie in Nuce‹ über-
schriebenen Trilogie von kurzen Betrachtungen postuliert Jünger –
ausgehend von der beobachtenden Feststellung, daß uns »auf allen

Gebieten ein Hang zur Ergänzung« innewohnt –, »daß uns ein Verhältnis zur Welt als zu einem Ganzen gegeben ist.« (IX, 246) Allerdings seien wir nur im »Nacheinander des Lebens« imstande, das Ganze zu erfassen. Zur aktuellen Bestandsaufnahme wählt Jünger das Bild vom verlorenen Posten. Es bezeichnet eine der »Figuren unseres Schicksals«, in der wir den Verlust als unvermeidlich erkennen (vgl. IX, 262). Aber obwohl die Menschen »vom Verhängnis ereilt« werden – so Jüngers Beschreibung der Situation während des Zweiten Weltkrieges –, insistiert das Bild zugleich auf einem moralischen Standhalten und verweist darauf, dem Tod mit Würde entgegenzutreten. Seine Philosophie zielt stets auf die Freiheit des Menschen ab, die er im Kontext der historischen Gegebenheiten zu bestimmen sucht: dabei stürzt das Auseinandertreten von Realität und Moralität den Einzelnen in ein Dilemma. Die Bewertung seiner Haltung als »heroischer Fatalismus« ist zweideutig. Das Bild vom verlorenen Posten wird meist als Legitimationsfigur interpretiert; es ist aber eine Umschreibung für Jüngers eigene Situation im »Dritten Reich«, zu dessen Politik er sich in Opposition befand, wenngleich es sich um eine vollends machtlose Gegnerschaft handelte. Die mit einer Moralität des Fatalismus aufgeladene Rede vom Aushalten auf verlorenem Posten geht aber über die Charakterisierung der »Inneren Emigration« im »Dritten Reich« hinaus. Als geschichtsphilosophische Standortbestimmung ist sie aufs Ganze der Existenz gerichtet und meint das In-der-Welt-Sein überhaupt in Zeiten des Nihilismus. Auch nach 1945 wird Jünger, seinem eigenen Selbstverständnis zufolge, als Waldgänger und als Anarch weiterhin auf verlorenem Posten stehen.

Ernst Jüngers Verbindung von Literatur und Leben in metaphysischer Absicht – die Jünger-Philologie charakterisiert seine Schreibweise als »magischen Realismus«[20] – hält gegen den Niedergang aller Werte und den unabwendbaren Lauf der Geschichte fest an einem humanistischen Impetus. Der Tagebuch-Schreiber bemüht sich dabei um eine Haltung »teilnehmender Distanz«,[21] oder mit Blick auf das im ›Sizilischen Brief an den Mann im Mond‹ (1930) entwickelte Erkenntnismodell ließe sich von »stereoskopischer« Historie sprechen. Der zwiefache Standort als Beteiligter und als entfernter Betrachter eröffnet ein umfassenderes, mehrdimensionales Bild der Geschichte, das auch Selbstreflexionen des sie beschreibenden bzw. entwerfenden Historikers umfaßt. Die alltäglichen Ereignisse und das die Aktualität Überdauernde, das Oberflächliche und das Tiefe, das Naheliegende und das Ungreifbare werden von Jünger dabei zu einem seine platonisch geprägte Weltsicht bestätigenden Gesamtbild zusammengebracht, das zwar in sich geschlossen, über die Zeit hinweg aber unabgeschlossen ist. Der stereoskopische Blick eröffnet eine Zusammenschau des Notwendigen und seiner ständig wechselnden, durchaus unvereinbaren Projektionen (vgl. IX, 20). Der Historiker, auch der der eigenen Lebensgeschichte, bezieht sich dabei interpretierend konstruktiv auf die Welt.

> Zwar ändern sich die Dinge nicht für den, der über ihnen steht, aber sie kehren eine andere Seite hervor. So schmilzt in diesem entfernten Bilde die Verschiedenheit der Zeiten ineinander ein ⟨...⟩ dafür tritt etwas hervor, was man ihr Muster nennen könnte – die gemeinsame kristallische Struktur, in der sich der Grundstoff niedergeschlagen hat. (IX, 19)

Seine den ›Strahlungen‹ programmatisch vorangestellten Erläuterungen, die mit den zentralen Positionen seines Denkens – man könnte hier von »dichterischer Philosophie« sprechen[22] – verbunden sind, charakterisieren Absicht und Schreibmotivation Jüngers. So wie oft das historisch Bedeutende und Schockierende gegenüber der Alltagserfahrung des Autors zurückbleibt – seiner Rolle als Besatzer in Paris scheint sich Jünger nur selten bewußt, über seine militärischen Aufgaben erfährt der Leser wenig –, so droht auch die Gesamtkonzeption der Tagebücher gegenüber der schier unendlichen Fülle der Notate in den Hintergrund gedrängt zu werden. Oft macht es der Autor dem Leser nicht leicht, beide Perspektiven im Blick zu behalten. Die vieldiskutierte Bearbeitungsmanie Jüngers, seine ausgedehnten Lektüreberichte und die im Tagebuch häufig verzeichneten Träume werden unter dem Gesichtspunkt, den in der Kunst inkorporierten Werten im amoralischen Raum der Geschichte Gehör zu verschaffen, nur selten gewürdigt. Unerbittlich fordert hier die Geschichte ihren Tribut. Ernst Jüngers doppelte Buchführung teilnahmsloser Beschreibung und impliziter Sinnstiftung sowie die ihr eigene Ambivalenz fordert konträre Lesarten geradezu heraus. Das gegen die Intentionen des Autors Mehrdeutige seines Schreibens zeigt sich etwa am Bild vom verlorenen Posten.[23] Der drohende reale Verlust und der überkommene militärische Ehrenkodex gehen eine ebenso unheilvolle wie anachronistische Verbindung ein. Literatur, Krieg und moralisches Pathos werden hier ineinandergeblendet. Wie soll sich der Rezipient aus einer solch diffusen, ausweglosen Situation retten?

III. Gottfried Benns ›Doppelleben‹ als Rechtfertigungsmodell

In seiner 1950 publizierten Autobiographie ›Doppelleben‹ – sie besteht aus dem erstmals 1934 in dem Band ›Kunst und Macht‹ erschienenen ›Lebensweg eines Intellektualisten‹ und einem nach dem Krieg auf Betreiben der Freunde und des Verlegers Max Niedermayer geschriebenen zweiten Teil, der wie die Gesamtpublikation den Titel ›Doppelleben‹ trägt – führt Gottfried Benn als Legitimation für sein Verhalten die strikte Trennung von Kunst und Leben ein: »Doppelleben in dem von mir theoretisch behaupteten und praktisch durchgeführten Sinne ist ein bewußtes Aufspalten der Persönlichkeit, ein systematisches, tendenziöses.«[24] Benn trennt den Künstler von der Privatperson, den politisch agierenden Intellektuellen von dem auf seine Einsamkeit und Not zurückgeworfenen Dichter. Mit der verlorenen Identität erscheint die Verantwortung des Menschen für seine Handlungen aufgekündigt.

Die Einheit der Persönlichkeit ist eine fragwürdige Sache. Man stelle sich vor, der Schöpfer der Relativitätstheorie solle diese Theorie in seinem Privatleben ausdrücken, oder einem Sanskritforscher solle man seine Hieroglyphen bei Tisch anmerken ⟨...⟩. Kurz, Denken und Sein, Kunst und die Gestalt dessen, der sie macht, ja sogar das Handeln und das Eigenleben von Privaten sind völlig getrennte Wesenheiten – ob sie überhaupt zusammengehören, lasse ich dahingestellt.[25]

Das Konzept des Doppellebens ist der Abschied des politisch engagierten Intellektuellen – Benn belegt ihn mit dem doppeldeutigen Begriff des »Intellektualisten« – aus der Geschichte, es ist außerdem die Abdankung der Moral des Dichters. War der Begriff des Doppellebens in diagnostischer Hinsicht eingeführt worden, um die Aufspaltung der Persönlichkeit als Resultat der Entfremdung und Dekadenz zu beschreiben, wird die programmatische Trennung von Kunst und Leben zu einem vermeintlich aufgeklärten Standpunkt unabweislicher Resignation. Ihre Instrumentalisierung als politische Legitimationsstrategie für die »Innere Emigration« ist sehr angreifbar; Entstehungsbedingungen und Geltungsbereich werden verkehrt. Die Unvereinbarkeiten des eigenen Lebens und Denkens werden in legitimatorischer Absicht nivelliert. Das führt zu Unaufrichtigkeiten und Widersprüchen, die sich noch in der unausgewogenen Form der Autobiographie Benns und den gelegentlich schrillen Tönen ausdrücken.

Die von moralischem Pathos nicht freie Unterscheidung zwischen einem geistigen Werten dienenden Künstler, auf dessen Radikalität Benn sich viel zugute hält, und einem in den geschichtlichen Wandel mit seinen entsetzlichen Ereignissen verstrickten Menschen kehrt bei Benn in seinem ›Berliner Brief‹ wieder als suggestive Gegenüberstellung von Mönch und Verbrecher. Dabei wird nicht nur die eigene Defensivposition – Benns möglichst weiter Rückzug aus aktuellen politischen Zusammenhängen – zu einem moralischen Vorteil umgebogen, sondern Benn verkennt, daß sich in einer Welt voller Verbrecher auch der Mönch von gesellschaftlicher Verantwortung nicht einfach durch Rückzug freihalten kann. Benns spezifisches Verhältnis zur Zeitgeschichte hat Dieter Wellershoff folgendermaßen plausibel erläutert:

Es gibt nur noch zwei Typen von Menschen, zwischen denen man sich entscheiden muß: Verbrecher und Mönche. Diese strikte Trennung von Geist und Leben entspricht der Erfahrung der Ohnmacht und Isolation unter der Diktatur, im Krieg und in den ersten Nachkriegsjahren. Als Benn mit der Normalisierung des Lebens wiederentdeckt wird und zu Wort kommt, modifiziert er diese Haltung und entwickelt ein neues Verhaltensmodell, das Doppelleben, eine Form der Anpassung, ein äußerliches Mitmachen, das eine reservatio mentalis, die innere Freiheit, verbürgt.[26]

Das mit ›Doppelleben‹ inaugurierte Rechtfertigungsmodell ist im übrigen unter den Schriftstellern der »Inneren Emigration« sehr verbreitet. Kritik an diesem Modell, an der »Gattung der Rechtfertigungsschriften«, äußerte Ernst Loewy bereits 1966.[27] Er kritisierte Ernst Jüngers und Hans Carossas Tagebücher und Erinnerungsberichte und nannte Benns Autobiographie »die totale Bankrotterklärung des Geistes vor einer Macht, die ihn auch dann noch gefangen hielt, als sie selbst längst zerschlagen war.«[28] Benns Rückzug in die Armee als vorgeblich »aristokratische Form der Emigration« blieb ihm und vielen anderen Kritikern unverständlich.[29] Die Rechtfertigungsabsicht sei durchsichtig, ihre inhaltliche Fundierung bei den Vertretern der »Inneren Emigration« meist ziemlich dürftig. Eine kritische Auseinandersetzung mit der Vergangenheit bleibe weitgehend ausgespart, das Nichteingeständnis eigenen Versagens verhindere eine persönliche Schuldanerkennung.[30] Insofern seien die Autobiographien auch zur Abwehr und zur Entlastung geschrieben, was durch ein entsprechendes Leserecho bestätigt werde. Tatsächlich kann man von unterschiedlichen Rechtfertigungsstrategien in den Autobiographien von Autoren des »Dritten Reiches« sprechen. Den »Selbststilisierungen eines Unangreifbaren« in Gottfried Benns ›Doppelleben‹ steht das »fingierte Selbstgericht« in ›Arnolt Bronnen gibt zu Protokoll‹ gegenüber. Die »Selbsterklärung eines Unpolitischen«, als die Hans Carossa seine Autobiographie ›Ungleiche Welten‹ (1951) ausgibt, greift die Trennung von Geist und Geschichte auf, um innere Vorbehalte gegen einen als verhängnisvoll gedeuteten Geschichtslauf geltend zu machen. Carossas Titel variiert denjenigen Benns, wobei dessen Doppelbödigkeit zum Ungleichen vereinfacht wird.

Der Rückzug auf eine vermeintlich unpolitische Position erscheint im Falle Carossa auch deshalb problematisch und für manche unglaubwürdig, da er sich nicht zuletzt als Präsident der Europäischen Schriftstellervereinigung zum pseudo-liberalen Aushängeschild nationalsozialistischer Kulturpolitik hat machen lassen. Der apologetische Charakter seiner Autobiographie erzwingt demnach unausweichlich Auslassungen, die seine »Karriere« im »Dritten Reich« betreffen.[31] Exkulpatorisch wird die angebliche innere Abwehrhaltung überstrapaziert, Carossa gesteht sich das

Ausmaß seiner Kompromisse nicht ein: Seine Selbstanalyse bleibt, mag sie auch subjektiv aufrichtig sein, politisch blind. Daraus resultiert das Zwiespältige seiner autobiographischen Rechtfertigung. Mag mangelnde Zivilcourage seinen Opportunismus erklären, so wird dieser mit vermeintlichen Sachzwängen beschönigt, und es ist vom »notwendigen Übel« die Rede und von der Hoffnung, durch die Kollaboration Schlimmeres zu verhüten. Unmerklich geht die Selbstbeschwichtigung in die Stilisierung zum Opfer über[32] – ein Verfahren, das sich auch in Autobiographien anderer Autoren, z. B. bei Frank Thiess, Walter von Molo oder Otto Flake,[33] findet.

Carossas Doppel-Existenz[34] bezeichnet eine für die Vertreter der »Inneren Emigration« charakteristische Position: Die einem geistigen Reich verpflichteten Dichter verstehen sich als Repräsentanten eines »besseren« Deutschland. Eine solche Position nimmt auch Ernst Wiechert ein, mit seiner – so die Ideologiekritik – »verhängnisvollen Flucht in eine sentimentale, noch dazu pseudoreligiös aufgefaßte Innerlichkeit«, damit die »Innere Emigration« in die Nähe der »innerdeutschen Widerstandsliteratur« rückend.[35] In seiner Autobiographie ›Jahre und Zeiten‹ (1949) bezieht sich Wiecherts Rechtfertigungsversuch zwar »lediglich auf seine völkischnationalistische Phase in den zwanziger Jahren«,[36] in der Darstellung des Jahres 1945 fügt der Autor allerdings dem Set bekannter Entlastungsargumente noch die Anklage der Sieger hinzu und den Hinweis auf die Mitschuld der Opfer; dabei spricht Wiechert hier von den Vertretern einer modernen, in seinen Augen »dekadenten« und »zerstörerischen« Literatur, womit er auf die Semantik des völkischen Diskurses seit den 1920er Jahren zurückgreift.[37] Die Suche nach Mitschuldigen als Ablenkung von eigenen Vergehen kennzeichnet auch Ernst von Salomons Argumentationsstrategie in seinem Lebensbericht ›Der Fragebogen‹ (1951), der in den fünfziger Jahren zu einem Bestseller wurde. Salomon erläutert sein autobiographisches Vorgehen später so:

Ich wollte den ›Fragebogen der Alliierten Militärregierung‹, den damals jedermann in den westlichen Besatzungszonen ausfüllen mußte, der einen Arbeitsplatz suchte, ad absurdum führen. ‹...› Ein Großteil der deutschen

Leser, die ja fast alle einen Fragebogen haben ausfüllen müssen, scheinen sich aber mit meinem Vorhaben identifiziert zu haben, sie sahen offenbar in meinen Antworten ihre Rechtfertigung.[38]

Für den Angriff als die vermeintlich beste Form der Verteidigung entscheidet sich auch Arnolt Bronnen, der das Wechselspiel von Angriff und Verteidigung in eigener Regie übernimmt und in der Form eines literarischen Schauprozesses gegen die eigene Person richtet; formal wiederholt die Doppelstruktur von Anklage und Verteidigung das gängige Legitimationsmodell. ›Arnolt Bronnen gibt zu Protokoll‹ (1954) ist der im Ton historischer Objektivität gehaltene Lebensbericht eines »perfekten Opportunisten« und »gesinnungslosen Mitläufers«.[39] Als expressionistischer Schriftsteller und Freund Brechts bekannt geworden, übernimmt Bronnen als Sendeleiter im Rundfunk nach 1933 zeitweilig auch propagandistische Aufgaben in Funk und Fernsehen, hat aber immer wieder Schwierigkeiten mit den Nationalsozialisten: 1937 wird er erstmals und 1943 endgültig aus der RSK ausgeschlossen. Seit 1943/44 versucht er sich dann als kommunistischer Widerstandskämpfer in Österreich zu profilieren.

Die Bekehrungsgeschichte Bronnens ist eine als Geständnis lancierte Apologie. Das Protokoll eines Schriftstellers entlarvt dessen Existenz als Maskerade. Bronnen, für den Kunst und historische Wirklichkeit nicht voneinander zu trennen sind, spielt auch im Leben Theater, und die wechselnde Realität hält für ihn viele Rollen bereit. Die Autobiographie weist das Leben als Doppelspiel aus: Eine Gleichzeitigkeit von Ernst und Unernst, eine aufrichtige Rechenschaftslegung und eine totale Theatralisierung prägen Bronnens Leben.[40] Es handelt sich um eine (tragikomische) »Geschichte des modernen Schriftstellers«, zu der Bronnen einen Beitrag leisten wollte, wie er selbst im Untertitel bekennt.

Als »Unheil meines Lebens« bezeichnet es Bronnen, »zwischen zwei Gewalten gestellt« zu sein.[41] Zwischen linken und rechten Positionen pendelnd, zerrissen zwischen Politik und Kunst demonstriert er in seinem Lebensbericht die offensichtlich falsche Überführung von Kunst in Lebenspraxis; er offenbart sich als verantwortungsloser Maskenspieler und als Propagandist. An seinem

Beispiel wird die prekäre Nähe von Faschismus und Anarchismus besonders deutlich; dieses erklärt er zu seinem Wesenszug, jenes zu dessen historischem Kostüm.[42] Damit bedient auch er sich eines doppelten Erklärungsmodells, aus seinem »Leben mit doppeltem Boden« läßt sich allerdings kein moralischer Kredit ziehen. Bronnens Preisgabe aller geistigen Werte erweist sich lediglich als die Kehrseite ihrer Inanspruchnahme als geistiger Vorbehalt gegen die Hitler-Diktatur.

Mit ihren autobiographischen Rechtfertigungen kämpfen die Vertreter der »Inneren Emigration« vergeblich; sie stehen auf verlorenem Posten. Ihre nachträgliche Legitimation – eine im Innern geheim gehaltene Opposition – ist aussichtslos, jedenfalls unter dem Gesichtspunkt eines politisch verantwortungsvollen Handelns. Was aber bedeutet Aufarbeitung der Vergangenheit? Während Martin Heidegger konsequent schweigt und Ernst Jünger den Leser mit der Fülle seiner Tagebücher überhäuft, polemisiert der Staatsrechtler Carl Schmitt gegen Benn, weil dieser »den Habitus der Kalten Persona verraten habe«.[43] Benns anfänglicher Unwille, sich mit der eigenen Vergangenheit auseinanderzusetzen, ist durch seinen ›Berliner Brief‹ (1948) bezeugt. Seine Autobiographie fällt denn auch entsprechend unordentlich aus – Benn selbst spricht in einem Brief an F. W. Oelze vom 27. Dezember 1949 von »Tohuwabohu«, das sich freilich auch als ästhetisches Ergebnis eines Montageverfahrens deuten läßt.[44] Entschuldigende Relativierungen scheinen ihm unangemessen, das Ganze irgendwie unangenehm. Außerdem – und das macht seinen Fall so anstößig – bekennt sich Benn zu seinen pronationalsozialistischen Äußerungen von 1933/34, wie er u. a. Oelze am 19. März 1945 brieflich mitteilt. Diese intellektuelle Kontinuität behauptet er auch in seiner Autobiographie; sie mag noch den Ausschlag dafür gegeben haben, den ›Lebenslauf eines Intellektualisten‹ ohne gravierende Änderungen als ersten Teil in ›Doppelleben‹ aufzunehmen. In der Publikation von 1950 stehen nun beide Legitimationsabsichten – Benns frühes Bekenntnis als politisch revolutionärer Schriftsteller und sein später Rückzug aus der Geschichte – zueinander in Widerspruch. In dem Maße, wie Benns Konzeption des Doppellebens als Ausflucht begriffen wurde, sprach er sich in den Augen einiger Interpreten für sein nationalsozialistisches Votum selbst schuldig. Demgegenüber verdient Beachtung, daß Benn mit dem Wiederabdruck von ›Lebensweg eines Intellektualisten‹ an einer möglichen, vielleicht sogar notwendigen Beziehung von Kultur und Politik festgehalten hat, auch gegen die eigene spätere Resignation.[45] Lösungsvorschläge hatte er keine anzubieten. Mit der 1950 publizierten Autobiographie stellt Benn nicht nur seinen eigenen Lebensweg zur Diskussion – den Komplex von persönlicher Schuld, politischem Unvermögen und künstlerischen Eitelkeiten –, sondern er stellt auch die Fragen nach dem Selbstverständnis einer radikalen Moderne und stellt den Leser damit vor die Grundfrage der Epoche. Bereits 1938 während der Expressionismusdebatte schrieb Wolfgang Leonhard in ›Das Wort‹: »Der Fall Benn beweist nichts, denn er ist der Fall Nihilismus. Ganz falsch war es und ist es, Benn als einen Renegaten anzusprechen; Renegat ist er nicht, weil er nicht zu uns gehört hat.«[46]

Auf die Dringlichkeit einer Auseinandersetzung mit dem Nihilismus als Signatur seiner Zeit verweist auch Ernst Jünger. Während Benn das Terrain der Politik aufgrund seiner Erfahrungen im »Dritten Reich« preisgibt zugunsten einer entschieden modernen Literatur- und Kunstauffassung, versteht sich Jünger in seinen Tagebüchern durchaus politisch *und* moralisch. Inhaltlich aber ist seine tägliche Buchführung am 19. Jahrhundert orientiert;[47] sein Politikverständnis erscheint konservativ. Die intellektuelle Lehre aus der nationalsozialistischen Ästhetisierung der Macht ist die unabweisbare Politisierung der Kunst.[48] Benn zieht diese Konsequenz jedoch ebensowenig wie Jünger, der als Einzelkämpfer metaphysische Positionen behauptet. Die moderne Prosa Benns und seine Lyrik – nicht seine Autobiographie – läßt sich, in der Tradition der »Kritischen Theorie«, lesen als Subversion der Wirklichkeit mit anderen, künstlerischen Mitteln. Für Adorno fungiert der Artist bekanntlich als Statthalter der gesellschaftlichen Versöhnung.[49] Paradoxerweise vermag nurmehr die autonome Kunst, in der jedes »Engagement für die Welt« gekündigt ist, »der Idee eines engagierten Kunstwerks« zu genügen.[50] Insofern konstituiert sich die utopische Funktion der Kunst und Literatur noch aus der Differenz zu Politik und Geschichte.[51] Die im Niemandsland zwischen Kunst und Leben angesiedelten modernen Autobiographien – hier sind neben Benn

und Jünger auch Walter Benjamin, Hugo Ball und André Breton zu
nennen – dokumentieren das Ringen um diese Differenz. Es sind
jeweils individuelle Antworten auf den Fall Nihilismus, die um den
Grad ihres Kunstcharakters der Realität überlegen sind. Damit ist
auch die spezifische Differenz bestimmt zwischen ›Doppelleben‹
und dem von den ›Drei alten Männern‹ (1948) geäußerten Credo:
»Wir lebten etwas anderes, als wir waren, wir schrieben etwas anderes, als wir dachten, wir dachten etwas anderes, als wir erwarte-
ten, und was übrigblieb, ist etwas anderes, als wir vorhatten.«[52]

IV. Autobiographien als Aufklärung

Klaus Mann, ein Exilant der ersten Stunde, will den deutschen
Faschismus von außen bekämpfen.[53] Er sieht die Aufgabe des
Schriftstellers im Exil darin, über die Zustände im »Dritten Reich«
aufzuklären und vor dem Nationalsozialismus zu warnen, wozu
neben einer Fülle publizistischer Beiträge auch seine Autobiographie dienen soll. Die unabhängigen Nationen aber nahmen die
Kassandra-Rufe der Exilanten mit Skepsis auf,[54] schreibt Klaus
Mann in ›The Turning Point. Thirty-Five Years in this Century‹
(1942), seinem Lebensrückblick, den er nach dem Zweiten Weltkrieg ergänzt und der dann postum unter dem Titel ›Der Wendepunkt. Ein Lebensbericht‹ (1952) auf deutsch erscheint. Diese – wie
die Kapitelüberschriften verraten – an den eigenen literarischen
Werken orientierte Autobiographie, in der noch das Schreiben
dieses Berichts verzeichnet ist, verfährt chronologisch und nennt
mehrere Wendepunkte: 1933 die Entscheidung fürs Exil und den
Versuch, die Kräfte des antifaschistischen Widerstandes in der von
ihm gegründeten Zeitschrift ›Die Sammlung‹ zu vereinigen; 1942
dann den Entschluß, in die US-Armee einzutreten, um auf Seiten
der Alliierten gegen Nazi-Deutschland zu kämpfen; nach 1945
schließlich das Votum für »ein Bündnis zwischen Ost und West,
zwischen Sozialismus und Demokratie«.[55] Wendepunkt meint jeweils das Bekenntnis des Einzelnen zu seiner Verantwortung, der
persönlichen ebenso wie der politischen.

Klaus Manns Autobiographie liest sich als die Geschichte der Entwicklung eines Ästhetikers zum Ethiker: »das Engagement des Schriftstellers gründet sich nicht länger auf ästhetische Opposition, sondern auf moralische Repräsentanz. Der repräsentative Intellektuelle spricht und handelt als Agent der Einheit von Geist und Macht«.[56] Das unterscheidet Klaus Mann von dem auch von ihm bewunderten Gottfried Benn und rückt ihn in die Nähe zu Heinrich Mann, dessen optimistisches Geschichtsbild er jedoch nicht teilt. Seine Vision eines humanistischen Sozialismus scheitert an der Politik des Kalten Krieges. Das zeichnet sich bereits in seiner Autobiographie ab; Realpolitik und Engagement, Geschichtspessimismus und persönliche Erfahrungen stehen jeweils in großer Spannung zueinander. Dem trägt der Autobiograph auch in der Form Rechnung. Während das letzte Kapitel der englischen Fassung, ›Decision 1940–1942‹, aus Tagebuch-Eintragungen besteht, die allerdings von den Originaltagebüchern signifikant abweichen, besteht das letzte Kapitel der deutschen Fassung aus fiktiven Briefen der Jahre 1943–1945. Mit der Annäherung an die aktuellen Ereignisse gibt der Autobiograph also seinen resümierenden Standort auf. Diese Änderung der autobiographischen Schreibweise ist nicht nur im Hinblick auf das sich verdüsternde Selbstbild des Autors und Modifikationen seiner gesellschaftspolitischen Position von Interesse, sondern auch im Kontext einer Diskussion um autobiographische Formexperimente.

Die Exilautobiographie ist nie nur persönlich, sondern stets auch Auseinandersetzung mit der eigenen Zeit und der Geschichte. Als Schuldbekenntnis bürgerlicher Intellektueller, in einer politikfernen Welt des Geistes gelebt zu haben, lassen sich die Autobiographien von Stefan Zweig, ›Die Welt von Gestern‹ (1942), und von Carl Zuckmayer, ›Als wär's ein Stück von mir‹ (1966), interpretieren. Auch Ernst Tollers Buch ›Eine Jugend in Deutschland‹ (1933) – »zeitlich die erste Autobiographie eines exilierten Verfassers«[57] – hat einen entschieden aufklärerischen Impetus; die Schrift will eine pädagogische Lektion in (Zeit-)Geschichte sein. Die Frage, wie es zu Hitlers »Machtergreifung« hat kommen können, auf welchen kulturgeschichtlichen Voraussetzungen der Nationalsozialismus gründet, beschäftigte viele Exilanten. Über persönliche Schuldzuweisungen hinaus verfolgen die genannten Autobiographen in der Tat auch aufklärerische Ziele: die Geschichtskenntnis wird dabei zur Voraussetzung für mögliche Veränderungen und als zukünftige Verhinderung solch katastrophaler Fehlentwicklungen aufgefaßt. In diesem Geiste sind auch die Autobiographien von Klaus Mann und Heinrich Mann, von Leonhard Frank (›Links wo das Herz‹ ist, 1952) und Hertha Pauli (›Der Riß der Zeit geht durch mein Herz‹, 1970) geschrieben. Autobiographie als Geschichtsdeutung ist aber immer auch individuelle Sinnsuche, wobei das politische Engagement des Autobiographen stets zur Debatte steht. Im persönlichen Bekenntnis sind Selbstanklage und -rechtfertigung eng miteinander verbunden; ein Verständnis des eigenen Lebens ist von der Deutung der Welt und der eigenen Zeit nicht zu trennen. Die Selbstbiographien der Exilanten verdeutlichen das in besonders eindringlicher Weise.

Wer die Exilliteratur unter dem Gesichtspunkt einer gemeinsamen moralischen Absicht des Engagements gegen die Barbarei des Nationalsozialismus interpretiert – etwa im Sinne des programmatischen Buches ›Die humanistische Front‹ (1946) von Walter A. Berendsohn –, läßt die Autobiographie aus der Zeit des Exils deutlich unterbestimmt. Produktiver ist es, die Selbstzeugnisse der Autoren nicht länger als »Berufungsinstanz« zu behandeln, sondern zum »Gegenstand prüfender Reflexion« zu machen.[58] Deshalb bedarf es auch im Blick auf die Formen autobiographischer Literatur einer Revision der »weit verbreiteten Annahme von der notwendigen ästhetischen Inferiorität von Exilliteratur«.[59] Im Kontext einer »Hinwendung von der reinen Literatur- zur Kultur- und Sozialwissenschaft, von der Emigrations- zur Akkulturationsforschung«[60] sind Studien zur autobiographischen Literatur besonders ergiebig. Aufmerksamkeit gilt darüber hinaus seit einiger Zeit der Frauen- und Geschlechterproblematik, die zur Wiederentdeckung bzw. Kanonisierung einiger Autobiographien exilierter Autorinnen führte.[61] In jedem Fall eröffnet die Literatur von exilierten Frauen weit mehr Perspektiven, als daß sie nur die »Poesie des Alltäglichen« dokumentierte.[62]

Nicht nur für die Literaturwissenschaft von Interesse dürften auch Untersuchungen sein, die sich mit ästhetischen Innovationen der Exilautobiographie befassen, Mut zum Experiment erkennen lassen, wie er bereits beim ›Wendepunkt‹ zu beobachten ist, oder aber der Öffnung des biographischen Berichts zur romanhaften Erzählung, wie sie mit Lion Feuchtwangers ›Exil‹ (1939) oder Anna Seghers' ›Transit‹ (1944 in engl. Übers., dt. 1948) vorliegt, bzw. zur mit fiktiven Elementen versetzten Reportage. In diesem Zusammenhang ist etwa hinzuweisen auf Lili Körbers Buch ›Eine Österreicherin erlebt den Anschluß‹ (1938), das zuerst unter dem Pseudonym Agnes Muth in der sozialdemokratischen Züricher Tageszeitung ›Volksrecht‹ publiziert wurde. Diese Veröffentlichung in mehreren Folgen enthält noch keine Gattungsbezeichnung. Dem damaligen Leser dürfte klar gewesen sein, daß hier aus Gründen der persönlichen Sicherheit Namen geändert wurden, die aktuellen zeitgeschichtlichen Ereignisse aber hat die Autorin in signifikanter Weise zusammengedrängt und in der Form eines Tagebuches erzählt.

Die These, daß die Literatur des Exils das Ich verteidige, während »die Memoiren und Briefe die Misere des Ich nur zu deutlich sichtbar machen«,[63] wäre noch dahingehend zu überprüfen, welche Rolle hier Tagebücher und Autobiographien spielen, die ja als »Literatur aus dem Leben« (Herbert Heckmann) aufzufassen sind. Unter der Fragestellung ›Warum schreibe ich das alles?‹ ergibt eine Untersuchung der Rolle des Tagebuches für deutschsprachige Exilschriftsteller 1933–1945 (etwa Bertolt Brechts ›Arbeitsjournal‹, die Tagebücher von Thomas Mann und Robert Musil sowie von Klaus Mann und Stefan Zweig) aufschlußreiche Ergebnisse: Bei den genannten Autoren ergeben sich interessante Abweichungen zu ihren Autobiographien.[64] Werden die nicht zur Veröffentlichung gedachten Tagebücher als authentisch interpretiert, bleibt der Aspekt des Journals als Beitrag zur Geschichtsschreibung ausgeklammert. In den Vordergrund gerückt wird in dieser Perspektive vor allem das Selbstverständnis der Diaristen. Ihnen ist das Tagebuch nicht nur Trost und Zuflucht; vielmehr kommt der diaristischen Selbstverständigung in Zeiten des Exils in besonderem Maße eine identitätsstiftende Funktion zu. Darüber hinaus übernimmt es erzieherische und therapeutische Aufgaben, es ist ein »Mittel der Selbstdisziplin« und ersetzt fehlende Gesprächspartner.[65]

Auch die Autobiographien des Exils, so unterschiedlich der Lebensweg und die Ansichten des jeweiligen Autors auch sein mögen, dienen, meist in aufklärerischer Absicht als Erlebnisbericht verfaßt, der Selbstrepräsentation und der Selbstversicherung.[66] Der Exilierte präsentiert sich als Opfer, als Zeuge und als Ankläger, wobei die Erinnerung zum einen die Zeit der Angst und Verzweiflung evoziert, zum anderen aber auch der Hoffnung Ausdruck gegeben wird, die Humanität möge über die Barbarei siegen.[67] Der autobiographische Diskurs von Exilschriftstellern und Intellektuellen läßt sich folgendermaßen typologisieren,[68] wenn man die jeweils gegensätzlichen Merkmale zu Gruppen zusammenfaßt: ›Schicksalsreise‹ (1949), der Bekenntnisbericht Alfred Döblins, wird dem Typus der – eher seltenen – Autobiographie eines Konvertiten (hier des zum katholischen Glauben Übergetretenen) zugeordnet. ›Das Ohr des Malchus‹ (1958) von Gustav Regler steht stellvertretend für eine Reihe von Autobiographien kommunistischer und stalinistischer »Renegaten« (dazu gehört auch Manès Sperbers Autobiographie ›All das Vergangene‹, 1972–77).[69] Als Beispiel für die Autobiographie als Zeitgeschichte fungiert Heinrich Manns ›Ein Zeitalter wird besichtigt‹ (1945), in dem das autobiographische Ich stark zurückgedrängt ist. In paradoxer Wendung schreibt der Autor: »Eine Autobiographie sieht am besten von ihrem Urheber ab«.[70] Ludwig Marcuse hingegen, der demonstrativ die Weltgeschichte zu ignorieren scheint, betont: »Mir geht nichts über mich.«[71] Seine Autobiographie ›Mein zwanzigstes Jahrhundert‹ (1960) ist aus der Perspektive eines militanten Individualisten geschrieben,[72] erst in zweiter Linie ist das Buch eine Literaturgeschichtsschreibung des 20. Jahrhunderts.

Die Autobiographie als Ort moralischer Anklage ist ebenfalls ein verbreiteter Typus. In ›Unholdes Frankreich‹ (1942) beschreibt Lion Feuchtwanger seine Haft in Les Milles 1940 und die Flucht aus einem Camp in Nîmes. Dabei erhebt er Anklage gegen Frankreich, das mit den Deutschen kollaboriert und die Exilierten nicht besser geschützt habe. Eine vergleichbare kritische Auseinandersetzung mit dem Zufluchtsland findet sich auch in Hans Marchwitzas autobiographischem Bericht ›In Amerika‹ (1961). Neben den inhaltlichen Auseinandersetzungen lassen sich in manchen Autobiographien auch formale Innovationen erkennen: etwa die fragmentarische Selbstdarstellung Robert Neumanns mit dem ironisch-satirischen Titel ›Ein leichtes Leben‹ (1963) und Walter Mehrings ungewöhnliche ›Autobiographie einer Kultur‹, die nichts geringeres unternimmt als eine Restitution des Subjekts in der verlorenen Bibliothek des Vaters (›Die verlorene Bibliothek‹, engl. 1951; dt. 1952).[73] Zu nennen sind auch die autobiographischen Reportagen in ›Das verlorene Manuskript‹ (1943) des antifaschistischen Journalisten Theodor Balk, in denen Leben und Schreiben »in ihrer durchaus aufs Wesentliche zielenden Wahrhaftigkeit« (Oskar Maria Graf) ineinander überführt werden. Als ein weiteres Beispiel glaubhafter, innovativer Exilästhetik ist das romanhafte Fluchtbuch ›Ein Mensch fällt aus Deutschland‹ (1936) von Konrad Merz zu nennen, dessen Entstehungsprozeß die Abhängigkeit des Autors von seinem Text illustriert: »wie es mich schrieb«, so faßt Merz seine mediale Ästhetik zusammen.[74]

Ein autobiographisches Formexperiment verkörpert das Buch der Mahnung und Erinnerung von Günther Weisenborn, einem Mitglied der Berliner Widerstandsgruppe um Harro Schulze-Boysen.[75] ›Memorial‹ (1948) berichtet von der dreijährigen, bis zum Kriegsende dauernden Haft des Autors als politischer Gefangener. Die chronologischen Mitteilungen werden unterbrochen und kontrastiert durch Erinnerungen an die Jahre der Freiheit – Skizzen, die während der Haft geschrieben wurden (im Druck erscheinen sie kursiv) und dann in das später verfaßte Gefängnistagebuch montiert werden. Diese absichtsvoll gewählte Erzählstrategie ist Brechts Verfremdungseffekt vergleichbar und wirkt entsentimentalisierend. Der doppelte Blick auf die eigene Biographie hat zuerst überlebenspraktische, darüber hinaus aber auch poetologisch erkenntniskritische Funktion: Die »Biographie nur aus Momenten« zeigt ein »polyperspektivisches Ich«.[76]

Die nachträgliche *literarische* Aufarbeitung der eigenen Vergangenheit im Nationalsozialismus – bei der autobiographischen Literatur haben wir es oft mit Asynchronizität zu tun – bedient sich selten traditioneller Formen. Offenbar erzwingen die Erfahrungen im »Dritten Reich«, die Erlebnisse der Exilierung und des Exils oder auch der Inhaftierung neue Schreibweisen. Erinnert sei hier an Peter Weiss und seine Romane – ›Abschied von den Eltern‹ (1961),

›Fluchtpunkt‹ (1962), aber auch ›Ästhetik des Widerstands‹ (3 Bde., 1975–1981) – und an Christa Wolfs ›Kindheitsmuster‹ (1976), den Versuch einer Annäherung an die eigene Jugend im nationalsozialistischen Deutschland, in dem historische Dokumentation, Fiktionalität und politisches Engagement eng miteinander verflochten sind. In den späteren Erinnerungsbüchern, die ausdrücklich um eine Aufarbeitung der Vergangenheit bemüht sind, werden autobiographische Reflexionen oft selbst zum Thema – germanistisch-didaktisch etwa in Bernhard Blumes Selbstdarstellung ›Narziß mit Brille. Kapitel einer Autobiographie‹ (posthum 1985).

Die Fülle der seit den 1970er Jahren publizierten Autobiographien wird eine typologische Ausdifferenzierung der Gattung erforderlich machen: Erwähnt seien von Texten Exilierter die ›Erinnerungen eines Deutschen‹ (1971) von Ernst Erich Noth, ein literarisch unprätentiöses Dokument eines aufgeklärten, engagierten Humanisten, das den Weg vom Besuch der Odenwaldschule über die Flucht aus Deutschland 1933 bis zum Exil in Frankreich anschaulich im Kontext der politischen Entwicklungen und des kulturellen Lebens beschreibt; die Erinnerungen ›Unfreiwillige Wanderjahre. Auf der Flucht vor Hitler durch drei Kontinente‹ (1979 u.d.T. ›Keine Zeit für Eichendorff‹, Neuausgabe 2005) des Literaturwissenschaftlers Egon Schwarz, der bis nach Südamerika floh und dort als Wanderarbeiter lebte, bevor er in die USA ging; die ›Memoiren eines Moralisten‹ (1983) sowie die Fortsetzung ›Das Exil im Exil‹ (1990) des über Frankreich in die USA emigrierten Hans Sahl; ›Das Augenspiel. Lebensgeschichte 1931–1937‹ von Elias Canetti (der 3. Teil der Autobiographie, 1985), über die schwierigen Jahre in Wien vor der Emigration 1938/39 nach England; schließlich das zum Bestseller avancierte Erinnerungsbuch ›weiter leben. Eine Jugend‹ (1992), in dem die Literaturwissenschaftlerin Ruth Klüger ihre Internierung als Kind in Theresienstadt, in Auschwitz-Birkenau und in Christianstadt (Groß-Rosen) beschreibt.

V. Öffentlichkeit, Erinnerungskultur und Autobiographie

Die Relevanz autobiographischer Texte im Kontext der öffentlichen Debatten über den Nationalsozialismus und über das »kollektive Gedächtnis« wurde in den 1990er Jahren durch das formexperimentelle Verfahren von Walter Kempowski (selbst geprägt durch die Erfahrung von zwei Diktaturen) besonders nachdrücklich herausgearbeitet: Mit seinem ›Echolot‹-Projekt (zuerst erschien: ›Das Echolot. Januar und Februar 1943‹, 4 Bde., 1993), Montage und Collage einer Vielzahl unterschiedlicher autobiographischer Zeugnisse aus einem kurzen Zeitraum von 2 Monaten zu einem einzigen autobiographischen Text, begründete er eine neue Form rekonstruktiver »kollektiver« Geschichtsschreibung.

In der öffentlichen Wahrnehmung über den Nationalsozialismus und das Exil spielen Autobiographien tatsächlich eine bemerkenswerte Rolle. Für Aufsehen und anhaltende Diskussionen sorgten vor allem die aus dem Nachlaß edierten Tagebücher aus den Jahren 1933–1941 (›Ich will Zeugnis ablegen bis zum letzten‹, 1995) des 1881 geborenen jüdischen Romanisten Victor Klemperer, ein mentalitäts- und alltagsgeschichtlich eindrucksvoller Bericht über die allmähliche Ausgrenzung, Stigmatisierung und Verfolgung von Juden im »Dritten Reich«, der auch die Relevanz autobiographischer Zeugnisse als historische Quellen unterstreicht.

Im Zusammenhang der Kontroversen um die Ausstellung ›Vernichtungskrieg. Verbrechen der Wehrmacht 1941–1944‹ (seit 1996 als Wanderausstellung) ist das verstärkte Interesse an autobiographischen Zeugnissen aus dem Zweiten Weltkrieg zu sehen, an Feldpostbriefen und Tagebüchern – vom einfachen Soldaten über den Offizier bis zum Kriegsberichterstatter; so fiktionalisierte z.B. Lothar-Günther Buchheim seine Erlebnisse im Seekrieg sehr viel später, zurückgreifend auf den schon 1943 publizierten Bericht ›Jäger im Weltmeer‹ (1943) im nationalistisch-militaristischen Duktus der Zeit, und ließ sie in das nach Erscheinen zum Welterfolg gewordene Buch ›Das Boot‹ (1973) einfließen. Herauszuheben aus der Vielzahl der autobiographischen Zeugnisse sind die aus dem Nachlaß edierten, mit Briefen angereicherten Aufzeichnungen des Reserveoffiziers und späteren Kompanieführers Wilm Hosenfeld

(1952 in russischer Kriegsgefangenschaft gestorben), der mehrere Polen und Juden vor der Deportation bewahrte. Seine Briefe und Notate, die unter dem Titel ›Ich versuche jeden zu retten‹ ediert wurden, zeichnen das Bild eines nationalistischen, zunehmend jedoch ambivalent empfindenden und punktuell kritisch denkenden Bürgerlichen angesichts der fortschreitenden Radikalisierung und Brutalisierung des Krieges durch den Expansionismus der Nationalsozialisten. Freilich blieben die Handlungsspielräume klein; der Fatalismus scheint unvermeidlich, wenn es, unter dem Datum des 26. September 1942 mit aller Deutlichkeit (zu der es auf Seiten der meisten *literarischen* Tagebücher kein Pendant gibt) heißt:

> Gestern abend bei von Schoene zum Abendessen eingeladen. ... Die Unterhaltung ist denkbar oberflächlich ... St[abenow] fühlt sich als der mächtige Mann, der Herr des Ghettos. Von den Juden spricht er so wie von Ameisen oder sonstigem Ungeziefer. Von der »Umsiedlung«, das heißt, dem Massenmord, so wie von Vertilgung von Wanzen bei einer Entwesung in einem Haus. Seine Dame ist auf das Kostbarste angezogen; das stammt sicher alles dorther, was sie auf dem Leib trägt. Von der Furchtbarkeit des Krieges, von Opfern, Entbehrungen, Leiden spürt dies Volk nichts. Sie bereichern sich, huren und völlern. Aber macht man sich nicht selbst mitschuldig an all dem? Warum esse ich an der reich gedeckten Tafel der Reichen, wo ringsum größte Armut ist und die Soldaten hungern? Warum schweigt man und protestiert nicht? Wir sind alle zu feige und bequem, zu falsch und verrottet, darum müssen wir auch alle den Sturz ins Verhängnis mitmachen.«[77]

Auch eine ganze Reihe von – teils schon unmittelbar nach dem Krieg oder in den 1950er Jahren publizierten – Büchern von Häftlingen in Konzentrationslagern, in denen Erfahrungen zumeist in romanhafter Form verarbeitet werden, fanden große Resonanz: Genannt seien nur Liana Millus ›Rauch über Birkenau‹ (dt. 1997, ital. 1947) und Imre Kertész’ ›Roman eines Schicksallosen‹ (dt. 1996; ungar. 1975). Diese autobiographischen Bücher tragen zur Aufklärung über die Vergangenheit bei, indem sie das Geschehene dem Vergessen entreißen. Sie dienen der Verarbeitung der persönlichen Erlebnisse und Traumata und geben den Lesern gelegentlich auch neue Einblicke in die Politik des Hitler-Regimes und in den Alltag im Nationalsozialismus. Erzählt werden zum Teil ganz unglaubliche Geschichten, deren Kenntnis für die Verarbeitung des Vergangenen jedoch unerläßlich ist, tragen sie doch dazu bei, »seinen Bann« zu brechen »durch helles Bewußtsein«.[78]

Für Adorno, der im Rahmen einer demokratischen Pädagogik plädiert für Ich-Stärkung, Beförderung des Autonomiegedankens und Ausbildung eines kritischen Bewußtseins, das politische, sozioökonomische, -psychologische und kulturhistorische Zusammenhänge durchschaut, ist der Ausgang der Aufklärung noch nicht entschieden, auch wenn es wie ein Kampf auf verlorenem Posten anmutet. »Aufgearbeitet wäre die Vergangenheit erst dann, wenn die Ursachen des Vergangenen beseitigt wären«,[79] schreibt er. Die Ursachen der historischen Ereignisse sieht er im »autoritären Charakter« und einer anti-demokratischen Einstellung. Zu dieser aufs Subjektive gewendeten Aufklärung gehört nicht zuletzt die autobiographische Literatur und deren Studium.

Hans-Edwin Friedrich
Essay und Essayismus

In der ersten Hälfte des 20. Jahrhunderts galt der Essay als »Universal-Gattung des Zeitalters«.[1] Das nichtfiktionale literarische Genre stand für eine Geisteshaltung, den Essayismus, dessen Ahnherr Nietzsche war.[2] »Das Denken des Essayisten ist nicht systematisch, sondern problemoffen«.[3] Der Essay sollte nicht primär der Wahrheitsfindung dienen, sondern eine spezifische Perspektive zur Geltung bringen. Daher wurde er von kulturkonservativen,[4] erkenntniskritisch und naturwissenschaftlich geprägten Autoren und unorthodoxen Linken gepflegt. Ein »Essay ist die einmalige und unabänderliche Gestalt, die das innere Leben eines Menschen in einem entscheidenden Gedanken annimmt.«[5] Der Essayismus machte die Gattung außerordentlich vielgestaltig, so daß sie gegenüber anderen nichtfiktionalen Kurzformen, dem Feuilleton, dem Artikel, der Reportage, der Abhandlung, dem Traktat kaum abzugrenzen war. Andererseits prägte er sich im Roman,[6] in der Philosophie, Historiographie sowie in Sachtexten aller Art aus. Dieses Miteinander von Textsorte und Geisteshaltung machte den Essay zum zentralen Medium von Kulturkritik und Gegenwartsdeutung. Die rationalistische wissenschaftliche Abhandlung galt als einseitiger Ausdruck »tötenden« Sezierens, der Essay schien rationale Argumentation mit lebendiger Form verbinden zu können.

Zentraler hermeneutischer Erkenntnisansatz der Essayistik war die Physiognomik im weiteren Sinn einer Erfassung von Gestalten, von organischen Mustern in der empirischen Welt. Die Gestalt bezeichnete die Form eines Oberflächenvorgangs, der einen untergründigen Sinnzusammenhang als Symbol oder Allegorie erfahrbar machte.[7] Der Anspruch auf künstlerische Dignität ist ein Kennzeichen des modernen Essays. Literarische Mittel fiktionaler Gattungen wurden für seine Textur nutzbar gemacht: Metaphernsysteme, Symbole, Kompositionssymmetrie, erzählerische und dramatische

Einlagen, Intertextualität, Mehrsträngigkeit. Die Referenz war für den Kunstanspruch zwar ein Problem, weil sie eine Bindung an Sachkontexte bedeutete. Aber die literarischen Mittel, die Tendenz zu Überstrukturierung und Überkomplexität und das Ziel der Überzeitlichkeit und universalen Gültigkeit verstärkten einen Zug zur Referenzverweigerung, der zu Mehrdeutigkeit und gesteigerter allgemeiner Anknüpfungsmöglichkeit führte. Der künstlerische Anspruch wurde unterschiedlich realisiert: als Argumentation in Denkbildern und Verdichtung von Korrespondenzen bei Walter Benjamin; als diskursive Vielschichtigkeit bei Thomas und Heinrich Mann; als Montage von Versatzstücken zu sprachrhythmisch einheitlicher Gestaltung bei Gottfried Benn; als Verbindung von linearer Kombinatorik und motivischer Vernetzung bei Ernst Jünger; als esoterischer Sprachstil bei Rudolf Kassner und Karl Kraus.[8] Semantisch vielschichtige lebensphilosophisch begründete Konstrukte wie etwa die Opposition von Geist und Macht, von Bürger und Künstler, das Dämonische, das Titanische, Leben und Technik u.a.m. wurden als analytische Werkzeuge eingesetzt.

I. Regimefreundliche Essayistik

Oswald Spengler kompilierte seine ›Politischen Schriften‹ (1933) der Weimarer Zeit als Bilanz seines politischen Denkens und begrüßte in ›Jahre der Entscheidung‹ (1933), einer umfassenden geschichtsphilosophisch perspektivierenden Deutung der weltpolitischen Lage, den Regimewechsel.[9] »Der nationale Umbruch von 1933 war etwas Gewaltiges und wird es in den Augen der Zukunft bleiben, durch die elementare, überpersönliche Wucht, mit der er sich vollzog, und durch die seelische Disziplin, mit der er vollzogen wurde.«[10] Der Praeceptor Germaniae hielt jedoch den Nationalsozialismus nicht für den rechtmäßigen Erben der nationalen Bewegung. Das Erscheinungsbild der Führer sei verdächtig; der Sieg wenig wert, weil es keine Gegner gegeben habe. Spengler beurteilte den Massencharakter der NSDAP und ihre sozialistischen Tendenzen skeptisch. Die nationale Entwicklung habe sich in einer

welthistorischen Situation vollzogen, die durch drei Tendenzen gekennzeichnet sei: die Gegenwart war ein Zeitalter der Weltkriege;
der wachsende Einfluß der Wirtschaft war ein Zeichen des Verfalls
der Staatshoheit; der Weltkrieg hatte den Glauben an die Überlegenheit Europas erschüttert, so daß ein globaler Rassenkampf be-
vorstand. Gegen das erfolgreiche Buch (Auflage bis 1934 [= letzte
Aufl. im NS]: 166000) wurde eine publizistische Kampagne in
Gang gesetzt, weil Spengler das Kunststück vollbracht hatte, trotz
seiner positiven Haltung zum Regimewechsel das erste und letzte
regimekritische Buch im »Dritten Reich« zu veröffentlichen.

Zur allgemeinen Überraschung sprach sich auch Gottfried Benn
öffentlich für das neue Regime aus.[11] Seit 1930 hatte er in rascher
Folge Essays publiziert, in denen er mittels der modernen naturwis-
senschaftlichen, ästhetischen und philosophischen Konzeptionen
zu einer Bestimmung der »Lage« auf der Grundlage von Nietzsches
Diktum, »daß nur als ästhetisches Phänomen das Dasein der Welt
gerechtfertigt ist«,[12] zu kommen versuchte. Der apodiktische Tonfall
der Essays bringt Perspektiven zur Geltung, die der formfordernden
Gewalt des Nichts abgerungen seien und in der kompositorischen
Anordnung einer Essaysammlung zu einem ›Fazit der Perspektiven‹, so ein Titel von 1930, gebündelt wurden. Bereits in ›Nach
dem Nihilismus‹ (1932) hatte Benn die Möglichkeit positiver Sinngebung angedeutet. Die ästhetische Politik des Nationalsozialismus
faßte er als politische Formung der »seit langem sich vorbereiten-
den Verwandlung des inneren deutschen Menschen«[13] auf. Der
Essayband ›Der neue Staat und die Intellektuellen‹ (1933) verband
die Ausführung dieses Gedankens als Grundlage seiner Deutung
der »Machtergreifung« mit einer Neuinterpretation der eigenen
Positionen und Konzeptionen. Der autobiographische Strang des
Bandes ist mittels der Makromontage der Essays realisiert; er wird
in der Einleitung und den Zwischentexten expliziert, mit denen die
älteren Essays (›Der Aufbau der Persönlichkeit‹, ›Goethe und die
Naturwissenschaften‹, ›Das moderne Ich‹) neu perspektiviert werden. Das »Resultat meiner fünfzehnjährigen Entwicklung stelle ich
an den Anfang: die beiden Rundfunkreden für den neuen Staat.«[14]
Im Schlußessay interpretierte Benn »Züchtung« als Ästhetisierung
der Biologie, als Formung der anthropologischen Substanz, als äs-

thetische Praxis, folglich als Rechtfertigung des Lebens. Das sorgte unter den Regimegegnern und Exilanten für großes Aufsehen; Karl Kraus kommentierte präzis, das sei »Schwärmerei der Köpfe für die Kopfjäger«.[15]

Wie offen 1933 der Blick in die Zukunft vielen Zeitgenossen erschien, zeigen die politischen Essays derer, die sich wie Benn schon bald vom Regime abwenden sollten. Reinhold Schneider veröffentlichte am Ende des Jahres im ›Tag‹ zwei Essays, ›Die Wiederentdeckung des theatralischen Spiels‹ und ›Der Wiedereintritt in die Geschichte‹, in denen er den Nationalsozialismus als Wegbereiter einer Restauration der Hohenzollern-Monarchie beurteilte. Im Rahmen einer Veranstaltungsreihe der Münchner Studentenschaft zum Thema ›Dichter und Volk‹, zu der u.a. Hans Friedrich Blunck und Edwin Erich Dwinger eingeladen waren, sprach Ernst Wiechert über den ›Dichter und die Jugend‹. Er deutete die aktuelle Stimmung der Jugend und wies ihr zwei Alternativen: den Blick nach rückwärts oder aber die Mitarbeit am Aufbau des neuen Staates.

Ernst Bertram zeigte sich besorgt um die geistige Situation in Deutschland und verteidigte den politischen und kulturellen Umschwung (›Deutscher Aufbruch‹, 1933). Eine Sammlung seiner jüngsten Fest- und Gedenkreden erschien 1934 unter dem Titel ›Deutsche Gestalten‹. Rudolf G. Binding sprach in der Preußischen Akademie ›Von der Kraft deutschen Worts als Ausdruck der Nation‹. Als Proklamation des Ausbruchs der Schriftsteller aus dem Elfenbeinturm sammelte Heinz Kindermann Beiträge von Paul Ernst, Edwin Guido Kolbenheyer, Otto Gmelin, Hans Friedrich Blunck, Joseph Magnus Wehner, Wilhelm Schäfer, Franz Karl Ginzkey, Paul Alverdes und anderen als ›Des deutschen Dichters Sendung‹ (1933). Die Gattung stand zwar nicht im Zentrum der literaturpolitischen Aufmerksamkeit; es gab aber Versuche der politischen Indienstnahme. Ab 1933 erschien die von Wolfgang Nuber herausgegebene ›Völkische Kultur. Monatsschrift für die gesamte geistige Bewegung des neuen Deutschland‹, die sich als Forum für Essays und Aufsätze verstand. Karl Gladen bestimmte neben den älteren Houston Stewart Chamberlain und Josef Hofmiller die jüngeren Eugen Gottlob Winkler und Walter Frank (seit 1935 Leiter des ideologisch einflußreichen »Reichsinstituts für Geschichte des neuen Deutschlands«)

als kanonische Essayisten. Franks Sammlung ›Geist und Macht‹ (1938), die sich »verehrend und gläubig im Aufblick zu den Großen unseres Volkes, vor allem zu Bismarck, Chamberlain, Ludendorff, Hitler« gab, sei das »Muster einer neuen historisch-politischen Publizistik«.[16] Das Spektrum der Essayistik regimefreundlicher Autoren reicht von Joseph Magnus Wehners ›Das unsterbliche Reich‹ (1933) und Rudolf G. Bindings ›Natur und Kunst‹ (1938) bis zum achten Band der zwischen 1937 und 1941 erschienenen Werkausgabe Kolbenheyers.

II. Nichtnationalsozialistische Essayistik

Die nichtnationalsozialistische Essayistik im »Dritten Reich« avancierte zu einem wichtigen Medium der Gegenwartsdeutung und Selbstverständigung. Viele Periodika vom ›Inneren Reich‹ (1934–44)[17] bis zur ›Corona‹ (1930–43) standen als Publikationsforen zur Verfügung. Die ›Neue Rundschau‹[18] wurde bis zu ihrer Einstellung am 30. September 1944 von Peter Suhrkamp (bis 1936), Wolfgang von Einsiedel (bis 1937), Karl Korn (bis 1940) und Hans Paeschke herausgegeben. Sie versuchte, ihre alte Tradition weiterzuführen, geriet aber bald in Konflikte, die fortan zu einem Lavieren zwischen Anpassung und Unabhängigkeit nötigten. Sie begannen mit den Protesten gegen Thomas Manns im Aprilheft 1933 veröffentlichten Essay ›Leiden und Größe Richard Wagners‹. Die ›Neue Rundschau‹ versuchte, offenen Diskurs und Meinungspluralität weiter zu pflegen. Drei divergierende Stellungnahmen zu Ernst Jüngers ›Arbeiter‹ aus der Feder von Kurt Heuser, Friedrich Franz von Unruh und Richard Behrens wurden im Aprilheft 1933 gedruckt; je ein poetologischer Essay von Oskar Loerke und Rudolf G. Binding verfocht diametral entgegengesetzte Positionen. Eine Kontinuität zeigt sich im Rekurs der nichtnationalsozialistischen Essayisten auf Humanität und Maß (Oskar Loerke, ›Herders Weltgebäude‹, 1935). Carl Linfert propagierte nichtnationalsozialistische Künstler (›Beckmann oder das Schicksal der Malerei‹, ›Gerhard Marcks – Grenzmale der Plastik‹, beide 1935, ›Maß und Gewicht der Bauform‹,

1936). Der Spielraum verengte sich allerdings zunehmend, wie die Interventionen gegen Gerhard Nebels ›Auf dem Fliegerhorst‹ und Reinhold Schneiders ›Ignatius von Loyola‹ 1941 zeigten.

Rudolf Pechel verfolgte in der ›Deutschen Rundschau‹ mittels des Konzepts der verdeckten Schreibweise[19] einen kritischen Kurs bis zur Einstellung mit Pechels Verhaftung 1942. Der Essay schien das ideale Medium der Camouflage zu sein, das Unverbindlichkeit und Klarheit zugleich zur Geltung zu bringen vermochte. ›Sibirien‹ (1937), die Rezension des Buches ›Die Verlorenen‹ – gemeint waren die Opfer von Stalins Gewaltherrschaft – von Iwan Solenowitsch, zeigt Pechels Strategie. Der erste Absatz gibt die Leseanweisung: »Bei ähnlich gelagerten Vorgängen wiederholen sich in der Geschichte auch die politischen Begleitumstände in merkwürdiger Übereinstimmung von Peisistratos über Napoleon zu Stalin. Nur die Methoden verfeinern und verschärfen sich mit dem Fortschritt der Technik.«[20] Der Essayist nutzt das Verfahren der historischen Allegorese, deren Anknüpfungspunkte er mittels anachronistischer Vokabeln markierte. Weitere Beispiele – ›Falsche Edelsteine‹ (1933), ›Zur Problematik des Politikers Robespierre – Talleyrand‹ (1938), ›Dämonie der Macht‹ (1941) – stellte Pechel 1948 in ›Zwischen den Zeilen‹ zusammen. Joachim Günther[21] publizierte in der ›Deutschen Allgemeinen Zeitung‹ den einzigen Glückwunschartikel zu Thomas Manns 60. Geburtstag im »Dritten Reich«. Die Verschmelzung von Weltanschauung und Wissenschaft griff er in ›Die Pflicht zum Denken‹ (1935) an.

In der ›Frankfurter Zeitung‹[22] realisierte Dolf Sternberger seine ›Swiftsche Methode‹ in der Reihe ›Vademecum für Sprichwörter‹ (1936) mit solchem Erfolg, daß Goebbels eine Akte anlegen ließ. ›Ein guter Ausdruck‹ (1937) deutete den Sprachverfall als Charakterverfall und stellte die brisante Diagnose, der Kampf um die deutsche Sprache selbst beginne. In der Weihnachtsausgabe 1941 erschien ›Figuren der Fabel‹, worin Sternberger anhand der klassischen Fabel vom Wolf und dem Lamm dem Verhältnis von Macht und Recht nachspürte. Herbert Küsels Artikel über ›Dietrich Eckart‹ vom 23. März 1943 führte zu einem Verbot von Seiten Hitlers. Marie Luise Kaschnitz entwarf in ›Hölderlin. Stationen seines Lebens‹ (1943) ein entheroisiertes Bild des Dichters, das im Gegensatz stand zu den pathetischen Überhöhungen in der Klassikrezeption der Philologen und Pädagogen; in ›Philemon und Baucis‹ (1944) interpretierte sie das mythische Paar als Beispiel für Standhaftigkeit, Hilfs- und Opferbereitschaft.

In Carl Muths ›Hochland‹ erschienen Essays von Hans Egon Holthusen (über Thornton Wilder, 1938; ›Rilkes mythische Sendung‹, 1940) und Theodor Haecker. Haecker[23] hatte sich schon in ›Was ist das Reich?‹ 1932 dezidiert gegen die hakenkreuzlerische »Verhunzung« des Reichsgedankens gewandt. Das Hakenkreuz sei eine Karikatur des Kreuzes, müsse also als Zeichen des Tiers gelten. Bis zum Schreibverbot 1938 entfaltete Haecker in zahlreichen Essays (u. a. ›Was ist der Mensch?‹, 1933; ›Der Christ und die Geschichte‹, 1935; ›Der Geist des Menschen und die Wahrheit‹, 1937) ein eigenständiges katholisches Literaturkonzept. Im Kontext der Widerstandsbewegung der »Weißen Rose« und unter dem Eindruck der Bombennächte entwickelte er eine biblisch inspirierte Geschichtsdeutung im Essay ›Die Versuchung Christi‹ (1943).

Max Bense arbeitete an einer integrierenden Zusammenführung philosophischer, physikalischer, mathematischer Fragen, die er in Einzelpublikationen (u. a. ›Raum und Ich. Eine Philosophie über den Raum‹, 1934; ›Aufstand des Geistes. Eine Verteidigung der Erkenntnis‹, 1935; ›Anti-Klages oder Von der Würde des Menschen‹, 1937; ›Was ist Substanz? Zwischen Elektron und Feld‹, 1937) und zahlreichen Essays darlegte.[24] Er argumentierte gegen die antirationalistischen Tendenzen der Lebensphilosophie, indem er gegen Klages forderte, das Leben müsse dem Geist gewachsen sein. Die aus den Theorien der modernen Physik folgende Relativität der Erkenntnis bezog Bense auf das Vermögen des Menschen; die Problematik der äußeren Wirklichkeit liege in der Menschenbezogenheit der Dinge. Auf dieser Grundlage entwickelte er nach 1945 seine Ästhetik. Viele nach 1945 literarisch repräsentative Autoren waren schon in den 1930er Jahren tätig. Der existentialistische Nachkriegsessay war bei Dolf Sternberger, Hans Egon Holthusen, Max Bense, Gustav René Hocke und Albrecht Fabri und anderen bereits ausgebildet.

III. Ernst Jünger und die Folgen

Als bedeutendster Essayist im »Dritten Reich« profilierte sich Ernst Jünger. Er hatte in seinem Großessay ›Der Arbeiter‹ (1932)[25] einen Gesamtentwurf seines Denkens vorgelegt. Jünger analysierte die moderne Industriegesellschaft, indem er ihre Oberflächenstruktur erfaßte und mit dem Konzept des stereoskopischen Blicks auf grundlegende Prozesse hin diagnostisch interpretierte. Die Gegenwart war als Zeitenwende zu begreifen, in der sich die Katastrophe des Untergangs der bürgerlichen Gesellschaft abspielt. Den Grund dafür sah Jünger in ihrer Unfähigkeit, sich dem Einbruch des Elementaren zu stellen, der in den Materialschlachten des Weltkrieges unabweisbar geworden war. Diesen Einbruch fand er in den vielfältigsten Erscheinungsformen der modernen Welt, von der Photographie und dem Film bis zu modernen Waffensystemen. Die »totale Mobilmachung« der Materie mittels der Technik prägte sich bis in alle Winkel der Erde als Beschleunigung aus. Der davon ausgehende historische Wandel schien kein reines Oberflächenphänomen mehr, sondern ein Eingriff in die anthropologische Substanz zu sein. Fortschritt war also erkennbar nur Verbesserung der technischen Werkzeuge. Der dem Bürger mangelnde Bezug zum Elementaren kam dem Arbeiter als Repräsentanten der Epoche zu, so daß er den historischen Wandel bestehen werde. Jünger verstand den Arbeiter nicht als historisch-soziologische Einheit, sondern als Gestalt, als organische Konstruktion. Der Standpunkt des Arbeiters zeigt weniger Engagement oder Bewertung, sondern präsentiert sich als stoische Betrachtung aus großer Beobachtungshöhe. Die engagierte Perspektive ist der Zwangsläufigkeit des historischen Prozesses völlig unangemessen; sie entsprach auch nicht der Höheneinstellung des auf die planetaren Transformationsprozesse gerichteten stereoskopischen Blicks. Der ›Arbeiter‹ ist keine utopische oder programmatische Schrift. Die Weggenossen Jüngers verstanden ihn als Absage an die alten Positionen.

Jüngers ›Blätter und Steine‹[26] erschien 1934 als »Vorarbeit für die Gesamtausgabe meiner Schriften 〈...〉, die ich noch unter Dach zu bringen hoffe, ehe die Entwicklung der Dinge andersartige Ansprüche stellt«[27] – wie es prognostisch anspielend heißt. Diese formal heterogene Sammlung kürzerer Texte der vergangenen Jahre gliedert sich dem Titel entsprechend in zwei stilistisch und typologisch unterschiedliche Gruppen. Die integrierende Perspektive des Bandes ist das in der essayistischen Erzählung ›Sizilischer Brief an den Mann im Mond‹ exponierte »stereoskopische Sehen«, mittels dessen die polar entgegengesetzten Welterfahrungsweisen des Rationalen, Wirklichen und des Emotionalen, Märchenhaften als »Masken ein und desselben Seins unzertrennlich miteinander verschmolzen«[28] wurden. Der stereoskopische ist ausdrücklich ein ästhetischer Blick, eine Perspektive, in der die Relation von Beobachter und Beobachtetem strukturell enthalten ist. Die kriegstheoretischen Essays ›Feuer und Bewegung‹, ›Die totale Mobilmachung‹ und ›Über den Schmerz‹ führen Reflexionszusammenhänge des ›Arbeiters‹ aus. Der Schmerz wurde als Kategorie des Elementaren analysiert, die einer spezifischen Ökonomie unterworfen ist und zum Äquilibrium strebt. Schmerz war also den sozialpolitischen Ordnungsgefügen vorgängig. Die bürgerliche Gesellschaft hatte vielfältige Mechanismen zur Verringerung und Abschaffung von Risiken, also auch von Schmerz, ausgebildet. Der allegorisch im Werk Alfred Kubins (›Die Staub-Dämonen‹) gestaltete Untergang der bürgerlichen Welt zeigte aber, daß die Verdrängung des Schmerzes unmöglich ist, ja den Rückschlag des Elementaren geradezu verstärkt. Die Überarbeitung der älteren Texte des sorgfältig komponierten Bandes zeigt die Tendenz, konkrete Referenzen zugunsten einer überzeitlichen Perspektive aufzulösen.

In der zweiten Fassung des ›Abenteuerlichen Herzens‹, die nunmehr den Untertitel ›Figuren und Capriccios‹ (1938) trägt,[29] waren tagespolitische Elemente, private und persönliche Kommentare, visionäre und programmatische Passagen gestrichen. Die Fassung wirkt kontemplativ, esoterisch, privatistisch. Erfahrungspotentiale des Imaginären und Phantastischen sollen mittels der Konzepte des Abenteuers, des Herzens, des Traums, des Wunderbaren integriert und entbunden werden. Die Texte entwerfen eine Physiognomie der Epoche, die vom gesteigerten Einbruch des Gefährlichen, des Elementaren geprägt ist, der im Zentralbegriff des »Dämonischen« fixiert wird. Symbolik und Chiffrierung des komplexen Textensembles führen zu einer hochgradigen Verschlüsselung und

Poetisierung der Essays. Die esoterische Redeweise bringt die Perspektive einer Individualität auf verlorenem Posten zur Geltung, die als »Reflexion über die individuelle Verantwortung des Künstlers in einer totalitären Gesellschaft und über die Möglichkeiten subversiven Handelns angesichts eines umfassenden Staatsterrors«[30] gedeutet worden ist.

IV. Kunst, Politik, Humanität

Jüngers Person und sein esoterischer Essaystil erschienen Autoren der jüngeren Generation vorbildlich. Eugen Gottlob Winklers ›Gestalten und Probleme‹ (1937), fünf formstrenge ›Versuche‹, entwerfen Porträts: ›Die Gestalt Stefan Georges in unserer Zeit‹, ›Platen‹, ›Oberst Lawrence‹, ›Ernst Jünger und das Unheil des Denkens‹ und ›Der späte Hölderlin‹. Sie alle verbinden das Ideal der autonomen Leistung, des unbestechlichen künstlerischen Gebildes, des radikalen Ästheten mit einer großen Individualität. Winkler verstand das Kunstwerk als existentielle Forderung: »die Lektüre verläuft als ein Erlebnis, das den Leser zum Einsatz seines Allerpersönlichsten zwingt«,[31] da Jünger die anachronistisch gewordene Verbindung von Denken und Leben gelinge. – Gerhard Nebel[32] widmete Jünger seinen Essayband ›Feuer und Wasser‹ (1939). Die in der ersten Auflage enthaltene Rezension von ›Auf den Marmor-Klippen‹ fehlte in der zweiten, veränderten Auflage von 1941. Der Band entwirft die Kontur einer reflexiven, neostoischen Haltung angesichts der vielfältigen Erscheinungsformen des Elementaren, die aktuell nur im kolonisierten Ostafrika verwirklicht werden könne. Im Vorwort zur zweiten Auflage konstatierte Nebel, er habe »die Rolle des Betrachters aufgegeben und sich in aktiver Teilnahme unter die Geschehnisse gemischt«.[33] Die Texte sind als Muster geistigen Widerstandes gegen enthumanisierende Tendenzen der Zeit konzipiert. 1941 veröffentlichte die ›Neue Rundschau‹ Nebels Essay ›Auf dem Fliegerhorst‹, dessen Angriff auf den Fliegerkult als Zeichen der Instrumentalisierung und Insektifizierung des Menschen als Angriff auf die NSDAP bewertet wurde.

›Kunst und Macht‹ (1934) dokumentiert Gottfried Benns Abkehr vom neuen Staat.[34] Aber: »Der Nationalsozialismus ist heute eine feststehende geschichtliche Erscheinung.«[35] Die notwendige Bestimmung des eigenen Standpunkts entwickelt der umfangreiche autobiographische ›Lebenslauf eines Intellektualisten‹. Das Verhältnis von Kunst und Macht war das Leitproblem des Buches. Benn bestimmte sie nunmehr als getrennte und radikal unvereinbare Sphären, deren Interdependenzen er nachging. ›Dorische Welt‹ exponierte das Problem historisch. Die attische Polis war ein Staat, der auf den Knochen der Sklaven aufgebaut war; auf dieser Grundlage machte sie das Individuum kunstfähig. Der Staat selbst war dies nicht. Aktuelle Beispiele – ›Expressionismus‹, ›Rede auf Stefan George‹, ›Rede auf Marinetti‹ – verdeutlichen das Verhältnis der Avantgarde zum totalitären Staat, der, führt man die historische Linie aus, das moderne Äquivalent des antiken Sklavenhalterstaates ist. Benn begriff den Expressionismus als historisch notwendigen, europäischen Stil. Die apologetische Tendenz des Bandes ist eine Reaktion auf literaturpolitische Attacken gegen die moderne Avantgarde wie gegen Benn selbst.

Die scharfe Trennung der Kunst von der Macht und der zunehmend radikalere axiologische Rekurs auf Kunst ist vielen Essays ab 1934 zu entnehmen. Sie kennzeichnet die Autoren, die sich zunehmend vom Nationalsozialismus distanzierten. Ernst Wiechert[36] hielt am 16. April 1935 vor Münchner Studenten im Rahmen einer von der NSKG (NS-Kulturgemeinde) veranstalteten Vortragsreihe, in der auch Kolbenheyer und Rosenberg auftraten, die programmatische Rede ›Der Dichter und seine Zeit‹. Sie war eine Absage an die Gegenwart, postulierte die Überzeitlichkeit der Dichtung, verwies den Dichter auf eine Stellung jenseits der Zeit. Dichter seien Suchende nach dem Sinn des Lebens, Bewahrer der ewigen Dinge. ›Von den treuen Begleitern‹ (1937) und ›Vom Trost der Welt‹ (1938) beschrieben Goethe als Vorbild einer solchen Haltung. Goethe und sein Werk zeugen von reiner Humanitas, sie vertreten das Normative und Repräsentative. Die Gegenwart sei nicht seine Zeit. Solche Positionen wurden als implizite Kritik am Nationalsozialismus und an dessen Kulturvorstellungen verstanden. Wiecherts Auffassungen fanden im übrigen breite Zustimmung, wie die hohen Auflagen seiner Bücher signalisieren.

Die programmatische Abwendung von der Gegenwart und die konsolatorische Wirkungsabsicht verliehen derartigen unpolitischen Bekenntnissen zwangsläufig den Charakter politischer Akte. Vielbeachtet war Hans Carossas Dankrede zur Verleihung des Goethe-Preises 1938, ›Wirkungen Goethes in der Gegenwart‹.[37] Carossa, der sich als Aushängeschild des Regimes instrumentalisieren ließ,[38] formulierte eine unmißverständliche Absage an die Gegenwart, die er als Zeit der Gewalt und Aggression charakterisierte. In einer solchen Zeit könne sich Goethes Werk nicht entfalten, sein humanistisches Potential nicht entbinden. Die Reden dokumentieren, daß Goethe unter den Gebildeten zum Kennwort eines anderen Deutschland wurde. Die radikale Distanzierung von der »Infamie der Zeit« wurde zunehmend zum Signum von Autoren, die das Regime ablehnten. Sie war die äußerste, noch mögliche Form von Kritik, bei der man ungefährdet blieb.

V. Geschichtsdeutung

Während der Kriegsjahre arbeitete Rudolf Kassner[39] am Großessay ›Das neunzehnte Jahrhundert. Ausdruck und Größe‹ (1947). Die geschichtsphilosophische Deutung des 19. Jahrhunderts sollte die Katastrophe der Gegenwart erklären. Kassner begriff dieses Jahrhundert als Bruch zwischen dem 18. und dem 20. Jahrhundert. Der eigene Bildungsgang hatte im 19. Jahrhundert begonnen, dessen Gleichgewicht in der zweiten Hälfte gestört war. Geschichte und Biographie waren existentiell vermittelt. Die Gestalt dieses Jahrhunderts beobachtete Kassner in Personen, Werken, Denkströmungen, charakteristischen Artefakten.

Ein wichtiges Medium der Gegenwartsreflexion war die historische Essayistik. Die Technik der historischen Parallelisierung generierte aktuelle Implikationen und Deutungsmuster. So behandelte Friedrich Sieburg ›Robespierre‹ (1935)[40] als Beispiel der Ideologisierung von Politik. Utopische Gesellschaftsmodelle als Produkte abstrakten Denkens seien zerstörerisch, weil sie die Komplexität und Widersprüchlichkeit der menschlichen Natur ignorierten. Der Rückgriff auf die reichhaltig ausgestaltete semantische Tradition der Frankreich-Deutschland-Antithese gab Robespierre als Modell einer problematischen Führerfigur zu erkennen.

Reinhold Schneiders[41] ›Die Hohenzollern. Tragik und Königtum‹ (1933) formulierte ein Plädoyer für die Monarchie. Die preußische Idee faßte Schneider als tragische Versöhnung von leidenschaftlichstem Gefühl mit strengster Form; tragisch, weil ihre Basis die Dissonanz sei. Der Zwiespalt zwischen Weimar und Preußen, zwischen Geist und Macht, blieb. Schneider, der sich in den Jahren 1933/34 in einer Reihe von Essays mit der Gegenwartslage auseinandersetzte, faßte die preußische Form als Sache des Geistes, des Ethos, nicht aber des »Blutes« auf. ›Die Rechtfertigung der Macht‹ (1935) beschrieb die europäische Geschichte als Abfolge von Reichen, deren Antrieb auf Erweiterung ihrer Macht zielte. Die zweite bewegende Kraft der Geschichte war die Sinngebung der Macht, für die das preußische Ethos ein Beispiel war. Mit seiner Konversion fand Schneider ab 1935 zu einer scharfen Wendung gegen die nationalsozialistische Ideologie, der er »eigentliche«, christlich humanistische Werte entgegensetzte. In ›Das Inselreich. Gesetz und Größe britischer Macht‹ (1936) firmiert England als Sinnbild eines auf Machtzuwachs zielenden Reichs. Irland hingegen hatte die Sehnsucht nach Macht nicht in Eroberungspolitik umgesetzt, sondern transzendiert. Maßstab politischen Handelns war ein idealtypisches Modell christlich motivierter Machtausübung; Vorbild des Reiches das Gottesreich. Heinrichs VIII. Abfall von Rom war der Sündenfall der Emanzipation des Machtprinzips von der theonomen Orientierung. Schneiders Essaysammlung ›Macht und Gnade‹ (1940) ging den Auswirkungen der Macht auf die Menschen und dem Wirken der Gnade in der Geschichte nach. Er blieb zwar bei seiner Prämisse, alle Völker der europäischen Geschichte erstrebten cäsarische Macht, die christliche Perspektive warf nun jedoch die Frage nach der Legitimation der Macht auf.

VI. Religion, Mythos, Technikglaube

Im Krieg entfalteten Schneiders in hohen Auflagen verbreitete, aufgrund der Entziehung der Druckerlaubnis im Insel-Verlag bei Alsatia in Colmar erschienene konsolatorische Broschüren breite Wirkung. ›Das Vaterunser‹ (1941), ›Das Gottesreich in der Geschichte‹ (1942), ›Kreuzweg‹ (1942), ›Die Stunde des heiligen Franz von Assisi‹ (1943) und andere behandelten wesentliche Aspekte der christlichen Lehre als Aufruf zu innerer Erneuerung, Opferbereitschaft und Selbstbesinnung. Das konzeptionelle Zentrum dieser Texte war der Aufruf zur Duldung des ungerechten Staates unter Wahrung der eigenen Identität. Schneider war kein Einzelfall, auch Rudolf Alexander Schröder verfaßte ähnliche Schriften (u.a. ›Die Wirklichkeit des Glaubens‹, 1935; ›Vom Wort zum Herrn‹, 1938, ›Christ ist erstanden‹, 1940; ›Luther und seine Lieder‹, 1942; ›Kirche in der Geschichte‹, 1945).

Friedrich Georg Jünger befaßte sich über Jahre mit der Technikfrage.[42] Schon der Essay ›E.T.A. Hoffmann‹ (1934) enthält die ersten Vorarbeiten zur ›Perfektion der Technik‹. Die janusköpfige Technik ist das Mittel, Risiken und Ausnahmezustände, das Elementare zurückzudrängen. Den Bürger verstand Jünger als Chiffre für die Banalisierung und Entwirklichung der Welt. ›Die Illusion der Technik‹ war 1939 die erste, eher deskriptiv als deutend ausgerichtete Fassung. Der Satz der zweiten Fassung wurde 1942 beim Luftangriff auf Hamburg vernichtet. Die Erstausgabe von 1944 erlitt beim Luftangriff auf Freiburg bis auf wenige Exemplare das gleiche Schicksal, so daß der Text erst in der Ausgabe von 1946 verbreitet wurde. Jünger reflektierte in ›Die Perfektion der Technik‹ die revolutionäre Wirkung der Technik auf den Menschen. Automation forderte die Anpassung des Menschen an die Apparatewelt, mit der Folge einer Umwälzung aller historisch gewachsenen Formen des gesellschaftlichen Zusammenlebens. Das technische Kollektiv war Revolution in Permanenz; Typisierung, Kollektivierung, Standardisierung, Funktionalismus, instrumentelles Denken die Folge. Technisierung führe gerade nicht zu zunehmendem Reichtum, sondern zur Steigerung des Konsums und zu Mangel und Rationalisierung, da der Raubbau, die umfassende

Ausbeutung des Reichtums der Natur die Grundlage der Technik sei. Die ›Griechischen Mythen‹ (›Apollon – Pan – Dionysos‹, 1943; ›Die Titanen‹, 1944; Gesamtpublikation 1947) wurden als archetypische, für die Gegenwart implikationsreiche Formen der Weltdeutung begriffen. Im Kapitel ›Apollon‹, das 1943 als Essay in der ›Neuen Rundschau‹ erschien, wurde Apoll als Sinnbild des freien Geistes gefeiert. Der Text war ein Plädoyer für das Wagnis der freien Reflexion. Pan symbolisierte das Phallische, Dionysos den Rausch. Sie seien in der Gegenwart bedroht. Die zeitkritischen Momente von Jüngers Mythologica ergeben sich ex negativo. Die Verbindung zur Technikreflexion leistete das Titanische, das für den Menschen zugleich Bedrohung wie Verführung war. In der Moderne wirkte sich Titanismus als Verabsolutierung von Arbeit aus. Das Leben werde als Arbeitsleben definiert, die Welt als Arbeitswelt; die Moderne als Werkstättenlandschaft sei die Titanenlandschaft. Das logische Telos der Dynamisierung aber sei die Selbstvernichtung.

Marie Luise Kaschnitz[43] kompilierte ihre bereits seit den 1930er Jahren in der ›Frankfurter Zeitung‹ veröffentlichten ›Griechischen Mythen‹ (1943), die sie als Paradigma einer tragischen Befreiung des Menschengeistes aus der Unnatur begriff. Die mythologischen Gestalten waren Vorbilder für die Entwicklung aus dem dunklen Urgrund des Elementaren, der sinnlos zerstörenden Natur, zum autonomen menschlichen Geist. Apollon verkörpere Gerechtigkeit, Chiron Menschlichkeit.

Gottfried Benn hatte seit seinem Publikationsverbot 1936 nur mehr für die Schublade produziert.[44] ›Weinhaus Wolf‹ und ›Der Ptolemäer‹ führten den Essayroman weiter. Der gemeinsame Fluchtpunkt seiner Essays (u.a. ›Franzosen‹, ›Provoziertes Leben‹, ›Bezugssysteme‹, ›Physik 1943‹, ›Pallas‹, ›Pessimismus‹, ›Zum Thema Geschichte‹, ›Kunst und Drittes Reich‹) war die Bestimmung des eigenen Standpunktes angesichts der Auflösung der Wirklichkeit aufgrund der Relativität der Bezugssysteme. Die politischen Positionen von 1933 werden nun entschieden revidiert; die ästhetischen Positionen radikalisiert. Die Ausdruckswelt ist die Konsequenz; sie ist Ergebnis von Verweigerung, Nihilismus, Pessimismus. Dem Bekenntnis zum Artistischen als Konstante in Benns Denken ent-

sprach nunmehr ein mönchisches Rückzugsideal, die Weltvernei-
nung als radikalste Form der Zeitkritik.

Ernst Jünger zog andere Konsequenzen, da er sich 1933 nicht
kompromittiert hatte. Ab 1941 arbeitete er an seinem Essay ›Der
Friede‹[45], der im Herbst 1944 und im Frühjahr 1945 informell als
Kettenbrief und Privatdruck verbreitet wurde. Eine kopernikani-
sche Wende in Jüngers Denken war die Forderung nach dauerhaf-
tem Frieden. Welchen Sinn hatte der Krieg? Dieser Frieden müsse,
anders als der von 1918, allen nützen, seine Qualität sei durch die
Dimension der Opfer des Krieges vorgegeben. Der Untergang der
alten Welt sei endgültig und zu begrüßen. Das gemeinsame Gut
aller Menschen mußte die Basis der neuen planetarischen Weltfrie-
densordnung sein. Die Bedingungen dafür seien die Beseitigung der
Nationalstaatlichkeit, die Versöhnung der beiden Formen des liberalen und autoritären Staates, das Prinzip der Einheit und Mannig-
faltigkeit der Völker, die Klärung der europäischen Raumordnung.
Bündnisse sollten an die Stelle von Eroberungen treten. Die Freiheit
und Würde des Menschen müsse beachtet werden. Zeittypisch
hob Jünger die Bedeutung metaphysischer und religiöser Stärkung
hervor. Die Schrift ist wegen ihres Versuchs einer Sinngebung der
Gewalt und der Opfer scharf kritisiert worden. Zu bedenken bleibt
aber, daß sie unmittelbar vor jener Schwelle entstand, von der an
die Inkommensurabilität der Opfer des Nationalsozialismus als
unhintergehbarer Konsens gilt.

VII. Österreich

Die schärfste zeitgenössische essayistische Reaktion auf die
»Machtergreifung« blieb unveröffentlicht. In der ›Fackel 890–905‹
(›Warum die Fackel nicht erscheint‹) wurden überarbeitete Teile
der ›Dritten Walpurgisnacht‹[46] als Bruchstücke eines aufgegebenen
Werks mitgeteilt. Karl Kraus' Reaktionen auf die »Machtergrei-
fung« bewegten sich zwischen den Extremen des lapidaren »Mir
fällt zu Hitler nichts ein«[47] und der überkomplexen Esoterik der
›Dritten Walpurgisnacht‹. Die Niederlage des Wortes gegen die Tat

ist jedoch in beiden Fällen Kern der Diagnose der aktuellen Lage und Ausgangspunkt der Reflexion. Der Großessay ist als artistische Montage intertextueller Horizonte komponiert. Die Analyse der Tat steht im Vordergrund: deren Merkmale sind die Aufhebung der Rechtsstaatlichkeit und brutale Gewalt. Im Kern der Barbarei erscheint der Untergang der Sprache. Die Zitate entstammen vorwiegend drei Zusammenhängen: Selbstzitate aus den Fackelheften des Ersten Weltkriegs, Zitate aus öffentlichen Verlautbarungen des »Dritten Reiches«, Zitate aus der literarischen Tradition (u.a. von Goethe, Shakespeare, Schiller, Nestroy, Hölderlin, Platen, Lichtenberg, Gogol, Gerhart Hauptmann). Die Textur zielt auf subtile Abstimmung zwischen altem und neuem Textzusammenhang. Die beiden Walpurgisnachtszenen und ›Kaiserliche Pfalz‹ aus Goethes ›Faust‹ bilden einen Schwerpunkt. Sie nehmen die zeitgenössische Semantik des Faustischen aufs Korn und deren Kern, die Parole der Tat. Diese bediene sich der Autorität des ›Faust‹, um die Brutalität der Faust ideologisch zu verbrämen. Der Schrecken, der für Goethe noch literarische Fiktion war, sei nunmehr Realität.

Leopold von Andrian legte ›Österreich im Prisma der Idee‹ (1937)[48] als Gespräch von vier Figuren an, die als Meinungsträger fungieren. Die Apotheose der österreichischen Idee führt gegen die großdeutsche Expansion die Eigenentwicklung und kulturelle Differenzierung Österreichs an. Wie in der reichsdeutschen Variante liegt die christlich fundierte Reichsidee als sakrale politische Ordnung zugrunde, die Stand und Hierarchie als göttliche Ideen bestimmt.

In den Jahren 1931 bis 1936 konzentrierte sich Hermann Broch intensiv auf Essayismus und Essayistik.[49] In ›Das Böse im Wertsystem der Kunst‹ (1933), ›Das Weltbild des Romans‹ (1933), ›Dichterische und denkerische Erkenntnis‹ (1933) und ›Geist und Zeitgeist‹ (1934) legte er seine Werttheorie und Ästhetik dar. Brochs Ausgangspunkt war die Grundlagenkrise der Naturwissenschaften, die eine Selbstrevision des wissenschaftlichen Denkens notwendig machte. Wissenschaft und Kunst waren auf denselben ursprünglichen irrationalistischen Lebensgrund verwiesen. Rationales und Irrationales mußten auf neuer Grundlage wieder zusammengeführt werden. Die Verbindung von Ethik und Ästhetik, die unter der

Prämisse von Kunst als autonomem Wertsystem einerseits und angesichts der aktuellen politischen Lage andererseits prekär war, bearbeitete Broch mittels einer elaborierten geschichtsphilosophischen Theorie der Wertsysteme. Jedes Wertsystem zielte auf Totalität. Das Böse war die dogmatische Durchbrechung des Wertsystems von außen, ein Imitativsystem. In der Kunst kam diese Rolle dem Kitsch zu. Broch definierte das Kunstwerk als ahnendes Symbol der geahnten Totalität. In ›James Joyce und die Gegenwart‹ (1936) wurde ›Ulysses‹ als exemplarisches Totalitätskunstwerk in der gegenwärtigen Situation des Wertezerfalls beurteilt. Totalität der Darstellung und Zeitgerechtheit waren gegeben, weil die erkenntnis- und wahrnehmungstheoretische wie wissenschaftliche Erkenntnis der Zeit im Roman geleistet sei. Im amerikanischen Exil konzentrierte sich Broch auf die Ausarbeitung seiner Massenwahntheorie.[50] ›Die mythische Erbschaft der Dichtung‹ (1945) führte die romantheoretischen Überlegungen weiter. Nunmehr sah Broch den Zusammenhang von Mythos und Logos als primäre Aufgabe des Romans im Polyhistorischen realisiert. Es erzeuge Simultaneität, Gleichzeitigkeit und Überzeitlichkeit. Nur als polyhistorische Dichtung wie bei Joyce und Thomas Mann könne sich Poesie der logischen Prophetie annähern.

Die Arbeit am ›Mann ohne Eigenschaften‹ absorbierte Robert Musil, den wohl scharfsinnigsten Essayisten seiner Zeit, so daß der Essayismus seines Spätwerks in erster Linie dem Roman zugute kam, während die Essayproduktion drastisch reduziert wurde.[51] ›Der Dichter in dieser Zeit‹ (1934) postulierte die scharfe Trennung von Literatur und Leben. Im Vortrag vor dem Schriftstellerkongreß in Paris (1935) erinnerte Musil an die Ambivalenz der Moderne: Die Trennung von Ethik und Wissen bzw. Ethik und Politik sei das grundlegende Problem. Musil begriff Humanismus wie Sozialismus als Projekte, die das Scheitern der Aufklärung in der Moderne ignorierten, also auch keine angemessenen Problemlösungen darstellten. Damit setzte er sich angesichts der politischen Grundstimmung auf dem Kongreß zwischen alle Stühle. Der letzte zu Lebzeiten publizierte Essay ›Über die Dummheit‹ (1937) behandelt Dummheit umfassend, als vielseitiges, komplexes, vieldeutiges Phänomen. Der Essay zitiert den launigen Plauderton, kommt vom Hölzchen aufs

Stöckchen, legitimiert von der Undeutlichkeit des fraglichen Begriffs. Die Redeperspektive ist einerseits ironisch, andererseits weiß sie sich dem Thema verflochten. Der Essay fixiert die Konstanten der Dummheit, enthält aber immer wieder verdeckte Anspielungen und Referenzen auf Aktuelles. Zunächst heißt es scheinbar unverbindlich, »aus der Politik mag sich jeder die Beispiele holen, wo er sie findet«, doch bald schon bestimmt Musil die moralische Qualität einer Zeit, in der die Menschheit wie selten zuvor »von ihrer ›feigen Grausamkeit gegen Schwächere‹ ⟨...⟩ geplagt ist«, in der es den Anschein hat, »daß die zunehmende Zivilisierung und Zähmung der Einzelperson durch eine im rechten Verhältnis wachsende Entzivilisierung der Nationen, Staaten und Gesinnungsbünde ausgeglichen werden soll«.[52]

VIII. Essayistik im Exil

Einen Eklat löste Thomas Mann[53] mit seinem in einigen ausländischen Städten gehaltenen Vortrag ›Leiden und Größe Richard Wagners‹ (1933) aus, in dem er sich gegen die Tendenzen des Tages stellte. Mann porträtiert Wagner, entwirft dieses Porträt als Selbstporträt und befragt die Tradition. Wagner erscheint als Psychologe, als Vorgänger Freuds, der die Gewalt des Unbewußten und der Sinnlichkeit dargestellt habe. Den geistigen Hintergrund markiert die Trias Schopenhauer, Nietzsche, Romantik. Wagners Mythos sei eine reflexive Konstruktion. Als Künstler ist Wagner also Artist, genialer Dilettant und internationaler Décadent. Mann bezieht ihn auf den europäischen, nicht den deutschnationalen Kontext. ›Freud und die Zukunft‹ (1936) erklärt Schopenhauer und Nietzsche zu Vorläufern der Psychoanalyse. Die Reflexionen zu Freud avancieren zum Fluchtpunkt von Manns Überlegungen. Damit gewinnen die Texte einen Bekenntnischarakter, so daß die Initiationsgeschichte zum Medium der Selbstinterpretation wird. ›Schopenhauer‹ (1938) behandelt das Verhältnis zwischen Wissenschaft und Moral, Ästhetik und Ethik. ›Meerfahrt mit Don Quijote‹ (1934) greift die Form des Tagebuchs auf. Die Cervantes-Lektüre und interpretierende Gedanken füllen eine symbolisch überhöhte Schiffsreise durch das Bildlose, Chaotische. Das Schiff erscheint als Sinnbild der gefährdeten Zivilisation. Das Tagebuch-Ich vergewissert sich der literarischen Tradition als Ersatz für die verlorene Kultur. Eine ganze Reihe von Essays ist der autobiographischen Selbstreflexion gewidmet (›Lebenslauf‹, 1936; ›On Myself‹, 1940).

1936 setzt Manns politisches Engagement ein (u. a. ›Dieser Friede‹, 1938; ›Das Problem der Freiheit‹, 1939; ›Dieser Krieg!‹, 1940; ›War and Democracy‹, 1940; ›Order of the Day‹, 1942). Eine Leitfrage ist die kulturphilosophische Deutung des Nationalsozialismus. Mann begreift ihn als Ausweg aus der Dekadenz romantischer Barbarei, als Suche nach der verlorenen Irrationalität. Aber dabei werde der Geist hintergangen, die Wiederkehr des Mythos gewalttätig behauptet. Alles sei künstlich, Schau, Rhetorik, Ersatz, Surrogat. Die Erfüllung der faschistischen ›Verhunzung‹ sind Krieg und Tod. Auf dieser Grundlage erscheint der ›Bruder Hitler‹ (1939) als verkrachter Künstler, als »verhunztes« Genie. Mann wendet Nietzsches Wagner-Kritik auf Hitler an. Vom Oktober 1940 bis zum 10. Mai 1945 hielt Thomas Mann in der BBC insgesamt 55 Ansprachen an ›Deutsche Hörer‹. Er sprach als unter dem deutschen Schicksal leidende Stimme des »anderen Deutschland«. Drei Leitlinien verbindet die Ansprachen: die Frage nach der geistig-moralischen Bedeutung der Ereignisse, der Kampf gegen das nationalsozialistische Regime, der Hinweis auf die guten Traditionen. ›Deutschland und die Deutschen‹ (1945) ist ein vorläufiger Abschluß der Selbstrevision und Selbstkritik. Mann blendete Selbst- und Zeitdeutung ineinander, indem er das labile Ich der eigenen Jugend als Spiegelung des verhängnisvollen deutschen Gegensatzes von Weltbedürftigkeit und Innerlichkeit deutete. Die seelische Geheimdisposition seiner Vaterstadt Lübeck illustrierte das Problem der deutschen Innerlichkeit, das im Auseinanderfallen von spekulativem und gesellschaftlich politischem Element lag und der nationalsozialistischen Todessehnsucht dämonisch verwandt sei.

Heinrich Mann verfaßte das umfangreichste Essaywerk des Exils.[54] Die allein zwischen 1933 und 1939 über 350 essayistisch-publizistischen Texte dienen dem politischen (Tages-)Kampf gegen den Nationalsozialismus. Bereits 1933 gibt ›Der Haß‹, in Frankreich abweichend unter dem Titel ›La Haine. Histoire contemporaine d'Allemagne‹ publiziert, eine erste Bestandsaufnahme nach der »Machtergreifung«. Den Auftakt des Bandes bildet das bereits im Dezember 1932 in der ›Neuen Rundschau‹ publizierte ›Bekenntnis zum Übernationalen‹, das die Situation ›Vor der Katastrophe‹ entfaltet. Den zweiten Teil, ›Nachher‹, bildet eine Gruppe von Essays, die Partei und Spitzen des Regimes polemisch angreifen und analysieren. Sechs dramatische ›Szenen aus dem Nazileben‹ führen als ›Anhang‹ die Themen weiter. Der chronologisch aufgebaute Band zieht eine erste Summe der Exilerfahrungen. Heinrich Mann vergewissert sich der Grundstrukturen der Ereignisse, um das Regime zu erklären und unmißverständlich zu bewerten. Thematisch stehen die »Machtergreifung«, die Darstellung der Führerpersönlichkeiten, die Motivlagen, aber auch Zukunftsprognosen im Mittelpunkt. Mann wendet das Kategoriensystem seiner Essayistik, den Gegensatz von Geist und Macht, von Irrationalität und Rationalismus, Kultur und Zivilisation, auf die neue Situation an. Die analytischen Instrumente greifen auf Deutungsmuster der Völkerpsychologie zurück; die Argumentation ist individuell, psychologisch, zentriert auf Personen. In Essay und Szene entsteht ein Panorama der nationalsozialistischen Gewaltherrschaft, in dem Opportunismus, Brutalität, Verfolgung, politischer Mord gängig sind. Die Dämonisierung Hitlers subvertiert die messianische Rhetorik des Regimes. – Die Anthologie ›Es kommt der Tag. Deutsches Lesebuch‹ (1936) enthält zum größten Teil aktuelle Texte Heinrich Manns, die mit Textauszügen der europäischen wie deutschen Tradition montiert werden. Mann versammelt Eideshelfer, die seine Position als Konsequenz einer zweitausendjährigen Tradition abstützen.

Der in ›Maß und Wert‹[55] veröffentlichte Essay ›Nietzsche‹ war zunächst als Brotarbeit geplant, wandelte sich aber zu einer umfassenden Bekenntnisschrift. Er zielte auf Analyse und abschließende Wertung, da Nietzsche von seiner Wirkungsgeschichte kompromittiert schien. Nietzsche hatte zur Zeit der Jahrhundertwende den geistigen Freiraum repräsentiert, der Kunst aus der moralischen Funktionalisierung befreite. Nicht Wahrheit, Form war maßgebend. Die Vereinnahmung von rechts war eine Verselbständigung eines Werks in seiner Rezeptionsgeschichte, gegen die Nietzsche in Schutz genommen werden müsse. Der Essay kam zu einer Ehrenrettung und Apotheose. Heinrich Manns Selbstreflexion in diesem Essay akzentuierte wiederum den Primat des Geistes. Die Konsequenz daraus lautete jedoch nicht Ästhetizismus, sondern gesellschaftliche Verantwortung. Der letzte Essayband zu Lebzeiten, ›Mut‹ (1939), zeigt angesichts der aktuellen Ausbreitung des Nationalsozialismus über Europa eine pessimistische Zukunftsperspektive. Im Krieg entwickelte sich die Autobiographie ›Ein Zeitalter wird besichtigt‹ zunehmend zum Fluchtpunkt der Essayistik. Mann hatte sich bereits früh für die Volksfrontidee eingesetzt, zum Sozialismus, zur Sowjetunion bekannt und seine Essays als Mittel im politischen Kampf verstanden. Dieser Strategie ordnete er die Orientierung an Fakten unter.

Alfred Döblins[56] Bestandsaufnahme ›Die deutsche Literatur (im Ausland seit 1933)‹ (1938) gliederte die Literatur vor 1933 mit scharfen, aber differenzierten Wertungen in eine konservative, humanistisch-bürgerliche und eine geistesrevolutionäre Strömung. Die nicht emigrierte Literatur sah er doppelt diskreditiert, weil sie ideologisch bevormundet werde und ästhetisch provinzieller Zensur unterliege. Das Wesen der literarischen Produktion und der Kunst war die Freiheit, die nur Ausgewanderte genießen. Döblin sah sich zu einer grundsätzlichen Zeitdeutung aufgefordert. In ›Prometheus und das Primitive‹ (1938) griff er Motive auf, die sich bei so unterschiedlichen Essayisten wie Friedrich Georg Jünger und Horkheimer/Adorno finden: Der Mensch war einerseits vom Wunsch nach Rückkehr zur Natur beseelt, wie die religiöse »innentechnische« Haltung des Primitiven zeige. Andererseits aber trieb ihn der Wunsch nach Herrschaft über die Natur an: Außentechnik ist der Motor der technischen Entwicklung. Die barbarischen Folgen der prometheisch-technischen Bewegung waren Kolonialisierung und Verweltlichung, Sinnverlust und Nihilismus. Den Erfolg des Nationalsozialismus sah auch Döblin darin, daß er Nihilismus durch Pseudomystik überspiele.

IX. Historiographische Essayistik des Exils

Die historiographische Essayistik des Exils und des deutschsprachigen Auslands nutzte historische Modelle zur Analyse der weltpolitischen Lage. Stefan Zweig[57] konfrontierte in ›Triumph und Tragik des Erasmus von Rotterdam‹ (1934) die Epoche der Reformation mit der Gegenwart. In beiden Fällen handelte es sich um krisenhafte Umbruchszeiten, in denen sich der Beginn einer Neuentwicklung vollzog. Der ideologische Mißbrauch von Begriffen kennzeichnete beide Zeiten. Die Reformation war eine Zeit des Wahns, der Folter, der Morde an Müntzer und Morus, der Auslöschung der Wiedertäufer. Kirchenplünderungen, Bücherverbrennungen, Städteverbrennungen waren das Fanal der Epoche. Dennoch wirkten mehrere geschichtsmächtige große Gestalten. Erasmus war Reformer, ein Mann des Maßes und der Mitte, der Antipode Luthers. In ›Castellio gegen Calvin‹ (1936) porträtierte Zweig den unbekannten Intellektuellen, der dem Hauptfanatiker Calvin die Stirn bietet. Die Grundlinien des Erasmus-Buches spitzte Zweig weiter auf den Kampf zwischen Freiheit und Bevormundung, Menschlichkeit und Fanatismus, Individualität und Gleichmacherei, Gewissen und Gewalt zu. Die kleineren Essays erschienen in zwei Sammlungen, ›Begegnungen mit Menschen, Büchern, Städten‹ (1937) und ›Sternstunden der Menschheit‹ (1942).

Carl Jakob Burckhardt[58] veröffentlichte 1941 die Essaysammlung ›Gestalten und Mächte‹, historische Essays, Personenporträts, deren Mittelpunkt der Honnête Homme ist. Diese Gestalt, ein historisch reflektiertes Selbstporträt, ist ein im Gleichgewicht befindliches Ideal, sowohl Welt- wie Geistesmensch. Burckhardt identifizierte einzelne historische Gestalten als Verkörperungen dieses Typs. Seine Voraussetzung war eine historische, zerfallener Sozialstruktur, unter modernen Bedingungen war er unzeitgemäß. Die Handlungsoptionen des modernen Honnête Homme waren reduziert, Ernüchterung oder Humanitas und Caritas blieben.

X. Benjamin, Kracauer und die Frankfurter Schule

Im Zentrum des Spätwerks von Walter Benjamin[59] steht die gewaltige Ruine des Passagenwerks[60], das der Frage nach dem Beginn der Moderne nachgeht. Die Passage als historisch spezifisches Artefakt ist Symbol des Wirtschaftskapitalismus des 19. Jahrhunderts und fungiert als organisierende Metapher. Sie spiegelt die Zweideutigkeit bürgerlicher Erfahrung des 19. Jahrhunderts wider: sie verbindet Straße und Interieur, Markt und Amüsierstätte. Benjamin suchte das historische Bild zu fassen, wie es im Augenblick der Krise dem Subjekt der Geschichte aufblitzt, um Vergangenes vor verdinglichter Überlieferung zu retten. Die Defizite des wissenschaftlichen Diskurses sollten durch die Prinzipien exemplarischer Erfahrungen von Traum und Ekstase im Dienst einer nüchternen Bewußtseinserweiterung vermieden werden. Benjamin bediente sich der Analogie als Deutungsverfahren.[61]

Die einzelnen Essays des Exils entfalten vor dem Hintergrund des Passagen-Projekts Bausteine des Gesamtzusammenhangs. Eine Gruppe widmet sich literarischen Problemen (›Über das mimetische Vermögen‹, 1933; ›Zum gegenwärtigen Standpunkt des französischen Schriftstellers‹, ›Der Erzähler. Betrachtungen zum Werk Nikolai Lesskows‹, 1936). ›Der Autor als Produzent‹ (1933) reflektierte das Verhältnis von Klassenlage und Autonomie des Dichters, von Tendenz und Qualität. [62]

Den Auswirkungen der technischen Entwicklung auf die Kunst ging Benjamin im Aufsatz über ›Das Kunstwerk im Zeitalter seiner technischen Reproduzierbarkeit‹ (1934) nach.[63] Die Aura des singulären Kunstwerks war durch die Entwicklung der Reproduktionstechnik zerstört. In der Folge wandelte sich die Haltung der kontemplativen Versenkung ins Werk zur zerstreuten Rezeption, die Benjamin als Verbindung von distanziert-kritischer und kollektiver Haltung begriff. Die gesellschaftliche Rolle der Kunst unter den veränderten Bedingungen führte zur Frage nach den Konsequenzen der neuen Reproduktionstechniken für die Organisation der menschlichen Wahrnehmung.

›Das Paris des Second Empire bei Baudelaire‹ (1938) war als Mittelteil einer Monographie zu Baudelaire konzipiert, die ihrer-

seits als Miniaturmodell des Passagenwerks gedacht war. Baudelaire brachte als Heros der Moderne ihre Widersprüche zum Ausdruck, indem er sich von der Menge absonderte, zugleich von ihr
berauscht war. Die Stöße der Menge forderten seinem Bewußtsein
Wachheit ab. Am Beispiel Baudelaires entfaltete Benjamin als Problem des modernen Dichters, wie in der technischen und kapitalistischen Gesellschaft überhaupt Poesie möglich sein könne. Der
Begriff des Fetischismus, der Baudelaires in den Gedichten enthaltene persönliche Lebenserfahrung prägte, faßte den Übergang von
individueller Erfahrung zu gesellschaftlicher Analyse. Der leiden-
den Sensibilität des Fetischisten entsprach das Prinzip des l'art
pour l'art. Im neu gefaßten zweiten Teil des Essays (›Über einige
Motive bei Baudelaire‹, 1939) bestimmte Benjamin den Flaneur
als Prototyp einer entfremdeten Existenz, deren charakteristische
Großstadterfahrung die permanente Chokrezeption durch Masse
und Technisierung war.

In seinem letzten Essay handelte Benjamin ›Über den Begriff der
Geschichte‹ (1940).[64] Er verbindet Argumentation und ästhetische
Darstellung sowohl in der kompositorischen Anordnung wie im
Einsatz von Bildern. Das initiierende Bild vom Schachautomaten
als poetologisches Signal eröffnet eine selbstreferentielle Schicht,
die die Grenze zwischen factum und fictum als Problem exponierte.
In der Mitte des Textes plazierte Benjamin im Rückgriff auf Paul
Klees ›Angelus novus‹ das Bild vom Engel der Geschichte. Geschichte soll weder grundsätzlich theologisch noch grundsätzlich
atheologisch zu begreifen sein. Das Bild markiert die Unmöglichkeit einer Integration des Messianismus in die Historie. Die
Polemik gegen den Historismus führte Benjamin zur Frage, ob die
Vergangenheit erlöst werden könne. Die Einsicht in die Permanenz
der Katastrophe war der angemessene Ausdruck der gegebenen
zeitgeschichtlichen Situation.

Siegfried Kracauer realisierte seine Deutung des 19. Jahrhunderts modellhaft in ›Jacques Offenbach und das Paris seiner
Zeit‹ (1937).[65] Zum einen ging es um die Phase von der Julimon-
archie unter Louis-Philippe bis zur Zweiten Republik (1830–51),
zum zweiten um die gesellschaftliche Funktion Offenbachs und
seiner Operetten in der ›Phantasmagorie‹ des Zweiten Kaiserrei-

ches (1852–71), zum dritten um Leben und Individualität Jacques Offenbachs. Dieser war Gegner der Revolution, seine Musik jedoch eine Form revolutionären Protestes. Kracauer begriff Offenbachs Werke als künstlerisches Ventil in einer Zeit ohne politische Opposition. Ernst Bloch kompilierte seine Essays aus der ›Frankfurter Zeitung‹ im Schweizer Exil als Summe der Erfahrungen der 1920er Jahre.[66] Den Zentraltext der Sammlung bildete ›Ungleichzeitigkeit und Pflicht zu ihrer Dialektik‹ (1932). Der Überbau ging, Bloch zufolge, nicht im Begriff der »Affirmation« auf; es gab durchaus Widerständiges. Der Erfolg des Nationalsozialismus habe in der Usurpation des Drangs nach Veränderung gegründet.

Die Frankfurter Schule setzte im Exil ihre Arbeit fort.[67] Theodor W. Adorno konzentrierte sich auf Arbeiten zur Bewußtseinsindustrie und amerikanischen Kultur.[68] ›Über Jazz‹ (1936) und ›Über den Fetischcharakter der Musik und die Regression des Hörens‹ (1938) sind als kritische Korrektur von Benjamins Auffassungen entworfen. Die Synkopierung des Jazz faßte Adorno als Chiffre für die Scheinautonomie des verstümmelten Individuums. Jazz war somit das starre Ritual, das das Ausgeliefertsein des Ichs ans Kollektiv enthüllte. Die ›Fragmente über Wagner‹ (1939) behandelten den Verrat der Revolution ans Rebellentum. Dieses kennzeichnete sich durch autoritätshörige Auflehnung und Selbstpreisgabe, die über das verdinglichte Leben hinaus weist.

Max Horkheimer beschäftigte sich bis zum Beginn des Krieges mit den gesellschaftlich-ökonomischen Bedingungen der bürgerlichen Philosophie, der spätbürgerlichen Gesellschaft und des Nationalsozialismus. Mit den Moskauer Schauprozessen (1937) verlor die Sowjetunion ihren Vorbildcharakter für emanzipatorische Politik. Konsequent wurde die Kritische Theorie von der revolutionären Praxis gelöst und als theoretisches Vorhaben entworfen. Bereits 1941/42 arbeitete Horkheimer in ›Vernunft und Selbsterhaltung‹ und ›Autoritärer Staat‹ an einer ökonomischen Erklärung von Judenvernichtung und nationalsozialistischer Kriegsführung.

Die ›Dialektik der Aufklärung‹ (1944) als notgedrungen fragmentarische Summe ihrer Arbeiten an der Kritischen Theorie war eine Sammlung lose verbundener essayistischer Abhandlungen.[69] Im Mittelpunkt stand die Analyse der Kulturindustrie, die der Entstehung proletarischen Klassenbewußtseins im Weg stand. Sie ziele auf die Zerstörung der Kultur als genuine Sphäre des Geistes und als Garant für die Freiheit des Denkens. Adorno und Horkheimer konzipierten ihr Buch als Angriff auf die philosophische Begründung der Menschenrechte in der Aufklärung. Als deren Zentrum identifizierten sie die Urgeschichte des selbstherrlichen Geistes, der herrschaftlichen Subjektivität. Die Analyse der Konstellationen von Mythos und Moderne, Natur und Geschichte, Immergleichem und Anderem zielte auf die drängende Frage, warum der Mensch in Barbarei versinke, anstatt in einen wahrhaft menschlichen Zustand einzutreten. Der Prozeß der abendländischen Zivilisation wurde als Prozeß der Rationalisierung aufgefaßt, dessen Grundlage das Verhältnis des Menschen zur Natur war. Die erste Abhandlung ›Begriff der Aufklärung‹ entwickelte die These, daß die Aufklärung als solche ins Unheil führe. Bereits im Mythos als erstem Schritt zur mißlungenen Emanzipation von der Natur begann die Bahn zur selbstzerstörerischen Aufklärung. Die bisherige Zivilisation sei umgekehrt als in mythischer Immanenz befangene Aufklärung zu verstehen. Die geschichtsphilosophische Deutung von Kunstwerken lieferte das Anschauungsmaterial. Homers ›Odyssee‹ (im ersten Exkurs, Adornos ›Odysseus oder Mythos und Aufklärung‹) und de Sades ›Justine‹ und ›Juliette‹ (im zweiten Exkurs, Horkheimers ›Juliette oder Aufklärung und Moral‹) wurden als Werke des Zerfalls identifiziert, an denen jeweils die Einstellung des Menschen zur Natur abzulesen war. Der entscheidende Schritt in der Selbstzerstörung der Aufklärung war der Übergang des Menschen zur Kulturbeherrschung. Die Kulturindustrie war das Symptom für den vorläufigen Höhepunkt des historischen Prozesses, in dem das auf Naturbeherrschung fixierte Subjekt auch noch freundliche Miene zum ihm selbst angetanen Hohn mache. Der »Antisemitismus« wurde als Verhaltensweise gedeutet, der aus dem Haß der Zivilisierten auf alle Menschen hervorging, die an das Mißlingen der Zivilisation erinnern. Die Kritik an der Aufklärung als Kern einer Deutung der gegenwärtigen Katastrophe verband Essayisten unterschiedlichster Herkunft.

Im Gegensatz zur Essayistik im »Dritten Reich« vermochte sich die Exilessayistik offen zu artikulieren. Zu einem ihrer wesentlichen Themen wurde die Entwicklung im Deutschen Reich, die zunehmend fundamentale Reflexionen erforderte. Die geschichtsphilosophischen Entwürfe konzentrierten sich auf das 19. Jahrhundert als zentrale Schnittstelle für die Probleme der Gegenwart. Einerseits stand die Frage nach Ursache und Wesen des Nationalsozialismus im Vordergrund, andererseits wurden politische und ideologische Alternativen erwogen. Das Exil zwang jedoch auch zur Selbstreflexion und -revision. Auf welche Elemente der geistigen Tradition konnte man sich noch berufen? Unstrittig waren die vom Nationalsozialismus bekämpften Teile der Tradition. Die vereinnahmten hingegen mußten abgelehnt oder als usurpiert begriffen werden. Ein augenfälliges Beispiel dafür war etwa die essayistische Reflexion Nietzsches im Exil. Der positive Bezug auf diese Traditionen machte eine Selbstreflexion notwendig – sie prägte sich in der autobiographischen Schicht vieler Essays aus –, die von der neuen Erfahrung des Exils wie der sich intensivierenden Notwendigkeit gekennzeichnet war, den eigenen Anteil an der Entwicklung bis 1933 klar zu bestimmen.

Die deutschsprachigen Essayisten operierten mit einem gemeinsamen Bild- und Begriffsinventar. Das »Dämonische« entwickelte sich zum zentralen Deutungs- und Beschreibungsmuster für den Nationalsozialismus. Die umfassende Konfrontation mit der deutschen Schuld an der Judenvernichtung nach 1945 markierte hier einen deutlichen Einschnitt. Sie ließ die Semantik der modernen deutschen Essayistik an ihren Paradoxien zerbrechen.

Wolfram Wessels
Hörfunk und Literatur im Nationalsozialismus

I. Hörfunk, Politik und Literatur

»Was die Presse für das 19., das wird der Rundfunk für das 20. Jahrhundert sein.«[1] Bei der Eröffnung der Rundfunkausstellung in Berlin im August 1933 hatte der promovierte Germanist und Reichsminister für Volksaufklärung und Propaganda Joseph Goebbels das neue Medium zum zentralen Publikationsorgan der Nationalsozialisten erklärt. Es bestand kein Zweifel, daß er den Rundfunk als Instrument der Politik nutzen wollte, und zwar nicht nur für allgemeine politische Ziele; vielmehr ging es ihm auch darum, mithilfe des Rundfunks Kulturpolitik zu betreiben. Wie kein zweites Massenmedium stand der Rundfunk einerseits der Einflußnahme der Politik offen und war andererseits im Verlauf der Weimarer Republik vom Literaturbetrieb akzeptiert worden, hatte sich sogar zu einem wichtigen Faktor literarischer Produktion entwickelt.[2] Rundfunkpolitik konstituierte sich als Teil der Literaturpolitik nicht nur insofern sie den Zugang von Autoren zum Medium regelte, sondern indem sie über die Organisation, Zensur und Personalpolitik die Publikationsbedingungen bestimmte.

1. Organisation

Als Nahtstelle zwischen Literaturbetrieb und Rundfunk hatten sich die Fachredaktionen etabliert, denen Texte angeboten werden konnten, und die Texte in Auftrag gaben. Indem sie die Kontrolle über die Rundfunk-Organisation übernahm, führte die nationalsozialistische Rundfunkpolitik eine Entwicklung zuende, die im Rundfunk der Weimarer Republik angelegt war.[3] Ursprünglich war er dezentral und privat unter der gemeinsamen Aufsicht von Ländern und Reich betrieben worden. Doch bereits die Gründung der »Reichs-Rundfunk-Gesellschaft« (RRG) als Zusammenschluß der regionalen Rundfunk Aktien-Gesellschaften hatte eine erste Zentralisierung bedeutet, und die Aufweichung des Prinzips politischer Enthaltsamkeit durch die Einführung der ›Stunde der Reichsregierung‹ bewirkte eine entschiedene Politisierung des Mediums. Dies hatte unmittelbar Auswirkungen auf die Beschäftigung politisch engagierter Autoren der Linken wie der Rechten. Die nationalsozialistische Regierung zentralisierte ihre Rundfunkaktivitäten im neugegründeten Reichsministerium für Volksaufklärung und Propaganda und der RRG, der die regionalen Rundfunkanstalten als Reichssender, als Filialen, unterstellt wurden. Ihr Ziel, die Programmarbeit einheitlichen politischen Vorgaben zu unterstellen, wurde allerdings nur bedingt erreicht. Natürlich nutzte die Reichssendeleitung ihre neu erworbene Kompetenz zentraler Programmplanung insbesondere bei der regelmäßigen ›Stunde der Nation‹, bei besonderen Anlässen wie den Feiern zum »Tag der nationalen Arbeit«[4], zum »9. November«[5] und den Reichsparteitagen, dennoch blieb den Reichssendern vor allem im Literatur- und Hörspiel-Programm genügend Raum für eigene Projekte, zwar nicht jenseits politischer Vorgaben, aber doch gelegentlich im Windschatten der Kontrolle. Was die Redaktionen »Zeitfunk« und »Weltanschauung« produzierten, interessierte die politischen Instanzen weit mehr als die Arbeit der Redaktionen »Kunst« und »Unterhaltung«, unter die Literatur und Hörspiel ab 1934 subsumiert waren.

2. Zensur

Der grundlegende Unterschied im Verhältnis des Einzelnen zum Staate zwischen früher und jetzt besteht darin, daß der bisherige Staat den Einzelnen kontrollierte, der neue Staat ihn aber erfaßt in seinem Schaffen, seinem Lebensinhalt und Lebenssinn, als wirkende Persönlichkeit; und ihn in diesem Schaffen und Wirken dem Staate eingliedert, im Staate zusammenfaßt.[6]

Was hier im Hinblick auf die Errichtung der Reichs-Rundfunkkammer, die alle am Medium Mitwirkenden erfassen sollte, formuliert wurde, zeugt von einem gegenüber der Weimarer Republik grundsätzlich gewandelten Zensur-Verständnis. Zensur durch externe Gremien sollte ersetzt werden durch die totale Kontrolle aller Mitarbeiter. Die Überwachungsausschüsse und kulturellen Beiräte des Weimarer Rundfunks wurden abgeschafft, dafür die interne redaktionelle Kontrolle verschärft. Über die Intendanz der Reichssender konnten Manuskripte an die Reichssendeleitung zur Prüfung weitergeleitet werden, die sich wiederum fachlichen Rats aus der Politik versicherte und Verbote aussprach oder Änderungen verlangte. Sie erwies sich als zentrale und letzte Kontrollinstanz. Über diese klassische Manuskriptzensur hinaus gab es personalpolitische Instrumentarien, die außer den Redakteuren auch die Autoren betrafen. Nicht nur über ihre Zwangsmitgliedschaft in der Reichsschrifttumskammer waren sie erfaßt, das »Referat Künstlerbetreuung« innerhalb der Reichssendeleitung sammelte zusätzlich Daten über die politische Zuverlässigkeit freier Mitarbeiter, sprach Verbote aus und versuchte nationalsozialistische Autoren zu fördern. Außerdem wurden auf dieser Ebene grundsätzliche Programmentscheidungen gefällt, etwa über Anzahl und Dauer von Hörspielen im Programm.

Allerdings versuchten sich die Reichssender nicht selten diesen Vorgaben zu entziehen, z. B. indem Dramaturgen und Intendanten die Gattungsbezeichnungen variierten und so die Reichssendeleitung in einen Disput über die Definition des Begriffs »Hörspiel« verwickelten. Auch die Kontrolle der Autoren funktionierte nicht reibungslos, immer wieder gab es auch willkürliche oder sich widersprechende Beurteilungen von Autoren. So hatte das in einem Rundschreiben der Reichssendeleitung im August 1934 gefällte Verdikt gegen Martin Raschke (er sei »für den deutschen Rundfunk nicht tragbar«[7] – es bezog sich auf einige Veröffentlichungen vor 1933) keine vier Wochen Bestand, wie aus Tagebuchaufzeichnungen des Autors hervorgeht[8]; dennoch erkundigte sich der Reichssender Frankfurt noch zwei Jahre später bei der Reichssendeleitung nach der Gültigkeit der Sperre. Die Kontroll- und Erfassungs-Mechanismen der Nationalsozialisten, verbunden mit ihrer Überbürokratisierung, verschärften gleichwohl die Arbeitsbedingungen für Autoren wie Redakteure.

3. Mitarbeiter

Während die Spitzen des Weimarer Rundfunks nach der »Macht-ergreifung« der Nationalsozialisten rasch ausgetauscht und durch politisch zuverlässiges Personal ersetzt wurden, waren die Veränderungen auf Redaktionsebene zunächst weniger gravierend. Zwar signalisierte die Entlassung so profilierter und dem Literaturbetrieb eng verbundener Intendanten wie Ernst Hardt oder F. W. Bischoff eine grundsätzlich veränderte Programmausrichtung, doch konnten die meisten Literaturredakteure und Hörspieldramaturgen zunächst in ihren Funktionen bleiben. Ein durchgreifendes Personalrevirement, in dessen Folge politisch links stehende Mitarbeiter durch konservative ersetzt worden waren, hatte ohnehin bereits 1932 stattgefunden. Parteimitgliedschaft schien allerdings keine notwendige Voraussetzung zu sein, wie Arnolt Bronnen, Harald Braun, Ottoheinz Jahn und Wilhelm Hoffmann bewiesen. Einige Mitarbeiter waren allerdings schon vor 1933 Mitglied der NSDAP, so Gerd Fricke, Heinz Schwitzke und Veit Roßkopf, wieder andere, darunter Werner Pleister und Eugen Kurt Fischer, traten 1933 der Partei bei.[9] Das hieß jedoch nicht, daß Literaturredakteure weniger unter politischer Kontrolle standen als andere Rundfunkmitarbeiter, wie die Entlassung des Pazifisten und Verfassers des Antikriegsromans ›Heeresbericht‹ (1930) Edlef Köppen 1933 und die Wilhelm Hoffmanns nach seiner Heirat mit Elisabeth Langgässer 1935 zeigten. Personalpolitik war und blieb das entscheidende Instrument zur Einbindung des Rundfunks in die nationalozialistische Propagandamaschinerie. Sie bestimmte auch praktisch das Verhältnis des Mediums zum Literaturbetrieb, jenseits aller programmatischen und ideologischen Erklärungen.

Das Akquirieren von Autoren stellte unverändert das größte Problem dar, das nun – im Gegensatz zur Weimarer Republik – nicht mehr primär auf ihr mangelndes Interesse zurückzuführen gewesen wäre, sondern vor allem auf die hinzutretenden politischen Erwartungen und Ansprüche. Im übrigen galt: Wer sich nicht als »arisch« ausweisen konnte, durfte nur in begründeten Ausnahmefällen beschäftigt werden. Das Problem wurde durch verstärkte Aktivitäten seitens der Redaktionen zu lösen versucht. Autorenwettbewerbe und Preisausschreiben sollten Anreize schaffen, doch war bei der Höhe der Preisgelder, die in der Regel nicht wesentlich über dem üblichen Honorar lagen, und der Begrenzung des Teilnehmerkreises auf Mitglieder der Reichsschrifttumskammer nicht zu erwarten, daß neue Talente entdeckt würden. Vielversprechender war die gezielte Auftragserteilung an einzelne Autoren zu bestimmten Anlässen oder für konkrete Projekte, etwa Sendereihen. Werner Plücker war einer, der von der Reichssendeleitung als Autor für propagandistische Kurzhörspiele fest engagiert wurde. Er schrieb sie teilweise nach aktuellen Artikeln des ›Völkischen Beobachters‹. Für Eugen Kurt Fischer, vor 1933 literarischer Leiter im Mitteldeutschen Rundfunk Leipzig, später in der Reichssendeleitung, war die Vergabe von Aufträgen die Voraussetzung stringenter Programmgestaltung, wie er sie 1942 in seiner ›Dramaturgie des Rundfunks‹ beschrieb.

II. Literarisierung des Mediums

Über einzelne Literatursendungen hinaus – seien es Lesungen, Hörspiele oder Feature-Formen – wurden im nationalsozialistischen Rundfunk immer häufiger Ideen und Konzepte entwickelt und umgesetzt, die literarischen Ursprungs waren. Sie betrafen das neben der Musik wichtigste Element des Rundfunks, die Sprache, den für diese Epoche charakteristischen Programmbestandteil Propaganda, wie das Programm in seiner Gesamtheit.

1. Programm-Dramaturgie

Erklärtes Ziel der Nationalsozialisten war, die Programmgestaltung unter die Maßgabe eines »Gesamtkunstwerkes« zu stellen, formuliert in Abgrenzung zum Rundfunkprogramm in der Weimarer Republik. Dort seien lediglich Beiträge einzelner Redaktionen aneinandergereiht worden, zwar den Lebensumständen der Hörer folgend, dennoch ohne inneren Zusammenhang. Fischer betonte dagegen, daß im Rundfunk »die einzelne Darbietung nicht für sich allein steht, sondern als Bestandteil eines Tages- ja Wochen- und Monatsprogramms gewertet werden muß, und daß die Stelle, an der gerade diese Darbietung im Sendeplan erscheint, unter Umständen genau so gut in den Bezirk der dramaturgischen Erwägungen gehört, wie die Formung der Einzelsendung selbst.«[10] Daß dies nicht bloße Theorie war, hatte Propagandaminister Joseph Goebbels gleich nach seinem Amtsantritt vorgeführt. Der »Tag von Potsdam« (21. März 1933) war ein erster Versuch gewesen, doch der »Tag der nationalen Arbeit« (1. Mai 1933) sollte die Möglichkeit, ein Tagesprogramm einheitlich gestalten zu können, beweisen. Es galt, die »Dramaturgie der Wirklichkeit« (Fischer), die Abfolge öffentlicher Veranstaltungen, mit der »Dramaturgie des Rundfunks« exakt abzustimmen. Dabei schien sich Goebbels, der letztendlich für das Programm verantwortlich zeichnete, an Gustav Freytags Modell des fünfaktigen Dramas zu orientieren.

Die Sendefolge begann mit der »deutschen Mainacht« von »Hitlerjugend« und »Bund Deutscher Mädel« als Prolog, der reportierenden Übertragung einer Veranstaltung im Harz, die mit Sirenengeheul begann und mit Glockengeläut endete. Die bevorstehenden Ereignisse wurden symbolisch überhöht und Traditionslinien bis zu den Germanen gezogen in Rede und Lied: Auf einer Ebene mit dem mittelalterlichen »Nun will der Lenz uns grüßen« wurden Nazilieder geboten wie »Deutschland erwache aus deinem bösen Traum« und »Die Väter starben in Feuergarben ⟨...⟩ und wir sind die Erben / auch wir können sterben.«[11]

Der erste Akt begann um 8.50 Uhr mit der Anfahrt Hitlers und Hindenburgs zu einer Kundgebung im Berliner Lustgarten: die Protagonisten betraten die Bühne. Um 13.00 Uhr folgten die

Antagonisten: Es wurde vom Eintreffen der Arbeiterabordnungen
aus dem Reich berichtet. Die Zeit dazwischen und unmittelbar danach diente der Charakterisierung von Ort und Grundstimmung,
so will es die dramaturgische Gesetzmäßigkeit der Exposition:
Arbeiter erzählten von ihrem Verhältnis zur Partei, ein Festgottes-
dienst wurde übertragen, ein Reporter schilderte aus einem Luft-
schiff erste Eindrücke. Der zweite Akt brachte die Verwicklung,
die allerdings recht kurz gehalten werden konnte, da der Ant-
agonismus ohnehin nur ein scheinbarer war – die Arbeiter, die im
Rundfunk zu Wort kamen, waren bereits Nationalsozialisten: um
14.40 Uhr sprach der Reichsleiter der »Nationalsozialistischen
Betriebszellenorganisation« (NSBO) Walter Schuhmann über das
Thema ›Der 1. Mai, wie er war und wie er sein wird‹. Die folgenden literarischen Sendungen, die Lesungen von Arbeiterdichtern,
das chorische Hörspiel von Hans Jürgen Nierentz ›Symphonie der
Arbeit‹, ebenso die satirische Hörfolge Götz Otto Stoffregens ›An
ihren Taten sollt ihr sie erkennen‹, thematisierten die Wandlung
des »klassenkämpferischen« Arbeiters zum Arbeiter als Glied einer
nationalsozialistischen »Volksgemeinschaft«. Den Höhepunkt im
dritten Akt bildete das Zusammentreffen der Antagonisten, um
17.30 Uhr wurde der Empfang der Arbeiterabordnungen durch
Reichspräsident und Reichskanzler übertragen. Der vierte Akt begann mit Nachrichten und Berichten über die Aktivitäten im Reich
und die Vorbereitungen für die große Kundgebung am Abend.
Dazu kamen Lieder von Bergleuten, Bauern und Soldaten, die damit ebenfalls als der »Volksgemeinschaft« zugehörig dargestellt
wurden, als retardierendes Element, und eine weitere Hörfolge:
›Wir führen die Arbeit. Das Drama der deutschen Arbeit 1919/
1933‹. Der fünfte Akt schließlich, das Finale, war der Kundgebung
auf dem Tempelhofer Feld gewidmet mit Fanfaren, gemeinsamem
Gesang, Hitlerrede, Nationalhymne und Horst-Wessel-Lied, die
Überwindung der Klassengegensätze wurde in der Feier der »Volksgemeinschaft« behauptet. Die Dramaturgie schöpfte jedoch alle
Möglichkeiten aus und fügte um Mitternacht einen Epilog an, eine
weitere Kundgebung im Berliner Lustgarten, wo am Morgen das
»Drama« begonnen hatte: noch einmal ein Treuegelöbnis für die
Gemeinschaft, Volk, Führer und Staat.

Das Ziel dieser Art Programmgestaltung hatte Fischer in seiner ›Dramaturgie des Rundfunks‹ formuliert: »in der Gesamtform künstlerisch, in der Wirkung propagandistisch«[12]. Und tatsächlich konnte die Abschaffung der Gewerkschaften am 2. Mai 1933 relativ ruhig vollzogen werden, die Inszenierung vom Vortag hatte ihre Wirkung getan.

2. Lehrstück Propaganda

»Nur der Liberalismus machte einen Unterschied zwischen Politik und Kunst, den wir heute nicht mehr zulassen können.«[13] Reichssendeleiter Eugen Hadamovsky, der sich ausführlich mit den Themen »Propaganda und nationale Macht«[14] sowie »Rundfunk im Dienste der Volksführung« beschäftigt hatte, sah die Form gegenüber dem Inhalt nationalsozialistischer Propaganda als sekundär an; Nachrichten und Reportagen sollten ihr ebenso dienen wie Literatur und Musik, weil es vor allem darauf ankäme, daß der Rundfunk »nicht länger im physikalisch-technischen, sondern endlich im geistigen Sinne ›Sendung‹« sei. Der Rundfunk sollte als Missions-Instrument dienen, ganz im pseudoreligiösen Sinne der nationalsozialistischen Ideologie. Insofern war die Weiterentwicklung chorischer Formen aus der proletarischen ebenso wie aus der Jugend-Bewegung nur konsequent. Richard Euringers ›Deutsche Passion 1933‹[15] und Hans Jürgen Nierentz' ›Symphonie der Arbeit‹[16] sind erste Beispiele dieser dezidiert nationalsozialistischen chorischen Hörspiele, die zum Grundstock der Weihespiele zählten. Erbauung, pädagogischer Impetus und propagandistische Absicht sollten eine politisch wirksame Mischung ergeben. Ziel war in jedem Fall, die mentale Einstellung der Hörer zu beeinflussen und ein verändertes Verhalten zu bewirken.

Weit entfernt vom Bildungsauftrag des Rundfunks in der Weimarer Republik war diese Vorstellung nicht. Ihm folgend war ein großer Teil des Literaturprogramms der Vermittlung des traditionellen literarischen Kanons verpflichtet und mit dem Lehrspiel als spezieller literarischer Form ein besonders wirkungsvolles Vermittlungsinstrument entwickelt worden. »Das Lehrspiel will mit einem

Worte seine Hörer aufrufen, zur Tat bringen, aktivieren«[17], lautete
seine Definition 1932 unabhängig von Bertolt Brechts etwa zur
gleichen Zeit formulierten Radio- und Lehrstück-Theorien. Auch
Brecht war es ja um die »Aktivisierung« der Hörer gegangen, ihre
Emanzipierung aus der Konsumentenrolle und Organisation als
Produzenten.[18]

Die nationalsozialistische Propaganda bediente sich vergleichbarer Konzepte; Lehrstück, Lehrspiel und Propaganda verfolgten
ähnliche Absichten. Ihren speziellen Ausdruck fanden diese Bemühungen bei den »Volkssender«-Aktionen während der Funkaus-
stellungen 1935 und 1936. Die Hörer wurden aufgefordert, zehn
Tage lang selbst das Programm zu gestalten von der Planung über
die Produktion bis zur Sendung. Es ging darum, die Hörer zu
aktivieren und eine Geschlossenheit der »Volksgemeinschaft« zu
demonstrieren. Im Sinne der »Dramaturgie des Rundfunks« wurde
damit das gesamte Programm zum Lehrstück.

3. Sprache im Rundfunk

Der Sprache kam im Kontext der Volksgemeinschafts-Ideologie
eine herausragende Rolle zu, weil über sie Gemeinschaft konstituiert und definiert werden konnte. Insbesondere jedoch die gespro-
chene Sprache erlebte nicht nur in der politischen Rede eine neue
Wertschätzung. Als »Waffe der Beeinflussung«, als Propaganda-
werkzeug, schien sie der Schriftsprache weit überlegen.

Bereits vor 1933 war von zahlreichen Autoren die Möglichkeit
einer Renaissance mündlicher Literatur durch den Rundfunk begrüßt worden. Alfred Döblin hatte auf der Tagung »Dichtung und
Rundfunk« 1929 das Akustische als den »eigentlichen Mutterboden
jeder Literatur«[19] bezeichnet und sich, wie auch Brecht, Ernst Toller,
Martin Raschke u. v. a. an improvisierten Erzählungen und Gesprächen im Rundfunk beteiligt, die ihnen durchaus als neue literarische Formen erschienen waren. Auch die Reportage galt in diesem
Kontext als literaturfähig: »Mikroreportage ist Stegreifkunst«[20],
befand der Literaturredakteur und Schriftsteller Hermann Kasack.
Nicht zu unterschätzen war schließlich der Einfluß, den Richard

Kolbs theoretische Schriften, allen voran sein ›Horoskop des Hörspiels‹ von 1932, auf die nationalsozialistischen Überlegungen hatten. Kolb war altgedientes Parteimitglied und wurde 1933 von Goebbels zum Intendanten des Münchner Senders ernannt. Er betonte die Macht des Wortes als »zeugende Kraft«, die vermittelt über den Sprecher im Hörer zur »Stimme des eigenen Ich« werden und damit nicht nur bildliche Vorstellungen, sondern auch mentale Dispositionen hervorrufen könne. Damit umschrieb er ziemlich präzise die Wirkungsweise von Werbung und Propaganda: »Niemand kommt näher an den Menschen heran als der Hörspieler und vielleicht – der Psychotherapeut.«[21] Wie bei dem gewandelten Zensur-Verständnis wird auch hier deutlich, worauf die nationalsozialistische Ideologie zielte: auf die vollständige Erfassung der Menschen nicht nur durch äußere Zwangsmaßnahmen, sondern auch durch psychologische Strategien. So wurde mit dem Anknüpfen an romantische und neoromantische Traditionen ein Innerlichkeits-Kult betrieben, demzufolge der Künstler »Sturmführer im Volke ‹...› auf dem Marsch in das innere, in das Dritte Reich«[22] sein sollte. Die Erfassung des Menschen von innen her im Sinne Richard Kolbs wurde als die Hauptaufgabe des Rundfunks gesehen. Die vielbeschworene »Magie des Wortes« konnte sich hier entfalten.

III. Medialisierung der Literatur

Wie literarische Prinzipien die Gestaltung des Rundfunkprogramms beeinflußten, so wirkte das Publikationsorgan Rundfunk auf den Literaturbetrieb zurück. Nicht nur, daß eine nicht geringe Zahl von Autoren ihre Schriftsteller-Existenz eng mit dem Medium verband, auch der literarische Formen-Kanon blieb von der neuen Publikationsmöglichkeit nicht unberührt. Inhalt und Form wurden in einem engen Zusammenhang gesehen: Inhalt als Produkt des »Zeitgeistes« und Form als Funktion des Inhalts. Insofern blieb ihre jeweilige Ausbildung nicht nur auf das Medium begrenzt, sondern veränderte auch die literarische Produktion in den traditionellen Printmedien. Die Kreativität der Autoren war dabei keineswegs auf

den politischen Bereich der Propaganda begrenzt mit der Herausbildung von Weihespiel, Funkkantate, -oratorium und ähnlichen
chorischen Formen oder dem politischen Kurzhörspiel; vielmehr
wurden auch im Unterhaltungssektor, in dem im wesentlichen Hörspiel und Literatur angesiedelt waren, neue Formen erprobt.

1. Rundfunk-Literatur

Eine wichtige Rolle im Programm spielte der Rückgriff auf das
literarische Erbe, wobei die Aneignung keineswegs in einer kritischen Auseinandersetzung mit dem Ziel einer Traditionsbildung
geschah, sondern selektiv im Sinne einer verstärkenden Verbreitung der nationalsozialistischen Ideologie. Als signifikant kann
die Schiller-Rezeption gelten: In Anlehnung an Schillers Rede von
1784 ›Die Schaubühne als moralische Anstalt‹ wurde 1933 die
»Hörbühne als nationale Anstalt«[23] definiert und Schillers nie rea-
lisiertes Ziel einer deutschen Nationalbühne mit dem nationalsozialistischen Rundfunk als erreicht ausgegeben. Schillers Text wurde
umgebogen in einen Rechtfertigungstext für die nationalsozialistischen Rundfunkpolitik: zwar ließ sich die Passage, in der von der
»gesetzgebenden Macht« die Rede ist, die auf der Schaubühne zu
ihren Untertanen spreche, im Sinne der nationalsozialistischen Propaganda rezipieren, weniger jedoch der Teil, in dem Schiller davon
spricht, daß der Untertan auch die Möglichkeit habe, den »Großen
der Welt« die Wahrheit zu sagen; dies wurde dementsprechend
unterschlagen. Da es allerdings in der Anfangsphase des »Dritten
Reichs« noch darum ging, die Propaganda richtig zu justieren, kam
ein weiteres Zitat aus der Rede in Betracht, in dem es heißt, die Poesie solle »nicht auf den Staatsbürger in dem Menschen, sondern auf
den Menschen in dem Staatsbürger zielen«.[24] Das wurde als Beleg
für die Einschätzung genommen, daß allzu direkte politische Agitation weniger wirkungsvoll sei als ein an den Hörerbedürfnissen
orientiertes Programm.

Man unterhalte den Hörer im wörtlichsten Sinne. Denn was ist, was
soll Unterhaltung anderes sein als eine Unterstützung, als ein Halt, eine

Stütze, ein Aufrichten für den im Tageskampf zermürbten Hörer, für den seelisch oder körperlich Kranken, für den politisch Haltlosen und Schwankenden?[25]

In diesem Sinne wurde Schillers ›Wilhelm Tell‹ auf »Szenen einer Volkserhebung« reduziert, die zwar von der zeitgenössischen Kritik als »dramaturgische Vergewaltigung« des Originals bezeichnet wurden[26], zur Illustration des nationalsozialistischen Revolutionsverständnisses aber durchaus dienlich waren, zumal die Sendung am Vorabend der März-Wahlen 1933 erfolgte. Politische Opportunität erforderte eine solche Rezeption; sie erforderte aber auch, ab Ende der 1930er Jahre auf Schillers Dramen im Programm weitgehend zu verzichten und statt dessen Grabbes ›Die Hermannsschlacht‹ (die 1934 auf einer Freilichtbühne uraufgeführt wurde) und Kleists ›Prinz Friedrich von Homburg‹ zu senden, abgesehen von volkstümlichen Stücken von Johann Nestroy, Ludwig Anzengruber oder Ludwig Thoma. ›Wilhelm Tell‹, so hatte Hitler selbst angeordnet, durfte ab 1941 weder aufgeführt noch an Schulen behandelt werden,[27] im Rundfunk schon gar nicht.

Daneben wurden Dramen zeitgenössischer Autoren adaptiert, vor allem solche nationalsozialistischer Autoren: Hans Rehberg, Eberhard Wolfgang Möller, Hanns Johst, aber auch weitgehend unpolitische Komödien etwa von Hermann Bahr und Curt Goetz. Die speziellen Rundfunkbedingungen machten dabei Umarbeitungen nötig, die den Transfer von Stoffen zwischen den Medien einübten. So wurde auch der umgekehrte Weg gangbarer, daß Hörspiele auf die Bühne fanden, etwa Günter Eichs ›Die Glücksritter‹ (1933). Daß die Rundfunk-Produktion demnach auf die Bühnenpraxis einwirkte (und nicht nur im Hinblick auf den Einsatz von Musik), ist offensichtlich.

Adaptionen hatten nicht zuletzt die Funktion, das Medium in literarische Traditionen einzubinden und seine Literaturfähigkeit unter Beweis zu stellen. Es wurden nicht nur bereits vorhandene Texte adaptiert, sondern auch literarische Formen. Der Lyriker und Romancier Kurt Heynicke verfaßte Funkfabeln: ›Die verzauberte Schmiede‹ (1935), ›Ein Eichbaum – eine Welt für sich‹ (1936), Peter Huchel knüpfte an die Ballade an: ›Ballade am Eisenfenster‹ (1936),

›Der letzte Knecht‹ (1939), und mit den Funk-Kantaten und -Oratorien entstand durchaus Eigenes.

Hinzu kamen verschiedene Feature-Formen mit literarischem Anspruch. Hörfolgen, Hörbilder und Hörfilme, geprägt durch das Prinzip der Montage von reportierenden, szenischen, zitierenden und musikalischen Teilen, wurden aus der Zeit vor 1933 übernommen und weiterentwickelt zur gestalteten Reportage mit Originalton-Elementen. Paul Laven entwickelte die Form des »Funkwerks«, Rolf Reissmann den »Aufriß«: ›Leben, das an Fäden hängt‹ (1934) über Marionetten, ›Die Burg der Hunderttausend‹ (1936) über Ameisen, ›Der gelbe Reiter‹ (1936) über Dschingis Khan. Hier entstand eigenständige Rundfunkliteratur, die im Literaturbetrieb allerdings kaum rezipiert wurde.

Hörspiele hingegen fanden durchaus Zugang zu ihm. Es gab Einzelveröffentlichungen, Anthologien und Zeitschriftendrucke, deren Resonanz in der Literaturkritik und -wissenschaft zwar schwach, aber dennoch erkennbar war. Darunter finden sich auch Hinweise auf nicht-nationalsozialistische Hörspiele und einzelne literarische Experimente. Als ein solches wurde die 1934 im Reichssender Berlin begonnene Reihe ›Der Horchposten‹ begriffen. Ihr Leiter, Harald Braun, wollte darin »Möglichkeiten des akustischen Ausdrucks« erproben. Da die Produktionen nicht erhalten sind, ist das Ergebnis schwer zu beurteilen. Die zeitgenössische Kritik jedenfalls war gespalten; das Studium der Manuskripte läßt wenig Experimentierfreude erkennen. Bei den Hörspielen von Horst Lange, Alfred Prugel, Franziska Girgensohn und Günter Eich (›Schritte zu Andreas‹) kam es im wesentlichen auf die Erzeugung von Raumvorstellungen auf Grund unterschiedlicher Akustiken an sowie auf den gezielten Einsatz von Geräuschen. Die erzählten Geschichten waren trivial und unbedeutend, der Reihe keine lange Laufzeit beschert.

Größeren Erfolg hatten Versuche, Hörspiele außerhalb des Studios zu produzieren. Die technische Weiterentwicklung der Aufzeichnungs- und Übertragungstechnik ermöglichte Produktionen an Originalschauplätzen, die Einbeziehung von Originaltönen in Hörspielproduktionen, wie die Geräusche eines schlagenden Herzens in Josef Martin Bauers ›Das tote Herz‹ (1938)[28] bis hin zur Produktion von ersten O-Ton-Hörspielen. Paul Laven erzählte

in ›November 1933‹ die Geschichte eines Selbstmörders mittels
Aussagen von Mitbewohnern des Hauses, in dem er lebte. Diese
Experimente dürfen sicher nicht überbewertet werden, doch zeigen
sie, daß es durchaus Gelegenheiten gab, jenseits politischer Aufträge die spezifischen Möglichkeiten von Literatur im Rundfunk
zu erproben.

2. Rundfunk-Schriftsteller

Der literarische Teil des Rundfunkprogramms wurde geprägt von
Autoren, die im ersten Jahrzehnt des 20. Jahrhunderts geboren
worden waren, vor Ausbruch des Ersten Weltkriegs. Der Untergang
des Kaiserreichs und die Wirren der Weimarer Republik hatten ihre
Kindheit begleitet, etliche suchten Halt in den Nachfolgeorganisa-
tionen der Jugendbewegung. Die Zeit ihrer Berufsfindung fiel mit
der Weltwirtschaftskrise am Ende der 1920er Jahre zusammen. Der
Rundfunk schien die Möglichkeit zu bieten, eine schriftstellerische
Existenz aufzubauen. Erste publizistische Erfahrungen hatten viele
von ihnen bereits vor 1933 gesammelt, jedoch meist ohne größeren
Erfolg. Zu dieser Generation zählten sowohl der Lyriker und Dramatiker Eberhard Wolfgang Möller, Mitglied von SA und HJ, und
Hans Jürgen Nierentz, ebenfalls SA-Mitglied und Kultur-Redakteur
des ›Angriff‹, aber auch die Autoren, die sich um die programmatisch apolitische Dresdner Zeitschrift ›Die Kolonne‹ (1929–32) ge-
schart hatten.[29] Zu ihnen gehörten die beiden Herausgeber Martin
Raschke, der seit 1926 Lyrik und zwei »Manifeste« publiziert hatte
und an der ›Literarischen Welt‹ mitarbeitete, und A. Artur Kuhnert,
mit vier publizierten Romanen der produktivere der beiden, sowie
ihr Freund Günter Eich. Ihre im Zusammenhang mit der Zeitschrift
entwickelte enge Zusammenarbeit behielten sie auch nach deren
Einstellung über weite Strecken bei. Nach ersten Lesungen im
Rundfunk waren auch die ersten Hörspiele in Co-Autorschaft entstanden, Eich und Raschke hatten ›Leben und Sterben des großen
Sängers Enrico Caruso‹ (1930), Kuhnert und Eich ›Das Spiel vom
Teufel und dem Geiger‹ (1931) geschrieben. Nach 1933 intensivierten sie diese Arbeit noch und entwickelten einen kooperativen

Stil, der gelegentlich nicht mehr die jeweils eigene Handschrift erkennen läßt. Der Epiker Kuhnert war bei den gemeinsamen Hörfolgen und Hörspielen meist für die Rahmenhandlung, Eich für die lyrischen Passagen zuständig. Nicht selten kam es vor, daß Texte mehrfach überarbeitet und in immer neuen Varianten unter wechselnden Autorennamen von verschiedenen Sendern ausgestrahlt und schließlich sogar in einer Druckfassung publiziert wurden. Außerdem tauschten die Freunde Erfahrungen mit Redaktionen und Redakteuren aus und nutzten die jeweils besten Kontakte. Persönliche Beziehungen erwiesen sich oft als entscheidend. So hatte Martin Raschke 1933 in der Berliner Funkstunde einen schlechten Start, weil Arnolt Bronnen, der Nachfolger des geschaßten Edlef Köppen, zunächst sämtliche von seinem Vorgänger angenommenen Manuskripte abgesetzt hatte, darunter auch von Raschke, den Köppen hatte protegieren wollen. Günter Eich, der eher mit Wilhelm Hoffmann, Leiter der Jugendstunde der Berliner Funkstunde und Lebensgefährte der ›Kolonne‹-Autorin Elisabeth Langgässer, zusammenarbeitete, konnte ihn über die Vorgänge informieren und ihm so weiterhelfen. Gemeinsam begannen sie Ende 1933 die Arbeit an der Rundfunk-Serie ›Deutscher Kalender. Ein Monatsbild vom Königswusterhäuser Landboten‹[30], die bis 1940 lief und von Werner Pleister und Heinz Schwitzke redaktionell betreut wurde. Dabei wurden auch die anderen Freunde, Kuhnert und Huchel, der 1932 den Lyrik-Preis der ›Kolonne‹ erhalten hatte, mit einbezogen und gebeten, Texte zu den Hörfolgen beizutragen. Huchel etwa steuerte zur Novemberausgabe 1935 Teile seiner bereits gesendeten ›Herbstkantate‹ (1935)[31] bei, die wiederum auf Gedichten basierte, die er unter dem Titel ›Strophen aus einem Herbst‹ in der Zeitschrift ›Das innere Reich‹ publiziert hatte.

Zu dem weiteren Kreis dieser Autoren können u.a. Horst Lange, Oda Schäfer, Eberhard Meckel, Jürgen Eggebrecht und Otto Rombach gerechnet werden, die weitgehend von ihren Rundfunkarbeiten lebten, ohne daß sie politisch tätig geworden wären. Dennoch wurden sie zwangsläufig Teil der nationalsozialistischen Propagandamaschine, da das Unterhaltungsprogramm die Aufgabe hatte, die Hörer an die Lautsprecher zu binden, um den zunehmend gezielt eingesetzten Propagandasendungen zur entsprechenden Wirkung zu verhelfen. Daher war auch die Unterhaltung den wechselhaften rundfunkpolitischen Grundsatzentscheidungen unterworfen. Bereits im Herbst 1934 wurde in einem internen Papier der Reichssendeleitung festgehalten, »daß bei unseren Sendern in zu starkem Maße Literaten tätig sind«[32] und hinzugefügt: »Es wird in den Unterhaltungs-Sendungen zu viel geredet. Die Hörer wollen Musik!« Das hatte natürlich Auswirkungen auch auf die Autoren. Als Mitte der 1930er Jahre der Wortanteil am Programm entscheidend gekürzt wurde, mußten sie Einbußen an Beschäftigungsmöglichkeiten hinnehmen. Einige versuchten sich neu zu orientieren und hofften auf Chancen beim Film, nicht zuletzt, weil sich politische Eingriffe häuften. Für die Mai-Ausgabe des ›Königswusterhäuser Landboten‹ von 1939 etwa schaltete sich die Organisation »Kraft durch Freude« ein und verlangte, daß der Landbote einer KdF-Wandergruppe begegnen sollte. Eich zeigte sich zwar »nicht sehr vergnügt darüber«[33], doch erfüllte er die Forderungen, ebenso wie er sich Anfang 1940 in den Dienst einer antienglischen Propaganda-Kampagne stellen ließ.

Das Verhältnis von Günter Eich wie auch von anderen Autoren, allen voran Peter Huchel[34], zum nationalsozialistischen Rundfunk erwies sich als zunehmend ambivalent. Einerseits setzten sie ihre Mitarbeit bis 1940 fort, weil sie finanziell darauf angewiesen waren, andererseits glaubten sie nicht, sich in diesem Medium schriftstellerisch verwirklichen zu können und gingen daher auf Distanz – auch wenn es nur eine innere Distanz und ein stiller Protest in privaten Briefen blieb.

3. Rundfunk-Stoffe

Als das schnellste journalistisch-publizistische Medium bemühte sich der nationalsozialistische Rundfunk in erster Linie, aktuell zu sein und Gegenwartsfragen zu behandeln. Das zeigte sich auch im Bereich des Literaturprogramms. Natürlich wurde auch hier immer wieder die Abrechnung mit der Weimarer Republik thematisiert, das Ideal der »Volksgemeinschaft« beschworen und die deutsche Geschichte seit 1914 als zielgerichtet auf das »Dritte Reich« dar-

gestellt. Derartige Texte paßten sich nahtlos in die Propaganda-
stereotypen der Nationalsozialisten ein.

Als medienspezifische Neuerung wurden gelegentlich aktuelle
Kurz-Hörspiele gepflegt, die ein nur wenige Tage altes Ereignis
behandeln sollten, etwa das ›Todesurteil in Birmingham‹, das sich
in die gegen England gerichtete Medien-Kampagne integrieren ließ.
Am 7. Februar 1940 wurde die Urteilsverkündung gemeldet, bereits einen Tag später ging seine literarische Verarbeitung über den
Sender. Es wird sich bei aktuellen Hörspielen dieser Art ausnahmslos um Aufträge gehandelt haben, für die aber offenbar nur wenige
politisch »zuverlässige« Autoren wie Werner Plücker oder Rudolf
Stache, der während des Krieges mehrere Kurzhörspiel-Reihen
schrieb[35], in Frage kamen.

In einem anderen Kontext sind Anwerbemaßnahmen wie die
Tagung von Schriftstellern und Rundfunkmitarbeitern in Berlin
am 23./24. Januar 1940 zu sehen. Hier waren nicht nur nationalsozialistische Autoren eingeladen wie Hans Jürgen Nierentz, Wolfram Brockmeier, Kurt Eggers und Herybert Menzel, sondern auch
solche aus dem Umkreis der ›Kolonne‹, A. Artur Kuhnert, Otto
Rombach und Edlef Köppen. Ziel der Veranstaltung war, Autoren
für eine propagandistisch gegen England gerichtete Aktion zu gewinnen. Goebbels, der sie persönlich empfangen hatte, erteilte im
Anschluß dem Präsidenten der Reichsschrifttumskammer, Hanns
Johst, den Auftrag, die Aktion zu koordinieren, um entsprechende
Hörspielmanuskripte und Filmdrehbücher zu gewinnen. Es wurden noch während der Tagung Listen mit möglichen Themen und
Autoren erstellt und erste Aufträge erteilt. Kuhnert erhielt gleich
mehrere und informierte seinen Freund Eich. In einem Zeitungsartikel über »neue Hörspielstoffe aus der Zeit« vom Februar 1940,
überschrieben ›Englische Politik am Pranger‹, wurde das Projekt
beschrieben:

Daß der Rundfunk hier die besten Kräfte einsetzt, sei durch die Namen
von Josef Martin Bauer, A. Artur Kuhnert, Rudolf Brunngraber, Günter Eich
bewiesen, die sich mit Stoffen unterschiedlicher Prägung beschäftigen. Es
ist politische Anschauung in packender Form, die uns in Hörspielen dieser
Art geboten wird.«[36]

Der Anlaß war ein durchaus aktueller, die Stoffe allerdings waren aus der Historie entnommen. Wie schon die prototypischen Hörspiele Hans Rehbergs ›Suez‹, ›Kapstadt‹, ›Faschoda‹ (1939)[37] historische Ereignisse aus der englischen Geschichte wählten, so auch Kuhnerts ›Die Mission des Doktor Mackenzie‹ (1940)[38], die Geschichte des englischen Arztes, der angeblich die Heilung Kaiser Friedrichs III. aus politischen Motiven verhindert und das 1993 wieder aufgefundene, umstrittene Hörspiel von Günter Eich ›Rebellion in der Goldstadt‹ (1940)[39], das den Aufstand weißer Minenarbeiter in Johannesburg 1922 thematisierte. Immer ging es darum, englische Politik als moralisch verworfen darzustellen, wobei den Hörern nahegelegt wurde, Parallelen zur Gegenwart zu ziehen.

Der Rundfunk folgte mit dem Aufgreifen historischer Stoffe zwar einem literarischen Trend, doch kam dieser seinen spezifischen Möglichkeiten besonders entgegen, da sich historische Ereignisse akustisch vergegenwärtigen ließen ohne den Zwang zu optischer Rekonstruktion. Es hatte Sendereihen zu den Themen ›Wendepunkte des deutschen Schicksals‹ (Hamburg 1936/37), ›Bilder aus der deutschen Vergangenheit‹ (Köln 1938/39), ›Große Deutsche‹ (Deutschlandsender 1938/39) gegeben, darunter von Günter Eich eine Sendung über Balthasar Neumann (1939), die Hörspiele und literarische Hörfolgen vereinigten.

Die Konstruktion von »Volksgemeinschaft« via Rundfunk war, neben der höchst realen beim – allerdings seltenen – Gemeinschaftsempfang und der virtuellen im Akt des Zuhörens, auch ein starkes Movens bei der Wahl volksnaher, populärer Stoffe. Die geforderte »Lebensnähe« konnte ebenso die Schilderung bäuerlicher Probleme bedeuten, wie in Josef Martin Bauers ›Der ewige Bauer‹ (1933), der Geschichte eines Hofes, oder das Lob der Kameradschaft in Peter Huchels ›Zille Martha‹, 1938 in der Reihe ›Berliner Volksstücke‹ vom Reichssender Berlin ausgestrahlt, oder die ›Monatsbilder vom Königswusterhäuser Landboten‹ von Eich und Raschke, in denen die Hauptfigur verschiedenen Menschen in ihrem Alltag begegnete und einiges von ihrem Schicksal den Hörern nahezubringen versuchte. Die Bandbreite dessen, was als »volkstümlich« galt, war groß, reichte von der Propagierung nationalsozialistischer »Blut-und-Boden«-Ideologie bis zu harmlosen Geschichten aus dem Alltag. Entscheidend jedoch blieb, ein Niveau der Darbietungen zu finden, das dem der Mehrzahl der Hörer entsprach.

Daneben spielte das Thema Krieg als historische Aufarbeitung wie als »geistige Mobilmachung« eine nicht unbedeutende Rolle auch im Rundfunk. Sendereihen für »Frontkämpfer«, »Militärabende«, teilweise mit Titeln wie ›Kamerad ich suche Dich!‹ (Königsberg) oder ›Wo bist Du, Kamerad‹ (Köln), wurden seit Mitte der 1930er Jahre von den Reichssendern eingerichtet; sie brachten überwiegend literarische Texte vom Gedicht bis zum Hörspiel. Und immer waren auch antisemitische Sendungen im Stile von E. W. Möllers ›Rothschild siegt bei Waterloo‹ (1934)[40] im Programmangebot, ohne daß sie in besonderer Weise hervorgehoben worden wären.

IV. Umbrüche

Auch wenn rundfunkorganisatorisch lediglich eine konsequente Weiterentwicklung der in der Weimarer Republik angelegten Strukturen festzustellen ist, vollzog sich doch programmpolitisch ein Umbruch, dessen Folgen bis heute andauern. Er brachte trotz propagandistischer Ausrichtung den Abschied von pädagogisch geprägten bildungsbürgerlichen Programmkonzepten und den Beginn eines hörer- und einschaltquotenorientierten Programms. Bereits im September 1933 hatte ihn Reichssendeleiter Eugen Hadamovsky angekündigt, als er den Intendanten und Sendeleitern die optimale Wirkungsweise der Propaganda erklärte: »schmiegsam und biegsam habe sie sich den Wünschen des Volkes anzupassen, nachdem man vordem dem Volke seine Wünsche abgelauscht«[41]. Es galt demnach, flexibel auf die Erwartungen der Hörer zu reagieren und sie bereit zu halten für gezielte Propaganda. So erklären sich die gelegentlich sprunghaft erscheinenden Anweisungen der Reichssendeleitung und des Propagandaministeriums. Auf die massive politische Offensive 1933 war Goebbels' Verbot politischer Rundfunkreden nach den Novemberwahlen gefolgt und darauf eine »Kulturoffensive« 1934. Der Einschätzung bezüglich des

Unterhaltungsprogramms: »Die Hörer wollen Musik!« folgte die
Einschränkung von Wortsendungen, 1938 hingegen wieder eine
Anweisung, ihre Zahl zu erhöhen. Im Vorfeld des Krieges schließlich wurde sie drastisch reduziert, Anfang 1940 wieder erhöht,
um danach gegen Null zu sinken. Von diesen generellen Vorgaben
war jeweils auch das Literaturprogramm betroffen als Bestandteil
einer Gesamtkonzeption, der es sich unterzuordnen hatte. Zielvorstellung war ein Fließprogramm, in das die einzelnen Programm-
Elemente integriert waren. Bereits 1933 hatte die Zeitschrift ›Funk‹
ermittelt, daß der Prototyp des Hörers »ein ewig abgelenkter Ne-
benbeihörer«[42] sei, wonach sich nicht zuletzt die Dramaturgie des
Hörspiels zu richten habe. Und das konnte nur die Bevorzugung
kurzer Formen bedeuten. Kurzhörspiele, gleich politischer oder
unterhaltender Art, ließen sich leichter in ein Fließprogramm integrieren als längere Sendungen. Das hatte wiederum Folgen für
die Autoren, die ihren Stil darauf ausrichten mußten, was sie auch
jenseits politischer Opportunität taten. An der Reihe ›Einakter im
Rundfunk‹, die »vorzüglich dafür geeignet ⟨sei⟩, das musikalische
Programm aufzulockern«[43] und laut Vorankündigung der Pflege
des Kurzhörspiels im Deutschlandsender dienen sollte, beteiligten sich neben Curt Goetz, Christian Bock und Jo Hanns Rösler
auch Günter Eich und Peter Huchel. Die Ansprüche von Literatur
im Rundfunk wurden zunehmend reduziert auf die Präsentation
kürzerer Einheiten. An diesem Schema orientierten sich auch viele
Unterhaltungssendungen, Götz Otto Stoffregens propagandistische
Hörfolge zum 1. Mai 1934 ›Der Mai ist gekommen‹[44] ebenso wie
Günter Eichs Szenen um deutsche Volkslieder ›Ich träumt in seinem Schatten‹ (1934) oder ›Taugenichtse – Tagediebe. Die bunte
Welt der Landstraße nach alten Schwänken und Erzählungen von
Eichendorff, Hebel und Hamsun‹ (1934) oder A. Artur Kuhnerts
Reihe ›Der Tag klingt aus …‹ (1937/38). Auch der ›Königswusterhäuser Landbote‹ bot eine Mischung aus Musik, Szene und
lyrischen Texten, deren dramaturgische Verbindung mal enger, mal
lockerer erschien. Literatur im Rundfunk wurde zunehmend auf
eine Addition von Musik und literarischen Texten reduziert, wie
sie mit Kriegsbeginn in der Sendung ›Unser Schatzkästlein‹[45] stil-
bildend praktiziert wurde.

Das Verhältnis von Rundfunk und Literatur hatte sich gegenüber den Anfängen verändert. Das Medium verstand sich immer weniger als Publikationsorgan literarischer Texte und stand den Autoren in dieser Funktion auch weniger zur Verfügung; sein Programm sollte vielmehr als Ganzes einen Wert darstellen im Kanon der Medien. Ihm hatten sich alle Beiträge, auch die literarischen, unterzuordnen, wodurch selbständige Autoren zu abhängigen Lieferanten des Mediums wurden. Dieses Lieferantentum ließ sich ökonomisch, d. h. arbeitsteilig organisieren, wie die zahlreichen von Kuhnert und Eich verfaßten Hörspiele und Hörfolgen belegen. Der Schriftstellergenius, der autonom seine Werke schafft, war zum seltenen Sonderfall geworden und dem des abhängigen Textproduzenten gewichen. Und diese Umbrüche blieben unumkehrbar.

Karin Bruns
Film und Kino

Als zentrale Problemstellung der Filmforschung dominierte lange Zeit die Frage, ob das Kino des Nationalsozialismus eine eigenständige Ästhetik aufweise. Ältere filmgeschichtliche Untersuchungen gingen zunächst von der Funktion des neuen Mediums für Informationspolitik und Repräsentation des Regimes aus und stellten den Begriff der Film-Propaganda in den Mittelpunkt der Analyse. Demgegenüber haben sich Studien seit Anfang der 1990er Jahre stärker für die Friktionen und widersprüchlichen Strukturen der NS-Filmproduktion sowie die aus ihnen hervorgehenden Hybrid-Genres und -Formate interessiert.[1]

Aus diesen Untersuchungen geht hervor, daß die Reorganisation der Filmindustrie nach 1933 mit ihren vielfältigen Neu-Verordnungen, Umbenennungen und Umstrukturierungen (Reichsfilmkammer, Reichsfachschaft Film, Filmkreditbank, Deutsche Film-Akademie usw.)[2] nicht nur Kontrolle ermöglichte, sondern auch Interessenkonflikte, Machtkämpfe, Korruption und Rechtsunsicherheiten hervorrief. Was als Regulierungsinstrumentarium gedacht war, sorgte gleichzeitig für ein »Chaos im System, aus dem heraus nicht-nationalsozialistische Filme und sogar Filme der ästhetischen Opposition entstehen« konnten.[3] Die zunehmende Koppelung politischer und kinoindustrieller Institutionen und Funktionsträger in den 1920er Jahren bildete, wie am Beispiel der Ufa gezeigt werden kann,[4] die Folie, auf der die nationalsozialistischen Projekte der »Gleichschaltung« durchgeführt wurden. Die film- und kinohistorische Debatte, ob die deutsche Filmproduktion der 1930er und 1940er Jahre stärker auf die nationalsozialistische Programmatik und Politik oder auf internationale Vergleichbarkeit hin zu perspektivieren sei, setzt sich auch in anderen Forschungsfeldern, wie z.B. dem Kulturfilm, fort.[5]

Die 1917 entstehende Ufa ist neben der 1937 als Staatskonzern gegründeten Tobis-Filmkunst GmbH die größte und wichtigste Filmproduktionsgesellschaft der NS-Zeit. Als gouvernementale Suprastruktur, in der die völkisch-nationalkonservativen wie auch filmindustriellen Fraktionen der Zeit nach dem Ersten Weltkrieg gebündelt werden, fungiert sie als wichtiges Monopolisierungsinstrument, das die nazistischen Selektions- und Regulierungsverfahren mit ihrer »Medialisierung des Ideologischen« partiell vorwegnimmt, ohne die in Analogie zu Hollywood eingeführte betriebswirtschaftliche Instanz des Zentral-Produzenten anzutasten.[6] Die 1930er Jahre werden zudem nach der Einführung des Tonfilms von einem weiteren, bislang nur unzureichend beachteten medialen Einschnitt markiert: 1935 erhält der Film Konkurrenz durch das Fernsehen, das zunächst allerdings über die ab Mai eingerichteten Fernsehstuben noch kein Massenpublikum erreicht.[7] Auch in den filmischen Produktionen selbst – über tausend Spielfilme insgesamt werden im nationalsozialistischen Deutschland produziert – ist die Divergenz von propagandistisch-ideologischen und waren-ästhetischen Komponenten präsent (Genre-Konventionen, Orientierung am Hollywood-Studiostil etc.), wie Siegfried Zielinsky und Thomas Maurer schon 1983 in ihrer Analyse des ›Jud Süß‹ (1940, Regie: Veit Harlan) gezeigt haben.

> Die Vermittlungsstrategie des Jud Süß läßt ⟨...⟩ eine Tradition erkennen, die bis in die jüngste Filmgegenwart reicht. In dem erotischen Melodram verbinden sich Absatzstrategie und Rassenhetze zu einer widersprüchlichen Einheit. Sie ergänzen sich in ihren Klischees und ihrer Künstlichkeit, in ihren gemeinsamen irrationalen Erscheinungen und ihren brutalen, handfesten gesellschaftlichen Grundlagen und Folgen.[8]

Gegenüber dem US-amerikanischen Mainstreamkino dieses Zeitraums fällt in den meisten deutschen Produktionen des Unterhaltungskinos eine radikale Rücknahme von narrativen Spannungspotentialen und Konfliktstrukturen auf. Die Reduktion auf die integrativen Leistungen des Erzählkinos, seine Vermittlungsfunktion zwischen Regionen, Klassen, Parteien usw. und dem Aspekt der Tröstung im Happy End führen zu einer weitreichenden Desambiguierung und zum Verlust von ästhetisch-visueller Polyvalenz.

In ›Der Engel mit dem Saitenspiel‹ (1944, Regie: Heinz Rühmann) z.B. baut sich das Spannungspotential um die Problematik lediger Mutterschaft dadurch auf, daß Frau und Mann versehentlich an verschiedenen Bahnstationen aufeinander warten, und der daraus abgeleitete dramaturgische Aufbau des Films dient nur noch der Aufklärung dieses Mißverständnisses.

In historischen Filmepen wie den sogenannten Preußenfilmen, z.B. ›Der Choral von Leuthen‹ (1933, Regie: Carl Froelich, Walter Supper, Arzen von Cserépy), wird hingegen das Projekt einer genuin deutschen Filmästhetik in der Weimarer Republik manifest und in den 1930er und 1940er Jahren mit ›Der höhere Befehl‹ (1935, Regie: Gerhard Lamprecht), ›Der alte und der junge König‹ (1935, Regie: Hans Steinhoff), ›Fridericus‹ (1936, Regie: Johannes Meyer), ›Der Große König‹ (1940, Regie: Veit Harlan) oder ›Affäre Roedern‹ (1944, Regie: Erich Waschneck) fortgesetzt. Die in diesen Filmen dominierende Zentrierung der filmischen Narration auf heroisch agierende Einzelsubjekte greift die NS-Filmpropaganda in ihrer Richtlinienentwicklung auf, wenn etwa Reichsfilmintendant Fritz Hippler erklärt:

> Dies ist das einzige, worauf es beim historischen Film ankommt: auf die Gültigkeit im Großen. Personen oder Ereignisse aus der Vergangenheit, welche heute vom Volk gekannt oder nachempfunden werden und es interessieren, ⟨...⟩ können allein Vorwurf eines erfolgreichen historischen Films sein.[9]

Die »Durchlässigkeit des Politischen in allen Genres« zeigt sich nicht nur in einer ideologisierenden Auslegung des Unterhaltungsbegriffs, sondern auch in Forderungen nach einem subtilen Übergang zwischen politischem und unterhaltendem Film (Hans Traub),[10] welche prinzipiell für die semiologische Struktur aller Großgenres gelten. Ideologeme wie sexuelle Normalitätsvorstellungen (Ehe, Kleinfamilie, Heterosexualität), Leistungsdispositiv (Arbeitsethos, Aufstiegsmythen, Konkurrenztopos) oder Expansionismus (Eroberung, Expedition, Abenteuer) bilden die Grundlage des westlich-industriellen Kinos insgesamt, werden aber im deutschen Kino der 1940er Jahre häufig mit aktuellen nationalpolitischen Zielsetzungen in spezifischer Weise kontextualisiert.[11]

I. Filmpolitische Konzepte der NSDAP in der Weimarer Republik

Schon seit Anfang der 1920er Jahre besitzt der Film für die NSDAP eine wichtige Funktion. Grundzüge und Richtlinien einer national-sozialistischen Filmarbeit werden in den Jahren 1923 bis 1930 erarbeitet und erstrecken sich von der technischen Entwicklung (Tonfilmpatent »System Käsemann«) über die Durchführung von Filmabenden, von der Produktion und Distribution von Dokumentar- und Spielfilmen bis zu Boykotten gegen jüdische Filmschaffende und terroristischen Störaktionen gegen politisch mißliebige Filme wie ›Im Westen nichts Neues‹ (›All Quiet on the Western Front‹, USA 1930, Regie: Lewis Milestone). Im Rahmen eines in der NSDAP anfangs kontrovers diskutierten Propagandakonzepts führt man frühzeitig auch die Differenzierung in binnen- und außenpropagandistische Funktionalisierungskonzepte ein, wie sie später das Grundmodell der Goebbels-Behörde kennzeichnet. Verbreitet werden Filmpropagandakonzeptionen und -aktivitäten über die parteieigene Filmfachzeitschrift ›Der deutsche Film‹, deren Vorläufer die 1927 von Curt Belling gegründete antisemitische ›Deutsche Film-Tribüne‹ (später ›Neue Film-Hölle‹) ist. Darin findet sich bereits u. a. die Idee der Tarnung bzw. Maskierung der politischen Botschaft als wichtiger filmpolitischer Grundsatz, den Goebbels später in immer neuen Variationen formuliert. Gegenüber der internen Propaganda, der Schulung der Parteitreuen und Funktionsträger, soll die Beeinflussung der Masse indirekt, in »Unterhaltung« verkleidet, erfolgen. Die Filmaufführungen der Partei finden dementsprechend zunächst dezentral in den verschiedenen »Gauen« statt, werden dann aber in sechzehn »Landesfilmstellen« unter der Führung Arnold Raethers, eines Ufa-Mitarbeiters und ehemaligen »Stahlhelm«-Mitgliedes, zusammengefaßt. Diese Koordinationsbüros organisieren und regeln den häufig durch Vorträge begleiteten Einsatz von Filmen (z. B. zum Thema »Volk ohne Raum«), der in erster Linie der Mitgliederwerbung dient.[12] »Kein deutsches Theater ohne Hitler-Tonfilm!« lautet die NSDAP-Parole im Sommer 1932. Personell können sich die Filmpropagandatätigkeiten Anfang der 1930er Jahre auf einen kleinen Kreis in der Filmpraxis erfahrener

Mitglieder und Sympathisanten stützen: auf Experten der Administration wie Raether,[13] den zuvor der Ufa-Kulturfilmabteilung angehörenden Eberhard Fangauf, den Reichsfinanzexperten und -Treuhänder Max Winkler, Drehbuchautor/innen wie Marie Luise Droop,[14] Kameraleute wie Richard Quaas (Fox-Wochenschau), Sepp Allgeier (›Triumph des Willens‹, 1935) oder Carl Froelich (›Heimat‹, 1938) und auf die bereits in der Filmindustrie etablierten Firmen Wilhelm Sage, Peter Ostermayr, Karl Neumann, Mechan Optik und Ewald Film. Die frühen Eigenproduktionen der Partei, wie der 1927 vom Amt Film der NSDAP herausgebrachte Film ›Eine Symphonie des Kampfwillens‹, sind zu Anfang noch ganz auf die nach Art der ›Wochenschau‹ angelegten ›NS-Bildberichte‹ und auf dokumentarische, häufig von Amateuren erstellte Aufnahmen der Parteitage beschränkt. Die Praxis medialer Verdoppelung von Partei- und Führerinszenierungen, die schließlich zu den von Leni Riefenstahl mit höchstem technischen Aufwand realisierten Parteitags- und Wehrmachtsfilmen führt, richtet sich aber schon zu diesem Zeitpunkt ein. In Distribution und Aufführung werden in Ermangelung ausreichender Eigenproduktionen auch parteiextern hergestellte Spielfilme mit »nationaler Ausrichtung« oder sogenannte Tarnfilme (z.B. ›Wolga, Wolga‹, 1928, Regie: Viktor Tourjansky; ›Blutendes Deutschland‹, 1931/32, Regie: vermutlich Johannes Häußler) eingesetzt. Die meist auf Fox-Wochenschau-Material zurückgreifenden »Wahlfilme« (wie ›Volk und Führer‹, 1932, Regie: nicht bekannt) enthalten als Kernstück Redesequenzen hoher Parteifunktionäre und nähern sich bereits jener Alternationsdramaturgie von Hitler-Reden und Szenen enthusiasmierter Massen an, die zum ästhetischen Grundverfahren der Riefenstahlschen Auftragsfilme wird. Nachweislich zählen zu den von der NSDAP goutierten und vorgeführten Filmen auch die Stummfilme ›Nanook of the North‹ (USA 1921, Regie: Robert Flaherty), ›Die Nibelungen‹ (1923–25, Regie: Fritz Lang), ›Gösta Berling‹ (1924, Regie: Mauritz Stiller) und ›Der müde Tod‹ (1921, Regie: Fritz Lang). 1932 ist der erste NSDAP-Tonfilm ›Hitlerjugend in den Bergen‹ (Regie: Stuart J. Lutz) zu sehen, der u.a. eine Goebbels-Rede zeigt und gleichfalls im Wahlkampf eingesetzt wird. Mit dem 1933 von der eigens für diesen Zweck gegründeten »Volksdeutschen

Film GmbH« hergestellten ›Hans Westmar‹ (Regie: Franz Wenzler) wird das Sujet des nationalsozialistischen Märtyrerschicksals auch kommerziell erfolgreich.[15]

II. Umstrukturierungen der Kinoindustrie nach 1933

Mit der Gründung des »Reichsministeriums für Volksaufklärung und Propaganda« im März 1933 wird eine Reihe gesetzlicher und administrativer Neuregelungen eröffnet, deren Ziel eine »Totalerfassung« der deutschen Filmindustrie und das Erringen einer Vormachtstellung in der Welt ist.[16] Die nur zwei Monate später erfolgte Gründung der Filmkreditbank erneuert die zuvor durch die Ufa geknüpfte Allianz zwischen Banken, hohen Staatsfunktionären und Filmindustrie und stützt das Programm des Propagandaministeriums zur Schaffung »arteigener« Kunst durch Selektions- und Ausgrenzungsmechanismen.

> Das Ziel des Nationalsozialismus liegt nicht darin, eine neue Kunst zu schaffen oder gar zu diktieren ⟨...⟩. Vielmehr sieht der Nationalsozialismus seine Aufgabe darin, als ein guter Treuhänder echter deutscher Kulturentwicklung zu wirken, und dabei einerseits alle wirklich gesunden künstlerischen Strömungen zu unterstützen und zu fördern, andererseits aber auch strengstens darüber zu wachen, daß alle ungesunden Auswüchse vermieden werden.[17]

Privilegierte Themen wie »deutsches Wesen« und »deutsche Tugenden« in Bewegungsbilder zu übersetzen wird in der Folgezeit vor allem die Aufgabe der finanziell und personell gut ausgestatteten Staatsauftragsproduktionen, in denen sich die Propagandafunktion vor allem an den handelnden Figuren erprobt, deren demonstrative Gesinnungstreue und Führungsqualität in dem vagen Hitler-Ausspruch »deutsch denken und deutsch handeln« komprimiert sind. Politik als »Haltung« zu codieren und über das Unterhaltungsmedium Film visuell auf die Zuschauer zu »übertragen«, entspricht den populärpsychologischen Vorstellungen der NS-Propagandatheoretiker Goebbels, Belling, Hippler oder Raether. Folgerichtig sind insbesondere die Spielfilme weitgehend frei von plakativ nationalsozialistischer Ikonographie (Hakenkreuz, Führergruß etc.). Militärische Tugenden wie Gehorsam oder Fahnentreue, Tapferkeit und Beharrlichkeit finden sich hingegen auch in den vorgeblich unpolitischen Unterhaltungsfilmen wieder, in denen Parolen wie »Kameraden kämpfen gemeinsam und siegen gemeinsam und kriegen gemeinsam eins aufs Dach!« (›Frau am Scheidewege‹, 1938, Regie: Josef von Baky) die propagandistische Verhüllungsfunktion kaum erfüllen können.

Bereits in ihren ersten filmpolitischen Konzeptionen hatte sich die NSDAP auch mit Zensurregelungen auseinandergesetzt und die Zulassungspraxis der Weimarer Republik analysiert, genutzt und kritisiert. Die Neuregelung der Zensur nach 1933, die einen Großteil der Mitarbeiter der Filmprüfstellen im Amt beläßt,[18] schafft ein komplexes System aus Vor- und Nachzensur, das über zahlreiche Einzelverfahren realisiert wird: Neben offiziösen Mitteln wie Freigabe, Zensur und Prädikatvergabe gehört dazu auch ein ausgeklügeltes System der Bespitzelung und Denunziation, das Anlegen von Positiv- und Negativ-Listen, Rufmordkampagnen, Bedrohung u. v. m.,[19] um die Filmproduktions- und -distributions-Stäbe von jenen Mitarbeitern zu »säubern«, die dem Regime aus ethnischen oder politischen Gründen mißfallen. 1944 gelten lediglich noch 95 Filmautoren/Filmautorinnen als »geeignet«, unter ihnen die oft engagierten Kurt J. Braun, Georg C. Klaren, Jacob Geis, Thea von Harbou, Walter Lieck und Ernst Marischka. Einem strikten Selektionsprinzip folgen auch das im Juli 1933 erlassene Filmkammer-Gesetz, das den Ausschluß »nicht zuverlässiger« Mitarbeiter ermöglicht, und das 1934 neu gefaßte Lichtspielgesetz,[20] das die Verletzung nationalsozialistischen Empfindens als ergänzendes Zensurkriterium aufnimmt.

Das Filmkammer-Gesetz ist auf die totalitären Visionen des Reichspropagandaministers zugeschnitten. Es ermöglicht die Ablehnung oder den Ausschluß eines Mitglieds, wenn Tatsachen vorliegen, aus denen sich ergibt, »daß der Antragsteller die für die Ausübung des Filmgewerbes erforderliche Zuverlässigkeit« nicht besitzt. Die vage Formulierung öffnete der Willkür Tür und Tor.[21]

Das institutionelle Schema der Steuerung durch Zensur wird durch ein mehrstufiges Prädikatisierungssystem ergänzt, das die ausgezeichneten Filme durch finanzielle Subventionen lanciert. Diese komplizierten Prozeduren des Filmherstellungs- und -genehmigungsvorgangs, welche sich auf eine flexibel auslegbare, »schier unübersehbare Anzahl von Verordnungen und Vorschriften«,[22] von Richtlinien und Besetzungsempfehlungen gründen, produzieren fortlaufend Interessenkonflikte zwischen filmindustriellen und propagandaministeriellen Stellen.[23] Die Expansion der Filmzensur läuft zudem der zunehmenden Verstaatlichung der Filmproduktion entgegen (1939 sind die meisten filmproduzierenden Firmen über die Cautio Treuhandgesellschaft mbH in Staatsbesitz konvertiert worden) und den verschiedenen kurzfristigen inhaltlichen wie auch personellen Interventionen des Propagandaministeriums und seiner Funktionäre. In der Gründung der »Reichsfilmakademie« 1938, als deren filmkünstlerischer Leiter der spätere Ufa-Produktionschef Wolfgang Liebeneiner berufen wird, kulminieren die Versuche, eine systemkonforme Kinoästhetik über die Selektion des Mitarbeiterstabs zu schaffen. Untergliedert in die Lehrgruppen Dramaturgie, Darstellung und Bildende Künste, sollen verdiente Filmschaffende wie Carl Hoffmann (Kamera), Fritz Hippler (Regie), Wolfgang Zeller (Musik), Traugott Müller (Bühnenbild), Veit Harlan (Regie) und Herbert Selpin (Regie) im Verlauf eines zweijährigen Studiums filmpraktische Fertigkeiten vermitteln.[24] Die »Gleichschaltung« wird 1942 mit der Ufi-Gründung (Ufa-Film-GmbH) formal abgeschlossen, in der die großen verbliebenen Produktionsfirmen Ufa, Terra-Film, Tobis, Bavaria, Berlin-Film und Wien-Film zusammengefaßt werden. Größe und Komplexität des institutionellen Apparats sowie Kompetenzstreitigkeiten und Konkurrenzen innerhalb und zwischen den verschiedenen Instanzen tragen jedoch immer wieder dazu bei, daß sich auch »Irrationalität und Entformalisierung unter der Herrschaft der normativen Kraft des Faktischen« durchsetzen können.[25]

Wie alle despotischen Machtapparate funktionierte die NS-Zensur gleichzeitig perfekt und irrational, sie war dynamisch und störungsanfällig, sie arbeitete fieberhaft und mitunter gegen ihren eigenen Sinn.[26]

III. Filmproduktion im Exil

Parallel zu der Subordination von Filmherstellung und -verleih unter das Propagandaministerium erfolgt sukzessive eine systematische »Arisierung« des deutschen Films. Schon am 28. Juni 1933 tritt jene Verordnung in Kraft, nach der jeder an einem deutschen Film Mitwirkende »deutscher Abstammung« zu sein habe. Dadurch wird unter den Filmschaffenden eine erste Welle der Emigration ausgelöst. Die Ufa z. B. bietet ihren jüdischen Angestellten und Mitarbeitern 250 000 RM Abfindung für ihr »freiwilliges« Ausscheiden. Obwohl es zunächst diverse Ausnahmegenehmigungen zum sogenannten »Arierparagraphen« gibt, sind ab Sommer jüdische Filmschaffende kaum mehr an deutschen Filmproduktionen beteiligt – später wird die Repression auf Angehörige, Ehe- und Lebensgefährten der Filmbeschäftigten ausgeweitet.[27] 1934 wird das antisemitische Berufsverbot auch in Österreich durchgesetzt, 1935 Staatssekretär Hans Hinkel mit der Überwachung der »nicht-arischen« Künstler beauftragt. Eine Vielzahl von Tarnbegriffen für politisch und/oder »rassisch« unliebsame Mitarbeiter (Unzuverlässigkeit, Konjunkturjägertum usw.) etabliert sich in der Bürokratie. Filmschaffende wie Kurt Bernhard, Paul Czinner, Kurt Gerron, Fritz Lang, Leontine Sagan, Detlef Sierck, Günther Stapenhorst u. v. a. flüchten aus Deutschland. Einige der in europäische Nachbarstaaten Geflohenen entgehen der Verfolgung durch das NS-Regime nicht. Gerron, der in den Niederlanden mit ›Het Mysterie van de Mondscheinsonate‹ 1935 einen erfolgreichen Kriminalfilm herausbringt, wird 1943 interniert und gezwungen, den Theresienstadt-Film ›Der Führer schenkt den Juden eine Stadt‹ zu drehen, bevor er 1944 in Auschwitz ermordet wird. Der gleichfalls in die Niederlande geflohene Produktionsleiter und Drehbuchautor Josef Jacobi wird in einem französischen Konzentrationslager ermordet.

In Europa und den USA werden nach 1933 ca. 220 Filme unter Beteiligung deutscher Flüchtlinge realisiert, welche meist von einem Exilland zum nächsten fliehen, um schließlich größtenteils in Hollywood ansässig zu werden. Im Gegensatz zu der Arbeitssituation der Exilliteraten, die sich weitgehend an ein deutschsprachiges

Publikum richten, agieren die Filmschaffenden in vollkommener Abhängigkeit von der Landessprache und den politischen wie auch filmindustriellen Rahmenbedingungen der nationalen Kinematographie ihres Gastlandes.[28] Für sie besteht in dem hochgradig arbeitsteiligen Medium Film kaum die Möglichkeit, eine individualisierbare »Gegenstimme« zu dem hegemonialen Filmschaffen Nazideutschlands zu artikulieren.

> Die aus Deutschland emigrierte Literatur hat schon längst Stellung genommen. Dem Film fällt es schwerer. Es gibt für ihn, mit Ausnahme der Sowjetunion, noch keinen »Verleger«. Der internationale Produzent geht jedem politischen Bekenntnis aus dem Weg. Wir wollen nicht ungerecht sein, vielleicht zwingen ihn Zensur, Gefahr diplomatischer Verwicklungen, die eingegrenzten Bestimmungen für Arbeitserlaubnis dazu.[29]

Während beispielsweise in den USA schon bald regulierende berufsständische Instrumentarien eingesetzt werden, um die große Zahl an Berufsmigranten im Filmgewerbe zu reduzieren, werden die vor dem NS-Regime fliehenden Fachkräfte in der nach Spezialisten suchenden niederländischen Filmindustrie trotz einer im allgemeinen restriktiven staatlichen Ausländerpolitik umworben.[30] Zwar wird für den Film ebenso wie im Feld der Exil-Literatur von oppositionellen Gruppen der Anspruch formuliert, die »eigentliche deutsche Kultur« zu repräsentieren, doch selbst Autor-Regisseure wie Fritz Lang oder Detlef Sierck, die sich in der Weimarer Republik durch einen persönlichen Stil profiliert hatten, fügen sich unter den veränderten Bedingungen mit ihrer Produktion weitgehend den hegemonialen filmpolitischen und -ästhetischen Strukturen des Exillandes ein. Es läßt sich daher unter den Flüchtlingen kaum ein einheitlicher oppositioneller Stil, ein durchgehendes Sujet oder eine homogene ästhetisch-politische Position ausmachen.[31] Einige von ihnen sind vor ihrer Vertreibung linientreu und an Filmproduktionen beteiligt, die weitgehend dem Gestus der NS-Kinematographie verpflichtet sind (z.B. Frank Wysbar mit ›Petermann ist dagegen‹, 1937), andere wie Gustav von Wangenheim, Fritz Lang oder Max Ophüls tragen im Exil mit Anti-Nazi-Filmen oder -Hörspielen dazu bei, explizit gegen den deutschen Faschismus Position zu beziehen.[32]

IV. Staatsauftragsfilme und filmische Propaganda

Gut ein Zehntel der deutschen Filmproduktion im »Dritten Reich« sind Staatsauftragsfilme, die unter der persönlichen Protektion des Propagandaministers Joseph Goebbels mit großem Budget gedreht und aufwendigst distribuiert werden. Mit Beginn des Zweiten Weltkriegs läßt sich noch ein weiterer Anstieg dieser Zahl und eine Ausweitung propagandistisch relevanter Sujets wie Militarismus, Expansionismus oder Krieg auf andere Genres verzeichnen (z. B. in den sogenannten Heimatfrontfilmen).[33] Neben den in der Forschungsliteratur bis heute viel diskutierten Parteitags-, Wehrmachts- und Durchhaltefilmen entstehen im Nationalsozialismus zudem ganze Sparten von Filmen, die sich in ihrer »volksaufklärerischen« und propagandistischen Intention an spezifische Zielgruppen richten, insbesondere an Jugendliche oder genauer: an männliche Jugendliche. Gerade diese Filme erhalten zahlreiche Prädikate und begleiten als Vor- oder Beiprogramm die primär auf Unterhaltung ausgerichteten Kinofilme. Der im Auftrag des Luftfahrtministeriums produzierte Kulturfilm ›Die Jüngsten der Luftwaffe‹ (1939, Regie: Hermann Boehlen) narrativiert beispielsweise im Gestus des Dokumentarischen »soldatische Tugenden« und militärische Erziehung und bewirbt einen Berufszweig, der Ende der 1930er Jahre militärtechnologisch relevant und zugleich durch Rekrutierungsprobleme gekennzeichnet ist. In Filmen wie ›Junge Adler‹ (1944, Regie: Alfred Weidenmann) wird eine solche zielgruppenspezifisch ausgerichtete Funktionalisierung des Films fortgesetzt und in die Register des Spielfilms übertragen.[34]

Nach den »Nürnberger Gesetzen« formulieren die Filme eine potenzierte Ethnisierung des Feindbildes. Visuelle Formeln und Stereotype des Jüdischen binden sich nun zunehmend an Argumentationsfiguren des Bolschewismus oder Kapitalismus (z. B. in ›Robert und Bertram‹, 1939, Regie: Hans Heinz Zerlett; ›Die Rothschilds‹, ›G. P. U.‹, 1942, Regie: Karl Ritter), sodaß sich ein visuell-narratives, zirkuläres Verweissystem aus biopolitischen, medizinischen, physiognomischen, psychologischen, historiographischen und politischen Anschauungs- und Ordnungsschemata etabliert. Letzteres ermöglicht die filmische Wiederkehr eines Typus, des »Ewigen Juden«, in immer neuen Masken und Artikulationen (siehe auch die Darstellung von vier verschiedenen Rollenstereotypen des Jüdischen durch Werner Krauß in ›Jud Süß‹).

Daß sich auch für die Staatsauftragsfilme kein geradlinig-funktionales Verhältnis von Produktions- bzw. Aufführungsintention und Publikumswirkung nachweisen läßt, belegen Fallbeispiele wie die massenhafte Fanpost erotisch affizierter Rezipientinnen an Ferdinand Merian nach dessen Übernahme der Titelrolle in ›Jud Süß‹,[35] obgleich der Film auf der anderen Seite im besetzten Frankreich systematisch zur propagandistischen Vorbereitung von Maßnahmen wie Deportationen eingesetzt wurde oder vor Angehörigen der SS in den KZs gezeigt wurde.

Andererseits durchdringen Antisemitismen, Rassismen, Nationalismen, homophobe Argumentationslinien und andere Ausgrenzungs- und Diskreditierungsstrategien, die in den Propagandafilmen dominante Elemente des Narrativen und Visuellen darstellen, auch die Konstruktionsparameter des Unterhaltungsfilms und insbesondere jener (Musik-)Komödien, die mit dem Prädikat »staatspolitisch wertvoll«, »staatspolitisch besonders wertvoll«, »staatspolitisch und künstlerisch wertvoll« oder gar »Film der Nation« ausgezeichnet werden. In ihnen manifestiert sich jene »Bombenstimmung«, die im Kontext einer programmatischen Musikalisierung des Alltags die Unerschütterlichkeit deutscher »Wesensmerkmale« unter schwierigsten Bedingungen demonstriert.

V. Bombenstimmung:
Die Funktion der Unterhaltungsfilme

Hatten bereits in der Zeit der Notverordnungen militärromantische Musikfilmprojekte (wie ›Bomben auf Montecarlo‹, 1932, Regie: Hans Schwarz; nach dem Roman von Fritz Reck-Malleczewen) zu den großen Kino-Erfolgen gehört, so setzt sich nach 1933 die »Musikalität der Politik« fort als ein Verfahren, nationalpolitische Rahmenideologeme und kommerzielle Aspekte miteinander zu versöhnen.[36] Dies war auch einer Umstrukturierung und Ausdifferenzierung deutscher Produktionsfirmen geschuldet.

Im Zuge der Durchökonomisierung der Unterhaltungsbranche – die ja im Faschismus weitergeht – hatten die großen Filmfirmen sich vertikalisiert: Sie hatten sich Plattenfirmen und Notenverlage zugelegt. An dieser Stelle beginnt, was uns heute als eine Selbstverständlichkeit erscheint: daß ein Unterhaltungskonzern nicht nur seine CDs und DVDs vertreibt, sondern auch das dazugehörige Abspielgerät produziert und die Kinokette besitzt, die den Film zeigt, der mithilft, die auf der entsprechenden CD versammelten Stücke zu popularisieren.[37]

Die propagandaministeriell betonte Wichtigkeit von »heiteren« und »musikalischen Stoffen« realisiert sich im Nationalsozialismus in unterschiedlichen konzeptionellen Ansätzen, Genres und Medien, in Plänen zur Revitalisierung des »neuen deutschen Volkslieds« und seinem leitmotivischen Einsatz in den »Tendenzfilmen« ebenso wie in den etwa 47,8 % Produktionsanteil ausmachenden expliziten Musikfilmen[38] oder in Albert Speers Architektur- und Beleuchtungsentwürfen, welche u. a. durch die Revuen Erik Charells inspiriert sind. Vor allem der deutsche Schlager erfüllt die Funktion, deutsches Liedgut zu modernisieren und der modernen US-amerikanischen Musik, den »Negersongs« und den auch in Deutschland populären Musicals, eine national-ästhetische »Stilbildung« entgegenzusetzen.[39] Die Schlagerindustrie und der ihr assoziierte Starkult – Marika Rökk (›Hallo, Janine‹, 1939, Regie: Carl Boese; ›Frauen sind doch die besseren Diplomaten‹, 1939/40, Regie: Georg Jacoby) wird als Mischung aus Ginger Rogers und Eleanor Powell beworben – amalgamieren mit der Kinoindustrie zu einer die Medienrezeption doppelnden Gesamtinszenierung. Immer wieder sind die Zuschauer als Zuschauer und die Leinwandprotagonisten als passionierte Medienrezipienten an Radio und Plattenspieler, in Theater, Operette oder Oper zu sehen. Schlager, Lied und ihre sinnstiftenden Refrains besetzen auditiv die wichtigsten Schaltstellen der Narration und Dramaturgie: Ein Liebespaar findet durch eine Schlagermelodie zueinander (›Wie konntest du, Veronika‹, 1940, Regie: Milo Habich); in einem Mietshaus werden die verschiedenen gesellschaftlichen Praktiken von der Hausarbeit bis zum Aufsetzen eines juristischen Schriftstücks in einer Anwaltskanzlei zum Rhythmus des Chopinschen Trauermarsches zusammengebracht

(›Was bin ich ohne dich‹, 1934, Regie: Arthur Maria Rabenalt); ein Mordfall wird durch die Radioübertragung eines Konzerts aufgeklärt (›Mutterlied‹, 1937, Regie: Carmine Gallone); und Liedverse (»Warum liebt man so die Liebe?«) strukturieren und kommentieren das »tragische« Verschwinden einer Titelfigur (›Ich war Jack Mortimer‹, 1935, Regie: Carl Froelich). Zahllose Filme von ›Viktor und Viktoria‹ (1935, Regie: Reinhold Schünzel) bis ›Wunschkonzert‹ (1940, Regie: Eduard von Borsody) zitieren das Showgeschäft bzw. das ›Leben hinter den Kulissen‹ oder greifen in Szenenaufbau, Schnittfolge und -rhythmus auf Musical und Revue zurück.[40] Die Heldinnen und Helden dieser Filme sind – wie Siegfried Kracauers »Angestellte« (1930) – unermüdliche Unterhaltungskonsumenten, die »kein Musikstück anhören« können, »ohne sofort den ihm zubestimmten Schlager mitzuzirpen«.[41] In einer Zeit nationaler Opfer und »Notgroschen« signalisieren Schlager und Gassenhauer jene Kopf-Hoch- und Trotz-alledem-Haltung, die zur adäquaten deutschen »Gesinnungshaltung« stilisiert wird. Das ehemalige Revuegirl in ›Fahrt ins Glück‹ (1945, Regie: Erich Engel) summt und singt pausenlos – selbst angesichts eines Gerichtsvollziehers. In ›Glückskinder‹ (1936, Regie: Paul Martin) demonstriert der Schlager ›Ich wollt', ich wär ein Huhn‹ Unbeschwertheit in materieller Not. Refrains wie ›Davon geht die Welt nicht unter‹ (›Die große Liebe‹, 1942, Regie: Rolf Hansen) oder ›Das kann doch einen Seemann nicht erschüttern‹ (›Paradies der Junggesellen‹, 1939, Regie: Kurt Hoffmann) schließlich werden über den Rahmen der filmischen Narration hinaus als weltanschauliche Motti verstanden. Dadurch leisten diese Filme erfolgreich die »Transformation von Geschichte in Sozialphantasien«.[42] Während die zunehmend freizügiger werdende musikalische Unterhaltung[43] die mit Kriegsbeginn forciert betriebene Produktion antisemitischer Filme konterkariert (›Der ewige Jude‹, 1940, Regie: Fritz Hippler; ›Die Rothschilds‹, 1940, Regie: Erich Waschneck; ›Carl Peters‹, 1941, Regie: Herbert Selpin; ›... Reitet für Deutschland‹, 1941, Regie: Arthur Maria Rabenalt usw.),[44] adressieren die beständig länger werdenden und mit erhöhter Kopienzahl gestarteten ›Wochenschauen‹ das gesteigerte Bedürfnis, den deutschen Expansionismus der ersten Kriegsjahre in bewegten Bildern sichtbar zu machen und in dramatischer Intonation zu kommentieren.⁴⁵ Arrondiert durch »leichte« und »heitere U-Filme« dienen Spielfilmproduktionen zunehmend der medialen Verstärkung politischer Kampagnen. In den »Heimatfrontfilmen« um starke und leidensfähige Protagonistinnen, ›Das andere Ich‹ (1941, Regie: Wolfgang Liebeneiner), ›Die Kellnerin Anna‹ (1941, Regie: Peter Paul Brauer) oder ›Auf Wiedersehen, Franziska!‹ (1943, Regie: Helmut Käutner), manifestiert sich beispielsweise der Versuch, die zögernde Bereitschaft deutscher Frauen zum Arbeitseinsatz in Rüstungsindustrie oder Landwirtschaft zu verbessern. In dem berühmten Euthanasie-Film ›Ich klage an‹ (1941, Regie: Wolfgang Liebeneiner) wird die sich seit den 1930er Jahren institutionalisierende Vernichtungspolitik von Psychiatriepatienten narrativiert und in die Register des Melodrams transferiert.⁴⁶

VI. German Hollywood:
Deutscher Detektivfilm und Film Noir

Bereits Ende der 1930er Jahre zählt der Kriminalfilm zu den häufig der Zensur unterworfenen Genres in Deutschland. Dennoch finden sich Spurenelemente selbst jener bösartigen Doppelbödigkeit, die als Kennzeichen der Schwarzen Serie gilt, auch in den wenigen deutschsprachigen Thrillern, etwa in ›Verwehte Spuren‹ (1938, Regie: Veit Harlan), ›Ich war Jack Mortimer‹ (1935) oder dem zensierten, erst in der Nachkriegszeit aufgeführten ›Via Mala‹ (1945, Regie: Josef von Baky).⁴⁷ In diesen Filmen erzeugen Verschwörungsszenarien jenes Klima grundsätzlicher Verunsicherung, das den Zuschauer bis zum Ende des Films über die psychische Gesundheit oder moralische Integrität der Helden, über Gut und Böse im Unklaren läßt. Der größte Teil der in den 1930er und 1940er Jahren in Deutschland gedrehten Detektiv- und Kriminalfilme ist hingegen eher als Kriminalkomödie (›Nanu, Sie kennen Korff noch nicht?‹, 1938, Regie: Fritz Holl; ›Der Mann der Sherlock Holmes war‹, 1937, Regie: Karl Hartl) oder Kriminaldrama (›Savoy Hotel 217‹, 1936, Regie: Gustav von Ucicky; ›Orientexpreß‹, 1944, Regie: Viktor Tourjansky) konzipiert, denn in ihnen dominieren vielfach melodramatische Konfliktkonstellationen oder deren humoristische Wendung. Beide Erzählphasen, die melodramatische und die investigative, sind dabei vielfältigst über Rätselzeichen, Indizien, Spuren und Fetische gekoppelt, um die genrekonstitutive Dramaturgie der Ortswechsel in Bewegung zu halten.

Die Großstadt, seit Beginn der Filmgeschichte Standardszenario für Detektivgeschichten und spätestens seit ›M. Eine Stadt sucht einen Mörder‹ (1931, Regie: Fritz Lang) in Deutschland als Ort individueller und kollektiver Pathologien etabliert, dient auch dem nazistischen Kino als Hyperzeichen für Devianzen.[48] Die Zufälligkeit und Anonymität von Begegnungen und Ereignissen, die imaginäre »Anwesenheit der Masse und ihrer entfesselten Partialtriebe«,[49] Korruption, Erpressung, geschäftliche Intrigen, ungewollte Schwangerschaften, Seuchen und psychische Krankheiten – all dies ist situiert im sozialen Melting-Pot der Film-Städte.[50] Psychohygienische Urbanitätstheoreme (Reizflut, Aggression durch Besiedlungsdichte etc.) dienen häufig schon der Exposition. In ›Neunzig Minuten Aufenthalt‹ (1936, Regie: Harry Piel) wird das narrative Schema ›Ankunft in der Stadt Lissabon‹ mit den Signalen des Internationalismus (›schwarze Passanten‹), der Mobilität (hohe Verkehrsdichte) und massenpsychologischen Dynamiken (die beiden Helden werden noch am Bahnhof in eine Prügelei verwickelt) aufgeladen. In ›Savoy Hotel 217‹ sind es neben dem titelgebenden Hotel die dunklen Hinterhöfe und von Obdachlosen bevölkerten Kellergewölbe, die das Moskau der Jahrhundertwende repräsentieren. Die »Verlängerung der teleologischen Reihen, Vergrößerung der sozialen Kreise und Differenzierung der elementaren Wechselwirkungen«, die Georg Simmel bereits um 1900 diagnostiziert hatte,[51] transformiert der Kriminalfilm in bildästhetische Entwürfe schwerer Schatten, gleißender Schienennetze, düsterer Unterführungen und unübersichtlicher Massen- respektive Verkehrsströme.

Die Zeichenfläche Großstadt ist auch der Auftrittsort moderner Weiblichkeitspräsentationen. Büros, Läden und Lokale sind von den »neuen« berufstätigen, selbstbewußten, »nervösen« und materialistischen Luxus-Geschöpfen bevölkert, die in den Filmen per Dialog und Maske deutlich abgesetzt werden gegen den Typus der Durchschnittsfrau (»Ich bin eine Frau wie jede andere«), die

häuslich, sparsam, treu und programmatisch »bedeutungslos« ist.[52]
Die richtige Frau von der falschen zu trennen, die inkompatiblen
Paare auseinander- und die kompatiblen (doch noch) zusammen-
zubringen, diese auch dem Melodram eigene Bewegung der Verkennung, Konfrontation und Entlarvung handeln die deutschen Kriminalfilme mit einem stets moralisierenden Ausgang ab. In ihnen
sind die urbanen Frauenfiguren grundsätzlich Verliererinnen, die
vereinsamt, gedemütigt oder als »schöne Leiche« zurückbleiben.
›Verwehte Spuren‹ (1938) bildet explizit Erotik auf Verbrechen ab
und umgekehrt, während der Film zugleich national- und rassenty-
pologische Parameter abarbeitet. Das Drehbuch setzt als weibliche
Hauptfigur ein unschuldiges »junges nordisches Mädchen« ein[53]
und kombiniert das Erwachen weiblicher Sexualität mit den Gefahren der Weltstadt, mit Reizüberflutung, Promiskuität, Krankheit
und Tod.[54] Immer wieder werden im narrativen Verlauf französische urbane Lebensart und nordische Weiblichkeit gegeneinander
ausgespielt, während sich die Inszenierung in Lichtsetzung und
Dekors der visuellen Gestaltungsmittel des Film Noir[55] mit seinen
scharfen, überdimensionalen Schatten und Silhouettierungsverfah-
ren bedient. Im Gegensatz zu letzterem arbeitet der Veit-Harlan-
Film aber

nicht mit den erotisch-verführerischen Konnotationen des Zwielich-
tigen und Halbdunkeln, der verlockenden Tiefe abgeschatteter Räume, sondern denunziert mit dergleichen Mitteln gerade die erotische Obsession als
krankhaft, schwül, lastend, als vernichtend, stickige Luft, die nicht zufällig
ans Thema der Seuche sich bindet.[56]

Der Fluchtpunkt dieses deutschen Thrillers ist – wie in den meisten Kriminalfilmen der NS-Zeit – das kleine Glück, symbolisiert in
dem Liebespaar, das sich am Ende des Films in den Armen liegt.

VII. Opfermythen, Todesästhetik und Geschlechterpolitik

Wie hinsichtlich der Filmzensur, so läßt sich auch in der filmindustriellen Geschlechterpolitik kaum von qualitativ neuen, spezifisch
nationalsozialistischen Interventionen sprechen. Ohnehin hatte
mit Einführung des Tonfilms – ähnlich wie in Hollywood – das
Gros der weiblichen Filmschaffenden, insbesondere die zahlreichen
Drehbuchautorinnen der Stummfilmzeit, die Filmbranche bereits
verlassen. Die verbliebenen Regisseurinnen und Drehbuchautorinnen – 1944 sind 77 Drehbuchautoren und 18 -autorinnen beim
Propagandaministerium registriert – schreiben schwerpunktmäßig
»Unterhaltungsfilme«. Nur wenige von ihnen wirken an den staatstragenden Großfilmprojekten mit. Thea von Harbou, in der Zeit der
Weimarer Republik an Filmen wie ›Die Nibelungen‹, ›Metropolis‹
(1927, Regie: Fritz Lang), ›Michael‹ (1924, Regie: Carl Theodor
Dreyer) oder ›Frau im Mond‹ (1929, Regie: Fritz Lang) beteiligt,
gehört nach 1933 als Expertin für die Glättung zensurgefährde-
ter oder vorzensierter Treatments zu den vielbeschäftigten und
gutbezahlten Skriptschreibern, die vorübergehend ins Regiefach
wechseln können (›Hanneles Himmelfahrt‹, 1934, ›Elisabeth und
der Narr‹, 1934).[57] Die einzige prominente Regisseurin der NS-Zeit
ist zweifellos Leni Riefenstahl. Ihre filmische Arbeit, die sie unter
der persönlichen Protektion Hitlers durchführt, wird durch größten finanziellen, technischen, personellen und organisatorischen
Aufwand ermöglicht. In den Parteitags- und Wehrmachtsfilmen,
›Sieg des Glaubens‹ (1933), ›Triumph des Willens‹ (1934), ›Tag
der Freiheit‹ (1935) und in ›Olympia‹ (1936/38) entwirft sie jene
Parallelmontage aus ornamentalisierten Massen-Choreographien
und stilisierten Einzelfiguren, die sie weit über Deutschland hinaus
berühmt und neben Veit Harlan zur prototypischen Regisseurin des
NS-Regimes macht.[58]

Was für die Subjekt- und Redeposition von Frauen im deutschen
Kino der 1930er Jahre gilt, läßt sich auch für die Figuren auf Zel-
luloid sagen: Die Weiblichkeitsimagines des NS-Kinos spiegeln
keineswegs geradlinig die staatlich propagierten Vorstellungskom-
plexe von deutsch-arischem Frau-Sein wider, dessen Vermittlung in
den NS-Jugend- und Frauen-Organisationen systematisch gefördert

wird. Die Genreregeln des Melodrams, etwa die Konfrontation von Protagonistin und Antagonistin, generieren strukturell geradezu die Präsenz des Anderen, Abweichenden, Zweideutig-Geheimnisvollen, die in Filmen wie ›Die Stunde der Versuchung‹ (1936, Regie: Paul Wegener), ›Rote Orchideen‹ (1938, Regie: Nunzio Malasomma) oder ›Trenck, der Pandur‹ (1940, Regie: Herbert Selpin) sichtbar wird. Aber gerade auch im Inszenierungsschema des heroischen weiblichen Leidens, das in Filmen wie ›Jugend‹ (1938, Regie: Veit Harlan) oder ›Kolberg‹ (1945, Regie: Veit Harlan) dominant ist, finden sich Weiblichkeitskonstruktionen auf dramaturgisch wichtigen Positionen angeordnet.[59] ›Annelie. Die Geschichte eines Lebens‹ (1941, Regie: Josef von Baky) erzählt beispielsweise deutsche Geschichte in den nationalmythischen Zeiträumen von 1871 bis zum Zweiten Weltkrieg als melodramatische Verkettung weiblicher Verluste, Verzichte und Entbehrungen, während die Leidensheldin von der Position der Jungfrau auf die der Ehefrau und Mutter und schließlich der Großmutter übergeht. Susan Sontag hat eine solche Opferdramaturgie als Spezifikum nationalsozialistischer Ästhetik beschrieben:

> Faschistische Choreographie variiert zwischen pausenloser Bewegung und erstarrten, statischen, »virilen« Posen. Faschistische Kunst glorifiziert die Unterwerfung, feiert den blinden Gehorsam, verherrlicht den Tod.[60]

Unter dieser Perspektive läßt sich auch in der propagandistisch besetzten Mutterfigur ein Beispiel jenes vordergründig an männliche Wesensmerkmale geknüpften imaginären Subjektivitätstyps erblicken, den das NS-Kino in seinen vielfältigen Führerfiguren (›Bismarck‹, 1940, Regie: Wolfgang Liebeneiner; ›Robert Koch‹, 1939, Regie: Hans Steinhoff; ›Diesel‹, 1942, Regie: Gerhard Lamprecht) zu feiern pflegte, denn die »virile Pose« des Verzichts, des Durch- und Standhaltens trotz aller widrigen Verhältnisse, Verkennungen und Zumutungen nehmen auch die Heldinnen in ›Mutterliebe‹ (1939, Regie: Gustav von Ucicky) oder in ›Annelie. Die Geschichte eines Lebens‹ ein. Solcherart strukturelle Vermännlichung der Frauenfiguren verbindet sich Ende der 1930er Jahre mit den Konnotaten des Mütterlichen zum soldatischen Typus der Kameradin, so z. B. in dem nach dem Roman ›Kamerad Mutter‹ von

Christel Boehl-Delhaes realisierten Spielfilm ›Aus erster Ehe‹ (1939/
40, Regie: Paul Verhoeven) oder dem den Autobahnarbeiterinnen
gewidmeten Film ›Kamerad Hedwig‹ (1944, Regie: Gerhard Lamprecht). Damit einher geht eine filmische *Um*schreibung weiblicher
Figuren, welche zunehmend als alleinstehend und berufstätig inszeniert werden. Mit Beginn des Bombenkriegs gewinnt schließlich
auch die weibliche Variante des Führertyps im Film Bedeutung.[61]

VIII. Schau-Lüste der Nation: Aufführungspraxis

Aus der NSDAP-Filmpolitik der 1920er Jahre stammt bereits die
Idee, Aufführung und Rezeption der Filme in einem Rahmen zu
situieren, der das Kinoerlebnis den nationalsozialistischen Grup-
pen- und Massenritualen annähern und darin die »Durchdringung
der Massenkultur mit kultischen Werten« (Goebbels)[62] garantieren
sollte. Das Konzept des kollektiven Sehens, das auch in den Fernsehstuben präsent ist, wird durch die Integration der Filmschauen
in die Organisationsstrukturen der Jugend-, Frauen- und Freizeit-
verbände, aber auch der Wehrmacht, Polizei, Waffen-SS oder des
technischen Notdienstes ergänzt. In der Praxis der »Filmfeierstun-
den«[63] wird die Filmrezeption durch ideologisierende Rahmung
(Vorträge, Musik, Diskussion) zum weihevollen Erleben. Auch die
großen öffentlichen Kinovorführungen sollen durch einen feierlichen Ton zu pathetischen Gemeinschaftserlebnissen erhoben werden. Uraufführungen »staatspolitisch wertvoller« Filme werden daher durch Redebeiträge, Musikouvertüren (›Bismarck‹ wird 1940
mit der Aufführung der Fünften Symphonie von Beethoven durch
das Große Orchester des Deutschlandfunks eröffnet) und die Anwesenheit filmindustrieller wie politischer Prominenz aufgewertet.
Eine wichtige Funktion solcher »Einweihungen« liegt in der sich
selbst verdoppelnden Funktion des Schau-Spektakels, welche gleich
auf mehreren Ebenen die vorbildliche Darstellung der in Hingabe
erstarrten Massen zum Inhalt macht.[64] In die filmische Ästhetisierung von Tod und Opfer schreiben sich die Aufführungspraktiken
des NS-Kinos insofern ein, als bevorzugt die nationalsozialistischen

Märtyrer-Legenden und Helden-Epen auf diese Weise »geadelt« werden.

Filmpremieren werden strukturell und ästhetisch den Toten-ritualen angeglichen.

Am 12. September 1933 trat Reichsjugendführer Baldur von Schirach vor den Vorhang des Münchner Ufa-Palastes und wandte sich in einer kurzen Ansprache an die in der Rangloge abermals versammelte Partei-Elite: »Es war in der Zeit des schlimmsten Terrors, da stand ich vor 2000 Berliner Hitlerjungen auf einem Generalappell der Berliner HJ und sprach zu ihnen vom Opfer, vom Führer und vom Heldentum. Es lag über diesem Appell eine drückende Atmosphäre, wir ahnten ein furchtbares Geschehen. ⟨...⟩ Am nächsten Morgen fiel der Hitlerjunge Herbert Norkus von der Hand marxistischer Mordbanditen«. Die Saallichter verloschen, dumpfe Trommelwirbel erklangen, und der Vorhang hob sich für jenen Film ›Hitlerjunge Quex‹, mit dem die Ufa in angemessener Feierlichkeit den faschistischen Pompes funèbres ihren ersten offiziellen Tribut erstattete.[65]

Auf diese Weise tragen sich die Aufführungsrituale des NS-Staates in die von Herbert Marshall McLuhan beschriebene mediale Verdoppelungspraxis ein: An die filmische Re-Inszenierung von Partei- und Staatsritualen, der Inszenierung einer Inszenierung also,[66] heften sich die feierlichen Filmaufführungen als dritte Ebene eines Schauspektakels, die wiederum automatisch eine emphatische Rezension in der NS-Presse nach sich ziehen. Das Wechselspiel und Nebeneinander von politischer Funktionalisierung und Emotionalisierung, von Reintegration ideologisch ausgegrenzter Positionen[67] und ihrer Verwerfung im Film-Ende, von hoch dramatischer Opferästhetik und radikaler Desambiguierung verleiht dem Kino der NS-Zeit seine vielstimmige Spezifik. In der Kombination von bevorzugten Sujets, ästhetischen Strukturanalogien zu anderen Bereichen der Konsumkultur (wie Schlager, Revue usw.)[68] und genre-typischen Narrationsmustern, die sich insbesondere an Hollywood orientieren, zeigt sich der deutsche Film der 1930er und 1940er Jahre als Ensemble heterogener, auf Attraktion zielender Erzählungen, Bildentwürfe und Sound-Texturen, die sich mit ihrer scheinbar unpolitischen Oberfläche als »Symptom einer Politik begreifen« lassen, »welche sich bis zum totalen Zusammenbruch auf Schau-wert, Simulation und Theatralik« stützt.[69]

Anhang

Anmerkungen

Einleitung

1 Vgl. *Denk, Zensur.*
2 Vgl. *Haß, Pastorale.*
3 Vgl. *Ehrke-Rotermund/Rotermund, Zwischenreiche.*
4 *Stephan, Exilliteratur; Trapp, Deutsche Literatur; Feilchenfeldt, Exilliteratur.*
5 Vgl *Schoeps, Literatur im Dritten Reich.*
6 Vgl. *Denkler, Was war; Denkler, Werkruinen.*
7 Vgl. exemplarisch *Brandt, Zukunftsroman.*
8 Vgl. *Schmollinger, Intra muros; Englmann, Poetik.*
9 Vgl. *Brockhaus, Schauder.*
10 Vgl. *Wildt, Generation.*
11 Vgl. *Aly, Volksstaat.*
12 Vgl. *Longerich, Judenverfolgung.*
13 Vgl. *Müller, Soldaten.*
14 Vgl. z. B. *Hachmeister, Goebbels-Experiment.*
15 Meier, Albert (Hrsg.): Die Literatur des 17. Jahrhunderts (Hansers Sozialgeschichte der deutschen Literatur, Bd. 2). München 1999, insb. 9–18 (Vorwort).
16 Vgl. zu Bourdieu und zur Theorie des literarischen Feldes Joseph Jurt: Das literarische Feld. Das Konzept Pierre Bourdieus in Theorie und Praxis. Darmstadt 1995; *Joch/ Wolf, Text und Feld; Bourdieu, Regeln der Kunst.*
17 Vgl. Heinz Kindermann: Literatur als Lebenshilfe. Berlin 1944.
18 Wolf Sluyterman v. Langeweyde: Kultur ist Dienst am Leben. 2. erweit. Auflage, Berlin o. J. (1940), 223.
19 Vgl. *Schneider, Bestseller.*
20 Vgl. Börries von Münchhausen: Das Weihelied der Elften Olympiade. Privatdruck Windischleuba/Leipzig 1935.
21 *Bollenbeck, Tradition, Avantgarde, Reaktion,* 320
22 So *Glaser, Hitler.*
23 *Herf, Reactionary Modernism.*
24 Vgl. *Graeb-Könneker, Autochthone Modernität;* vgl. auch *Graeb-Könneker, Literatur,* Nachwort.
25 *Arntzen, Ursprung.*
26 Vgl. *Frank/Palfreyman/Scherer, Modern Times?*
27 Vgl. *Davies/Parker/Philpotts, Modern Restoration.*
28 Heinrich Eduard Jacob: Einleitung zur von ihm herausgegebenen Anthologie ›Verse der Lebenden‹ (Berlin 1924; 3. erweiterte Auflage 1930)
29 Ernst Bloch: Erbschaft dieser Zeit. Zürich 1935. Zum Konzept der Teilöffentlichkeiten vgl. Mergel, Thomas: Parlamentarische Kultur in der Weimarer Republik. Politische Kommunikation, symbolische Politik und Öffentlichkeit im Reichstag. Düsseldorf 2002.
30 Felix Emmel: Das ekstatische Theater. Prien 1924.
31 Vgl. neben einer Münchner Ausstellung aus dem Jahr 1940 (»ein Sinnbild unserer Zeit«) auch die Rede von Friedrich von Rabenau (Buch und Schwert. Rede. Leipzig 1940).

32   Vgl. Hans Fabricius: Schiller als Kampfgenosse Hitlers. Berlin 1934.
33   Kurt Engelbrecht: Faust im Braunhemd. Leipzig 1933.
34   Vgl. *Schäfer, Moderne*, 21.
35   *Schäfer, Moderne*, 22.
36   Kurt Engelbrecht: Deutsche Kunst im totalen Staat. Zur Wiedergeburt des Kunsthandwerks. Lahr 1933, 50.
37   Sluyterman v. Langeweyde (s. Anm. 18), 78 ff.
38   *Schäfer, Moderne*, 24.
39   Wilhelm Lehmann: Bukolisches Tagebuch. Aus den Jahren 1927–1932. Stuttgart 1982 (1. Auflage 1948), 19.
40   Heinz Berggruen: Angekreidet. Ein Zeitbuch. Stuttgart, Hamburg 1947, zitiert nach der Neuausgabe u. d. T. Abendstunden in Demokratie. Berlin 1998.
41   Erika Mann: Blitze überm Ozean. Aufsätze, Reden, Reportagen. Hrsg. v. Irmela von der Lühe und Uwe Naumann. Reinbek b. Hamburg 2000.
42   Vgl. dazu Klaus Briegleb: Mißachtung und Tabu. Eine Streitschrift zur Frage: »Wie antisemitisch war die Gruppe 47«. Berlin 2003.
43   *Kertész, Sprache*, 209.

Jan-Pieter Barbian: Nationalsozialismus und Literaturpolitik

1   Zur Gründung und Tätigkeit des Kampfbundes s. *Brenner, Kunstpolitik*, 7–21, und *Bollmus, Amt Rosenberg*, 27–39.
2   Vgl. zum Folgenden *Brenner, Kunstpolitik*, 22–35; *Barbian, Literaturpolitik*, 65–70; Neliba, Günter: Wilhelm Frick und Thüringen als Experimentierfeld für die nationalsozialistische Machtergreifung. In: Nationalsozialismus in Thüringen. Hrsg. von Detlev Heiden und Gunther Mai. Weimar, Köln, Wien 1995, 75–96; Dornheim, Andreas/Post, Bernhard/Stenzel, Burkhard: Thüringen 1933–1945. Aspekte nationalsozialistischer Herrschaft. Erfurt 1997, hier 9–22 und 53–65.
3   Dazu im einzelnen *Paul, Aufstand der Bilder*, insb. 70–79.
4   *Bollenbeck, Tradition, Avantgarde, Reaktion; Hermand, Der alte Traum.*
5   RGBL/Teil I Nr. 8 vom 6.2.1933, 35–40, und Nr. 17 vom 28.2.1933, 83.
6   Zahlenangabe bei *Möller, Exodus der Kultur*, 38.
7   *Mommsen, Beamtentum*, 39–61.
8   Zum Text der Gesetze s. RGBL/Teil I Nr. 55 vom 27.5.1933, 293, und Nr. 81 vom 15.7.1933, 479–480. Zum Kontext *Hale, Presse*, 68–82; *Frei, Journalismus im Dritten Reich*, 9–38.
9   Hierzu im einzelnen *Peukert, Weimarer Republik*, 208–252; *Ketelsen, Literatur und Drittes Reich*, insb. 128–240; *Meyer, Verlagsfusion Langen-Müller*, Sp. 1–271; *Ulbricht, Die Bücher des heimlichen Deutschland*; ders.: »Ein heimlich offener Bund für das große Morgen ...«. Methoden systematischer Weltanschauungsproduktion während der Weimarer Republik. In: Buchhandelsgeschichte 1/1993, B1-B7; *Ulbricht, Kulturrevolution von rechts.*
10   Vgl. zum Folgenden *Brenner, Kunst-Institution; Jens, Dichter zwischen rechts und links*, hier 189–228; Huder, Walter: Die sogenannte Reinigung. Die »Gleichschaltung« der Sektion für Dichtkunst der Preußischen Akademie der Künste 1933, in: Exilforschung 4 (1986), 144–159; *Mittenzwei, Untergang*, 217–297; *Barbian, Literaturpolitik*, 71–79.

11 Zu Johsts Übergang vom ambitionierten expressionistischen Autor zum na-
    tionalsozialistischen Propagandisten s. *Pfanner, Hanns Johst*; *Düsterberg, Johst.*

12 Zit. nach der von Max von Schillings korrigierten Fassung bei *Brenner, Kunst-
    Institution*, 58–59. Der Schlußsatz in der Fassung von Benn lautete: »⟨…⟩ und
    verpflichtet Sie zu einer loyalen Mitarbeit an den satzungsgemäß der Akademie
    zufallenden Aufgaben der Nation«. Vgl. dazu die wohlwollende Interpretation
    der Vorgänge bei *Dyck, Zeitzeuge*, 75–95.

13 Thomas Mann, Tagebücher 1933–1934. Hrsg. von Peter de Mendelssohn.
    Frankfurt/M. 1977, 93.

14 Eine detaillierte Darstellung zum deutschen PEN-Zentrum in der Weimarer
    Republik und zu seiner »Gleichschaltung« im Jahre 1933 fehlt bislang. Zum
    Folgenden s. die Belege bei *Barbian, Literaturpolitik*, 80–88.

15 Diese Pressemeldung vom 24.4.1933 über die Beschlußfassung der General-
    mitgliederversammlung des deutschen PEN-Zentrums vom Vortage wird zitiert
    in dem Katalogband *Der deutsche PEN-Club im Exil 1933–1945*, 11.

16 Zu Entstehung, Entwicklung und Politik des SDS im Kaiserreich und in der
    Weimarer Republik s. *Fischer, Schutzverband*. Zum Ablauf der »Gleichschal-
    tung« vgl. ergänzend *Barbian, Literaturpolitik*, 89–96.

17 Schreiben von Ewers an die RSK vom 10.6.1940, hier Anlage 1 »Betrifft: Mein
    Verhältnis zur Schrifttumskammer«, 2, in: Bundesarchiv (im folgenden BArch)
    Berlin-Lichterfelde BDC/RSK/H.H. Ewers. Das nachfolgende Zitat ebd. Vgl.
    hierzu auch *Kugel, Der Unverantwortliche.*

18 BArch Berlin-Lichterfelde BDC/RSK/G.O. Stoffregen.

19 Zitat aus den RDS-Richtlinien bei *Fischer, Schutzverband*, Sp. 625.

20 An die Schriftsteller aller Länder! Aufruf der »Union nationaler Schriftsteller«,
    in: Völkischen Beobachter (Berliner Ausgabe), 1.3.1934.

21 Zahlenangabe bei *Bollmus, Amt Rosenberg*, 29.

22 S. dazu das Schreiben des Verlegers Hugo Bruckmann an Alfred Rosenberg vom
    9.11.1932, BArch Berlin-Lichterfelde NS 8/123 Bl. 207–208.

23 S. hierzu und zum Folgenden *Barbian, Literaturpolitik*, 155–188. Der Text der
    Ernennungsurkunde in RGBL/Teil I Nr. 21 vom 17.3.1933, 104.

24 Vgl. *Barbian, Literaturpolitik*, 189–196. Ergänzend dazu *Dahm, Anfänge und
    Ideologie der Reichskulturkammer*, 53–84; *Faustmann, Reichskulturkammer*,
    22–49.

25 RGBL/Teil I Nr. 82 vom 17.7.1933, 483–484.

26 BArch Berlin-Lichterfelde R 43 II/1241 Bl. 3 und Bl. 4–7.

27 RGBL/Teil I Nr. 123 vom 3.11.1933, 797–800. Zum Verlauf der Verhand-
    lungen s. *Faustmann, Reichskulturkammer*, 34–46.

28 Der NSDAP trat Blunck erst zum 1.5.1937 bei. S. BArch Berlin-Lichterfelde
    BDC/Masterfile. Zum literarischen Werk Bluncks s. Wagner, Jens-Peter: Die
    Kontinuität des Trivialen. Hans Friedrich Blunck (1888–1961). In: *Caemme-
    rer/Delabar, Dichtung*, 245–264; *Hoerle, Blunck*. Zu den Auslandskontakten
    Bluncks vgl. dessen – allerdings in vielen Punkten falsche und generell apologe-
    tische – Erinnerungen: Licht auf den Zügen. Lebensbericht. Bd. 1. Mannheim
    1953, sowie Unwegsame Zeiten. Lebensbericht. Bd. 2. Mannheim 1952.

29 Dazu im einzelnen *Faustmann, Reichskulturkammer*, 47–76 und 151–270.

30 Vgl. *Hale, Presse*, 97–100 und 136–147; *Abel, Presselenkung*, 2–26; *Barbian,
    Literaturpolitik*, 341–345.

31 Verfügung über die künftige Behandlung der Reichskulturkammersachen, in: Nachrichtenblatt des Reichsministeriums für Volksaufklärung und Propaganda, Bd. 6/1938, Nr. 9 vom 2.6.1938, 43–46, BArch Berlin-Lichterfelde R 55/435.

32 S. hierzu im einzelnen *Barbian, Literaturpolitik*, 172–188 und 197–201.

33 *Barbian, Literaturpolitik*, 163–171.

34 Vgl. zum Folgenden *Barbian, Literaturpolitik*, 232–248.

35 Ebd., 341–345.

36 Im einzelnen *Barbian, Literaturpolitik*, 257–269. Johst trat am 1.11.1935 in die SS ein und avancierte vom SS-Oberführer (9.11.1935) zum SS-Brigadeführer (30.1.1938) und schließlich zum SS-Gruppenführer (30.1.1942). BArch Berlin-Lichterfelde BDC/SS/H. Johst. Vgl. dazu auch *Hachmeister, Gegnerforscher*, hier vor allem 144–198.

37 Im einzelnen *Barbian, Literaturpolitik*, 201–207.

38 Ebd., 322–332.

39 Ebd., 332–341. Ergänzend hierzu *Lokatis, Hanseatische Verlagsanstalt*.

40 Vgl. dazu *Lokatis, Hanseatische Verlagsanstalt*.

41 *Barbian, Literaturpolitik*, 270–297.

42 Eine umfangreiche Sammlung solcher kulturpolitischen Gutachten, die insbesondere für das Deutsche Volksbildungswerk auf Anfrage bestimmt waren, befindet sich in BArch Berlin-Lichterfelde NS 15/27–33, 253–254, 256.

43 Zum Folgenden *Barbian, Literaturpolitik*, 298–321.

44 Vgl. dazu im Überblick ebd., 345–364. Ergänzend *Josting, Jugendschrifttums-Kampf*.

45 Siehe die Belege bei *Barbian, Literaturpolitik*, 173–188.

46 Vgl. zum Folgenden ebd., 365–409.

47 Siehe hierzu die Belege im einzelnen ebd., 409–420.

48 Schreiben vom 14.4.1943, BArch Berlin-Lichterfelde R 56/V 26 Bl. 94.

49 Vgl. *Barbian, Literaturpolitik*, 420–450.

50 S. im einzelnen ebd., 458–469. Ergänzend *Ditt, Der Westfälische Literaturpreis; Cepl-Kaufmann, Der Rheinische Literaturpreis*, 67–100.

51 Denkschrift vom 13.12.1937, BArch Berlin-Lichterfelde R 55/122 Bl. 137–141, hier Bl. 137.

52 S. zum Folgenden die Belege bei *Barbian, Literaturpolitik*, 469–504.

53 Das Zahlenmaterial ist entnommen aus BArch Berlin-Lichterfelde R 2/4876 (1937) und R 2/4877 (1938), hier die jeweiligen Zusammenstellungen über das »Beitragsaufkommen der Schriftsteller«, Kapitel I, Titel 10, Punkt 2 der Haushalts-Voranschläge.

54 BArch Berlin-Lichterfelde R 56 V/81 Bl. 53–56, hier Bl. 53.

55 Das Schreiben vom 11.3.1937 findet sich in BArch Berlin-Lichterfelde R 56 V/81 Bl. 12.

56 Schreiben vom 25.4.1937, BArch Berlin-Lichterfelde R 56 V/81 Bl. 9.

57 *Bühler/Kirbach, Wehrmachtsausgaben*, Teil 1, hier 265–289; Bühler, Edelgard/Bühler, Hans-Eugen, Die Wehrmacht als Verleger. Annäherungsweisen an die Kultur der besetzten Länder. In: Buchhandelsgeschichte. Beilage zum Börsenblatt für den Deutschen Buchhandel Ausgabe 3/2002, B74–B83.

58 BArch Berlin-Lichterfelde R 2/4880 (1941) Bl. 533, R 2/4881 (1942) Bl. 264, R 2/4883 (1943), Bl. 5.

59 S. im einzelnen die Jahresberichte der Deutschen Schillerstiftung in BArch

Berlin-Lichterfelde R 56 V/75 Bl. 58–59 (78./1937–1938) sowie ebd. R 56 V/
76 Bl. 223–224 (81./1940–1941), Bl. 90–91 (82./1941–1942), Bl. 87–88 (83./
1942–1943), Bl. 22–23 (84./1943–1944).

60   Bericht über die vom 16.–22.10.1941 vorgenommene Prüfung der Geschäfte
der Schillerstiftung, BArch Berlin-Lichterfelde R 56 V/76 Bl. 185–188, hier
Bl. 186. Das folgende Zitat ebd., Bl. 187.

61   Vgl. zum Folgenden Barbian, Die vollendete Ohnmacht?; Barbian, »Moral, wo
bist du in der Zeit der Krise!«, 9–15.

62   Dazu im einzelnen Loewy, Literatur unterm Hakenkreuz; Ketelsen, Literatur
und Drittes Reich, insb. 305–386; Hillesheim/Michael, Lexikon; Sarkowicz/
Mentzer, Literatur in Nazi-Deutschland, passim; Barbian, Jan-Pieter: Verordne-
ter Kanon. Literarische Kanonbildung während der NS-Diktatur 1933–1945.
In: Literarische Kanonbildung. Text + Kritik. Sonderband. Hrsg. von Heinz
Ludwig Arnold in Zusammenarbeit mit Hermann Korte. München 2002,
212–232; Härtel, Stromlinien.

63   Vgl. hierzu zum Folgenden Barbian, Literaturpolitik, 398–409. Ergänzend
Klein, Ernst von Salomon, 230–239.

64   Vgl. zu Thiess Wolf, Frank Thiess.

65   Hierzu im einzelnen Barbian, »Fehlbesetzung«, sowie Erdmann, Vom Naturalismus zum Nationalsozialismus?, hier 200–239.

66   Anweisung der RSK an das Gestapa vom 4.12.1936, BArch Berlin-Lichterfelde
BDC/RSK/T. Mann. S. zum Kontext Hübinger, Thomas Mann, 101–185. Ergänzend Kurzke, Thomas Mann, 394–415; Barbian, Literaturpolitik, 592–593.

67   Die Rede von Goebbels ist wiedergegeben in der Ersten Früh-Ausgabe des
Deutschen Nachrichtenbüros 1. Jg., Nr. 288 vom 8.2.1934, BArch Berlin-
Lichterfelde R 43 II/1241 Bl. 18–19, hier Bl. 19. Vgl. dazu auch bereits den
Gesetzeskommentar von Schrieber, Karl Friedrich: Die Reichskulturkammer.
Organisation und Ziele der deutschen Kulturpolitik. Berlin 1934, hier 29.

68   Siehe hierzu im einzelnen Barbian, »... nur passiv geblieben«?

69   Zur widersprüchlichen Behandlung Falladas durch staatliche und parteiamtliche Schriftumsstellen siehe von Studnitz, Es war wie ein Rausch, 224–353;
Crepon, Kurzes Leben – langes Sterben, 99–184; Williams, Mehr Leben als eins,
207–310.

70   S. dazu Kröhnke, Karl: Vor Mitternacht ein Glanz: Die »Asphaltliteratin«
Irmgard Keun. Essay. In: Irmgard Keun, Nach Mitternacht. Neuausgabe
Frankfurt/M. 1998 (Bibliothek Exilliteratur der Büchergilde Gutenberg),
171–224; Kreis, »Was man glaubt, gibt es.«, 121–176; Sevin, Exil ohne Ende;
das Nachwort von Johannes Graf zur Neuausgabe von Friedo Lampes Roman
›Am Rande der Nacht‹. Göttingen 1999, 163–198, sowie das Nachwort von
Jürgen Dierking zur Neuausgabe des Romans ›Septembergewitter‹. Göttingen
2001, 127–151.

71   Grundlegend hierzu Hans Dieter Schäfer: Die nichtnationalsozialistische Literatur der jungen Generation im Dritten Reich, in: Schäfer, Bewußtsein, 7–54.
Ergänzend Schütz, Erhard: Zwischen »Kolonne« und »Ethos des bescheide-
nen Standhaltens«. Zu den Romanen von Horst Lange und August Scholtis
während des Dritten Reichs. In: Caemmerer/Delabar, Dichtung, 77–95; Jörg
Döring: Eulenspiegel schreibt Gespenstergeschichten. Wolfgang Koeppen im
Dritten Reich, ebd., 97–118; Döring, Koeppen 1933–1948.

72   Lieder der Stille. Eine Auswahl neuer Lyrik, hrsg. von Edgar Diehl. Dresden o.J.
      [1935]. Vgl. dazu auch die Anthologie: Das Berlin-Buch. Hrsg. von Wolfgang
      Weyrauch. Leipzig 1941, die Texte zahlreicher nicht-nationalsozialistischer
      Autoren versammelt.

73   BArch Berlin-Lichterfelde BDC/RSK/H. Günther.

74   BArch Berlin-Lichterfelde BDC/RSK/K. Krolow.

75   Vgl. zum Folgenden *Barbian, Literaturpolitik*, 96–115; ders.: Der Börsenverein
      in den Jahren 1933 bis 1945, in: Der Börsenverein des Deutschen Buchhan-
      dels 1825–2000. Ein geschichtlicher Aufriß. Hrsg. im Auftrage der Histori-
      schen Kommission von Stephan Füssel, Georg Jäger und Hermann Staub.
      Frankfurt/M. 2000, 91–117; Krämer-Prein, Gabriele: Der Buchhandel war
      immer deutsch. Das »Börsenblatt für den deutschen Buchhandel« vor und nach
      der Machtergreifung. In: *Walberer, Bücherverbrennung*, 285–302.

76   Bbl. 100 (1933), Redaktioneller Teil, Nr. 101, 3.5.1933, 321–322. Das »Sofort-
      programm« ist unterzeichnet von Friedrich Oldenbourg, Heinrich Boysen,
      Hellmut von Hase, Paul Nitschmann, Friedrich Alt, Herbert Hoffmann, Albert
      Diederich, Ernst Reinhardt.

77   Bbl. 100 (1933), Redaktioneller Teil, Nr. 110, 13.5.1933.

78   S. dazu im einzelnen Strätz, Hans-Wolfgang: Die geistige SA rückt ein. Die
      studentische »Aktion wider den undeutschen Geist« im Frühjahr 1933. In: Vier-
      teljahreshefte für Zeitgeschichte [im folgenden: VfZG] 16 (1968), 347–372;
      Haarmann/Huder/Siebenhaar, Bücherverbrennung; Denkler/Lämmert, *»Das
      war ein Vorspiel nur …«*; *Barbian, Literaturpolitik*, 128–141; Treß, *»Wider den
      undeutschen Geist«*.

79   Bbl. 100 (1933), Redaktioneller Teil, Nr. 112, 16.5.1933, 355.

80   Wilhelm Baur wurde – unter Beibehaltung seines Vorsteher-Amtes beim Börsen-
      verein – Mitte Oktober 1934 Vorsitzender des neu gegründeten »Bundes Reichs-
      deutscher Buchhändler e.V.« Zum 1.10.1936 wurde dieser »Bund« aufgelöst,
      seine Mitglieder wurden in der »Gruppe Buchhandel« der RSK zusammenge-
      faßt. Im August 1937 wurde Baur von Goebbels zum Vizepräsidenten der RSK
      ernannt. Hinzu kamen noch Funktionen Baurs im Rahmen der Reichspresse-
      kammer und in Max Amanns Amt als Reichsleiter für die Presse der NSDAP.

81   Vgl. zum Folgenden *Barbian, Literaturpolitik*, 505–516.

82   Im einzelnen *Barbian, Literaturpolitik*, 610–621.

83   Vgl. ebd., 602–610.

84   Im einzelnen ebd., 586–602. Die Darstellung beruht auf den Aktenüberlieferun-
      gen im Sächsischen Staatsarchiv Leipzig (im folgenden StA Leipzig) Koehler &
      Volckmar/120. Vgl. dazu auch Keiderling, Thomas: Unternehmer im National-
      sozialismus. Machtkampf um den Konzern Koehler & Volckmar AG & Co.
      Beucha 2002.

85   Vgl. die – allerdings unvollständigen – Akten in BArch Berlin-Lichterfelde BDC/
      RSK/G. Kiepenheuer und BDC/RSK/E. Rowohlt. Zur Entwicklung des Kiepen-
      heuer Verlags im Dritten Reich s. Sabine Röttig: »… bleiben Sie wie bisher ge-
      trost in Dichters Landen und nähren Sie sich redlich«. Der Gustav Kiepenheuer
      Verlag 1933–1949, in: Archiv für Geschichte des Buchwesens 58 (2004), 1–139.
      Eine detaillierte Auswertung der Produktion des Rowohlt Verlags liegt bislang
      nicht vor. Materialien finden sich in Kurt Wolff/Ernst Rowohlt, bearbeitet von
      Ernst Pfäfflin, Marbacher Magazin 43/1987, hier 98–133.

86   Vgl. die Akte in BArch Berlin-Lichterfelde BDC/RSK/W. Goldmann. Ergänzend: Wilhelm Goldmann Verlag 1922–1962. München 1962, hier 28–35 und 161–207.

87   Siehe hierzu *Barbian, Zwischen Dogma und Kalkül*. Zur Geschichte des Verlages C. Bertelsmann im »Dritten Reich« vgl. die umfangreiche Untersuchung einer unabhängigen Historischen Kommission, dokumentiert in: *Friedländer/ Frei/Wittmann, Bertelsmann im Dritten Reich*.

88   Vgl. hierzu *Dahm, Das jüdische Buch*. Ergänzend aus der Perspektive des Zeitzeugen Benecke, Hans: Eine Buchhandlung [Amelang] in Berlin. Erinnerungen an eine schwere Zeit. Frankfurt/M. 1995, hier 100–140.

89   So der Leiter der Schrifttumsabteilung Wismann in einer Stellungnahme für Propagandaminister Goebbels vom 27.5.1935, BArch Berlin-Lichterfelde R 56 V/197 Bl. 1–8, hier Bl. 5.

90   Hierzu im einzelnen *Barbian, Glücksstunde*.

91   Vgl. zum Folgenden *Barbian, Literaturpolitik*, 219–226 und 646–653.

92   Hierzu im einzelnen *Barbian, Literaturpolitik*, 431–436 und 661–669.

93   Barbian, Jan-Pieter: »Kulturwerte im Zeitkampf«. Die Kulturabkommen des »Dritten Reiches« als Instrumente nationalsozialistischer Außenpolitik, in: Archiv für Kulturgeschichte 74,2 (1992), 415–459.

94   S. hierzu und zum Folgenden *Barbian, Literaturpolitik*, 626–646.

95   Im einzelnen ebd., 717–722.

96   Die Zahlen sind entnommen aus Wittmann, Reinhard/Hans-Eugen Bühler: Dokumentation »Bertelsmann im Dritten Reich«. Zwischenbericht der Unabhängigen Historischen Kommission, Evangelischer Pressedienst Nr. 8, 2.2.2000, 11. S., ergänzend *Bühler/Kirbach, Wehrmachtsausgaben*, Teil 1, 265–289.

97   »An den deutschen Buchhandel« (27.9.1941), in: Bbl. 108 (1941), Nr. 226, 27.9.1941, 329.

98   Angabe in den Meldungen aus dem Reich 1938–1945. Die geheimen Lageberichte des Sicherheitsdienstes der SS, hrsg. und eingeleitet von Heinz Boberach, 17 Bde. Herrsching 1984, hier Bd. 11, Nr. 117, 22.8.1940, 1492.

99   So die Meldungen aus dem Reich, Bd. 6, Nr. 156, 23.1.1941, 1927 und 1929.

100   Im einzelnen *Barbian, Literaturpolitik*, 703–717. Siehe illustrierend dazu auch die persönlichen Erinnerungen von Benecke, (Anm. 88) 157–176, und der Darmstädter Buchhändlerin Marianne d'Hooghe: Mitbetroffen. Darmstadt 1969, 135–175.

101   Vgl. zum Folgenden *Barbian, Literaturpolitik*, 517–566.

102   Die Belege ebd., 317–318.

103   Das Schreiben findet sich in BArch Berlin-Lichterfelde R 56 V/158 Bl. 4–5. Das Zitat ebd. Bl. 4.

104   Die Belege ebd., 317–318.

105   So die Wiedergabe einer Äußerung Hövels in einem für Kammerpräsident Johst bestimmten Bericht des RSK-Geschäftsführers Ihde über eine Sitzung in der Wirtschaftsstelle vom 20.2.1942, BArch Berlin-Lichterfelde R 56 V/26 Bl. 189/ Rs.

106   S. dazu als Beispiel das Schreiben Bormanns an Goebbels vom 21.2.1943, BArch Berlin-Lichterfelde NS 18/452.

107   Das Schreiben findet sich in StA Leipzig BV/644.

108   Sie sind überliefert ebd.

109 Mitteilung von Gerhard Menz an den Geschäftsführer des Börsenvereins Max Albert Heß vom 16.6.1939, StA Leipzig BV/643.
110 Zahlenangaben in: Die Welt des Buches. Eine Kunde vom Buch. Hrsg. von Hellmuth Langenbucher. Ebenhausen 1938, 146.
111 BArch Berlin-Lichterfelde R 2/4876 (1937) RSK, Bl. 13; 4877 (1938) RSK, Bl. 116; 4878 (1939) RSK, Bl. 100; 4879 (1940) RSK, Bl. 457; 4880 (1941) RSK, Bl. 537; 4881 (1942) RSK, Bl. 265; 4883 (1943) RSK, 7. Die in R 2/4884 RSK, 7, enthaltenen Ansätze für 1944 sind nur noch eine Fortschreibung der Zahlen aus dem Haushalt 1943 und dürften aufgrund der militärischen Entwicklung ohnehin weitgehend Papier geblieben sein.
112 Verlage, Sortiment und Zwischenbuchhandel.
113 Bücherproduktions-Statistik 1941, in: Bbl. 109 (1942), Nr. 196/197, 3.9.1942, 178–179.
114 So die Meldungen aus dem Reich, Bd. 9, Nr. 260, 16.2.1942, 3317.
115 Die Rede ist wiedergegeben in: Bbl. 107 (1940), Nr. 96, 25.4.1940, 158–159, hier 159.
116 Vgl. zum Folgenden *Barbian, Literaturpolitik*, 694–703. Vgl. zum Eher Verlag auch *Tavernaro, Der Verlag Hitlers*.
117 Die Liste findet sich in BArch Berlin-Lichterfelde NS 8/213 Bl. 255.
118 Vgl. zum Folgenden *Barbian, Literaturpolitik*, 722–732.
119 S. dazu den »Bericht über die gemeinschaftliche Sitzung des Rates der Gruppe Buchhandel und des Kleinen Rates des Börsenvereins am Dienstag, dem 5.10. 1943 in Leipzig«, hier Pkt. 1 (Bericht des Vorstehers), 2, StA Leipzig BV/737.
120 Bericht über die Gemeinsame Sitzung des Kleinen Rates des Börsenvereins und des Rates der Gruppe Buchhandel in Rathen an der Elbe am 27.9.1944, hier 4, StA Leipzig BV/738.
121 Das Schreiben findet sich in StA Leipzig/BV 733.

Ernst Fischer: Literarische Institutionen des Exils

1 Döblin, Alfred: Die deutsche Literatur [im Ausland seit 1933]. Ein Dialog zwischen Politik und Kunst. Paris 1938. Hier zit. n. Arnold, Heinz Ludwig (Hrsg): Deutsche Literatur im Exil 1933–1945, Bd. 1: Dokumente. Frankfurt/M. 1974, 208.
2 Das *Biographische Handbuch der deutschsprachigen Emigration* (3 Bde., München 1980–1983) zählt trotz seines Auswahlverfahrens 1600 Emigranten zu Schriftstellern und Publizisten; die 2., verbesserte und stark erweiterte Auflage der von Sternfeld und Tiedemann vorgelegten Bio-Bibliographie *Deutsche Exil-Literatur 1933–1945* (Heidelberg 1970) verzeichnete, obwohl ebenfalls nicht vollständig, die Namen von rund 1900 Autoren. Alexander Stephan schätzt die Zahl der »exilierten Vertreter aus Literatur, Publizistik und Presse« auf 2500 (*Stephan, Emigration*, 30–46).
3 Alfred Kantorowicz: Die Einheitsfront in der Literatur. In: Die Sammlung 2 (1933/34), H. 7, 337–347; vgl. auch den Teilabdruck in: EXIL. Literarische und politische Texte aus dem deutschen Exil 1933–1945. Hg. von Ernst Loewy. Bd. 2: Erbärmlichkeit und Größe des Exils. Frankfurt/M. 1979, 731–739; hier 732.

4   Alfred Kantorowicz: Organisiert die Emigration. In: die aktion 1 (1933), Nr. 8, 1–6.

5   Brief Stefan Zweigs an Klaus Mann vom 19. Juni 1933. In: Klaus Mann: Briefe und Antworten 1922–1949. Hrsg. v. Martin Gregor-Dellin. Bd. 1. München 1975, 101 f.

6   Kurt Hiller: Emigranten vereinigt euch! In: Die Neue Weltbühne 31 (1935), H. 22, 682–687.

7   Vgl. *Fischer, ›Organisitis chronica?‹, 163–175; Schiller, Kulturelle Organisationen,* 994–1010.

8   Wichtige Bereiche davon wurden neuerdings untersucht von *Roussel, Bücherschicksale,* sowie *Enderle-Ristori, Das ›freie deutsche Buch‹.*

9   Vgl. hierzu: Der deutsche PEN-Club im Exil. Eine Ausstellung der Deutschen Bibliothek, Frankfurt/M.. Bearb. von Werner Berthold u. Brita Eckert. Frankfurt/M. 1980. Vgl. ferner *Abbey, PEN-Club,* 135–153.

10   Brief des damaligen PEN-Sekretärs Friedrich Burschell an Richard Friedenthal vom 23.4.1941, abgedruckt in: Der deutsche PEN-Club im Exil 1933–1948, 358.

11   Vgl. *Schiller, Pariser Schutzverband,* 174–190.

12   Vgl. *Fischer, Schutzverband.*

13   Bertolt Brecht: Flüchtlingsgespräche. In: Ders.: Werke in fünf Bänden. Hrsg. v. Werner Mittenzwei, Bd. 4: Geschichten. 3. Aufl. Berlin, Weimar 1981, 380.

14   Klaus Mann: Der Vulkan. Roman unter Emigranten. Reinbek bei Hamburg 1981, 523.

15   Vgl. *Schiller, Deutsche Freiheitsbibliothek,* 203–219.

16   Vgl. *Schiller, Schwarzschilds Bund,* 215–229. Vgl. auch Klaus Mann: Briefe und Antworten, Bd. 1, 396–398.

17   Klaus Mann: Briefe und Antworten, 1, 398.

18   Zu den Kongressen siehe den Beitrag von Michael Rohrwasser in diesem Band.

19   Vgl. hierzu *Pike, Schriftsteller.*

20   Vgl. *Müller, Säuberung.*

21   Vgl. *Röder, Exilgruppen,* 85–89.

22   Zu Schweden vgl. *Müssener, Exil in Schweden;* sowie *Peters, Exilland Schweden.*

23   Vgl. *Middell, USA,* 110–113. Die Vorgänge in der GAWA werden dort allerdings nicht völlig zutreffend dargestellt.

24   Vgl. hierzu *Kießling, Alemania Libre; Kießling, Lateinamerika;* sowie *Pohle, Exil.*

25   Horst Halfmann hat für die Deutsche Bücherei ein Bestandsverzeichnis veröffentlicht, das in der 2. Auflage 1975 bereits 369 Exil-Zeitschriften nachwies; das von Lieselotte Maas erarbeitete *Handbuch der deutschen Exilpresse 1933–1945* informiert über rund 430 Exilperiodika. – Vgl. auch die Internetseite des Deutschen Exilarchivs (Die Deutsche Bibliothek) mit digitalen Editionen von Exilzeitschriften.

26   Vgl. *Walter, Exilpresse;* ferner *Huß-Michel, Zeitschriften,* mit Einzelporträts von 59 Zeitschriften.

27   Zu diesen Zeitschriften ist im Aufbau-Verlag eine Serie von Inhaltsbibliographien erschienen: Reihe Analytische Bibliographien deutschsprachiger literarischer

Zeitschriften. Hg. v. d. Akademie der Künste der Deutschen Demokratischen Republik. 10 Bde., Berlin 1973 ff., u. a. zu Das Wort (Moskau), Die Sammlung (Amsterdam), Maß und Wert (Zürich), Freies Deutschland (Mexiko), Orient (Haifa), Neue deutsche Blätter (Prag), Internationale Literatur (Moskau).

28   Vgl. *Peterson, Liberal Press*; *Roussel/Winckler, Rechts und links*; *Raßler, Tageblatt*; *Enderle-Ristori, Markt*; *Maas, Kurfürstendamm*; *Roussel/Winckler, Experiment.*

29   Vgl. *Gittig, Tarnschriften.*

30   Deutsch für Deutsche. Hg. v. Schutzverband Deutscher Schriftsteller und der deutschen Freiheits-Bibliothek. (Miniaturbibliothek Nr. 481/483). Leipzig: Verlag für Kunst und Wissenschaft Albert Otto Paul, 1935 (eig. Paris 1935). Vgl. dazu *Schiller, Deutsch für Deutsche.*

31   Vgl. *Pütter, Rundfunk.*

32   Vgl. *Hermsdorf, Exil in den Niederlanden und in Spanien*, 242–257.

33   *Pütter, Rundfunk*, 1099.

34   Vgl. hierzu auch *Barck, Exil in der UdSSR*, 353–367.

35   Vgl. ebd., 1090 f.

36   Ebd., 1095.

37   Vgl. Internationales Preisausschreiben der Internationalen Vereinigung Revolutionärer Schriftsteller. In: Internationale Literatur (Moskau), 1933, H.1, 95. Vgl. auch Internationale Literatur, 1933, H.3, 112 und H.6, 68.

38   Vgl. *Dambacher, Literatur- und Kulturpreise*, 80 f.; vgl. ferner *Hofmann, Exil*; *Beck/Vesely, Exil und Asyl*; *Drehscheibe Prag.*

39   Ehrungen wurden Thomas Mann zuerkannt (der seit Anfang 1937 mit tschechoslowakischem Paß reiste), weiters dem sudetendeutschen Schriftsteller Heinrich Fischer sowie Weiskopf selbst.

40   Zum Heine-Preis vgl. die in der ›Pariser Tageszeitung‹ verstreut erschienenen Mitteilungen.

41   Simon war im Pariser Exil Mitarbeiter sozialdemokratischer Flüchtlingshilfsstellen und ab 1935 Gesprächsbeteiligter an der Bildung einer deutschen Volksfront.

42   Willy Katz, geboren 1907, war vor seiner Emigration 1933 Mitglied der ›Welt-am-Montag‹-Redaktion; seit 1924 war er Mitglied der SPD und Anhänger des sozialistischen Zionismus.

43   Vgl. Die Sammlung 1934, 521.

44   Vgl. *Dambacher, Literatur- und Kulturpreise*, 112; ferner *Messerschmidt, Büchergilde Gutenberg*, 88–91.

45   Vgl. *Vordtriede, Zeiten*; *Garz/Lee, Mein Leben in Deutschland.*

46   Vgl. Aufbau (New York), vom 7.4.1944, 3 und vom 19.5.1944, 1 f.

47   Vgl. *Schoor, Verlagsarbeit im Exil*, 173.

48   *Deutsche Intellektuelle im Exil*, Kap.: Das literarische Preisausschreiben, 370–399.

49   Vgl. *Zühlsdorff, Akademie*; *Amann, American Guild.*

50   Eine von Horst Halfmann 1969 erstellte Liste umfaßte zunächst 657 Verlage; diese Liste ist nachfolgend auf 812 Verlage in 36 Ländern erweitert worden (vgl. *Halfmann, Bibliographien und Verlage*; *Hermsdorf, Verlag und Verleger).*

51   Die von Halfmann ermittelten Zahlen zur Titelproduktion der einzelnen Verlage sind inzwischen fast durchwegs überholt. Zieht man sie dennoch für eine

erste Orientierung heran, so ergibt sich folgendes Bild: Von den 657 genannten Verlagen haben nur 54 Verlage, also etwa ein Zwölftel, 10–19 Titel produziert; nur 25 haben 20–29, 14 haben 30 oder mehr Titel herausgebracht. Der überwiegende Teil der aufgeführten Verlage hat nur je einen Titel eines exilierten Autors veröffentlicht.

52 Zu Herzfelde und dem Malik-Verlag vgl. *Hermann, Malik*; *Hermann, Wirkung*; *Faure, Im Knotenpunkt*.

53 Bis zu ihrer Besetzung war die Tschechoslowakei als ein Zentrum des politischen Exils Standort für zahlreiche parteinahe oder Parteiverlage, vor allem der deutschen und österreichischen Sozialdemokratie, die ihre Parteivorstände hierher transferiert hatte; mit dem Verlag Graphia war auch der offizielle Parteiverlag der SPD nach Karlsbad übersiedelt. Diese Verlage konnten die Ansiedlungshürden leichter überwinden.

54 Vgl. *Groß, Münzenberg*; sowie *Schlie/Roche, Willi Münzenberg*, bes. die Beiträge von *Palmier, Bemerkungen*; *Lawton, Carrefour*. Vgl. ferner *Roussel, Münzenbergs verlegerische Tätigkeit*.

55 Vgl. *Roussel, Bücher und Broschüren*, 269.

56 So von Babette Groß, der Lebensgefährtin Münzenbergs (vgl. *Groß, Münzenberg*, 260). Zwar gibt es hinsichtlich der in der Sowjetunion gedruckten Auflage eine Dunkelziffer, doch ist die von Arthur Koestler – in ›Braunbuch‹-Zeiten ein enger Mitarbeiter Münzenbergs – in seinem Erinnerungswerk ›Die Geheimschrift‹ genannte Zahl von einer Million Exemplaren auf jeden Fall unrealistisch.

57 vgl. *Groß, Münzenberg*, 260.

58 Im Gesamtzeitraum seines Bestehens erschienen bei Sebastian Brant ca. 20 Titel.

59 Vgl. *Saint Sauveur-Henn, Fluchtziel Paris*.

60 Zum Organisationsgeflecht vgl. *Langkau-Alex, Deutsche Volksfront*, bes. Bd. 1.

61 Vgl. hierzu Bermann Fischer, Gottfried: Bedroht – bewahrt. Weg eines Verlegers. Frankfurt/M. 1967. Inzwischen liegt auch eine wissenschaftliche Gesamtdarstellung vor: *Nawrocka, Verlagssitz*.

62 Vgl. die Hinweise im Abschnitt ›Autoren-Verleger-Beziehungen‹ in diesem Beitrag.

63 Vgl. *Hall, Verlagsgeschichte*, 323–336.

64 Vgl. *Roussel, Editeurs et publications*.

65 Vgl. *Walter, Asylpraxis*, 170 u. 184.

66 Vgl. Bermann Fischer, Bedroht – bewahrt (s. Anm. 61), 119–121.

67 Vgl. *Messerschmidt, Büchergilde Gutenberg*.

68 Vgl. *Lorenz, Universum-Bücherei 1928–1939*; *Lorenz, Universum-Bücherei im Exil*.

69 Vgl. *Biographisches Handbuch der deutschsprachigen Emigration*, Bd. 1, Art. Roessler, Rudolf.

70 Zu El Libro Libre vgl. *Diaz Pérez, El Libro Libre*.

71 Vgl. Tribüne und Aurora. Wieland Herzfelde und Berthold Viertel. Briefwechsel 1940–1949. Hg. v. Friedrich Pfäfflin unter Mitarb. v. Heidemarie Gruppe. Mainz 1990.

72 Weitere Mitglieder der Genossenschaft waren Ernst Bloch, Ferdinand Bruckner, Wieland Herzfelde, Berthold Viertel, Ernst Waldinger und F. C. Weiskopf.

73 »In Amerika leben viele deutschschreibende Autoren (deutscher, österreichischer und tschechoslovakischer Herkunft), deren Arbeiten seit dem Beginn der Hitler-Herrschaft zum grössten Teil nur in Uebersetzungen erschienen sind. Während das Interesse für die freie deutsche Literatur beständig zunimmt, fehlt es aber in den Vereinigten Staaten immer noch an einem deutschen Verlag« (Einladung zur finanziellen Unterstützung des Verlages, gezeichnet von Wieland Herzfelde. Faksimile-Abbildung in: Anna Seghers – Wieland Herzfelde. Gewöhnliches und Gefährliches Leben. Ein Briefwechsel aus der Zeit des Exils 1939–1946. Hrsg. v. Ursula Emmerich u. Erika Pick. Darmstadt und Neuwied 1986 (Berlin, Weimar 1985), 154).

74 Vgl. *Köpke, Exilautoren*, 1433.

75 Tatsächlich hatte der Aufbau-Verlag zwei Titel in sein Programm übernommen, ohne das Einverständnis der Autoren einzuholen; eine vertragliche Regelung über Druck und Vertrieb sämtlicher Aurora-Titel kam erst 1948 zustande.

76 Vgl. *Schoor, Verlagsarbeit im Exil*. Die Materialien befinden sich inzwischen im Amsterdamer Institut für Sozialgeschichte.

77 Zit. n. *Schoor, Verlagsarbeit im Exil*, 133 f.

78 Ebd., 134. – Der Exilverlag Allert de Lange konnte immerhin 92 Übersetzungslizenzen von 20 Autoren verkaufen und damit die mit den Originalausgaben gemachten Verluste wenigstens teilweise wieder ausgleichen.

79 Vgl. Fritz H. Landshoff: Amsterdam, Keizersgracht 333, Querido Verlag. Erinnerungen eines Verlegers. Berlin, Weimar 1991. – Zur Geschichte des Querido Verlags vgl. vor allem *Walter, Landshoff und der Querido Verlag*. H.-A. Walter hat sich bereits früh um dieses Thema verdient gemacht, vgl. *Walter, Helfer im Hintergrund*.

80 Vgl. *Stahlberger, Emil Oprecht*; *Mittenzwei, Exil in der Schweiz*.

81 Vgl. *Barck, Exil in der UdSSR*, 275.

82 Vgl. hierzu *Pike, Schriftsteller*, bes. 417–483.

83 Vgl. ebd. u. 291.

84 Vgl. *Roussel, Bücher und Broschüren*. – Vgl. auch *Betz, Exil und Engagement*, mit einer Bibliographie französischer Buchpublikationen deutscher Emigranten im Anhang.

85 So etwa schrieb Wieland Herzfelde in seiner Eigenschaft als Mitherausgeber von ›Das Wort‹ an F. C. Weiskopf: »Noch eins erbittet die Redaktion: Titel, Umfang, Erscheinungsort und Zeit der Publikationen, die das Buchhändler-Börsenblatt nicht anzeigt, hierherzusenden. Man will meinen alten Plan einer gesamten Bibliographie der nicht im Börsenblatt angezeigten Literatur in dieser Rubrik verwirklichen. Was Querido, Oprecht, Malik etc. herausbringen, ist ja leicht festzustellen, aber es gibt noch eine Menge kleinerer Verlage und Selbstverlage, die einem leicht entgehen.« (Prag–Moskau. Briefe von und an Wieland Herzfelde 1933–38. Hrsg. v. Giuseppe de Siati und Thies Ziemke. Kiel 1991, 35 f.). Daß Redaktionen diese Informationsfunktion auch für Zensurzwecke genutzt haben, läßt ein weiterer Brief Herzfeldes an Weiskopf erkennen: »Die Frage Bibliographie ist auch noch nicht geklärt. Ich weiß nicht, ob man so tolerant sein kann, auch die Bücher irgendwelcher Sektierer und dergleichen anzuzeigen.« (Ebd., 52).

86 Die Deutsche Bücherei in Leipzig hat bis 1945 versucht, das Emigrantenschrifttum zu sammeln; eine Zeitlang wurde es sogar in der Deutschen Nationalbiblio-

graphie angezeigt. Nach dem Verbot dieser Anzeigepraxis wurde eine interne Liste angelegt, die dann 1949 als ›Verzeichnis der Schriften, die 1933–1945 nicht angezeigt werden durften‹ erschienen ist (Ergänzung I der deutschen Nationalbibliographie; eine Ergänzung II bezog sich auf »Schriften, die kriegsbedingt nicht angezeigt werden konnten«). Die Ergänzung I enthält insgesamt 5485 Titel, von denen jedoch nur einige hundert dem Bereich der Exilliteratur zugehörig sind.

87 *Deutsches Exilarchiv 1933–1945*, Vorwort.

88 Vgl. *Deutsches Exilarchiv 1933–1945 und Sammlung Exil-Literatur 1933–1945*.

89 Vgl. *Widmann, Geschichte des Buchhandels*, 178. Danach sank die Titelproduktion im Deutschen Reich von 1939 bis 1942 auf rund 20 000, 1943 auf 13 000 und im Jahr 1944 auf 9552 Titel ab.

90 Vgl. *Fuss Phillipps, German children's and youth literature*; *Seeber, Kleine Verbündete*.

91 Aufschlußreich ist in dieser Hinsicht das Register im Katalog *Deutsches Exilarchiv 1933–1945*, das eine Aufschlüsselung der Bestände nach Gattungen vornimmt.

92 Vgl. zu diesem Abschnitt das vom Vf. in Zusammenarbeit mit dem Deutschen Exilarchiv zusammengestellte Ausstellungsbegleitbuch *Buchgestaltung im Exil*. Dort auch weiterführende Literaturhinweise zu allen in diesem Abschnitt genannten Buchgestaltern. Vgl. ferner *Fischer, Buchgestalter und Buchillustratoren*.

93 Vgl. *Löb, Exil-Gestalten*.

94 Zu Salter vgl. *Haefs, Gebrauchsbuch*; *Holstein, Salter*.

95 Vgl. *Pfäfflin, Buchumschläge*.

96 Die Tätigkeit der Pazifischen Presse ist inzwischen ausgezeichnet dokumentiert, vgl. *Jaeger, Pazifische Presse*. – Vgl. auch die erweiterte englische Fassung (*Jaeger, New Weimar on the Pacific*) und die gekürzte deutschsprachige Fassung (*Jaeger, Luxus-Baendchen*).

97 Aufforderung an die Bücherfreunde. In: Aufbau, Ende Oktober 1942, hier zit. nach *Jaeger, Pazifische Presse*, 311.

98 Fritz Landshoff betont in seinen Erinnerungen die guten Erfahrungen, etwa mit der Druckerei Thieme, mit der Querido hauptsächlich zusammenarbeitete:»Die Setzerei von Thieme war – vielleicht wegen der nur wenige Kilometer entfernten Grenze – im fast fehlerfreien Satz der deutschen Sprache den besten Leipziger Druckereien ebenbürtig. Die Schnelligkeit der Arbeit war erstaunlich und für heutige Begriffe unvorstellbar.« (*Landshoff, Amsterdam, 91*)

99 Bermann Fischer: Bedroht – bewahrt, 192.

100 *S. Fischer, Verlag*, 510.

101 Für die Distributionsverhältnisse in Frankreich vgl. *Enderle-Ristori, Das ›freie deutsche Buch‹*.

102 *Schoor, Verlagsarbeit im Exil*, 79.

103 Vgl. die Abrechnungen des Verlags Allert de Lange im Deutschen Exilarchiv, NL Kracauer.

104 Vgl. Wieland Herzfelde: David gegen Goliath. Vier Jahre deutsche Emigrationsverlage. In: Das Wort, 2.Jg., H. 4–5, Moskau 1937, 55–58.

105 *Walter, Landshoff und der Querido Verlag*, 160–165; *Nawrocka, Kooperationen*.

106   »In einheitlicher Ausstattung und bei gleichem Ladenpreis wurden (bisweilen verkleinerte) Filmreproduktionen nach dem vorhandenen Satzbild hergestellt und im Offsetdruck vervielfältigt. Das Verfahren war neu. Noch in den fünfziger Jahren galt es als ausgeschlossen, eine Offsetreproduktion nach einer gedruckten Vorlage herzustellen und nicht nach eigens gedruckten Abzügen auf einem Spezialpapier (Barytpapier), das ein genaues Satzbild wiedergab. Die fadengehefteten Broschüren, die den englisch-amerikanischen Taschenbüchern ebenso verwandt waren wie den klassischen französischen Broschuren, haben eine für das deutsche Lesepublikum neue Buchform vorausentwickelt.« (*S. Fischer, Verlag*, 521)

107   Vgl. *Buchgestaltung im Exil*, 67–86.

108   Vgl. Bermann Fischer: Bedroht – bewahrt, 234.

109   Zu dieser Exportstützung vgl. die Darstellung bei *Hall, Verlagsgeschichte*, 146–174.

110   Vgl. Herzfelde, David gegen Goliath, 57.

111   Vgl. ebd., 55 f. – Herzfelde zieht als Beispiel Arnold Zweigs Roman ›Erziehung vor Verdun‹ heran, von dem im ersten Jahr nach Erscheinen immerhin fast 3000 Exemplare verkauft worden sind, also mehr als im Durchschnitt, der von Herzfelde mit 2250 geschätzt worden ist.

112   So im Zusammenhang mit der Insel-Bücherei oder der Reihe ›Bibliotheca Mundi‹, einer Serie mit klassischer Weltliteratur in den Originalsprachen. Vgl. dazu *Buchinger, Stefan Zweig*, 70–172.

113   Vgl. dazu den Briefwechsel zwischen Stefan Zweig und seinem Schriftstellerfreund Joseph Roth (Joseph Roth: Briefe 1911–1939. Hrsg. v. Hermann Kesten. Köln, Berlin 1970, passim).

114   Vgl. die Darstellung bei *Walter, Streit um die ›Sammlung‹*.

115   Brief Stefan Zweigs an Joseph Roth vom November 1933 (Roth, Briefe 1911–1939, 290 f.).

116   Stefan Zweig: Briefe an Freunde. Hrsg. v. Richard Friedenthal. Frankfurt/M. 1978, 262 f.

117   Vgl. Arnold, Deutsche Literatur im Exil 1933–1945, Bd. I (s. Anm. 1), 93–124.

118   Thomas Mann: Briefwechsel mit seinem Verleger Bermann Fischer 1932 bis 1955. Hg. von Peter de Mendelssohn. Frankfurt/M. 1975.

119   Vgl. etwa die 1935 geschriebenen Briefe Landshoffs an Arnold Zweig und Heinrich Mann in *Landshoff, Amsterdam*, 241–244, 247 f.

120   Vgl. etwa die Abrechnung zu Heinrich Manns ›Die Jugend des Königs Henri Quatre‹ aus dem ersten Halbjahr nach Erscheinen, wonach dem aus dem Absatz von immerhin 653 broschierten und 1708 gebundenen Exemplaren resultierenden Honoraranspruch von 1781 holl. Gulden ein tatsächlich ausbezahlter Betrag von doppelter Höhe (hfl. 3500.-) gegenüberstand (*Landshoff, Amsterdam*, 87).

121   Vgl. Joseph Roth: Aber das Leben marschiert weiter und nimmt uns mit. Der Briefwechsel zwischen Joseph Roth und dem Verlag De Gemeenschap 1936–1939. Hrsg. u. eingel. v. Theo Bijvoet und Madeleine Rietra. Köln 1991.

122   Vgl. Lion Feuchtwanger, Arnold Zweig: Briefwechsel 1933–1958. Hrsg. von Harold von Hofe. Berlin, Weimar 1984.

123   Vgl. Gottfried Bermann Fischer, Brigitte Bermann Fischer: Briefwechsel mit Autoren. Hg. v. Rainer Stach. Frankfurt/M. 1990.

124 Vgl. Carl Zuckmayer, Gottfried Bermann Fischer: Briefwechsel. Mit den Briefen von Alice Herdan Zuckmayer und Brigitte Bermann Fischer. Hrsg. v. Irene Nawrocka. 2 Bde. Göttingen 2004.

125 Anna Seghers, Wieland Herzfelde: Gewöhnliches und gefährliches Leben. Ein Briefwechsel aus der Zeit des Exils 1939–1946. Hrsg. im Auftrag der Akademie der Künste in der DDR von U. Emmerich und E. Pick. Lizenzausgabe. Darmstadt und Neuwied 1986.

126 Vgl. Kurt Wolff: Briefwechsel eines Verlegers 1911–1963. Hrsg. v. Bernhard Zeller und Ellen Otten. Frankfurt/M. 1980.

127 Vgl. Heinrich Mann: Briefwechsel mit Barthold Fles 1942–1949. Hrsg. v. Madeleine Rietra. Berlin und Weimar 1993; sowie *Rietra, Joseph Roth und Barthold Fles*.

128 Vgl. *Macris, Literatur- und Theateragenten*; *Skalicky, Literaturagenten*.

129 *Macris, Literatur- und Theateragenten*, 1356.

130 Vgl. *Zohn, Friederike Maria Zweig*.

131 Vgl. *Weinke, Liepman*.

132 Zur Rezeption der Exilliteratur in der Bundesrepublik unter verlagsgeschichtlichen Aspekten vgl. *Fischer, Reintegration*, bes. 81 f.

Thomas Lischeid: Kollektivsymbolik, Nationalsozialismus und Literatur – das Paradigma der NS-Bücherverbrennung

1 Der Vollzug des Volkswillens, Undeutsches Schrifttum auf dem Scheiterhaufen. Nächtliche Kundgebung der deutschen Studentenschaft. In: Völkischer Beobachter, Norddeutsche Ausgabe/Ausgabe A, 12.5.1933.

2 *Benjamin, Kunstwerk*, 506.

3 Vgl. zum Begriff *Drews/Gerhard/Link, Moderne Kollektivsymbolik*.

4 Goebbels, Joseph: Meine Kommilitonen!, Deutsche Männer und Frauen! (10. Mai 1933), in: Goebbels-Reden. Hrsg. v. Helmut Heiber, Bd. 1, 1932–1939. Düsseldorf 1971, 108–112, hier 110.

5 Akten der Deutschen Studentenschaft (Universitätsbibliothek Würzburg), I * 21 C 14/2, Rundschreiben P No 4, 9. Mai 1933.

6 Vgl. Mann, Thomas: Deutsche Hörer!, 25. Mai 1943, in: Ders.: Gesammelte Werke in dreizehn Bänden, Bd. 3 (Reden und Aufsätze), Frankfurt/M. 1990, 1072–1075, bes. 1073; Mann, Heinrich: Die Bücherverbrennung. In: Die neue Weltbühne. Prag, Zürich, Paris, 32, Nr. 25, 18. 6. 1936, 772–775; Nazi Action Scored by American Centre of PEN Clubs in Radio Symposium. In: New York Times, 17. Mai 1933, 4; Können Sie Schweigen? Offener Brief an Gerhart Hauptmann. In: Arbeiterzeitung, Wien, 4. 6. 1933; Bibliocaust. In: Time Magazine, New York, 22. 5. 1933, 21; Germany: Students Exult as »Un-German« Books Burn. In: Newsweek, New York, 20. 5. 1933, 10.

7 Heine, Heinrich: Almansor, Eine Tragödie. In: Ders.: Historisch-kritische Gesamtausgabe der Werke. Hrsg. v. Manfred Windfuhr, Bd. 5. Hamburg 1994, 7–68, hier 16 (verfaßt 1820/21); zur Forschung vgl. *Krockow, Scheiterhaufen*, 9; *Sauder, Bücherverbrennung*, 7; *Walberer, 10. Mai 1933*, 2; *Denkler/Lämmert, Vorspiel*; *Haarmann/Huder/Siebenhaar, Vorspiel*; *Verweyen, Bücherverbrennungen*, 1–15.

8   Vgl dazu: 12 Thesen wider den undeutschen Geist, in: Akten der deutschen Studentenschaft (s. Anm. 5), I * 21 C 14/4, Rundschreiben P No 2 (8. April 1933).

9   Vgl. als Forschungsliteratur zum Thema historischer Bücherverbrennungen: *Sauder, Bücherverbrennung, 9–39; Speyer, Bücherbrennung; Rafetseder, Bücherverbrennungen; Werner, Vernichtet und Vergessen?; Verweyen, Bücherverbrennungen,* 82–144.

10 Schmitt, Carl: Der Begriff des Politischen. Text von 1932 mit einem Vorwort und drei Corollarien. Berlin 1987; ders.: Politische Theologie. Vier Kapitel zur Lehre von der Souveränität. München/Leipzig 1922.

11 Foucault, Michel: Überwachen und Strafen. Die Geburt des Gefängnisses. Übers. von Walter Seitter. Frankfurt/M. 1977.

12 Deleuze, Gilles/Guattari, Félix: Tausend Plateaus. Kapitalismus und Schizophrenie. Übers. von Gabriele Ricke und Ronald Voullié. Berlin 1992. Bes. 155–203.

13 Vgl. *Drews/Gerhard/Link, Moderne Kollektivsymbolik.*

14 Vgl. Canetti, Elias: Die Blendung. Wien 1935; Bradbury, Ray: Fahrenheit 451. New York 1953; Eco, Umberto: Der Name der Rose. Wien 1982.

15 Zum Begriff *Link, Diskursives Ereignis.*

16 Vgl. z. B. Akten der deutschen Studentenschaft (s. Anm. 5), Entwurf des Rundschreiben P No 2, 2. April 1933.

17 Schlegel, Werner: Dichter auf dem Scheiterhaufen. Berlin 1934, 50–51.

18 Goebbels, Kommilitonen (s. Anm. 4), 109.

19 Vgl. grundlegend zur Geschichte und Theorie des »Normalen« in der Moderne: *Link, Normalismus.*

20 Vgl. *Kolkenbrock-Netz, Statthalter des Normalen; Peukert, Schund- und Schmutzkampf.*

21 Kampfbund für Deutsche Kultur: Die Liste der unerwünschten Literatur, Grundsätzliche Vorbemerkungen (13. Juni 1933), in: Bundesarchiv Koblenz/Berlin-Lichterfelde, Reichsschrifttumskammer, R. 56 VV/70, Bl. 4 f.

22 Vgl. *Lischeid, Symbolische Politik,* 160–170.

23 Naumann, Hans: Kampf wider den undeutschen Geist. In: Ders./Eugen Lüthgen: Kampf wider den undeutschen Geist. Reden, gehalten bei der von der Bonner Studentenschaft veranstalteten Kundgebung wider den undeutschen Geist auf dem Marktplatz zu Bonn am 10. Mai 1933. Bonn 1933, 3–7, hier 4.

24 Ilg, Alfons: Ansprache des Ältesten der Studentenschaft an der Universität Würzburg bei der Verbrennung des Schrifttums »wider den undeutschen Geist« am Mittwoch, den 10. Mai 1933, in: Akten der Würzburger Studentenschaft, Würzburg, IV * 1–60, Bl. 20–22.

25 Baeumler, Alfred: Antrittsvorlesung in Berlin, gehalten am 10. Mai 1933. In: Ders.: Männerbund und Wissenschaft. Berlin 1934, 123–138.

26 Fricke, Gerhard: Die nationale Revolution, Rede des Privatdozenten Dr. Fricke anlässlich der Kundgebung der Studentenschaft »Wider den undeutschen Geist« (gehalten am 10. Mai 1933). In: Göttinger Hochschulzeitung, Nr. 2, 18./19. Mai 1933, 2–3.

27 Vgl. *Theweleit, Männerphantasien.*

28 Naumann, Kampf (s. Anm. 23), 5.

29 Goebbels, Kommilitonen (s. Anm. 4), 108.

30 Naumann, Kampf (s. Anm. 23), 5.

31 Fricke, Nationale Revolution (s. Anm. 26), 2.

32 Vgl. Wider den undeutschen Geist, Gewaltige Kundgebung auf dem Adolf-Hitler-Platz, in: Fränkischer Kurier, 11. 5. 1933.

33 Vgl. *Lischeid, Symbolische Politik*, bes. 62–87.

34 Fricke, Nationale Revolution (s. Anm. 26), 3.

35 Vgl. zur Logik von »Massensymbolik« und »springender Zahl« *Canetti, Masse und Macht.*

36 So der Studentenführer Gutjahr auf der Berliner Veranstaltung, vgl. »Das Alte liegt in Flammen«, Reichsminister Goebbels spricht auf dem Opernplatz. In: Der Angriff, Berlin, 11. 5. 1933.

37 Kollet: Kultur auf dem Scheiterhaufen. In: Prawda, Moskau, 16. 5. 1933.

38 Fricke, Nationale Revolution (s. Anm. 26), 3.

39 Vgl. Hitler, Adolf: Mein Kampf. Berlin 1933, 580–581, 411. Vgl. dazu *Link, Normalismus*, 309–312.

40 Goebbels, Kommilitonen (s. Anm. 4), 108.

41 Foucault, Michel: Leben machen und sterben lassen. Die Geburt des Rassismus. In: diskus 1 (1992), 51–58; Deleuze/Guattari, Tausend Plateaus, 314–316.

42 Vgl. dazu ausführlich *Lischeid, Symbolische Politik*, bes. 171–254.

43 Vgl. Der Scheiterhaufen auf dem Opernplatz, in: Antifaschistische Front, Paris, Nr. 9, 11. 5. 1933, 5.

44 Döblin, Alfred: Rede zur Ausstellung »Das freie Deutsche Buch« der »Deutschen Freiheits-Bibliothek« in Paris (1937). In: Der öffentliche Dienst, Zürich, H. 7, 1937, 2.

45 Zweig, Arnold: Rückblick auf Barbarei und Bücherverbrennung. In: Ders.: Über Schriftsteller. Hrsg. v. Heinz Kamnitzer. Berlin, Weimar 1967, 40–49, hier 41–43.

46 Mann, Heinrich, Bücherverbrennung (s. Anm. 6), 772.

47 Mayer, Hans: Die deutsche Literatur und der Scheiterhaufen, Bücherverbrennung nach 15 Jahren. In: Aufbau 4, 1948, H. 6, 463–471, hier 463.

48 Castonier, Elisabeth: Stürmisch bis heiter, Memoiren einer Außenseiterin. München 1964, 192.

49 Toller, Ernst, Offener Brief an Herrn Goebbels. In: Braunbuch über Reichstagsbrand und Hitler-Terror. Vorwort von Lord Marley. Basel 1933, 309–310; ders.: Rede auf dem Penklub-Kongress. In: Die neue Weltbühne, Nr. 24, 15. 6. 1933, 741–744.

50 Graf, Oskar Maria: Verbrennt mich! In: Wiener Arbeiterzeitung, 12. 5. 1933.

51 Brecht, Bertolt: Die Bücherverbrennung. In: Ders.: Werke, Große kommentierte Berliner und Frankfurter Ausgabe. Hrsg. v. Werner Hecht u. a. Bd. 12. Gedichte 2, Sammlungen 1938–1956. Frankfurt/M. 1988, 61 (entstanden Juli 1938).

52 Vgl. z. B. *Schöne, Bücherverbrennung.*

53 Mann, Thomas, Bücherverbrennung (s. Anm. 6), 16.

54 Vgl. *Stern, Book Burning.*

55 Vgl. Berlins leere Bibliothek erinnert an Kulturmord. In: Die Welt, 21. 3. 1995; Bücherverbrennung, Denkmal in Berlin. In: Frankfurter Allgemeine Zeitung, 21. 3. 1995; Gedenken an die Bücherverbrennung. In: die tageszeitung, 21. 3. 1995; Nolte, Jost: Memorialitis. In: Die Welt; 21. 3. 1993; Plewnia, Ulrike: Holocaust-Mahnmale, Überdruß am Überfluß. In: Focus 13, 27. 3. 1995. – 2008 begann schließlich eine staatlich geförderte ›Bibliothek verbrannter Bücher‹ (eine Auswahl von den Nationalsozialisten verfemten und verbotenen Literatur), hg. i. A. des Moses-Mendelssohn-Zentrums für europäisch-jüdische Studien) zu erscheinen, die rund 120 Titel umfaßt.

Michael Rohrwasser: Schriftsteller im Zeitalter des Totalitarismus

1 Vgl. *Koenen, Utopie*, 2.

2 Paquet, Alfons: Im kommunistischen Rußland. Briefe aus Moskau. Jena 1919; vgl. Kapferer, Totalitarismus, 1296 f. Zur Geschichte der Wortfelder (Forsthoff, Jünger, Schmitt etc.) vgl. Faye, Totalitäre Sprachen, I, 140 ff. u. a.

3 Lenin erklärte die literarische Tätigkeit als »Rädchen und Schräubchen« der »allgemeinen proletarischen Sache« und forderte: »Verlage und Lager, Läden und Leseräume, Bibliotheken und Buchvertriebe – alles dies muß der Partei unterstehen und ihr rechenschaftspflichtig sein.«. In der ›Linkskurve‹ erschien (gekürzt) die Schrift unter dem Titel »Lenin und die Literatur der Arbeiterklasse« (1. Jg, Nr. 2, Sept. 1929, 1–4). Seine Witwe Nadeshda Krupskaja hat 1937 unterstrichen, daß Lenins Ausführungen sich nicht auf schöngeistige Literatur bezogen (*Raddatz, Marxismus*, III, 356).

4 Vgl. Söllner, Totalitarismus, 105–117.

5 Ketelsen weist darauf hin, daß sich zwar zahllose Bekundungen zusammenstellen ließen, die von der propagandistischen Instrumentalisierung der Literatur zeugten, widerlegt jedoch die Legende von der Geschlossenheit und Effektivität des kulturpolitischen Apparats der Nazis (*Ketelsen, Literatur und Drittes Reich*, 287 ff.).

6 Mit differierenden Begründungen wird die Zäsur beispielsweise bei Wulf (Literatur und Dichtung, 9) oder Fähnders (Avantgarde, 273 f.) unterstrichen, während sie bei Schlenstedt (Wer schreibt), Schäfer (Das gespaltene Bewußtsein, 69 ff.) oder Ketelsen (Völkisch-nationale Literatur) problematisiert wird.

7 Vgl. Trotzki, Leo: Literatur und Revolution. Berlin 1968, 366–368. Zu Trotzkis Literaturpolitik: *Ranc, Trotzki.* Zur sowjetischen Kulturpolitik bis 1932: *Eimermacher, Dokumente.*

8 *Schmitt, Realismuskonzeptionen*, 208 f. Kern dieser »Realismuskonzeption« war die Darstellung des »Typischen«, womit nicht das »Verbreitetste«, sondern die Betonung der (siegreichen) gesellschaftlichen Kräfte gemeint war (*Groys, Gesamtkunstwerk*, 58–61). Zur sowjet. Literatur *Günther, Verstaatlichung.*

9 »Niemals haben wir die ›Freiheit der Kunst‹ versprochen, wie wir die Freiheit des Waffenschmuggels, des Kokainhandels niemandem versprochen haben. ⟨…⟩ Das Verbot eines Kunstwerkes, mag es noch so herrlich sein, ist bei uns Barbaren selbstverständlich, wenn es der Revolution schädlich ist« (Karl Radek: Boris Pinjaks Stellung in der sowjetrussischen Literatur. In: B.P.: Die Wolga fällt ins Kaspische Meer. Berlin 1930, V-XXIII, hier: VI). Zum Kontext: *Rühle, Literatur und Revolution.*

10 Immer noch wird die stalinistische Literaturpolitik mit dem Hinweis gerechtfertigt, daß der sowjetische Avantgardismus »von den breiten Massen der Arbeiter kaum verstanden« worden und Stalin die Terrorherrschaft »von den Nazis aufgezwungen« worden sei (*Hermand, Künstler*, 346 f.).

11 Wir und die »Radikalen«. In: Die literarische Welt 4 (1928), Nr. 43, 1.

12 Armin T[heophil] Wegner zitiert 1928 in seinem Reisenotizbuch 1927/28 Clara Zetkin: »Zieh Deine Schuhe aus, denn das Land darauf du trittst, ist heiliges Land der Revolution« (Deutsches Literaturarchiv Marbach [=DLM], Nachlaß A.T. Wegner); vgl. *Koenen, Vom Geist der russischen Revolution.* Trotz seines kritischen Tons gehört hierher auch Gides ›Retour de l'U.R.S.S.‹ (Paris 1936), vor allem aber Lion Feuchtwangers Reisebericht ›Moskau 1937‹.

13 Vgl. Siegfried Kracauer: Oktoberrevolution. In: Deutsche Republik 7 (1933), H. 19, 591–596, hier: 591; *Bürger, Avantgarde*, 67 u. 75.

14 *Groys, Gesamtkunstwerk*; vgl. die Diskussion von Groys' These bei *Günther, Sündenbock* und *Guski, Sozialistischer Realismus*.

15 Neue Deutsche Blätter 1 (1933), H. 1, 1 (»Rückblick und Ausblick«). Kisch, Egon Erwin und Uhse, Bodo: Geist gegen Macht. In: NDB 2 (1935), H. 6, 321–324.

16 1933 ist sich Klaus Mann im Blick auf die Literatur im »Dritten Reich« gewiß, daß politische Gesinnung drückend aufs Niveau wirke; wer sich »gleichschalten« lasse, schreibe schlecht (K. M.: Zahnärzte und Künstler. Aufsätze, Reden, Kritiken 1933–1936. Reinbek 1993, 27 u. 72). »Ob es denn wirklich notwendig und unvermeidlich sei, dass das intellektuelle und moralische Niveau sich in so erschreckendem Grade senkt, wenn es um tagespolitische Probleme geht?«, fragt Klaus Mann angesichts der Invektiven Lion Feuchtwangers gegen Gide (Der Streit um André Gide [1937]. In: K. M.: Das Wunder von Madrid. Aufsätze, Reden, Kritiken 1936–1938. Reinbek 1993, 84–94, hier: 92).

17 Vgl. *Groys, Gesamtkunstwerk*; *Fähnders, Avantgarde und Moderne*; *Lindner, Aufhebung der Kunst.*

18 Benjamin, Walter: Gesammelte Schriften. Frankfurt/M. 1972, III 281 (Linke Melancholie); Gesammelte Schriften. Frankfurt/M. 1974, I/2469 (›Das Kunstwerk im Zeitalter der technischen Reproduzierbarkeit‹); vgl. *Stollmann, Faschistische Politik*. Die Ästhetisierung der Politik ist Thema von Brechts Svendborger Gedicht ›Verbot der Theaterkritik‹.

19 Etwa Kindermann Heinz (Hg.): Des deutschen Dichters Sendung in der Gegenwart. Leipzig 1933; vgl. *Ketelsen, Literatur und Drittes Reich*, 248 f.

20 Vgl. *Günther, Proletarische Kunst*; *Lindner, Aufhebung der Kunst*, 79.

21 Vgl. *Theweleit, Ghosts*, 64 ff.

22 Nietzsche, Friedrich: Werke, hg. von Karl Schlechta. München 1969, III, 601.

23 Vgl. *Schmitt, Expressionismusdebatte.*

24 Zur antimodernistischen Tendenz im »Dritten Reich« vgl. *Grimm, Faschismus und Avantgarde* und Ketelsens Hinweise zum Verhältnis von (literarischer) Moderne und »Drittem Reich« (*Literatur und Drittes Reich*, 241 ff.). Schäfer weist hin auf die öffentliche Rezeption von Proust und Joyce, die Anprangerung und Lob umspannte (*Schäfer, Das gespaltene Bewußtsein*, 16 f., 79).

25 »Die Geschichte verfährt nicht demokratisch, sondern elementar ⟨…⟩. Sie läßt nicht abstimmen ...« G. Benn: Essays und Reden. In der Fassung der Erstdrucke. Frankfurt/M. 1989, 457 u. 460; zu Benn vgl. *Schröder, Deutschland.*

26 Vgl. Furets Porträt von Lukács, dessen Wendigkeit mehr mit deutschem Idealismus als mit Opportunismus zu tun hat (*Furet, Illusion*, 169).

27 Nur »das Leben« könne hier Kritik üben (Kraft und Schwäche der Utopie, Frühjahr 1937. In: Werke Bd. 22 (Schriften 2/1). Berlin, Weimar, Frankfurt/M. 1993, 286–289.

28 Klaus Mann: Notizen in Moskau. In: Die Sammlung 2, H. 2 (1935), 72–83, hier: 76 f.; Der Schriftsteller, hier und im Westen. In: Zahnärzte (s. Anm. 16), 197–200.

29 »Geist und Macht verschmelzen auf einem Sechstel der Erde mehr und mehr zu einer Einheit, zu einer Einheit, wie sie nie oder – in primitiver Form – vielleicht in der Vorzeit der menschlichen Geschichte existiert hat« (NDB, 1, Nr. 12, 1934, 715 f.).

30 In: G.B.: Essays und Reden (s. Anm. 25), 237–244, hier 237.

31 Vgl. *Prittwitz/Walther, Mielke und die Musen*, 74.

32 *Schmitt, Realismuskonzeptionen*, 47; Sergej Tretjakow hatte bereits 1921 vom Dichter als »Wort-Konstrukteur« und 1926 (im Blick auf Sergej Eisenstein) vom »Regisseur als Ingenieur« gesprochen (Tretjakov, Sergej M.: Gesichter der Avantgarde. Porträts – Essays – Briefe. Berlin, Weimar 1985, 74 u. 87).

33 *Schmitt, Realismuskonzeptionen*, 249, 251, 256.

34 *Schmitt, Realismuskonzeptionen*, 204 f. Das Interesse an Joyce entspreche einer »unbewußten« Neigung »gewisser rechtsgerichteter Autoren« (Radek, ebd., 207). Gegen Herzfeldes Verteidigung von Joyce unterstreicht Radek im Schluß-wort: »Joyce steht auf der anderen Seite der Barrikaden« (ebd., 279).

35 *Schmitt, Realismuskonzeptionen*, 412. Eine Kurzfassung von Radeks Referat erschien in NDB 1 (1934), Nr. 12, 718–720.

36 F.C. Weiskopf schreibt bereits 1930 im Blick auf Brecht: »Krisenzeiten, wie die heurige, wirken wie Scheidewasser. Der Intellektuelle, der gestern noch zwischen links und rechts, zwischen Reaktion und Revolution lavieren konnte, sieht den Tanzboden unter seinen Füßen immer mehr zusammenschrumpfen. Er muß sich entscheiden. Und er entscheidet sich« (Das Oratorium von morgen/ Die Maßnahme, in: Berlin am Morgen, 16.12.1930, wieder in: Bertolt Brecht: Die Maßnahme. Kritische Ausgabe mit einer Spielanleitung von Reiner Steinweg. Frankfurt/M. 1972, 338).

37 NDB 1 (1934), Nr. 12, 718–720, hier: 719 (Radek).

38 Ebd., 719.

39 NDB 1 (1934), Nr. 12, 713–717, hier: 715 (Herzfelde).

40 Adorno, Theodor W.: Minima moralia. Reflexionen aus dem beschädigten Leben. Frankfurt/M. 1951, 32.

41 Herzfelde, Wieland: Geist und Macht. In: NDB 1 (1934), Nr. 12, 713–717, hier: 714 f. G.B.: Die Dichtung braucht inneren Spielraum. In: Essays und Reden (s. Anm. 25), 275–278, hier 278.

42 So der Titel von Grafs Kongreßbericht in der Deutschen Zentralzeitung (= DZZ). »Der Sowjetschriftsteller aber steht mitten im Leben ⟨...⟩ und kann seine Wirkung jederzeit überprüfen, während der Schriftsteller im Kapitalismus vereinzelt und vereinsamt bliebe« (DZZ, 4.9.1934, 3). Auch sein Reisebericht ist von dieser Euphorie geprägt (Reise in die Sowjetunion 1934. Darmstadt, Neuwied 1974).

43 Brief vom 22.8.1934 an J.R. Becher (Maxim-Gorki-Institut für Weltliteratur, Moskau [=IfW], F 316/17). Mit demselben Satz leitete Mann seinen Moskauer Rundfunkvortrag im Komintern-Sender ein und beendete ihn (Der Schriftsteller, hier und im Westen. In: Klaus Mann: Zahnärzte [s. Anm. 16], 197–200).

44 *Schmitt, Realismuskonzeptionen*, 227.

45 Die Auskunft, wer offizieller Organisator des Kongresses war, bleibt in der Dokumentation von Klein verschleiert, doch wenn Becher von einer »autorisier-ten Konferenz« spricht (*Klein, Paris 1935*, 13), ist die Schlußfolgerung auf ein »autorisierendes Subjekt« erlaubt. Der Kongreß erfuhr Unterstützung durch die Komintern; zum Kongreß vgl. *Betz, Exil und Engagement*, 104 ff.

46 Wie Anna Seghers predigte Becher auf dem Kongreß Patriotismus (*Klein, Paris 1935*, 178, vgl. 356).

47 Klaus Mann in: Die Sammlung 2 (1935), H. 12, 724 f. (Die Schriftsteller in

Paris). Kisch und Uhse sprachen später von einem »Vormarsch« (s. Anm. 15). Becher zit n. *Klein, Paris 1935*, 13.

48   Robert Musil an Bernard Guillemin, 24.VIII.1935, in: R.M.: Briefe 1901–1942. Hg. Adolf Frisé. Reinbek 1981, 654 f.

49   Regler, Gustav: Das Ohr des Malchus. Köln 1958, 316; vgl. *Rohrwasser, Weg nach oben*, 221.

50   Brief vom 30.12.1934, Zentrales Parteiarchiv Moskau (=ZPM), Becher-Briefwechsel (F 27).

51   Vortrag. Paris. In: R.M.: Gesammelte Werke. Bd.VIII (Essays und Reden). Reinbek 1978, 1266.

52   *Klein, Paris 1935*, 330 f.

53   Der Artikel (Brünn, 14.7.1935) ist abgedruckt in: R.M.: Briefe (s. Anm. 48), 379.

54   Kisch und Uhse: Geist gegen Macht (s. Anm. 15).

55   Mayers Kommentar ist auf die Schweizer Asylpraxis von 1939 bezogen (Ein Deutscher auf Widerruf. Erinnerungen I. Frankfurt/M. 1982, 282).
Musil hat an einer »Richtigstellung« gearbeitet, diese aber nicht fertiggestellt; darin heißt es: »Wer darum sagt, daß ich keine propagatorische Rede gehalten habe, dem kann ich nur beipflichten. Wer aber sagt, daß ich einer Unentschlossenheit Ausdruck gegeben habe, der hat mich nicht verstanden. ⟨...⟩ Es kann sein, daß es u. U. unerlaubt ist, solche theoretische Frage zu stellen, statt ∼ mitzumarschieren« (Tagebücher. Hg. Adolf Frisé. Anmerkungen, Anhang, Register. Reinbek 1983, 1258 f.; vgl. Musils Brief an Harry Goldschmidt, 22.IX.1935, in: Briefe, 659). Kisch schrieb nach Musils Tod einen freundlichen Nachruf, in dem es heißt, daß dieser in Paris »eine edel durchdachte und eindeutige Rede hielt« (R.M.: Tagebücher. Anmerkungen, 204).

56   *Klein, Paris 1935*, 299. Vgl. Hugo Hupperts Gedicht ›Der Mann mit der schwarzen Brille‹ (1935).

57   *Klein, Paris 1935*, 360. Regler meint die vom SDS organisierte Tarnschrift ›Deutsch für Deutsche‹, die zum Kongreß fertiggestellt wurde; vgl. *Schiller, Exil*, 188; *Tutas, NS-Propaganda*.

58   *Schiller, Exil*, 150 f. Alfred Döblin: Kommandierte Dichtung. In: A.D.: Schriften zur Politik und Gesellschaft. Olten, Freiburg 1972, 307 f.

59   NDB 1 (1933), H. 1, 1 (»Rückblick und Ausblick«).

60   Der Appell der ersten Nummer der kommunistischen Zeitung ›Gegen-Angriff‹ hieß: »Reiht euch ein in die antifaschistische Kampffront. Wir rufen auf zum Gegen-Angriff« (vgl. *Schlenstedt, Wer schreibt*, 218 f.). Wer sich »nicht als Volksredner auf hastig zusammengerufenen Massenkongressen hervortat«, blieb unerwähnt in der kommunistischen Literaturgeschichtsschreibung, notierte Hans Sahl im Blick auf F.C.Weiskopfs Darstellung ›Unter fremden Himmeln. Ein Abriß der deutschen Literatur im Exil 1933–1947‹ (Berlin, Weimar 1947) (H.S.: Die Literatur im Exil. In: Sonntagsblatt. Staats-Zeitung und Herold, Nr. 31, 1.8.1948, 80).

61   K.Mann: Das Schweigen Stefan Georges. In: Die Sammlung, 1 (1933), H. 2, 98–103; Drinnen und draußen (1933), in: K.M: Zahnärzte (s. Anm. 16), 69–73, hier: 72.

62   *Klein, Paris 1935*, 324.

63   *Klein, Paris 1935*, 325. In der überarbeiteten Fassung seines Vortrags (Marxis-

mus und Dichtung. In: E. B.: Literarische Aufsätze. Frankfurt/M. 1965, 135–143) findet sich die Passage nicht mehr.

64   Vgl. *Furet, Illusion*, 203 ff.

65   Lutz Mackensen: Der Dichter und das Reich. Brüssel 1941, 246.

66   Vgl. *Rohrwasser, Renegaten*, 174 f.

67   *Wulf, Literatur und Dichtung*, 9; Thomas Mann: Warum ich nicht nach Deutschland zurückgehe. Offener Brief an Walter von Molo. In: Ders.: Politische Schriften und Reden 3. Frankfurt/M. 1968, 178–185, hier: 181 – schließlich waren auch die ersten beiden Bände von Manns Josephs-Roman im »Dritten Reich« erschienen.

68   Vgl. *Ketelsen, Literatur und Drittes Reich*; *Schäfer, Das gespaltene Bewußtsein*; *Schäfer, Am Rande der Nacht*; *Schnell, Dichtung in finsteren Zeiten*; vgl. auch den romanhaften Bericht von Bruno E. Werner: Die Galeere. Frankfurt/M. 1958.

69   Rudolf Frank: Ahnen und Enkel. Roman in Erzählungen. Berlin 1936.

70   *Schäfer, Das gespaltene Bewußtsein*, 78. Hinter dem Bild eines monolithischen Apparats verbargen sich Interessendivergenzen, Ämterchaos und verwickelte Fraktionskämpfe (vgl. *Bollmus, Amt Rosenberg* u. *Barbian, Literaturpolitik*). Von 1937 ab (Hitlers Kultur-Reden) und dann nochmals mit Kriegsbeginn nahm der Anpassungsdruck auf die Schriftsteller zu.

71   K. Mann: Situation der deutschen Literatur, drinnen und draußen (1934). In: ders.: Zahnärzte (s. Anm. 16), 87–107.

72   *Ketelsen, Völkisch-nationale Literatur*, 79.

73   *Schäfer, Das gespaltene Bewußtsein*, 78. Die von der nationalsozialistischen Kulturpolitik geforderten und geförderten Romane über den industriell-technischen Fortschritt (von Rudolf Brunngraber, Karl Aloys Schenzinger, Anton Zischka etc.) erfuhren nach 1945 Wiederauflagen (vgl. *Graeb-Könneker, Modernität*).

74   *Barbian, Literaturpolitik*, 837; *Mittenzwei, Untergang*.

75   K. Mann: 88 am Pranger. In: NTB 1 (1933), H. 19, 437; NDB 1 (1933), Nr. 4, 260–262 (anonym: Falschmünzer); *Wulf, Literatur und Dichtung*, 96–98; Werner, Die Galeere (s. Anm. 68), 36 f.

76   Brief an Ernst Kreuder vom 27.2.1939, zit. n. *Schäfer, Am Rande der Nacht*, 11.

77   Wilhelm Stapel in: Deutsches Volkstum, März 1933, zu den Vorgängen in der Preuß. Akademie (zit. n. *Schonauer, Deutsche Literatur*, 39).

78   Zum Begriff vgl. *Schäfer, Am Rande der Nacht*, 10; zur Diskussion des Begriffs »innere Emigration« vgl. *Berglund, Der Kampf um den Leser*, 213 ff. und *Schnell, Innere Emigration*.

79   Stresau, Hermann: Von Jahr zu Jahr. Berlin 1948, 92.

80   Wiechert, Ernst: Der Dichter und die Jugend. Mainz 1936, S.20; Langgässer, Elisabeth: Schriftsteller unter der Hitler-Diktatur. In: Ost und West 1 (1947), H. 4, 36–41, hier 38.

81   Größtes Aufsehen erregte 1936 die Intrige gegen das ›Pariser Tageblatt‹. Vgl. *Jasper, Hotel Lutetia*, 153 ff.; *Rohrwasser, Zwölf Thesen*, 72 f.

82   Otto Biha schloß schon 1929 seine Attacke gegen Pilnjak mit machtpolitischer Drohgebärde: »Und wenn wir auch noch nicht die Macht haben, die Pilnjaks bei uns zu beseitigen, so können wir sie wenigstens entlarven und ihr wahres Ge-

sicht enthüllen« (Der Fall Pilnjak und die Folgen. In: Die Linkskurve 1 (1929), Nr. 5, 13–15).

83   Walter Benjamin: Versuche über Brecht. Frankfurt/M. 1966, 132.

84   Friedrich Timm: Zu den Fragen der antifaschistischen Literatur. In: Das Wort 2 (1937), H. 4–5, 39 f.

85   Auf die Verwandtschaft der Stalinschen Drohvokabel »Trotzkismus« mit der Nazi-Parole vom »jüdischen Bolschewismus« hat Koenen hingewiesen (*Utopie der Säuberung*, 240).

86   *Schmitt, Realismuskonzeptionen*, 246. Auf dem Pariser Kongreß sagt H.Mann: »eine Literatur, die Dienstvorschriften unterliegt, wird wesentlich gar nicht vorhanden sein«; und Becher: »Wo Wahrheit verschwiegen oder verfälscht wird, hört Literatur auf. Wo Feigheit oder Lüge dem Dichter seine Marschroute anweisen, wird nicht das Werk geschaffen« (*Klein, Paris 1935*, 291 u. 173).

87   Vgl. *Pike, Schriftsteller*, 529 ff.; zu Bechers Roman vgl. *Rohrwasser, Weg nach oben*, 50 ff.

88   Antwerpener Rede, 2. In: DLM, Nachlaß Plievier.

89   Vgl. *Rohrwasser, Renegaten*.

90   Briefe vom 26.VII. und 21.VIII.1937 an K. Mann; vgl. Brief vom 23.VII.1937 an Thomas Mann (Thomas Mann. Heinrich Mann: Briefwechsel 1900–1949. Frankfurt/M. 1984, 287). »Der Briefwechsel zwischen Heinrich Mann und Klaus Mann gibt Einblick in die Art und Weise, mit der um einflußreiche Autoren gerungen werden mußte« (*Schiller, Exil*, 248).

91   »Aufruf«. In: NTB 5 (1937), H. 25, 600. Zu den Unterzeichnenden gehörten (außer den schon genannten) Bruno Frank, Iwan Heilbut, Hermann Kesten, Walter Mehring, Ernst Erich Noth, Karl Otten und Heinz Pol.

92   Brief an Lion Feuchtwanger (6.9.1937). In: K. Mann: Briefe. Berlin, Weimar 1988, 290.

93   Diese Haltung wird K. Mann zugeordnet bei *Schlenstedt, Wer schreibt*, 171.

94   Klaus Mann: André Gide und Rußland (1933). In: Die neuen Eltern. Aufsätze, Reden, Kritiken 1924–1933. Reinbek 1992, 457–463, hier 457 f. (dort auch das Gide-Zitat); Alfred Döblin: Briefe. Olten, Freiburg 1970, S. 204 (Brief vom 4.5.1935).

95   Klaus Mann: André Gide und die europäische Jugend (1935); Situation der deutschen Literatur, drinnen und draußen (1934); Zahnärzte und Künstler (1934) – alle in: Zahnärzte (s. Anm. 16), 327–330, hier: 329; 87–107, hier: 106; 107–110, hier: 107. Auf die Frage, ob der Dichter die Welt verändern könne, hatte Mann schon 1931 mit »ja ja ja« geantwortet (Auf der Suche nach einem Weg. Berlin 1931, 111) – gerichtet gegen Benns Part im Rundfunkdialog »Können Dichter die Welt ändern?« (1930). Mann verweigert die Scheidung von Dichter und Schriftsteller: vgl. die Kritik an Joseph Breitbach und seine Antwort auf die Umfrage des ›Pariser Tageblattes‹ (Zahnärzte [s. Anm. 16], 159–163, 234 f.).

96   Ein erzieherischer Ton etwa in: Das Wunder von Madrid (s. Anm. 16), 277; Gottfried Benn. Die Geschichte einer Verirrung (1937). In: Wunder von Madrid (s. Anm. 16), 237–246. Theweleit vermutet, daß die GPU den Artikel erpreßt habe (*Buch der Könige*, 794–798).

Claudia Albert / Marcus Gärtner: Die Rezeption der klassischen
deutschen Literatur im »Dritten Reich« und im Exil

1   Kaergel, Hans Christoph: Rufer und Bewahrer. In: Völkischer Beobachter, 15.
    9. 1933.
2   Hitler, Adolf: Reden des Führers am Parteitag der Arbeit. München 1937, 39 f.
3   Zit. n.: Siebarth, Werner: Hitlers Wollen. Nach Kernsätzen aus seinen Schriften
    und Reden. 4. Aufl. München 1937, 176.
4   Von Trotha, Thilo: Deutschlands Kulturtradition und das Dritte Reich. Letzte
    Rede, gehalten vor der Norwegisch-deutschen Gesellschaft in Oslo. In: Natio-
    nalsozialistische Monatshefte 9, 1938, 658–670, hier 668.
5   Vgl. *Albert, Deutsche Klassiker.*
6   Vgl. *Broer/Kopp, Grabbe; Schneider, Herder.*
7   Berliner, Hans [d. i. Hans Rodenberg]: Hochstapler, Eklektiker, Pornographen.
    Drei Gipfel der Naziliteratur. In: Das Wort, März 1939, H. 3, 98–122, hier
    101.
8   Humbert, Manuel: Ein Schiller gesucht. In: Pariser Tageblatt, 12. 11. 1934,
    Nr. 335, 2; [anon.:] Dramatiker gesucht. In: Pariser Tageblatt, 24. 11. 1934,
    Nr. 347, 2.
9   Voßkamp, Wilhelm: Literaturwissenschaft als Geisteswissenschaft. Thesen zur
    Geschichte der deutschen Literaturwissenschaft nach dem Zweiten Weltkrieg.
    In: Wolfgang Prinz/Peter Weingart (Hrsg.): Die sog. Geisteswissenschaften.
    Innenansichten. Frankfurt/M. 1990, 240–248, hier 242.
10 Dokumentiert in: *Klassiker in finsteren Zeiten* 1, 165–210; *Ruppelt, Schiller,*
    33 ff. sowie *Albert, Deutsche Klassiker,* 18–76.
11 Lepel, Wilhelm. In: Das Neue Tagebuch 2, 1934, 647, zit. n.: *Klassiker in finste-
    ren Zeiten* 1, 172.
12 Goebbels, Joseph: Schiller als revolutionärer Charakter. In: Der Angriff,
    12.11.1934, Nr. 266.
13 Engelmann, Peter: Wir lesen wieder Schiller. Gespräch mit einer Oberprima. In:
    Deutsche Allgemeine Zeitung, 8. 11. 1934, Nr. 523.
14 Vgl. Maurer, Doris: Schiller auf der Bühne des Dritten Reiches. In: *Claussen/
    Oellers, Beschädigtes Erbe,* 31–44, bes. 37–40.
15 [anon.]: Schiller, citoyen français. Eine zeitgemäße Erinnerung. In: Pariser Tage-
    blatt v. 11. 11. 1934, Nr. 374, 4.
16 Mann, Heinrich: Die Macht des Wortes (1935), in: Ders.: Verteidigung der Kul-
    tur. Antifaschistische Streitschriften und Essays. Berlin/Weimar 1971, 112–117,
    hier 116.
17 Mann, Heinrich: Nation und Freiheit (1934). In: Mann, Verteidigung, 90–96,
    hier 95 f.
18 Petersen, Julius: Goetheverehrung in fünf Jahrzehnten (1935). In: Petersen,
    Julius: Drei Goethe-Reden. Leipzig 1942, 28–54, hier 52.
19 Fabricius, Hans: Schiller als Kampfgenosse Hitlers. Nationalsozialismus in
    Schillers Dramen. Bayreuth 1932, leicht veränd. Aufl. Berlin 1940.
20 Vgl. *Albert, Deutsche Klassiker,* 50–56.
21 Pongs, Hermann: Methodenstreit um Schiller. In: Dichtung und Volkstum 37,
    1936, 390 f., hier 390.
22 Fricke, Gerhard: Vom Nutzen und Nachteil des ›Lebens‹ für die Historie.

Zwei neue Schillerabhandlungen. In: Zeitschrift für Deutschkunde 50, 1936, 433–437, hier 436.

23 Vgl. *Schöne, Bücherverbrennung*; *Sauder, Bücherverbrennung*, 191–194 (Ausgabe 1985).

24 Strich, Fritz: Deutsche Klassik und Romantik. München 1922, 233; insges. vgl. *Albert, Deutsche Klassiker*, 77–187.

25 Minde-Pouet, Georg: Die Kleist-Gesellschaft. In: Deutscher Kulturwart 2, 1935, 90–93, hier 90; vgl. weiterhin die zahlreichen Belege vereinnahmender Rezeption in *Busch, Kleist-Rezeption*.

26 Buchhorn, Josef: Heinrich von Kleist. Wir gedenken seiner an seinem 125. Todestag. In: Deutscher Kulturwart. Juli/August 1936, 610–612, hier 611.

27 Sauer, Eugen: Deutschland im Spiegel des Kleistbildes. In: Neuer Schwäbischer Kurier, 11.7.1934, zit. nach: *Busch, Kleist-Rezeption*, Anhang, 120 f.

28 Langenbucher, Hellmuth: Heinrich von Kleist. Zum 125. Todestag am 21. November. In: Völkischer Beobachter (Norddt. Ausg.), 20. 11. 1936.

29 Klaiber, Joachim: Ein Sturm schüttelte die deutschen Philister. Zum Todestag Heinrich von Kleists. In: Der Angriff. Zeitung der deutschen Arbeitsfront, 21. 11. 1936.

30 Keudel, Rudolf: Heinrich von Kleist. Zu seinem 125. Todestag am 21. November. In: HJ. Das Kampfblatt der Hitler-Jugend (Ausg. ›Gebiet Hochland‹), 21.11.1936.

31 Naujoks, Erich: Dank an einen Dichter. Zur 125. Wiederkehr von Heinrich von Kleists Todestag. In: Deutsche Allgemeine Zeitung, 21. 11. 1936.

32 Dorn, Friedrich: Dämon und Seraph. Zur 125. Wiederkehr des Todestages Heinrich von Kleists. In: Frankfurter Zeitung, 21. 11. 1936.

33 Stieber, Willi: Die ›Klassiker‹ im Dritten Reich. In: Zeitschrift für deutsche Bildung 10, 1934, 433–436, hier 434.

34 Ibel, Rudolf: Politische Erziehung und deutscher Unterricht. In: Zeitschrift für deutsche Bildung 9, 1933, 432–439, hier 452.

35 Schulze, Eduard: Die deutsche Klassik und die nationalpolitische Bildung. In: Zeitschrift für deutsche Bildung 10, 1934, 123–132, hier 124.

36 Fricke, Gerhard: Zur Interpretation des dichterischen Kunstwerks. Ein Beitrag zum Thema: Klassische Dichtung und deutscher Unterricht. In: Zeitschrift für Deutschkunde 53, 1939, 337–353, hier 343.

37 Ebd., 346; als passend zu diesem Programm empfiehlt Fricke die ›Penthesilea‹.

38 Müller-Beeskow, K.: Heinrich vom Kleist im Deutschunterricht. In: Nationalsozialistische Erziehung. Kampf- und Mitteilungsblatt des Nationalsozialistischen Lehrerbundes für den Gau Kurmark 5, 1936, 21.11., 612.

39 Schlösser, Rainer: Die Kleistische Wiedergeburt. In: Leipziger Tageszeitung, 10. 1. 1934.

40 So der Völkische Beobachter, zit. n: *Dussel, Heroisches Theater?*, 134.

41 Boberach, Heinz (Hrsg.): Meldungen aus dem Reich 1938-1945. Die geheimen Lageberichte des Sicherheitsdienstes der SS. 17 Bde. und Registerbd. Herrsching 1984; vgl. etwa 1454, 2371, 3046, 3299, 3936.

42 Kluckhohn, Paul: Kleist-Forschung 1926–1943. In: Deutsche Vierteljahrsschrift 21, 1943, Referatenheft, 45–87.

43 Burger, Heinz Otto: Die rassischen Kräfte im deutschen Schrifttum. In: Zeitschrift für Deutschkunde 48, 1934, 462–476.

44   Koch, Franz: Kleists deutsche Form. In: Jahrbuch der Kleist-Gesellschaft 18, 1938, 9–28, hier 26 f.

45   Ebd., 17.

46   Korff, Hermann: Das Dichtertum Heinrich von Kleists. In: Zeitschrift für Deutschkunde 47, 1933, 423–441, hier 432.

47   Linden, Walther: Heinrich von Kleist, der Dichter der völkischen Gemeinschaft. Leipzig 1940, 5.

48   Fechter, Paul: Geschichte der deutschen Literatur. Von den Anfängen bis zur Gegenwart. Berlin 1941, 453.

49   Fricke, Gerhard: Erfahrung und Gestaltung des Tragischen in deutscher Art und Dichtung. In: Von deutscher Art und Dichtung. Bd. 5. Stuttgart 1941, 57–95, hier 79.

50   Heuschele, Otto: Geist und Nation. Berlin 1940, 116.

51   Fricke (s. Anm. 49), 81.

52   Vgl. *Sembdner, Kleists Nachruhm*, Nr. 491 und 628c.

53   Lukács Georg / Seghers, Anna: Briefwechsel (1938/39), in: *Schmitt, Expressionismusdebatte*, 264–301, bes. 265–268.

54   Vgl. zur Rezeptionsgeschichte Bothe, Henning: ›Ein Zeichen sind wir, deutungslos‹. Die Rezeption Hölderlins von ihren Anfängen bis zu Stefan George. Stuttgart 1992; *Albert, Deutsche Klassiker*, 189–253; Kurz, Gerhard: Hölderlin 1943. In: Hölderlin und Nürtingen. Hrsg. v. Peter Härtling/Gerhard Kurz. Stuttgart/Weimar 1994, 103–128, und Albert, Claudia: Hölderlin im Exil. In: Weimarer Beiträge 37, 1991, H. 5, 723–737.

55   Burger, Hermann: Die Entwicklung des Hölderlinbildes seit 1933. In: DVjs 18, 1940, 101–122.

56   Vgl. *Albert, Deutsche Klassiker*, 216–227.

57   Zit. in *Klassiker in finsteren Zeiten* 2, 98.

58   Hölderlin. Feldausgabe. Besorgt von Friedrich Beißner im Auftrag der Hölderlin-Gesellschaft und des Hauptkulturamtes der NSDAP. Stuttgart 1943; Gebot und Erfüllung. Aussprüche, Gedanken, Weisheiten. Ausgewählt von Hartfried Voß. 10. Aufl. Ebenhausen 1944.

59   Dahms, Hellmuth Günther an Wolfgang Herrmann am 10. 6. 1943, zit. nach *Klassiker in finsteren Zeiten* 2, 99.

60   Vgl. Wocke, Helmut: Hölderlin als Lebensmacht in der Zeit vom ersten zum zweiten Weltkrieg. In: Zeitschrift für deutsche Philologie 69, 1944/45, 105–128.

61   Weimarer Reden des Großdeutschen Dichtertreffens 1938. Hamburg 1939, 55–69, hier 67.

62   Brief Weinhebers an Hermann Pongs vom 8. 11. 1943. In: *Klassiker in finsteren Zeiten* 2, 172 f.

63   Staiger, Emil: Hölderlin-Forschung während des Krieges. In: Trivium 4, 1946, 202–219, hier 219.

64   Vgl. *Gärtner, Kontinuität und Wandel*.

65   Von Schirach, Baldur: Goethe an uns (1937). In: Goethe an uns. Ewige Gedanken des großen Deutschen. Berlin 1943, 5–18.

66   Linden, Walther: Geschichte der deutschen Literatur. Von den Anfängen bis zur Gegenwart. Leipzig 1937; zum Gesamtkontext: *Mandelkow, Goethe*, 78–108; Namowicz, Tadeusz: Zur Instrumentalisierung des Goethebildes im Dritten

Reich. In: Traditionen und Traditionssuche des deutschen Faschismus. Hrsg. v. Günter Hartung und Hubert Orlowski. Halle 1983, 61–78; sowie *Albert, ›Torquato Tasso‹*.

67   Linden, Walther: Die Lebensprobleme in Goethes ›Tasso‹. In: Zeitschrift für Deutschkunde 41 (1927), 337–355, hier 341.

68   Schwerte, Hans: Faust und das Faustische. Ein Kapitel deutscher Ideologie. Stuttgart 1962.

69   *Kleinschmidt, Der vereinnahmte Goethe*, 461–462, hier 465.

70   Ebd., 467.

71   Kommerell, Max: Briefe an Karl Reinhardt vom 19. 1. 1942 und an Rudolf Bultmann vom 7. 6. 1944. In: Kommerell, Max: Briefe und Aufzeichnungen. Hrsg. v. Inge Jens. Olten/Freiburg 1977, 387–390, hier 389, und 450–453, hier 452; vgl. zum späten Kommerell auch *Albert, Deutsche Klassiker*, 249-253.

72   Alewyn, Richard: Goethe als Alibi. In: Goethe im Urteil seiner Kritiker. Dokumente zur Wirkungsgeschichte in Deutschland. Hrsg. v. Karl Robert Mandelkow, 4 Bde. Stuttgart 1975–1984; Bd. 4, 333 f.

Ralf Klausnitzer: Germanistik und Literatur im »Dritten Reich«

1   Die ›Zeitschrift für Deutsche Bildung‹ veröffentlichte 1933 ein Sonderheft mit Stellungnahmen der Herausgeber Ulrich Peters, Karl Viëtor und Wilhelm Poethen, die ›Zeitschrift für Deutschkunde‹ publizierte Ergebenheitsadressen der Herausgeber Hermann August Korff und Walther Linden.

2   Gerhard Fricke, an der Bücherverbrennung in Göttingen 1933 als Redner aktiv beteiligt, wurde 1934 an die Universität Kiel berufen und wirkte dort bis zum Ruf an die Reichsuniversität Straßburg 1941.

3   Werner Deubel, dem Kreis um Ludwig Klages angehörend, veröffentlichte seit Ende der 1920er Jahre literarhistorische, von universitären Germanisten weitgehend abgelehnte Darstellungen, die Autoren und Texte nach dem Dualismus »logozentrisch« vs. »biozentrisch« bewerteten.

4   Paul Kluckhohn, Mitbegründer der einflußreichen ›Deutschen Vierteljahrsschrift für Literaturwissenschaft und Geistesgeschichte‹, wirkte seit 1927 als Ordinarius in Wien, seit 1931 in Tübingen; zu seinen Verdiensten zählt die gemeinsam mit Richard Samuel herausgegebene erste historisch-kritische Novalis-Ausgabe.

5   Hellmuth Langenbucher, ein promovierter Lehrer und Verlagslektor, gehörte seit 1929 der NSDAP an und wurde 1933 Gründungsmitglied der ›Reichsstelle zur Förderung des deutschen Schrifttums‹. Als Lektor des Amtes »Schrifttumspflege« in der Dienststelle Alfred Rosenbergs, Hauptschriftleiter des ›Börsenblatts für den deutschen Buchhandel‹ und der Beratungszeitschrift ›Buch und Volk‹ sowie als Verfasser vielzitierter Monographien (*Volkhafte Dichtung der Zeit*; *Nationalsozialistische Dichtung*) und als Kritiker stieg er zu einem »Literaturpapst« des NS-Staates auf.

6   Zugleich erarbeitete er eine ›Geschichte der deutschen Dichtung‹, die 1949 in Tübingen erschien und bis 1988 insgesamt 20 Auflagen erlebte. 1951–57 Professor in Istanbul, danach in Mannheim, war er 1960–66 Lehrstuhlinhaber in Köln.

7   1938 erschien Deubels Novellensammlung ›Das Glück von Tukulor‹, 1942 das
      Drama ›Die letzte Festung‹, das eine Vorlage für den Durchhalte-Film ›Kolberg‹
      von Veit Harlan liefern sollte.

8   Langenbucher, Hellmuth (Hrsg.): Ins Herz hinein. Ein Hand- und Lesebuch für
      Feier und Besinnung in Schule und Haus. Bad Reichenhall 1955, 684.

9   So galten Josef Nadler (seit 1931 Professor an der Universität Wien), Franz
      Koch (seit 1935 Professor an der Berliner Friedrich-Wilhelms-Universität) oder
      Karl Justus Obenauer (seit 1936 Professor an der Rheinischen Friedrich-Wil-
      helms-Universität Bonn und als Dekan federführend bei der Aberkennung von
      Thomas Manns Ehrendoktorwürde beteiligt) als »Sündenfälle« von Germani-
      sten, deren Entlassung die Reinheit des Wissenschaftssystems wiederherzustel-
      len schien.

10   von Wiese/Henss, Nationalismus in Germanistik und Dichtung. Die Veröffentli-
      chung der fachhistorischen Vorträge erfolgte in dem Suhrkamp-Band Lämmert/
      Killy/Conrady/Polenz, Germanistik.

11   Vgl. aus der Fülle fachgeschichtlicher Publikationen u.a. Gaul-Ferenschild,
      National-völkisch-konservative Germanistik; Gärtner, Kontinuität und Wan-
      del; Almgren, Germanistik und Nationalsozialismus sowie Kolk, Literarische
      Gruppenbildung. Eine Rekonstruktion von Literaturforschung und -vermitt-
      lung am exemplarischen Beispiel liefert Klausnitzer, Blaue Blume unterm
      Hakenkreuz.

12   Eine »Doppelheit« von »politischer Diskontinuität und wissenschaftsgeschicht-
      licher Kontinuität auch für das Jahr 1945« konstatierte bereits Wilhelm Voß-
      kamp: Literaturwissenschaft als Geisteswissenschaft. Thesen zur Geschichte der
      deutschen Literaturwissenschaft nach dem Zweiten Weltkrieg. In: Prinz, Wolf-
      gang/Weingart, Peter: Die sog. Geisteswissenschaften. Innenansichten. Frank-
      furt/M. 1990, 240–247, hier 242. Vgl. dazu auch zahlreiche Beiträge in Barner/
      König, Zeitenwechsel und Gärtner, Kontinuität und Wandel. Die nach der
      Enttarnung von Schneider/Schwerte erneut aufgeworfenen Fragen betrafen zum
      einen historische Kontinuitätslinien, zum anderen die moralische Bewertung
      dieses Identitätswechsels. Ludwig Jäger (Jäger, Seitenwechsel) attestierte der
      Disziplin eine »gruppenkollektive Vergessens- und Ignorierungsbereitschaft«
      (165), die über den politischen Bruch des Jahres 1945 hinaus personelle und
      institutionelle Stetigkeit gesichert habe und schloß seine Arbeit mit der Ver-
      mutung, Schwerte sei von einem Netzwerk politisch belasteter Großordinarien
      gezielt an der neugegründeten Philosophischen Fakultät der RWTH Aachen
      plaziert worden.

13   So aus eigener Erfahrung Walter Müller-Seidel: Freiräume im nationalsoziali-
      stischen Staat. Erinnerungen an Leipzig und seine Universität. In: Boden, Petra/
      Dainat, Holger (Hrsg.): Atta Troll tanzt noch. Selbstbesichtigungen der litera-
      turwissenschaftlichen Germanistik im 20. Jahrhundert. Berlin 1997, 155–174.

14   So exemplarisch Linden, Walther: Deutschkunde als politische Lebenswissen-
      schaft – Das Kerngebiet der Bildung! In: ZfDk 47, 1933, 337–341, hier 337:
      »Eine Epoche, die liberale Aufklärungszeit von 1830–1933 ist zu Ende; ein
      neues Zeitalter ist angebrochen«; ähnlich Hermann August Korff, Gerhard
      Fricke u.v.a.

15   Die Zahl der Germanistikstudenten sank von 1931 bis 1938 von 5361 auf
      1049; in der selben Zeit sank die Zahl der Germanistikdozenten von 144 auf

114, was dem Stand von 1920 entsprach, vgl. Tietze, Hartmut: Das Hochschulstudium in Preußen und Deutschland 1820–1944. Göttingen 1987, 124 ff.; Ferber, Christian von: Die Entwicklung des Lehrkörpers der deutschen Universitäten und Hochschulen 1864–1954. Göttingen 1956, 195 ff.

16 *Benjamin, Kunstwerk,* Zitat in der ersten Fassung 467, in der zweiten Fassung 506.

17 Vgl. *Hopster/Nassen, Literatur und Erziehung; Lauf-Immesberger, Literatur, Schule und Nationalsozialismus.*

18 Allenfalls bei Benno von Wiese, F. K. Scheid: 49 Thesen zur Neugestaltung deutscher Hochschulen. In: Volk im Werden 1, 1933, H. 2, 13–21; Vorschläge unterbreitete auch Günther Weydt in: Die germanistische Wissenschaft in der neuen Ordnung. In: ZfdB 9, 1933, 638–641.

19 Vgl. Hermand, Jost: Germanistik. In: *Handbuch der deutschsprachigen Emigration,* 736–746, hier 736 die Aufführung der exilierten »Berufsgermanisten oder -germanistinnen, die in Deutschland oder Österreich bereits eine Professur oder Dozentur, seltener einen Lehrstuhl innegehabt hatten«: Richard Alewyn (a. o. Prof. Heidelberg), Walter A. Berendsohn (a. o. Prof. Hamburg), Melitta Gerhard (PD Kiel), Wolfgang Liepe (ord. Prof. Kiel), Werner Richter (ord. Prof. Berlin), Hans Sperber (a. o. Prof. Köln), Marianne Thalmann (PD Wien). Von den »Säuberungen« des Jahres 1933 war nur ein Inhaber eines ordentlichen Lehrstuhls betroffen (vgl. *Dainat, Anpassungsprobleme,* 103 f.): Werner Richter, 1932 als ordentlicher Professor für Deutsche Philologie an die Berliner Friedrich-Wilhelms-Universität berufen, wurde am 20. November 1933 nach § 3 des Berufsbeamtengesetzes in den Ruhestand versetzt.

20 Für die Neugermanistik vgl. Dainat, Holger: Zur Berufungspolitik in der Neueren deutschen Literaturwissenschaft 1933–1945. In: *Dainat/Danneberg, Literaturwissenschaft und Nationalsozialismus,* 55–86. Vgl. auch *Kolk, Literarische Gruppenbildung,* 508–539, sowie die im Anhang beigefügten Dokumente zu den Berufungsvorgängen Kommerell, Hildebrandt u. a.

21 Zitiert nach Kleinberger, Ahron F.: Gab es eine nationalsozialistische Hochschulpolitik? In: Heinemann, Manfred (Hrsg.): Erziehung und Schulung im Dritten Reich. 2 Teile. Stuttgart 1980, Teil 2, 9–30, hier 11.

22 Die Polykratie des »Führer-Staates« brachte eine Vielzahl von wissenschaftspolitisch agierenden Steuerungsinstanzen hervor, deren Konkurrenz mehrfach zu Auseinandersetzungen führte. Die SS besaß mit dem (von zahlreichen Germanisten durchsetzten) Sicherheitsdienst (SD) und ihrer Lehr- und Forschungseinrichtung »Deutsches Ahnenerbe« eigene Instrumente, die eine Infiltration des Wissenschaftssystems anstrebten. Das Reichsministerium für Wissenschaft, Erziehung und Volksbildung agierte mit nie zuvor erreichter Kompetenzfülle, doch schwacher Machtstellung, da es nicht gelang, staatliche Befugnisse mit Parteidienststellen zu synchronisieren. Die traditionellen Wissenschaftsinstitutionen wie Universitäten und Akademien hielten nach einer größtenteils von Studenten gestalteten »revolutionären« Phase weitgehend an Formen von Selbstverwaltung fest. Vgl. zum »Ämterchaos in der Wissenschaftspolitik« Grüttner, Michael: Wissenschaft. In: *Enzyklopädie des Nationalsozialismus,* 135–153.

23 Zur Umbenennung des Periodikums vgl. Adam, Wolfgang: 100 Jahre EUPHORION. In: Euphorion 88, 1994, 1–72, 38 f.; ders.: ›Dichtung und Volkstum‹

und erneuerter ›Euphorion‹. Überlegungen zur Namensänderung und Programmatik einer germanistischen Fachzeitschrift. In: *Barner/König, Zeitenwechsel*, 60–75.

24 Vgl. dazu schon zeitgenössische Beobachter wie Karl Viëtor, der 1945 einen »Rückgang der Gelehrsamkeit, des Tatsachenwissens, des Interesses für das Einzelne« feststellte und die Defizite mit zahlreichen Beispielen belegte; zit. nach: Cramer, Thomas/Wenzel, Horst (Hrsg.): Literaturwissenschaft und Literaturgeschichte. Ein Lesebuch zur Fachgeschichte der Germanistik. München 1975, 285–315, hier 302 f.

25 Tietze, Hartmut: Hochschulen. In: *Langewiesche/Tenorth, Handbuch V: 1918–1945*, 209–240, Zitat 229.

26 So etwa in der Debatte zwischen Hermann Pongs und Gerhard Fricke um eine der Gegenwart angemessene Schiller-Deutung; dazu *Gaul-Ferenschild, National-Völkisch-Konservative Germanistik*, 240–246; Dainat, Holger: Voraussetzungsreiche Wissenschaft. Anatomie eines Konfliktes zweier NS-Literaturwissenschaftler im Jahre 1934. In: Euphorion 88, 1994, 103–122; Albert, Claudia: Schiller als Kampfgenosse. In: *Albert, Deutsche Klassiker*, 48–67.

27 Friedrich Naumann an das Reichserziehungsministerium (REM). Brief vom 18. November 1938. BA 4901/2835, Bl. 125.

28 Ende 1937 hatte sich der ehemalige Generalsekretär der Deutschen Akademie, Franz Thierfelder, mit dem Vorschlag an das Reichserziehungsministerium gewandt, einen »Internationalen Weltkongreß der Germanisten« 1939 in Berlin zu veranstalten, der nicht realisiert werden konnte. Im Januar 1941 wurde dann auf einer Beratung im REM zur künftigen Wissenschaftspolitik eine ebenfalls nicht umgesetzte »Fachtagung der Germanisten, und zwar unter Heranziehung namhafter Germanisten des befreundeten und neutralen Auslands« als »konkrete Maßnahme des Jahres 1941« festgelegt (vgl. Vermerk über die Sitzung im REM zur Neuordnung der Wissenschaft in Europa vom 17.1. 1941. BA 4901/ 2835, Bl. 158–159, hier Bl. 159).

29 Koordiniert durch die vom REM unterstützten Gerhard Fricke, Franz Koch und Clemens Lugowski fanden sich vom 5. bis 7. Juli 1940 im Saal des Weimarer Goethemuseums 43 deutsche Sprach- und Literaturwissenschaftler zur ersten Fachtagung seit 1933 zusammen. Bereits im Dezember 1941 lag das fünfbändige Sammelwerk ›Von deutscher Art in Sprache und Dichtung‹ vor und wurde auf einer Buch- und Dokumentenschau unter dem Titel »Deutsche Wissenschaft im Kampf um Reich und Lebensraum« an der Technischen Hochschule Berlin-Charlottenburg präsentiert. Dazu umfassend *Hausmann, »Deutsche Geisteswissenschaft« im Zweiten Weltkrieg*, zum germanistischen Gemeinschaftsprojekt 169–176.

30 Burger, Heinz Otto (Hrsg.): Gedicht und Gedanke. Auslegungen deutscher Gedichte. Halle/Saale 1942.

31 Vgl. Oellers, Norbert: Editionswissenschaft um 1945. In: *Barner/König, Zeitenwechsel*, 103–118.

32 Exemplarische Beispiele sind die Gesamtdarstellungen zur klassisch-romantischen Literatur von Franz Schultz (Klassik und Romantik der Deutschen, 2 Bde. 1935/1940, ²1952), Richard Benz (Die deutsche Romantik. Geschichte einer geistigen Bewegung, 1937, 5., durchges. Aufl. 1956), Rudolf Bach (Tragik und Grösse der deutschen Romantik, 1938, 2. überarb. und erw. Aufl. u.d.T. Deut-

sche Romantik, 1948), Hermann August Korff (Geist der Goethezeit. Versuch
einer ideellen Entwicklung der klassisch-romantischen Literaturgeschichte, Bd.
3: Frühromantik, 1940, ²1949), Paul Kluckhohn (Das Ideengut der deutschen
Romantik, 1941, ⁵1966), Rudolf Haller (Die Romantik in der Zeit der Umkehr,
1941), Erich Ruprecht (Der Aufbruch der romantischen Bewegung, Habil.-
Schrift Freiburg 1943, als Buch 1948).

33 Abhängig waren die Fortschritte zumeist von subventionierenden Institutionen
und Bearbeitern: Die von der Görres-Gesellschaft unterstützte Edition der
Werke des katholischen Romantikers Joseph Görres wurde verhältnismäßig
zügig fortgeführt; der Jean Paul-Editor Eduard Berend stellte im Auftrag der
Preußischen Akademie der Wissenschaften zwischen 1933 und 1939 zehn von
ihm bearbeitete Bände fertig – ohne auf dem Titelblatt genannt zu werden. Die
von August Sauer und Wilhelm Kosch begründete Eichendorff-Ausgabe wurde
dagegen um nur einen Band vermehrt.

34 Bleibende Verdienste erwarben sich u. a. der Prager Germanist und Romantikforscher Josef Körner, der von ihm neu aufgefundene romantische Korrespondenzen unter dem Titel ›Krisenjahre der Frühromantik‹ (3 Bde., Brünn, Wien,
Leipzig 1936/37, Neudruck Bern 1969) mustergültig edierte und kommentierte,
und der katholische Görres-Herausgeber Wilhelm Schellberg, der den Brief-
nachlaß Friedrich Karl von Savignys auswertete und bislang unbekannte Epi-
steln von Clemens Brentano (Das unsterbliche Leben. Jena: Diederichs 1939)
bzw. Bettina von Arnim (Die Andacht zum Menschenbild. Jena: Diederichs
1942) herausgab.

35 Schon 1929 hatte der Reclam-Verlag die im Jahr 1928 von Hermann Böhlaus
Nachf. und dem Österreichischen Bundesverlag für Unterricht, Wissenschaft
und Kunst in Wien begonnene und zunächst auf 250, dann auf 300 Bände
berechnete Reihenedition übernommen. Die Leitung des Großprojekts teilten
sich anfänglich Walther Brecht, Dietrich von Kralik und Heinz Kindermann;
nach seiner Zwangsemeritierung 1937 erschien Walther Brecht nicht mehr auf
den Titelblättern.

36 Die auf 20 Bände veranschlagte Reihe ›Klassik‹ (Hrsg. Emil Ermatinger), die
Reihe ›Irrationalismus/Sturm und Drang‹ (20 Bde. geplant, Hrsg. Heinz Kinder-
mann) und die Reihe ›Eroberung der Wirklichkeit‹ (40 Bde. geplant, Heraus-
geber Heinz Kindermann) wurden kaum begonnen, andere Reihen blieben
Projekt. Abgeschlossen wurden die Reihen ›Barocklyrik‹ (3 Bde., Hrsg. Herbert
Cysarz), ›Barockdrama‹ (6 Bde., Hrsg. Willi Flemming), ›Aufklärung‹ (15 Bde.,
Hrsg. Fritz Brüggemann) und ›Romantik‹ (24 Bde., Hrsg. Paul Kluckhohn).
Bd. 1 der Reihe ›Romantik‹ – Ende 1943 gesetzt, während des Luftangriffs auf
Leipzig im Dezember 1943 zerstört und trotz Kluckhohns Engagements vor
der Einstellung der Verlagstätigkeit im August 1944 nicht wiederhergestellt –
erschien 1950 im neuen Verlagsort Stuttgart und markierte das Ende der Text-
sammlung.

37 Bezeichnend war dabei der Umstand, daß der Grund für die Absage – Körners
jüdische Herkunft – dem Prager Philologen nicht mitgeteilt werden sollte; dazu
Klausnitzer, Blaue Blume unterm Hakenkreuz, 534 f.

38 Dazu zählen u. a. die ›Mainzer Welt-Goethe-Ausgabe‹ (die unter Leitung von
Anton Kippenberg, Julius Petersen und Hans Wahl ab 1937 als verbesserte Neuauflage der Weimarer Sophie-Ausgabe mit wesentlich vereinfachtem Apparat

erschien) und die durch Benno von Wiese besorgte, populär gehaltene Schiller-Ausgabe in 12 Bänden (Leipzig 1936/37).

39   Forderungen nach einer verbindlichen Literaturgeschichte erhob u. a. Hellmuth Langenbucher in: Die Geschichte der deutschen Dichtung: Programme, Forderungen und Aufgaben der Literaturwissenschaft im neuen Reich. In: NS-Monatshefte 9, 1938, 293–310, 435–445.

40   Joachim Müller: Schrifttumsbericht Allgemeines und Grundsätzliches. In: ZfDk 52, 1938, 372.

41   Langenbucher, Hellmuth: Deutsche Dichtung in Vergangenheit und Gegenwart. Eine Einführung mit ausgewählten Textproben. Berlin 1937; Koch, Franz: Geschichte deutscher Dichtung. Hamburg 1937, 2. erw. Aufl. 1938, 3. erw. Aufl. 1940, 4. erw. Aufl. 1941, [5]1942, [6]1943, [7]1944; Linden, Walther: Geschichte der deutschen Literatur von den Anfängen bis zur Gegenwart. Leipzig 1937; 2. erw. Auflage 1940; 3. durchges. Aufl. 1941; Nadler, Josef: Literaturgeschichte des deutschen Volkes. Dichtung und Schrifttum der deutschen Stämme und Landschaften. 4., völlig neubearb. Aufl. Berlin 1938–1941. Bd. 1 Volk (800–1740), 1939, Bd. 2: Geist (1740–1813), 1938, Bd. 3 Staat (1814–1914), 1938, Bd. 4 Reich (1914–1940), 1941; Fechter, Paul: Geschichte der deutschen Literatur. Von den Anfängen bis zur Gegenwart. Berlin 1941.

42   Payr, Bernhard: Geschichte deutscher Dichtung, von Prof. Dr. Franz Koch. In: Völkischer Beobachter, 5.12.1937.

43   Während Gerhard Fricke (Sonderbericht. In: ZfDk 52, 1938, 68) in Franz Kochs ›Geschichte der deutschen Dichtung‹ »endlich die so würdige wie unentbehrliche Ablösung« der Literaturgeschichte Wilhelm Scherers erkannte, verfiel Lindens pathetischer Abriß deutlicher Kritik, so bei Joachim Müller: Schrifttumsbericht Allgemeines und Grundsätzliches. In: ZfDk 52, 1938, 372.

44   Müller, Günther: Geschichte der deutschen Seele. Vom Faustbuch zu Goethes Faust. Freiburg 1939, 6. Während Fachkollegen anerkennend reagierten, war Müller als »katholischer Exponent in der Germanistik« den »Gegnerforschern« des SS-Sicherheitsdienstes ein Dorn im Auge und galt als »gefährlich«; vgl. ›Lage und Aufgaben der Germanistik und deutschen Literaturwissenschaft‹, abgedruckt in *Simon, Germanistik in den Planspielen*, 11, 13. Später griffen Gauleitung und Dozentenbund seine von »jesuitischem Wollen und jesuitischer Manier« getragene ›Geschichte der deutschen Seele‹ an; vgl. *Heiber, Universität unterm Hakenkreuz*, Teil 2, Bd. 2, 724–729, Zitat 728. Am 20. April 1943 wurde Müller unter Gewährung eines Forschungsstipendiums in den Ruhestand versetzt und gezwungen, Münster zu verlassen.

45   Linden, Walther: Geschichte der deutschen Literatur von den Anfängen bis zur Gegenwart, (s. Anm. 41), 6.

46   Koch, Franz: Geschichte deutscher Dichtung (s. Anm. 41), 171, 169.

47   Die Preußische Akademie der Wissenschaften an das REM. Brief vom 24. November 1938. Archiv der Berlin-Brandenburgischen Akademie der Wissenschaften, Akten der Preußischen Akademie der Wissenschaften (1812–1945). Deutsche Kommission 1928–1938, II-VIII, Bd. 29, Bl. 152. – Zugleich intrigierte Franz Koch gegen die von Julius Petersen verantwortete Beschäftigung jüdischer Mitarbeiter (u. a. Berend), um sich die bislang von Eduard Berend betreute Jean-Paul-Ausgabe zu sichern; vgl. den erpresserischen Brief Kochs an Petersen vom 19. Juni 1939 in: *Klassiker in finsteren Zeiten*, Bd. 2, 271 f.

48 Preußische Akademie der Wissenschaften an das REM. Brief vom 24. November 1938. Archiv der Berlin-Brandenburgischen Akademie der Wissenschaften, Akten der Preußischen Akademie der Wissenschaften (1812–1945). Deutsche Kommission 1928–1938, II-VIII, Bd. 29, Bl. 152.

49 Seitens der Akademie wurde erwogen, wissenschaftliche Arbeiten über die dargestellten Autoren gesondert als »jüdisch« auszuzeichnen; da bei »Nachforschungen über die Mischlingseigenschaften und die etwaige Versippung« Risiken aufgrund nicht zu verbürgender Genauigkeit zu befürchten wären, sei es nach Meinung der Akademie wohl ausreichend, »wenn der jüdische Einfluss dieser Literatur über die Dichter im Einleitungsband eingehend erörtert wird.« Die »Parteiamtliche Prüfungskommission«, deren befürwortende Stellungnahme die Akademie mit der Sorge erbat, »dass diese vom wissenschaftlichen Standpunkt aus gewählte Lösung nicht politischen Erwägungen widerspricht«, akzeptierte diesen Vorschlag nicht; vgl. REM an Preußische Akademie der Wissenschaften. Brief vom 26. Januar 1939. Ebd., unnum.

50 Ebd.

51 Auf der ersten Arbeitstagung der »Forschungsabteilung«, die vom 19. bis 21. November 1936 in München stattfand, referierte Johannes Alt über ›Grundlagen und Voraussetzungen der wissenschaftlichen Bearbeitung der deutschsprachigen jüdischen Literatur‹ (abgedr. in: Forschungen zur Judenfrage. Bd. 1. Hamburg 1937, 141–149); Franz Koch trat auf der zweiten Arbeitstagung am 13. Mai 1937 mit dem Vortrag ›Goethe und die Juden‹ (Einzelveröffentlichung Hamburg 1937) auf.

52 Zu den von Obenauer betreuten Promotionsschriften gehörten u.a.: Krüger, Hans Karl: Berliner Romantik und Berliner Judentum. Mit zahlreichen bisher unbekannten Briefen und Dokumenten. Bonn 1939 (schloß mit einem Aufruf zur »unerbittlichen Verteidigung des eigenen Lebensraumes gegen jeden fremdrassigen Eindringling«, 136), Rößner, Hans: Georgekreis und Literaturwissenschaft. Zur Würdigung und Kritik der geistigen Bewegung Stefan Georges. Frankfurt/M. 1938 (stellte den Kampf gegen die »geistige Verjudung« ⟨11⟩ des Kreises in den Mittelpunkt).

53 Frenzel, Elisabeth: Die Gestalt des Juden auf der neueren deutschen Bühne. Bühl-Baden 1940, als Buchhandelsausgabe u.d.T.: Judengestalten auf der deutschen Bühne. München 1940.

54 Büttner, Ludwig: Literaturgeschichte, Rassenkunde, Biologie. Wege und Aufgaben der rassenkundlichen Literaturbetrachtung. In: Zeitschrift für Deutschkunde 52, 1938, 337–347; ders.: Gedanken zu einer biologischen Literaturbetrachtung. München 1939.

55 Vgl. Kater, Ahnenerbe (2. Aufl.), 16, 74.

56 Vgl. Bernadac, Christian: Le Mystère Otto Rahn. Le Graal et Montsegur. Du Catharisme au Nazisme. Paris 1978.

57 Dazu Dainat, Holger: Deutsche Literaturwissenschaft zwischen den Weltkriegen. In: Zeitschrift für Germanistik N.F. 1, 1991, 600–608. Vgl. schon Benda, Oskar: Der gegenwärtige Stand der Literaturwissenschaft. Eine erste Einführung in ihre Problemlage. Wien, Leipzig 1928.

58 Fricke, Gerhard: Über die Aufgabe und Aufgaben der Deutschwissenschaft. In: Zeitschrift für deutsche Bildung, 9 (1933), 495.

59 Korff, Hermann August: Die Forderung des Tages. In: ZfDk 47 (1933), S. 341–345, hier 344 (Sperrung im Original).

60   So bei Hübner, Arthur: Die Dichter und die Gelehrten. Ein Vortrag vor Studen-
     ten. In: ZfdB 9, 1933, 593–601, hier 599 f.

61   Lage und Aufgaben der Germanistik und deutschen Literaturwissenschaft, zit.
     nach *Simon, Germanistik in den Planspielen*, 8 f.

62   Kluckhohn, Paul: Deutsche Literaturwissenschaft 1933–1940. In: Forschungen
     und Fortschritte XVII, 1941, 33–39; wieder abgedruckt in: *Gilman, NS-Lite-
     raturtheorie*, 244–264, Zitat 246 f.

63   Petersen, Julius: Die Wissenschaft von der Dichtung: System und Methodenleh-
     re der Literaturwissenschaft. Berlin 1939, 1. Bd.: Werk und Dichter. Vorwort,
     o. S.

64   Für die Bemühungen um Wahrung professioneller Standards sprachen auch die
     Bezüge auf Arbeiten französischer und englischer Literarhistoriker wie die sach-
     liche Erwähnung verfemter Autoren wie E. Barlach, W. Hasenclever, H. Heine,
     F. Kafka und E. Lasker-Schüler.

65   Vgl. Franz Koch an das REM. Brief vom 6. 1. 1939. BA 4901/2835, B. 141–143,
     hier Bl. 143.

66   REM an Auswärtiges Amt, Reichsministerium für Volksaufklärung und Propa-
     ganda u. a. Rundschreiben vom 20.7. 1939. BA 4901/2835, B. 150–154, hier
     Bl. 150.

67   Vgl. *Dainat/Kolk, Das Forum der Geistesgeschichte*, 127: »Weder Soziologie
     noch Morphologie, weder Rassenkunde noch Werkimmanenz können vor 1945
     die Geistesgeschichte als dominante Forschungsrichtung in der Literaturwissen-
     schaft ablösen.« Die ungebrochene Dominanz zeigt sich ebenso in der Personal-
     und Berufungspolitik (u. a. Paul Böckmann und Hans Pyritz, die die Kontinuität
     des Programms über das Jahr 1945 hinaus sicherten).

68   Vgl. Dainat, Holger: »Dieser ästhetische Kosmopolitismus ist für uns aus«.
     Weimarer Klassik in der Weimarer Republik. In: Ehrlich, Lothar/John, Jürgen
     (Hrsg.): Weimar 1930. Politik und Kultur im Vorfeld der NS-Diktatur. Köln,
     Weimar, Wien 1998, 99–121.

69   Als Beispiel für diese Entwicklung können die literarhistorischen Beiträge des
     Gemeinschaftswerkes ›Von Deutscher Art in Sprache und Dichtung‹ angesehen
     werden. Dem im Vorwort formulierten Anspruch, »deutsche Art« und »deut-
     sches Wesen« zu entbergen, folgten alle Abhandlungen und konstruierten dazu
     Binäroppositionen, in denen sich »deutscher Geist« bzw. »deutsche Lebens-
     form« und »westlicher Rationalismus« diametral gegenüberstanden.

70   Korff, Hermann August: Geist der Goethezeit. Versuch einer ideellen Entwick-
     lung der klassisch-romantischen Literaturgeschichte. Bd. 3: Frühromantik.
     Leipzig 1940. Sein großes ideengeschichtliches System, das Sturm und Drang,
     Klassik und Romantik als letzte Stufen der gesamten neuzeitlichen Geistes-
     entwicklung entfaltete, hatte Korff bereits Anfang der 1920er Jahre entwik-
     kelt.

71   So der Titel eines Aufsatzes aus dem Jahre 1930, wiederabgedruckt in: Unger,
     Rudolf: Zur Dichtungs- und Geistesgeschichte der Goethezeit. Gesammelte
     Studien Bd. 3. Berlin 1944, 144–180.

72   U. a. Rehm, Walther: Griechentum und Goethezeit. Geschichte eines Glaubens.
     Leipzig 1936, ²1938, ⁴1969. Vgl. zu Rehms humanistischem Ethos Osterkamp,
     Ernst: Klassik-Konzepte. Kontinuität und Diskontinuität bei Walther Rehm.
     In: *Barner/König, Zeitenwechsel*, 150–170; Schlott, Michael: Wertkontinuität

im Werkkontinuum. Die Funktion der »Klassik« bei Walther Rehm. In: Ebd., 171–181.

73 Nadler, Josef: Literaturgeschichte der deutschen Stämme und Landschaften. Bd. 3: Der deutsche Geist 1740–1813. Regensburg ²1924, 282. Die vierbändige ›Literaturgeschichte der deutschen Stämme und Landschaften‹ (1. Aufl. 1912–1918, bis 1932 drei Auflagen, mit Überarbeitungen und Titelrevisionen der Einzelbände). Die vierte, »völlig neu bearbeitete« Auflage erschien 1938–1941 u.d.T. ›Literaturgeschichte des Deutschen Volkes‹ (s. Anm. 41).

74 von Busse, Gisela: Auch eine Geschichte des deutschen Volkes. Betrachtungen zu Josef Nadlers Literaturgeschichte. In: DVjs 16, 1938, 258–292.

75 Obenauer, Karl Justus: Josef Nadler, Literaturgeschichte des deutschen Volkes. In: ZfdB 15, 1939, 278–281, hier 279.

76 Obenauer, Josef Nadler (s. Anm. 75), 280.

77 Bezeichnenderweise monierte Horst Oppel 1941, daß in Nadlers Opus die »höchsten Werte überhaupt nicht in der Sphäre des Dichterischen« verortet seien (Josef Nadlers stammeskundliche Literaturgeschichte. In: Helicon 3, 1941, 169–173, hier 170).

78 Ernst Heymann (Vizepräsident der Preußischen Akademie der Wissenschaften) an Heinrich Ritter von Srbik (Präsident der Wiener Akademie der Wissenschaften). Brief vom 19. Mai 1942. Archiv der Berlin-Brandenburgischen Akademie der Wissenschaften, Akten der Preußischen Akademie der Wissenschaften (1812–1945), Deutsche Kommission, Sign.: II-VIII, Bd. 37, Bl. 1b.

79 Zitat aus Nadlers Schreiben an die Preußische Akademie der Wissenschaften vom 7. April 1942 im Brief Heymanns an Srbik vom 19. Mai 1942. Ebd.

80 So bereits die zeitgenössische Beobachtung von Paul Kluckhohn in: Deutsche Literaturwissenschaft 1933–1940, zit. nach Gilman, NS-Literaturtheorie, 249 f. Auf rassentheoretischer Basis gründeten Arbeiten wie Burger, Heinz Otto: Die rassischen Kräfte im deutschen Schrifttum. In: ZfDk 48, 1934, 462–476; Dreher, Arno: Das Fragmentarische bei Kleist und Hölderlin als rassenseelischer Ausdruck. Diss. Münster 1938.

81 Brude-Firnan, Gisela: Völkisch-rassische Literaturbetrachtung. In: Falk, Walter/ Zmegač, Victor /Brude-Firnan, Gisela: Literaturwissenschaftliche Betrachtungsweisen II. Bern u.a. 1989, 151–205, hier 193.

82 So z.B. bei Rauch, Karl: Neue Literaturkritik: Forderung und Beginn. In: Die Tat 25, 1933, 630–639; Viëtor, Karl: Programm einer Literatursoziologie. In: Volk im Werden 2, 1934, 35–44; Strauss, Walter: Vorfragen einer Soziologie der literarischen Wirkung. Köln 1934.

83 Vgl. Pyritz, Hans: Vorlesung Die deutsche Romantik. Dreistündige Vorlesung SS 1941. Handschriftliches Manuskript aus dem Nachlaß Hans Pyritz', Deutsches Literaturarchiv Marbach. A: Pyritz. Ohne Signatur, Bl. 13.

84 Staiger, Emil: Die Zeit als Einbildungskraft des Dichters. Untersuchungen zu Gedichten von Brentano, Goethe und Keller. Zürich, Leipzig 1939, 13.

85 Pfeiffer, Johannes: Über den Umgang mit Dichtungen. Eine Einführung in das Verständnis des Dichterischen. Leipzig 1936, 2., durchges. und erg. Aufl. 1938; Petsch, Robert: Wesen und Formen der Erzählkunst. Halle/S. 1934; ders.: Die lyrische Dichtkunst. Ihr Wesen und ihre Formen. Halle/S. 1939; Kayser, Wolfgang: Geschichte der deutschen Ballade. Berlin 1936; ders.: Vom Rhythmus in deutschen Gedichten. In: DuV 39, 1938, 487–510; ders.: Die Erneuerung der

deutschen Ballade um 1900. In: Neue Literatur 40, 1939, 113–119. Kulmina-
tionspunkt dieser Bemühungen war der Bestseller von Wolfgang Kayser: Das
sprachliche Kunstwerk. Eine Einführung in die Literaturwissenschaft. Bern 1948.

86   Müller, Günther: Die Gestaltfrage in der Literaturwissenschaft und Goethes
Morphologie. Halle/S. 1944; ders.: Morphologische Poetik. In: Helicon 5,
1944, 1–22; ders.: Goethes Elegie ›Metamorphose der Pflanzen‹. Versuch einer
morphologischen Interpretation. In: DVjs 21, 1943, 67–98. Alle wieder in ders:
Morphologische Poetik. Gesammelte Aufsätze. In Verbindung mit Helga Egner
hrsg. von Elena Müller. Tübingen 1968, 146–224, 225–246; 356–387.

87   So programmatisch Pongs, Hermann: Neue Aufgaben der Literaturwissenschaft.
In: DuV 38, 1937, 1–17, 273–324, hier 273. Zu den Maximierungsannahmen
vgl. Danneberg, Lutz: Zur Theorie der werkimmanenten Interpretation. In:
Barner/König, Zeitenwechsel, 313–342.

88   Vgl. die Monographie von Friedrich Wilhelm Wentzlaff-Eggebert: Deutsche Mystik zwischen Mittelalter und Neuzeit. Einheit und Wandel ihrer Erscheinungsformen. 1. Aufl. Berlin 1944; 2., durchges. Aufl. 1947; 3., erw. Aufl. 1969.

89   Vgl. Boden, Petra: Im Käfig des Paradigmas. Die Biedermeier-Diskussion
1928–1935. In: Euphorion 90, 1996, 432–444.

90   Eines der letzten Ergebnisse der intensivierten Bemühungen um die Gegen-
wartsliteratur war die von Franz Koch betreute und am 20. April 1945 an der
Berliner Friedrich-Wilhelms-Universität verteidigte Dissertation ›Dichterische
Gestaltung der ethischen Probleme im Werke E. G. Kolbenheyers‹ von Ingeborg
Neubert, die nach ihrer Heirat Ingeborg Drewitz hieß und zu einer namhaften
Schriftstellerin der BRD aufstieg. Vgl. dazu Höppner, Wolfgang: Der Berliner
Germanist Franz Koch als »Literaturvermittler«, Hochschullehrer und Erzieher.
In: Bey, Gesine (Hrsg.): Berliner Universität und deutsche Literaturgeschichte.
Studien im Dreiländereck von Wissenschaft, Literatur und Publizistik. Frank-
furt/M. u. a. 1998, 105–128, hier 125–127.

Detlev Schöttker: Expressionismus, Realismus und Avantgarde –
literatur- und medienästhetische Debatten im sowjetischen Exil

1   Ich beziehe mich auf die grundlegende Dokumentation von *Schmitt, Expressio-
nismusdebatte.* In ihr finden sich allerdings keineswegs alle wichtigen Texte.
Vgl. dazu auch die folgenden Anmerkungen sowie die Hinweise in: *Das Wort.
Bibliographie,* 30 ff.

2   Vgl. zu den Exil-Zeitschriften *Walter, Deutsche Exilliteratur* 4, und *Huß-Michel,
Zeitschriften.*

3   Vgl. *Gallas, Marxistische Literaturtheorie,* 119 ff. Die programmatischen Beiträge von Lukács (u. a. Tendenz oder Parteilichkeit, 1932; Reportage oder Gestaltung, 1932) sind abgedruckt in: Schriften zur Literatursoziologie. Neuwied
u. Berlin 1961.

4   Ziegler, Bernhard [d. i. Kurella, Alfred]: »Nun ist dies Erbe zuende …«. In:
Schmitt, Expressionismusdebatte, 50–60, hier 50.

5   Mann, Klaus: Gottfried Benn. Die Geschichte einer Verirrung. In: *Schmitt,
Expressionismusdebatte,* 39–49, hier 48.

6   Lukács, Georg: Größe und Verfall des Expressionismus. In: *Raddatz, Marxis-*

mus und Literatur, Bd. 2, 7–42, hier 40 f. (nicht in *Schmitt, Expressionismusdebatte*).

7 Die Ausstellung ist dokumentiert in: *Stationen der Moderne*, 277 ff.

8 Leschnitzer, Franz: Über drei Expressionisten. In: *Schmitt, Expressionismusdebatte*, 61–74, hier 62.

9 Berger, Klaus: Das Erbe des Expressionismus. In: *Schmitt, Expressionismusdebatte*, 91–94, hier 93. Der Name ist vermutlich ein Pseudonym, das bisher nicht entschlüsselt wurde.

10 Vgl. zu den Beziehungen zwischen Expressionismus und Avantgarde und zur Rezeption der Avantgardebewegungen in Deutschland *Korte, Die Dadaisten*; *Grimminger, Literarische Moderne*; *Weyergraf, Literatur der Weimarer Republik*; *Fähnders, Avantgarde und Moderne*.

11 Kersten, Kurt, Strömungen der expressionistischen Periode. In: *Schmitt, Expressionismusdebatte*, 95–103, hier 95.

12 Die Forschung hat sich mit dieser Frage erst seit Mitte der 1970er Jahre beschäftigt. Vgl. *Bürger, Theorie der Avantgarde*. Zur Diskussion des Buches von Bürger vgl. außerdem *Lüdke, ›Theorie der Avantgarde‹; Barck, Künstlerische Avantgarde; Hardt, Literarische Avantgarde* sowie die in Anm. 10 genannten Titel.

13 Lukács, Georg: Es geht um Realismus. In: *Schmitt, Expressionismusdebatte*, 192–230; Erpenbeck, Fritz: Volkstümlichkeit. In: Das Wort 3, 1938, H. 7, 122–128 (nicht in: *Schmitt, Expressionismusdebatte*).

14 Ždanov, Andrej: Die Sowjetliteratur, die ideenreichste und fortschrittlichste Literatur der Welt. In: *Schmitt, Sozialistische Realismuskonzeptionen*, 43–50, hier 47. Vgl. dazu *Trommler, Der ›sozialistische Realismus‹*.

15 Vgl. Lukács, Georg: Essays über den Realismus. Neuwied, Berlin 1971; ders: Deutsche Realisten des 19. Jahrhunderts. Berlin 1956.

16 Vgl. *Plumpe, Theorie*.

17 Lukács, Es geht um den Realismus (s. Anm. 13), 216 (Hervorh. im Orig.).

18 In: *Schmitt, Expressionismusdebatte*, 264–301. Vgl. dazu Batt, Kurt: Erlebnis des Umbruchs und harmonische Gestalt, in: *Mittenzwei, Dialog und Kontroverse, 204–248; Schiller, Etwas Anständiges*.

19 Die Gegensätze zeichneten sich bereits Anfang der 1930er Jahre nach Aufführungen von Brechts Stücken ›Die Maßnahme‹ (1930) und ›Die Mutter‹ (1932) ab, die von Lukács und seinen Anhängern kritisiert wurden (vgl. *Gallas, Marxistische Literaturtheorie*, 135 ff.).

20 Lukács, Es geht um den Realismus (s. Anm. 13), 229 f. (Hervorh. im Orig.).

21 Brecht, Bertolt: Arbeitsjournal. Hrsg. von Werner Hecht. 2 Bde. Frankfurt/M. 1974, Bd. 1, 20.

22 Vgl. *Schöttker, Bertolt Brecht*.

23 Die Texte finden sich in: Brecht, Bertolt: Gesammelte Werke. Hrsg. vom Suhrkamp Verlag in Zusammenarbeit mit Elisabeth Hauptmann. 20 Bde. Frankfurt/M. 1967, Bd. 19, 290–338. Die Texte tragen hier die Überschrift ›Formalismus und Realismus‹ (bis auf wenige Fragmente übernommen in: *Schmitt, Expressionismusdebatte*, 302–336). In der ›Großen Kommentierten Berliner und Frankfurter Ausgabe‹ der Werke Brechts wird der Zusammenhang der Texte nicht mehr deutlich. Vgl. Brecht, Bertolt: Werke. Bd. 22: Schriften. Berlin u. a. 1993, 402 ff. und 1026 ff.

24   Benjamin, Walter: Gespräche mit Brecht. Tagebuchaufzeichnungen. In: Ders.:
      Versuche über Brecht. 5. Aufl. Frankfurt/M. 1975, 141–171, hier 169.

25   Sie lautet: »Es mag den Eisler überlassen bleiben« (Lukács, Es geht um den Rea-
      lismus (s. Anm. 13), 226).– Hanns Eisler war mit Brecht befreundet, hatte u.a.
      Gedichte der ›Maßnahme‹ (1930) und der ›Mutter‹ (1932) vertont und 1938
      zusammen mit Ernst Bloch einen Beitrag zur Expressionismus-Debatte in der
      ›Neuen Weltbühne‹ (1933–39) unter dem Titel ›Die Kunst zu erben‹ veröffent-
      licht, der sich gegen die Auffassungen von Kurella und Lukács richtete, so daß
      hier vermutlich das Motiv für den Seitenhieb lag (in: *Schmitt, Expressionismus-
      debatte,* 258–263). Die ›Kleine Berichtigung‹ ist abgedruckt in Brecht, Bertolt:
      Gesammelte Werke (s. Anm. 23), Bd. 19, 337–338.

26   Vgl. Brecht, Bertolt: Briefe. Hrsg. von Günter Glaeser. 2 Bde. Frankfurt/M.
      1981, 372 f.

27   Vgl., mit unterschiedlicher Akzentuierung, *Völker, Brecht und Lukács; Mitten-
      zwei, Marxismus und Realismus.*

28   Brecht, Bertolt: Volkstümlichkeit und Realismus. In: *Schmitt, Expressionismus-
      debatte,* 329–336 (Hervorh. im Orig.).

29   Lukács, Georg: Marx und das Problem des ideologischen Verfalls. In: Interna-
      tionale Literatur/Deutsche Blätter 8 (1938), H. 7, 103–143, hier 133 (nicht in
      Schmitt, Expressionismusdebatte).

30   Brecht, Briefe (s. Anm. 26), 373 f. – Brecht stellt hier eine Verbindung zwischen
      Lukács und dem ungarischen Dramatiker Julius Hay her, der in Moskau im
      Exil lebte und in einem Beitrag von 1937 ebenfall gegen das epische Theater
      polemisiert hatte (vgl. *Schöttker, Bertolt Brecht,* 238 f.). Daß Bredel für Brecht
      interveniert und Erpenbecks Verhalten kritisiert hat, zeigt die Redaktionskor-
      respondenz des ›Wort‹, die Simone Barck erstmals ausgewertet hat. Vgl. S. B.:
      »Dabei ist es wirklich wichtig, diese Zeitschrift zu haben …«. Zur redaktio-
      nellen und kommunikativen Spezifik der kommunistisch geführten Literatur-
      zeitschrift ›Das Wort‹. In: Michel Grunewald/Hans Manfred Bock (Hg.): Das
      linke Intellektuellenmilieu in Deutschland, seine Presse und seine Netzwerke
      (1890–60). Bern 2002, 499–521, hier 500 f.

31   Erpenbeck wurde 1946 Chefredakteur von ›Theater der Zeit‹, der einzigen Zeit-
      schrift für Bühnenwesen in der DDR. Kurella blieb bis 1954 in Moskau, wurde
      1955 Direktor des ›Literaturinstituts Johannes R. Becher‹ in Leipzig, war von
      1957 bis 1963 Leiter der Kommission für Fragen der Kultur beim Politbüro der
      SED, Mitglied des Zentralkomitees und schließlich Leiter der Sektion Dichtung
      in der Deutschen Akademie der Künste in Berlin.

32   Vgl. *Jäger, »Nicht traurig«; Schöttker, Bertolt Brecht,* 90 ff., 196 ff., 233 ff.

33   Vgl. *Schlenker, Das »kulturelle Erbe«,* 98 ff.; *Jung, Georg Lukács,* 1 ff.; *Langer-
      mann, Kanonisierungen.*

34   Vgl. *Mandelkow, Bedeutung des Erbes.*

35   Vgl. *Mittenzwei, Dialog und Kontroverse; Schlenstedt, Literarische Wider-
      spiegelung;* Detlev Schöttker, Politisierung eines Klassikers. Brecht-Forschung
      zwischen Widerspiegelungstheorie und Avantgardismus. In: Silvio Vietta/Dirk
      Kemper (Hg.): Germanistik der 1970er Jahre. Zwischen Innovation und Ideolo-
      gie. München 2000, 269–291.

36   In der Bundesrepublik stand dagegen neben einem historischen Interesse an der
      materialistischen Kunst- und Literaturtheorie der Versuch im Vordergrund, die

Überlegungen der Vergangenheit für die theoretische Fundierung einer neuen politischen Kunstpraxis zu nutzen (vgl. *Alternative; Matzner, Lehrstück Lukács; Schmitt, Der Streit mit Lukács; Briegleb, 1968; Bentz, Protest!*). Benjamins Aufsätze über Brecht, die in den 1930er Jahren in enger Verbindung zwischen beiden entstanden waren und erstmals 1966 unter dem Titel ›Versuche über Brecht‹ erschienen sind, haben dazu wichtige Stichworte wie das der »Politisierung der Kunst« oder das der »konstruktiven Vereinfachung« geliefert und dadurch zu einer neuen Deutung Brechts beigetragen (vgl. *Schöttker, Politisierung*).

37 Vgl. zur Rolle der visuellen Künste die Dokumente in *Asholt/Fähnders, Manifeste*.

38 Vgl. *Brühl, Herwarth Walden; Pirsch, Der Sturm*. – Walden und Vogeler wurden später Opfer der stalinistischen Verfolgungen in der Sowjetunion. Vgl. zu Walden die Hinweise von Barck: »Dabei ist es wirklich wichtig ...« (s. Anm. 30), 518 ff.

39 Walden, Herwarth: Vulgär-Expressionismus. In: *Schmitt, Expressionismusdebatte*, 75–90, hier 81.

40 Vgl. *Anz/Stark, Manifeste*, 42 ff.

41 Zit. nach *Anz/Stark, Manifeste*, 544.

42 Bloch, Diskussionen über Expressionismus. In: *Schmitt, Expressionismusdebatte*, 180–191, hier 181 f.

43 *Segeberg, Literarische Kino-Ästhetik; Kaes, Kino-Debatte*.

44 Vgl. für Brecht *Gersch, Film bei Brecht* und *Hermann, Sang der Maschinen* sowie Georg Lukács: Gedanken zu einer Ästhetik des »Kino« (1911). In: Jörg Schweinitz (Hg.), Prolog vor dem Film. Nachdenken über ein neues Medium 1909–1914. Leipzig 1992, 300–305.

45 Balázs, Béla: Zur Kunstphilosophie des Films. In: 3, 1938, H. 3, 104–119, hier 118 (nicht in *Schmitt, Expressionismusdebatte*).

46 Haas, Willy: Das kinematographische Zeitalter. In: Das Wort 3, 1938, H. 3, 93–103, hier 100 (nicht in *Schmitt, Expressionismusdebatte*).

47 Vgl. zu Text, Entstehungsgeschichte, Gehalt und Rezeption: Walter Benjamin, Das Kunstwerk im Zeitalter seiner technischen Reproduzierbarkeit und weitere Dokumente. Kommentar Detlev Schöttker. Frankfurt/M. 2007.

48 Ebd., 44.

49 Haas (s. Anm. 46), 102 f.

50 Benjamin, Das Kunstwerk (s. Anm. 47), 93, hier 53 ff. die gesamte Korrespondenz.

51 Vgl. *Schöttker, Von der Ideologiekritik zur Kulturtheorie*.

Sabina Becker: »Weg ohne Rückkehr« – Zur Akkulturation
deutschsprachiger Autoren im Exil

1 Ernst Erich Noth: La voie barée (Paris 1937; dt. Weg ohne Rückkehr. Frauen-
   feld/Stuttgart 1982).
2 Vgl. *Frühwald/Schieder, Leben im Exil.*
3 Vgl. *Stern, Ob und wie sie sich anpaßten; Moore, Exil in Hollywood; Strelka,
   Exilliteratur; Stephan/Wagener, Schreiben im Exil; Koepke, Anmerkungen zur
   Exilliteraturforschung,* 85.
4 Zur Definition des Begriffs vgl. *Hoffmann, Akkulturation.*
5 *Strauss, Wissenschaftsemigration,* 18.
6 *Pfanner, Kulturelle Wechselbeziehungen,* 138.
7 *Walter, Noch immer.*
8 *Strauss, Akkulturation deutsch-jüdischer Einwanderer;* vgl. auch *Strauss, Akkulturation als Schicksal.*
9 *Hoffmann, Akkulturation,* 121.
10 Vgl. *Köpke, Die Wirkung des Exils.*
11 *Schneider-Handschin,* »*Welche Welt ist meine Welt?«,* 112.
12 *Schlör,* »*... das Großstadtleben nicht entbehren«,* 166.
13 *Winckler, Mythen der Exilforschung.*
14 Habe, Hans: Erfahrungen. Olten, Freiburg i. Br. 1973, 233.
15 *Köpke, Das Wartesaal-Leben.*
16 *Stern, Ob und wie sie sich anpaßten,* 68.
17 Grafs eigene Einstellung zum Exil ist ambivalent. Er war 1938 nach New York
    gekommen, wo er bis zu seinem Tod 1967 lebte. Deutschland war ihm fremd ge-
    worden, er ist nach 1945 nicht in seine frühere Heimat zurückgekehrt. Während
    seiner zweiten Deutschlandreise im Jahr 1960 klagte er über Heimweh nach
    New York (vgl. Oskar Maria Graf in seinen Briefen. Hrsg. v. Gerhard Bauer/
    Helmut Pfanner. München 1984, 221, 241, 257). Auch hat er mit seinem oben-
    genannten Roman die Abkapselung der Emigrantenkreise in den USA kritisiert.
    Andererseits hat Graf geradezu fanatisch an der Kultur und Tradition seiner
    bayerischen Herkunft festgehalten.
18 Allein Walter Schönstedt in ›The Cradle Builder‹ (New York, Toronto, 1940)
    und Stefan Heym in ›The Crusaders‹ (Boston 1948; dt. ›Der bittere Lorbeer‹,
    München 1950) haben sich mit ihrem Gastland USA auseinandergesetzt und
    sich über Amerika und die Amerikaner geäußert. Schönstedts Roman ›The
    Cradle Builder‹ ist eine glaubhafte Schilderung des Lebens in New York sowie
    des amerikanischen Landlebens.
19 Urzidil weigerte sich jedoch, das Englische als literarische Sprache zu verwen-
    den, obwohl er Englisch sprach, in einem amerikanischen Verlag arbeitete und
    sich in der amerikanischen Literaturszene auskannte.
20 Eine Ausnahme wäre neben den Romanen von Schönstedt und Heym (s. Anm.
    18) Vicki Baums ›Die Karriere der Doris Hart‹ (Amsterdam 1936).
21 Vgl. dazu *Winkler, Großstadt New York,* 1367–1384.
22 Vgl. dazu *Hinderer, Produzierte und erfahrene Fremde,* 47.
23 *Stern, Ob und wie sie sich anpaßten,* 75.
24 Mann, Thomas: Brief an Lavinia Mazzucchetti vom 13. März 1933. In: Ders.:
    Briefe 1898–1936. Hrsg. v. Erika Mann. Frankfurt/M. 1962, 328 f., hier 329.

25 Zitiert bei *Koopmann, Das Phänomen der Fremde*, 104.

26 Mann, Thomas: Brief an Bruno Walter vom 6. Mai 1943. In: Ders.: Briefe 1837–1947. Hrsg. v. Erika Mann. Frankfurt/M. 1963, 310–312, hier 310.

27 *Köpke, Das Wartesaal-Leben*, 41.

28 *Spies, Exilliteratur – ein abgeschlossenes Kapitel?*, 29 f.

29 *Köpke, Das Wartesaal-Leben*, 38.

30 Vgl. dazu *Hedgepeth, Die Flucht ins Morgenland*.

31 *Köpke, Das Wartesaal-Leben*, 38.

32 Ebd.

33 *Köpke, ›Innere Exilgeographie‹*.

34 *Spies, Exilliteratur – ein abgeschlossenes Kapitel?*, 21.

35 Alfred Döblin z. B. zitiert in seinen Briefen wiederholt den Vers Friedrich Schillers: »Doch es ward ihm zum Heil; es riß ihn nach oben« (Alfred Döblin an Ferdinand Lion, 4. April 1933; an Lion Feuchtwanger, 7. Juli 1934. In: Ders.: Briefe. Hrsg. v. Walter Muschg. Olten/Freiburg i. Br. 1970, 178 und 194).

36 *Ackermann, Einführung*, 11.

37 *Stephan, Exilliteratur*, 145. – Eine Ausnahme dürfte Anna Seghers sein, die sich auf die Lebenswelt im mexikanischen Exil partiell einließ und diese in ihren Erzählungen, so z. B. in ›Die Hochzeit von Haiti‹, verarbeitete. Nichtsdestoweniger war Seghers' Exil von Beginn an ein politisches, für diese Autorin stand zu jedem Zeitpunkt fest, daß es sich um Emigration, nicht jedoch um die Einwanderung in ein anderes Land handelte. Unter Exildasein verstand sie primär den Kampf um ein von den Nationalsozialisten befreites Deutschland, um den Aufbau eines »anderen Deutschland«, an dem sie unbedingt beteiligt sein wollte; folglich ging Seghers 1947 in die SBZ.

38 Ebd.

39 *Köpke, ›Innere Exilgeographie‹*, 14.

40 Vgl. z. B. Klaus Manns ›Der Vulkan. Roman unter Emigranten‹ (Amsterdam 1939), Lion Feuchtwangers ›Exil‹ (Amsterdam 1940) oder Anna Seghers' ›Transit‹ (Mexiko 1944; Boston 1944; dt. Konstanz 1948).

41 Vgl. *Köpke, ›Innere Exilgeographie‹*, 17.

42 *Köpke, Das Wartesaal-Leben*, 38.

43 *Durzak, Laokoons Söhne*, 55; vgl. auch *Maimann, Sprachlosigkeit*; *Kleinschmidt, Exil als Schreiberfahrung*.

44 Vgl. *Spies, Exilliteratur – ein abgeschlossenes Kapitel?*

45 So wehrte sich z. B. der in Brasilien lebende Stefan Zweig, der oft als Beispiel einer gelungenen Akkulturation angeführt wird, ganz entschieden gegen den Einfluß des Portugiesischen auf seine Literatursprache.

46 Alfred Neumann, zitiert bei *Stern, Alfred Neumann*, 570. – Noch 1951 äußerte Neumann, »Ich fühle mich heute überall zu Hause. So wurzellos und so tief verwurzelt bin ich« (Alfred Neumann im Gespräch mit Jürgen von Hollander: Süddeutsche Zeitung, Sonntagsbeilage, 5. Mai 1951, 3).

47 Vgl. z. B. die Mexiko-Romane Gustav Reglers (›Vulkanisches Land‹. Saarbrücken 1947; München 1954 u. d. T. ›Verwunschenes Land Mexiko‹ erschienen); Bernhard Travens ›Mahagoni‹-Serie (6 Bde. 1931–1940) über Mexiko; die Werke Paul Zechs (›Neue Welt. Verse aus der Emigration‹. Buenos Aires 1939; ›Die schwarze Orchidee. Indianische Legenden‹. Berlin 1947; ›Menschen aus der Calle Tuyuti. Erzählungen aus dem Exil‹ (entstanden 1945, erschienen Ru-

dolstadt 1982); ›Michael M. irrt durch Buenos Aires‹. Rudolstadt 1985; ›Die grüne Flöte. Indianische Liebesgeschichten‹. Rudolstadt 1995).

48 Vgl. z. B. Stefan Zweigs ›Brasilien. Ein Land der Zukunft‹ (Stockholm 1941); Egon Erwin Kischs ›Entdeckungen in Mexiko‹ (Mexico 1945).

49 Vgl. z. B. die zahlreichen publizistischen Arbeiten Lilo Linkes, siehe *Holl, Lilo Linke.*

50 Zu nennen wären u. a. folgende Autoren, Jenny Aloni, Franzi Asher-Nash, Elisabeth Augustin, Vicki Baum, Klara Blum, Ilse Blumenthal-Weiss, Elisabeth Castonier, Ruth Feiner, Grete Fischer, Recha Freier, Anna Gmeyner, Maria Gleit, Mimi Grossberg, Sylvia von Harden, Henriette Hardenberg, Mela Hartwig, Katrin Holland, Hugo Huppert, Anna Maria Jokl, Gina Kaus, Arthur Koestler, Henry Kreisel, Vera Lachmann, Lola Landau, Ruth Landshoff-Yorck, Maria Lazar, Ilse Lieblich/Losa, Lilo Linke, Klaus Mann, Jo Mihaly, Robert Neumann, Alfred Neumann, Ernst Erich Noth, Gustav Regler, Gabriele Tergit, Christa Winsloe.

51 *Eykmann, Zerrbild,* 40.

52 Zitiert bei *Stern, Alfred Neumann,* 570.

53 *Lühe, » Und der Mann war oft eine schwere, undankbare Last«,* 56.

54 Döblin, Alfred: Junge unbekannte Erzähler. In: Die Literarische Welt 3 (1927), Nr. 11, 1. – Döblin, er fungierte als Juror für den Bereich Prosaliteratur, machte z. B. auf die oben erwähnte Mela Hartwig aufmerksam.

55 Beispiele wären die Romane von Jenny Aloni: ›Zypressen zerbrechen nicht‹ (Witten, Berlin 1961]; Ilse Lieblich/Losa: Sub céus estranhos (Lissabon 1962; dt. Freiburg i. Br. 1991); Robert Neumann: Scene in Passing (London 1942); Hilde Spiel: Flute and Drums (London 1939; dt. Wien 1947). – Auch die zahlreichen in den fünfziger Jahren entstandenen Autobiographien, in denen die Akkulturation beschrieben wird, gehören in diesen Kontext: Elisabeth Freundlich: Finstere Zeiten. Vier Erzählungen. München 1986; Mimi Grossberg (geb. Buchwald): The Road to America. Mimi Grossberg: Her times and her Emigration – a bilingual Report. New York 1986; Elisabeth Freundlich: Die fahrenden Jahre. Erinnerungen. Salzburg 1993; Gina Kaus: Und was für ein Leben. Hamburg 1979; Lola Landau: Vor dem Vergessen. Meine drei Leben. Berlin, Frankfurt/M. 1990; Ruth Landshoff-Yorck: Klatsch, Ruhm und kleine Feuer. Biographische Impressionen. Köln, Berlin 1963; Ernst Erich Noth: Erinnerungen eines Deutschen. Hamburg, Düsseldorf 1971; Hertha Pauli: Der Riß der Zeit geht durch mein Herz. Ein Erlebnisbuch. Wien 1970; Gabriele Tergit: Etwa Seltenes überhaupt. Erinnerungen. Frankfurt/M. 1983. – Vgl. dazu auch die entsprechenden Aufsätze in: *Shichji, Akten des VIII. Internationalen Germanisten-Kongresses, Bd. 8: Emigranten- und Immigrantenliteratur.*

56 Aloni, Jenny: Zypressen zerbrechen nicht. Paderborn, München, Wien, Zürich 1990 (Jenny Aloni: Gesammelte Werke in Einzelausgaben. Hrsg. v. Friedrich Kienecker, Hartmut Steinecke), 21.

57 Ebd.

58 Vgl. *Becker, Zwischen Akkulturation und Enkulturation.*

59 Losa, Ilse: Unter fremden Himmeln. Von der Autorin aus dem Portugiesischen übersetzt und überarbeitet. Freiburg i. Br. 1991, 20 f.

60 Vgl. dazu *Kunst und Literatur im antifaschistischen Exil 1933–1945; Handbuch*

der deutschsprachigen Emigration; Durzak, Exilliteratur; Walter, Deutsche
Exilliteratur, Appeasement.

61 Vgl. *Voit, Tomi heißt auf Englisch Aukland,* 207–217; *Wolffheim, Karl Wolfs-*
    kehls Spätwerk, 335–342.

62 *Köpke, Die Wirkung des Exils,* 225.

63 Vgl. *Durzak, Laokoons Söhne.*

64 *Lamping,* »*Linguistische Metamorphosen*«, 530.

65 *Durzak, Laokoons Söhne,* 55.

66 *Lamping,* »*Linguistische Metamorphosen*«, 532 und 531.

67 Anders, Günther: Lebenserlaubnis. In: Egon Schwarz, Matthias Wegner (Hrsg.):
    Verbannung. Aufzeichnungen deutscher Schriftsteller im Exil. Hamburg 1964,
    173–178, hier 176.

68 Mann, Klaus: The Turning Point (New York 1942). Zitierte Ausgabe: London
    1987, 351. – Seine Autobiographie ›The Turning Point‹ (dt. ›Der Wendepunkt.
    Ein Lebensbericht‹. München 1976) verfaßte Mann in englischer Sprache, eben-
    so zahlreiche Essays und Rezensionen für amerikanische Zeitschriften und Zei-
    tungen. Von 1941 bis 1942 gab er die englischsprachige Zeitschrift ›Decision‹
    heraus, und selbst seine 1942 begonnenen Tagebücher schrieb er auf englisch,
    ebenso einen Großteil seiner Korrespondenz.

69 Mann, Klaus: Der Wendepunkt. Eintrag vom 17. September 1940, 490.

70 Vgl. dazu Spiel, Hilde: Das vertauschte Werkzeug. Schriftsteller in zwei Spra-
    chen. In: Literatur und Kritik, 1973, H. 9, 549–552, hier 551. – Hilde Spiel hatte
    1939 ihren ersten Roman ›Flute and Drums‹ in englischer Sprache veröffentlicht.

71 Neumann, Robert: Scene in Passing. London 1942. Zitiert nach: Weiskopf, F.C.:
    Unter fremden Himmeln. Ein Abriß der deutschen Literatur im Exil 1933–1947.
    Berlin 1981, 42. – Auch Henry Kreisel faßte im Internierungslager in Kanada mit
    17 Jahren den Entschluß, »sich die Sprache und mit ihr die Einstellung, die Gei-
    stesart, die Denkweise und das Gefühlsleben der englischen Kultur vollkommen
    zu eigen zu machen« (Kreisel, Henry: Sprache und Identität: A Personal Essay.
    In: Annalen 2. Tradition, Integration, Rezeption, Symposium 1978. Hrsg. v. Ka-
    rin Gürttler. Montreal 1978, 106 f., hier 107). In der Einleitung zu seinem Tage-
    buch schreibt Kreisel: »Ich hielt es für absolut unerläßlich, daß ich mir Englisch
    zu eigen mache, weil ich wußte, daß ich niemals nach Österreich zurückkehren
    würde und mich von der sprachlichen und psychologischen Abhängigkeit von
    Deutschen befreien wollte« (Kreisel, Henry: Diary of an Internment. In: White
    Pelican. A Quarterly Review of the Arts, 4, 1974, 5–39, hier 8); vgl. hierzu *Rie-*
    del, Exil in Kanada, 49–61.

72 *Lamping,* »*Linguistische Metamorphosen*«, 536. – Für Klaus Mann z. B. wurden
    in den USA ganz neue literarische Vorbilder und Einflüsse wichtig. Ab 1940/
    41 orientierte sich Mann an der anglo-amerikanischen Literatur, insbesondere
    Walt Whitman wurde ihm zum Vorbild. Bewußt distanzierte er sich von der
    deutschsprachigen Literatur, auch von der Schriftstellerei seines Vaters.

73 Neumann hat bis 1959, bis zu seiner Übersiedlung nach Locarno, an der eng-
    lischen Sprache festgehalten. Seit 1940 schrieb er nicht nur Rundfunkbeiträge,
    Briefe, Tagebucheintragungen und Notizen auf englisch, sondern auch seine
    literarischen Werke. 1946 nahm er die englische Staatsbürgerschaft an.

74 Einer Klage Hilde Spiels über den Sprachtausch entgegnet der ebenfalls in Eng-
    land lebende Robert Neumann mit dem lakonischen Satz: »Unsere Vorfahren

hat man auf dem Scheiterhaufen verbrannt. Da wirst du doch noch lernen kön-
nen, in einer anderen Sprache zu schreiben« (zit. nach *Schneider-Handschin,
»Welche Welt ist meine Welt?«*, 112). – Zwar hat Neumann im nachhinein sein
Unternehmen auch skeptisch beurteilt (»Er scheiterte und er irrte in mancher
Hinsicht. ⟨...⟩ Auch gelang es ihm nicht, das Anders-Sein zu bannen. Und jene
Brücken über den Abgrund werden nie gebaut.«), an der Notwendigkeit seines
Schrittes jedoch hat er nie gezweifelt: »Was blieb ihm – sobald er dessen gewahr
ward – anders übrig, als entweder das Schreiben aufzugeben oder ins Exil zu
gehen?« (Neumann: Scene in Passing. Zitiert nach Weiskopf, Unter fremden
Himmeln [s. Anm. 71], 42 f.) Auch wenn Neumann der Möglichkeit einer umfassenden sozialen und kulturellen Integration skeptisch gegenüberstand – er
knüpfte an die Beseitigung der Sprachbarrieren nicht zugleich die Aufhebung
jeglicher kultureller und sozialer Distanz zur Gesellschaft des Gastlandes –,
gelang es ihm, sich über einen Zeitraum von mehr als zwanzig Jahren als Autor
auf dem englischsprachigen Buchmarkt zu behaupten.

75 Vgl. *Vietor-Engländer, Frauen im englischen Exil*, 276–283.

76 Ein Beispiel wäre Joachim Maass. Er ist einer der Autoren, die sich auf dem
deutschen Buchmarkt 1933 gerade erst zu etablieren begonnen hatten. Für
ihn bedeutete das Exil zunächst eine Bedrohung der schriftstellerischen Existenz, auf der anderen Seite aber auch eine Chance, die viele jüngere Autoren
dann tatsächlich genutzt haben. Maass kam kurz nach Ausbruch des Weltkrieges in die USA, die meiste Zeit seines Exils verbrachte er in New York. 1951
kehrte er nach Deutschland zurück, reemigrierte jedoch bereits 1954 nach New
York, aus Enttäuschung über die Haltung und Verdrängungsleistung der Deutschen (vgl. dazu *Sevin, Joachim Maass*, 127–139; *Sevin, Exil ohne Ende*, 1–25).

77 Augustin, Elisabeth, »Grenzüberschreitung ohne Heimweh«. Zit. n.: *Würzner,
Exilliteratur in den Niederlanden*, 33–43.

78 Vgl. dazu *Schoppmann, Im Fluchtgepäck die Sprache; Wall, Lexikon; von der
Lühe, »Und der Mann war oft eine schwere, undankbare Last«*; 44–61; *Frauen
im Exil*.

79 Vgl. *Klapdor, Überlebensstrategie*, 25 u. 29.

80 *Häntzschel, Geschlechtsspezifische Aspekte*, 109. – Vgl. auch *Backhaus-Lautenschläger, »Und standen ihre Frau«; von der Lühe, Schreiben im Exil als Chance*,
48–61.

81 *Klapdor, Überlebensstrategie*, 19.

82 *Durzak, Laokoons Söhne*, 55.

83 Vgl. Paulis Autobiographie ›Der Riß der Zeit geht durch mein Herz. Ein Erlebnisbuch‹. Wien 1970 (in deutsch). – Zu Pauli siehe *Stern, Hertha Pauli*, 282 ff.

84 Lilo Linke an Hans Joachim Schoeps, 28. Februar 1939, Privatarchiv Prof. Dr.
Hans Joachim Schoeps. Zit. n. *Holl, Lilo Linke*, 77.

85 *Holl, Lilo Linke*, 68–89.

86 *Holzner, Hugo Huppert*, 122.

87 So darf man z. B. in bezug auf den österreichischen Schriftsteller Hugo Huppert
(1902–1982), dessen Gedicht ›Das Wort‹ 1936 die in Moskau von Bertolt
Brecht, Lion Feuchtwanger und Willi Bredel herausgegebene und redigierte
gleichnamige Zeitschrift eröffnete, von einer »geglückten Integration« in der
UdSSR sprechen. Sicherlich sollte dabei nicht unerwähnt bleiben, daß die Integration nur auf der Grundlage einer umfassenden ideologischen Anpassung

an das politische System funktionierte. Doch Hupperts Bereitschaft, sich – im Gegensatz zu Willi Bredel, Friedrich Wolf oder Johannes R. Becher – in die sowjetische Gesellschaft zu integrieren, führte dieser selbst auf drei Ursachen zurück: die Vertrautheit mit der russischen Umgangs- und Literatursprache, auf seine sozialen Verbindungen und Beziehungen zu sowjetischen Schriftstellerkreisen, insbesondere zur »LEF«-Gruppe sowie auf die Heirat mit einer Russin.

88 *Schlör, »… das Großstadtleben nicht entbehren«,* 169.

89 Aloni, Jenny: Kristall und Schäferhund. In: Dies.: Ausgewählte Werke. Paderborn 1987, 80–95, hier 91.

90 *Schwarz, Betrachtungen,* 553.

91 Zweig, Arnold: Worte an die Freunde. In: Aufbau, 1948, H. 11, 931 ff.

92 Vgl. dazu *Pazi, Nachrichten aus Israel; Nieraad, Deutschsprachige Literatur.*

Carl Wege: Blut und Maschine – Technik in der nationalrevolutionären Literatur

1 Jünger, Ernst: Die Maschine. In: Die Standarte. Beiträge zur geistigen Vertiefung des Frontgedankens. Sonderbeilage des Stahlhelms. Wochenschrift des Bundes der Frontsoldaten. 13.12.1925. 2. Wiederveröffentlicht in: Jünger, Ernst: Politische Publizistik 1919 bis 1933. Stuttgart 2001, 157–162. – Sämtliche Zitate im 1. Abschnitt meines Beitrags stammen – soweit nicht anders angegeben – aus Jüngers Artikel ›Die Maschine‹.

2 Freyer, Hans: Zur Philosophie der Technik. In: Blätter für Deutsche Philosophie. 3/1929–30, 196.

3 Hinzugefügt sei, daß für Jünger die »Unterstellung« des Verstandes keineswegs mit dessen »Verachtung« identisch ist. Vgl. Jünger, Ernst: Der Arbeiter. Herrschaft und Gestalt. Hamburg 1932, 193.

4 Vgl. zum Begriff »heroischer Realismus« *Mohler, Die konservative Revolution,* 123–126.

5 Jünger, Der Arbeiter (s. Anm. 3), 89.

6 Jünger, Der Arbeiter, 79. An anderer Stelle schreibt Jünger, daß es »unwesentlich« sei, »ob man die Großstadt als eine erfreuliche oder unerfreuliche Erscheinungsform« werte. Jünger, Ernst: Großstadt und Land. In: Deutsches Volkstum. 8/1926. 581. Wiederveröffentlicht in: Jünger, Politische Publizistik (s. Anm. 1), 235.

7 Schwerber, Peter: Nationalsozialismus und Technik. Die Geistigkeit der nationalsozialistischen Bewegung. München 1930, 63.

8 Schwerber, Nationalsozialismus, 38.

9 Zur Reiseliteratur vgl. *Graf, »Die notwendige Reise«,* besonders Kapitel 6 zu Gustav R. Hocke. Vgl. außerdem *Streim, Junge Völker und neue Technik.*

10 Vgl. *Schütz, »Ewiger Wald«,* 204. Bei diesem »völkisch-nationalistischen Feld«, von dem Erhard Schütz spricht, handelt es sich um ein »weites Feld«, in dem als eine Art Spezialfall und besonderes Segment die »Vorstellungen und Ideologeme« der Nazi »eingeschlossen« sind. (vgl. ebd.).

11 *Schäfer, Kultur als Simulation,* 239.

12 Jünger, Ernst: Das Wäldchen 125. Eine Chronik aus den Grabenkämpfen 1918. Berlin 1930, 56.

13 Jünger, Ernst: Der Kampf als inneres Erlebnis. Berlin 1920, 112.

14 Jünger, Ernst: Fortschritt, Freiheit und Notwendigkeit. In: Arminius. Kampf-

schrift für deutsche Nationalisten. 16/1927, 9. Wiederveröffentlicht in: Jünger, Politische Publizistik (s. Anm. 1), 327.

15   Jünger, Fortschritt, 9.

16   Freyer, Zur Philosophie (s. Anm. 2), 201.

17   Jünger, Der Arbeiter (s. Anm. 3), 158 f.

18   Bronnen, Arnolt: Nation und Technik. In: Münchner Neueste Nachrichten. 31. Januar 1933.

19   Schelle-Notzel, A. H. [d. i. Arnolt Bronnen]: Kampf im Äther oder Die Unsichtbaren. Roman. Berlin 1935, 345.

20   Bronnen, Arnolt: Triumph des Motors. Kurzgeschichte einer Form. In: Ders.: Sabotage der Jugend. Kleine Arbeiten 1922–1934. Innsbruck 1989, 137.

21   Ebenso wie Arnolt Bronnen – dies sei hier am Rande erwähnt – sollten auch Heinrich Hauser (›Friede mit Maschinen‹, 1928) und der Filmregisseur Walter Ruttmann (›Berlin. Die Symphonie der Großstadt‹, 1927) nach der Machtergreifung der Nazis versuchen, ihre neusachlichen Bestrebungen in eine andere Richtung zu lenken. Vgl. zu Hauser weiter u. den Abschnitt »Mobilmachung und Entschleunigung« und zu Ruttmann und dessen ›Dokumentarfilmen‹ über die Rüstungsindustrie Schenk, Ruttmann nach 1933.

22   Vgl. Jünger, Fortschritt (s. Anm. 14), 10

23   Richter, Hans: Gefesselte Flut. Roman. Berlin 1934, 23.

24   Schrempf, Claus: Diktatur der Tatsachen. Wohin sie Deutschlands Volk und Wirtschaft führt. Berlin 1932, 187.

25   Schrempf, Diktatur, 9.

26   Schrempf, Diktatur, 20 f.

27   Schrempf, Diktatur, 20.

28   Vgl. Jünger, Der Arbeiter (s. Anm. 3), 152.

29   Vgl. Jünger, Das Wäldchen (s. Anm. 12), 56.

30   Zu den anderen Autoren, für die sich diese Frage keineswegs erledigt hat, sondern um so dringlicher stellt, vgl. die Ausführungen weiter unten.

31   Diesel, Eugen: Das Phänomen der Technik. Zeugnisse, Deutung und Wirklichkeit. Leipzig und Berlin 1939, 236.

32   Sieburg, Friedrich: Es werde Deutschland. Frankfurt/M. 1933, 48.

33   Kobbe, Ursula: Der Kampf mit dem Stausee. Roman. Berlin 1943, 348.

34   Kobbe, Der Kampf, 355.

35   Hundeiker, Egon: Alumnit. Ein phantastischer Roman. Berlin o. J., 107.

36   Vgl. Kaiser, Georg: Gas. Schauspiel in fünf Akten. In: Ders.: Werke. Band 8. Frankfurt/M., Berlin, Wien 1971, 9–58. Vgl. besonders den 4. Akt des Dramas.

37   Richter, Gefesselte Flut (s. Anm. 23), 224 f.

38   Richter, Gefesselte Flut, 225

39   Richter, Gefesselte Flut, 225.

40   Sieburg, Es werde Deutschland (s. Anm. 32), 48.

41   Vgl. zu den Ausführungen hier und im folgenden Manfred Schröter: Technik – Mensch – Natur. In: Süddeutsche Monatshefte. 10/1936, 589.

42   Vgl. Korn, Karl: In der Stille. Gedanken und Betrachtungen. Berlin 1944, 117.

43   Korn, In der Stille, 118.

44   Korn, In der Stille, 118.

45   Hocke, Gustav R.: Das verschwundene Gesicht. Ein Abenteuer in Italien. Leipzig 1939, 203. In einem im Nachlaß erhaltenen Aufsatz bezeichnet Hocke

Dädalus, der sich und seinem Sohn Ikarus Flügel aus Wachs verlieh, als »rationalen Träumer und visionären Intellektuellen«. Vgl. Hocke: Daidalos: der Ur-Ingenieur. DLA Marbach. Zugangs-Nr. 87.3.22.

46   Hocke, Das verschwundene Gesicht, 203.

47   Richter, Gefesselte Flut (s. Anm. 23), 170.

48   Der Philosoph Herbert Marcuse gelangt bereits 1942 zu der Erkenntnis, daß »dieses fortwährende Wechselspiel zwischen Mythologie und Technologie, ›Natur‹ und Mechanik, Metaphysik und Sachlichkeit, ›Seele‹ und Effizienz ⟨…⟩ das eigentliche Zentrum der nationalsozialistischen Mentalität ⟨bildet⟩.« Herbert Marcuse: Die neue deutsche Mentalität, in: Ders., Feindanalysen. Über die Deutschen. Lüneburg 1998, 49. Ergänzend sei aus heutiger Sicht hinzugefügt, daß diese »Mentalität« *generell* in Deutschland weit verbreitet war und nicht nur unter strammen Nationalsozialisten angetroffen werden konnte.

49   Bley, Wulf: Die Besessenen. Roman einer Leidenschaft. Berlin 1939, 128 f. und 284.

50   Bley, Die Besessenen, 341.

51   Die Literatur der 1930er Jahre tritt, unter anderem politischen Vorzeichen, nicht nur das Erbe der Neuen Sachlichkeit an (vgl. dazu die Ausführungen o.), sondern sie führt zugleich auch die Traditionen des deutschen Expressionismus fort. Sprache, Stilmittel und Figurengestaltung legen davon ein beredtes Zeugnis ab. Vgl. in diesem Zusammenhang z. B. den bereits erwähnten Roman ›Die Besessenen‹ von Wulf Bley.

52   Vgl. Böttcher, Helmuth M.: Um die Atlantikwerft. Ein Industrieroman. Berlin, Wien und Leipzig 1943, 138.

53   Böttcher, Um die Atlantikwerft, 138.

54   Böttcher, Um die Atlantikwerft, 188.

55   Böttcher, Um die Atlantikwerft, 187.

56   Böttcher, Um die Atlantikwerft, 26 und 138.

57   Böttcher, Um die Atlantikwerft, 138.

58   Zum organischen Technikbild in der Literatur aus der NS-Zeit vgl. u. a. *Denkler, Organische Konstruktion.*

59   Schuder, Kurt: Granit und Herz. Die Straßen Adolf Hitlers – ein Dombau unserer Zeit. Braunschweig, Berlin und Hamburg 1940, 14.

60   Georg Simmel spricht beispielsweise in Hinblick auf die sich ankündigende »Herrschaft der Technik« davon, »daß die Peripherie des Lebens, die Dinge außerhalb seiner Geistigkeit, zu Herren über sein Zentrum geworden sind.« Die Technik habe, so Simmel, vermöge dessen, was sie »von außen liefert«, Macht über die »geistige Zentripetalität des Lebens« gewonnen. Vgl. Simmel, Georg: Philosophie des Geldes ⟨1900⟩. In: Ders.: Gesamtausgabe. Band 6. Frankfurt/M. 1989, 672–674. Ernst Cassirer bewertet 1930 die technischen Errungenschaften als Produkte eines im Homo sapiens angelegten »zentrifugalen Triebs«. In der Technik manifestiere sich ein gegen das Innenleben gerichteter »Drang nach außen«. Cassirer konstatiert, daß die »Erweiterung der Peripherie des Seins ⟨…⟩ weiter und weiter vom Zentrum der ›Person‹ und der persönlichen Existenz hinweg(führe)«. Cassirer, Ernst: Technik und Form. In: Leo Kestenberg (Hg.): Kunst und Technik. Berlin 1930, 43.

61   Wagner, Kurt: Großraum-Technik. Die Technik im neuen Europa. Berlin, Wien, Leipzig, 1944.

62 Vgl. Zickel, Reinhold: Strom. Roman. Berlin 1941, 257 f. Vgl. zu dem Roman *Graeb-Könneker, Autochthone Modernität*, 206–209.
63 Vgl. Schuder, Granit und Herz (s. Anm. 59), 110.
64 Vgl. Schuder, Granit und Herz, 135 und 165.
65 Bley, Die Besessenen (s. Anm. 49), 341.
66 Zickel, Strom (s. Anm. 62), 643.
67 Kurt Schuder wird z. B. nicht müde zu behaupten, daß der Motor eine Seele bzw. ein Herz hat. Vgl. Granit und Herz (s. Anm. 59), 54, 112 und 165.
68 Zickel, Strom (s. Anm. 62), 638.
69 Jünger, Ernst: Über den Schmerz. In: ders. Blätter und Steine. Hamburg 1934, 173 f.
70 Hauser, Heinrich: Kampf. Geschichte einer Jugend. Jena 1934, 276.
71 Vgl. *Streim, Flucht nach vorn zurück*, 388 und 392 f.
72 Hauser, Heinrich: Donner überm Meer. Berlin 1929, 77. Vgl. zu Hausers Roman *Streim, Flucht nach vorn zurück*, 385–388.
73 Vgl. *Baruzzi, Mensch und Maschine*, 210.
74 Vgl. Hauser, Kampf (s. Anm. 70), 276, und Jünger, Ernst: Das abenteuerliche Herz. Erste Fassung ⟨1929⟩. Stuttgart 1987, 69 f. Vgl. zu beiden Autoren und zum Typus des neuen Barbaren außerdem *Wege, Der Kult der Arbeit*, 235.
75 Vgl. Jünger, Das abenteuerliche Herz, 59 f.
76 Vgl. dazu *Delabar/Denkler/Schütz, Banalität*, 9.
77 Zickel, Strom (s. Anm. 62), 59.
78 Richter, Hans: Turmstadt. Roman. Leipzig 1926, 21. – In Richters literarischem Werk werden jedoch auch ganz andere Töne angeschlagen, vgl. dazu o. S. 275 f.
79 *Delabar/Denkler/Schütz, Banalität*, 9.
80 Hocke, Gustav R.: Das geistige Paris 1937. Leipzig-Markleeberg 1937, 5.
81 Hocke, Das geistige Paris, 6.
82 Hocke, Das geistige Paris, 24.
83 Hocke, Das geistige Paris, 7.
84 Vgl. Ernst Jünger – Carl Schmitt. Briefe 1930–1983. Stuttgart 1999, 36.
85 Hocke, Das geistige Paris (s. Anm. 80), 24.
86 Hocke, Das geistige Paris, 13.

Eva Horn: Literatur und Krieg

1 Vgl. *Rühle, Zeit und Theater* 3, Kommentar, 741.
2 So der Kritiker Bernhard Diebold über die Aufführung. Zit. nach *Rühle, Zeit und Theater* 3, 741.
3 Johst, Hanns: Schlageter (1933). In: *Rühle, Zeit und Theater* 3, 109.
4 Ebd., 115.
5 Vgl. *Herbst, Das nationalsozialistische Deutschland*.
6 Zur Rekonstruktion dieser politischen Kriegsteleologie im Denken Hitlers vgl. *Fest, Hitler*, 997–1022.
7 Ludendorff, Erich: Der totale Krieg. München 1935, 10.
8 So der zum Topos gewordene Titel eines umfangreichen Romans von Hans Grimm (München 1926).
9 Schmitt, Carl: Totaler Feind, totaler Krieg, totaler Staat (1937) und: Über das

Verhältnis der Begriffe Krieg und Feind (1938). In: Carl Schmitt: Positionen und Begriffe. Neuausgabe. Berlin 1994.

10   Jünger, Ernst: Der Arbeiter. Herrschaft und Gestalt (1932). In: Ders.: Sämtliche Werke, Bd. 8. Stuttgart 1981, 134.

11   So *Ketelsen, Literatur und Drittes Reich.*

12   Jünger, Der Arbeiter (s. Anm. 10), 64.

13   Adolf Hitler in: Rauschning, Herrmann: Gespräche mit Hitler. Zürich 1940, 12. Zu den Implikationen dieses Krieger-Typus und seiner Herstellung in Literatur und Wissenschaft vgl. Horn, Eva: Der totale Soldat. Zur anthropologischen Konstruktion des Kriegers 1914–1939. In: Berliner Debatte INITIAL, Nr. 1, 1999, 90–101.

14   Kurt Eggers schreibt eine Reihe von Traktaten zum Krieger, die den Krieger als anti-bürgerlichen Neuen Menschen entwerfen und den Kampfeswillen als rassische Eigenart des Deutschen bestimmen: Die Freiheit des Kriegers. Berlin 1940. Die kriegerische Revolution. Berlin 1941. Der Krieg des Kriegers. Wien 1942. Vater aller Dinge. Berlin 1942. Von der Feindschaft. Dortmund 1942. Besonders deutlich wird bei Eggers die Umbesetzung christlicher Denkfiguren durch eine Religion des Krieges.

15   Exemplarisch dafür sei hier genannt: Sombart, Werner: Händler und Helden. München, Leipzig 1915.

16   Möller, Eberhard Wolfgang: Rothschild siegt bei Waterloo. Berlin 1934. Der Bankier Rothschild beobachtet das Kampfgeschehen aus sicherer Entfernung, um dann an der Börse erfolgreich auf den Ausgang der Schlacht zu spekulieren. Dieses Motiv der profitorientierten Neutralität und der Nicht-Entscheidung ist zentrales Element für die Charakterisierung des inneren Feindes im Krieg.

17   Zu frühen Entwürfen des Vernichtungskriegs vgl. Reemtsma, Jan Philipp: Die Idee des Vernichtungskrieges. Clausewitz – Ludendorff – Hitler, in: Heer, Hannes/Naumann, Klaus (Hg.): Vernichtungskrieg. Verbrechen der Wehrmacht 1941–1944. Hamburg 1995, 377–401.

18   Vgl. dazu Foucault, Michel: Der Wille zum Wissen. Frankfurt/M. 1997, 178 f., und Michel Foucault: In Verteidigung der Gesellschaft. Frankfurt/M. 1999, bes. 289–302.

19   Eindrücklich vermittelt dies die bisher beste Sammlung von Quellentexten zum NS von Anson Rabinbach/Sander Gilman (Hrsg.): Third Reich Sourcebook. Berkeley 2009.

20   Einen Überblick zur Kriegsliteratur von der späten Weimarer Republik bis zum Nationalsozialismus bietet *Prümm, Das Erbe der Front.*

21   Ziesel, Kurt (Hrsg.): Krieg und Dichtung. Soldaten werden Dichter – Dichter werden Soldaten. Wien 1940.

22   Schmitt, Carl: Der Begriff des Politischen (1932). Berlin 1963.

23   Es ist das Motto und zugleich der Schlußsatz von Schauwecker, Franz: Aufbruch der Nation. Berlin 1930.

24   Beumelburg, Werner: Gruppe Bosemüller. Oldenburg 1929.

25   Sander, Ulrich: Kompost. Jena 1934. Das ist Teil 2 der Romantrilogie ›Der ewige Orlog‹.

26   So auch bei Johst, Hanns: Maske und Gesicht. Reise eines Deutschen nach Deutschland. München 1935.

27   Möller, Eberhard Wolfgang: Die Maske des Krieges. Berlin 1941, 119 ff.

28   Zum Entwurf des Feindes im Osten schon während des Ersten Weltkriegs vgl.
      Horn, Eva: Im Osten nichts Neues. Deutsche Literatur und die Ostfront des
      Ersten Weltkriegs, in: Gerhard Groß (Hg.): Die vergessene Front. Der Osten
      1914/15. Paderborn 2006, 217–230.

29   Zöberlein, Hans: Der Glaube an Deutschland (1931). München 1941, 774.
      Das Buch, erschienen im Zentralverlag der NSDAP, brachte es bis 1944 auf 44
      Auflagen mit 770 000 Exemplaren.

30   Dwinger, Edwin Erich: Die letzten Reiter. Jena 1935, 178.

31   Schmitt, Totaler Feind (s. Anm. 9), 273.

32   Die Meldung erschien zeitgleich in den Tageszeitungen des 11. November und
      im Kriegs-Kalender der Wehrmacht.

33   Einladung zur Langemarckfeier 1924. In: Der weiße Ritter. Zeitschrift des jun-
      gen Deutschlands, 5. Jg., Heft 1, 8.

34   Wilhelm Matthießen: Geleitwort zu Wilhelm Dreysse, Langemarck 1914. Der
      heldische Opfergang der deutschen Jugend. Mit einem Aquarell von Adolf Hit-
      ler. Minden 1934, 10.

35   Zur Geschichte des Langemarck-Kultes in der Weimarer Republik und im Drit-
      ten Reich vgl. das materialreiche Kapitel bei *Ketelsen, Literatur und Drittes
      Reich*, 172–198.

36   Zerkaulen, Heinrich: Die Jugend von Langemarck. In: *Rühle, Zeit und Theater*
      3, 193 f.

37   Vgl. *Hüppauf, Schlachtenmythen*.

38   Euringer, Richard: Deutsche Passion 1933. Hörwerk in sechs Sätzen. Oldenburg
      1933, 46.

39   Rosenberg, Alfred: Der entscheidende Weltkampf. Rede. München 1936.

40   Berghoff, Peter: Der Tod des politischen Kollektivs. Berlin 1997, 94 ff.

41   Vgl. dazu grundlegend *Eicher/Panse/Rischbieter, Theater im »Dritten Reich«*.

42   Vgl. dazu den Überblick bei *Rühle, Zeit und Theater*, Vorwort, und, im Blick
      auf die ideologischen Gehalte der Dramen, *Ketelsen, Von heroischem Sein*.

43   Hartz, Erich v.: Wesen und Mächte des heldischen Theaters. Berlin 1934, 27.

44   Möller, Eberhard Wolfgang: Das Opfer. Ein Spiel in drei Akten. Berlin 1941,
      Nachwort, 116.

45   Möller, Das Opfer, 116.

46   Möller, Das Opfer, Prolog, 7.

47   Möller, Das Opfer, 88.

48   »Ihr Opfer hat dir vom Gesicht die Maske / herabgefetzt und mir dein Spiel
      enthüllt« besinnt sich der Stellvertreter des Kaisers zuletzt und tötet den Woi-
      woden. Möller, Das Opfer, 94.

49   Hauptmann, Gerhart: Iphigenie in Aulis (Urauff. 15.4.1942, Burgtheater Wien),
      Agamemnons Tod und Elektra (Urauff. 10.9.1947 in den Kammerspielen des
      Deutschen Theaters im amerikanischen Sektor in Berlin) und Iphigenie in Del-
      phi (Urauff. 15.11.1941, Staatliches Schauspielhaus Berlin). Zur Aufführungs-
      geschichte vgl. *Rühle, Zeit und Theater* 3, Nachwort, 859.

50   Hauptmann, Gerhart: Iphigenie in Delphi. In: Ders.: Sämtliche Werke, Bd. 3:
      Dramen. Berlin 1965, 1056.

51   Hauptmann, Iphigenie in Delphi, 1085.

52   Pongs, Hermann: Krieg als Volksschicksal im deutschen Schrifttum. Ein Beitrag
      zur Literaturgeschichte der Gegenwart. Stuttgart 1934, 2.

53 Hesse, Kurt: Der Feldherr Psychologos. Berlin 1922, 142.

54 Langenbeck, Curt: Das Schwert. Tragisches Drama. München 1940, 61.

55 Deubel, Werner: Die letzte Festung. Berlin 1942. Das Stück wird oft als »Vorlage« des Film bezeichnet. Allerdings weichen Handlung und Figuren des Films von denen des Stücks sehr deutlich ab. Uraufführung am 16.4.1942 in Dresden und Darmstadt.

56 Deubel, Die letzte Festung, 78.

57 Rehberg, Hans: Der siebenjährige Krieg. In: *Rühle, Zeit und Theater* 3, 458.

58 Ebd., 500.

59 Jünger, Die totale Mobilmachung. In: Ders. (Hrsg.): Krieg und Krieger. Berlin 1930, 11.

60 Zuckmayer, Carl: Des Teufels General (Erstaufführung 1946 in Zürich). Frankfurt 1996, 144. Das Stück entstand während des Krieges im amerikanischen Exil.

61 Ziesel, Kurt: Vom schöpferischen Krieg. In: Ziesel, Krieg und Dichtung (s. Anm. 21), 534 f.

62 Möller, Eberhard Wolfgang: Dichtung und Dichter im nationalsozialistischen Staat. In: Völkische Kultur 4 (1936), Januar, 10.

63 Schumann, Gerhard: Krieg – Bericht und Dichtung. In: Deutsche Kultur im Leben der Völker. Mitteilungen der deutschen Akademie, 17. Jg., H. 1. München 1942, 389–400, hier 392.

64 Ebd., 395.

65 Ebd., 398.

66 Brecht, Bertolt: Fünf Schwierigkeiten beim Schreiben der Wahrheit (zuerst erschienen 1935 in ›Unsere Zeit‹). In: Ders.: Schriften 2.1. Berlin, Weimar, Frankfurt/M. 1993, 79.

67 Ebd., 77.

68 Ebd., 81, 86.

69 Brecht, Bertolt: Kriegsfibel. In: Ders.: Gedichte 2. Berlin, Weimar, Frankfurt/M. 1988.

70 Brecht, Bertolt: Die Gesichte der Simone Machard. In: Ders.: Stücke 7. Berlin, Weimar, Frankfurt/M. 1991, 151.

71 Müller, Hans-Harald: Nachwort. In: Theodor Plievier: Stalingrad. Köln 1996.

72 Plievier, Stalingrad, 423 f.

Bettina Hey'l: Der historische Roman

1 *Werner, Transparente Kommentare*, 358, hat nachdrücklich die Erörterung des Geschichtsromans im Exil im Zusammenhang der modernen Romanästhetik gefordert.

2 *Geppert, Der ›andere‹ historische Roman.*

3 Vgl. *Hey'l, Geschichtsdenken*. Die Bibliographie von *Habitzel/Mühlberger/ Retti, Der deutschsprachige historische Roman* zeigt die kontinuierliche, sogar ansteigende Beliebtheit historischer Romane seit dem frühen zwanzigsten Jahrhundert.

4 Vgl. *Heeg, Wendung.*

5 Eine Ausnahme macht die Arbeit von *Hanimann, Studien. Ketelsen, Völkisch-*

nationale Literatur, 29, fordert die Einordnung der Autoren in einen »Gesamtzusammenhang«, und zwar gerade »im Hinblick auf ästhetische Kategorien«.

6   Hans Friedrich Blunck: Deutsche Literatur der Gegenwart, in: Wille und Macht. Führerorgan der nationalsozialistischen Jugend 2 (1934), H. 9, 15–17, hier 15.

7   Bock, Hermann/Weitzel, Karl: Der historische Roman als Begleiter der Weltgeschichte. Ein Führer durch das Gebiet der historischen Romane und Novellen, Leipzig 1920.

8   So gilt Otto Gmelin, dessen Romane bis 1930 entstanden, als kanonischer Autor der völkischen Literatur.

9   Vgl. *Ketelsen, Literatur und Drittes Reich*, darin das Kapitel: »Literaturgeschichten als Instrumente der Kanonbildung im Dritten Reich«, 72–93. Empfohlen werden unter den Verfassern historischer Romane durchwegs Adolf Bartels, Hans Friedrich Blunck, E. G. Kolbenheyer, Wilhelm von Scholz, Ina Seidel, Hermann Stehr (86).

10   *Vallery, Führer, Volk und Charisma*, 35–43. Vgl. auch *Werbick, Roman*, 162.

11   *Heeg, Wendung*, 35.

12   Ludwig Marcuse: Die Anklage auf Flucht, in: Das neue Tagebuch, Jg. 4, Nr. 6, 8.2.1936. Marcuse weist den Vorwurf des Eskapismus freilich zurück und verteidigt die Gegenwartsbezogenheit des historischen Romans im Exil.

13   Franz Carl Weiskopf: Hier spricht die deutsche Literatur! Zweijahresbilanz der ›Verbrannten‹, in: Der Gegen-Angriff, Jg. 3, Nr. 19, 12.5.1935, Wiederabdruck in: *Zur Tradition der sozialistischen Literatur in Deutschland*, 663–668, hier 666.

14   Kurt Hiller: Zwischen den Dogmen, in: Die Neue Weltbühne 4, Nr. 50 (12.12.1935), 1580–1584 (hier 1580 f.) und Nr. 51 (19.12.1935), 1611–1614, Wiederabdruck in: Ders.: Köpfe und Tröpfe. Profile aus einem Vierteljahrhundert. Stuttgart, Hamburg 1950, 238–246.

15   Alfred Döblin: Historie und kein Ende. Zuerst in: Pariser Tageblatt Jg. 4 (1936), Nr. 754 (5.1.), 3, wiederabgedruckt in: A. Döblin: Schriften zu Ästhetik, Poetik und Literatur. Hrsg. v. Erich Kleinschmidt. Olten, Freiburg i. Br. 1989, 288–291, hier 290.

16   Ebd.

17   Vgl. das ausführliche Referat der Rezeption im Exil bei *Dahlke, Geschichtsroman und Literaturkritik*, 220 ff.

18   *Grimm, Innere Emigration*, 41.

19   Zuerst in: Das neue Tagebuch, 3, Nr. 27 (6.7.1935, 640–643), Wiederabdruck in: Internationale Literatur Jg. 5, H. 9, 1935, 19–23 sowie in: Lion Feuchtwanger: Centum Opuscula. Eine Auswahl. Rudolstadt 1956, 508–515.

20   *Lukács, Essays über Realismus*, 88 und 90. Die Monographie ›Der historische Roman‹ erschien 1938 auf russisch und wurde in Deutschland erst 1955 bekannt.

21   Alfred Döblin: Der historische Roman und wir, zuerst in: Das Wort 1 (Moskau 1936), H. 4, 56–71. Wiederabgedruckt in: Döblin, Schriften (s. Anm. 15), 291–316, hier 314.

22   Ebd., 302.

23   Gertrud von Le Fort: Die Magdeburgische Hochzeit. Frankfurt/M. 1991, 118.

24   Victor Meyer-Eckhardt, Menschen im Feuer. Begebenheiten aus zwei Jahrtausenden. Berlin 1939: ›Der Staatsadvokat‹, ›Der Schatten Dantons‹, ›Der Selbstmördersteg‹, ›Das Kriegsgericht‹. Der Zensur fiel ›St. James Palast‹ zum Opfer.

25 Meyer-Eckhardt, Menschen im Feuer, 580.

26 Vgl. die umfassende Darstellung der Debatte bei *Gradmann, Historische Belletristik*.

27 Ludwig Marcuse: Die Emil-Ludwig-Front, in: Das Tagebuch 12 (24.1.1931), 141–144, hier 142.

28 Stefan Zweig: Die Geschichte als Dichterin [1939]. In: Zeit und Welt. Gesammelte Aufsätze und Vorträge 1904–1940. Hrsg. von Richard Friedenthal. Stockholm 1943, 363–388.

29 Feuchtwanger, Centum Opuscula (s. Anm. 19), 511.

30 Ebd., 364.

31 Döblin, Schriften zu Ästhetik (s. Anm. 15), 299.

32 Ebd., 305.

33 Ebd.

34 Ebd., 311.

35 Lukács, Georg: Der historische Roman. Berlin 1955.

36 Wiederabgedruckt in: *Kaes, Manifeste* 388–340.

37 Vgl. *Werbick, Roman*, 157.

38 Döblin, Schriften zu Ästhetik (s. Anm. 15), 315.

39 Reinhold Schneider: Las Casas vor Karl V. Frankfurt/M. 1990, 121.

40 Dies gilt auch für die Monographie von *Kittstein, Historisches Erzählen*: Die geschichtlichen Erzählungen der Jahre vor 1933 finden hier, ohne daß dies begründet würde, ausschließlich im Exil ihre Fortsetzung.

41 Vgl. vor allem *Schröter, Der historische Roman; Nyssen, Geschichtsbewußtsein; Schnell, Literarische Innere Emigration; Heeg, Wendung*.

42 Vgl. etwa *Welzig, Der deutsche Roman*, 316–361, der den historischen Roman zugleich mit dem religiösen behandelt.

43 *Hamburger, Thomas Manns ›Joseph und seine Brüder‹*.

44 Thomas Mann, Karl Kerényi: Gespräch in Briefen. Zürich 1960, 98.

Hans-Edwin Friedrich: Drama und Theater

1 Vgl. *Mosse, NS-Kampfbühne*.

2 Vgl. *Stenzel, Nationaltheater*.

3 Vgl. zur Theaterpolitik: *Pitsch, Theater; Brenner, Kunstpolitik; Wulf, Theater und Film; Haider-Pregler, Das Dritte Reich; August, Stellung; Ketelsen, Kulturpolitik; Drewniak, Theater; Wardetzky, Theaterpolitik; Dussel, Heroisches Theater?, Dussel, Provinztheater; Gadberry, Theatre; Eicher/Panse/Rischbieter, Theater*, 9 ff.

4 Zur Reichstheaterkammer vgl. *Faustmann, Reichskulturkammer; Steinweis, Nazi Cultural Policy*. Nach dem Tod Laubingers 1935 folgten Rainer Schlösser bis 1938, Ludwig Körner bis 1942, Paul Hartmann bis 1945.

5 Vgl. *Eicher/Panse/Rischbieter, Theater*, 33; dort die Kritik an den Zahlen bei *Dussel, Heroisches Theater?*, 32.

6 Vgl. *Dussel, Theater*.

7 Zahlen nach *August, Stellung*, 15. – Zum Theaterpersonal vgl. *August, Stellung; Drewniak, Theater*, 145 ff.; *Rathkolb, Führertreu*.

8 Vgl. *Trapp/Mittenzwei/Rischbieter/Schneider, Handbuch*, Bd. 2.

9   Vgl. *Dussel, Heroisches Theater?*, 169.

10   Vgl. *August, Stellung*, 112.

11   *Drewniak, Theater*, 149.

12   Vgl. die Regionalstudien: *Danielsen, Kieler Theater; Lüth, Hamburger Theater; Petzet, Münchner Kammerspiele; Siedhoff, Das Neue Theater; Musik, Theater, Literatur Düsseldorf; Freydank, Theater in Berlin; Kiehn, Theater; Göbel, Hessisches Landestheater; Majewski, Themen; Völzing, Württembergische Staatstheater; Wolting, Bretter; Schneider, Bühne.* Gesamtübersicht bei *Eicher/Panse/Rischbieter, Theater*, 63 ff.

13   Vgl. *Kühlken, Klassiker-Inszenierungen; Ahrens, Fehling.*

14   Vgl. *Biccari, Zuflucht*, 235 ff.

15   Vgl. *Wardetzky, Theaterpolitik*, 144 ff.; Grange in: *Gadberry, Theatre; Dillmann, Hilpert.*

16   Vgl. *August, Stellung*, 171 ff.; *Porrmann, Theater als Waffengattung; Murmann, Komödianten*; dort das angeführte Zahlenmaterial 153 ff.

17   Vgl. *Freeden, Jüdisches Theater; Geisel/Broder, Premiere und Pogrom; Riss, Theater; Müller-Wesemann, Theater; Riss, Ansätze*; Rovit in: *London, Theatre.*

18   Vgl. *Metzger, Wahrheit; Naumann, Hitler-Persiflage*; Patterson in *Gadberry, Theater.*

19   Vgl. *Stollmann, Theater im Dritten Reich; Dussel, Heroisches Theater?*, 199 ff.; *Eicher/Panse /Rischbieter, Theater*, 279 ff.

20   Zahlen nach *Eicher/Panse /Rischbieter, Theater*, 410.

21   Langer, Norbert: Die Deutsche Dichtung seit dem Weltkrieg. Von Paul Ernst bis Hans Baumann. Karlsbad/Leipzig o. J., 18.

22   Vgl. *Ruppelt, Schiller; Drewniak, Theater*, 167 ff.; *Zeller, Klassiker; Niven, Reception of Hebbel; Broer/Kopp, Grabbe; Demmel, Kleist-Rezeption; Borkowski, Individuum.*

23   Engelbert Dollfuß, zit. nach *Jarka, Literatur- und Theaterpolitik*, 499.

24   Vgl. *Jarka, Literatur- und Theaterpolitik; Renner, Österreichische Schriftsteller; Warren, Austrian Theatre; Haider-Pregler/Reiterer, Verspielte Zeit*; Evelyn Deutsch-Schreiner in: *Baur/Gradwohl-Schlacher/Fuchs, Macht.*

25   Vgl. *Totzeva, Festspielzyklus.*

26   Vgl. *Hertling, Theater für 49; Doll, Theater im roten Wien*; die Beiträge von Walter Rösler und Ulrike Mayer in: *Haider-Pregler/Reiterer, Verspielte Zeit; Hüttner, Kabarettrevuen.*

27   Vgl. *August, Stellung*, 162 ff.; *Drewniak, Theater*, 63 ff.

28   Vgl. *Huonker, Literaturszene Zürich; Loeffler, Theatre and Resistance; Amrein, Kulturpolitik; Amstutz/Käser-Leisibach/Stern, Schweizertheater; Amrein, »Los von Berlin?«.*

29   Vgl. *Mittenzwei, Züricher Schauspielhaus; Bachmann/Schneider, Das verschonte Haus.*

30   Gesamtdarstellungen: *Wächter, Theater im Exil; Trapp/Mittenzwei/Rischbieter/ Schneider, Handbuch.*

31   Vgl. *Hippen, Satire*; Walter Rössler in: *Koch/Trapp, Exiltheater*; zur »Pfeffermühle« vgl. *von der Lühe, Vergnügen am Spiel; Keiser-Hayne, Erika Mann.*

32   Vgl. *Mammach, Emigration in Österreich*; Haider-Pregler in: *Koch/Trapp, Exiltheater*; Hilde Haider-Pregler in: *Haider-Pregler/Reiterer, Verspielte Zeit*; Haider-Pregler in: *Trapp /Mittenzwei/Rischbieter, Handbuch* 1, 97–155.

33 Vgl. *Schneider, Exiltheater in der Tschechoslowakei; Hoffmann, Exil in der Tschechoslowakei;* Hansjörg Schneider in: *Koch/Trapp, Exiltheater.*

34 Vgl. *Tindemans, Transit; Hermsdorf/Fetting/Schlenstedt, Exil in den Niederlanden und in Spanien; Huder, Theater aus Deutschland; Zaich, Happyend.*

35 Vgl. *Schiller/Pech/Humann/Hahn, Exil in Frankreich.*

36 Vgl. *Müssener, Exil in Schweden; Kvam, Deutsches Exiltheater in Dänemark.*

37 Vgl. *Clarke, Rolle des Theaters;* Franz Bönsch in: *Maimann/Lunzer, Österreicher im Exil;* James M. Ritchie in: *Koch/Trapp, Exiltheater; Berghaus, Theatre and Film; Ritchie, German Exiles.*

38 Vgl. zum Exilkabarett *Klösch/Thumser, »From Vienna«;* Thumser, Fove, Patha in: *Benay/Pfabigan/Sauveur, Österreichische Satire; Lang, Fahrt.*

39 Vgl. *Haarmann, /Schirmer/Walach, ›Engels‹ Projekt; Klatt, Arbeiterklasse und Theater; Barck/Jarmatz, Exil in der UdSSR.*

40 Vgl. *Haarmann, Piscator in der Sowjetunion; Willett, Erwin Piscator; Haarmann, Erwin Piscator,* 97 ff., *Amlung, Leben.*

41 Vgl. *Spalek/Strelka, Deutsche Exilliteratur,* 1 und 2; *Middell u.a., Exil in den USA; Bahr, Exiltheater in Los Angeles.*

42 Vgl. zum Exil in Lateinamerika *Kießling, Exil in Lateinamerika; Pohle, Exil,* 127 ff.; *von zur Mühlen, Fluchtziel Lateinamerika; Rojer, Exile in Argentina;* Frithjof Trapp in *Koch/Trapp, Exiltheater; Naumann, Theatermann.*

43 Vgl. *Mittag, Verdammte,* 107 ff.; Alan Clarke in: *Berghaus, Theatre and Film; Dove, Musik.*

44 Langer, Deutsche Dichtung (s. Anm. 21), 301; vgl. Gadberry in: *London, Theater.*

45 Zur NS-Dramatik: *Ketelsen, Heroisches Theater?; Ketelsen, Von heroischem Sein; Rühle, Zeit und Theater; Bd. 5; Bresslein, Völkisch-faschistoides und nationalsozialistisches Drama; Ketelsen, Literatur und Drittes Reich; Eicher/Panse/Rischbieter, Theater,* 489–720; *Biccari, Zuflucht.*

46 Linden, Walther: Arteigene Dichtung unserer Zeit. Leipzig 1935, 26.

47 Langenbucher, Hellmuth: Die deutsche Gegenwartsdichtung. Eine Einführung in das volkhafte Schrifttum unserer Zeit. Leipzig 1935, 9.

48 Emmel, Felix: Theater aus deutschem Wesen. Berlin 1937, 29.

49 Langer, Deutsche Dichtung (s. Anm. 21), 327; vgl. Langenbucher, Hellmuth: Volkhafte Dichtung der Zeit. 6. Aufl. Berlin 1941, 23.

50 Langenbucher, Hellmuth: Nationalsozialistische Dichtung. Einführung und Übersicht. Berlin 1935, 16.

51 Vgl. *Bumm, Drama und Theater; Fischli, Deutschen-Dämmerung; Ketelsen, Das völkisch-heroische Drama.*

52 *Reich, Dietrich Eckart,* 5; vgl. Dresler, Adolf: Dietrich Eckart. München 1938; Becker, Der Dramatiker Dietrich Eckart.

53 Langer, Deutsche Dichtung (s. Anm. 21), 171; vgl. *Hartung, Faschistische Tragiker.*

54 Langenbucher, Die deutsche Gegenwartsdichtung (s. Anm. 47), 78; zur Gründerfigur Ernst vgl. Langenbucher, Volkhafte Dichtung (s. Anm. 49), 49 ff.

55 Lennartz, Franz: Die Dichter unserer Zeit. Einzeldarstellungen zur deutschen Dichtung der Gegenwart. 4. Aufl. Stuttgart 1941, 5.

56 Zu Johst vgl. *Pfanner, Hanns Johst; Ritchie, Johst's »Schlageter«; Seidel, Zeitgeschehen; Pache, Karriere; Hillesheim, Erschaffung eines Märtyrers; Göbel, Zum politischen Drama.*

57 Langenbucher, Die deutsche Gegenwartsdichtung (s. Anm. 47), 182.

58 Ebd., 182 f.
59 Vgl. Frenzel, Herbert A.: Eberhard Wolfgang Möller. München 1938; Langenbucher, Die deutsche Gegenwartsdichtung (s. Anm. 47), 207 ff.; Langenbucher,
   Volkhafte Dichtung (s. Anm. 49), 576 ff.; Baird, Hitler's Muse; Rufus J. Cadigan
   in Gadberry, Theater; Busch, NS-Autoren, 144 ff.
60 Langer, Deutsche Dichtung (s. Anm. 21), 224.
61 Pongs, Hermann: Langenbecks »Tragisches Drama«: »Das Schwert«. In: Dichtung und Volkssturm 41 (1941) S. 43–64; Ehrlich, Dramaturgie Schillers.
62 Ritchie, Staging the War. William Sonnega in: Gadberry, Theater.
63 Vgl. Ketelsen, Literatur und Drittes Reich, 172 ff.
64 Vgl. Schmidt, »… eine Burg mir bauen in die Sterne«.
65 Vgl. Kreuzer, »Ostfront« 1941.
66 Vgl. Gadberry in: London, Theatre.
67 Petzet, Münchner Kammerspiele, 280.
68 Langenbucher, Volkhafte Dichtung (s. Anm. 49), 455.
69 Rehberg, Hans: Der siebenjährige Krieg, Berlin 1937, 112.
70 Vgl. Panse, Antisemitismus und Judenfiguren, 310.
71 Vgl. Drewes, Ambivalenz.
72 Eine systematische Untersuchung fehlt. Vgl. Rotermund/Ehrke-Rotermund,
   Literatur im »Dritten Reich«; Denk, Zensur.
73 Vgl. Alexander, Studien; Meinert, Hellenismus; einzelne Beiträge in: Schrimpf,
   Gerhart Hauptmann; Cowen, Hauptmann-Kommentar, 222 ff.; Ruprecht, Hauptmanns Atridentetralogie; Drewniak, Theater, 190 ff.; Sprengel, Gerhart Hauptmann, 231 ff.; Ketelsen, Literatur in Deutschland; Delvaux, Antiker Mythos; Delvaux, Leid soll lehren; Santini, Gerhart Hauptmann; Pfleger, Atridentetraloge.
74 Vgl. Laack-Michel, Albrecht Haushofer; Haiger/Ihering/von Weizsäcker,
   Albrecht Haushofer; Friedrich, Geschichtsdramatik.
75 Haushofer, Albrecht: Augustus. Berlin 1939, 95.
76 Vgl. Bortenschlager, Billinger; Rabenstein, Dichtung; Müller, Probleme männlicher Identität.
77 Langer, Deutsche Dichtung (s. Anm. 21), 309.
78 Vgl. Petzet, Münchner Kammerspiele, 265 ff.; Münch, Weg und Werk; Krüger,
   Subjekt; Aspetsberger, bronnen, 650 ff.; Scheit, Dramatik.
79 Bronnen, Arnolt: arnolt bronnen gibt zu protokoll. Hamburg 1954, 371.
80 Vgl. Brinkmann, Nibelungenlied; Stix, Mythos Tragik Christentum; Stahel, Max
   Mells Tragödien; Binder, Max Mell; Bangerter, Max Mell.
81 Vgl. Hanuschek, Leben Erich Kästners, 238 ff.; Neuhaus, Kästners Mitarbeit.
82 Vgl. Pott, Alexander Lernet-Holenia; Rocek, Zwischen Subversion und Innerer
   Emigration.
83 Vgl. Hippen, Es liegt in der Luft.
84 Vgl. Klatt, Arbeiterklasse und Theater.
85 Vgl. Sauer/Werth, Lorbeer und Palme, 159 ff.; Lurz, Heidelberger Thingstätte;
   Menz, Sprechchor und Aufmarsch; Eichberg, Nazi »Thingspiel«; Eichberg u.a.,
   Massenspiele; Hernø, Thingspiel; Stommer, Thingplatz und Sprechchor; Stommer, Volksgemeinschaft; Zimmermann, Bewußtsein, 149 ff., Niven, Apocalyptic
   elements. Studien zu einzelnen Autoren: Zu August Hinrichs Finster, Hinrichs;
   Warner, Förföötsch mitlopen; zu Richard Euringer Hillesheim, Euringer; zum
   Laienspielautor Ernst Heinrich Bethge: Weinkauff, Bethges Ästhetik.

86 Zitate: *Linden, Arteigene Dichtung* (s. Anm. 46), 27, Langenbucher, Nationalsozialistische Dichtung (s. Anm. 50), 42. Zeitgenössische Literatur Schramm,
Wilhelm von: Neubau des deutschen Theaters. Ergebnisse und Forderungen.
Berlin 1934; Braumüller, Wolf: Freilicht- und Thingspiel. Rückschau und Forderungen. Berlin 1935.

87 *Schramm, Neubau* (s. Anm. 86), 47.

88 Frenzel, Eberhard Wolfgang Möller (s. Anm. 59), 15; *Lehmann, Dreißigjähriger
Krieg.*

89 Langenbucher, Die deutsche Gegenwartsdichtung (s. Anm. 47), 212.

90 Vgl. *Müller, Zäsuren; Zelewitz, Mittelalterliches; Müller, Fest- und Weiheliteratur;* Karl Müller in: *Haider-Pregler/Reiterer, Verspielte Zeit.*

91 Vgl. *Amstutz/Käser-Leisibach/Stern, Schweizertheater,* 126 ff.; Spezialstudie zu
Cäsar von Arx: *Röthlisberger, Festspiele.*

92 Zu den literaturpolitischen Rahmenbedingungen vgl. *Aspetsberger, Literarisches
Leben; Fischer, Literatur und Ideologie; Renner, Österreichische Schriftsteller;
Amman, Anschluß.* Zur Dramatik vgl. *Vogelsang, Österreichische Dramatik;
Müller, Zäsuren.*

93 Vgl. *Langenbucher, Die deutsche Gegenwartsdichtung* (s. Anm. 47), 45 ff.;
Anderson, Karl Schönherr.

94 Vgl. *Aspetsberger, Literarisches Leben;* Julia Danielczyk in: *Haider-Pregler/
Reiterer, Verspielte Zeit.*

95 Vgl. *Zohn, Csokor's ›3. November 1918‹; Mitchell, »Aus der hellen Wohnung …«; Roussel, Csokor; Klauhs, Csokor; Konstantinovic, Csokors Stück.*

96 Vgl. *Koebner, Brochs Trauerspiel; Petersen, Brochs Komödie; Schürer, Die Liebe
und die Börse; Derré, Quelques réflexions.*

97 Vgl. *Langmann, Sozialismus und Literatur; Jarka, Jura Soyfer. Leben, Werk
Zeit; Scheit, Theater und revolutionärer Humanismus; Arlt, Jura Soyfer; Wink-
ler, Jura Soyfer; Arlt/Krolop, Grenzüberschreitungen; Arlt/Cambi, Lachen und
Jura Soyfer; Daviau, Jura Soyfer and His Time; Jarka, Jura Soyfer; Winkler, Jura
Soyfer und die Politisierung; Doll, Theater im roten Wien; Arlt/Manger, Jura
Soyfer; François, Théâtre satirique.*

98 Vgl. *Louis Naef* in: *Bachmann/Schneider, Das verschonte Haus; Stern, Das
schweizerische Zeitstrück; Amstutz, Theater und Drama; Stern, »Frontenfrühling«; Amstutz/Käser-Leisibach/Stern, Schweizertheater.*

99 Vgl. *Prodolliet, Cäsar von Arx; Moser, Studien zur Dramentheorie.*

100 Vgl. Urs Bircher in: *Bachmann/Schneider, Das verschonte Haus.*

101 Zahlen nach *Mennemeier/Trapp, Deutsche Exildramatik,* 18; Überblicksdar-
stellungen zur Dramatik des Exils: *Elfe/Hardin/Holst, Deutsches Exildrama;
Schürer, German Drama; Bahr, Exildramatik, Trapp, Deutsche Literatur,* 56 ff.;
Rotermund, Exiltheater; Klapdor-Kops, Gestaltung der Frauen; Boris Kehrmann
in: *Spalek/Strelka, Deutsche Exilliteratur,* Bd. 2; *Koch/Trapp, Exiltheater; Kuhn,
Forms; Labroisse, Rezeption von Exilliteratur; Schulz, Kampfstück; Rotermund,
Beharrung.*

102 Zu Horváths Exilwerk vgl. *Huder, Ödön von Horváth; Schröder, Spätwerk;
Vögele, Ödön von Horváth; Bossinade, Vom Kleinbürger zum Menschen;
Doppler, Exilsituation; Schnitzler, Der politische Horváth;* Franz Norbert Men-
nemeier in: *Koch/Trapp, Exiltheater; Jarka, Ödön von Horváth; Siebenhaar,
Eiszeit; Bartsch, Ödön von Horváth,* 119 ff.

103 Zu Brechts Arbeit im Exil vgl. *Mittenzwei, Bertolt Brecht; Grimm, F Brecht; Müller, Funktion der Geschichte; Engberg, Brecht auf Fünen; Gerz, Brecht und der Faschismus; Völker, Brecht-Kommentar; Hinderer, Brechts Dramen; Lyon, Brecht in Amerika; Bahr, Brechts episches Theater; Joost/Müller/ Voges, Bertolt Brecht; Thompson/Sacks, Cambridge Companion to Brecht; Berg/Jeske, Bertolt Brecht; Knopf, Brecht-Handbuch* (2. Aufl.); *White, Brecht's Dramatic Theory.*

104 Eine Monographie fehlt. Vgl. *Geiger, Widerstand und Mitschuld; Jakobi, Der kleine Sieg.*

105 Zu Bruckner vgl. *Lehfeldt, Ferdinand Bruckner*, 89 ff.; Wulf Köpke in *Elfe/ Hardin/Holst, Deutsches Exildrama; Engelhardt, Ferdinand Bruckner; Pankau, Amerikanische Geschichte;* Dennis M. Miller in: *Spalek/Strelka, Deutsche Exilliteratur*, Bd. 2; Johannes M. Pankau in: *Koch/Trapp, Exiltheater; Schneider, Zwischen Engagement.*

106 Zu Wolf vgl. *Pollatschek, Bühnenwerk*, 173 ff.; *Jehser, Friedrich Wolf.*

107 Vgl. *Seliger, Amerikabild; Lindner, Bertolt Brecht; Bernhardt, Gangsterstück; Onderdelinden, Der aufhaltsame Aufstieg;* Gerz in *Knopf, Brecht-Handbuch* (2001).

108 Zu Kaiser vgl. *Paulsen, Georg Kaiser; Schürer, Verinnerlichung; Steffens, Georg Kaiser; Kenworthy, Die Dramen; Mittenzwei, Exil in der Schweiz*, 267 ff.; *Tyson, Reception; Spittler, Kaisers Tragikomödie; Schnell, Dichtung in finsteren Zeiten*, 148 ff.; *Sander, Strukturwandel.*

109 Vgl. *Ketelsen, Literaturkonzeption; Rothstein, Traum; Dove, Ernst Toller; Röttger, Selbstverständnis; Unger, Antifaschistischer Widerstand; Reimers, Bewältigen*, 295 ff.

110 Vgl. Jennifer A. Taylor in: *Spalek/Strelka, Deutsche Exilliteratur*, Bd. 2; *Rinke, Sozialer Radikalismus.*

111 Vgl. *Bohnen, Brechts ›Gewehre der Frau Carrar‹;* ders. in: *Knopf, Brecht-Handbuch* (2001).

112 Vgl. *Weber, Brechts ›Kreidekreis‹; Müller-Michaels, Bertolt Brecht; Hecht, Brechts ›Kaukasischer Kreidekreis‹; Binneberg, Konfiguration.*

113 Vgl. *Engelsing-Malek, »Amor fati«*, 81 ff.; *Geiger, Widerstand und Mitschuld*, 38 ff., *Wagener, Zuckmayer*, 90 ff.; Henry Glade/Andreas Strenger in: *Spalek/ Strelka, Deutsche Exilliteratur*, Bd. 2; *Wagener, Zwischen Elegie und Zeitstück; Becker, Zuckmayer im Exil; Wehdeking, Mythologisches Ungewitter; Wagener, Carl Zuckmayer Criticism*, 83 ff.; *van Roon, Bild; Schüppen, Blick; Massoth, Carl Zuckmayers dramatisches Werk; Massoth, »Auch bin ich …«; Nickel, ›Des Teufels General‹.*

114 Vgl. *Szábo, Der »vollkommene« Macher.*

115 Vgl. *Trapp, »Ich empfehle sehr …«.*

116 Vgl. *Friedrich, Bechers Hamlet-Tragödie.*

117 Vgl. *Spies, Komödie.*

118 Vgl. Wolfgang D. Elfe in: *Spalek/Strelka, Deutsche Exilliteratur*, Bd. 1; *Jacobi, Moralität und moralische Provokation.*

119 Vgl. *Hecht, Materialien; Knopf, Brechts ›Guter Mensch von Sezuan‹; Mahal, Faust in Sezuan; Eugster, Sprache als Herrschaft; Bock, Coining Poetry;* Knopf in: *Knopf, Brecht-Handbuch* (2001).

120 Vgl. *Müller, »Das Große bleibt groß nicht …«.*

121 Vgl. *Semrau, Komik*; Müller-Schöll in: *Knopf, Brecht-Handbuch* (2001).
122 Vgl. *Raggam, Walter Hasenclever*; *Kasties, Walter Hasenclever*; *Breuer, Satire und Terror*.
123 Vgl. *Wimmer, Franz Werfels theatralische Sendung*, 169 ff.; *Koopmann, Franz Werfel*; *Ritchie, The Many Faces*; *Nehring, Komödie der Flucht*; *Zohn, Notes on a School Text*.
124 Franz Werfel: Jacobowsky und der Oberst. Komödie einer Tragödie in drei Akten. Frankfurt/M. 1962, 103.
125 Eine umfassende Monographie fehlt. Vgl. Tom Kuhn in *Koch/Trapp, Exiltheater*.
126 Vgl. *Schulz, Fast ein Revolutionär*.
127 Vgl. zu Csokor im Exil *Bekic, Exilerfahrung*; *Mitchell, A Civilian's War*.
128 Vgl. *Bortenschlager, Fritz Hochwälder*; *MacDonald, The Classical Theater-Of-Illusion Modernized*; *Daviau, Der innere Konflikt*.
129 Vgl. Thomson, Brecht; Kugli in: *Knopf, Brecht-Handbuch* (2001).
130 Vgl. *Ritchie, Rehfisch in Exile*.
131 Vgl. *Kästner, Brechts ›Leben des Galilei‹*; *Hecht, Brechts ›Leben des Galilei‹*; *Müller, Brechts ›Leben des Galilei‹*; *Knust, Bertolt Brecht*; *Zimmermann, Bertolt Brecht*; *Nørregaard, Zur Entstehung*; *Analyses & reflections*; Zimmermann in: *Knopf, Brecht-Handsbuch* (2001); *Walder, Brecht*.
132 Vgl. *Engelsing-Malek, »Amor fati«*, 65 ff.; Siegfried Mews in: *Elfe/Hardin/Holst, Deutsches Exildrama*; *Wagener, Carl Zuckmayer Criticism*, 69 ff.; *Nickel, Carl Zuckmayers »Der Schelm von Bergen«*; *Rotermund, Zwischen Anpassung und Zeitkritik*.
133 Vgl. *Kłanska, ›Kalypso‹*.
134 Vgl. *Foltin, Werfel*; *Clark, ›The Eternal Road‹*; *Reffet, Wandlung*; *Wagener, Understanding Franz Werfel*.
135 Vgl. *Wallas, Max Zweigs Israel-Triptychon*.
136 Vgl. *Holzschuh, Lyrische Mythologeme*.

Wilhelm Haefs: Lyrik in den 1930er und 1940er Jahren

1 Vgl. dazu auch Martens, Wolfgang: Das Kartell Lyrischer Autoren 1909–1933. München 1978.
2 Heuschele, Vorwort in: Junge deutsche Lyrik (Reclam Verlag), die Zitate 12 und 16.
3 Uns geht die Sonne nicht unter. Lieder der Hitler-Jugend. Neue Folge 1. Im Auftrag des Obergebietes West der HJ hg. v. Hugo W. Schmidt. Köln 1936, 47.
4 *Hartung, Deutschfaschistische Literatur, ›Nationalsozialistische Kampflieder‹*, 165–236 mit e. Anhang: Der Dichter Hans Baumann vor und nach 1945.
5 Vgl. allgemein zur NS-Lyrik: *Zimmermann, Lyrik im Faschismus*; *Schoeps, Literatur im Dritten Reich*, 169–195; *Roth, Massenlied*; *Schnell, Dichtung*; *Brenner, Beutekunst*. Aufschlußreich ist immer noch *Schöne, Politische Lyrik*.
6 *Schnell, Dichtung in finsteren Zeiten*, 118
7 Vgl. Schriftsteller-Verzeichnis. Hrsg. von der Reichsschrifttumskammer. Leipzig 1942, S. 255 (nicht mitgezählt sind die Autoren der Kategorie »Textdichter«).
8 Ein Musterbeispiel ist: Dich ruft dein Volk. Gedichte. 2. Aufl. Bielefeld und

Leipzig 1939 (ausgew. v. H. Kickler u.a.). Vgl. auch die 49. Auflage des »berühmten Echtermeyer« (Echtermeyer: Auswahl deutscher Gedichte von den Anfängen bis zur Gegenwart. Neugestaltet von Richard Wittsack. Halle, Berlin 1938, 361.-382. Tausend).

9   Hitler-Gedichte (Nationalsozialistische Gedichtsammlung, Band 1). Berlin o.J. (1933), Vorwort der »Schriftleitung«, Titelrückseite.

10   Dichterbuch. Deutscher Glaube, deutsches Sehnen und deutsches Fühlen in Österreich. Mit Beiträgen hervorragender österreichischer Dichter, erg. durch Biographien und Bildnisse. Einleitung und Kritische Würdigung von Max Morold. Wien, Berlin, Leipzig 1933. Darin sind schon nahezu alle Autoren vertreten, die nach dem Anschluß für den Nationalsozialismus eintraten (einzige Ausnahme: Guido Zernatto, der 1936 ins Exil ging) – insgesamt 65, darunter: Rudolf Hans Bartsch, Richard Billinger, Bruno Brehm, Emil Ertl, Franz Karl Ginzkey, Hermann Graedener, Rudolf Greinz, Marie Grengg, Paula Grogger, Enrica von Handel-Mazzetti, Robert Hohlbaum, Ludwig Huna, Mirko Jelusich, Erwin Guido Kolbenheyer, Max Mell, Adam Müller-Guttenbrunn, Franz Nabl, Hermann Heinz Ortner, Josef Friedrich Perkonig, Erwin H. Rainalter, Gustav Renker, Max Stebich, Karl Hans Strobl, Karl Heinrich Waggerl, Hans Watzlik, Josef Weinheber, Julius Zerzer.

11   Gedichte des Volkes. Dietrich Eckart zum Gedächtnis. Ausgewählt von Herbert Böhme. 2. Aufl. Berlin 1943, unpaginiert [6].

12   *Schäfer, Moderne im Dritten Reich*, 8 (am Beispiel von Gelegenheitsgedichten Oskar Loerkes formuliert).

13   Typisch etwa die Deutungsperspektive bei *Schnell, Literarische Innere Emigration*, zur Lyrik, insbes. zur Naturlyrik Loerkes und Lehmanns 67–77 (allerdings konzediert Schnell »Flucht« vor der Realität und »Protest« gegen jene gleichermaßen).

14   Schneider, Reinhold: Dreißig Sonette. Halle o.J. (1941), 1 (ohne Titel).

15   Vgl. Bergengruen, Werner: Der ewige Kaiser. 2., mit einem Nachwort d. Verfassers versehene Aufl., Graz 1951 (1. Auflage Graz 1937).

16   Vgl. zu Benns Gedichten im Nationalsozialismus u.a. *Schröder, Benn*; *Dyck, Benn*; *Lethen, Sound der Väter*.

17   Vgl. dazu *Kramer, Regionalismus*, 319–336.

18   Carossa, Hans: Abendländische Elegie. Leipzig 1946, 7.

19   Haushofer, Albrecht: Moabiter Sonette. Nach der Originalhandschrift hrsg. v. Amelie von Graevenitz. Biogr. Nachw. von Ursula Laack. Ebenhausen o.J. (1999), Sonett XXXIX: Schuld, 43.

20   Zitiert nach *Lamping, Sulamith*, 23.

21   Vgl. allgemein *Weissenberger, Lyriker im Exil*; *Trapp, Literatur im Exil*; *Thunecke, Deutschsprachige Exillyrik*; *Emmerich, Wolfgang: Einleitung*; *Schlenstedt, Lyrik*.

22   Der Miesmacher. Politische Spottgedichte. Moskau 1943, S. 3f. (Titel: Der Miesmacher stellt sich vor).

23   Vgl. eine »Erklärung« Mascha Kalékos aus dem Jahr 1957, der zufolge sie 1938 bis 1945 überhaupt »kein Einkommen« hatte (zit. nach Mascha Kaléko: Die paar leuchtenden Jahre. Hrsg., eingel. und mit der Biographie ›Aus den sechs Leben der Mascha Kaléko‹ von Gisela Zoch-Westphal. München 2003, 303).

24   Vgl. zu Wolfskehl: *Voit, Karl Wolfskehl; Franke, »Jüdisch, römisch, deutsch zugleich …«?*. Zu Kramer vgl. *Strigl, Theodor Kramer*. Zu Herrmann-Neiße vgl. *Schuhmann, Leben und Werk*. Zu Goll vgl. *Müller-Lentrodt, Poetik für eine brennende Welt*.

25   Max Herrmann-Neiße: Mir bleibt mein Lied. Auswahl unveröffentlichter Gedichte. London 1942, hier zit. nach *Emmerich, Lyrik des Exils*, 250.

26   Zur Lyrik Brechts vgl. insb. *Sändig, Brechts Lyrik; Bohnert, Brechts Lyrik; Schuhmann, Polarität; Schlenstedt, Lyrik*.

27   *Schlenstedt, Lyrik*.

28   Bertolt Brecht: Über reimlose Lyrik mit unregelmäßigen Rhythmen (1938), in: Ders.: Über Lyrik. 5. Aufl. Frankfurt/M. 1975, 77.

29   Zu Erich Fried vgl. *Kaukoreit, Vom Exil bis zum Protest*.

30   Irmgard Keun: Bilder und Gedichte aus der Emigration. Köln 1947, 35.

31   Vgl. *Jaiser, Poetische Zeugnisse*, 166–213.

Carola Hilmes: Auf verlorenem Posten: Die autobiographische Literatur

1   Vgl. *Friedrich, Deformierte Lebensbilder*.

2   *Schnell, Literarische Innere Emigration*.

3   Vgl. z. B. die Autobiographie von Edwin Erich Dwinger: Die zwölf Gespräche. 1933–1945. Velbert 1966.

4   Jünger, Ernst: Sämtliche Werke, Bd. 2: Strahlungen I. Stuttgart 1979, 13.

5   In seiner Studie *Das Tagebuch zum Dritten Reich* hat Lothar Bluhm viele Diarien gesichtet und eingeordnet. Vgl. auch die Beiträge in: *Autobiographie und wissenschaftliche Biographik*.

6   *Bluhm, Tagebuch*, 99.

7   Vgl. ebd., 53 ff.

8   Vgl. ebd., 108.

9   Ebd., 242.

10   Vgl. ebd., 247.

11   Vgl. *Hinze, The Case of Luise Rinser*.

12   Vgl. Haefs, Wilhelm: Martin Raschke. Lebens- und Werkchronik, in: *Haefs/ Schmitz, Raschke*, 264, zum folgenden auch 264 f.

13   Vgl. Jünger, Strahlungen I, 12 f. – Das Vorwort, in leicht abgeänderter Form erstmals 1949 erschienen, leitet seit der Werkausgabe 1962/63 die sechsteilige Tagebuch-Folge ›Strahlungen‹ ein, die sich zusammensetzt aus ›Gärten und Straßen‹, ›Das erste Pariser Tagebuch‹, ›Kaukasische Aufzeichnungen‹, ›Das zweite Pariser Tagebuch‹, ›Kirchhorster Blätter‹ und ›Die Hütte am Weinberg‹. Jahre der Okkupation‹. – Im folgenden wird Jünger nach dem in der Werkausgabe von 1979 erschienenen Band (s. Anm. 4) im fortlaufenden Text zitiert (Band römisch, Seitenzahl arabisch).

14   Vgl. *Andersch, Achtzig und Jünger*, 249.

15   Fraglich bleibt, ob der Autor seinen eigenen Ansprüchen immer gerecht wird. Vgl. *Sader, »Im Bauch des Leviathan«*.

16   Diesen Aspekt hat Jünger an den von ihm besonders geschätzten Tagebüchern Hebbels hervorgehoben; vgl. Ernst Jünger, Siebzig verweht II, in: ders., Sämtliche Werke Bd. 5, 589 (Eintragung vom 20. 3. 1980).

17 Die Tagebücher sind nicht nur für die Publikation verfaßt, sondern Medium andauernder Selbstverständigung und werden deshalb bei jeder Neuausgabe bearbeitet.

18 Vgl. *Bluhm, Ernst Jünger als Tagebuchautor*, 142 ff.

19 ZDF 1995 ›Ein abenteuerliches Herz. Ernst Jünger – Das Porträt‹ von Gero von Boehm und Rolf Hochhuth.

20 Vgl. allgemein zum Begriff und zum literarischen Konzept *Scheffel, Magischer Realismus.*

21 Vgl. *Villwock, Rückblick in die Zukunft*, 137.

22 Vgl. *Koslowski, Jünger.*

23 Vgl. *Bluhm, Der* »*Verlorene Posten*«.

24 Benn, Gottfried: Sämtliche Werke (Stuttgarter Ausgabe), in Verbindung mit Ilse Benn hrsg. von Gerhard Schuster, 7 Bde. Stuttgart 1986 ff., Bd. V, 145.

25 Ebd., 143 f.

26 *Wellershoff, Fieberkurve des deutschen Geistes*, 151.

27 *Loewy, Exkurs über die Rechtfertigungsliteratur*, 291.

28 Ebd., 294.

29 Vgl. *Loewy, Einleitung*, ebd., 29.

30 Vgl. *Neumann,* »*… die Speers werden lange mit uns sein«.*

31 Vgl. *Deußen, Erinnerung*, 104 f.

32 Vgl. ebd., 120 ff.

33 Vgl. Frank Thiess: Jahre des Unheils. Fragmente erlebter Geschichte. Wien, Hamburg 1972. Walter von Molo: Zu neuem Tag. Ein Lebensbericht. Berlin u. a. 1950. Otto Flake: Es wird Abend. Bericht aus einem langen Leben. Gütersloh 1960.

34 »Ich lebte wieder wie so viele andere ein Doppelleben. In den verstörten Zeiten, wo das Wort gefesselt und überwacht ist, wird jeder zum Schreiben Berufene unter irgendeinem Tarnmantel an einem Gebilde spinnen«, schreibt Hans Carossa in ›Ungleiche Welten‹ (Frankfurt/M. 1992, 179). Die nachträgliche autobiographische Rechtfertigung wird damit in eine Reihe gestellt mit der sich einer *Sklavensprache* bedienenden Tarnliteratur aus der Zeit des »Dritten Reiches«.

35 *Wiesner,* »*Innere Emigration*«, 715.

36 Vgl. *Deußen, Erinnerung*, 207.

37 Vgl. Wiechert, Ernst: Jahre und Zeiten. Erinnerungen. Frankfurt/Berlin 1989, 420 f. u. 430 ff.

38 Salomon, Ernst von: Beim Blättern im Fragebogen. Wurden wir um den Sinn der Niederlage betrogen? In: Deutsches Allgemeines Sonntagsblatt, Nr. 9, 1. 3. 1970, 26; zit. nach: *Deußen, Erinnerung*, 253; vgl. auch *Harpprecht, Salomonisches.*

39 Vgl. *Deußen, Erinnerung*, 141. Deußen stuft Bronnens Autobiographie als »aufschlußreiches Zeitdokument« ein, weil es ein »Selbstporträt der faschismusanfälligen Schicht des Kleinbürgertums« liefere (ebd., 146).

40 *Mayer, In Sachen Arnolt Bronnen.*

41 Arnolt Bronnen gibt zu Protokoll. Beiträge zur Geschichte des modernen Schriftstellers. Frankfurt/M. 1978, 256.

42 Ebd., 229: »Ich war Faschist, mehr noch ich war Anarchist.«

43 *Lethen, Drei Männer im Schutt*, 145.

44 Vgl. *Friedrich, Deformierte Lebensbilder* (»Montageautobiographie«), 333 ff. Friedrich arbeitet die Strukturen und Erzählstrategien der modernen experi-

mentierfreudigen Nachkriegsautobiographien, die sich auch fiktionaler Formen bedienten, heraus; damit relativiert er den älteren Topos von der Autobiographie als Rechtfertigung. Das wirft auch ein neues Licht auf die Bücher Bronnens, Carossas und Ernst von Salomons.

45 Zu Kontinuität und Bruch in Benns Autobiographie vgl. Hilmes, »Erst durch die Wörter leben wir«.

46 Zit. nach: Die Expressionismusdebatte, 173.

47 Vgl. Bense, Ptolemäer und Mauretanier.

48 Vgl. Benjamin, Kunstwerk.

49 Vgl. Adorno, Der Artist als Statthalter. In diesem Sinne ausdrücklich auf Benn bezogen argumentiert Steinhagen, Die Kunst.

50 Vgl. Adorno, Engagement.

51 Vgl. Mathy, Kunst & Leben.

52 Benn, Gottfried: Gesammelte Werke in 4 Bdn., hrsg. von Dieter Wellershoff. Wiesbaden 1958, Bd. 2 (Prosa und Szenen), 391.

53 Vgl. Klaus Mann in: Das Wort 2 (1937), H. 4/5, 182.

54 Vgl. Mann, Klaus: Der Wendepunkt. Ein Lebensbericht, Reinbek 1984, 293 f.

55 Ebd., 509.

56 Winkler, Die Krise und die Intellektuellen, 57; vgl. auch Schiller, Geistige Differenz, 187 f.

57 Critchfield, Autobiographie als Geschichtsschreibung, 232.

58 Vgl. Spies, Exilliteratur – ein abgeschlossenes Kapitel?, 24.

59 Ebd., 25.

60 Vorwort der Hrsg. in: Rückblick und Perspektiven, Exilforschung Bd. 14, 10.

61 Vgl. Quack, Aktualität; ferner: Frauen und Exil, 1993; neuerlich: Wollmann, »Der große Bruch«; Brinson, A Woman's Place …?

62 Vgl. von der Lühe, »Und der Mann war oft eine schwere, undankbare Last«, 57; vgl. ferner Lixl-Purcell, Erinnerungen deutsch-jüdischer Frauen, insbes. Kap III–V.

63 Koopmann, Von der Unzerstörbarkeit des Ich, 22.

64 Vgl. Sellmer, »Warum schreibe ich das alles?«.

65 Ebd., 206. Sellmer resümiert: »Exiltagebücher deutschsprachiger Schriftsteller bedeuten einen Sonderfall im Rahmen der modernen Diaristik, gleichzeitig verdeutlichen sie jedoch nahezu exemplarisch deren spezifische Wesenszüge« (ebd., 211).

66 Vgl. Critchfield, When Lucifer Cometh, 13: »The exiles' accusations against others, their sense of guilt or confessions of guilt are interwoven into the larger scheme of their self-representation and self-definitions. A closer examination of the exiles' self-representation reveals a larger spectrum, ranging from the presentation of self as religious convert and political crusader, as hero and martyr, to the presentation of the self as the perennial outsider, as victim and as the ›Other‹.«

67 Vgl. ebd., 137 f.

68 Vgl. Critchfield, When Lucifer Cometh.

69 Vgl. dazu Rohrwasser, Renegaten.

70 Mann, Heinrich: Ein Zeitalter wird besichtigt. Frankfurt/M. 1988 (Studienausgabe), 164. Vgl. die Beiträge in: Heinrich Mann Jahrbuch 18 (2000), die sich ausschließlich mit der Autobiographie Heinrich Manns beschäftigen. Vgl. zu Heinrich Manns Autobiographie auch Friedrich, Mein Name ist Jx.

71 Marcuse, Ludwig: Mein zwanzigstes Jahrhundert. Auf dem Weg zu einer Auto-biographie, Zürich 1975, 74; bei dem Ausspruch handelt es sich um ein Stirner-zitat.

72 Vgl. *Critchfield, When Lucifer Cometh*, 51.

73 Zu Autobiographien von Außenseitern – Fritz Kortner, Toni Sender, Hilde Spiel und Franz Jung – vgl. *Critchfield, When Lucifer Cometh*.

74 Vgl. *Kleinschmidt, Schreiben und Leben*, 33.

75 Vgl. *Laqueur, Schreiben im KZ*.

76 Vgl. *Köhn, Auf der Suche nach der Freiheit*, 172 f.

77 Wilm Hosenfeld: Ich versuche jeden zu retten. Das Leben eines deutschen Offiziers in Briefen und Tagebüchern. Hrsg. i.A. des Militärgeschichtlichen Forschungsamtes von Thomas Vogel. München 2004, 657 f. – Nicht nur aus der Perspektive der Geschlechterforschung interessant sind auch Brigitte Penkerts ›Briefe einer Rotkreuzschwester von der Ostfront‹ (Göttingen 2006).

78 Vgl. *Adorno, Was bedeutet: Aufarbeitung der Vergangenheit*, 555.

79 Ebd., 572.

Hans-Edwin Friedrich: Essay und Essayismus

1 Hocke, Gustav René: Die französische Essayistik. In: G.R.H. (Hrsg.): Der französische Geist. Die Meister des Essays von Montaigne bis Giraudoux. Leipzig 1938, 5–27, hier 25. Vgl. *Just Essay*, Sp. 1689. – Zur Essayistik dieser Zeit fehlen Gesamtdarstellungen: Vgl. *Mörchen, Gegenaufklärung und Unter-werfung*, punktuell: *Schnell, Literarische Innere Emigration, Das gespaltene Bewußtsein*.

2 Vgl. *Schärf, Geschichte des Essays*, 163 ff.

3 *Grenzmann, Dichtung und Glaube*, 26. Vgl. *Müller-Funk, Erfahrung und Expe-riment*.

4 Vgl. *Schlaffer, Der kulturkonservative Essay*.

5 Musil, Robert: Der Mann ohne Eigenschaften. Roman. Bd. 1. Gesammelte Werke in neun Bänden. Reinbek 1978, 253.

6 Vgl. *Haas, Studien zur Form*; *Adam, Essay*.

7 Vgl. *Schmölders, Vorurteil*; *Schmölders, Die konservative Passion*; *Spinnen, Ebenbild und Bewegung*; *Christians, Gesicht, Gestalt, Ornament*; *Jahn, Deut-sche Physiognomik*; zur Gestalt bei Jünger: *Brock, Weltbild*, 39 ff.; bei Thomas Mann: *Schopf, Physiognomisches Sehen*; bei Kassner: *Neumann/Ott, Rudolf Kassner*.

8 Vgl. für Gottfried Benn: *Hof, Montagekunst*; für Thomas Mann: *Eder, ›Allerlei Allotria‹*, 83 ff.; für Jünger: *Draganović, Figürliche Schrift*.

9 *Felken, Oswald Spengler*; *Vollnhals, Praeceptor Germaniae*.

10 Spengler, Oswald: Jahre der Entscheidung. I. Teil: Deutschland und die welt-geschichtliche Entwicklung. München 1933, 14.

11 Zu Benns Essayistik der frühen 1930er Jahre vgl. *Wodtke, Benn*, 40 ff.; *Alter, The Artist*; *Schünemann, Benn*, 86 ff.; *Schröder, Benn*, 99 ff.; *Alter, Benn. Der Essay*; *Stollmann, Benn*; *Kaußen, Spaltungen*, 110 ff.; *Hillebrand, Benn*, 167 ff.; *Schröder, Das dramatische Jahrzehnt*; *Fischer, »Stil« und »Züchtung«*; *von Bormann, Widerruf der Moderne*; *Miller, Bedeutung des Entwicklungsbegriffs*; *Dierick, Benn*, 84 ff.; *Hof, Montagekunst*.

12 Nietzsche, Friedrich: Sämtliche Werke. Kritische Studienausgabe in fünfzehn Bänden. Hg. von Giorgio Colli, Mazzino Montinari. München u. a. 1980, Bd. I, 17.

13 Benn, Gottfried: Sämtliche Werke. Stuttgarter Ausgabe. Bd. IV. Prosa 2. Stuttgart 1989, 41.

14 Ebd.

15 Kraus, Karl: Die dritte Walpurgisnacht. Schriften Bd. 12. Frankfurt/M. 1989, 87; Dokumentation der wichtigsten Reaktionen: Hillebrand, Über Gottfried Benn, 101 ff.

16 Zitate bei Gladen, Von deutschen Essayisten, 440.

17 Vgl. Mallmann, ›Das Innere Reich‹.

18 Vgl. Schwarz, Literarisches Zeitgespräch.

19 Vgl. Pechel, Rudolf: Deutscher Widerstand. Erlenbach-Zürich 1947, 285 ff.; Mirbt, Methoden; Mirbt, Theorie und Technik; Ehrke-Rotermund/Rotermund, Zwischenreiche, 24 ff., 449 ff.

20 Pechel, Rudolf: Zwischen den Zeilen. Der Kampf einer Zeitschrift für Freiheit und Recht 1932–42. Wiesentheid 1948, 94.

21 Vgl. Rotermund, Denkarbeit.

22 Vgl. Gillessen, Auf verlorenem Posten, 329 ff.; Frei/Schmitz, Journalismus, 121 ff.; Ehrke-Rotermund/Rotermund, Zwischenreiche und Gegenwelten, 40 ff., 194 ff.; Dodd, »Zwischen den Zeilen?«.

23 Vgl. Masser, Theodor Haecker; Siefken, Leben und Werk; Mayr, Weltgeschichte.

24 Vgl. Oelze, Feuilleton, 190 ff.; Kreuzer, Intellektueller und Poet; Emter, Literatur und Quantentheorie; Emter, Physik und Ästhetik; Walther, Das Schöne und das Genaue.

25 Vgl. Droste, Jünger; Meyer, Jünger, 163 ff.; Brenneke, Militanter Modernismus, 252 ff.; Ketelsen, Literatur und Drittes Reich, 258–285; Konitzer, Jünger; Schröter, »Es ist am Technischen«; Dietka, vom Weltkrieg; Hasselbach, Politics; Großheim, Jünger und die Moderne; Hasselbach, Das weite Feld; Ketelsen, »Nun werden nicht nur die historischen Strukturen gesprengt«; Lethen, Die elektrische Flosse; Segeberg, Technikverwachsen; Nevin, Jünger and Germany; Gauger, Krieger; Gauger, Modernedeutung; Sieferle, ›Gestalt des Arbeiters‹; Pekar, »Organische Konstruktion«; Martus, Jünger, 88 ff.

26 Vgl. Meyer, Jünger, 218 ff.; Segeberg, Prosa der Apokalypse; Christians, Über den Schmerz, 72 ff.; Morat, Körpermaschine.

27 Jünger, Ernst: Blätter und Steine. Hamburg 1934, 7.

28 Ebd., 121. Vgl. Katzmann, Magischer Realismus.

29 Vgl. Schonauer, Fassungen; Loose, Jüngers Kampf; Loose, Tigerlilie; Bohrer, Ästhetik des Schreckens; Kaempfer, Jünger; Quarch, Natur; Draganović, Figürliche Schrift; Kron, Seismographie; Staub, Wagnis ohne Welt. Zur Symbolik vgl. Kranz, Jüngers symbolische Weltschau.

30 Kron, Seismographie, 147 f.

31 Winkler, Eugen Gottlob: Dichtungen. Gestalten und Probleme. Nachlaß. Pfullingen 1956, 285.

32 Ehrke-Rotermund, Insektifizierung.

33 Nebel, Gerhard: Feuer und Wasser. 2. veränd. Auflage 1941, 8.

34 Vgl. Rohner, Der deutsche Essay, 259 ff.; Christiansen, Benn, 163 ff.; Weisstein, Vor Tische.

35 Benn, Gottfried: Sämtliche Werke. Stuttgarter Ausgabe. Bd. IV. Prosa 2. Stuttgart 1989, 198.

36 Vgl. *Hattwig, Das Dritte Reich; Perels, Wiecherts Schrift.*

37 Vgl. *Zeman, Carossas Rede.*

38 Vgl. *Friedrich, Deformierte Lebensbilder*, 207 ff.

39 Vgl. *Schmölders, Die konservative Passion; Cellbrot, Zum »physiognomischen Sehen«; Neumann/Ott, Kassner; Stammen, Kassner.*

40 Vgl. *Krause, Frankreich*, 126 ff.; *Taureck, Sieburg.*

41 Vgl. *Meier, Form und Dissonanz; Reddemann, Christ; Steinle, Schneider; Ensberg, Orientierungsproblematik; Aebi-Surber, Schneider; Schuster, Antwort.*

42 *Hädecke, Welt als Maschine; Richter, Thematic Approach; Breuer, »Nicht der Anfang«; Gauger, Zu Friedrich Georg Jünger; Heyer, Maschine; Slanitz, Wirtschaft, Technik, Mythos; Fröschle, Vom Aufmarsch; Schröter, Von den ›Titanen‹.*

43 Vgl. *Pulver, Kaschnitz; Dohle, Kaschnitz.*

44 Vgl. *Maurach, Marginalien; Harth, Kulturpessimismus; Schröder, »Es knistert im Gebälk«.*

45 Vgl. *Loose, Entstehungsgeschichte; Schwarz, Anarchist*, 169 ff.; *des Coudres, Geschichte der ersten Drucke; Dietka, Jünger nach 1945*, 52 ff.; *Reinhold, Jünger; Martus, Jünger*, 163 ff.

46 Vgl. *Riha, Zur dritten Walpurgisnacht; Stremmel, Walpurgisnacht; Krolop, Präformation; Weissenberger, Karl Kraus; Arntzen, ›Dritte Walpurgisnacht‹, Kerekes, Fest als Strukturprinzip; Stieg, Faust II.*

47 Die Fackel 890–905. Ende Juli 1934. 36 (1934), 2.

48 Vgl. *Dorowin, Retter des Abendlands.*

49 Vgl. *Kahler, Broch; Vollhardt, Brochs Literaturtheorie; Lützeler/Kessler, Brochs theoretisches Werk, Klinger, Broch; Horrocks, Broch's ›Joyce und die Gegenwart‹; Stevens, Broch as a Reader; Schielke, Brochs Essay; Emter, Literatur und Quantentheorie*, 116 ff.

50 Vgl. *Barnouw, Versuchung der Ferne; Eykman, Theorie der Masse.*

51 Vgl. *Roth, Musil; Arntzen, Musil-Kommentar; Roth, Essay und Essayismus; Hüppauf, Musil in Paris; Servranckx, Musil; Czaja, Psychophysische Grundperspektive; Luserke, Musil; Neymeyr, Utopie und Experiment.*

52 Musil, Robert: Gesammelte Werke in neun Bänden. (s. Anm. 5), Bd. 8. Reinbek 1978. Zitate 1274 und 1277.

53 Vgl. *Schopf, Physiognomisches Sehen; Thomas, Mann; Renner, Essayistik; Kurzke, Politische Essayistik; Eder, Brüderliche Kontraste; Eder, ›Allerlei Allotria‹; Strobel, Entzauberung der Nation;* zu einzelnen Texten: *Furness, Unsuccessful Exorcism; Kurzke, Thomas Mann; Siefken, Thomas Mann's Essay; Kurzke, ›Bruder‹ Hitler; Görner, Peinliche Verwandtschaft; Lehnert, Chaos; Geißler, Zusammenbruch und Neubeginn.*

54 Vgl. *Wittig, Versuchung; Haupt, Mann; Jasper, Volksfrontdiskussion; Menges, Geist und Macht; Lützeler, Europa-Ideen; Blattmann, Triptychon; Jasper, Kein ›Unwissender Magier‹; Klein, ›Die einfache Vernunft‹; Sahni, Geschichtsverständnis; Stein, Mann.*

55 Vgl. zu dieser Zeitschrift *Baltensweiler, ›Mass und Wert‹.*

56 Vgl. *Kiesel, Literarische Trauerarbeit.*

57 Vgl. *Strelka, Zweig; Garrin, History; Steiman, Worm in the Rose.*

58 Vgl. *Frisé, Burckhardt; Stauffer, Zwischen Hofmannsthal und Hitler.*

59 Vgl. allgemein zum späten Benjamin: *Wawrzyn, Benjamins Kunsttheorie; Pfotenhauer, Ästhetische Erfahrung; Menninghaus, Sprachmagie; Kambas, Benjamin im Exil; Tiedemann, Dialektik; Barnouw, Exil als Allegorie; Witte, Benjamin; Wiggershaus, Frankfurter Schule,* 217 ff.; *Garber, Rezeption und Rettung; Kany, Mnemosyne; Kaulen, Rettung; Bolz/van Reijen, Benjamin; Holz, Philosophie der zersplitterten Welt; Reisch, Archiv.*

60 Vgl. *Bolz/Witte, Passagen; Musik, Die erkenntnistheoretischen Grundlagen; Menninghaus, Schwellenkunde; Wismann, Benjamin et Paris; Espagne / Werner, Bauplan; Zschachlitz, Waren; Weidmann, Flanerie; Buck-Morss, Dialektik des Sehens; Bohrer, Labyrinth; Zschachlitz, Benjamins ›Traum von einer Sache‹; Weigel, Entstellte Ähnlichkeit; Blobel, Polis und Kosmopolis; Brüggemann, Passagen.*

61 Vgl. *Letschka, Entstellung; Lindner, Allegorie.*

62 Vgl. *Kramer, Rätselfragen; Jäger,* »*Primat des Geistes*«*; Deuring,* »*Vergiß das Beste nicht!*«*; Kim, Selbstporträt; Müller,* »*Denn es ist noch nichts geschehen*«*; Honold, Leser Walter Benjamin,* 277 ff.

63 Vgl. *Bürger, Kunstsoziologische Aspekte; Auerochs, Aura, Film, Reklame; Geulen, Zeit zur Darstellung; Koch, Kosmos im Film; Wagner, Benjamin; Pivecka, Künstliche Natur; Caygill, Benjamin,* 97 ff.; zum Aurabegriff speziell *Stoessel, Aura; Dieckhoff, Mythos und Moderne,* 105 ff.; *Jauß, Spur und Aura; Lindner, Benjamins Aurakonzeption; Fürnkäs, Aura.*

64 Vgl. *Kaiser, Benjamins ›Geschichtsphilosophische Thesen‹; Bulthaup, Materialien; Konersmann, Erstarrte Unruhe; Moses, Benjamins Kritik; Schweppenhäuser, Infernalische Aspekte.*

65 Vgl. *Belke/Renz, Kracauer; Grumstad, Offenbach; Koch, Kracauer,* 86 ff.; *Brodersen, Kracauer.*

66 Vgl. *Schmidt, Bloch.*

67 Vgl. *Jay, Dialektische Phantasie; Heidsieck, Einfluß des Exils; Lunn, Marxism and Modernism; Jay, Permanent Exiles; van Reijen, Philosophie als Kritik; Wiggershaus, Frankfurter Schule.*

68 *Sandner, Popularmusik; Zenck, Phantasmagorie; Pettazzi, Studien; Jay, Adorno; Scheit, Exil.*

69 Vgl. *Mensching, Voraussetzungen; van Reijen/Schmid Noerr, Flaschenpost; Comay, Adorno's Siren Song; Rabinbach, Why Were the Jews Sacrificed?; Wellmer, Death of the Sirens.*

Wolfram Wessels: Hörfunk und Literatur im Nationalsozialismus

1 Zit. nach *Funk,* 1933, H. 35, 137.
2 Vgl. *Leonhard, Joachim-Felix* (Hrsg.): Programmgeschichte des Hörfunks in der Weimarer Republik. München 1997.
3 Vgl. *Diller, Rundfunkpolitik.*
4 Vgl. *Behrens, Manfred:* Ideologische Anordnung und Präsentation der Volksgemeinschaft am 1. Mai 1933. In: Faschismus und Ideologie 1 (Argument Sonderband 60). Berlin 1980.
5 *Wessels, Wolfram:* Der 9. November, »weihevollster Tag« im Dritten Reich. In: Mitteilungen Studienkreis Rundfunk und Geschichte 10, 1984, Nr. 1, 82 ff.

6   Zit. nach *Wessels, Hörspiele*, 213, Anm. 165.

7   Zit. nach *Wessels, Hörspiele*, 220.

8   Wilhelm Haefs: Martin Raschke (1905–1943). Eine Lebens- und Werkchronik. In: *Haefs/Schmitz, Raschke*, 203–281, hier 241 f.

9   Angaben nach: Personalliste aller Reichssender der Reichs-Rundfunk-Gesellschaft (RRG) 1934, in BA R55/80.

10   Fischer, Eugen Kurt: Dramaturgie des Rundfunks. Heidelberg u. a. 1942, 10.

11   Zit. nach den Tondokumenten im Deutschen Rundfunkarchiv.

12   Fischer, Dramaturgie, 16.

13   Hadamovsky, Eugen: Der Rundfunk im Dienste der Volksführung. Leipzig o. J. (1934), 21.

14   Hadamovsky, Eugen: Propaganda und nationale Macht. Die Organisation der öffentlichen Meinung für die nationale Politik. Oldenburg 1933.

15   Druckfassung: Oldenburg 1934.

16   Druckfassung: Berlin 1934.

17   Hajek, Hans: Das Lehrspiel, in: Die Sendung 9, 1932, Heft 42, 902.

18   Brecht, Bertolt: Der Rundfunk als Kommunikationsapparat. In: B. Brecht: Gesammelte Werke, Bd. 18. Frankfurt/M. 1967, 127 ff.

19   Akademie der Künste Berlin (Hrsg): Dichtung und Rundfunk 1929. Berlin 2000, 37.

20   Zit. nach: Schneider, Irmela: Radio-Kultur in der Weimarer Republik. Tübingen 1984, 130.

21   Kolb, Richard: Das Horoskop des Hörspiels. Berlin 1932, 78.

22   Böhme, Herbert: Sturmführer in das innere Reich, in: Der Rundfunk 1, 1937, H. 4, 133.

23   *Jäger, Die Hörbühne*.

24   Schiller, Friedrich: Über das Pathetische. In: Sämtliche Werke Band V. Herausgegeben von Wolfgang Riedel. München 2004, 534.

25   *Jäger, Die Hörbühne*, 150.

26   Die Sendung 10, 1933, H. 11, 233.

27   Vgl. *Ruppelt, Schiller*.

28   Druckfassung in: Der Rundfunk 2, 1938/1939, H. 8, 177–180, Heft 9, 210–213, Heft 10, 230–234, als Tondokument auch im Deutschen Rundfunkarchiv Frankfurt/M.

29   Zur ›Kolonne‹ und zum Autorenkreis um die Zeitschrift vgl. *Haefs/Schmitz, Martin Raschke*.

30   Die erste Folge wurde am 4. Oktober 1933 ausgestrahlt, die letzte am 9. Mai 1940. 25 Manuskripte befinden sich im Nachlaß Martin Raschkes (Sächsische Landesbibliothek, Staats- und Universitätsbibliothek Dresden). Die 50. Sendung vom Dezember 1937 ist abgedruckt in: Eich, Günter: Gesammelte Werke. Revid. Ausg. Bd. 2: Die Hörspiele 1. Hrsg. v. Karl Karst, 71 ff. Auszüge wurden publiziert in: Das festliche Jahr. Lesebüchlein vom Königswusterhäuser Landboten. Oldenburg, Berlin 1936.

31   Huchel, Peter: Gesammelte Werke, hrsg. v. Axel Vieregg. Bd. 2. Frankfurt/M. 1984, 27 ff.

32   Zit. nach *Wessels, Hörspiele*, 163.

33   Brief von Eich an Raschke 17.4.1939, zit. nach *Vieregg, Fehlbarkeit*, 28.

34   Dazu: *Nijssen, Der heimliche König*; Tauch, Heike: Der Hörspielautor Peter

Huchel. In: Walther, Peter (Hrsg.): Am Tage meines Fortgehns. Frankfurt/M. 1996, 212 ff.; Wessels, Wolfram: Hub Nijssen/Peter Walther (Rez.) in: Rundfunk und Geschichte 22, 1996, 165 ff.

35 Druckfassung: Stache, Rudolf: Rothstein & Co. Satirische Hör-Szenen aus dem Deutschen Rundfunk um Agitatoren und Börsenjobber. Erfurt 1943.

36 Zit. nach Wessels, Wolfram: Zum Beispiel Günter Eich: Von der schuldlosen Schuld der Literatur. In: *Vieregg, Sünden*, 145.

37 Druckfassung: Rehberg, Hans: Suez, Faschoda, Kapstadt. Berlin 1940.

38 Tondokument im Deutschen Rundfunkarchiv Frankfurt/M.

39 Karst, Karl (Hrsg.): Günter Eich: Rebellion in der Goldstadt. Tonkassette, Text und Materialien. Frankfurt/M. 1997. Vgl auch Wessels: Zum Beispiel Günter Eich (s. Anm. 36).

40 Druckfassung des gleichnamigen Bühnenstücks: Berlin 1934.

41 Mitteilungen der RRG, 379, 14.9.33, 2 f.

42 Huth, Jochen: Psychologie des Hörers. In: Funk 1933, H. 5, 17.

43 Nationalsozialistische Rundfunkkorrespondenz 1939, Folge 3, 8 f.

44 Tondokument im Deutschen Rundfunkarchiv Frankfurt/M.

45 Ohlendorf, Heinz und Wieman, Mathias (Hrsg): Unser Schatzkästlein. Aus ewigem deutschen Besitz. Potsdam 1944.

Karin Bruns: Film und Kino

1 Die Untersuchungen von *Leiser* (*Deutschland erwache*), *Hoffmann* (*Und die Fahne*); *Hollstein* und *Toeplitz* (*Geschichte des Films*) seien hier stellvertretend für die erste Gruppe genannt, die von *Kreimeier* (*Aufmarsch*), *Loiperdinger* (*Märtyrerlegenden*), *Witte* (*Film im NS*) und *Schulte-Sasse* (*Entertaining*) für die zweite.

2 Zu den verschiedenen filmpolitischen und -wirtschaftlichen Institutionen und Verordnungen vgl. *Becker, Film und Herrschaft*; *Maiwald, Filmzensur*; *Prinzler, Chronik* sowie http://www.filmportal.de, Abruf: 15.10.2007.

3 Vgl. *Witte, Film im NS*. Im Jahr 1937, in dem die Verstaatlichung der Filmindustrie über die 1929 mit 20 000 RM gegründete Cautio-Treuhand massiv vorangetrieben wird, ist die Disney-Produktion ›Micki Maus‹ einer der größten kommerziellen Kinoerfolge in Deutschland.

4 Vgl. *Kreimeier, Ufa*.

5 Vgl. die konträren Positionen von *Hoffmann* und *Goergen* zur internationalen Kontextualisierung nationalsozialistischer Kulturfilme in *Reichert* (*Kulturfilm*).

6 *Segeberg Erlebnisraum*, 11.

7 Vgl. *Zeutschner, Mattscheibe*; *Winker, Fernsehen*.

8 *Zielinsky/Maurer, Bausteine*, 56. ›Jud Süß‹ spielt in 15 Monaten fast 6 Mio. Reichsmark ein, auf Anordnung Himmlers wird er vor SS- und Polizei-Einheiten gezeigt; vgl. auch *Mannes, Antisemitismus*.

9 Hippler, Fritz: Betrachtungen zum Filmschaffen. Mit einem Vorwort von Carl Froelich und einem Geleitwort von Emil Jannings. 5. Aufl. Berlin 1942 (Schriften der Reichsfilmkammer Bd. 8), 32.

10 Zit. nach: *Winkler-Mayerhöfer, Starkult*, 75. Hans Traub ist während des NS

an der Universität Greifswald lehrender Publizist und Filmwissenschaftler, der im Auftrag des Generaldirektors gemeinsam mit Oskar Kalbus die Studie ›Wege zu einem Deutschen Institut für Filmkunde‹ (1932/33) verfaßt; vgl. http://www.wikipedia.org/wiki/Hans_Traub, Abruf: 5.10.2007. Zum Großteil der Regisseur/innen im NS liegen Einträge im Online-Lexikon Wikipedia vor.

11   Das Erzählschema des Aufstiegs oder der Bewährungsprobe der Unternehmerfigur – z.B. vom »einfachen Monteur« zum Industrieboß (in: ›Der Herrscher‹, Drehbuch, Stiftung Deutsche Kinemathek, B. 19) – wird beispielsweise in diversen Filmen an das Konzept der Rohstoff-Autarkie gebunden.

12   Vgl. *Hanna-Daoud, NSDAP*, bes. 123 f.; *Barkhausen, NSDAP*; *Chrystal, Nazi Party Election Films*.

13   Raether sieht bereits 1932 in einem Regelwerk zur NS-Filmpolitik forcierte Maßnahmen zur Beeinflussung der etablierten Filmeinrichtungen vor.

14   Droop verfaßt über 50 Drehbücher und ist bereits seit 1930 NSDAP-Partei-Mitglied.

15   Vgl. *Loiperdinger, Hans Westmar*. Zur Funktion von Szenen toter Kameraden als »Gewissenssymbol« in Filmen der NS-Zeit vgl. *Schulte-Sasse, Stadt und Heimat*, bes. 139 f.

16   Leiter der Abteilung Film wird Ernst Jaeger, ehemaliger Zensor und Sekretär der Bufa.

17   Bergengrün, Siegfried: Der Tanz im Dritten Reich. Grundsätzliches über die Stellung der nationalsozialistischen Kulturinstitutionen zum Tanz. In: Der Tanz 6 (1933), H. 12, 5.

18   Viele der Zensoren treten erst 1940 der NSDAP bei, vgl. *Maiwald, Filmzensur*, 71; zur Entscheidungspraxis vgl. ebd. 74 ff. Einige hochgeschätzte NS-Regisseure und Funktionsträger wie Wolfgang Liebeneiner (›Ich klage an‹, 1941) können es sich leisten, parteilos zu bleiben.

19   Vgl. Ufa-Bestand Bundesarchiv Filmarchiv Berlin, Bestand: R 109 II/vorl. 18: Liste Deutscher Filmspielleiter v. 3.6.1942; zu den zugelassenen Film-Autoren 1944: *Drewniak, Der Deutsche Film*, 142 f.

20   Eine Novelle des Lichtspielgesetzes wird im Juni 1935 erlassen, zu Kriegsbeginn werden diverse administrative Vereinfachungen eingeführt. Ab 1935 erfolgt auch eine Filmprüfung österreichischer Filme durch deutsche Behörden.

21   *Kreimeier, Ufa*, 267.

22   *Becker, Film und Herrschaft*, 50.

23   Die Ufa berechnet die »unproduktiven Mehrkosten«, die durch die Vorzensur entstehen, und unternimmt immer wieder erfolgreich Versuche, die Zensur durch den Reichsfilmdramaturgen zu umgehen; vgl. *Kreimeier, Ufa*, bes. 269.

24   Der Regisseur Herbert Selpin wird 1942 wegen »Wehrkraftzersetzung« angeklagt und zum Tode verurteilt.

25   *Maiwald, Filmzensur*, 175.

26   *Kreimeier, Ufa*, 273.

27   Willy Zeuner z.B., langjähriger Schnittmeister der Ufa, soll 1945 seiner Arbeit enthoben und zum Steineklopfen verurteilt werden, weil er mit einer Jüdin verheiratet ist; vgl. Ufa-Bestand Bundesarchiv Filmarchiv Berlin, Brief von Willy Zeuner v. 19.1.1945.

28   Vgl. *Horak, Exilfilm*, vgl. auch die Beiträge von Gerd Gemünden und Lutz Bacher zum Exilfilm in: *Segeberg, Mobilmachung II*.

29 Max Ophüls zit. nach: *Knop, Leben*, 113.

30 Vgl. *Dittrich, Spielfilm*, bes. 186. Zur Situation der Exilanten in Frankreich, England, der Sowjetunion und der Schweiz vgl. *Knop, Leben*; sowie die Beiträge von Gerd Gemünden und Lutz Bacher zum Exilfilm in: *Segeberg, Mobilmachung II*.

31 Zu Filmen, die das Exil selbst zum Thema machen, vgl. *Knop, Leben*.

32 Vgl. als ein Beispiel für die Komplexität von Kollaboration, Konformismus und Widerstand das Beispiel des erst 1937 nach Hollywood emigrierten »Nonkonformisten« Reinhold Schünzel in: *Asper, Reinhold Schünzel*.

33 Vgl. zur Filmproduktion im Zweiten Weltkrieg *Hake*, bes. 72 f., zu militärischen Sujets vgl. *Chiari, Krieg und Militär*.

34 Vgl. *Weise-Barkowsky*. Zugleich betreibt der Film eine Diffamierung der als oppositionell geltenden Swing-Jugend.

35 Zur Problematik der Wirkungsforschung im Nationalsozialismus vgl. *Stahr, Volksgemeinschaft*.

36 Vgl. *Lorenz, Bombenstimmung*.

37 *Hans*, 220 f.

38 Vgl. *Albrecht, Film*, Vorwort. In den Ufa-Protokollen läßt sich die Verpflichtung zum Happy-End nachlesen, denn es wird »für unbedingt erforderlich gehalten, daß der tragische Schlußteil heiter geführt werden muß«; UFA-Bestand, Bundesarchiv Filmarchiv Berlin, R 109 I/1029a, Protokoll Nr. 1020a v. 27.8.1934 Punkt 1.

39 Die arischen Führerfiguren der antisemitischen Propagandafilme werden z.B. häufig als Liebhaber von Kunst oder Musik inszeniert; vgl. *Hollstein, Antisemitische Filmpropaganda*, bes. 196; paradoxerweise ist die deutsche Plattenindustrie führend in der Herstellung der verbotenen Jazz-Platten, vgl. *Hans, Musik- und Revuefilm*, 221.

40 Vgl. *Loiperdinger/Schönekäs, Die große Liebe*; *Currid, Lied einer Nacht*.

41 Kracauer, Siegfried: Die Angestellten. Aus dem neuesten Deutschland. Frankfurt/M. 1971 (1. Aufl. 1929), 68.

42 *Schulte-Sasse, Friedrich der Große*, 51.

43 Vgl. *Steinbeck, Oper*.

44 Vgl. *Leiser, Deutschland erwache*, bes. 57 f.

45 Die Ausweitung des Krieges 1941 führt auch zu einer verstärkten Funktionalisierung historischer Sujets. Ab 1941 gibt es keine Verfilmung US-amerikanischer Romanautoren mehr; vgl. *Drewniak, Der Deutsche Film*, bes. 190–196.

46 Vgl. *Roth, Filmpropaganda*, bes. 81–127; *Benzenhöfer/Eckart, Medizin*. Roth zeigt anhand der verschiedenen Drehbuchfassungen, wie ›Ich klage an‹ im Tauziehen verschiedener neuropsychiatrischer und politischer Interessengruppen entsteht.

47 Vgl. *Bruns, Kinomythen*, bes. 148–151.

48 Das Kriminalgenre bietet zudem einen privilegierten Ort für die Gegenüberstellung von physiognomischem Idealtypus und Abweichung, wie sie am extremsten in den Filmen der 40er Jahre vorkommt (›Der ewige Jude‹, 1940, ›Die Rothschilds‹, 1940); vgl. *Ahren, Der ewige Jude*; *Hörnsjö-Möller, Der ewige Jude*.

49 *Voss, Flanerie*, 51.

50 Wenngleich verstärkt in den letzten Kriegsjahren Appelle zur »Entstädterung

des Films« ergehen, bleibt die Großstadt auch in den 40er Jahren Haupthandlungsort für Spielfilme. Vgl. zur Entstädterung des Films: Werder, Peter: Trugbild und Wirklichkeit. Aufgaben des Films im Umbruch der Zeit. Leipzig 1943; dazu *Toeplitz, Geschichte des Films,* 233.

51 *Müller, Großstadt,* 19.

52 Vgl. auch den sprechenden Filmtitel ›Eine Frau ohne Bedeutung‹ (1936, Regie: Hans Steinhoff).

53 Verwehte Spuren, Drehbuch (Stiftung Deutsche Kinemathek), 8.

54 »Alles«, heißt es im Drehbuch über die Protagonistin, »erregt sie, alles begeistert sie, sie kann nicht ruhig sitzen im Wagen«; Verwehte Spuren, Drehbuch, 8; zum Bezug von Stadtdarstellung und Dichotomisierung von deutsch vs. fremd vgl. *Schulte-Sasse, Stadt und Heimat,* bes. 135, 147 f.

55 Zum ästhetischen Funktionszusammenhang von Exilregisseuren und der Entstehung des Film Noir vgl. *Steinbauer-Grötsch, Nacht der Schatten,* zur Problematisierung dieser Analogie vgl. *Koebner, Caligaris Wiederkehr.*

56 *Koch, Detlef Sierck,* 121 f. Das Zitat bezieht sich bei Koch auf ›La Habanera‹.

57 Vgl. *Bruns, Kinomythen.*

58 Allein der Olympiafilm bringt dem Naziregime mehr Devisen ein als die gesamte übrige Filmproduktion des Jahres 1938; vgl. *Downing, Olympia;* zu ›Triumph des Willens‹ vgl. *Loiperdinger, Rituale,* zur neueren Riefenstahlforschung vgl. *Oberwinter, Bewegende Bilder.*

59 Unter die Kategorie der Opferfilme fallen auch Filme über uneheliche Mutterschaft wie ›Das Mädchen vom Moorhof‹ (1935, Regie: Detlef Sierck), ›Drei Väter um Anna‹ (1939, Regie: Carl Boese), ›Das Recht auf Liebe‹ (1939, Regie: Joe Stöckel), die als Pendant zu den Lustspielen zum selben Thema das Pathos der Erfüllung durch Gebären, Sorgen und Nähren vorführen, um darin die Frauen als zunehmend wichtiger werdendes Stammpublikum zu adressieren. Als neuere Untersuchung zum Thema Weiblichkeit und NS-Film vgl. *Vaupel.*

60 *Sontag, Faszinierender Faschismus,* 111.

61 Vgl. *Hollstein, Antisemitische Filmpropaganda,* 197, zur weiblichen Arbeitswelt im Film vgl. *Hake,* bes. 189–209.

62 *Rentschler, Deutschland,* 343.

63 Mitte der 30er Jahre werden mehr als 905 Veranstaltungen mit 400 000 Teilnehmenden durchgeführt; vgl. *Dustdar,* 54–60.

64 *Schulte-Sasse, Stadt und Heimat,* bes. 149 f. Unter Bezug auf Benjamin und Kracauer belegt Schulte-Sasse diese These am Beispiel der Olympia-Sequenzen in ›Wunschkonzert‹ (1940, Regie: Eduard von Borsody).

65 *Kreimeier, Ufa,* 242 f.; vgl. *Arnold, Hitlerjunge.*

66 Vgl. *Loiperdinger, Rituale.*

67 Nach ähnlichem Bauplan ironisiert ›Frauen sind keine Engel‹ die Genre-Regeln des Kriminalfilms und gibt dabei allgemein bekannte Parolen des NS-Regimes dem Amüsement preis.

68 Vgl. u. a. *Klooss/Reuter, Körperbilder.*

69 *Kaes, Deutschlandbilder,* 11.

Bibliographie

Lexika, Handbücher, Bibliographien

Biographisches Handbuch der deutschsprachigen Emigration Biographisches Handbuch der deutschsprachigen Emigration nach 1933. Bd. 1: Politik, Wirtschaft, öffentliches Leben. Leitung u. Bearbeitung: Werner Röder, Herbert A. Strauss. München u.a. 1980.

Bolbecher, Siglinde/Kaiser, Konstantin (Hrsg.): Lexikon der österreichischen Exilliteratur. Wien 2000.

Deutsche Exil-Literatur 1933–1945 Sternfeld, Wilhelm/Tiedemann, Eva: Deutsche Exilliteratur 1933–1945. Eine Bio-Bibliographie. 2. Aufl., Heidelberg 1970.

Deutsches Exilarchiv 1933–1945 Deutsches Exilarchiv 1933–1945. Katalog der Bücher und Broschüren. Hrsg. v. Deutschen Bibliothek Frankfurt/M. Stuttgart 1989.

Deutsches Exilarchiv 1933–1945 und Sammlung Exil-Literatur 1933–1945 Deutsches Exilarchiv 1933–1945 und Sammlung Exil-Literatur 1933–1945: Katalog der Bücher und Broschüren, zugleich Bd. 2 von Deutsches Exilarchiv 1933–1945: Katalog der Bücher und Broschüren (1989). Bearb. v. Mechthild Hahner; Wiss. Leitung Brita Eckert. Stuttgart, Weimar 2003.

Enzyklopädie Nationalsozialismus Benz, Wolfgang/Hermann Graml/Hermann Weiß (Hrsg.): Enzyklopädie des Nationalsozialismus. Aktualis. Neuausgabe. München 2007.

Film im Nationalsozialismus (Bibliografie): http://www.germanfilms.net/books.html

Gittig, Tarnschriften Gittig, Heinz: Illegale antifaschistische Tarnschriften 1933 bis 1945. Leipzig 1972.

Handbuch der deutschen Exilpresse 1933–1945 Maas, Lieselotte: Handbuch der deutschen Exilpresse 1933–1945. 4 Bde. München 1976–1990.

Handbuch der deutschsprachigen Emigration Handbuch der deutschsprachigen Emigration 1933–1945. Hrsg. v. Claus-Dieter Krohn, Patrick von zur Mühlen, Gerhard Paul und Lutz Winckler in Zusammenarbeit mit der Gesellschaft für Exilforschung. Darmstadt 1998.

Hillesheim/Michael, Lexikon Hillesheim, Jürgen/Elisabeth Michael: Lexikon Nationalsozialistischer Dichter. Würzburg 1993.

Hopster u.a., Literaturlenkung Hopster, Norbert/Petra Josting /Joachim Neuhaus, Literaturlenkung im »Dritten Reich« Bd. 1: Eine Bibliographie. Bd. 2: Eine annotierte Bibliographie von Bibliographien. Hildesheim u.a. 1994.

Kinder- und Jugendliteratur 1933–1945 Hopster, Norbert/Josting, Petra/Neuhaus, Joachim: Kinder- und Jugendliteratur 1933–1945. Ein Handbuch. 2 Bde. Stuttgart, Weimar 2001–2005.

Klee, Ernst: Das Kulturlexikon zum Dritten Reich. Wer war was vor und nach 1945. Frankfurt/M. 2007.

Sarkowicz/Mentzer, Literatur in Nazi-Deutschland Sarkowicz, Hans/Alf Mentzer: Literatur in Nazi-Deutschland. Ein biografisches Lexikon. 2. erweit. Aufl. Hamburg, Wien 2002.

Shavit, Zohar/Hans-Heino Ewers (Hrsg.): Deutsch-jüdische Kinder- und Jugendliteratur von der Haskala bis 1945. Die deutsch- und hebräischsprachigen Schriften des deutschsprachigen Raums. Ein bibliographisches Handbuch. In Zusammenarbeit mit Annegret Völpel und Ran HaCohen und unter Mitwirkung von Dieter Richter. 2 Bde. Stuttgart, Weimar 1996.

Trapp/Mittenzwei/Rischbieter/Schneider, Handbuch Trapp, Frithjof/Mittenzwei, Werner/Rischbieter, Henning/Schneider, Hansjörg (Hrsg.): Handbuch des deutschsprachigen Exiltheaters. 1933–1945. 3 Bde. München 1999.

Wall, Lexikon Wall, Renate: Lexikon deutschsprachiger Schriftstellerinnen im Exil 1933–1945. 2 Bde. Freiburg 1995.

Abbey, PEN-Club Abbey, William: »Die Illusion genannt Deutscher PEN-Club«. The PEN German Group and the English Centre 1933–45. In: Between Two Languages. German-speaking Exiles in Great Britain 1933–1945. Hrsg. v. William Abbey u. a. Stuttgart 1995, 135–153.

Abel, Angelika: Thomas Mann im Exil. Zum zeitgeschichtlichen Hintergrund der Emigration. München 2003.

Abel, Karl-Dietrich: Presselenkung im NS-Staat. Eine Studie zur Geschichte der Publizistik in der nationalsozialistischen Zeit. Berlin 1968.

Achternkamp, Thomas: Das Schattenjahr 1932. Subjekt zwischen Krise und Katastrophe im Roman der späten Weimarer Republik. München 2002.

Ackermann, Einführung Ackermann, Irmgard: Einführung. In: Emigranten- und Immigrantenliteratur (Akten des VIII. Internationalen Germanisten-Kongresses Tokyo 1990. Hrsg. von Yoshinori Shichji. Bd. 8, München 1991, 11–13).

Ackermann, Michael: Exilliteratur 1933–45. Migration und Deutschunterricht. Frankfurt/M. 2004.

Adam, Peter: Kunst im Dritten Reich. Aus d. Amerikan. von Renate Winner. Hamburg 1992.

Adam, Essay Adam, Wolfgang: Der Essay. In: Otto Knörrich (Hrsg.): Formen der Literatur in Einzeldarstellungen. Stuttgart: 1981, 88–98.

Adorno, Der Artist als Statthalter Adorno, Theodor W.: Der Artist als Statthalter. In: Ders.: Noten zur Literatur. Gesammelte Schriften, hrsg. von Rolf Tiedemann, Bd. 11. 2. Aufl. Frankfurt/M. 1984, 114–126.

Adorno, Engagement Adorno, Theodor W.: Engagement. In: Ders.: Noten zur Literatur. Gesammelte Schriften, hrsg. von Rolf Tiedemann, Bd. 11. 2. Aufl. Frankfurt/M. 1984, 409– 430.

Adorno, Was bedeutet: Aufarbeitung der Vergangenheit Adorno, Theodor W.: Was bedeutet: Aufarbeitung der Vergangenheit (1959). In: Ders.: Gesammelte Schriften, Bd. 10,2: Kulturkritik und Gesellschaft II, Eingriffe, Stichworte, hrsg. von Rolf Tiedemann. Frankfurt/M. 1977, 555–572.

Aebi-Surber, Schneider Aebi-Surber, Beatrix: Reinhold Schneider und sein Mittelalter. Eine Analyse des Mittelalterbildes von Reinhold Schneider anhand ausgewählter Texte aus den Dreißigerjahren. Bern u. a. 1998.

Ahren, Der ewige Jude Ahren, Yizhak: »Der ewige Jude«: Wie Goebbels hetzte. Untersuchungen zum nationalsozialistischen Propagandafilm. Aachen 1990.

Ahrens, Fehling Ahrens, Gerhard (Hrsg.): Das Theater des deutschen Regisseurs Jürgen Fehling. Berlin 1985.

Aigner, Dietrich: Die Indizierung »schädlichen und unerwünschten Schrifttums« im Dritten Reich. Frankfurt/M. 1971 (Archiv für Geschichte des Buchwesens).

Albert, Deutsche Klassiker Albert, Claudia (Hrsg.): Deutsche Klassiker im National-sozialismus. Schiller. Kleist. Hölderlin. Stuttgart, Weimar 1994.

Albert, ›Torquato Tasso‹ Albert, Claudia: Goethes ›Torquato Tasso‹ zwischen 1933 und 1945. In: Achim Aurnhammer (Hrsg.): Torquato Tasso in Deutschland. Seine Wirkung in Literatur, Kunst und Musik seit der Mitte des 18. Jahrhunderts. Berlin/New York 1995, 145–159.

Albert, Claudia: »Dient Kulturarbeit dem Sieg?« Hölderlin-Rezeption von 1933–1945. In: Gerhard Kurz u.a. (Hrsg.): Hölderlin und die Moderne. Eine Bestandsaufnahme. Tübingen 1995, 153–173.

Albert, Claudia: Hölderlin im Exil. In: Weimarer Beiträge 37 (1991), H. 5, 723–737.

Albrecht, Film Albrecht, Gerd: Film im Dritten Reich. Eine Dokumentation. Köln 1974.

Albrecht, Wolfgang H.: Von »mass und milde« zu »völkischen Zielen«. Ansätze zu einem wissenschaftsgeschichtlichen Verständnis der Biedermeierdiskussion der frühen dreißiger Jahre. In: Wirkendes Wort 28, 1978, 117–133.

Alexander, Studien Alexander, Neville E.: Studien zum Stilwandel im dramatischen Werk Gerhart Hauptmanns. Stuttgart 1964.

Aley, Jugendliteratur Aley, Peter: Jugendliteratur im Dritten Reich. Dokumente und Kommentare. Gütersloh 1967.

Allert, Tilman: Der deutsche Gruß. Geschichte einer unheilvollen Geste. Frankfurt/M. 2005.

Almgren, Germanistik und Nationalsozialismus Almgren, Birgitta: Germanistik und Nationalsozialismus: Affirmation, Konflikt und Protest. Traditionsfelder und zeitgebundene Wertung in Sprach- und Literaturwissenschaft am Beispiel der Germanisch-Romanischen Monatsschrift 1929–1943. Uppsala 1997.

Alter, Benn. Der Essay Alter, Reinhard: Gottfried Benn. Der Essay und die Zeit. In: Jahrbuch für Internationale Germanistik 12.1, 1980, 139–165.

Alter, The Artist Alter, Reinhard: Gottfried Benn. The Artist and Politics (1910–1934). Bern u.a. 1976

Alternative Alternative 12, 1969, H. 67/68: Materialistische Literaturtheorie I.

Aly, Volkes Stimme Aly, Götz (Hrsg.): Volkes Stimme. Skepsis und Führervertrauen im Nationalsozialismus. Frankfurt/M. 2006.

Aly, Volksstaat Aly, Götz: Hitlers Volksstaat. Raub, Rassenkrieg und nationaler Sozialismus. Frankfurt/M. 2005.

Amann, American Guild Amann, Klaus: Die ›American Guild for German Cultural Freedom‹ und die ›Deutsche Akademie im Exil‹ (1935–1940). In: Eine schwierige Heimkehr. Österreichische Literatur im Exil 1938–1945. Hrsg. v. Johann Holzner, Sigurd Paul Scheichl u. Wolfgang Wiesmüller. Innsbruck 1991, 181–204.

Amann, Anschluß Amann, Klaus: Der Anschluß österreichischer Schriftsteller an das Dritte Reich. Institutionelle und bewußtseinsgeschichtliche Aspekte. Frankfurt/M. 1988, 2. erweit. Aufl. u.d.T.: Zahltag. Der Anschluß österreichischer Schriftsteller an das Dritte Reich. Wien 1996.

Amann, Klaus: Die Dichter und die Politik. Essays zur österreichischen Literatur nach 1918. Wien 1992.

Amann, Klaus: Organisationsbestrebungen der nationalsozialistischen Schriftsteller Österreichs zwischen 1933 und 1938. In: Günter Hartung/Hubert Orlowski (Hrsg.): Traditionen und Traditionssuche des deutschen Faschismus. Halle 1987, 207–224.

Amann, Klaus: Robert Musil – Literatur und Politik. Mit einer Neuedition ausgewählter politischer Schriften aus dem Nachlaß. Reinbek b. Hamburg 2007.

Amlung, Leben Amlung, Ullrich (Hrsg.): »Leben – ist immer ein Anfang!« Erwin
Piscator 1893–1966. Der Regisseur des politischen Theaters. Marburg 1993.

Amrein, Kulturpolitik Amrein, Ursula: Kulturpolitik und Geistige Landesverteidigung –
das Zürcher Schauspielhaus. In: Sigrid Weigel/Birgit Erdle (Hrsg.): Fünfzig Jahre
danach. Zur Nachgeschichte des Nationalsozialismus. Zürich 1996, 281–324.

Amstutz, Theater und Drama Amstutz, Hans: Theater und Drama der deutschen
Schweiz vor Frisch und Dürrenmatt (1930–1950). In: Romey Sabalius (Hrsg.):
Neue Perspektiven zur deutschsprachigen Literatur der Schweiz. Amsterdam/At-
lanta 1997, 107–117.

Amstutz/Käser-Leisibach/Stern, Schweizertheater Amstutz, Hans/Käser-Leisibach,
Ursula/Stern, Martin: Schweizertheater. Drama und Bühnen der Deutschschweiz
bis Frisch und Dürrenmatt. Zürich 2000.

Analyses & reflections Analyses & reflections sur ... Bertolt Brecht, ›La vie de Galiléi‹.
Paris 1999.

Andersch, Achtzig und Jünger Andersch, Alfred: Achtzig und Jünger. Ein politischer
Diskurs. In: Merkur 18 (1975), 239–250.

Anderson, Karl Schönherr Anderson, Susan C.: Karl Schönherr. In: Donald G. Daviau (Hrsg.): Major Figures of Austrian Literature. The Interwar Years 1918–1938.
Riverside 1995, 393–420.

Ansel, Michael: Die Naturwissenschaften im Werk Gottfried Benns zwischen 1910
und 1933/34. Ein Rekonstruktionsversuch auf der Basis von Bourdieus Feldtheorie.
In: Nach der Sozialgeschichte. Konzepte für eine Literaturwissenschaft zwischen
Historischer Anthropologie, Kulturgeschichte und Medientheorie. Hrsg. v. Martin
Huber und Gerhard Lauer. Tübingen 2000, 251–280.

Anz/Stark, Manifeste Anz, Thomas und Michael Stark (Hrsg.): Manifeste und Dokumente zur deutschen Literatur 1910–1920. Stuttgart 1982.

Arlt, Jura Soyfer Arlt, Herbert (Hrsg.): Jura Soyfer, Europa, multikulturelle Existenz.
St. Ingbert 1993

Arlt/Cambi, Lachen und Jura Soyfer Arlt, Herbert/Cambi, Fabrizio (Hrsg.): Lachen
und Jura Soyfer. St. Ingbert 1995.

Arlt/Krolop, Grenzüberschreitungen Arlt, Herbert/Krolop, Kurt (Hrsg.): Grenzüberschreitungen, Gattungen, Literaturbeziehungen, Jura Soyfer. St. Ingbert 1995.

Arlt/Manger, Jura Soyfer Arlt, Herbert/Manger, Klaus (Hrsg.): Jura Soyfer (1912–
1939) zum Gedenken. St. Ingbert 1999.

Arnold, Hitlerjunge Arnold, Thomas/ Schöning, Jutta/ Schröter, Ulrich: Hitlerjunge
Quex. Einstellungsprotokoll. München 1980.

Arntzen, »Dritte Walpurgisnacht« Arntzen, Helmut: ›Dritte Walpurgisnacht‹ – und
die Folgen? Zur Aktualität eines Textes von Karl Kraus. In: *Arntzen: Ursprung*,
487–513.

Arntzen, Musil-Kommentar Arntzen, Helmut: Musil-Kommentar sämtlicher zu Lebzeiten erschienener Schriften außer dem Roman ›Der Mann ohne Eigenschaften‹.
München 1980.

Arntzen, Ursprung Arntzen, Helmut u. a.: Ursprung der Gegenwart. Zur Bewußtseinsgeschichte der Dreißiger Jahre in Deutschland. Weinheim 1995.

Arntzen, Helmut: Musil-Kommentar zu dem Roman ›Der Mann ohne Eigenschaften‹.
München 1982.

Aschheim, Stephen E.: Nietzsche und die Deutschen. Karriere eines Kults. Aus d. Engl. v. Klaus Laermann. Stuttgart, Weimar 1996.

Asholt/Fähnders, Manifeste Asholt, Wolfgang/Walter Fähnders: Manifeste und Proklamationen der europäischen Avantgarde (1909–1938). Stuttgart, Weimar 1995.

Asper, Reinhold Schünzel Asper, Helmut G.: Reinhold Schünzel im Exil. In: Reinhold Schünzel, Schauspieler und Regisseur. Red. Jörg Schöning. München 1989, 64–79.

Aspetsberger, bronnen Aspetsberger, Friedbert: arnolt bronnen. Biographie. Wien, Köln, Weimar 1995.

Aspetsberger, Literarisches Leben Aspetsberger, Friedbert: Literarisches Leben im Austrofaschismus. Der Staatspreis. Königstein/Ts. 1980.

Atkinson, Jeannette: Traditional Forms in German Poetry 1930–1945. Ann Arbor 1983 (microfilm).

Atze, Marcel; »Unser Hitler«. Der Hitler-Mythos im Spiegel der deutschsprachigen Literatur nach 1945. Göttingen 2003.

Auerochs, Aura, Film, Reklame Auerochs, Bernd: Aura, Film, Reklame. Zu Walter Benjamins Aufsatz ›Das Kunstwerk im Zeitalter seiner technischen Reproduzierbarkeit‹. In: Theo Elm/Hans H. Hiebel (Hrsg.): Medien und Maschinen. Literatur im technischen Zeitalter. Freiburg 1991, 107–127.

August, Stellung August, Wolf-Eberhard: Die Stellung der Schauspieler im Dritten Reich. Versuch einer Darstellung der Kunst- und Gesellschaftspolitik in einem totalitären Staat am Beispiel des »Berufsschauspielers«. München 1973.

Autobiographie und wissenschaftliche Biographik Exilforschung. Ein internationales Jahrbuch. Bd. 23: Autobiographie und wissenschaftliche Biografik. München 2005.

Bachmann, Dieter: Essay und Essayismus. Stuttgart/Berlin/Köln/Mainz 1969.

Bachmann/Schneider, Das verschonte Haus Bachmann, Dieter/Schneider, Rolf (Hrsg.): Das verschonte Haus. Das Züricher Schauspielhaus im Zweiten Weltkrieg. Zürich 1987.

Backhaus-Lautenschläger, »Und standen ihre Frau« Backhaus-Lautenschläger, Christine: »Und standen ihre Frau«. Das Schicksal deutschsprachiger Emigrantinnen in den USA nach 1933. Pfaffenweiler 1991.

Bahr, Brechts episches Theater Bahr, Ehrhard: Brechts episches Theater als Exiltheater. In: Alexander Stephan/Hans Wagener (Hrsg.): Schreiben im Exil. Zur Ästhetik der deutschen Exilliteratur 1933–1945. Bonn 1985, 109–122.

Bahr, Exildramatik Bahr, Ehrhard: Exildramatik. In: Alexander von Bormann/Horst Albert Glaser (Hrsg.): Weimarer Republik – Drittes Reich: Avantgardismus, Parteilichkeit, Exil 1918–1945. Deutsche Literatur. Eine Sozialgeschichte Bd. 9. Reinbek 1983, 293–301.

Bähr, Rudolf: Grundlagen für Karl Kraus' Kritik an der Sprache im nationalsozialistischen Deutschland. Köln, Wien 1977.

Bärsch, Claus-Ekkehard: Die politische Religion des Nationalsozialismus. Die religiöse Dimension der NS-Ideologie in den Schriften von Dietrich Eckart, Joseph Goebbels, Alfred Rosenberg und Adolf Hitler. München 1998.

Bärsch, Claus-Ekkehard: Erlösung und Vernichtung. Dr. phil. Joseph Goebbels. München 1987. Neuausgaben u.d.T.: Der junge Goebbels. Erlösung und Vernichtung. München 1995, Paderborn, München 2004.

Bahr, Exiltheater in Los Angeles Bahr, Ehrhard: Exiltheater in Los Angeles: Max

Reinhardt, Leopold Jeßner, Bertolt Brecht und Walter Wicclair. In: Exilforschung. Bd. 21: Film und Fotografie. München 2003, 95–111.

Baird, Germany Baird, Jay W.: To Die for Germany. Heroes in the Nazi Pantheon. Bloomington 1991 (Paperback 1992).

Baird, Hitler's Muse Baird, Jay W.: Hitler's Muse. The Politival Aesthetics of the Poet and Playwright Eberhard Wolfgang Möller. In: German Studies Review 18 (1994), 269–285.

Baird, Hitler's war poets Baird, Jay W.: Hitler's war poets: literature and politics in the Third Reich. New York 2008.

Bajohr, Frank: Parvenüs und Profiteure. Korruption in der NS-Zeit. Frankfurt/M. 2001.

Baltensweiler, ›Mass und Wert‹ Baltensweiler, Thomas: ›Mass und Wert‹ – die Exilzeitschrift von Thomas Mann und Konrad Falke. Bern u. a. 1996.

Bangerter, Max Mell Bangerter, Lowell A.: Max Mell. In: Donald G. Daviau (Hrsg.): Major Figures of Austrian Literature. The Interwar years 1918–1938. Riverside 1995.

Bannasch, Bettina/Christiane Holm, unter Mitarbeit v. Carl Freytag (Hrsg.): Erinnern und Erzählen. Der Spanische Bürgerkrieg in der deutschen und spanischen Literatur und in den Bildmedien. Tübingen 2005.

Barbian, »Fehlbesetzung« Barbian, Jan-Pieter: »Fehlbesetzung«: Zur Rolle von Gerhart Hauptmann im »Dritten Reich«. Ein Nachtrag zum 50. Todestag des Schriftstellers. In: Buchhandelsgeschichte 1996/4. Beilage zum Börsenblatt für den Deutschen Buchhandel Nr. 101, 17.12.1996, B153-B169.

Barbian, Glücksstunde Barbian, Jan-Pieter: Glücksstunde oder nationalsozialistisches Kalkül? Die »Arisierung« des S. Fischer Verlages 1935–1937. In: Menora. Jahrbuch für deutsch-jüdische Geschichte 7 (1996), 61–94.

Barbian, Literaturpolitik Barbian, Jan-Pieter: Literaturpolitik im »Dritten Reich«. Institutionen, Kompetenzen, Betätigungsfelder. Überarbeitete und aktualisierte Taschenbuchausgabe. München 1995.

Barbian, Die vollendete Ohnmacht? Barbian, Jan-Pieter: Die vollendete Ohnmacht? Das Verhältnis der Schriftsteller zu den staatlichen und parteiamtlichen »Schrifttumsstellen« im »Dritten Reich«. In: Internationales Archiv für Sozialgeschichte der Literatur 20,1 (1995), 137–160.

Barbian, »Moral, wo bist du in der Zeit der Krise!« Barbian, Jan-Pieter: »Moral, wo bist du in der Zeit der Krise!«. Über den Zusammenhang von Kultur und Barbarei im »Dritten Reich«. In: Bücher haben ihre Geschichte: Kinder- und Jugendliteratur, Literatur und Nationalsozialismus, Deutschdidaktik. Norbert Hopster zum 60. Geburtstag. Hrsg. von Petra Josting und Jan Wirrer. Hildesheim, Zürich, New York 1996, 3–22.

Barbian, »… nur passiv geblieben«? Barbian, Jan-Pieter: »… nur passiv geblieben«? Zur Rolle von Erich Kästner im »Dritten Reich«. In: »Die Zeit fährt Auto«. Erich Kästner zum 100. Geburtstag. Hrsg. von Manfred Wegner. Katalog zur Ausstellung im Deutschen Historischen Museum Berlin und im Münchner Stadtmuseum, Berlin 1999, 119–142 (Anmerkungen 275–282).

Barbian, Ohnmacht? Barbian, Jan-Pieter: Die vollendete Ohnmacht? Schriftsteller, Verleger und Buchhändler im NS-Staat. Ausgewählte Aufsätze. Essen 2008.

Barbian, Zwischen Dogma und Kalkül Barbian, Jan-Pieter: Zwischen Dogma und Kalkül. Der Herder Verlag und die Schriftumspolitik des NS-Staates. In: Buchhandelsgeschichte 2001/4. Beilage zum Börsenblatt für den Deutschen Buchhandel Nr. 100 vom 14.12.2001, B145-B150.

Barbian, Jan-Pieter: Der Börsenverein der Deutschen Buchhändler 1933–1945. In: Der Börsenverein des Deutschen Buchhandels 1825–2000. Ein geschichtlicher Aufriß. Hrsg. im Auftrage der Historischen Kommission von Stephan Füssel, Georg Jäger und Hermann Staub in Verbindung mit Monika Estermann. Frankfurt/M. 2000, 91–117.

Barbian, Jan-Pieter: »Zur Krisis im Buchhandel«. Eine Denkschrift von Theodor Fritsch jr. aus dem Frühjahr 1934. In: Buchhandelsgeschichte 2001/3. Beilage zum Börsenblatt für den Deutschen Buchhandel Nr. 74, 14.9.2001, B101-B105.

Barck, Künstlerische Avantgarde Barck, Karl-Heinz (Hrsg.): Künstlerische Avantgarde. Annäherungen an ein unabgeschlossenes Kapitel. Berlin 1979.

Barck/Jarmatz, Exil in der UdSSR Barck, Simone/Jarmatz, Klaus: Exil in der UdSSR. 2., völlig neu bearb. u. erw. Aufl., 2 Bde. Leipzig 1989.

Barkhausen, NSDAP Barkhausen, Hans: Die NSDAP als Filmproduzentin. Mit Kurzübersicht: Filme der NSDAP 1927–1945. In: Moltmann, Günter/Reimers, Karl Friedrich (Hrsg.): Zeitgeschichte im Film- und Tondokument. 17 historische, pädagogische und sozialwissenschaftliche Beiträge. Göttingen, Zürich, Frankfurt/M. 1970, 145–176.

Barner/König, Zeitenwechsel Barner, Wilfried/Christoph König: Zeitenwechsel. Germanistische Literaturwissenschaft vor und nach 1945. Frankfurt/M. 1996.

Barnouw, Exil als Allegorie Barnouw, Dagmar: Exil als Allegorie: Walter Benjamin und die Autorität des Kritikers. In: Exilforschung 3 (1985), 197–214.

Barnouw, Versuchung der Ferne Barnouw, Dagmar: Die Versuchung der Ferne: Broch und das Problem der Masse. In: Donald G. Daviau/Ludwig M. Fischer (Hrsg.): Das Exilerlebnis. Columbia 1982, 192–203.

Barron, Stephanie (Hrsg.): Entartete Kunst. Das Schicksal der Avantgarde im Nazi-Deutschland. Eine Ausstellung des Los Angeles County Museum. Katalog. München 1992.

Bartsch, Ödön von Horváth Bartsch, Kurt: Ödön von Horváth. Stuttgart/Weimar 2000.

Baruzzi, Mensch und Maschine Baruzzi, Arno: Mensch und Maschine. Das Denken sub specie machinae. München 1973.

Bastian, Klaus-Friedrich: Das Politische bei Ernst Jünger. Nonkonformismus und Kompromiß der Innerlichkeit. Diss. Heidelberg 1963.

Bauer, Gerhard: Sprache und Sprachlosigkeit im Dritten Reich. 2. überarb. Aufl. Köln 1990.

Bauman, Zygmunt: Dialektik der Ordnung. Die Moderne und der Holocaust. Hamburg 1992.

Bauman, Zygmunt: Moderne und Ambivalenz. Das Ende der Eindeutigkeit. Aus d. Engl. von Martin Suhr. Hamburg 2005 (1. Aufl. 1992).

Baur/Gradwohl-Schlacher, Literatur in Österreich Baur, Uwe/Karin Gradwohl-Schlacher: Literatur in Österreich 1938–1945. Handbuch eines literarischen Systems. Bd. 1: Steiermark. Wien u.a. 2008.

Baur/Gradwohl-Schlacher/Fuchs, Macht Baur, Uwe/Karin Gradwohl-Schlacher/Sabine Fuchs unter Mitarb. v. Helga Mitterbauer (Hrsg.): Macht Literatur Krieg. Österreichische Literatur im Nationalsozialismus. Wien, Köln, Weimar 1998.

Bavaj, Moderne Bavaj, Riccardo: Die Ambivalenz der Moderne im Natiuonalsozialismus. Eine Bilanz der Forschung. München 2003.

Beck/Vesely, Exil und Asyl Beck, Miroslav/Vesely, Jiri u.a.: Exil und Asyl. Antifaschistische deutsche Literatur in der Tschechoslowakei 1933–1938. Berlin 1981.

Becker, Zuckmayer im Exil　Becker, Jochen: Zuckmayer im Exil. In: Anton Maria Keim (Hrsg.): Exil und Rückkehr. Emigration und Heimkehr. Ludwig Berger – Rudolf Frank – Anna Seghers und Carl Zuckmayer. Mainz 1986, 137–157.

Becker, Paul Wilhelm: Der Dramatiker Dietrich Eckart. Ein Beitrag zur Dramatik des Dritten Reichs. Diss. Köln 1969.

Becker, Zwischen Akkulturation und Enkulturation　Becker, Sabina: Zwischen Akkulturation und Enkulturation. Anmerkungen zu einem vernachlässigten Autorinnentypus: Jenny Aloni und Ilse Losa. In: Exilforschung, 13: Kulturtransfer im Exil, 114–136.

Becker, Sabina: Neue Sachlichkeit. 2 Bde. Köln, Weimar, Wien 2000.

Behmer, Markus (Hrsg.): Deutsche Publizistik im Exil 1933 bis 1945. Personen – Positionen – Perspektiven. Festschrift für Ursula E. Koch. Münster 2000.

Behrenbeck, Kult　Behrenbeck, Sabine: Der Kult um die toten Helden. Nationalsozialistische Mythen, Riten und Symbole 1923 bis 1945. Greifswald 1996.

Beiküfner, Uta/Hania Siebenpfeiffer (Hrsg.): Zwischen den Zeiten. Junge Literatur in Deutschland 1933 bis 1945. Hamburg 2000.

Bekic, Exilerfahrung　Bekic, Tomislav: Exilerfahrung und Exilverarbeitung bei Franz Theodor Csokor. In: Karlheinz F. Auckenthaler (Hrsg.): Die Zeit und die Schrift. Österreichische Literatur nach 1945. Szeged 1993, 29–40.

Belke/Renz, Kracauer　Belke, Ingrid/Irina Renz: Siegfried Kracauer 1889–1966. Marbach 1988 (Marbacher Magazin, 47).

Benay/Pfabigan/Sauver, Österreichische Satire　Benay, Jeanne u. a. (Hrsg.): Österreichische Satire (1933–2000). Exil – Remigration – Assimilation. Bern u. a. 2003.

Benjamin, Kunstwerk　Benjamin, Walter: Das Kunstwerk im Zeitalter seiner technischen Reproduzierbarkeit. Drei Studien zur Kunstsoziologie. In: Ders.: Gesammelte Schriften, hrsg. v. Rolf Tiedemann/Hermann Schweppenhäuser, Bd. I, 2. Frankfurt/M. 1974, Zweite Fassung, 471–508.

Bennewitz, Ingrid: »Der Tronjer fiel von Weibeshand«. Zur Rezeption des Mittelalters in den deutsch-österreichischen Jugendspielen 1930–1950. In: Irene Burg/Jürgen Kühnel/Ulrich Müller/Alexander Schwarz (Hrsg.): Mittelalter-Rezeption IV: Medien, Politik, Ideologie, Ökonomie. Göppingen 1991, 95–116.

Bense, Ptolemäer und Mauretanier　Bense, Max: Ptolemäer und Mauretanier oder die theologische Emigration der deutschen Literatur. Köln /Berlin 1950.

Benseler, Frank (Hrsg.): Revolutionäres Denken: Georg Lukács. Eine Einführung in Leben und Werk. Darmstadt/Neuwied 1984.

Bentmann, Friedrich: Der Essay im Unterricht. In: Deutschunterricht 7.5, 1955, S. 80–94.

Bentz, Protest!　Bentz, Ralf u. a: Protest! Literatur um 1968. Marbach/N. 1998.

Benutzte Lyrik. Hrsg. v. Gunter E. Grimm in Zusammenarbeit mit Hermann Korte. München 2007 (Text + Kritik 1/2007, Nr. 173).

Benz, Wolfgang (Hrsg.), Die Juden in Deutschland 1933–1945. Leben unter nationalsozialistischer Herrschaft. München 1988.

Benzenhöfer/Eckart, Medizin　Benzenhöfer, Udo/Eckart, Wolfgang v. (Hrsg.): Medizin im Spielfilm des Nationalsozialismus. Tecklenburg 1990, 52–68.

Berg, Jan/Hartmut Böhme/Walter Fähnders (Hrsg.): Sozialgeschichte der deutschen Literatur von 1918 bis zur Gegenwart. Frankfurt/M. 1981.

Berg/Jeske, Bertolt Brecht　Berg, Günter/Jeske, Wolfgang: Bertolt Brecht. Stuttgart/ Weimar 1998.

Berger, Albert: Josef Weinheber (1892–1945). Leben und Werk – Leben im Werk. Salzburg 1999.

Berger, Bruno: Der Essay. Form und Geschichte. Bern/München 1964.

Berger, Friedemann (Hrsg.): »In jenen Tagen ...«. Schriftsteller zwischen Reichstagsbrand und Bücherverbrennung. Leipzig und Weimar 1983.

Berghaus, Theatre and Film Berghaus, Günter (Hrsg.): Theatre and Film in Exile. German Artists in Britain, 1933–1945. Oxford, New York, München 1995.

Berghaus, Günter (Hrsg.): Fascism and Theatre. Comparative Studies on the Aesthetics and Politics of Performance in Europe, 1925–1945. Providence/Oxford 1996.

Berglund, Der Kampf um den Leser Berglund, Gisela: Der Kampf um den Leser im Dritten Reich. Die Literaturpolitik der Neuen Literatur (Will Vesper) und die Nationalsozialistischen Monatshefte. Worms 1980.

Berglund, Gisela: Deutsche Opposition gegen Hitler in Presse und Roman des Exils. Eine Darstellung und ein Vergleich mit der historischen Wirklichkeit. Stockholm 1972.

Bernhardt, Gangsterstück Bernhardt, Rüdiger: Ein Gangsterstück im großen Stil. Brechts ›Der aufhaltsame Aufstieg des Arturo Ui‹. In: Winfried Freund (Hrsg.): Deutsche Komödien. Vom Barock bis zur Gegenwart. München 1988, 241–254.

Bersch, Richard: Pathos und Mythos. Studien zum Werk Werner Helwigs mit einem bio-bibliographischen Anhang. Frankfurt/M. u.a. 1992.

Besch, Kasack Besch, Heribert: Dichtung zwischen Vision und Wirklichkeit. Eine Analyse des Werkes von Hermann Kasack mit Tagebuchedition (1930–1943). St. Ingbert 1992.

Betz, Exil und Engagement Betz, Albrecht: Exil und Engagement. Deutsche Schriftsteller im Frankreich der dreißiger Jahre. München 1986.

Bialas, Wolfgang/Gangl, Manfred (Hrsg.): Intellektuelle im Nationalsozialismus. Frankfurt/M. u.a. 2000.

Biccari, Zuflucht Biccari, Gaetano: »Zuflucht des Geistes«? Konservativ-revolutionäre, faschistische und nationalsozialistische Theaterdiskurse in Deutschland und Italien 1900–1944. Tübingen 2001.

Binder, Max Mell Binder, Christoph: Max Mell. Beiträge zu seinem Leben und Werk. Graz 1978.

Binneberg, Konfiguration Binneberg, Kurt: Die Konfiguration in Brechts Drama ›Der kaukasische Kreidekreis‹. In: Karl Konrad Polheim (Hrsg.): Die dramatische Konfiguration. Paderborn/München/Wien/Zürich 1997, 275–348.

Blattmann, Triptychon Blattmann, Ekkehard: Triptychon mit Christusfront. Über einige religiöse Einschlüsse in Heinrich Manns Essays aus dem französischen Exil. In: Rudolf Wolff (Hrsg.): Heinrich Mann. Das essayistische Werk. Bonn: Bouvier 1986, 105–137.

Blobel, Polis und Kosmopolis Blobel, Martin: Polis und Kosmopolis. 3 Bde. I: Nachrevolutionärer Totenkult und Politikbegriff in Benjamins frühem »Passagenwerk«. II: Politik im Kairos: Kritische Revue der politischen Bewegungen im Paris des neunzehnten Jahrhunderts in Walter Benjamins mittlerem »Passagenwerk«. III: Selbstbehauptung in Gesten der autonomen Kunst und des Tricksters. Zur politologischen Interpretation der Poetik Baudelaires in Walter Benjamins spätem »Passagenwerk«. Würzburg 1999–2000.

Bluhm, Der »Verlorene Posten« Bluhm, Lothar: Der »Verlorene Posten« in der Literatur. In: Wirkendes Wort 6, 1987, 399–406.

Bluhm, Ernst Jünger als Tagebuchautor Bluhm, Lothar: Ernst Jünger als Tagebuchautor und die ›Innere Emigration‹. ›Gärten und Straßen‹ (1942) und ›Strahlungen‹ (1949). In: Ernst Jünger im 20. Jahrhundert. Hrsg. von Hans-Harald Müller und Harro Segeberg. München 1995, 125–153.

Bluhm, Tagebuch Bluhm, Lothar: Das Tagebuch zum Dritten Reich. Zeugnisse der Inneren Emigration. Bonn 1991.

Bluhm, Lothar: »ein geistiger Wegbereiter und eiskalter Wollüstling der Barbarei«. Thomas Mann über Ernst Jünger – Eine Studie zu Manns politisch-literarischer Urteilsbildung. In: Wirkendes Wort 46, 1996, 424–445.

Bock, Coining Poetry Bock, Stephan: Coining Poetry. Brechts ›Guter Mensch von Sezuan‹: Zur dramatischen Dichtung eines neuen Jahrhunderts. Frankfurt/M. 1998.

Bock, Sigrid/Manfred Hahn (Hrsg.): Erfahrung Exil. Antifaschistische Romane 1933–1945. Berlin (Ost) 1979.

Bock, Sigrid/Manfred Hahn (Hrsg.): Erfahrung Nazideutschland. Romane in Deutschland 1933–1945. Analysen. Berlin und Weimar 1987.

Boden, Petra: Im Käfig des Paradigmas. Biedermeierforschung 1928–1945 und in der Nachkriegszeit. In: Euphorion 90, 1996, 432–444.

Böhme, Hartmut: Fetischismus. Eine andere Theorie der Moderne. Reinbek b. Hamburg 2006.

Böhner, Claus P.: Romane in Nazideutschland. Eine Studie zum besseren Verständnis. Frankfurt/M. 1994 (in Mikrofiche-Form).

Bönsch, Franz: Das österreichische Exiltheater »Laterndl« in London. In: Helene Maimann/Heinz Lunzer (Red.): Österreicher im Exil 1934 bis 1945. Wien 1977, 441–450.

Bohm, Arnd: Artful Reproduction: Benjamin's Appropriation of Adolf Behne's ›Das reproduktive Zeitalter‹ in the Kunstwerk-Essay. In: Germanic Review 68 (1993), 146–155.

Bohnen, Brechts ›Gewehre der Frau Carrar‹ Bohnen, Klaus (Hrsg.): Brechts ›Gewehre der Frau Carrar‹. Frankfurt/M. 1982.

Bohnert, Brechts Lyrik Bohnert, Christiane: Brechts Lyrik im Kontext. Zyklen und Exil. Königstein/Ts. 1982.

Bohrer, Ästhetik des Schreckens Bohrer, Karl Heinz: Die Ästhetik des Schreckens. Die pessimistische Romantik und Ernst Jüngers Frühwerk. München/Wien 1978.

Bohrer, Labyrinth Bohrer, Karl-Heinz: Labyrinth zwischen »Ereignis« und »Interieur«. Über Walter Benjamins Phantasma-Stadt. In: Merkur 48, 1994, 95–108.

Bohse, Jörg: Inszenierte Kriegsbegeisterung und ohnmächtiger Friedenswille. Meinungslenkung und Propaganda im Nationalsozialismus. Stuttgart 1988.

Bolbecher, Siglinde/Schneichel-Falkenberg, Beate (Hrsg.): Frauen im Exil. Wien 2007.

Bollenbeck, Bildung und Kultur Bollenbeck, Georg: Bildung und Kultur. Glanz und Elend eines deutschen Deutungsmusters. Frankfurt/M., Leipzig 1994.

Bollenbeck, Tradition, Avantgarde, Reaktion Bollenbeck, Georg: Tradition, Avantgarde, Reaktion. Deutsche Kontroversen um die kulturelle Moderne 1880–1945. Frankfurt/M. 1999.

Bollmus, Amt Rosenberg Bollmus, Reinhard: Das Amt Rosenberg und seine Gegner. Studien zum Machtkampf im nationalsozialistischen Herrschaftssystem (1970). 2. Aufl. mit e. bibliogr. Essay von Stephan Lehnstaedt. München 2006.

Bolz, Norbert: Auszug aus der entzauberten Welt. Philosophischer Extremismus zwischen den Weltkriegen. 2. Aufl. München 1991.

Bolz/van Reijen, Benjamin Bolz, Norbert/Willem van Reijen: Walter Benjamin. Frankfurt M./New York 1991.

Bolz/Witte, Passagen Bolz, Norbert/Bernd Witte (Hrsg.): Passagen. Walter Benjamins Urgeschichte des neunzehnten Jahrhunderts. München 1984.

Borkowski, Individuum Borkowski, Maciej: Das Individuum und der (faschistische) Staat. Zur nationalsozialistischen Deutung von Friedrich Hebbels ›Agnes Bernauer‹. In: Hubert Orlowski/Günter Hartung (Hrsg.): Traditionen und Traditionssuche des deutschen Faschismus. 2. Protokollband. Poznan 1988, 151–162.

Bormann, Widerruf der Moderne Bormann, Alexander von: Widerruf der Moderne. Das Beispiel Gottfried Benn. In: Horst Albert Glaser (Hrsg.): Gottfried Benn. 1886 bis 1956. Referate des Essener Kolloquiums. Frankfurt/M./Bern/New York/Paris 1989, 31–50.

Borries, Ernst von/Erika von Borries (Hrsg.): Deutsche Literaturgeschichte. Bd. 10: Drittes Reich und Exil 1933–1945. München 2000.

Bortenschlager, Billinger Bortenschlager, Wilhelm: Der unbekannte Billinger. Innsbruck 1985.

Bortenschlager, Fritz Hochwälder Bortenschlager, Wilhelm: Der Dramatiker Fritz Hochwälder. Innsbruck 1979.

Bossinade, Vom Kleinbürger zum Menschen Bossinade, Johanna: Vom Kleinbürger zum Menschen. Die späten Dramen Ödön von Horváths. Bonn 1988.

Bourdieu, Pierre: Die politische Ontologie Martin Heideggers. Aus d. Französ. v. Bernd Schwibs. Frankfurt/M. 1988 (frz. 1975, 1. dt. Ausg. 1976).

Bourdieu, Regeln der Kunst Die Regeln der Kunst. Genese und Struktur des literarischen Feldes. Frankfurt/M. 1999.

Boyer-Weinmann, Martine/Estelmann, Frank/Müller, Olaf (Hrsg.): Das Münchener Abkommen und die Intellektuellen. Literatur und Exil in Frankreich zwischen Krise und Krieg. Tübingen 2008.

Braese, Stephan: Auf der Spitze des Mastbaums. Walter Benjamin als Kritiker im Exil. In: Exilforschung 16, 1998, 56–86.

Bräuninger, Werner: »ich wollte nicht danebenstehen«. Lebensentwürfe von Alfred Baeumler bis Ernst Jünger. Graz 2006.

Bräuninger, Werner: Strahlungsfelder des Nationalsozialismus. Die Flosse des Leviathan. Schnellbach 1999.

Brandt, Zukunftsroman Brandt, Diana: Der deutsche Zukunftsroman 1918–1945. Gattungstypologie und sozialgeschichtliche Verortung. Tübingen 2007.

Braun, Michael/Guntermann, Georg unter Mitarbeit von Christiane Gandner (Hrsg.): Gerettet und zugleich von Scham verschlungen. Neue Annäherungen an die Literatur der »Inneren Emigration«. Internationales Symposium anlässlich des 100. Geburtstages von Stefan Andres im Deutschen Literaturarchiv Marbach am Neckar. Frankfurt/M. u.a. 2007.

Braun, Michael/Guntermann, Georg/Lermen, Birgit (Hrsg.): Stefan Andres. Zeitzeuge des 20. Jahrhunderts. Frankfurt/M. u.a. 1999.

Brauneck, Manfred: Die Welt als Bühne. Geschichte des europäischen Theaters. Bd. 3: Vom Beginn der Moderne bis zur Gegenwart. Stuttgart, Weimar 1998.

Brekle, Schriftsteller Brekle, Wolfgang: Schriftsteller im antifaschistischen Widerstand 1933–1945 in Deutschland. 2. Aufl. Berlin 1990.

Bremer, Thomas (Hrsg.): Europäische Literatur gegen den Faschismus 1922–1945. München 1986.

Brenneke, Militanter Modernismus Brenneke, Reinhard: Militanter Modernismus. Vergleichende Studien zum Frühwerk Ernst Jüngers. Stuttgart 1992.

Brenner, Kunst-Institution Brenner, Hildegard: Ende einer bürgerlichen Kunst-Institution. Die politische Formierung der Preußischen Akademie der Künste ab 1933. Stuttgart 1972.

Brenner, Kunstpolitik Brenner, Hildegard: Die Kunstpolitik des Nationalsozialismus. Reinbek 1963

Brenner, Peter J. (Hrsg.): Reisekultur in Deutschland. Von der Weimarer Republik zum Dritten Reich. Tübingen 1997.

Brenner, Beutekunst Brenner, Peter J.: Literarische Beutekunst. Traditionszusammenhänge nationalsozialistischer Lyrik. In: Benutzte Lyrik. Hrsg. v. Gunter E. Grimm in Zusammenarbeit mit Hermann Korte. Text + Kritik 1/2007, Nr. 173, 63–80.

Bresslein, Völkisch-faschistoides und nationalsozialistisches Drama Bresslein, Erwin: Völkisch-faschistoides und nationalsozialistisches Drama. Kontinuitäten und Differenzen. Frankfurt/M. 1980.

Bresslein, Erwin: Von der rechtsradikalen dramatischen Literatur der Weimarer Republik zur nationalsozialistischen. In: Jörg Thunecke (Hrsg.): Leid der Worte. Panorama des literarischen Nationalsozialismus. Bonn 1987, 46–71.

Breuer, Anatomie Breuer, Stefan: Anatomie der Konservativen Revolution. 2., durchges. u. korrig. Aufl. Darmstadt 1995.

Breuer, »Nicht der Anfang« Breuer, Stefan »Nicht der Anfang, das Ende trägt die Last«. F.G. Jünger und die Perfektion der Technik. In: Stefan Breuer: Die Gesellschaft des Verschwindens. Von der Selbstzerstörung der technischen Zivilisation. Hamburg 1995, 121–153, 220–222.

Breuer, Ordnungen Breuer, Stefan: Ordnungen der Ungleichheit – die deutsche Rechte im Widerstreit ihrer Ideen 1871–1945. Darmstadt 2001.

Breuer, Satire und Terror Breuer, Dieter: Satire und Terror. Walter Hasenclevers letzte Komödie ›Konflikt in Assyrien‹. In: Walter-Hasenclever-Gesellschaft. Jahrbuch 1997, 1998, 41–54 und 128–129.

Breuer, Stefan: Ästhetischer Fundamentalismus. Stefan George und der deutsche Antimodernismus. Darmstadt 1995.

Breuer, Stefan: Die Völkischen in Deutschland. Kaiserreich und Weimarer Republik. Darmstadt 2008.

Breuer/Cepl-Kaufmann, Moderne Breuer, Dieter/Gertrude Cepl-Kaufmann (Hrsg.): Moderne und Nationalsozialismus im Rheinland. Paderborn 1997.

Briegleb, 1968 Briegleb, Klaus: 1968. Literatur in der antiautoritären Bewegung. Frankfurt/M. 1993 (edition suhrkamp 1669).

Brinkmann, Nibelungenlied Brinkmann, Henning: Das Nibelungenlied als Tragödie. Anmerkungen zu der Nibelunge Not von Max Mell. In: Wirkendes Wort 3, 1952/53, 224–227.

Brinson, A Woman's Place …? Brinson, Charmian: A Woman's Place …? German-speaking Women in Exile in Britain, 1933–1945. In: German Life and Letters, April 1998, 204–224.

Brock, Weltbild Brock, Erich: Das Weltbild Ernst Jüngers. Zürich 1945.

Brockhaus, Schauder Brockhaus, Gudrun: Schauder und Idylle. Faschismus als Erlebnisangebot. München 1997.

Brodersen, Kracauer Brodersen, Momme: Siegfried Kracauer. Reinbek 2001 (rowohlts monographien).

Broer/Kopp, Grabbe Broer, Werner/Detlev Kopp (Hrsg.): Grabbe im Dritten Reich. Zum nationalsozialistischen Grabbe-Kult. Bielefeld 1986.

Broerman, Bruce: The German Historical Novel in Exile after 1933. Clio and Calliope. London 1986.

Brüggemann, Passagen Brüggemann, Heinz: Passagen. In: Michael Opitz/Erdmut Wizisla (Hrsg.): Benjamins Begriffe. 2 Bde. Frankfurt/M. 2000, 573–619.

Brühl, Herwarth Walden Brühl, Georg: Herwarth Walden und ›Der Sturm‹. Leipzig 1983.

Bruns, Helgard: Herbert Eulenberg. Drama, Dramatik, Wirkung. Frankfurt/M. 1974.

Bruns, Kinomythen Bruns, Karin: Kinomythen 1920–1949. Die Filmentwürfe der Thea von Harbou. Stuttgart, Weimar 1995.

Brunträger, Hubert: Der Ironiker und der Ideologe. Die Beziehungen zwischen Thomas Mann und Alfred Baeumler. Würzburg 1993.

Buchgestaltung im Exil Buchgestaltung im Exil 1933–1950. Eine Ausstellung des Deutschen Exilarchivs 1933–1945 der Deutschen Bibliothek. Ausstellung und Begleitbuch: Ernst Fischer. 2., durchges. Aufl. Wiesbaden 2004.

Buchinger, Stefan Zweig Buchinger, Susanne: Stefan Zweig – Schriftsteller und literarischer Agent. Die Beziehungen zu seinen deutschsprachigen Verlegern (1901–1942). (Archiv für Geschichte des Buchwesens, Studien Bd. 1). Frankfurt/M. 1998.

Buck-Morss, Dialektik des Sehens Buck-Morss, Susan: Dialektik des Sehens. Walter Benjamin und das Passagen-Werk. Frankfurt/M. 1993.

Bücher, Verlage, Medien Exilforschung. Ein internationales Jahrbuch. Bd. 22: Bücher, Verlage, Medien. Hrsg. v. Claus-Dieter Krohn und Ernst Fischer. München 2004.

Bühler/Kirbach, Wehrmachtsausgaben Bühler, Hans-Eugen/Klaus Kirbach, Die Wehrmachtsausgaben deutscher Verlage von 1939–1945, Teil 1: Feldpostausgaben zwischen 1939 und 1945 und die Sonderaktion Feldpost 1942. In: Archiv für Geschichte des Buchwesens 50, 1998, 251–294.

Bühler, Hans-Eugen, in Verb. mit Edelgard Bühler: Der Frontbuchhandel 1939–1945. Organisationen, Kompetenzen, Verlage, Bücher; eine Dokumentation. Frankfurt/ M. 2002.

Bürger, Jan: Benns Doppelleben oder Wie man sich selbst zusammensetzt. Marbach a. N. 2006 (Marbacher Magazin 113).

Bürger, Kunstsoziologische Aspekte Bürger, Peter: Kunstsoziologische Aspekte der Brecht-Benjamin-Adorno-Debatte der 30er Jahre. In: Peter Bürger (Hrsg.): Seminar: Literatur- und Kunstsoziologie. Frankfurt/M. 1978, 11–20.

Bürger, Theorie der Avantgarde Bürger, Peter: Theorie der Avantgarde. Frankfurt/M. 1974 (edition suhrkamp 727).

Bullock, Marcus Paul: The Violent Eye. Ernst Jünger's Visions and Revisions on the European Right. Detroit 1992.

Bulthaup, Materialien Bulthaup, Peter (Hrsg.): Materialien zu Benjamins Thesen ›Über den Begriff der Geschichte‹. Beiträge und Interpretationen. Frankfurt/M. 1975.

Bumm, Drama und Theater Bumm, Peter H.: Drama und Theater der konservativen Revolution. Diss. München 1971.

Busch, Kleist-Rezeption Busch, Rolf: Imperialistische und faschistische Kleist-Rezeption 1890–1945. Eine ideologiekritische Untersuchung. Frankfurt/M. 1974.

Busch, NS-Autoren Busch, Stefan: »Und gestern, da hörte uns Deutschland«. NS-Autoren in der Bundesrepublik. Kontinuität und Diskontinuität bei Friedrich

Griese, Werner Beumelburg, Eberhard Wolfgang Möller und Kurt Ziesel. Würzburg 1998.

Caemmerer/Delabar, Dichtung Christiane Caemmerer/Walter Delabar (Hrsg.), Dichtung im Dritten Reich? Zur Literatur in Deutschland 1933–1945. Opladen 1996.

Canetti, Masse und Macht Canetti, Elias: Masse und Macht. München 1994.

Caygill, Benjamin Caygill, Howard: Walter Benjamin. The colour of experience. London/New York 1998.

Cellbrot, Zum »physiognomischen Sehen« Cellbrot, Hartmut: Zum »physiognomischen Sehen« bei Rudolf Kassner. In: Ingeborg Fiala-Fürst (Hrsg.): Mährische deutschsprachige Literatur. Eine Bestandsaufnahme. Beiträge der internationalen Konferenz Olmütz, 25.–28.4.1999. Olomouc 1999, 242–255.

Cepl-Kaufmann, Der Rheinische Literaturpeis Cepl-Kaufmann, Gertrude: Der Rheinische Literaturpreis 1935–1944. In: Literaturpreise. Literaturpolitik und Literatur am Beispiel der Region Rheinland/Westfalen. Hrsg. v. Bernd Kortländer. Stuttgart 1998, 67–100.

Charbon, Rémy: Die Naturwissenschaften im modernen deutschen Drama. Zürich/München 1974.

Chiari, Krieg und Militär Chiari, Bernhard/Rogg, Matthias/Schmidt, Wolfgang (Hrsg.): Krieg und Militär im Film des 20. Jahrhunderts. Im Auftrag des militärgeschichtlichen Forschungsamtes. München 2003.

Christians, Gesicht, Gestalt, Ornament Christians, Heiko: Gesicht, Gestalt, Ornament. Überlegungen zum epistemologischen Ort der Physiognomie zwischen Hermeneutik und Mediengeschichte. In: DVjs 74 (2000), 84–110.

Christians, Über den Schmerz Christians, Heiko: Über den Schmerz. Eine Untersuchung von Gemeinplätzen. Berlin 1999.

Christiansen, Benn Christiansen, Annemarie: Benn. Einführung in das Werk. Stuttgart 1976.

Chrystal, Nazi Party Election Films Chrystal, William G.: Nazi Party Election Films 1927–1938. In: Cinema Journal, Vol. XV, No. I: Fall 1975, 29–47.

Clark, ›The Eternal Road‹ Clark, Georgina: ›The Eternal Road‹. Werfel's Theatrical Collaboration with Max Reinhardt. In: Lothar Huber (Hrsg.): Franz Werfel. An Austrian Writer Reassessed. Oxford/New York/München 1989.

Clarke, Rolle des Theaters Clarke, Alan: Die Rolle des Theaters des »Freien Deutschen Kulturbundes in Großbritannien« im Kampf gegen den deutschen Faschismus (1938–1947). Diss. Berlin (Ost) 1972.

Claussen/Oellers, Beschädigtes Erbe Claussen, Horst/Norbert Oellers (Hrsg.): Beschädigtes Erbe. Beiträge zur Klassikerrezeption in finsterer Zeit. Bonn 1984.

Comay, Adorno's Siren Song Comay, Rebecca: Adorno's Siren Song. In: New German Critique 81, 2000, 21–48.

Conrady, Carl-Otto: Völkisch-nationale Germanistik in Köln. Eine unfestliche Erinnerung. Schernfeld 1990.

Corino, Intellektuelle Corino, Karl (Hrsg.): Intellektuelle im Bann des Nationalsozialismus. Hamburg 1980.

Coudres, Geschichte der ersten Drucke Coudres, Hans Peter des: Zur Geschichte der ersten Drucke der Friedensschrift. In: Antaios 6, 1965, 516–523.

Cowen, Hauptmann-Kommentar Cowen, Roy C.: Hauptmann-Kommentar zum dramatischen Werk. München 1980.

Crepon, Kurzes Leben – langes Sterben   Crepon, Tom: Kurzes Leben – langes Sterben. Hans Fallada in Mecklenburg. Rostock 1998.

Critchfield, Autobiographie als Geschichtsschreibung   Critchfield, Richard: Autobiographie als Geschichtsschreibung. In: Deutschsprachige Exilliteratur. Studien zu ihrer Bestimmung im Kontext der Epoche 1930–1960. Hrsg. von Wulf Koepke und Michael Winkler. Bonn 1984, 228–241.

Critchfield, When Lucifer Cometh   Critchfield, Richard D.: When Lucifer Cometh. The Autobiographical Discourse of Writers and Intellectuals Exiled during the Third Reich. New York u. a. 1994.

Cuomo, Career   Cuomo, Glenn R.: Career at the cost of compromise. Günter Eich's life and work in the years 1933–1945. Amsterdam, Atlanta 1989.

Cuomo, Glenn R. (Hrsg.): National Socialist Cultural Politics. London und New York 1995.

Currid, Lied einer Nacht   Currid, Brian: Das Lied einer Nacht. Filmschlager als Organ der Erfahrung. In: Hagener, Malte/Hans, Jan (Hrsg.): Als die Filme singen lernten. Innovation und Tradition im Musikfilm 1928–1938. München 1999, 48–60.

Czaja, Psychophysische Grundperspektive   Czaja, Johannes: Psychophysische Grundperspektive und Essayismus. Untersuchungen zu Robert Musils Werk mit besonderem Blick auf Gustav Theodor Fechner und Ernst Mach. Diss. Tübingen 1993.

Dahlke, Geschichtsroman und Literaturkritik   Dahlke, Hans: Geschichtsroman und Literaturkritik im Exil. Berlin/Weimar: Aufbau 1976.

Dahm, Anfänge und Ideologie der Reichskulturkammer   Dahm, Volker: Anfänge und Ideologie der Reichskulturkammer. Die »Berufsgemeinschaft« als Instrument kulturpolitischer Steuerung und sozialer Reglementierung. In: Vierteljahreshefte für Zeitgeschichte 34, 1986, 53–84.

Dahm, Das jüdische Buch   Dahm, Volker: Das jüdische Buch im Dritten Reich. 2., überarb. Aufl. München 1993.

Dahm, Volker (Hrsg.): Die tödliche Utopie. Bilder, Texte, Dokumente, Daten zum Dritten Reich (Dokumentation Obersalzberg). 5., vollständig überarb. u. erweit. Neuausgabe. München 2008.

Dahm, Volker: Systematische Grundlagen und Lenkungsinstrumente der Kulturpolitik des Dritten Reiches. In: Dietrich Beyrau (Hrsg.): Im Dschungel der Macht: Intellektuelle Professionen unter Stalin und Hitler. Göttingen 2000, 243–259.

Dahrendorf, Ralf: Versuchungen der Unfreiheit. Die Intellektuellen in Zeiten der Prüfung. München 2006

Daiber, Hans: Schaufenster der Diktatur. Theater im Machtbereich Hitlers. Stuttgart 1995.

Dainat, Anpassungsprobleme   Dainat, Holger: Anpassungsprobleme einer nationalen Wissenschaft. Die Neuere deutsche Literaturwissenschaft in der NS-Zeit. In: *Schmitz/Vollnhals, Völkische Bewegung*, 357–378.

Dainat/Danneberg, Literaturwissenschaft und Nationalsozialismus   Dainat, Holger/Lutz Danneberg (Hrsg.): Literaturwissenschaft und Nationalsozialismus. Tübingen 2003.

Dainat/Kolk, Das Forum der Geistesgeschichte   Dainat, Holger/Rainer Kolk: Das Forum der Geistesgeschichte. Die ›Deutsche Vierteljahrsschrift für Literaturwissenschaft und Geistesgeschichte‹ (1933–1944). In: Robert Harsch-Niemeyer (Hrsg.): Beiträge zur Methodengeschichte der neueren Philologien. Zum 125jährigen Bestehen des Max Niemeyer Verlages. Tübingen 1995.

Dambacher, Literatur- und Kulturpreise   Dambacher, Eva: Literatur- und Kulturpreise 1859–1949. Marbach 1996.

Damwerth, Dieter: Verbrannt – verfolgt – vertrieben. Schriftstellerinnen und Schriftsteller im Gebiet des heutigen Nordrhein-Westfalen zur NS-Zeit. Münster 2003.

Danielsen, Kieler Theater   Danielsen, Wilhelm: Hundert Jahre Kieler Theater 1841–1944. Kiel 1961.

Dannemann, Rüdiger: Georg Lukács zur Einführung. Hamburg 1997.

Das Wort. Bibliographie   Das Wort. Moskau 1936–1939. Bibliographie einer Zeitschrift. Bearb. von Gerhard Seidel. Mit einem Vorwort von Hugo Huppert. Berlin 1975.

Daviau, Der innere Konflikt   Daviau, Donald G.: Der innere Konflikt zwischen Gut und Böse in den Dramen von Fritz Hochwälder. In: Herbert Zeman (Hrsg.): Die österreichische Literatur. Ihr Profil von der Jahrhundertwende bis zur Gegenwart (1880–1980). Graz 1989, S. 905–925.

Daviau, Jura Soyfer and His Time   Daviau, Donald G. (Hrsg.): Jura Soyfer and His Time. Riverside 1995.

Daviau, Donald G./Ludwig M. Fischer (Hrsg.): Das Exilerlebnis. Verhandlungen des 4. Symposions über deutsche und österreichische Exilliteratur. Columbia, S.C. 1982.

Davies/Parker/Philpotts, Modern Restoration   Davies, Peter/Parker, Stephen/Philpotts, Matthew: The Modern Restoration. Re-thinking German Literary History 1930–1960. Berlin, New York 2004.

Decken, Godele von der: Emanzipation auf Abwegen. Frauenkultur und Frauenliteratur im Umkreis des Nationalsozialismus. Bodenheim 1988.

Dede, Klaus: August Hinrichs als Erzieher: Der Heimatschriftsteller – ein deutschnationales Symbol. Oldenburg 1999.

Delabar, Spielräume   Delabar, Walter u.a. (Hrsg.): Spielräume des einzelnen. Literatur in der Weimarer Republik und im »Dritten Reich«. Berlin 1999.

Delabar/Denkler/Schütz, Banalität   Delabar, Walter/Horst Denkler/Erhard Schütz (Hrsg.): Banalität mit Stil. Zur Widersprüchlichkeit der Literaturproduktion im Nationalsozialismus. Bern u.a. 1999.

Delvaux, Antiker Mythos   Delvaux, Peter: Antiker Mythos und Zeitgeschehen. Sinnstruktur und Zeitbezüge in Gerhart Hauptmanns Atriden-Tetralogie. Amsterdam/Atlanta 1992.

Delvaux, Leid soll lehren   Delvaux, Peter: Leid soll lehren. Historische Zusammenhänge in Gerhart Hauptmanns Atriden-Tetralogie. Amsterdam/Atlanta 1994.

Demmel, Kleist-Rezeption   Demmel, Gerolf: Aspekte der nationalsozialistischen Kleist-Rezeption im Dritten Reich. In: Günter Hartung/Hubert Orlowski (Hrsg.): Traditionen und Traditionssuche des deutschen Faschismus. Halle 1987, 262–269.

Denk, Zensur   Denk, Friedrich: Die Zensur der Nachgeborenen. Zur regimekritischen Literatur im Dritten Reich. 3. Aufl. Weilheim 1996 (1. Aufl. 1995).

Denkler, Organische Konstruktionen   Denkler, Horst: Organische Konstruktionen. Natur und Technik in der Literatur des »Dritten Reichs«. In: Eggert, Hartmut/Schütz, Erhard/ Sprengel, Peter (Hrsg.): Faszination des Organischen – Konjunkturen einer Kategorie der Moderne. München 1995, 231–266.

Denkler, Was war   Denkler, Horst: Was war und was bleibt? Zur deutschen Literatur im Dritten Reich. Neuere Aufsätze. Frankfurt/M. 2004.

Denkler, Werkruinen Denkler, Horst: Werkruinen, Lebenstrümmer. Literarische Spuren der »verlorenen Generation« des Dritten Reiches. Tübingen 2006.

Denkler/Lämmert, Vorspiel Denkler, Horst/Eberhard Lämmert (Hrsg.): »Das war ein Vorspiel nur ...«. Berliner Colloquium zur Literaturpolitik im »Dritten Reich«. Berlin 1985.

Denkler/Prümm, Die deutsche Literatur im Dritten Reich Denkler, Horst/Prümm, Karl (Hrsg.): Die deutsche Literatur im Dritten Reich. Themen – Traditionen – Wirkungen. Stuttgart 1976.

Denkler, Horst: Hellas als Spiegel deutscher Gegenwart in der Literatur des »Dritten Reiches«. In: *Delabar/Denkler/Schütz, Banalität*, 11–27.

Denkler, Horst: Was war und was bleibt? Versuch einer Bestandsaufnahme der erzählenden Literatur aus dem »Dritten Reich«. In: Zeitschrift für Germanistik. Neue Folge 9/H. 2, 1999, 279–293.

Der deutsche PEN-Club im Exil 1933–1945 Der Deutsche PEN-Club im Exil 1933–1948. Eine Ausstellung der Deutschen Bibliothek, Frankfurt/M. Katalog: Werner Berthold und Brita Eckert. Mitarb.: Mechthild Hahner. Frankfurt/M. 1980.

Derré, Quelques réflexions Derré, Françoise: Quelques réflexions sur ›Die Entsühnung‹. In: Cahiers d'Etudes Germaniques 16, 1989, 115–128.

Deuring, »Vergiß das Beste nicht!« Deuring, Dagmar: »Vergiß das Beste nicht!« Walter Benjamins Kafka-Essay: Lesen/Schreiben/Erfahren. Würzburg 1994.

Deußen, Erinnerung Deußen, Christiane: Erinnerung als Rechtfertigung. Autobiographien nach 1945. Gottfried Benn – Hans Carossa – Arnolt Bronnen. Tübingen 1987.

Deutsche Intellektuelle im Exil Deutsche Intellektuelle im Exil. Ihre Akademie und die American Guild for German Cultural Freedom. Eine Ausstellung des Deutschen Exilarchivs 1933–1945 der Deutschen Bibliothek Frankfurt/M. Bearb. v. Werner Berthold, Brita Eckert u. Frank Wende. München u.a. 1993.

Deutsche und österreichische Exilerfahrungen in Großbritannien 1933–1945. Hrsg. v. Charmian Brinson, Richard Dove, Anthony Grenville, Marian Malet, Jennifer Taylor. München 1998.

Deutsch-Schreiner, Evelyn: Theater im Schatten der Gewaltherrschaft. Innere Emigration an österreichischen Theatern. In: Johann Holzner/Karl Müller (Hrsg.): Literatur der »Inneren Emigration« aus Österreich. Wien 1998, 295–312.

Dial, Joseph: Brecht in den USA. Zur Stellung der New Yorker Aufführung der ›Mutter‹ (1935) und des ›Galilei‹ (1947) in der Geschichte des epischen Theaters. In: Weimarer Beiträge 24.2.1978, 160–172.

Diaz Pérez, El Libro Libre Diaz Pérez, Olivia C.: Der Exilverlag El Libro Libre in Mexiko. In: *Bücher, Verlage, Medien*, 156–179.

Dieckhoff, Mythos und Moderne Dieckhoff, Reiner: Mythos und Moderne. Über die verborgene Mystik in den Schriften Walter Benjamins. Köln 1987.

Dierick, Benn Dierick, Augustinus P.: Gottfried Benn and his Critics: Major Interpretations 1912–1992. Columbia 1992.

Dietka, Jünger – vom Weltkrieg Dietka, Norbert: Ernst Jünger – vom Weltkrieg zum Weltfrieden. Biographie und Werkübersicht 1895–1945. Bad Honnef/Zürich 1994.

Dietka, Jünger nach 1945 Dietka, Norbert: Ernst Jünger nach 1945. Das Jünger-Bild der bundesdeutschen Kritik (1945 bis 1985). Frankfurt/M./Bern/New York/Paris 1987.

Diller, Rundfunkpolitik Diller, Ansgar: Rundfunkpolitik im Dritten Reich. München 1980.

Dillmann, Hilpert Dillmann, Michael: Heinz Hilpert. Leben und Werk. Berlin 1990.

Ditt, Der Westfälische Literaturpreis Ditt, Karl: Der Westfälische Literaturpreis im Dritten Reich. In: Literaturpreise. Literaturpolitik und Literatur am Beispiel der Region Rheinland/Westfalen. Hrsg. v. Bernd Kortländer. Stuttgart, Weimar 1998, 39–66.

Dittrich, Spielfilm Dittrich, Kathinka: Spielfilm: Die Niederlande und die deutsche Emigration. In: Dies./Würzner, Hans (Hrsg.): Die Niederlande und das deutsche Exil 1933–1940. Königstein/Ts. 1982, 186–214.

Dodd, »Zwischen den Zeilen?« Dodd, Bill: »Zwischen den Zeilen?«: The Development of Dolf Sternberger's Political »Sprachkritik« from the ›Wörterbuch der Regierung von Papen‹ (1932) to ›Ein guter Ausdruck‹ (1937). In: Michael Butler/ Robert Evans (Hrsg.): The Challenge of German Culture. Essays Presented to Wilfried van der Will. Houndmills/New York 2000, 86–98.

Döhl, Reinhard: Das Hörspiel zur NS-Zeit. Darmstadt 1992.

Döring, Koeppen 1933–1948 Döring, Jörg: »… ich stellte mich unter, ich machte mich klein …« Wolfgang Koeppen 1933–1948. Frankfurt/M., Basel 2001.

Dörwald, Uwe: Über das Ethische bei Hermann Broch. Kritische Historiographie zur ethischen Intention und ihrer Funktion bei Hermann Broch. Frankfurt/M./Berlin/ Bern/New York/Paris/Wien 1994.

Dohle, Kaschnitz Dohle, Theodor Eduard: Marie Luise Kaschnitz im Dritten Reich und in der Nachkriegszeit. Ein Beitrag zu den Publikations- und Wertungsbedingungen der nicht-nationalsozialistischen Autorin. Diss. München 1989.

Dohnke, Kay u. a. (Hrsg.): Niederdeutsch im Nationalsozialismus. Studien zur Rolle regionaler Kultur im Faschismus. Hildesheim 1994.

Dohnke, Kay/Dietrich Stein (Hrsg.): Gustav Frenssen in seiner Zeit. Von der Massenliteratur im Kaiserreich zur Massenideologie im NS-Staat. Heide 1997.

Dolan, Joseph Paul: Die Rolle der Kolonne in der Entwicklung der modernen deutschen Naturlyrik. Ann Arbor, Mi 1977 (Mikrofiche).

Doll, Theater im roten Wien Doll, Jürgen: Theater im roten Wien. Vom sozialdemokratischen Agitprop zum dialektischen Theater Jura Soyfers. Wien/Köln/Weimar 1997.

Donahue/Kirchner, Flight Donahue, Neil H./Doris Kirchner (Hrsg.): Flight of fantasy. New Perspectives in Inner Emigration in German Literature 1933–1945. New York 2003.

Doppler, Exilsituation Doppler, Alfred: Die Exilsituation in Horváths späten Dramen. In: Alan Bance/Ian Huish (Hrsg.): Ödön von Horváth Fifty Years On. London 1988, 33–42.

Dorowin, Retter des Abendlands Dorowin, Hermann: Retter des Abendlands. Kulturkritik im Vorfeld des europäischen Faschismus. Stuttgart 1991.

Dove, Ernst Toller Dove, Richard: Ernst Toller. Ein Leben in Deutschland. Göttingen 1993.

Dove, Richard: »Fremd ist die Stadt und leer …« Fünf deutsche und österreichische Schriftsteller im Londoner Exil 1933–1945. Robert Neumann, Stefan Zweig, Alfred Kerr, Karl Otten, Max Herrmann-Neiße. Aus d. Engl. v. Hellmut Roemer. Berlin 2004.

Downing, Olympia Downing, Taylor: Olympia. London 1992.

Draganović, Figürliche Schrift Draganović, Julia: Figürliche Schrift. Zur darstellerischen Umsetzung von Weltanschauung in Ernst Jüngers erzählerischem Werk. Würzburg 1998.

Drehscheibe Prag Drehscheibe Prag. Deutsche Emigranten 1933–1939. Eine Ausstellung des Adalbert Stifter Vereins. München 1989.

Drewes, Ambivalenz Drewes, Rainer: Die Ambivalenz nichtfaschistischer Literatur im Dritten Reich – am Beispiel Kurt Kluges. Frankfurt/M./Bern/New York/Paris 1991.

Drewniak, Der Deutsche Film Drewniak, Boguslaw: Der Deutsche Film 1938–1945. Ein Gesamtüberblick. Düsseldorf 1987.

Drewniak, Theater Drewniak, Boguslaw: Das Theater im NS-Staat. Szenarium deutscher Zeitgeschichte 1933–1945. Düsseldorf 1983.

Drews/Gerhard/Link, Moderne Kollektivsymbolik Drews, Axel/Gerhard, Ute/Link, Jürgen: Moderne Kollektivsymbolik. Eine diskurstheoretisch orientierte Einführung mit Auswahlbibliographie. In: Internationales Archiv für Sozialgeschichte der deutschen Literatur, 1. Sonderheft Forschungsreferate. Tübingen 1985, 256–375.

Dröge/Müller, Schönheit Dröge, Franz/Michael Müller: Die Macht der Schönheit. Avantgarde und Faschismus oder Die Geburt der Massenkultur. Hamburg 1995.

Droste, Jünger Droste, Volker: Ernst Jünger: ›Der Arbeiter‹. Studien zu seiner Metaphysik. Göppingen 1981.

Dücker, Burckhard: Erlösung und Massenwahn. Zur literarischen Mythologie des Sezessionismus im 20. Jahrhundert. Heidelberg 2001.

Düsterberg, Johst Düsterberg, Rolf: Hanns Johst: »Der Barde der SS«. Karrieren eines deutschen Dichters. Paderborn u.a. 2004.

Dufay, Herbstreise Dufay, François: Die Herbstreise. Französische Schriftsteller im Oktober 1941 in Deutschland. Ein Bericht. Aus dem Französischen von Tobias Scheffel. Berlin 2001.

Durzak, Exilliteratur Durzak, Manfred (Hrsg.): Die deutsche Exilliteratur 1933–1945. Stuttgart 1973.

Durzak, Laokoons Söhne Durzak, Manfred: Laokoons Söhne. Zur Sprachproblematik im Exil. In: Akzente 21, 1974, H. 1, 53–63.

Dusini, Tagebuch Dusini, Arno: Tagebuch. Möglichkeiten einer Gattung. München 2005.

Dussel, Heroisches Theater? Dussel, Konrad: Ein neues, ein heroisches Theater? Nationalsozialistische Theaterpolitik und ihre Auswirkungen in der Provinz. Bonn 1988.

Dussel, Provinztheater Dussel, Konrad: Provinztheater in der NS-Zeit. In: Vierteljahreshefte für Zeitgeschichte 38, 1990, 75–111.

Dussel, Theater Dussel, Konrad: Theater in der Krise. Der Topos und die ökonomische Realität in der Weimarer Republik. In: Lothar Ehrlich/Jürgen John (Hrsg.): Weimar 1930. Politik und Kultur im Vorfeld der NS-Diktatur. Köln/Weimar/Wien 1988, 211–223.

Dustdar, Film Dustdar, Bianca: Film als Propagandainstrument in der Jugendpolitik des Dritten Reichs. 1996.

Dyck, Zeitzeuge Dyck, Joachim: Der Zeitzeuge. Gottfried Benn 1929–1949. Göttingen 2006.

Eckardt, Jo-Jacqueline: Das Lessingbild im Dritten Reich. In: Lessing-Yearbook 23, 1991, 69–78.

Eder, »Allerlei Allotria« Eder, Jürgen: »Allerlei Allotria«. Grundzüge und Quellen der Essayistik bei Thomas Mann. Bonn 1993.

Eder, Brüderliche Kontraste Eder, Jürgen: Brüderliche Kontraste. Unterschiede in den Konzeptionen essayistischen Schreibens bei Heinrich und Thomas Mann. In: Thomas Mann Jahrbuch 5, 1992, S. 42–61.

Eggerstorfer, Wolfgang: Schönheit und Adel der Arbeit. Arbeitsliteratur im Dritten Reich. Frankfurt/M. 1988.

Eggert/Schütz/Sprengel, Faszination Eggert, Hartmut/Schütz, Erhard/Sprengel, Peter (Hrsg.): Faszination des Organischen. Konjekturen einer Kategorie der Moderne. München 1995.

Ehlich, Konrad (Hrsg.): Sprache im Faschismus. Frankfurt/M. 1989 (suhrkamp taschenbücher wissenschaft).

Ehrke-Rotermund, »Insektifizierung« Ehrke-Rotermund, Heike: Gegen »die Insektifizierung des Menschen«. Gerhard Nebels Kritik an der Luftwaffe des »Dritten Reiches«. In: Zeitschrift für Germanistik N.F. 9, 1999, 375–389.

Ehrke-Rotermund/Rotermund, Zwischenreiche Ehrke-Rotermund, Heidrun/Erwin Rotermund: Zwischenreiche und Gegenwelten. Texte und Vorstudien zur »Verdeckten Schreibweise« im »Dritten Reich«. München 1999.

Ehrlich, Dramaturgie Schillers Ehrlich, Lothar: Zur Rezeption der Dramaturgie Schillers durch faschistische Dramatiker am Beispiel von Curt Langenbeck. In: Hubert Orlowski/Günter Hartung (Hrsg.): Traditionen und Traditionssuche des deutschen Faschismus. 2. Protokollband. Poznan 1988, 29–40.

Ehrlich, Lothar/Jürgen John/Justus H. Ulbricht (Hrsg.): Das Dritte Weimar. Klassik und Kultur im Nationalsozialismus. Köln, Weimar, Wien 1999.

Eichberg, Nazi »Thingspiel« Eichberg, Henning: The Nazi »Thingspiel«. Theatre for the Masses in Fascism and Proletarian Culture. In: new german critique, 1977, Nr. 11, 133–150.

Eichberg u.a., Massenspiele Eichberg, Henning/Dultz, Michael/Gadberry, Glenn/ Rühle, Günther: Massenspiele. NS-Thingspiel, Arbeiterweihespiel und olympisches Zeremoniell. Stuttgart-Bad Canstatt 1977.

Eicher/Panse/Rischbieter, Theater Eicher, Thomas/Panse, Barbara/Rischbieter, Henning: Theater im »Dritten Reich«. Theaterpolitik, Spielplanstruktur, NS-Dramatik. Hrsg. von Henning Rischbieter. Seelze 2000.

Eimermacher, Karl (Hrsg.): Dokumente zur sowjetischen Kulturpolitik 1917–32. Stuttgart u.a. 1972.

Eksteins, Modris: Tanz über Gräben. Die Geburt der Moderne und der Erste Weltkrieg. Reinbek bei Hamburg 1990.

Elfe/Hardin/Holst, Deutsches Exildrama Elfe, Wolfgang/Hardin, James/Holst, Günther (Hrsg.): Deutsches Exildrama und Exiltheater. Bern/Frankfurt/M./Las Vegas 1977.

Emich, Isolde: Max Mell. Der Dichter und sein Werk. Versuch einer Würdigung. Wien 1957.

Emmerich, Einleitung Emmerich, Wolfgang: Einleitung. In: Ders. und Susanne Heil (Hrsg.): Lyrik des Exils. Stuttgart 1985, bibliogr. erg. Aufl. 2003, 21–77.

Emmerich/Wege, Technikdiskurs Der Technikdiskurs in der Hitler-Stalin-Ära. Hrsg. v. Wolfgang Emmerich /Carl Wege. Stuttgart/Weimar 1995.

Emmerich, Wolfgang: Germanistische Volkstumsideologie. Genese und Kritik der Volksforschung im Dritten Reich. Tübingen 1968.

Emter, Literatur und Quantentheorie Emter, Elisabeth: Literatur und Quantentheorie. Die Rezeption der modernen Physik in Schriften zur Literatur und Philosophie deutschsprachiger Autoren (1925–1970). Berlin/New York 1995.

Emter, Elisabeth: Physik und Ästhetik im Frühwerk von Max Bense. Zur theoretischen Fundierung experimenteller Schreibweisen. In: Semiosis 20.1/2, 1995, 5–35.

Encke, Julia: Augenblicke der Gefahr. Der Krieg und die Sinne. 1914–1934. München 2006.

Enderle-Ristori, Das ›freie deutsche Buch‹ Enderle-Ristori, Michaela: Das ›freie deutsche Buch‹ im französischen Exil. Ein kulturpolitisches Konzept und seine organisatorische Praxis. In: *Bücher, Verlage, Medien*, 29–59.

Enderle-Ristori, Markt Enderle-Ristori, Michaela: Markt und kulturelles Kräftefeld. Literaturkritik im Feuilleton von Pariser Tageblatt und Pariser Tageszeitung (1933–1940). Tübingen 1997.

Endlich, Stefanie: »Vernichtung«, »Giftschrank«, »Zweifelhafte Fälle«. Vorgeschichte und Folgen der Bücherverbrennung für jüdische Autoren, Verleger, Buchhändler und Bibliothekare. Teetz 2007.

Engberg, Brecht auf Fünen Engberg, Harald: Brecht auf Fünen. Exil in Dänemark 1933–1939. Wuppertal 1974.

Engel, Kathrin: Deutsche Kulturpolitik im besetzten Paris 1940–1944. Film und Theater. München 2003.

Engelhardt, Ferdinand Bruckner Engelhardt, Doris: Ferdinand Bruckner als Kritiker seiner Zeit. Standortsuche eines Autors. Diss. Aachen 1984.

Engelsing-Malek, »Amor fati« Engelsing-Malek, Ingeborg: »Amor fati« in Carl Zuckmayers Dramen. Konstanz 1960.

Englert, Uwe: Ibsen and Theatre Life in Nazi Germany. In: Contemporary Approaches to Ibsen 7, 1991, 85–100.

Englmann, Poetik Englmann, Bettina: Poetik des Exils. Die Modernität der deutschsprachigen Exilliteratur. Tübingen 2001.

Ensberg, Orientierungsproblematik Ensberg, Claus: Die Orientierungsproblematik der Moderne im Spiegel abendländischer Geschichte. Das literarische Werk Reinhold Schneiders. Tübingen 1995.

Erdmann, Vom Naturalismus zum Nationalsozialismus? Erdmann, Ulrich: Vom Naturalismus zum Nationalsozialismus? Zeitgeschichtlich-biographische Studien zu Max Halbe, Gerhart Hauptmann, Johannes Schlaf und Hermann Stehr. Frankfurt/M. 1997.

Espagne/Werner, Bauplan Espagne, Michel/Michael Werner: Bauplan und bewegliche Struktur im ›Baudelaire‹. Zu einigen Kategorien von Benjamins Passagen-Modell. In: Recherches Germaniques 17, 1987, 93–120.

Etlin, Richard A.: Art, Culture and Media Under the Third Reich. Chicago 2002.

Eugster, Sprache als Herrschaft Eugster, Roger: Sprache als Herrschaft. Semiotische Kritik des ›Guten Menschen von Sezuan‹, der Theorie Brechts und der literarischen Wertung. Bern u.a. 1993.

Evans, Richard J.: Das Dritte Reich. Bd. I: Aufstieg. Aus d. Engl. von Holger Fliessbach und Udo Rennert. München 2004.

Evans, Richard J.: Das Dritte Reich. Bd. II/1 und 2: Diktatur. Aus d. Engl. von Udo Rennert. München 2006.

Exilforschung. Ein Internationales Jahrbuch. München 1983 ff. – Bd. 3: Gedanken an Deutschland und andere Themen. München 1985. – Bd. 5: Fluchtpunkte des Exils und andere Themen. München 1987. – Bd. 11: Frauen und Exil. Zwischen Anpassung und Selbstbehauptung. München 1993. – Bd. 12: Aspekte der künstlerischen Inneren Emigration 1933–1945. München 1994. – Bd. 13: Kulturtransfer im Exil. München 1995. – Bd. 14: Rückblicke und Perspektiven. München 1996. – Bd. 17: Frauen im Exil – Frauen in der Exilforschung. Sprache, Identität, Kultur. München 1999.

Eykmann, Zerrbild Eykmann, Christoph: Zwischen Zerrbild, Schreckbild und Idealbild. Die Auseinandersetzung mit dem Asylland im Exilschrifttum. In: *Pfanner, Kulturelle Wechselbeziehungen, 35–48.*

Eykman, Theorie der Masse Eykman, Christoph: Theorie der Masse als Kritik des Faschismus: Hermann Broch und Elias Canetti. In: Donald G. Daviau/Ludwig M. Fischer (Hrsg.): Das Exilerlebnis. Columbia 1982, 169–180.

Fähnders, Avantgarde und Moderne Fähnders, Walter: Avantgarde und Moderne 1890–1933. Stuttgart, Weimar 1998.

Faure, Wirkung Faure, Ulrich: Im Knotenpunkt des Weltverkehrs. Herzfelde, Heartfield, Grosz und der Malik-Verlag 1916–1947. Berlin, Weimar 1992.

Faustmann, Reichskulturkammer Faustmann, Uwe Julius: Die Reichskulturkammer. Aufbau, Funktion und rechtliche Grundlagen einer Körperschaft des öffentlichen Rechts im nationalsozialistischen Regime. Aachen 1995 (Diss. Bonn 1909).

Faye, Jean Pierre: Totalitäre Sprachen. Kritik der narrativen Vernunft. Kritik der narrativen Ökonomie (aus d. Französ. v. Irmela Arnsperger). 2 Bde. Frankfurt/M., Berlin, Wien 1977.

Feilchenfeldt, Exilliteratur Feilchenfeldt, Konrad: Deutsche Exilliteratur 1933–1945. Kommentar zu einer Epoche. München 1986.

Feinberg, Anat: »Das Laterndl« in London, 1939–1945. In: German Life & Letters 37, 1983/84, 211–217.

Feinberg, Anat: Jewish Fate in German Drama 1933–1945. In: Leo Baeck Institute. Year Book 29, 1984, 57–71.

Felken, Oswald Spengler Felken, Detlef: Oswald Spengler. Konservativer Denker zwischen Kaiserreich und Diktatur. München 1988.

Fernengel, Astrid: Kinderliteratur im Exil. Im modernen Dschungel einer aufgelösten Welt. Marburg 2008.

Fetscher, Iring: Joseph Goebbels im Berliner Sportpalast 1943: »Wollt ihr den totalen Krieg?« Hamburg 1998.

Figal, Der metaphysische Charakter Figal, Günter: Der metaphysische Charakter der Moderne. Ernst Jüngers Schrift ›Über die Linie‹ (1950) und Martin Heideggers Kritik ›Über »Die Linie««‹ (1955). In: Ernst Jünger im 20. Jahrhundert, hrsg. von Hans-Harald Müller und Harro Segeberg. München 1995, 181–197.

Finster, Hinrichs Finster, Anke: Der oldenburgische Schriftsteller August Hinrichs (1879–1956). Ein Beitrag zu den biobibliographischen Grundlagen der niederdeutschen Literaturgeschichtsschreibung. Neumünster 1990.

Finster, Waltraud/Meinrad Ziegler: Frauen.Leben im Exil. Biographische Fallgeschichten und ihre Reflexion. Wien, Köln, Weimar 1996.

Fischer, »Stil« und »Züchtung« Fischer, Bernhard: »Stil« und »Züchtung« – Gottfried Benns Kunsttheorie und das Jahr 1933. In: IASL 12, 1987, 190–212.

Fischer, Buchgestalter und Buchillustratoren Fischer, Ernst: »Kunst an sich geht hier nicht«. Deutsche Buchgestalter und Buchillustratoren im amerikanischen Exil. In: *Bücher, Verlage, Medien, 100–126.*

Fischer, Literatur und Ideologie   Fischer, Ernst: Literatur und Ideologie in Österreich 1918–1938. Forschungsstand und Forschungsperspektiven. In: Internationales Archiv für Sozialgeschichte der deutschen Literatur. 1. Sonderheft (1985), 183–255.

Fischer, »Organisitis chronica?«   Fischer, Ernst: »Organisitis chronica?« Aspekte einer Funktions- und Wirkungsgeschichte schriftstellerischer Zusammenschlüsse im deutschsprachigen Exil 1933–1945. In: Die Erfahrung der Fremde. Hrsg. v. Manfred Briegel und Wolfgang Frühwald. Weinheim u. a. 1988, 163–175.

Fischer, Reintegration   Fischer, Ernst: »... kaum ein Verlag, der nicht auf der Wiederentdeckungswelle der Verschollenen mitreitet«. Zur Reintegration der Exilliteratur in den deutschen Buchmarkt nach 1945. In: Fremdes Heimatland. Remigration und literarisches Leben nach 1945. Hrsg. v. Irmela von der Lühe u. Claus-Dieter Krohn. Göttingen 2005, 71–92.

Fischer, Schutzverband   Fischer, Ernst: Der ›Schutzverband deutscher Schriftsteller‹ 1909–1933. Frankfurt/M. 1980 (Separatdruck aus dem Archiv für Geschichte des Buchwesens, Bd. 21 (1980), Sp. 1–666).

Fischer, Eugen Kurt: Das Hörspiel. Form und Funktion. Stuttgart 1964.

Fischli, Deutschen-Dämmerung   Fischli, Bruno: Die Deutschen-Dämmerung. Zur Genealogie des völkisch-faschistischen Dramas und Theaters (1897–1933). Bonn 1976.

Flügge, Manfred: Wider Willen im Paradies. Deutsche Schriftsteller im Exil in Sanary-sur-Mer. 4. Aufl. Berlin 2007.

Foltin, Werfel   Foltin, Lore: Franz Werfel. Stuttgart 1972.

Frank/Palfreyman/Scherer, Modern times?   Frank, Gustav/Rachel Palfreyman/Stefan Scherer (Hrsg.): Modern times? German Literature and Arts Beyond Political Chronologies/Kontinuitäten der Kultur: 1925–1955. Bielefeld 2005.

Franke, Wiechert   Franke, Manfred: Jenseits der Wälder. Der Schriftsteller Ernst Wiechert als politischer Redner und Autor. Köln 2003.

Franke, Norman: »Jüdisch, römisch, deutsch zugleich ...«? Eine Untersuchung der literarischen Selbstkonstruktion Karl Wolfskehls unter besonderer Berücksichtigung seiner Exillyrik. Heidelberg 2006.

François, Théâtre Satirique   François, Jean Claude: Le théâtre satirique de Jura Soyfer dans la cadre du régime austro-fasciste, de1934–1938. In: Sabine Kremser-Dubois/Philippe Wellnitz (Hrsg.): La satire au théâtre/Satire und Theater. Montpellier 2005, 241–253.

Frauen und Exil   Exilforschung. Ein internationales Jahrbuch. Bd. 11: Frauen und Exil. Zwischen Anpassung und Selbstbehauptung. München 1993.

Frauen im Exil   Exilforschung. Ein internationales Jahrbuch. Bd. 17: Frauen im Exil – Frauen in der Exilforschung. Sprache, Identität, Kultur. München 1999.

Freeden, Jüdisches Theater   Freeden, Herbert: Jüdisches Theater in Nazideutschland. Tübingen 1964.

Frei, Journalismus im Dritten Reich   Frei, Norbert/Schmitz, Johannes: Journalismus im Dritten Reich. München 1989 (3., überarb. Aufl. 1999)

Frei, Norbert: Der Führerstaat. Nationalsozialistische Herrschaft 1933 bis 1945. München 1987 u. ö.

Frei, Norbert: Vergangenheitspolitik. Die Anfänge der Bundesrepublik und die NS-Vergangenheit. München 1996.

Freydank, Theater in Berlin   Freydank, Ruth: Theater in Berlin. Von den Anfängen bis 1945. Berlin 1988.

Friedländer, Saul: Kitsch und Tod. Der Widerschein des Nazismus. Aus d. Französ. von Michael Grendacher. München, Wien 1984, erweit. Neuausg. Frankfurt/M. 2007.

Friedländer, Saul/Frei, Norbert/Rendtorff, Trutz/Wittmann, Reinhard: Bertelsmann im Dritten Reich. Zwischenbericht der Unabhängigen Historischen Kommission. In: epd medien Nr. 8 vom 2.2.2000, 2–11.

Friedländer, Saul/Frei, Norbert/Rendtorff, Trutz/Wittmann, Reinhard: Bertelsmann im Dritten Reich. München 2002

Friedrich, Bechers Hamlet-Tragödie Friedrich, Cäcilia: Bechers Hamlet-Tragödie: ›Winterschlacht‹. In: Günter Hartung/Thomas Höhle/Hans-Georg Werner (Hrsg.): Erworbene Tradition. Studien zu Werken der sozialistischen deutschen Literatur. Berlin/Weimar 1977, 119–147.

Friedrich, Deformierte Lebensbilder Friedrich, Hans-Edwin: Deformierte Lebensbilder. Erzählmodelle der Nachkriegsautobiographie (1945–1960). Tübingen 2000.

Friedrich, Geschichtsdramatik Friedrich, Hans-Edwin: Politisch reflektierende Geschichtsdramatik im Dritten Reich. Albrecht Haushofers Römertrilogie. In: Bobinac, Marijan/Düsing, Wolfgang/Goltschnigg, Dietmar (Hrsg.): Tendenzen im Geschichtsdrama und Geschichtsroman des 20. Jahrhunderts. Zagreb 2004, 185–215.

Friedrich, Thomas (Hrsg.): Das Vorspiel. Die Bücherverbrennung am 10. Mai 1933. Berlin 1983.

Frisé, Burckhardt Frisé, Adolf: Carl J. Burckhardt. Im Dienste der Humanität. Thal-, St. Gallen 1950.

Fröschle, Ulrich/Thomas Kuzias: Alfred Baeumler und Ernst Jünger. Mit einem Anhang der überlieferten Korrespondenz und weiterem Material. Dresden 2008.

Fröschle, Ulrich: Friedrich Georg Jünger und der »radikale Geist«. Eine Fallstudie zum literarischen Radikalismus der Zwischenkriegszeit. Dresden 2008.

Fröschle, Vom Aufmarsch Fröschle, Ulrich: Vom »Aufmarsch des Nationalismus« zu den »Illusionen der Technik«. Friedrich Georg Jüngers Revision des technischen Machtanspruchs. In: Friedrich Strack (Hrsg.): Titan Technik. Ernst und Friedrich Georg Jünger über das technische Zeitalter. Würzburg 2000, 133–151.

Frühwald, Wolfgang: Die Goethe-Rezeption in der deutschsprachigen Exilliteratur. Paderborn 2002 (Nordrhein-Westfälische Akademie der Wissenschaften, Vorträge G 382).

Frühwald/Schieder, Leben im Exil Frühwald, Wolfgang/Wolfgang Schieder (Hrsg.): Leben im Exil. Probleme der Integration deutscher Flüchtlinge im Ausland 1933–1945. Hamburg 1981.

Fürnkäs, Aura Fürnkäs, Josef: Aura. In: Michael Opitz/Erdmut Wizisla (Hrsg.): Benjamins Begriffe. 2 Bde. Frankfurt/M. 2000, 95–146.

Fuhrich-Leisler, Edda: »The Miracle of Survival« – The Theater in der Josefstadt under Ernst Lothar (1935–1938). In: Kenneth Segar/John Warren (Hrsg.): Austria in the Thirties: Culture and Politics. Riverside 1991, 219–233.

Funk, Gerald: Artistische Untergänge. Alexander Lernet-Holenias Prosawerk im Dritten Reich. Wetzlar 2002.

Furet, Illusion Furet, François: Das Ende der Illusion. Der Kommunismus im 20. Jahrhundert. München, Zürich 1996.

Furness, Unsuccessful Exorcism Furness, R.S.: The Unsuccessful Exorcism. Thomas Mann and Richard Wagner. In: Publications of the English Goethe Society N.S. 62, 1991/92, 59–76.

Fuss Phillipps, German children's and youth literature Fuss Phillipps, Zlata: German children's and youth literature in exile 1933–1950. Biographies and bibliographies. München 2001.

Gadberry, Theatre Gadberry, Glen W. (Hrsg.): Theatre in the Third Reich, the Prewar Years. Essays on Theatre in Nazi Germany. Westport, Conn./London 1995.

Gärtner, Kontinuität und Wandel Gärtner, Marcus: Kontinuität und Wandel in der neueren deutschen Literaturwissenschaft nach 1945. Bielefeld 1997.

Gajek, Bernhard/Walter Schmitz (Hrsg.): Georg Britting (1891–1964). Vorträge des Regensburger Kolloquiums 1991. Frankfurt/M. u.a.; Regensburg 1993.

Gallas, Marxistische Literaturtheorie Gallas, Helga: Marxistische Literaturtheorie. Kontroversen im »Bund proletarisch-revolutionärer Schriftsteller.« Neuwied/Berlin 1971.

Gamm, Hans Joachim: Der braune Kult. Das Dritte Reich und seine Ersatzreligion. Ein Beitrag zur politischen Bildung. Hamburg 1962.

Gangl, Manfred/Gérard Raulet (Hrsg.): Intellektuellendiskurse in der Weimarer Republik. Zur politischen Kultur einer Gemengelage. Frankfurt/M. 1994.

Garber, Rezeption und Rettung Garber, Klaus: Rezeption und Rettung. Drei Studien zu Walter Benjamin. Tübingen 1987.

Garber, Klaus: Weimar und Buchenwald. Richard Alewyns Kölner Goethe-Rede aus dem Jahr 1949. In: Wir tragen den Zettelkasten mit den Steckbriefen unserer Freunde. Beiträge jüdischer Autoren zur deutschen Literatur seit 1945. Hrsg. von Jens Stüben und Winfried Woesler in Zusammenarbeit mit Ernst Loewy. Darmstadt 1993, 329–343.

Garber, Klaus/Rehm, Ludger (Hrsg.): global benjamin. Internationaler Walter-Benjamin-Kongreß 1992. 3 Bde. München 1999.

Garrin, History Garrin, Stephen Howard: History as Literature: Stefan Zweig's ›Sternstunden der Menschheit‹. In: Marion Sonnenfeld (Hrsg.): Stefan Zweig. The World of Yesterday's Humanist Today. Proceedings of the Stefan Zweig Symposium. Albany 1983, 118–127.

Garz/Lee, Mein Leben in Deutschland Garz, Detlef/Lee, Hyo-Seon: »Mein Leben in Deutschland vor und nach dem 30. Januar 1933«. Ergebnisse des wissenschaftlichen Preisausschreibens der Harvard University aus dem Jahr 1939. In: Im Labyrinth der Schuld. Hrsg. von Irmtrud Wojak. Frankfurt/M. 2003, 333–357.

Gauger, Krieger Gauger, Klaus: Krieger, Arbeiter, Waldgänger, Anarch. Das kriegerische Frühwerk Ernst Jüngers. Frankfurt/M./Berlin/Bern/New York/Paris/Wien 1997.

Gauger, Modernedeutung Gauger, Klaus: Zur Modernedeutung in Ernst Jüngers ›Der Arbeiter‹. In: Sprachkunst 29, 1998, 269–290.

Gauger, Zu Friedrich Georg Jünger Gauger, Klaus: Zu Friedrich Georg Jüngers ›Perfektion der Technik‹. In: Les Carnets Ernst Jünger 3, 1998, 75–92.

Gaul-Ferenschild, National-völkisch-konservative Germanistik Gaul-Ferenschild, Hartmut: National-völkisch-konservative Germanistik. Kritische Wissenschaftsgeschichte in personengeschichtlicher Darstellung. Bonn 1993.

Gay, Peter: Modernism. The Lure of Heresy. New York 2007.

Geiger, Widerstand und Mitschuld Geiger, Heinz: Widerstand und Mitschuld. Zum deutschen Drama von Brecht bis Weiss. Düsseldorf 1973.

Geisel/Broder, Premiere und Pogrom Geisel, Eike/Broder, Henryk M.: Premiere und Pogrom. Der Jüdische Kulturbund 1933–1941. Texte und Bilder. Berlin 1992.

Geißler, Zusammenbruch und Neubeginn   Geißler, Rolf: Zusammenbruch und Neubeginn. Zu den Rundfunkkommentaren von Thomas Mann (1940–1945) und Alfred Döblin (1946–1952). In: literatur für leser, 1996, 1–16.

Geißler, Rolf: Dekadenz und Heroismus. Zeitroman und völkisch-nationalsozialistische Literaturkritik. Stuttgart 1964.

Gellately, Robert: Hingeschaut und weggesehen. Hitler und sein Volk. Aus dem Englischen von Holger Fliessbach. Stuttgart und München 2002.

Geppert, Der »andere« historische Roman   Geppert, Hans Vilmar: Der »andere« historische Roman. Theorie und Strukturen einer diskontinuierlichen Gattung. Tübingen 1976.

Gersch, Film bei Brecht   Gersch, Wolfgang: Film bei Brecht. Bertolt Brechts praktische und theoretische Auseinandersetzung mit dem Film. Berlin 1975.

Gerz, Brecht und der Faschismus   Gerz, Raimund: Bertolt Brecht und der Faschismus. In den Parabelstücken ›Die Rundköpfe und die Spitzköpfe‹, ›Der aufhaltsame Aufstieg des Arturo Ui‹ und ›Turandot oder der Kongreß der Weißwäscher‹. Rekonstruktion einer Versuchsreihe. Bonn 1983.

Gerz, Raimund (Hrsg.): Brechts ›Aufhaltsamer Aufstieg des Arturo Ui‹. Frankfurt/M. 1983.

Geulen, Zeit zur Darstellung   Geulen, Eva: Zeit zur Darstellung. Walter Benjamins ›Das Kunstwerk im Zeitalter seiner technischen Reproduzierbarkeit‹. In: Modern Language Notes 107, 1992, 580–605.

Giesen, Rolf: Nazi Propaganda Films. A History and Filmography. Jefferson NC, London 2003.

Giffei, Herbert: Martin Luserke und das Theater. In: Nordelbingen 42, 1973, 124–135.

Gillessen, Günther: Auf verlorenem Posten. Die Frankfurter Zeitung im Dritten Reich. Berlin 1986.

Gilloch, Graeme: Walter Benjamin. Critical Constellations. Cambridge/Oxford 2002.

Gilman, NS-Literaturtheorie   Gilman, Sander L. (Hrsg.): NS-Literaturtheorie. Mit e. Vorw. von Cornelius Schnauber. Frankfurt/M. 1971.

Gimmel, Jürgen: Die politische Organisation kulturellen Ressentiments. Der »Kampfbund für deutsche Kultur« und das bildungsbürgerliche Unbehagen an der Moderne. Münster 2001.

Gittig: Tarnschriften   Gittig, Heinz: Illegale antifaschistische Tarnschriften 1933 bis 1945. Leipzig 1972.

Glaser, Hitler   Glaser, Hermann: Wie Hitler den deutschen Geist zerstörte. Kulturpolitik im Dritten Reich. Hamburg 2005.

Gleber, Klaus: Theater und Öffentlichkeit. Produktions- und Rezeptionsbedingungen politischen Theaters am Beispiel Piscator 1920–1966. Frankfurt/M./Bern/Las Vegas 1979.

Göbel, Hessisches Landestheater   Göbel, Anja: Das Hessische Landestheater in Darmstadt in der Frühzeit nationalsozialistischer Herrschaft. Hrsg. im Auftr. des Magistrat der Stadt Darmstadt – Kulturamt. Darmstadt 2001.

Göbel, Zum politischen Drama   Göbel, Helmut: Zum politischen Drama und Theater im Nationalsozialismus: Hanns Johsts ›Schlageter‹ als politisches Märtyrerdrama und die nationalsozialistischen Massenveranstaltungen. In: Horst Turk/Jean-Marie Valentin (Hrsg.): Aspekte des politischen Theaters und Dramas von Calderón bis Georg Seidel. Deutsch-französische Perspektiven. Bern u.a. 1996, 269–288.

Goergen, Apfel   Goergen, Jeanpaul: Der giftige, giftige Apfel. Kulturfilm im Nationalsozialismus. In: Reichert, Ramón (Hrsg.): Kulturfilm im »Dritten Reich«. Wien 2006, 29–46.

Görner, Peinliche Verwandtschaft Görner, Rüdiger: Peinliche Verwandtschaft. Formen der Selbstdiagnose in Thomas Manns Versuch ›Bruder Hitler‹. In: Ingrid Fichtner (Hrsg.): Doppelgänger. Von endlosen Spielarten eines Phänomens. Bern/ Stuttgart/Wien 1999, 201–217.

Goetzinger, Germaine/Hansen-Schaberg, Inge (Hrsg.): »Bretterwelten«. Frauen auf, vor und hinter der Bühne. München 2008.

Goldhagen, Daniel Jonah: Hitlers willige Vollstrecker. Ganz gewöhnliche Deutsche und der Holocaust. Berlin 1996.

Gollbach, Michael: Die Wiederkehr des Weltkrieges in der Literatur. Zu den Frontromanen der späten zwanziger Jahre. Kronberg 1978.

Goltschnigg, Dietmar (Hrsg.): Büchner im »Dritten Reich«. Mystifikation – Gleichschaltung – Exil. Eine Dokumentation. Bielefeld 1990.

Goltschnigg, Dietmar: Robert Musil und Hermann Broch als Essayisten; ›Literat und Literatur. Randbemerkungen dazu‹ (1931) und ›Das Böse im Wertsystem der Kunst‹ (1933). In: Gudrun Brokoph-Mauch (Hrsg.): Robert Musil. Essayismus und Ironie. Tübingen 1992, 161–172.

Gradmann, Historische Belletristik Gradmann, Christoph: Historische Belletristik. Populäre historische Biographien in der Weimarer Republik. Frankfurt/M. 1993.

Gradwohl-Schlacher, Reaktionsformen Gradwohl-Schlacher, Karin: Reaktionsformen österreichischer Autorinnen im Nationalsozialismus (im Erscheinen).

Graeb-Könneker, Autochthone Modernität Graeb-Könneker, Sebastian: Autochthone Modernität. Eine Untersuchung der vom Nationalsozialismus geförderten Literatur. Opladen 1996.

Graeb-Könneker, Literatur Graeb-Könneker, Sebastian (Hrsg.) Literatur im Dritten Reich. Dokumente und Texte. Stuttgart 2001.

Graf, »Die notwendige Reise« Graf, Johannes: »Die notwendige Reise«. Reisen und Reiseliteratur junger Autoren während des Nationalsozialismus. Stuttgart 1995.

Grenzmann, Dichtung und Glaube Grenzmann, Wilhelm: Dichtung und Glaube. Probleme und Gestalten der deutschen Gegenwartsliteratur. Frankfurt/M./Bonn, 5. Aufl. 1964.

Grimm, Gunter E. (Hrsg., in Zusammenarbeit mit Hermann Korte): Benutzte Lyrik. München 2007 (Text + Kritik 1/2007, Nr. 173).

Grimm, Brecht Grimm, Reinhold: Bertolt Brecht. Stuttgart, 3. Aufl. 1971.

Grimm, Faschismus und Avantgarde Grimm, Reinhold/Jost Hermand (Hrsg.): Faschismus und Avantgarde. Königstein/Ts. 1980.

Grimm, Innere Emigration Grimm, Reinhold: Innere Emigration als Lebensform. In: Reinhold Grimm und Jost Hermand (Hrsg.): Exil und Innere Emigration. Frankfurt/M. 1972, 31–71.

Grimm, Reinhold/Hemand, Jost (Hrsg.): Exil und innere Emigration. 3. Wisconsin Workshop. Frankfurt/M. 1972.

Grimm, Roderich: Verfremdung in Bertolt Brechts ›Leben des Galilei‹. Frankfurt/M./ Bern/New York 1987.

Grimminger, Literarische Moderne Grimminger, Rolf/Murasov, Jurij/Stückrath, Jörn (Hrsg.): Literarische Moderne. Europäische Literatur im 19. und 20. Jahrhundert. Reinbek 1995.

Grimstad, Kari: Politics and the Theater. The Burgtheater in 1938. In: Donald G.

Daviau (Hrsg.): Austrian Writers and the Anschluss: Understanding the Past – Overcoming the Past. Riverside 1991, 138–155.

Groß, Münzenberg Groß, Babette: Willi Münzenberg, eine politische Biographie. Stuttgart 1967.

Großheim, Jünger und die Moderne Großheim, Michael: Ernst Jünger und die Moderne. Adnoten zum ›Arbeiter‹. In: Günter Figal/Heimo Schwilk (Hrsg.): Magie der Heiterkeit. Ernst Jünger zum Hundertsten. Stuttgart 1995, 147–168.

Großheim, Ökologie oder Technokratie? Großheim, Michael: Ökologie oder Technokratie? Der Konservatismus in der Moderne. Berlin 1995.

Groys, Gesamtkunstwerk Groys, Boris: Gesamtkunstwerk Stalin. Die gespaltene Kultur in der Sowjetunion. München 1988.

Grün, Rita von der: Das Hörspiel im »Dritten Reich«. Eine statistische Erhebung und Auswertung entsprechender Daten aus Programm-Zeitschriften ausgewählter Jahrgänge. Frankfurt/M. 1984.

Grumstad, Offenbach Grumstad, Kari: Jacques Offenbach. Reflex und Reflexion eines Phänomens bei Karl Kraus und Siegfried Kracauer. In: Michael Kessler/Thomas Y. Levin (Hrsg.): Siegfried Kracauer. Neue Interpretationen. Tübingen 1990, 59–76.

Grunewald, Michel: Klaus Mann und die Volksfrontdiskussion. Ein Beitrag zur Typologie des linksbürgerlichen Intellektuellen in den dreißiger Jahren. In: Edita Koch/Frithjof Trapp (Hrsg.): Realismuskonzeptionen der Exilliteratur zwischen 1935 und 1940/41. Maintal 1987, 24–33.

Günther, Proletarische Kunst Günther, Hans: Proletarische und avantgardistische Kunst. Die Organisationsästhetik Bogdanovs und die LEF-Konzeption der »lebenbauenden« Kunst. In: Ästhetik und Kommunikation, H. 12, 1973, S. 62–75.

Günther, Verstaatlichung Günther, Hans: Die Verstaatlichung der Literatur. Entstehung und Funktionsweise des sozialistisch-realistischen Kanons in der sowjetischen Literatur der 30er Jahre. Stuttgart 1984.

Günther, Hans: Sündenbock der Avantgarde. In: Merkur 44, H. 5, 1990, 414–418.

Guski, Andreas: Sozialistischer Realismus und russische Avantgarde im historischen Kontext. In: Piechotta, Hans Joachim/Wuthenow, Ralph-Rainer/Rothemann, Sabine (Hrsg.): Die literarische Moderne in Europa. Bd. 2: Formationen der literarischen Avantgarde. Opladen 1994, 40–52.

Haarmann, Erwin Piscator Haarmann, Hermann: Erwin Piscator und die Schicksale der Berliner Dramaturgie. Nachträge zu einem Kapitel deutscher Theatergeschichte. München 1991.

Haarmann, Hermann (Hrsg.): »Heimat, liebe Heimat«. Exil und Innere Emigration (1933–1945). Berlin 2004.

Haarmann, Hermann (Hrsg.): Innen-Leben. Ansichten aus dem Exil. Ein Berliner Symposium. Berlin 1995.

Haarmann, Hermann (Hrsg.): Katastrophen und Utopien. Exil und Innere Emigration (1933–1945). Berlin 2002.

Haarmann, Piscator in der Sowjetunion Haarmann, Hermann: Erwin Piscator in der Sowjetunion (1931–1936). Ein Versuch, künstlerisch zu überleben? In: Wolfgang Frühwald/Wolfgang Schieder (Hrsg.): Leben im Exil. Probleme der Integration deutscher Flüchtlinge im Ausland 1933–1945. Hamburg 1981, 131–142.

Haarmann/Huder/Siebenhaar, Bücherverbrennung Haarmann, Hermann/Huder,

Walter/Siebenhaar, Klaus (Hrsg.): »Das war ein Vorspiel nur …«. Bücherverbrennung in Deutschland 1933, Voraussetzungen und Folgen. Ausstellung der Akademie der Künste vom 8. Mai bis 3. Juli 1983. Katalog. Berlin, Wien 1983.

Haarman,/Schirmer/Walach, ›Engels‹ Projekt Haarmann, Hermann/Schirmer, Lo-
thar/Walach, Dagmar: Das ›Engels‹ Projekt. Ein antifaschistisches Theater deutscher Emigranten in der UdSSR (1936–1941). Worms 1975.

Haas, Studien zur Form Haas, Gerhard: Studien zur Form des Essays und zu seinen
Vorformen im Roman. Tübingen 1966.

Haas, Gerhard: Essay. Stuttgart 1969.

Habitzel/Mühlberger/Retti, Der deutschsprachige historische Roman Habitzel, Kurt/
Günter Mühlberger/Gregor Retti: Datenbank. Der deutschsprachige historische
Roman 1780–1945. http://germanistik.uibk.ac.at/hr/(Bibliographie historischer
Romane mit bio-bibliographischen Angaben).

Hachmeister, Gegnerforscher Hachmeister, Lutz: Der Gegnerforscher. Die Karriere
des SS-Führers Franz Alfred Six. München 1998.

Hachmeister, Goebbels-Experiment Hachmeister, Lutz: Das Goebbels-Experiment.
Propaganda und Politik. München 2005.

Hädecke, Welt als Maschine Hädecke, Wolfgang: Die Welt als Maschine. Über Friedrich Georg Jüngers Buch ›Die Perfektion der Technik‹. In: Scheidewege 10, 1980,
285–317.

Haefs, Gebrauchsbuch Haefs, Wilhelm: Ästhetische Aspekte des Gebrauchsbuchs
in der Weimarer Republik. In: Leipziger Jahrbuch für Buchgeschichte 6 (1996),
353–382.

Haefs/Schmitz, Raschke Haefs, Wilhelm/Walter Schmitz (Hrsg.): Martin Raschke.
Leben und Werk (1905–1943). Dresden 2002.

Häntzschel, Geschlechtsspezifische Aspekte Häntzschel, Hiltrud: Geschlechtsspezifische Aspekte. In: *Handbuch der deutschsprachigen Emigration*, 101–117.

Häntzschel, Hiltrud: Marieluise Fleißer. Eine Biographie. Frankfurt/M., Leipzig
2007.

Härtel, Stromlinien Härtel, Christian: Stromlinien. Wilfrid Bade – Eine Karriere im
Dritten Reich. Berlin, Brandenburg 2004.

Hage, Volker: Mit Don Quijote nach Amerika. Über Thomas Manns »Seitensprung«
im Jahre 1934. In: Thomas Mann Jahrbuch 10, 1997, 53–65.

Haible, Barbara: Indianer im Dienste der NS-Ideologie. Untersuchungen zur Funktion
von Jugendbüchern über nordamerikanische Indianer im Nationalsozialismus.
Hamburg 1998.

Haider-Pregler, Das Dritte Reich Haider-Pregler, Hilde: Das Dritte Reich und das
Theater. In: Maske + Kothurn 17, 1971, 203–214.

Haider-Pregler/Reiterer, Verspielte Zeit Haider-Pregler, Hilde/Reiterer, Beate (Hrsg.):
Verspielte Zeit. Österreichisches Theater der dreißiger Jahre. Wien 1997.

Haiger/Ihering/Weizsäcker, Albrecht Haushofer Haiger, Ernst/Ihering, Amelie/Weiz-
säcker, Carl Friedrich von: Albrecht Haushofer. Ebenhausen 2002.

Hake, Popular Cinema Hake, Sabine: Popular Cinema of the Third Reich. Austin 2002.

Haken, Boris von: Der »Reichsdramaturg«. Rainer Schlösser und die Musiktheater-
Politik in der NS-Zeit. Hamburg 2007.

Hale, Oron J.: Presse in der Zwangsjacke 1933–1945. Düsseldorf 1965.

Halfmann, Bibliographien und Verlage Halfmann, Horst: Bibliographien und Verlage der deutschsprachigen Exilliteratur 1933–1945. In: Beiträge zur Geschichte

des Buchwesens. Bd. 4, hrsg. v. Karl-Heinz Kalhöfer u. Helmut Rötzsch. Leipzig 1969, 189–294.

Hall, Verlagsgeschichte Hall, Murray G.: Österreichische Verlagsgeschichte 1918–1938. Bd.1, Wien, Köln, Graz 1985.

Hall, Murray G.: Der Paul Zsolnay Verlag. Von der Gründung bis zur Rückkehr aus dem Exil. Tübingen 1994.

Hamburger, Thomas Manns ›Joseph und seine Brüder‹ Hamburger, Käthe: Thomas Manns Joseph und seine Brüder. Eine Einführung. Stockholm 1945.

Hanimann, Willy A.: Studien zum historischen Roman (1930–1945). Bern/Frankfurt/M. Las Vegas 1981.

Hanna-Daoud, NSDAP Hanna-Daoud, Thomas: Die NSDAP und der Film bis zur Machtergreifung. Köln, Weimar, Wien 1996.

Hans, Jan: Musik- und Revuefilm. In: *Segeberg, Mobilmachung*, 203–228.

Hansen-Schaberg, Inge/Schmeichel-Falkenberg, Beate (Hrsg.): Frauen erinnern. Widerstand – Verfolgung – Exil 1933–1945. Berlin 2000.

Hanuschek, Leben Erich Kästners Hanuschek, Sven: Keiner blickt dir hinter das Gesicht. Das Leben Erich Kästners. München/Wien 1999.

Harand, Monika: Die Aussteiger als Einsteiger. Zivilisationsflüchtige Romanhelden in der völkischen Literatur (1931–1944). Stuttgart 1988.

Hardt, Hanno (Hrsg.): Presse im Exil. Beiträge zur Kommunikationsgeschichte des deutschen Exils 1933–1945. München u.a. 1979.

Hardt, Literarische Avantgarde Hardt, Manfred (Hrsg.): Literarische Avantgarde. Darmstadt 1989.

Harpprecht, Salomonisches Harpprecht, Klaus: Salomonisches. Ein ›Fragebogen‹: Aufschlüsse, aber keine Antwort. In: Zeitwende 23, 1951/52, 249–254.

Harth, Kulturpessimismus Harth, Dietrich: Kulturpessimismus. Artistik als Oppositionsprogramm. In: Neue Rundschau 103.4, 1992, 153–170.

Härtl, Ursula u.a. (Hrsg.): Hier, hier ist Deutschland. Von nationalen Kulturkonzepten zur nationalsozialistischen Kulturpolitik. Göttingen 1997.

Hartung, Deutschfaschistische Literatur Hartung, Günter: Deutschfaschistische Literatur und Ästhetik. Gesammelte Studien. Leipzig 2001.

Hartung, Faschistische Tragiker Hartung, Günter: Faschistische Tragiker im Verhältnis zu Schiller und Paul Ernst. In: Weimarer Beiträge 30, 1984, 1796–1807.

Hartung, Günter: ›Furcht und Elend des Dritten Reiches‹ als Satire. In: Günter Hartung/Thomas Höhle/Hans-Georg Werner (Hrsg.): Erworbene Tradition. Studien zu Werken der sozialistischen deutschen Literatur. Berlin/Weimar 1977, 57–118.

Hartung, Günter: Literatur und Ästhetik des deutschen Faschismus. Drei Studien. Berlin (Ost) 1983 und Köln 1984.

Hartung, Günter/Hubert Orlowski (Hrsg.): Traditionen und Traditionssuche des deutschen Faschismus. Halle/S. 1983. 2. Protokollband Posen 1988. 3. Protokollband Halle 1987. 4. Protokollband Posen 1992.

Haß, Pastorale Haß, Ulrike: Militante Pastorale. Zur Literatur der antimodernen Bewegungen im frühen 20. Jahrhundert. München 1993.

Hasselbach, Das weite Feld Hasselbach, Karlheinz: Das weite Feld jenseits von rechts und links: Zum konservativ-revolutionären Geist von Ernst Jüngers ›Der Arbeiter. Herrschaft und Gestalt‹. In: Literaturwissenschaftliches Jahrbuch N.F. 36 (1995), 229–242.

Hasselbach, Politics Hasselbach, Karlheinz: Politics from the Spirit of Poetics: The

Aesthetic Perspective of Ernst Jünger's ›Der Arbeiter‹. In: Orbis litterarum 49, 1994, 272–292.

Hasubek, Peter: Das Deutsche Lesebuch zwischen 1933 und 1945. Hannover u. a. 1972.

Hattwig, Das Dritte Reich Hattwig, Jörg: Das Dritte Reich im Werk Ernst Wiecherts. Geschichtsdenken, Selbstverständnis und literarische Praxis. Frankfurt/M./Bern/ New York 1984.

Haupt, Mann Haupt, Jürgen: Heinrich Mann. Stuttgart 1980 (Sammlung Metzler, M, 189).

Haupt, Jürgen: »Dichtkunst und Politik«? Konzeptionen, Konstellationen, Konflikte am Ende der Weimarer Republik (Heinrich Mann, Hofmannsthal, Becher, Benn). In: Heinrich Mann-Jahrbuch 12, 1994, 49–64.

Hausmann, »Deutsche Geisteswissenschaft« im Zweiten Weltkrieg Hausmann, Frank-Rutger: Der Kriegseinsatz der deutschen Geisteswissenschaften im Zweiten Weltkrieg (1940–1945). In: Deutsche Historiker im Nationalsozialismus. Hrsg. v. Winfried Schulze und Otto Gerhard Oexle. Frankfurt/M. 1999, 63–86.

Hausmann, Frank-Rutger: »Dichte, Dichter, tage nicht!« Die Europäische Schriftsteller-Vereinigung in Weimar 1941–1948. Frankfurt/M. 1998.

Hecht, Brechts ›Kaukasischer Kreidekreis‹ Hecht, Werner (Hrsg.): Brechts ›Kaukasischer Kreidekreis‹. Frankfurt/M. 1985.

Hecht, Brechts ›Leben des Galilei‹ Hecht, Werner (Hrsg.): Brechts ›Leben des Galilei‹. Frankfurt/M. 1981.

Hecht, Materialien Hecht, Werner (Hrsg.): Materialien zu Brechts ›Der gute Mensch von Sezuan‹. Frankfurt/M. 1968.

Hedgepeth, Die Flucht ins Morgenland Hedgepeth, Sonja M.: Die Flucht ins Morgenland: Zum Orientalismus im Werk Else Lasker-Schülers. In: *Pfanner, Kulturelle Wechselbeziehungen,* 190–201.

Heeg, Wendung Heeg, Günther: Die Wendung zur Geschichte. Konstitutionsprobleme antifaschistischer Literatur im Exil. Stuttgart 1977.

Heiber, Universität unterm Hakenkreuz Heiber, Helmut: Universität unterm Hakenkreuz. 2 Bde. in 3. München u. a. 1991–1994.

Heidsieck, Einfluß des Exils Heidsieck, Arnold: Der Einfluß des Exils auf die Frankfurter Kritische Theorie. In: Donald G. Daviau/Ludwig M. Fischer (Hrsg.): Das Exilerlebnis. Columbia 1982, 396–414.

Hein, Edgar: Bertolt Brecht. Mutter Courage und ihre Kinder. München 2. Aufl. 1997.

Hein, Jürgen: Volksstücke. In: Alexander von Bormann/Horst Albert Glaser (Hrsg.): Weimarer Republik – Drittes Reich: Avantgardismus, Parteilichkeit, Exil 1918–1945. Deutsche Literatur. Eine Sozialgeschichte. Bd. 9. Reinbek 1983, 264–272.

Hein, Peter Ulrich: Die Brücke ins Geisterreich. Künstlerische Avantgarde zwischen Kulturkritik und Faschismus. Reinbek b. Hamburg 1992.

Heist, Walter: Genet und andere. Exkurse über eine faschistische Literatur von Rang. Hamburg 1965.

Heller, Gerhard: In einem besetzten Land. NS-Kulturpolitik in Frankreich. Erinnerungen 1940–1944. Unter Mitarb. von Jean Grand. Einl. Hanns Grössel. Aus d. Franz. von Annette Lallemand-Rietkötter. Köln 1982.

Herbert, Ulrich: Best. Biographische Studien über Radikalismus, Weltanschauung und Vernunft. 1903–1989. 2., durchges. Aufl. Bonn 1996.

Herbst, Das nationalsozialistische Deutschland Herbst, Ludolf: Das nationalsozialistische Deutschland 1933–1945. Die Entfesselung der Gewalt: Rassismus und Krieg. Frankfurt/M. 1996.

Herf, Reactionary Modernism   Herf, Jeffrey: Reactionary Modernism. Technology, Culture and Politics in Weimar and the Third Reich. Cambridge u. a. 1984.

Hermand, Der alte Traum   Hermand, Jost: Der alte Traum vom neuen Reich. Völkische Utopien und Nationalsozialismus. Frankfurt/M. 1988.

Hermand, Künstler   Hermand, Jost: Künstler, Staat und Gesellschaft. Kulturpolitik in der UdSSR und in Nazi-Deutschland. In: Moskau – Berlin. Ausstellungskatalog. München 1995, 343–347.

Hermand, Jost: Brecht. Herr Puntila und sein Knecht Matti. In: Walter Hinck (Hrsg.): Die deutsche Komödie. Vom Mittelalter bis zur Gegenwart. Düsseldorf 1977, 287–304, 401–404.

Hermann, Malik   Hermann, Frank: MALIK. Zur Geschichte eines Verlages 1916–1947. Düsseldorf 1989.

Hermann, Wirkung   Hermann, Frank: Wirkung, Funktion und kulturpolitische Tradition des Malik-Verlages während des Prager Exils 1933–1938. In: Leipziger Jahrbuch zur Buchgeschichte 1, 1991, 189–213.

Hermsdorf, Verlag und Verleger   Hermsdorf, Klaus: Verlag und Verleger im Exil. In: Zeitschrift für Germanistik 2 (1981), 261–267.

Hermsdorf/Fetting/Schlenstedt, Exil in den Niederlanden und in Spanien   Hermsdorf, Klaus/Hugo Fetting/Sylvia Schlenstedt: Exil in den Niederlanden und in Spanien. Leipzig 1981.

Hernø, Thingspiel   Hernø, Leif: Das Thingspiel. Fragen zu seiner literarischen Untersuchung. In: Text + Kontext 8, 1980, 337–352.

Herrmann, Sang der Maschinen   Herrmann, Hans-Christian von: Sang der Maschinen. Brechts Medienästhetik. München 1996.

Hertling, Theater für 49   Hertling, Viktoria: Theater für 49. Ein vergessenes Avantgarde-Theater in Wien (1934–1938). In: Donald G. Daviau (Hrsg.): Jura Soyfer and his Time. Riverside 1995, 321–335.

Herz, Hoffmann und Hitler   Herz, Rudolf: Hoffmann und Hitler. Fotografie als Medium des Führermythos. Ausstellungskatalog. München 1994.

Herz-Kestranek, Miguel/Konstantin Kaiser/Daniela Strigl (Hrsg.): In welcher Sprache träumen Sie? Österreichische Lyrik des Exils und des Widerstands. Wien 2007.

Hesse, Eva: Die Achse Avantgarde-Faschismus. Reflexionen über Filippo Tommaso Marinetti und Ezra Pound. Zürich 1991.

Hessmann, Daniela: Kanonbildung, Türhüter und Diskursmächte im literarischen Leben Österreichs am Beispiel der Rezeption von Exilliteratur seit 1945. Wien 2005.

Heukenkamp, Ursula/Peter Geist (Hrsg.): Deutschsprachige Lyriker des 20. Jahrhunderts. Berlin 2007.

Hey'l, Geschichtsdenken   Hey'l, Bettina: Geschichtsdenken und literarische Moderne. Zum historischen Roman in der Zeit der Weimarer Republik. Tübingen 1994.

Heyer, Maschine   Heyer, Ralf: »Die Maschine ist kein glücksspendender Gott«. Fortschrittsskeptizismus und ökologische Visionen im Werk von Friedrich Georg Jünger. Stuttgart 2000.

Hildebrand, Klaus: Das Dritte Reich. 6., neubearb. Auflage. München 2003.

Hillebrand, Benn   Hillebrand, Bruno: Benn. Frankfurt/M. 1986.

Hillebrand, Über Gottfried Benn   Hillebrand, Bruno (Hrsg.): Über Gottfried Benn. Kritische Stimmen 1912–1956. Frankfurt/M. 1986.

Hillesheim, Erschaffung eines Märtyrers Hillesheim, Elisabeth: Die Erschaffung eines Märtyrers. Das Bild Albert Leo Schlageters in der deutschen Literatur von 1923 bis 1945. Frankfurt/M. u.a. 1994.

Hillesheim, Euringer Hillesheim, Jürgen: »Heil dir Führer! Führ uns an! ...« Der Augsburger Dichter Richard Euringer. Würzburg 1995.

Hilmes, Ich Hilmes, Carola: Das inventarische und das inventorische Ich. Grenzfälle des Autobiographischen. Heidelberg 2000.

Hinderer, Brechts Dramen Hinderer, Walter (Hrsg.): Brechts Dramen. Neue Interpretationen. Stuttgart 1984.

Hinderer, Produzierte und erfahrene Fremde Hinderer, Walter: Produzierte und erfahrene Fremde. Zu den Funktionen des Amerika-Bildes bei Bertolt Brecht. In: Wierlacher, Alois (Hrsg.): Das Eigene und das Fremde. Prolegomena zu einer interkulturellen Germanistik. München 1985, 46–64.

Hinze, The case of Luise Rinser Hinze, Diana Orendi: The case of Luise Rinser: A past that will not die. In: Gender, patriarchy, and fascism in the Third Reich: the response of women writers. Hrsg. von Elaine Martin. Detroit 1993, 143–168.

Hippen, Es liegt in der Luft Hippen, Reinhard: Es liegt in der Luft. Kabarett im Dritten Reich. Zürich 1988.

Hippen, Satire Hippen, Reinhard: Satire gegen Hitler. Kabarett im Exil. Zürich 1986.

Hoefert, Sigfrid: Gerhart Hauptmann. Stuttgart ²1982.

Hoefert, Sigfrid: Gerhart Hauptmann und der Film. Mit unveröffentlichten Filmentwürfen des Dichters. Berlin 1996.

Hoerle, Blunck Hoerle, W. Scott: Hans Friedrich Blunck. Poet and Nazi Collaborator, 1888–1961. Bern u.a. 2003.

Hörnsjö-Möller, Der ewige Jude Hörnsjö-Möller, Stig: ›Der ewige Jude‹. Quellenkritische Analyse eines antisemitischen Propagandafilms. Göttingen 1995.

Hörtnagel, Mathias: Regionale Kultur im Zeichen des Hakenkreuzes. Nationalsozialistische Kulturpolitik und ihre Auswirkungen auf das Alltagsleben der Bevölkerung in den holsteinischen Städten Kiel und Elmshorn 1933–1939. Kiel 1999.

Hof, Montagekunst Hof, Holger: Montagekunst und Sprachmagie. Zur Zitiertechnik in der essayistischen Prosa Gottfried Benns. Aachen 1997.

Hoffmann, Akkulturation Hoffmann, Christhard: Zum Begriff der Akkulturation. In: *Handbuch der deutschsprachigen Emigration*, 117–126.

Hoffmann, Daniel: Die Wiederkunft des Heiligen. Literatur und Religion zwischen den Weltkriegen. Paderborn 1998.

Hoffmann, Und die Fahne Hoffmann, Hilmar: »Und die Fahne führt uns in die Ewigkeit«. Propaganda im NS-Film. Frankfurt/M. 1988.

Hoffmann, Bildung Hoffmann, Kay: Zwischen Bildung, Propaganda und filmischer Avantgarde. Der Kulturfilm im internationalen Vergleich. In: Reichert, Ramón (Hrsg.): Kulturfilm im »Dritten Reich«. Wien 2006, 15–28.

Hoffmann, Exil in der Tschechoslowakei Hoffmann, Ludwig (Hrsg.): Exil in der Tschechoslowakei, in Großbritannien, Skandinavien und in Palästina. Frankfurt/M. 1981. 2., erw. Aufl. Leipzig 1987.

Hofmann, Susanne: Bildung und Sehnsucht. Untersuchungen zum Mittelalterbild Rudolf Borchardts. Paderborn/München/Wien/Zürich 1995.

Holl, Lilo Linke Holl, Karl: Lilo Linke (1906–1963). Von der Weimarer Jungdemokratin zur Sozialreporterin in Lateinamerika. In: Exilforschung. Bd. 5: Fluchtpunkte des Exils und andere Themen, 68–89.

Hollstein, Antisemitische Filmpropaganda Hollstein, Dorothea: Antisemitische Film-propaganda. Die Darstellung des Juden im nationalsozialistischen Spielfilm. Berlin 1971.

Holstein, Salter Holstein, Jürgen: Georg Salter. Bucheinbände und Schutzumschläge aus Berliner Zeit 1922–1934. Berlin 2003.

Holz, Philosophie der zersplitterten Welt Holz, Hans Heinz: Philosophie der zersplit-terten Welt. Reflexionen über Walter Benjamin. Bonn 1992.

Holz, Keith: Im Auge des Exils. Josef Breitenbach und die Freie Deutsche Kultur in Paris 1933–1941. Dt./Engl. Berlin 2001.

Holzner, Hugo Huppert Holzner, Johann: Geglückte Integration in der UdSSR – gestörte Integration in Österreich. Anmerkungen zu Hugo Huppert. In: *Frühwald/Schieder, Leben im Exil*, 122–130.

Holzner, Johann/Karl Müller (Hrsg.): Literatur der »Inneren Emigration« aus Öster-reich. Wien 1998.

Holzner, Johann/Scheichl, Sigurd Paul/Wiesmüller, Wolfgang (Hrsg.): Eine schwierige Heimkehr. Österreichische Literatur im Exil 1938–1945. Innsbruck 1991.

Holzschuh, Lyrische Mythologeme Holzschuh, Albrecht: Lyrische Mythologeme. Das Exilwerk von Nelly Sachs. In: Manfred Durzak (Hrsg.): Die deutsche Exillite-ratur 1933–1945. Stuttgart 1973, 343–357.

Honold, Leser Walter Benjamin Honold, Alexander: Der Leser Walter Benjamin. Bruchstücke einer deutschen Literaturgeschichte. Berlin 2000.

Hopster/Nassen, Literatur und Erziehung Hopster, Norbert/Nassen, Ulrich: Litera-tur und Erziehung im Nationalsozialismus. Deutschunterricht als Körperkultur. Paderborn u. a. 1983.

Horak, Exilfilm Horak, Jan-Christopher: Exilfilm, 1933–1945. In: Jacobsen, Wolf-gang/Kaes, Anton/Prinzler, Hans Helmut (Hrsg.): Geschichte des deutschen Films. Stuttgart, Weimar 1993, 101–118.

Horn, Krieg Horn, Eva: Der geheime Krieg. Verrat, Spionage und moderne Fiktion. Frankfurt/M. 2007.

Horrocks, Broch's »James Joyce und die Gegenwart« Horrocks, David: Hermann Broch's ›James Joyce und die Gegenwart‹ and its Political and Literary Context. In: Adrian Stevens/Fred Wagner/Sigurd Paul Schleichl (Hrsg.): Hermann Broch. Modernismus, Kulturkrise und Hitlerzeit. Innsbruck 1994, 163–171.

Hu, Wie: Auf der Suche nach der verlorenen Welt. Die kulturelle und poetische Konstruktion autobiographischer Texte im Exil. Am Beispiel von Stefan Zweig, Heinrich Mann und Alfred Döblin. Frankfurt/M. u. a. 2006.

Huder, Ödön von Horváth Huder, Walter: Ödön von Horváth. Existenz und Produk-tion im Exil. In: Manfred Durzak (Hrsg.): Die deutsche Exilliteratur 1933–1945. Stuttgart 1973, 232–244.

Huder, Theater aus Deutschland Huder, Walter: Theater aus Deutschland im nieder-ländischen Exil. In: Kathinka Dittrich/Hans Würzner (Hrsg.): Die Niederlande und das deutsche Exil 1933–1940. Königstein/Ts. 1982, 163–173.

Huder, Walter (Hrsg.): Theater im Exil 1933–1945. Berlin 1973.

Hudson-Wiedenmann, Ursula/Schmeichel-Falkenberg, Beate (Hrsg.): Grenzen über-schreiten. Frauen, Kunst und Exil. Würzburg 2005.

Hübinger, Thomas Mann Hübinger, Paul Egon: Thomas Mann, die Universität Bonn und die Zeitgeschichte. Drei Kapitel deutscher Vergangenheit aus dem Leben des Dichters 1905–1955. München, Wien 1974.

Hüppauf, Musil in Paris Hüppauf, Bernd: Musil in Paris. Robert Musils Rede auf dem Kongreß zur Verteidigung der Kultur (1935) im Zusammenhang seines Werkes. In: Zeitschrift für Germanistik N.F. 1, 1991, 55–69.

Hüppauf, Schlachtenmythen Hüppauf, Bernd: Schlachtenmythen und die Konstruktion des »Neuen Menschen«. In: Gerhard Hirschfeld/Gerd Krumeich, in Verb. mit Irina Renz (Hrsg.): Keiner fühlt sich hier mehr als Mensch ... Erlebnis und Wirkung des Ersten Weltkriegs. Essen 1993, 43–84.

Hüttner, Kabarettrevuen Hüttner, Johann: Kabarettrevuen und kritisches Kabarett der 1930er Jahre in Wien. In: Benay, Jeanne/Ravy, Gilbert (Hrsg.): Écritures et langages satiriques en Autriche (1914–1938)/Satire in Österreich (1914–1938). Bern u. a. 1999.

Hughes, Changing Attitudes Hughes, Thomas P. (Hrsg.): Changing Attitudes Toward American Technology. New York, Evanston, San Francisco/London 1975.

Hughes, Die Erfindung Amerikas Hughes, Thomas P.: Die Erfindung Amerikas. Der technologische Aufstieg der USA seit 1870. München 1991.

Huonker, Literaturszene Zürich Huonker, Gustav: Literaturszene Zürich. Menschen, Geschichten und Bilder 1914 bis 1945. 2. Aufl. Zürich 1986.

Huß-Michel, Zeitschriften Huß-Michel, Angela: Literarische und politische Zeitschriften des Exils 1933–1945. Stuttgart 1987.

Illig, Heribert: Schriftspieler – Schausteller. Die künstlerischen Aktivitäten Egon Friedells. Wien 1987.

Innerhofer, Science-Fiction Innerhofer, Roland: Deutsche Science-Fiction 1870–1914. Dekonstruktion und Analyse der Anfänge einer Gattung. Wien/Köln/Weimar 1996.

Innerhofer, Roland: Kulturgeschichte zwischen den beiden Weltkriegen. Egon Friedell. Wien/Köln 1990.

Ittner, Jutta: Augenzeuge im Dienst der Wahrheit. Leben und literarisches Werk Martin Gumperts (1897–1955). Bielefeld 1998.

Jäger, Gudrun: Gertrud Kolmar. Publikations- u. Rezeptionsgeschichte. Frankfurt/M. u.a. 1998.

Jäger, Lorenz: Das Hakenkreuz im Weltbürgerkrieg. Eine Kulturgeschichte. Wien 2006.

Jäger, »Primat des Geistes« Jäger, Lorenz: »Primat des Geistes«. Überlegungen zu Benjamins ›Kafka‹-Essay. In: Lorenz Jäger/Thomas Regehly (Hrsg.): »Was nie geschrieben wurde, lesen«. Frankfurter Benjamin-Vorträge. Bielefeld 1992, 96–111.

Jäger, Seitenwechsel Jäger, Ludwig: Seitenwechsel. Der Fall Schneider/Schwerte und die Diskretion der Germanistik. München 1998.

Jäger, »Nicht traurig« Jäger, Manfred: »Nicht traurig, aber ungünstig«. Brecht und sein Theater im schwierigen Milieu der DDR. In: Ders.: Sozialliteraten. Funktion und Selbstverständnis der Schriftsteller in der DDR. Düsseldorf 1973, 152–175.

Jaeger, Luxus-Baendchen Jaeger, Roland: Luxus-Baendchen des Exils: Die Pazifische Presse (1942–48). In: Aus dem Antiquariat 1998, H. 11, A 766–A 777.

Jaeger, New Weimar on the Pacific Jaeger, Roland: New Weimar on the Pacific. The Pazifische Presse and German Exile Publishing in Los Angeles 1942–1948. Translated from the German by Marion Philadelphia and edited by Victoria Dailey. Los Angeles 2000.

Jaeger, Pazifische Presse Jaeger, Roland: Pazifische Presse. In: Deutschsprachige Exilliteratur seit 1933. Bd. 3: USA. Hrsg. v. John M. Spalek, Konrad Feilchenfeldt und Sandra H. Hawrylchak, Teil 2. Bern/München 2001, 311–342.

Jahn, Deutsche Physiognomik   Jahn, Bernhard: Deutsche Physiognomik. Sozial- und mediengeschichtliche Überlegungen zur Rolle der Physiognomik in der Weimarer Republik und im Dritten Reich. In: Martin Huber/Gerhard Lauer (Hrsg.): Nach der Sozialgeschichte. Konzepte für eine Literaturwissenschaft zwischen Historischer Anthropologie, Kulturgeschichte und Medientheorie. Tübingen 2000, 575–591.

Jaiser, Poetische Zeugnisse   Jaiser, Constanze: Poetische Zeugnisse. Gedichte aus dem Frauen-Konzentrationslager Ravensbrück 1939–1945. Stuttgart, Weimar 2000.

Jakobi, Judenverfolgung   Jakobi, Carsten: Der kleine Sieg über den Antisemitismus. Darstellung und Deutung der nationalsozialistischen Judenverfolgung im deutschsprachigen Zeitstück des Exils 1933–1945. Tübingen 2005.

Jakobi, Moralität   Jakobi, Carsten: Moralität und moralische Provokation im populären Drama am Beispiel von Curt Goetz' ›Das Haus in Montevideo‹. In: literatur für leser, 1996, 238–255.

Jarka, Jura Soyfer   Jarka, Horst: Jura Soyfer. In: Donald G. Daviau (Hrsg.): Major Figures of Austrian Literature. The Interwar Years 1918–1938. Riverside 1995, 421–458.

Jarka, Jura Soyfer. Leben, Werk, Zeit   Jarka, Horst: Jura Soyfer. Leben, Werk, Zeit. Mit einem Vorwort von Hans Weigel. Wien 1987.

Jarka, Literatur- und Theaterpolitik   Jarka, Horst: Zur Literatur- und Theaterpolitik im »Ständestaat«. In: Franz Kadrnoska (Hrsg.): Aufbruch und Untergang. Österreichische Kultur zwischen 1918 und 1938. Wien/München/Zürich 1981.

Jarka, Ödön von Horváth   Jarka, Horst: Ödön von Horváth. In: Donald G. Daviau (Hrsg.): Major Figures of Austrian Literature. The Interwar Years 1918–1938. Riverside 1995, 129–168.

Jasper, Kein »Unwissender Magier«   Jasper, Will: Kein »Unwissender Magier« – Anmerkungen zu Heinrich Manns Ideenpolitik im Exil. In: Rudolf Wolff (Hrsg.): Heinrich Mann. Das essayistische Werk. Bonn 1986, 83–103.

Jasper, Volksfrontdiskussion   Jasper, Will: Heinrich Mann und die Volksfrontdiskussion. Bern/Frankfurt/M. 1982.

Jasper, Hotel Lutetia   Jasper, Willi: Hotel Lutetia. Ein deutsches Exil in Frankreich. München, Wien 1994.

Jauß, Spur und Aura   Jauß, Hans Robert: Spur und Aura (Bemerkungen zu Walter Benjamins »Passagen-Werk«). In: Helmut Pfeiffer/Hans Robert Jauß/Françoise Gaillard (Hrsg.): Art social et art industriel. Funktionen der Kunst im Zeitalter des Industrialismus. München 1987, 19–38.

Jay, Adorno   Jay, Martin: Adorno. Cambridge, MA 1984.

Jay, Dialektische Phantasie   Jay, Martin: Dialektische Phantasie. Die Geschichte der Frankfurter Schule und des Instituts für Sozialforschung 1923–1950. Frankfurt/ M. 1976.

Jay, Permanent Exiles   Jay, Martin: Permanent Exiles. Essays on the Intellectual Migration from Germany to America. New York 1985.

Jehser, Friedrich Wolf   Jehser, Werner: Friedrich Wolf. Leben und Werk. Berlin 1982.

Jennings, Michael W.: Dialectical Images. Walter Benjamin's Theory of Literary Criticism. Ithaca/London 1987.

Jens, Dichter zwischen Rechts und Links   Jens, Inge: Dichter zwischen Rechts und Links. Die Geschichte der Sektion für Dichtkunst an der Preußischen Akademie der Künste dargestellt nach den Dokumenten. 2. erweit. und verb. Aufl. Leipzig 1994.

Joch/Wolf, Bourdieu Joch, Markus/Norbert Christian Wolf (Hrsg.): Bourdieu in der literaturwissenschaftlichen Praxis. Tübingen 2005.

John, Helmut/Lonny Neumann (Hrsg.): Hermann Kasack – Leben und Werk. Symposium 1993 in Potsdam. Frankfurt/M. u.a. 1994.

Joost/Müller/Voges, Bertolt Brecht Joost, Jörg-Wilhelm/Müller, Klaus-Detlef/Voges, Michael: Bertolt Brecht. Epoche – Werk – Wirkung. München 1985.

Josting, Jugendschrifttums-Kampf Josting, Petra: Der Jugendschrifttums-Kampf des Nationalsozialistischen Lehrerbundes. Hildesheim u.a. 1995.

Joung, Phillan: Passion der Indifferenz. Essayismus und essayistisches Verfahren in Robert Musils ›Der Mann ohne Eigenschaften‹. Münster 1997.

Jung, Christina: Flucht in den Terror. Das sowjetische Exil in Autobiographien deutscher Kommunisten. Frankfurt/M., New York 2008.

Jung, Georg Lukács Jung, Werner: Georg Lukács. Suttgart 1989 (Sammlung Metzler 251).

Jungk, Peter Stephan: Franz Werfel. Eine Lebensgeschichte. Frankfurt/M. 1987.

Jurt, Joseph: Das literarische Feld. Das Konzept Pierre Bourdieus in Theorie und Praxis. Darmstadt 1995.

Just, Klaus Günther: Essay. In: Wolfgang Stammler (Hrsg.): Deutsche Philologie im Aufriß. Bd. II. Berlin/Bielefeld 1954, Sp. 1689–1738.

Kaempfer, Jünger Kaempfer, Wolfgang: Ernst Jünger. Stuttgart 1981 (Sammlung Metzler, M 201).

Kaempfer, Wolfgang: Das schöne Böse. Zum ästhetischen Verfahren Ernst Jüngers in den Schriften der dreißiger Jahre im Hinblick auf Nietzsche, Sade und Lautréamont. In: Recherches Germaniques 14, 1984, 103–117.

Kaes, Deutschlandbilder Kaes, Anton: Deutschlandbilder: Die Wiederkehr der Geschichte als Film. München 1987.

Kaes, Kino-Debatte Kaes, Anton (Hrsg.): Kino-Debatte. Texte zum Verhältnis von Literatur und Film 1909–1929. Tübingen 1978.

Kaes, Manifeste Kaes, Anton (Hrsg.): Manifeste und Dokumente zur deutschen Literatur 1918–1933. Weimarer Republik. Stuttgart 1983.

Kästner, Brechts ›Leben des Galilei‹ Kästner, Helga: Brechts ›Leben des Galilei‹. Zur Charakterdarstelung im epischen Theater. Diss. München 1968.

Kahlefendt, Nils: »Im vaterländischen Geiste …«. Stuttgarter Hölderlin-Ausgabe und Hölderlin-Gesellschaft (1938–1946). In: Werner Volke u.a.: Hölderlin entdecken. Lesarten 1826–1993. Tübingen 1993, 115–163.

Kahler, Broch Kahler, Erich: Die Philosophie von Hermann Broch. Tübingen 1962.

Kaiser, Benjamins ›Geschichtsphilosophische Thesen‹ Kaiser, Gerhard: Walter Benjamins ›Geschichtsphilosophische Thesen‹. In: Gerhard Kaiser: Benjamin. Adorno. Zwei Studien. Frankfurt/M. 1974, 1–77.

Kaiser, Helmut: Mythos, Rausch und Reaktion. Der Weg Gottfried Benns und Ernst Jüngers. Berlin 1962.

Kambas, Benjamin im Exil Kambas, Chryssoula: Walter Benjamin im Exil. Zum Verhältnis von Literaturpolitik und Ästhetik. Tübingen 1983.

Kambas, Chryssoula (Hrsg.): Lyrische Bildnisse. Beiträge zu Dichtung und Biographie von Gertrud Kolmar. Bielefeld 1998.

Kambas, Chryssoula: Momentaufnahme der europäischen Intelligenz. Moderne, Exil und Kulturtransfer in Walter Benjamins Werk. Hannover 2006.

Kamenetsky, Christa: Children's Literature in Hitler's Germany. The Cultural Policy of National Socialism. Ohio 1984.

Kany, Mnemosyne   Kany, Roland: Mnemosyne als Programm. Geschichte, Erinnerung und die Andacht zum Unbedeutenden im Werk von Usener, Warburg und Benjamin. Tübingen 1987.

Kapferer, Norbert: Totalitarismus. In: Historisches Wörterbuch der Philosophie. Hrsg. Joachim Ritter und Karlfried Gründer. Bd. 10. Basel 1999, 1296 f.

Karlauf, Thomas: Stefan George. Die Entdeckung des Charisma. Biographie. München 2007.

Karow, Yvonne: Deutsches Opfer. Kultische Selbstauslöschung auf den Reichsparteitagen der NSDAP. Berlin 1997.

Kasties, Walter Hasenclever   Kasties, Bert: Walter Hasenclever. Eine Biographie der deutschen Moderne. Tübingen 1994.

Kater, Ahnenerbe   Kater, Michael H.: Das Ahnenerbe der SS. Ein Beitrag zur Kulturpolitik des Dritten Reiches. Stuttgart 1974. 2., um ein ausführl. Nachwort erg. Aufl. München 1998, 4. Aufl. 2005.

Kater, Michael H.: Gewagtes Spiel. Jazz im Nationalsozialismus. Aus d. Amerikan. v. B. Rullkötter. München 1995.

Katzmann, Magischer Realismus   Katzmann, Volker: Magischer Realismus. In: Heinz Ludwig Arnold (Hrsg.): Wandlung und Wiederkehr. Festschrift zum 70. Geburtstag Ernst Jüngers. Aachen (1965), 91–106.

Kaukoreit, Vom Exil bis zum Protest   Kaukoreit, Volker: Vom Exil bis zum Protest gegen den Krieg in Vietnam. Frühe Stationen des Lyrikers Erich Fried. Werk und Biographie 1938–1966. Darmstadt 1991.

Kaulen, Rettung   Kaulen, Heinrich: Rettung und Destruktion. Untersuchungen zur Hermeneutik Walter Benjamins. Tübingen 1987.

Kaulen, Heinrich: Rationale Exegese und nationale Mythologie. Die Hölderlin-Rezeption zwischen 1870 und 1945. In: Zeitschrift für deutsche Philologie 113, 1994, 554–577.

Kaußen, Spaltungen   Kaußen, Wolfgang: Spaltungen. Zu Benns Denken im Widerspruch. Bonn 1981.

Kegel, Jens: »Wollt ihr den totalen Krieg?« Eine semiotische und linguistische Gesamtanalyse der Rede Goebbels' im Berliner Sportpalast am 18. Februar 1943. Tübingen 2006.

Keiser-Hayne, Erika Mann   Keiser-Hayne, Helga: Erika Mann und ihr politisches Kabarett »Die Pfeffermühle« 1933–1937. Erweit. Ausg. Reinbek 1995.

Keller, Ernst: Nationalismus und Literatur. Langemarck – Weimar – Stalingrad. Bern, München 1970.

Kenworthy, Die Dramen   Kenworthy, Brian J.: Die Dramen 1928–1945: Apotheose der Subjektivität. In: Armin Arnold (Hrsg.): Georg Kaiser. Stuttgart 1980, 126–140.

Kerekes, Fest als Strukturprinzip   Kerekes, Amália: Das Fest als Strukturprinzip in der ›Dritten Walpurgisnacht‹ von Karl Kraus. In: Jahrbuch der ungarischen Germanistik, 1999, 135–149.

Kershaw, Ian: Der Hitler-Mythos. Volksmeinung und Propaganda im Dritten Reich. Stuttgart 1980.

Kertész, Sprache   Kertész, Imre: Die exilierte Sprache. Essays und Reden. Mit einem Vorwort v. Peter Nádas. Aus dem Ungar. v. Kristin Schwamm u. a. Frankfurt/M. 2003.

Ketelsen, »Nun werden nicht nur die historischen Strukturen gesprengt« Ketelsen, Uwe-Karsten: »Nun werden nicht nur die historischen Strukturen gesprengt, sondern auch deren mythische und kultische Voraussetzungen«. Zu Ernst Jüngers ›Die totale Mobilmachung‹ (1930) und ›Der Arbeiter‹ (1932). In: Hans-Harald Müller/ Harro Segeberg (Hrsg.): Ernst Jünger im 20. Jahrhundert. München 1995, 77–95.

Ketelsen, Das völkisch-heroische Drama Ketelsen, Uwe-Karsten: Das völkisch-heroische Drama. In: Walter Hinck (Hrsg.): Handbuch des deutschen Dramas. Düsseldorf 1980, 418–430, 572 f.

Ketelsen, Heroisches Theater Ketelsen, Uwe-Karsten: Heroisches Theater. Untersuchungen zur Dramentheorie des Dritten Reiches. Bonn 1968.

Ketelsen, Kulturpolitik Ketelsen, Uwe-Karsten: Kulturpolitik im III. Reich und Ansätze zu ihrer Interpretation. In: Text & Kontext 8, 1980, 217–242.

Ketelsen, Literatur in Deutschland Ketelsen, Uwe-Karsten: Zur Literatur im Deutschland der dreißiger und vierziger Jahre. In: Theo Buck/Dietrich Steinbach (Hrsg.): Tendenzen der deutschen Literatur zwischen 1918 und 1945. Weimarer Republik – Drittes Reich – Exil. Stuttgart 1985, S. 48–72.

Ketelsen, Literatur und Drittes Reich Ketelsen, Uwe K.: Literatur und Drittes Reich. 2. durchges. u. erweit. Aufl. Greifswald 1994 (1. Aufl. 1992).

Ketelsen, Literaturkonzeption Ketelsen, Uwe K.: Literaturkonzeption und Exilerfahrung bei Ernst Toller. In: Alexander Stephan/Hans Wagener (Hrsg.): Schreiben im Exil. Zur Ästhetik der deutschen Exilliteratur 1933–1945. Bonn 1985, 145–160.

Ketelsen, Völkisch-nationale Literatur Ketelsen, Uwe-Karsten: Völkisch-nationale und nationalsozialistische Literatur in Deutschland 1890–1945. Stuttgart 1976.

Ketelsen, Von heroischem Sein Ketelsen, Uwe-Karsten: Von heroischem Sein und völkischem Tod. Zur Dramatik des Dritten Reiches. Bonn 1970.

Ketelsen, Uwe K.: Drittes Reich und unser klassisches Erbe. In: Beda Allemann (Hrsg.); Literatur und Germanistik nach der »Machtübernahme«. Bonn 1983, 255–271.

Kiedaisch, Petra (Hrsg.): Lyrik nach Auschwitz? Adorno und die Dichter. Stuttgart 1995.

Kiehn, Theater Kiehn, Ute: Theater im »Dritten Reich«. Volksbühne Berlin. Berlin 2001.

Kielinger, Thomas: Ernst Jünger – Der Weg zum Essay. In: Günter Figal/Heimo Schwilk (Hrsg.): Magie der Heiterkeit. Ernst Jünger zum Hundertsten. Stuttgart 1995, S. 236–242.

Kiesel, Literarische Trauerarbeit Kiesel, Helmuth: Literarische Trauerarbeit. Das Exil- und Spätwerk Alfred Döblins. Tübingen 1986.

Kiesel, Helmuth: Ernst Jünger. Die Biographie. München 2007.

Kiesel, Helmuth: Geschichte der literarischen Moderne. Sprache, Ästhetik, Dichtung im zwanzigsten Jahrhundert. München 2004.

Kiesel, Helmuth: Wissenschaftliche Diagnose und dichterische Vision der Moderne. Max Weber und Ernst Jünger. Heidelberg 1994.

Kieser, Rolf: Erzwungene Symbiose. Thomas Mann, Robert Musil, Georg Kaiser und Bertolt Brecht im Schweizer Exil. Bern/Stuttgart 1984.

Kießling, Alemania Libre Kießling, Wolfgang: Alemania Libre in Mexiko. 2 Bde. Berlin 1974.

Kießling, Exil in Lateinamerika Kießling, Wolfgang: Exil in Lateinamerika. 2., erw. Aufl. Leipzig 1984.

Kim, Selbstporträt   Kim, Young-Ok: Selbstporträt im Text des Anderen. Walter Benjamins Kafka-Lektüre. Frankfurt/M./Berlin/Bern/New York/Paris/Wien 1995.

Kinkel, Lutz: Die Scheinwerferin. Leni Riefenstahl und das »Dritte Reich«. Hamburg u. a. 2002.

Kirchner, Doris: Doppelbödige Wirklichkeit. Magischer Realismus und nichtfaschistische Literatur. Tübingen 1993.

Kissler, Alexander: »Die Welt des Wirklichen ist aus Resten gemacht«. Individuum und Geschichte in den Reden und Essays Rudolf Borchardts. In: Weimarer Beiträge 45, 1999, S. 218–239.

Kittstein, Ulrich: »Mit Geschichte will man etwas«. Historisches Erzählen in der Weimarer Republik und im Exil (1918–1945). Würzburg 2006.

Kłanska, ›Kalypso‹   Kłanska, Maria: ›Kalypso‹ von Franz Theodor Csokor – eine Neudeutung des alten Mythos. In: Österreich in Geschichte und Literatur mit Geographie 24, 1980, 306–313.

Klapdor, Überlebensstrategie   Klapdor, Heike: Überlebensstrategie statt Lebensentwurf. In: Exilforschung. Bd. 11: Frauen und Exil. Zwischen Anpassung und Selbstbehauptung, 12–30.

Klapdor-Kops, Gestaltung der Frauen   Klapdor-Kops, Heike: Die Gestaltung der Frauen im Drama deutscher Exilautoren (1933–1945). Weinheim/Basel 1985.

Klassiker in finsteren Zeiten   Klassiker in finsteren Zeiten 1933–1945. Eine Ausstellung des Deutschen Literaturarchivs im Schiller-Nationalmuseum Marbach am Neckar. Katalog. Hrsg. v. Bernhard Zeller 2 Bde. Marbach 1983.

Klatt, Arbeiterklasse und Theater   Klatt, Gudrun: Arbeiterklasse und Theater. Agitprop-Tradition – Theater im Exil – Sozialistisches Theater. Berlin 1975.

Klauhs, Csokor   Klauhs, Harald: Franz Theodor Csokor. Leben und Werk bis 1938 im Überblick. Stuttgart 1988.

Klausnitzer, Blaue Blume unterm Hakenkreuz   Klausnitzer, Ralf: Blaue Blume unterm Hakenkreuz. Die Rezeption der deutschen literarischen Romantik im Dritten Reich. Paderborn u. a. 1999.

Klee, Ernst: Das Kulturlexikon zum Dritten Reich. Wer war was vor und nach 1945. Frankfurt/M. 2007.

Klein, Christian: Schreiben im Schatten. Homoerotische Literatur im Nationalsozialismus. Berlin 2000.

Klein, Ernst von Salomon   Klein, Markus J.: Ernst von Salomon. Eine politische Biographie. Mit einer vollst. Bibliographie. San Casciano 1994.

Klein, Paris 1935   Klein, Wolfgang (Hrsg.): Paris 1935. Erster Internationaler Schriftstellerkongreß zur Verteidigung der Kultur. Reden und Dokumente. Berlin 1982.

Klein, Uwe: Stefan Andres. Innere Emigration in Deutschland und im »Exil«. Diss. Mainz 1991.

Klein, »Die einfache Vernunft«   Klein, Wolfgang: »Die einfache Vernunft«. Heinrich Mann und die sozialistische Politik in den dreißiger Jahren. In: Weimarer Beiträge 37, 1991, 981–1001.

Kleinschmidt, Der vereinnahmte Goethe   Kleinschmidt, Erich: Der vereinnahmte Goethe. Irrwege im Umgang mit einem Klassiker 1932–1949. In: Jahrbuch der Schiller-Gesellschaft 28, 1984, 461–484.

Kleinschmidt, Exil als Schreiberfahrung   Kleinschmidt, Erich: Exil als Schreiberfahrung. Bedingungen deutscher Exilliteratur 1933–1945. In: Exil 1982, Nr. 2, 33–47.

Kleinschmidt, Schreiben und Leben   Kleinschmidt, Erich: Schreiben und Leben. Zur

Ästhetik des Autobiographischen in der deutschen Exilliteratur. In: Erinnerungen ans Exil. Exilforschung Bd. 2. München 1984, 24–40.

Klinger, Broch Klinger, Monika: Hermann Broch und die Demokratie. Berlin 1994.

Klösch/Thumser, »From Vienna« Klösch, Christian/Thumser, Regina: »From Vienna«. Exilkabarett in New York 1938 bis 1950 (Begleitbuch zur gleichnamigen Ausstellung der Österreichischen Exilbibliothek im Literaturhaus) Wien 2002.

Klooss/Reuter, Körperbilder Reinhard Klooss, Thomas Reuter: Körperbilder. Menschenornamente in Revuetheater und Revuefilm. Frankfurt/M. 1980.

Knop, Leben Knop, Matthias: Am Leben bleiben und warten: Die deutschsprachige Filmemigration 1933–1945 und das Filmthema Exil. In: Jung, Uli (Hrsg.): Der deutsche Film. Aspekte seiner Geschichte von den Anfängen bis zur Gegenwart. Trier 1993, 111–138.

Knopf, Brecht-Handbuch Knopf, Jan: Brecht-Handbuch. Bd. 1: Theater. Stuttgart/Weimar 2001.

Knopf, Brechts ›Guter Mensch von Sezuan‹ Knopf, Jan (Hrsg.): Brechts ›Guter Mensch von Sezuan‹. Frankfurt/M. 1982.

Knopf, Jan: Brecht-Handbuch. Theater. Eine Ästhetik der Widersprüche. Stuttgart 1980.

Knust, Bertolt Brecht Knust, Herbert: Bertolt Brecht: Leben des Galilei. Frankfurt/M./Berlin/München 1982.

Koch, Gerd: Literarisches Leben, Exil und Nationalsozialismus: Berlin – Antwerpen – Sanary-sur-Mer – Lippoldsberg. Frankfurt/M. 1996.

Koch, Detlef Sierck Koch, Gertrud: Von Detlef Sierck zu Douglas Sirk. In: Frauen und Film. H. 44/45: Faschismus, Oktober 1988, 109–129.

Koch, Kosmos im Film Koch, Gertrud: Kosmos im Film. Zum Raumkonzept von Benjamins ›Kunstwerk‹-Essay. In: Sigrid Weigel (Hrsg.): Leib- und Bildraum. Lektüren nach Benjamin. Köln/Weimar/Wien 1992, 35–48.

Koch, Kracauer Koch, Gertrud: Kracauer zur Einführung. Hamburg 1996.

Koch/Trapp, Exiltheater Koch, Edita/Trapp, Frithjof (Hrsg.): Exiltheater und Exildramatik 1933–1945. Maintal 1991.

Koebner, Brochs Trauerspiel Koebner, Thomas: Hermann Brochs Trauerspiel ›Die Entsühnung‹. In: Paul Michael Lützeler (Hrsg.): Hermann Broch. Frankfurt/M. 1986, 78–93.

Koebner, Caligaris Wiederkehr Koebner, Thomas: Caligaris Wiederkehr in Hollywood? Stummfilm-Expressionismus, »Filmemigranten« und Film noir. Zur Kritik einer Hypothese. In: Haarmann, Hermann (Hrsg.): Innen-Leben. Ansichten aus dem Exil. Ein Berliner Kolloquium. Berlin 1995, 107–119.

Koebner, Thomas (Hrsg.): ›Bruder Hitler‹. Autoren des Exils und des Widerstands sehen den »Führer« des Dritten Reiches. München 1989.

Koebner, Thomas u.a. (Hrsg.): »Mit uns zieht die neue Zeit«. Der Mythos Jugend. Frankfurt/M. 1985.

Koebner, Thomas/Rotermund, Erwin (Hrsg.): Rückkehr aus dem Exil. Emigranten aus dem Dritten Reich in Deutschland nach 1945. Essays zu Ehren von Ernst Loewy. Marburg 1990.

Koebner, Thomas: Unbehauste. Zur deutschen Literatur in der Weimarer Republik, im Exil und in der Nachkriegszeit. München 1992.

Köhler, Otto: Wir Schreibmaschinentäter. Journalisten unter Hitler – und danach. Köln 1989.

Köhn, Auf der Suche nach der Freiheit Köhn, Lothar: Auf der Suche nach der Freiheit. Günther Weisenborns ›Memorial‹ (1947) im Kontext. In: Jahrbuch zur Literatur der DDR 6, 1987, 162–195.

Koenen, Utopie der Säuberung Koenen, Gerd: Die Utopie der Säuberung. Was war der Kommunismus. Berlin 1998.

Koenen, Vom Geist der russischen Revolution Koenen, Gerd: Vom Geist der russischen Revolution. Die ersten Augenzeugen und Interpreten der Umwälzung im Zarenreich. In: Gerd Koenen/Lew Kopelew (Hrsg.): Deutschland und die Russische Revolution 1917–1924. München 1998, 49–98.

Koenen, Gerd: Die großen Gesänge. Führerkulte und Heldenmythen des 20. Jahrhunderts. 2. Aufl. Frankfurt/M. 1991.

Könneker, Carsten: »Auflösung der Natur – Auflösung der Geschichte«. Moderner Roman und NS-Weltanschauung im Zeichen der theoretischen Physik. Stuttgart, Weimar 2001.

Koepke, Exilautoren Koepke, Wulf: Exilautoren und ihre deutschen und amerikanischen Verleger in New York. In: Deutschsprachige Exilliteratur seit 1933. Bd. 2: New York. Hrsg. v. John M. Spalek u. Joseph Strelka. Teil 2. Bern 1989, 1409–1445.

Köpke, ›Innere Exilgeographie‹ Köpke, Wulf: ›Innere Exilgeographie‹. Die Frage nach der Affinität zu den Asylländern. In: *Pfanner, Kulturelle Wechselbeziehungen* 13–24.

Köpke, Anmerkungen zur Exilliteraturforschung Köpke, Wulf: Anmerkungen zur Exilliteraturforschung in Nordamerika. In: Exilforschung, Bd. 14: Rückblicke und Perspektiven, 75–94.

Köpke, Das Wartesaal-Leben Köpke, Wulf: Das Wartesaal-Leben. Die Nicht-Erfahrung der Fremde im Exil nach 1933. In: Akten des VIII. Internationalen Germanisten-Kongresses Tokyo 1990. Bd. 8: Emigranten- und Immigrantenliteratur. München 1991, 35–44.

Köpke, Die Wirkung des Exils Köpke, Wulf: Die Wirkung des Exils auf Sprache und Stil. Ein Vorschlag zur Forschung. In: Exilforschung. Bd. 3: Gedanken an Deutschland und andere Themen, 225–227.

Koepke, Wulf/Winkler, Michael (Hrsg.): Deutschsprachige Exilliteratur. Studien zu ihrer Bestimmung im Kontext der Epoche 1930 bis 1960. Bonn 1984.

Köppen, Manuel/Schütz, Erhard (Hrsg.): Kunst der Propaganda. Der Film im Dritten Reich. Bern u.a. 2007 (Publikationen zur Zeitschrift für Germanistik, NF 15).

Köster, Werner: Die Rede über den Raum. Zur semantischen Karriere eines deutschen Konzepts. Heidelberg 2002.

Köstner, Christina: Österreichisches Exil in Italien 1938–1945. Wien 2008.

Kolk, Literarische Gruppenbildung Kolk, Rainer: Literarische Gruppenbildung. Am Beispiel des George-Kreises 1890–1945. Tübingen 1998.

Kolkenbrock-Netz, Statthalter des Normalen Kolkenbrock-Netz, Jutta: Der Mann als Statthalter des Normalen. Kriterien literarischer Zensur von der Jahrhundertwende bis zum Ersten Weltkrieg. In: kultuRRevolution 9/1985, 15–21.

Konersmann, Erstarrte Unruhe Konersmann, Ralf: Erstarrte Unruhe. Walter Benjamins Begriff der Geschichte. Frankfurt/M. 1991.

Konitzer, Jünger Konitzer, Martin: Ernst Jünger. Frankfurt/New York 1993.

Konstantinovic, Csokors Stück Konstantinovic, Zoran: Franz Theodor Csokors Stück ›Der 3. November 1918‹. Vom Wandel des historischen Selbstverständnisses der Habsburger Monarchie. In: Joseph P. Strelka (Hrsg.): Immer ist Anfang. Der Dichter Franz Theodor Csokor. Bern/Frankfurt/M./New York/Paris 1990, 65–74.

Koopmann, Das Phänomen der Fremde Koopmann, Helmut: Das Phänomen der Fremde bei Thomas Mann. Überlegungen zu dem Satz »Wo ich bin, ist die deutsche Kultur«. In: *Frühwald/Schieder, Leben im Exil*, 103–114.

Koopmann, Franz Werfel Koopmann, Helmut: Franz Werfel: ›Jacobowsky und der Oberst‹. Komödie des Exils. In: Hans Dietrich Irmscher/Werner Keller (Hrsg.): Drama und Theater im 20. Jahrhundert. Festschrift für Walter Hinck. Göttingen 1983, 259–267.

Koopmann, Von der Unzerstörbarkeit des Ich Koopmann, Helmut: Von der Unzerstörbarkeit des Ich. Zur Literarisierung der Exilerfahrung. In: Erinnerungen ans Exil – kritische Lektüre der Autobiographien nach 1933 und andere Themen. Exilforschung Bd. 2. München 1984, 9–23.

Koopmann, Helmut: »Geschichte ist die Sinngebung des Sinnlosen«. Zur Ästhetik des historischen Romans im Exil. In: Alexander Stephan und Hans Wagener (Hrsg.): Schreiben im Exil. Zur Ästhetik der deutschen Exilliteratur 1933–1945. Bonn 1985, 18–39.

Koopmann, Helmut: Geschichte, Mythos, Gleichnis: Die Antwort des Exils. In: Johann Holzner/Wolfgang Wiesmüller (Hrsg.): Ästhetik der Geschichte. Innsbruck 1995, 77–98.

Korta, Tobias F.: Geschichte als Projekt und Projektion. Walter Benjamin und Siegfried Kracauer zur Krise des modernen Denkens. Frankfurt/M. u. a. 2001.

Korte, Die Dadaisten Korte, Hermann: Die Dadaisten. Reinbek 1994 (Rowohlt-Monographie 536).

Korte, Hermann: Lyrik des 20. Jahrhunderts (1900–1945). München 2000.

Koslowski, Peter: Der Mythos der Moderne. Die dichterische Philosophie Ernst Jüngers. München 1991.

Kramer, Rätselfragen Kramer, Sven: Rätselfragen und wolkige Stellen. Zu Benjamins Kafka-Essay. Lüneburg 1991.

Kramer, Regionalismus und Moderne Kramer, Andreas: Regionalismus und Moderne. Studien zur deutschen Literatur 1900–1933. Berlin 2006.

Kranz, Jüngers symbolische Weltschau Kranz, Gisbert: Ernst Jüngers symbolische Weltschau. Düsseldorf 1968.

Krause, Frankreich Krause, Tilman: Mit Frankreich gegen das deutsche Sonderbewußtsein. Friedrich Sieburgs Wege und Wandlungen in diesem Jahrhundert. Berlin 1993.

Kreimeier, Aufmarsch Kreimeier, Klaus: Aufmarsch im Bildfeld. Ambivalente Beobachtungen zur Konstruktion eines Mythos in deutschen Filmen der 30er und 40er Jahre. In: Arnoldshainer Filmgespräche, Bd. 9: Filmmythos Volk. Frankfurt/M. 1992, 21–37.

Kreimeier, Ufa Kreimeier, Klaus: Die Ufa-Story. Geschichte eines Filmkonzerns. München, Wien 1992.

Kreis, »Was man glaubt, gibt es« Kreis, Gabriele: »Was man glaubt, gibt es«. Das Leben der Irmgard Keun. Zürich 1991.

Kreisel, Henry: Sprache und Identität: A Personal Essay. In: Annalen 2. Tradition, Integration, Rezeption, Symposium 1978. Hrsg. v. Karin Gürttler. Montreal 1978, 106 f.

Kreuzer, »Ostfront« Kreuzer, Helmut: »Ostfront« 1941. Ein dramatisches Thema in drei Variationen von Herbert Reinecker, Johannes R. Becher und Heiner Müller (1990). In: Ders.: Aufklärung über Literatur. Epochen, Probleme, Tendenzen. Ausgewählte Aufsätze. Bd. 1. Heidelberg 1992, 170–192.

Kreuzer, Helmut: Einleitung. In: Max Bense: Ausgewählte Schriften in vier Bänden. Bd. 3: Ästhetik und Texttheorie. Stuttgart/Weimar 1998, VII-XXX.

Kreuzer, Intellektueller und Poet Kreuzer, Helmut: Intellektueller und Poet: Max Bense. In: Helmut Kreuzer: Aufklärung über Literatur. Autoren und Texte. Ausgewählte Aufsätze Bd. II. Heidelberg 1993, 278–283.

Krockow, Scheiterhaufen Krockow, Christian Graf von: Scheiterhaufen. Größe und Elend des deutschen Geistes. Berlin 1983.

Kröger, Marianne/Roland, Hubert (Hrsg.): Carl Einstein im Exil/Carl Einstein en exil. Kunst und Politik in den 1930er Jahren/Art et politique dans les années 1930. München 2007.

Krohn, Claus-Dieter: Erwin Piscators Theaterarbeit in New York 1939–1951. In: Alexander Stephan (Hrsg.): Exil. Literatur und die Künste nach 1933. Bonn 1990, 154–170.

Kroll, Frank-Lothar (Hrsg.): Wort und Dichtung als Zufluchtsstätte in schwerer Zeit. Berlin 1996.

Kroll, Frank-Lothar: Die totalitäre Erfahrung. Deutsche Literatur und Drittes Reich. Berlin 2003.

Kroll, Fredric (Hrsg.): 1933–1934: Repräsentant des Exils. Klaus-Mann-Schriftenreihe Bd. 4 (1). Wiesbaden 1992.

Krolop, Präformation Krolop, Kurt: Präformation als Konfrontation. »Drittes Reich« und ›Dritte Walpurgisnacht‹. In: Impulse 8 (1985), 128–154.

Kron, Seismographie Kron, Jürgen: Seismographie der Moderne. Modernität und Postmodernität in Ernst Jüngers Schriften von ›In Stahlgewittern‹ bis ›Eumeswil‹. Frankfurt/M./Berlin/Bern/New York/Paris/Wien 1998.

Krüger, Dirk: Die deutsch-jüdische Kinder- und Jugendbuchautorin Ruth Rewald und die Kinder- und Jugendliteratur im Exil. Frankfurt/M. 1990.

Krüger, Subjekt Krüger, Michael: Vom ordnenden Subjekt zur subjektgemäßen Ordnung. Studien zu Arnolt Bronnens Dramen. Frankfurt/M./Bern/New York/Paris 1989.

Krusche, Dietrich, Alois Wierlacher (Hrsg.): Hermeneutik der Fremde. München 1990.

Kühlken, Klassiker-Inszenierungen Kühlken, Edda: Die Klassiker-Inszenierungen von Gustaf Gründgens. Meisenheim 1972.

Kühn, Dieter: Gertrud Kolmar. Leben und Werk, Zeit und Tod. Frankfurt/M. 2008.

Kühn, Dieter: Schillers Schreibtisch in Buchenwald. Bericht. Frankfurt/M. 2005.

Kühn, Michael: Unterrichtsfilm im Nationalsozialismus. Die Filme der Reichsanstalt für Wissenschaft und Unterricht. Mammendorf/Obb. 1998.

Kugel, Der Unverantwortliche Kugel, Wilfried: Der Unverantwortliche. Das Leben des Hanns Heinz Ewers. Düsseldorf 1992.

Kuhn, Juliane: »Wir setzten unser Exil fort.« Facetten des Exils im literarischen Werk von Peter Weiss. St. Ingbert 1995.

Kuhn, Forms Kuhn, Tom: Forms of Conviction: The Problem of Belief in Anti-Fascist Plays by Bruckner, Toller and Wolf. In: Richard Dove/Stephen Lamb (Hrsg.): German Writers and Politics 1918–39. London 1992, 163–177.

Kuhn, Tom: German Exile Drama on the English Stage. Satire and Censorship, Comedy and Compromise. In: William Abbey u.a. (Hrsg.): Between Two Languages. German-speaking Exiles in Great Britain 1933–45. Stuttgart 1995, 117–134.

Kunicki, Schlesien Kunicki, Wojciech: »... auf dem Weg in dieses Reich«. NS-Kulturpolitik und Literatur in Schlesien 1933 bis 1945. Leipzig 2006.

Kunst und Literatur im antifaschistischen Exil 1933–1945 Kunst und Literatur im antifaschistischen Exil 1933–1945. 7 Bde. Hrsg. v. Werner Mittenzwei u.a. Leipzig 1979–1981.

Kurzke, »Bruder« Hitler Kurzke, Hermann: »Bruder« Hitler. Thomas Mann und das Dritte Reich. In: Schopenhauer Jahrbuch 71, 1990, 125–135.

Kurzke, Politische Essayistik Kurzke, Hermann: Die politische Essayistik. In: Helmut Koopmann (Hrsg.): Thomas-Mann-Handbuch. Stuttgart 1990, 696–706.

Kurzke, Thomas Mann Kurzke, Hermann: Thomas Mann. Das Leben als Kunstwerk. München 1999.

Kurzke, Hermann: Thomas Mann. Epoche – Werk – Wirkung., 2. überarb. Auflage. München 1991.

Kvam, Deutsches Exiltheater in Dänemark Kvam, Kela: Deutsches Exiltheater in Dänemark. In: Ruth Dinesen/Birgit S. Nielsen/Hans Uwe Petersen/Friedrich Schmöe (Hrsg.): Deutschsprachiges Exil in Dänemark nach 1933. Zu Methoden und Einzelergebnissen. München 1986, 178–198.

Laack-Michel, Albrecht Haushofer Laack-Michel, Ursula: Albrecht Haushofer und der Nationalsozialismus. Ein Beitrag zur Zeitgeschichte. Stuttgart 1974.

Labroisse, Rezeption von Exilliteratur Labroisse, Gerd: Rezeption von Exilliteratur im Horizontwandel. Ferdinand Bruckners ›Die Rassen‹ und Friedrich Wolfs ›Professor Mamlock‹ in Zürich (1933 bzw. 1934) und Berlin (1948 bzw. 1946). In: Dieter Sevin (Hrsg.): Die Resonanz des Exils. Gelungene und mißlungene Rezeption deutschsprachiger Exilautoren. Amsterdam/Atlanta 1992, 154–163.

Lämmert, Eberhard: Eichendorffs Wandel unter den Deutschen. In: Hans Steffen (Hrsg.): Die deutsche Romantik. Göttingen 1967, 219–252.

Lämmert, Eberhard: Beherrschte Prosa. Poetische Lizenzen in Deutschland zwischen 1933 und 1945. In: Neue Rundschau 86, 1975, 404–421.

Lämmert/Killy/Conrady/Polenz, Germanistik Lämmert, Eberhard/Killy, Walther/ Conrady, Karl Otto/von Polenz, Peter: Germanistik – eine deutsche Wissenschaft. Frankfurt/M. 1967.

Lamping, »Linguistische Metamorphosen« Lamping, Dieter: »Linguistische Metamorphosen«: Aspekte des Sprachwechsels in der Exilliteratur. In: Germanistik und Komparatistik. DFG-Symposion. Hrsg. v. Hendrik Birus. Stuttgart, Weimar 1995, 528–540.

Lang, Fahrt Lang, Birgit: Eine Fahrt ins Blaue. Deutschsprachiges Theater und Kabarett im australischen Exil und Nach-Exil (1933–1988). Berlin 2006.

Lange, Literatur des Technokratischen Bewußtseins Lange, Thomas: Literatur des technokratischen Bewußtseins. Zum Sachbuch des Dritten Reichs. In: Zeitschrift für Literaturwissenschaft und Linguistik 40, 1980, 52–81.

Lange, Wigand/Jost Hermand (Hrsg.): »Wollt ihr Thomas Mann wiederhaben?« Deutschland und die Emigranten. Hamburg 1999.

Langermann, Kanonisierungen Langermann, Martina: Kanonisierungen in der DDR. Dargestellt am Beispiel »sozialistischer Realismus«. In: Heydebrand, Renate von (Hrsg.): Kanon Macht Kultur. Theoretische, historische und soziale Aspekte ästhetischer Kanonbildungen. Stuttgart/Weimar 1998, 540–559.

Langewiesche/Tenorth, Handbuch V   Handbuch der deutschen Bildungsgeschichte. Bd. 5, 1918–1945. Die Weimarer Republik und die nationalsozialistische Diktatur. Hrsg. v. Dieter Langewiesche und Heinz-Elmar Tenorth. München 1989.

Langkau-Alex, Deutsche Volksfront   Langkau-Alex, Ursula: Deutsche Volksfront 1932–1939. Zwischen Berlin, Paris, Prag und Moskau. 3 Bde., Berlin 2004–05.

Langmann, Sozialismus und Literatur   Langmann, Peter: Sozialismus und Literatur. Jura Soyfer. Studien zu einem österreichischen Schriftsteller der Zwischenkriegszeit. Frankfurt/M. 1986.

Laqueur, Schreiben im KZ   Laqueur, Renata: Schreiben im KZ. Tagebücher 1940–1945. Bremen 1992.

Lauer, Gerhard: Die verspätete Revolution. Erich von Kahler. Wissenschaftsgeschichte zwischen konservativer Revolution und Exil. Berlin, New York 1995.

Laufhütte, Hartmut (Hrsg.): Hans Carossa. Dreizehn Versuche zu seinem Werk. Tübingen. Niemeyer 1992.

Lauf-Immesberger, Literatur, Schule und Nationalsozialismus   Lauf-Immesberger, Karin: Literatur, Schule und Nationalsozialismus. Zum Lektürekanon der höheren Schulen im Dritten Reich. St. Ingbert 1987.

Lawton, Carrefour   Lawton, Catherine: Die Editions du Carrefour. Erinnerung an eine Vorgeschichte. In: *Schlie/Roche, Willi Münzenberg*, 207–210.

Leggewie, Claus: Von Schneider zu Schwerte. Das ungewöhnliche Leben eines Mannes, der aus der Geschichte lernen wollte. München, Wien 1998.

Lehfeldt, Ferdinand Bruckner   Lehfeldt, Christine: Der Dramatiker Ferdinand Bruckner. Göppingen 1975.

Lehnert, Chaos   Lehnert, Herbert: Das Chaos und die Zivilisation, das Exil und die Fiktion: Thomas Manns ›Meerfahrt mit Don Quijote‹. In: Eckhard Heftrich/Helmut Koopmann (Hrsg.): Thomas Mann und seine Quellen. Festschrift für Hans Wysling. Frankfurt/M. 1991, 152–172.

Leiser, Deutschland erwache   Leiser, Erwin: Deutschland erwache! Propaganda im Film des Dritten Reiches. Reinbek 1968.

Leonhard, Joachim Felix (Hrsg.): Bücherverbrennung. Zensur, Verbot, Vernichtung unter dem Nationalsozialismus in Heidelberg. Heidelberg 1983.

Lepenies, Wolf: Kultur und Politik. Deutsche Geschichten. München, Wien 2006.

Lethen, Die elektrische Flosse   Lethen, Helmut: Die elektrische Flosse Leviathans. Ernst Jüngers Elektrizität. In: *Emmerich/Wege, Technikdiskurs*, 15–27.

Lethen, Drei Männer im Schutt   Lethen, Helmut: Drei Männer im Schutt. Gottfried Benn, Ernst Jünger und Carl Schmitt. Eine Episode aus der Nachkriegszeit. In: Literaturmagazin, März 1997, 142–157.

Lethen, Neue Sachlichkeit   Lethen, Helmut: Neue Sachlichkeit 1924–1932. Studien zur Literatur des »weißen Sozialismus«. 2. durchges. Aufl. Stuttgart 1975.

Lethen, Sound   Lethen, Helmut: Der Sound der Väter. Gottfried Benn und seine Zeit. Berlin 2006.

Lethen, Verhaltenslehren der Kälte   Lethen, Helmut: Verhaltenslehren der Kälte. Lebensversuche zwischen den Kriegen. Frankfurt/M. 1994.

Letschka, Entstellung   Letschka, Werner: Entstellung zur Kenntlichkeit. Untersuchungen zum Allegoriebegriff Benjamins. Diss. Tübingen 1994.

Liebe, Ulrich: verehrt verfolgt vergessen. Schauspieler als Naziopfer. Weinheim/Berlin 1995.

Lindner, Allegorie Lindner, Burckhardt: Allegorie. In: Michael Opitz/Erdmut Wizisla (Hrsg.): Benjamins Begriffe. 2 Bde. Frankfurt/M. 2000, 50–94.

Lindner, Aufhebung der Kunst Lindner, Burkhardt: Aufhebung der Kunst in Lebenspraxis? Über die Aktualität der Auseinandersetzung mit den historischen Avantgardebewegungen. In: Lüdke, W. Martin (Hrsg.): »Theorie der Avantgarde«. Antworten auf Peter Bürgers Bestimmung von Kunst und bürgerlicher Gesellschaft. Frankfurt/M. 1976, 72–194.

Lindner, Benjamins Aurakonzeption Lindner, Burkhardt: Benjamins Aurakonzeption: Anthropologie und Technik, Bild und Text. In: Uwe Steiner (Hrsg.): Walter Benjamin 1892–1940 zum 100. Geburtstag. Bern u.a. 1992, 217–248.

Lindner, Bertolt Brecht Lindner, Burkhardt: Bertolt Brecht: ›Der aufhaltsame Aufstieg des Arturo Ui‹. München 1982.

Lindner, Martin: Leben in der Krise. Zeitromane der neuen Sachlichkeit und die intellektuelle Mentalität der klassischen Moderne. Mit einer exemplarischen Analyse des Romanwerks von Arnolt Bronnen, Ernst Glaeser, Ernst von Salomon und Ernst Erich Noth. Stuttgart, Weimar 1994.

Link, Diskursives Ereignis Link, Jürgen: Diskursives Ereignis. In: kultuRRevolution, zeitschrift für angewandte diskurstheorie, 7, 1984, 71.

Link, Jürgen: Versuch über den Normalismus. Wie Normalität produziert wird. Opladen 1997.

Lischeid, Symbolische Politik Lischeid, Thomas: Symbolische Politik. Das Ereignis der NS-Bücherverbrennung im Kontext seiner Diskursgeschichte. Heidelberg 2001.

Lixl-Purcell, Erinnerungen Lixl-Purcell, Andreas: Erinnerungen deutsch-jüdischer Frauen 1900–1990. Leipzig 1992.

Löb, Exil-Gestalten Löb, Kurt: Exil-Gestalten. Deutsche Buchgestalter in den Niederlanden 1932–1950. Arnhem 1995.

Loeffler, Theatre and Resistance Loeffler, Peter: Theatre and Resistance. The Zürich Schauspielhaus 1933–1945. In: Leslie Miller/Klaus Petersen/Peter Stenberg/Karl Zaenker (Hrsg.): Literature and Politics in Central Europe. Columbia 1993, 40–54.

Loewy, Exil Loewy, Ernst (Hrsg.): Exil. Literarische und politische Texte aus dem deutschen Exil 1933–1945. Stuttgart 1979.

Loewy, Exkurs über die Rechtfertigungsliteratur Loewy, Ernst: Exkurs über die Rechtfertigungsliteratur. In: *Loewy, Literatur unterm Hakenkreuz,* 291–300.

Loewy, Literatur unterm Hakenkreuz Loewy, Ernst: Literatur unterm Hakenkreuz. Das dritte Reich und seine Dichtung. Eine Dokumentation. Neuausgabe. Bodenheim 1990 (1. Aufl. Frankfurt/M. 1966).

Loiperdinger Parteitagsfilme Loiperdinger, Martin: Riefenstahls Parteitagsfilme – zwischen Bergfilm und Kriegswochenschau. In: Filmblatt 8, Nr. 21, 2003, 12–28.

Loiperdinger, Hans Westmar Loiperdinger, Martin: Hans Westmar. Einstellungsprotokoll. München 1980.

Loiperdinger, Märtyrerlegenden Loiperdinger, Martin: Märtyrerlegenden im NS-Film. Opladen 1991.

Loiperdinger, Rituale Loiperdinger, Martin: Rituale der Mobilmachung. Der Parteitagsfilm »Triumph des Willens« von Leni Riefenstahl. Opladen 1987.

Loiperdinger/Schönekäs: Die große Liebe Loiperdinger, Martin/Schönekäs, Klaus: Die große Liebe – Propaganda im Unterhaltungsfilm. In: Rother, Rainer (Hrsg.): Bilder schreiben Geschichte: Der Historiker im Kino. Berlin 1991, S. 143–153.

Lokatis, Hanseatische Verlagsanstalt Lokatis, Siegfried: Hanseatische Verlagsanstalt. Politisches Buchmarketing im Dritten Reich. Frankfurt/M. 1992 (AGB Sonderdruck, Jg. 38, 1–189).

London, Theatre London, John (Hrsg.): Theatre under the Nazis. Manchester/New York 2000.

Longerich, Judenverfolgung Longerich, Peter: »Davon haben wir nichts gewusst!« Die Deutschen und die Judenverfolgung 1933–1945. München 2006.

Longerich, Peter: Hitlers Stellvertreter. Führung der Partei und Kontrolle des Staatsapparates durch den Stab Hess und die Partei-Kanzlei Bormann. München u.a. 1992.

Loose, Entstehungsgeschichte Loose, Gerhard: Zur Entstehungsgeschichte von Ernst Jüngers Schrift ›Der Friede‹. In: Modern Language Notes 74, 1959, 51–58.

Loose, Gerhard: Ernst Jünger. Gestalt und Werk. Frankfurt/M. 1957.

Loose, Jüngers Kampf Loose, Gerhard: Ernst Jüngers Kampf um die Form. Dargestellt an den beiden Fassungen des Buches vom ›Abenteuerlichen Herzen‹. In: Modern Language Notes 65, 1950, 1–11.

Loose, Tigerlilie Loose, Gerhard: Die Tigerlilie. Ein Beitrag zur Symbolik in Ernst Jüngers Buch vom ›Abenteuerlichen Herzen‹. In: Euphorion 46, 1952, 202–216.

Lorenz, Universum-Bücherei 1928–1939 Lorenz, Heinz: Die Universum-Bücherei 1928–1939. Geschichte und Bibliographie einer proletarischen Buchgemeinschaft. Berlin 1996.

Lorenz, Universum-Bücherei im Exil Lorenz, Heinz: Die Universum-Bücherei im Exil. Mit Bibliographie. In: Marginalien, H. 133 (1994), 69–87.

Lorenz: Bombenstimmung Lorenz, Thorsten: Bombenstimmung. Von der Militärrevue zum Unterhaltungs-Fernsehen. In: Tietze, Wolfgang/Schneider, Manfred (Hrsg.): Fernsehshows. Theorie einer neuen Spielwut. München 1991, 25–49.

Lübbe, Hermann: Oswald Spenglers ›Preußentum und Sozialismus‹ und Ernst Jüngers ›Arbeiter‹. In: Alexander Demandt/John Farrenkopf (Hrsg.): Der Fall Spengler. Eine kritische Bilanz. Köln/Weimar/Wien 1994, 129–151.

Lüdke, »Theorie der Avantgarde« Lüdke, W. Martin (Hrsg.): »Theorie der Avantgarde«. Antworten auf Peter Bürgers Bestimmung von Kunst und Gesellschaft. Frankfurt/M. 1976 (edition suhrkamp 825).

Lühe, »Und der Mann war oft eine schwere, undankbare Last« Lühe, Irmela von der: »Und der Mann war oft eine schwere, undankbare Last«. In: Frauen im Exil – Frauen in der Exilforschung. In: Exilforschung. Bd. 14: Rückblicke und Perspektiven, 44–61.

Lühe, Schreiben im Exil als Chance Lühe, Irmela von der: Schreiben im Exil als Chance: Gabriele Tergits Roman Effingers. In: Deutsche und österreichische Exilerfahrungen in Großbritannien 1933–1945, 48–56.

Lühe, Vergnügen am Spiel Lühe, Irmela von der: Vergnügen am Spiel und Ernst im Spiel. Die Pfeffermühle in Holland. In: Hans Würzner/Karl Kröhnke (Hrsg.): Deutsche Literatur im Exil in den Niederlanden 1933–1940. Amsterdam/Atlanta 1994, 201–212.

Lürbke, Anna: Mexikovisionen aus dem deutschen Exil. B. Traven, Gustav Regler, Anna Seghers. Tübingen 2001.

Lüth, Hamburger Theater Lüth, Erich: Hamburger Theater 1933–1945. Ein theatergeschichtlicher Versuch. Hamburg 1962.

Lützeler, Europa-Ideen Lützeler, Paul Michael: Heinrich Manns Europa-Ideen im Exil. In: Heinrich Mann-Jahrbuch 3, 1985, S. 79–92.

Lützeler/Keßler, Brochs theoretisches Werk Lützeler, Paul Michael/Michael Kessler (Hrsg.): Brochs theoretisches Werk. Frankfurt/M. 1988.

Lukács, Georg: Der Kampf zwischen Liberalismus und Demokratie im Spiegel des historischen Romans der deutschen Antifaschisten (1938). In: Essays über Realismus. Berlin 1947, 88–127.

Lukács, Realismus Lukács, Georg: Essays über Realismus. Berlin 1947.

Lunn, Marxism and Modernism Lunn, Eugene: Marxism and Modernism. An Historical Study of Lukács, Brecht, Benjamin, and Adorno. Berkeley/Los Angeles/London 1982.

Lurz, Heidelberger Thingstätte Lurz, Meinolf (Hrsg.): Die Heidelberger Thingstätte. Die Thingbewegung im Dritten Reich: Kunst als Mittel politischer Propaganda. Heidelberg 1975.

Luserke, Musil Luserke, Matthias: Robert Musil. Stuttgart/Weimar 1995 (Sammlung Metzler, 289).

Lyon, Brecht in Amerika Lyon, James K.: Bertolt Brecht in Amerika. Frankfurt/M. 1984.

Lyrik verlegen in dunkler Zeit. Aus Heinrich Ellermanns Reihe ›Das Gedicht. Blätter für die Dichtung‹ 1934 bis 1944. Gedichte von 40 Autoren. Ausgew. u. eingel. v. Christoph Perels. Mit e. Gesamtverzeichnis der Jahrgänge 1–10. München 1984.

Maas, Utz: »Als der Geist der Gemeinschaft eine Sprache fand«. Sprache im Nationalsozialismus. Versuch einer historischen Argumentationsanalyse. Opladen 1984.

MacDonald, Theater-Of-Illusion MacDonald, Edward R.: The Classical Theater-Of-Illusion Modernized. The Conflicting Messages of the Moral Imperative in Fritz Hochwälder's ›Das heilige Experiment‹. In: Maske & Kothurn 31, 1985, S. 73–100.

Macris, Literatur- und Theateragenten Macris, Peter: Deutschsprachige Literatur- und Theateragenten in den USA. In: Deutschsprachige Exilliteratur seit 1933. Hrsg. v. John M. Spalek und Joseph Strelka. Bd. 2: New York. Teil 2. Bern 1989, 1350–1363.

Mahal, Faust in Sezuan Mahal, Günther: Faust in Sezuan. Brechts *Parabelstück* als »Kontrafaktur« zu Goethes *Tragödie*. In: Zur Ästhetik der Moderne. Für Richard Brinkmann zum 70. Geburtstag. Tübingen 1992, 183–215.

Maimann, Sprachlosigkeit Maimann, Helene: Sprachlosigkeit. Ein zentrales Phänomen der Exilerfahrung. In: *Frühwald/Schieder, Leben im Exil*, 31–38.

Maimann/Lunzer, Österreicher im Exil Maimann, Helene/Lunzer, Heinz (Red.): Österreicher im Exil 1934 bis 1945. Protokoll des Internationalen Symposiums zur Erforschung des österreichischen Exils von 1934 bis 1945. Wien 1977.

Maiwald, Filmzensur Maiwald, Klaus-Jürgen: Filmzensur im NS-Staat. Dortmund 1983.

Majewski, Themen Majewski, Tomasz: Themen, Tendenzen, Aufführungen. Regimefreundliche Autoren auf Breslauer Bühnen zwischen 1933 und 1934. In: Białek, Edward/Buczek, Robert/Ziminiak, Pavel (Hrsg.): Eine Provinz in der Literatur. Schlesien zwischen Wirklichkeit und Imagination. Wrocław, Zielona Góra 2003, 173–186.

Mallmann, ›Das Innere Reich‹ Mallmann, Marion: ›Das Innere Reich‹. Analyse einer konservativen Kulturzeitschrift im Dritten Reich. Bonn 1978.

Mammach, Emigration in Österreich Mammach, Klaus: Deutsche Emigration in Österreich. In: Jahrbuch für Geschichte 38, 1989, 281–309.

Mandelkow, Bedeutung des Erbes Mandelkow, Karl Robert: Die literarische und kulturpolitische Bedeutung des Erbes. In: Schmitt, Hans-Jürgen (Hrsg.): Die Literatur der DDR. München, Wien 1983 (Hansers Sozialgeschichte der deutschen Literatur, Bd. 11), 78–119.

Mandelkow, Goethe Mandelkow, Karl Robert, Goethe in Deutschland. Rezeptionsgeschichte eines Klassikers. Bd. 2: 1919–1989. München 1989.

Mank, Dieter: Erich Kästner im nationalsozialistischen Deutschland. 1933–1945: Zeit ohne Werk? Frankfurt/M./Bern 1981.

Mannes, Antisemitismus Mannes, Stefan: Antisemitismus im nationalsozialistischen Propagandafilm: Jud Süss und Der ewige Jude. Köln 1999.

Manthey, Jürgen: Ein Don Quijote der Brutalität. Ernst Jüngers »Der Arbeiter«. In: Heinz Ludwig Arnold (Hrsg.): Ernst Jünger. München 1990 (Text + Kritik, 105/106), 36–51.

Marose, Monika: Das Eigentliche ist unsichtbar. Eine biographische Annäherung an den Schriftsteller Felix Hartlaub. Egelsbach u.a. 2001.

Marose, Monika: Unter der Tarnkappe. Felix Hartlaub. Eine Biographie. Berlin 2005.

Martens, Erika: Zum Beispiel ›Das Reich‹. Zur Phänomenologie der Presse im totalitären Regime. Köln 1972.

Martin, Alfred von: Der heroische Nihilismus und seine Überwindung. Ernst Jüngers Weg durch die Krise. Krefeld 1948.

Martin, Elaine (Hrsg.): Gender, patriarchy, and fascism in the Third Reich. The response of women writers. Detroit 1993.

Martus, Jünger Martus, Steffen: Ernst Jünger. Stuttgart/Weimar 2001 (Sammlung Metzler, 333).

Masser, Theodor Haecker Masser, Karin: Theodor Haecker – Literatur in theologischer Fragestellung. Frankfurt/M./Bern/New York 1986.

Massoth, »Auch bin ich ...« Massoth, Anja: »Auch bin ich ja eigentlich gar kein ›österreichischer Künstler‹«. Zuckmayers Rezeption als Dramatiker in Österreich 1925–1938. In: Zuckmayer-Jahrbuch 2, 1999, 413–460.

Massoth, Carl Zuckmayers dramatisches Werk Massoth, Anja: Carl Zuckmayers dramatisches Werk. Inszenierungen und Rezeption in Wien 1925 bis 1938. In: Maske & Kothurn 40, 1998, 99–112.

Mathieu, Thomas: Kunstauffassungen und Kulturpolitik im Nationalsozialismus. Studien zu Adolf Hitler, Joseph Goebbels, Alfred Rosenberg, Baldur von Schirach, Heinrich Himmler, Albert Speer, Wilhelm Frick. Saarbrücken 1997.

Mathy, Kunst & Leben Mathy, Dietrich: Kunst & Leben. Nachgetragene Daten zu einer unabgeschlossenen Vorgeschichte. Aufsätze zur Kultur- und Zivilisationskritik. Würzburg 2001.

Mattenklott, Gert: ›Verkannte Brüder‹? Stefan George und das jüdisch-deutsche Bürgertum zwischen Jahrhundertwende und Emigration. Hildesheim/Zürich/New York 2001.

Matzner, Lehrstück Lukács Matzner, Jutta (Hrsg.): Lehrstück Lukács. Frankfurt/M. 1974.

Mauersberger, Volker: Hitler in Weimar. Der Fall einer deutschen Kulturstadt. Berlin 1999.

Maurach, Marginalien Maurach, Gregor: Marginalien zu G. Benns »Pallas«. In: Acta Germanica 8, 1973, 117–122.

Maurach, Kleist im Nationalsozialismus Maurach, Martin (Hrsg.): Kleist im Nationalsozialismus (Beiträge zur Kleist-Forschung 19, 2005). Würzburg 2008.

Maurach, Martin (Hrsg.): »Betrachtungen über den Weltlauf«. Kleist 1933–1945. Berlin 2008.

Mayer, In Sachen Arnolt Bronnen Mayer, Hans: In Sachen Arnolt Bronnen. In: Arnolt Bronnen gibt zu Protokoll. Beiträge zur Geschichte des modernen Schriftstellers. Frankfurt/M. 1978, 467–478.

Mayr, Weltgeschichte Mayr, Florian: Weltgeschichte als Versuchungsgeschichte. Theodor Haeckers exegetische Meditation ›Die Versuchungen Christi‹. In: Gebhard Fürst/Peter Kastner/Hinrich Siefken (Hrsg.): Theodor Haecker (1879–1945). Verteidigung des Bildes vom Menschen. Stuttgart 2001, 75–94.

Meckel, Suchbild Meckel, Christoph: Suchbild. Über meinen Vater. Düsseldorf 1980.

Mecklenburg, Norbert: Erzählte Provinz. Regionalismus und Moderne im Roman. Königstein/Ts. 1982.

Meier, Franziska: Mythos der Erneuerung. Italienische Prosa in Faschismus und Resistenza. Göttingen 2002.

Meier, Hans-Georg: Romane der Konservativen Revolution in der Nachfolge von Nietzsche und Spengler (1918–1941). Frankfurt/M. 1983.

Meier, Form und Dissonanz Meier, Pirmin A.: Form und Dissonanz. Reinhold Schneider als historiographischer Schriftsteller. Bern/Frankfurt/M./Las Vegas 1978.

Meinert, Hellenismus Meinert, Dietrich: Hellenismus und Christentum in Gerhart Hauptmanns Atriden-Tetralogie. Kapstadt/Amsterdam 1964.

Menges, Geist und Macht Menges, Karl: Geist und Macht. Zur Problematik von Heinrich Manns politischem Engagement im französischen Exil. In: Wulf Koepke/Michael Winkler (Hrsg.): Deutschsprachige Exilliteratur. Studien zu ihrer Bestimmung im Kontext der Epoche 1930 bis 1960. Bonn 1984, S. 108–124.

Mennemeier, Franz Norbert: Das Drama der Nazizeit. In: Franz Norbert Mennemeier: Modernes Deutsches Drama. Kritiken und Charakteristiken. Bd. 2: 1933 bis zur Gegenwart. München 1975, 95–139.

Mennemeier, Franz Norbert: Nationalsozialistische Dramatik. In: Alexander von Bormann/Horst Albert Glaser (Hrsg.): Weimarer Republik – Drittes Reich: Avantgardismus, Parteilichkeit, Exil 1918–1945. Deutsche Literatur. Eine Sozialgeschichte Bd. 9. Reinbek 1983, 283–292.

Mennemeier, Franz Norbert/Trapp, Frithjof: Deutsche Exildramatik 1933 bis 1950. München 1980.

Menninghaus, Schwellenkunde Menninghaus, Winfried: Schwellenkunde. Walter Benjamins Passage des Mythos. Frankfurt/M. 1986.

Menninghaus, Sprachmagie Menninghaus, Winfried: Walter Benjamins Theorie der Sprachmagie. Frankfurt/M. 1980.

Mensching, Voraussetzungen Mensching, Günther: Zu den historischen Voraussetzungen der ›Dialektik der Aufklärung‹. In: Michael Löbig/Gerhard Schweppenhäuser (Hrsg.): Hamburger Adorno-Symposion. Lüneburg 1984, 25–45.

Menz, Sprechchor und Aufmarsch Menz, Egon: Sprechchor und Aufmarsch. Zur Entstehung des Thingspiels. In: Horst Denkler/Karl Prümm (Hrsg.): Die deutsche Literatur im Dritten Reich. Themen – Traditionen – Wirkungen. Stuttgart 1976, 330–346.

Mergel, Thomas: Parlamentarische Kultur in der Weimarer Republik. Politische Kommunikation, symbolische Politik und Öffentlichkeit im Reichstag. Düsseldorf 2002.

Messerschmidt, Büchergilde Gutenberg Messerschmidt, Beate: »von Deutschland herübergekommen?« Die ›Büchergilde Gutenberg‹ im Schweizer Exil. München 1988.

Metz, Karl H.: Faust und Chronos. Das Problem der Technik in der Zivilisationstheorie Oswald Spenglers. In: Archiv für Kulturgeschichte 75 (1993), 153–170.

Metzger, Wahrheit Metzger, Angela Esther: Wahrheit aus Tränen und Blut. Theater in nationalsozialistischen Konzentrationslagern von 1933–1945. Eine Dokumentation. Hagen 1996.

Meyer, Verlagsfusion Langen-Müller Meyer, Andreas: Die Verlagsfusion Langen-Müller. Zur Buchmarkt- und Kulturpolitik des Deutschnationalen Handlungsgehilfen-Verbands in der Endphase der Weimarer Republik. Frankfurt/M. 1989.

Meyer, Frank: Schreiben für die Fremde. Politische und kulturelle Publizistik des deutschsprachigen Exils in Norwegen und Skandinavien 1933–1940. Essen 2000.

Meyer, Jochen (Bearb.): Berlin Provinz. Literarische Kontroversen um 1930. Marbach 1985 (Marbacher Magazin 35).

Meyer, Jünger Meyer, Martin: Ernst Jünger. München/Wien 1990.

Michel, Karl Markus: Das Fähnchen. Kleine Kasuistik der Kollaboration. In: Kursbuch 115, März 1994, 1–21.

Middell u.a., Exil in den USA Middell, Eike/Dreifuss, Alfred/Frank, Volker/Gersch, Wolfgang/Kirfel-Lenk, Thea/Schebera, Jürgen: Exil in den USA. Leipzig 1979 (auch: Frankfurt/M. 1988).

Mikota, Jana: Alice Rühle-Gerstel. Ihre kinderliterarischen Arbeiten im Kontext der Kinder- und Jugendliteratur der Weimarer Republik, des Nationalsozialismus und des Exils. Frankfurt/M. u.a. 2004.

Miller, Die Bedeutung des Entwicklungsbegriffs Miller, Gerlinde F.: Die Bedeutung des Entwicklungsbegriffs für Menschenbild und Dichtungstheorie bei Gottfried Benn. New York/Bern/Frankfurt/M./Paris 1990.

Mirbt, Methoden Mirbt, Karl-Wolfgang: Methoden publizistischen Widerstandes im Dritten Reich. Nachgewiesen an der ›Deutschen Rundschau‹ Rudolf Pechels. Diss. Berlin 1958.

Mirbt, Theorie und Technik Mirbt, Karl-Wolfgang: Theorie und Technik der Camouflage. Die ›Deutsche Rundschau‹ im Dritten Reich als Beispiel publizistischer Opposition unter totalitärer Gewalt. In: Publizistik 9, 1964, 3–16.

Mitchell, »Aus der hellen Wohnung« Mitchell, Michael R.: »Aus der hellen Wohnung zurück in den Zuchtstall«. An Examination of F.T. Csokor's ›3. November 1918‹. In: Modern Austrian Literature 16, 1983, 37–52.

Mitchell, A Civilian's War Mitchell, Michael R.: A Civilian's War: F.T. Csokor in Exile. In: Ian Wallace (Hrsg.): Aliens – Uneingebürgerte. German and Austrian Writers in Exile. Amsterdam/Atlanta 1994, 145–157.

Mittag, Verdammte Mittag, Gabriele: »Es gibt Verdammte nur in Gurs«. Literatur, Kultur und Alltag in einem südfranzösischen Internierungslager 1940–1942. Tübingen 1996.

Mittag, Gabriele: Erinnern, Schreiben, Überliefern. Über autobiographisches Schreiben deutscher und deutsch-jüdischer Frauen. In: Exilforschung. Bd. 11: Frauen und Exil. Zwischen Anpassung und Selbstbehauptung, 53–67.

Mittenzwei, Bertolt Brecht   Mittenzwei, Werner: Bertolt Brecht. Von der ›Maßnahme‹ zu ›Leben des Galilei‹. Berlin/Weimar 1970.

Mittenzwei, Der Realismus-Streit   Mittenzwei, Werner: Der Realismus-Streit um Brecht. Grundriß der Brecht-Rezeption in der DDR 1945–1975. Berlin, Weimar 1978.

Mittenzwei, Dialog und Kontroverse   Mittenzwei, Werner (Hrsg.): Dialog und Kontroverse mit Georg Lukács. Der Methodenstreit deutscher sozialistischer Schriftsteller. Leipzig 1975.

Mittenzwei, Exil in der Schweiz   Mittenzwei, Werner: Exil in der Schweiz. Frankfurt/M. 1979.

Mittenzwei, Marxismus und Realismus   Mittenzwei, Werner: Marxismus und Realismus. Die Brecht-Lukács-Debatte. In: Das Argument 10, 1968, H. 46, 12–43 (zuerst in: Sinn und Form 19, 1967, H. 1, 235–269).

Mittenzwei, Untergang   Mittenzwei, Werner: Der Untergang einer Akademie oder Die Mentalität des ewigen Deutschen. Der Einfluß nationalkonservativer Dichter an der Preußischen Akademie der Künste 1918 bis 1947. Berlin, Weimar 1992.

Mittenzwei, Wer war Brecht   Mittenzwei, Werner (Hrsg.): Wer war Brecht. Wandlung und Entwicklung der Ansichten über Brecht im Spiegel von ›Sinn und Form‹. Berlin 1977.

Mittenzwei, Züricher Schauspielhaus   Mittenzwei, Werner: Das Züricher Schauspielhaus 1933–1945 oder Die letzte Chance. Berlin 1979.

Moeller, Hans-Bernhard: Literatur zur Zeit des Faschismus. In: Ehrhard Bahr (Hrsg.): Geschichte der deutschen Literatur. Kontinuität und Veränderung. Vom Mittelalter bis zur Gegenwart. Bd. 3: Vom Realismus bis zur Gegenwartsliteratur. 2., vollst. überarb. u. erweit. Aufl. Tübingen, Basel 1998, 327–432.

Möller, Exodus der Kultur   Möller, Horst: Exodus der Kultur. Schriftsteller, Wissenschaftler und Künstler in der Emigration nach 1933. München 1984.

Mörchen, Helmut: Gegenaufklärung und Unterwerfung. Tendenzen der Essayistik im Dritten Reich. In: Horst Denkler/Karl Prümm (Hrsg.): Die deutsche Literatur im Dritten Reich. Themen, Traditionen, Wirkungen. Stuttgart 1976, 224–239.

Mohler, Die konservative Revolution   Mohler, Armin/Weißmann, Karlheinz: Die konservative Revolution in Deutschland 1918–1932. Ein Handbuch. 6., vollst. überarb. u. erw. Aufl. Graz 2005 (1. Aufl. 1950).

Moll, Michael: Lyrik in einer entmenschlichten Welt. Interpretationsversuche zu deutschsprachigen Gedichten aus nationalsozialistischen Gefängnissen, Ghettos und KZs. Frankfurt/M. 1988.

Mommsen, Beamtentum   Mommsen, Hans: Beamtentum im Dritten Reich. Stuttgart 1966.

Moore, Exil in Hollywood   Moore, Erna M: Exil in Hollywood: Leben und Haltung deutscher Exilautoren nach ihren autobiographischen Berichten. In: John M. Spalek/Joseph Strelka: Deutsche Exilliteratur seit 1933. Bd. 1: Kalifornien. Berlin, München 1976, 21–39.

Morat, Körpermaschine   Morat, Daniel: Die schmerzlose Körpermaschine und das zweite Bewußtsein. Ernst Jüngers ›Über den Schmerz‹. In: Jahrbuch zur Kultur und Literatur der Weimarer Republik 6, 2001, 181–233.

Moser, Studien zur Dramentheorie   Moser, Josef: Studien zur Dramentheorie von Cäsar von Arx (1895–1949). Diss. Fribourg 1956.

Moses, Benjamins Kritik   Moses, Stéphane: Walter Benjamins Kritik der historischen Vernunft. In: Studi Germanici N.S. 29 (1991), 61–78.

Mosse, George L.: Die Nationalisierung der Massen. Politische Symbolik und Massen-
bewegungen in Deutschland von den Napoleonischen Kriegen bis zum Dritten
Reich. Frankfurt/M., Berlin 1976.

Mosse, NS-Kampfbühne Mosse, George L.: Die NS-Kampfbühne. In: Reinhold
Grimm/Jost Hermand (Hrsg.): Geschichte im Gegenwartsdrama. Stuttgart/Berlin/
Köln/Mainz 1976, 24–38, 112–114.

Mühlen, Fluchtziel Lateinamerika Mühlen, Patrick von zur: Fluchtziel Lateinamerika.
Die politische Emigration 1933–1945: politische Aktivitäten und soziokulturelle
Integration. Bonn 1988.

Müller, »Denn es ist noch nichts geschehen« Müller, Bernd: »Denn es ist noch nichts
geschehen«. Walter Benjamins Kafka-Deutung. Köln/Weimar/Wien 1996.

Müller, Hans-Harald: Der Krieg und die Schriftsteller. Der Kriegsroman der Weimarer
Republik. Stuttgart 1986.

Müller, Harro: Gottfried Benns paradoxer Antihistorismus. Einige Überlegungen über
Zusammenhänge zwischen ästhetischem Absolutismus und faschistischem Engagement. In: Hartmut Eggert/Ulrich Profitlich/Klaus R. Scherpe (Hrsg.): Geschichte als
Literatur. Formen und Grenzen der Repräsentation von Vergangenheit. Stuttgart
1990, 182–195.

Müller, Fest- und Weiheliteratur Müller, Karl: Vaterländische und nazistische Fest-
und Weiheliteratur der 30er Jahre. In: Donald G. Daviau (Hrsg.): Jura Soyfer and
His Time. Riverside 1995, 94–120.

Müller, Probleme männlicher Identität Müller, Karl: Probleme männlicher Identität
bei Richard Billinger. Homosexualität und Literatur während der NS-Zeit. In: Uwe
Baur/Katrin Gradwohl-Schlacher/Sabine Fuchs (Hrsg.): Macht Literatur Krieg. Österreichische Literatur im Nationalsozialismus. Wien/Köln/Weimar 1998, 246–273.

Müller, Zäsuren Müller, Karl: Zäsuren ohne Folgen. Das lange Leben der literarischen Antimoderne Österreichs seit den 30er Jahren. Salzburg 1990.

Müller, Brechts ›Leben des Galilei‹ Müller, Klaus-Detlef: Bertolt Brechts ›Leben des
Galilei‹. In: Walter Hinck (Hrsg.): Geschichte als Schauspiel. Deutsche Geschichtsdramen. Interpretationen. Frankfurt/M. 1981, 240–253.

Müller, »Das Große bleibt groß nicht ...« Müller, Klaus-Detlef: »Das Große bleibt
groß nicht ...«. Die Korrektur der politischen Theorie durch die literarische Tradition in Bertolt Brechts ›Schweyk im zweiten Weltkrieg‹. In: Wirkendes Wort 23,
1973, 26–44.

Müller, Funktion der Geschichte Müller, Klaus-Detlef: Die Funktion der Geschichte
im Werk Bertolt Brechts. Studien zum Verhältnis von Marxismus und Ästhetik. 2.
Aufl. Tübingen 1972.

Müller, Klaus-Detlef (Hrsg.): Brechts ›Mutter Courage und ihre Kinder‹. Frankfurt/M.
1982.

Müller, Großstadt Müller, Lothar: Die Großstadt als Ort der Moderne. In: Scherpe,
Klaus R. (Hrsg.): Die Unwirklichkeit der Städte. Reinbek 1988, 14–36.

Müller, Säuberung Müller, Reinhard (Hrsg.): Georg Lukács, Johannes R. Becher,
Friedrich Wolf u. a.: Die Säuberung. Moskau 1936: Stenogramm einer geschlossenen Parteiversammlung. Reinbek b. Hamburg 1991.

Müller, Reinhard: Menschenfalle Moskau. Exil und stalinistische Verfolgung. Hamburg 2001.

Müller, Soldaten Müller, Sven-Oliver: Deutsche Soldaten und ihre Feinde. Nationalismus an Front und Heimatfront im Zweiten Weltkrieg. Frankfurt/M. 2007.

Müller-Funk, Erfahrung und Experiment Müller-Funk, Wolfgang: Erfahrung und Experiment. Studien zu Theorie und Geschichte des Essayismus. Berlin 1995.

Müller-Lentrodt, Matthias: Poetik für eine brennende Welt. Zonen der Poetik Yvan Golls im Kontext der europäischen Avantgarde. Bern u. a. 1997.

Müller-Michaels, Bertolt Brecht Müller-Michaels, Harro: Bertolt Brecht: Der kaukasische Kreidekreis. In: Harro Müller-Michaels (Hrsg.): Deutsche Dramen. Interpretationen zu Werken von der Aufklärung bis zur Gegenwart. Bd. 2: Von Gerhart Hauptmann bis Botho Strauß. Frankfurt/M. 1981, 68–84.

Müller-Wesemann, Theater Müller-Wesemann, Barbara: Theater als geistiger Widerstand. Der Jüdische Kulturbund in Hamburg 1934–1941. Stuttgart 1996.

Münch, Weg und Werk Münch, Ursula: Weg und Werk Arnolt Bronnens. Wandlungen seines Denkens. Frankfurt/M./Bern/New York/Nancy 1985.

Müssener, Exil in Schweden Müssener, Helmut: Exil in Schweden. Politische und kulturelle Emigration nach 1933. München 1974.

Murmann, Komödianten Murmann, Geerte: Komödianten für den Krieg. Deutsches und alliiertes Fronttheater. Düsseldorf 1992.

Musik, Die erkenntnistheoretischen Grundlagen Musik, Gunar: Die erkenntnistheoretischen Grundlagen der Ästhetik Walter Benjamins und ihr Fortwirken in der Konzeption des Passagenwerks. Frankfurt/M./ Bern/New York 1985.

Musik, Theater, Literatur Düsseldorf Musik, Theater, Literatur und Film zur Zeit des Dritten Reiches. Düsseldorf 1987.

Nassen, Ulrich: Jugend, Buch und Konjunktur 1933–1945. Studien zum Ideologiepotential des genuin nationalsozialistischen und des konjunkturellen »Jugendschrifttums«. München 1987.

Naumann, Hitler-Persiflage Naumann, Uwe: Hitler-Persiflage im KZ Dachau. Anmerkungen zur ›Schreckenstein‹-Aufführung. In: Rüdiger Krohn (Hrsg.): Forum. Materialien und Beiträge zur Mittelalter-Rezeption. Bd. III. Göppingen 1992, 37–52.

Naumann, Theatermann Naumann, Uwe (Hrsg.): Ein Theatermann im Exil. P. Walter Jacob. Hamburg 1985.

Naumann, Uwe: Zwischen Tränen und Gelächter. Satirische Faschismuskritik 1933 bis 1945. Köln 1983.

Nawrocka, Kooperationen Nawrocka, Irene: Kooperationen im deutschsprachigen Exilverlagswesen. In: *Bücher, Verlage, Medien*, 60–83.

Nawrocka, Verlagssitz Nawrocka, Irene: Verlagssitz: Wien, Stockholm, New York, Amsterdam. Der Bermann-Fischer Verlag im Exil (1933–1950). Ein Abschnitt aus der Geschichte des S. Fischer-Verlages. In: Archiv für Geschichte des Buchwesens 53 (2000), 1–216.

Nehring, Komödie der Flucht Nehring, Wolfgang: Komödie der Flucht ins Exil: Franz Werfels ›Jacobowsky und der Oberst‹. In: Wolfgang Nehring/Hans Wegener (Hrsg.): Franz Werfel im Exil. Bonn 1992, 111–127.

Neliba, Günter: Wilhelm Frick. Der Legalist des Unrechtsstaates. Paderborn, München, Wien, Zürich 1992.

Neuhaus, Kästners Mitarbeit Neuhaus, Stefan: Das verschwiegene Werk. Erich Kästners Mitarbeit an Theaterstücken unter Pseudonym. Würzburg 2000.

Neumann, »… die Speers werden lange mit uns sein.« Neumann, Bernd: »… die Speers werden lange mit uns sein.« Anmerkungen zu den Memoiren ehemaliger Entscheidungsträger des Dritten Reiches. In: *Denkler/Prümm, Die deutsche Literatur im Dritten Reich*, 504–529.

Neumann, Gerhard: »Einer ward keiner«. Zur Ichfunktion in Loerkes Gedichten. In: Oskar Loerke. Marbacher Kolloquium 1984. Hrsg. v. Reinhard Tgahrt. Mainz 1986, 211–270.

Neumann, Thomas (Hrsg.): »Wir aber müssen eine Welt zum Tönen bringen ...« Kultur in Thüringen 1919–1949. Erfurt 1998.

Neumann, Thomas: Völkisch-nationale Hebbelrezeption. Adolf Bartels und die Weimarer Nationalfestspiele. Bielefeld 1997.

Neumann/Ott, Rudolf Kassner Neumann, Gerhard/Ulrich Ott (Hrsg.): Rudolf Kassner. Physiognomik als Wissensform. Freiburg 1999.

Neuß, Raimund: Anmerkungen zu Walter Flex. Die »Ideen von 1914« in der deutschen Literatur, ein Fallbeispiel. Greifswald 1992.

Nevin, Jünger and Germany Nevin, Thomas: Ernst Jünger and Germany. Into the Abyss, 1914–1945. Durham 1996.

Neymeyr, Utopie und Experiment Neymeyr, Barbara: Utopie und Experiment. Zur Konzeption des Essays bei Musil und Adorno. In: Euphorion 94, 2000, 79–111.

Nickel, ›Des Teufels General‹ Nickel, Günther ›Des Teufels General‹ und die Historisierung des Nationalsozialismus. In: Zuckmayer-Jahrbuch 4, 2001, 577–612.

Nickel, Carl Zuckmayers »Der Schelm von Bergen« Nickel, Gunther: Carl Zuckmayers »Der Schelm von Bergen« – eine kritische Auseinandersetzung mit dem Austrofaschismus. In: Zuckmayer-Jahrbuch 1, 1998, 215–231.

Nickel, Gunther (Hrsg.): Literarische und politische Deutschlandkonzepte 1938–1949. Göttingen 2004 (Zuckmayer-Jahrbuch 7).

Niemann, Das Bild des industriellen Unternehmers Niemann, Hans-Werner. Das Bild des industriellen Unternehmers. In deutschen Romanen der Jahre 1890–1945. Berlin 1982.

Nieraad, Deutschsprachige Literatur Nieraad, Jürgen: Deutschsprachige Literatur in Palästina und Israel. In: Exilforschung. Bd. 5: Fluchtpunkte des Exils und andere Themen, 90–110.

Nijssen, Der heimliche König Nijssen, Hub: Der heimliche König. Leben und Werk von Peter Huchel. Würzburg 1998 (Diss. Nijmegen 1995).

Niven, Apocalyptic Elements Niven, Bill: Apocalyptic Elements in National Socialist »Thingspiele« and in Drama of the Weimar Republic. In: German Life & Letters 48, 1995, 170–183.

Niven, Reception of Hebbel Niven, William John: The Reception of Friedrich Hebbel in Germany in the Era of National Socialism. Stuttgart 1984.

Nørregaard, Zur Entstehung Nørregaard, Hans Christian: Zur Entstehung von Brechts »Leben des Galilei«. In: Wolf Wucherpfennig/Klaus Schulte (Hrsg.): Bertolt Brecht – Die Widersprüche und die Hoffnungen. Kopenhagen/München 1988, 65–86.

Nutz, Massenliteratur Nutz, Walter: Massenliteratur. In: Horst Albert Glaser (Hrsg.): Deutsche Literatur. Eine Sozialgeschichte. Bd. 9. Weimarer Republik – Drittes Reich. Avantgardismus, Parteilichkeit, Exil 1918–1945. Reinbek 1983, 200–211.

Nye, Electrifying America Nye, David E.: Electrifying America. Social Meanings of a New Technology, 1880–1940. Cambridge, Mass./London 1990.

Nyssen, Geschichtsbewußtsein Nyssen, Elke: Geschichtsbewußtsein und Emigration. Der historische Roman der deutschen Antifaschisten 1933–1945. München 1974.

Oberwinter, Bewegende Bilder Oberwinter, Kristina: Bewegende Bilder – Repräsentation und Produktion von Emotionen in Leni Riefenstahls ›Triumph des Willens‹. München, Berlin 2007.

Oelze, Feuilleton Oelze, Klaus-Dieter: Das Feuilleton der Kölnischen Zeitung im Dritten Reich. Frankfurt/M./Bern/New York/Paris 1990.

Ogan, Bernd/Wolfgang Weiss (Hrsg.): Faszination und Gewalt. Zur politischen Ästhetik des Nationalsozialismus. Nürnberg 1992.

Olschner, Leonard: Fractured Continuities: Pressures on lyrical tradition at mid-century. In: German Studies Review 13, 1990, 417–440.

Onderdelinden, Der aufhaltsame Aufstieg Onderdelinden, Sjaak: Der aufhaltsame Aufstieg der Parabelform. Bertolt Brechts ›Arturo Ui‹. In: Ders. (Hrsg.): Interbellum und Exil. Amsterdam/Atlanta 1991, 250–266.

Opitz, Michael/Erdmut Wizisla (Hrsg.): Benjamins Begriffe. 2 Bde. Frankfurt/M. 2000.

Opitz, Michael: Ähnlichkeit. In: Michael Opitz/Erdmut Wizisla (Hrsg.): Benjamins Begriffe. 2 Bde. Frankfurt/M. 2000, 15–49.

Orlowski, Hubert: Ubbo-Emmius Struckmann und das Feuilleton der Krakauer Zeitung. Problematische Freiräume im Literatursystem des Dritten Reiches. In: Uwe Baur/Karin Gradwohl-Schlacher/Sabine Fuchs (Hrsg.): Macht Literatur Krieg. Österreichische Literatur im Nationalsozialismus. Wien/Köln/Weimar 1998, 393–408.

Osterkamp, Ernst (Hrsg.): Rudolf Borchardt und seine Zeitgenossen. Berlin/New York: 1997.

Pache, Karriere Pache, Walter: Karriere eines deutschen Dichters. In: Literatur in Bayern 23, 1991, 14–22.

Palmier, Bemerkungen Palmier, Jean-Michel: Einige Bemerkungen zu den Propagandamethoden Willi Münzenbergs. In: *Schlie/Roche, Willi Münzenberg,* 35–58.

Pankau, Amerikanische Geschichte Pankau, Johannes G.: Amerikanische Geschichte als Paradigma der Befreiung. Der Zusammenhang von politischer Wirkungsabsicht und kultureller Aneignung in Ferdinand Bruckners Exildramen ›Die Namenlosen von Lexington‹ und ›Simon Bolivar‹. In: *Pfanner, Kulturelle Wechselbeziehungen,* 151–163.

Panse, Antisemitismus und Judenfiguren Panse, Barbara: Antisemitismus und Judenfiguren in der Dramatik des Dritten Reiches. In: Hans-Peter Bayerdörfer (Hrsg.): Theatralica Judaica. Emanzipation und Antisemitismus als Momente der Theatergeschichte. Von der Lessing-Zeit bis zur Shoah. Tübingen 1992, 299–311.

Panthel, H.W.: Paul Zechs ›Der unbekannte Kumpel‹. Zur Darstellung von Zeitgeschichte und politischem Engagement. In: Maske & Kothurn 31, 1985, 113–124.

Paret, Peter: An artist against the Third Reich: Ernst Barlach 1933–1938. Cambridge 2003.

Paul, Aufstand der Bilder Paul, Gerhard: Aufstand der Bilder. Die NS-Propaganda vor 1933. Bonn 1990.

Paulsen, Georg Kaiser Paulsen, Wolfgang: Georg Kaiser. Die Perspektiven seines Werkes. Tübingen 1960.

Pazi, Nachrichten aus Israel Pazi, Margarete (Hrsg.): Nachrichten aus Israel. Deutschsprachige Literatur in Israel. Hildesheim 1981.

Peitsch, Helmut: »No Politics«? Die Geschichte des deutschen PEN-Zentrums in London 1933–2002. Göttingen 2006.

Peitsch, Helmut: Vom Faschismus zum Kalten Krieg – auch eine deutsche Literaturgeschichte: Literaturverhältnisse, Genres, Themen. Berlin 1996.

Pekar, »Organische Konstruktion« Pekar, Thomas: »Organische Konstruktion«.
Ernst Jüngers Idee einer Symbiose von Mensch und Maschine. In: Friedrich Strack
(Hrsg.): Titan Technik. Ernst und Friedrich Georg Jünger über das technische Zeit-
alter. Würzburg 2000, 99–117.

Perels, Kontinuität Perels, Christoph: Zum Problem der Kontinuität in der deutschen Lyrikgeschichte zwischen 1930 und 1950. Heinrich Ellermanns Reihe ›Das
Gedicht. Blätter für die Dichtung‹. In: Jahrbuch des Freien Deutschen Hochstifts
1985, 260–302.

Perels, Wiecherts Schrift Perels, Christoph: Ernst Wiecherts Schrift ›Von den treuen
Begleitern‹ aus dem Jahr 1937. Ein Beitrag zum Thema »Klassiker in finsteren Zeiten«. In: Jahrbuch des Freien Deutschen Hochstifts 1988, 304–322.

Peters, Exilland Schweden Peters, Jan: Exilland Schweden. Deutsche und schwedische Antifaschisten 1933–1945. Berlin 1985.

Peters, Olaf: Neue Sachlichkeit. Affirmation und Kritik 1931–1947. Berlin 1998.

Peters, Paul: Heinrich Heine, »Dichterjude«. Die Geschichte einer Schmähung.
Frankfurt/M. 1990.

Petersen, Brochs Komödie Petersen, Jürgen H.: Hermann Brochs Komödie ›Aus der
Luft gegriffen oder Die Geschäfte des Baron Laborde‹. In: Paul Michael Lützeler
(Hrsg.): Hermann Broch. Frankfurt/M. 1986, 135–146.

Peterson, Liberal Press Peterson, Walter F.: The Berlin Liberal Press in Exile: A History
of the ›Pariser Tageblatt‹ – ›Pariser Tageszeitung‹ 1933–1940. Tübingen 1987.

Petrow, Michael: Der Dichter als Führer? Zur Wirkung Stefan Georges im »Dritten
Reich«. Marburg 1995.

Pettazzi, Studien Pettazzi, Carlo: Studien zu Leben und Werk Adornos bis 1938. In:
Heinz Ludwig Arnold (Hrsg.): Theodor W. Adorno. 2. Aufl. München 1983 (text
+ kritik, Sonderband), 22–43.

Petzet, Münchner Kammerspiele Petzet, Wofgang: Theater. Die Münchner Kammerspiele 1911–1972. München 1972.

Peukert, Schund- und Schmutzkampf Peukert, Detlev: Der Schund- und Schmutz-
kampf als »Sozialpolitik der Seele«. In: Hermann Haarmann/Walter Huder/Klaus
Siebenhaar: »Das war ein Vorspiel nur …«. Bücherverbrennung Deutschland 1933:
Voraussetzungen und Folgen. Berlin 1983, 51–64.

Peukert, Weimarer Republik Peukert, Detlev: Die Weimarer Republik. Krisenjahre
der klassischen Moderne. Frankfurt/M. 1987.

Pfäfflin, Buchumschläge Pfäfflin, Friedrich: 100 Jahre S. Fischer Verlag 1886–1986.
Buchumschläge. Über Bücher und ihre äußere Gestalt. Frankfurt/M. 1986.

Pfanner, Helmut F.: Der Zweite Weltkrieg und die Exilanten. Eine literarische Antwort.
World War II and the Exiles. A literary Response. Bonn, Berlin 1991.

Pfanner, Hanns Johst Pfanner, Helmut F.: Hanns Johst. Vom Expressionismus zum
Nationalsozialismus. Den Haag/Paris 1970.

Pfanner, Kulturelle Wechselbeziehungen Pfanner, Helmut F. (Hrsg.): Kulturelle Wechselbeziehungen im Exil – Exile across Cultures. Bonn 1986.

Pfleger, Atridentetralogie Pfleger, Alexander Martin: Gerhart Hauptmanns Atriden-
tetralogie: »… der Kere Strudel …«. Divinität und Humanität im Widerstreit.
Hamburg 2003.

Pfotenhauer, Ästhetische Erfahrung Pfotenhauer, Helmut: Ästhetische Erfahrung und gesellschaftliches System. Untersuchungen zu Methodenproblemen einer materialistischen Literaturanalyse am Spätwerk Walter Benjamins. Stuttgart 1975.

Philpotts, Matthew: The Margins of Dictatorship. Assent and dissent in the work of Günter Eich and Bertolt Brecht. Oxford 2003.

Pike, Schriftsteller Pike, David: Deutsche Schriftsteller im sowjetischen Exil 1933–1945. Frankfurt/M. 1981.

Piper, Ernst: Alfred Rosenberg. Hitlers Chefideologe. München 2005.

Pirsich, Der Sturm Pirsich, Volker: Der Sturm. Eine Monographie. Herzberg 1985.

Pitsch, Theater Pitsch, Ilse: Das Theater als politisch-publizistisches Führungsmittel im Dritten Reich. Diss. masch. Münster 1952.

Pivecka, Künstliche Natur Pivecka, Alexander: Die künstliche Natur. Walter Benjamins Begriff der Technik. Frankfurt/M./Berlin/Bern/New York/Paris/Wien 1993.

Plesske, Hans-Martin (Hrsg.): Der Romanführer. Bd. 35. Deutschsprachige Prosa im Dritten Reich (1933–1945). 2 Teile. Stuttgart 2000–2001.

Plesske, Hans-Martin/Klaus Weigelt (Hrsg.): Zuspruch und Tröstung. Beiträge über Ernst Wiechert und sein Werk. Frankfurt/M. 1999.

Plumpe, Theorie Plumpe, Gerhard (Hrsg.): Theorie des bürgerlichen Realismus. Stuttgart 1985 (Universal-Bibliothek 8277).

Plusa, Czeslaw: Kunst und Macht. Literaturtheoretische Überlegungen im Blick auf den nationalsozialistischen Machtstaat bei Gottfried Benn. In: Joanna Jabłkowska/Małgorzata Półrola (Hrsg.): Nationale Identität. Aspekte, Probleme und Kontroversen in der deutschsprachigen Literatur. Łódź 1998, 140–151.

Pohle, Exil Pohle, Fritz: Das mexikanische Exil. Ein Beitrag zur Geschichte der politisch-kulturellen Emigration aus Deutschland (1937–1946). Stuttgart 1986.

Poliakov, Léon/Joseph Wulf: Das Dritte Reich und seine Denker. Frankfurt/M., Berlin, Wien 1983.

Pollatschek, Bühnenwerk Pollatschek, Walther: Das Bühnenwerk Friedrich Wolfs. Ein Spiegel der Geschichte des Volkes. Berlin 1958.

Popp, Valerie: »Aber hier war alles anders ...« Amerikabilder der deutschsprachigen Exilliteratur nach 1939 in den USA. Würzburg 2008.

Porrmann, Theater als Waffengattung Porrmann, Maria: Theater als Waffengattung oder: Der Etappenhase im Einsatz. In: TheaterZeitSchrift 3, 1983, 59–70.

Pott, Alexander Lernet-Holenia Pott, Peter: Alexander Lernet-Holenia. Gestalt, dramatisches Werk und Bühnengeschichte. Wien/Stuttgart 1972.

Prinz, Michael/Zitelmann, Rainer (Hrsg.): Nationalsozialismus und Modernisierung. Darmstadt 1991.

Prinzler, Chronik Prinzler, Hans Helmut: Chronik des deutschen Films 1895–1994. Stuttgart, Weimar 1995.

Prittwitz/Walther, Mielke und die Musen Prittwitz, Joachim/Walther, Ingrid: Mielke und die Musen. Die Organisation der Überwachung. In: Arnold, Heinz-Ludwig: Feinderklärung. Literatur und Staatssicherheit. München 1993, 74–88.

Prodolliet, Cäsar von Arx Prodolliet, Ernst: Cäsar von Arx. Leben und Werk. Diss. Zürich 1953.

Prümm, Das Erbe der Front Prümm, Karl: Das Erbe der Front. Der antidemokratische Kriegsroman der Weimarer Republik und seine nationalsozialistische Fortsetzung. In: *Denkler/Prümm, Die deutsche Literatur im Dritten Reich*, 138–164.

Prümm, Karl: Die Literatur des soldatischen Nationalismus der 20er Jahre (1918–1933). Gruppenideologie und Epochenproblematik. 2 Bde. Kronberg/Ts. 1974.

Pulver, Kaschnitz   Pulver, Elsbeth: Marie Luise Kaschnitz. München 1984 (Autorenbücher, 40).

Puschner, Uwe: Die völkische Bewegung im wilhelminischen Kaiserreich. Sprache – Rasse – Religion. Darmstadt 2001.

Puschner, Uwe/Walter Schmitz/Justus H. Ulbricht (Hrsg.): Handbuch zur »Völkischen Bewegung« 1871–1918. München, New Providence, London, Paris 1996.

Pütter, Rundfunk   Pütter, Conrad: Rundfunk. In: *Handbuch der deutschsprachigen Emigration 1933–1945*, 1087–1103.

Pütter, Conrad: Rundfunk gegen das Dritte Reich. Deutschsprachige Rundfunkaktivitäten im Exil 1933–1945. München 1986.

Quack, Sibylle: Aktualität der Frauen- und Geschlechterproblematik für die Exilforschung. In: Rückblick und Perspektiven, Exilforschung Bd. 14, 31–43.

Quarch, Natur   Quarch, Christoph: Die Natur als inneres Erlebnis. Ernst Jüngers Perspektivwechsel in der zweiten Fassung von ›Das Abenteuerliche Herz‹. In: Scheidewege 23, 1993/94, 300–319 (auch in: Günter Figal/Heimo Schwilk (Hrsg.): Magie der Heiterkeit. Ernst Jünger zum Hundertsten. Stuttgart 1995, 183–203).

Raabe, Expressionismus   Raabe, Paul (Hrsg.): Expressionismus. Der Kampf um eine literarische Bewegung. München 1965 (sonderreihe dtv 41).

Rabenstein, Dichtung   Rabenstein, Edith: Dichtung zwischen Tradition und Moderne: Richard Billinger. Frankfurt/M./Bern/New York /Paris 1987.

Rabinbach, Anson/Sander Gilman (Hrsg.): The Third Reich Sourcebook. Berkeley 2009.

Rabinbach, Why Were the Jews Sacrificed?   Rabinbach, Anson: Why Were the Jews Sacrificed? The Place of Anti-Semitism in »Dialectic of Enlightenment«. In: New German Critique 81 (2000), S. 49–64.

Raddatz, Marxismus und Literatur   Raddatz, Fritz J. (Hrsg.): Marxismus und Literatur. Eine Dokumentation. 3 Bde. Reinbek 1969.

Rafetseder, Bücherverbrennungen   Rafetseder, Hermann: Bücherverbrennungen. Die öffentliche Hinrichtung von Schriften im historischen Wandel. Wien, Köln, Graz 1988.

Raggam, Walter Hasenclever   Raggam, Miriam: Walter Hasenclever. Leben und Werk. Hildesheim 1973.

Ranc, Trotzki   Ranc, Julijana: Trotzki und die Literaten. Literaturkritik eines Außenseiters. Stuttgart 1997.

Raßler, Tageblatt   Raßler, Gerda: Pariser Tageblatt/Pariser Tageszeitung 1933–1940. Eine Auswahlbibliographie. Berlin/Weimar 1989.

Rath, Norbert, Kriegskamerad Hölderlin. Zitate zur Sinngebungsgeschichte. In: Uwe Beyer (Hrsg.); Neue Wege zu Hölderlin (Schriften der Hölderlin-Gesellschaft 18), Würzburg 1994, 219–241.

Rathkolb, Führertreu   Rathkolb, Oliver: Führertreu und gottbegnadet. Künstlereliten im Dritten Reich. Wien 1991.

Reddemann, Christ   Reddemann, Karl-Wilhelm: Der Christ vor einer zertrümmerten Welt. Reinhold Schneider – ein Dichter antwortet der Zeit. Freiburg/Basel/Wien 1978.

Reffet, Wandlung   Reffet, Michael: Die Wandlung des dramatischen Stils in Franz Werfels spätem Theater. Vom ›Reich Gottes in Böhmen‹ zu ›Jacobowski und der Oberst‹. In: Jahrbuch für Internationale Germanistik 21.1. 1989, 93–113.

Reichel, Schein Reichel, Peter: Der schöne Schein des Dritten Reiches. Gewalt und Faszination des deutschen Faschismus. Erweit. Ausgabe. Hamburg 2006 (1. Aufl. München 1991).

Reichl, Johannes M.: Das Thingspiel. Über den Versuch eines nationalsozialistischen Lehrstück-Theaters (Euringer – Heynicke – Möller). Mit einem Anhang über Bert Brecht. Frankfurt/M. 1988.

Reimers, Bewältigen Reimers, Kirsten: Das Bewältigen des Wirklichen. Untersuchungen zum dramatischen Schaffen Ernst Tollers zwischen den Weltkriegen. Würzburg 2000.

Reinhold, Jünger Reinhold, Ursula: Ernst Jünger. ›Der Friede‹ – ein Beitrag zum Frieden? In: Sigrid Bock/Wolfgang Klein/Dietrich Scholze (Hrsg.): Die Waffen nieder! Schriftsteller in den Friedensbewegungen des 20. Jahrhunderts. Berlin 1989, 110–119.

Reisch, Archiv Reisch, Heiko: Das Archiv und die Erfahrung. Walter Benjamins Essays im medientheoretischen Kontext. Würzburg 1992.

Reiter, Andrea: Die Exterritorialität des Denkens. Hans Sahl im Exil. Göttingen 2008.

Renner, Essayistik Renner, Rolf G.: Literarästhetische, kulturkritische und autobiographische Essayistik. In: Helmut Koopmann (Hrsg.): Thomas-Mann-Handbuch. Stuttgart 1990, 629–677.

Renner, Österreichische Schriftsteller Renner, Gerhard: Österreichische Schriftsteller und der Nationalsozialismus (1933–1940). Der »Bund der deutschen Schriftsteller Österreichs« und der Aufbau der Reichsschrifttumskammer in der »Ostmark«. Frankfurt/M. 1986.

Rentschler, Deutschland Rentschler, Eric: Deutschland: Das »Dritte Reich« und die Folgen. In: Geschichte des internationalen Films. Hrsg. v. Geoffrey Nowell-Smith. Stuttgart, Weimar 1998, 338–347.

Reuth, Ralf Georg: Goebbels. München, Zürich 1990.

Richard, Lionel: Deutscher Faschismus und Kultur. Aus der Sicht eines Franzosen. Berlin 1982.

Richards, Donald Ray: The German Bestseller in the 20th Century. A complete Bibliography and Analysis 1915–1940. Bern 1968.

Richter, Thematic Approach Richter, Anton H.: A Thematic Approach to the Works of F. G. Jünger. Bern/Frankfurt/M. 1982.

Riedel, Exil in Kanada Riedel, Walter: Exil in Kanada: Sprache und Identität. In: *Pfanner, Kulturelle Wechselbeziehungen*, 49–61.

Riegel, Paul/Wolfgang van Rinsum: Drittes Reich und Exil 1933–1945 (Deutsche Literaturgeschichte Bd. 10). München 2000.

Rietra, Joseph Roth und Barthold Fles Rietra, Madeleine: »Muss man dann immer postwendend Geld senden, um überhaupt mit ihnen verkehren zu können?« Joseph Roth und Barthold Fles in Briefen. In: Interbellum und Exil. Hrsg. v. Sjaak Onderdelinden (Festschrift für Hans Würzner). Amsterdam, Atlanta 1991, 199–224.

Riha, Walpurgisnacht Riha, Karl: Zur Dritten Walpurgisnacht. In: Sprache im technischen Zeitalter, 1982, 197–206.

Ringer, Fritz: Die Gelehrten. Der Niedergang der deutschen Mandarine 1890–1933. München 1987 (1. Aufl. Stuttgart 1969).

Rinke, Sozialer Radikalismus Rinke, Günter: Sozialer Radikalismus und bündische Utopie. Der Fall Peter Martin Lampel. Frankfurt/M. u. a. 2000.

Riss, Ansätze   Riss, Heidelore: Ansätze zu einer Geschichte des jüdischen Theaters in Berlin 1889–1936. Frankfurt/M. u. a. 2000.

Riss, Theater   Riss, Heidelore: Das Theater des Jüdischen Kulturbundes, Berlin. Zum gegenwärtigen Forschungsstand. In: Hans-Peter Bayerdörfer (Hrsg.): Theatralica Judaica. Emanzipation und Antisemitismus als Momente der Literaturgeschichte. Von der Lessing-Zeit bis zur Shoah. Tübingen 1992, 312–338.

Ritchie, German Exiles   Ritchie, James M.: German Exiles. British Perspectives. New York u. a. 1997.

Ritchie, Johst's ›Schlageter‹   Ritchie, James M.: Johst's ›Schlageter‹ and the End of the Weimar Republic. In: Alan F. Bance (Hrsg.): Weimar Germany. Writers and Politics. Edinburgh 1982, 153–167.

Ritchie, Rehfisch in Exile   Ritchie, Hamish: Rehfisch in Exile. In: Ian Wallace (Hrsg.): Aliens – Uneingebürgerte. German and Austrian Writers in Exile. Amsterdam/Atlanta 1994, 207–222.

Ritchie, Staging the War   Ritchie, James M.: Staging the War in German. In: Forum for Modern Language Studies 21, 1985, 84–96.

Ritchie, The Many Faces   Ritchie, James M.: The Many Faces of Werfel's ›Jacobowsky‹. In: Lothar Huber (Hrsg.): Franz Werfel. An Austrian Writer Reassessed. Oxford/New York/München 1989, 193–210.

Ritchie, James M.: German Literature under National Socialism. London, Canberra, Ottawa 1983.

Ritschl, NS-Wirtschaftsideologie   Ritschl, Albrecht: Die NS-Wirtschaftsideologie. In: Prinz, Michael/Zitelmann, Rainer (Hrsg.): Nationalsozialismus und Modernisierung. Darmstadt 1991, 48–70.

Rocek, Zwischen Subversion und Innerer Emigration   Rocek, Roman: Zwischen Subversion und Innerer Emigration. Alexander Lernet-Holenia und der Nationalsozialismus. In: Johann Holzner/Karl Müller (Hrsg.): Literatur der »Inneren Emigration« aus Österreich. Wien 1998, 181–211.

Röder, Exilgruppen   Röder, Werner: Die deutschen sozialistischen Exilgruppen in Großbritannien 1940–1954. Hannover 1968.

Rohner, Der deutsche Essay   Rohner, Ludwig: Der deutsche Essay. Materialien zur Geschichte und Ästhetik einer literarischen Gattung. Neuwied/Berlin 1966.

Rohrwasser, Renegaten   Rohrwasser, Michael: Der Stalinismus und die Renegaten. Die Literatur der Exkommunisten. Stuttgart 1991.

Rohrwasser, Weg nach oben   Rohrwasser, Michael: Der Weg nach oben. Politiken des Schreibens. Johannes R. Becher. Frankfurt/M. 1980.

Rohrwasser, Zwölf Thesen   Rohrwasser, Michael: Zwölf Thesen zur Faszination des Stalinismus. In: W. von Bergen, W. H. Pehle (Hrsg.): Denken im Zwiespalt. Über den Verrat von Intellektuellen im 20. Jahrhundert. Frankfurt/M. 1996, 61–81.

Rojer, Exile in Argentina   Rojer, Olga Elaine: Exile in Argentina 1933–1945. A Historical and Literary Introduction. New York/Bern/Frankfurt/M./Paris 1989.

Rosenkranz, Jutta: Mascha Kaléko. Biographie. München 2007 (dtv 24 591).

Rossbacher, Karlheinz: Heimatkunstbewegung und Heimatroman. Zu einer Literatursoziologie der Jahrhundertwende. Stuttgart 1975.

Rotermund,/Ehrke-Rotermund, Literatur im »Dritten Reich«   Rotermund, Erwin/Ehrke-Rotermund, Heidrun: Literatur im »Dritten Reich«. In: Viktor Žmegac (Hrsg.): Geschichte der deutschen Literatur vom 18. Jahrhundert bis zur Gegenwart. Bd. III. 1918–1980. Königstein/Ts. 1984, 318–384.

Rotermund, Beharrung Rotermund, Erwin: Beharrung und Anpassung. Die ersten Jahre des deutschen Exildramas (1933–1936). In: Erwin Rotermund: Artistik und Engagement. Aufsätze zur deutschen Literatur. Würzburg 1994, 186–199.

Rotermund, Zwischen Anpassung und Zeitkritik Rotermund, Erwin: Zwischen Anpassung und Zeitkritik. Carl Zuckmayers Exildrama ›Der Schelm von Bergen‹ und das ständestaatliche Denken um 1930. In: Zuckmayer-Jahrbuch 1, 1998, 233–249.

Rotermund, Erwin: Artistik und Engagement. Aufsätze zur deutschen Literatur. Würzburg 1994.

Rotermund, Erwin: Denkarbeit und physiognomische Erkenntnis. Zu Joachim Günthers Publizistik im »Dritten Reich«. In: Zeitschrift für Germanistik N. F. 9, 1999, 329–343.

Rotermund, Erwin: Deutsche Literatur im Exil. In: Viktor Žmegac (Hrsg.): Geschichte der deutschen Literatur vom 18. Jahrhundert bis zur Gegenwart. Bd. III. 1918–1980. Königstein/Ts. 1984, 186–317.

Rotermund, Erwin: Zwischen Exildichtung und Innerer Emigration: Ernst Glaesers Erzählung ›Der Pächter‹. Ein Beitrag zum literarischen »Niemandsland« 1933–1945 und zur poetischen Vergangenheitsbewältigung. München 1980.

Roth, Essay und Essayismus Roth, Marie-Louise: Essay und Essayismus bei Robert Musil. In: Benjamin Bennett/Anton Kaes/William J. Lillyman (Hrsg.): Probleme der Moderne. Studien zur deutschen Literatur von Nietzsche bis Brecht. Festschrift für Walter Sokel. Tübingen 1983, 117–131.

Roth, Filmpropaganda Roth, Karl Heinz: Filmpropaganda für die Vernichtung der Geisteskranken und Behinderten im Dritten Reich. Hamburg 1986.

Roth, Massenlied Roth, Alfred: Das nationalsozialistische Massenlied. Untersuchungen zur Genese, Ideologie und Funktion. Würzburg 1993.

Roth, Musil Roth, Marie-Louise: Robert Musil. Ethik und Ästhetik. Zum theoretischen Werk des Dichters. München 1972.

Rother, Rainer: Leni Riefenstahl. Die Verführung des Talents. Berlin 2000.

Röthlisberger, Festspiele Röthlisberger, Rolf: Die Festspiele des Schweizer Dramatikers Cäsar von Arx (1895–1949). Eine Nachlaß-Dokumentation mit einleitender Biographie. Bern/Frankfurt/M./New York 1984.

Röttger, Selbstverständnis Röttger, Evelyn: Schriftstellerisches und politisches Selbstverständnis in Ernst Tollers Exildramatik. In: Zeitschrift für deutsche Philologie 115 (1996), 239–261.

Rothstein, Traum Rothstein, Sigurd: Der Traum von der Gemeinschaft. Kontinuität und Innovation in Ernst Tollers Dramen. Frankfurt/M./Bern/New York/Paris 1987.

Roussel, Csokor Roussel, Geneviève: Franz Theodor Csokor: ›3 Novembre 1918‹. Requiem pour un empire defunt. In: Austriaca 23, 1986, 45–55.

Roussel, Bücher und Broschüren Roussel, Hélène: Deutschsprachige Bücher und Broschüren im französischen Exil 1933–1940. Bearbeitet von Maria Kühn-Ludewig. In: Archiv für Geschichte des Buchwesens 34, 1990, 267ff.

Roussel, Bücherschicksale Roussel, Hélène: Bücherschicksale. Buchsymbolik, literarische Buch- und Bibliotheksphantasien im Exil. In: *Bücher, Verlage, Medien,* 11–28.

Roussel, Éditeurs et publications Roussel, Hélène: Éditeurs et publications des emigrés allemands (1933–1939). In: Gilbert Badia u. a. (Hrsg.): Les barbelés de l'exil. Etudes sur l'emigration allemande et autrichienne (1938–1940). Grenoble 1979, 357–417.

Roussel, Münzenbergs verlegerische Tätigkeit   Roussel, Hélène: Zu Willi Münzenbergs verlegerischer Tätigkeit im Kontext seines Umganges mit den Medien in der Weimarer Republik und im französischen Exil. In: Deutsche Exilpresse und Frankreich 1933–1940. Hrsg. v. Hélène Roussel u. Lutz Winckler. Bern u. a. 1992, 157 ff.

Roussel/Winckler, Rechts und links   Roussel, Hélène; Winckler, Lutz (Hrsg.): Rechts und links der Seine. Pariser Tageblatt und Pariser Tageszeitung 1933–1940. Tübingen 2002.

Roussel/Winckler: Experiment   Roussel, Hélène/Winckler, Lutz: Pariser Tageblatt/ Pariser Tageszeitung: Gescheitertes Experiment oder Experiment publizistischer Akkulturation? In: Exilforschung. Ein internationales Jahrbuch, Bd. 7, hrsg. v. Thomas Koebner u. a. München 1989, 119–135.

Rückblick und Perspektiven   Exilforschung. Ein internationales Jahrbuch. Bd. 14: Rückblicke und Perspektiven. München 1996.

Rühle, Literatur und Revolution   Rühle, Jürgen: Literatur und Revolution. Die Schriftsteller und der Kommunismus. 2. Aufl. Frankfurt/M., Olten, Wien 1987.

Rühle, Zeit und Theater   Rühle, Günther: Zeit und Theater. Bd. V. Diktatur und Exil 1933–1945. Frankfurt/M./Berlin/Wien 1974.

Rürup, Reinhard (Hrsg.): 1936 – Die Olympischen Spiele und der Nationalsozialismus. Eine Dokumentation. Berlin 1996.

Rüther, Günther (Hrsg.): Literatur in der Diktatur. Schreiben im Nationalsozialismus und DDR-Sozialismus. Paderborn u. a. 1997.

Rupp, Georg: Der Kampf mit dem dunklen Gott. Religionskritik und Religiosität in Sprache und Denken Gustav Reglers. St. Ingbert 1993.

Ruppelt, Schiller   Ruppelt, Georg: Schiller im nationalsozialistischen Deutschland. Der Versuch einer Gleichschaltung. Stuttgart 1979.

Ruppelt, Georg: Hitler gegen Tell. Die »Gleich- und Ausschaltung« Friedrich Schillers im nationalsozialistischen Deutschland. Hameln 2005.

Ruppelt, Georg: Thomas Mann im Teebeutel. Die Tarnschriften-Sammlung der Gottfried-Wilhelm-Leibniz-Bibliothek. Hameln 2007.

Ruprecht, Hauptmanns Atridentetralogie   Ruprecht, Erich: Gerhart Hauptmanns Atridentetralogie – ein vergessenes Vermächtnis. In: Franz Link/Günter Niggl (Hrsg.): Theatrum mundi. Götter, Gott und Spielleiter im Drama von der Antike bis zur Gegenwart. Berlin 1981, 367–385.

Rutz, Rainer: Signal. Eine deutsche Auslandsillustrierte als Propagandainstrument im Zweiten Weltkrieg. Essen 2007.

S. Fischer Verlag   S. Fischer Verlag. Von der Gründung bis zur Rückkehr aus dem Exil. (Katalog der Ausstellung des deutschen Literaturarchivs im Schiller-Nationalmuseum Marbach am Neckar). 2., durchges. Aufl. Marbach 1986.

Sachslehner, Johannes: Führerwort und Führerblick. Mirko Jelusich – Zur Strategie eines Bestsellerautors in den Dreißiger Jahren. Bodenheim 1985.

Sachsse, Rolf: Die Erziehung zum Wegsehen. Fotografie im NS-Staat. O. O. 2003.

Sader, »Im Bauch des Leviathan«   Sader, Jörg: »Im Bauch des Leviathan«. Tagebuch und Maskerade. Anmerkungen zu Ernst Jüngers ›Strahlungen‹ (1939–1948). Würzburg 1996.

Sahni, Geschichtsverständnis   Sahni, Madhu: Zum Geschichtsverständnis Heinrich Manns in seiner essayistischen Arbeit 1905–1950. Frankfurt/M. u. a. 2000.

Saint Sauveur-Henn, Fluchtziel Paris   Saint Sauveur-Henn, Anne (Hrsg.): Fluchtziel Paris. Die deutschsprachige Emigration 1933–1940. Berlin 2002.

Salb, Thomas: »Trutzburg deutschen Geistes«. Das Stadttheater Freiburg in der Zeit des Nationalsozialismus. Freiburg 1993.

Sammons, Jeffrey L.: The shifting fortunes of Wilhelm Raabe. A history of criticism as a cautionary tale. Columbia 1992.

Sander, Strukturwandel Sander, Marcus: Strukturwandel in den Dramen Georg Kaisers 1910–1945. Frankfurt/M. u.a. 2004.

Sändig, Brechts politisch-operative Lyrik Sändig, Reinhard: Brechts politisch-operative Lyrik aus dem Exil. Berlin 1983.

Sandner, Popularmusik Sandner, Wolfgang: Popularmusik als somatisches Stimulans. Adornos Kritik der »leichten Musik«. In: Otto Kolleritsch (Hrsg.): Adorno und die Musik. Graz 1979, 125–132.

Santini, Gerhart Hauptmann Santini, Daria: Gerhart Hauptmann zwischen Modernität und Tradition. Neue Perspektiven zur Atriden-Tetralogie. Berlin 1998.

Santini, Daria: Wohin verschlug uns der Traum? Die griechische Antike in der deutschsprachigen Literatur des Dritten Reichs und des Exils. Frankfurt/M. 2007

Sarkowicz, Hitlers Künstler Sarkowicz, Hans (Hrsg.): Hitlers Künstler. Die Kultur im Dienst des Nationalsozialismus. Frankfurt/M., Leipzig 2004.

Sauder, Bücherverbrennung Sauder, Gerhard (Hrsg.): Die Bücherverbrennung, 10. Mai 1933. Mit 20 Abbildungen und zahlreichen Dokumenten. München, Wien 1983.

Sauer/Werth, Lorbeer und Palme Sauer, Klaus/Werth, German: Lorbeer und Palme. Patriotismus in deutschen Festspielen. München 1971.

Sautermeister, Gert/Baron, Frank (Hrsg.): Goethe im Exil. Deutsch-Amerikanische Perspektiven. Bielefeld 2003.

Schäfer, Burkhard: »Unberühmter Ort«. Die Ruderalfläche im Magischen Realismus und in der Trümmerliteratur. Frankfurt a. M. u.a. 2001.

Schäfer, Am Rande der Nacht Schäfer, Hans Dieter (Hrsg.): Am Rande der Nacht. Moderne Klassik im Dritten Reich. Ein Lesebuch. Frankfurt/M., Berlin, Wien 1984.

Schäfer, Das gespaltene Bewußtsein Schäfer, Hans Dieter: Das gespaltene Bewußtsein. Über deutsche Kultur und Lebenswirklichkeit 1933–1945. München, Wien 1981, 2. Aufl. 1984.

Schäfer, Kultur als Simulation Schäfer, Hans Dieter: Kultur als Simulation. Das Dritte Reich und die Postmoderne. In: Günther Rüther (Hrsg.): Literatur in der Diktatur. Schreiben im Nationalsozialismus und DDR-Sozialismus. Paderborn u.a. 1997, 215–248.

Schäfer, Moderne Schäfer, Hans Dieter: Moderne im Dritten Reich. Kultur der Intimität bei Oskar Loerke, Friedo Lampe und Helmut Käutner. Mainz, Stuttgart 2003.

Schärf, Geschichte des Essays Schärf, Christian: Geschichte des Essays. Von Montaigne bis Adorno. Göttingen 1999.

Scheffel, Michael: Magischer Realismus. Die Geschichte eines Begriffes und ein Versuch seiner Bestimmung. Tübingen 1990.

Scheit, Dramatik Scheit, Gerhard: Dramatik der Inneren Emigration oder »Nationale Verdauungs-Störungen«. Über Arnolt Bronnens Stücke seit den dreißiger Jahren. In: Johann Holzner/Karl Müller (Hrsg.): Literatur der »Inneren Emigration« aus Österreich. Wien 1998, 127–140.

Scheit, Exil Scheit, Gerhard: Exil zwischen Philosophie und Musik. Zur Entstehung von Theodor W. Adornos Ästhetik. In: Siglinde Bolbecher/Johann Holzner/Konstantin Kaiser/Primus Heinz Kucher/Willy Verkauf-Verlon (Red.): Über Kramer hinaus und zu ihm zurück. Wien 1990 (Zwischenwelt. Jahrbuch 1 der Theodor Kramer Gesellschaft), 213–227.

Scheit, Theater und revolutionärer Humanismus   Scheit, Gerhard: Theater und revolutionärer Humanismus. Eine Studie zu Jura Soyfer. Wien 1988.

Schenk, Rutmann nach 1933   Schenk, Irmbert: Rutmann nach 1933 und die Moderne. In: Joachim Paech (Hrsg.): Film, Fernsehen, Video und die Künste. Strategien der Intermedialität. Stuttgart/Weimar 1994, 89–102.

Schielke, Brochs Essay   Schielke, Andreas: »Ich las Herrn Brochs Essay and I like it«. Hermann Brochs Schrift ›James Joyce und die Gegenwart‹. In: Zeitschrift für Kultur- und Geisteswissenschaften 3, 1995, Nr. 9, 48–60.

Schiller, Deutsch für Deutsche   Schiller, Dieter: ›Deutsch für Deutsche‹. Zur Anthologie des Schutzverbands deutscher Schriftsteller im Exil. In: Weimarer Beiträge, H. 6, 1985, 942–965.

Schiller, Deutsche Freiheitsbibliothek   Schiller, Dieter: Die Deutsche Freiheitsbibliothek in Paris. In: Exilforschung. Ein Internationales Jahrbuch, Bd. 8, 1990, 203–219.

Schiller, Etwas Anständiges   Schiller, Dieter: Etwas Anständiges, das auch etwas Wind macht. Zu Anna Seghers' Briefwechsel mit der Redaktion der Zeitschrift ›Das Wort‹. In: Exilforschung, Bd. 16: Exil und Avantgarden. München 1998, 87–104.

Schiller, Geistige Differenz   Schiller, Dieter: Geistige Differenz und politische Disziplin. Klaus Mann zwischen 1930 und 1935. In: *Schlenstedt, Wer schreibt*, 163–198.

Schiller, Kulturelle Organisationen   Schiller, Dieter: Kulturelle Organisationen. In: *Handbuch der deutschsprachigen Emigration 1933–1945*, 994–1010.

Schiller, Pariser Schutzverband   Schiller, Dieter: Der Pariser Schutzverband deutscher Schriftsteller (Société allemande des gens de lettre, siège Paris). Eine antifaschistische Kultur-Organisation im Exil. In: Exilforschung. Ein Internationales Jahrbuch, Bd. 6, 1988, 174–190.

Schiller, Schwarzschilds Bund   Schiller, Dieter: »In bewusstem Gegensatz zu der kommunistisch-ullsteinschen Bande«. Schwarzschilds Bund Freie Presse und Literatur in Paris. In: Anne Saint Sauveur-Henn (Hrsg.): Fluchtziel Paris. Die deutschsprachige Emigration 1933–1940. Berlin 2002, 215–229.

Schiller/Pech/Herrmann/Hahn, Exil in Frankreich   Schiller, Dieter/Pech, Karlheinz/Herrmann, Regine/Hahn, Manfred: Exil in Frankreich. Leipzig/Frankfurt/M. 1981.

Schilmar, Boris: Der Europadiskurs im deutschen Exil 1933–1945. München 2004.

Schirrmacher, Thomas P.: Der göttliche Volkstumsbegriff und der Glaube an Deutschlands Größe und heilige Sendung. Hans Naumann als Volkskundler und Germanist im Nationalsozialismus. 2. Aufl. Bonn/Neuhausen b. Stuttgart 2000.

Schivelbusch, Wolfgang: Entfernte Verwandtschaft. Faschismus, Nationalsozialismus, New Deal 1933–1939. München 2005.

Schläger, Herbert: Ernst Bacmeister – eine Lebenswanderung. In: Hegau 51/52, 1994/95, 335–344.

Schlaffer, Der kulturkonservative Essay   Schlaffer, Hannelore: Der kulturkonservative Essay im 20. Jahrhundert. In: Hannelore Schlaffer/Heinz Schlaffer: Studien zum ästhetischen Historismus. Frankfurt/M. 1975, 140–173.

Schlenker, Wolfram: Das »kulturelle Erbe«   Schlenker, Wolfram: Das »kulturelle

Erbe« in der DDR. Gesellschaftliche Entwicklung und Kulturpolitik 1945–1965. Stuttgart 1977.

Schlenstedt, Literarische Widerspiegelung Schlenstedt, Dieter (Hrsg.): Literarische Widerspiegelung. Geschichtliche und theoretische Dimensionen eines Problems. Berlin, Weimar 1981.

Schlenstedt, Lyrik Schlenstedt, Silvia: Lyrik. In: *Handbuch der deutschsprachigen Emigration*, 1018–1032.

Schlenstedt, Wer schreibt Schlenstedt, Silvia (Hrsg.): Wer schreibt, handelt. Strategien und Verfahren literarischer Arbeit vor und nach 1933. Berlin, Weimar 1983.

Schlie/Roche, Willi Münzenberg Schlie, Tania/Roche, Simone (Hrsg.): Willi Münzenberg (1889–1940). Ein deutscher Kommunist im Spannungsfeld zwischen Stalinismus und Antifaschismus. Frankfurt/M. u. a. 1995.

Schlögel, Karl: Terror und Traum. Moskau 1937. München 2008.

Schlör, »… das Großstadtleben nicht entbehren« Schlör, Joachim: »… das Großstadtleben nicht entbehren«. Berlin in Tel-Aviv: Großstadtpioniere auf der Suche nach Heimat. In: Exilforschung, Bd. 13: Kulturtransfer im Exil, 166–185.

Schmidt, Alfred: Walter Benjamin und die Frankfurter Schule. In: Studi Germanici N. S. 29, 1991, 95–106.

Schmidt, Bloch Schmidt, Burghart: Ernst Bloch. Stuttgart 1985.

Schmidt, Christoph: Nationalsozialistische Kulturpolitik im Gau Westfalen-Nord. Regionale Strukturen und lokale Milieus (1933–1945). Paderborn u. a. 2006.

Schmidt, »… eine Burg mir bauen in die Sterne« Schmidt, Siegfried Friedrich: »… eine Burg mir bauen in die Sterne«. Der Bonner Schriftsteller Heinrich Zerkaulen, ein »gestrichener Name«. In: Bonner Geschichtsblätter 43/44, 1993/94, 405–446.

Schmidt-Ott, Anja C.: Young Love – Negotiations of the Self and Society in Selected German Novels of the 1930s. Hans Fallada, Aloys Schenzinger, Maria Leitner, Irmgard Keun, Marie Luise Kaschnitz, Anna Gmeyner und Ödön von Horváth. Frankfurt/M. u. a. 2002.

Schmitt, Der Streit mit Lukács Schmitt, Hans-Jürgen (Hrsg.): Der Streit mit Georg Lukács. Frankfurt/ Main 1978 (edition suhrkamp 579).

Schmitt, Expressionismusdebatte Schmitt, Hans-Jürgen (Hrsg.): Die Expressionismusdebatte. Materialien zu einer marxistischen Realismuskonzeption. Frankfurt/M. 1973 (edition suhrkamp 646).

Schmitt, Realismuskonzeptionen Schmitt, Hans-Jürgen/Schramm, Godehard (Hrsg.): Sozialistische Realismuskonzeptionen. Dokumente zum 1. Allunionskongreß der Sowjetschriftsteller. Frankfurt/M. 1974.

Schmitt-Sasse, Joachim: Buch und Bühne. ›Simone‹ bei Feuchtwanger und Brecht. In: Alexander Stephan (Hrsg.): Exil. Literatur und die Künste nach 1933. Bonn 1990, 171–186.

Schmitz/Vollnhals, Völkische Bewegung Schmitz, Walter/Vollnhals, Clemens (Hrsg.): Völkische Bewegung, konservative Revolution, Nationalsozialismus. Aspekte einer politisierten Kultur. Dresden 2005.

Schmitz-Berning, Cornelia: Vokabular des Nationalsozialismus. Berlin, New York 1998.

Schmölders, Die konservative Passion Schmölders, Claudia: Die konservative Passion. Über Rudolf Kassner, den Physiognomiker. In: Merkur 49, 1995, 1134–1140.

Schmölders, Vorurteil Schmölders, Claudia: Das Vorurteil im Leibe. Eine Einführung in die Physiognomik. Berlin 1995.

Schmollinger, Intra muros   Schmollinger, Annette: Intra muros et extra. Deutsche Literatur im Exil und in der Inneren Emigration. Ein exemplarischer Vergleich. Heidelberg 1999.

Schneider, Bühne   Schneider, Hansjörg: Eine Bühne verändert ihr Gesicht. Das prager-deutsche Theater 1938–1944. In: Maske und Kothurn 52, 2006, H. 2, 93–110.

Schneider, Exiltheater in der Tschechoslowakei   Schneider, Hansjörg: Exiltheater in der Tschechoslowakei 1933–1938. Berlin 1979.

Schneider, Zwischen Engagement   Schneider, Hansjörg: Zwischen Engagement und Existenzsicherung. Zu Ferdinand Bruckner im Exil. In: Zeitschrift für Germanistik N. F. 5, 1995. 367–373.

Schneider, Jost (Hrsg.): Herder im »Dritten Reich«. Bielefeld 1994.

Schneider, Bestseller   Schneider, Tobias: Bestseller im Dritten Reich. Ermittlung und Analyse der meistverkauften Romane in Deutschland 1933–1944. In: Vierteljahres-hefte für Zeitgeschichte 52, 2004, 77–97.

Schneider-Handschin, »Welche Welt ist meine Welt?«   Schneider-Handschin, Esther V.: »Welche Welt ist meine Welt?« – Zur kulturellen Identität bei Hilde Spiel. In: Deutsche und österreichische Exilerfahrungen in Großbritannien 1933–1945, 112–123.

Schneidewind, Wolf-Egmar/Sowinski, Bernhard: Bertolt Brecht. ›Der gute Mensch von Sezuan‹. 2. Aufl. München 1992.

Schnell, Dichtung in finsteren Zeiten   Schnell, Ralf: Dichtung in finsteren Zeiten. Deutsche Literatur und Faschismus. Reinbek 1998.

Schnell, Literarische Innere Emigration   Schnell, Ralf: Literarische Innere Emigration 1933–1945. Stuttgart 1976.

Schnell, Lyrik   Schnell, Ralf: Von der Jahrhundertwende bis zum Ende des Zweiten Weltkriegs. In: Geschichte der deutschen Lyrik. Stuttgart 2004, 471–580, insbes. 574–580.

Schnell, Ralf (Hrsg.): Kunst und Kultur im deutschen Faschismus (Literaturwissen-schaft und Sozialwissenschaften Bd. 10). Stuttgart 1978.

Schnell, Ralf: Innere Emigration und kulturelle Dissidenz. In: Richard Loewenthal, Patrick von zur Mühlen (Hrsg.): Widerstand und Verweigerung in Deutschland 1933–1945. Berlin, Bonn 1982, 211–225.

Schnitzler, Der politische Horváth   Schnitzler, Christian: Der politische Horváth. Untersuchungen zu Leben und Werk. Frankfurt/M./Bern/New York/Paris 1990.

Schöffling, Klaus (Hrsg.): Dort, wo man Bücher verbrennt, Stimmen der Betroffenen, Frankfurt/M. 1983.

Schöll, Julia: Joseph im Exil. Zur Indentitätskonstruktion in Thomas Manns Exil-Tagebüchern und -Briefen sowie im Roman »Joseph und seine Brüder«. Würzburg 2004.

Schöll, Julia/Stern, Guy (Hrsg.): Gender – Exil – Schreiben. Würzburg 2002.

Schöne, Bücherverbrennung   Schöne, Albrecht: Göttinger Bücherverbrennung 1933. Rede am 10. Mai 1983 zur Erinnerung an die »Aktion wider den undeutschen Geist«. Göttingen 1983.

Schöne, Politische Lyrik   Schöne, Albrecht: Über Politische Lyrik im 20. Jahrhundert. Mit einem Textanhang. Ergänzt durch einen Briefwechsel des Verfassers mit Ger-hard Schumann und eine Antwort von Hermann Pongs. Göttingen o. J. (ca. 1971, 1. Aufl. 1965).

Schönert, »Helden der Arbeit«   Schönert, Jörg: »Helden der Arbeit«: Das ›deutsche

Handels- und Wirtschaftsleben‹ als Gegenstand des Erzählens im Umfeld des Ersten Weltkriegs. In: literatur für leser 1/1992, 22–40.

Schoeps, Julius H./Werner Tress (Hrsg.): Orte der Bücherverbrennungen in Deutschland 1933. Hildesheim, Zürich, New York 2008.

Schoeps, Karl-Heinz: Literatur im Dritten Reich (1933–1945). 2. überarb. und erg. Aufl. Berlin 2000.

Schoeps, Karl-Heinz: Literature and Film in the Third Reich. English edition, revised and expanded from 2nd German ed. New York 2004.

Schöttker, Bertolt Brecht Schöttker, Detlev: Bertolt Brechts Ästhetik des Naiven. Stuttgart 1989.

Schöttker, Konstruktiver Fragmentarismus Schöttker, Detlev: Konstruktiver Fragmentarismus. Form und Rezeption der Schriften Walter Benjamins. Frankfurt/ M. 1999.

Schöttker, Poesie und Medien Schöttker, Detlev: Poesie und Medien. Zur medienanalytischen Ausrichtung von Literaturwissenschaft und Literaturdidaktik. In: Jürgen Förster (Hrsg.): Wieviel Germanistik brauchen DeutschlehrerInnen? Kassel 2000, 163–193.

Schöttker, Politisierung Schöttker, Detlev: Politisierung eines Klassikers. Brecht-Forschung zwischen Widerspiegelungstheorie und Avantgardismus. In: Vietta, Silvio/ Kemper, Dirk (Hrsg.): Zwischen Innovation und Ideologie. Germanistik der 70er Jahre. München 2000, 269–288.

Schöttker, Von der Ideologiekritik zur Kulturtheorie Schöttker, Detlev: Von der Ideologiekritik zur Kulturtheorie. Zur Archäologie der Medienwissenschaft im New Yorker Exil. In: Knoch, Habbo/Daniel Morat (Hrsg.): Kommunikation als Beobachtung. Medienwandel und Gesellschaftsbilder 1880–1960. München 2003, 179–197.

Schöttker, Von der Stimme zum Internet Schöttker, Detlev (Hrsg.): Von der Stimme zum Internet. Texte aus der Geschichte der Medienanalyse. Göttingen 1999.

Scholdt, Autoren Scholdt, Günter: Autoren über Hitler. Deutschsprachige Schriftsteller 1919–1945 und ihr Bild vom »Führer«. Bonn 1993.

Scholdt, Günter: Kein Freispruch zweiter Klasse. Zur Bewertung nichtnazistischer Literatur im »Dritten Reich«. In: Zuckmayer-Jahrbuch 5 (2002), 127–177.

Scholz, Kai-Uwe: »Deshalb machte ich von meinem Führerrecht Gebrauch, ganz allein zu bestimmen.« Georg Minde-Pouet und die Kleist-Gesellschaft 1934–1945. In: Beiträge zur Kleist-Forschung 10, 1996, 86-99.

Schonauer, Fassungen Schonauer, Franz: Die zwei Fassungen von Ernst Jünger: ›Das abenteuerliche Herz‹. Versuch einer Darstellung der Gestaltungsunterschiede mit den Mitteln der Textvergleichung. Diss. Bonn 1948.

Schonauer, Literatur Schonauer, Franz: Deutsche Literatur im Dritten Reich. Versuch einer Darstellung in polemisch-didaktischer Absicht. Olten/Freiburg 1961.

Schoor, Verlagsarbeit im Exil Schoor, Kerstin: Verlagsarbeit im Exil. Untersuchungen zur Geschichte der deutschen Abteilung des Amsterdamer Allert de Lange Verlages 1933–1940. Amsterdam, Atlanta 1992.

Schopf, Physiognomisches Sehen Schopf, Roland: Physiognomisches Sehen in der literarkritischen Essayistik Thomas Manns. Heidelberg 1978.

Schoppmann, Im Fluchtgepäck die Sprache Schoppmann, Claudia (Hrsg.): Im Fluchtgepäck die Sprache. Deutschsprachige Schriftstellerinnen im Exil. Berlin 1991.

Schreckenberger, Helga (Hrsg.): Ästhetiken des Exils. Amsterdam, New York 2003.

Schreckenberger, Helga (Hrsg.): Die Alchemie des Exils. Exil als schöpferischer Impuls. Wien 2005.

Schreiner, Evelyn (Hrsg.): 100 Jahre Volkstheater. Theater. Zeit. Geschichte. Wien/ München 1989.

Schreiner, Evelyn: Nationalsozialistische Kulturpolitik in Wien unter spezieller Berücksichtigung der Theaterszene. Diss. Wien 1980.

Schrimpf, Gerhart Hauptmann   Schrimpf, Hans Joachim (Hrsg.): Gerhart Hauptmann. Darmstadt 1976.

Schröder, »Es knistert im Gebälk«   Schröder, Jürgen: »Es knistert im Gebälk«. Gottfried Benn – ein Emigrant nach innen. In: Exilforschung 12, 1994, 31–52.

Schröder, Benn   Schröder, Jürgen: Gottfried Benn. Poesie und Sozialisation. Stuttgart/ Berlin/Köln/Mainz: Kohlhammer 1978.

Schröder, Das dramatische Jahrzehnt   Schröder, Jürgen: Das dramatische Jahrzehnt (1928–1938). In: Jürgen Schröder: Gottfried Benn und die Deutschen. Studien zu Werk, Person und Zeitgeschichte. Tübingen 1986, 29–38.

Schröder, Deutschland   Schröder, Jürgen: »Wer über Deutschland reden und richten will, muss hier geblieben sein«. Gottfried Benn als Emigrant nach innen. In: Rüther, Literatur in der Diktatur, 131–144.

Schröder, Jürgen: Benn in den dreißiger Jahren. In: Karl Corino (Hrsg.): Intellektuelle im Bann des Nationalsozialismus. Hamburg 1980, 48–60.

Schröder, Spätwerk   Schröder, Jürgen: Das Spätwerk Ödön von Horváths. In: Traugott Krischke (Hrsg.): Ödön von Horváth. Frankfurt/M. 1981, 125–155.

Schröter, Der historische Roman   Schröter, Klaus: Der historische Roman. Zur Kritik seiner spätbürgerlichen Erscheinung. In: Reinhold Grimm und Jost Hermand (Hrsg.): Exil und Innere Emigration. Frankfurt/M. 1972, 111–151.

Schröter, »Es ist am Technischen«   Schröter, Olaf: »Es ist am Technischen viel Illusion«. Die Technik im Werk Ernst Jüngers. Berlin 1993.

Schröter, Von den »Titanen«   Schröter, Olaf: Von den »Titanen« zur »Titanic«. Der Titanenmythos bei Friedrich Georg und Ernst Jünger. In: Friedrich Strack (Hrsg.): Titan Technik. Ernst und Friedrich Georg Jünger über das technische Zeitalter. Würzburg 2000, 243–254.

Schültke, Bettina: Theater oder Propaganda? Die Städtischen Bühnen Frankfurt/M. von 1933–1945. Frankfurt/M. 1997.

Schünemann, Benn   Schünemann, Peter: Gottfried Benn. München 1977.

Schüppen, Blick   Schüppen, Franz: Der Blick vom anderen Ufer. Staatsbegräbnis und Staatsbegründung in Zuckmayers Tragödie ›Des Teufels General‹. Eine literaturphilosophische Deutung. In: Blätter der Carl-Zuckmayer-Gesellschaft 18, 1997, 77–99.

Schürer, Die Liebe und die Börse   Schürer, Ernst: Die Liebe und die Börse. Zu Hermann Brochs Hochstaplerkomödie ›Aus der Luft gegriffen‹. In: Michael Kessler/ Paul Michael Lützeler (Hrsg.): Hermann Broch. Das dichterische Werk. Neue Interpretationen. Tübingen 1987, 67–78.

Schürer, German Drama   Schürer, Ernst: German Drama in Exile: A Survey. In: John M. Spalek/Robert F. Bell (Hrsg.): Exile: The Writer's Experience. Chapel Hill 1982, 48–67.

Schürer, Verinnerlichung   Schürer, Ernst: Verinnerlichung, Protest und Resignation. Georg Kaisers Exil. In: Manfred Durzak (Hrsg.): Die deutsche Exilliteratur 1933–1945. Stuttgart 1973, 263–281.

Schürmann, Monika/Rösler, Reinhard (Hrsg.): Literatur und Literaturpolitik im Dritten Reich. Der Doberaner Dichtertag 1936–1943. Rostock 2003.

Schütz, »Ewiger Wald«   Schütz, Erhard: »Ewiger Wald« oder die Unruhe im »Dritten Reich«. In: Produktivität des Gegensätzlichen. Studien zur Literatur des 19. und 20. Jahrhunderts. Festschrift für Horst Denkler zum 65. Geburtstag. Hrsg. von Julia Bertschik/Elisabeth Emter/Johannes Graf, Tübingen 2000, 193–208.

Schütz, Lebensführer   Schütz, Erhard: Lebensführer zum Gott-Tier. Frank Thiess – Skizze eines nationalrevolutionären Erfolgsautors. In: Zeitschrift für Germanistik NF 8, 1998, 65–82.

Schütz, Mythos Reichsautobahn   Schütz, Erhard/Gruber, Eckhard: Mythos Reichsautobahn. Bau und Inszenierung der »Straßen des Führers« 1933–1941. Berlin 1996.

Schütz/Streim, Modernität   Schütz, Erhard/Streim, Gregor (Hrsg.): Reflexe und Reflexionen von Modernität 1933–1945. Bern u. a. 2002.

Schütz, Erhard: »Jene blaßgrauen Bänder«. Die Reichsautobahn in Literatur und anderen Medien des ›Dritten Reiches‹. In: Internationales Archiv für Sozialgeschichte der Literatur (IASL), Bd. 18,2 (1993) (April 1994), S. 76–120.

Schütz, Erhard: Das »Dritte Reich« als Mediendiktatur: Medienpolitik und Modernisierung in Deutschland 1933 bis 1945. In: Monatshefte 87 (1995), No. 2, S. 128–150.

Schütz, Erhard: Zur Modernität des ›Dritten Reiches‹. In: Internationales Archiv für Sozialgeschichte der Literatur (IASL), 20 (1995), H. 1, S. 116–136.

Schütze, Larissa: Fritz Lang im Exil. Filmkunst im Schatten der Politik. München 2006.

Schuhmann, Lyrik des 20. Jahrhunderts   Schuhmann, Klaus: Lyrik des 20. Jahrhunderts. Materialien zu einer Poetik. Reinbek 1995.

Schuhmann, Klaus: »Ich gehe wie ich kam: arm und verachtet.« Leben und Werk Max Herrmann-Neisses (1886–1941). Bielefeld 2003.

Schulenburg, Silke/Wefing, Heinrich/Eick, Simone (Hrsg.): Pacific Palisades. Wege deutschsprachiger Schriftsteller im kalifornischen Exil 1931–1942. Bremerhaven 2006.

Schult, Klaus-Dieter: »Die Leere zwischen Krieg und Frieden«. Zu einigen Aspekten der Literaturentwicklung in der deutschsprachigen Schweiz nach 1930. In: Zeitschrift für Germanistik 8, 1987, 415–428.

Schulte-Sasse, Entertaining   Schulte Sasse, Linda: Entertaining the Third Reich. Illusions of Wholeness in Nazi Cinema. Durham, London 1996.

Schulte-Sasse, Friedrich der Große   Schulte-Sasse, Linda: Friedrich der Große und Hitler: Der Körper des Königs/Führers zwischen Schaustellung und Panoptismus. In: kultuRRevolution, H. 24 (Jan. 1991), 47–51.

Schulte-Sasse, Stadt und Heimat   Schulte-Sasse, Linda: Stadt und Heimat. Die Metropole im Film des Dritten Reichs. In: Steinfeld, Thomas/Suhr, Heidrun (Hrsg.): In der großen Stadt. Die Metropole als kulturtheoretische Kategorie. Frankfurt/M. 1990, 133–158.

Schulz, Fast ein Revolutionär   Schulz, Karola: Fast ein Revolutionär. Fritz von Unruh zwischen Exil und Remigration (1932–1962). München 1995.

Schulz, Kampfstück   Schulz, Georg-Michael: Kampfstück und Bibelrevue. Die Auseinandersetzung mit dem Antisemitismus im Drama jüdischer Autoren während der 30er Jahre. In: Hans-Peter Bayerdörfer (Hrsg.): Theatralica Judaica. Emanzipation und Antisemitismus als Momente der Theatergeschichte. Von der Lessing-Zeit bis zur Shoah. Tübingen 1992, 339–356.

Schulze-Berge, Sibylle: Heiterkeit im Exil. Ein ästhetisches Prinzip bei Thomas Mann. Würzburg 2005.

Schumacher, Ernst: Drama und Geschichte. Bertolt Brechts ›Leben des Galilei‹ und andere Stücke. Berlin 1965.

Schumann, Thomas B.: Asphaltliteratur. 45 Aufsätze und Hinweise zu im Dritten Reich verfemten und verfolgten Autoren. Berlin 1983.

Schuster, Antwort Schuster, Ralf: Antwort in der Geschichte. Zu den Übergängen zwischen den Werkphasen bei Reinhold Schneider. Tübingen 2001.

Schuster, Peter-Klaus (Hrsg.): Nationalsozialismus und »Entartete Kunst«. Die »Kunststadt« München 1937. München 1987.

Schutt, Julian: Germanistik und Politik. Schweizer Literaturwissenschaft in der Zeit des Nationalsozialismus. Zürich 1997.

Schwarz, Anarchist Schwarz, Hans-Peter: Der konservative Anarchist. Politik und Zeitkritik Ernst Jüngers. Freiburg 1962.

Schwarz, Betrachtungen Schwarz, Alice: Betrachtungen über Sprachbedürfnisse. In: Literatur und Kritik, 1979, H. 79, 552–556.

Schwarz, Literarisches Zeitgespräch Falk Schwarz: Literarisches Zeitgespräch im Dritten Reich dargestellt an der Zeitschrift ›Neue Rundschau‹. In: Archiv für Geschichte des Buchwesens 12, 1972, Sp. 1281–1483.

Schwarz, Roswita: Vom expressionistischen Aufbruch zur Inneren Emigration. Günter Weisenborns weltanschauliche und künstlerische Entwicklung in der Weimarer Republik und im »Dritten Reich«. Frankfurt/M. u.a. 1995.

Schweizer, Gerhard: Bauernroman und Faschismus. Zur Ideologiekritik einer literarischen Gattung. Tübingen 1976.

Schweppenhäuser, Infernalische Aspekte Schweppenhäuser, Hermann: Infernalische Aspekte der Moderne. Anthropotheologische Elemente in Benjamins Geschichtsbegriff. In: Studi Germanici N.S. 29, 1991, 9–26.

Schwitzke, Heinz: Das Hörspiel. Dramaturgie und Geschichte. Köln, Berlin 1963.

Sebald, Luftkrieg Sebald, W.G.: Luftkrieg und Literatur. Mit einem Essay zu Alfred Andersch. München, Wien 1999.

See, Klaus von: Barbar – Germane – Arier. Die Suche nach der Identität der Deutschen. Heidelberg 1994.

Seeber, Kleine Verbündete Kleine Verbündete/Little Allies. Vertriebene österreichische Kinder- und Jugendliteratur. Hrsg. von Ursula Seeber in Zusammenarbeit mit Alisa Douer und Edith Blaschitz (Ausstellungsbegleitbuch). Wien 1998.

Seesslen, Georg: Tanz den Adolf Hitler. Faschismus in der populären Kultur. Berlin 1994.

Segeberg, Erlebnisraum Segeberg, Harro: Erlebnisraum Kino. Das Dritte Reich als Kultur- und Mediengesellschaft. In: Ders. (Hrsg.): Mediale Mobilmachung I. Das Dritte Reich und der Film. München, Paderborn 2004 (Mediengeschichte des Films, Bd. 4), 11–42.

Segeberg, Literarische Kino-Ästhetik Segeberg, Harro: Literarische Kino-Ästhetik. Ansichten der Kino-Debatte. In: Müller, Corinna/Segeberg, Harro (Hrsg.): Die Modellierung des Kinofilms. Zur Geschichte des Kinoprogramms zwischen Kurzfilm und Langfilm 1905/06–1918. München 1998, 193–219.

Segeberg, Mobilmachung Segeberg, Harro: Mediale Mobilmachung I. Das Dritte Reich und der Film. München, Paderborn 2004 (Mediengeschichte des Films, Bd. 4).

Segeberg, Mobilmachung II Segeberg, Harro: Mediale Mobilmachung II. Hollywood, Exil und Nachkrieg. München, Paderborn 2006 (Mediengeschichte des Films, Bd. 5).

Segeberg, Prosa der Apokalypse Segeberg, Harro: Prosa der Apokalypse im Medienzeitalter. Der Essay ›Über den Schmerz‹ (1934) und der Roman ›Auf den Marmorklippen‹ (1939). In: Hans-Harald Müller/Harro Segeberg (Hrsg.): Ernst Jünger im 20. Jahrhundert. München 1995, 97–123.

Segeberg, Technikverwachsen Segeberg, Harro: Technikverwachsen. Zur »organischen Konstruktion« des »Arbeiters« bei Ernst Jünger. In: Hartmut Eggert/Erhard Schütz/Peter Sprengel (Hrsg.): Faszination des Organischen. Konjekturen einer Kategorie der Moderne. München 1995, 211–230.

Segeberg, Harro: Literatur im Medienzeitalter. Literatur, Technik und Medien seit 1914. Darmstadt 2003.

Segeberg, Harro: Regressive Modernisierung. Kriegserlebnis und Moderne-Kritik in Ernst Jüngers Frühwerk. In: Ders. (Hrsg.): Vom Wert der Arbeit. Zur literarischen Konstitution des Wertkomplexes »Arbeit« in der deutschen Literatur (1770–1930). Tübingen 1991, 337–378.

Segebrecht, Dichterkreis Segebrecht, Wulf (Hrsg.): Der Bamberger Dichterkreis 1936–1943. Ausstellungskatalog. Bamberg 1985.

Seidel, Zeitgeschehen Seidel, Jürgen: Zeitgeschehen und literarische Verarbeitung. Hanns Johst und der Fall Schlageter. In: Gertrude Cepl-Kaufmann (Hrsg.): Das literarische Düsseldorf. Zur kulturellen Entwicklung von 1850–1933. Düsseldorf 1988, 215–222.

Seifert, Manfred: Kulturarbeit im Reichsarbeitsdienst. Theorie und Praxis nationalsozialistischer Kulturpflege. Münster, New York 1996.

Seliger, Amerikabild Seliger, Helfried W.: Das Amerikabild Bertolt Brechts. Bonn 1974.

Sellmer, »Warum schreibe ich das alles?« Sellmer, Izabela: »Warum schreibe ich das alles?« Zur Rolle des Tagebuchs für deutschsprachige Exilschriftsteller 1933–1945. Frankfurt/M. u. a. 1997.

Sembdner, Kleists Nachruhm Sembdner, Helmut: Heinrich von Kleists Nachruhm. Eine Wirkungsgeschichte in Dokumenten. Frankfurt/M. 1984.

Semrau, Komik Semrau, Richard: Die Komik des Puntila. Berlin (Ost) 1981.

Serke, Jürgen: Die verbrannten Dichter. Lebensgeschichten und Dokumente. Weinheim, Basel 1992 (erweit. Neuausgabe, 1. Aufl. 1977).

Servranckx, Musil Servranckx, Anne: Robert Musil: Essayismus als Lebensproblem. In: Gudrun Brokoph-Mauch (Hrsg.): Robert Musil. Essayismus und Ironie. Tübingen 1992, 25–36.

Sevin, Dieter (Hrsg.): Die Resonanz des Exils. Gelungene und mißlungene Rezeption deutschsprachiger Exilautoren. Amsterdam/Atlanta 1992.

Sevin, Exil ohne Ende Sevin, Dieter: Joachim Maass. Exil ohne Ende. In: Colloquia Germanica 14, 1981, 1–25.

Sevin, Joachim Maass Sevin, Dieter: Joachim Maass. Wechselseitige Beeinflussung von Exil und Werk. In: Pfanner, *Kulturelle Wechselbeziehungen im Exil*, 127–139.

Seyfert, Michael: Im Niemandsland. Deutsche Exilliteratur in britischer Internierung. Ein unbekanntes Kapitel der Kulturgeschichte des Zweiten Weltkriegs. Berlin 1994.

Shin, Jong-Rak: Selbstverlag im literarischen Leben des Exils in den Jahren 1933–1945: Autor, Verleger und Leser. Fuchstal 2008.

Siebenhaar, Eiszeit Siebenhaar, Klaus: Eiszeit oder Die Vertreibung aus dem Paradies. Verlusterfahrung, Einsamkeit, Isolation im Spätwerk Ödön von Horváths. In: Johann Holzner/Karl Müller (Hrsg.): Literatur der »Inneren Emigration« aus Österreich. Wien 1998, 251–265.

Siedhoff, Das Neue Theater Siedhoff, Thomas: Das Neue Theater in Frankfurt am Main 1911–1934. Versuch einer systematischen Würdigung eines Theaterbetriebs. Frankfurt/M. 1985.

Sieferle, »Gestalt des Arbeiters« Sieferle, Rolf. Die »Gestalt des Arbeiters« im technischen Zeitalter. Eine Einführung. In: Friedrich Strack (Hrsg.): Titan Technik. Ernst und Friedrich Georg Jünger über das technische Zeitalter. Würzburg 2000, 91–97.

Sieferle, Rolf-Peter: Die Konservative Revolution. Fünf biographische Skizzen. Frankfurt/M. 1995.

Siefken, Leben und Werk Siefken, Hinrich: Leben und Werk des christlichen Essayisten Theodor Hacker: Eine Einführung. In: Gebhard Fürst/Peter Kastner/Hinrich Siefken (Hrsg.): Theodor Haecker (1879–1945). Verteidigung des Bildes vom Menschen. Stuttgart 2001, 17–41.

Siefken, Thomas Mann Siefken, Hinrich: Thomas Mann. Goethe – »Ideal der Deutschheit«. Wiederholte Spiegelungen 1893–1949. München 1981.

Siefken, Thomas Mann's Essay Siefken, Hinrich: Thomas Mann's Essay ›Bruder Hitler‹. In: German Life & Letters 35, 1981/82, 165–181.

Siefken, Hinrich/Hildegard Vieregg (Hrsg.): Resistance to National Socialism: Kunst und Widerstand. Forschungsergebnisse und Erfahrungsberichte. Third Nottingham Symposium. München1995.

Simon, Germanistik in den Planspielen Simon, Gerd (Hrsg.): Germanistik in den Planspielen des Sicherheitsdienstes der SS. Ein Dokument aus der Frühgeschichte der SD-Forschung. 2 Teile. Tübingen 1998.

Skalicky, Literaturagenten Skalicky, Wiebke: Literaturagenten in der literarischen Emigration 1933–1945. Beobachtungen zu ihrer Rolle und Wirkung. In: Literarische Agenturen – die heimlichen Herrscher im Literaturbetrieb. Hrsg. v. Ernst Fischer. Wiesbaden 2001, 101–123.

Slanitz, Wirtschaft, Technik, Mythos Slanitz, Fred: Wirtschaft, Technik, Mythos. Friedrich Georg Jünger nachdenken. Würzburg 2000.

Smelser, Ronald/Enrico Syring/Rainer Zitelmann (Hrsg.): Die braune Elite. 22 biographische Skizzen/21 weitere biographische Skizzen. 2 Bde. (1989/1993). 4./2. aktualis. Aufl. Darmstadt 1999.

Şölçün, Sargut: Unerhörter Gang des Wartenden. Dekonstruktive Wendungen in der deutschen Essayistik. Würzburg 1998.

Söllner, Alfons u. a. (Hrsg.): Totalitarismus. Eine Ideengeschichte des 20. Jahrhunderts. Berlin 1997.

Sofsky, Ordnung Sofsky, Wolfgang: Die Ordnung des Terrors. Das Konzentrationslager. Frankfurt/M. 1993.

Sombart, Nicolaus: Die deutschen Männer und ihre Feinde. Carl Schmitt – ein deutsches Schicksal zwischen Männerbund und Matriarchatsmythos. München, Wien 1991.

Sonnleitner, Johann: Die Geschäfte des Herrn Robert Hohlbaum. Die Schriftstellerkarriere eines Österreichers in der Zwischenkriegszeit und im Dritten Reich. Wien 1989.

Sontag, Faszinierender Faschismus Sontag, Susan: Faszinierender Faschismus. In: Dies.: Im Zeichen des Saturn. Frankfurt/M. 1983, 96–125 (1. Aufl. 1981).

Spalek/Strelka, Deutsche Exilliteratur Spalek, John M./Strelka, Joseph (Hrsg.): Deutsche Exilliteratur seit 1933. Bd. 1. Kalifornien. München/Bern 1976; Bd. 2. New York. München/Bern 1989.

Speyer, Büchervernichtung Speyer, Wolfgang: Büchervernichtung und Zensur des Geistes bei Heiden, Juden und Christen. Stuttgart 1981.

Spies, Exilliteratur – ein abgeschlossenes Kapitel? Spies, Bernhard: Exilliteratur – ein abgeschlossenes Kapitel? Überlegungen zu Stand und Perspektiven der literaturwissenschaftlichen Exilforschung. In: Exilforschung. Bd. 14: Rückblicke und Perspektiven, 11–30.

Spies, Komödie Spies, Bernhard: Die Komödie in der deutschsprachigen Literatur des Exils. Ein Beitrag zur Geschichte und Theorie des komischen Dramas im 20. Jahrhundert. Würzburg 1997.

Spinnen, Ebenbild Spinnen, Burkhard: Ebenbild und Bewegung. Zu Max Picards Schriften über die Physiognomik. In: *Arntzen, Ursprung*, 242–284.

Spittler, Kaisers Tragikomödie Spittler, Horst: Georg Kaisers Tragikomödie ›Napoleon in New Orleans‹ als Zurücknahme des expressionistischen Verkündigungsdramas. In: literatur für leser (1988), 78–83.

Spörl, Gerhard: Politisierung der Literaturkritik. Beitrag zu einer intellektuellen Biographie von Georg Lukács. Hamburg 1981.

Spotts, Frederic: Hitler and the Power of Aesthetics. Woodstock u. a. 2003.

Sprengel, Gerhart Hauptmann Sprengel, Peter: Gerhart Hauptmann. Epoche – Werk – Wirkung. München 1984.

Stahel, Max Mells Tragödien Stahel, Renée Liliane: Max Mells Tragödien. Zürich 1967.

Stahlberger, Emil Oprecht Stahlberger, Peter: Der Zürcher Verleger Emil Oprecht und die deutsche politische Emigration 1933–1945. Zürich 1970.

Stahr, Volksgemeinschaft Stahr, Gerhard: Volksgemeinschaft vor der Leinwand? Der nationalsozialistische Film und sein Publikum. Berlin 2001.

Stambolis, Barbara: Mythos Jugend. Leitbild und Krisensymptom. Ein Aspekt der politischen Kultur im 20. Jahrhundert. Schwalbach/Ts. 2003.

Stammen, Kassner Stammen, Theo: Rudolf Kassner: ›Das neunzehnte Jahrhundert – Ausdruck und Größe‹ (1947). In: Gerhard Neumann/Ulrich Ott (Hrsg.): Rudolf Kassner. Physiognomik als Wissensform. Freiburg 1999, 35–54.

Stationen der Moderne Stationen der Moderne. Die bedeutenden Kunstausstellungen im 20. Jahrhundert in Deutschland. Ausstellungskatalog. Berlin 1988.

Staub, Wagnis ohne Welt Staub, Norbert: Wagnis ohne Welt. Ernst Jüngers Schrift ›Das abenteuerliche Herz‹ und ihr Kontext. Würzburg 2000.

Stauffer, Zwischen Hofmannsthal und Hitler Stauffer, Paul: Zwischen Hofmannsthal und Hitler. Carl J. Burckhardt. Facetten einer außergewöhnlichen Existenz. Zürich 1991.

Steffens, Georg Kaiser Steffens, Wilhelm: Georg Kaiser. 2. Aufl. Velber 1974.

Steil, Armin: Die imaginäre Revolte. Untersuchungen zur faschistischen Ideologie und ihrer theoretischen Vorbereitung bei Georges Sorel, Carl Schmitt und Ernst Jünger. Marburg 1984.

Steiman, Worm in the Rose Steiman, Lionel B.: The Worm in the Rose: Historical Destiny and Individual Action in Stefan Zweig's Vision of History. In: Marion

Sonnenfeld (Hrsg.): Stefan Zweig. The World of Yesterday's Humanist Today. Proceedings of the Stefan Zweig Symposium. Albany 1983, 128–156.

Stein, Mann   Stein, Peter: Heinrich Mann. Stuttgart/Weimar 2002.

Steinbauer-Grötsch, Nacht der Schatten   Steinbauer-Grötsch, Barbara: Die lange Nacht der Schatten. Film noir und Filmexil. Berlin 1997.

Steinbeck, Oper   Steinbeck, Dietrich: Oper und Turnen. Zur Rolle des Tanzes im nationalsozialistischen Revuefilm. In: Wir tanzen um die Welt – Deutsche Revuefilme 1933–1945. Zusammengest. v. Helga Belach. München, Wien 1979, 53–72.

Steinecke, Hartmut: Heinrich Heine im Dritten Reich und im Exil. Paderborn 2008.

Steinhagen, Harald: Die Kunst als die eigentliche Aufgabe des Lebens. Gottfried Benns Rückzug in die Ausdruckswelt. In: Gottfried Benn 1886–1956. Referate des Essener Colloquiums zum hundertsten Geburtstag, hrsg. von Horst Albert Glaser. Frankfurt/M. u. a. 1989, 75–98.

Steinhagen, Harald: Gottfried Benn 1933. In: Beda Allemann (Hrsg.): Literatur und Germanistik nach der »Machtübernahme«. Colloquium zur 50. Wiederkehr des 30. Januar 1933. Bonn 1983, 28–51.

Steinle, Schneider   Steinle, Jürgen: Reinhold Schneider (1903–1958). Konservatives Denken zwischen Kulturkrise, Gewaltherrschaft und Restauration. Aachen 1992.

Steinweis, Alan E.: Art, Ideology, and Economics in Nazi Germany. The Reich. Chambers of Music, Theatre, and the Visual Arts. Chapel Hill/London 1993.

Steinweis, Nazi Cultural Policy   Steinweis, Alan E.: The Professional, Social, and Economic Dimensions of Nazi Cultural Policy. The Case of the Reichs Theater Chamber. In: German Studies Review 13, 1990, 441–459.

Stenzel, Nationaltheater   Stenzel, Burkhard: Das Deutsche Nationaltheater in Weimar. Symbol und Schauplatz kultureller Praktik um 1930. In: Ehrlich, Lothar/John, Jürgen (Hrsg.): Weimar 1930. Politik und Kultur im Vorfeld der NS-Diktatur. Köln/Weimar/Wien 1988, 225–241.

Stephan, Alexander: Anna Seghers im Exil. Essays, Texte, Dokumente. Bonn 1993.

Stephan, Alexander (Hrsg.): Exile and otherness. New approaches to the experience of the Nazi refugees. Oxford u. a. 2005.

Stephan, Alexander: Im Visier des FBI. Deutsche Exilschriftsteller in den Akten amerikanischer Geheimdienste. Stuttgart, Weimar 1995.

Stephan, Emigration   Stephan, Alexander: Die intellektuelle, literarische und künstlerische Emigration. In: *Handbuch der deutschsprachigen Emigration 1933–1945*, Sp. 30–46.

Stephan, Exilliteratur   Stephan, Alexander: Die deutsche Exilliteratur 1933–1945. München 1979.

Stephan, Überwacht   Stephan, Alexander: Überwacht – Ausgebürgert – Exiliert. Schriftsteller und der Staat. Bielefeld 2007.

Stephan/Wagener, Schreiben im Exil   Stephan, Alexander/Hans Wagener (Hrsg.): Schreiben im Exil. Zur Ästhetik der deutschen Exilliteratur 1933–1945. Bonn 1985.

Stern, Fritz: Kulturpessimismus als politische Gefahr. Eine Analyse nationaler Ideologie in Deutschland. München 1986 (1. Aufl. 1961).

Stern, Alfred Neumann   Stern, Guy: Alfred Neumann. In: Spalek/Strelka: Deutsche Exilliteratur nach 1933. Bd. 1: Kalifornien, 542–570.

Stern, Book Burning   Stern, Guy: The Book Burning: Widerschein in Amerika. In:

Hermann Haarmann/Walter Huder/Klaus Siebenhaar (Hrsg.): »Das war ein Vorspiel nur ...«, Bücherverbrennung Deutschland 1933, Voraussetzungen und Folgen. Berlin, Wien 1983, 97–107.

Stern, Hertha Pauli Stern, Guy: Hertha Pauli: In: Spalek/Strelka, Deutsche Exilliteratur, 282–302.

Stern, Ob und wie sie sich anpaßten Stern, Guy: Ob und wie sie sich anpaßten. Deutsche Schriftsteller im Exilland USA. In: Frühwald/Schieder, Leben im Exil, 68–76.

Stern, Guy: Literatur im Exil. Gesammelte Aufsätze. 1959–1989. Ismaning 1989.

Stern, Das schweizerische Zeitstück Stern, Martin: Das schweizerische Zeitstück 1933–1945. Notizen zu einer vergessenen Gattung. In: Ursula Käser-Leisibach/ Martin Stern (Hrsg.): Kein einig Volk. Fünf schweizerische Zeitstücke 1933–1945. Bern/Stuttgart/Wien 1993, 507–542.

Stern, »Frontenfrühling« Stern, Martin: Warum dem schweizerischen »Frontenfrühling« kein NS-Sommer folgte. Einige Beobachtungen und Thesen. In: Uwe Baur/Katrin Gradwohl-Schlacher/Sabine Fuchs (Hrsg.): Macht Literatur Krieg. Österreichische Literatur im Nationalsozialismus. Wien/Köln/Weimar 1998, 51–66.

Stevens, Broch as a Reader Stevens, Adrian: Hermann Broch as a Reader of James Joyce. Plot in the Multilinear Novel. In: Adrian Stevens/Fred Wagner/Sigurd Paul Schleichl (Hrsg.): Hermann Broch. Modernismus, Kulturkrise und Hitlerzeit. Innsbruck 1994, 77–101.

Stieg, Faust II Stieg, Gerald: ›Faust II‹ in der ›Dritten Walpurgisnacht‹ von Karl Kraus. In: Jeanne Benay/Gilbert Ravy (Hrsg.): Écritures et langages satiriques en Autriche (1914–1938). Bern/Berlin/Bruxelles/Frankfurt/M./New York/Wien 1999, 419–436.

Stix, Mythos Tragik Christentum Stix, Gottfried: Mythos Tragik Christentum. Zu den dramatischen Dichtungen Max Mells. Rom 1959.

Stockhorst, Stefanie: Hanns Heinz Ewers als Prophet ohne Zukunft. Bedingungsanalyse des gescheiterten Propagandaromans ›Horst Wessel‹. Wetzlar 1999.

Stoessel, Aura Stoessel, Marleen: Aura. Das vergessene Menschliche. Zu Sprache und Erfahrung bei Walter Benjamin. München 1983.

Stöver, Bernd: Volksgemeinschaft im Dritten Reich. Konsensbereitschaft der Deutschen aus der Sicht sozialdemokratischer Exilberichte. Düsseldorf 1993.

Stollmann, Benn Stollmann, Rainer: Gottfried Benn. Zum Verhältnis von Ästhetizismus und Faschismus. In: Text & Kontext 8, 1980, 284–308.

Stollmann, Faschistische Politik Stollmann, Rainer: Faschistische Politik als Gesamtkunstwerk. Tendenzen der Ästhetisierung des politischen Lebens im Nationalsozialismus. In: Denkler, Horst/Prümm, Karl (Hrsg.): Die deutsche Literatur im Dritten Reich. Stuttgart 1976, 83–101.

Stollmann, Theater im Dritten Reich Stollmann, Rainer: Theater im Dritten Reich. In: Jörg Thunecke (Hrsg.): Leid der Worte. Panorama des literarischen Nationalsozialismus. Bonn 1987, 72–89.

Stollmann, Rainer: Ästhetisierung der Politik. Literaturstudien zum subjektiven Faschismus. Stuttgart 1978.

Stommer, Thingplatz und Sprechchor Stommer, Rainer: Thingplatz und Sprechchor im Dienste der »Volksgemeinschaft«. Ansätze zu einer nationalsozialistischen »Volkskultur« in der Thing-Bewegung 1933–1936. In: Text & Kontext 8, 1980, 309–336.

Stommer, Volksgemeinschaft Stommer, Rainer: Die inszenierte Volksgemeinschaft. Die »Thing-Bewegung« im Dritten Reich. Marburg 1985.

Stommer, Rainer (Hrsg.): Reichsautobahn. Pyramiden des Dritten Reiches. Marburg 1982.

Stompor, Stephan: Künstler im Exil in Oper, Konzert, Operette, Tanztheater, Schauspiel, Kabarett, Rundfunk, Film, Musik- und Theaterwissenschaft sowie Ausbildung in 62 Ländern. 2 Bde. Frankfurt/M. u. a. 1994.

Stokes, Eutiner Dichterkreis Stokes, Lawrence D.: Der Eutiner Dichterkreis und der Nationalsozialismus 1936–1945. Eine Dokumentation. Mit einer Einleitung von Kay Dohnke. Neumünster 2001.

Strätz, Hans-Wolfgang: Die studentische »Aktion wider den undeutschen Geist« im Frühjahr 1933. In: Vierteljahresschrift für Zeitgeschichte 16, 1968, 347–372.

Strallhofer-Mitterbauer, Helga: NS-Literaturpreise für österreichische Autoren. Eine Dokumentation. Wien 1994.

Strasser, Christian: Carl Zuckmayer. Deutsche Künstler im Salzburger Exil 1933–1938. Wien, Köln, Weimar 1996.

Strauss, Akkulturation als Schicksal Strauss, Herbert A.: Akkulturation als Schicksal. Einleitende Bemerkungen zum Verhältnis von Juden und Umwelt. In: Ders./ Christhard Hoffmann (Hrsg.): Juden und Judentum in der deutschen Literatur. München 1985.

Strauss, Akkulturation deutsch-jüdischer Einwanderer Strauss, Herbert A.: Zur sozialen und organisatorischen Akkulturation deutsch-jüdischer Einwanderer der NS-Zeit in den USA. In: *Frühwald/Schieder, Leben im Exil*, 235–259.

Strauss, Wissenschaftsemigration Strauss, Herbert A: Wissenschaftsemigration als Forschungsproblem. In: Die Emigration der Wissenschaften nach 1933. Disziplingeschichtliche Studien. Hrsg. v. Herbert A. Strauss, Klaus Fischer, Christhard Hoffmann, Alfons Söllner. München 1991.

Streim, Anthropozentrismus Streim, Gregor: Das Ende des Anthropozentrismus. Anthropologie und Geschichtskritik in der deutschen Literatur zwischen 1930 und 1950. Berlin u. a. 2008.

Streim, Flucht nach vorn zurück Streim, Gregor: Flucht nach vorn zurück. Heinrich Hauser – Porträt eines Schriftstellers zwischen Neuer Sachlichkeit und »reaktionärem Modernismus«. In: Jahrbuch der Deutschen Schillergesellschaft 43, 1999, 377–402.

Streim, Junge Völker und neue Technik Streim, Gregor: Junge Völker und neue Technik. Zur Reisereportage im Dritten Reich, am Beispiel von Friedrich Sieburg, Heinrich Hauser und Margret Boveri. In: Zeitschrift für Germanistik NF 2, 1999, 2, S. 344–359.

Strelka, Zweig Strelka, Joseph: Stefan Zweig. Freier Geist der Menschlichkeit. Wien 1981.

Strelka, Joseph: Exil, Gegenexil und Pseudoexil in der Literatur. Tübingen 2003.

Stremmel, Jochen: ›Dritte Walpurgisnacht‹. Über einen Text von Karl Kraus. Bonn 1982.

Strich, Fritz: Humanität und Humanismus eines Schweizer Schriftstellers. In: Schweizer Monatshefte 34, 1954/55, 261–265.

Strigl, Theodor Kramer Strigl, Daniela: »Wo niemand zuhaus ist, dort bin ich zuhaus«. Theodor Kramer. Heimatdichter und Sozialdemokrat zwischen den Fronten. Wien, Köln, Weimar 1993.

Strobel, Entzauberung der Nation Strobel, Jochen: Entzauberung der Nation. Die Repräsentation Deutschlands im Werk Thomas Manns. Dresden 2000.

Strohmeyer, Arne: Der Mitläufer. Manfred Hausmann und der Nationalsozialismus. Bremen 1999.

Strothmann, Dietrich: Nationalsozialistische Literaturpolitik. Ein Beitrag zur Publizistik im Dritten Reich. 2. verbess. Aufl. Bonn 1963, 4. Aufl. 1985.

Studnitz, Es war wie ein Rausch Studnitz, Cecilia von: Es war wie ein Rausch. Fallada und sein Leben. Düsseldorf 1997.

Szabó, Der »vollkommene Macher« Szabó, János: Der »vollkommene Macher« Julius Hay. Ein Dramatiker im Bann der Zeitgeschichte. München 1992.

Sziklai, László: Georg Lukács und seine Zeit. 1930–1945. Wien/Köln/Graz 1986.

Taureck, Sieburg Taureck, Margot: Friedrich Sieburg in Frankreich. Seine literarisch-publizistischen Stellungnahmen zwischen den Weltkriegen in Vergleich mit Positionen Ernst Jüngers. Heidelberg 1987.

Tauscher, Rolf: Dosio Kofflers Bühnen-Satire ›Die deutsche Walpurgisnacht‹. In: Hubert Orlowski/Günter Hartung (Hrsg.): Traditionen und Traditionssuche des deutschen Faschismus. 2. Protokollband. Poznan 1988, 89–106.

Tauscher, Rolf: Literarische Satire des Exils gegen Nationalsozialismus und Hitlerdeutschland. Hamburg 1993.

Tavernaro, Der Verlag Hitlers Tavernaro, Thomas: Der Verlag Hitlers und der NSDAP. Die Franz Eher Nachfolger GmbH. Wien 2004.

Tea-Wha Chu: Nationalsozialismus und Verantwortung der christlichen Literatur. Zur Poetologie des Zwischen-den-Zeilen-Schreibens der christlichen Dichter in der Inneren Emigration 1933–1945. Frankfurt/M./Berlin/Bern/New York/Paris/ Wien 1994.

Temming, Tobias: »Bruder Hitler«? Zur Bedeutung des politischen Thomas Mann. Essays und Reden aus dem Exil. Berlin 2008.

Teuber, Toralf: Ein Stratege im Exil. Hermann Budzislawski und »Die neue Weltbühne«. Frankfurt/M. u.a. 2004.

Theweleit, Buch der Könige Theweleit, Klaus: Buch der Könige: Benn, Freud, Pound, Hamsun, Céline. 2 Bde. Frankfurt/M. 1993/94.

Theweleit, Ghosts Theweleit, Klaus: Ghosts. Drei leicht inkorrekte Vorträge. Frankfurt/M., Basel 1998.

Theweleit, Klaus: Buch der Könige. Bd. 2X: Orpheus am Machtpol. Frankfurt/M. 1994.

Theweleit, Männerphantasien Theweleit, Klaus: Männerphantasien. 2 Bde. Basel, Frankfurt/M. 1977, Neuausgabe in 1 Bd. München 2000.

Thöne, Albrecht W.: Das Licht der Arier. Licht-, Feuer- und Dunkelsymbolik des Nationalsozialismus. München 1979.

Thompson/Sacks, Cambridge Companion to Brecht Thompson, Peter/Sacks, Glendyr (Hrsg.): The Cambridge Companion to Brecht. Cambridge 1994.

Thunecke, Exillyrik Thunecke, Jörg (Hrsg.): Deutschsprachige Exillyrik von 1933 bis zur Nachkriegszeit. Amsterdam, Atlanta 1998.

Thunecke, Leid der Worte Thunecke, Jörg (Hrsg.): Leid der Worte. Panorama des literarischen Nationalsozialismus. Bonn 1987.

Thunecke, Jörg: »... und wo die Synagogen brennen, erzittern auch schon die Kathedralen in ihren Grundfesten«. Kulturkritische Anmerkungen zu Heinz Carwins Tragikomödie ›Großmutter Himmelreich‹. In: Ian Wallace (Hrsg.): Aliens – Uneingebürgerte. German and Austrian Writers in Exile. Amsterdam/Atlanta 1994, 195–206.

Thurner, Christina: Der andere Ort des Erzählens. Exil und Utopie in der Literatur deutscher Emigrantinnen und Emigranten 1933–1945. Köln u.a. 2003.

Tiedemann, Dialektik Tiedemann, Rolf: Dialektik im Stillstand. Versuche zum Spätwerk Walter Benjamins. Frankfurt/M. 1983.

Tindemans, Transit Tindemans, Carlos: Transit – Exiltheater und Rezeption in Antwerpen 1933–1940. In: Hans Würzner (Hrsg.): Zur deutschen Exilliteratur in den Niederlanden 1933–1940. Amsterdam 1977, 165–182.

Toeplitz, Geschichte des Films Toeplitz, Jerzy: Geschichte des Films. Bd. 4: 1939–1945. München 1983.

Totzeva, Festspielzyklus Totzeva, Sophia: Der Festspielzyklus Stimmen der Völker im Drama (1932–1938): Übersetzungs- und Theaterpraxis im Spannungsfeld von Politik und Ideologie. In: Maske und Kothurn 42, 1996/2000, H. 2–4, 77–103.

Trapp, »Ich empfehle …« Trapp, Frithjof: »Ich empfehle, die ›Prawda‹ über (die) West-Ukraine nachzulesen«. Zwischen Formalismus-Debatte und deutsch-sowjetischem Freundschaftsvertrag (28. September 1939): Gustav von Wangenheims Schauspiel ›Die Stärkeren‹. In: Exilforschung 1, 1983, 130–146.

Trapp, Deutsche Literatur Trapp, Frithjof: Deutsche Literatur zwischen den Weltkriegen II. Literatur im Exil. Bern/Frankfurt/M./New York 1983.

Treß, »Wider den undeutschen Geist!« Treß, Werner: »Wider den undeutschen Geist!« Bücherverbrennung 1933. Berlin 2003.

Troitzsch, Technikgeschichte Troitzsch, Ulrich: Technikgeschichte in der Forschung und in der Sachbuchliteratur während des Nationalsozialismus. In: Mehrtens, Herbert/Richter, Steffen (Hrsg.): Naturwissenschaft, Technik und NS-Ideologie. Beiträge zur Wissenschaftsgeschichte des Dritten Reichs. Frankfurt/M. 1980, 215–242.

Trommler, Der ›sozialistische Realismus‹ Trommler, Frank: Der »sozialistische Realismus« im historischen Kontext. In: Grimm, Reinhold/Jost Hermand (Hrsg.): Realismustheorien in Literatur, Malerei, Musik und Plastik. Stuttgart u.a. 1975, 68–86.

Tutas, Herbert E.: NS-Propaganda und deutsches Exil 1933–39. Worms 1973.

Tyson, Reception Tyson, Peter K.: The Reception of Georg Kaiser (1915–45). Texts and Analyses. 2 Bde. New York/Bern/Frankfurt/M./Nancy 1984.

Ueding, Gert: »Die Wilden und die Vernünftigen«. Hinweis auf ein vergessenes Drama. In: Hans Dietrich Irmscher/Werner Keller (Hrsg.): Drama und Theater im 20. Jahrhundert. Festschrift für Walter Hinck. Göttingen 1983, 242–251.

Ulbricht, Kulturrevolution von rechts Ulbricht, Justus H.: Das völkische Netzwerk 1930–1933. In: Nationalsozialismus in Thüringen. Hrsg. v. Detlef Heiden und Gunther Mai. Weimar, Köln, Wien 1995, 29–49.

Ulbricht, Justus H. (Hrsg.): Klassikerstadt und Nationalsozialismus. Kunst und Politik in Weimar 1933 bis 1945. Weimar 2002.

Unger, Antifaschistischer Widerstand Unger, Thorsten: Antifaschistischer Widerstand und kulturelle Erinnerung im exilpolitischen Drama. Zu Ernst Tollers ›Pastor Hull‹. In: Horst Turk/Jean-Marie Valentin (Hrsg.): Aspekte des politischen Theaters und Dramas von Calderón bis Georg Seidel. Deutsch-französische Perspektiven. Bern/Berlin/Frankfurt/M./New York/Paris/Wien 1996, 289–316.

Unglaub, Erich: »Ahnenlehre« in kritischer Absicht. Hans Carossas autobiographisches

Erzählen unter den Bedingungen des Dritten Reichs. Frankfurt/M., Bern, New York 1985.

Utsch, Susanne: Sprachwechsel im Exil. Die »linguistische Metamorphose« von Klaus Mann. Köln u. a. 2007.

Uzagan, Abdulkerim: Fiktionalität und Realität in der Romantrilogie »Die Throne stürzen« von Bruno Brehm. Diss. Bielefeld 1999.

Vahland, Joachim: Gottfried Benn. Der unversöhnte Widerspruch. Heidelberg 1979.

Vallery, Führer, Volk und Charisma Vallery, Helmut: Führer, Volk und Charisma. Der nationalsozialistische historische Roman. Köln 1980.

van Reijen, Philosophie als Kritik Reijen, Willem van: Philosophie als Kritik. Einführung in die Kritische Theorie. Königstein/Ts. 1986.

van Reijen/Schmid Noerr, Flaschenpost Reijen, Willem van/Gunzelin Schmid Noerr (Hrsg.): Vierzig Jahre Flaschenpost: ›Dialektik der Aufklärung‹ 1947–1987. Frankfurt/M. 1987.

van Roon, Bild Roon, Ger van: Das Bild des deutschen Widerstandes in Zuckmayers ›Des Teufels General‹. In: Blätter der Carl-Zuckmayer-Gesellschaft 17, 1996, 37–48.

Vaupel, Frauen Vaupel, Angela: Frauen im NS-Film. Unter besonderer Berücksichtigung des Spielfilms. Hamburg 2005.

Vedder, Industrie Vedder, Lothar: Die deutsche Industrie in den Jahren 1933–1960. Krefeld 1966.

Verweyen, Bücherverbrennungen Verweyen, Theodor: Bücherverbrennungen. Eine Vorlesung aus Anlaß des 65. Jahrestages der »Aktion wider den undeutschen Geist«. Heidelberg 2000.

Veselý, Jiří: Johannes Wüsten. In: Miroslav Beck/Jiří Veselý: Exil und Asyl. Antifaschistische deutsche Literatur in der Tschechoslowakei 1933–1938. Berlin 1981, 294–298.

Veselý, Jiří: Louis Fürnberg. In: Miroslav Beck/Jiří Veselý: Exil und Asyl. Antifaschistische deutsche Literatur in der Tschechoslowakei 1933–1938. Berlin 1981, 165–173.

Vieregg, Fehlbarkeit Vieregg, Axel: Der eigenen Fehlbarkeit begegnet. Günter Eichs Realitäten 1933–1945. Eggingen 1993.

Vieregg, Sünden Vieregg, Axel (Hrsg.) »Unsere Sünden sind Maulwürfe«. Die Günter-Eich-Debatte. Amsterdam, Atlanta 1996.

Vietor-Engländer, Frauen im englischen Exil Vietor-Engländer, Deborah: Frauen im englischen Exil. In: Akten des VIII. Internationalen Germanisten-Kongresses Tokyo 1990. Bd. 8: Emigranten- und Immigrantenliteratur, 276–283.

Vietta, Silvio: Heideggers Kritik am Nationalsozialismus und an der Technik. Tübingen 1989.

Villwock, Rückblick in die Zukunft Villwock, Jörg: Rückblick in die Zukunft. Zum Verständnis von Historie in Ernst Jüngers ›Eumeswil‹. In: Unter Argusaugen. Zu einer Ästhetik des Unsichtbaren, hrsg. von Gerd Held, Carola Hilmes u. Dietrich Mathy. Würzburg 1997, 134–148.

Vodosek, Peter/Komorowski, Manfred (Hrsg.): Bibliotheken während des Nationalsozialismus. 2 Teile. Wiesbaden 1989/1992.

Vögele, Ödön von Horváth Vögele, Meinrad: Ödön von Horváth. Der jüngste Tag. Bern/Frankfurt/M./New York 1983.

Völker, Brecht und Lukács Völker, Klaus: Brecht und Lukács. Analyse einer Meinungsverschiedenheit. In: Kursbuch 7 (Sept. 1966), 80–101.

Völker, Brecht-Kommentar   Völker, Klaus: Brecht-Kommentar zum dramatischen Werk. München 1983.

Völzing, Württembergische Staatstheater Völzing, Petra: Die Württembergischen Staatstheater Stuttgart im Dritten Reich. In: Zeitschrift für württembergische Landesgeschichte 56, 1997, 319–356

Vogelsang, Österreichische Dramatik   Vogelsang, Hans: Österreichische Dramatik des 20. Jahrhunderts. Spiel mit Wesen, Welten, Worten. Wien 1981.

Voigt, Felix A.: Gerhart Hauptmanns Drama ›Die Tochter der Kathedrale‹. In: Germanisch-Romanische Monatsschrift N.F. 3, 1953, 1–12.

Voit, Friedrich: Karl Wolfskehl. Leben und Werk im Exil. Göttingen 2005.

Voit, Tomi   Voit, Friedrich: Tomi heißt auf englisch Auckland. Zum Leben und Werk von Karl Wolfskehl im neuseeländischen Exil. In: Akten des VIII. Internationalen Germanisten-Kongresses Tokyo 1990. Bd. 8: Emigranten- und Immigrantenliteratur, 207–217.

Volckmann, Sylvia: Brechts Theater zwischen Abbild und Utopie. In: Walter Hinck (Hrsg.): Handbuch des deutschen Dramas. Düsseldorf 1980, 440–452, 574–576.

Volke, Werner (Bearb.): Das innere Reich. 1934–1944. Eine Zeitschrift für Dichtung, Kunst und deutsches Leben. Ausstellung vom Juli-Dezember 1983 im Schiller-Nationalmuseum, Marbach am Neckar. Katalog. Dazu: Gesamtverzeichnis der Beiträge. 2 Bde. Marbach 1983.

Vollhardt, Brochs Literaturtheorie   Vollhardt, Friedrich: Hermann Brochs Literaturtheorie. In: Paul Michael Lützeler (Hrsg.): Hermann Broch. Frankfurt/M. 1986, 272–288.

Vollnhals, Praeceptor Germaniae   Vollnhals, Clemens: Praeceptor Germaniae. Spenglers politische Publizistik. In: Alexander Demandt/John Farrenkopf (Hrsg.): Der Fall Spengler. Eine kritische Bilanz. Köln/Weimar/Wien 1994, 171–197.

Vondung, Literaturtheorie   Vondung, Klaus: Völkisch-nationale und nationalsozialistische Literaturtheorie. München 1973.

Vondung, Klaus: Die Apokalypse in Deutschland. München 1988.

Vondung, Klaus: Magie und Manipulation. Ideologischer Kult und politische Religion des Nationalsozialismus. Göttingen 1971.

Vordtriede, Zeiten   Vordtriede, Käthe: »Es gibt Zeiten, in denen man welkt«. Mein Leben in Deutschland vor und nach 1933. Hrsg. von Detlef Garz. Lengwil 2000.

Voss, Flanerie   Voss, Dietmar: Die Rückseite der Flanerie. Versuch über ein Schlüsselphänomen der Moderne. In: Scherpe, Klaus R.: Die Unwirklichkeit der Städte. Großstadtdarstellungen zwischen Moderne und Postmoderne. Hamburg 1988, 37–60.

Voswinckel, Ulrike/Berninger, Frank (Hrsg.): Exil am Mittelmeer. Deutsche Schriftsteller in Südfrankreich 1933–1941. München 2005.

Wächter, Theater im Exil   Wächter, Hans-Christof: Theater im Exil. Sozialgeschichte des deutschen Exiltheaters. München 1973.

Wagener, Carl Zuckmayer Criticism   Wagener, Hans: Carl Zuckmayer Criticism: Tracing Endangered Fame. Columbia 1995.

Wagener, Understanding Franz Werfel   Wagener, Hans: Understanding Franz Werfel. Columbia 1993.

Wagener, Zuckmayer   Wagener, Hans: Carl Zuckmayer. München 1983.

Wagener, Zwischen Elegie und Zeitstück   Wagener, Hans: Zwischen Elegie und Zeitstück. Zum Exilwerk Carl Zuckmayers. In: Alexander Stephan/Hans Wagener

(Hrsg.): Schreiben im Exil. Zur Ästhetik der deutschen Exilliteratur 1933–1945. Bonn 1985, 161–177.

Wagner, Benjamin Wagner, Gerhard: Walter Benjamin. Die Medien der Moderne. Berlin 1992.

Wagner, Hans Ulrich: Günter Eich und der Rundfunk. Essay und Dokumentation. Berlin 1999.

Walberer, Bücherverbrennung Walberer, Ulrich (Hrsg.): 10. Mai 1933. Bücherverbrennung in Deutschland und die Folgen. Frankfurt/M. 1983.

Walder, Brecht Walder, Dennis: Bertolt Brecht, ›Life of Galileo‹. In: Brown, Richard Danson/Gupta, Suman (Hrsg.): Aestheticism & Modernism 1900–1960. Debating 20th Century Literature. London/New York 2005, 324–374.

Waldmann, Günter: Kommunikationsästhetik I. Die Ideologie der Erzählform. Mit einer Modellanalyse von NS-Literatur. München 1976.

Wallas, Max Zweigs Israel Triptychon Wallas, Armin A.: Max Zweigs Israel Triptychon ›Davidia – Saul – Ghetto Warschau‹. In: Eva Reichmann (Hrsg.): Max Zweig. Kritische Betrachtungen. St. Ingbert 1995, 171–206.

Walter, Asylpraxis Walter, Hans-Albert: Asylpraxis und Lebensbedingungen in Europa. Deutsche Exilliteratur 1933–1950, Bd. 2. Darmstadt/Neuwied 1972.

Walter, Deutsche Exilliteratur, Appeasement Walter, Hans-Albert: Deutsche Exilliteratur 1933–1950. Bd. 2: Europäisches Appeasement und überseeische Asylpraxis. Stuttgart 1984.

Walter, Exilpresse Walter, Hans-Albert: Deutsche Exilliteratur 1933–1950. Bd. 4: Exilpresse. Stuttgart 1978.

Walter, Helfer im Hintergrund Walter, Hans-Albert: Die Helfer im Hintergrund. Zur Situation der deutschen Exilverlage 1933–1945. In: Frankfurter Hefte 2, 1965, 121–132.

Walter, Landshoff und der Querido Verlag Walter, Hans-Albert (Bearb.): Fritz H. Landshoff und der Querido Verlag 1933–1950. Marbacher Magazin 78/1997, Sonderheft. Marbach 1997.

Walter, Noch immer Walter, Hans-Albert: Noch immer: Draußen vor der Tür. An der deutschen Exilliteratur könnte die Germanistik den Ausweg aus der Krise proben. In: Frankfurter Rundschau, 17.10.1970.

Walter, Streit um die ›Sammlung‹ Walter, Hans-Albert: Der Streit um die ›Sammlung‹. Porträt einer Literaturzeitschrift im Exil. In: Frankfurter Hefte 21 (1966), H. 12, 850–860, und 22 (1967), H. 1, 49–58.

Walter, Hans-Albert: »... wo ich im Elend bin« oder »Gib dem Herrn die Hand, er ist ein Flüchtling«. Ein Essay. Frankfurt/M. 1992.

Walter, Hans-Albert: Anna Seghers' Metamorphosen. Transit – Erkundungsversuche in einem Labyrinth. Frankfurt/M., Olten, Wien 1984.

Walter, Hans-Albert: Der Meisterzeichner von Nachtstücken und Traumgesichten Alexander Moritz Frey – wiederzuentdecken. Mit einer ausführlichen Dokumentation. Frankfurt/M. 1988.

Walter, Hans-Albert: Deutsche Exilliteratur 1933–1950. Stuttgart 1978 ff.

Walter, Ingrid: Dem Verlorenen nachspüren. Autobiographische Verarbeitung des Exils deutschsprachiger Schriftstellerinnen. Taunusstein 2000.

Walther, Das Schöne und das Genaue Walther, Elisabeth: Das Schöne und das Genaue. Über Max Bense (1910–1990). In: Zeitschrift für Literaturwissenschaft und Linguistik. LiLi 100, 1995, S. 132–139.

Walther/von Prittnitz, Mielke und die Musen Walther, Joachim/Prittnitz, Gesine von: Mielke und die Musen. Die Organisation der Überwachung. In: Feinderklärung. Literatur und Staatssicherheit. München 1993 (text und kritik, H.120), 74–88.

Walther, Peter (Hrsg.): Am Tage meines Fortgehns. Peter Huchel. Frankfurt/M. 1996.

Walther, Peter (Hrsg.): Günter Eich (1907–1972). Nach dem Ende der Biographie. Berlin 2000.

Wardetzky, Theaterpolitik Wardetzky, Jutta: Theaterpolitik im faschistischen Deutschland. Studien und Dokumente. Berlin (Ost) 1983.

Warkentin, Erwin J.: Unpublishable Works. Wolfgang Borchert's literary Production in Nazi Germany. Columbia, S. C. 1997.

Warner, Förföötsch mitlopen? Warner, Ansgar: Förföötsch mitlopen? Der niederdeutsche »Heimatdichter« August Hinrichs als Thingspiel-Autor im »Dritten Reich«. In: Uta Beiküfner/Hania Siebenpfeiffer (Hrsg.): Zwischen den Zeiten – Junge Literatur in Deutschland von 1933 bis 1945. Hamburg 2000, 37–57.

Warren, Austrian Theatre Warren, John: Austrian Theatre and the Corporate State. In: Kenneth Segar/John Warren (Hrsg.): Austria in the Thirties: Culture and Politics. Riverside 1991, 267–291.

Wawrzyn, Benjamins Kunsttheorie Wawrzyn, Lienhard: Walter Benjamins Kunsttheorie. Kritik einer Rezeption. Darmstadt/Neuwied 1973.

Weber, Brechts ›Kreidekreis‹ Weber, Betty Nance: Brechts ›Kreidekreis‹, ein Revolutionsstück. Eine Interpretation. Frankfurt/M. 1978.

Wecht, Martin Johannes: Jochen Klepper – Ein christlicher Schriftsteller im jüdischen Schicksal. Düsseldorf/Görlitz 1998.

Wege, Der Kult der Arbeit Wege, Carl: Der Kult der Arbeit. Zu Reden und Schriften Martin Heideggers und Ernst Jüngers aus den Jahren 1932/33. In: Anthropologie der Arbeit. Hrsg. von Ulrich Bröckling/Eva Horn. Tübingen 2002.

Wege, Gleisdreieck, Tank und Motor Wege, Carl: Gleisdreieck, Tank und Motor. Figuren und Denkfiguren aus der Technosphäre der Neuen Sachlichkeit. In: DVjs 68 (1994) 308–332.

Wege, Schkona, Schwedt und Schwarze Pumpe Wege, Carl: Schkona, Schwedt und Schwarze Pumpe. Zur DDR-Literatur im Zeitalter der wissenschaftlich-technischen Revolution (1955–1971). In: Materialien und Ergebnisse aus Forschungsprojekten des Instituts für kulturwissenschaftliche Deutschlandstudien. Heft 8. Bremen 1996.

Wehdeking, Mythologisches Ungewitter Wehdeking, Volker: Mythologisches Ungewitter. Carl Zuckmayers problematisches Exildrama ›Des Teufels General‹. In: Kieser, Harro (Hrsg.): Carl Zuckmayer. Materialien zu Leben und Werk. Frankfurt/M. 1986, 86–102.

Weidenhaupt, Heike: Gegenpropaganda aus dem Exil. Thomas Manns Radioansprachen für deutsche Hörer 1940 bis 1945. Konstanz 2001.

Weidermann, Volker: Das Buch der verbrannten Bücher. Köln 2008.

Weidmann, Flanerie Weidmann, Heiner: Flanerie, Sammlung, Spiel. Die Erinnerung des 19. Jahrhunderts bei Walter Benjamin. München 1992.

Weigel, Entstellte Ähnlichkeit Weigel, Sigrid: Entstellte Ähnlichkeit. Walter Benjamins theoretische Schreibweise. Frankfurt/M. 1997.

Weinkauff, Bethges Ästhetik Weinkauff, Gina: Ernst Heinrich Bethges Ästhetik der Akklamation. Wandlungen eines Laienspielautors in Kaiserreich, Weimarer Republik und NS-Deutschland. Frankfurt/M. 1992.

Weinke, Liepman Weinke, Wilfried: Ruth Liepman: Anwältin und Agentin der Autoren. In: *Bücher, Verlage, Medien*, 237–247.

Weise-Barkowsky Weise-Barkowsky, Gabriele: »Die Sehnsucht eines jeden Jungen ist Fliegen«. Berufswerbung im nationalsozialistischen Kultur- und Spielfilm. In: *Segeberg, Mobilmachung*, 343–376.

Weissenberger, Dissonanzen Weissenberger, Klaus: Dissonanzen und neugestimmte Saiten. Eine Typologie der Exillyrik. In: Literaturwissenschaftliches Jahrbuch 17, 1976, 321–346.

Weissenberger, Karl Kraus Weissenberger, Klaus: Der Essay bei Karl Kraus im Spannungsfeld seiner produktionsästhetischen Typologie. In: Joseph P. Strelka (Hrsg.): Karl Kraus. Diener der Sprache, Meister des Ethos. Tübingen 1990, 109–124.

Weissenberger, Lyriker im Exil Weissenberger, Klaus: Lyriker im Exil. In: *Spalek/ Strelka, Deutschsprachige Exilliteratur*, 110 ff.

Weissenberger, Klaus: Der Essay. In: Ders. (Hrsg.): Prosakunst ohne Erzählen. Die Gattungen der nicht-fiktionalen Kunstprosa. Tübingen 1985, 105–124.

Weisstein, Vor Tische Weisstein, Ulrich: Vor Tische las man's anders. Eine literarpolitische Studie über die beiden Fassungen (1933 und 1955) von Gottfried Benns Expressionismus-Aufsatz. In: Hans Gerd Rötzer (Hrsg.): Begriffsbestimmung des literarischen Expressionismus. Darmstadt 1976, 106–134.

Wellershoff, Fieberkurve des deutschen Geistes Wellershoff, Dieter: Fieberkurve des deutschen Geistes. Über Gottfried Benns Verhältnis zur Zeitgeschichte (1962). In: Benn – Wirkung wider Willen. Dokumente zur Wirkungsgeschichte Benns. Hrsg., eingel. und kommentiert v. Peter Uwe Hohendahl. Frankfurt/M. 1971, 133–152.

Wellmer, Death of the Sirens Wellmer, Albrecht: The Death of the Sirens and the Origin of the Work of Art. In: New German Critique 81, 2000, 5–19.

Welzer, Harald (Hrsg.): Das Gedächtnis der Bilder. Ästhetik und Nationalsozialismus. Tübingen 1995.

Welzer, Harald (Hrsg.): Nationalsozialismus und Moderne. Tübingen 1993.

Welzig, Der deutsche Roman Welzig Werner: Der deutsche Roman im zwanzigsten Jahrhundert. Stuttgart 1967, 316–361.

Wende, Frank/Valk, Gesa M. u. a. (Hrsg.): Deutschsprachige Schriftsteller im Schweizer Exil 1933–1950. Eine Ausstellung des Deutschen Exilarchivs 1933–1945 der Deutschen Bibliothek. Wiesbaden 2002.

Werber, Niels: Die Geopolitik der Literatur. Eine Vermessung der medialen Weltraumordnung. München 2007.

Werbick, Roman Werbick, Peter: Der faschistische historische Roman in Deutschland. In: Ralf Schnell (Hrsg.): Kunst und Kultur im deutschen Faschismus. Stuttgart 1978, 157–190.

Werfel, Ruth (Hrsg.): Gehetzt. Südfrankreich 1940 – Deutsche Literaten im Exil. München 2007.

Werner, Transparente Kommentare Werner, Renate: Transparente Kommentare. Überlegungen zu historischen Romanen deutscher Exilautoren. In: Poetica 9, 1977, 324–351.

Werner, Vernichtet und vergessen? Werner, Thomas: Vernichtet und vergessen? Bücherverbrennungen im Mittelalter. In: Otto Gerhard Oexle (Hrsg.): Memoria als Kultur. Göttingen 1995, 149–184.

Wessels, Hörspiele Wessels, Wolfram: Hörspiele im Dritten Reich. Bonn 1985.

Westenfelder, Frank: Problematik und Wirkung der nationalsozialistischen Literatur am Beispiel des historischen Romans zwischen 1890 und 1945. Frankfurt/M. u.a. 1989.

Westermann, Klaus: Joseph Roths politische Exilpublizistik. In: Edita Koch/Frithjof Trapp (Hrsg.): Realismuskonzeptionen der Exilliteratur zwischen 1935 und 1940/41. Maintal 1987, 34–40.

Weyergraf, Literatur der Weimarer Republik   Weyergraf, Bernhard (Hrsg.): Literatur der Weimarer Republik 1918–1933. München und Wien 1995 (Hansers Sozialgeschichte der deutschen Literatur, Bd. 8).

White, Dramatic Theory   White, John J.: Bertolt Brecht's Dramatic Theory. Rochester u.a. 2004.

Widmann, Geschichte des Buchhandels   Widmann, Hans: Geschichte des Buchhandels vom Altertum bis zur Gegenwart. Wiesbaden 1975.

Wiedow, Hartwig: Wilhelm E. Süskind. Studien. Hagen 2004.

Wierlacher, Alois (Hrsg.): Kulturthema Fremdheit. Leitbegriffe und Problemfelder kulturwissenschaftlicher Fremdheitsforschung. München 1993.

Wierlacher, Alois (Hrsg.): Perspektiven und Verfahren interkultureller Germanistik. München 1987.

Wiese/Henss, Nationalismus in Germanistik und Dichtung   Wiese, Benno von/Henss, Rudolf (Hrsg.): Nationalismus in Germanistik und Dichtung. Dokumentation des Germanistentages in München vom 17.–22. Oktober 1966. Berlin 1967.

Wiesner, »Innere Emigration«   Wiesner, Herbert: »Innere Emigration« – Die innerdeutsche Literatur im Widerstand 1933–1945. In: Handbuch der deutschen Gegenwartsliteratur, unter Mitwirkung von Hans Hennecke hrsg. von Hermann Kunisch. München 1965, 695–720.

Wiggershaus, Frankfurter Schule   Wiggershaus, Rolf: Die Frankfurter Schule. Geschichte – Theoretische Entwicklung – Politische Bedeutung. München, Wien 1986.

Wilcke, Gudrun (d.i. Gudrun Pausewang): Die Kinder- und Jugendliteratur des Nationalsozialismus als Instrument ideologischer Beeinflussung. Liedertexte – Erzählungen und Romane – Schulbücher – Zeitschriften – Bühnenwerke. Frankfurt/M. u.a. 2005.

Wild, Reiner, in Zusammenarbeit m. Sabina Becker, Matthias Luserke-Jaqui und Reiner Marx (Hrsg.): Dennoch leben sie. Verfemte Bücher, verfolgte Autoren und Autorinnen. Zu den Auswirkungen nationalsozialistischer Literaturpolitik. München 2003.

Wildmann, Daniel: Begehrte Körper. Konstruktion und Inszenierung des »arischen« Männerkörpers« im »Dritten Reich«. Würzburg 1998.

Wildt, Generation   Wildt, Michael: Generation des Unbedingten. Das Führungskorps des Reichssicherheitshauptamtes. Aktualis. Ausgabe. Hamburg 2003 (1. Aufl. 2002).

Willett, Erwin Piscator   Willett, John: Erwin Piscator. Die Eröffnung des politischen Zeitalters auf dem Theater. Frankfurt/M. 1982.

Williams, Mehr Leben als eins   Williams, Jenny: Mehr Leben als eins. Hans Fallada. Biographie. Berlin 2002 (engl. 1988).

Willimowski, Thomas: Stefan Lorant – Eine Karriere im Exil. Berlin 2005.

Wimmer, Fridolin: Das historisch-politische Lied im Geschichtsunterricht: exemplifiziert am Einsatz von Liedern des Nationalsozialismus und ergänzt durch eine empirische Untersuchung über die Wirkung dieser Lieder. Frankfurt/M. u.a. 1994.

Wimmer, Franz Werfels theatralische Sendung Wimmer, Paul: Franz Werfels theatralische Sendung. Wien 1973.

Wimmer, Paul: Der Dramatiker Franz Theodor Csokor. Innsbruck 1981.

Winckler, Die Krise und die Intellektuellen Winckler, Lutz: Die Krise und die Intellektuellen. Klaus Mann zwischen ästhetischer Opposition und republikanischem Schriftstellerethos. In: Deutschland nach Hitler. Zukunftspläne im Exil und aus der Besatzungszeit. Hrsg. von Thomas Koebner, Gert Sautermeister und Sigrid Schneider. Opladen 1987, 49–61.

Winckler, Mythen der Exilforschung Winckler, Lutz: Mythen der Exilforschung. In: Exilforschung. Bd. 13: Kulturtransfer im Exil, 68–81.

Winckler, Lutz (Hrsg.): Antifaschistische Literatur. Programme, Autoren, Werke. Kronberg 1977.

Winker, Fernsehen Winker, Klaus: Fernsehen unterm Hakenkreuz. Organisation, Programm, Personal. 2. aktualis. Aufl. Köln, Weimar, Wien 1996 (1. Aufl. 1994).

Winkler, Großstadt New York Winkler, Michael: Die Großstadt New York als Thema der deutschsprachigen Exilliteratur. In: *Spalek/Strelka, Deutsche Exilliteratur*, Bd. 2 1367–1384.

Winkler, Jura Soyfer und die Politisierung Winkler, Jean-Marie: Jura Soyfer (1912–1939) und die Politisierung des Theaters. In. Horst Turk/Jean-Marie Valentin (Hrsg.): Aspekte des politischen Theaters und Dramas von Calderón bis Georg Seidel. Deutsch-französische Perspektiven. Bern/Berlin/Frankfurt/M./New York/Paris/Wien 1996, 331–342.

Winkler, Jura Soyfer Winkler, Jean-Marie (Hrsg.): Jura Soyfer. Rouen 1994.

Winkler-Mayerhöfer, Starkult Winkler-Mayerhöfer, Andrea: Starkult als Propagandamittel? Studien zum Unterhaltungsfilm im Dritten Reich. München 1992.

Wippermann, Thomas: Geschichte und Ideologie im historischen Roman des Dritten Reiches. In: Denkler, Horst/Karl Prümm (Hrsg.): Die deutsche Literatur im Dritten Reich. Stuttgart 1977, 183–206.

Wismann, Benjamin et Paris Wismann, Heinz (Hrsg.): Walter Benjamin et Paris. Colloque international 27–29 juin 1983. Paris 1986.

Witte, Benjamin Witte, Bernd: Walter Benjamin. Reinbek 1985 (rowohlts monographien).

Witte, Bernd (Hrsg.): Benjamin und das Exil. Würzburg 2006.

Witte, Film im NS Witte, Karsten: Film im Nationalsozialismus. In: Jacobsen, Wolfgang/Kaes, Anton/Prinzler, Hans Helmut (Hrsg.): Geschichte des deutschen Films. Stuttgart, Weimar 1993, 119–170.

Witte, Gehemmte Schaulust Witte, Karsten: Gehemmte Schaulust. Momente des Revuefilms. In: Wir tanzen um die Welt – Deutsche Revuefilme 1933–1945. Zusammengest. v. Helga Belach. München, Wien 1979, 7–52.

Witte, Karsten: Major Tellheim nimmt Minna von Barnhelm in Dienst oder Wie der Nazifilm mit Klassikern mobil machte. In: Neue Rundschau 96, 1985, 158–173.

Witte, Karsten: Lachende Erben, toller Tag. Filmkomödie im Dritten Reich. Berlin 1995.

Wittig, Versuchung Wittig, Roland: Die Versuchung der Macht. Essayistik und Publizistik Heinrich Manns im französischen Exil. Frankfurt/M./Bern 1976.

Wittmann, Reinhard/Hans-Eugen Bühler: Die Wehrmachtsausgaben des Verlages Carl Bertelsmann in der Zeit von 1939–1945. In: epd medien Nr. 8 vom 2.2.2000, 12–36.

Wittmann, Reinhard: Auf geflickten Straßen. Literarischer Neubeginn in München 1945 bis 1949. München 1995.

Wodtke, Benn   Wodtke, Friedrich Wilhelm: Gottfried Benn. 2., überarb. und erg. Auflage. Stuttgart 1970.

Wögerer, Erika: Innere Emigration und historische Camouflage in Österreich. Zum Widerstandspotenzial in den historischen Romanen des Rudolf Henz. Frankfurt/ M. 2004.

Wolf, Norbert Christian: Geist und Macht. Robert Musil als Intellektueller auf dem Pariser Schriftstellerkongreß 1935. In: Jahrbuch des Freien Deutschen Hochstifts, 2006, 383–436.

Wolf, Frank Thiess   Wolf, Yvonne: Frank Thiess und der Nationalsozialismus. Ein konservativer Revolutionär als Dissident. Tübingen 2003.

Wolffheim, Karl Wolfskehls Spätwerk   Wolffheim, Hans: Von Dionysos zu Hiob. Karl Wolfskehls Spätwerk. In: *Durzak, Die deutsche Exilliteratur 1933–1945*, 335–342.

Wollmann, »Der große Bruch«   Wollmann, Heimar: »Der große Bruch«. Autobiographien deutsch-jüdischer Schriftstellerinnen im XX. Jahrhundert. In: Studia theodisca IV (1997), 155–178.

Wolting, Bretter   Wolting, Stephan: Bretter, die Kulturkulissen markierten. Das Danziger Theater am Kohlenmarkt, die Zopotter Waldoper und andere Theaterinstitutionen im Danziger Kulturkosmos zur Zeit der Freien Stadt und in den Jahren des Zweiten Weltkriegs. Wroczlaw 2003.

Würffel, Stefan Bodo: Das deutsche Hörspiel. Stuttgart 1978.

Würzner, Exilliteratur in den Niederlanden   Würzner, Hans (Hrsg.): Zur deutschen Exilliteratur in den Niederlanden 1933–1940. Amsterdam 1977.

Wulf, Joseph: Presse und Funk im Dritten Reich. Eine Dokumentation. Gütersloh 1964.

Wulf, Literatur und Dichtung   Wulf, Joseph (Hrsg.): Literatur und Dichtung im Dritten Reich. Eine Dokumentation. Gütersloh 1963.

Wulf, Theater und Film   Wulf, Joseph: Theater und Film im Dritten Reich. Eine Dokumentation. Gütersloh 1964.

Wunderlich, Heinke (Hrsg.): Sanary-sur-Mer. Deutsche Literatur im Exil. 2004.

Wuthenow, Ralph-Rainer: Essayistik. In: Alexander von Bormann/Horst Albert Glaser (Hrsg.): Weimarer Republik – Drittes Reich: Avantgardismus, Parteilichkeit, Exil. 1918–1945. Deutsche Literatur. Eine Sozialgeschichte Bd. 9. Reinbek 1983, 80–91.

Zaich, Happyend   Zaich, Katja B.: »Ich bitte dringend um ein Happyend.« Deutsche Bühnenkünstler im niederländischen Exil 1933–1945. Frankfurt/M./Berlin/Bern/ Brüssel/New York/Oxford/Wien 2001.

Zankel, Sönke: Mit Flugblättern gegen Hitler. Der Widerstandskreis um Hans Scholl und Alexander Schmorell. Köln, Weimar, Wien 2008.

Zehl Romero, Christine: Anna Seghers. Eine Biographie. 2 Bde. Berlin 2000/2004.

Zehnpfennig, Barbara: Hitlers Mein Kampf. Eine Interpretation. München 2000.

Zelewitz, Mittelalterliches   Zelewitz, Klaus: Mittelalterliches im volkstümlichen katholischen Restaurationstheater im Österreich der Zwischenkriegszeit. Hugo von Hofmannsthal, Max Mell, Rudolf Henz und Karl Springenschmid. In: Irene Burg u.a. (Hrsg.): Mittelalter-Rezeption IV: Medien, Politik, Ideologie, Ökonomie. Gesammelte Vorträge des 4. Internationalen Symposions zur Mittelalter-Rezeption an der Universität Lausanne 1988. Göppingen 1991, 117–132.

Zeller, Klassiker Zeller, Bernhard (Hrsg.): Klassiker in finsteren Zeiten 1933–1945. 2 Bde. Marbach 1983.

Zeman, Carossas Rede Zeman, Herbert: Hans Carossas Rede ›Wirkungen Goethes in der Gegenwart‹. In: Hartmut Laufhütte (Hrsg.): Hans Carossa. Dreizehn Versuche zu seinem Werk. Tübingen 1991, 236–247.

Zenck, Phantasmagorie Zenck, Martin: Phantasmagorie – Ausdruck – Extrem. Die Auseinandersetzung zwischen Adornos Musikdenken und Benjamins Kunsttheorie in den dreißiger Jahren. In: Otto Kolleritsch (Hrsg.): Adorno und die Musik. Graz 1979, 202–226.

Zeutschner, Die braune Mattscheibe Zeutschner, Heiko: Die braune Mattscheibe. Fernsehen im Nationalsozialismus. Hamburg 1995.

Zielinsky/Maurer, Bausteine Zielinski, Siegfried/Maurer, Thomas: Bausteine des Spielfilms Jud Süss (1940). In: Jud Süss: Filmprotokoll, Programmheft und Einzelanalysen. Hrsg. v. Knilli, Friedrich/Maurer, Thomas/Radevagen, Thomas/Zielinski, Siegfried. Berlin 1983, 19–56.

Zimmerman, Bertolt Brecht Zimmerman, Werner: Bertolt Brecht. Leben des Galilei. Dramatik der Widersprüche. Paderborn/München/Wien/Zürich 1985.

Zimmermann, Bewußtsein Zimmermann, Rainer: Das dramatische Bewußtsein. Studien zum bewußtseinsgeschichtlichen Ort der Dreißiger Jahre in Deutschland. Münster 1989.

Zimmermann, Harro (Hrsg.): Der deutsche Faschismus in seiner Lyrik. Mit Materialien. Stuttgart 1982 u.ö.

Zimmermann, Medien Zimmermann, Clemens: Medien im Nationalsozialismus. Deutschland 1933–1945, Italien 1922–1943, Spanien 1936–1951. Wien, Köln, Weimar 2007.

Zimmermann, Peter: Der Bauernroman. Antifeudalismus – Konservatismus – Faschismus. Stuttgart 1975.

Zohn, Csokor's ›3. November 1918‹ Zohn, Harry: Franz Theodor Csokor's ›3. November 1918‹. In: Modern Austrian Literature 11.1, 1978, 95–102.

Zohn, Notes on a School Text Zohn, Harry: Notes on a School Text and Related Matters. Werfel's Play ›Jacobowsky und der Oberst‹. In: Joseph P. Strelka/Robert Weigel (Hrsg.): Unser Fahrplan geht von Stern zu Stern. Zu Franz Werfels Stellung und Werk. Bern/Berlin/Frankfurt/M./New York/Paris/Wien 1992, 191–200.

Zohn: Friederike Maria Zweig Zohn, Harry: Friederike Maria Zweig. In: Deutschsprachige Exilliteratur, Bd. 2: New York. Hrsg. von John M. Spalek u. Joseph Strelka. Teil 1. Bern 1989, 1677–1692.

Zschachlitz, Benjamins »Traum von einer Sache« Zschachlitz, Ralf: Walter Benjamins »Traum von einer Sache«. In: Études Germaniques 51, 1996, 59–80.

Zschachlitz, Waren Zschachlitz, Ralf: Waren, Warenzeichen, Allegorien, Huren. In den Pariser Passagen Walter Benjamins. In: Études Germaniques 46, 1991, 179–201.

Zuckmayer, Carl: Geheimreport. Hrsg. v. Gunther Nickel und Johanna Schrön. Göttingen 2002.

Zühlsdorff, Akademie Zühlsdorff, Volkmar von: Die Deutsche Akademie der Künste und Wissenschaften im Exil und die American Guild for German Cultural Freedom. In: Exil 13, 1993, 5–13

Zybura, Marek: August Scholtis. Untersuchungen zu Leben, Werk, Wirkung. Paderborn 1997.

Personenregister

Inhaltsverzeichnis

Wilhelm Haefs

Einleitung

Jan-Pieter Barbian

Wilhelm Haefs

Carola Hilmes